永州年鉴

（2018）

中共永州市委　永州市人民政府　主办
永 州 年 鉴 编 纂 委 员 会　 编

方志出版社
Publishing House of Local Records

图书在版编目（CIP）数据

永州年鉴．2018/永州年鉴编纂委员会编．—北京：方志出版社，2018.11
ISBN 978-7-5144-3426-2

Ⅰ．①永…　Ⅱ．①永…　Ⅲ．①永州—2018—年鉴
Ⅳ．①Z526.43

中国版本图书馆 CIP 数据核字（2018）第 261102 号

永州年鉴（2018）

编　　者：永州年鉴编纂委员会
责任编辑：刘　珊

出 版 人：冀祥德
出 版 者：方志出版社
地址　北京市朝阳区潘家园东里 9 号（国家方志馆 4 层）
邮编　100021
网址　http://www.fzph.org
发　　行：方志出版社图书经销中心
电话（010）67110500
经　　销：各地新华书店
印　　刷：衡阳顺地印务有限公司

开　　本：889×1194　1/16
印　　张：37.375
字　　数：1038 千
版　　次：2018 年 11 月第 1 版　2018 年 11 月第 1 次印刷
印　　数：0001～2000 册

ISBN 978-7-5144-3426-2　定价：300.00 元

编 辑 说 明

一、《永州年鉴（2018）》编纂坚持以马克思列宁主义、毛泽东思想、邓小平理论、“三个代表”重要思想、科学发展观、习近平新时代中国特色社会主义思想为指导，坚持辩证唯物主义和历史唯物主义的立场、观点和方法。

二、《永州年鉴（2018）》主要记载2017年1月1日至12月31日永州市自然、政治、经济、文化、社会、生态等方面的基本面貌和发展情况，为各级领导、决策者和管理者提供准确的情况，为社会各界了解、研究永州提供基本信息，并为编修地方志书积累资料。

三、《永州年鉴（2018）》按分类编辑法，分为特载、专文、大事记、永州概貌、“六大战役”、政治建设、经济建设、文化建设、社会建设、生态建设、县区概况、人物·荣誉、附录十三个部类，下设类目、分目、条目三个层次，以字体、字号、色彩等版式设计区别不同层次。条目为记述的基本单位，其标题用色彩加【】表示。

四、《永州年鉴（2018）》的稿件和图片由各单位撰稿人提供，供稿单位负责人审核，最后由编委会定稿。统计资料由统计部门提供，气象、水文资料分别由气象、水文部门提供。有些地方性、部门性数据由于统计口径不同等原因，与统计部门公布的数据不尽一致，请读者在查阅和引用时注意。

五、“新任市级领导”收录2017年被任命为永州市市级领导的人员；“先进人物”“先进集体”原则上收录永州市在2017年受到国家部、委、办、局，中共湖南省委、湖南省人民政府表彰的人物和集体；“逝世人物”收录2017年逝世的、在永州市离退休的厅级干部。

六、《永州年鉴（2018）》所录市直各部门、各单位和中央、省驻永州市各单位以及各县区（管理区、经开区）领导干部名单，原则上以2017年12月31日在职者为准。

七、为方便读者查阅，《永州年鉴（2018）》配备双重检索系统：书前刊有详细的中英文目录，书后配有主题分析索引。

永州年鉴编纂委员会

《永州年鉴》编辑部

永州市行政区划略图

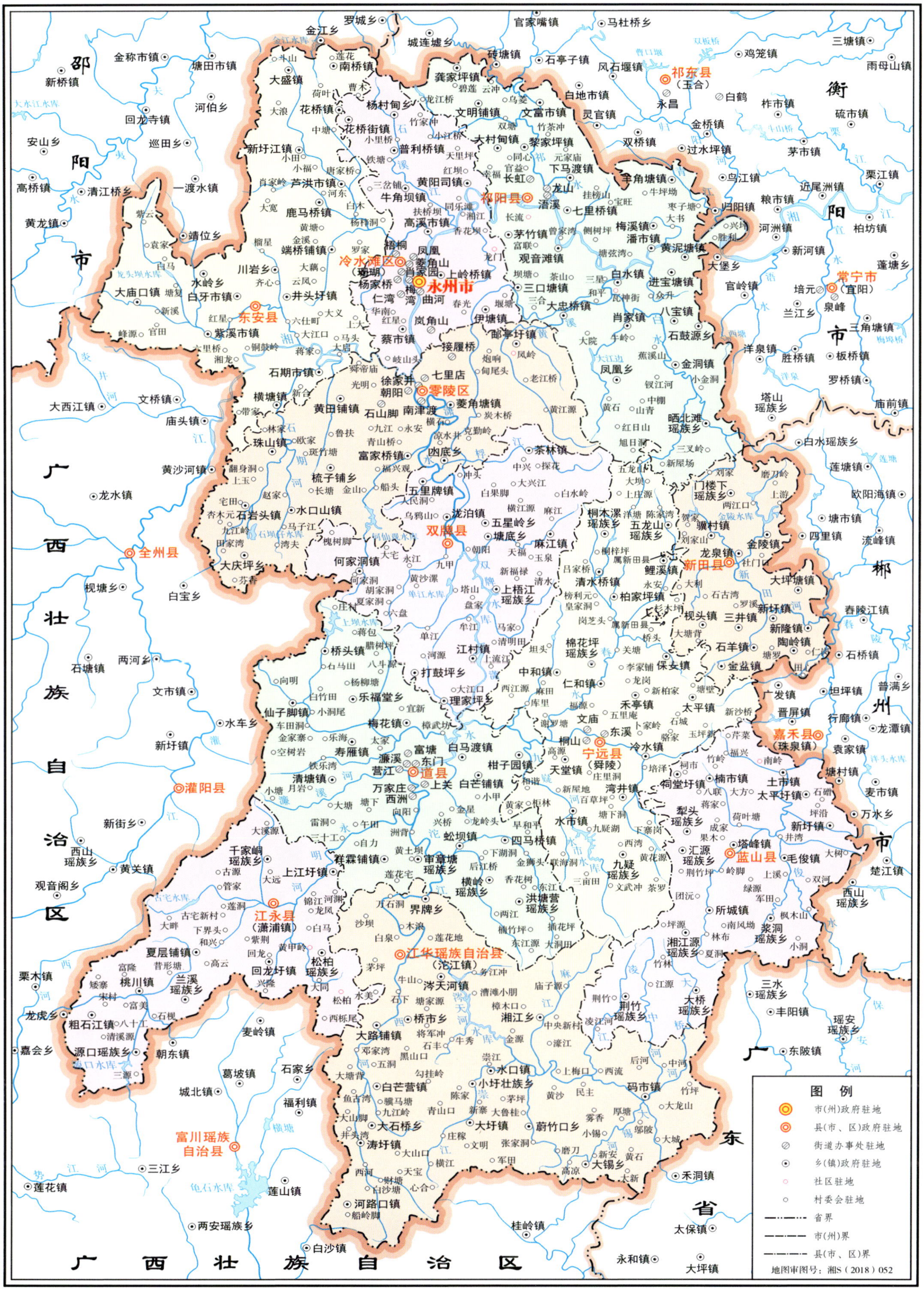

永州市
冷水滩区
零陵区
祁阳县
东安县
双牌县
道县
宁远县
新田县
江永县
蓝山县
江华瑶族自治县
邵阳市
衡阳市
广西壮族自治区
郴州市
广东省
全州县
灌阳县
富川瑶族自治县
祁东县
常宁市
嘉禾县
图例
市(州)政府驻地
县(市、区)政府驻地
街道办事处驻地
乡(镇)政府驻地
社区驻地
村委会驻地
省界
市(州)界
县(市、区)界
地图审图号：湘S（2018）052

永州市文化地图

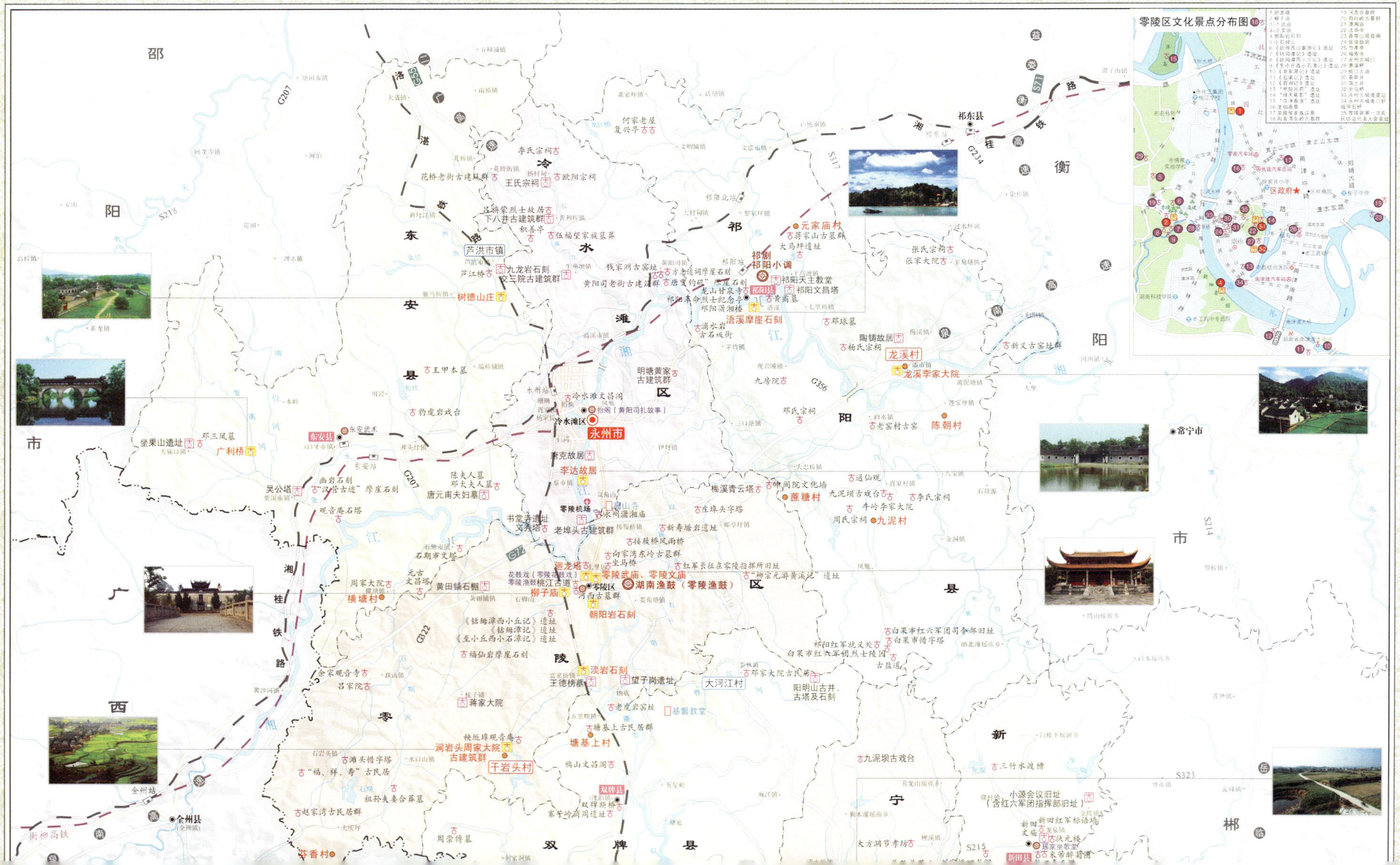

零陵区文化景点分布图
区政府
邵
阳
市
衡
阳
广
西
郴
祁东县
常宁市
东安县
永州市
冷水滩区
零陵区
双牌县
新田县
全州县
祁阳县
东
安
县
冷
水
滩
区
祁
阳
县
零
陵
区
新
宁
双
牌
县
芦洪市镇
树德山庄
广利桥
坐果山遗址
邓三凤墓
吴公塔
九龙岩石刻
文三院古建筑群
下八井古建筑群
王氏宗祠
欧阳宗祠
李氏宗祠
花桥老街古建筑群
伍福堂家族墓葬
钱家洲古窑址
黄阳司老街古建筑群
元家庙村
蒋家山古墓群
大马坪遗址
祁剧
祁阳小调
祁阳天主教堂
祁阳文昌塔
浯溪摩崖石刻
邓球墓
陶铸故居
杨氏宗祠
龙溪村
龙溪李家大院
张氏宗祠
张家大院
新义古窑址群
陈朝村
老窑村古窑
邓氏宗祠
九房院
明塘黄家古建筑群
冷水滩文昌阁
拍阁（黄阳司扎故事）
唐克故居
李达故居
零陵机场
永州潇湘庙
老埠头古建筑群
书堂寺遗址
文秀塔
陈夫人墓
唐元甫夫妇墓
观音岩石塔
朝阳岩石刻
柳子庙
零陵武庙、零陵文庙
湖南渔鼓（零陵渔鼓）
回龙塔
高山寺
零陵古城
周家大院
横塘村
黄田铺石棚
《钴鉧潭西小丘记》遗址
《钴鉧潭记》遗址
《至小丘西小石潭记》遗址
福仙岩摩崖石刻
淡岩石刻
望子岗遗址
大河江村
王德榜墓
蒋家大院
涧岩头周家大院古建筑群
干岩头村
塘基上村
九泥坝古戏台
三什水波楼
小源会议旧址（含红六军团指挥部旧址）
新田红军标语墙
阳明山古井、古塔及石刻
白果市红六军团司令部旧址
白果市惜字塔
红军长征在零陵指挥所旧址
九泥村
蔗塘村
牛岭李家大院
九泥坝古戏台
李氏宗祠
周氏宗祠
向家湾东岭古墓群
大方润节孝坊
周崇傅墓
赵家湾古民居群
苓香村
"福、禄、寿"古民居
G207
G234
S217
S218
S214
S323
S215
G356
G322
G72
G55
S71
洛湛铁路
湘桂铁路
湘桂高速铁路
衡柳高铁

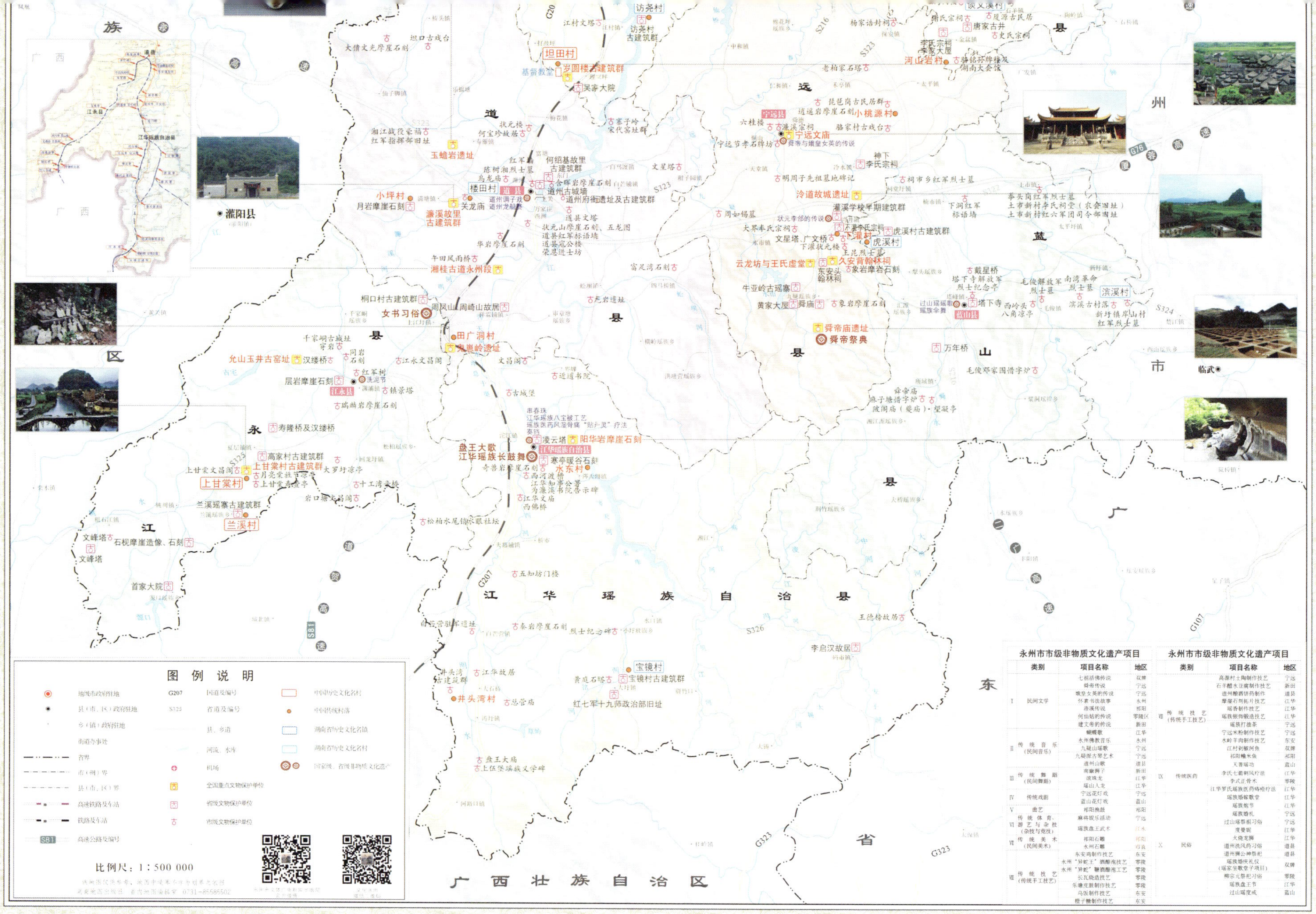

永州市市级非物质文化遗产项目

	类别	项目名称	地区
Ⅰ	民间文学	七祖活佛传说	双牌
		舜帝传说	宁远
		娥皇女英的传说	宁远
		怀素书法故事	永州
		浯溪传说	祁阳
		何仙姑的传说	零陵区
		建文帝的传说	新田
Ⅱ	传统音乐（民间音乐）	蝴蝶歌	江华
		永州佛教音乐	永州
		九疑山瑶歌	宁远
		九疑派古琴艺术	宁远
		道州山歌	道县
Ⅲ	传统舞蹈（民间舞蹈）	南岭狮子	新田
		滚珠龙	江华
		瑶山人龙	江华
Ⅳ	传统戏剧	宁远花灯戏	宁远
		蓝山花灯戏	蓝山
Ⅴ	曲艺	祁阳渔鼓	祁阳
Ⅵ	传统体育、游艺与杂技（杂技与竞技）	麻将娱乐活动	宁远
		瑶族盘王武术	江永
Ⅶ	传统美术（民间美术）	祁阳石雕	祁阳
		永州石雕	市直
Ⅷ	传统技艺（传统手工技艺）	东安鸡制作技艺	东安
		永州"异蛇王"酒酿泡技艺	零陵
		永州"异蛇"鞭酒酿泡工艺	零陵
		长瓦烧造技艺	零陵
		乐塘皮鼓制作技艺	零陵
		乌饭制作技艺	东安
		橙子糖制作技艺	东安

永州市市级非物质文化遗产项目

	类别	项目名称	地区
Ⅷ	传统技艺（传统手工技艺）	高源村土陶制作技艺	宁远
		石羊醋水豆腐制作技艺	新田
		道州酿酒饼药制作	道县
		摩崖石刻拓片技艺	江华
		瑶香制作技艺	江华
		瑶族银饰锻造技艺	江华
		瑶族打油茶	宁远
		宁远米粉制作技艺	宁远
		水岭羊肉制作技艺	东安
		江村剁椒河鱼	双牌
		祁阳糟米鱼	祁阳
Ⅸ	传统医药	天香瑶功	蓝山
		李氏七箭刺风疗法	江华
		李式正骨术	零陵
		江华罗氏瑶族医药痔疮疗法	江华
Ⅹ	民俗	瑶族婚嫁歌堂	江华
		瑶族蝴节	江华
		瑶族婚礼	宁远
		过山瑶祭祖习俗	宁远
		度曼妮	江华
		火烧龙狮	江华
		道州洗风药习俗	道县
		道州狮公神祭祀	道县
		瑶族婚庆礼仪（瑶家坐歌堂子项目）	双牌
		柳宗元祭祀习俗	零陵
		瑶族盘王节	江华
		过山瑶度戒	蓝山

永州市人民政府　湖南省国土资源厅监制　永州市文体广电新闻出版局　湖南地图出版社编制　审图号：湘S(2017)113号　出版书号：

二〇一七年九月印刷

六大战役

城镇提质

冷水滩篇

河东新貌

蔡市镇潇湘文化园全貌

高科园新城——九嶷大道

美丽乡村示范点——上岭桥镇仁山村

2017年，冷水滩区立足“首善区”，聚焦“城镇提质战役”十大工程建设，加快城乡统筹融合发展，不断提升潇湘城市群核心区“首位度”。全年实施城镇提质重点项目169个，完成投资200.4亿元，其中市本级63个，完成投资83.1亿元；区本级项目106个，完成投资117.3亿元。完成土地储备300余公顷，土地报批246.67公顷，征收土地466.67公顷，征收房屋5000多户、90万余平方米，拆迁房屋100多万平方米。推进中心城区城镇提质项目建设，愿景国际、中邦国际等城市综合广场全面建成，中部新城、湘江西岸棚户区改造、高科园片区路网建设、二广高速连接线等一批拓展中心城区格局的重点项目快速推进。完成珊瑚路、潇湘大道、梧桐路、传芳路等城区主次道路地下管网、绿化、“白改黑”、人行道板等升级改造。打通“断头路”7条，新增学位10470个，投放共享单车1500余辆。全面推行“立体式”绿化，成功申报市级园林式单位14个。育才路、潇湘大道等32条主干道提质及重点地段楼宇景观提档升级全面完成，17个入湘江排污口全部实现雨污分流，背街小巷微循环改造基本完成；新改建翠竹、科技等小游园5个，中心城区绿地率20%、绿化覆盖率29%。开工建设城市棚户区改造2708户，启动安置小区建设21个，改造老旧小区101个。实施乡村振兴战略，投资1.8亿元,启动村级综合服务平台、道路提质改造、农贸市场等乡镇提质项目120个。投资3000万元，对普利桥、黄阳司、花桥街等小城镇建设进行提质扩容，普利桥镇创建为市级“品质活力示范乡镇”；启动实施美丽乡村示范村30个、重点环境整治村40个，仁山村、邓家铺村和敏村等市区级美丽乡村建设取得新进展。

映山小学一角

月岩小游园一角

白石山公园夜景

滨江公园夜景

中邦世纪广场夜景

新步步高环形人行天桥夜景

愿景国际广场夜景

河东夜景一角——永州大道

脱贫攻坚

新田篇

中共湖南省委副书记乌兰（右三）在新田县职业中等专业学校调研产业工人培养

湖南省人大常委会副主任、省总工会主席刘莲玉（左二）调研“一户一产业工人”工程，指导技术扶贫工作

新田县地处湖南省南部，是国家扶贫开发工作重点县、湘南承接产业转移示范区。新田县抓住精准扶贫机遇，利用“互联网+”在就业技能培训中的集成作用，实施“一户培养一产业工人”工程，破解城乡困难家庭“就业难”与企业“用工难”的劳动力供给侧难题，取得贫困人员技能提升、产业发展转型升级、城乡困难家庭脱贫解困的三赢效果。

坚持科技创新，将互联网、大数据的运用引入“一户培养一产业工人”工程，建立智慧工会平台，利用互联网和智能手机，实现信息互联互通，为群众获得信息提供高效便捷平台，为中共新田县委、县人民政府决策提供信息支撑。成立领导小组班子，通过领导推动、部门联动、创新驱动、考核调动，理顺体制机制，整合各资源，形成统筹推进“一户培养一产业工人”系统工程的强大合力。对接需求，延伸服务，坚持企业需要什么人才就培养什么人才，人员流动到哪里服务就延伸到哪里，以培训工作的供给侧改革推动和强化供需对接，加快政府职能由管理型向服务型转变。

对接农业农村，推动农民向产业工人转变。把农村地区作为实施“一户培养一产业工人”工程的主战场，建立特色产业培训学校10余个，根据各自特色开展实用技术培训，为培训农民向产业工人转变奠定职业技能基础。依托东升农场、温氏集团等龙头企业，培训、吸纳农民工就业，实现由农民到产业工人的转变。东升农场采取“基地+培训”的模式，依托万亩果蔬产业基地，建成1800平方米的新型农民培训楼，通过“传帮带”的方式，解决600余名贫困群众就业。在农业龙头企业、农业合作社等领域中组建工会，把农民工组织起来，既为帮扶困难农民工提供组织保障，并壮大工会力量。2017年，脱贫2700户1.12万人，42个贫困村出列，被省、市评为脱贫攻坚先进县。

富有民族特色新田县门楼下瑶族乡小桥岭易地扶贫搬迁安置点

新田首届电商扶贫年货节

新田县职业中等专业学校产业工人实训间

新田县新圩镇何昌村村道

六大战役

旅游升温

宁远篇

2017年5月，三分石景区通过国家AAAA级旅游景区景观质量评审

2017年，宁远县坚持“生态立县、旅游兴县、文化活县”战略不动摇，综合运用各项政策措施，调动社会各类资源，统筹推进旅游业全面协调发展，旅游业走上科学发展的历史快车道，在经济下行压力持续增大、消费市场普遍低迷的大环境下，强化组织领导，高端推动；科学规划引领，高效发展；强化项目建设，夯实基础；强化品牌宣传，塑造形象；强化产业融合，助推扶贫。全年接待游客1039.26万人次，实现旅游收入59.1亿元，同比分别增长29.9%、23%。旅游消费持续升温，旅游业成为全县扩内需、提消费的有力杠杆和拉动经济增长的新动力，实施“旅游升温”战役战果显著。是年，宁远县获评全市“旅游升温”战役先进县（区）称号；九嶷山舜帝陵景区、莲花华天商务酒店、宁远和谐旅行社有限公司、宁远文庙景区分别获得“全市先进旅游企事业单位”称号，在该类24个获奖单位中独占4席；邱向谊、何俊获评全市“旅游升温”战役先进个人。

国家AAAA级旅游景区舜帝陵景区——舜陵烟雨

九嶷山获评2017年中国国家级风景名胜区称号

国家AAA级旅游景区——宁远文庙

新申报国家AAA级旅游景区——大界源景区

设施齐全的九嶷山游客服务中心

2017年下灌村旅游扶贫经典项目——民居改造

旅游升温重点建设项目——仙子山公园

2017年12月，湾井镇下灌景区被评为国家AAA级旅游景区

六大战役

交通提质

双牌篇

洛湛铁路双牌段　　摄影 张宏

2017年，双牌县严格按照《永州市交通提速战役三年行动2017年目标考核责任书》工作目标，坚持“项目为王”促发展，想方设法扩投入、打基础、强后劲。全县布局交通提速项目18个，总投资12.2亿元，占全县计划投资的43%，2017年计划完成投资6.8亿元。市考核双牌县的交通提速项目7个，总投资额3.72亿元。全县交通提速项目进展顺利，完成投资6.9亿元，占年度计划投资的101%，其中市考核的项目投资完成3.8亿元，占年任务的102%。省道343线双牌漯屋至何家洞公路启动征地拆迁工作，完成红线放样20千米、实物调查7千米，完成投资1.27亿元；何家洞至广西边界耗草坪段公路全长17千米，已经专家现场勘测，完成项目的比选方案。国道207线改建工程零双一级公路项目（双牌段）完成投资1.46亿元，路面沥青摊铺、路面排水系统、路缘石安装、水沟、护坡等附属工程、中间绿化带全部完成，工农桥交工。国道207线改建工程双牌城北大道起点尚仁里胡家村段分四段实施，其中双牌大道段路面工程全部完成，完成投资1800万元，正在按市政道路设计方案进行规划设计；梅石氹段路面工程、亮化工程全部完工，人行道和绿化工程完工；永水路段路面工程全部完成，人行道、亮化、绿化工程基本完工；断桥至胡家村段于2016年7月全部完工。全县67个贫困村的村组道路建设，实施项目256个，实施村级主道新建通畅90千米，窄路加宽163千米，组级公路通畅村级主道410千米，桥梁13座，总投资3.12亿元。完成安保工程70千米，占年度任务的137%。完成旅游资源产业路34.69千米。完成渡改桥（塘底黄泥山桥）1座。完成阳明山汽车站投资1000万元，完成60个招呼站、6个渡口码头标准化建设。

双牌县城潇水河畔滨江路　　摄影 张宏

双牌县城潇水河畔永水路　　摄影 张宏

“二广高速”双牌县阳明山路段　　摄影　张宏

“二广高速”双牌县茶林镇天子山路段　　摄影　张宏

双牌县茶林镇天子山大桥　　摄影　张宏

双牌县泷泊镇尚仁里乡铁路桥段　　摄影　张宏

双牌县江村镇访尧村幸福桥　　摄影　张宏

六大战役

园区升级

江华篇

2017年，江华经开区成功转型升级为“省级高新技术产业开发区”，实现规模工业总产值131亿元，增长25%；实缴税金3.1亿元，增长21%；在全省省级以上园区综合评价中排名第十一位。新引进企业21家，其中“新三板”企业6家。明意湖智能科技、贵德光电、邦特尔智能终端、佛尔盛智能机电、金浒智能、绿宝石等电子机电产业项目竣工投产，新增就业岗位4000多个，盛华达锂电池、力王高科高端智能手机、丰辉电机、中科新能源、顺林模型等项目开工。新增九恒新能源、恒津包装、瑞鑫源生物科技、六月香果业、华讯电子科技、晟瑞电子国家高新技术企业6家。新增入统规模企业16家。“投资10亿元的贵德光电产业园项目，从签约到投产，仅用150天”的“江华速度”其成功经验在全省推介。全省优化经济发展环境现场会在江华召开。

启动现代农业产业园建设17个，实现农业产值43.27亿元，增长10.8%。鸿福华发园瑶香猪养殖特色产业园获评“现代农业特色产业园省级示范园”，华松白茶产业园、六月香瑶山雪梨产业园获评全市“现代农业特色产业园示范园”，白芒营温氏奶牛养殖产业园建成投产，养殖奶牛2400头。新型经营主体不断壮大，发展省级龙头企业3家、市级15家、专业合作社345家、家庭农场271家，同丰粮油食品公司成为“湖南省绿色食品示范基地”和“湖南省智能制造示范企业”，栋梁木业、冯河农业、水云农业3家企业在湖南股权交易所农业专版成功挂牌。农村改革进一步深化，发放农村土地确权证8.83万本。成功创建为全国生态原产地产品保护示范区。

江华九恒工业园　　摄影 张勇

江华海螺水泥厂厂区

建设中的盛华达电池产业园

贵德光电产业园

白芒营红山万亩柑橘基地

省级农业园区六月香瑶山雪梨产业园

桥市乡野猪桥益松茶场

明意湖科技车间

新投产的九恒涂布车间

绿宝石科技车间

晟瑞电子自动化生产车间

六大战役

环境整治

道县篇

道县环境整治战役推进会

2017年，道县“环境整治”战役围绕市委、市政府打好“环境整治”战役的决策部署，落实县委工作会议“七大战役”的工作安排，紧扣“构建和谐共生的生态环境、高效便捷的政务环境、安全稳定的社会环境”目标任务，推进“环境整治”战役，生态环境、政务环境、社会环境的整治工作整体有序推进，全县经济社会环境质量持续提升改善。生态环境整治工作组、政务环境整治工作组、社会环境整治工作组三组在全县“环境整治”战役指挥部的总调度下，主动开展工作，各责任单位密切配合，整治战役取得较好效果，带动全县整个经济社会发展环境“软实力”提升。是年，道县在全市“环境整治”战役考核中排名全市第一位；全市环境整治战役项目建设现场会在道县召开。

领导调研110指挥中心

国地税联合进企业宣传

护学行动

巡特警队员全副武装巡逻

永州南部（道县）生物资源科学处理中心全貌

永州南部（道县）生物资源科学处理中心收运车辆

永州南部（道县）生物资源科学处理中心车间

道县污水处理厂二期工程

河道采砂清理活动

视频监控摄像头

日月湖湿地公园

日出日湖　　摄影 陈勇

日月湖国家湿地公园地处素有“天下无双的生态品牌”之称的湖南双牌县，总长度51.5千米，总面积3889.2公顷，其中湿地面积2173.7公顷，占56%。潇水蜿蜒流经公园，形成巧夺天工的日湖和月湖。

湘南生态绿心。日月湖湿地是湘江流域的重要组成部分，对湘江流域的生态安全和生物多样性保护至关重要。公园森林覆盖率98%以上，水质常年在Ⅱ类以上，是一级水源地保护区，负氧离子达到7万个/平方厘米，常年平均气温22℃，属于国际上公认的最适宜人类居住区域。

湿地生物宝库。日月湖湿地具有生物多样性丰富、地理成分复杂多样、广布植物繁多的特点。已知的国家Ⅰ级保护野生动物中华秋沙鸭，国家Ⅱ级重点保护野生动物赤腹鹰、燕集等10种，国家重点保护植物4种。特别是中华秋沙鸭不仅是国家Ⅰ级保护野生动物，也是全球性濒危物种，每年秋季都能在公园观测到。

潇湘旅游新星。日月湖享有“湘南小西湖”的美称。沿途浮洲岛、月亮湾、黄龙山、瑶乡民俗、江村八景如颗颗明珠镶嵌在一幅流动的画卷上。

科普宣教重地。日月湖属于中国南方库塘和河流型湿地生态的国家典型，是科普宣传教育的天然博物馆。湿地宣教中心、浮洲岛生态修复和马蹄退耕还湿工程等，是科普教育、科学研究、教学实习、观鸟和青少年自然知识教育的基地。

历史文化秘境。日月湖是具有浓郁的地方风情和深厚文化底蕴的国家级湿地公园。和文化、象文化、永文化、瑶文化根基深厚，族谱文化、农耕文化、古镇文化历史悠久，保留有访尧古民居、国家历史文化名村坦田村、南宋状元吴必达的吴家大院等。日月湖还是少数民族聚居地，有独特的瑶家吊脚楼、热情的瑶哥阿妹、丰富的对歌和民族舞蹈、可口的瑶家风味小吃。

福地之城　摄影 张新国

秋沙鸭腾飞　　摄影　刘宁波

和谐共处　　摄影　刘宁波

浮洲白鹭飞　　摄影　刘宁波

鸳鸯飞舞　　摄影　刘宁波

月湖唱晚

蓝色月湖　　摄影　陈勇

永州年鉴

YONG ZHOU NIAN JIAN

永州名片

湘江之源

现代人类发源地

稻作农业之源

陶作之源

道德文明之源

世界唯一女性文字发源地

国家级承接产业转移示范区

国家历史文化名城

国家卫生城市

国家森林城市

全国森林旅游示范市

2014年全国幸福城市二十强

目　　录

特　载 Special Issue

专　文 Special Articles

大　事　记 Chronological Events

永州概貌 A General Survey of Yongzhou

六大战役
Six Major Battles

政 治 建 设
Political Construction

经济建设 Economic Construction

社 会 建 设
Social Construction

生 态 建 设
Ecological Construction

县 区 概 况
Counties and Districts

人物 · 荣誉
Figures and Honour

附　录
Appendix

特载

Special Issue

在市委经济工作会议上的讲话

中共永州市委书记、市人大常委会主任　李　晖
（2017年12月26日）

这次会议的主要任务是，高举习近平新时代中国特色社会主义思想伟大旗帜，全面贯彻落实党的十九大、中央经济工作会议和省委经济工作会议精神，总结2017年经济工作，部署2018年经济工作。

一、回顾今年工作，客观看待新成绩

即将过去的2017年，是永州发展史上极不平凡的一年。我们在省委、省政府的坚强领导下，深入贯彻新发展理念，大力实施创新引领、开放崛起战略，突出打好“六大战役”，着力抓好“四个提升”，有效克服经济下行压力，全面战胜历史罕见洪涝灾害，较好地完成了全年目标任务。主要经济指标全省排位进一步前移，增速稳居全省第一方阵。全市地区生产总值完成1750亿元，增长8%（预计，下同）；完成规模工业增加值380亿元，增长7.5%；完成固定资产投资1870亿元，增长13%；实现财政总收入168亿元，增长12%；社会消费品零售总额达到649亿元，增长10.8%。

1. 大力发展实体经济，质量效益明显提升。坚持把实体经济作为赢得发展主动的根基，加强形势研判，推动平稳增长。一是发展质量不断提高。认真落实振兴实体经济系列政策，引导企业加强质量管理、品牌建设和新产品研发。全市规模工业企业利润超过37亿元，增长17.9%；全市非税收入占地方财政收入比重为35%，比去年下降5个百分点，财政收入质量明显提升。三次产业结构调整为19.3∶34.5∶46.2，第一产业占比首次低于20%，第三产业占比提高2个百分点。二是转型升级步伐加快。先进产能稳步发展，优质供给加快孕育。全市高新技术产业增加值增长25%，占全部规模工业的比重达到55%。全市规模以上工业企业达到936家，百亿产业发展到5个。万元地区生产总值能耗

中共永州市委书记、市人大常委会主任　李　晖

下降4%。科力尔成为全市首家在主板上市的民营企业。本地上市企业、“新三板”挂牌企业达到4家，培育省级重点上市后备企业19家。三是产业融合稳步推进。深入实施农业“百千万”工程，农产品加工业销售收入增长14%，休闲农业经营收入增长30%，新增农产品加工企业81家；新建5000亩以上农业标准化生产基地14个；新增1件国家地理标志证明商标和4件国家地理标志产品。零陵区、江永县入列湖南省2017年农村一二三产业融合试点。四是开放水平持续提升。大力实施“五大开放行动”，开放平台和渠道不断完善。湖南（道县）农副产品集中验放场暨永州公路口岸封关运营，海关江华工作站挂牌开关。成功创建长江以南第一个国家级出口食品农产品质量安全示范市。全年进出口总额完成88亿元，增长30%。积极开展“迎老乡、回故乡、建家乡”活动，全年实际利用外资突破10亿美元；内联引资265亿元，同比增长15%。

2. 奋力打好六大战役，发展后劲明显增强。“六大战役”全面实施，全市共铺排重点项目660个，完成投资1189亿元。一是脱贫攻坚成效显著。把脱贫攻坚作为重大政治任务和第一民生工程，紧

紧围绕“一超过、两不愁、三保障”总目标，抓紧抓实“三率一度”。预计全年减贫17.23万人，贫困村出列349个，超过年初计划68个，全市贫困发生率下降3个百分点。易地扶贫搬迁完成安置56541人，超过计划任务11969人。双牌、宁远、江永三个省扶县可实现脱贫摘帽。抓党建促脱贫攻坚、产业扶贫、金融扶贫、社会扶贫网试点、健康扶贫、教育扶贫、“三走访三签字”等多项工作走在全省乃至全国前列。“互联网+社会扶贫”开创“12345”模式，受到国务院扶贫办的高度肯定。全国“互联网+”社会扶贫工作现场推进会在永州召开。全市全面小康总体实现程度达到88.1%，同比提升4.5个百分点。冷水滩区全面小康总体实现程度达到95%。二是城镇提质加速推进。以“五创五化”为重点，扎实推进“城镇提质三年行动计划”，全年实施重点项目212个，完成投资367.3亿元。零冷两区一体化强力推进，滨江新城路网、棚户区改造等一批重点项目加速推进，宋家洲综合整治取得突破，城市功能配套不断完善，中心城区首位度和辐射力较快提升。江华成功创建全省首个国家生态文明建设示范县，宁远、东安、新田成功创建“国家卫生县城”。三是旅游升温氛围浓厚。围绕创建全域旅游示范市，实施重点项目63个，完成投资103.6亿元。成功举办纪念周敦颐诞辰1000周年、全国第四届草书展、第十一届阳明山“和”文化旅游节、永州市首届旅游文化美食节、湖南冬季乡村旅游节等重大节庆活动，“女书习俗文化”再度走进“联合国中文日”。九嶷山舜帝陵入选国家级风景名胜区，创建国家AAA级旅游景区6个，全市“一心两核一带三板块”旅游联动格局加速形成。全年接待国内外游客3400万人次，同比增长18.5%；实现旅游总收入200亿元，同比增长22.7%，获评“全国森林旅游示范市”。四是交通提速来势喜人。全年实施重点项目63个，完成投资98亿元。潇湘城市群五条道路提质改造全面开工，零（零陵）双（双牌）一级公路即将建成通车；永贺高速全线贯通；湘桂铁路永州地区扩能改造工程提前开工建设，永清广高铁纳入湘粤两省合作备忘录；经停永州高铁达20对。零陵机场迁建获国家民航局正式批复，新增永州至北京、厦门、重庆航线。全市对外大通畅、对内大循环的立体交通网络初步形成。五是环境整治取得成果。围绕生态环境、政务环境、社会环境三项重点，扩投入、解难题、建机制，着力提升永州软实力。生态环境更加优美。全面启动国家生态文明示范市创建工作，强力实施增绿、洁地、净水、治气四大工程，深入推进湘江保护和治理第二个“三年行动计划”，实施重点项目50个，完成投资48.2亿元。湘江出境水质保持Ⅱ类以上标准，空气质量累计排名全省第三。中央环保督察组交办的182件信访件全部办结。政务环境更加高效。持续深化“放管服”改革，全面推行政务公开负面清单制度，全力推进重点项目“五集中”审批服务，政务中心各窗口平均办结时限为7个工作日，行政审批服务提速70%，行政权力精简力度排全省第二。智慧永州协调指挥中心等“四中心”和城乡网格化信息系统上线运行，政府治理与服务创新的支撑作用进一步强化。社会环境更加和谐。大力加强立体化、信息化、动态化社会治安防控体系建设，建成全国最大的人脸识别应用基地和全省第一个公安大数据实战平台。保持打击各类违法犯罪活动的高压态势，各项指标均居全省前列，连续三年评为全省综治工作先进市。六是园区升级步伐加快。实施重点项目138个，完成投资184.5亿元。全市工业园区实现规模工业总产值1288.5亿元，同比增长19.8%；百亿园区增至7个，祁阳经开区成为全市县区中首个200亿园区；永州经开区申报国家级经开区通过相关部委审核，永州国家农科园创建国家现代农业产业园进展顺利。全市新入园投资5000万元以上工业项目110个。成功引进中信重工、三一重能、贵德光电、传佳音科技、远大住工等一批重大项目。

3. *着力抓好四个提升，发展动能明显增强。*从群众最关心、社会最关注的问题抓起，突破瓶颈、激发动力、强化保障。一是民生实事建设成效明显。全市民生支出占财政支出总额的72%，市定6284个民生微实事项目，完成投资107.9亿元。全市居民人均可支配收入同比增长9%，居民收入增速“跑赢”地区生产总值增速，群众“获得感”显著增强。始终坚持教育优先，全市开工建设合格学校177所，新增城区学位5.2万个，教育教学质量稳步提升，高考二本以上上线人数增幅居全省第一。大力推进就业优先，全市新增城镇就业6.2万人、农村劳动力转移就业4.3万人；祁阳县、江华县入选国家第三批结合新型城镇化开展支持农民工等人员返乡创业试点县。文体事业加快发展，全民阅读指数居全省前三；“村村响”“户户通”工程按期完工；“扫黄打非”工作进入全国先进行列；申报国家第四批公共文化服务体系示范区通过评审。荣获全运冠军1项、全国冠军4项、世界冠军5项。二是全面改革不断深化。以供给侧结构性改革为主线的各项改革深入推进，“三去一降一补”工作成效明显，178家冶炼企业淘汰22家、关停143家；房地产库存面积稳步下降，商品房住宅去化周期保持在合理区间；简政放权、商事制度改革、农村综合改革、社会治理机制改革、纪检体制改革等多项改革走在全省前列。企业登记升级为“40证合一”；蓝山县成为全国基层政务公开标准化规范化试点单位；在全省率先完成土地确权登记，建成全省第一家确权信息应用平台；圆满完成市县两级纪检派驻机构改革，实现派驻监督和巡察监督全覆盖，国家监察体制改革试点加快推进。三是基层党建持续发力。基层党组织“五化”建设不断加强，农村综合服务平台开工建设1939个，9个省级园区党群活动服务中心全部建成并投入使用。我市编写的《党员手册》《党支部工作手册》《乡镇（街道）党（工）委党建工作手册》，由中央党校出版社公开出版。全市3297个村（居）“两委”换届选举工作圆满完成，新选派184名专职书记到贫困村、软弱涣散村任职。创建“农业部管理干部学院实践教研基地”，培训农村党员和青年农民1万余人，得到中组部肯定。四是精准执行能力有效提升。大力倡导“实干就是能力，落实才是水平”。举办10期“执行力+”培训，完善执行力考核体系和考核方式，将广大干部引向经济建设主战场。出台《关于为敢于担当的干部担当、为敢于负责的干部负责的若干意见》，为1100余名干部正名，营造了勇于担当、敢于负责的良好环境。大力弘扬“小兵精神”、抗洪救灾精神，激发党员干部干事创业热情。

4. *全力落实党建责任，从严治党全面加强*。切实强化以政治建设为统领的党的建设，把严的要求贯彻到管党治党全过程、落实到党的建设各方面。扎实推进“两学一做”学习教育常态化制度化，在全省率先开展“万名干部下基层、精准帮扶解难题”活动。严格执行《党政领导干部选拔任用工作条例》，坚持正确选人用人导向，圆满完成全市各级人大、政府、政协换届工作。在全省率先制定出台以推进人才发展体制机制改革为主要内容的“1+4”文件，引进博士、硕士研究生227名，创历史新高。严格落实中央八项规定精神，坚决向形式主义、官僚主义等不良习气“亮剑”，持续巩固拓展纠“四风”成果，排查出“四风”问题线索2157个、处理处分2188人。坚持无禁区、零容忍、全覆盖，严厉查处一批腐败案件和损害群众利益的典型案件。

这些成绩的取得，得益于中央、省委省政府的正确领导，得益于全市广大干部群众的同心协力，得益于社会各界人士的大力支持，得益于在座同志们的辛勤工作。

在肯定成绩的同时，也要清醒看到矛盾和问题。主要是：经济总量偏小、产业结构不优、综合实力不强；工业经济困难较多、产业发展水平不高；开放程度低，开放经济体量小、拉动作用较弱；科研投入占比低、科技人才缺乏、创新能力偏弱；防范化解重大风险、精准脱贫、污染防治任务繁重；“放管服”改革、供给侧结构性改革、农村产权制度改革等亟需进一步深化；干部思想观念与新常态、新理念、新要求不相适应；领导经济工作的能力和工作精细化、精准化、精明化的水平有待提高；党的建设方面还存在不少薄弱环节；等等。对于这些问题，必须高度重视，认真研究改进。

二、科学研判形势，把握发展新要求

做好明年经济工作，必须深刻学习领会习近平新时代中国特色社会主义经济思想，准确把握新要求，深入研判新形势，坚定发展信心，牢牢把握工作主动权。

1. *深刻领会发展要求*。中国特色社会主义进入新时代，我国经济发展也进入了新时代，基本特征是我国经济由高速增长阶段转向高质量发展阶段。党中央立足我国社会主要矛盾新变化、经济发展新常态、国际国内形势新特点，着眼于实现十九大作出分两步走建设社会主义现代化强国的目标，在中央经济工作会议上明确指出，要把“推动高质量发展”作为当前和今后一个时期发展的根本要求。高质量发展是能够很好满足人民日益增长的美好生活需要的发展，是体现新发展理念的发展，是创新成为第一动力、协调成为内生特点、绿色成为普遍形态、开放成为必由之路、共享成为根本目的发展。省委经济工作会议围绕落实中央精神，作出“坚持创新引领开放崛起、突出发展产业振兴实体经济，促进经济持续健康发展”的安排部署，要求“以产业为重点，加快建设现代化经济体系”。我们要紧密结合习近平新时代中国特色社会主义经济思想，结合中央和省委经济工作会议精神，深刻领会高质量发展的丰富内涵和精神要义，联系工作实际，提高思想认识，端正发展理念，找准落实路径，确保中央和省委的决策部署在永州落地生根、开花结果。

2. 科学研判发展形势。总的来看，永州正处于机遇与挑战并存、机遇大于挑战的关键时期，一定要审时度势、顺势而为。国际方面，受全球债务规模持续攀升、美国减税法案通过和逆全球化思潮等诸多不利因素影响，世界经济将继续波动徘徊，国际环境不稳定不确定因素仍然较多，但世界经济缓慢复苏的大趋势没有变，美国、欧元区、日本经济持续复苏，新兴市场国家和发展中国家经济总体向好。国内方面，党对经济工作的领导坚强有力，我国发展仍处于重要战略机遇期，经济长期向好的基本面没有变；宏观政策连续稳定，经济结构出现重大变革，新动能对经济的支撑作用明显增强；全面深化改革使经济更具动力、活力和韧性，一些关键性、基础性改革取得重大突破。省内方面，“创新引领开放崛起”战略和“451”行动计划深入实施，全省经济保持稳中有进、稳中向好、稳中趋优、转型升级的良好态势，“一带一部”区位优势正不断凸显。我们必须充分看到宏观环境的错综复杂性，更加注重趋利避害，抢抓新机遇，占领制高点，增强新一轮发展的竞争力。

3. 切实提振发展信心。信心比黄金更重要，有信心才能有定力。信心来自三个方面：一是政策利好加速释放。党的十九大和中央经济工作会议强调实施乡村振兴、中部崛起和区域协调发展等战略，明确指出：“要实现基本公共服务均等化，基础设施通达程度比较均衡，人民生活水平大体相当。”省委经济工作会议提出：“要在建好湘南承接产业转移示范区的基础上，建设覆盖湘南湘中湘西的加工贸易转移试验区。”落实这些决策部署，将会出台一系列推动高质量发展的政策措施，对于农业大市、经济欠发达的永州而言，这是难得的历史机遇和重大政策利好；永州作为全省对接粤港澳大湾区、广西北部湾和东盟的“桥头堡”地位将更加凸显，也将为我市开放兴市、产业强市注入强劲动力、开辟广阔空间。二是发展基础不断夯实。从发展战略看，按照市第五次党代会描绘的宏伟蓝图，市委提出打好“六大战役”，抓好“四个提升”，建设“创新开放新高地、品质活力新永州”。实践证明，这一发展战略契合永州实际，并在实践工作中不断深化；全市经济发展稳的基础在巩固，进的动能在增强。从产业支撑看，全市上下大抓项目、大干产业的氛围日益浓厚，新上了一批大项目好项目，先进装备制造、现代中药、大数据、电子信息、新兴能源、绿色环保材料、装配式建筑等战略性新兴产业来势良好，经济发展后劲明显增强。从区位条件看，出省高速全面打通，干线公路连通市域，高铁车次、机场航线不断增多，湘桂复线扩能工程启动，湘粤桂省际区域综合交通枢纽城市建设稳步推进。三是新趋势带来新机遇。当前，产业发展呈现三大新趋势。大型国企、行业领军企业致力于产业链扩张，呈现出在资源富集和市场集中的地区，加速建设生产基地和研发基地的新趋势；沿海城市培育、孵化成功的新材料、新能源和微电子企业，在不断攀升的用地用工等要素成本的倒逼下，呈现出大批量向内地转移的新趋势；在民间融资困难、政府平台资金相对充裕的背景下，民营企业与政府平台公司呈现出加速联合、共赢发展的新趋势。对此，我们要应势而谋、乘势而上。

三、明确总体目标，确立发展新方位

2018年是全面贯彻落实党的十九大精神的开局之年，是改革开放40周年，是决战脱贫攻坚、决胜全面建成小康社会承上启下的关键之年。根据中央和省委经济工作会议精神，结合永州实际，全市经济工作总的要求是：全面贯彻党的十九大精神，以习近平新时代中国特色社会主义思想为指导，加强党对经济工作的领导，坚持稳中求进的工作总基调，坚持新发展理念，紧扣社会主要矛盾的变化，按照高质量发展的要求，统筹推进“五位一体”总体布局，协调推进“四个全面”战略布局，坚持以推进供给侧结构性改革为主线，统筹推进稳增长、促改革、调结构、惠民生、防风险各项工作，大力实施“开放兴市产业强市”战略，积极拓展“六大战役”和“四个提升”，努力建设创新开放新高地、品质活力新永州。

明年经济增长预期目标为8%以上，规模工业增加值增长8%以上，固定资产投资增长13%左右，社会消费品零售总额增长11.5%左右，财政总收入增长8%以上，进出口总额增长15%以上，城镇居民人均可支配收入增长8.5%以上，农村居民人均可支配收入增长9%以上，全面小康实现程度提升4个百分点以上。精准脱贫人数12万人以上，江华、新田两个国扶县脱贫摘帽。

确定经济增长预期目标为8%以上，主要是考虑，一要与中央和省委部署要求相契合。党的十九大提出“坚持质量第一、效益优先”“推动经济发展质量变革、效率变革、动力变革”，中央经济工作会议提出“推动高质量发展”。都要求我们不能简单以GDP论英雄，不能被短期经济指标的波动所左右，要把发展着力点引导到创新驱动、提高质量效益、解决不平衡不充分发展上来，不盲目追求高速度，留足质量变革的空间。二要与经济发展阶段性特征相符合。虽然我国发展进入了新时代，社会主要矛盾发生了新变化，但永州欠发达的基本市情没有根本改变，发展不充分、不平衡、不协调仍是主要短板。无论是经济总量，还是人均均量，我市处于全省第三方阵的格局仍未打破。根据人均GDP、城镇化率、三次产业结构、就业结构等指标综合测算，我市尚处于工业化中期的初级阶段，而全国全省已经加速向工业化后期挺进。我们只有保持高于全国、全省的经济增速，才能紧跟步伐、伺机赶超；这样有利于促进各级各部门激发干事动力，发扬“跳起来摘桃子”的精神。三要与全面建成小康社会目标相衔接。根据测算，我市到2019年如期全面建成小康社会需要年均8%左右的增长，明年经济增长8%以上，充分考虑了这个目标要求，也为今后的发展留有余地。确定规模工业增加值增长8%以上，比今年的预期增速提高0.5个百分点以上，主要考虑到，一方面，新投产项目、新入规企业、新兴产业和重点企业增长，对规模工业有较大拉动。另一方面，大力振兴实体经济关键在于振兴工业、发展制造业，必须适当提高目标，实现自我加压。确定固定资产投资增长13%左右，主要是考虑抓重点、补短板、强弱项的客观需要；也是实施“开放兴市产业强市”战略，开展“产业项目建设年活动”的必然要求，有利于8%以上经济增长目标的实现。

做好2018年的工作，必须立足永州实际，强化战略思维、保持战略定力、坚持精准发力，把握好五个原则。

1. 坚持在党管经济中遵循经济规律。坚持党管经济工作不动摇，突出党委抓经济发展这个中心。在强化党管经济工作的同时，认真研究经济规律，学会在规律中找准发展定位；既不能消极等待、听之任之，也不能盲目提口号、定目标，确保依法决策、科学决策、民主决策。

2. 坚持在稳中求进中实现精明增长。反对不思进取、冲动蛮干，把该稳的稳住，把该进的进好，不断巩固“稳”的基础，持续增强“进”的动能。树立精准执行、精细管理、精明增长的思维，加强对地区生产总值、规模工业增加值、固定资产投资、社会消费品零售总额、城乡居民收入等指标的分析和把握，搞准弄懂结构比、支撑点和短板所在，落实到具体项目、具体产业、具体工作，做到胸有成竹。

3. 坚持在扩大经济规模中推动高质量发展。坚持发展第一要务，贯彻发展新理念，以质量效益为中心，以抓改革为重点推动动力变革、以优服务为重点推动效率变革、以促创新为重点推动质量变革，加快形成推动高质量发展的指标体系、政策体系、绩效评价、政绩考核，建立和完善制度体系，加快实现向高质量发展的根本转变。

4. 坚持在抓重点补短板强弱项中突出发展产业。把抓重点、补短板、强弱项作为推动发展的基本方法，充分认识到产业发展滞后是永州最大的短板，充分认识到经济发展的根基在实体、在产业；坚持以园区为载体，以产业链为抓手，以优化环境为基础，以项目落地为关键，以引才聚才为支撑，着力培育、壮大、做优实体经济，延伸产业链、打造创新链、提升价值链。

5. 坚持在强化执行中突出创先争优。坚持以上率下、一级做给一级看、一级带着一级干；牢固树立敢于担当、创先争优意识，坚决克服遇事往上交、不表态、不负责的作风陋习，坚决制止领导不表态、集体不研究、工作不落实的懒政倾向；坚持以“逢山开路、遇水架桥”的闯劲，以“绳锯木断、水滴石穿”的韧劲，干出一流业绩、实现人生价值；坚持为敢于担当的干部担当、为敢于负责的干部负责。

四、突出工作重点，开创发展新局面

把推动高质量发展作为根本要求，深化拓展“六大战役”“四个提升”既定部署，按照“战略项目化、项目数据化、数据精准化”的要求，深入推进“产业项目建设年”活动，推动质量变革、效率变革、动力变革，建设现代化经济体系，提高全要素生产率，不断增强经济创新力和竞争力。

1. *深入推进脱贫攻坚*。坚持把脱贫攻坚作为首要民生工程，紧盯“一超过两不愁三保障”和“三率一度”，既不降低标准，也不吊高胃口，举全市之力，聚全民之智，下“绣花”功夫，以决战决胜之势，坚决打赢脱贫攻坚战。一要多方联动聚合力。着力打造“互联网+社会扶贫”“12345”升级版，巩固和提升社会扶贫工作“短跑冠军”的领先优势。加强扶贫系统干部和驻村干部的培训，落实帮扶责任，提升驻村帮扶和结对帮扶实效。建立健全市场主体参与精准扶贫的优惠政策，鼓励支持民营企业、社会组织、个人参与扶贫开发。二是用好政策增动力。脱贫攻坚既要抓当前，也要谋长远，还要可持续。要积极对接中央、省委脱贫攻坚政策，精准实施“五个一批”。瞄准易致贫群众返贫的重点因素，扭住产业脱贫这个关键，深化“四跟四走”利益联结机制，因地制宜实施特色农业、电子商务、乡村文化旅游等产业项目，形成“一村一品、一户一业”的产业扶贫格局，确保贫困人口持续稳定增收。开辟农村公路养护、乡村卫生保洁、护林员等公益岗位，完成1200名贫困家庭“两后生”职业教育培训，拓展困难群众就业渠道。大力推行扶贫小额信贷“户贷户用”模式，新增5亿元扶贫小额贷款，实现“扶贫特惠保”贫困家庭综合保险全覆盖。抓好教育扶贫、易地扶贫搬迁、健康扶贫等专项扶贫行动，支持国家级贫困县建设“芙蓉学校”，全年完成易地扶贫搬迁2万人，实现普惠性与特惠性有机统一，把政策含金量转化为群众获得感。三是补齐短板促活力。对照贫困村脱贫退出验收标准，加快贫困村的基础设施和公共服务设施建设，发展壮大集体经济。集中资源与力量攻克42个深度贫困村，做到扶贫资金优先保障、扶贫项目优先安排、攻坚举措优先支持。把扶贫和扶志、扶智结合起来，增强内生脱贫动力。对已脱贫对象开展“回头看、回头查、回头帮”，坚持“脱贫不脱政策”，抓好信访舆情化解处理、扶贫领域项目资金管理，持续巩固深化脱贫成果。进一步落实“三走访三签字”要求，抓好突出问题整改，开展好扶贫领域腐败和作风问题专项治理。

2. 深入推进城镇提质。以“五创五化”和“城镇提质”为抓手，全面提升中心城区、县城、重点镇人口集聚能力和服务功能，促进城镇协调发展。一要加快建设潇湘城市群。城市群建设是现代城市发展的大趋势，是增强中心城市辐射带动功能的重要途径。要重点抓好以零陵组团、冷水滩组团、生态新城组团为重点的中心城区建设，抓好祁阳、东安、双牌三个节点城市的扩容提质，扶持发展一批区位型、功能型、特色型重点集镇，优化城市群空间结构。加快城市群基础设施的功能配套和互联互通，明确产业定位、做好产业规划；建成S217冷水滩城区段和冷东快速通道，开工建设上岭桥至大忠桥快速通道，不断增强城市功能，打造围绕中心城区的旅游圈、经济圈、生活圈。二要加快提升中心城市首位度。深入实施《永州市城镇提质战役（中心城区）三年行动计划》，实现融资160亿元，实施项目76个，完成投资125亿元。把零冷联城作为提升中心城市首位度的关键，统筹规划，点线结合，积极策划一批重大项目，在抓好永州大道沿线开发的同时，尽快启动湘江风光带建设。着力抓好潇湘大道、永州大道后续配套工程、湘江两岸棚户区改造等重大项目建设，推进“两房两棚”“两供两治”“一宫两馆六中心”、城南大桥、二广高速永州东连接线等民生工程建设，完成城市公交改革，运行一期城市BRT，合理布局停车场、公厕、垃圾收集站等民生项目。深入推进“五创五化”，不断增强中心城区的产业聚集能力、人口吸纳能力、要素集约能力和辐射带动能力。加快推动征地拆迁工作，破解征拆难题。三要加快推进中心城镇建设。加快祁阳、道县撤县设市步伐。完善城镇规划体系，切实强化规划管理，以县城为重点，加快工业园区、城乡交通枢纽建设，推动人口和产业向“一城数镇”集聚；大力发展人口规模合理、基础设施完善、产业特色鲜明、生态环境宜居的小城镇。完善城镇管理体制，推进农业转移人口市民化，探索小城镇建设融资途径，加大控违拆违力度，提升精细化管理水平。加快特色村镇建设，开展特色小镇创建活动，新建市级美丽特色小镇10个以上。

3. 深入推进旅游升温。着力创建国家全域旅游示范市，全面提升旅游发展品质和旅游产品供给质量，用品牌吸引人，用环境留住人，用产品感染人。全年实现旅游总收入增长20%以上。一要打造核心产品。创建一批国家AAA级以上旅游景区，打造一批旅游精品，构建以零陵古城和九嶷山为核心，多个A级景区、特色小镇、乡村旅游精品线路环绕联动的全域旅游新格局。加快创建研学旅游、低空飞行旅游、中医药旅游、康养旅游等示范基地，形成旅游新业态竞相发展的良好态势。加强旅游基础设施配套和公共服务设施建设，下大力气改善旅游景点的交通、住宿、餐饮配套建设。二要打造营销品牌。打响“锦绣潇湘、美在永州”旅游形象品牌，构建立体营销体系。坚持“引进来”和“走出去”相结合，办好“永州文化旅游节”、阳明山“和”文化旅游节、公祭舜帝、盘王节等重大节庆活动，积极组团参加各类文化、旅游交易会、研讨会等促销活动。加强零陵古城、九嶷山、阳明山、舜皇山等核心景区推介，重点开拓大湘南、粤港澳、湘粤桂城市群、长三角城市群等旅游消费市场，持续提升永州旅游市场份额。三要打造融合样板。推动文化旅游融合发展，打造一批重点文化旅游名城、名镇，建设一批文化旅游街等特色旅游聚集区，发展一批以田园观光、果蔬采摘、农业科普等为特色的农业休闲示范区。支持东安、宁远、江永加快创建国家全域旅游示范区，支持江华、江永创建全省旅游扶贫示范县。加快培育旅游与餐饮商贸、温泉养生、运动健身、森林康养等产业融合的新业态。

4. 深入推进交通提速。围绕建设“湘粤桂省际区域性综合交通枢纽城市”，加强基础设施建设，加快形成“功能完善、布局合理、运行高效”的现代立体化交通体系。一要构建对外畅通大框架。积极争取国家和省启动呼南高铁邵永段前期工作，抓好永清广高铁前期，加快湘桂铁路永州地区扩能工程建设。完善对接“两广”运输通道，争取衡阳至零陵高速公路开工建设，尽快启动湘江永州至衡阳千吨级航道改造工程。全力推进零陵机场迁建工作，加强机场航班航线培育，提高现有航班密度。二要形成对内循环大格局。加快干线公路建设，完善以县区互通互联为目标的国省干线公路750公里；优化国省干线公路网技术等级结构，提高干线公路通达能力。优化综合交通枢纽布局，加快综合枢纽站场建设，有效破解交通运输方式分割、区域分割、城乡分割问题。三要打通群众出行最后一公里。切实把农村公路建好管好护好运营好。大力实施建制村优选通达路线加宽工程、安保工程和危桥改造建设，完成以通组公路为重点的各类农村公路建设改造5000千米，稳步提高贫困地区农村客运班车通达率，基本解决贫困地区路不通、车难行等问题。突出公交优先发展，加快更新新能源公交车辆、出租车辆。

5. 深入推进环境整治。加强生态环境保护和治理，营造良好的政务环境和社会环境，为经济社会持续健康发展奠定坚实基础。一要厚植生态优势。牢固树立绿水青山就是金山银山理念，加快制定全市生态文明建设规划和《永州市生态文明建设目标评价考核办法》。深入推进“双河长”制，全力抓好湘江保护和治理“一号重点工程”、垃圾污水处理工程、森林城市建设工程，整治城市建成区黑臭水体6处，提前一年完成省定17个整治任务，实施土壤污染防治重点项目6个。坚决打击环境违法行为，大力调整产业结构、能源结构，淘汰落后产能，大幅减少主要污染物排放总量，打赢蓝天保卫战，确保各县区空气质量平均优良天数比例比今年有所提高。深入实施“水十条”“土十条”，严禁不符合主体功能定位的各类开发活动。启动大规模国土绿化行动，引导社会各方面资金投入，培育一批专门从事生态保护修复的专业化企业。加快推进环保监测执法体制改革，健全自然资源资产产权制度，探索建立多元化生态补偿机制。二要优化政务服务。政务环境是软实力和竞争力的重要体现。要扩大“放管服”改革综合成效，全面推行“政务公开负面清单”制度、“双随机、一公开”监管模式，推进“互联网+政务服务”、便民审批“一号申请”“一窗受理”“一网通办”，构建便捷高效的信息化服务平台。加强政府诚信体系建设，清理政府履约情况，完善快速维权机制，打造“诚信永州”。三要完善社会治理。健全以网格为基本单元的“1+N”组团式治理工作模式，形成市、县、社区、网格“四级”联动处置机制。加强和创新社会治理，健全社会治安防控、矛盾化解调处以及安全生产防控三大体系，始终保持对影响群众安全感的各类违法犯罪的连续打击，全力维护社会安全稳定。

6. 深入推进园区升级。打好园区升级战役，以产业发展和项目建设为核心，全力打造“创新、开放、品质、活力”园区。全年完成基础设施建设投入100亿元以上，规模工业总产值突破1500亿元。一要做大做强实体经济。积极对接“中国制造2025”“湖南工业新兴优势产业链行动计划”。鼓励央企和行业龙头企业采取PPP模式，在永州现有产业园区，创办以制造业为主的全产业链“园中园”和产业联盟，实现自主配套、集群发展。支持企业大力引进战略合作者，实施技术改造和市场拓展，对增产扩能后的税收增长部分，给予财税奖励。着力优化投融资环境，市本级设立一支30亿元以上的产业“母基金”，全年新增贷款200亿元以上；每个县区探索设立1~2支创业引导基金和企业孵化基金，丰富金融供给，降低企业融资成本，促进骨干企业、龙头企业和特色优势企业做大做强，培育1~2家主板上市和新三板挂牌企业。大力开展“实体经济三走遍”活动，市县两级党政主要领导要走遍同级园区所有企业、走遍所有“涉债”项目、走遍所有纳税、规模、就业综合排名前20强企业，帮助解决存在的突出问题。二要抓紧抓实产业项目。坚持项目为王理念，以项目论英雄。深入开展“产业项目建设年”活动，争取全年投资过5000万元的工业项目投产60个以上。突出抓好“五个10”工程，即抓好10个重大产业建设项目，市级领导牵头负责，每月调度，强力推进；抓好10个重大科技创新项目，集中力量在新能源新材料、装备制造、生物医药、新一代信息技术等领域突破一批核心技术和共性技术；抓好10个重大产品创新项目，在工业、农业、文旅产业、服务业等方面打造一批“永州制造”“永州创造”优秀产品；引进10个500强企业；引进10个重点科技创新人才。围绕建设现代产业体系，加快出台有利于产业发展的支持政策，营造推动产业发展的浓厚氛围。三要加快推进产城融合。统筹推进园区和城镇基础设施、公共服务、生态环保一体化建设，加速产业集聚、企业集聚、人口集聚。设立市级园区建设专项资金，支持园区发展，把永州经开区打造成“六化”示范园区，永州农科园打造成国家现代农业产业园、农业高新区，祁阳经开区、江华经开区打造成国家新型工业化产业示范基地。四要创新创优园区体制。赋予园区更多经济管理权限，理顺行政区划与园区、政府部门与园区的关系。科学确定“三定”方案，强化园区经济职能，剥离社会管理职能。创新园区用人、薪酬制度，鼓励园区按照“老人老办法，新人新制度”的原则，探索实行全员竞聘上岗和工作人员工资年薪制，打破身份界限，激发干事创业动力。

7. *深入推进乡村振兴战略*。把实施乡村振兴战略作为新时代“三农”工作的总抓手，按照产业兴旺、生态宜居、乡风文明、治理有效、生活富裕的总要求，实施兴产业、美生态、育乡风、强治理、富民众五大行动。一要着力兴产业。严格落实农村土地承包经营权延期30年政策，全面推进“三权分置”，持续深化农村集体产权制度改革。按照“规模化、标准化、品牌化、产业化、信息化”发展思路，围绕“粮食、生猪、油茶、柑橘、蘑菇、茶叶、芋头、生姜”八大优势产业，重点打造“潇湘八品”市级区域公用品牌，通过抓基地、建园区、创品牌、搭平台，推进现代农业转型升级。新建市级以上农业标准化示范基地60个以上，新增1个国家级、2个省级农产品质量安全示范县。全市“农建投”融资突破100亿元。二要着力美生态。坚持规划先行，在每个乡镇建立规划委员会，统筹制定农业农村发展规划。大力改善农村基础设施、公共服务设施，扎实开展村容村貌“四清四化”工作，抓好乡村集贸市场新建与改造，加快农村垃圾、污水处理设施建设，全面推进农村“厕所革命”。农村垃圾集中收运率达100%、农村生活垃圾集中处理率达90%，新启动建设省、市美丽乡村60个，推进环境整治重点村450个，争创全面小康示范村100个。三要着力育乡风。推动社会主义核心价值观落细落实，深入开展“文明示范户”“晒家训、传家风”等系列活动，继续做好农村综合服务平台建设，加快推进农村文化广场、篮球场、图书馆等文体设施建设，丰富农村精神文化生活，提升农民道德素养。四要着力强治理。加强农村基层党组织建设，继续选派优秀干部到农村兼任第一支书，促进基层党组织发挥战斗堡垒作用。坚决查处违法违纪违规行为。完善村规民约，建立健全村民代表会议制度、村务公开制度、民主理财制度、村务监督制度，形成自治、法治、德治相结合的乡村治理新体系。五要着力富民众。积极培育新型农业经营主体和职业农民，大力发展农民专业合作社，全面增加农民经营性、工资性、财产性收入。坚持和完善农村承包地“三权”分置，探索盘活用好闲置农房和宅基地办法，深化农村集体产权制度改革，积极引导社会工商资本进农村。

8. *深入推进改革开放*。以改革开放40周年为契机，全面推动改革开放向纵深发展，进一步释放改革红利，增添经济发展动能。一要深化供给侧结构性改革。坚持以“三去一降一补”为重点，不断提高供给质量和效益。坚持“房子是用来住的”定位，建立多主体供应、多渠道保障、租购并举的住房制度，发展住房租赁市场特别是长期租赁，支持专业化、机构化住房租赁企业发展，加快房地产去库存。深入开展乱收费乱罚款乱摊派等专项治理，在降低制度性交易成本、税费成本、要素成本和物流成本上协同发力。二要统筹推进其他改革。深化落实创新引领、开放崛起配套体制机制改革，巩固科技成果“三权改革”成果，推广复制自贸区经验，全面深化贸易、投资、产权保护、科技成果转化等领域改革。深化行政审批改革，推行“网上办”“不见面”审批等服务模式。推动平台公司转型发展，做大做强做实平台公司资产，构建现代企业制度。三要全面推动开放兴市。坚持“引进来”和“走出去”并重，全面落实全省“五大对接行动”。落实扩大开放鼓励投资的政策措施，突出专业化、产业链招商，致力引进一批关联度大、聚集度高的“500强”企业。推进“永品出境”“永企出海”“服务输出”，更加注重质量和品牌，巩固外贸向好势头。推进永州内陆港建设，拓展湖南农副产品集中验放场口岸平台功能，做活口岸经济文章。全年外贸进出口总额100亿元以上，实际利用外资11.5亿美元以上、内联引资300亿元以上。四是着力防范化解重大风险。强化问题导向、底线思维，加强对重点行业、重点领域、重点区域的风险防范化解。要以防范政府性债务风险为重点，摸清政府性债务特别是隐性债务底数，明确责任，精准发力，严格控制增量、逐步消化存量，坚决守住不发生区域性系统性金融风险底线，确保风险总体可控、风险等级逐年下降；加强城建类金融担保体系建设，破解基础设施建设的融资瓶颈；要以改革思维健全社会矛盾排查预警、重大决策社会稳定风险评估、矛盾多元化解机制，牢牢守住社会稳定、安全生产底线；要严厉打击非法集资、高息揽储等违法违规金融活动，禁止领导干部和国家公职人员参与涉矿涉砂涉房地产等非法入股、地下经营等活动。

9. 深入推进文化强市建设。增强文化自信，发挥资源优势，促进文化与产业大融合，实现文化事业大繁荣。一要守住意识形态主阵地。坚守意识形态主阵地既是重要使命又是艰巨挑战。深入开展习近平新时代中国特色社会主义思想宣传教育，用以指导实践、推动工作。牢固树立阵地意识，提升媒体素养，深入推动传播手段建设和创新，讲好永州故事，传播永州好声音，切实提高新闻舆论的传播力、引导力、影响力、公信力。严格落实意识形态工作责任制，加强阵地建设和管理。完善网络综合治理体系，确保网络舆情平稳可控。二要促进文化产业大发展。用好“国家历史文化名城”金字招牌，成立文旅投资公司，整合开发文旅资源，做大做强文化产业。实施重大文化工程和文化名家工程，加大文化遗产、非物质文化遗产保护传承利用，争取女书成功申报世界语言文化遗产和世界“非遗”。支持奔腾、九恒等文化企业做大做强。加快建设永州文化创意产业园，有条件的县区要发展一个文创产业园、一个文旅特色小镇。高水平打造中国书法名城，创建1~2个影视基地，加速发展印刷出版、文化创意、会展博览等文化产业。三要促进文化事业大繁荣。加快建设全国公共文化服务体系示范区。加强文艺队伍建设，培育一批高水平创作人才。深入实施文化事业“八个一工程”和文化惠民工程，推进市文化艺术中心、博物馆、图书馆、“文化云”等文化设施项目，促进公共文化服务基本化、均等化、便利化。

10. 深入推进民生事业发展。坚持以人民为中心，聚焦事关群众切身利益的具体问题，精心谋划、精准施策，尽力而为、量力而行，不断满足人民日益增长的美好生活需要，增强群众获得感、幸福感、安全感。一要抓好就业工作。把稳定扩大就业摆在突出位置，落实好促进就业创业政策，扎实做好离校未就业毕业生、农村转移劳动力、城镇困难人员、去产能分流职工群体就业，注重解决好性别歧视、身份歧视，提高就业质量和居民收入水平。新增城镇就业5.7万人、农村劳动力转移就业4万人，城镇登记失业率控制在4.5%以内。二要提高教育质量。深入实施“三名工程”“学位建设三年行动计划”，加快中心城区学位建设及学前教育配套综合建设，确保2018年基本消除66人以上超大班额，加快普及高中教育，争取1~2所示范性高中进入全省名校第一方阵。促进市内高校内涵式发展，加强校地校企合作。着力解决中小学生“课外负担重”“择校热”等突出问题，解决好婴幼儿照护和儿童早期教育服务问题，努力让每一个孩子都能享有公平而有质量的教育。三要提高全民健康水平。全面推进县级医院、基层医疗机构和公共卫生服务机构标准化建设，完善县、乡、村三级医疗卫生服务网络。深化医药卫生体制改革，加快推进分级诊疗及医联体建设，建立覆盖城乡的基本医疗卫生制度和现代医院管理制度。加强重大传染病疫情防控，救治救助150名无责任主体的农民工尘肺病患者。四要完善社会保障。落实最低生活保障制度，加大对特殊困难群体兜底服务，进一步织密社会保障网。持续提高养老待遇，积极推进医养结合，完善社会养老体系建设，确保每千名老年人口养老床位数达到32张。农村低保标准不低于扶贫标准。困难残疾人生活补贴和重度残疾人护理补贴发放标准不低于每人每月50元，帮助240名0~6岁脑瘫儿童实施抢救性康复，为1400名智力、精神和重度肢体残疾人开展集中托养服务。实施棚户区改造2.6万套、农村危房改造1万户。统筹抓好信访、食品药品安全监管、安全生产等民生事业，办好省定民生实事。

五、加强党的建设，提升发展新本领

党政军民学，东西南北中，党是领导一切的。经济工作是党的中心工作，必须强化党对新时代经济工作的领导。

1. *加强政治建设*。没有离开政治的经济，也没有离开经济的政治。抓好经济工作，必须把党的政治建设摆在首要位置。一要把牢政治方向。认真学习习近平新时代中国特色社会主义思想，牢固树立“四个意识”，自觉维护党中央权威和集中统一领导，坚决反对经济工作中的分散主义、自由主义、本位主义、山头主义、地方保护主义，切实把思想和行动统一到党的十九大精神上来、统一到党中央和省委对明年的经济工作部署上来、统一到市委“六大战役”“四个提升”和“开放兴市产业强市”战略上来。二要严守政治规矩。坚决贯彻落实中央、省委、市委对经济工作的决策部署和要求，以鲜明的政治态度、坚定的政治自觉，确保党对经济工作的领导落到实处。严格执行政治纪律和财经纪律，坚持民主集中制，涉及重大事项决策、重大工程建设、重要项目安排、大额度资金的使用，要多方征求意见、集体研究决定，防范化解经济社会风险，维护和谐稳定的发展环境。三要强化政治担当。把抓好经济工作，作为对党忠诚、为党尽职、为民造福的根本政治担当，拿出担当的勇气和胸怀，敢于创新抓项目、敢于让利促开放、敢于放权活体制、敢于担当抓落实、敢于凭绩用干部。要以“功成不必在我、建功必须有我”的胸怀，把工作放在全市大局中思考、谋划，提升标杆，争先进位，以本地本部门发展推动全市整体发展。

2. *增强执政本领*。坚持在经济建设主战场培养检验干部，不断提升全市党员干部认识新时代经济、发展新时代经济的本领。一要抓好学习提升。要把学好用好习近平新时代中国特色社会主义经济思想作为做好经济工作的第一本领，按照党的十九大提出的增强“八种执政本领”的要求，大兴学习之风、调查研究之风，培养专业思维、专业素养、专业方法，在学懂弄通上狠下功夫，切实领会科学内涵、精神实质，把握经济规律、要义重点，增强推动高质量发展和建设现代化经济体系的能力水平。二要抓好精细管理。用心用脑、精准精细抓好经济管理和服务，是实现经济高质量发展的工作方法和新要求。各级领导干部要深入研究经济工作，把经济运行情况摸清楚、把问题矛盾弄明白、把短板弱项找准确、把对策措施定具体，经济增长点在哪里、税源结构如何优化、投资消费怎么拉动、产业链怎么延伸，都要做到心中有数，实现精准发力、精细管理、精明增长。三要抓好精准执行。善学善用系统思维、辩证思维、底线思维，学会“十个手指弹钢琴”，既善于统筹推进面上工作，又善于找准主要矛盾、抓住关键环节，重点突破、推动全局。要大力弘扬永州“公安精神”和“江华速度”，争当“推土机”型干部，以时不我待、只争朝夕的精神，以踏石留印、抓铁有痕的干劲，对看准的事咬住不放，对定下的事持之以恒，对干着的事一抓到底，确保干一件成一件。

3. *狠抓队伍建设*。干部队伍是永州各项事业的中坚力量，实现高质量发展，需要打造一支善谋事、会干事、能成事、不出事的干部队伍。一要选贤任能用干部。坚持正确用人导向，坚决破除论资排辈、平衡照顾，大胆提拔重用德才兼备、攻坚克难的干部，提拔重用真才实学、敢于担当的干部；提拔重用在谋长远、打基础上有新思路，在抓改革、促创新上有大突破，在建项目、兴产业上有好办法，在推进“开放兴市产业强市”战略、打好“六大战役”、实现“四个提升”上有硬作风的干部。二要团结干事强班子。各级领导班子要树立以“事业为重”的意识，做到干事业一条心、抓工作一盘棋、谋发展一股劲。各级党政主要负责人要抓好班子、带好队伍，敢于叫响“向我看齐”，带头强执行、抓落实，敢于涉险滩、啃“硬骨头”，身体力行、以身作则，抓好事关发展全局和涉及群众利益的重点、难点工作。三要严格考核促落实。充分发挥考核“指挥棒”作用，加大激励奖惩力度，营造“干好干坏大不一样、干与不干大不一样”的良好干事创业氛围，促进干部执行力不断提升。建立健全干部容错纠错机制，旗帜鲜明为实干者撑腰鼓劲。

4. *强力正风肃纪*。坚持从严管党治党，严厉正风肃纪，以风清气正的政治生态，大力构建“亲”“清”新型政商关系，营造和谐共赢的发展环境。一要严格落实“两个责任”。各级党组织要将主体责任牢牢扛在肩上，完善制度机制，建立健全横向到边、纵向到底的党风廉政建设责任体系。支持纪检监察机关履行执纪监督责任，始终把纪律和规矩挺在前面。二要强化监督执纪问责。坚持力度不减、节奏不变，对党员干部违法违规行为“零容忍”，努力营造公平公正的市场经济环境。组织清理、督办、整改招商引资的违约失信问题，扎实开展招投标违规行为、纠“四风”治陋习专项整治和“雁过拔毛”等群众身边的“微腐败”专项整治。三要持续改进干部作风。认真落实中央八项规定，深刻认识“四风”问题的顽固性、反复性，驰而不息反“四风”、改作风。要高度关注官僚主义、形式主义新表现，对准焦距、找准穴位、抓住要害，重点整治表态多调门高、行动少落实差等突出问题，以优良党风凝聚党心民心、带动政风民风。

5. 夯实基层基础。基层工作是党的全部工作的基础，必须不断提升基层组织战斗力、执行力、向心力。一要建强基层组织，提升战斗力。把选优配强基层领导班子作为一项动态化工作来抓，把乡（镇）、村党组织建设成为坚强战斗堡垒。坚持“选”“派”结合，切实将党性能力强、改革意识强、服务意识强的优秀党员选拔到基层党组织书记岗位，有效解决基层党组织弱化、虚化、边缘化问题。二要严格基层管理，提升执行力。重点围绕“明主责、补短板、解难题”三大任务，加快补齐基层队伍建设、待遇保障、阵地建设三大短板，着力破解基层党建难题，认真开展“不忘初心，牢记使命”主题教育活动，不断提升基层党建工作水平。三要关心基层干部，提升向心力。在人力、物力、财力资源分配上，更多地向基层倾斜，用情用心用力解决基层实际困难。从政治上、工作上、生活上，改善基层干部的待遇和条件，让他们工作上有劲头、生活上有盼头、事业上有奔头，激励广大基层干部在一线建功立业。

同志们，“纷繁世事多元应，击鼓催征稳驭舟”。新时代开启新征程，新时代呼唤新作为。让我们高举习近平新时代中国特色社会主义伟大旗帜，紧密团结在以习近平同志为核心的党中央周围，不忘初心，牢记使命，撸起袖子加油干，奋力建设“创新开放新高地、品质活力新永州”，为满足人民群众对美好生活的需要而不懈奋斗！

政府工作报告

——在永州市第五届人民代表大会第二次会议上

中共永州市委副书记、市人民政府代市长　赵应云

（2017 年 12 月 29 日）

各位代表：

现在，我代表市人民政府向大会报告工作，请予审议，并请各位政协委员提出意见。

一、2017 年工作在克难奋进中取得新发展

中共永州市委副书记、市人民政府代市长　赵应云

2017 年是我市发展史上极不平凡、卓有成效的一年。全市人民在市委的坚强领导下，认真学习贯彻党的十九大精神，紧紧围绕建设创新开放新高地、品质活力新永州，突出打好“六大战役”，着力抓好“四个提升”，有效克服经济下行压力和历史罕见洪涝灾害等困难挑战，保持了经济社会平稳健康发展。预计完成地区生产总值 1750 亿元，增长 8%；规模工业增加值 380 亿元，增长 7.5%；固定资产投资 1870 亿元，增长 13%；社会消费品零售总额 649 亿元，增长 10.8%；财政总收入 168 亿元，增长 12%；

城乡居民人均可支配收入分别达到26110元、12660元，分别增长8.7%、8.4%；全面小康实现程度提高到88.1%，同比提升4.5个百分点。

脱贫攻坚成效显著。把脱贫攻坚作为最大的政治任务和最重的民生工程，调集最优势的资源，汇聚最广泛的力量，实行最严格的军令状管理，推动脱贫攻坚取得决定性进展。预计全年减贫17.23万人，贫困村出列349个，宁远、双牌、江永3个省扶县可实现脱贫摘帽，全市贫困发生率由6.3%下降到3.3%。抓党建促脱贫攻坚、“三走访三签字”活动、中国社会扶贫网试点以及产业扶贫、金融扶贫、教育扶贫、健康扶贫等工作走在全省乃至全国前列。开工建设易地扶贫搬迁项目84个，安置建档立卡贫困户56541人。建成贫困村电商营运站点539个、光伏电站557个，116个村入选全省旅游扶贫示范村。投放扶贫小额贷款7.02亿元，贫困村金融服务站实现全覆盖。完成贫困劳动力转移就业1.29万人，贫困对象技能培训1.4万人。贫困学生义务教育完成率、贫困人口居民医保参保率均达到100%，救治救助贫困大病患者3.86万人次。贫困村基础设施和基本公共服务大幅改善。

产业培育势头良好。大力实施“园区升级战役”，全市工业园区完成基础设施投入108亿元，新增标准厂房103万平方米，新入园投资5000万元以上工业项目110个，竣工投产65个，新入统规模工业企业120家，新增首发上市和新三板挂牌企业3家，新认定高新技术企业30家。永州经开区申报国家级经开区通过国家相关部委审核，祁阳经开区总产值突破200亿元，道县、蓝山工业园新晋为百亿园区。编制修订农业园区规划150个，重点升级的14个农业园区投入资金23.9亿元，新引进农业项目20个、总投资172.1亿元。粮食、烤烟、油茶、蔬菜、水果、畜牧水产等大宗农产品生产稳中有升，新创农业标准化基地（场）60个，新增“三品一标”农产品130个、国家地理标志证明商标和产品5件，成功创建国家级出口食品农产品质量安全示范市。大力实施“旅游升温战役”，全市开工建设旅游重点项目63个，完成投资103.6亿元。获评全国森林旅游示范市，新增国家AAA级旅游景区6个，九嶷山舜帝陵入选国家级风景名胜区，零陵古城建设势头良好。成功举办纪念周敦颐诞辰1000周年、全国第四届草书展、第十一届阳明山“和”文化旅游节、湖南冬季乡村旅游节等重大节庆活动。全市接待国内外游客3400万人次，实现旅游综合收入200亿元，分别增长18.5%和22.7%。全年电商交易总额突破300亿元，新田获批全国电子商务进农村示范县。全市金融机构存、贷款余额分别达到2250亿元、1190亿元，分别增长17.5%、23.1%，新增贷款223.9亿元，新设5家村镇银行，光大银行入驻永州。房地产市场保持稳定，去库存效果明显。

城乡面貌持续改观。强力推进“城镇提质战役”十大工程建设，全市实施城镇提质重点项目212个，完成投资367.3亿元；市本级开工城建项目43个，完成投资137.2亿元，增长37.4%。“一宫两馆六中心”、湘江西岸片区道路改造、旧城及棚户区改造、城南大桥等一批重点项目加速推进，育才路提质改造、32条主干道路绿化提质及重点地段楼宇景观提档升级全面完成。国家卫生城市、国家森林城市创建成果巩固深化，国家历史文化名城保护力度加大，国家园林城市、全国文明城市创建工作全面展开。县城扩容提质和特色小镇建设来势较好，祁阳县、东安县芦洪市镇国家新型城镇化试点及回龙圩等国家、省级重点镇建设扎实推进，江华获批国家园林县城，宁远县湾井镇入选国家特色小镇。启动建设省、市美丽乡村示范村62个，双牌县坦田村入选国家人居环境整治示范村，江华井头湾村授牌为中国少数民族特色村寨。

基础设施日趋完善。深入实施“交通提速战役三年行动计划”，湘桂铁路永州地区扩能工程开工建设，永清广高铁列入湘粤两省合作备忘录，经停永州高铁增加至20对；零陵机场迁建获国家民航局批复，新开通永州至重庆、北京直飞航线；衡永高速公路前期工作进展顺利，省道355、356等重点干线公路和祁阳大道、冷东一级公路等潇湘城市群市政化快速通道建设加速推进，零双一级公路建成通车，中心城区BRT快速公交即将建成；完成各类农村公路建设2000余公里。农田、水利、电力、信息建设稳步推进，完成土地整治27.2万亩、高标准农田建设7.2万亩；涔天河水库扩建枢纽工程基本建成、移民工程通过国家验收、灌区工程进展顺利，毛俊水库开工建设；完成电网建设投资6.4亿元，神华国华永州电厂复工建设，一批大型风电、光伏项目建成并网发电；智慧永州“四中心”和城乡网格化信息系统上线运行，华为云计算中心、“宽带乡村”和“电信普遍服务试点”等项目进展良好，广播电视“村村响、户户通”工程全面完成。

生态环境整治有力。全面启动国家生态文明建设示范市创建工作，深入实施湘江保护和治理第二个“三年行动计划”，强力推进增绿、洁地、净水、治气四大工程，全面推行“双河长制”，全力抓好中央环保督察交办问题整改和信访件办理，有效解决了一大批历史治污难题。湘江出境水质保持Ⅱ类以上标准，中心城区饮用水源地水质达标率100%、空气质量优良率达到85.9%，全市畜禽养殖废弃物资源化利用率达到75%。完成人工造林28.2万亩，全省首个市级航空护林站投入使用。江华获评首批国家生态文明建设示范县，宁远成为全国首批农村生活垃圾分类和资源化利用示范县，道县列入全国畜禽粪污资源化利用重点县，江永永明河创建为国家湿地试点公园，祁阳太白峰获批国家森林公园、浯溪获批国家水利风景区，金洞获批全国森林康养基地试点。

改革开放深入推进。全面深化改革的“永州路径”持续拓展，简政放权、商事制度改革、农村综合改革、社会治理机制改革等多项改革走在全省前列。市政府工作部门再次精简行政权力44项，企业登记升级为“40证合一”，获批全省“互联网+政务服务”唯一试点城市，创新开展“五集中”审批服务，推动大众创业、万众创新活力持续迸发。全市新登记各类市场主体42056户、企业6631户，分别增长17.2%、21.2%。国家级“星创天地”达到3家，“院士工作站”实现零的突破。中信重工、三一重能、贵德光电、远大住工等一批行业领军企业成功落户，与央企省企对接成果丰硕。全年实际利用外资10.48亿美元、增长9.97%，内联引资265亿元、增长15%；完成外贸进出口总额88亿元，增长30%。湖南（道县）农副产品集中验放场暨永州公路口岸、江华海关工作站开关运行。

民生事业稳步发展。实施“民生微实事建设年”活动，加大为民办实事力度，全市涉及民生的财政支出占比达到72%，省定10项重点民生实事全面完成，市定6284个民生微实事项目完成投资107.9亿元。新增城镇就业6.2万人、农村劳动力转移就业4.3万人。改造各类棚户区43668户、农村危房26927户。巩固提升农村饮水安全40万人。城乡低保清理提标，养老保险提标扩面，城乡居民医保制度整合全面完成。加快补齐社会事业短板，新建义务教育合格学校177所、农村公办幼儿园24所、城区学位5.2万个，高考二本以上上线人数增幅居全省第一。全社会研发经费增长25%以上，国家知识产权示范城市进入培育期，全国质量强市示范城市获准创建。文化惠民工程深入推进，群众文化体育活动和精神文明创建活动蓬勃开展，荣获全国群众体育先进单位。新建乡镇卫生院49个、行政村卫生室1073个、社区卫生服务中心9个，公立医院全部取消药品加成，计生工作转型发展。创建学校标准化食堂100家，群众食品安全满意度提高。

社会大局和谐稳定。着力加强社会治理，以网格为基本单元的“1+N”治理模式全面推行，村、社区（居委会）“两委”换届工作圆满完成。大力加强立体化、信息化、动态化社会治安防控体系建设，建成全国最大的人脸识别应用基地，建成全省第一个公安大数据实战平台。保持打击各类违法犯罪活动的高压态势，成功侦办“善心汇”等一批国字号、省字号重大案件，公安各项业务指标均居全省前列，全市社会治安公众评价全省第一，连续三年评为全省综治工作先进市。扎实开展“信访积案清零”专项行动，切实解决群众合理诉求，信访形势明显好转。全力管控安全生产领域风险，事故起数和死亡人数连续10年“双下降”。

政府建设不断加强。坚决贯彻全面从严治党要求，狠抓从严治政。扎实推进“两学一做”学习教育常态化制度化，深入开展“解放思想，实干兴永”大讨论。切实加强法治政府建设，始终坚持依法行政，稳步推进政府立法工作。认真执行市人大及其常委会的决议、决定，自觉接受市人大及其常委会的法律监督、工作监督，主动接受市政协的民主监督和社会舆论监督。办理人大代表议案、建议299件、政协委员提案286件，宋家洲整治、修通并村断头路等一批重点议案、建议和提案办理成效明显。不断强化行政监察和审计监督，持之以恒纠“四风”治陋习反腐败，严肃查处了一批违规违纪违法案件。统筹经济建设和国防建设，国防动员、人民防空和国防后备力量建设稳步推进，军民融合深入发展。民族宗教、外事侨务、新闻出版、档案、史志、贸促、对台、气象、地震、老龄、慈善、残疾人、红十字会等工作齐头并进，工会、共青团、妇联等群团组织作用得到有效发挥。

各位代表，回首2017年的工作，我们深感成绩来之不易，倾注了全市人民共同的智慧、心血和汗水。一年来，因为有市委总揽全局、协调各方、科学指挥，团结带领干部群众积极应对经济下行压力，战胜历史罕见的特大洪涝灾害，在区域竞相发展态势中创新争先，为引领发展锻造了坚强核心；因为有市人大、市政协在参与中监督、在监督中支持、在支持中鼓劲，深入调研出主意，联系项目解难题，为加快发展营造了良好氛围；因为有驻永部队、武警消防官兵、民兵预备役及政法干警始终把群众生命财产安全放在首位，奋战在危难险重最前沿，为保障发展塑就了中流砥柱；因为有各民主党派、工商联、人民团体、无党派人士、离退休老同志以及其他社会各界人士情系永州，献计出力，为共谋发展凝聚了强大合力；因为有全市广大干部群众以改革发展稳定为己任，在各行各业辛勤劳作、创新创业、奉献付出，为支撑发展奠定了稳固基石。在此，我谨代表市人民政府，向大家表示衷心的感谢，并致以崇高的敬意！

各位代表，自信者当自醒，自醒者必自强。在总结工作的时候，我们既要肯定成绩，也要正视不足，清醒认识到当前制约永州发展的基础性、结构性、根本性问题。一是城市和集镇对经济发展的带动作用还不强。中心城区的集聚力、辐射力、承载力不强，功能不全和品质不高的问题同时存在，县城和集镇建设滞后于新型城镇化的要求，以城带乡的作用发挥不充分。二是创新和开放对经济发展的引领作用还不强。部分干部群众思想观念跟不上形势发展的需要，科技、管理、文化等方面创新能力较弱，开放平台建设与经济社会发展不相适应，开放型经济发展的规模和水平明显偏低。三是产业和园区对经济发展的支撑作用还不强。产业结构不适应经济转型升级的要求，工业经济规模不大，现代农业基础薄弱，现代服务业发展不足，特别是园区经济特色不鲜明，主导产业和产业链培育不够。四是环境和要素对经济发展的保障作用还不强。政务服务效率不高，少数人工作落实和执行不力，为政不勤不廉的现象仍然存在。资金、土地、人才等发展要素保障不到位。五是满足人民美好生活需要的条件还很不充分。城区学位严重不足，能上学的问题解决之后，上好学的问题仍然突出。城乡医疗服务体系还不完善，优质医疗资源非常紧缺。脱贫攻坚压力仍然很大。生态文明建设基础薄弱，部分环境突出问题一时难以解决。就业、增收的任务十分艰巨。一些涉及老百姓利益的信访问题还没有得到及时有效解决。不安定不稳定不确定的社会风险仍然不少。等等。

发展短板就是发展潜力，发展不足就是发展空间。上述问题，既是导致2017年部分目标任务没有完成的主要原因，也是当前和今后一段时期做好政府工作的主攻方向。对此，我们一定要坚持问题导向，强化问题意识，切实提高解决问题的能力。我们坚信，只要勇于面对、敢于担当，下定决心补短板，千方百计强弱项，就完全有信心、有能力、有办法应对前进道路上的各种困难和挑战。

二、奋力推动2018年工作迈上新台阶

2018年是全面贯彻落实党的十九大精神的开局之年，是改革开放40周年，是决胜全面建成小康社会、实施“十三五”规划承上启下的关键一年，更是我市在新的发展起点上融入新时代、开启新征程、展现新作为的起步之年。

新的一年，我们将面临经济下行压力持续加大、周边竞争态势日趋激烈、我国社会主要矛盾变化等新情况，必须做好科学应对的充分准备。同时又要看到，党的十九大描绘了决胜全面建成小康社会、夺取新时代中国特色社会主义伟大胜利的宏伟蓝图，必将激发和汇聚起645万永州儿女奋发图强、奋力前行的磅礴力量；随着国家“一带一路”、粤港澳大湾区建设等重大战略的全面实施，永州的区位、资源、生态、人文等优势将更为凸显；尤其是创新开放新高地、品质活力新永州建设的深入推进，给潇湘大地注入了蓬勃生机和巨大活力，永州发展的能量正在加速释放，必将迎来一个大有希望、大有作为的黄金期。我们一定要坚定信心、振奋精神，在新时代的新征程上勇立潮头、破浪向前。

根据市委部署，2018年全市经济社会发展的总体要求是：全面贯彻党的十九大精神，以习近平新时代中国特色社会主义思想为指导，加强党对经济工作的领导，坚持稳中求进的工作总基调，坚持新发展理念，紧扣社会主要矛盾的变化，按照高质量发展的要求，统筹推进“五位一体”总体布局，协调推进“四个全面”战略布局，坚持以推进供给侧结构性改革为主线，统筹推进稳增长、促改革、调结构、惠民生、防风险各项工作，大力实施“开放兴市产业强市”战略，积极拓展“六大战役”和“四个提升”，努力建设创新开放新高地、品质活力新永州。

主要预期目标是：地区生产总值增长8%以上，规模工业增加值增长8%以上，固定资产投资增长13%左右，社会消费品零售总额增长11.5%左右，进出口总额增长15%以上，财政总收入增长8%以上，城镇居民人均可支配收入增长8.5%以上，农村居民人均可支配收入增长9%以上，全面小康实现程度提升4个百分点以上，坚决完成环境保护、资源节约、安全生产等约束性指标。

实现明年发展目标，推动永州工作迈上新台阶，要着力从宏观层面把握以下几条：必须坚持以政治建设为统领。坚定不移在思想上政治上行动上同以习近平同志为核心的党中央保持高度一致，坚决、认真、全面贯彻执行中央、省委、市委的决策部署，切实把中央大政方针、省委要求部署落实到永州改革发展的具体实践，把市委的重大决策、重大安排贯穿于政府工作的方方面面。必须坚持以经济建设为中心。始终聚焦经济发展不快不优、综合实力不大不强的最大短板，更加自觉地把高质量发展作为第一要务，坚定不移地以新发展理念引领经济新常态、开辟发展新境界，努力走出一条既有较快增长速度、又有较高增长质量的追赶型发展路子。必须坚持以改革创新为动力。始终把改革创新作为破解当前各种难题、厚积未来发展能量的根本动力，突出以供给侧结构性改革为主线，以科技创新为引领，谋划推出一批具有重大牵引作用的改革创新举措，加快形成适应经济新常态的体制机制，着力塑造促进经济新发展的强大动能。必须坚持以民生优先为导向。坚定不移地践行以人民为中心的发展思想，始终把民生需求作为政府作决策、抓落实的基本取向，围绕不断满足人民群众日益增长的美好生活需要，持之以恒为群众办实事、做好事、解难事，切实用民生成效检验政府的执政理念、行政能力、工作绩效，不断提高人民群众对政府工作的满意度。必须坚持以铁的作风为保障。认真落实习近平总书记关于进一步纠正“四风”、加强作风建设的重要指示精神，以永远在路上的恒心和韧劲，全面推进各级政府作风建设，以埋头务实、精细严谨、优质高效、锲而不舍的过硬作风，推动政府各项工作扎实落地，促进永州各项事业持续发展。

（一）深入推进脱贫攻坚，奋力冲刺全面小康

坚决打赢脱贫攻坚战役。坚持真脱贫、脱真贫，一手抓已脱贫人口的稳定巩固，一手抓深度贫困人口的脱贫攻坚，全年实现减贫12万人以上，贫困村出列267个，新田、江华2个国扶县脱贫摘帽，贫困发生率下降2个百分点。继续深化“四跟四走”产业扶贫工作，切实抓好特色农业、电子商务、乡村文化旅游等产业项目，加快形成“一村一品、一户一业”的产业扶贫格局。切实抓好劳务协作脱贫，推行在贫困村建立“扶贫车间”，新增贫困劳动力转移就业8500人。加大金融扶贫力度，新增小额扶贫贷款5亿元，拓宽扶贫“特惠保”保障范围。加大贫困人口住房保障力度，完成易地扶贫搬迁2万人，优先抓好贫困人口危房改造。精准落实教育扶贫、健康扶贫政策，坚决不让一个贫困学生因贫失学、辍学，不让一个家庭因病致贫、因病返贫。加大涉农资金整合投入，加快补齐贫困村基础设施短板，提升医疗卫生、科技、文化、社会保障等公共服务水平。拿出最大财力，调动各方资源，激发贫困人口内生动力，集中力量攻克42个深度贫困村。激励引导民营企业、公民个人、社会组织参与脱贫攻坚，深入推进“万企帮万村”和“小微企业进村”行动，推动互联网+社会扶贫工作继续走在全国前列。加强扶贫领域项目资金管理，切实提高扶贫项目受益精准度和扶贫资金使用效益。

大力促进县域经济崛起。认真落实促进县域经济发展的政策措施，在做大做强市本级的同时，加大对县域经济发展的支持力度，不断增强县域发展活力和整体实力。着力加大对县区财源建设、产业发展和园区建设的支持力度，建立动态奖励机制，鼓励县区加大产业发展力度。支持在永金融机构网点向县域拓展，支持市县区融资平台、担保机构开展合作，支持县区向上争资金、争项目、争试点，重大项目优先列入市重点项目建设计划。坚持分类施策、错位发展，引导各县区优势优先发展、特色特殊发展，推动中心城区走在前列、经济强县率先发展、发展潜力县进位争先、重点生态功能县绿色崛起、民族特色县做优做强。优化县域经济发展量化考核评价机制，不简单搞“一刀切”“齐步走”，激励各县区主动作为、创先争优。科学合理划分市县区事权与支出责任，推动权力下放、权责一致。不断改善基层工作生活条件，加大乡村社区运转和人员待遇保障。统筹规范针对乡镇的评比表彰、示范创建等活动，未经批准不得对乡镇设置“一票否决”事项，切实为基层减负减压。

全面强化基础设施支撑。围绕建设“区域性综合交通枢纽城市”，以“两高两航三路一港”为重

点，加快完善立体交通体系。扎实推进湘桂铁路永州地区扩能工程，积极推动和参与呼南高铁邵永客专前期工作，力争永清广高铁纳入《粤港澳大湾区城市群发展规划》和国家中长期铁路网调整规划；努力争取开工建设衡永高速公路，启动永郴高速、零道高速、永州至新宁高速公路前期工作；做好零陵机场迁建前期工作，新开通2—3条航线；启动湘江永州至衡阳千吨级航道改造工程，完成祁阳、冷水滩、零陵3个千吨级码头前期工作；加快潇湘城市群市政化快速连接道路建设，争取冷东、冷祁、省道217（九嶷大道北出口）快速通道建成运行，上大（金）公路开工建设；实施以完善县区互通互联为目标的国省干线公路750公里，完成以通组公路为重点的各类农村公路建设改造5000公里，实施危桥改造74座；加快永州内陆港建设。抓好涔天河水库枢纽工程扫尾、灌区工程推进和毛俊水库建设三大“国字号”水利工程，加快一批在建中型水库建设步伐，力争零陵何仙观水库列入省水利工程PPP试点项目，打造中心城区“第二饮用应急水源”，完成1座大型水闸、26座病险水库除险加固、5个小农水项目县建设任务，推进高效节水灌溉、水土流失、中小河流治理、水电增效扩容和农村自来水工程。加快神华国华永州火电项目建设，开工建设总装机50万千瓦的风力发电、20兆瓦的光伏发电项目，抓好江华冯河110千伏输变电及蓝山大桥、双牌倪家洞等风电送出工程，协调推进各级电网建设改造，加快实施“气化永州”工程，力争永州至东安、双牌、道县天然气长输管线与衡阳至永州主管网同步开工建设。加快推进信息基础设施建设，完成“智慧永州”二期工程，抓好第三批“电信普遍服务试点”项目实施，实现所有行政村通光纤。

（二）深入推进产业强市，大力振兴实体经济

扎实抓好产业项目建设年活动。积极对接省里“百千万投资促进计划”和产业项目建设年活动，实施“五个10”产业项目建设工程，突出抓好10个重大产业项目、10个重大科技创新项目、10个重大产品创新项目，引进10个500强企业、10名重点科技创新人才，全力营造抓项目兴产业促发展的浓厚氛围。积极跟踪衔接，力争已申报的一批项目进入省里产业项目建设“五个100”笼子。

扎实抓好园区升级和工业提速。完成园区基础设施投入100亿元以上，新建标准厂房面积100万平方米以上，引进落户投资5000万元以上工业项目100个以上，建成投产60个以上，新增规模工业企业100家以上，新创1—2家省级高新技术产业开发区，抓好汽车制造及配套产业园、大数据产业园等特色园区建设。大力发展现代农业产业园，力争永州国家农业科技园创建为国家现代农业产业园，新创省级现代农业特色产业园示范园18个以上，实施配套升级14个以上。创新园区建设模式，主动与央企、行业龙头共建产业联盟和园中园。加速推进产城融合，不断完善园区功能配套，推动服务共享，促进工业园区城市化发展。深化园区人事、财税和投融资体制改革，探索建立“园政合一”管理模式，激发园区发展内生动力。实施新兴优势产业链和骨干龙头企业培育行动，着力打造先进装备制造、电子信息、生物医药、新能源新材料、节能环保、大数据等新兴产业集群，加快改造提升水泥建材、农产品加工、矿产品加工、轻纺制鞋等传统产业。整合财政专项资金，建立财源企业库，建立产业发展引导资金和企业增长奖励机制，加大对主导产业和优势骨干企业扶持力度。开展百户骨干企业精准帮扶活动和降成本专项行动，提高金融支持实体经济的精准度和实效性，健全中小企业融资担保体系，全年新增贷款200亿元以上，争取1~2家企业首发上市或“新三板”挂牌。

扎实抓好旅游升温和服务业提质。启动全市全域旅游发展总体规划编制工作，支持东安、宁远、江永创建国家全域旅游示范区、双牌创建“国际慢城”、九嶷山创建国家生态旅游示范区。推动国内知名旅游投资机构来永发展，加快零陵古城、永州华侨城、江华瑶族文化博览园、蓝山云冰山景区等重点项目建设，推进九嶷山创AAAAA、周敦颐故里创AAAA工作，打造一批乡村旅游示范村、少数民族特色村镇、森林小镇和秀美村场。加强旅游配套设施建设，实施旅游整体营销工程，办好重点旅游文化节庆活动，推动大湘南和“湘粤桂城市圈”全域旅游联动发展，实现旅游总收入增长20%以上。加快万商红商贸城、潇湘汽车城、永州火车站物流园、粮食仓储物流产业园等重点商贸物流项目建设，引进、培育一批具有核心竞争力的大中型商贸物流企业，积极发展智慧物流，促进传统商贸物流业转型升级。举办好车展节、农博会，精心筹办一批新型展会。坚持“房子是用来住的”，引导房地产市场健康稳步发展，加快消化库存，建设一批适应市场需求的中高端小区。大力发展电子商务，实现电商交

易总额突破400亿元，新创1个国家级电子商务进农村示范县。壮大金融服务业，力争新设立2家全功能县域支行，实现村镇银行全覆盖。

扎实抓好创新创业。深入实施创新驱动战略，实现全社会研发经费增长25%以上，新认定高新技术企业20家以上，实施省以上科技计划项目30项以上，争创国家或省级研发及创新平台2家以上。支持园区、企业与高等院校、科研机构、行业协会等共建双创基地，建设一批省级以上双创平台。全年新增市场主体4.2万个以上。抓好国家知识产权示范城市和全国质量强市示范城市创建工作，着力培育一批品牌产品、品牌企业、品牌工程。深入实施招才引智计划，完善人才引进的政策措施，加强本土人才培养，加强职工技能培训和素质提升，强化创新驱动发展的人才支撑。

（三）深入推进改革开放，加速集聚发展动能

突破重点改革。全面落实中央和省里确定的改革任务，更大力度抓好自主改革项目。深化“放管服”和商事制度改革，全面落实“双告知”、“双公示”和信用信息归集共享，全面推行“双随机、一公开”监管，抓好“互联网+政务服务”试点，办好网上政务大厅，推动审批服务从“一次办”、“马上办”到“网上办”。深化投融资和财税、金融体制改革，按照“有保有压”原则，在防范和化解财政、金融风险的同时，确保建设和民生资金需求。推动平台公司市场化转型发展，支持开展产业开发，加强城建类金融担保体系建设，破解城市建设融资瓶颈。进一步理顺国资监管体制，继续加大央企省企对接和成果有效落地。积极探索推行行政执法体制改革，增强行政执法效能，加快政府职能转变。

深化开放合作。大力实施开放兴市战略，全力打造对接东盟桥头堡，深度融入粤港澳大湾区，推动形成全面开放新格局。实施走进500强链接大产业行动，瞄准国内、世界和行业500强企业，量身定做招商项目，积极推动以商招商、园中园建设招商、基金招商，着力引进一批投资强度大、科技含量高、创新能力强的战略投资者，争取引进一个，带来一片，发展一群。充分发挥永州异地商会作用，深入开展引老乡回故乡建家乡活动，积极鼓励永商回乡创业。落实招商政策，优化招商服务，提高项目履约率、落地率、投产率。全年实际利用外资11.5亿美元以上，内联引资300亿元以上。实施构筑大通关提升大平台行动，拓展湖南（道县）农副产品集中验放场暨永州公路口岸功能，加快将湘南进出口食品（农副产品）检测中心打造成国家富硒农产品检测重点实验室，抓好江华海关工作站运行，推广国际贸易“单一窗口”。实施融入“新丝路”拓展大合作行动，持续推动外贸“破零倍增”，加快“永品出境”“永企出海”。加快外贸转型升级，培育壮大一批生产型外贸企业，大力发展总部经济，支持跨境电商企业做大做强。实现外贸进出口总额突破100亿元。

推动民营活市。认真落实国务院促进民间投资“26条”，推动国资、民资、外资全面对接合作。大力清理、督办、整改招商引资的违约失信问题，扎实开展招投标违规行为、乱收费乱罚款乱摊派及“雁过拔毛”式腐败等专项治理，着力优化营商环境。构建“亲”“清”新型政商关系，努力形成民营经济发展的“洼地”效应。

（四）深入推进城乡融合，着力打造美丽永州

推进城镇提质行动。加速提升中心城区首位度。以零冷两区联城为重点，以项目建设为支撑，加快做大做强中心城市。全年实施重点城建项目76个以上，完成投资125亿元以上。扎实抓好永州大道沿线开发，加快启动湘江风光带建设，全速推进滨江新城路网、“一宫两馆六中心”、二广高速永州东连接线、城南大道、潇湘大道、湘江两岸棚户区改造等一批重大项目，合理布局停车场、公厕、垃圾收集站等民生项目，完成城市公交与出租车改革，运行一期城市BRT。加大国家园林城市、全国文明城市等品牌创建力度，深入推进城市道路文明交通畅通提升工程。依托中心城区做大做强，加快推进潇湘城市群建设，突出抓好城市群内基础设施互联互通、功能配套，加快形成紧紧围绕中心城区的旅游圈、经济圈、生活圈。推进县城和小城镇扩容提质，着力完善路网、地下管网、“两房两棚”、“两供两治”等基础设施和民生工程，提升综合承载能力。持续抓好城镇品牌创建，新创一批国家、省级卫生县城、文明城市、园林县城。推动祁阳、道县“撤县设市”。探索小城镇建设融资途径，加快特色村镇建设，开展特色小镇创建活动，新建市级美丽特色小镇10个以上。深化城镇管理体制改革，加快完善各级城镇规划体系，严格规划实施与管理，加大控违拆违力度，加快智慧城镇建设，提升精细化管理水平。

实施乡村振兴战略。科学制定全市乡村振兴战

略规划，选准并实施一批乡村振兴试点，积极探索乡村振兴的永州路径。深入推进农业供给侧结构性改革，坚持质量兴农、绿色兴农，推动农业发展由增产导向转变为提质导向。大力建设以精细农业、智慧农业为特色的优质农副产品供应基地，突出抓好粮食、生猪、油茶、柑橘、蘑菇、茶叶、生姜、芋头等8大优势产业基地建设。加速推进农业标准化建设，新建市级以上农业标准化示范基地（场）60个以上，新增1个国家级、2个省级农产品质量安全县。加强农业品牌建设，注重国家地理标志产品开发，抓好“三品一标”农产品认证，对优势农产品实行“全市一品”。积极培育新型农业经营主体，大力支持骨干龙头企业上市。深化农村综合改革，全面完成农村土地承包经营权登记颁证，积极探索“三权分置”有效实现形式，推进农村土地规范有序流转。全面开展农村集体产权制度改革试点工作，每个县区启动完成2个村的试点任务。加快农村金融保险创新，实现县区开展农村土地经营权抵押贷款全覆盖，积极引导工商资本进农村。深入实施“四清四化”和“五改”行动，大力推进农村“厕所革命”和集贸市场建设改造，抓实农村环境连片整治和农村清洁工程，实现所有行政村配备保洁员，农村垃圾集中收运率达到100%、生活垃圾集中处理率达到90%。新启动建设省、市美丽乡村创建村60个，推进环境整治重点村450个，争创全面小康示范村100个。设立乡镇规划委员会，加强农村建设规划管理。抓好第三次全国土地调查工作。

厚植生态文明优势。围绕创建国家生态文明建设示范市，深入实施“强规、增绿、洁地、净水、治气”工程，营造天蓝、地绿、水净的美好家园。强规方面，全面完成市县区创建国家生态文明建设示范市（县）的规划编制工作，制定出台生态文明建设目标评价考核办法。增绿方面，启动大规模国土绿化行动，抓好乡村“五边”造林和城市“六个绿色”创建，完成人工造林27万亩。洁地方面，全面实施“土十条”，加强土壤污染防治与修复，严格危险废物环境监管，污染地块安全利用率达到90%。净水方面，深入实施“水十条”，压实市县乡村四级河长责任，推进湘江保护与治理第二个“三年行动计划”，抓好湘江两岸退耕还林还湿试点。支持县区开展省级湿地公园试点申报，打造1~2个高标准、高品质的国家湿地公园。加强城市黑臭水体治理，实现县级以上集中式饮用水水源地水质达到Ⅱ类以上标准，3个国家考核断面达标率100%。治气方面，加快空气质量达标城市创建，强化建筑扬尘、餐饮油烟、燃煤锅炉、重点工业污染源等监管，确保中心城区空气质量优良率达到85%以上，全市大气质量综合指数在全省保三争二。

（五）深入推进民生事业，不断提升群众福祉

着力办好10件民生实事。1. 深入实施“学位建设三年行动计划”，2018年基本消除66人以上超大班额；2. 将城乡居民医保财政补助标准提高到年人均480元；3. 救治救助150名无责任主体的农民工尘肺病患者；4. 继续提高退休人员基本养老金和城乡居民基础养老标准；5. 确保每千名老年人口养老床位数达到32张；6. 实施棚户区改造2.6万套、农村危房改造1万户；7. 困难残疾人生活补贴和重度残疾人护理补贴发放标准不低于每人每月50元；8. 帮助240名0~6岁脑瘫儿童实施抢救性康复；9. 为1400名智力、精神和重度肢体残疾人开展集中托养服务；10. 实施主城区特别是老城区地下排水排污系统建设攻坚工程，加快改善居民生活环境。

认真办好人民满意教育。推进城乡义务教育一体化，深入实施“四名工程”，加快普及高中教育，争取1~2所示范性高中进入全省名校第一方阵。统筹发展高等教育、职业教育、特殊教育，支持发展民办教育，加快永州高等师范专科学校建设和市委党校搬迁，组建永州职业教育集团。下大力解决中小学生“课外负担重”“择校热”等突出问题，解决好婴幼儿照护和儿童早期教育服务问题，努力让每一个孩子都能享有公平而有质量的教育。

加快完善社会保障体系。以充分就业为目标，着力提高就业质量，确保新增城镇就业5.7万人、农村劳动力转移就业4万人，城镇登记失业率控制在4.5%以内。切实维护劳动者合法权益，着力治理拖欠克扣农民工工资问题。完善“五险”统一征缴制度。深化机关事业单位养老保险制度改革。创新医保支付方式，推广医保异地结算，提高医保基金使用成效。巩固农村低保标准和扶贫标准“两线合一”成果，提高城乡低保精准度。健全社会救助制度，加快慈善事业发展，关心关爱农村留守儿童、困境儿童、孤寡老人、残疾人和流浪乞讨人员。

扎实推进健康永州建设。推动医改向纵深发展，加快“分级诊疗”实施，加大全科医生培养，巩固药品零差率销售改革成果，严控医疗费用不合理增长。扎实抓好中心城区医疗卫生“四中心”建设，

推进县级医院、基层医疗机构和公共卫生服务机构标准化建设。健全重大疾病防控工作机制，优化公共卫生服务。传承发展中医药事业。鼓励社会力量发展健康产业。推进健康、养生、养老与旅游、体育相融合。加强出生缺陷综合防治，提高出生人口素质。加大食品药品监管力度，新创学校标准化食堂200家。

大力促进文化繁荣发展。积极创建国家公共文化服务体系示范区，着力抓好市文化艺术中心、博物馆、图书馆、工人文化宫等重点文化设施项目建设，推进公共文化服务基本化、均等化、便利化。实施文化艺术名家扶持工程，培育一支高水平的文艺创作人才队伍。大力倡导全民阅读，积极建设“书香永州”。加强历史文化名城、名镇、名街、名村、名居等文化遗产和非物质文化遗产保护，支持女书申报世界记忆名录和世界文化遗产，打造中国书法名城。成立文旅投资公司，促进文旅投入与城建投入相结合，引进大品牌、新业态，整合开发文旅资源，做大做强文化产业，培育一批文化龙头企业。加强公民思想道德建设，强化网络空间治理，净化网络环境。

统筹发展其他各项事业。积极发展老龄事业，扎实做好老干部工作。加快推进《永州市志》编修，全面完成部门志编撰。认真做好民族宗教、外事侨务、统计、档案、保密、气象、地震、人防、水文等工作。充分发挥工会、共青团、妇联等群团组织作用。大力支持国防和军队改革，推进军民融合深度发展，加强国防后备力量建设，做好军转干部和退役士兵接收安置工作。

（六）深入推进平安创建，努力促进社会和谐

推进社会治理创新。进一步完善网格化服务管理，构建管理功能完善、参与主体多元的网格化服务管理体系。有效整合部门资源，推进综治中心一体化建设、实体化运作。大力实施“雪亮工程”，建立市、县（区）、乡镇（街道）、村（社区）四级联网的视频监控图像信息系统。建好用好省市县际公安检查站，推进乡镇和居民小区治安星级评比，推动群防群治各项措施落地落实。加快农村综合服务平台建设，实现乡镇、村居基层服务平台全覆盖。

深化平安永州建设。牢固树立总体国家安全观，全面加强反暴恐工作和国家安全工作，依法严厉打击黑恶势力、涉爆涉枪、“两抢一盗”、黄赌毒、传销、走私、电信诈骗、非法集资等各类违法犯罪，持续开展集中整治“三强三堵”、治安失控村、“村霸”和宗族恶势力等专项行动。健全完善矛盾纠纷多元化解机制，积极稳妥处置各类群体性事件。扎实推进“平安创建”，争创一批省级、市级平安示范单位。深入开展“信访法治化建设年”活动，大力推进“互联网+信访”，加强“四无乡镇（街道）”、“三无村（社区）”创建，强化源头治理。切实加强防灾救灾减灾能力建设，进一步完善应急管理体系，提高突发事件防范控制、应急响应、有效处置能力。

强化安全生产工作。坚守发展决不能以牺牲安全为代价这条不可逾越的红线。压实党委政府领导责任、部门监管责任、企业主体责任，健全公共安全体系，大力推进安全生产事业改革发展，全面落实风险隐患防治“一单四制”制度，严格实施“黄牌警告”“一票否决”制度，坚决遏制较大及以上安全事故发生，切实保障人民群众生命财产安全。

三、用更高更严标准塑造政府新形象

开启新征程，担负新使命，全市各级政府必须把自身建设摆在更加突出的位置，坚持以能力建设为引领，努力打造一个讲政治、敢担当、有作为、守清廉的人民满意政府。

提升政治能力，打造忠诚政府。突出政治建设在政府自身建设中的统领地位，将政治能力摆在干部能力的首要位置。全市政府各级干部特别是领导干部要牢固树立“四个意识”，坚决维护以习近平同志为核心的党中央权威和集中统一领导，扎实开展“不忘初心、牢记使命”主题教育，坚决按照省委、省政府和市委的工作要求，推动政府各项工作规范、高效、有序运转。坚决执行人大及其常委会的决议、决定，认真办理人大代表议案、建议和政协委员提案，自觉接受人大的法律监督、工作监督和政协的民主监督，虚心听取政协委员、民主党派、工商联、无党派人士和人民团体的意见。切实强化法治思维，把政府工作全面纳入法治化轨道，努力建设法治政府，统筹推进科学立法、严格执法、公正司法、全民守法。严格落实重大行政决策法定程序，认真执行民主集中制，严格按程序办事、按规则办事、按集体意志办事，提高科学决策、民主决策、依法决策水平。

提升创新能力，打造活力政府。建设创新开放新高地、品质活力新永州，关键在于用创新引领开放、引领发展。要把创新作为推动政府工作的活力源泉，发扬敢闯敢试、敢为人先的精神，用创新的思维、改革的意识、破局的办法来解决项目、土地、资金、民生等各类难题，大力推进思路创新、管理创新、政策创新。要以解放思想推动观念转变，破除工作惯性，努力从固有的思维定式中走出来，以思想认识的新飞跃打开工作的新局面。要把学习作为一种政治责任、一种精神追求、一种生活态度、一种工作需要，通过学习不断增强改革创新的能力，克服本领不足、本领恐慌、本领落后的问题。当前最为紧要的，就是要真正学懂、弄通、悟透党的十九大精神，坚持在融会贯通、学以致用上下功夫，增强推动高质量发展和建设现代化经济体系的能力。

提升执行能力，打造实干政府。工作都是干出来的、拼出来的、逼出来的。永州发展的光明前景和美好未来，要靠我们用自己的双手去创造。要大力弘扬和践行不知疲倦、不甘平庸、不断进取的奋斗精神，以不回避、不遮掩、不畏难的态度，一级做给一级看，一级带着一级干，用各级干部的辛苦指数换取人民群众的幸福指数。要深入改进作风，多到基层去，多到一线去，多到现场去，少讲话，少开会，少发文，力戒形式主义和官僚主义，集中更多的时间和精力解决实际问题，推动工作落实。对部署了的工作、决定了的事情，要盯住不放、立马就干，一竿子到底，真正做到踏石留印、抓铁有痕，力争做一件，成一件。坚决整治表态多调门高、行动少落实差等突出问题。宽容干部在工作中特别是改革创新中的失误，旗帜鲜明地为敢于担当者担当，为敢于负责者负责，真正让想干事的有机会、能干事的有舞台、干成事的有地位。

提升自律能力，打造廉洁政府。从政人员必须存敬畏、知戒惧、守底线，时刻把纪律和规矩挺在前面，严格落实党风廉政建设主体责任和“一岗双责”，严格遵守廉洁从政各项规定，守住个人干净的政治形象。深入贯彻中央八项规定实施细则，坚决防止“四风”问题回潮反弹，严控“三公”消费，把每一分钱都花在刀刃上，用政府的紧日子换取群众和企业的好日子。严厉查处各类违规违纪违法案件，坚决纠正损害群众利益的不正之风，加大对重点对象、重点部门、重要岗位、重点领域的监督力度，加大对财政资金、重大项目的审计力度，决不跟腐败分子搅到一起，决不给腐败分子可乘之机，决不容腐败分子藏身之地，把各级政府反腐败斗争进行到底，努力实现干部清正、政府清廉、政治清明、社会清新。

各位代表，新时代赋予永州发展新机遇，新使命呼唤永州人民新作为。让我们紧密团结在以习近平同志为核心的党中央周围，在市委的坚强领导下，不忘初心、牢记使命，锐意进取、埋头苦干，以永不懈怠的精神状态和一往无前的奋斗姿态，坚决打赢脱贫攻坚战役，决胜全面建成小康社会，奋力谱写加快建设创新开放新高地、品质活力新永州的崭新篇章！

名词解释

1. “六大战役”：脱贫攻坚战役、城镇提质战役、旅游升温战役、交通提速战役、环境整治战役、园区升级战役。

2. “四个提升”：提升民生微实事建设速度、提升全面深化改革力度、提升党建工作水平、提升精准执行能力。

3. “三走访三签字”：三走访，市委书记、市长走访辖区所有贫困人口集中的乡镇，所有市级领导每月至少到贫困村走访调研1次，市直单位主要负责人每季度至少到联系的贫困村走访调研1次；县（区）委书记、县（区）长要走访辖区所有的贫困村，所有县级领导每月至少到贫困村走访调研1次；乡镇党委书记、乡镇长要走访辖区所有贫困户，乡镇干部结对帮扶贫困户每月至少走访1次。三签字，贫困户脱贫摘帽由乡镇党委书记、乡镇长审核把关，村支书、主任共同签字；贫困村脱贫退出由县（区）委书记、县（区）长签字负责；贫困县脱贫摘帽，由市委书记、市长签字，报省委书记、省长审定。

4. “三品一标”：无公害农产品、绿色食品、有机农产品和农产品地理标志。

5. “一宫两馆六中心”：市工人文化宫、博物馆、图书馆、政务服务中心、文化艺术中心、妇女儿童活动中心、科技中心、青少年活动中心、老年活动中心。

6. BRT：快速公交系统的简称。

7. 智慧永州“四中心”：协调指挥中心、综治中心、联动处置指挥中心、网格管理中心。

8. “双河长制”：“政府河长”与“民间河长”共同负责相应河流的管理和保护工作。

9.“40证合一”：企业登记时，将20个部门40个涉企证照项目整合到工商部门核发的加载统一社会信用代码的营业执照上，大量节约企业时间及成本，方便企业办事。

10.“五集中”审批服务：集中窗口、集中进驻、集中领导、集中会审、集中督查，在市政务中心开展“一门式”受理和“一站式”服务。

11.“1+N”治理模式：“1”指基础网格责任人（包括网格员），“N”即下沉网格的公安、交警、司法、城管、工商、税务、质监、食药等部门工作人员。

12.“四风”：形式主义、官僚主义、享乐主义和奢靡之风。

13.“一带一路”：丝绸之路经济带和21世纪海上丝绸之路。

14.“五位一体”总体布局：经济建设、政治建设、文化建设、社会建设、生态文明建设。

15.“四个全面”战略布局：全面建成小康社会、全面深化改革、全面依法治国、全面从严治党。

16.“四跟四走”：资金跟着贫困人口走、贫困人口跟着致富能手走、致富能手跟着产业项目走、产业项目跟着市场走。

17. 省里产业项目建设“五个100”：全省实施100个重大产业项目、100个重大科技创新项目、100个重大产品创新项目，引进100个500强企业、100位科技创新人才。

18.“放管服”：简政放权、放管结合、优化服务。

19.“双告知”、“双公示”：“双告知”指工商部门把相关信息告知办事企业，告知相关审批部门；“双公示”指行政许可、行政处罚等信用信息作出决定后上网公示。

20.“双随机、一公开”：在监管过程中随机抽取检查对象，随机选派执法检查人员，抽查情况及查处结果及时向社会公开。

21.“破零倍增”：外贸、外资、外经实绩为零的县市区、省级以上园区，外贸实绩为零的外贸经营者备案登记企业实现业绩零的突破；市州和县市区、省级以上园区的外资实绩增长20%以上，外经实绩增长30%以上。外贸企业的实绩实现成倍增长。

22. 促进民间投资“26条”：国家发改委出台的《促进民间投资健康发展若干政策措施》，从促进投资增长、改善金融服务、落实完善相关财税政策、降低企业成本等六个方面提出了26条具体措施。

23.“两房两棚”：公共租赁房、农村危房和城市棚户区、工矿棚户区。

24.“两供两治”：城市供水和供气；城市污水治理、垃圾治理。

25.“三权分置”：农村土地所有权、承包权、经营权三权分置。

26.“四清四化”：清垃圾、清沟渠、清路障、清破旧房和硬化、绿化、美化、净化。

27.“五改”行动：改房、改水、改路、改厕、改厨。

28.“五边”造林：城边、路边、水边、村边、宅边造林。

29.“六个绿色”：绿色社区、绿色机关、绿色学校、绿色企业、绿色医院和绿色家庭。

30.“土十条”：国务院颁布的《土壤污染防治行动计划》。

31.“水十条”：国务院颁布的《水污染防治行动计划》。

32.“四名工程”：名课、名师、名校、名校长工程。

33.“五险”：养老保险、医疗保险、失业保险、工伤保险和生育保险。

34. 中心城区医疗卫生“四中心”：在中心城区打造医疗急救服务中心、妇幼医疗保健中心、康养中心、血液健康宣教中心。

35.“两抢一盗”：抢劫、抢夺、盗窃。

36.“三强三堵”：强装强卸、强揽工程、强行阻工和堵门、堵路、堵桥。

37.“四无乡镇（街道）”：乡镇（街道）无进京上访、无赴省集访、无到省市重复集访、无信访积案。

38.“三无村（社区）”：无越级访、无集体访、无极端访。

39.“一单四制”：重大事故隐患清单，实行交办制、台账制、销号制、通报制。

40.“四个意识”：政治意识、大局意识、核心意识、看齐意识。

41.“一岗双责”：一个单位的领导干部应当对本单位的业务工作和党风廉政建设负双重责任。

42.“三公”消费：政府部门人员因公出国（境）经费、公务车购置及运行费、公务招待费产生的消费。

专文

Special Articles

以"三走访三签字"为抓手 打通脱贫攻坚最后一公里

永州市扶贫开发办公室

自去年5月份以来，永州市把"三走访三签字"作为转变干部作风的重要抓手，作为倒逼党员领导干部主动履责的创新举措。通过以上率下深入走访，走亲了干群关系，走高了贫困群众的获得感，打通了脱贫攻坚的"最后一公里"。

一、四级联动"齐步走"

全市按照"125、齐步走"的模式，市、县、乡、村四级联动齐步"走"。"1"即每个县区由联县市级领导负责走遍所有乡镇，其中市委书记、市长要走访所有贫困人口集中的乡镇；其他市级领导按照联系县区分工，分别走访所联系县区的所有乡镇；"2"即每个乡镇至少走访2个村，其中1个贫困村或已脱贫出列的村，1个非贫困村；"5"即每个村至少走访5户，其中至少3户贫困户、2户已脱贫户。活动开展以来，全市各级领导干部共走访181个乡镇、3297个村、206206户贫困户，实现了全市所有乡镇、贫困村、贫困户走访全覆盖。活动中，市委、市政府主要领导带头示范，市委书记李晖多次利用节假日时间，深入全市最贫困、最边远的地区，共走访乡镇87个、贫困村436个、贫困户2100余户；市长共走访乡镇60个、贫困村300个、贫困户1500余户。

二、六大"利器"补漏洞

全市上下在"三走访三签字"过程中按照市委李晖书记提出的"学、下、查、断、改、问"六大"利器"，认真查补工作漏洞。

"学"是学政策，全面掌握贫困识别、退出及各项帮扶政策，争做"问不倒"先生。2017年以来，共邀请省专家领导5人次来我市集中授课讲座，对市、县、乡党政领导和驻村干部进行了脱贫攻坚政策业务培训。通过报纸、电视、微信等传统和新兴媒体发布10余万条政策信息，发放脱贫攻坚手册、政策告知书和年历挂图20余万份，举办脱贫政策宣讲会1000余场，广大干部群众的政策知晓率明显提高。

"下"是下基层，即扶贫干部深入一线，下到扶贫点、贫困户，与贫困群众面对面地宣传政策、解决问题。2017年，共动员组织1万名机关党员干部进驻县区深入基层开展精准帮扶，派出驻村工作队2823个、驻村干部9756人，累计投入各类驻村帮扶资金7.6亿余元，修建各类道路近500千米，完成农网改造301个村，建成光伏电站189座，完成易地搬迁户14936户，完成26307户贫困户危房改造，切实解决了一批群众急需解决的困难。

"查"是查执行，即严查、实查精准扶贫、精准脱贫政策是否精准落地。2017年，通过"四清五进"，全市共清理"四类对象"5.7万人、纳入"五类人员"2.8万人，清理脱贫不规范6292户、1.29万人，基本实现了"应清尽清、应纳尽纳"。2017年，全市"五个一批"政策精准落地，贫困群众获得感和满意度显著提升："四跟四走"产业扶贫带动53万贫困人口参与特色种养业、农村电商、乡村文化旅游等产业发展；完成贫困劳动力转移就业1.29万人、贫困对象技能培训1.3万人；完成易地扶贫搬迁安置建档立卡贫困人口14936户、56541人，完成农村危房改造26307户；发展油茶、速丰林、珍稀树种、中药材、花卉苗木等经济林基地0.6万公顷，新增524名贫困人口为生态护林员，人均护林工资达到1万元；"一提高、两降低、三全面、四保障、六倾斜、八免费"政策全面落实，全市义务教育年巩固率达99.86%，贫困学生义务教育完成率100%，建档立卡家庭子女不同学段全覆盖，做到"应助尽助"；推行先诊疗后付费"一站式"综合服务，贫困人口医保参合率、家庭医生签约服务率达100%，4类9种大病救治率达98.98%、住院医疗费用总报销比例达 95%，排全省第一，贫困人口住院综合报销比例达 87%，在全省排名靠前；农村低保标准提高到 3036 元/年，实现“两线合一”。

“断”是诊断问题，对照精准扶贫、精准脱贫政策要求，发现问题，明断情况，分清问题原因。在问题整改过程中，全市按照“省反馈、市排查、县自查”的思路，举一反三，一个不漏，坚持“六个一”全面查摆问题，即“问题一村一村查找、对象一户一户核实、资料一页一页校对、措施一项一项梳理、资金一笔一笔审核、项目一个一个清查”。在省委、省政府指出的 6 大类问题基础上，结合上级督查考核、审计监督、信访举报等方面的事项，经过深入细致的全面排查，全市共查摆出基础台账、产业扶贫、帮扶措施、资金监管、集体经济、贫困村发展短板、兜底保障、易地扶贫搬迁、政策宣传、责任落实等 10 个方面的问题，制定了《永州市脱贫攻坚突出问题集中整改方案》，明确了整改措施、整改时限、责任划分、标准要求，并针对问题下发整改交办函 3 次 56 个，交办问题 136 条，并已全部处理到位。

“改”是抓整改，及时组织贫困户、驻村工作队、村支书、乡镇干部、行业部门、后盾单位一起抓整改。通过整改，纠正建档立卡信息系统问题数据 41 万条，基础数据精准度大幅提升，数据清洗成果排全省第三。修订完善驻村帮扶工作管理办法，进一步强化驻村帮扶的督查考核、日常管理、工作保障和覆盖范围，推行手机 APP 定位管理，严肃查处驻村帮扶干部“走读帮扶”、“挂名结对”等行为，全市调整召回 198 名驻村工作队员，非贫困村驻村工作队由 66 支增加到 192 支。对结对帮扶责任人实行“痕迹管理”，发放帮扶责任卡和帮扶日记，做到帮扶情况有详细记录、贫困户签字认可，全市结对帮扶责任人由整改前 68906 人增加到 81230 人，帮扶对象由 171225 户增加到 205462 户，所有帮扶对象全覆盖，一个责任人最多帮扶 5 户。

“问”是追责问责，即结合扶贫领域“纠‘四风’、治陋习和雁过拔毛式腐败”专项整治，做到对贪污、侵占、挪用扶贫资金等行为“零容忍”，对违纪问题严格追责问责。去年，出台《永州市脱贫攻坚督查巡查办法》《关于进一步严明脱贫攻坚工作纪律的通知》《关于进一步深化扶贫领域监督执纪问责工作强化脱贫攻坚纪律保障的意见》，实行每月督查调度、排名约谈，开展集中约谈 4 批次，约谈县区党政主要负责人 8 人次、分管领导 8 人次、市派驻村帮扶后盾单位主要负责人 7 人次。扎实开展扶贫领域专项巡查和作风建设，全年共排查和受理扶贫领域腐败问题线索 7773 个，立案 772 件，处分 534 人，86 个乡镇因案件查处不力、扶贫作风不实、处理降格减档被约谈，32 名履行扶贫工作不力的领导干部被追责，营造了良好的攻坚环境。

三、直面问题求实效

坚持问题导向，提高脱贫实效，全市脱贫攻坚取得了显著成效。一是减贫步伐加快。2017 年，全市减少贫困人口 17.5 万人，2014 年以来，累计减贫 50.1 万人，减贫率达 72%，贫困发生率从 13.5%下降至 3.3%，在全省全面小康监测体系中累计脱贫率指标居全省第一；贫困村出列 349 个，累计出列 475 个，脱贫出列全市贫困村总数的 61%。宁远、双牌、江永 3 个省级贫困县各项摘帽指标顺利达标，已在全省公示，即将在历史上首次实现贫困县脱贫摘帽。二是创新工作突出。“中国社会扶贫网”试点工作成为全国先进，全国“互联网+”社会扶贫现场会，教育扶贫、抓党建促脱贫攻坚、就业扶贫、金融扶贫等工作现场会在我市召开。三是脱贫基础增强。瞄准贫困地区发展短板，共解决 409 个贫困村、23.46 万贫困人口安全饮水问题，完成 271 个贫困村农网升级改造，实现贫困村 100%通硬化路面、通客班车，贫困村通宽带率达到 75%，基本实现 4G 信号全覆盖，贫困县村级综合文化服务中心健身设施覆盖率达到 70%以上，贫困村农家书屋图书补充更新、农村广播、收看数字电视节目实现全覆盖。四是基层组织提升。全面加强贫困村党组织建设，配齐配强贫困村“两委”班子，整顿 65 个软弱涣散贫困村党组织，选派 976 名优秀党员干部到村任“第一书记”，选派 284 名专职党组织书记到村任职，实现贫困村“第一书记”和党组织书记专职化全覆盖。在全国率先创建“农业部管理干部学院（中共农业部党校）实践教研基地”，5 年内将免费培训 5 万人次农村党员和青年农民，目前已举办培训班 15 期，7000 余名学员中新发展产业的 1365 人，扩大产业规模的 2860 人，带动周边群众 3 万余人脱贫。

（该文系 2017 年永州市扶贫办在全省扶贫工作会上发言材料）

健全平台　夯实基础
扎实推进城乡网格化建设

永州市综治办

近年来，永州市大力实施以城乡网格化为重点的社会治理机制改革，全力推进社会治理主体联动融合，不断促进社会治理结构开放共治，着力解决基层组织薄弱和服务群众“最后一步路”的问题，综治基层基础不断夯实，社会治理能力不断加强，人民群众的安全感和满意度显著提升。2012 年以来群众安全感和满意度测评，永州连续 5 年保持全省前列；永州荣膺 2014 年中国幸福城市 20 强、2016 年度全国创新社会治理优秀城市，2015、2016 年连续两年荣获湖南省社会管理综合治理工作先进市；2017 年，永州市综治办荣获 2013—2016 年度“全国社会治安综合治理先进集体”荣誉称号。永州的网格化服务管理工作得到了中央综治办主要领导的充分肯定，9 月 19—20 日召开的全国社会治安综合治理表彰大会对永州市网格化服务管理经验进行了宣传推介；由中央 40 多个部委联合制定的网格化服务管理规范国家标准充分吸纳了“永州元素”。陕西、广东、河南、山东省委政法委（综治办）以及全国各地市州、县区 110 多家兄弟单位先后来永州学习考察。

一、做实网格，创新工作架构

一是坚持高位推动，系统谋划。我市对城乡网格化工作高度重视，将其明确为“书记工程”“社会治理基础工程”，成立了市委书记任组长的高规格领导小组，下设网格办，负责全市网格化工作。市委、市政府主要领导每月听取城乡网格化工作情况，并多次深入县区及城乡网格化建设示范点调研，帮助解决实际问题。市网格办坚持“一周一调度、一月一督查、一月一通报”，各地各部门工作情况列入年度绩效考核、领导干部执行力考核和社会治安综合治理考核的重要内容。市直相关部门、各县区也参照市里做法，主要领导牵头抓总，分管领导具体抓、出实招，有力地促进了网格化服务管理工作的顺利推进。二是坚持统一标准，规范建设。按照“弱化街道、做实社区、建强网格”的思路，立足“四化”对组织体系进行优化改造。即：机构设置标准化。城市社区和乡镇统一成立网格管理、便民服务、综合治理“三个中心”。行政村，设立党支部委员会、村民委员会、村务监督委员会、网格管理便民服务中心、综治中心。网格划分标准化。综合街巷结构、住房布局和村（居）民认同、便于管理等因素，城市按 300 户或 1000 人左右的标准，农村按照 200 户或 500 人左右的标准划分网格。目前，网格划分已覆盖城乡、纵贯到底，力争 2017 年底全市 100% 的村实现网格化服务管理运行。基础设施标准化。统一标准建设功能用房，外观设计统一，内部设施到位，窗口设置齐全。同时，加强了路巷门楼牌的设置、编制、安装和维护，使街路巷及村落门楼牌规范科学、编制合理、整齐美观。经费保障标准化。按照“人随事走，费随事转”的要求，对网格化服务管理工作正常运转经费给予了保障。三是坚持力量下沉，夯实基础。采取街道干部下沉、专干转岗、村干兼任、公开招聘等办法，加强网格化服务管理工作力量，建设了一支“零距离”为民服务队伍。特别是市“两办”专门出台了规范性文件，为行政和事业单位序列以外的社区工作人员专门设置“社区岗位编制”，编制因岗而设，实行人员与岗位编制分离，纳入县区编办动态管理，人员工资和工作经费由县区财政予以保障。对工作表现突出、连续 3 年考核优秀和合格的社区岗位编制聘用人员，定向招考为事业单位正式工作人员；对考核不合格的予以解聘，极大地调动了网格员的工作热情。目前，我市共有“社区岗位编制”人员 2947 人，基层基础不断夯实。

二、搭建平台，完善治理体系

一是坚持党建引领社会治理。推行区域性大党建模式，把支部建在网格上，把党小组设在楼栋中，形成了“社区党委—网格党支部—楼栋党小组”为基本框架的党组织体系，全市共建立社区党委106个，网格党支部1300多个，楼栋党小组5000多个，有效解决基层党组织软弱涣散和缺位虚位的问题。大力推动在职党员进社区、进网格，统筹安排400多个市县直单位与社区（村）结对共建，4.9万名在职党员进社区、进网格，开展纠纷隐患排查、矛盾多元化解、社会治安防控、便民利民服务20余万人次，增强了基层治理合力。二是大力推进综治中心建设。按照国家标准，在市、县、乡镇、村（居）分别建立综治中心。综治中心和网格化管理中心合署办公，市里确定为处级单位，县区为科级事业单位。目前，市本级投入1065万元，已建成500平方米的市级综治中心并投入使用；县区综治中心建成11个；镇、村投资40亿元，由市综治办牵头，分两年建成包括农村综治中心的农村综合服务平台。在此基础上，市、县两级均成立了综治中心、网格化服务、综治信息化“三位一体”的协调联动指挥中心，人员编制30~40人。处置中心实现了“12345”服务热线、“110”非警务热线、“智慧永州”综合应用平台“三台合一”，负责事件的受理、交办、督查、考核、追责。三是构建“1+N”长效治理机制。建立以网格为基本单元的“1+N”治理模式，“1”代表基础网格责任人（网格长），“N”即下沉网格的各部门工作人员，将公安、交警、司法、城管、工商、税务、质监、食药等部门工作力量下沉网格，开展组团式服务，确保“事件发现在网格、任务交办在网格、问题解决在网格、工作考核在网格，倒查问责在网格”。随着“1+N”模式的推进，网格化服务深受群众欢迎，今年在县区换届过程中，全市17名网格员光荣当选新一届人大代表，其中2名市人大代表、15名县区人大代表。

三、信息支撑，优化服务管理

一是倾力打造信息平台。按照“一网打尽”的总体要求，向信息科技要战斗力，投资2亿元建立“智慧永州”综合信息平台，平台整合公安、房产、民政、卫计等相关部门数据资源，建成空间地理、人口、房屋、法人、城市部件、经济数据等“六大”数据库，纵向贯通市、县、乡、村，横向延伸到各相关职能部门。大力实施“雪亮工程”建设，在全市新建公共视频监控探头13000个（其中道县4600个监控探头已完成招投标），并接入“智慧永州”信息平台，推动了视频探头的联网运用。同时，在每个网格员手机中安装“我的永州”APP，与平台对接，将触角延伸到最基层，形成开放共治格局。平台运行以来，全市共采集录入实有人口信息776万条，实有房屋信息233万条，实有单位信息6万条，处置问题事件30.7万件，办结29.5万件，办结率96%。二是着力破解社会治理难题。以网格为基本单元，依托“智慧永州”社会治理平台，推进机构队伍、实有人口、矛盾纠纷、特殊人群、重点场所等综治重点工作的信息采集录入和综合分析研判，加强对刑满释放、社区矫正、吸毒戒毒、严重精神障碍患者等特殊人群、重点人员的服务管理。社区民警、综治中心工作人员和网格管理员，对辖区特殊、重点人员实现“三包一”“点对点”服务，效果较好。近年来，全市累计接收社区服刑人员9881人，做到了无一人脱管、漏管和重新犯罪；全市回归刑释人员重新犯罪率控制在1.2%以内，远低于省综治考核3%的标准。三是精心培育服务品牌。开发智慧永州公共服务信息平台，简政放权，将涉及人社、卫计、民政等15个部门的69项公共服务事项下放社区（村）办理。依托商业银行建设社区便民支付服务站，在社区（村）安装便民缴费POS机1800多台。利用网格化信息系统和智慧永州APP，对农村用水用电、电子商务、信息技术服务、就业培训等各方资源进行整合，实现基层党建、村务公开、精准扶贫等重点应用。培育了永州特色的“一口受理、一网办理、一章审批、一心为民”的服务品牌。

（该文系2017年5月23日，永州市综治办在全省综治中心和网格化建设调度会上发言材料）

大事记

Chronological Event

1 月

3 日下午，第二届永州异地商会会长年会在冷水滩区召开，市委书记李晖出席会议并讲话。她强调，要努力做“引回建”的急先锋、讲诚信的排头兵、亲清关系的好标杆和“永商精神”的引领者，构建新型政商关系，凝聚更强大的正能量，构筑创新开放新高地、建设品质活力新永州。市委副书记、市人民政府市长易佳良宣读永州市优秀异地商会表彰决定。

4 日上午，中共永州市委常委扩大会议召开。省委派驻永州市“两会”现场督导组组长、省委组织部副部长蔡建和到会指导。市委书记李晖主持会议。市委副书记、市人民政府市长易佳良，市领导张严、高建华、唐定、蒋善生、石艳萍、唐能武、杨永、吴志雄、刘尤碧、罗建华等出席会议。

4 日，市“两会”严明换届纪律培训会召开。市委书记李晖，市委副书记、市人民政府市长易佳良，市领导张严、高建华、唐定、蒋善生、石艳萍、唐能武、刘尤碧、罗建华等出席。市委常委、市纪委书记杨永就严肃换届纪律和加强换届风气监督工作讲话，市委常委、市委组织部部长吴志雄主持会议。

5 日上午，中国人民政治协商会议永州市第五届委员会第一次会议在永州会堂开幕。开幕式由蒋善生、彭爱华、田洁、宋可福等主持。会议应到市政协委员 399 人，因事因病请假 6 人，实到 393 人。

6 日上午，永州市第五届人民代表大会第一次会议在永州会堂开幕，大会主席团常务主席、大会执行主席、市委书记李晖宣布大会开幕。市委副书记、市人民政府市长易佳良作《政府工作报告》。

9 日上午，市五届人大一次会议举行第三次全体会议，选举产生永州市第五届人民代表大会常务委员会主任、副主任、秘书长、委员，市人民政府市长、副市长，市中级人民法院院长、市人民检察院检察长。李晖当选为永州市第五届人民代表大会常务委员会主任，易佳良当选为永州市人民政府市长，罗重海当选为永州市中级人民法院院长。下午，永州市第五届人民代表大会第一次会议闭幕，通过《关于永州市人民政府工作报告的决议》。

10 日，市委召开 2016 年度县区（管理区、经开区）党委书记抓基层党建述职评议考核会议，市委书记、市人大常委会主任李晖强调党建是“第一责任”的意识。

10 日晚，由湖南省文化厅、中共永州市委、永州市人民政府主办的湖南省精准扶贫专题文艺晚会永州专场在市委礼堂举行。

11 日上午，市委副书记、市人民政府市长易佳良主持召开市人民政府第 87 次常务会议，明确市政府领导成员分工，听取研究与广铁集团合作建设湘桂铁路永州地区扩能改造工程的情况汇报，研究金盘世界城相关事项。

14 日，省委常委、省委宣传部部长蔡振红到省十二届人大七次会议永州代表团，与大家一起审议政府工作报告。省人大常委会副主任、民进湖南省委主委谢勇，省人大常委会原党组书记、副主任于来山参加讨论。

14 日，在召开的全国高级法院院长会议上，江永县人民法院被最高人民法院授予“全国优秀法院”称号。全省仅有三家法院获此殊荣。

15 日下午，副省长何报翔在参加永州代表团审议政府工作报告时强调，永州要发挥优势，把湘江的源头打造成湖南对接东盟的桥头堡，把湖湘文化的起点变成发展的亮点，把道德文化的高地变成投资的洼地。

19 日—20 日，最高人民法院刑五庭副庭长马岩，国家禁毒办副主任、公安部禁毒情报技术中心总工程师王优美，省禁毒委员会副主任、省公安厅副厅长李介德等国家禁毒委督导组一行在永州市督导调研禁毒工作。

20 日，永州市召开会议传达贯彻湖南省十二届人大七次会议、政协湖南省十一届五次会议精神。市委书记、市人大常委会主任李晖强调，要深刻领会湖南省“两会”精神实质，用“两会”精神指导工作。市委副书记、市委政法委书记张严主持会议。

20 日上午，市委书记、市人大常委会主任李晖到冷水滩中心城区市场、商场，检查春节物资供应、食品安全和公共场所消防安全等工作。

22 日下午，市委书记、市人大常委会主任李晖，市委副书记、市人民政府市长易佳良走访慰问驻永州部队官兵，向他们致以新春的祝福。蒋善生、唐能武、王守海、杨海河等市领导陪同走访慰问。

22 日晚，“春满潇湘团圆年”永州市 2017 年春节联欢晚会在市委礼堂上演。李晖、易佳良、张严、高建华、蒋善生、唐湘林、唐能武、吴志雄、王守海、刘尤碧等市领导与3000余名群众欢聚一堂。

24日，市委书记、市人大常委会主任李晖到东安县调研经济社会发展情况。她强调，东安要争做全域旅游排头兵。

24日上午，市委副书记、市人民政府市长易佳良主持召开市政府第二次常务会议，听取2017年全市重大项目建设情况汇报，研究退耕还林、农贸市场、法治政府建设、矿山资源、全民健身等有关工作。

24日下午，省人大常委会副主任谢勇在市委书记、市人大常委会主任李晖的陪同下，到冷水滩区走访慰问贫困残疾人和全国人大代表。

2 月

3日上午，市委书记、市人大常委会主任李晖，市委副书记、市人民政府市长易佳良走访慰问各民主党派、工商联机关和市党外知识分子联谊会工作人员，向他们致以新年的问候。

4日，永州市委中心组2017年第一次集中学习专题辅导报告会聚焦“城市文化”与“网络意识形态”，特邀文化部党组成员、故宫博物院院长单霁翔作《文化在城市规划、城市建设和城市管理中的作用》专题报告，湖南省委网信办副主任贺弘联作《学习党委（党组）网络意识形态工作责任制实施细则》专题报告。市委书记、市人大常委会主任李晖主持报告会并讲话。

6日下午，市委副书记、市人民政府市长易佳良主持召开市政府第三次常务会议，听取2016年市级考核项目及2017年全市重大项目建设情况汇报，研究中心城区公证体制改革、学前教育等工作。

8日下午，市委书记、市人大常委会主任李晖在调研滨江新城建设项目时强调，要切实用五大发展理念指导和推进新城建设，始终坚持规划先行，注重提升项目品位质量，推进项目工作，把滨江新城建成品质活力新永州的城市名片。

9日，中共永州市委经济工作会议暨“六大战役”动员大会在冷水滩区召开，会议全面贯彻落实中央、省委经济工作会议和省、市党代会精神，总结2016年经济工作，表彰2016年各项工作先进集体和先进个人，分析当前经济形势，研究部署2017年重点经济工作，并为即将开展的“六大战役”吹响集结号。市委书记、市人大常委会主任李晖作工作报告，市委副书记、市人民政府市长易佳良主持会议。

10日—11日，市委书记、市人大常委会主任李晖率队赴珠三角考察项目、招商引资。市领导唐能武、罗建华、李旦梅等参加考察活动。

15日上午，全市引进人才代表座谈会召开。会议强调要一如既往地引进人才，关心人才，用心对待人才。

15日上午，市委副书记、市人民政府市长易佳良主持召开城镇提质战役调度会。他强调，要强化认识，锁定目标，压实责任，创新方法，狠抓工作落实，干在实处走在前列，打赢城镇提质战役，确保各项工作任务如期完成。

16日，市委副书记、市人民政府市长易佳良到金洞调研，他强调，要延伸产业链条，做大做强楠木产业，做响“中国楠木之乡”品牌，建设美丽生态金洞。

17日，全市人力资源社会保障工作暨人社系统党风廉政建设和反腐败工作会议在冷水滩区召开，会议要求要蹄疾步稳推进养老保险、医疗保险、人事和工资制度改革。市委常委、市人民政府常务副市长唐湘林出席会议并讲话。

20日上午，市委常委、市委秘书长、市委改革办主任唐能武在调度全市全面深化改革工作时指出，要找准差距，抓好谋划，走好永州改革路径，打造永州改革品牌，不断开创全市全面深化改革新局面。

22日，市人大常委会常务副主任、党组书记高建华主持召开市五届人大常委会第二次主任会议。

23日下午，全市党风廉政建设宣传信息工作会议暨宣传信息工作培训会议在冷水滩区召开。会议总结分析2016年度全市党风廉政建设宣传信息工作，安排部署2017年工作任务。市委常委、市纪委书记杨永出席并讲话。

24日上午，全市组织部长会议在冷水滩区召开，市委书记、市人大常委会主任李晖出席并讲话。市委常委、市委组织部部长吴志雄主持会议。

24日下午，全市安全生产暨道路交通秩序集中整治“百日大会战”工作电视电话会议召开。市委书记、市人大常委会主任李晖出席会议并讲话。市委副书记、市委政法委书记张严主持会议。

27日，共青团永州市委四届六次全委（扩大）会议在冷水滩区召开。市委副书记、市委政法委书记张严出席会议并讲话。

27日，市五届人大常委会第一次会议举行第二、第三次全体会议。市委书记、市人大常委会主任李晖，市人大常委会常务副主任、党组书记高建华，副主任杨海河、周小驹、袁火林、魏湘江、周益志、李农妹、胡先荣出席会议。

28日，全市农村综合服务平台暨农村网格化信息系统建设（“两大建设”）现场推进会在宁远县召开。市委副书记、市委政法委书记张严强调，各级各部门要提高认识，主动作为，突出重点，统筹推进，加强领导，狠抓落实，坚决打好“两大建设”攻坚战，开创全市社会治理工作新局面。

3月

1日，全市脱贫攻坚战役推进电视电话会议在冷水滩区召开。市委书记、市人大常委会主任李晖出席并讲话，市委副书记、市人民政府市长易佳良主持会议，石艳萍、吴志雄、袁火林、胡先荣、欧阳元初、贺辉、田洁、杨军元、文绍涛、宋可福、吴秋菊、伍军等市领导在主会场参加会议。

1日下午，市委副书记、市人民政府市长易佳良在冷水滩区检查安全生产工作时强调，必须时刻绷紧安全生产这根弦，深刻吸取祁阳县“2·21”较大道路交通事故的教训，强化安全生产检查，加强隐患排查整治，确保全国“两会”期间全市安全生产形势持续稳定。

2日，市委副书记、市人民政府市长易佳良到道县部分重点项目和重要领域现场调研。他强调，要以项目建设为抓手，坚持高起点规划、高标准建设、高水平管理、高品质经营，加快城镇提质改造建设，促进园区转型升级发展，全面提升县域经济社会发展。

3日，市委副书记、市人民政府市长易佳良到江永县调研重点经济项目、城镇提质相关项目、精准扶贫及旅游相关工作。

6日，市委副书记、市委政法委书记张严带队到零陵区检查“两会”期间安全生产工作。他强调，各级各有关部门要牢树安全意识，吸取近期安全生产事故教训，进一步加强监管检查力度，落实安全生产责任，从细从实抓好安全生产各项工作。

6日，市委常委、市人民政府常务副市长唐湘林，市人大常委会副主任杨海河到滨江新城，对市经济建设投资集团有限责任公司负责实施的“六大战役”有关项目进行专题调研，并组织召开项目调度会议。

9日，省委网信办、永州市人民政府、华为技术有限公司三方战略合作协议签约仪式在长沙国际会展中心举行，省委副秘书长、省委网信办主任卿立新，市委副书记、市人民政府市长易佳良，华为技术有限公司中国区总裁彭中阳，市领导唐湘林、严兴德出席签约仪式。

11日上午，永州市与中国农业科学院在北京签署农业科技战略合作协议。中国农业科学院党组书记陈萌山，市委书记、市人大常委会主任李晖出席签约仪式并讲话，市委副书记张严出席签约仪式，中国农业科学院副院长王汉中和永州市人民政府副市长贺辉代表双方单位签约。

13日下午，市委副书记、市人民政府市长易佳良在永州市政务服务中心调研，易佳良先后实地查看云计算中心、智慧永州协调指挥中心和政务中心办事大厅。

14日，全市旅游升温战役指挥部第一次全体会议召开。市委副书记、市委政法委书记张严主持会议。

14日，全市旅游升温战役指挥部第一次全体会议召开。会议提出，力争到2020年，全市接待游客5000万人次以上，实现旅游综合收入500亿元以上，并在2019年成功创建为国家旅游休闲示范城市。市委副书记、市委政法委书记张严主持会议。

16日，市人大代表建议、市政协提案交办会召开，向市直相关部门、县区集中交办省“两会”建议提案，市五届人大一次会议代表建议，市政协五届一次会议提案、委员发言，表彰2016年建议提案办理工作先进单位和个人。市人大常委会常务副主任、党组书记高建华，市政协主席蒋善生，市委常委、市人民政府常务副市长唐湘林，市人大常委会副主任杨海河出席会议。

16日，永州市委、市政府在北京召开红军将领后代代表座谈会。任弼时之女任远芳、贺龙之女贺晓明、萧克之子萧星华等10余位红军将领后代代表应邀参加座谈会。

17日上午，市委常委、市人民政府常务副市长唐湘林在祁阳县调研退耕还林还湿试点工作时强调，要严格按照退耕还林还湿试点工作的要求，抢抓时间节点，推进工程建设，把新农村建设作为退耕还林还湿试点工作的重中之重，将试点工程打造成生态湿地游、观光休闲农业游景区。

19日下午，永州传达学习十二届全国人大五次会议、全国政协十二届五次会议精神。全国人大代表、市委书记、市人大常委会主任李晖强调，全市各级各部门要深刻领会全国“两会”精神实质，把思想和行动统一到“两会”决策部署上来，结合永州实际，抓好全国“两会”精神落实。

20日，市委书记、市人大常委会主任李晖，市委副书记、市人民政府市长易佳良等市领导在金洞管理区金洞镇小金洞村与金洞管理区和市林业部门干部职工一道，参加义务植树活动。

21日，市委书记、市人大常委会主任李晖在蓝山县调研时强调，精准扶贫要以产业扶贫为主，做到精准施策、精准发力，确保不落一户一人；旅游开发要打造引爆点，完善旅游基础设施建设，做好全域旅游这篇文章。

22日上午，市委副书记、市人民政府市长易佳良主持召开市政府第四次常务会议，传达贯彻省委农村、扶贫、深化供销社综合改革、民政、科技、教育、卫生计生、应急管理、安全生产等工作会议精神，安排部署相关工作。

22日，市委书记、市人大常委会主任李晖在调研全市交通运输暨交通提速战役工作时强调，要明确工作重点，加快推进步伐，确保交通提速战役跑在“六大战役”前面，打造永州交通建设3.0版。

23日上午，市委书记、市人大常委会主任李晖在调研市城市建设投资发展有限责任公司、市经济建设投资发展集团有限责任公司重点项目时强调，要坚持高起点策划、高水平规划、高标准建设、高品质验收，推进重点项目建设，打好城镇提质战役。

20日—23日，由北京大学博雅方略旅游景观规划设计院副院长、规划总监、高级规划师杨文带队的《湖南省旅游业发展总体规划修编（2016—2025）》编制组一行到永州考察调研并召开座谈会。

24日下午，永州市“凝聚巾帼力 共建新永州”座谈会召开，市委书记、市人大常委会主任李晖出席并讲话，市委副书记、市委政法委书记张严主持座谈会。

25日，永州市举行重点项目集中开工仪式。全市57个重点项目开工，总投资207.63亿元。

25日，零陵综合交通枢纽工程开工。零陵综合交通枢纽项目位于零陵火车站右侧，规划用地面积6.67公顷，计划投资1.6亿元。

28日上午，全市深化供销合作社综合改革推进会召开。市委副书记、市委政法委书记张严，市人民政府副市长贺辉出席会议。

28日下午，全市应急管理工作会议召开。市委常委、市人民政府常务副市长唐湘林出席会议并讲话。

28日，全国第四届草书展、全国草书名家邀请展、首届怀素草书学术论坛在永州开幕。全国政协常委、中国书法家协会主席苏士澍出席并致辞，湖南省人民政府副省长向力力出席并宣布开幕。

29日上午，市委农村工作会议在冷水滩区召开，市委副书记、市人民政府市长易佳良出席会议并讲话。他强调，要准确把握“三农”工作的新形势、新机遇，突出抓好“三农”工作的关键点、兴奋点，全面提升“三农”工作的凝聚力、执行力。

29日下午，市委副书记、市人民政府市长易佳良主持召开宋家洲综合整治领导小组第三次会议，听取宋家洲综合整治前段工作开展情况，部署下段工作。

29日上午，永州军分区党委

2017年3月28日，全国第四届草书展、全国草书名家邀请展 、首届怀素草书学术论坛开幕

十届九次全体（扩大）会议在冷水滩区召开。市委书记、市人大常委会主任、军分区党委第一书记李晖出席会议并讲话。市委常委、永州军分区司令员王守海主持会议，并代表军分区党委常委作工作报告。市委常委、江华瑶族自治县县委书记罗建华，军分区参谋长耿保民、政治部主任陆鸿等出席会议，各县区、开发区、管理区区委书记，军分区党委委员及全体机关干部参加会议。

30日上午，永州市食品检验实验室建设项目开工奠基仪式在永州经济技术开发区举行。市食品检验实验室建设项目是2017年全市“六大战役”的重点建设项目，总投资2561万元，总面积3286平方米。

30日，永州创建国家文明城市、交通管理模范城市、园林城市以及国家全域旅游示范市和国家生态文明示范市等“五创”工作第一次调度会召开。市委书记、市人大常委会主任李晖讲话，市委副书记、市人民政府市长易佳良主持会议。

30日，由广西桂林市组织的26台旅游大巴、18台自驾车满载1000多名游客抵达永州市体育中心，开启湘桂城市圈全域旅游合作“千车万人游永州”旅游交流活动序幕。

31日，由市人民政府主办，市委统战部、市侨联、中南口腔医院承办，以“绿色湘江·保护母亲河”为主题的第三届永州“鱼人节”公益活动在滨江公园启动。

4月

2017年4月12日—13日，永州市党政代表团赴贺州学习考察

1日，湖南省“互联网+监督”工作电视电话会议召开。市委常委、市纪委书记杨永，副市长谢景林在永州分会场参加会议。

3日晚上，市委书记、市人大常委会主任李晖在市森林防火指挥中心检查清明期间值班情况，听取森林火情调度情况汇报，督导全市森林防火工作。

3日，永州市举办“凝心聚力·共建永州”第八届乡友清明恳谈会，市委书记、市人大常委会主任李晖出席恳谈会并讲话。

4日上午，省纪委副书记汤军到永州，调研党风廉政建设和反腐败工作。市委书记、市人大常委会主任李晖，市领导唐能武、杨永参加汇报会。

5日上午，永州市引进人才新闻发布会暨2017年上半年引进高学历人才专场招聘会在湖南大学举行。湖南大学党委书记蒋昌忠出席会议并致辞。市委书记、市人大常委会主任李晖在会上发表讲话。市委副书记、市委政法委书记张严主持发布会。省委组织部部务委员由红军，湖南师范大学党委副书记、校长蒋洪新，市委常委、市人民政府常务副市长唐湘林，市委常委、市委组织部部长吴志雄，国防科技大学、湖南农业大学、湖南中医药大学、湖南女子学院等高校领导出席招聘会。

7日上午，永州市“互联网+监督”工作协调领导小组扩大会议召开，贯彻落实全省“互联网+监督”工作电视电话会议精神，部署启动全市“互联网+监督”工作，市委常委、市纪委书记杨永，副市长欧阳元初出席会议。

7日，中共永州市委非公有制经济组织和社会组织工作委员会（简称“两新”）第一次全体会议在冷水滩区召开。市委常委、市委组织部部长吴志雄出席。

9日上午，永州市人民政府和湖南异地商会联合会举行经贸洽谈项目对接会，集中签约项目6个，总投资51.6亿元。

10日上午，市委书记、市人大常委会主任李晖主持召开全市扶贫工作会议，市委副书记、市人民政府市长易佳良，市领导张严、高建华、蒋善生、唐湘林、石艳萍、唐能武、杨永、吴志雄、王守海、刘尤碧、罗建华、宋可福出席会议。

10日下午，市委书记、市人大常委会主任李晖主持召开市委常委会议，专题研究安全生产工作。

11日—12日，市委书记、市人大常委会主任李晖，市委副书记、市人民政府市长易佳良率永州市党政代表团赴广东肇庆市学习考察。

13日，永州市统一战线理论研究基地成立暨授牌仪式在永州市委党校举行。市委常委、市委统战部部长石艳萍，市委党校常务副校长许洋名出席授牌仪式。

14日下午，永州市党政代表团结束对清远、肇庆、贺州和桂林的学习考察回到冷水滩后，召开总结座谈会。市委书记、市人大常委会主任李晖在会上强调，明确首要责任，强化首要推力，落实首要任务，全面加快建设创新引领新高地、品质活力新永州。市委副书记、市人民政府市长易佳良主持。

16日上午9：00，市直机关公车改革取消车辆第一批次103辆拍卖会在市委党校举行。

17日，全市打击逃废银行债务专项活动电视电话会议在冷水滩区召开，安排部署全市打击恶意逃废银行债务行为专项活动，推动全市金融生态环境进一步优化，加快诚信永州建设。市委常委、市人民政府常务副市长唐湘林出席并讲话。

18日，市委学习中心组举行2017年第二次集中学习专题辅导报告会，市委书记、市人大常委会主任李晖主持报告会，市委副书记、市人民政府市长易佳良，市领导张严、高建华、蒋善生、唐湘林、石艳萍、唐能武、杨永、吴志雄、王守海、刘尤碧等市委中心组成员参加学习。

18日，全市脱贫攻坚工作视频会议在冷水滩区召开，市委书记、市人大常委会主任李晖出席会议并讲话。市委副书记、市人民政府市长易佳良主持会议。

18日—19日，湖南省卫计委巡视员张斌带队到永州，进行国家卫生城市复审省级复查。复查小组就复查结果进行反馈，将建议省爱卫会上报全国爱委会。市领导张严、袁火林、欧阳元初出席汇报反馈会。

19日上午，市委副书记、市人民政府市长易佳良在全市审计工作会议上强调，要把握大势，服务大局，努力开创审计工作新局面。市委常委、市人民政府常务副市长唐湘林主持会议。

20日，全市一季度经济形势分析会暨“六大战役”调度会议召开，市委书记、市人大常委会主任李晖出席并讲话。市委副书记、市人民政府市长易佳良主持会议。

21日上午，市委副书记、市人民政府市长易佳良主持召开市政府第五次常务会议。会议研究和审议市委经济工作会议报告和《政府工作报告》责任分解方案、促进加工贸易创新发展、全面推行河长制、严厉打击恶意逃废银行债务优化金融生态环境等13项工作事项。

21日，长丰集团猎豹CS9汽车在上海国际车展上市。

22日，市委书记、市人大常委会主任李晖率队赴广东温氏集团总部和广州要玩娱乐网络技术有限公司考察学习，并与温氏集团总裁严居然交流座谈合作事宜。

23日下午，永州市在深圳举行文化旅游招商推介会暨重点项目签约仪式，这是2017湖南（香港）投资贸易洽谈周活动之一。2017“港洽周”期间，永州发布招商项目110个，总投资1167.29亿元；签约重点项目51个，总投资480.43亿元。

25日下午，市委书记、市人大常委会主任李晖专题调研全市公安工作。她强调，要突显四大特色，突出主业主责，化解社会矛盾，打造治安高地，创建平安永州。市委常委、市委秘书长唐能武，市人民政府副市长、市公安局局长刘新良陪同调研。

26日，第十一届湖南阳明山“和”文化旅游节暨“健康中

2017年4月21日，猎豹CS9在上海车展上市

国·魅力河山”2017国际越野跑挑战赛（和美阳明山站）在阳明山万和湖广场开幕。省人大常委会副主任谢勇出席并宣布开幕。省人大常委会原副主任唐之享、国台办交流局副局长董碧幽、省林业厅厅长邓三龙等领导出席。市委书记、市人大常委会主任李晖致辞。

27日中午，市委书记、市人大常委会主任李晖以不打招呼、明察暗访的方式，突击检查冷水滩区中心城区环保突出问题整改落实情况。市委常委、市人民政府常务副市长唐湘林，市委常委、市委秘书长唐能武陪同暗访督查。

5月

2日上午，市委常委、市人民政府常务副市长唐湘林带领市财政局、市编办、市农发行等后盾单位到蓝山县大源村调研精准扶贫工作。

2日—3日，省委书记、省人大常委会主任杜家毫在市委书记、市人大常委会主任李晖，市委副书记、市人民政府市长易佳良等陪同下，到道县、江华瑶族自治县、冷水滩区和永州经济技术开发区等地，调研经济社会发展情况，重点开展环保督察。

6日，由东安县冠名的东安东经桂林至广州南“东安号”旅游专列首发仪式举行，东安东站成为湖南省首个开通至大城市的高铁班组的始发县级站。

7日，市委书记、市人大常委会主任李晖带队，对全市环境治理和突出问题整改落实情况进行现场督办。市领导唐能武和市环保局主要负责人等参加督办活动。

8日上午，全市禁毒工作会议在冷水滩区召开。市委副书记、市人民政府市长易佳良出席会议并讲话，市领导张严、胡先荣、刘新良、张建亮参加会议。

8日，市委书记、市人大常委会主任李晖到零陵区、冷水滩区调研湘江河道治理工作。她要求，利用湘江两岸丰富旅游资源，打造知名旅游品牌；强化河道整治，实现湘江河道长治久安。

9日下午，全市卫生与健康大会在冷水滩区召开。市委书记、市人大常委会主任李晖在会上强调，要深入学习贯彻全国、全省卫生与健康大会特别是习近平重要讲话精神，加快推进健康永州建设，全方位、全周期地保障人民群众健康，为建设“创新开放新高地、品质活力新永州”奠定坚实的健康基础。市委副书记、市人民政府市长易佳良主持会议并讲话。

11日，永州市“万名干部下基层，精准帮扶解难题”活动启动仪式在市委党校举行，市委书记、市人大常委会主任李晖出席活动并讲话，她强调，要用真感情融入基层，用硬本领解决问题，用好作风树立形象，不负重托、不辱使命，全力解民忧、解民困。市委副书记、市委政法委书记张严宣布全市“万名干部下基层，精准帮扶解难题”活动全面启动。

11日下午，2017年度永州市政银企合作洽谈会暨金融支持“六大战役”项目对接会在冷水滩区举行，达成签约意向项目156个，投资总额1068.27亿元，拟贷金额559.3亿元。市委书记、市人大常委会主任李晖出席会议并致辞，市委副书记、市人民政府市长易佳良主持会议。

12日，市委学习中心组举行2017年第四次集中学习专题辅导报告会。以国家安监总局研究中心主任黄盛初博士为组长的国务院安委办宣传团第三组，围绕《中共中央、国务院关于推进安全生产领域改革发展的意见》进行专题宣讲。

12日下午，市委副书记、市人民政府市长易佳良主持召开市政府第六次常务会议，听取并审议有关经济、宗教、妇幼发展规划、决策审查等方面工作的情况汇报。

14日—15日，湖南方言调查“响应”计划发起人汪涵一行，到永州调研江永女书文化，并为联合国教科文组织官员到永州考察提前踩点。

15日，永州市召开“六大战役”重点项目“五集中”审批服务工作启动会议，安排部署“六大战役”重点项目集中审批服务工作。市委常委、市人民政府常务副市长唐湘林，市人民政府副市长欧阳元初出席会议。

17日上午，市委书记、市人大常委会主任李晖在调研全市宣传思想文化工作时强调，要进一步破除思想藩篱、整合媒体资源、创新工作方法，建设文化强市。

18日，永州市全面推行河长制动员大会召开。市委书记、市人大常委会主任李晖出席会议并讲话，市委副书记、市人民政府市长易佳良主持会议。

19日上午，市委书记、市人大常委会主任李晖在调研市纪委新建反腐倡廉教育基地管理中心时强调，要提高政治站位，科学规划，充分论证，整合功能，加快推进新基地建设，从源头上筑牢反腐倡廉防线，为打好“六大战役”提供强有力的纪律和作风保障。

22日，市委书记、市人大常委会主任李晖到市人民检察院和市中级人民法院调研。李晖强调，要切实提高政治站位，突出工作重点，服务发展大局，为打好“六大战役”提供良好的法治环境。

23日，湖南农副产品集中验放场暨永州公路口岸项目通过省级联合验收，湖南唯一农副产品集中验放场、永州第一个公路口岸封关运行。

24日，市委书记、市人大常委会主任李晖一行到零陵调研。她强调，要学习贯彻习近平在全国宗教工作会议上的重要讲话精神，强化问题整改，抓好新时期下的宗教工作，凝聚起品质活力新永州建设强大正能量。

25日上午，全市社会扶贫网试点现场推进会暨脱贫攻坚集中整改工作调度会在江永县召开。市委书记、市人大常委会主任李晖出席会议并讲话，市委副书记、市委政法委书记张严主持会议。

26日，市委书记、市人大常委会主任李晖主持召开第12次市委常委会议，重点研究部署深入贯彻落实中央和省委指示精神，进一步推进“脱贫攻坚”和中央环保督察组交办信访件整改落实。

27日—28日，中国·舜皇山人文旅游高峰论坛在东安县举行。十八届中央委员、全国人大常委会内司委副主任委员、云南省委原书记秦光荣出席论坛并作主题发言。

30日，市委常委、市人民政府常务副市长唐湘林率市财政局、市编办、市农发行等单位有关负责人，到蓝山县大桥瑶族乡调研精准扶贫工作。他强调，要进一步强化思想认识，加大工作力度，坚持问题导向，压实工作责任算精、算细、算准精准脱贫账，真正把精准扶贫各项工作落到实处，确保贫困群众“脱真贫、真脱贫”。

31日，市委书记、市人大常委会主任李晖主持召开2017年第13次市委常委会会议。市委副书记、市人民政府市长易佳良，市领导张严、蒋善生、唐湘林、石艳萍、唐能武、杨永、吴志雄、王守海、刘尤碧出席会议。

6月

1日，市委书记、市人大常委会主任李晖在开展教育专题调研时强调，要贯彻习近平系列重要讲话特别是关于教育发展的讲话精神，始终把教育作为最大的民生工程来抓，回应老百姓的热切期盼，打造教育强市的升级版。

2日，全市宗教工作会议在冷水滩区召开。市委书记、市人大常委会主任李晖强调，要深入学习贯彻全国、全省宗教工作会议精神特别是习近平系列重要讲话精神，提高政治站位，做好引导文章，强化党对宗教工作的领导，进一步凝聚各方力量，加快品质活力新永州建设。

5日下午，市委书记、市人大常委会主任李晖在全市防汛抗灾调研调度会议上强调，全市各级各部门要切实贯彻落实省委省政府主要领导指示精神和省防总部署要求，根据全市防汛会商会议的安排部署，立足于防大汛抗大灾，克服麻痹思想和侥幸心理，紧盯薄弱环节和重点区域，压实防汛抗灾责任制，真正做到“杀鸡用牛刀”，确保人民群众生命财产安全。

5日，全市创建生态文明建设示范市动员大会召开。市委书记、市人大常委会主任李晖出席会议并讲话，市委副书记、市委政法委书记张严主持会议。

6日，在湖南省脱贫攻坚工作督查情况反馈会结束后，市委书记、市人大常委会主任李晖主持召开市委常委会（扩大）会议，贯彻落实督查组反馈意见，研究整改落实方案。

7日下午，市委副书记、市人民政府市长易佳良到冷水滩区蔡市镇零东圩村看望贫困户，调研精准扶贫各项工作的落实情况。他强调，要按照扶贫攻坚的相关政策，推进扶贫村的基础设施建设，建成美丽乡村图景的小康示范村。

7日上午，市委副书记、市人民政府市长易佳良主持召开市政府第七次常务会议，听取和审议创建国家全域旅游示范市方案、公交体制改革、妇女儿童工作等有关事项。

8日，市委副书记、市人民政府市长易佳良到双牌县调研，按照市委开展“三走访三签字”活动安排，走村串户，与广大群众、基层干部促膝交谈，就如何制定好下一阶段脱贫工作计划听取意见建议。

9日上午，全市脱贫攻坚“三走访三签字”活动暨突出问题集中整改视频会议召开。市委书记、市人大常委会主任李晖出席会议并讲话，市委副书记、市人民政府市长易佳良主持会议，市领导张严、蒋善生、石艳萍、唐能武、杨永、王守海在主会场出席会议。

10日上午，市委书记、市人大常委会主任李晖在调研湘江西岸重点项目建设工作时强调，要明确目标，落实责任，加大力度，推进项目建设进度。

12日，市委副书记、市委政法委书记张严在零陵区富家桥镇开展“三走访三签字”活动，走村入户，看望贫困群众，对扶贫攻坚工作进行深入调研。

13日上午，永州市村（居）“两委”换届选举工作调度会在冷水滩区召开，市委书记、市人大常委会主任李晖在会上强调，要以高度的责任感，扎实的工作作风，严守换届纪律，规范竞选行为，不折不扣完成换届任务。市委副书记、市委政法委书记张严主持会议。

14日—16日，市委常委、市委组织部部长吴志雄到道县走访，开展“三走访三签字”活动。他强调，要善于分类施策，用一把钥匙开好一把锁，精准帮助困难群众脱贫致富。

15日，市委书记、市人大常委会主任李晖率队赴北京，与三一集团高层领导深度洽谈在永州投资事宜。三一集团董事长梁稳根和公司相关高层管理人员，市委副书记、市委政法委书记张严，市委常委、市人民政府常务副市长唐湘林等出席洽谈会。

16日—17日，市委副书记、市人民政府市长易佳良到新田县开展“三走访三签字”调研活动。他强调，严格按照要求，以活动开展为契机，狠抓党的扶贫政策的落实落地，力求让所有贫困群众脱贫奔小康。

19日上午8：40，冷水滩区发生一起变压器爆炸起火事故。事故造成1人死亡、7人受伤。事故发生后，市委书记、市人大常委会主任李晖，市委副书记、市人民政府市长易佳良立即作出指示，要求全力抢救伤者，迅速妥善处置，查明事件原因。

21日下午，市委副书记、市委政法委书记张严在零陵区黄田铺镇开展“三走访三签字”活动。

22日，市委书记、市人大常委会主任李晖主持召开第15次市委常委会会议。市领导张严、高建华、蒋善生、唐湘林、石艳萍、唐能武、杨永、王守海、刘尤碧出席会议。

23日，由中共永州市委、永州市人民政府主办，光明日报社、湖南日报社、红网联合主办，中共道县县委、道县人民政府具体承办的周敦颐诞辰1000周年纪念系列活动在濂溪故里道县启幕。

23日，市委书记、市人大常委会主任李晖在道县调研基层党建工作时强调，要树立“党建+”思维，突出“党建+产业扶贫”，进一步健强基层党组织，带领群众努力致富奔小康。

24日，“香约江永”院校县农业科技合作签约仪式在长沙举行。中国工程院院士袁隆平，市委书记、市人大常委会主任李晖，湖南省农业科学院党委书记柏连阳，湖南农业大学党委书记周清明，湖南生物机电职业技术学院党委书记刘启华，湖南省物勘院总工程师骆检兰出席仪式。

27日晚，永州防汛抗灾调度视频会议召开，传达上级领导近期有关防汛抗灾系列重要批示讲话精神，安排部署下步防汛工作。市委书记、市人大常委会主任李晖，市委副书记、市委政法委书记张严，市人民政府副市长贺辉出席。

28日晚上，洪峰将过境湘江上游，深夜11点，市委书记、市人大常委会主任李晖奔赴冷水滩区河西桥头市场受淹区和永州经济技术开发区内涝点等地，实地察看灾情，调度防汛工作，指导抗灾救灾。

28日，省委常委、省委政法委书记、省公安厅厅长黄关春冒雨到永州市调研政法综治工作，并前往双牌县联点督查脱贫攻坚工作。市委书记、市人大常委会主任李晖陪同调研。

29日，以永州市纪委原常委、市监察局原副局长王海洋先进事迹为蓝本的反腐电影《决不姑息》，在永州会堂举行首映式。

30日上午，全市政府系统办公室工作会议召开，对2016年全市政府系统办公室工作进行总结，对下一步工作进行部署。市委常委、市人民政府常务副市长唐湘林出席会议并讲话。

7月

2日上午，永州启动市级防汛应急I级（红色）响应，省委领导杜家毫、许达哲、乌兰、蔡振红先后打电话询问永州汛情，并作出指示。市委书记、市人大常委会主任李晖到市防汛指挥中心，现场指挥调度防汛抗灾各项工作。

2日下午，采砂船撞击湘江宋家洲水电站大坝闸门，随即船体沉没。交通部门立即对宋家洲大桥路段进行交通管制，禁止车辆、行人通过。市人民政府副市长贺辉主持召开采砂船撞击大坝事故处理调度会。

3日上午，市委副书记、市人民政府市长易佳良到永州经济技术开发区重点内涝区，调度指挥救灾防疫及灾后重建工作。市委常委、市人民政府常务副市长、永州经济技术开发区党委第一书记唐湘林，永州经济技术开发区党委书记周亮、管委会主任李瑛陪同。

4日，市委书记、市人大常委会主任李晖召开全市防汛会商暨救灾补损动员会，听取全市相关情况汇报，结合贯彻省委省政府关于做好防汛抗灾工作系列指示精神，研究部署抓好当前及今后的防汛救灾工作。

5日上午，市委书记、市人大常委会主任李晖带领相关部门负责人深入永州经济技术开发区检查指导企业灾后生产自救和恢复重建工作。

5日上午，市委副书记、市人民政府市长易佳良主持召开市政府第八次常务会议，审议和研究《关于构建便捷高效政务环境若干意见》、2017年度市级考核工作方案、《永州市私募股权投资资金方案要点》、防汛救灾应急贷款，土壤污染防治等工作事项。

6日下午，全市政务新媒体座谈会在冷水滩区召开，会议通报防汛抗灾工作及政务新媒体报道的相关情况。市委书记、市人大常委会主任李晖出席并讲话，强调构建多元化的新媒体矩阵。

6日，市委副书记、市人民政府市长易佳良到双牌县开展脱贫攻坚“三走访三签字”活动，并指导双牌县灾后重建工作。

6日，市委书记、市人大常委会主任李晖在金洞管理区和祁阳县的重灾村、重点受灾地区指导开展灾后恢复、重建工作。

8日，全市脱贫攻坚调度会暨灾后重建动员大会在冷水滩召开，市委书记、市人大常委会主任李晖出席，她强调，紧绷防汛抗灾弦，盯紧脱贫目标任务，统筹推进脱贫攻坚和灾后重建等各项工作，帮助灾区和困难群众建设美好家园。

13日，农业部专家组邓良伟、段娜、孙亮华一行三人在永州市调研“有机废弃物仿生转化系统”专利技术，并对这一技术充分肯定。

15日—16日，国务院扶贫办党组书记、主任刘永富深入江永、江华两县调研指导精准脱贫工作。副省长杨光荣，市领导李晖、易佳良等陪同调研。

16日晚上，“2017永州市赈灾·扶贫义演”在永州市体育馆举行，义演由中共永州市委、永州市人民政府主办，市领导李晖、易佳良出席。

19日下午，永州市委理论学习中心组举行2017年第六次集中学习专题辅导报告会，华大基因董事长汪建应邀作“基因科技与永州发展三个硬道理”专题辅导报告。市委书记、市人大常委会主任李晖主持报告会。

20日上午，全市农村党员和青年农民“党建+产业扶贫”第八期培训班开班式在“农业部管理干部学院（中共农业部党校）实践教研基地”“永州市农村党员和青年农民培训中心”举行。市委书记、市人大常委会主任李晖出席并讲话，并强调全体学员要争当“三手学员”，打造“金字招牌”。市委常委、市委组织部部长吴志雄主持开班式。

21日上午9：00，市委书记、市人大常委会主任李晖到市信访局接待中心接访，零距离听民声解民忧。永州市开展市县乡三级书记同步接访。

25日，永州传达学习全省脱贫攻坚巡查整改工作会议精神，安排部署下步工作。会议要求，要提高政治站位，坚持问题导向，确保完成脱贫攻坚目标任务。

25日下午，市委副书记、市人民政府市长易佳良到党建工作联系点——冷水滩区上岭桥镇仁山村开展基层党建工作调研，为基层党员上党课，并走访慰问优秀模范和困难党员。

26日上午，2017年永州市“六大战役”重点项目建设暨

2017年7月16日晚，2017永州市赈灾·扶贫义演举行

“四个提升”流动现场推进会在江华瑶族自治县拉开帷幕，市委书记、市人大常委会主任李晖，市委副书记、市人民政府市长易佳带头现场观摩各县区重点项目建设情况。

27日晚，市委书记、市人大常委会主任李晖主持召开2017年第18次市委常委会议，审议《中共永州市委关于贯彻落实省委创新引领开放崛起战略的实施意见（草案）》，并同意提交市委全会讨论通过。

31日下午，市政协五届三次常委会在冷水滩区召开。会议围绕“实施开放崛起战略 建设开放强市”主题开展，市委书记、市人大常委会主任李晖到会听取委员意见建议并讲话，市委副书记、市人民政府市长易佳良出席会议。

8月

1日，市委书记、市人大常委会主任、永州军分区党委第一书记李晖主持召开市委常委议军会。她强调，要贯彻落实习近平重要讲话精神，进一步加强党管武装工作，加快推进国防后备力量建设。市委副书记、市人民政府市长、市国防动员委员会主任易佳良出席会议并讲话。

2日上午，市委书记、市人大常委会主任李晖会见湖南省现代农业产业控股集团许维一行，双方就现代农业服务发展等方面的合作进行深入地交流。

1日—2日，省人大常委会副主任陈君文带领《湖南省农村扶贫开发条例》执法检查组，到东安县、双牌县开展执法检查，并召开座谈会。市委书记、市人大常委会主任李晖，市领导高建华、周益志、贺辉等分别陪同检查或出席座谈会。

3日，永州市社会扶贫网试点工作座谈会召开，市委书记、市人大常委会主任李晖，市人民政府副市长贺辉，国务院扶贫办中国社会扶贫网领导小组办公室主任刘翔出席会议。会议邀请国务院扶贫办和省扶贫办的专家组到场指导。

3日下午，市委书记、市人大常委会主任李晖主持召开市委理论学习中心组2017年第七次集中学习，并就深入贯彻落实习近平在省部级主要领导干部“学习习近平总书记重要讲话精神 迎接党的十九大”专题研讨班上的重要讲话精神作专题辅导。

4日，省教育脱贫攻坚现场推进会在江华瑶族自治县召开，市委书记、市人大常委会主任李晖致辞，省教育厅厅长肖国安、省扶贫办副主任张智勇出席会议并讲话。

5日，江华瑶族自治县光伏产业扶贫项目首座电站在涔天河镇鹧鸪坝村举行开工仪式。鹧鸪坝电站是江华瑶族自治县3×100兆瓦光伏产业扶贫项目建设的第一个点，由江华瑶族自治县人民政府与湖南省新融通能源有限公司合作建设。电站占地11.2公顷，计划总装机容量10兆瓦，总投资7200万元，建设工期60天，计划10月上旬建成。

6日上午，由湖南省文联、省美协、省评协主办的“美丽湖南·三湘巨变——湖南省现实题材美术创作工程美术精品展永州巡展”在永州市图书馆开幕，省文联副主席、美协主席朱训德，市委常委、市委宣传部部长刘尢碧等出席开幕式。

8日上午，全市河长制工作委员会暨市湘江保护和治理委员会2017年第一次全体成员会议召开。市委书记、市人大常委会主任李晖强调守住生态红线，市委副书记、市长易佳良主持会议。

11日，市委书记、市人大常委会主任李晖主持召开2017年第19次市委常委会议，审定通过《永州市贯彻落实中央第六环境保护督察组反馈意见整改方案》。

13日—14日，省纪委常委、省监察厅副厅长王前良率调研组到宁远县专题调研农村信访举报集中办理、扶贫领域监督执纪问责和乡镇纪委履职工作。市委常委、市纪委书记杨永陪同。

16日上午，永州市与国家开发银行湖南省分行金融合作推进会在永州召开。国家开发银行湖南省分行行长梁庆凯，市委书记、市人大常委会主任李晖出席会议并讲话。

17日，永州市文明委第23次全会在冷水滩区召开。市委书记、市人大常委会主任李晖在会上强调，要以习近平系列重要讲话精神为指引，推动精神文明创建活动向纵深发展。

18日，全市创建国家全域旅游示范市动员大会暨旅游升温战役推进会举行。市委书记、市人大常委会主任李晖作动员讲话，省旅游发展委员会党组书记、主任陈献春出席会议并讲话，市委副书记、市人民政府市长易佳良主持会议。

21日上午，市委副书记、市人民政府市长易佳良带队到冷水滩区水汲江村公路超限检测站、中国建筑第五工程局项目部和永州市第一公交公司开展“清凉一

夏 关爱同行”活动，看望慰问高温下坚守岗位的一线工作者。

21日下午，市委书记、市人大常委会主任李晖到街头、车间，看望慰问坚守在高温一线的干部职工，代表市委、市政府对他们的辛勤付出表示感谢，并送上防暑降温物品。

24日下午，市委书记、市人大常委会主任李晖赴上海与中国东方航空集团有限公司（简称东航集团）对接相关工作，双方就进一步深化合作，加快永州民航事业发展等事宜进行会谈，并达成共识。市委常委、市人民政府常务副市长唐湘林陪同。东航集团总经理、东航股份公司总经理马须伦出席会谈。

24日晚，全国首档“莲文化”主题党风廉政建设知识竞赛节目《爱莲战队》决赛暨颁奖仪式举行。

30日，湖南省最大的光伏电站——华威冶木塘100兆瓦光伏电站并网发电仪式在零陵区接履桥举行。市委副书记、市委政法委书记张严宣布项目启动。

2017年8月24日晚，《爱莲战队》总决赛

9月

1日下午，全市交通提速战役暨交通运输安全“隐患清零”工作推进会召开，调度推进交通提速战役，安排部署全市交通运输行业安全生产“隐患清零”行动。

4日上午，市委书记、市人大常委会主任李晖在调研湘江西岸棚户区改造及片区道路建设工作时强调，要进一步优化设计细节，紧盯时间节点，强化督查调度，又快、又好、又稳推进项目建设。

4日下午，市委书记、市人大常委会主任李晖在调研林业工作时强调，要做大做强优势产业，推动林业工作全面发展。

4日—5日，全省公安监管部门中共十九大安保动员暨信息化建设现场推进会在永州市召开。省公安厅党委委员、副厅长谭和平，市委常委、市人民政府常务副市长唐湘林，永州市人民政府副市长、市公安局局长刘新良参加会议。

5日下午，市委书记、市人大常委会主任李晖到市内部分高校和零陵区中小学校看望慰问优秀教师代表，市领导唐能武、李农妹、谢景林、彭爱华参加走访慰问。

5日，包括永州在内的35个城市在北京争创“全国质量强市示范城市”申述论证工作会议。市委副书记、市人民政府市长易佳良担任主陈述人，演说申述报告，并进行现场答辩。

8日，永州市第33个教师节庆祝表彰大会在冷水滩区召开，市委书记、市人大常委会主任李晖出席会议并讲话。她强调，深化教育优先战略，不断提升人民群众对教育的满意度，打造永州教育强市升级版。市委副书记、市人民政府市长易佳良主持会议。

11日，市委书记、市人大常委会主任李晖主持召开2017年第22次市委常委会议。会议审议《“魅力金楠·唱响中国”2017永州金洞首届森林音乐会实施方案》，传达学习省委《关于大力实施创新引领开放崛起战略的若干意见》，审议《永州市开放崛起“3·5”系统文件》并原则通过。

12日下午，温氏集团董事长温志芬一行到永州考察并举行座谈会。市委书记、市人大常委会主任李晖出席会议并讲话，市委副书记、市人民政府市长易佳良主持会议。

12日晚，“欢乐潇湘·品质活力新永州”2017年湖南省大型群众文艺会演决赛永州专场举行。

14日上午，永州市各县区人

武部党委第一书记党管武装工作述职视频会议召开。市委书记、市人大常委会主任、永州军分区党委第一书记李晖强调，要深入贯彻落实习近平系列重要讲话精神，以强烈的责任担当，抓好党管武装工作，推动全市经济社会与国防建设融合发展。

15日上午，全市信访工作会议在冷水滩区召开。市委书记、市人大常委会主任李晖出席会议并讲话，市委副书记、市委政法委书记张严主持会议。

13日—17日，国务院安委会综合督查组第13组组长、文化部副部长杨志今率队到永州市检查指导安全生产工作。督查组第13组成员、文化部机关服务局副局长步士忠、新疆煤矿安监局总工程师张永清等，副省长杨光荣，省政府副秘书长黎咸兴，省文化厅厅长禹新荣，省安监局副局长朱崇洲，湖南煤监局总工程师周革忠等一同检查。市委书记、市人大常委会主任李晖，市委副书记、市人民政府市长易佳良，市领导张严、唐湘林等陪同检查或出席汇报会。

17日，永州（厦门）汽车配套产业园专题招商推介会暨重点项目签约仪式在厦门举行。

17日晚，市委书记、市人大常委会主任李晖主持召开第23次市委常委会议，传达学习全省2017年第一次总河长会议精神，研究创建国家公共文化服务体系示范区工作，深化文化市场综合执法改革和检察机关开展公益诉讼等工作。

19日上午，永州市2017年全国科普日系列活动——“科普嘉年华”暨中国流动科技馆湖南永州巡展冷水滩站启动仪式在李达中学举行。省科协副主席刘晓河，市委副书记、市委政法委书记张严出席启动仪式，市人民政府副市长谢景林主持。

25日，永州市2017年台胞台商台属中秋座谈会在冷水滩区举行。市委书记、市人大常委会主任李晖出席，她指出，要推行精细精准精确服务，不断优化发展环境，推动永（永州）台（台湾）合作向纵深发展。市委常委、市委统战部部长石艳萍主持会议。

26日，全市中央环保督察整改推进会议和2017年全市第一次河长会议在祁阳县召开，深入贯彻落实全省中央环保督察整改工作推进会和全省第一次总河长会议精神，研究部署工业园区污水处理设施建设和河长制下阶段重点工作。市委书记、市人大常委会主任李晖出席并讲话，市委副书记、市人民政府市长易佳良主持。

27日，永州市委理论学习中心组举行2017年度第九次集中学习专题辅导报告会。省委常委、省委统战部部长黄兰香作《习近平总书记关于新时期统战工作重要思想》辅导报告。省委党校哲学教研室主任覃正爱作《矛盾论》《实践论》辅导报告，省委保密委副主任、省委办公厅副主任、省国家保密局原局长熊剑勇作保密工作辅导报告，省委宣传团成员、省委讲师团巡视员陈志强教授作《砥砺奋进的五年》辅导报告。

28日，永州市第二次人民防空会议召开，贯彻落实第七次全国人民防空会议、全省人民防空会议精神，总结回顾永州市“十二五”（《永州市国民经济和社会发展第十二个五年规划纲要》）以来的人防工作，研究部署“十三五”（《永州市国民经济和社会发展第十三个五年规划纲要》）人防工作。

29日上午，市委副书记、市人民政府市长易佳良主持召开市政府第12次常务会议。会议审议通过《关于进一步深化文化市场综合执法改革的实施方案》。

30日上午，永州市在烈士纪念园举行烈士公祭仪式，市委书记、市人大常委会主任李晖宣读祭文，市委副书记、市人民政府市长易佳良主持仪式，全体在场的市级领导及其他厅级领导干部参加公祭仪式。

30日，2017永州首届旅游文化美食节暨永州金牌源味名菜评选活动启动仪式举行。

10月

5日下午，市委书记、市人大常委会主任李晖先后到市公安局、市信访局和曲河自来水厂看望慰问国庆节期间坚守岗位的一线干部职工，向大家致以节日的祝福和问候。

6日—7日，市委书记、市人大常委会主任李晖节假日不忘扶贫工作，到江华瑶族自治县开展“三走访三签字”活动。

9日上午，市委副书记、市人民政府市长易佳良向永州市经开房地产开发有限公司发出全市首张40证合一的营业执照。这标志着全市深化商事制度改革、实施“1+×”多证合一全面实施。

9日—10日，市委副书记、市人民政府市长易佳良到中心城区调度重点项目建设情况。

11日上午，永州市风电技术

交流会暨永州市人民政府与三一重能有限公司战略合作框架协议签约仪式在冷水滩区举行，市委书记、市人大常委会主任李晖出席并讲话，市委副书记、市人民政府市长易佳良致辞，湖南省能源局副局长吴波，三一重能董事长周福贵，永州市人民政府副市长严兴德以及全市各风电企业负责人和专家等出席。

12日，由湖南省国资委、永州市委市政府主办的“携手央企省企 共谋互利发展”座谈会在冷水滩区举行。省人民政府副省长张剑飞出席会议并致辞。省人民政府副秘书长向曙光，省国资委主任、党委副书记丛培模，省国资委副主任杨晓喻、李志坚以及永州市委书记、市人大常委会主任李晖，市委副书记、市人民政府市长易佳良，33家中央驻湘企业、省属国有企业负责人出席会议。

13日晚，由中共永州市委、永州市人民政府主办的永州市“喜迎十九大·建设新永州”市直机关大合唱比赛决赛在市委大礼堂举行。市领导李晖、易佳良等观看比赛。永州职业技术学院、市委办、市国税局、市人大机关（市总工会）代表队获得一等奖。

14日，湖南毛俊水库工程开工仪式在蓝山县举行，市委书记、市人大常委会主任李晖宣布工程开工。市委副书记、市人民政府市长易佳良主持开工仪式。

14日—15日，湖南省第三届生态文明论坛在江华瑶族自治县举行。省人大常委会副主任王柯敏，中国生态文明研究与促进会执行副主席李庆瑞，市委常委、江华瑶族自治县县委书记罗建华，市人大常委会副主任胡先荣出席论坛。

18日上午，中国共产党第十九次全国代表大会在北京人民大会堂开幕。市委副书记、市人民政府市长易佳良，市委副书记、市委政法委书记张严等市领导集中收看中共十九大开幕会，并进行学习讨论。

19日—20日，市委副书记、市人民政府市长易佳良在宁远县践行“三走访三签字”时强调，要坚决贯彻落实中共十九大报告对脱贫攻坚工作的安排部署，夯实基础，补齐短板，持续加大脱贫攻坚力度，不断巩固脱贫成果，确保贫困群众实现脱真贫、真脱贫。

24日上午，市委副书记、市人民政府市长易佳良到零陵区调研潇湘阁选址及城镇提质工作时强调打好城镇提质战役。

24日下午，全市保障性安居工程工作推进会召开，市委副书记、市人民政府市长易佳良主持会议并讲话。

27日下午，永州市委迅速召开传达学习中共十九大精神大会，传达学习中共十九大精神和省委贯彻落实意见，中共十九大代表、市委书记、市人大常委会主任李晖传达会议精神并讲话。市委副书记、市人民政府市长易佳良主持会议。

29日上午，由市委、市人民政府主办，回龙圩管理区党委、管委承办的“2017首届永州（回龙圩）柑橘文化旅游节”在回龙湖畔开幕。市委书记、市人大常委会主任李晖出席并宣布开幕。省农业委经济作物处处长廖振坤，西南大学副校长、中国柑橘学会理事长周常勇，全运会女子53公斤级举重冠军廖秋云，周边省市自驾游俱乐部、特邀专家学者、20余家主流媒体代表受邀参加活动。

30日下午，市委书记、市人大常委会主任李晖主持召开2017年第26次市委常委会议。市领导张严、高建华、蒋善生、唐湘林等参加会议。

31日，中共十九大代表、永州市委书记、市人大常委会主任李晖在祁阳县践行“三走访三签字”时强调，要以学习贯彻中共十九大精神为指引，从严从实推进脱贫攻坚工作。

11月

2日—3日，市委书记、市人大常委会主任李晖率队赴深圳、广州两地对接重点招商项目。市领导唐湘林、唐能武、李旦梅，相关县区负责人以及市直相关部门负责人参加考察。

4日—5日，香港湖南联谊总会访湘团名誉团长刘胜辉、团长周群飞一行赴永州开展经贸考察和文化交流活动，并到宁远县九嶷山拜谒舜帝陵，共祭人文始祖舜帝。市委书记、市人大常委会主任李晖，市领导蒋善生、唐湘林等出席项目推介会或参加拜谒。

7日下午，湘桂铁路永州地区扩能工程项目举行签约仪式。市领导唐湘林与广州铁路（集团）公司总工程师王华分别代表永州市人民政府与广州铁路（集团）公司签约。

7日，2017年湘南、大湘西片区省重点项目协调推进会在永州市召开。省委常委、省人民政府常务副省长陈向群出席会议并讲话，市委书记、市人大常委会主任李晖致辞。

10 日晚，永州零陵机场举行“永州—北京航线首航仪式”，标志着永州开通直达首都北京的航线。

11 日，“2017 永州 · 东安武术文化旅游周活动”开幕式在东安县和谐广场举行。省人大常委会副主任谢勇、省政协副主席欧阳斌讲话，省人大常委会原副主任唐之享出席。市委书记、市人大常委会主任李晖致开幕辞。

13 日，市委书记、市人大常委会主任李晖调研冷水滩高科技工业园区建设情况，她强调要打好园区升级战役。

14 日，市委书记、市人大常委会李晖赴祁阳县了解农村党员学习中共十九大精神情况，并宣讲中共十九大精神，交流学习党的十九大报告心得体会，同时开展“三走访三签字”活动。

15 日上午，全市学习贯彻中共十九大精神集中宣讲暨第一期集中轮训班在永州会堂开班，市委书记、市人大常委会主任李晖作中共十九大精神宣讲报告，市委副书记、市人民政府市长易佳良主持开班仪式。

16 日晚，市委书记、市人大常委会主任李晖主持召开 2017 年第 28 次市委常委会议。市委副书记、市人民政府市长易佳良，唐湘林、高建华、蒋善生、石艳萍、唐能武、杨永、吴志雄、王守海、刘尤碧等市领导出席会议。

17 日上午，永州市领导干部学习贯彻中共十九大精神第一期集中轮训班举行结业式。市委书记、市人大常委会主任李晖作总结讲话，市委副书记、市人民政府市长易佳良主持结业式。

18 日，“锦绣中国”2017 第四届中国电视旅游节目创优评析颁奖大会暨电视媒体人“走进永州”创作采风活动开幕，中央新影集团副总编辑、中央电视台发现之旅频道总负责人时间，中央电视台新闻中心副主任、央视外语频道总监盖晨光等出席。

21 日下午，市委书记、市人大常委会主任李晖专题调度全市经济运行情况，她强调要抓重点、补短板、强弱项，确保完成年初既定目标任务。

22 日上午，2017 年湖南省冬季乡村旅游节在宁远县开幕。省人民政府原副省长郑茂清出席，省政协原副主席谭仲池宣布开幕。市委书记、市人大常委会主任李晖，省旅发委副主任高扬先分别致辞。市委副书记、市人民政府市长易佳良主持开幕式。

22 日—23 日，市委书记、市人大常委会主任李晖在道县、蓝山县开展“三走访三签字”调研活动时强调，要贯彻落实中共十九大精神，做实做细扶贫攻坚，在建设品质活力新永州的实践中彰显新气象、实现新作为。

25 日，市委书记、市人大常委会主任李晖到金洞管理区开展“三走访三签字”活动。她强调决不让一个贫困群众在全面小康路上掉队。

26 日下午，市委书记、市人大常委会主任李晖主持召开市委常委第 29 次（扩大）会议，研究抓重点、补短板、强弱项意见，听取脱贫攻坚有关工作汇报。

26 日，市委书记、市人大常委会主任李晖在双牌县茶林镇桐子坳村调研“旅游升温”工作时强调，要加快景区基础设施建设，完善旅游服务功能，引导社会资本投资旅游业，推进全域旅游向纵深发展。

27 日，湖南省人民政府发展研究中心、永州市人民政府、华为公司在长沙签订战略合作协议，将永州云计算大数据产业园打造成面向湖南全省的“三基地一中心”综合服务平台。湖南省政府发展研究中心党组书记、主任卞鹰，永州市委副书记、市人民政府市长易佳良，华为公司中国地区部副总裁李伟等出席。

27 日—29 日，湖南省政府第二考核组组长、省安监局副局长杨国庆率考核组到永州，对永州市 2017 年度安全生产工作进行检查考核。29 日下午，市委书记、市人大常委会主任李晖主持召开考核汇报会，市委副书记、市人民政府市长易佳良汇报工作情况。

29 日，永州市召开加强县乡人大工作和建设推进会，学习贯彻中共十九大精神，落实中央、省委加强和改进人大工作的会议部署，安排全市县乡人大工作，推进全市县乡人大工作形成整体合力，迈上新的台阶。市委书记、市人大常委会主任李晖出席会议并讲话，市人大常委会常务副主任、党组书记高建华主持会议，市人大常委会副主任袁火林、周益志、李农妹出席。

12 月

1 日，共青团永州市第五次代表大会开幕，市委书记、市人大常委会主任李晖在会上强调要不忘初心跟党走，解放思想当先锋，勇于创新谋发展，实干兴永做表率，德才兼备展风采，青春建功新时代。共青团湖南省委副书记李志超出席会议并讲话。

2日上午，长沙海关驻永州办事处江华工作站揭牌仪式在江华瑶族自治县经济开发区举行。长沙海关关长黎对贞，长沙海关驻永州办事处主任郭承志，永州市委书记、市人大常委会主任李晖出席。

2日晚，2017神州瑶都（中国·江华）瑶族盘王节开幕式暨贵德集团开园群星演唱会在江华瑶族自治县第一中学体育运动场举行。省委宣传部常务副部长蒋祖烜，市委书记、市人大常委会主任李晖，长沙海关关长黎对贞、省作协主席王跃文，市领导唐能武、李农妹、谢景林等出席。

3日，神州瑶都文化博览园开工建设。神州瑶族文化博览园是一个大型开放型文化旅游产业项目，总投资约15亿元，主要建设瑶族古镇景区、瑶族墟景区、瑶族游乐景区、瑶族始祖文化区四大景区。

4日上午，全市领导干部大会在永州会堂召开。省委组织部常务副部长胡伯俊宣布省委任职决定：易佳良任省人民政府副秘书长、办公厅党组成员，不再担任永州市人民政府市长职务；赵应云任永州市委委员、常委、副书记，不再担任怀化市人民政府市长职务。

6日，全市农村精神文明建设工作推进会在祁阳县召开。市委书记、市人大常委会主任李晖，省委宣传部副部长刘进能出席会议并讲话。市文明委副主任唐湘林主持会议。市文明委副主任刘尤碧在会上总结和安排部署农村精神文明建设工作。

5日—6日，省人大常委会副主任李友志到永州调研督查健康永州建设和贯彻执行《湖南省中小学校幼儿园规划建设条例》等工作，市委书记、市人大常委会主任李晖陪同调研。

7日上午，永州市第五次妇女代表大会在冷水滩区召开。省妇联党组书记姜欣出席并代表省妇联对大会的召开表示祝贺。市委书记、市人大常委会主任李晖出席并讲话。市委副书记唐湘林主持会议。

11日上午，市委书记、市人大常委会主任李晖主持召开市五届人大常委会第九次会议第一次全体会议。会议决定任命赵应云为永州市人民政府副市长、代理市长。

11日，省2017年脱贫攻坚实地考核组进驻永州，市委副书记、市人民政府代理市长赵应云主持见面会，市委副书记唐湘林汇报全市脱贫攻坚情况。

11日—12日，市委副书记、市人民政府代理市长赵应云到永州经济技术开发区、冷水滩区、蓝山县、道县、零陵区调研园区经济和产业发展情况。

13日上午，市委书记、市人大常委会主任李晖，市委副书记、市人民政府代理市长赵应云分别会见中国农业银行湖南省分行党委书记、行长陶伟梁一行和中建五局董事长周勇一行，就进一步推进地方经济社会发展进行友好洽谈。

13日，中国国际贸易促进委员会永州市支会第三届委员会议暨中国国际商会，永州商会第三届会员代表大会开幕，市委书记、市人大常委会主任李晖，中国国际贸易促进委员会商事法律服务中心主任李健宁共同为中国国际贸易促进委员会永州法律服务中心揭牌，标志着永州企业有了全方位的涉外商事法律服务平台。中国国际贸易促进委员会湖南省分会会长贺坚，市委副书记、市人民政府代理市长赵应云出席，市委副书记唐湘林主持会议。

15日下午，永州市举行《习近平谈治国理政》第二卷学习部署会暨赠书仪式。市委书记、市人大常委会主任李晖与市委常委会组成人员一道为市直单位和各县区（管理区、经开区）党政主要负责人赠阅书籍。市委副书记、市人民政府代理市长赵应云主持仪式。

18日上午，祁阳县经济开发区科创产业园奠基暨十个重大产业项目集中开工建设。市委书记、市人大常委会主任李晖出席并宣布开工建设。

19日上午，市委书记、市人大常委会主任李晖在永州市科学技术协会第五次代表大会开幕式上强调，各级科协组织要为打好“六大战役”、推进“开放兴市产业强市”战略贡献智慧和力量。

21日上午，永州市第一个挂牌成立的县级行动中心江华瑶族自治县民间河长行动中心揭牌，并为第一批民间河长颁发聘书，江华24名民间河长挂牌上岗。

24日晚，由市委宣传部、市文体广电新闻出版局主办的永州市2017年“雅韵三湘·艺动四水”迎新年交响音乐会在永州会堂演出。

28日下午，市五届人大2017年度履职优秀代表表彰大会在永州会堂举行。市委书记、市人大常委会主任李晖出席并讲话，市人大常委会常务副主任、党组书记高建华主持会议。

29日上午，永州市第五届人民代表大会第二次会议在永州会堂开幕。开幕大会由大会主席团常务主席李晖、高建华、杨海河、周小驹等担任执行主席，会议由市委书记李晖主持，市委副书记、市人民政府代理市长赵应云代表市人民政府作工作报告。

永州概貌

A General Survey of Yongzhou

地形·地貌

【概况】 永州位于由西向东倾降的第二阶梯与第三阶梯的交接地带，是南岭山地向洞庭湖平原过渡的初始阶段。永州地势大体是西部和西南高，东北及中部低，以三大山系为脊线，呈环带状、阶梯式向两大盆地中心倾降。在历次构造运动、岩浆侵入以及地表水长期风化剥蚀的作用下，永州形成以山丘地为主，丘陵、岗地、平地俱全的复杂多样的地貌类型。永州境内奇峰秀岭逶迤蜿蜒，河川溪涧纵横交错，山冈盆地相间分布。越城岭—四明山系雄踞西北，萌渚岭—九嶷山系矗立东南，都庞岭—阳明山系横插中部，将永州分隔成南北两大相对独立的部分。在三大山系及支脉的围夹下，形成南北两个半封闭型的山间盆地，呈现向东北倾斜的山字形地貌轮廓。位于北部的零祁盆地，周围由北面的四明山、西北的越城岭、南面的紫金山、东南面的阳明山环绕，东北向衡阳盆地敞口，面积57.03万公顷，占境内盆地总面积的45.5%；盆地内地势低平开阔，耕地连片延伸。南部道江盆地，东面向郴州、永兴盆地开口，西南成狭长谷地向江永、江华南部延伸，形成呈东西方向串通湖广的交通走廊；盆地外周由北面的阳明山、西北的紫金山、西面的都庞岭、南面的萌渚岭—九嶷山系围隔而成，面积68.28万公顷，占境内盆地总面积的54.5%；盆地内丘岗起伏，阡陌纵横。位于西北、西、西南和南部的三大山系巍峨蜿蜒，许多山峰高达千米以上，都庞岭的顶峰韭菜岭海拔2009.3米，是全市最高点。东北及中部，丘岗星罗棋布，谷盆相嵌其间，海拔一般在300米以下，湘江河谷祁阳唐家岭的九洲，海拔63米，是全市最低点。全市相对高差1946.3米，比降2.7%~20%，切割深300米~700米，最深800米~1000米。

气候·水文

【气候】 2017年，永州市全年平均气温19.2℃，较常年偏高0.9℃，较2016年高0.1℃，属显著偏高年份，为有气象记录以来第三高值（1998年、2007年19.3℃）。各县区年平均气温在18.6（冷水滩区）~19.9℃（道县）之间，较常年偏高0.3℃（冷水滩区）~1.2℃（蓝山县）；大部分县区显著偏高在1.5σ以上，双牌县、道县、新田县、蓝山县、江华瑶族自治县异常偏高在2.0σ以上，其中道县（19.9℃）、江华瑶族自治县（19.6℃）创气象记录新高。全年日最高气温≥35℃的高温日数大部分县区在30天以上，先后出现三段高温热浪天气，极端最高气温在37.3℃（江永县）~39.1℃（祁阳县）之间，普遍出现在7月26日—28日。年内没有出现连续5天日平均气温≤0℃的严寒期，极端最低气温-1.5℃（双牌县）~1.8℃（江华瑶族自治县）之间，出现在12月18日。上半年终霜日在2月13日、局部在2月26日，下半年初霜日在12月17日—18日，无霜期大部分县区在307天以上，局部293天。

【水文】 2017年，永州地区降水量在964毫米~2252.5毫米之间，年平均降水量1462.5米，比2016年偏小424.6毫米，与历年平均值相比偏小113.5毫米，属平水年份。降水时空分布极不均匀。在空间分布上，山区多于丘陵，以双牌县为界，南部多于北部，形成九嶷山区（渣梨板站1919.0毫米）、南岭山区（安马站1878.5毫米）、都庞岭山区（大溪源站2252.5毫米）3个暴雨中心，年降水量最大的是大溪源站。年降水低值区主要集中在北部，年雨量在964毫米~1198毫米之间，分布在芦洪江、老毛江和祁水流域，芦洪江流域的伍家桥站964毫米，为全区最少。在时间地域分布上，全年降水主要集中在3月—8月。6月为全区月平均降水量最大月，月平均降水量334.1毫米，占全年平均降水的22.8%。6月月降水量最大站是潇水流域的大溪源站，降水量544.5毫米，6月月降水量最小站为九嶷流域的丑冲站，降水量146毫米。最大1小时降水量出现在6月21日的春头源站，降水量98.0毫米。最大2小时降水量出现在7月2日的麻江站，降水量110.5毫米。降水量在年内分配上不均匀，汛前1月、2月，汛中9月和汛后10月、12月降水偏小，全区12月降水最小，月平均降水量34毫米。3月—7月平均降水1016.5毫米，占全年降水的69.5%，是全年的主汛期。

2017 年永州市各站年降水量一览表

表 1

站　名	月降水量（毫米）												
	1 月	2 月	3 月	4 月	5 月	6 月	7 月	8 月	9 月	10 月	11 月	12 月	全　年
码市	59.5	67.5	234.5	123.5	159.5	462.0	259.5	147.0	47.0	9.0	107.5	24.0	1700.5
大路铺	79.5	56.0	245.5	62.0	118.0	387.0	227.0	83.5	13.5	4.5	62.0	35.5	1374.0
江永	46.5	51.5	226.0	65.5	116.0	279.5	173.5	112.5	32.0	5	60.0	24.0	1192.0
道县（二）	65.0	91.0	305.5	76.5	143.0	289.0	129.5	95.5	5.0	9.5	67.5	29.0	1306.0
豪福	42.5	65.0	224.5	38.0	200.0	337.5	179.5	144.0	37.0	9	34.0	23.0	1334.0
九嶷（二）	64.0	82.0	177.0	97.5	201.5	299.0	94.0	62.0	59.0	46	81.5	27.0	1290.5
双牌	39.5	62.5	204.0	42.5	147.5	419.5	157.0	64.5	7.0	16	54.0	34.5	1248.5
老埠头	78.0	78.5	294.5	183.0	121.5	332.0	218.5	147.0	10.0	35.5	72.5	36.5	1607.5
冷水滩	67.5	76.0	237.5	158.0	131.0	299.0	149.5	44.0	7.5	33	54.5	19.0	1276.5
祁阳（二）	72.5	71.5	207.0	95.5	104.5	278.0	142.5	58.0	3.0	19	60.5	25.0	1137.0
金洞（三）	79.0	73.5	294.0	182.0	119.5	369.5	219.0	199.5	21.0	100	94.5	44.5	1796.0
蓝山	65.5	77.5	191.0	90.0	140.0	322.0	103.0	101.0	37.0	55.5	104.0	31.5	1318.0
新田	42.0	74.0	229.0	38.0	145.0	260.0	157.5	46.5	1.0	10	62.0	25.0	1090.0

洪水主要由降水形成，水位变化与降水相应。由于降水时空分布特点和水库蓄水发电调节的影响，各地的水位变化并不同步，但全区内年最高水位基本同步。6 月下旬和 7 月上旬，流域内普降大暴雨，湘江、潇水流域发生特大洪水，年最高水位涔天河、九嶷（二）、蓝山均出现在 5 月上、中旬，码市、大路铺、江永、道县（二）、豪福、双牌、老埠头、冷水滩、祁阳（二）、下马渡、金洞（三）、新田站出现在 7 月上旬。年最低水位祁阳（二）、江永、下马渡、金洞（三）、新田等站均出现在 1 月份，蓝山站出现在 2 月，老埠头站出现在 7 月，道县（二）、九嶷（二）、双牌、冷水滩等站均出现在 9 月，涔天河站、大路铺站出现在 11 月，码市站、豪福站出现在 12 月。

降水量与历年均值相比偏小，相对集中在 3 月—8 月，降雨强度较大，7 月上旬出现较大的洪水过程，双牌水文站于 7 月 2 日出现全年最高水位 131.74 米，超警戒水位 1.49 米，老埠头站于 7 月 2 日出现全年最高水位 107.32 米，超警戒水位 4.32 米，冷水滩水文站于 7 月 2 日出现全年最高水位 100.02 米，超警戒水位 5.02 米，祁阳（二）站于 7 月 3 日出现全年最高水位 89.14 米，超警戒水位 6.14 米。冷水滩站主要发生二次较大洪水过程，第一次是 3 月 29 日—4 月 5 日，第二次是 6 月 26 日—7 月 6 日，全区二次较大洪水过程与冷水滩站完全相应。

永州地区流域径流主要由降水形成，径流变化与水位变化相应。全年降水较 2016 年偏小 424.6 毫米，径流量与 2016 年相比偏小。以冷水滩站为例，该站 2016 年径流量 265.8×10^8 立方米，而 2017 年的径流量为 194.8×10^8 立方米，比 2016 年偏小约 26.7%。降水相对集中在 3 月—8 月，径流也相对集中在 3 月—8 月，期间的径流约占全年径流总量的 80.0%。

径流量的年内分配具体见下表：

2017 年永州市径流量年内分配表

表 2

站　名	月平均径流量占年总数（%）											
	1 月	2 月	3 月	4 月	5 月	6 月	7 月	8 月	9 月	10 月	11 月	12 月
码市	3. 2	2. 5	11. 9	10. 5	10. 5	23. 1	20. 5	5. 5	4. 4	2. 8	2. 5	2. 6
大路铺	4. 5	3. 0	15. 9	10. 4	11. 5	19. 8	22. 3	4. 4	3. 1	1. 6	1. 7	1. 9
江永	2. 0	1. 5	11. 6	9. 2	13. 4	30. 4	18. 3	6. 4	2. 9	1. 7	1. 4	1. 3
道县（二）	4. 4	2. 8	11. 8	7. 8	11. 4	22. 3	22. 9	5. 0	3. 4	3. 7	2. 3	2. 2
豪福	3. 2	3. 0	13. 6	8. 6	11. 3	28. 0	23. 2	2. 7	2. 0	1. 5	1. 7	1. 1
九嶷（二）	6. 1	4. 2	16. 6	9. 7	14. 3	15. 2	11. 7	4. 1	4. 0	4. 6	4. 3	5. 1
双牌	5. 4	3. 2	13. 4	10. 0	9. 8	21. 8	22. 8	4. 5	3. 2	2. 0	1. 6	2. 4
冷水滩	4. 7	3. 6	13. 8	10. 7	9. 0	21. 9	23. 3	5. 0	2. 7	1. 5	1. 7	2. 1
平均	4. 2	3. 0	13. 6	9. 6	11. 4	22. 8	20. 6	4. 7	3. 2	2. 4	2. 1	2. 3
下马渡	4. 0	2. 9	15. 0	6. 8	10. 4	20. 8	30. 1	2. 9	1. 8	1. 9	1. 7	1. 6
金洞（三）	6. 2	5. 8	11. 8	10. 3	6. 2	11. 7	19. 0	6. 8	6. 8	4. 8	4. 3	6. 2
蓝山	7. 5	6. 2	12. 6	9. 7	10. 2	16. 4	12. 6	5. 6	4. 6	4. 4	5. 3	4. 8
总平均	4. 7	3. 5	13. 5	9. 4	10. 7	21. 0	20. 6	4. 8	3. 5	2. 8	2. 6	2. 9

径流量的年内分配基本能反映流域内降水的年内分配。

年径流模数、年径流深度、年径流系数总的趋势是山区大于丘陵。年径流模数最大的是金洞（三）站，为 50. 7×10^{-3} 立方米/秒·平方千米，最小的是下马渡站为 14. 0×10^{-3} 立方米/秒·平方千米。年径流深度最大的是金洞（三）站，为 1600 毫米，最小的是下马渡站为 441. 9 毫米。年径流系数（降水量采用面平均雨量计算）全区平均为 0. 62，最大的是金洞（三）站 0. 91，最小的是下马渡站为 0. 4。

输沙量的变化情况与径流量的变化基本相似。道县（二）站和冷水滩站的年输沙总量分别是 20. 5×10^4 吨、163×10^4 吨，冷水滩站比 2016 年偏多 85. 4×10^4 吨。与历年均值相比，道县（二）站输沙量比原道县站历年均值 46. 5×10^4 吨偏小，冷水滩站比历年均值 104. 3×10^4 吨偏多。

2017 年永州市输沙量年内分配表

表 3

站　名	月平均输沙量占全年（%）											
	1 月	2 月	3 月	4 月	5 月	6 月	7 月	8 月	9 月	10 月	11 月	12 月
道县（二）	0. 4	0. 1	8. 8	2. 7	6. 0	42. 9	38. 1	0. 4	0. 2	0. 2	0. 1	0. 0
冷水滩	0. 3	0. 0	10. 1	3. 3	0. 1	18. 6	67. 6	0. 0	0. 0	0. 0	0. 0	0. 0

道县（二）站输沙量主要集中在 6 月和 7 月，2 个月的输沙量占全年总量的 81%；冷水滩站集中在 6 月和 7 月，2 个月的输沙量占全年总量的 86. 2%。道县（二）站实测最大含沙量 0. 62 千克/立方米，出现在 6 月 6 日，冷水滩站实测最大含沙量 0. 68 千克/立方米，出现在 7 月 2 日。年输沙模数道县（二）站 36. 4 吨/平方千米，冷水滩站 75. 4 吨/平方千米。

（崔忠凌）

自 然 资 源

【土地资源】 永州市土地总面积 2. 22 万平方千米，占湖南省总面积的 10. 55%。农用地面积 1. 9 万平方千米，占全市土地总面积的85.03%。中山、中低山、低山总面积1.1万平方千米，占全市总面积的49.5%；丘陵3242平方千米，岗地3979平方千米，平地3191平方千米，水面880平方千米，分别占全市总面积的14.5%、17.81%、14.29%和3.94%。全市有耕地35.89万公顷，园地7.25万公顷，林地142.36万公顷，草地8.2万公顷，城镇村及工矿用地10.48万公顷，交通运输用地2.53万公顷，水域及水利设施用地9.62万公顷，其他土地6.27万公顷。全市耕地按灌区划分，双牌水库灌区（冷水滩区、零陵区、祁阳县、双牌县）耕地13.41万公顷，占37.36%；涔天河水库灌区（江华瑶族自治县、江永县、道县、宁远县）耕地13.97万公顷，占38.92%；其他灌区（东安县、蓝山县、新田县）耕地8.51万公顷，占23.72%。全市耕地按坡度划分，2度以下耕地15.03万公顷，占41.88%；2度~6度耕地14.31万公顷，占39.88%；6度~15度耕地5.57万公顷，占15.53%；15度~25度耕地0.75万公顷，占2.08%；25度以上的耕地0.22万公顷，占0.62%，主要分布在双牌县和江华瑶族自治县。全市未利用地14.94万公顷，其中，河流水面3.18万公顷，其他草地8.19万公顷，裸地3.57万公顷。

【矿产资源】 永州市矿产资源较为丰富，全国168个矿种在永州市发现75种，其中54种探获储量，30种纳入矿产资源储量表。锰、稀土、铷、锂、铯、溶剂灰岩、水泥黏土矿保有储量居全省第一位，其中锰资源储量2亿吨以上，占全省储量的25.7%。稀土、锂、铷、铯保有资源储量均占全省储量的100%；熔剂灰岩保有资源储量占全省储量的21%；锡、铋、钨、铁、铅、锌、钼、铜等矿保有资源储量居全省前列，其中，钨锡380矿石万吨，铋1.9矿石万吨，铁1.85矿石亿吨，铅锌321.5矿石万吨，钼1.1万吨，铜3.2万吨等。花岗岩、大理石、建筑用砂等资源丰富，后备资源充足。

【水资源】 永州境内河流分属长江流域洞庭湖和珠江两大水系，有大小河流733条，境内长江流域洞庭湖水系控制流域面积2.16万平方千米，占全市总面积的96.8%，其中湘江流域面积2.15万平方千米，占湘江流域面积的22.7%。全市河流众多，水系复杂，其中流域面积50平方千米以上的河流189条。河流坡降陡，水流急，水量充沛而又半汛半枯，年内洪枯变化大。多年年均降雨量1502.6毫米，降水总量334.4亿立方米，地表径流193.7亿立方米。河流总长1万多千米，河床谷深流急，水能资源蕴藏总量238万千瓦，位居湖南省第三位，其中可开发量101万千瓦，待开发利用的60余万千瓦。

【植物资源】 永州市属中亚热带常绿阔叶林区，系湖南省植物资源富集地区。全境有维管束植物232科、1003属、2712种，占全省的68%，占全国的10%；有乔木树种127科、429属、1542种。其中，有栽培价值的58科、253种，有实用推广价值的180种。属国家一级保护的有银杉、水杉、珙桐、香杉、种萼木（伯乐树）、苏铁6种；属国家二级保护的有楠木、银杏、冷杉、中华珈、长柄双花木、香树、红豆树、白豆松等13种；属国家三级保护的有杜仲、鹅掌楸、福建柏、华南栲、青钱柳、檫木、黄杉等27种；属省级保护的有斑竹、方竹、罗汉竹、绒毛皂荚、山羊角树、黄连、党参、天麻等29种。

【动物资源】 永州市查明的野生动物有千余种，其中列为国家保护的有31种：属国家一级保护的有华南虎、黄腹角雉；属国家二级保护的有猕猴、穿山甲、金钱豹、麝、红腹角雉、毛冠鹿、水鹿、大鲵（娃娃鱼）、红石猴、灰腹角雉10种；属国家三级保护的有獐、青羊、苏州羚、白鹇、金鸡等19种。已知水产动物有186种，其中鱼类有153种。主要经济鱼类有草鱼、青鱼、鲢鱼、鳙鱼、鲤鱼等20余种。稀有珍贵鱼类有中华鲟、竹鱼等；水产两栖动物有大鲵（娃娃鱼）等16种。水产爬行动物主要有鳖、团鱼、乌龟等。珍贵水产兽类有华东水獭（俗名水貂）。

【名优特产】 经过漫长的物竞天择和人工选育，永州市形成以杉、松、竹、柑橘、香柚、油茶、油桐、茶叶、烤烟等为主的名优特产。如江华杉条材质优良；宁远九嶷木，俗称“香杉”，闻名全国；九嶷斑竹，富有传奇色彩，载誉中外；双牌阳明山南竹，节稀皮厚，粗大如桶，为竹制品的上乘原料。全市还出产香柚、香芋、香菇、红瓜子、红衣葱、道州灰鹅、江华苦茶、蓝山黑湖酒、永州薄荷、双牌竹根鼠、湘南黄牛、零陵麻鸭等农副土特产品。

江华“涛白”烤烟是供给熊猫牌香烟的烟叶。特别是江永香柚、永州异蛇、江华珍珠椒、江华瑶家腐乳、盘王腊肉、新田三味辣椒、道州红瓜子以及香菇、木耳、竹笋等土特产品，品质优良，畅销国内外。

旅游资源

【概况】　永州市有旅游资源7类56种类型313处景观，其中，自然旅游资源4类21种类型150处景观，人文旅游资源3类35种类型163处景观。其中有国家AAAA级旅游景区九嶷山、阳明山、浯溪碑林、柳宗元文化旅游区、舜皇山，有国家AAA级旅游景区江永上甘棠、江永女书园、江永千家峒、舜帝庙考古遗址公园、宁远文庙、李家大院等景区(点)。

【自然生态】　2017年，永州市全面启动市县级生态公益林保护工程，在原有56.24万公顷国、省级公益林的基础上，新落实市、县级生态公益林保护面积4.88万公顷。有国有林场30个、国家级森林公园9个、省级森林公园6个、国家湿地试点公园8个。年末，全市有自然保护区6个，其中国家级4个、省级2个。完成人工造林面积1.99万公顷，全市林地面积123.98万公顷，活立木蓄积量6176.16万立方米，森林覆盖率64.7%。实现水功能区水质达标率100%，省级重要饮用水水源地全部为Ⅰ类、Ⅱ类水。年内，启动全市全域旅游发展总体规划编制工作，支持东安、宁远、江永创建国家全域旅游示范区、双牌创建“国际慢城”、九嶷山创建国家生态旅游示范区。推动国内知名旅游投资机构到永州发展，零陵古城、永州华侨城、江华瑶族文化博览园、蓝山云冰山景区等重点项目加快建设，九嶷山创国家AAAAA级旅游景区、周敦颐故里创国家AAAA级旅游景区工作扎实推进，打造一批乡村旅游示范村、少数民族特色村镇、森林小镇和秀美村场。

舜帝陵

主要景点介绍：

九嶷山　九嶷山位于宁远县城南30千米，素以丰富的文物古迹、独特的自然风光、奇异的溶洞和别具一格的民俗风情著称于世，系湖南省六大风景名胜区、十大旅游区之一，景区内有国家森林公园。九嶷山是中华民族始祖舜帝的葬所。《史记》载，“舜南巡狩，崩于苍梧之野，葬于江南九疑”，九嶷山因此成为炎黄子孙向往的圣地。“九嶷山上白云飞，帝子乘风下翠微。”一代伟人毛泽东对九嶷山的礼赞，更使九嶷山名扬天下。

柳子庙　柳子庙是国家重点文物保护单位，位于零陵区潇水西岸的柳子街，始建于公元814年，是为纪念唐代进步政治家、思想家和著名文学家、永州司马柳宗元而建，庙为歇山顶式砖木结构，内有柳宗元塑像和生平事迹陈列室，并留有古代学者为柳宗元所撰文章及摹刻的石刻。其中，颂扬柳宗元事迹的《荔枝碑》石刻为韩愈所作、苏东坡所书，被世人称为“三绝碑”。

舜皇山　舜皇山位于东安县西北部与广西全州、湖南新宁交界处，是山岳型自然风景区。舜皇山古称金凤山，因舜帝南巡狩驻跸于此而得名。舜皇山既是科考、野营、教学的重要场所，又是旅游观光、避暑度假的理想胜地。主要景观有杨江源鹅卵石风光带、女英溪古林世界、娥皇溪瀑布群、鸡冠石山华南五针松群落、城墙石、飞来石、金龟朝舜、乌龟背石、盘古庙、舜皇岩等。

浯溪碑林　浯溪碑林是国家重点文物保护单位，位于祁阳县城西南，是中国江南现存最大的露天碑林。小巧玲珑，宛如画屏，505方摩崖，石刻总面积631.7平方米，分布在三座石峰，遍崖密布，琳琅满目。最高的悬崖30

米，字径 2.3 米；最低的溪畔崖脚，字径 1 厘米。诗词、赋、记、联语、绘画、榜书、题名形式多样，隶、楷、行、草书体齐全，有《大宋中兴颂》《大明中兴颂》，还有“符录”和“仙迹”，素有“诗山”“画山”“文字山”的美誉，堪称书法石刻宝库，文学艺术殿堂。

阳明山　阳明山国家森林公园位于双牌县东北隅，属南岭支脉，它犹如一道天然屏障亘于湘南与湘中之间，西临潇水，南临桂林，北望南岳，总面积 114.2 平方千米，最高峰海拔 1624.4 米，年平均气温 14.2 度，冬暖夏凉，气候宜人，素享“北有庐山，南有阳明”之美誉。公园内山高谷幽，石怪峰奇，林茂竹修，古林参天，更兼以云山雾海，流泉飞瀑。有人文景观 36 处，还有古代传说十八真人曾在阳明山修身炼丹，七祖秀峰亦在此修行成佛，素有“名山千古仰，活佛万家朝”的气象。每届农历七月至十月，朝佛览胜，络绎不绝。

【人文胜迹】　永州境内有新石器时代原始人居住的石棚和人类最早培植水稻的玉蟾岩遗址，有华夏人文始祖舜帝的陵庙和湖南四大历史文化名城之一的零陵古城，有柳宗元笔下的“永州八记”遗址和古潇湘八景之首“潇湘夜雨”所在地岛，有全国最大的露天摩崖石刻浯溪碑林，有瑶族祖居地千家峒和世界上唯一的女性文字奇观江永“女书”，有神秘的道县鬼崽岭古代石群像，还有宁远文庙和上甘棠古村等明清建筑。永州还是一代草圣怀素，理学鼻祖周敦颐，清代著名书法家何绍基，中共主要创始人、中共早期主要领导人之一李达，无产阶级革命家陶铸和江华的诞生地。据不完全统计，全市保存较为完好的历史文化古迹有 2700 多处，其中，全国重点文物保护单位 26 处，省级文物保护单位 56 处，市级文物保护单位 212 处，县级文物保护单位 244 处，“国保”文物数量名列全省第二位。

【习俗风情】　永州地方特色文化丰富多彩，有国家级非物质文化遗产保护目录 7 个，省级非物质文化遗产保护目录 17 个，市级非物质文化遗产保护目录 42 个。诸如对山歌、唱小调、耍刀舞、伞舞、舞龙、舞狮等，还有东安武术、祁剧等。江永县千家峒瑶族自治乡是中国瑶族的发祥地，江华瑶族自治县是全国瑶族人口最多的自治县。长期以来，瑶族同胞保持着独特的传统文化习俗，信仰盘王，穿戴民族服饰，住吊脚楼，过盘王节、敬鸟节和倒稿节，吹芦笙，跳长鼓舞，保存有入赘“招郎”和“拿篮子”等特色婚姻形式，洋溢着浓郁的乡土气息和民族风情。

人口·民族·宗教

【人口】　2017 年年末，永州市有户籍人口 641.61 万人。全市常住人口 547.97 万人，增长 0.27%，其中，城镇人口 264.4 万人，增长 4.49%；乡村人口 283.57 万人，下降 3.38%。出生人口 9.4 万人，出生率 14.42‰；死亡人口 4.69 万人，死亡率 7.23‰；自然增长人口 4.71 万人，人口自然增长率 7.19‰。

【民族】　永州市是一个多民族杂居地区，民族特色鲜明，全市除汉族以外，有瑶族、壮族、回族、苗族、土家族、维吾尔族等 48 个少数民族（其中瑶族、壮族为世居少数民族），少数民族人口 74 万多人，少数民族人口占全市总人口的 11.6%，在全省排第四位，是湖南省民族工作重点市州之一；有 1 个瑶族自治县（江华）、1 个比照自治县待遇县（江永）、21 个民族乡。21 个民族乡分别是：江华瑶族自治县小圩壮族乡；江永县松柏瑶族乡、千家峒瑶族乡、源口瑶族乡、兰溪瑶族乡；蓝山县汇源瑶族乡、紫良瑶族乡、浆洞瑶族乡、犁头瑶族乡、大桥瑶族乡、荆竹瑶族乡；道县审章塘瑶族乡、洪塘营瑶族乡、横岭瑶族乡；宁远县九嶷山瑶族乡、荒塘瑶族乡、棉花坪瑶族乡、桐木漯瑶族乡；新田县门楼下瑶族乡；双牌县上梧江瑶族乡；金洞管理区晒北滩瑶族乡。此外，在汉族乡镇还分布有 79 个散居民族村。自治县和比照县及民族乡（统称民族地区）的国土面积 7061.18 平方千米，占全市总面积的 31%；总人口 93 万人，占全市总人口的 18%。全市有国家级、省级授牌的少数民族特色村寨 8 个，全国民族团结进步示范单位 1 个，全省民族团结进步示范单位 4 个，1 个省级民族文化传承示范基地——江华瑶族自治县沱江一小，1 个省级民族文化联系点——江永县兰溪瑶族乡黄家村。

【宗教】　永州宗教文化底蕴厚重，历史悠久。有佛教、道教、伊斯兰教、天主教、基督教五大宗教，有爱国宗教团体 11 个（其中市级 3 个，即市佛教协会、市基督教“两会”、市道教协会，正在筹备市天主教爱国会）。有登记颁证的宗教活动场所141处（其中省级重点场所5处、市级重点场所13处），有宗教教职人员207人。双牌万寿寺、祁阳甘泉寺、零陵芝山寺、基督教永州堂和市基督教“两会”获评国家级和谐寺观教堂和先进集体。

建置沿革

8万年至12万年前，人类就在永州渔猎采集、繁衍生息。1万年前，永州先民就群居农耕、种稻制陶。三四千年前西瓯越和雒越部落聚居永州，同时，中原民族（包括苍梧族和舜部落）大量南迁，为永州带来中原文化，越文化与中原文化交融发展，永州日渐融入华夏文化圈。春秋战国时期，楚人南下，永州被纳入楚国势力范畴。楚悼王后期（前389—前381），永州被列入楚国政区，隶属于苍梧郡之洮阳县或郴县。

公元前223年，秦国灭楚，大将屠睢率50万大军进军岭南，驻军永州。公元前221年，秦始皇统一全国，建立中央集权制国家，推行郡县制，永州首设行政区——九疑县，被纳入秦帝国的版图。秦朝，永州初属苍梧郡，后属长沙郡。公元前207年，秦朝灭亡。公元前202年，刘邦击败项羽，建立汉朝。刘邦实行郡县与分封并行的混合性地方行政制度。大约公元前219年，改苍梧郡为长沙郡（后为长沙国），永州大部属荆州刺史部长沙郡（长沙国），小部属交趾刺史部苍梧郡。西汉初，析九疑县置道县、南平县、泠道县和营道县。汉文

零陵楼

帝末年，道县并入南平县，属桂阳郡，九疑县被划分为泠道和营道二县。公元前124年，汉武帝析泠道县和洮阳县，分别封长沙国刘发之子刘买和刘贤于舂陵侯国和泉陵侯国。公元前111年，汉武帝平定南越，设置零陵郡，治零陵县（今广西全州西南），辖零陵、营道、始安、营浦、泠道、洮阳、钟武七县和舂陵、泉陵、都梁、夫夷四侯国，其中营道、营浦、泠道三县和舂陵、泉陵二侯国的治所在永州境内。同时，在交趾刺史部设苍梧郡，分营浦县置冯乘县和谢沐县。公元前45年，汉元帝并舂陵侯国入泠道县。西汉末年，王莽专权。公元6年，改零陵郡为九疑郡，改泠道县为泠陵县，改泉陵县为溥闰县，改洮阳县为洮治县，将营道县降为九疑亭。公元25年，刘秀恢复西汉旧制，恢复零陵郡和泠道县、营道县，同时，改泉陵侯国为泉陵县，并将零陵郡治从零陵县迁移到泉陵县（今永州市零陵区），永州首设郡（府、州）级行政机构。两汉时期，零陵郡的辖区面积9万多平方千米。

三国两晋及南北朝时期，改朝换代不断，大部分时间南北对峙，社会异常动荡不安。三国时期（220年—265年），魏、蜀、吴三国鼎立，永州地属荆州。赤壁之战后，零陵郡归蜀所有。219年，孙权大将吕蒙袭取荆州，东吴占据零陵郡的绝大部分。226年，东吴孙权将冯乘、谢沐二县从苍梧郡改属新置的临贺郡。265年，东吴孙皓析零陵郡南部置营阳郡，以营浦（今道县）为郡治，辖营浦、营道、舂陵、泠道四县。264年—280年，孙皓复析泠道县置舂陵县，析泉陵县置永昌、祁阳二县。266年，孙皓析长沙郡西南部、零陵郡北部置昭陵郡。三国东吴时，零陵郡领泉陵、零陵、洮是、观阳、祁阳、永昌六县。280年，晋武帝平定东吴，统一天下。同年，废营阳郡入零陵郡。不久，冯乘、谢沐二县自荆州改属广州。290年，晋惠帝析泉陵县建应阳县。307年，晋怀帝从荆州、广州两州分置湘州，零陵郡属湘州，辖零陵、泉陵、永昌、祁阳、应阳、营浦、洮阳、观阳、泠道、舂陵、营道

十一县，其中零陵、洮阳、观阳三县不在永州境内，冯乘、谢沐二县属临贺郡，南平县属桂阳郡。316年，西晋灭亡后，晋怀帝依靠原西晋南逃的贵族建立东晋，定都建业，偏安江左。零陵郡属湘州。345年—356年，析零陵郡复置营阳郡，零陵郡领泉陵、祁阳、零陵、洮阳、永昌、观阳、应阳七县，营阳郡领营浦、营道、春陵、泠道四县，谢沐、冯乘仍属广州临贺郡。416年，晋安帝裁湘州，零陵、营阳二郡复属荆州。南平县初隶荆州，后改隶江州，仍属桂阳郡。

420年，东晋大将刘裕废东晋恭帝，建立宋朝，历史进入南北朝时期。422年，刘宋复置湘州。464年，孝武帝将零陵郡改为零陵国，临贺县改为临庆国。零陵国仍领原零陵郡七县，营阳郡仍领原所辖四县，零陵国、营阳郡属湘州，冯乘、谢沐二县改属临庆国，南平县仍属桂阳郡。479年，禁军首领萧道成政变成功，建国号齐。齐萧在永州的行政建置，除冯乘、谢沐二县所属之临庆国复改为临贺郡外，其他一如刘宋，不曾改变。502年，萧衍取代齐朝称帝，国号梁。515年，萧梁改营阳郡为永阳郡，治营道县，辖营道、春陵、泠道三县。557年，陈先霸取代萧梁，建号陈。在政区建置方面，南陈除将南平县改属西衡州外，其他一切如旧。南北朝后期，州、郡、县三级行政区划制度已经十分混乱，居中的郡一级形同虚设。

581年，杨坚废周而立，建立隋朝，不久即罢天下诸郡五百有余，开始实施以州直领县的两级行政区划制度。589年，隋灭陈，结束南北分裂局面，随之将州县二级制度推行到南方各地，州县并省甚多。同年，隋文帝撤零陵郡，设永州总管府，废永阳郡，设永阳县，同时，并永昌、祁阳、应阳三县入零陵，并营浦、谢沐二县入永阳县，并泠道、春陵二县入营道县，并南平县入临武县。607年隋炀帝恢复郡县制，改永州总管府为零陵郡，零陵郡领零陵、湘源、永阳、营道、冯乘五县，其中湘源县不在永州境内。隋末群雄继起，萧铣割据南方，618年称帝，国号梁，至621年兵败降唐，其间永州辖于萧铣。

618年，李渊建立唐朝。唐初依然是州（郡）、县二级制，后来名称由郡改州、由州改郡，多有反复。621年，唐高祖平定萧铣，置永州和营州。627年，唐太宗为了对州（府）进行有效控制，主要依山川形势把全国分为十道，733年，唐玄宗又分天下为十五道，至此，唐代的地方行政体系演变为道—府—县三级制。永州先后隶属江南道和江南西道。永州领零陵、湘源、祁阳、灌阳四县（624年省灌阳县，627年省祁阳县）。营州领营道、江华（析冯乘县置）、永阳、唐兴四县。622年营州改为南营州。634年改南营州为道州，改永阳县为营道县，并于旧营道县置唐兴县。644年废道州，并入永州，675年复为道州。742年改永州为零陵郡，改道州为江华郡。758年，复改江华郡为道州，领弘道（隋永阳县。621年于县置营州，改为营道县。742年改营道为弘道）、延唐（隋营道县。621年移营道县于州城，于旧营道置唐兴县。693年改名武盛。705年复为唐兴。742年，改为延唐）、江华（621年析贺州冯乘县置江华瑶族自治县，643年改属永州，675年还道州，684年改为云溪县，705年复为江华）、永明（唐初移永阳之名于州西南55千米置，634年省入营道。691年，析营道复置，742年改永阳县为永明县）、大历（767年湖南观察使韦贯之奏请析延唐县，于道州东南110千米、春陵侯帮城北7.5千米置，因以大历为名）五县。南平县在隋朝被废，671年恢复，742年改为蓝山县，属桂阳郡。唐朝后期，地方军事日益重要，永州先后归属于衡州防御使、湖南观察使、钦化军节度使、武安军节度使等。907年，朱全忠建立后梁，唐朝灭亡，五代十国开始。907年，后梁封马殷为楚王。927年，后唐又封马殷为楚国王，马殷建立起以湖南为中心的地方性王朝。936年，马楚析零陵县置东安场，改延唐县为延嘉县，其余沿袭唐时旧置不变。

960年，赵匡胤建立宋朝。宋初废止镇领州之制，道制仍然沿袭下来，但很快道制即为路制所取代，路成为最高一级地方行政建置。永州、道州辖于荆湖南路。永州治零陵县，辖零陵、祁阳、东安（982年改东安场为东安县）三县。道州（江华郡），治营道县（962年改弘道县为营道县），辖营道、江华、宁远（963年改延喜县为宁远县，并大历县入之）、永明四县。南宋，永州的建置没有变化。

1271年，蒙古忽必烈定国号大元，建立元朝；1276年灭宋，统一全国。元朝在永州设永州路和道州路，隶属湖广行省岭北湖南道（肃政廉访司）。1276年，置永州安抚司和道州安抚司，1277年，分别改为永州路总管府和道州路总管府。永州路总管府治零陵县，置录事司，领零陵、东安、祁阳三县。道州路总管府治营道县，置录事司，领营道、宁远、江华、永明四县。蓝山县属桂阳路总管府。

1368年，朱元璋称帝，建立明朝，改永州路为永州府，改道州路为道州府。1376年，改湖广行中书省为湖广承布政使司，同时降道州府为道州，以州治营道县省入，隶属永州府。1639年，析宁远县、新田县堡置新田县。至此，永州府管辖零陵、祁阳、东安、道州四州县，道州又兼领宁远、江华、永明、新田四县，永州行政建置格局大体被确定下来。此外，明朝在永州地方还设有永州卫、宁远卫、宁溪守御千户所、桃川守御千户所、枇杷守御千户所、东安守镇百户所、锦田守镇前千户所、宁远守御千户所、江华守镇右千户所等卫、所，隶属湖广都指挥司。1644年，清廷迁都北京，随后发兵征服南方，统一全国。清初，内地行政建置沿袭明制，即由省管辖府、州、县。1664年，清朝湖广右布政使(1667年改称湖南省)移驻长沙，永州府隶属湖南省衡永郴桂道，辖零陵、祁阳、东安、宁远、江华、永明、新田七县和道州。蓝山县属桂阳州。

1911年10月，武昌起义成功，中华民国军政湖南都督府成立。民国1年至民国2年(1912年—1913年)，国民政府废府存道，永州各县先后属衡永郴桂道和衡阳道。1922年废道，永州各县直属于湖南省。1914年，湖南省就清代设立的长宝、岳常澧、衡永郴桂、辰沅永靖四道的区域，改置武陵、湘江、衡阳、辰沅(后裁撤)四道，永州各县属衡阳道。1928年，国民党政府析零陵、宁远、祁阳、桂阳、新田、常宁等六县的部分地方，增置阳明县，设县署于石鼓园。1931年，改阳明县为阳明特别区，不久撤销。1936年，湖南省推行行政督察区，零陵、祁阳、东安、道县(1913年道州改州为县)、宁远、永明、江华、新田八县，于1937年12月、1940年4月，先后改属第九行政督察区和第七督察区，行政督察专员公署驻零陵(今永州市零陵区)。蓝山县属第三行政督察区。

1949年8月，成立湖南人民军政委员会和临时省政府，废止湖南省第七督察区，设立永州专区。10月，南下途中组建的永州专区专员公署进驻零陵县城(即今永州市零陵区)。永州专区辖原省第七督察区所辖八县，蓝山则属郴县专署。1950年8月，永州专区改称零陵专区。1952年2月，划祁阳东北部的6个区设立祁东县，仍属零陵专区。11月，衡阳、零陵、郴州3个专区合并，成立湘南行政区。1954年6月，撤销湘南行政区，改设衡阳、郴县(后改郴州)2个专区。原零陵专区的祁阳、祁东、零陵、东安、道县、宁远、永明(今江永)、江华八县属衡阳专区，新田县和蓝山县划归郴县专区。1955年8月，国务院批准成立江华瑶族自治县。1956年3月，永明县更名江永县。1959年3月，蓝山县与嘉禾县合并为蓝嘉县，县人民委员会驻原蓝山县城；新田县并入桂阳县。1960年2月，中共湖南省委批准成立县级冷水滩市，由零陵县领导。1961年7月，恢复蓝山、新田二县建制。同月，国务院批准成立冷水滩市，由衡阳专署领导。1962年10月，经国务院批准，设立零陵专区，专员公署设零陵县芝城镇(今永州市零陵区)，辖零陵、东安、道县、宁远、江永、江华、蓝山、新田八县，原零陵地区的祁阳、祁东划归衡阳专区。同月，冷水滩市改为区级镇，仍归零陵县管辖。1964年5月，湖南省委批准划零陵县、道县的12个公社和9个国营林场，设置潇水林区管理局，局机关驻双牌。1969年12月，国务院批准撤销潇水林区管理局，以原潇水林区为行政区域设立双牌县。1979年3月，零陵县东风镇(原芝城镇)改名永州镇，8月，改由零陵地区直接领导。1982年1月，国务院批准，设立县级永州市。1983年2月，祁阳县重新划归零陵地区管辖。1984年6月，国务院批准撤销零陵县，恢复冷水滩市。同月，国务院批准，江华瑶族自治县驻地由水口镇迁至沱江镇。1995年11月21日，国务院批复，同意撤销零陵地区和县级永州市、冷水滩市，设立地级永州市；原县级永州市改名芝山区，原冷水滩市改名冷水滩区；地级永州市辖祁阳、东安、双牌、道县、宁远、江永、江华、蓝山、新田九县和芝山、冷水滩二区。1997年7月—8月，永州市委、永州市人民政府先后迁驻冷水滩区。2005年6月8日，芝山区更名为零陵区。至此，永州市辖8个县2个区和1个自治县，即冷水滩区、零陵区、祁阳县、东安县、双牌县、道县、江永县、江华瑶族自治县、宁远县、新田县、蓝山县，面积2.22万平方千米。

行 政 区 划

2017 年，永州市辖冷水滩、零陵二区和祁阳、东安、双牌、道县、江永、江华（瑶族自治县）、宁远、新田、蓝山九县，181 个乡镇（街道），2960 个行政村。

【冷水滩区】 冷水滩区辖 9 个乡镇、10 个街道、1 个工业园区、1 个马坪农业开发区，面积 1217.13 平方千米，人口 55.34 万人。区人民政府驻梧桐街道梧桐路。

冷水滩区是永州市政治、经济、文化中心，它既是湖南向沿海地区和港澳市场开放的前沿阵地，又是华中、华南两大经济区接合部的一个重镇，有“湘西南门户”和“潇湘第一城”之称。有潇湘驿、矶唐叟钓、四明山、宋家洲、潇湘平湖等名胜古迹。

地处越城岭山脉东面、零祁盆地的北部、四明山南面，北、东、西三面高，中、南部低，整个地貌近似背北朝南的“簸箕”。土地特点以岗、平为主，山、丘、水兼有。其中，山地 85.13 平方千米，占 7%，绝大部分分布在区境北缘；丘陵 232.82 平方千米，占 19.1%；平地 386.6 平方千米，占 31.64%；水面 113.22 平方千米，占 9.27%；岗地 401.37 平方千米，占 32.95%。全区土地利用现状大体呈“五山一水三分田，一分道路和庄园”的格局。

境内生物资源丰富。木本植物有 116 科、353 属、927 种。其中属国家一级保护的有水杉等 2 种，属二级保护的有金钱松、冷杉、银杏、鹅掌楸、杜仲等 17 种，属三级保护的有桢楠、香桦、山核桃、红豆树、五味子等 24 种。粮作品种 120 个，经济作物品种含蔬菜、油料、果杂、棉花、糖料及特用经作等 7 大类 110 个品种，其中以红衣葱和薄荷有较高声誉。动物种类繁多。畜禽品种主要有猪、羊、牛、鸡、鸭、鹅、蜂等 10 大类 440 个品种；水生动物 230 个品种，有天然鱼类 119 种，其中鲤鱼科 75 种，已知鱼类品种占全省的 60%。

该区基本形成以罐头、啤酒、面粉、肉制品为主的食品工业，以汽车制造、水电设备、电线电缆为主的机械工业，以耐火材料、水泥为主的建材工业，以羽绒制品、造纸、制革、纺织为主的轻纺工业等四大支柱产业。有主要工业产品 50 余种。其中耐火材料、机制纸、造纸、造纸设备、水能发电机组、轻型越野汽车、粮油机械设备、特种水泥、水泵等，是国家和湖南省的定点产品。商业贸易发达，是湖南省八大商业经济区之一，初步形成产业、供销、物资、粮食、外贸、医药、轻纺、矿产品、肉食水产九大体系。

【零陵区】 北与冷水滩区、东与祁阳县、南与双牌县、西与东安县、广西全州县接壤，辖 10 个乡镇、6 个街道，面积 1964.14 平方千米，人口 61.6 万人。区人民政府驻徐家井街道南津中路。

零陵区古为泉陵候国，后改称零陵，曾为县级永州市，现为永州市辖区，是“永州八景”和柳宗元所作“永州八记”之所在，有着深厚的历史文化底蕴。柳宗元文化旅游景区成功创建为国家 AAAA 级旅游景区，东山怀素景区、周家大院、萍岛生态文化园等景区建设加速推进。蘋洲书院成功创建为国家 AAA 级旅游景区。柳子景区启动柳子庙主体维修，完善愚溪两岸景观改造。东山景区完成文庙、福寿亭修缮，恢复武庙部分主体工程。周家大院启动古村落保护性修缮。成功

柳子庙

推出“桂林—零陵古城—宁远”旅游线路。历史文化名城保护规划通过省政府审批。成功创建为省级园林城市。

有耕地0.21万公顷，盛产稻谷、红薯、黄豆、油茶等。有林地面积1万公顷，森林总储量41万立方米，其中杉木24万立方米，年产木材492万立方米。可供开发利用的水利资源有13.5万千瓦。有锰、钴、金、煤和石灰石等。其中锰矿是湖南省的重点产锰区，宝山钢铁厂的原料基地。已发现矿产18种（24亚种），其中，有色金属矿产7种，黑色金属矿产2种，非金属矿产7种，能源矿产2种，水气矿产2种。发现矿床（点）103处，探明储量的矿种4种，小型规模以上矿产地14处。优质稻、生猪、异蛇、无公害蔬菜、竹木、油茶等特色农业不断壮大。零陵被评为“国家优质粮食产业工程县（区）”“国家产粮大县（区）”“生猪调出大县（区）”“国家油茶产业县（区）”。城乡消费持续旺盛，商贸物流、新型业态、房地产等较快发展。

国道207线、国道322线、高速公路72线、二（二连浩特）广（广州）高速公路、永（永州）连（连州）公路、洛（洛阳）湛（湛江）铁路贯穿全境。零陵城区距湘桂铁路永州火车站18千米，距永州零陵机场7千米。洛湛铁路永州火车南站位于零陵区河西工业新区。零陵区位独特，交通基础设施日趋完善。

【祁阳县】 西接零陵区和冷水滩区，东抵衡阳常宁市，南临新田县、宁远县、双牌县和桂阳县，北连祁东县。辖19个镇、3个街道，面积2538平方千米，人口108万人。县人民政府驻浯溪镇。

舜皇山娥皇溪

属亚热带季风湿润性气候，土地肥沃，水源充足，四季分明。探明的矿藏有煤、石灰石、铁、锰、锑、锌等20多种，享有“有色金属之乡”的美称。林木有杉、松、樟、楠等，经济林以油茶为主，兼有油桐、乌桕；药材主要有白果、乌梅、杜仲、淮山、丹皮、白芍、香附、乌药、蛇胆等100余种。其中，用材林0.43万公顷，林木蓄积量200万立方米；油茶林2.67万公顷；以柑橘为主的水果1.87万公顷；水资源总量250亿立方米，水能蕴藏量21万千瓦。

自古以来，祁阳就是舜文化、楚文化、湖湘文化的要地，祁剧的源头。祁阳人中进士的有126人，明清中举的有129人。北宋榜眼路振朝、户部尚书陈荐，清朝兵部、吏部尚书陈大受，抗法名将欧阳利见，民国文学大家黄鹂，中共中央政治局常委、国务院副总理陶铸，中国人民解放军中将周玉成、刘金轩等都是祁阳县人。

历史文化、旅游资源丰富，有国家级重点文物保护单位1处，省级文物保护单位3处，国家级森林公园1处，省级自然保护区1处。祁剧、祁阳小调、祁阳渔鼓、祁阳花鼓灯、祁阳木偶戏等都出自祁阳，其中祁剧和祁阳小调均为国家级非物质文化遗产。有浯溪碑林、文昌塔、天主教堂、龙溪古名居、三圣湖、八庙温泉、石洞源景区、金洞漂流、潇湘楼等景区景点。

改革开放以来，祁阳县经济社会持续快速发展，成为“中部百强县”和国家承接产业转移示范区。

【东安县】 位于永州西北部，东及东南毗邻连零陵区和冷水滩区，西南与广西桂林全州县交界，西靠邵阳新宁县，北临邵阳市邵阳县与衡阳市祁东县。辖15个乡镇、1个经济开发区、1个国家森林公园、1个国营林场，面积2219平方千米，人口64.46万人。县人民政府驻白牙市镇。

地处南岭山地向湘中丘陵过渡带，为越城岭向零祁盆地过渡区。地势西北高、东南低，西部及西北部为中山，东北部为中山、丘陵，东南部及中部为岗地丘陵，众多峡谷小盆地散布其间。境内有舜皇山，海拔1882.4米。县境地处中亚热带季风湿润气候区，光照充足，雨量充沛，温暖湿润；春夏多雨，秋冬有干旱；年平均气温17.8℃，年降水量平均在1180毫米~1490毫米之间。境内有大小河流191条，其中5千米以上长度的大小河流有45条，总长1300千米，分属湘江、资江两大水系，以湘江为主，主要河流有湘江、芦洪江、紫水河、石期河等。

初步探明的矿产资源有20余种，其中锰、锑、白云石、石灰石、大理石等储量多、品位高、易开发。石灰石分布面积1327.31平方千米，占全县土地面积60%，其中30%直接裸露于地表。植物以杉木、南竹、油茶为主，总面积7.67万公顷，其中南竹面积1.67万公顷，立竹蓄积2472万根，系全国毛竹生产基地。水能蕴藏量13.5万千瓦，其中可开发利用的水利资源7.41万千瓦。主要农作物有水稻、紫皮大蒜、甘蔗、烟叶等，是全国商品粮生产基地县、全国生猪调出大县、全国银杏之乡和湖南省柑橘、南竹、紫皮大蒜基地县。

人文历史厚重。曾孕育出南宋礼部尚书邓三凤、清太子少保席保田、清广东水师提督唐仁廉、近代机械工业“火车头”宾步程、著名爱国将领唐生智等历史名人。东安人崇德尚武，东安武术驰名中外，是全国首批命名的“武术之乡”。境内有名胜古迹100多处，其中重点文物保护单位20多处。有舜皇山国家森林公园（园内有堪与桂林七星岩媲美的舜皇岩），有历代名人题咏的九龙岩碑刻，有三国孔明、张飞等人的遗址，有全国重点文物保护单位树德山庄和耀祥书院等。

湘桂高铁、洛湛铁路、二广高速、衡昆高速、国道207线、省道217线穿境而过，随着湘桂高铁的开通，东安县步入高铁时代，进入永州市半小时经济圈内，交通更加便捷。

【双牌县】 古称泷泊，1969年析零陵、道县、宁远县三地部分山区设双牌县。北接零陵区，东北接祁阳县，东南靠宁远县，西南连道县，西侧紧邻广西桂林全州县。位于北纬25°36′~26°10′、东经110°24′~110°59′之间。南北向最大长度63千米，东西向最大宽度58千米。辖6个镇、5个乡（其中1个瑶族自治乡）、3个林场和1个国家级森林公园管理局，面积1751平方千米，人口20.26万人。县人民政府驻泷泊镇。

以山地为主，丘陵、岗地、平地兼有。境内主要山地有阳明山、轿子顶、芙蓉岭、狗婆岭上天、天子山、瑶人山等。境内河流均属湘江水系，主要河流有潇水、牟江、溧江、永江、单江、横江、林江、麻江、桴江河等。大型水库有双牌水库、单江水库。境内水能资源蕴藏量27.22万千瓦。县境发现的矿种有铁、锰、钨、锡、铅、锌、铜、钼、银9种，矿（化）点16个。

森林面积15.4万公顷，占土地总面积17.8万公顷的86.5%，森林覆盖率80.55%，活立木蓄积量620万立方米，是全国重点林区县。有属国家一、二级保护的树种和珍稀的方竹、黑竹、罗汉竹。野生植物有215科765属1883种，分别约占湖南省植物科的88.11%，属的63.75%，种的47.02%。尚存水生动物7目15科57属91种，且保存着娃娃鱼、白鳝、竹鱼、平胸龟、鳖、石蛙等名贵种类。哺乳动物有野猪、野牛、獐、鹿、野兔、野羊、野猫、黄鼬、芦鼠、竹鼠、穿山甲等37种，其中，属国家一级保护的1种，二级保护的12种，三级保护的13种，其他类11种。益鸟类有喜鹊、乌鸦、锦鸡、斑鸠、麻雀等59种，其中属国家二级保护的19种，三级保护的16种。蛇类有金环蛇、银环蛇、眼镜蛇、五步蛇、竹叶青、乌梢蛇等14种，大多数属国家二、三级保护动物。

交通日趋便捷。永（永州）蓝（蓝山）高速、国道207线、永（永州）连（连州）公路穿境而过；铁路方面，洛湛铁路穿越全境，境内设有双牌站；水运方面，潇水贯穿全境，潇水航道往北直通零陵区。旅游资源丰富，阳明山国家森林公园和双牌水库均位于县境内。

【道县】 辖11个镇4个乡7个街道和3个国有农林场，面积2447.8平方千米，人口80.48万人。县人民政府驻道江镇。

属南岭地区，四周高山环绕，中部岗丘起伏、平川交错。东南有九嶷山，南有铜山岭，西有都庞岭，北有紫金山。海拔千米以上的山峰有150多个，且多与邻近山脉连成整体。整个地势呈盆状从四周向中间倾斜。山地占总面积的44.7%，丘陵占11.4%，岗地占24.6%，平原占14.9%。

境内有高等植物186科612

属1265种以上，其中，苔藓植物有12科17属19种以上，蕨类植物25科33属47种以上，种子植物149科595属1199种以上。杜英科杜英属占全省杜英总数的50%。国家重点保护的植物有资源冷杉、伯乐树、长柄双花木、福建柏、白豆杉、秤锤树、银钟树、黄枝油杉、青檀、白辛树、长苞铁杉、南方铁杉、任木、银鹊树、紫茎和红豆树16种。其中成片福建柏约33.33公顷，散生于常绿阔叶林间的有400余公顷，分布面积与纯林面积均为国内之冠。境内发现野生脊椎动物134种计22目54科。其中，两栖类2目6科19种，爬行类3目9科23种，鸟类9目23科63种，兽类8目16科29种。属国家一级保护动物的有苏门羚、红腹角稚两种，属国家二级保护动物的有猕猴、短尾猴、穿山甲、水獭、大灵猫、小灵猫、水鹿、林麝、獐、鬣羚10种，属省重点保护动物的有狐、貉（狸）、豹猫、鸢、松雀鹰、短耳鸮等17种，占总数的13%。

矿产资源主要有锡、钨、锰、铜、铅、铁、锌、锑、银、铬、锂、铋、钠、钼、重晶石、石英石、大理石、高岭土等，是湖南省有色金属之乡。探明可开采的主要矿藏有38种，其中锡、钨矿的储量和品位均居全省第二位，金属锂、铷矿为湖南省独有，锰矿是全国四大锰矿区之一，石灰石遍布城乡、储量巨大。蚣坝镇后江桥和祥霖铺镇的大型金属矿床在全国榜上有名。锡钨矿的保有储量160万吨，铅锌矿220万吨，锰矿3400万吨，铁矿1500万吨，锂矿40万吨，铷矿16万吨，高岭土2000万吨。境内水系发达，水能资源丰富，水能蕴藏总量36.18万千瓦。

道县地处东盟经济圈、泛珠三角经济圈、中部经济圈、泛北部湾“四大经济圈”的交汇叠加之地。东距郴州170千米，与京（北京）广（广州）线、京（北京）珠（珠江）高速公路相接；西距桂林180千米，与湘（湖南）桂（广西）线、衡（衡阳）昆（昆明）高速公路相接；北上长沙、武汉，南下深圳、珠海，西出南宁、海口，都十分便捷。国道207线贯穿南北，境内洛（洛阳）湛（湛江）铁路、道（道县）贺（贺州）高速公路、厦（厦门）蓉（成都）高速公路宁（宁远）道（道县）段全面通车。

道县人杰地灵。宋代大思想家、理学鼻祖周敦颐，清代大书法家何绍基及革命先烈何宝珍等历史名人都诞生在这里。唐代著名文学家元结、宋朝名相寇准等曾在此为官。红三十四师师长陈树湘等众多革命先烈在道县留下英勇事迹。2008年，道县被列为革命老区。国家重点文物保护单位玉蟾岩，出土距今1.2万多年的稻谷遗存和陶片，被列为1995年全国十大考古发现之一。境内有都庞岭国家自然保护区、湘源温泉生态景区、鬼崽岭祭祀遗址、省级风景名胜区濂溪故里、月岩国家森林公园、两河口风光等景区（点）。

【江永县】 东临江华瑶族自治县，南毗广西富川，西连广西灌阳，北与道县接壤。辖9个乡镇、1个国有农场、1个国有林场、1个省级自然保护区和1个国家级森林公园，面积1540平方千米，人口28.16万人。县人民政府驻潇浦镇。是“女书文化之乡”“中国香柚之乡”。

属南岭山脉的山地丘陵区，都庞岭和萌渚岭环绕四周，中部地势平坦，山间盆地相连，属喀斯特地貌。森林覆盖率65%，森林蓄积量681万立方米，是全国南方重点产林县和湖南省重点林区县，素有“杉木之乡”“绿色宝库”之称。境内有属于国家重点保护的稀有珍贵树种50多种，如水杉、银杏、红豆树、东方古柯等。探明储量的矿产有36种，矿产地有156处，其中大型矿床

敦颐广场

4处、中型矿床7处。主要矿产有金、银、铜、铁、锡、钨等，储量居全国前十位的有稀土矿、锡砂矿。主要矿产探明的储量：铁0.5亿吨，石灰岩100亿吨，花岗石5亿立方米。地表水资源44.06亿立方米。

名特优新农产品丰富。由于土壤富含硒等多种稀土微量元素，农产品气味芳香，品质优良。香柚、香芋、香姜、香米、香菇被称为“江永五香”，久负盛名。江永县被农业部命名为“中国香柚之乡”和“中国香芋之乡”，先后被列为“全国生态建设示范县”“全国山区综合开发示范县”“全国秸秆氨化养牛示范县”。

瑶族长鼓舞

【江华瑶族自治县】 东与蓝山县、南与广东连州市、西与广西富川瑶族自治县、北与道县接壤。辖16个乡镇、295个村委会、17个社区居委会，面积3248平方千米，人口53.48万人。县人民政府驻沱江镇。是全国瑶族人口最多、面积最大的瑶族自治县，被誉为“神州第一瑶城”“中国民间文化艺术之乡”。《盘王大歌》成为该县继《瑶族长鼓舞》之后的第二个国家非物质文化遗产。

境内山、丘、岗、平地貌类型齐全，以山地为主，占69.1%，平地占7.2%。境内有3座海拔1500米以上的大山，南面萌渚岭山系的姑婆山马塘顶海拔1787.3米，东面的大龙山海拔1577米，东北面的九嶷山系的黄龙山海拔1823.9米。三峰呈三足鼎立之势，众多支脉纵横交错贯穿全县。由南向北延伸的姑婆山、八仙界、勾挂岭、天子岭一线山脉，天然地将全境分为东西两部分（俗称岭东、岭西），岭东属大山区，岭西地势低平，岗丘大部分在海拔400米以下。

拥有丰富的森林资源、水能资源、农产品资源、矿产资源和引人入胜的旅游资源。森林覆盖率64%，活立木蓄积量681万立方米。年产14万立方米商品材、80万根竹材以及名贵的厚朴、杜仲等药材。水电可供开发量蓄积37.87万千瓦。探明的矿产有32种。锡和稀土品位高、储量大，稀土储量虽较内蒙古的白云鄂博稍逊一筹，但质量却居全国同类产品之首。

江华英才辈出。有无产阶级革命家、最高人民法院原院长、中顾委常委的江华，中共早期党员、中共三大代表、曾任满洲省委书记、中央文库主要负责人的陈为人，中共早期党员、省港大罢工发起人之一的李启汉，中共早期党员、湖南早期工运、农运、学生运动的活动家和组织者、江华革命的播种者、曾任中共江华地方执行委员会书记、江华苏维埃政府主席的韦汉，曾任湘南特委书记、湖南省委组织部部长的王涛等。

【宁远县】 东为新田县、蓝山县和郴州嘉禾县，南为江华瑶族自治县，西为道县，北为祁阳县。辖16个乡镇（含4个瑶族乡），4个街道办事处，4个国有林场，406个行政村，面积2500.86平方千米，人口89.21万人。县人民政府驻舜陵镇。是中国粮食主产比照县、生猪调出大县、优质油茶林基地示范县、现代烟草农业整县推进试点县、小农水建设重点县、生态文明示范工程试点县、生态功能区补偿县、法治创建先进县、科普工作示范县、竞技体育后备人才重点县、革命老区县。

地貌类型多样，境域四面环山，呈舟状地貌，最高海拔1959.2米，最低海拔165米。山丘面积占全县面积的63%。属亚热带季风湿润区，气候温暖，雨量丰沛，年均日照1650小时，年均气温18.4℃，年均相对湿度79%。有森林植物2000多种，有珍稀优良乡土树种52种。属国家一级保护树种有水杉（引种）、摇钱树、红豆杉3种。

处于南岭有色金属成矿带北

部，湘南铅、锌、银多金属成矿带上。矿产资源品种多、矿点多、规模小，发现矿种 25 种、矿地 72 处，矿点、矿化点 67 处。探明有可采储量并经主管部门审批的有新开锑矿和清水桥铅锌矿。有色金属矿种多，多数可开采储量少，而储量大的灰岩、大理岩、花岗岩等非金属矿开采利用少。境内长度在 5 千米以上，流域面积在 10 平方千米以上的大小河流有 60 条，发源于县内的 59 条，发源于外县的 1 条。

有九嶷山国家森林公园、宁远文庙、舜帝陵等著名景点。有旅游资源单体 65 个，其中，5 级资源 6 处，4 级资源 8 处，3 级资源 26 处，3 级以下资源 25 处。宁远被亚太旅游联合会、中国品牌协会授予“中国最美生态文化旅游名县”和“中国最美文化休闲旅游名县”。九嶷山是国家 AAAA 级旅游景区、湖南省新“潇湘八景”之一、省级重点风景名胜区、国家级森林公园、全国重点文物保护单位、湖南省爱国主义教育基地。辖区内开发的景点有舜帝陵、紫霞岩、舜源峰、玉琯岩、古舜庙遗址、文庙、凤凰岩、桃花岩、永福寺、三分石、瑶寨等数十个。特色食品有酿豆腐、红薯酒、血兔、宁远粽子、宁远扣肉、宁远血鸭、宁远粑粑、禾亭水粉、宁远果子、宁远地瓜干、宁远红瓜子等。

【新田县】 位于湖南省南部、永州市东部，东邻郴州桂阳县，南界郴州嘉禾县，西连宁远县，北交祁阳县及衡阳常宁市。辖 11 个镇、1 个民族乡，2 个国有林场，230 个行政村（居委会），面积 1022.4 平方千米，人口 44.6 万人。县人民政府驻龙泉镇。是革命老区县、国家扶贫开发工作重点县、国土资源部和湖南省国土资源厅定点扶贫县、国家级承接产业转移示范区。

境内四面环山，地势西北高，东南低，境内最高海拔 1080 米，最低海拔 200 米，有树种 88 科、106 属、800 余种。有草类 124 种。有野生药用植物 557 种。境内金属矿有铁矿总储量约 30 万吨，主要是赤铁矿，残存于红土壤中。锑矿主要在道塘，属中型低温热液脉状矿藏，含纯锑 70% 左右，伴有镓、锗等稀有金属。此外，境内尚有少量铅、锌、锰、金、银、白钨等。境内非金属矿主要有煤矿，总储量 3252 万吨，均属下石炭纪测水煤系。

历史悠久，人文厚重。宋代到清末，新田人中进士的有 34 人，举人、拔贡 130 多人。现代以来，有革命先驱、“黄埔三杰”之首蒋先云，抗日名将郑作民，中国科学院院士、著名气象学家谢义炳等。

区位优越，交通便捷。京（北京）珠（珠海）复线新田连接线直通长沙、广州，新（新田）嘉（嘉禾）二级公路连接厦（厦门）蓉（成都）、二（二连浩特）广（广州）等高速公路，省道 323 线、282 线、285 线、324 线等贯通全县所有乡镇。全县上京广铁路、湘桂铁路、零陵机场快捷畅通，距武广高铁郴州西站 1 小时车程，到长沙、广州均在 2.5 小时车程以内，处长株潭、珠三角经济圈之间。

【蓝山县】 东与临武县接壤，南与江华瑶族自治县、广东连州市毗邻，西与宁远县交界，北接郴州嘉禾县。辖 14 个乡镇（其中少数民族乡镇 6 个）、1 个国有森林公园，面积 1806 平方千米，人口 43.32 万人。县人民政府驻塔峰镇。

地处九嶷山东麓，地势由西南向东北倾斜，境内山、丘、岗、平区相互交错，以山地为主，是典型的山区县。1998 年获中国“民族团结进步模范单位”称号。2012 年度，被评为“湖南省人口计生工作先进县”。2012 年进入湖南省县域经济发展先进县十强。

耕地面积 1.6 万公顷，其中水田 1.26 万公顷，旱土 0.34 万公顷，人均耕地 0.05 公顷。探明矿产有铁、锰、铅、锌、铀、铜、硅石等 24 种，黑土型锰铁矿储量 1.5 亿吨以上，矿藏总值名列永州市第二位，其黑土状铁锰矿则名列湖南省第一位。境内盛产松、南竹、桉树，有水杉、银杏、黄杉、斑竹、龙竹等 38 种珍稀植物，森林覆盖率 72%。蓝山县林业用地 14.38 万公顷，占蓝山县总面积的 79.65%，森林蓄积 454.4 万立方米，森林覆盖率 71.52%，是湖南省的重点林区县。毛俊镇火市办事处大汉口等丘陵区的桉树为蓝山县工业原料林基地。南部山区盛产松、杉和南竹，并有水杉、银杏、黄杉、楠木、斑竹、方竹、龙竹等 38 种珍稀植物，林间山溪有娃娃鱼、猕猴、猴面鹰、香獐、麂子等珍稀动物 60 余种。中北部耕地宽广，土地肥沃，是蓝山县粮食、油茶、茶叶、烤烟等农作物的主要产地。

境内有塔下寺风景区、舜帝南巡踪迹游览区、瑶族民俗风情游览区、南风坳避暑休闲风景区、通心岩地下溶洞探险游览区、太平石磜游览区。此外，还有虎溪古民居群落、凉亭风雨桥、石柱秀峰、瑶家吊脚楼、板塘自然保护区的神奇斑竹、红军长征过境时留下的遗址遗迹等。

县境当楚尾粤头，素有“湘南门户”美誉，区位优势明显。北上长沙420千米，南下广州320千米，省道322线、216线、314线交会相通，永（永州）连（连州）公路穿越南北。蓝山石材、蓝山运输大军、蓝山竹木、蓝山黄花梨、蓝山柰李、蓝山烤烟、蓝山小水电开发久负盛名。

市 树 市 花

【市树】 2015年3月4日，永州市四届人大常委会第28次会议上，表决通过《永州市人大常委会关于将香樟和杜鹃确定为我市市树和市花的决定》，确定香樟为市树。香樟树：别名樟树、樟木、瑶人柴、栳樟、臭樟、乌樟，系樟科、樟属常绿大乔木。香樟树体高大，高可达30米，树龄可达成百上千年，树形优美，枝繁叶茂，是永州乡土树种和园林绿化骨干树种，在全市运用广泛，中心城区70%主次干道的行道树使用香樟，登记在册的318棵古树名木中有177棵是香樟树，香樟树在中心城区古树名木中所占的比例55.7%。

【市花】 2015年3月4日，永州市四届人大常委会第28次会议上，表决通过《永州市人大常委会关于将香樟和杜鹃确定为我市市树和市花的决定》，确定杜鹃为市花。杜鹃：又名映山红、山石榴，为常绿或平常绿灌木。杜鹃花，能够唤起人们对美好生活的无限憧憬，也象征着国家的繁荣富强和人民的幸福生活。杜鹃花在永州城乡栽培种养比较普遍，在城市公园、小游园和街道绿地的绿化造景中运用较多。阳明山6666.67公顷高山杜鹃被誉为“天下第一杜鹃红”，永州市每年与台湾在双牌县阳明山举办“和”文化节暨杜鹃花会。

国民经济与社会发展

【概况】 2017年，永州市实现地区生产总值1728.46亿元，比2016年增长8.3%，其中，第一产业增加值333.8亿元，增长3.8%；第二产业增加值602.46亿元，增长6.5%；第三产业增加值792.2亿元，增长12.1%。第一、第二、第三产业对全市经济增长的贡献率分别为9.4%、28.1%、62.5%，分别拉动全市GDP增长0.78、2.33、5.19个百分点。按常住人口计算，全市人均地区生产总值31585元，增长7.9%。三次产业结构比重由2016年的20.7∶35.1∶44.2调整为19.3∶34.9∶45.8。非公有制经济增加值943.82亿元，增长8.3%，占地区生产总值的54.6%。

财政总收入169.23亿元，比2016年增长12.9%。其中，一般预算收入109.34亿元，增长6.6%；上划中央税收48.78亿元，增长29.5%；上划省级税收11.12亿元，增长14.5%。在一般预算收入中，地方税收收入71.17亿元，增长16.7%；非税收入38.17亿元，下降8.2%。全市税收收入比重77.5%，比2016年提高5.2个百分点。公共财政预算支出431.88亿元，增长8.2%，其中民生支出342.19亿元，增长6.9%，占总支出的79.2%。在民生支出中，城乡社区支出15.83亿元，增长25.7%；社会保障和就业支出70.11亿元，增长13.9%；医疗卫生与计划生育支出46.2亿元，增长5.6%；教育支出76.49亿元，增长6.6%；节能环保支出9.14亿元，下降9.5%。

全部工业增加值504.76亿元，增长6.9%。增加高新技术企业195家，发展到477家，实现高新技术产业增加值256.86亿元，增长12.7%，占规模以上工业的62.3%，比2016年提高7.5个百分点。全市城镇化率48.3%，同比提高2个百分点。“一宫两馆

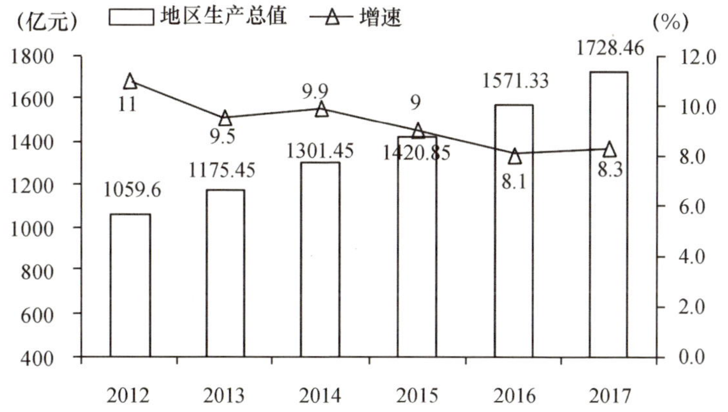

图1 2012年—2017年永州市地区生产总值及增长情况图

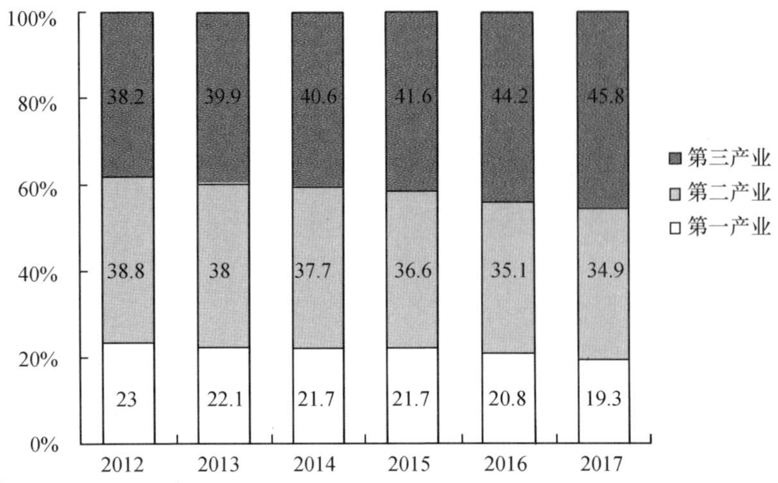

图 2　2012 年—2017 年永州市三次产业结构比情况图

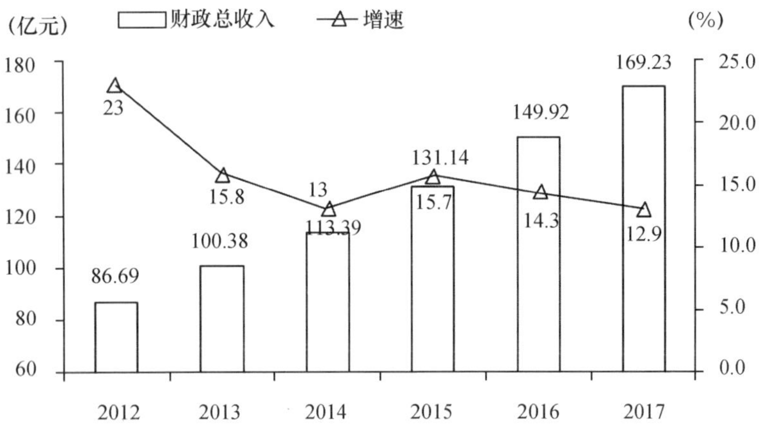

图 3　2012 年—2017 年永州市财政总收入及增长情况图

六中心”（指工人文化宫、博物馆、图书馆、政务服务中心、文化艺术中心、妇女儿童活动中心、科技中心、青少年活动中心、老年活动中心）、湘江西岸片区道路改造、旧城及棚户区改造、城南大桥等一批重点项目加速推进，育才路提质改造、32 条主干道路绿化提质及重点地段楼宇景观提档升级全面完成。国家卫生城市、国家森林城市创建成果巩固深化，国家历史文化名城保护力度加大，国家园林城市、全国文明城市创建工作全面展开。农业产业化水平明显提升，全市农产品加工企业 4530 家，实现销售收入 579 亿元，增长 12.8%。全市市级以上龙头企业发展到 282 家，其中国家级龙头企业 3 家、省级 43 家、市级 236 家。创建中国驰名商标 6 件、中国名牌产品 2 个、湖南省著名商标 56 件、湖南名牌产品 15 个、农产品地理标志产品 7 个、地理标志证明商标 3 件、地理标志产品 4 个。通过“三品”认证的农产品 368 个、无公害农产品认证 286 个、绿色食品认证 57 个、有机食品认证 19 个。

居民消费价格上涨 1.8%，商品零售价格上涨 0.2%。其中，食品烟酒类价格下降 1.4%，衣着类价格上涨 2.7%，居住类价格上涨 5.8%，生活用品及服务类价格上涨 1.4%，交通和通信类价格上涨 1.9%，教育文化及娱乐价格上涨 0.9%，医疗保健类价格上涨 6.6%。

【农业】　2017 年，永州市完成农林牧渔业总产值 606.03 亿元，增长 4%；实现增加值 339.27 亿元，增长 3.9%。其中，农业实现增加值 179.78 亿元，增长 3.1%；林业增加值 38.28 亿元，增长 10%；牧业增加值 90.44 亿元，增长 2.3%；渔业增加值 25.3 亿元，增长 5.4%。粮食种植面积 558.91 千公顷，增长 0.6%；产量 318.52 万吨，增长 0.6%。蔬菜种植面积 200.77 千公顷，增长 0.9%；产量 642.33 万吨，增长 1.6%。油料种植面积 94.91 千公顷，增长 4.1%；产量 17.35 万吨，增长 4.1%。烤烟种植面积 19.81 千公顷，增长 1.1%；产量 4.41 万吨，增长 2.4%。出栏生猪 859.05 万头，增长 2.6%；出栏牛 29.75 万头，下降 0.4%；出栏羊 75.38 万只，增长 2.7%。猪、牛、羊肉产量 69.18 万吨，增长 2.1%；禽蛋产量 6.52 万吨，增长 2.9%；水产品产量 20.88 万吨，增长 0.8%。

水利建设资金投入 35 亿元，争取下达中央投资水利项目总投资 19.94 亿元。重大水源性工程、大型病险水闸除险加固按计划有序推进。农村饮水巩固提升工程，新增和改善受益人口 40 万人，其中解决 13.74 万贫困人口饮水不安全问题。小农水项目县、四水治理、水土保持、灌区续建配套、农村水电增效扩容等民生水利项目稳步实施。

有农业机械 102.77 万台（套），增加 1.98 万台（套），增长 2%；总动力 617.88 万千瓦，增加 14.39 万千瓦，增长 2.4%。农作物机耕面积 484.89 千公顷，机播面积121.02千公顷，机电灌溉面积260.68千公顷，机收面积266.63千公顷。农机化培训2.33万人次，农机化总投入1.56亿元。农机化作业服务组织322个，其中农机专业合作社216家。

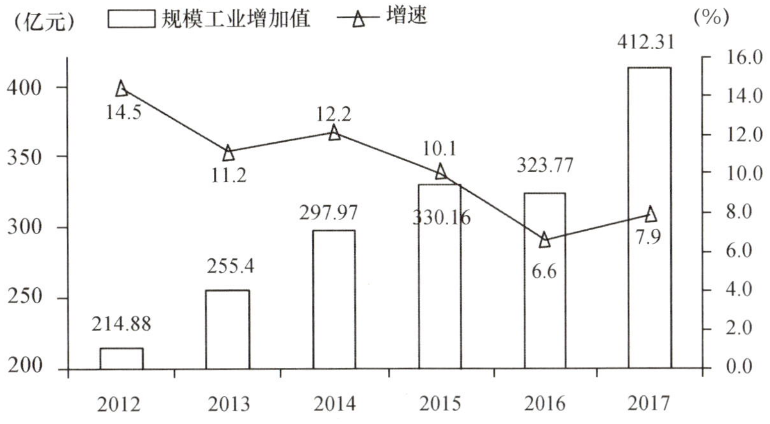

图4　2012年—2017年永州市规模工业增加值及增长情况图

【工业和建筑业】　2017年，永州市规模以上工业实现增加值412.31亿元，增长7.9%。按轻重工业分，轻工业193.16亿元，增长9.9%；重工业219.14亿元，增长6.2%。按经济类型分，国有企业完成增加值41.78亿元，增长2.3%；集体企业完成增加值0.65亿元，增长55.1%；股份制企业完成增加值333.27亿元，增长8.8%；外商及港澳台商投资企业完成增加值32.27亿元，增长5.1%。六大高耗能行业完成增加值94.29亿元，增长0.3%，占规模以上工业的22.9%，比2016年下降0.8个百分点。园区规模工业完成增加值380.46亿元，增长8%，占规模以上工业的92.3%，比2016年提高4.6个百分点。非公有制工业经济完成增加值340.42亿元，增长9%，占规模以上工业的82.6%，比上年提高2.9个百分点。全市规模以上工业企业962家，新增126家，年产值过亿元企业495家，过10亿元企业8家，长丰猎豹成为首个产值超50亿元的企业。规模工业企业主营业务收入1395.24亿元，增长20.7%。实现利润47.15亿元，增长12.9%，其中亏损企业亏损额2.86亿元，增长29%，亏损面3%，比2016年下降0.4个百分点。工业产品销售率98.3%，比2016年下降1.4个百分点。出口交货值44.83亿元，增长28.4%。

主要工业产品产量：汽车6.9万辆，增长19%；钢材5.4万吨，下降89.7%；精制食用植物油6.1万吨，下降1.6%；大米108.8万吨，增长12.4%；鞋2826.3万双，增长6%；水泥1100万吨，增长2.9%；生铁12.5万吨，下降8.8%；卷烟133亿支，增长10.8%；铁合金29.8万吨，下降10%；十种有色金属6.3万吨，增长34%。

建筑业实现增加值98.36亿元，增长12.4%。房屋建筑施工面积2127.69万平方米，增长3.2%，其中新开工面积1219.75万平方米，增长10.7%；房屋建筑竣工面积1550.37万平方米，增长15.8%。

【固定资产投资】　2017年，永州市完成固定资产投资1866.49亿元，增长12.9%。按经济类型分，国有投资773.87亿元，增长9.8%；非国有投资1092.62亿元，增长15.2%，其中民间投资984.78亿元，增长12.8%，占全部投资的52.8%。施工项目3727个，增长16.3%，其中新开工项目2773个，增长9.6%；投产项目2415个，增长8.2%。亿元项目507个，增加156个，完成投资788.68亿元，增长41.1%。

第一产业完成投资70.09亿元，增长7.8%；第二产业完成投资719.57亿元，增长1.1%；第三产业完成投资1076.84亿元，增长22.9%，高于全部投资10个

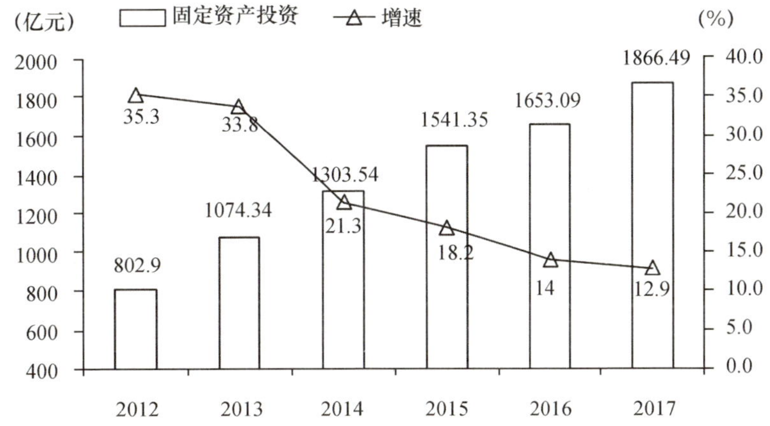

图5　2012年—2017年永州市固定资产投资总额及增长情况图

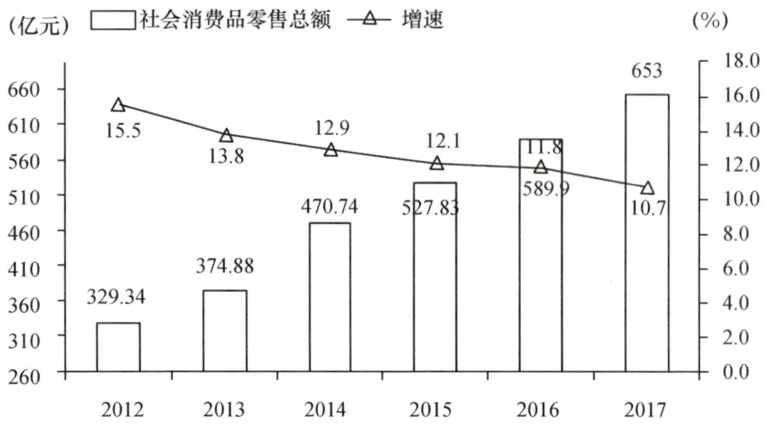

图 6　2012 年—2017 年永州市社会消费品零售总额及增长情况图

百分点。工业投资完成 703.47 亿元，增长 2%，占全部投资的 37.7%，其中工业技改投资 339.24 亿元，增长 4.5%；生态投资 106.41 亿元，增长 44.4%；基础设施投资 562.39 亿元，增长 36.4%；民生投资 235.59 亿元，增长 19.7%。

房地产开发投资 112.55 亿元，增长 18.9%，其中住宅投资 89.31 亿元，增长 14.4%。商品房销售面积 645.71 万平方米，增长 8.6%。其中住宅销售面积 546.04 万平方米，增长 3.3%。房屋待售面积 88.2 万平方米，增长 2.4%。

【贸易和旅游】 2017 年，永州市完成社会消费品零售总额 653 亿元，增长 10.7%。按销售单位所在地分，城镇消费品零售额 526.04 亿元，增长 10.9%；乡村消费品零售额 126.97 亿元，增长 9.7%。按行业分，批发和零售业零售额 571.02 亿元，增长 10.7%；住宿和餐饮业零售额 81.99 亿元，增长 10.5%。按规模分，限额以上零售额 242.23 亿元，增长 17.1%；限额以下零售额 410.78 亿元，增长 7.3%。限额以上法人批发零售业零售额 201.01 亿元，增长 17.0%，其中家具类、金银珠宝类、建筑及装潢材料类、化妆品类增长较快，分别实现零售额 2.09 亿元、1 亿元、0.59 亿元、0.88 亿元，分别增长 29.6%、28.1%、21.4%、20%。新田获批全国电子商务进农村示范县，全年电商交易总额突破 300 亿元，网络零售额 80 亿元，增长 122%。

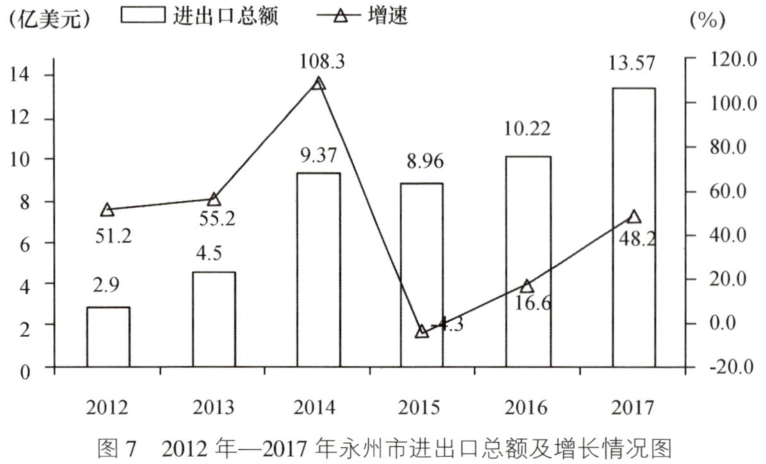

图 7　2012 年—2017 年永州市进出口总额及增长情况图

新增有进出口实绩的企业 46 家，总数达到 171 家。进出口总额 13.57 亿美元，增长 48.1%。出口总额 12.77 亿美元，增长 51.8%。其中农产品出口 1.55 亿美元，增长 36.4%；机电产品出口 3.6 亿美元，增长 80.2%。进口总额 0.8 亿美元，增长 6.7%。其中一般贸易 0.17 亿美元，下降 38.9%；加工贸易 0.62 亿美元，增长 33.2%。出口比重较大的国家为美国 3.23 亿美元，增长 52.4%，占出口额的 25.3%。

新设立备案引资企业 12 家。实际利用外商直接投资 10.82 亿美元，增长 13.5%；引进境内市外资金 267.86 亿元，增长 16.2%。新批境外投资企业 12 家，新批境内市外项目 132 个，增长 11.2%。

有旅游等级区 28 家，其中国家 AAAA 级及以上 5 家；国家 AAA 级 23 家，增加 6 家。接待游客 4979.48 万人次，旅游总收入 406.7 亿元，分别增长 17.7% 和 78.2%。其中境外入境人数 4.27 万人次，增长 38.5%；国际旅游外汇收入 0.11 亿美元，增长 39.4%。

【交通和邮电】 2017 年，永州市货运量 6791 万吨，增长 8.2%；货物周转量 175.89 亿吨千米，增长 9.7%。客运量 8570 万人，下降 6.6%；旅客周转量 49.94 亿人千米，下降 8.4%。年末，民用汽车保有量 36.04 万辆，增长 18.7%。其中私人汽车 33.67 万辆，增长 20.8%；新注册汽车 6.88 万辆，增长 17.6%。公路通车里程 2.3 万千米，其中高速公路 492 千米。湘桂铁路永州地区扩能工程开工建设，永清广高铁列入湘粤两省合作备忘录，经停永州高铁增加至 20 对；零陵机场迁建获国家民航局批复，新开通永州至重庆、北京直飞航线；衡（衡阳）永（永州）高速公路前期工作进展顺利，省道 355 线、356 线等重点干线公路和祁阳大道、冷（冷水滩）东（东安）一级公路等潇湘城市群市政化快速通道建设加速推进，零（零陵）双（双牌）一级公路建成通车；完成各类农村公路建设 2000 余千米。

邮电业务总量 55.88 亿元，增长 47.5%。其中邮政业务总量 5.9 亿元，增长 22.8%；电信业务总量 49.98 亿元，增长 50.3%。年末，电话用户总数 384.41 万户，其中移动电话用户 357.05 万户，增长 5.6%。固定互联网宽带接入用户 78.99 万户，增长 34.6%。邮政寄递业务 5713.13 万件，增长 5.9%；业务收入累计完成 6006.48 万元，增长 29.67%。快递业务 820.21 万件，增长 2.3%；业务收入累计完成 14020.62 万元，增长 16.9%。

【金融和保险】 2017 年，永州市金融机构各项本外币存款余额 2248.62 亿元，增长 17.4%，比年初增加 333.78 亿元。其中住户存款 1426.06 亿元，增长 11.7%，比年初增加 149.01 亿元。金融机构各项本外币贷款余额 1187.48 亿元，增长 22.9%，比年初增加 221.39 亿元。其中，中长期贷款 972.63 亿元，增长 22.6%，比年初增加 179.52 亿元；短期贷款 206.26 亿元，增长 22.7%，比年初增加 38.12 亿元。

保险公司 25 家（其中产险 12 家、寿险 13 家），县区级支公司 93 家（其中产险 45 家、寿险 48 家）。保险业保费收入 55.2 亿元，增长 17.9%。其中，财产险保费收入 18.34 亿元，增长 18.9%；寿险保费收入 36.86 亿元，增长 17.5%。各项保险赔款和给付支出 17.86 亿元，增长 8.2%。其中，财产险赔款 9.59 亿元，增长 21.4%；寿险给付 8.27 亿元，下降 4%。

【教育和科技】 2017 年，永州市中等职业教育学校在校生 6.39 万人，普通高中在校生 9.13 万人，初中学校在校生 22.89 万人，普通小学在校生 51.16 万人，特殊教育学校在校生 998 人，幼儿园在园幼儿 22.4 万人。中职国家助学金资助中职学生 1.64 万人次，发放中职国家助学金 1644 万元；中职免学费资助中职学生 10.78 万人，落实中职免学费资金 1.29 亿元，发放普通高中国家助学金 3379.25 万元。创建标准化教学点 177 个。全年高考录取学生 2.84 万人，其中本科录取 1.18 万人、专科录取 1.66 万人。

科技成果登记数 3 项，签订技术合同 21 项，成交金额 1.34 亿元。专利申请量 2810 件，其中发明专利申请量 1032 件；专利授权量 1246 件，其中发明专利授权量 82 件。工矿企业、大专院校和科研单位专利申请量分别为 486 件、170 件和 4 件，工矿企业、大专院校和科研单位专利授权量分别为 180 件、55 件和 4 件。

【文化、卫生和体育】 2017 年年末，永州市有艺术表演团体 6 个，群众艺术馆、文化馆 12 个，公共图书馆 12 个，博物馆、纪念馆 3 个。有线电视用户 101.74 万户，年末广播综合人口覆盖率 97.92%，电视综合人口覆盖率 98.36%。农村公益电影放映 6.06 万场。国家级非物质文化遗产保护目录 7 个，省级非物质文化遗产保护目录 17 个。

年末，全市有医疗卫生机构 5808 个，其中医院 128 所，妇幼保健院（所、站）12 个，专科疾病防治院（所、站）2 个，社区卫生服务中心（站）37 个，诊所、卫生所、医务室 636 个，村卫生室 4705 个。卫生技术人员 2.97 万人，增长 8.5%。其中执业医师和执业助理医师 1.25 万人，增长 10.7%；注册护士 1.2 万人，增长 12.3%。疾病预防控制中心（防疫站）12 个，卫生技术人员 556 人；卫生监督所（中心）12 个，卫生技术人员 303 人；乡镇卫生院 181 所，卫生技术人员 5291 人。医院和卫生院床位数 34857 张，其中，医院床位数 25998 张，增长 3.7%；卫生院床位数 8859 张，增长 1.7%。

有体育馆 8 座、运动场 517 个、游泳池 18 个、各种训练房 174 个。开展各类大型群体活动 200 余场次。向国家和省里争取各项体育器材设施，其中乡镇健身广场 4 个、社区多功能运动场 6 个、室外健身器材 17 套。全年永州籍运动员在国际比赛中获得金牌 5 枚，在全国比赛中获得金牌 2 枚。

【人民生活和社会保障】 2017 年，永州市居民人均可支配收入

18371 元，增长 9.6%。其中，城镇居民人均可支配收入 26190 元，增长 9%；农村居民人均可支配收入 12738 元，增长 9%。城乡居民人均消费支出 14064 元，增长 10.4%。其中，城镇居民人均消费支出 17549 元，增长 11.9%；农村居民人均消费支出 11553 元，增长 8.2%。城镇居民家庭恩格尔系数 31.9%，农村居民家庭恩格尔系数为 33.3%。城镇居民人均住房面积 61 平方米，农村居民人均住房面积 69 平方米。

城镇增加就业人数 6.14 万人，失业人员实现再就业 2.47 万人，困难人员实现再就业 6860 人，增加农村劳动力转移就业 4.29 万人，年末城镇登记失业率 4.5%。劳动保障监察检查单位 2374 个，涉及劳动者人数 71432 人，投诉案件 488 件，结案数 479 件，结案率 98%，追发劳动者工资等待遇 8491.9 万元。社会保障卡持卡人数 476.9 万人。城乡居民基本养老保险登记参保人数 344.26 万人；城镇基本养老保险职工人数 54.38 万人；城镇居民基本医疗保险参保人数 531.47 万人，城镇职工基本医疗保险参保人数 42.65 万人；失业保险参保人数 30.5 万人；工伤保险参保人数 34.14 万人；生育保险参保人数 28.18 万人。企业退休人员养老金月人均水平 2150 元，城乡居民基础养老金最低标准由 80 元调整到 85 元。农村特困人员供养水平提高到每年 3936 元，城乡低保标准提高到每月 420 和 253 元。获得政府最低生活保障的城镇居民 5.43 万人，发放最低生活保障经费 2.96 亿元；获得政府最低生活保障的农村居民 8.78 万人，发放最低生活保障经费 3.88 亿元。各类收养性社会福利单位床位 10895 张，收养各类人员 7717 人。城镇建立各种社区服务设施 1654 个，其中综合性社区服务中心 928 个。实施各类棚户区改造 4.37 万套，解决农村危房改造 2.69 万户。销售社会福利彩票 5.27 亿元，筹集社会福利资金 1.52 亿元。

全市减贫 17.5 万人，贫困村脱贫出列 349 个，贫困发生率从 13.5%下降至 3.3%。投放扶贫小额信贷 7.69 亿元，建成贫困村金融扶贫服务站 774 个；建档立卡贫困人口新农合参保率 100%，基本医疗报账比例提高 10%，贫困对象全部纳入大病救治范围，大病保险起付线降低 50%，大病保险补助贫困人口 7955 人次、4057 万元；易地扶贫搬迁建成住房 14713 套、154.93 万平方米，安置建档立卡贫困户 14936 户、56541 人。加快特色产业扶贫项目，679 个贫困村、53 万贫困对象受益；乡村旅游与精准扶贫融合发展，116 个贫困村被列入全国乡村旅游扶贫重点村；农村电商扶贫产业实施“互联网+精准扶贫”，610 个贫困村建立电商运营站点。

【安全生产】 2017 年，永州市万元地区生产总值能耗下降 5.58%，单位规模工业增加值能耗下降 6.8%。规模工业综合能源消费量 174.64 万吨标准煤，增长 5.15%，其中六大高耗能行业综合能源消费量 142.34 万吨标准煤，增长 4.77%。发生各类生产经营性安全事故 49 起，比 2016 年减少 72 起，死亡 58 人，比 2016 年减少 62 人，没有发生较大及以上生产安全事故。亿元地区生产总值生产安全事故死亡人数为 0.0336 人/亿元，煤矿百万吨死亡人数为零。

重点工程（项目）

【概况】 2017 年，永州市坚持“战略项目化、项目目标化、目标数据化、数据精准化”，将项目建设分门别类，明确各项目任务书、时间表、线路图，通过“工地永州”新形象推进“创新开放新高地、品质活力新永州”建设。与 2016 年相比，永州市省重点项目推进速度加快，效果显著。11 月 7 日，湘南、大湘西片区省重点项目协调推进会在永州市召开，中共永州市委书记、市人大常委会主任李晖在会上作经验介绍。全市省重点项目完成投资 305.3 亿元，占年度目标任务的 160%。永州市铺排市级重点项目 660 个，年度计划投资 1034 亿元，完成投资 1190 亿元，占年度目标任务的 115%。

【单个省重点项目建设】 2017 年，永州市围绕省委、省人民政府的计划安排，全市单个省级重点项目建设进度较快，绝大多数工程项目，超额或提前完成年底计划。涔天河水库扩建工程完成投资 6.95 亿元，占年度投资的 110.7%，大坝工程、厂房洞群工程等全面完工，发电厂第一台机组 9 月投产并网发电。涔天河水库扩建工程灌区项目完成投资 10.06 亿元，超额完成年度目标，左总干渠形象进度达到 68%，右总干渠形象进度达到 31%，基本完成灌区干渠、支渠永久征地工作。毛俊水库工程完成 5.23 亿元，占年度计划的 104.6%。“零陵古城”文化旅游综合保护开发项目完成投资11.8亿元，占年度投资的393%，东西展示厅建成并投入使用，建成仿古建筑75幢总计7万平方米，朝阳大道5.1千米路基全部拉通，桃江路、袁家渴路、旭日路等配套基础设施正在施工。神华国华永州发电厂一期工程完成投资2.06亿元，超额完成年度目标任务，9月中旬复工，主厂房基础施工完成，上部结构正在施工，锅炉钢架正在吊装，烟塔开建。长丰猎豹新产品研发及技术改造项目完成投资2.05亿元，超额完成年度目标任务，完成冲压厂房技改、焊装厂房技改工作，涂装车间和配套设施联合站房正在施工。一宫两馆六中心完成投资4.2亿元，占年度投资的210%，其中市政务服务中心完成投资2亿元，完成征地拆迁、土地平整及地下室土石方工程，完成政务大楼主体工程、地源热泵外换热工程；市文化艺术中心完成投资2.2亿元，完成项目征地拆迁、地下室土石方、基础工程，进入主体结构工程施工阶段。宁远县南部文化生态特色小镇完成投资6.5亿元，占年底投资计划的138.3%，九嶷大道一期、湘妃大道一期、香樟路、安康路、人工湖桥梁提前竣工投用。九嶷山文化生态休闲度假体验旅游区建设项目完成投资6亿元，占年度投资计划的120%，下灌景区全面完工，三分石景区、仙子山景区、古舜庙遗址本体保护等工程提前完工投用。江永县南部新城建设项目完成投资3.1亿元，占年度计划的103%，绿谷博览城一期综合楼主体完成验收；思源实验学校和中医院整体搬迁项目等正在进行土地平整。大湘西地区文化生态旅游精品线路建设工程投入资金1.32亿元，集中力量打造精品线路“瑶家古风”项目，江永县全面启动创建国家全域旅游示范县工作，江华瑶族自治县着力打造“神州瑶都”。湘桂铁路永州地区扩能改造工程于12月20日开建。5月，永州机场迁建选址获中国民航局批复同意，空军设计研究局正在编制预可研报告。

【全省性打捆项目推进】 2017年，永州市立足省委、省人民政府的整体布局和全盘规划，协调统筹推进全省性打捆项目的各项工作任务，确保质量，不拖后腿，较好履行既定职责。国省干线公路建设工程完成投资19.05亿元；完工项目4个、总里程90千米；新开工项目13个、总里程302千米。农村公路建设工程完成投资15.89亿元，完成农村公路建设里程2084.24千米，提前实施超计划完成自认村通组公路820千米，农训公路安保工程完成1336.4千米，危桥改造完工93座，各项指标均超额完成年度目标任务。易地扶贫搬迁工程完成投资25.51亿元，建档立卡贫困户易地扶贫搬迁建设安置住房14713套，面积154.93万平方米，集中安置74个、分散安置10个易地扶贫搬迁项目。市辖11个县区及2个管理区都达到建档立卡贫困户搬迁精准率100%，住房建设均达到入住条件，并分房到户。高标准农田、新增粮食产能建设工程累计完成0.52亿元，按省、市、县区发改委批复计划，全部完成年度责任目标投资任务。贫困村基础设施和公共服务设施建设三年行动计划工程完成投资66.8亿元。湖南电信建设在永州完成投资2.7亿元，完成593个普遍服务行政村的光网及661个基站的开通和验收工作。湖南移动建设在永州完成投资3.67亿元，全市4G网络基站建设、传输管线建设及宽带网络基础设施3个重点项目提前竣工投产。湖南联通建设在永州完成0.77亿元，完成875个4GFDD-LTE新建基站的开通、入网，完成1500千米光缆建设及59.37千米管道建设，完成6.4万个宽带端口建设，经测试优化验证，建设效果达到设计目标。湖南铁塔建设在永州完成投资0.68亿元，超额完成投资任务，全市铁塔、室分及配套设施提前竣工投产。输配电工程完成投资1.43亿元，开工新建35千伏~220千伏变电150兆伏安、线路104千米，投产35千伏~220千伏变电230兆伏安，线路160.6千米。国网城市电网改造升级工程完成投资0.2亿元，新建改造10千伏线路12.75千米、低压线路7.55千米，新增改造配变38台，容量10.71兆伏安。农村电网改造升级工程完成投资6.64亿元，新建改造10千伏线路438.4千米，新建改造低压线路2481.05千米，新增改造配变1672台，容量281.2兆伏安，改造户表41.3万户，改造10千伏线路33条，改造行政村540个，县城台区132个。地下综合管廊建设工程完成投资6.15亿元，占年计划的102.4%。全省市级城市大气环境改善工程完成投资1.51亿元，全市淘汰燃煤小锅炉92台，完成年度任务的165%，淘汰黄标车7890辆，超额完成任务，永州奔腾彩印有限公司和猎豹汽车有限公司两家 VOCs（挥发性有机化合物的英文缩写）治理完成。工业园区污水治理完成投资 3.5 亿元，全市有 8 个园区依托城镇污水厂处理。远大住工湖南装配式建筑产业基地完成投资 1.27 亿元。湘资沅澧“四水”治理工程完成投资 0.38 亿元，超额完成省水利厅制定的建设目标。湘江流域保护和治理工程完成年度投资任务，五大重点区域污染整治，湘江支流防治，干流保护均完成资金投资额。农村环境综合整治全省覆盖工程完成投资 0.46 亿元，完成 550 个村的农村环境整治年度工程任务。农村饮水安全巩固提质工程完成投资 4.58 亿元，解决 15.72 万人建档立卡贫困人口的饮水问题，超额完成年度目标任务。棚户区及垦区危房改造工程完成投资 31.2 亿元，开工建设城市棚户区 4.37 万套，开工率 100%。支持学前教育发展工程完成投资 0.37 亿元，完成年度工程形象计划，项目开工率 100%，竣工率 74.47%。县域城乡教育一体化建设工程完成投资 0.09 亿元，全市义务教育学校建设 18 所，项目均完成招投标，全市普通高中基础教育项目建设教学楼、学生宿舍综合楼主体完工。产教融合发展工程完成投资 0.02 亿元，祁阳县职业中专实训楼项目完工，永州工商职业中专学校实训大楼项目完成招投标。医疗卫生、公共卫生服务体系、村乡级医疗卫生体系建设工程完成投资 0.66 亿元，市疾控中心食品安全风险检验检测设备购置完成，双牌县中医院门诊医技住院楼主体完成，江华瑶族自治县大锡乡、大圩镇和新田县新隆镇卫生院项目主体完工。养老服务设施建设工程完成投资 3.17 亿元，新增养老床位 5220 张，建成公办养老机构 6 个，农村幸福院 134 个，城乡养老服务示范点 157 个，农村敬老院 32 个，城乡基层养老服务设施 79 个。湖南通用航空旅游项目完成永州市航空护林站江华基地的直升机临时停靠点建设，用铁丝围墙围成 60×80 米的停机坪 1 个，硬化 20×20 米的停机坪 1 个。

中信重工特种机器人列装市消防队仪式

【市级重点项目推进】 2017 年，永州市通过“六大战役”总部署推动全市市级重点项目建设，各项工作取得新突破，实现新发展。脱贫攻坚战役方面，全年减贫 17.2 万人，占计划的 127.7%，贫困发生率由 6.3% 下降到 3.3%，贫困村出列 349 个，超过年出列计划 68 个，宁远县、双牌县、江永县 3 个省扶贫开发工作重点县脱贫摘帽；产业扶贫、金融扶贫、教育扶贫、社会网试点、三走访三签字等工作走在全省乃至全国前列；全面小康实现程度提高到 88.1%，提升 4 个百分点。城镇提质战役方面，全市开工建设城镇提质项目 187 个，完成投资 406 亿元，其中市本级开工建设项目 43 个，完成投资 137.2 亿元，增长 37.4%，全市城镇化率达到 47.8%，提高 1.5 个百分点。园区升级战役方面，全年安排园区升级重点项目 138 个，年度计划投资 174.5 亿元，新增标准厂房 65.9 万平方米，新招商入园投资 5000 万元以上工业项目 92 个，新入统规模企业 75 家，排全省第一位。投资 10 亿元的高新项目湖南贵德光电产业园在江华经济开发区开园，创造出“江华速度”，在省委常委会（扩大）会议上受到省委书记、省人大常委会主任杜家毫表扬。中信重工开诚智能装备有限公司特种机器人永州产业基地第一批特种机器人下线，永州市首条特种机器人生产线投产，项目从 8 月 16 日签约到生产线投产，用时不到 2 个月，创造出“经开区速度”。旅游升温战役方面，举办周敦颐千年诞辰、永州首届乡村旅游文化节、湖南省冬季乡村旅游节、2017 中国优秀旅游节目颁奖盛典等一系列重大节庆活动。全年接待国内外游客2836万人次，实现旅游总收入181.1亿元，分别增长30.5%、21.6%。交通提速战役方面，实施“交通提速战役三年行动计划”，打造湘粤桂省际区域综合交通枢纽城市和物流中心，全年安排交通提速重点项目63个，年度计划投资91.6亿元，经停永州高铁增加至20对，新开通永州至厦门、重庆、北京的直飞航线。环境治理战役方面，全年安排环境整治项目50个，年度计划投资44.1亿元，在全省率先实施“双河长制”，率先完成黄标车淘汰任务，中心城区饮用水源地水质达标率100%、空气优良率85%，市人民政府行政审批事项精简力度排全省第二位，政务服务提速70%。

【开展项目服务】 2017年，永州市确定“集中开工、银企对接、招商推介、季度讲评、现场推进、竣工投产”等六大主题活动。3月，举行57个重点项目集中开工仪式，4月和6月，先后召开重点项目建设季度讲评会，7月，召开“六大战役”重点项目建设流动现场会，对全市重点项目建设进行拉练式检阅。全省产业发展现场推进会后，永州市进一步加大项目建设力度，一批重大项目相继开工或竣工。对“六大战役”重点项目在市政务中心开展集中领导、集中窗口、集中进驻、集中会审、集中督办“五个集中”审批服务，推行“在线审批、并联审批”“多证合一、一照一码”制度，资料齐全的项目当日办结，审批权限在市级的项目在规定的最短时间内办结。全年为295个重点项目办好前期手续，审批时限平均缩短70%以上。以保障用地和资金为重点，抓好项目建设用地指标争取和审批工作，明确新增用地指标60%以上用于保障重点项目建设。抽调3600余名干部开展“征地拆迁百日攻坚”行动，中心城区拆迁房屋60多万平方米，征收土地733.33公顷，确保重点项目用地应保尽保。与金融机构对接衔接，多次举办政银企合作洽谈会，与省内多家银行签订2000亿元的授信合作协议，新增银行贷款200亿元。推进PPP项目实施，推动企业上市融资和招商引资。

【优化施工环境】 2017年，永州市推行“一个重点项目、一名市级领导、一个责任单位”的全程服务责任制，市四大家主要负责人分别担任“六大战役”指挥部指挥长，所有市级领导列入指挥部。市直相关部门和县区对标市本级，成立由党政主要领导负责的领导小组和“六大战役”指挥部，全市形成主要领导亲自抓、分管领导具体抓，一级抓一级，层层抓落实的工作机制，为“六大战役”提供领导和组织保证。在全市倡导“实干就是能力，落实才是水平”，用好调度、督查、考核三个“指挥棒”，解决“不想为、不善为、不敢为、慢作为、乱作为”以及做“老好人、局外人、两面人、守摊人”的问题，用“六大战役”取得的实效作为绩效考核和领导干部执行力考核的主要内容。推行一月一调度、一季一督查通报制度，每个季度开展一次综合评定，召开一次项目讲评会，考核排前两位的县区作典型发言，予以通报表扬，排后两位的县区作表态发言，并由市委、市政府进行约谈。全年对6个县区进行通报表扬，对4个县区和4个市直单位主要负责人进行约谈。联系项目的市级领导、市直单位主要负责人定期到项目现场，协调解决项目建设中的重大问题。建立由责任单位派驻联络员、辖区纪检监察机关派驻监督员、辖区公安部门派驻治安员的“三员服务制”，严厉查处“三乱”（乱收费、乱罚款和乱摊派）现象，重拳打击“三强”（强揽工程、强买强卖、强行阻工）行为。建立问题摸排、清单管理、定期交办和限期办结制度，开展“万名干部下基层，精准帮扶解难题”活动，全市选派近2000名优秀干部到项目一线指导帮扶。

【组织劳动竞赛】 2017年，永州市累计组织活动130余次，3.5万余人次参加。涔天河扩建工程通过开展“大战30天，确保7.1首台机组发电”劳动竞赛，第一台机组提前百余天并网发电；零陵古城项目超额完成投资400%；涔天河灌区工程通过组织开展“大干百日保通水”和“保任务，保质量，保安全，大干下半年”劳动竞赛，提前实现灌区左岸渠首、跌水电站向老灌区供水及灌区第一座隧洞——右总干渠二标段龙门桥2号隧洞贯通；毛俊水库工程通过开展劳动竞赛，3个月内完成投资2.56亿元，全年累计完成投资5.23亿元；江华瑶族自治县精品旅游线路通过旅游加扶贫模式，评选1000名能工巧匠，带动培养一大批手工制作编织能手，实现一家一业的主导旅游纪念品、农副产品致富路；江永县勾蓝瑶寨瑶民白天耕作，晚上自导自演，通过评选“十佳本土明星”活动，涌现出一批本土表演明星和艺人，为国家、省市各级领导来宾表演180余场次，知名主持人汪涵带队到寨拍摄专题片，该县精品旅游的知名度得到提高。

【永州57个重点项目集中开工】 2017年3月25日上午，永州市举行全市57个重点项目集中开工仪式，总投资207.63亿元。市领导分别参加相关县区的开工仪式。此次集中开工的57个项目，园区工业项目达25个。以长丰技改扩能涂装生产线项目为代表，长丰产业园内2个项目总投资近20亿元。猎豹汽车技术改造项目新建房屋面积10万平方米，新增大中型设备200多台套，采用一流的技术、一流的设备、一流的工艺，对现有冲压、焊装、涂装、总装车间进行全面升级改造。项目建设周期为16个月，计划2018年8月建成，建成后将实现年产值超过100亿元，利税超过10亿元。基础设施和民生事业项目在开工项目中占有很大份额。中心城区永州大道快速公交及后续配套工程（九疑大道段）、国家森林城市小游园工程、零陵综合交通枢纽工程相继开工。以宁远南部生态新城基础设施为代表的城镇提质项目总投资20亿元，规划面积21平方千米，计划五年投资100亿元。在新城建设创新采用PPP模式，与中科建设开发总公司就公共服务和基础设施项目签订20亿元PPP项目合作合同。全市有2个旅游项目投资分别达到5亿元，道县濂溪文化园建设项目和江永全域旅游景区提质改造项目（上甘棠景区）开工建设。

【零陵综合交通枢纽工程开工】 2017年3月25日，零陵综合交通枢纽工程开工。零陵综合交通枢纽项目位于零陵火车站右侧，规划用地面积6.67公顷，计划投资1.6亿元，主要建设内容为：社会停车场面积17461平方米，设计机动车位319个，非机动车位774个；公交枢纽站占地1.02万平方米，设计公交停车位42个；物流中心占地面积2.2万平方米，设计货车停车位56个；客运站占地面积1.72万平方米，设计客车停车位68个，火车站充电桩6个。

【永州首个食品检验实验室项目开工】 2017年3月30日上午，永州市食品检验实验室建设项目开工奠基仪式在永州经济技术开发区举行。市食品检验实验室建设项目是2017年全市“六大战役”的重点建设项目，总投资2561万元，总面积3286平方米。2014年—2016年，永州市连续3年在全省食品安全满意度民意调查中名列第一位。

【江华首座扶贫项目光伏电站开工建设】 2017年8月5日，江华瑶族自治县光伏产业扶贫项目首座电站在涔天河镇鹧鸪坝村举行开工仪式。鹧鸪坝电站是江华瑶族自治县3×100兆瓦光伏产业扶贫项目建设的第一个点，由江华县人民政府与湖南省新融通能源有限公司合作建设。电站占地11.2公顷，计划总装机容量10兆瓦，总投资7200万元，建设工期60天；并网运行后年发电量1000万度以上，年发电收入900万元以上，其中150万元用于精准扶贫工作，能够帮助该县一部分贫困村实现村级集体经济收入4万元以上。

【江华贵德光电产业园开园】 2017年12月3日，江华贵德光电产业园开园。贵德光电产业园由深圳市鑫丹富斯实业有限公司等6家关联企业组团共同投资建设，主要生产LCD液晶显示屏、L. CM、TFT模组、触摸屏（TP）、LED背光源等各类高科技电子产品，产品广泛应用于手机、汽车、工业、电力、金融诸多领域。建成后，产业园3年内将实现年产值10个亿，安排就业1000人。

【神州瑶都文化博览园开工建设】 2017年12月3日，神州瑶都文化博览园开工建设。神州瑶族文化博览园是一个大型开放型文化旅游产业项目，总投资约15亿元，主要建设瑶族古镇景区、瑶族墟景区、瑶族游乐景区、瑶族始祖文化区四大景区。按照旅游综合体要求，将神州瑶族文化博览园建成神州瑶族建筑特色展示中心、瑶族风情体验中心、瑶族文化博览中心以及国家文化旅游中心的精品区。

【湘桂铁路永州地区扩能工程可研报告获批】 2017年，湘桂铁路永州地区扩能工程可研报告获中国铁路总公司和湖南省人民政府联合批复。湘桂铁路永州地区扩能工程主要包含易家桥站至永州站新建第三线，长28.5千米；同步实施永州站改工程；新建永州北站、永州北货场及机务段等4个方面的内容，总投资估算19.7亿元（不含征地拆迁费用），项目建设工期3年。通过该项目的建设，可实现高溪市至永州站段客货分线运输，消除安全隐患，提升运输速度和能力；可以加快中心城区棚户区改造、铁路专用线迁建等项目实施，彻底改变专用线切割城市的现状，优化河西片区城市规划布局，提升城市品位；配套建设大型的现代化物流园，促进永州经济社会发展，对加快建设创新开放新高地、品质活力新永州具有重要意义。

开放协作

【省委网信办、永州市人民政府、华为技术有限公司三方战略合作协议签约仪式在长沙举行】 2017年3月9日，中共湖南省委网信办、永州市人民政府、华为技术有限公司三方战略合作协议签约仪式在长沙国际会展中心举行，此次合作将开启湖南云计算大数据产业发展的新纪元，助推永州成为全省新型智慧城市示范市、党政机关网站云化工作样板市、云计算大数据综合实训基地。省委副秘书长、省委网信办主任卿立新，市委副书记、市人民政府市长易佳良，华为技术有限公司中国区总裁彭中阳，市领导唐湘林、严兴德出席签约仪式。彭中阳介绍永州华为云计算数据中心项目的建设情况和三方战略合作项目的发展前景；省委网信办与华为公司双方签约合作协议；省委网信办、永州市人民政府和华为公司三方代表签约合作协议；签约三方还举行座谈会。易佳良表示，永州要在资源、政策、人才等方面给予全力支持，确保各项工作顺利推进。

【永州与中国农业科学院签署战略合作协议】 2017年3月11日上午，永州市与中国农业科学院在北京签署农业科技战略合作协议。中国农业科学院党组书记陈萌山，永州市委书记、市人大常委会主任李晖出席签约仪式并讲话，市委副书记、市委政法委书记张严出席签约仪式，中国农业科学院副院长王汉中和永州市人民政府副市长贺辉代表双方单位签约。王汉中介绍中国农业科学院的基本情况和开展“院市合作”的工作情况。与会人员还就推进永州现代农业产业园区升级发展、柑橘黄龙病防控、永州2万公顷有机富硒茶、食用菌繁育与工厂化栽培和江永香柚、香米提质增效等领域开展协同创新等议题进行讨论。

【宁远与湖南经视签订文化旅游产业战略合作协议】 2017年3月14日下午，宁远县人民政府与湖南经视文化旅游产业战略合作协议签约仪式在宁远举行。市委副书记、市人民政府市长易佳良出席签约仪式并讲话。湖南经视频道高层就湖南经视与宁远县人民政府文化旅游产业战略的合作方式、活动方案和合作前景与参会领导作初步交流。宁远县人民政府与湖南经视的成功签约是双方资源共享、互惠互利、优势互补的新尝试。

【华为公司及华为生态合作伙伴负责人在永州考察座谈】 2017年3月27日上午，华为企业云总裁杨瑞凯及华为生态合作伙伴一行在永州考察并举行座谈，市委书记、市人大常委会主任李晖，市委副书记、市人民政府市长易佳良，市领导唐湘林、唐能武、严兴德、贺辉出席座谈会。永州华为云计算数据中心是全国华为云计算网络布局的重要节点之一，一期规划占地2公顷，建筑面积1.4万平方米，建成后可承载1000个服务区标准建设，年底建成完工并投入试运营。

【中国二冶集团有限公司在永州考察投资】 2017年3月27日，由中国二冶集团有限公司董事长唐灶荣带队的投资考察团一行在永州市考察投资。市委书记、市人大常委会主任李晖出席座谈会并讲话，市委副书记、市人民政

2017年3月9日，中共湖南省委网信办、永州市人民政府、华为公司在2017华为中国区生态伙伴大会上签订战略合作协议

府市长易佳良主持会议，市领导唐湘林、唐能武出席。中国二冶集团有限公司隶属于世界500强企业——中国冶金科工股份有限公司，此次到永州主要围绕PPP（指在公共服务领域，政府采取竞争性方式选择具有投资、运营管理能力的社会资本，双方按照平等协商原则订立合同，由社会资本提供公共服务，政府依据公共服务绩效评价结果向社会资本支付对价）项目建设进行洽谈合作。唐灶荣介绍，二冶在资金、人才、业务、管理等方面优势明显，在重大工程项目建设上经验丰富。李晖对考察团一行表示欢迎，对此次二冶把投资的落点放在永州表示感谢，希望双方进一步加强沟通和交流，按照有关工作流程，推进合作进程。

【永州和湖南异地商会联合会签约51.6亿元投资项目】 2017年4月9日上午，永州市人民政府和湖南异地商会联合会举行经贸洽谈项目对接会，并集中签约项目6个，总投资51.6亿元。市委书记、市人大常委会主任李晖出席会议并讲话，市委副书记、市人民政府市长易佳良主持会议，市领导蒋善生、唐湘林、唐能武、李旦梅、吕斌，湖南异地商会联合会会长周华松出席会议。湖南异地商会联合会是一家具有独立法人地位的全球性社会团体，是促进省市跨区域交流合作的一个重量级平台，借助该会会员企业雄厚的资本、创新的技术、先进的经营理念，可以助推永州社会经济快速发展。李晖对众企业家到永州投资考察表示欢迎。永州市委、市政府正着力打造“创新开放新高地、品质活力新永州”，持续提升政务效率，打造程序最简、手续最少、效率最高、收费最低、服务最优的政务环境，依法依规支持服务好各大企业在永州的投资项目。

【李晖率队赴温氏集团总部考察学习】 2017年4月22日，市委书记、市人大常委会主任李晖率队赴广东温氏集团总部考察学习，并与温氏集团总裁严居然交流座谈进一步合作事宜。副市长李旦梅、贺辉参加。李晖在座谈时指出，希望温氏集团能按照2014年签署的协议，快速地推进既定的合作内容，在2018年全部完成年产量500万头生猪和3万头奶肉牛的项目建设。恳请温氏集团总部能在永州成立新的养殖管理子公司，或者将现有的温氏集团桂湘养猪公司总部迁到永州，以便更好地加强合作和提升合作质量。希望温氏能着手在永州建立一个温氏集团的农业科技产业园，在全市养殖基地布点的基础上，增加乳品加工厂和肉类加工厂，建设温氏企业文化馆和青少年教育基地，推动永州农业规模化、集约化、产业化发展。永州将成立以市委书记为组长的“温氏集团在永州投资发展养殖业协调工作小组”进行对口服务，保障温氏在永州发展的所有要素服务。截至2017年3月，温氏集团在永州签约项目总金额45亿元，并在全市9个县区布点全面完成，其中江永县、江华瑶族自治县、零陵区3个分公司部分建成投产，生猪发展规模年产能156万头。温氏在永州项目累计直接投资9.24亿元，发展合作养殖户1164户。温氏乳业项目在江华瑶族自治县设立分公司，白芒营5000头奶牛基地于2017年4月投产。

【永州在深圳举行文化旅游招商推介会暨重点项目签约仪式】 2017年4月23日下午，永州市在深圳举行文化旅游招商推介会暨重点项目签约仪式，这是2017湖南（香港）投资贸易洽谈周活动之一。2017“港洽周”期间，永州市通过高层交流、产业对接、项目洽谈和贸易合作等方式，促进珠三角优势产业、市场和该市优势资源对接，发布招商项目110个，总投资1167.29亿元。其中：基础设施项目15个，总投资90.9亿元；现代工业项目23个，总投资275.4亿元；现代服务业项目41个，总投资674.05亿元；现代农业项目17个，总投资65.74亿元；社会事业项目14个，总投资61.2亿元。各县区、管理区、永州经济技术开发区等党政领导除参加推介会外，开展招商活动、项目推介。其中，4月21日，蓝山县在中山市签约项目5个，总投资41亿元；4月22日，江华瑶族自治县在东莞签约项目3个，总投资5.5亿元；4月23日，东安县在深圳签约项目8个，总投资60亿元。此次“港洽周”期间，永州签约重点项目51个，总投资480.43亿元，项目主要涉及工业、文化旅游、基础设施、商贸物流、社会事业等投资领域，“水云潇湘·一江十景”、阳明山旅游、潇湘文化创意产业园、涔天河水库旅游度假区、湘江源旅游等一批旅游文化综合开发项目。

【永州与中信重工开诚智能装备有限公司签署项目框架协议书】 2017年8月16日，永州市与中信重工开诚智能装备有限公司签署项目框架协议书，标志着中信重工开诚智能装备有限公司特种机器人永州产业基地项目成功签约落户永州。市委书记、市人大常委会主任李晖出席并致辞，市委副书记、市委政法委书记张严主持，市领导唐湘林、唐能武及中信重工开诚智能装备有限公司总经理陆文涛，中重开诚机器人有限公司董事长岳仪春等出席签约仪式。中信重工开诚智能装备有限公司特种机器人永州产业基地，是由中信重工开诚智能装备有限公司投资建设的特种机器人研发、生产、销售、展示于一体的重大项目，项目落户永州经济技术开发区，一期投资1亿元，项目投产后年产值可达5亿元。

2017年8月16日，中信重工开诚智能装备有限公司特种机器人永州产业基地项目签约

【中核五公司、上海亿一公司在永州考察】 2017年8月21日下午，市委书记、市人大常委会主任李晖在冷水滩区会见中核五公司董事长林乐忠、上海亿一文化投资发展有限公司总裁李亮，就相关合作事宜进行座谈。市委副书记、市人民政府市长易佳良主持会议。市领导唐能武、欧阳元初、谢景林参加座谈。2016年，永州市人民政府与中核五公司签订战略合作框架协议，明确将永州市幼师高等专科学校建设项目列为合作内容之一，项目开工建设进展顺利。李晖希望中核五公司、上海亿一文化投资发展有限公司进一步深化对永州的考察和了解，加强与相关部门的对接，建立成熟的运营模式，策划一批符合永州未来发展路径的大项目、好项目，实现互惠共赢。

【李晖会见中铁二十三局集团有限公司一行】 2017年8月22日下午，市委书记、市人大常委会主任李晖在永州会见中铁二十三局集团有限公司总经理肖红武一行。市委副书记、市人民政府市长易佳良参加会见。中铁二十三局集团有限公司，隶属于国务院国资委直接监管的世界500强特大型企业、全球最大建筑承包商中国铁建股份有限公司，拥有铁路工程施工总承包特级、公路工程施工承包特级资质。李晖介绍永州的市情，并希望今后双方进一步加强沟通、务实对接，并在适当条件下开展深度合作。

【易佳良会见保利房地产（集团）股份有限公司一行】 2017年8月22日晚上，市委副书记、市人民政府市长易佳良在冷水滩区会见保利房地产（集团）股份有限公司中部区域董事长姜崇洲一行，双方就加强战略合作进行深入座谈。市委常委、市人民政府常务副市长唐湘林参加会见。保利房地产（集团）股份有限公司是中国保利集团控股的大型国有房地产上市公司，国家一级房地产开发资质企业，公司坚持以商品住宅开发为主，适度发展持有经营性物业。公司覆盖57个城市，拥有292家控股子公司，业务拓展到房地产开发、建筑设计、工程施工、物业管理、销售代理以及商业会展、酒店经营等相关行业。易佳良向客人介绍永州的市情。座谈会上，双方就开展长期合作达成共识。

【李晖赴东航对接航线】 2017年8月24日下午，市委书记、市人大常委会主任李晖赴上海与中国东方航空集团对接相关工作，双方就进一步深化合作，加快永州民航事业发展等事宜进行会谈，并达成共识。市委常委、市人民政府常务副市长唐湘林陪同。东航集团总经理、东航股份公司总经理马须伦出席会谈。东航集团是永州重要的战略合作伙伴，是最早进入永州航空市场的专业集团公司，长期致力于永州航空运输市场的发展，在永州市场份额稳居第一位，约占80%。会谈达成共识，东航集团同意永州市委、市政府提出的相关请求：同意尽快恢复“昆明—永州—上海虹桥”和“昆明—永州—深圳”两条航线的运营；为更好地对接国际航线，在2017年冬春航季换季时（10月底），“昆明—永州—上海虹桥”航线改飞“昆明—永州—上海浦东”航线，班次增加1班，每周飞5班，后续视市场需求情况可增加至每天1班；对于永州市委、市人民政府提出的开通“北京（首都机场）—永州”航线，因东航暂时没有首都机场时刻，东航集团将协调全资子公司中国联合航空于2017年冬春换季（10月底）时，再开通“北京（南苑机场）—永州”的航班。

【温氏集团董事长温志芬一行在永州考察】 2017年9月12日，温氏集团董事长温志芬一行在永州考察并举行座谈会。市委书记、市人大常委会主任李晖出席会议并讲话，市委副书记、市人民政府市长易佳良主持会议，市领导张严、唐能武、贺辉出席。自2014年6月，永州市与温氏集团签订“战略合作框架协议”以来，温氏集团在永州项目累计投资10.56亿元，上市肉猪110.86万头，销售额21.45亿元，其中永州市养殖户总获利2.8亿元。建成一批生态、绿色、环保的养殖基地，带动一批农户通过合作养殖脱贫致富。李晖希望双方共同推进温氏集团湖南公司总部落户永州，并以此为中心，辐射周边市州；加快在永州建成奶牛标准化现代养殖基地，并配套建设乳制品深加工厂，同时建设集养殖示范、科技研发、产品加工、休闲旅游于一体的“温氏融合发展产业园”；要严格环保标准，加强技术攻关，实现畜禽养殖废弃物循环利用。永州将严格履行合同，不折不扣地执行到位，同时在政策允许范围内，将及时开辟“绿色通道”，为温氏集团在永州的投资创造更加优良的环境。温志芬表示，将对这一课题进行科学严谨的调研论证，进一步加强和深化对永州的投资力度。

【双牌农村垃圾城乡一体化工程签约】 2017年11月15日，双牌县人民政府与广东省东莞市家宝园林绿化有限公司举行农村垃圾城乡一体化工程建设PPP项目战略合作框架协议签约仪式。农村垃圾城乡一体化建设工程项目是永州市考核县区的重点项目之一。双牌县项目总投资1.19亿元，按要求完成全县城区和11个乡镇、阳明山管理局共114个村的收运体系建设，2017年内必须完成垃圾分类点3万个、村垃圾收集点64个、乡镇建成垃圾转运站建设6个，初步形成农村垃圾处理城乡一体化管理体系；2018年完成所有乡、镇、村的垃圾压缩站、垃圾收集点和垃圾分类点建设，建立农村垃圾处理城乡一体化管理体系。

【省政府发展研究中心、永州市政府与华为签订战略合作协议】 2017年11月27日上午，湖南省政府发展研究中心、永州市人民政府、华为公司在长沙签订战略合作协议。三方将在云计算、大数据等新一代信息技术领域展开深度合作，将永州云计算大数据产业园打造成面向湖南全省的“三基地一中心”综合服务平台。省政府发展研究中心党组书记、主任卞鹰，市委副书记、市人民政府市长易佳良，华为公司中国地区部副总裁李伟等出席签约仪式。副市长严兴德主持签约仪式。此次三方战略合作协议的签订，将为省市共建、政企联动树立新的合作典范，将以华为永州云计算数据中心为依托，着力打造云计算、大数据产业生态体系。

【广东省湖南永州商会成立10周年庆祝大会系列活动】 2017年12月16日，广东省湖南永州商会成立10周年庆祝大会系列活动在广东省东莞市举行，会议交流情况，总结经验，巩固政府与商会沟通的桥梁，促进永州经济社会与异地商会共谋发展、共同繁荣。永州市委副书记、市人民政府代理市长赵应云，市领导张贺文、李旦梅、吕斌等参加相关活动。13个异地永州商会和5个异地在永州商会的会长、秘书长等参加有关活动。活动期间，永州市委、市政府举行招商项目推介会，签约农业、工业、旅游等项目30余个，总投资158.85亿元。举行永州市农产品展销会，40余家永州本土企业展出近300多种独具永州特色的农副产品。活动还表彰2017年度永州优秀异地商会。在招商项目推介会之前，市委、市政府还举行第三届永州异地商会会长年会。截至2017年年末，全市有市级以上异地商会18个，会员企业6500余家。年内，永州异地商会引进项目23个，总投资327.22亿元。

【湘南大湘西片区省重点项目协调推进会在永州举行】 2017年11月7日，2017年湘南、大湘西片区省重点项目协调推进会在永

2017年4月，永州市党政代表团在清远产业转移工业园学习考察

州市举行。省委常委、常务副省长陈向群出席会议并讲话。市委书记、市人大常委会主任李晖致辞。省直有关部门负责人，市领导唐湘林、唐能武等出席会议。湘南、大湘西片区8个市州政府汇报重点项目建设情况。与会人员还现场参观考察长丰猎豹汽车新产品研发及技术改造、中信重工永州基地、零陵古城等项目。年内，永州牢固树立“项目为王”的理念，坚持把项目建设作为贯彻落实“创新引领开放崛起”战略的重要抓手，实行“战略项目化、项目数据化、数据精准化”，促进项目建设。1月—9月，全市“六大战役”重点项目完成投资840.5亿元，占年度计划的81.2%，其中纳入全省重点项目建设计划的33个重点项目完成投资151.4亿元，占年度计划的81.24%。

友好往来

【永州市党政代表团赴清远学习考察】 2017年4月10日—11日，永州市委书记、市人大常委会主任李晖，市委副书记、市人民政府市长易佳良率党政代表团赴广东省清远市学习考察。代表团先后考察清远市的安庆·兴农乐庄园、广州（清远）产业园、清远长隆国际森林度假区、清远城市规划馆等地，学习精准扶贫、旅游产业和园区建设的成功经验，并与清远市交流座谈合作发展事宜。清远市委书记、市人大常委会主任葛长伟，市委副书记、市人民政府市长郭锋参加考察和座谈。双方认为，永州和清远交通设施互连互通，产业发展互补互利，脱贫攻坚互帮互助，边界事务合作共享，政策争取协调共进，共同谋划区域协同发展，携手向国家的部委争取相关的政策，加强规划的对接，加强谋划、策划的对接，寻找共同点，寻找共同的政策和项目，建立常态化交流合作机制。

【永州市党政代表团赴肇庆学习考察】 2017年4月11日—12日，永州市委书记、市人大常委会主任李晖，市委副书记、市人民政府市长易佳良率党政代表团赴广东肇庆市，先后考察肇庆府城保护与复兴项目、包公文化园、321国道改造项目观砚大道下穿隧道工程、肇庆新区城市地下综合管廊项目和新区商务中心等，学习该市发展全域旅游、产业发展、城市建设与管理等先进经验，并围绕交流经济社会发展情况和寻求发展合作有关事宜召开座谈会。双方认为，两地交通互连互接、争取国家相关部委政策支持、旅游文化资源共享、脱贫攻坚、产业互补等方面都有广阔的合作空间，可加强交流对接，共同与周边市州形成区域发展联盟。

【永州市党政代表团赴贺州学习考察】 2017年4月12日—13日，永州市委书记、市人大常委会主任李晖，市委副书记、市人民政府市长易佳良率党政代表团到广西壮族自治区贺州市学习考察。在贺州期间，永州党政代表团一行先后前往旺高工业区利升岗石、平桂区扶贫移民新城、钟山县茅栗岗村、永贺高速、黄姚古镇、市文化中心等地进行实地考察。在贺州·永州交流座谈会上，双方一致表示，将在交通基础设施建设、旅游产业发展、园区建设和生态环境保护等方面加强合作。

【永州市党政代表团到桂林学习考察】 2017年4月13日—14日，永州市委书记、市人大常委会主任李晖，市委副书记、市人民政府市长易佳良率党政代表团到桂林学习考察。在桂林考察期间，永州市党政代表团先后考察临桂新区、经开区秧塘工业园、临桂会仙新型城镇化建设、王城文化旅游街区、鲁家新村等项目。桂林市委书记、市人大常委会主任赵乐秦，市委副书记、市人民政府市长周家斌陪同考察和座谈。双方表示，将进一步创新合作方式、拓宽合作领域、提升合作层次，在交通基础设施建设、旅游产业发展、园区建设、精准扶贫脱贫攻坚和生态环境保护等方面加强合作，促进两地协同发展。

【河池市考察团到永州考察交流】 2017年4月17日—19日，广西河池市考察团到永州市考察撤市设区及事权划分工作情况。考察团先后到源味街、柳子庙、零陵古城项目、东山景区等地实地考察城市建设、文化旅游等工作。座谈会上，永州市相关部门重点就城市规划、国土规划、城市管理、市辖区体制机制建设及区直机构设置、市辖区财政管理体制机制建设方面进行经验介绍。双方还就工作中的具体问题作深入交流与研讨。

【清远市人大一行到永州考察交流】 2017年4月20日—21日，广东清远市人大常委会党组书记、常务副主任曾贤林一行到永州市考察学习，就两市人大工作和高铁建设进行深入交流。曾贤林一行还考察零陵区柳宗元文化产业建设和东安县神华火电项目。市人大常委会常务副主任、党组书记高建华陪同考察和座谈。清远市人大常委会副主任徐建文，永州市领导袁火林、刘鹏等参加。座谈会上，双方就呼南高铁延伸段推进工作达成共识。

【桂林市党政考察团到道县考察交流】 2017年9月18日，桂林市委书记、市人大常委会主任赵乐秦率领桂林市党政考察团一行到永州道县考察调研红色历史文化。桂林市领导吕洪安、赵仲华、赵德明、于建新参加考察活动。永州市委书记、市人大常委会主任李晖，市委常委、市委秘书长唐能武等领导陪同考察。考察团一行先后考察濂溪故里、周敦颐博物馆、周敦颐故居、濂溪书院、陈树湘烈士墓等廉政教育和红色教育基地。在周敦颐故里详细了解周敦颐的理学文化脉络、《爱莲说》和太极图说，感悟理学文化与濂学思想。赵乐秦表示，两地可以进一步加强廉洁文化教育基地建设，联合办学，深化各领域合作，实现联动发展、合作共赢。李晖希望由桂林市牵头，联合福建省龙岩市，江西省于都县，湖南省郴州市、永州市道县，广西壮族自治区桂林市兴安、全州、灌阳等县，贺州市，贵州省遵义市等红军长征重要意义所在地，打造一条湘桂赣闽贵红色历史文化旅游精品线。

考察调研

【蔡振红在永州走访慰问困难群众】 2017年1月20日，省委常委、省委宣传部部长蔡振红在永州市走访慰问困难群众，向他们送去党和政府的关怀与温暖，并致以新春祝福。市委书记、市人大常委会主任李晖，市委常委、市委宣传部部长刘尤碧陪同走访。蔡振红一行走访原零陵轻机厂因6年前患肾癌、做了肾摘除手术的欧阳建庭，冷水滩区上岭桥镇马坪里村的兜底脱贫对象文锡清家，看望慰问冷水滩区翠竹园社区困难老党员谢恩祥和宋学贵等。慰问中，蔡振红为大家送去党和政府的关怀和温暖。

【乌兰在永州调研产业发展、医疗教育、精准扶贫等工作】 2017年2月25日—26日，省委副书记乌兰在永州市冷水滩区、零陵区、永州经济技术开发区和新田县调研产业发展、医疗教育、

2017年2月25日—26日，中共湖南省委副书记乌兰在长丰猎豹汽车公司调研

精准扶贫等工作。在湖南长丰猎豹汽车公司，乌兰向公司负责人了解产品的技术创新、市场销售等情况，希望企业要立足本地，做好技改创新，提高市场占有率，为振兴民族汽车工业品牌作出应有贡献。在永州职业技术学院、新田县职业中专，她和教师、学生交流，了解学费、就业等情况，对学校教育扶贫的创新举措给予肯定。在永州市中心医院和新田县妇幼保健计生服务中心，她详细询问贫困人口参合覆盖面，住院、门诊报销比例等情况。在永州国家农业科技园区的伊园万亩油茶产业扶贫项目基地，乌兰察看茶树长势，仔细询问油茶的效益、产量以及发展面临的困难。乌兰还考察果秀食品公司，零陵农村淘宝区级服务中心，新田的东升农场、龙家大院等地。

【向力力在永州调研文化教育旅游发展相关工作】 2017年3月28日，省人民政府副省长向力力在永州市出席全国第四届草书展等系列活动开幕式，并调研文化教育旅游发展相关工作。向力力在出席全国第四届草书展系列活动开幕式后，到零陵区黄田铺中学、鹧鸪岭村级活动中心、永州博物馆、零陵东山景区、柳子庙等地调研。他强调，要加强对文物的保护力度，少重建，多保护建设，挖掘好珍贵文物的历史文化内涵。

【苏士澍参观永州拓片展】 2017年3月27日晚，全国政协常委、中国书协主席苏士澍在市委书记、市人大常委会主任李晖，市委常委、市委秘书长唐能武和市人大常委会副主任魏湘江的陪同下，到潇湘意美术馆，参观永州石刻拓片展。苏士澍对《大唐中兴颂》和《阳华岩有序》两幅拓片特别感兴趣。他建议加强对永州石刻文化的整理、研究和宣传，进一步挖掘其深厚的内涵，形成专著出版；完善展览内容，方便广大市民特别是中小学生前来参观。

【刘玉珠在永州调研文物保护工作】 2017年3月28日—29日，国家文物局局长刘玉珠在副省长向力力，市委书记、市人大常委会主任李晖的陪同下，深入永州市零陵区、祁阳县调研文物保护相关工作。在永州博物馆和东山景区调研时，刘玉珠强调，要做好优秀历史传统文化的弘扬和传承工作，加大对原有遗址文物的保护力度。在柳子庙参观考察时，刘玉珠听取解说员对柳宗元生平事迹和其文学创作情况的介绍，探访柳宗元笔下的《永州八记》中的《小石潭记》等部分景点故址。期间，刘玉珠还参观全国第四届草书展展馆，考察祁阳县全国重点文物保护单位李家大院。

【韩永文在永州调研农村工作和农业供给侧改革】 2017年4月12日—14日，省人大常委会党组书记、副主任韩永文一行，深入永州市双牌县、江永县和江华瑶族自治县的重点项目、企业、农业基地和市中心城区的永州大道、滨江公园等地，就农村工作和农业供给侧改革等展开调研。市领导高建华、杨海河分别陪同调研。通过深入田间地头实地察看，走进车间班组面对面了解情况，韩永文充分肯定永州市在推动农业供给侧改革、扶贫攻坚等方面取得的成绩。对下一段工作，韩永文强调，要更加有力有效地推进供给侧改革。

【陈君文率检查组在永州开展产品质量执法检查】 2017年4月19日—20日，省人大常委会副主任陈君文率检查组到永州，就全市贯彻实施《中华人民共和国产品质量法》的情况开展执法检查。市委书记、市人大常委会主任李晖，市领导高建华、魏湘江、刘新良陪同检查或出席汇报会。检查组一行先后到宁远华荣鞋业有限公司、永州市亿达自动化机械有限公司、长丰集团等地，实地检查企业贯彻实施《中华人民共和国产品质量法》的情况，并对永州产品质量监督工作予以肯定。自2000年9月1日修订的《中华人民共和国产品质量法》颁布实施以来，永州市推进产品质量监督工作，实施“质量强市”战略。截至2016年年底，全市拥有“国字号”质量检测中心1个，国家地理标志保护产品5个、省长质量奖1个、省质量管理奖5个，中国名牌2个、湖南名牌56个、永州名牌25个。

【李微微在永州调研教育扶贫相关工作】 2017年4月19日—21日，省政协主席李微微率省政协调研监督组一行到永州，就教育扶贫相关工作开展调研。省政协副主席杨维刚、欧阳斌，省政协秘书长卿渐伟参加调研。由40余名省、市、县政协委员组成的省政协调研监督组一行分成3个小组，深入双牌、宁远、新田3个县，一路走村入户，到学校和企业，倾听基层群众和教师的呼声，全面了解中央惠民政策在各地落实情况。市委书记、市人大常委会主任李晖，市政协主席蒋善生出席座谈会。调研期间，李微微听取永州市关于教育扶贫工作情况汇报，对永州全面推进中央教育扶贫政策在基层落实落地取得的成绩给予肯定。她强调，要着力在教育扶贫上下实功夫，确保中央各项政策在基层落实落地，决不能让一个贫困家庭的孩子上不起学。

【杜家毫在永州调研经济社会发展情况】 2017年5月2日—3日，省委书记、省人大常委会主任杜家毫在市委书记、市人大常委会主任李晖，市委副书记、市人民政府市长易佳良等陪同下，深入道县、江华瑶族自治县、冷水滩区和永州经济技术开发区等地，调研经济社会发展情况，重点开展环保督察。杜家毫此行还考察永州市将军岭片区城市棚户区改造工作，并向湘江战役烈士墓敬献花篮。调研中，杜家毫与永州市委常委班子成员座谈。他强调，要旗帜鲜明讲政治，把习近平系列重要讲话精神学深悟透、融会贯通，以新理念适应引领新常态，推进创新引领开放崛起战略，对接“451”计划，做到“功成不必在我、建功必须有我”，推动经济发展更具活力、更有效率、更可持续。要在环境保护和治理上算大账，通过做优环境、做好服务，吸引更多高端产业投资兴业，以供给侧结构性改革为主线狠抓产业转型升级，用短期的阵痛换取长远的发展。要按照“两不愁三保障”“五个一批”“六个精准”要求，精细、耐心地推进脱贫攻坚各项工作。

2017年5月2日—3日，中共湖南省委书记、省人大常委会主任杜家毫（左五）到道县、江华瑶族自治县、冷水滩区、永州经济技术开发区等地调研经济社会发展情况 摄影 任泽旺

【齐玉在零陵区香零山村调研基层党建】 2017年5月4日下午，中共中央组织部副部长齐玉一行，在湖南省委组织部副部长蔡建和，永州市委书记、市人大常委会主任李晖等省市领导陪同下，深入零陵区香零山村，详细了解香零山村基层党组织建设的思路和做法，听取香零山村基本情况和“党支部+公司+合作社”的党组织建设新模式的运行、社员收入等情况汇报，实地参观便民服务大厅、村卫生室、村级淘宝店，并看望慰问老党员和生活困难群众，为他们送去慰问金，并充分肯定零陵区基层党建工作。

【蔡振红在永州调研精准扶贫等工作】 2017年5月6日，省委常委、省委宣传部部长蔡振红在永州调研精准扶贫、防汛抗灾、宣传思想文化等工作。蔡振红看望省委宣传部扶贫联系点江华瑶族自治县塘头坪村扶贫队员，了解扶贫工作开展情况，察看江华瑶族自治县东田河山洪沟治理项目、东田河下游山洪灾害危险区鹧鸪坝村预警广播站及涔天河水库项目建设情况，并听取永州市防汛抗灾情况和宣传思想文化工作情况汇报。调研期间，市委常委、市委宣传部部长刘尤碧汇报全市宣传思想文化工作，市委常委、江华瑶族自治县委书记罗建华介绍江华县的扶贫工作情况。

【蔡振红在永州调研指导“两学一做”等工作】 2017年6月26日，省委常委、省委宣传部部长蔡振红在永州调研指导“两学一做”、防汛抗灾、脱贫攻坚和信访工作。蔡振红到冷水滩区水文观测站调研防汛工作；在双牌县茶林镇调研新院子村的扶贫项目夏黑葡萄基地、生态土鸡养殖合作社及桐子坳村美丽乡村建设，慰问困难党员蒋崇德、蒋柏根；参加冷水滩区蔡市镇零东圩村党员大会，指导开展“两学一做”。调研期间，蔡振红听取永州相关工作情况汇报，对永州工作给予肯定。

【黄关春在永州调研政法综治工作】 2017年6月28日，省委常委、省委政法委书记、省公安厅厅长黄关春在永州市调研政法综治工作，并到双牌县联点督查脱贫攻坚工作。黄关春一行先后到永州市综治中心、冷水滩区翠竹园社区、市公安局、双牌县茶林镇桐子坳村、宁远县公安局监管中心、道县清塘镇楼田村、道县“两怀”妇女生育保健服务站等基层单位，调研综治中心建设、网格化服务管理、平安创建、公安警务机制改革、特殊群体违法犯罪人员教育整治等工作，看望慰问一线政法干警。每到一处，黄关春都详细了解政法综治工作开展情况，听取基层工作存在的困难和建议，并有针对性地提出工作意见。针对脱贫攻坚工作，他强调要进一步强化问题导向，对照标准，查漏补缺，补齐短板，精准发力，确保完成2017年整县脱贫摘帽的目标任务。

【向力力在永州调研脱贫攻坚情况】 2017年7月4日，省人民政府副省长向力力带队到永州调研脱贫攻坚情况。向力力一行调研江永县社会扶贫网管理中心网络电商平台运营、凉伞树“四跟四走”产业扶贫基地、上甘棠村文物保护、国家AAAA级旅游景区创建工作以及和兴村“中国社会扶贫网”村级运营中心，并在江永县政府听取扶贫攻坚工作和市委、市政府关于抗洪救灾工作情况汇报。向力力表示，江永县创新扶贫模式和经验做法，扶贫攻坚工作取得明显成效；对永州取得抗洪救灾阶段性胜利给予肯定，并对灾区群众表示慰问。

【刘永富在永州调研指导精准脱贫工作】 2017年7月15日—16日，国务院扶贫办党组书记、主任刘永富在江永县、江华瑶族自治县调研指导精准脱贫工作。他强调，要进一步完善体制机制，推进“中国社会扶贫网”建设，动员更多的社会力量参与脱贫攻坚事业，以脱贫攻坚统领经济社会全面健康发展。副省长杨光荣，市委书记、市人大常委会主任李晖，市委副书记、市人民政府市长易佳良等陪同。15日，刘永富在中国社会扶贫网江永县试点运营管理中心，通过观看图文资料和影视解说，深入了解流程设计和具体运行情况，并体验扶贫网爱心众筹、爱心链接和爱心帮扶工作流程；在江永电商街，刘永富先后到湖南季丰农业有限公司和中国社会扶贫网江永爱心超市·扶贫商城考察；实地考察江永县夏橙资产收益扶贫项目基地和潇浦镇和兴村电商扶贫中心。16日，刘永富在江华瑶族自治县实地考察中国社会扶贫网江华管理中心，深入九恒条码公司和大路铺镇君贤皮具厂，考察了解金融扶贫和小微企业助力群众脱贫情况；在江华20万头生猪生态养殖精准扶贫项目建设现场，他对该项目在带动贫困群众脱贫方面的探索尝试给予肯定，对其推行的猪—沼—果生态养殖模式表示赞赏，叮嘱当地政府要进一步探索脱贫扶贫新机制，推动脱贫项目可持续发展。调研期间，刘永富还通过视频连线与正在广西指导水稻制种的袁隆平院士进行交流，听取他对精准扶贫工作的意见和建议；会见奥运会举重冠军王明娟；与中央电视台《大国商道》栏目负责人徐卓“连线”。座谈会上，刘永富听取永州市中国社会扶贫网试点工作情况汇报。刘永富强调，要加强产业扶贫项目的融资监管，按市场规律发展产业，进一步总结经验，发挥“中国社会扶贫网”作用，以“中国社会扶贫网”建设动员社

2017年6月28日，中共湖南省委常委、省委政法委书记、省公安厅厅长黄关春（前排中）在永州市综治中心调研

会方方面面的力量参与脱贫攻坚，以脱贫攻坚统领经济社会发展。

【黄关春在永州调研政法工作】 2017年8月14日，省委常委、省委政法委书记黄关春一行在永州调研警务机制改革、司法体制改革和政法综治等工作，看望慰问政法干警。省委政法委副书记杨光荣，省公安厅党委委员、副厅长、政治部主任吴巨培和省委政法委、省公安厅有关人员参加调研。市领导易佳良、张严、唐能武、刘新良，市中级人民法院院长罗重海，市人民检察院检察长吴秋菊陪同调研。黄关春一行先后到市公安局执法办案中心、冷水滩分局梧桐派出所等单位，实地察看办公场所、查阅工作台账，了解警力配置、辖区人口、信息化应用、监控视频系统等情况，全面了解政法综治工作开展情况，听取基层工作存在的困难和建议，并有针对性地提出工作意见。黄关春对全市公安机关基层基础工作、信息化建设和社会治安防控体系建设工作表示肯定。

【陈向群在永州市督导检查安全生产】 2017年8月23日，省委常委、省人民政府常务副省长陈向群在永州市督导检查安全生产工作。在湖南神斧集团湘南爆破器材公司、永州汽车运输总公司、金洞管理区金鑫液化气站，陈向群检查企业安全生产日常台账、安全检查记录、“签字背书”等落实情况，详细询问企业负责人安全生产责任制、安全管理制度执行情况；检查白竹亭水库治理项目，察看静脉产业园项目建设、祁阳县茅竹镇三家村退耕还湿建设等。在永州期间，陈向群还察看金洞至牛头山公路水毁复建施工现场、祁阳县茅竹镇德辉蔬菜产业园灾后恢复情况，对永州灾后重建工作给予肯定。

【谢勇率调研组在永州调研指导司法体制改革】 2017年8月23日，省人大常委会副主任谢勇率调研组在永州调研指导司法体制改革工作。调研组先后以座谈会的形式，听取了解永州市县（区）两级法院改革工作情况，听取市委政法委、市委组织部等部门有关负责人和市县两级法院员额法官代表、法官助理代表、书记员代表、律师代表的建议和意见。谢勇对司法体制改革工作在永州市顺利推进给予肯定，他指出，要正确对待此次改革，要在中央部署的整体框架中找寻最佳切入点和着力点，寻求解决最佳思路，让司法体制改革赢得广大干部群众、司法队伍的衷心拥护。

【何报翔在永州市调研开放崛起和全域旅游基地建设】 2017年8月30日—31日，省人民政府副省长何报翔深入永州市调研开放崛起和全域旅游基地建设工作。市委书记、市人大常委会主任李晖，市委副书记、市人民政府市长易佳良参加调研和出席座谈会。何报翔一行先后到永州经济技术开发区的长丰猎豹、永州华为云计算数据中心、康都制药，零陵区的零陵古城、异蛇山庄、周家大院等地调研开放崛起和全域旅游工作，并听取相关工作情况汇报。年内，永州贯彻落实省委、省政府创新引领开放崛起战略，围绕打造国家中部地区对接东盟桥头堡和内陆产业集聚大基地，1月—7月，全市实际利用外资6.61亿美元，内联引资160.69亿元，进出口总额完成45.92亿元。围绕创建国家全域旅游示范市，推进“旅游升温战役”，1月—7月，全市接待国内外游客1753万人次，同比增长35.05%，增幅排全省第一位，实现旅游总收入113.59亿元。

【许达哲在永州市调研脱贫攻坚情况】 2017年9月9日—11日，省委副书记、省人民政府省长许达哲深入永州市宁远、江华、江永、道县、新田、双牌、祁阳7县调研脱贫攻坚等工作。省人民政府副省长隋忠诚，省政府秘书长王群，市委书记、市人大常委会主任李晖，市委副书记、市人民政府市长易佳良参加调研。9日，许达哲首先到宁远县工业园华荣鞋业，了解劳务协作扶贫情况，并到湾井镇、水市镇，分别考察下灌村旅游扶贫项目和中联万亩油茶特色种植扶贫项目。在江华瑶族自治县，许达哲考察九恒数码和涔天河水库扩建工程，并到涔天河库区易地扶贫搬迁安置点了解安置情况，走访设在安置点的涔天河小学，同周末在校值守的教师们亲切交流，并向全省教育工作者致以节日祝福。10日，许达哲到江永县中国社会扶贫网江永管理中心、电商街等地了解电子商务社会扶贫网项目的运营情况，并到潇浦镇凉伞树夏橙基地、兰溪瑶族乡勾蓝瑶寨考察产业扶贫成效。到道县祥霖铺镇两河口村，许达哲走访网格管理便民服务中心、金融扶贫服务站等地，检查贫困户建档立卡、驻村帮扶及脱贫政策落实情况。在新田县，许达哲考察吉星家居和龙泉镇东升村东升农场蔬菜基

2017年9月10日，中共湖南省委副书记、省人民政府省长许达哲（前排右三），副省长隋忠诚（前排右二），中共永州市委书记、市人大常委会主任李晖（前排右四）等在江永县兰溪瑶族乡勾蓝瑶村指导旅游扶贫工作　　摄影 任泽旺

地。晚上7时许，许达哲还连夜赶到龙泉镇双溪岭村贫困户周建国家中走访慰问，详细了解收入来源、帮扶举措等情况，询问生产生活上还有哪些困难，鼓励他通过勤劳致富过上更加美好的日子。11日，许达哲考察双牌县的双牌电站、麻江镇廖家村、茶林镇桐子坳村等地；到祁阳县茅竹镇三家村，了解救灾补损和灾后重建、产业发展情况，并考察千山药机、金浩茶油等企业。许达哲强调，永州要突出打好脱贫攻坚战这个重点，在精准二字上下功夫，降低贫困发生率，提高精准识贫率、精准退贫率，减少错评、漏评，提高群众的满意度，切实保障和改善民生。

【张大方率省政协调研组在永州调研】　2017年9月11日—12日，省政协副主席张大方率省政协调研组一行，到永州市就智慧永州、政协云建设等工作开展调研。在智慧永州协调指挥中心，张大方通过听取介绍、查看宣传资料、观看专题片等，详细了解智慧永州建设及其运行情况。在市公安局，张大方现场观摩大数据实战平台及侦查实战中心应用情况，强调要加强对核心数据和群众隐私的保护力度。期间，张大方还考察智慧新田建设情况。座谈会上，张大方听取永州经济社会发展特别是信息化发展建设相关工作，以及政协履职工作、“政协云”建设等情况汇报。调研中，张大方希望永州在推进“政协云”试点建设过程中，在范围上可以更加广阔一些，探索如何更好地推动政协提案的办理、如何更好地服务百姓需要等。

【黄兰香在永州调研非公企业发展情况】　2017年9月26日—27日，省委常委、省委统战部部长黄兰香到永州市祁阳县、冷水滩区调研非公企业发展情况并为永州市委理论学习中心组作辅导报告。市委书记、市人大常委会主任李晖参加调研并主持报告会。在祁阳县科力尔电机和新金浩茶油公司，黄兰香深入生产车间，详细了解企业的产品、技术、销量、产值等方面的情况。在祁阳经济开发区，黄兰香走进祁阳县同心项目科创电商孵化器的电商企业一家一家进行考察。调研期间，黄兰香还考察祁阳县凯盛鞋业、茅竹镇德辉农业生态休闲产业园，冷水滩区的恒康药业等企业。27日上午，黄兰香为永州市委理论学习中心组作“习近平总书记关于新时期统战工作重要思想”专题辅导报告。在辅导报告中，黄兰香带领大家学习习近平关于新时期统战工作的重要思想，梳理做好新时期统战工作的重点和要求。

市直机关、企事业单位和中央、省驻永州单位领导名单

中共永州市委员会

书　　记	李　晖	
副书记 市长	赵应云	
副书记	唐湘林	
常　　委	石艳萍	唐能武
	杨　永	张贺文
	吴志雄	王守海
	刘尤碧	罗建华
	周荣峰	
秘书长	唐能武	
副厅级干部	伍　军	
副秘书长	邓扬中	蒋跃鹰
	蔡建军	胡　浩

永州市人大常委会

主　　任	李　晖	
常务副主任 党组书记	高建华	
副主任	杨海河	周小驹
	袁火林	魏湘江
	周益志	李农妹

　　胡先荣
原副主任　李俊湘
秘书长　蒋千红
专职委员　刘志强　李章发
副秘书长　赵七秀

永州市人民政府

市长　赵应云
常务副市长　张贺文
副市长（挂职）　周荣峰
副市长　刘新良　严兴德
　　欧阳元初
　　谢景林　李旦梅
　　贺辉
原市长　严志辉
党组成员 秘书长　陈宇荣
副秘书长　齐爱社　郑亚平
　　李黎武　邓海波
　　唐海涌　汤荣石
　　张疑斌　刘建能

政协永州市委员会

党组书记 主席　蒋善生
四届市政协主席　唐定
党组副书记 副主席　张建亮
副主席　彭爱华　吕斌
　　田洁
党组成员 副主席　杨军元　文绍涛
　　宋可福
副主席　潘衡湘
四届市政协副主席　封金祥
党组成员 秘书长 办公室主任　王小波
副秘书长　胡新军　左秋玲

永州军分区

司令员　王守海
副司令员　陆鸿

战备建设处处长　张玉龙
动员处处长　唐柳军
政治工作处主任　严兴荣
保障处处长　蒋崇文

中共永州市纪律检查委员会

市纪委书记　杨永
市政府党组成员 市纪委副书记 市监察局局长 市预防腐败局局长　蒋俊林
市纪委副书记　黄薇　盘晓波
市纪委常委 市监察局副局长　唐元　曾瑶平
市纪委常委 秘书长　李月红
市纪委常委　邓群力　何红喜
市纪委原副书记 市监察局原局长　张国峰
正处级纪检监察员　陶爱民　段春平
办公室主任　何胜瑞
组织部部长　杨建科
宣传部部长　宾柱元
调研法规室主任　张治国
党风政风监督室主任　唐基归
信访室主任　何文艺
案件监督管理室主任　何小红
第一纪检监察室主任　赵勇坚
第二纪检监察室主任　王勤
第三纪检监察室主任　陈铸里
第四纪检监察室主任　黄奕松
第五纪检监察室主任　邓春雷
第六纪检监察室主任　郑文欣
案件审理室主任　刘颖
纪检监察干部监督室主任　申莉芬
副处级纪检监察员　王柏青　欧阳红工

市委巡察办、市委巡察组

市委巡察办主任　杨复权
市委巡察办副主任　黄建军
市委巡察组组长　李爱斌　刘玉林
　　唐小明　周进荣
　　祝平
市委巡察第一组副组长　肖白果
市委巡察第二组副组长　唐文波
市委巡察第三组副组长　李立志
市委巡察第四组副组长　谢和平
市委巡察第五组副组长　朱文华

市纪委派驻纪检组

市纪委驻市委办公室纪检组组长 市委办公室室务会成员　张超
市纪委驻市人大机关纪检组组长　彭新蓉
市纪委驻市政府办纪检组组长 市政府办党组成员　王晨辉
市纪委驻市政协机关纪检组组长　丁爱平

市纪委驻市委组织部纪检组组长 市委组织部部务会成员	罗　成
市纪委驻市委宣传部纪检组组长 市委宣传部部务会成员	郑景学
市纪委驻市委统战部纪检组组长 市委统战部部务会成员	李建华
市纪委驻市委政法委纪检组组长 市委政法委委员	唐筱勇
市纪委驻市发改委纪检组组长 市发改委党组成员	陈君才
市纪委驻市经信委纪检组组长 市经信委党组成员	于东铭
市纪委驻市教育局纪检组组长 市教育局党组成员	魏勇波
市纪委驻市民政局纪检组组长 市民政局党组成员	唐军华
市纪委驻市财政局纪检组组长 市财政局党组成员	秦晓晖
市纪委驻市国土资源局纪检组组长 市国土资源局党组成员	黄湘永
市纪委驻市住建局纪检组组长 市住建局党组成员	刘江平
市纪委驻市农业委纪检组组长 市农业委党组成员	胡剑平
市纪委驻市商粮局纪检组组长 市商粮局党组成员	何志荣
市纪委驻市卫计委纪检组组长 市卫计委党组成员	蒋正生
市纪委驻市城市管理行政执法局纪检组组长 市城市管理行政执法局党组成员	张建民
市纪委驻市食品药品监督管理局纪检组组长 市食品药品监督管理局党组成员	欧阳冬子
市纪委驻市人社局纪检组组长 市人社局党组成员	刘雪林
市纪委驻市公安局纪检组组长 市公安局党委委员	王亚春
市纪委驻市检察院纪检组组长 市检察院党组成员	卿飞舟
市纪委驻市中级人民法院纪检组组长 市中级人民法院党组成员	盘树峰
市纪委驻市司法局纪检组组长 市司法局党组成员	唐云春
市纪委驻市委办纪检组副组长 (副处级领导职务待遇)	袁　芳
市纪委驻市政府办纪检组副组长 (副处级领导职务待遇)	郑　薇
市纪委驻市商粮局纪检组副组长 (副处级领导职务待遇)	李忠翠

永州市中级人民法院

党组书记 院长	罗重海	
党组副书记 副院长	柏国春	
原党组成员 纪检组长	蒋仕贵	
党组成员 副院长	周伟平	
副院长	高和平	
党组成员 副院长	郭红艳	
市纪委驻市法院纪检组组长 党组成员	盘树峰	
党组成员 政治部主任	张胜广	
审委会专职委员	朱海平	顾能辉
副处级调研员	黄景华	
副处级审判员	李卫林	
审委会委员 技术室主任	宾登军	
审委会委员 副处级审判员	郑和生	柏国平
	艾久华	祝　群
	王臣波	张晓龙
执行局局长	田光耀	
法警支队支队长	贺晓春	

永州市人民检察院

党组书记、检察长　吴秋菊

拟任党组副书记、副检察长（挂职）　胡黎明

副检察长　潘衡湘

党组成员、副检察长　赵秋生

原党组成员、副检察长　邓忠新

党组成员、副检察长　罗厚清

党组成员、副检察长（挂职）　刘　高

党组成员、检委会专职委员　卿飞舟

党组成员、政治部主任　冯湘琳

市纪委驻市检察院纪检组长、党组成员　何　勇

民主党派市委·市工商联

中国国民党革命委员会永州市委员会

主　委　封金祥

专职副主委、秘书长　唐　翔

副主委　郑银芳　伍重武　魏秋云

中国民主同盟永州市委员会

主　委　袁火林

专职副主委　朱衡宁

副主委（兼）　姚如男　熊华清　邓国文

中国民主促进会永州市委员会

主　委　胡建辉

专职副主委　桂金玉

原副主委　张树明

副主委　万　萍　陈丽萍　陈　彦

委　员　刘章胜　唐红星

中国农工民主党永州市委员会

主　委　田　洁

专职副主委　熊忠东

副主委（兼）　欧阳德群　周云玲　唐　彧

委　员　李智媛

永州市工商联

主席、市总商会会长　吕　斌

党组书记、副主席　贺一夫

副主席、市总商会副会长　蒋宁南

党组成员、市工商联（总商会）秘书长　吴文旭

副处级干部、原党组成员、副主席　蒋文辉

副调研员　饶　叶

市委工作机构及有关单位

市委办公室

主　任　唐能武

督查室主任　胡　浩

副主任　梁　军　姜宁燕

市纪委派驻市委办纪检监察组组长　张　超

市委原副秘书长、政研室原主任　蒋三秋

保密局局长　周俊卫

原文秘室主任　蒋金银

副调研员、督查室副主任　廖才夔

市纪委派驻市委办纪检监察组副组长　袁　芳

市委组织部

部　长　吴志雄

副部长　肖余胜　李　钢

副部长、市委非公有制经济组织和社会组织工委书记　裴春雷

副部长　刘玲军　秦远林

副部长（挂职）　夏志立

部务委员　艾建华

市纪委市监委驻市委组织部纪检组组长　罗　成

工会主席　邓可旺

原公务员管理室主任　李永霞

市委基层党建办主任　周玉生

市委非公有制经济组织和社会组织工委专职副书记　段发生

市委宣传部

部　长　刘尤碧

副部长　蒋三立　王再兴

部务会成员、市委网信办主任　蒋旭军

副部长　左亚军

部务会成员、派驻市委宣传部纪检组长　郑景学

部务会成员、市社科联主席　陈水恩

部务会成员、市文明办主任　邓春成

市委外宣办主任、市政府新闻办主任　张穆宸

副调研员　周秋平

市委统战部

部　长　石艳萍

副部长、市"两新"工委副书记（兼）　贺一夫

副部长　何春明　吕文桂　邓晓明
市纪委驻市委统战部纪检组组长部务会成员　李建华
副调研员　陈四春

市委政法委

书记　唐湘林
常务副书记　唐国玉
副书记维稳办主任　唐群英
副书记综治办主任　王俊斌
副书记　夏红兵
委员纪检组组长　唐筱勇
委员市综治办副主任　唐戴莉
委员政治部主任　吴东涛
市综治办副主任　盛金付
市公安局原副局长（待安排）　黄尚锋
副调研员　邓鸿赞　濮梁洪

市委政策研究室

主任　黄赞校
市委改革办专职副主任　匡俊杰
副主任　蒋洪波
市委改革办专职副主任　唐建平
副主任　邝华军

市直属机关工作委员会

书记　郑文飞
副书记　陈新兰　伍绍东　刘安平
纪工委书记　刘逊日
工委委员　周志成　唐述雷
调研员　李忠富

市机构编制委员会办公室

主任　段联群
副主任　何长生　邓家旭
室务会成员事业单位登记管理局局长　蒋欧林

市委党校

常务副校长　许洋名
副校长　伍春波　黄燕　刘丁旺
教育长　李跃军
副校长　齐小玉
办公室主任　蒋碧芳
人事处处长机关党委副书记　曾晓兰
教务处处长　唐晓波
科研处处长　范仰棋
财务处处长　谢知生
后勤处处长　姜宏伟
马基教研室主任　陈小军
党史党建教研室主任　刘少兵
经济学教研室　蒋秩生
公共管理教研室主任　宋菊香
学员管理处处长　陈善文
信息技术及远程教育室主任　唐定彪

市委老干部局

局长市委离退休干部工委书记　秦远林
副局长　刘惠兰
副局长市委离退休干部工委专职副书记　高红卫
调研员　蒋兴华
市老干部活动中心主任（享受副处级待遇）　郝志伟

市委台湾工作办公室　市政府台湾事务办公室

主任　周生来
副主任　黄昌勇

市信访局

党组书记局长　刘建能
党组成员副局长　高文　阳辉文　唐雅静　杨宇　宋友林

市人大常委会各专门委员会及常委会工作机构

办公室

主任　蒋千红
副主任　蒋煦　赵国平

民侨外委

主任委员　周龙江
副主任委员　邓洪

内司委

主任委员　雷燕平
副主任委员　严兴朝

财经委

主任委员　龚跃林
副主任委员　赵玉芳

教科文卫委

主任委员　钟敦北
副主任委员　沈京生

农业委

主任委员　严俊
副主任委员　唐龙
原副主任委员　秦建莉

城环委

主任委员　吴庚辛
副主任委员　周新华
原副主任委员　贺晓福

法制委

主任委员法工委主任　杨胜贮
副主任委员法工委副主任　乔晋楠

常委会联工委

主任　封立辉

副主任　张月惠

研究室

主任　贺永景

副主任　朱振华

市政协办公室及专门委员会

办公室

主任　王小波

人口资源环境委员会原主任　张小惠

民族宗教法制群团三胞联谊委员会原主任　谭姗娥

经济科技委员会原主任　唐先强

文教卫体委员会原主任　胡跃平

调研员　陈　凯

原副处级纪检员　李　宁

提案委员会

主任　吴金燕

副主任　陈肆清

经济科技委员会

主任　尹玉林

副主任　万汝青

人口资源环境委员会

主任　李爱华

副主任　徐华慧

文教卫体委员会

主任　王明兴

副主任　李　勇

民族宗教法制群团三胞联谊委员会

主任　魏秋云

副主任　李华丽

学习宣传文史委员会

主任　欧阳国川

副主任　王　勇

研究室

主任　刘翼平

市政府工作部门

市人民政府办公室

办党组书记、主任　陈宇荣

办党组副书记　齐爱社

办党组成员　郑亚平　李黎武　邓海波　唐海涌　汤荣石　张疑斌

市纪委驻市政府办纪检组组长、办党组成员　王晨辉

办党组成员、副主任、机关事务管理处副主任　唐　辉

办党组成员、副主任　乐家茂

市优化办主任　柏雄文

调研员　唐永华　李鼎荣

副调研员　邹　娴

市发展和改革委员会

党组书记、主任　唐富荣

党组副书记、副主任　张荣华

党组成员、副主任　周乾兴　何挺松　李武生　周芳文　胡　明

市纪委派驻市发改委纪检组长、市发改委党组成员　陈君才

党组成员、总经济师　陈刚平

党组成员、副主任　梁志军

调研员　唐早君　郑朝晖

副调研员　周克武

原党组成员、副主任　魏建成

前期办主任　易恢贤

市重点办主任　卿惠玲

市价格监督检查局局长　邓利民

市经济和信息化委员会

党组书记、主任　高守凯

党组成员、副主任　李润志　陈曙光

党组成员、纪检组长　于东铭

党组成员、总经济师　冯伟林

党组成员、副主任　唐卫红　唐荣立

电力执法支队队长　贺永林

技改办主任　李　莹

正处级干部　左小衡

调研员　周海波　柏芝青

市教育局

党组书记、局长　张建坤

党组成员、副局长　何　宁

副局长　李谋韬

党组成员、副局长　刘安球

党组成员、纪检组长　涂万林

党组成员、副局长　陈泽利

党组成员、市教育工会主席　任　福

党组成员、主任督学　杨兰荣

市科技局

党组书记、局长　欧阳树生

党组成员、副局长　张　超　尹明宇　蒋五定　李晓宇

原党组书记　廖　毅

原党组成员、原纪检组长　李谋智

副调研员　廖翠娥

市民族宗教委员会

党组书记、主任　蒋季红

党组成员 副主任　赵　飞　吴天明
党组成员　杨　跃
党组成员 副主任　廖小红
调研员　刘志刚

市公安局

党委书记 局长　刘新良
党委委员 副局长　龙　刚　沈林松
党委委员　郑　勇
党委委员 副局长　秦建彪　周礼功
党委委员 政治部主任　张　珞
党委委员 副局长　雷顺华　段周权
市纪委市监委驻市公安局纪检监察组组长 党委委员　王亚春
工会主席　周备战
调研员　何永清
市公安干校原政委　王丽波
经侦支队原支队长　刘崇华
治安支队原政委　谭国友
禁毒支队原政委　邓和平
经侦支队原政委　陈祖国
监管支队原政委　陈健民
警令部主任　毛先奇
警务保障部主任　王国宣
法制支队支队长　罗功军
刑侦支队支队长　夏卫武
刑侦支队政委　黄辉庆
国保支队支队长　刘健武
国保支队政委　唐波明
治安支队支队长　王亚珉
治安支队政委　陈毅强
禁毒支队支队长　蒋汉中
禁毒支队政委　蒋秀亮
经侦支队支队长　冯徐生
经侦支队政委　王舜奇
巡警特警支队支队长　朱峻波
巡警特警支队政委　文会华
人口与出入境管理支队支队长　何军湘
人口与出入境管理支队政委　贺永健
网技支队支队长　蔡明光
网技支队政委　谢子立
监管支队支队长　蒋纯铁
监管支队政委　周刚玉
警务督察支队支队长　屈建华
交警支队支队长　杨运吉
交警支队政委　蒋云华
大数据实战中心主任 原金洞公安分局局长　沈　林
经侦支队副支队长兼非国家工作人员职务犯罪侦查大队大队长 原金洞公安分局政委　蒋　琼
副调研员　肖祥智
副处级侦察员　邓竹林　欧阳晓芬
副处级侦察员 科信支队支队长　唐兴宇
副调研员　朱玉强
副调研员 警务保障部政委　陈勇君
副调研员　邹智君
市公安干校校长　唐伍星
市公安干校政委　文声禄
市公安干校副校长　王惠军　孔小良　朱建成
原市公安干校警务技能室主任　罗瑞平
市公安干校副调研员　蒋　莉

市民政局

党组书记 局长 社会组织综合党委书记　吴剑林
党组副书记 副局长　李爱玲
原党组成员 原副局长　陈宇永
党组成员 副局长　陈　炜　谢江南
副局长　熊华清
市纪委派驻市民政局纪检组组长 党组成员　唐军华
调研员　王庆华
正处级干部　吴林峰
副调研员　曾宪元

市司法局

党组书记 局长　雷廷玉
副局长　廖信安
党组成员 副局长　赵常斌　李　伟
党组成员 政治部主任　蒋小波
党组成员 派驻纪检组长　唐云春
原党组成员 副局长　杨长耀
副调研员　蒋和平

市财政局

党组书记 局长 艾艳君

党组副书记 副局长 唐建华

党组成员 总会计师 彭剑

副局长 刘亚屏

党组成员 副局长 谢交发

党组成员 纪检组长 秦晓晖

党组成员 副局长 李四君

调研员 郭齐民

副调研员 欧阳小平 杨林桂

副处级干部 陈蓓蕾

市农业综合开发办公室主任 秦小国

市非税收入征收管理局局长 杨迪

市国库集中支付中心主任 马玮

市投资会计核算中心主任 刘林秀

市县域经济与产业发展融资中心主任 陈晓旺

市财政投资评审中心主任 刘世荣

市财税职工中等专业学校五级职员 盘全政

市农业综合开发办公室副主任 张智 邓美光 鲁强

市投融资担保有限公司总经理 刘小兵

市人力资源和社会保障局

党组书记 局长 刘玲军

党组副书记 副局长 文俊学

党组成员 副局长 何晓红 蒋新山 蒋红霞 邹越

党组成员 纪检组长 刘雪林

党组成员 副局长 匡雄峰

党组成员 工会主席 杨敏

公务员局局长 唐巍松

副调研员 李高林 程国梁

市就业服务局局长 何昌盛

市军转干部培训中心主任 艾平华

市劳动保障监察支队支队长 胡伟

市社会劳动保险管理处主任 罗基松

市机关事业单位社会保险管理处主任 廖继华

市医疗保险基金管理处主任 岑旋

市工伤保险处处长 张剑华

市劳动人事争议仲裁院院长 万萍

市国土资源局

党组书记 局长 蒋良铁

党组副书记 副局长 杨建林

党组成员 副局长 唐涨国 黄虎雄 李文乾

党组成员 总经济师 唐纯

党组成员 陆享国

党组成员 市不动产登记中心主任 温小新

党组成员 市纪委驻市国土资源局纪检组长 黄湘永

党组成员 市国土资源执法监察支队支队长 杨青松

副调研员 彭志君

市土地储备中心主任 市国土资源局办公室主任 何眷

副调研员 道县国土资源局党组书记 局长 蒋建俊

副调研员 李之强

市住建局

党组书记 局长 彭晓东

党组副书记 副局长 贺德林

党组成员 副局长 左全裕

市纪委驻市住建局纪检组组长 市住建局党组成员 刘江平

党组成员 桂爱广

副局长 李喜云

党组成员 副局长 刘太平

党组成员 工会主席 石先波

总工程师 潘良荣

副调研员 李向阳 王衡

副处级干部 唐端阳

市交通运输局

党组书记 局长 秦功智

党组成员 副局长 欧阳佳赐 裴路成

党组成员 原副局长 刘天宙

党组成员 副局长 李序军 唐卫国 聂朝飞

党组成员 工会主席 陈小平
原调研员 吴荣益
副调研员 刘夏松
副处级干部 唐耀轩

市农业委员会

党组书记 主任 周善生
党组成员 副主任 杨延生 于恒 田焕福 张卫阳 龚文生
党组成员 纪检组长 胡剑平
党组成员 副主任 王琼
总农艺师 党组成员 胡秀良
副主任 党组成员 刘新峰
副主任 夏炜
工会主席 曾小玲
正处级干部 曹文德
调研员 颜小毛 徐剑星

市水利局

局长 党组书记 廖荣良
党组副书记 副局长 黄保平
党组成员 副局长 曹小阳 李启华
党组成员 总工程师 蒋燕翔
党组成员 副局长 欧阳平清
调研员 石琪
副调研员 单剑平
防办主任 李国旗

市林业局

党组书记 局长 宋振平
党组副书记 副局长 肖济民
党组成员 副局长 王利民 蔡昌德
党组成员 总工程师 何晓东
原党组成员 副局长 刘新民
调研员 首才雄 花向群
副调研员 柏劲松
市森林公安局局长 李建华
市森林公安局政委 王应华
都庞岭国家级自然保护区管理局局长 李湘林

市商务和粮食局

局长 党组书记 邓群
副局长 党组副书记 李燕军
副局长 党组成员 陈军杰 曾全国 李烨 徐明华 王硕球 刘大平 单春兰
工会主席 党组成员 蒋健民
副局长 党组成员 邓建华
党组成员 谢科平
口岸办主任 唐亚辉
原调研员 李乾亮 邓显双
原商改办党组书记 主任 文善林
副调研员 杨增久 邓广平

市市场服务中心

主任 陈哲

市投资促进事务局

局长 吴小芳

市文化广电新闻出版局

党组书记 局长 蒋井泉
原党组书记 原局长 李小星
党组成员 副局长 张科春 唐泽国 赵荣学 赵月辉 盘炳顺
副局长 孙耀梅
副调研员 黄大伟 赵红萍

市卫生和计划生育委员会

党组书记 肖东民
主任 欧阳德群
党组副书记 副主任 唐海德
副主任 田洁
党组成员 副主任 蒋玲萍 王群路
副主任 蒋陆阳
党组成员 副主任 万松青
党组成员 总会计师 郭秋玲
党组成员 副主任 任水平 严行斌
党组成员 市纪委驻委纪检组组长 蒋正生
党组成员 副主任 刘建雄
副调研员 陈荣斌 杨小兰

市审计局

局长 王衡平
副局长 雷玖夏 王平波 曾庆廉
总审计师 蒋跃军
市经济责任审计工作领导小组办公室专职副主任 唐亚平

市环境保护局

局长 党组书记 谭立宏
副局长 党组成员 李亚峰 王宁军
总工程师 党组成员 林朝阳
副局长 党组成员 唐远军
原党组成员 副局长 饶刚林
调研员 王跃明 周治水
副调研员 蒋宏国
市环境监察支队支队长 刘勇
市环境监测站站长 刘旭红

市统计局

党组书记 翟昆华

局　　长　胡建辉
党组成员 副局长　唐陶国
副局长　伍重武
党组成员 副局长　刘汉武
党组成员 总统计师　肖飞鹰
正处级干部　李海云
调研员　唐军吉
副调研员　陈明辉
城市经济调查队队长　梁　芳

市旅游外事侨务局

党组书记 局长　顾晓姣
党组副书记 副局长　李长文
党组成员 副局长　陈月全　唐修峰　刘　璇

市城市管理行政执法局

党组书记 局长　唐慧云
党组副书记 副局长　罗顺山
党组成员 副局长　张亚林　刘新军　张造明
驻纪检组长 党组成员　张建民

市安全生产监督管理局

党组书记 局长　段灵利
党组成员 副局长　黄冬满　韩俊民　罗水文
党组成员 总工程师　刘　勇
党组成员 副局长　谢云祁
调研员　骆龙润
副调研员　周　鹤　唐云辉
市安全生产应急救援中心主任（副处级）　何芳甫
市安全生产执法监察支队支队长（副处级）　蔡建雄

市食品药品监督管理局

局长 党组书记　周长光
纪检组长 党组成员　欧阳冬子
副局长 党组成员　曹晓春　卿宁萍　俞建林
副局长　赵　颖
副局长 党组成员　陈三明
副调研员　周腾龙

市人民防空办公室

党组书记 主任　蒋明清
党组副书记 副主任　周劭文
党组成员 副主任　刘德顺　廖建湘
原党组副书记 副主任　廖焕新
调研员　吴国政
副调研员　李湘琼

市工商行政管理局

党组书记 局长　张国政
党组副书记 副局长　黄明华
副局长　韩顺华
党组成员 副局长　王卫红　谢来旺　吴跃归
党组成员 工会主席　潘俐华
副调研员　杨立芳

市质量技术监督局

党组书记 局长　周平平
党组副书记 副局长　贺建民
党组成员 副局长　文　革　蒋　之　刘勇民
副局长　唐　彧
党组成员 总工程师　杨　敏
副调研员　周德贵　钟立进　蔡建社

市人民政府法制办

党组书记 主任　兰卫平
副主任　张权辉
党组成员 副主任　林晓峰　潘海山
副调研员　谢开军

市政府金融工作办公室

党组书记 主任　曾宪孝
党组成员 副主任　文中林　黎拥军
党组成员　高　耀
党组成员 副主任　卢基平

市国有资产监督管理委员会

党委书记 主任　刘　雄
党委委员 副主任　罗有生　陈海燕　田庭安
副调研员　曾艳玲
市政府派驻城投集团监事会主席　易春阳
市政府派驻经投集团监事会主席　刘伟军

正处级事业单位

市党史与地方志征集编纂办公室

主　　任　李俊江
副主任　高　波　高爱国　郑经纬

市档案局

局　　长　蒋刚生
副局长　贺旺喜　高　慧
调研员　廖满婷　阳寰宇

市委市政府接待处

处　　长　盘德平
副处长　周贤志　刘　波
副调研员　陈健昶
副处级干部　李　薇

市委讲师团

主　　任　周　勇
副主任　李国仲　左雅婷
调研员　吴秋香

永州日报社

党组书记 社长 刘　波
党组副书记 总编辑 欧显庭
党组成员 副总编辑 吕晓勇　万跃飞　曾　锐
党组成员 纪检组长 章　莉
党组成员 副社长 雷述明
党组成员 副总编辑 欧春涛
五级职员 蒋剑翔
六级职员 蒋亚斌
工会主席 六级职员 李军平

市广播电视台

党委书记 台长 总编辑 杨　健
党委委员 副台长 杨向东　刘楚平　唐新华
党委委员 副总编辑 罗光国　唐群星
总工程师 钟　伟
工会主席 副调研员 柏高见
副调研员 夏国忠　罗剑君
副处级干部 欧朝阳

湖南省九嶷山舜帝陵基金会办公室

主任 郑运生
副主任 李卓勇

市机关事务服务中心

原市委机关事务管理处

副主任 朱志强　王素娟　李健林
副调研员 黄凌明

原市政府机关事务管理处

副主任 唐　辉　蒋少华　唐晓斌

市移民局

党组书记 局长 周智亮
党组成员 副局长 何长华　秦雄飞
调研员 伍少平　黄　伟
副调研员 卢兆盛

市扶贫办

党组书记 主任 段贵建
党组成员 副主任 李顺利　蒋博生
副调研员 雷运福

市公路局

党委书记 局长 杨小明
党委副书记 副局长 朱云飞
党委委员 副局长 陈跃峰
党委委员 纪委书记 刘文杰
党委委员 调研员 唐高见
副局长 付康成
党委委员 工会主席 蒋华清

市供销合作社

党组书记 理事会主任 唐甫忠
党组副书记 监事会主任 梁仁初
党组成员 理事会副主任 贾玉权　吴仁海
党组成员 总经济师 杨顺成
党组成员 理事会副主任 伍四清
原党组成员 纪检组长 肖八妹
原调研员 雷治贵
调研员 黄洪德
道县原县委常委 纪委书记 唐小青

市畜牧水产局

党组书记 局长 蒋南林
党组成员 副局长 高宏华　尹秋元　唐慧稳　成卫平
党组成员 纪检组长 李红林
调研员 王敦勋

市房产局

党组书记 局长 高　武
党组成员 纪检组长 周进春
党组成员 副局长 龙国庆　卢志华　唐军芳
原市房改办主任 唐国强
市国有土地房屋征收与补偿管理办公室主任 章　乐
调研员 曾亚辉
管理五级职员 唐国雄
副调研员 张木用　蒋文林

市公共资源交易中心

党组书记 主任 李　恺
党组成员 副主任 刘　骥　义盛章　奉金菊

市政务服务中心

党组书记 主任 骆方方
党组副书记 副主任 蒋如明
党组成员 副主任 顾　健
副调研员 熊君生

湖南省双牌水库灌区管理局

局长 党委书记 夏剑平
党委副书记 副局长 柏　牧
副局长 邓孟秋　刘格林　郑黎明
总工程师 周文彬
调研员 张彩鉐
管理岗位五级职员 卿建民
副调研员 蒋建国

涔天河水利水电管理局

党委书记 黎世民
党委副书记 局长 卢文庆

党委委员
工会主席 张明亮

党委委员
副调研员 田红旗

副局长 邓金国 石林辉

副调研员 李忠

市农业科学研究所

党委书记
所长 孙小成

党委委员
五级职员 罗怀贵

党委委员
副所长 欧阳国春 王文华

副所长 雷干农

党委委员
工会主席 桂爱军

党委委员
纪委书记 周涛

总农艺师 蒋小军

副调研员 王安国

福田茶场

党委书记 雷安术

场长 姚如男

副场长 王霈

党委委员
副场长 卢作斌

党委委员
工会主席 李江南

纪委书记 朱振军

副场长 贾仕超

管理五级职员 唐动发 孙建国 莫国平

市柑桔示范场

场长
党委书记 周建志

副场长 廖家艳 李友卿

纪检书记 柏小明

副场长 尹向东

市工业企业改制服务办公室

主任
党组书记 张治荣

副主任
党组成员 谭家斌 叶海涛 张红一 杜后成

市商业企业改制服务办公室

党组书记
主任 张宏

党组成员
副主任 周良发 邓湘祁

副处级干部 蒋易郓

群团组织

市总工会

主席 胡先荣

党组书记
第一副主席 吴红燕

党组成员
副主席 徐波 程万衡 唐羽

党组成员
女职委主任 蒋艳萍

党组成员
经审委主任 眭亚山

调研员 刘慧星

共青团永州市委

书记
党组书记 龙亮

副书记
党组成员 李玲 胡湲晖 冯志多

副书记
党组成员
（挂职） 胡凯 刘晓慧

副书记
（兼职） 王智伟

市妇女联合会

党组书记
主席 黄玉芳

党组成员
副主席 黄秋莲 刘贤华 周爱萍

市科学技术协会

党组书记
主席 翟方奇

党组成员
副主席 黄世轩 曹筱虹

调研员 胡海元

副处 熊幼松

副调研员 肖健林

市文学艺术界联合会

党组书记
主席 蒋蒲英

党组成员
副主席 熊爱华 李科

调研员 陈文

市归侨侨眷联合会

党组书记
副主席 柏继平

主席
（兼职） 杨增和

党组成员
副主席 刘刚

市社会科学联合会

主席 陈水恩

市残疾人联合会

党组书记
理事长 李社光

党组成员
副理事长 万平波 唐荣华

原党组
副书记
原副理事长 范桑洪

调研员 匡富春

副调研员 刘玉珍

中国国际贸易促进委员会永州市支会

会长 胡羲

副会长 李少君

副会长
（兼职） 王小萃 王中燕 刘卫群 沈凡超 杨玲德 聂鹏举 郭远军

市红十字会

专职副会长 伍友华

市关心下一代协会

主任 吴志雄

常务副主任 谢朝月

副主任 钱荣棠 李续荣 盘玉花 何新义 秦远林

副主任
秘书长 高红卫

市计划生育协会

会长 李农妹

常务副会长 蒋玲萍

专职副会长
秘书长 李双元

市慈善总会办公室

主任 孙文波

副处级单位

市城市园林局
局　　长　彭善新
市文化市场综合执法局
局　　长　李灵钧
副 局 长　文　晖
市全民健身服务中心
主　　任　欧阳洪波
市农业机械化管理局
局　　长　蒋华权
副 局 长　伍海斌
市农业综合开发办公室
主　　任　秦小国
副 主 任　张　智　邓美光　鲁　强
市建工事务办公室
主　　任　雷海斌
市建设工程质量安全监督站
站　　长
书　　记　邓新茂
市规划设计院
院　　长　王宇斌
市住房公积金管理中心
主　　任　赵国平
市烤烟办
主　　任　吴　谨
副 主 任　何　健　杨平安
市无线电管理处
主　　任　蒋爱新
市农村经营服务站
站　　长　唐光文
市教育考试院
院　　长　缺
市教育科学研究院
院　　长　徐正祥
市政府驻北京联络处
主　　任　蒋建平
副 主 任　高　文　杨瑞雪
市政府驻长沙办事处
主　　任　胡继军
副 主 任　邹晓帆
市政府驻深圳办事处
主　　任　裴兴宇
副 主 任　唐启君
市公安局交警支队
支 队 长　杨运吉
政　　委　胡少波
副处级侦察员
副支队长　唐兴宇
副调研员　朱玉强
市疾病预防控制中心
主　　任　陈伯中
市卫生计生综合监督执法局
局　　长　康　灿
市文物处
处　　长　贺义辉
市军队干部休养所
党总支书记
所　　长　蒋卫东
市道路运输管理处
处　　长　陶金凤
市地方海事局
总支书记
局　　长　吕格林
市地震局
局　　长　张　泉
市食品药品检验所
所　　长　吴军民
市交通建设质量安全监督管理处
党总支部书　　记
处　　长　张建晖
永州国家农业高科技园区
书　　记　伍玉生
主　　任　艾可想
市爱卫办
主　　任　李　攀
涔天河工程建设投资有限责任公司
党委书记
董 事 长
灌区公司总　经　理　李祥红
党委副书记
总　经　理　王振华
党委委员
总工程师　张如强
党委委员
纪委书记　卿建民
党委委员
副总经理　巢建平
市　政　府派驻公司监事会主席　陈蓓蕾
党委委员
副总经理
灌区公司常　　务副总经理　金锦云
党委委员
副总经理
灌区公司副总经理　王四清
工会主席　田红旗
党委委员
副总经理　姜尚荣
市城市建设投资发展有限责任公司
党委书记
董　事　长　李世旺
党委副书记
董　　事
总　　经　理　蒋志刚
党委副书记
副总经理　郭晓斌
监事会主席　易春阳
党委委员
副总经理　黄小明
党委委员
总会计师　程国顺
董　　事
副总经理　吴东红
党委委员
副总经理　龚玉明
董　　事
副总经理　张秋平
董　　事
总经济师　吕　博
董　　事
总工程师　李亚明
党委委员
纪委书记　袁　立
工会主席　唐斌轩
市经济建设投资发展集团有限责任公司
董　事　长
党委书记　胡勇刚

董事
总经理
市机场建设投资开发有限公司经理　鲁耀纯

监事会主席　刘伟军

党委副书记
副总经理　廖洪涛

董事
副总经理　陈　慧

董事
市交通建设投资有限公司经理　陈于军

董事
副总经理　邓宪君

董事
总会计师　周志强

纪委书记　蒋海民

董事
副总经理　吴林辉　雷宏鸣

总经济师
市滨江新城投资建设有限公司经理　张新建

副总经理　胡红波

总工程师　曹志远

副总经理　姜　斌

市顺达住房投资建设有限公司经理　何维龙

市城市公共交通运输有限责任公司

党委书记
董事长　唐晓波

党委副书记
总经理
副董事长　蒋　竣

董事
副总经理　胡云超　唐爱军
蒋松顺

纪委书记　尹芝友

监事会主席　唐美凤

中央省驻永州单位

市国家安全局

局长　罗国飞

市国家税务局

党组书记
局长　曾立春

党组成员
副局长　朱建河　欧鸿鲲
李　靖　刘小明

党组成员
纪检组长　文方明

市地方税务局

党组书记
局长　毛东庆

党组成员
副局长　唐双祁　刘小贤
何多珍

党组成员
总经济师　程灿烂

党组成员
纪检组长　陈立志

党组成员
总会计师　桂来上

调研员　唐景平

副调研员
系统工会主任　杨伟毅

市烟草专卖局

党组副书记
副局长
副经理　幸　勤

党组成员
副经理　刘正日

党组成员
副局长　阳天和

党组成员
纪检组长　杨深根

副调研员　欧阳维胜

副处级干部　聂新柏　李中飞

市气象局

局长
党组书记　鲁金舟

副局长
党组成员　黄海涛　宋定满

纪检组长
党组成员　欧阳水章

市水文资源勘测局

党委副书记
副局长　孙亚飞

副处级干部　唐顺亚

长沙海关驻永州办事处

主任　郭承志

副主任　韩龙跃

市邮政管理局

党组书记
局长　唐卫国

国家统计局永州调查队

党组书记
队长　庄作勇

党组成员
副队长　蒋英明　谢春丽

党组成员
纪检组长　陶小岗

副调研员　何夏琴

永州监狱

党委书记
监狱长　雷建华

党委副书记
政委　邱平石

党委委员
总经理　马明志

党委委员
副总经理　欧亚拉

党委委员
纪委书记　罗宏国

党委委员
副监狱长　王宽武

党委委员
政治处主任　颜　开

副总经理　袁海波　许东波

调研员　朱平刚　李怀义

副调研员　李来成　吕　录

东安监狱

党委书记
监狱长　宋小平

党委副书记
政委　王光明

党委委员
湖南省万安达集团普华实业有限责任公司总经理　张　伟

党委委员
副监狱长　李鹏飞

党委委员
湖南省万安达集团普华实业有限责任公司副总经理　杨爱科

党委委员
副监狱长　陈建祥

党委委员 政治处主任 郭代卓

党委委员 纪委书记 谭晓晖

党委委员 副监狱长 彭志明

湖南省万安达集团普华实业有限责任公司副总经理 段诚富

调研员 工会主席 伍先军

副调研员 赵修建 宁建彪

国网湖南省电力公司永州供电分公司

总经理 党委副书记 潘继雄

党委书记 副总经理 顾　苏

副总经理 党委委员 何　强　何永立

总会计师 党员委员 张建华

副总经理 党委委员 邓汉钧

党委委员 纪委书记 工会主席 王　毅

总工程师 于彩葵

主任管理师 三级职员 唐正荣

永州电业发展总公司首席职员（二级） 胡衡岳

湖南省邮政公司永州分公司

党委书记 总经理 谭　远

党委委员 副总经理 纪委书记 工会主席 文庆夯

党委委员 副总经理 蒋飞跃

党委委员 石伟帆

中国电信永州分公司

党委书记 总经理 王　中

党委成员 副总经理 吴少华　王　晖

蒋钟祁

中国移动永州分公司

总经理 甘军宏

副总经理 夏李灿

总经理助理 罗　凯　邓　涛

中国联通永州分公司

党委书记 总经理 刘　鲲

党委委员 副总经理 黄新轩　蒋　毅

向勇平

中国人民银行永州市中心支行

党委书记 行长 袁曙光

党委委员 副行长 蒋国政　杨金日

唐大立

党委委员 工会主席 雷树清

党委委员 纪委书记 黄　辉

副调研员 赵东旺

永州银监分局

党委书记 局长 邓建华

党委委员 副局长 李树屏

党委委员 纪委书记 冯重林

党委委员 副局长 赖泽仁

永州市银行业协会

会长 熊庭哲

专职副会长 郭嗣军

理事 秘书长 王思岳

理事 孟德军　徐彦杰

张重九　陈永红

龚飞龙　马炳瑜

欧阳挺　廖奇旺

李　枫　谭　远

吕绍双　陈胜群

中国工商银行永州分行

党委书记 行长 徐彦杰

党委委员 纪委书记 工会工作委员会主任 周济书

党委委员 副行长 金永华　沈　毅

黄　晟　龙志毅

高级经理 段湘江　陈开钢

阳革新　魏京燕

中国建设银行永州市分行

党委书记 行长 龚飞龙

党委委员 纪委书记 江新波

党委委员 副行长 罗全华　彭元持

刘　剑　陈艳珠

中国银行永州分行

行长 陈永红

副行长 伍　明　刘新平

中国农业银行永州分行

党委书记 行长 尚　前

党委副书记 副行长 彭亚杰

党委委员 副行长 蒋星友　罗雄伟

党委委员 纪委书记 黄智斌

中国农业发展银行永州分行

党委书记 行长 孟德军

党委委员 副行长 甘桂林　阳志清

湖南省农村信用社永州办事处

主任 欧阳挺

副主任 李中平　黄跃辉

交通银行永州分行

党委书记 行长 马炳瑜

党委委员 副行长 黄　鹂

党委委员 行长助理 唐　姝

华融湘江银行永州分行

党委书记 行长 李武辉

党委副书记 副行长 廖奇旺

党委委员 副行长 余强庚

党委委员 行长助理 黎明东

中国邮政储蓄银行永州市分行
行　　长　熊庭哲
副 行 长　王松林　黄满元
　　　　　周育林　何　艳
长沙银行永州分行
党委书记
行　　长　李　枫
党委副书记
副 行 长　孙志中
党委纪检委员
副 行 长　伍　林
潇湘农村商业银行
董 事 长　吕绍双
行　　长　周少清
监 事 长　罗怀科
纪委书记　吴小明
副 行 长　贺清江　周小平
　　　　　钱步云
中国人民财产保险股份有限公司永州分公司
总 经 理　姚惠明
中国平安财产保险股份有限公司永州中心支公司
总 经 理　张勇军
天安保险股份有限公司永州中心支公司
总 经 理　刘　勇
华安财产保险股份有限公司永州中心支公司
总 经 理　吴川国
中华联合财产保险股份有限公司永州中心支公司
总 经 理　罗仁坤
太平洋财产保险股份有限公司永州中心支公司
总 经 理　李小英
中国大地财产保险股份有限公司永州中心支公司
总 经 理　罗文奇
安邦财产保险股份有限公司永州中心支公司
总 经 理　曹晓斌
阳光财产保险股份有限公司永州中心支公司
总 经 理　邓勇军
中国人寿财产保险股份有限公司永州中心支公司
总 经 理　吴刘沪
渤海财产保险股份有限公司永州中心支公司
总 经 理　杨焯宇
太平财产保险公司永州中心支公司
总 经 理　陈松辉
中国人寿保险股份有限公司永州分公司
总 经 理　蒋跃明
中国平安人寿保险股份有限公司永州中心支公司
总 经 理　田　超
新华人寿保险股份有限公司永州中心支公司
总 经 理　徐中阳
泰康人寿保险股份有限公司永州中心支公司
总 经 理　黄怀辉
太平洋人寿保险股份有限公司永州中心支公司
总 经 理　唐荣辉
人民人寿保险股份有限公司永州中心支公司
总 经 理　周承国
合众人寿保险股份有限公司永州中心支公司
总 经 理　何　毅
幸福人寿保险股份有限公司永州中心支公司
总 经 理　桂三元
阳光人寿保险股份有限公司永州中心支公司
总 经 理　李志华
太平人寿保险股份有限公司永州中心支公司
总 经 理　童欢聚
民生人寿保险股份有限公司永州中心支公司
总 经 理　潘卓林
吉祥人寿保险股份有限公司永州中心支公司
总 经 理　周新民
华泰人寿保险股份有限公司永州中心支公司
总 经 理　杨　鹰
方正证券清桥路营业部
总 经 理　蒋力刚
资深经理　陈立新
高级经理　唐朝明
中国石化湖南永州石油分公司
经　　理　潘晓卿
党委书记　丁海华
副 经 理　周芳金　卢运仰
　　　　　何四贵
中国石油湖南永州销售分公司
总 经 理
党委副书记　朱立军
党委书记　谭　萧
湖南盐业股份有限公司永州市分公司
党委书记
总 经 理　陈章勇
纪委书记
副总经理　唐　健
湖南省新华书店有限责任公司永州市分公司
总 经 理
党委书记　龙量海
副总经理
党委副书记　陆湘喜
副总经理
党委书记　陈有林
财务总监
党委委员　肖东亮
副总经理
党委委员　马　琳
湖南省双牌水力发电有限公司
党委书记
执行董事
总 经 理　王　俊
党委副书记
纪委书记　李建红
副总经理　肖建新

副总经理
总工程师 徐兴国

湖南省南津渡水力发电有限公司

党委书记
执行董事 罗广林
总经理

党委副书记
纪委书记 陈志湘

副总经理 周庚芝 王庚生

副总经理
工会主席 周小林

总经理助理 胡立新

湖南中烟工业有限责任公司零陵卷烟厂

厂长
党委书记 刘正宇

党委委员
副厂长 朱凌冰 吕爱华

党委副书记
工会主席 石瑞林

党委委员
纪委书记 刘兴明

湖南时代阳光药业股份有限公司

董事长
董事 朱光葵

总经理
董事 董琳莉

副总经理
执行董事 唐纯玉

副总经理
董事 蔡义高
党支部书记

行政总监
工会主席 李逸韵

质量总监 李震

湖南兵器建华精密仪器有限公司

执行董事
总经理 蒋粤军
党委副书记

党委书记
副总经理 伍聚宝
工会主席

财务总监 肖景

副总经理 张宏生 武波涌 刘治旺

纪委书记 唐忠德

湖南神斧集团湘南爆破器材有限责任公司

党委书记
执行董事 奉朝晖
总经理

常务
副总经理 屈文勇

副总经理 孙建仪 王爱 夏海雄

纪委书记
工会主席 龚小丙

财务总监
财务审计部 卿清光
部长

湖南省南岭化工集团有限责任公司

党委书记
执行董事 贾永福

党委副书记
总经理 曾德坤

党委副书记
纪委书记 熊煜华
工会主席

党委委员
副总经理 陈友民 刘玉芳

湖南烟叶复烤有限公司永州复烤厂

厂长
党委书记 盘勇卫

纪委书记 程海红

副厂长 李廷云 雷雅麟

总工程师 刘华友

湖南省地勘局409队

队长 廖凤初

党委书记
工会主席 蒋佑民

副队长 胡太平 左明武

纪委书记 王书华

副队长 申志刚

总工程师 曾志方

湖南省煤田地质局第三勘探队

队长 张晓燕

党委书记 何立宏

纪委书记
工会主席 唐丽君

副队长
总工程师 邹建勇

副队长 王粒共

湖南兵器跃进机电有限公司

执行董事
总经理 黄永杰
党委副书记

党委书记
副总经理 黄建群

纪委书记
工会主席 黄静

副总经理 黄成辉 何海军 李胜鹏

财务总监 肖景

神华国华永州发电有限责任公司

书记
执行董事 温长宏

副书记 陈伟中

副总经理 杨远忠

纪委书记 刘凯翔

总经理助理 刘钧 刘丰

大中专院校和部分高中

湖南科技学院

党委书记 陈弘

党委副书记
校长 曾宝成

党委副书记 唐艳明

党委委员
副校长 宋宏福

党委委员
纪委书记 彭立威

党委委员
副校长 郑山明 李常健 吴小林 程智开

副校级督导
工会主席 陈仲庚

永州职业技术学院

党委书记 黄小明

党委副书记
院长 翟惠根

党委副书记 李国春

副院长
附属医院 杨铭
院长

党委委员
副院长 韩立路 窦铁生

党委委员
纪委书记 蒋衡湘

工会主席 李晶

党委委员
副院长 王中军

党委委员
组织部长 熊礼杭

党委委员
宣传统战部 裴有为
部长

院长助理 唐陶富 罗敏杰

副院级干部　刘晓兰
纪委副书记　黄义君
党政办公室主任　何　春
监察室主任　黄立新
武装保卫部部长　蔡　民
就业处处长　钟学云
教务处处长　卢　璐
团委书记　张宜剑
学工部部长　邓如涛
审计处处长　汤文忠
计划财务处处长　陈　艳
招生处处长　邓国文
女工委主任　程丽华
工会副主席　彭　军
总务后勤处处长　袁延生
科技产业处处长　刘章胜
教学督导高职研究室主任　张　伟

湖南潇湘技师学院（湖南九嶷职业技术学院）

党委书记　黄　冰
党委副书记、院长　唐海君
党委委员、党委副书记　何增明
党委委员、副院长　冯友明
党委委员、纪委书记　易清国
党委委员、副院长　罗湘明
党委委员、工会主席　罗顺莲
党委委员、副院长　陈　强
党委委员、组织宣传统战部部长　谢春江
党政办主任　李桐森
教务处处长　彭善生
监察室主任　唐文玉
财务处处长　杨丽云
招生就业处处长　唐　锴
保卫处处长　谢万君
学生处处长　张　强
后勤处处长　周灵军

湖南广播电视大学永州分校

党委书记　李长于
校长　崔　莹
副校长　李智媛
纪委书记　左全华

湖南省祁阳师范学校

校长、党委副书记　汪华明
党委书记　邓海云
党委委员、副校长　贺红山　赵文玲
党委委员、纪委书记　李　胜
原党委书记、校长　刘吉祥
五级职员　何友好

湖南省道县师范学校

党委书记、校长　何云峰
党委委员、副校长　胡达仁
党委委员、纪委书记　刘孝文
党委委员、副校长　唐广勇
党委委员、工会主席　何仙玉

湖南省永州市工业贸易中等专业学校

校长、党委副书记　尹存成
党委书记　欧阳英
党委副书记、副校长　杨乐生　胡林祥　李世能　熊首元
党委委员、监察室主任　李　君

永州市第一中学

校长　陈宗华
党委书记　张　丰

永州市第四中学

校长　蒋亚军
党委书记　石明一

医院、车站、机场

永州市中心医院

院长、党委副书记　刘　彬
党委书记　赵承保
党委委员、纪委书记　刘联伟
党委委员、副院长　段顺元
副院长　唐朝晖
党委委员、总会计师　唐祯祥
党委委员、工会主席　张润周
党委委员、副院长　江拥军　李毓琴

永州市中医医院

院长、党委副书记　王文革
党委书记　刘亚玲
副院长　熊忠太　冯卫星　陈　政
工会主席　李征北

永州市妇幼保健院

院长　周云玲

永州市第一人民医院

党总支书记、院长　杨　铭
副院长　陈晓育　裴德新　高文胜
工会主席　罗文正
纪检组长　邓阳春
院长助理　周　振
总会计师　汤怀宇

永州火车站

站长　卢锦华
总支书记　赵建国
工会主席　杨少华
运输副站长　陈志华
安全副站长　陈满国
总支副书记　何　剑

湖南机场股份有限公司永州零陵机场分公司

总经理　焦祖文
党委书记　贾阳发

党委副书记 纪委书记　郑海斌

副总经理 工会主席　周云龙

驻永州军事单位

武警永州市支队

支队长　黄炜铭

政治委员　刘小龙

副支队长　邓曦　刘大旺

副政治委员　胡家平

参谋长　罗翼

政治工作处主任　吴丹

保障处处长　谭祖宋

市公安消防支队

支队长　吴朝亮

政治委员　张健

副支队长　严江海　胡志刚

副政治委员　黄孝阳

参谋长　何昆哲

政治处主任　贺颖

后勤处处长　甘剑

防火监督处处长　李少波

六大战役

Six Major Battles

脱贫攻坚战役

【概述】 2017年，永州市有5个扶贫开发工作重点县，其中，新田县、江华瑶族自治县是国家级扶贫县，宁远县、双牌县、江永县是省级扶贫县。全市建档立卡贫困村774个、贫困人口69.4万人。2014年—2017年，全市减少贫困人口50.1万人，贫困村脱贫出列475个，贫困发生率从13.5%下降至3.3%。截至2017年年末，全市还有未脱贫人口19.3万人，未出列贫困村299个，其中，深度贫困村37个，建档立卡贫困人口6249户、23656人。年内，全市坚持以脱贫攻坚统揽经济社会发展，把脱贫攻坚战役作为“六大战役”之首，全市减贫17.52万人，贫困村出列349个，宁远、双牌、江永3个省扶县接受省级脱贫摘帽验收和第三方评估。

在全省率先出台“1+X+部门”的精准扶贫政策文件体系，明确脱贫攻坚的路线图、时间表和责任人，实行挂图作战。成立由市委书记任指挥长的脱贫攻坚战役指挥部，市委常委会20次、市政府常务会议11次专题研究脱贫攻坚工作，市扶贫开发领导小组召开8次协调会议研究具体工作，召开4次万人大会专题安排部署，把脱贫攻坚作为全市绩效考核和干部执行力考核的重要内容。严格落实攻坚期内贫困县党政正职稳定的要求，市、县、乡、村层层签订责任书。

2017年2月9日，中共永州市委经济工作会议暨六大战役动员大会

坚持因户施策、靶向治疗，推进“五个一批”政策措施精准落地。发展生产和就业脱贫一批，坚持“四跟四走”，建立紧密的利益联结机制，引进温氏集团等全国农业龙头企业，通过发展特色种养业、农村电商、乡村文化旅游等产业，带动23万贫困人口参与产业发展；实施劳务协作脱贫和“一户一产业工人”工程，完成贫困劳动力转移就业12898人、贫困对象技能培训13290人，均超额完成省下达任务。易地扶贫搬迁脱贫一批，开工易地扶贫搬迁项目84个，建设住房14713套，安置建档立卡贫困人口14936户、56541人，住房开工率、建成率、搬迁精准率均达到100%，总体工作情况排全省前列。严格执行“三最”原则，农村危房改造全部实行村级评议、三级公示，开工农村危房改造26927户，开工率116.6%；竣工26307户，竣工率113.9%。生态补偿脱贫一批，发展油茶、速丰林、珍稀树种、中药材、花卉苗木等经济林基地0.6万公顷。按照“县管、乡建、站聘、村用”和突出重点的原则，按程序新增524名建档立卡贫困人口为生态护林员，人均护林工资达到1万元，均通过一卡通发放到人。发展教育脱贫一批，实施学生精准资助八大工程，落实“一提高、两降低、三全面、四保障、六倾斜、八免费”政策，全市义务教育年巩固率99.86%，贫困学生义务教育完成率100%。扩大助学资助政策覆盖面，实现建档立卡家庭子女不同学段全覆盖，做到“应助尽助”。在社会保障兜底一批上，全面落实“三提高、两补贴、一减免、一兜底”健康扶贫综合保障政策，推行贫困人口患者住院先诊疗后付费“一站式”综合服务，建档立卡贫困人口居民医保参合率100%。农村贫困人口住院费用基本医疗报销比例提高10%、大病保险补偿起付线降低50%，全市4类9种大病救治率98.98%，大病住院医疗费用总报销比例95.46%，在全省排名靠前。全市农村建档立卡贫困人口享受大病保险降低起付线7955人次，报销金额4057万元；享受基本医疗报销比例提高124623人次，报销金额3.92亿元；4类9种大病医疗救助3.86万人次、8967万元，人均救助水平2325元。对特困对象全额资助参保、兜底对象按50%资助参保、城乡低保对象按不低于30%资助参保，建档立卡贫困人口参保全部得到财政资助。对患9种大病农

村贫困人口实际医疗费用，经由基本医疗保险等各类保险以及医疗救助基金等渠道支付后，其个人自负部分由定点医院给予50%的减免，报销减免后仍有困难的，实行政府兜底。医疗救助方面，对特困人员、社会保障兜底脱贫对象患病住院的，经医保报销后的自负费用按不低于70%的比例救助，封顶线不低于5000元。实施重特大疾病医疗救助，低保对象与非低保贫困人口救助比例分别达到70%、50%，农村贫困人口家庭医生签约服务率达到100%。利用中国社会扶贫网信息平台，发起“医疗众筹”项目，计划帮扶贫困患者6000位，帮扶资金3600万元，第一期帮扶建档立卡贫困户中的弱视儿童和白内障患者600位，帮扶资金296万元。开展兜底脱贫对象认定清理整顿，全市清退不符合条件对象28.9万人，新增符合条件对象1.4万人，净退27.8万人，农村低保标准提高到3036元/年，全面实现低保、扶贫“两线合一”。

坚持问题导向，按照“学（政策）、下（基层）、查（问题）、断（原因）、改（抓整改）、问（问责追责）”的六字诀思路，集中全力抓实脱贫攻坚突出问题集中整改，中央和省督查考核指出的102个问题、市查摆梳理的10大类问题以及县区自查出来的问题全部整改销号，并建立扶贫监督机制、驻村帮扶手机APP管理等一些长效机制。严肃查处驻村帮扶干部“走读帮扶”“挂名结对”等行为，对贫困人口较多、脱贫任务较重的非贫困村派驻工作队或明确县直以上单位帮扶，结对帮扶责任人8.1万人，帮扶对象19.1万户。实行每月督查调度、排名约谈，开展集中约谈4批次，约谈县区党政主要负责人8人次、分管领导8人次、市派驻村帮扶后盾单位主要负责人7人次。探索“互联网+监督”的监管机制，建立扶贫资金在线监管系统，对易地扶贫搬迁、危房改造、安全饮水、交通水利等扶贫建设项目的立项、申报、审核及资金拨付等环节进行全程跟踪、在线监管，所有扶贫项目严格实行公告公示制，做到招投标过程公开、公平、公正。强化脱贫攻坚执纪问责，出台《永州市脱贫攻坚督查巡查办法》《关于进一步严明脱贫攻坚工作纪律的通知》《关于进一步深化扶贫领域监督执纪问责工作强化脱贫攻坚纪律保障的意见》。启动扶贫领域专项巡查，以国务院扶贫办和省交办问题为重点线索，围绕政策落实、资金管理、精准识别等方面的突出问题和“雁过拔毛”式腐败现象，开展为期两个月的专项巡查、集中整治。

开展精准识别对象清理，排查清理“四类对象”57207人、纳入“五类人员”28187人，清理脱贫不规范6292户、12901人，纠正建档立卡信息系统问题数据41万条，信息系统数据清理成果排全省第三位。开展“三走访三签字”和“万名干部下基层”活动，全市各级党政领导、结对帮扶责任人、驻村工作队深入贫困村、贫困户细查政策落实情况，听取群众意见和建议，在贫困一线化解群众信访举报。市、县分别设立扶贫举报电话，组建涉贫信访问题处置专抓班子，设立扶贫信访举报台账，明确专人负责、办结时限，建立跟踪回访机制和纪检、信访、扶贫等部门信息共享机制，全市涉贫信访案件全部核查办复到位。加大政策入户宣传力度，通过报纸、电视、微信等传统媒体和新媒体发布10余万条政策信息，发放脱贫攻坚手册、政策告知书和年历挂图20余万份，举办宣讲会1000余场。

整合涉农资金16.1亿元，推进贫困村基础设施和基本公共服务设施三年提升工程，解决409个贫困村、23.46万贫困人口的饮水问题，完成271个贫困村农网改造。完成农村公路提质改造2084.1千米（其中，提前实施自然村通水泥、沥青路820千米），完成重要县乡道（旅游资源产业路）217千米、农村公路安保工程1336.4千米、危桥改造93座、招呼站400个，实现100%贫困村通硬化路面、通客班车。加大农村通信网络建设，光纤升级改造行政村661个，新建通讯基站205个，贫困村通宽带率75%以上，基本实现4G信号全覆盖。推进基本公共服务建设，落实文体惠民政策，完成177个乡镇文化站建设，贫困县村级综合文化服务中心健身设施覆盖率达到70%以上，贫困村农家书屋图书补充更新全覆盖，贫困村农村广播全覆盖、收看数字电视节目全覆盖，中央广播电视节目无线数字有效覆盖率90%以上。加快推进基层医疗卫生服务体系建设，完成37个标准乡镇卫生院、950个标准化村卫生室建设。建成12396科技信息服务站22个，各县区均组建科技专家服务团，科技服务覆盖417个贫困村，开展技术推广指导793次、科技培训260次。

【“四跟四走”产业扶贫】 2017

年，永州市坚持“四跟四走”思路推进产业扶贫，做大做强粮油、经作、畜牧水产、乡村旅游、农村电商等产业，打造产业扶贫“永州模式”，培育出一批特色主导产业，探索出一系列新模式，催生出一些新兴业态，初步形成“一县一特、区域联动”扶贫产业发展格局。以江华、零陵等9县区为基地的温氏养殖扶贫模式不断壮大，完成投资10.17亿元，实现年出栏生猪67万头。江华瑶族自治县创造的“产业+金融+兜底”模式在全国推广，通过与温氏集团合作发展年出栏20万头生猪养殖项目，实现1.72万兜底贫困人口“零负担、纯收益”。与新型农业经营主体建立持续稳定增收利益联结关系的贫困人口53.8万人，占全市贫困人口总数的77.5%；建档立卡贫困户参加新型职业农民培训工程16.7万户，占贫困户总户数的87.4%，全市注册成立种养专业合作社4092家，覆盖贫困村679个，占全市贫困村总数的88%；143家龙头企业在村建设产业基地面积3.77万公顷，覆盖贫困村498个，覆盖率64%。策划、发布农业产业扶贫众筹项目20余个，其中永州“潇湘之源”富硒有机茶产业扶贫项目众筹资金50.4万元。光伏、电商、旅游等新兴扶贫产业迅猛发展，建成并网光伏电站557个、32兆瓦，数量及规模排全省第一位。建成县级电子商务运营中心19个，电商网点2100个，其中贫困村电商网点610个，贫困户开设网店391家，3.5万贫困人口从事电商行业，2.2万贫困人口通过电商产业脱贫，新田县入选全国电子商务进农村示范县。实施旅游升温战役，乡村旅游接待游客1773.42万人次，实现旅游综合收入80.23亿元，带动投入旅游产业扶贫发展资金44.1亿元，完成62个贫困村旅游扶贫规划编制，辐射带动贫困人口就业3.07万人，人均增收1940元。宁远县入选全省旅游扶贫示范县，江永县、宁远县下灌村、新田县龙家大院及江永县勾蓝瑶寨旅游扶贫经验在全省旅游扶贫推进大会上推介，“相约永州·祈福九嶷”2017年湖南省冬季乡村旅游节在宁远县下灌村举办，当天吸引游客2万余名。

【金融扶贫】 2017年，永州市把金融扶贫作为产业扶贫的重要支撑，促进产业扶贫与金融扶贫深度整合、共同发力。率先在全省启动扶贫小额信贷规范化管理试点，累计发放扶贫小额信贷28.38亿元，其中2017年新增发放扶贫小额信贷7.69亿元，完成省下达计划的160%，连续2年排全省第一位。建立健全扶贫小额信贷风险补偿机制，累计到位风险补偿金3.38亿元。采取“政府统保”“政府+个人”“政府+社会”三种模式，率先在全省全面推开扶贫“特惠保”套餐，实现贫困人口“应保尽保”。推进贫困村金融服务体系建设，已挂牌774家金融服务站，实现全市贫困村全覆盖，比原计划时间提前一年半，覆盖贫困人口6.8万户、24.46万人，发放贷款近4万笔、18.94亿元。完成金融扶贫服务站、助农取款服务点、农村电商服务点“三站融合”62个，完成年度计划的193%。

【党建促脱贫】 2017年，永州市强化党建引领，加强贫困村党组织建设，整顿软弱涣散贫困村党组织65个，选派976名优秀党员干部到村任“第一书记”，选派284名专职党组织书记到村任职，实现贫困村“第一书记”和党组织书记专职化全覆盖。在全国率先创建“农业部管理干部学院（中共农业部党校）实践教研基地”，采取“农民点单、财政买单”的方式，突出“党建+产业技术扶贫”主题，5年内将免费培训5万人次农村党员和青年农民，全年培训1万余人次，受训后有1365人发展产业，2860人扩大产业规模，带动周边群众3万余人脱贫。10月10日，全省抓党建促脱贫攻坚工作经验交流座谈会在永州市召开。

【教育扶贫】 2017年，永州市着力改善办学条件，建设义务教育标准化教学点177所，建设为民办实事农村公办幼儿园24所。持续加强贫困地区师资队伍建设，率先启动农村教学点定向培养计划，选送公费师范生1021人，增幅排全省第一位。加大对贫困乡村教师的扶持，给予200元~500元/月的补助，边远地区给予最高达1000元/月的生活补贴，在职称评定、骨干教师评选上给予倾斜，对任教满30年的贫困乡村教师，不受岗位职数限制参评，拿出30%的名额面向乡村中小学教师评选骨干教师。在贫困学生资助上做好“加法”，投入5800余万元，优先对建档立卡家庭贫困学生实行全覆盖、无遗漏，对所有学段贫困学生扩大1%~5%资助面。建立家庭经济困难学生信息平台，确保资助政策到户到人、精准落地，落实国家教育资助学生53.3万人次，发放助学金3.8

亿元，为全市824名贫困大学新生发放52.2万元的路费资助，为18036人次办理生源地信用助学贷款，金额1.4亿元。5个贫困县全部纳入农村义务教育学生营养改善计划省级试点，15.9万人享受国家膳食补助。推行“两个率先”，减轻贫困学生就学负担做“减法”，率先发放教育扶贫惠民及减负政策明白卡，率先在全市学校设立互联网自助查询监督平台，全面推行教辅材料兜底，全市教辅材料征订总额裁减2/3，每学期总额减少1.02亿元。全面推行劝学“三帮一”工作机制，将控流保学与教师职称评审挂钩，与学校办学水平评估挂钩，与乡镇政府绩效考核挂钩，确保贫困户学生无一人辍学。8月4日，全省教育脱贫攻坚现场推进会在永州市召开，推介全市教育扶贫“两个率先”的做法。

【“三走访三签字”活动】 2017年5月，永州市按照“125、齐步走”的模式，在全省率先启动“三走访三签字”活动。市委书记、市长带头示范，走遍全市贫困人口集中的120个乡镇（贫困县4个贫困村以上的乡镇、面上县3个贫困村以上的乡镇），联县市级领导走遍所联系县区的所有乡镇，每个乡镇至少走访2个村，每个村至少走访5户。同时，市、县、乡三级联动，县区党政主要领导走访辖区内所有贫困村，乡镇党委书记、乡镇长走访辖区内所有贫困户。年内，市委书记走访乡镇87个、贫困村436个、贫困户2100余户；市长走访乡镇60个、贫困村300个、贫困户1500余户。各级党政领导走访全市所有乡镇、贫困村、贫困户。同时，组织开展“万名干部下基层”活动，动员组织1万名机关党员干部吃住在村，逐户查摆结对帮扶贫困户“两不愁、三保障”和“五个一批”政策落实情况。

【中国社会扶贫网试点创新推进】 2017年，永州市率先在全省整市推进“中国社会扶贫网”试点，按照一网统领、两线并行、三级联动、四员助力、五台同唱的“12345”工作思路，构建一张与网络媒介融合互动的社会扶贫立体网，线上注册与线下活动、扶贫与扶智两线同步并行，市、县、乡三级服务体系上下联动，“扶贫志愿者、扶贫服务专家、扶贫监督员、扶贫形象大使”四支队伍共同助力，发起“医疗、教育、危改、产业、德智”五个爱心众筹平台，走出一条“互联网+”社会扶贫的新路子。截至2017年年末，全市社会扶贫网注册爱心人士276518人、贫困户198424人，发起贫困需求352993起，对接成功率66%，网上贫困人口注册数、爱心人士注册数、爱心捐赠数以及帮扶对接成功率排全国第一位。开展“我想有个家”危改众筹项目，众筹贫困户危房改造资金1160万元，帮扶2000余贫困户危房改造。实施“万企帮万村”工程，引导“小微企业”进贫困村创办“扶贫车间”，通过产业、就业、公益捐助等方式“村企共建”，154家民营企业参与村企共建，投入建设资金5.44亿元，帮扶230个贫困村、6.1万贫困人口，扶贫项目330个。年内，全国“互联网+”社会扶贫现场会、全省中国社会扶贫网上线工作培训班暨小微企业进村现场会均在永州市召开，永州社会扶贫经验在全国“互联网+”精准社会扶贫论坛、全国电商精准扶贫现场会上推介。

城镇提质战役

【概述】 2017年，中共永州市委、市人民政府提出打好“六大战役”目标，“城镇提质”战役被摆在首要位置。围绕“城镇提质”战役的安排部署，实施中心城区“三年提质扩容”战略，统筹规划、协同推进，城乡面貌产生很大改观，全市城镇化率47%。

【城乡规划体系构建】 2017年，永州市加快推进城乡规划与国民经济和社会发展规划、土地利用规划、生态环境保护规划、专业规划“多规合一”进程。市、县两级土地利用总体规划（2016—2020年）调整完善工作完成。城乡规划编制和批后管理实现全覆盖；中心城区总体规划局部修改方案、21个专项规划、18大片区控规成果以及近期建设规划初步方案出台；《永州市历史文化名城保护条例（草案）》完成报批；高溪市、蔡市等卫星镇规划加快编制；各县总规、控规、专项规划，以及乡镇、村庄规划有序推进；《城市设计导则》和《美丽乡村建设导则》启动编制。

【城镇提质项目建设】 2017年，永州市制订出台《永州市城镇提质战役三年行动计划工作方案》和《2017年城镇提质战役重点项目任务书》。全市城镇提质战役谋划实施重点项目246个，总投资1295.9亿元，年度计划完成投资406亿元。其中市本级项目69个，总投资491.8亿元，年度计划完成投资137.2亿元，比2016年增长37.4%；年度投资1亿元以上项目50个，占总数的72.4%。截至2017年年末，市级项目开工46个，完成投资149.77亿元，占全年计划任务的109%。“两中心”、永州大道地下综合管廊、幼师高专、滨江新城路网、城南大道及城南大桥工程，翠竹东路等一大批投资大的重点项目进展较快。

【工程建设品质】 2017年，永州市引进中建五局、中铁十七局、北京建工、湖南建工、光大国际、万达集团、北控水务等一批高水平企业参与投资建设，推动品质提升。全市获省“芙蓉奖”建设工程3个，创建省级优质工程11个，省工程质量常见问题专项治理示范观摩工程2个，省绿色示范工地1个，省建筑工程施工质量标准化示范工地28个。新增商品房供应面积平稳增长，商品房成交面积创历史新高，房价基本平稳，房地产开发投资回升。新建商品房销售面积593.83万平方米，比2016年增长57.34%。新建商品房住宅均价3514元/平方米，比2016年增长3.14%。一批PPP项目落地，中心城区就有永州大道综合管廊、湘江西岸片区道路及风光带建设、永州幼儿师范高等专科学校、棚户区改造河东片区和河西片区安置小区等9个PPP项目落地。

【城镇创建活动】 2017年，永州市国卫管理巩固提升，3月通过省爱卫办专家暗访评审，9月基本通过国家卫生城市第一次复审和国家专家组暗访，11月通过省级专家组验收，11月30日被上报全国爱卫办接受重新命名；宁远县、东安县创建为国家卫生县城；中心城区劝导制止、查处违规燃放行为1134起，经历春节、元宵、清明、中元节等重要节点的检验，违规燃放行为杜绝；公园广场噪声扰民治理成效明显。创园工作扎实推进，在108个建设项目中，东山公园等38个项目完成，张飞公园、珊瑚公园等40个项目开工；中心城区育才路提质改造完成，35条道路绿化提质改造除12条道路需进行地下管网建设施工外，其余23条道路均完成绿化提质；江华瑶族自治县创建为国家园林县城，东安县、新田县通过省级园林县城验收。亮化美化提档升级，潇湘大道、新火车站区域、河东等重点地段楼宇景观的提档升级工作完成。特色小镇建设加快，制订《永州市美丽乡镇、特色小镇、集镇示范培育建设的实施意见》，宁远县湾井镇入选国家特色小镇、国家美丽宜居小镇和省级美丽乡镇示范乡镇，实现零的突破；双牌县茶林镇、祁阳县潘市镇入选湖南省美丽乡镇示范乡镇；双牌县理家坪乡坦田村入选国家人居环境整治示范村。

【项目建设保障】 2017年，永州市加大用地报批力度，在省下达全市土地利用计划645公顷的基础上，追加指标232公顷，其中市本级120公顷，市本级追加指标在全省排第一位。全市获批准建设用地项目119个，面积973公顷，其中市本级28个，面积285公顷。组织开展中心城区征拆大会战，冷水滩区征收土地466.67公顷、房屋5000多户90多万平方米，拆除违法建筑50.2万平方米。拓宽合作基金、中期票据、短期融资券、专项收益债、企业债券、金融租赁业务、直接融资、资产证券化等融资渠道，加强银企、政企对接，筹措建设资金。截至2017年年末，市级两大平台公司——市城市建设投资发展有限责任公司、市经济建设投资发展集团有限责任公司融资分别到位80亿元、28.08亿元。

【民生实事工程】 2017年，永州市保障性住房建设任务按期完成，开工城市棚户区保障性住房4.34万套，开工率100%；完成投资210亿元，其中中央、省补助资金21亿元；全市154个保障性住房问题中148个基本达到整改要求；腾退保障房1068套，新增分配保障性住房入住1.96万套，累计分配保障性住房入住7.44万套；为9531户住房困难家庭发放租赁补贴1378万元；棚户区改造货币化安置率83.3%，完成省里下达任务。农村危改超额完成，开工2.69万户，开工率116.6%，竣工2.63万户，竣工率113.9%。开展中心城区安置小区建设“百日大会战”，冷水滩中心城区19个安置小区建成6个，其中将军岭、曲河、巴州、万商红、文昌阁等大型安置小区建设步伐较快。中心城区先后为19所中小学校办理规划有关手续，全部建成后可新增学位3.2万个；标准化改造农贸市场14个，新建农贸市场6个；加快推进快速公交BRT建设等，推动城市功能完善。

【生态环境整治】 2017年，永

州市环境治理成效显著，中央环保督察涉及城管领域的16个湘江排污口全部截流；中心城区17处黑臭水体完成整治13处，占总任务的76.4%，提前超额完成省定60%的任务。宋家洲整治取得突破，宋家洲房屋非（合）法性认定全面完成，连续组织13批次的拆违行动，签约239户、5.29万平方米，征收房屋174幢、7万余平方米，闲置土地收回进入行政诉讼阶段。一批历史遗留问题得到化解，通过调查研究，分析成因，坚持情、理、法合理互补，分别制订解决方案，西区部分购地户、外贸公司拆迁户安置等问题得到化解。

旅游升温战役

【概述】 2017年，永州市围绕打好“旅游升温战役”和创建国家全域旅游示范市的战略目标，在加快重点项目建设、实施招商引资、推进品牌创建、扩大市场影响力等方面精准发力，取得显著成绩，各项指标稳步增长。全年全市接待国内外游客4983.75万人次，增长17.67%；实现旅游综合收入406.70亿元，增长78.24%，旅游综合收入增幅排全省第一位。

【旅游发展路径】 2017年8月，永州市召开创建国家全域旅游示范市动员大会暨旅游升温战役推进会，出台《永州市“旅游升温战役”实施方案》《永州市创建国家全域旅游示范市实施方案》，启动国家全域旅游示范市创建工作。邀请全国知名旅游团队和专家对全市旅游产业进行战略策划咨询，制定全域旅游总体规划编制方案，采取整体创建、分步实施、市县联动的方法，以市为单位整体创建，力争到2021年创建为国家全域旅游示范市。永州全域旅游的相关做法引起省委、省政府关注，省委办公厅在《工作情况交流》上刊登专题文章，宣传推介永州推进全域旅游发展的经验。

【“古城名山”建设】 2017年，永州市旅游升温战役开工在建项目63个，完成投资107.41亿元，完成全年计划的125%。其中，零陵古城项目完成投资11.8亿元，景区路网建设如期完工，完成仿古街建筑面积7万平方米，展示接待中心对外开放。此外，东山景区开园，柳宗元文化旅游区全面提质扩容，“永州八记遗址”国保申报编制工作初步完成。宁远县九嶷山景区完成投资1.18亿元，完成景区游客服务中心主体工程和生态停车场建设，旅游公路正在加紧施工，民俗村至舜帝陵停车场的道路接通，景区AAA级厕所建成使用，景区基础配套设施体系的提质改造基本完成，创国家AAAAA级旅游景区工作步入景观评定阶段，等待国家旅游局审核验收。

【实施旅游投融资行动计划】 2017年，永州市起草“市文化旅游投资公司”组建方案，力争尽早建成全市性的文旅项目投融资平台。因2017年国家出台相关金融政策，此项工作暂缓推进。制作《永州市重点旅游项目招商指南》，主动对接港洽周，利用广东省自驾游协会成立十周年庆典和广东省湖南永州商会十周年庆典等活动，加大旅游项目的宣传推介和招商引资力度。同时，邀请华侨城、北青旅、中青旅、东方园林等文旅上市公司到永州调研考察。截至2017年年末，“永州华侨城卡乐文化旅游科技产业园”签约；东方园林分别与零陵、东安、道县等县区签订旅游合作战略框架协议。全年签订旅游招商项目21个，签约资金220.8亿元。其中，“港洽周”签约旅游招商引资项目10个，总投资189.15亿元；永州市政银企合作洽谈会暨金融支持“六大战役”项目对接会签订旅游升温项目11个，贷款金额31.65亿元。同时，开展向上跑项争资工作，向上申请文化旅游重点县专项资金、省级乡村旅游发展资金、大湘西开发资金、旅游公共设施洪灾毁损修复专项补助资金、旅游厕所建设等7个项目、资金8269.6万元，增长12%。

【旅游市场营销活动】 2017年，永州实行市县联动、整体营销策略，主打文化旅游特色牌，不断提升永州旅游的知名度和美誉度。在2017年度全省旅游微博影响力排名评选中，永州旅游排第三位，被评为全省十佳旅游微信、微博平台。在游客接待人次上排全省第七位，旅游综合收入增幅排全省第一位，首次进入全省先进行列。3月30日，与桂林市人民政府联合举办“千车万人游永州”活动，开辟湘桂城市圈全域旅游合作新路径；组团参加在郑州和深圳举办的湖南高铁旅游产品推介会，在惠州举办永州旅游专场推介会，结合海口、北京、重庆等地航线的开通，开展一系列的宣传推介活动。与桂林市旅发委、广东省自驾游协会分别签订旅游合作战略协议，加强与重点客源市场的信息互通、客源互送。推进全市A级景区市民免票政策，鼓励永州人游永州。4月，面向全国开展“永州旅游形象宣传广告语”公开征集活动，创响“锦绣潇湘、美在永州”旅游形象主题。8月，湖南卫视《我们来了Ⅱ》在江永县、道县、江华瑶族自治县等地踩景录制，播出后永州旅游引发全国关注和市场热捧。先后举办第11届阳明山“和”文化旅游节、周敦颐1000年诞辰纪念活动、2017永州首届旅游文化美食节暨永州金牌源味名菜评选活动、2017“东安鸡”美食文化旅游日活动、“永州之野”零陵首届乡村旅游文化节、金洞森林音乐节、回龙圩柑橘文化旅游节、中国优秀旅游电视节目颁奖仪式、江华盘王节，承办2017年湖南省冬季乡村旅游节等30多场重大节庆活动，做到“月月有活动，周周有话题”。

【旅游产业基础】 2017年，永州市重点加强旅游交通、游客集散中心、自驾车营地、星级旅游饭店等基础设施配套建设和开发。东安县开通“东安号”旅游专列，连接桂粤港澳重点客源市场；道贺高速回龙圩以南段实现通车；东安舜皇山至大庙口二级公路开工建设；零陵人何公路复线完成前期准备工作并动工建设。市游客集散中心完成规划选址等前期工作。祁阳香湖湾度假村建设加快，湖心岛及周边别墅建设全部完成并对外营业。星级酒店陆续开工建设，东安星享酒店建成开业，江永千源大酒店主体工程完工，江华码市星级宾馆完成外部装修，华天城五星级宾馆主体工程开工在建。推动景区提质扩容，强化旅游品牌创建。新增国家AAA级旅游景区6个；新创五星级乡村旅游区点5个；建成省级美丽乡村5个。九嶷山舜帝陵风景区入选国家级风景名胜区。东安县、宁远县、江永县加快推进国家全域旅游示范区创建工作，江永全域旅游景区提质改造项目被列入全国优选旅游项目名录。双牌“国际慢城”总体规划全部完成，慢城花海、风景道、停车场等基础设施建设全面启动。推进“旅游+”融合发展，发展旅游+林业，金洞猛江河国家湿地公园被评为“全国森林康养基地试点单位”；金洞、阳明山国家森林公园被列为全省森林康养基地；永州市获评全国森林旅游示范市。创新实施旅游+文化，“永州国际艺术综合体”文创项目申报立项工作持续推进；零陵柳子小镇被列为全省第三批湖湘风情文化旅游小镇创建单位。推进农旅融合，10个旅游特色小镇和10个乡村旅游示范点建设稳步推进，如期完成年度投资计划；江永旭日升现代休闲农业园获批为2017年度“湖南省休闲农业示范点”。旅游扶贫工作持续推进，投入旅游产业扶贫发展资金25.1亿元，辐射带动就业3.07万人，促进贫困人口年人均增收1940元，帮助18个乡村旅游扶贫重点村实现脱贫，涌现出宁远下灌村等4个全省旅游扶贫典型。加大旅游教育培训力度，在中国人民大学举办全市“全域旅游+执行力”培训班，全市80名市县分管旅游工作的领导和旅游工作者参加培训；举办宣传贯彻《湖南省实施〈旅游法〉办法》暨旅游安全生产培训班、全市旅游景区建设管理培训班；组织全市243名旅游饭店从业人员参加省旅游饭店协会举办的“送教上门大讲堂”活动；选派旅游扶贫重点村24名经营者参加国家级乡村旅游培训班；组织23名村官参加大湘西地区乡村旅游信息化建设与市场营销培训班；组织26名四星级以上乡村旅游区点经营者参加农业技能和乡村旅游创意融合发展培训班。

交通提速战役

【概述】 2017年，永州市交通提速战役以打造“区域性综合交通枢纽城市”和“对内大循环、对外大通畅”为目标，以项目规划建设为抓手，交通提速战役取得较好成效。全年实施项目63个，其中新建39个、续建24个，计划完成投资91.63亿元，实际完成投资107.26亿元，占年度计划投资的117.1%，开工率98.4%；市级重点项目14个，其中新建8个，续建6个，计划完成投资39.11亿元，实际完成投资37.96亿元，占年度计划投资的97.1%。

铁路重大前期项目全力推进，湘桂铁路永州地区扩能改造工程（易家桥至永州三线工程、永州铁路北站新建、永州铁路北站货场、永州站改造）等4个项目工可报告获中铁总公司和湖南省人民政府的联合批复，市人民政府与广铁集团签约并于年底开工建设，呼（呼和浩特）南（南宁）高铁邵（邵阳）永（永州）客专、兴（兴安）永（永州）郴（郴州）赣（赣州）铁路、永（永州）贺（贺州）铁路均列入国家《中长期铁路网规划》，永（永州）清（清远）广（广州）

高铁列入泛珠三角“9+2”议题，中国铁路总公司、国家发展和改革委员会将“规划建设广州到清远高铁并预留向北延伸条件”列入《粤港澳大湾区城市群发展规划》；航空航线项目成效显著，永州至厦门航线于3月26日开通，永州至重庆航线于10月29日开通，永州至北京航线于11月10日首航，永州机场迁建选址获民航局批复；湘江千吨级航道改造项目进程加快，祁阳港、冷水滩港、零陵港等3个千吨级港口码头项目前期工作有序推进，进入初步设计阶段，并设法解决环评影响；高速公路项目取得良好进展，零陵至道县高速、永郴高速列入中长期规划，衡（衡阳）永（冷水滩）高速、冷水滩至零陵高速正在抓紧开展前期工作，协调加快永贺高速广西段建设进程，年底永贺高速广西段运营，永贺高速“断头路”全面打通；干线公路项目稳步推进，东安芦洪市至小江口公路一期、涔天河道路复建工程、国道207线零（零陵）双（双牌）一级公路、国道207线改建工程朝阳大道建成通车，省道355线江华分水岭至白芒营公路、国道322线祁阳绕城公路、省道231线祁阳木梓圩至金洞等项目基本建成通车。潇湘城市群五条道路提质改造工程全面开工，零（零陵）双（双牌）一级公路作为样板路工程建成通车。农村公路建设有序推进，完成农村公路改造1233千米，占年度考核目标的106.01%，完成投资8.62亿元，其中完成农村公路窄路加宽里程891.6千米，完成重要县乡道（旅游资源路）改造里程211.7千米，完成县乡路网硬化（边界断头路）里程129.8千米；完成农村公路安保设施建设1336.39千米，占年度考核目标的100%，完成投资1.95亿元。全市全年完成农村公路建设（含危桥改造、渡改桥）总投资11.8亿元。

【实施方案制定】 2017年，永州市坚持把交通提速战役放在突出位置优先谋划和推进。先后召开战役指挥部会议、指挥部办公室会议、战役动员大会，传达市委经济工作会议精神并对全市交通提速战役三年行动工作进行安排部署，明确战役目标、战役措施和战役重点。对全市铁路、公路、水运、航运等建设项目逐一进行调查登记和统计，制定《永州市交通提速战役实施方案》，建立《永州市交通提速战役2017年—2019年建设项目表》《永州市交通提速战役2017年建设项目表》《永州市交通提速战役三年行动2017年六大重点开工项目表》及《永州市交通提速战役2017年—2019年和2017年全市交通建设项目表》等台账。

【指挥体系构建】 2017年3月，永州市加强对交通提速战役工作的组织领导，成立以市人大常委会常务副主任、党组书记高建华为组长，市委常委、市人民政府常务副市长唐湘林为副组长，副市长严兴德为执行副组长，市人大常委会副主任周小驹、魏湘江，市政协副主席宋可福为副组长的市交通提速战役指挥部和工作机构，各县区相应成立组织指挥机构，明确指挥部领导成员职责分工并全面推行项目联系负责制，每个项目明确一名市（县）级领导带队、一个责任单位、一个责任科室、一名责任人负责联系和协调。潇湘城市群五条道路提质改造工程项目，每条路都设立市级领导为组长的协调领导小组。

【工作方法创新】 2017年，永州市推动六大重点项目开工，即铁路4个项目、衡道高速、潇湘城市群道路提质改造、农村公路、永州机场和BRT快速公交项目。通过六大重点项目建设，以点带面，促进和推动全市交通提速项目建设。同时，市交通运输局和市交通提速办把项目前期工作作为重点来抓，督促各县（区）业主单位抓紧时间对建设项目的各专项方案的报审报批工作，缩短前期工作周期，促进项目报批进程。市交通运输局会同市国土资源局对蓝山县、宁远县、新田县的项目规划用地工作进行调研，召开座谈会，破解用地难题。全市43个项目（含27个储备项目）均启动前期工作，绝大部分项目与工可审批的专项报告基本完成，部分项目初步设计通过专家审查。

园区升级战役

【概述】 2017年，永州市实施园区升级战役，抓住园区景区化、管理智能化、招商专业化、产业聚集化、服务精细化、创建品牌化“六化”工作重点，坚持项目为王，实行精准招商，做好企业服务，推动工业园区全面升级，园区经济保持稳定增长的良好态势，工业经济指标增幅名列全省第一方阵。

工业园区规模工业总产值1411.01亿元，增长18.9%；规模工业增加值380.46亿元，增长8%。道县集中区、蓝山经济开发区、东安经济开发区、零陵工业园规模工业总产值突破100亿元，全市百亿园区由5个增加到9个，其中祁阳经开区规模工业总产值首次突破200亿元；实缴税金19.37亿元，增长20%。新增入园5000万元以上的工业项目100个，新增竣工投产5000万元以上工业项目65个，其中东安红狮水泥、江华华讯电子、江永安登利电子、宁远汇盛鞋业、中信重工特种机器人、新田吉艺家具、祁阳鑫利生物、零陵精信源五金制品等项目都竣工投产。新增入统规模工业企业159家。

园区经济稳步增长。祁阳经济开发区总产值229亿元，是全市首个突破200亿元的园区。过百亿的永州经济技术开发区、冷水滩高科园、祁阳经济开发区、江华经济开发区、宁远工业园区分别完成总产值159亿元、155亿元、132亿元、118亿元。道县集中区、蓝山经济开发区、东安经济开发区、零陵工业园总产值突破100亿元，分别完成总产值106亿元、119亿元、116亿元、102亿元。全市百亿园区由5个增加到9个。全市园区实现规模工业增加值380.46亿元，增长8%。永州经济技术开发区申报国家级经开区的工作稳步推进。

基础设施建设成效显著。按照景区化的要求，增加基础设施投入，加大配套设施建设，对园区进行美化、绿化、亮化。全市园区完成基础设施投入108亿元，比2016年增长近三倍；新增标准厂房面积103万平方米。每个园区基本上都建成一条样板路；每个园区都建成一所学校，部分园区建有多所学校；大部分园区都配套建有一家综合性医院，江永、新田、蓝山等园区配套医院都在开工建设；各园区都开通至少一条公交线路；永州经济技术开发区、冷水滩区、道县按照环保部门要求基本建成污水集中处理设施，其他县区的污水集中处理设施建设正在按照环保部门的要求进行建设或整改。餐饮商贸、娱乐休闲等配套设施也正在建设中。全市重点升级的14个农业园区投入资金23.89亿元，多数重点升级园区扩展产业规模，完善基础设施配套，推进三产融合。

发展后劲不断增强。突出“项目为王”理念，加大协调服务力度，克服各种困难，重点项目扎实推进。全市新增入园投资5000万元以上项目达到100个，新增竣工投产5000万元以上工业项目65个，中信重工、东安红狮水泥、江华华讯电子、江永安登利电子、宁远汇盛鞋业、新田吉艺家具、祁阳鑫利生物、零陵精信源五金制品、江华贵德科技等项目都竣工投产。新增入统规模工业企业159家，超额完成全年目标任务。

招商引资成效明显。实行专业化招商，组建专业化招商队伍，制定出台新的招商引资优惠政策，围绕园区主导产业，开展“以商招商、产业链招商、精准招商”，按照国家产业政策导向和重点招商项目的区域布局，瞄准世界500强、国内100强企业和行业龙头企业招商。参加“港洽周”等大型招商活动，洽谈、签约一大批项目。其中，江华瑶族自治县、新田县重点对接引进新三板上市企业；道县利用协会、商会等第三方平台，围绕产业链实行专业招商；宁远、祁阳、东安等县区实行以商招商。投资较大的有祁阳传佳音、宁远远威鞋业、冷水滩远大筑工、蓝山湘江源皮具产业园、双牌德普瑞生物科技、江华贵德科技、威斯特机电等项目，永州经济技术开发区引进的中信重工特重机器人项目投产，三一重工风能项目签约，汉和无人机、德奥通航等大项目正在对接。全市完成农业招商引资项目18个，完成投资额6.08亿元。

园区环境不断优化。推行“母亲式”服务，不断提升服务精细化水平，所有园区都制定并公示服务企业承诺书，缓解企业、项目融资、用地、用工、审批等方面的困难和问题。对全市“园区升级战役”动员会上提出的“十项重点工作”和“十个突出问题”，各园区制定责任分解表，创新工作方式，实行每月督办调度机制，限时办结，制约园区发展的问题逐步得以解决。冷水滩区出台《冷水滩区精简审批程序提升行政效能八条操作办法》；新田县引进全市首家服务园区的第三方中介机构；宁远县突破性地将园区信息化平台建设与智慧宁远综合应用云平台进行对接，及时处理企业各种突发事件，为企业提供保姆式服务；零陵区推行服务优化清单式管理，实行问题销号制，解决20多家企业反映的问题48个；蓝山经开区率先实行项目并联审批制度和“35天办结制”，方便项目审批，助推企业加快发展；江华瑶族自治县实行全程代办，引进的产能10亿元的贵德光电产业园从签约到投产用时150天，创造“江华速度”，成为全省园区新样板。

农业园区全面加速。永州市委、市人民政府将农业园区建设同工业园区建设同安排、同部署、同考核，促进农业园区提质增效。实现总产值256.3亿元，修订农业园区规划150个。创建省级现代农业特色产业园16个，认定现代农业产业园市级示范园31个、现代农业产业园县级示范园97个，建有县级以上现代农业产业园的乡镇55个。

【园区升级战役动员会议】 2017年4月27日上午，永州市园区升级战役动员暨推进新型工业化工作会议在冷水滩区召开。会议由市委常委、市委统战部部长石艳萍主持，市委常委、市人民政府常务副市长唐湘林作园区升级战役动员报告，市委书记、市人大常委会主任李晖讲话，市领导罗建华、魏湘江、严兴德、刘鹏、李旦梅，市直相关单位负责人，县区（管理区、经开区、永州农科园）党委书记，县区分管工业、农业副县区长，县区科经委主任、农委主任等220余人出席会议。会议提出，在全市深入实施园区升级战役，是市委、市人民政府立足永州市情、科学研判发展大势作出的重大决策部署。

【“六大战役”重点项目建设暨“四个提升”流动现场推进会】 2017年7月26日—28日，永州市举行“六大战役”重点项目建设暨“四个提升”流动现场推进会，通过走一走、看一看、比一比的方式，重点检验各县区“六大战役”实施成效及“四个提升年”建设情况，互相学习好的经验和做法，研究查摆发展中存在的问题，确保完成全年目标任务。永州市委书记、市人大常委会主任李晖，市委副书记、市人民政府市长易佳良率队，全体在家市级领导，各县市区党政负责人，市直部门负责人等走进九县两区和永州经济技术开发区，在两天半的时间里，脚步遍及全市所有县市区，观摩考察项目36个。

环境整治战役

【概述】 2017年，永州市环境整治战役按照“构建和谐共生的生态环境、便捷高效的政务环境、安全稳定的社会环境”思路，为建设创新开放新高地、品质活力新永州创造良好发展环境，形成领导带头抓、层层抓落实的责任体系，建立严明高效、调度有力的督查推进体系，健全科学合理、市域统筹的目标考核体系，构建“市县联动、部门配合，全面铺开、合力攻坚，分块开战、齐头并进”的良好战役格局，生态、政务、社会三大块环境整治实现科学化、体系化、全域化。

【生态环境整治】 2017年，永州市以创建国家生态文明示范市为总目标，推进增绿、洁地、净水、治气四大工程，中央环保督察交办问题全面整改到位、信访件全部办结。在增绿工程中，全市完成人工造林1.88万公顷，占任务的104%；启动中心城区“六个绿色”创建，完成创国园项目27个，建成省级园林式单位（小区）21个；完成24个国有林场的碳汇规划基础数据资料上报；江华瑶族自治县获评全国第一批国家生态文明建设示范县；江永永明河创建为国家湿地试点公园；祁阳太白峰获批国家森林公园。在洁地工程中，道县、宁远县、祁阳县、蓝山县、冷水滩区、永州经济技术开发区等6县区农村垃圾处理整县（区）推进有序实施；完成402个村农村环境综合整治项目；宁远县成功纳入首批国家农村生活垃圾分类和资源化利用示范县名单；市中心城区垃圾焚烧发电于11月提前投入运行，项目投入2.6亿元，为计划投资的173.33%。在净水工程中，实施湘江保护和治理第二个“三年行动计划”；在全省率先推行“双河长制”，建立市、县、乡、村四级河长责任体系，实现全市所有河流、水库全覆盖；中心城区饮用水水源保护区内的16处排污口完成截污15处，中心城区黑臭水体治理完成率76.47%，超额完成省里下达的60%的指标；完成746个村农村污水治理任务；依法关闭或搬迁禁养区内畜禽规模养殖场93家，投入资金758.42万元；东安县突出养殖业污染整治，发起禁养区退养“雷霆行动”，使紫水流域269户养殖户在13天内全部退出禁养区，退养家畜4.5万头、家禽14万羽；全市湘江出境水质达到Ⅱ类以上水质，国家考核的3个断面达到Ⅱ类水质要求，城镇集中式饮用水源地水质达标率100%。在治气工程中，开展“水气同治”专项整治，淘汰燃煤小锅炉92台、204.8蒸吨，占任务的165%；中心城区规划区内的35家砖厂关停或拆除到位；淘汰黄标车8252辆，是全省第一个100%完成任务的市州；城市环境空气质量平均达标天数上升6.4%，中心城区空气优良率85.9%，全年环境空气质量排全省第三位。

【政务环境优化】 2017年，永州市围绕“办事最简、效率最高、收费最少、服务最好”的总要求，制定实施《关于构建便捷高效政务环境的若干意见》，被省政府列为“互联网+政务服务”唯一试点市，被国家网信办列为“党政机关网站云化迁移试点”市，创建“国家社会管理和公共服务标准化”试点全面推进，被评为全省政务公开先进单位。深化“放管服”改革方面，市政府部门再次精简行政权力44项，精简力度排全省第二位；企业登记由“五证合一”升级为“40证合一”，证件合并数量排全省第三位；创新推进项目“五集中”审批服务，实现项目快审批、早落地。智慧政务方面，在全省乃至全国率先建成六大基础政务数据库，在全省政务大数据高峰论坛上作为市州唯一单位作典型发言；江华瑶族自治县等9个县区198个试点村实现信息系统和“我的永州”APP上线试运行，初步构建市、县、乡、村四级联动网格化信息系统平台；智慧永州协调指挥中心、市综治中心、市联动处置指挥中心、市网格管理中心建成运营。政务服务方面，市政务中心各窗口简化审批环节63个，消减申报资料400项，审批得到提速。服务实体经济方面，着力营造“亲、清”政商关系，全市185家行业协会，按照“五分离、五规范”要求，全面完成脱钩任务；制定实施《规范对企业和重点项目检查行为的若干规定》，办理涉企检查备案8679件次，严格规范涉企收费、涉企处罚等行为，办结涉企投诉10件，帮助企业解决问题110多个。

【社会环境树立标杆】 2017年，永州市在全省公安机关年度民意调查中，以91.32分排全省第一位，取得历史最好成绩。治安防控体系建设经验在全省推广，投入2亿余元，新建公共安全视频监控探头9912个，占任务的198.24%。6月27日，全省社会治安防控体系建设现场推进会在永州市召开，向全省推介永州治安防控体系建设经验，省委常委、省委政法委书记黄关春出席并予以肯定；9月4日—5日，湖南省公安监管部门中共十九大安保动员会暨信息化建设现场推进会在永州召开；9月19日—20日召开的全国社会治安综合治理表彰大会对永州市网格化服务管理经验进行宣传推介，城乡社区网格化服务管理规范国家标准吸纳“永州经验”。严厉打击整治十类突出违法犯罪、十类突出治安问题，破获一批国、省字号重大案件，市公安局被评为全省十九大安保工作先进单位和全省“十大平安创建示范单位”。推进平安交通、平安校园、平安企业、安全生产示范园区、平安县区（乡镇）等创建，营造安全稳定的社会环境。

【重点项目推进】 2017年，永州市本级项目超额完成投资任务。7个市本级项目完成投资9.28亿元，占计划投资6.4亿元的145.06%。其中，提前完成和超额完成年度指标的有市生活垃圾焚烧发电、公共安全视频监控建设联网应用、潇水湘江市中心城市城区段生态治理及防洪工程和工业园污水管网工程。潇水、湘江水流域生态治理项目和市食品药品检验检测能力达标工程基本完成年度计划。县区项目进展顺利。截至2017年年末，县区43个项目累计完成投资33.74亿元，占计划投资的37.7亿元的89.5%。提前完成和超额完成年度指标的有冷水滩区农村生活垃圾收运系统等33个项目，进度较慢的项目有蓝山县舜水河综合治理及河堤改造等8个项目，已暂停的有新田县垃圾和生物发电等2个项目。

政治建设

Political Construction

中共永州市委员会

综　　述

2017年，中共永州市委落实中央、省委各项决策部署，实施“创新引领开放崛起”战略，克服经济下行压力，战胜历史罕见洪涝灾害，加快建设“创新开放新高地、品质活力新永州”，全市经济社会保持平稳健康发展。成功创建为国家历史文化名城、全国森林旅游示范市、长江以南第一个国家级出口食品农产品质量安全示范市等国字号品牌；“互联网+”社会扶贫开创“12345”模式，得到国务院扶贫办高度肯定；综治民调排全省第二位；获批全省“互联网+政务服务”平台建设唯一试点城市。

落实中央、省委各项决策部署。市委把迎接、学习、宣传、贯彻中共十九大作为贯穿全年工作的一条主线，先后组织开展“砥砺奋进的五年”“十九大理论时光”等理论学习研究，开展“抓重点、补短板、强弱项”主题活动，掀起学习宣传贯彻中共十九大精神的热潮。市委常委会以身作则，带头示范，引领全市党员干部学原文、悟原理，在学懂、弄通、做实上下功夫。特别是坚决贯彻习近平提出的“真脱贫、脱真贫”要求，集中全市力量推进精准扶贫，全市贫困发生率下降3个百分点，一些好的工作经验在全国推广。落实中央第六环保督察组反馈意见，中央环保督察组反馈的9个问题全部整改到位，交办的182件信访件全部办结。落实杜家毫、许达哲等40多位省领导考察调研永州时提出的工作要求，围绕贯彻“创新引领开放崛起”战略，推动“开放兴市、产业强市”工作部署。配合省脱贫攻坚督查工作，脱贫攻坚督查反馈交办的102个问题及查摆出来的10大类问题全部整改到位。

打造坚强有力领导集体。把党的政治建设摆在首位，学习领会习近平新时代中国特色社会主义思想，“四个意识”不断增强。推进“两学一做”学习教育常态化、制度化，谋划“不忘初心、牢记使命”主题教育，重视抓好理想信念教育，班子成员党性锻炼得到加强。严守政治纪律和政治规矩，重大问题及时请示报告，推动请示报告工作制度化、规范化、常态化，全年以市委名义向省委进行专题报告75期。围绕建设学习型领导班子的目标，发挥市委中心组学习的示范引领作用，综合运用个人学习、集体研讨、专题调研、“执行力+”培训等方式，不断完善学习制度，全年组织开展市委中心组学习11次。注重调查研究，班子成员每人认领重大调研课题。严格执行市委全会、市委常委会工作规则，严格遵循“集体领导、民主集中、个别酝酿、会议决定”原则，做到民主决策、科学决策、依法决策。

推动经济社会高质量发展。坚持把振兴实体经济作为经济发展的主抓手，按照高质量发展要求，推动经济转型发展、提质增效。主要经济指标全省排位进一步前移，增速稳居全省第一方阵。完成地区生产总值1728亿元，增长8.3%，增速排全省第七位；完成规模工业增加值380亿元，增长7.9%，增速排全省第三位；完成固定资产投资1866亿元，增长12.9%，增速排全省第12位；实现财政总收入169亿元，增长12.9%，增速排全省第四位；社会消费品零售总额653亿元，增长10.7%，增速排全省第五位；城乡居民人均可支配收入分别达到26110元、12660元，分别增长8.7%、8.4%。规模工业利润超过37亿元，增长17.9%；非税收入占地方财政收入比重的35%，比2016年下降5个百分点，财政收入质量明显提升；三次产业结构调整为19.3∶34.5∶46.2，三产融合发展稳步推进。转型升级步伐加快，高新技术产业增加值增长25%，占全部规模工业比重的55%，百亿产业发展到5个，万元地区生产总值能耗下降4%，科力尔成为全市首家在主板上市的民营企业。实施“五大开放行动”，开展“迎老乡、回故乡、建家乡”活动，进出口总额完成13.57亿美元，增长48.1%；实际利用外资突破10亿美元，内联引资265亿元，增长15%。成功引进中信重工、三一重能、贵德光电、传佳音科技等一批重大项目。

突出打好六大战役。“六大战役”全面实施，全市铺排重点项目660个，完成投资1189亿元。脱贫攻坚成效显著。围绕“一超过、两不愁、三保障”总目标，抓紧抓实“三率一度”。全年减贫17.52万人，贫困村出列349个，超出年初出列计划68个，全市贫困发生率下降3个百分点。双牌、宁远、江永3个省扶县实现脱贫摘帽。抓党建促脱贫攻坚、产业扶贫、金融扶贫、社会扶贫网试点、健康扶贫、教育扶贫、“三走访三签字”等多项工作走在全省乃至全国前列。中国社会扶贫网工作被中国社会扶贫网运营总部确定为全国“样板点”。全国“互联网+”社会扶贫工作现场推进会、产业扶贫现场观摩会和全省抓党建促脱贫攻坚工作经验交流座谈会、产业扶贫现场推进会、教育扶贫现场会、旅游扶贫现场推进会、“一户培养一产业工人”现场会先后在永州市召开。全市全面小康总体实现程度88.1%，同比提升4.5个百分点。城镇提质加速推进。以“五创五化”为重点，推进“城镇提质三年行动计划”，全年实施重点项目212个，完成投资367.3亿元。零（零陵）冷（冷水滩）两区一体化强力推进，滨江新城路网、棚户区改造等一批重点项目加速推进，宋家洲综合整治取得突破，城市功能配套不断完善，中心城区首位度和辐射力较快提升。县城和小城镇建设亮点纷呈，江华瑶族自治县成功创建为全省首个国家生态文明建设示范县。旅游升温氛围浓厚。围绕创建全域旅游示范市，实施重点项目63个，完成投资103.6亿元。举办纪念周敦颐诞辰1000周年、全国第四届草书展、第11届阳明山“和”文化旅游节等重大节庆活动。九嶷山舜帝陵入选国家级风景名胜区，全市“一心两核一带三板块”旅游联动格局加速形成。全年接待国内外游客3400万人次，增长18.5%；实现旅游总收入200亿元，增长22.7%，获评“全国森林旅游示范市”。交通提速来势喜人。全年实施重点项目63个，完成投资98亿元。潇湘城市群五条道路提质改造全面开工，永（永州）贺（贺州）高速全线贯通，湘（湖南）桂（广西）铁路永州地区扩能改造工程提前开工建设，经停永州高铁20对，零陵机场迁建获国家民航局正式批复，增加至北京、厦门、重庆航线。环境整治成效显现。全面启动国家生态文明示范市创建工作，实施增绿、洁地、净水、治气四大工程，推进湘江保护和治理第二个“三年行动计划”，在全省率先推行“双河长制”，生态环境更加优美。深化“放管服”改革，推行“政务公开负面清单”，推进重点项目“五集中”审批服务，行政审批服务提速70%。创新社会治理，加快智慧永州建设，加强立体化、信息化、动态化社会治安防控体系建设，建成全国最大的人脸识别应用基地和全省第一个公安大数据实战平台。保持打击各类违法犯罪活动的高压态势，连续3年被评为全省综治工作先进市，成功侦办处置“7·13”善心汇公司组织、领导的传销窝案。开展全市债务清理甄别工作，优化政府负债结构，坚决打击非法融资行为，有效防范金融风险。园区升级步伐加快。全市工业园区完成规模工业总产值1288.5亿元，增长19.8%；完成基础设施投入108亿元，增加标准厂房103万平方米。全市工业园区新入统规模工业企业120家，百亿园区增至7个，永州经济技术开发区申报国家级经开区通过相关部委审核，永州国家农科园创建国家现代农业产业园进展顺利。

突出抓好四个提升。民生实事建设成效明显。坚持教育优先、就业优先，推进医疗事业改革，强化住房保障，加快发展文体事业，全市民生支出占财政支出总额的72%，市定6284个民生微实事项目完成投资107.9亿元。全市居民人均可支配收入增长9%，居民收入增速“跑赢”地区生产总值增速，群众“获得感”显著增强。全面改革不断深化。以供给侧结构性改革为主线的各项改革深入推进，“三去一降一补”工作成效明显，简政放权、商事制度改革、农村综合改革、社会治理机制改革、纪检体制改革等多项改革走在全省前列。在全省率先完成农村土地确权登记，建成全省第一家确权信息应用平台。完成市县两级纪检派驻机构改革，实现派驻监督和巡察监督全覆盖，国家监察体制改革试点加快推进。基层党建持续发力。将2017年确定为“基层党建全面提升年”，以推进“两学一做”学习教育常态化制度化为主抓手，在全省率先开展“万名干部下基层、精准帮扶解难题”活动。市县乡三级党委书记建立党建联系点201个，新建（含改建）农村综合服务平台1939个。选优配强“两委”班子，全市3297个村（居）“两委”换届选举工作完成；全面推行农村党组织书记专职化，选派驻村帮扶工作队和“第一书记”，实现软弱涣散村、建档立卡贫困村全覆盖。创建“农业部管理干部学院实践教研基地”，培训农村党员和青年农民1万余人，得到中共中央组织部肯定。实施基层党支部“五化”建设，编写的《党员手册》《党支部工作手册》《乡镇（街道）党（工）委党建工作手册》由中央党校出版社面向全国公开出版发行。新建“两新”组织党组织590个，“两新”组织党组织覆盖率居全省前列。精准执行能力有效提升。完善执行力考核体系和考核方式，将广大干部引向经济建设主战场。出台《关于为敢于担当的干部担当、为敢于负责的干部负责的若干意见》，为1100余名干部正名。

推进依法治市。市委定期听取市人大常委会、市人民政府、市政协、市中级人民法院、市人民检察院党组工作汇报，坚决支持同级国家机关和其他组织依法依章程履行职能、开展工作、发挥作用。坚持和完善人民代表大会制度。贯彻落实杜家毫“四个坚持”指示精神，加强和改善党委对人大工作的领导。支持市人大及其常委会依法行使、充分用好人大立法、监督、重大事项决定、人事任免等各项职权，制定湖南省第一部关于公园广场管理的地方性法规——《永州市公园广场管理条例》，推动人大工作更加法治化、规范化发展。注重发挥协商民主作用。提出“一提高、两纳入、六个一”的工作要求，支持市政协围绕全市发展大局开展调研监督、积极建言献策，重大决策坚持协商于决策之前和决策实施之中。开展统一战线工作。贯彻落实中央、省委统战工作会议精神，深化市委常委与党外代表人士交朋友制度。加强对工会、共青团、妇联等人民团体的领导，支持群团组织履行职责、发挥作用。统筹加强民族、宗教、侨务、对台等工作。高度重视党管武装工作。坚决拥护支持投身国防和军队改革，军民融合发展步伐加快，支持军队和武警部队全面停止有偿服务工作。

落实管党治党责任。市委常委会严格贯彻落实中央八项规定精神、省委进一步贯彻落实中央八项规定精神的实施办法以及市委相关规定。改进文风会风，精简会议、文件，减少市委常委会的会议活动安排。严格遵守公务接待规定，带头厉行节约反对浪费。严格执行廉洁自律准则，落实领导干部报告个人有关事项制度和领导干部配偶、子女及其配偶经商行为的规定，注重家庭、家教、家风，常委会班子成员及其家属未出现任何违规违纪行为。坚决反对和纠正各种“四风”问题，重点向形式主义、官僚主义等不良习气“亮剑”，持续巩固拓展作风建设成果。全市查处“四风”问题线索2157个，处理处分2188人。支持纪委正风肃纪，坚持无禁区、零容忍、全覆盖惩治腐败，全年立案1528件、结案1269件、处分1341人，移送司法机关处理46人。开展“乡镇纪委在行动”专项活动，清理排查“雁过拔毛”式腐败问题线索7773个，追缴资金3301万元；清出违规参与涉矿等经营性活动公职人员1243人。成立市委意识形态工作领导小组，设立市县两级研判小组和7个联系点。出台《关于贯彻落实〈湖南省党委（党组）意识形态工作责任制实施细则〉的意见》，明确各级党委（党组）9个方面的“正面责任”和15个方面的“负面清单”。完成人大、政府、政协换届。探索创新干部队伍执行力考核体系，完成103个市管领导班子、1618名市管干部的年度考核和1072名考核对象2016年度执行力情况考核评估。在全省率先制定出台以推进人才发展体制机制改革为主要内容的“1+4”文件，引进博士、硕士研究生227名。

【永州获评全国森林旅游示范市】 2017年9月25日上午，2017年中国森林旅游节开幕式在上海举行，永州市获评2017“全国森林旅游示范市”称号，全国政协副主席罗富和、国家林业局副局长张永利、上海市副市长时光辉、国家林业局场圃总站站长杨超等授牌。全国110个地区参与2017“全国森林旅游示范市（县）”申报工作，经过专家组实地审核调研和终审，推选出44个在森林旅游发展中取得显著成绩和具有重要示范意义的地区，其中获得“全国森林旅游示范市”市级称号的有10个。截至2017年9月，全市有森林旅游地55个，其中国家级森林公园8个，国家级自然保护区4个，国家湿地公园8个，国有林场29个，省级森林公园4个和省级自然保护区2个。森林旅游地面积35.84万公顷，可游览面积28.61万公顷，辐射旅游面积89.66万公顷。2012年—2017年，全市森林旅游年接待游客617万人次，年收入9.6亿元，旅游从业人员有3.12万人，带动相关产值38.95亿元。其中国家级、省级森林公园年接待游客280万人次，旅游收入4.2亿元。

【永州社会治安综合治理工作获评两项“全国先进”】 2017年9月19日—20日，全国社会治安综合治理表彰大会在北京人民大会堂举行。永州市社会治安综合治理委员会办公室（简称市综治办）获评“全国社会治安综合治理先进集体”，永州市维稳办副主任盛金付获评“全国社会治安综合治理先进工作者”称号。永州市综治办是全省唯一获此殊荣的市（州）综治办，会议还对永州市网格化服务管理经验进行宣传推介。此次评选全国社会治安综合治理先进集体和先进工作者，由人力资源和社会保障部、中央综治委联合发文，对2013年—2016年度在全国社会治安综合治理领域作出突出贡献的先进集体和先进工作者进行表彰。永州市综治办着力推进城乡网格化建设、社会治安防控体系建设和流动人口服务管理，综治基础不断夯实，社会治理能力不断增强。坚持重心下移、力量下沉、服务下放，2/3的街道干部下沉社区，服务事项在社区办理，矛盾问题在网格解决。网格化服务管理规范国家标准吸纳“永州元素”。实施“雪亮工程”，确保每个村达到3个以上高清视频探头。建成警务大数据实战平台，建立完善寄递安检服务体系。开展乡镇平安指数发布，并在全省推广。创造流动人口创新管理模式，在外出务工人员相对集中的地方建立流动人口服务管理站，为务工群众提供维权、办证等服务，促进当地维稳，共建两地平安。盛金付是永州市维稳战线的一名尖兵。他注重源头防范，坚持组织开展矛盾纠纷大排查、大调处，交办督办或参与化解大量可能影响社会稳定的问题。他坚持靠前指挥，分领域、分类别组织制定工作预案，对突发性事件，始终做到第一时间组织调处、第一时间进行化解。在他的努力参与下，全市构建起市、县、乡三级联动的工作格局。

【周敦颐诞辰1000周年纪念系列活动】 2017年6月23日，周敦颐诞辰1000周年纪念系列活动在濂溪故里道县举办。该活动由中共永州市委、市人民政府主办，光明日报社、湖南日报社、红网联合主办，中共道县县委、道县人民政府具体承办。纪念活动以周敦颐诞辰1000周年纪念仪式、理学学术研讨会为主体，同时安排9项相关纪念活动。理学学术研讨会邀请120余名国内外濂溪理学研究专家学者和国际、国内孔子学院的儒学专家和海内外周子后裔代表，主要围绕入选的论文进行广泛交流。谢勇、向力力、魏永景、李晖、高建华、蒋善生为濂溪书院大门揭牌。各级领导、嘉宾代表分批次到濂溪祠暨濂溪书院正门处敬献花篮，瞻仰周敦颐风采。省直有关部门领导、濂溪理学研究专家学者、濂溪后裔代表等在现场观看纪念仪式。周敦颐，宋明理学开创者，1017年出生于湖南省永州市道县，世称濂溪先生，著有《爱莲说》《太极图说》《通书》等名作。其理学文化及其廉政思想，“上承孔孟，下启程朱”，对后来湖湘文化发展乃至整个东亚地区思想流变产生重要影响。周敦颐诞辰1000年庆典被上海社科院软实力研究中心评为影响中国社会的十大文化要事之一。同时，周敦颐故里被授予“最美三湘廉政教育基地”；道县被授予“中国理学文化之乡”。

重要决策

【实施“六大战役”】 2017年2月9日，中共永州市委经济工作会议暨“六大战役”动员大会在冷水滩区召开，会议提出实施“城镇提质、交通提速、园区升级、旅游升温、脱贫攻坚、环境治理”六大战役。即：一是打好城镇提质战役。抓好国家交通管理模范城市、全国文明城市提名城市、国家园林城市、国家旅游休闲示范城市、国家生态文明建设示范市“五创”，塑造城市品牌；着力推进城市绿化、城市美化、城市美化、城市序化、城市数字化等“五化”，改善城市面貌；注重统筹，推进城乡一体。二是打好交通提速战役。提升公路交通便捷程度，加快打造区域性铁路枢纽城市，联动发展内河、航空运输事业。三是打好园区升级战役。开展招商引资，推进产城融合，发展实体经济。四是打好旅游升温战役。突出顶层设计，高品质打造核心景区；突出市场主体，高层次引进战略投资者；突出特色营销，高水平彰显文化底蕴；突出补齐短板，高标准优化旅游环境。五是打好脱贫攻坚战役。“造好血”，推进产业扶贫；“搬好家”，加快易地扶贫搬迁；“用好钱”，推进金融扶贫。六是打好环境治理战役。着力构建和谐共生的生态环境、便捷高效的政务环境、安全稳定的社会环境。

【实施“开放兴市、产业强市”战略】 2017年12月15日，中国共产党永州市第五届委员会第四次全体会议审议通过《中共永州市委关于深入学习贯彻党的十九大精神·大力实施开放兴市产业强市战略的意见》。意见提出，实施开放兴市产业强市，努力建设品质活力新永州，必须坚持在党管经济中遵循经济规律；实施开放兴市产业强市，努力建设品质活力新永州，必须坚持在稳中求进中实现精明增长；实施开放兴市产业强市，努力建设品质活力新永州，必须坚持在扩大经济规模中推动高质量发展；实施开放兴市产业强市，努力建设品质活力新永州，必须坚持在抓重点补短板强弱项中突出发展产业；实施开放兴市产业强市，努力建设品质活力新永州，必须坚持在强化执行中突出创先争优；大力实施开放兴市产业强市，努力建设品质活力新永州，更要坚持深入推进民生事业发展。

重 要 会 议

2017 年 7 月 28 日，中国共产党永州市第五届委员会第三次全体会议

【中国共产党永州市第五届委员会第三次全体会议】 2017 年 7 月 28 日，中共永州市第五届委员会第三次全体会议在冷水滩区召开，总结上半年工作，安排下半年工作，部署推进创新引领开放崛起战略。全会审议通过《中共永州市委关于大力实施创新引领开放崛起战略的实施意见（草案）》（简称《意见（草案）》）。市委书记、市人大常委会主任李晖代表市委常委会讲话，市委副书记、市人民政府市长易佳良代表市委常委会向全会报告上半年全市经济社会发展情况及下半年经济工作安排。市委副书记、市委政法委书记张严向全会作关于《意见（草案）》的起草说明。高建华、蒋善生、唐湘林、石艳萍、唐能武、杨永、吴志雄、王守海、刘尤碧、罗建华等领导出席会议。出席全会的市委委员应到 50 人，实到 47 人；市委候补委员应到 10 人，实到 10 人，符合规定人数。不是市委委员、市委候补委员的在职市级领导、县区（管理区、经开区）政府主要负责人，市直和中央、省驻永有关单位主要负责人，市纪委委员，市党代表中的部分基层一线代表列席会议。

全会要求，全市各级各部门要统一思想、提高站位，全面贯彻落实省委十一届三次全会的决策部署，推动创新引领开放崛起战略与“六大战役”深度融合，在永州落地生根、开花结果。要抢抓创新开放的政策风口，迅速行动，勇立全省创新开放的潮头；要全面对接科技创新、产品创新、文化创新、制度创新“四大行动”，释放全社会创新潜能，找准突破口和着力点，在“特”和“精”上下功夫，力求形成永州经验，完善人才流动激励机制，激发人才创新活力；以打造承接珠三角的排头兵、对接东盟的桥头堡为目标，精致准确推进五大开放行动计划，开展产业链招商，着力引进 500 强企业，促进产业集群加速形成，加快开放平台建设，做到精细服务，为企业减少更多制度性交易成本；要掀起新一轮解放思想的热潮，针对思想痼疾，摆表现、查根源，坚决破除影响“创新引领、开放崛起”战略和“六大战役”实施的种种障碍，坚持比学赶超。

全会认为，2017 年以来，全市经济社会发展呈现出平稳运行、总体向好的态势，经济发展稳中向好，项目建设如火如荼，脱贫攻坚、城镇提质、交通提速、环境治理、园区升级等突破有力，改革开放持续深化，民本民生不断改善，党的建设不断提升，有效地应对历史特大洪涝灾害等困难挑战，全市经济社会取得新成就。下半年各级各部门要按照省委、市委的决策部署，自觉把“创新引领、开放崛起”融入“六大战役、四个提升”，抓好各项工作，推动全市经济社会发展再上新台阶。

全会强调，把迎接宣传贯彻中共十九大作为下半年全市工作的主线，提高政治站位和政治觉悟，做好宣传工作，提前谋划部署学习贯彻党的十九大工作，做到第一时间传达学习、宣传解读，确保大会精神不折不扣在永州贯彻落实。要突出脱贫攻坚这个重点，县委书记善于当好“一线总指挥”，以脱贫攻坚统揽全县经济社会发展工作，要坚持问题导向，对脱贫攻坚中排查发现的问题，结合“三走访三签字”活动，做好整改落实，持续做好社会扶贫网试点工作，抓好普惠性、基础性、兜底性民生工作，办好民生“微建设”“微服务”，突出抓好灾后重建工作，坚持防汛和抗旱“两手抓”。要做好环保督察后续工作，全面推进国家生态文明示范市的创建工作，化解过剩产能，淘汰落后产能，腾出环境容量扶持重点企业发展。要全面整顿优化政务服务环境，规范项目前期工作，突出“放权”重点，加大体制机制创新力度，抓好项目建设。要增强改革动力，自上而下形成将改革进行到底的鲜明导向，坚持真改实改，突出问题导向，抓思路、搞调研，以“关键少数”带动“绝大多数”，形成激发活力、促进发展的磅礴力量。要做好安全维稳工作，为党的十九大胜利召开营造良好社会环境。要强化党建对各项工作的引领作用，切实提高政治站位和政治觉悟，深入推进“两学一做”学习教育常态化制度化，深入推进党风廉政建设和反腐败斗争，努力营造山清水秀的政治生态。要勇于担当，适应新情况新变化，解决新矛盾新问题，进一步提高领导创新开放的能力与水平。

全会按照党章规定，采取举手表决的方式，通过关于递补陈葳为市委委员的决定。

【中国共产党永州市第五届委员会第四次全体会议】 2017 年 12 月 15 日，中国共产党永州市第五届委员会第四次全体会议在永州会堂召开。此次全会的主要内容是传达省委十一届四次全会精神，听取和讨论市委常委会工作报告；审议通过《中共永州市委关于深入学习贯彻党的十九大精神·大力实施开放兴市产业强市战略的意见》。市委书记、市人大常委会主任李晖受市委常委会委托，向全会作工作报告并发表讲话。市委副书记、市人民政府代理市长赵应云作《中共永州市委关于深入学习贯彻党的十九大精神·大力实施开放兴市产业强市战略的意见（讨论稿）》的起草说明。唐湘林、高建华、蒋善生、石艳萍、唐能武、杨永、张贺文、吴志雄、王守海、刘尤碧、周荣峰等市领导出席会议。此次会议应到市委委员 52 名，候补委员 9 名；实到市委委员 50 名，候补委员 9 名；因事请假（缺席）的委员 2 名，符合规定人数。

全会认为，2017 年，落实中央、省委各项决策部署，实施“创新引领、开放崛起”战略，突出打好“六大战役”，着力抓好“四个提升”，加快建设“创新开放新高地、品质活力新永州”，全市经济社会呈现出健康、持续、较快的发展态势。

全会强调，要坚定不移实施开放兴市产业强市战略。立足优势，主动融入国家“一带一路”和全省“一带一部”战略，大力招商引资、夯实开放平台、优化发展环境、扩大对外贸易，实施“走出去”“引进来”工程，不断提升经济外向度，加速发展更高层次、更高质量、更高水平的开放型经济。坚定不移抓重点、补短板、强弱项，推进项目建设。要科学谋划包装项目，精准招商引进项目，提速提效建设项目，实施 10 个重大产业项目、10 个重大科技创新项目、10 个重大产品创新项目，引进 10 个 500 强企业、10 个重点科技创新人才。实施乡村振兴战略，发展现代农业，擦亮生态底色，弘扬文明乡风，加强和创新农村社会治理，持续增加农民收入，让广大农民共享改革发展成果。

全会强调，要坚定不移打好“六大战役”。坚决打赢脱贫攻坚战役，坚持把脱贫攻坚作为重大政治任务和第一民生工程，确保到 2019 年，实现 31.47 万贫困人口精准脱贫，643 个贫困村脱贫出列，“国扶县”脱贫摘帽，比全国提前一年全面建成小康社会。坚决打赢城镇提质战役。开展“城镇提质战役三年行动计划”，力争到 2020 年，中心城市建成区面积达到 100 平方千米、人口突破 100 万人。坚决打赢旅游升温战役，坚持以创建国家全域旅游示范市为抓手，把永州打造成为全国著名的人文山水休闲旅游目的地。坚决打赢交通提速战役，统筹推进航空、铁路、公路、水运建设，加快建设“对内大循环、对外大通畅”的综合立体交通网络，推动永州铁路网从“十字型”到“米字型”的转变。坚决打赢环境整治战役，实施“生态立市”战略，以铁腕治污守护绿水青山，抓好湘江保护和治理“一号重点工程”，争创国家生态文明建设示范市，构建和谐共生的生态环境。坚决打赢园区升级战役，围绕规模工业总产值“三年翻番”这个总目标，加快培育壮大新兴产业，全面提高园区功能集成、要素集聚、用地集约、产业集群水平，构筑多点支撑的产业发展新格局，打造 2 至 3 个规模工业总产值过 500 亿元园区。

【市委常委班子召开 2016 年度民主生活会】 2017 年 1 月 21 日，永州市委常委班子召开 2016 年度民主生活会。会议深入学习贯彻中共十八届六中全会精神，增强

“四个意识”，进一步提高政治站位，以实际行动坚决维护习近平总书记的核心地位和党中央权威，全面贯彻落实《中国共产党廉洁自律准则》《中国共产党纪律处分条例》，加强和规范党内政治生活，为谱写好富饶美丽幸福新湖南的永州篇章提供坚强的思想保证、政治保证和组织保证，以优异成绩迎接中共十九大胜利召开。省委常委、省委宣传部部长蔡振红到会指导并讲话，市委书记、市人大常委会主任李晖主持会议。市委副书记、市长易佳良，市委副书记、市委政法委书记张严，市委常委唐湘林、石艳萍、唐能武、杨永、吴志雄、王守海、刘尤碧、罗建华参加民主生活会。市人大常委会党组书记、副主任高建华，市政协主席蒋善生列席会议。

会议报告此次民主生活会会前准备情况，通报2015年度市委常委班子专题民主生活会整改落实情况，李晖代表市委常委班子做对照检查发言。市委常委会聚焦政治合格、执行纪律合格、品德合格、发挥作用合格要求，着重查摆在理想信念、政治纪律和政治规矩、作风建设、担当作为、组织生活、落实全面从严治党责任等方面存在的突出问题，深入剖析原因，提出整改措施。在上一次市委常委班子民主生活会中，梳理确定6个方面、15项整改任务。在整改落实过程中，15项整改任务全部整改到位。会上，李晖带头作个人对照检查发言，带头进行自我批评、查摆问题，接受大家的批评意见。其他成员依次做对照检查发言，开展批评和自我批评。李晖在总结表态讲话时要求，市委常委班子作为“关键少数”，要进一步增强“四个意识”，坚决维护总书记习近平的核心地位，对“四个意识”要入脑入心、落实到行动上。要突出问题导向，立说立行抓整改。常委班子及班子成员，要对照问题清单，以抓铁有痕踏石留印、以钉钉子的精神抓好整改。要从严管党治党，切实肩负起主体责任，把党建的短板补起来。要坚持真抓实干，重点围绕影响永州经济社会发展较大的问题、全局的问题、历史遗留的问题和老百姓反映最强烈的问题进行真刀真枪的整改，推动永州发展再上新台阶。

（中共永州市委办公室）

组　　织

【概况】　2017年，中共永州市各级组织部门加强调查研究，突出成果运用，在省级以上主流刊物发表理论文章30多篇，承担中共中央组织部2017年重点调研课题《精准科学选人用人研究》获评省委组织部重大调研成果奖、《加强党内政治文化建设研究》获评中共中央组织部和省委组织部优秀调研成果奖、《建立健全容错纠错机制研究》获评省委组织部优秀调研成果奖。永州红星网升级转型为党建网站，“永组在线”微信公众号开通，关注量超过24万人。开设“组工讲堂”，启动全市组工干部三年轮训计划，在浙江大学举办组工干部专业化能力提升培训班1期。

【“两学一做”学习教育】　2017年，中共永州市委组织部组织全市11264个党支部、27万余名党员参加学习教育，教育引导广大党员在经济建设、脱贫攻坚等主战场发挥先锋模范作用。组织党员干部投身于“7·2”特大洪灾的抗险救灾，涌现出一批先进典型。

【抓党建促脱贫攻坚】　2017年，永州市统筹实施“领导挂点、部门包村、干部帮户”定点挂钩扶贫，全市派出驻村工作队1045个，驻村干部2174人，累计投入帮扶资金7.6亿元，在农民专业合作社、农业龙头企业等建立党

2017年8月2日，中共永州市委常委、市委组织部部长吴志雄（左三）到道县祥霖铺镇大井村调研抓党建促脱贫攻坚工作

支部365个，辐射带动3万多农民脱贫致富。截至2017年年末，累计减贫49.65万人，减贫幅度71.5%，贫困村脱贫出列475个，贫困发生率从2014年的13.5%下降至2017年年底的3.3%，宁远、双牌、江永3个省扶县脱贫摘帽。10月10日，全省抓党建促脱贫攻坚工作经验交流座谈会在永州市江华瑶族自治县召开。永州在全省脱贫攻坚工作考核中排一类市州第一名。

【干部选拔任用】 2017年，永州市开展干部调配工作6次，调整市管干部640名，将248名执行力强的干部重用到更重要岗位，将17名执行力考核排名靠后的正职调整为副职，对32名执行力排名靠后的县区党委常委调整岗位。筹备市“两会”选举工作，完成市人大、市人民政府、市政协换届。推进市纪检体制改革，调整纪检干部60人，其中提拔10人、消化安排20人。制定出台《市直机关公务员公开遴选实施细则（试行）》，市直机关公开遴选83人，各级党政机关录用公务员927人，新选拔选调生31名，市属事业单位聘用人员267人，加强公务员考核的经验做法在全省公务员管理工作会上作经验交流。干部档案管理规范有序，任前审核制度全面推行。在全省率先启动干部管理大数据系统试点工作，市管干部和正科级干部的信息采集工作基本完成。

【干部教育监督管理】 2017年，永州市探索创新干部队伍执行力考核体系，完成103个市管领导班子、1618名市管领导干部的年度考核以及1072名执行力考核对象的执行力考核评估工作。贯彻《关于组织人事部门对领导干部进行提醒函询和诫勉的实施细则》，对5名市管领导干部进行函询，对2名市管领导干部进行谈话提醒，对10个单位“一把手”进行离任审计。持续推进超职数配备干部整改消化，8月提前完成消超任务。开展“12380”举报受理核查，受理办理举报件86件次，其中反映选人用人问题48件次（含村级换届选举），向省委组织部上报选人用人问题说明18件次。完成全市领导干部个人事项报告表收集和录入工作，抽查521名领导干部个人事项报告，取消考察对象资格1人，取消优秀年轻干部调研对象资格3人，给予诫勉谈话37人，责令作出书面检查168人。对14个县区（管理区、经开区）和部分市直单位开展选人用人专项检查工作，并纳入市委巡察工作的重要内容。完成领导干部因私事出国（境）证件管理登记备案2.13万人，身份证清理登记2.13万人，清理收缴因私出国（境）证件7347本。落实2013年—2017年干部教育培训规划，年内选派280名领导干部参加上级调训，其中厅级领导干部125人次；举办各类培训班74期，培训6830人次。

【基层党建】 2017年，中共永州市委组织部先后召开18次专题会议研究部署基层党建工作，并将2017年明确为“基层党建全面提升年”。市县乡三级党委书记建立基层党建联系点201个。开展与县区委书记“面对面”谈党建暨半年党建述职考评，市委主要领导约谈县区委书记6人次。推进基层党建基础工作标准化，编制的“三本手册”被中央党校出版社面向全国公开出版。完成村（居）“两委”换届，选派284名专职书记到村任职，经验做法在全省推介。基层基础保障得到加强，村（社区）运转保障经费、社区惠民项目资金全部达到或超出省定标准，村党组织书记年均报酬从2016年1.25万元提高到2.4万元，村级集体经年经营性收入达到4万元以上的村1575个。农村综合服务平台累计开工建设1939个，9个省级园区党群活动服务中心全部建成并投入使用。统筹推进各领域党建工作，新建“两新”组织党组织590个，“两新”组织党组织覆盖率居全省前列。年内，全省国有企业基层党建工作现场会、全省机关党建工作现场会先后在永州市召开。党员信息管理系统录入基层党组织1.38万个，党员27.37万名，党内统计工作排全省第二位。“红星云”平台党员激活数17万人次，《永组在线》微信公众号发布各类信息、原创文章1500余条，关注粉丝24.5万人，日均阅读量1.5万人次，进入全国组工系统党员教育微信影响力前10强。

【人才队伍建设】 2017年，永州市在全省率先制定出台“1+4”文件，完善人才工作政策体系。全年引进急需紧缺的硕士及以上高学历人才837名，创历史新高；引进省级以上创新创业团队25个，集聚专业人才300余人；推动市内企业与上海交通大学等16所重点高校对接合作，帮助企业转型升级。以本地院校为依托，构建“教学—实训—竞赛—孵化”四位一体的教育培养体系；与农

2017 年 5 月 11 日，永州市“万名干部下基层、精准帮扶解难题”活动启动仪式

业部干部管理学院合作，在永州工贸学校联合创建教育培训基地，面向农村党员和青年农民举办实用技术免费培训班 21 期，培训 1.01 万人，在永州电大培训农民大学生 1240 名。向市内 5 个国家级、省级贫困县选派科技专家服务团，该做法在全省推广。支持人才深度参与经济社会发展，成立省级创新创业示范基地 3 家、创业孵化基地 7 家、重点实验室 1 家，吸纳入驻各类企业和创新创业团队 300 多家，全市首家院士专家工作站在宁远县挂牌。先后提拔 8 名博士、硕士研究生为县处级领导干部，44 名 2012 年引进的硕士研究生从事业单位调任到党政机关担任科级领导职务。在全省率先设立“人才日”，高规格召开全市人才工作会议，表彰优秀人才。

【“万名干部下基层，精准帮扶解难题”活动】 2017 年 5 月，在中共永州市委的统一部署下，市委组织部抽调干部 2.2 万名，组成 673 个工作队，分赴基层一线，围绕党建引领、脱贫攻坚、信访维稳、安全生产、环境整治、企业帮扶等六大重点任务，集中开展“万名干部下基层，精准帮扶解难题”活动。活动排查出错评“四类对象”7.4 万人，漏评拟纳入“五类人员”3.3 万人。《中国组织人事报》以《两万干部的三张考卷》为题专题专版予以推介。

（冼荣军）

宣　传

【概况】 2017 年，永州市宣传思想文化战线聚焦媒体深度融合和文化强市建设，把牢主阵地、高扬主旋律、唱响主基调，为全市改革发展稳定提供思想保证、舆论支持、精神动力和文化条件。

【思想理论建设】 2017 年，永州市围绕习近平系列讲话精神、中共十九大精神和习近平新时代中国特色社会主义思想等党的创新理论，开展各类学习活动，加强党员干部的思想理论建设。市委理论学习中心组全年举办集中学习 11 次，邀请 12 名专家集中辅导。组建市委理论学习中心组学习辅导专家库，开展党委（党组）理论学习中心组学习专项督查。组建市、县两级金牌“草根”宣讲员队伍，开展重大主题集中宣讲活动 600 余场次，讲话精神进基层微宣讲活动 400 余场次，举办“好声音讲坛——‘讲话精神’进基层”百姓微宣讲比赛等活动。加强“理论视窗”“理论与实践”等理论栏目建设，“理上网来”渐成气候。市财政安排专项经费支持社科课题研究，创建首批市级社科理论研究基地 7 家，完成 2016 年永州市社科基金课题结题，编印《2016 年永州市社科基金项目课题研究成果汇编》，启动 2017 年永州市社科基金项目 22 项。开展“社会主义‘有点潮’”主题征文活动。推进社科联社会组织党工委建设。组织开展“解放思想·实干兴永”大讨论活动。

【意识形态领域管控】 2017 年，永州市出台永州市党委（党组）意识形态工作责任制考核办法，完善考核指标体系，倒逼全市各县区（管理区、经开区）、市直和中央、省驻永州各单位落实意识形态工作责任制，掌握意识形态工作领导权。下发《2017 年县区（管理区、经开区）党委书记履行意识形态工作责任述职评议考核工作方案》，首次推行县区（管理区、经开区）党委书记履行意识形态工作责任述职评议。组织开展意识形态领域情况分析研判例会，对纪念周敦颐诞辰 1000 周年、中国共产党成立 96 周年、中共十九大召开期间等重大时间节点的意识形态领域相关动态动向进行重点排查和分析研判。规范全市讲坛、讲座、论坛等社科类阵地管理，严格落实党委（党组）理论学习中心组外请专家讲学审批报备制度。

【宣传导向落实】 2017年，永州市坚持传统媒体与新媒体融合发展，加强现代传播能力建设。建立新闻策划会、通气会制度、新闻媒体上稿专报、通报制度；开展迎接学习宣传贯彻中共十九大、“六大战役”、防汛抗险救灾等主题宣传；加强和改进突发事件新闻发布和舆论引导工作，策划组织新闻发布活动15场次；推出“砥砺奋进的五年”“抓重点、补短板、强弱项”“小康路上的永州脚步”等专题专栏20余个。加强与央媒、省媒的协调联系，宣传推介永州，永州市对党的十九大宣传报道引起央视、省媒关注；20余家央媒、省媒聚焦永州防汛抗险救灾，永州精神、永州力量产生较大影响；筹建永州市融媒体中心，打造“今日永州”APP和中央厨房，推动传统媒体与新媒体融合发展；永州在湖南卫视上稿连续4年排全省第一位；湖南政务微博城市竞争力永州排全省第二位；“永州发布”微博获评2017湖南十大党政新闻发布微博和十佳快速响应案例；“永州发布”微信排城市政务微信影响力榜单湖南省地市州第一名，获评“湖南影响力一点号”和湖南政务微信发布奖、政务发布创新奖。推动成立市委网信办，处置近百余起起突发敏感舆情；持续开展“净化网上舆论环境专项整治工作”等专项清理行动，查处网络造谣案件9起，治安拘留12人，批评教育42人次。

2017年9月12日，教育部副部长、国家语委主任杜占元（左三），北京市副市长王宁（左四）到第十二届中国北京国际文化创意产业博览会“江永女书”展区参观指导，女书传人向杜占元（左五）赠送书写“文化多样性”内容的女书字幅 摄影 任泽旺

【文化强市推进】 2017年，永州市以创建国家公共文化服务体系示范区为契机，实施文化惠民工程，丰富群众性文化活动，推进文化强市建设。稳步实施“文化惠民”工程，广播节目综合人口覆盖率95%，电视节目综合人口覆盖率98%，每万人口拥有三馆一站公用房屋建筑面积521平方米。“欢乐潇湘·品质活力新永州”大型群众文艺会演等文化活动走进基层，“月月乐、周周演、天天跳”成为老百姓文化生活常态。全市建成自助图书馆5个、公交站免费报刊点65个、电子阅读机20台。组织首届“永州市文化艺术名家”评选活动，1人入选全省“五个一批”人才工程。编制《2017—2019年永州市重点文艺题材创作生产目录》《红军打过瑶山》等入选省重点扶持作品名录，《南风坳》等著作出版发行。《情满九嶷山》《想爹娘》获第13届省“五个一工程”奖。组织评选第三届永州文艺奖。推进“文化+”工程，全市文化生产和服务单位达到6000家，其中规模以上文化企业94家，全市文化产业增加值占地区生产总值比重超过4%。推动奔腾文创等重点文化企业做大做强，并在新三板上市。加强物质文化遗产和非物质文化遗产保护传承，全年到位国家重点文物保护专项补助资金占全省三分之一。举办第四届全国草书展、舜皇山人文旅游高峰论坛、周敦颐诞辰1000周年纪念活动、第四届中国电视旅游节目创优评析颁奖暨电视媒体人“走进永州”创作采风活动、中国汽车越野锦标赛等大型活动和赛事。公共文化服务体系和文化传播体系建设、国有文化资产管理体制、文化旅游综合体制改革有序推进。

【社会主义核心价值观践行】 2017年，永州市印发《关于加强学校社会主义价值观的实施意见》，开展“社会主义核心价值观百场讲坛”主题宣传教育活动，在机关、校园、企业、社区宣讲百余场次，组织开展核心价值观主题微电影剧本征集活动，推出黄小兵为全市、全省重大先进典型，省委宣传部、省委政法委联合在长沙举行先进事迹报告会。召开全市农村精神文明建设推进会，开展群众性精神文明创建工作。创建全国文明单位9个、全国文明家庭1个、全国文明村镇7个，省级文明单位和文明标兵单位84个。6个县区被评为省文明县城（城区）。印发《永州市创建全国未成年人思想道德建设工作先进城市实施方案》等文件。组织全市各中小学生开展线上线下主题实践活动1100余场次。争取中央公益彩票乡村学校少年宫建设指标4个。开展优秀传统文化进校园和文明校园创建工作。印发《关于公共文化服务设施开展学雷锋志愿服务活动的实施办法》，首批33家公共文化设施开展学雷锋志愿服务活动。开展第二届永州市雷锋式优秀志愿者、优秀志愿服务集体、优秀志愿服务项目评选表彰。启动全市第五届道德模范和第三届美德少年评选。抓好“我推荐，我评议身边好人”活动，全市有39人次入选中国好人榜、湖南好人榜（其中，中国好人榜20人次），5人入选“感动中国”之“感动湖南”人物。

【《心若在梦就在》——2017永州市赈灾扶贫义演晚会】 2017年7月16日，以赈灾、扶贫为主题的《心若在梦就在》——2017永州市赈灾扶贫义演晚会在永州体育馆举行。义演晚会由中共永州市委、市人民政府主办。在家的市级领导和离退休老同志，与此次奋战在抗洪抢险救灾一线的各级党员干部群众代表，解放军指战员、武警消防公安官兵、民兵预备役人员，新闻工作者、志愿者代表以及关心支持永州抗洪救灾的社会各界爱心人士观看义演。经永州市慈善总会核实，从灾情发生到7月16日晚上23：00，收到捐赠资金35589677.4元，捐赠物资价值683.84万元。

【湖南卫视“我们来了”走进永州】 2017年8月18日—19日，湖南卫视“我们来了”栏目组携汪涵、关之琳、吴秀波、陈妍希、宋茜、蒋欣、唐艺昕、沈梦辰、许吉如、余佳、爱华、小白（颜思诗）等12名艺人到江永县进行拍摄，品味江永稀有的“五香特产”，体验江永独特的文化特色和民俗风情。栏目组制作节目2期，时长180分钟，通过湖南卫视向全球推介江永“三千文化”的神奇魅力。

【“锦绣中国”2017第四届中国电视旅游节目创优评析颁奖大会暨电视媒体人“走进永州”创作采风活动在永州举行】 2017年11月18日—19日，“锦绣中国”2017第四届中国电视旅游节目创优评析颁奖大会暨电视媒体人“走进永州”创作采风活动在永州市举行。中央新影集团副总编辑、中央电视台发现之旅频道总负责人时间出席并讲话，中央电视台新闻中心副主任、央视外语频道总监盖晨光，永州市领导唐湘林、高建华、蒋善生、石艳萍、唐能武、刘尤碧、李旦梅等出席。开幕式上，永州市旅游外事侨务局、双牌县、祁阳县、江永县、东安县等分别推介特色旅游资源。会后，还举行电视媒体人走进永州采风拍摄活动。11月19日上午，在双牌县桐子坳村举行全域旅游+媒体创新论坛，海南省旅游发展委员会原巡视员、海南省社科联副主席陈耀作《全域旅游的媒体视角与创新介入》的主题发言，北京交通大学教授、博士生导师、世界旅游城市联合会专家委员会副主任张辉作《全域旅游的逻辑》的主题发言。与会嘉宾围绕“全域旅游背景下的精准扶贫”的话题，展开讨论，并为永州的文化旅游发展献计献策。下午，与会人员在阳明山出席2017第四届中国电视旅游节目颁奖盛典。大会为65件获奖作品颁奖。全国各地的电视台、旅游栏目、新闻媒体及景区、企业、相关机构代表等500余人参加活动。中国电视旅游节目创优评析颁奖大会是由中国广播电影电视社会组织联合会旅游文化传播联盟在2014年发起组织，全国上百家电视台以及相关从业机构参与的一年一度经验交流、作品研讨、产业论坛的盛会。

【永州7家单位获评“国字号”文明称号】 2017年11月17日，第五届全国文明城市、文明村镇、文明单位和第一届全国文明校园名单公布，零陵区石山脚街道悟山里村、江华瑶族自治县沱江镇塘头坪村被评为第五届全国文明村镇，永州市人民检察院、永州市人民防空办公室、永州市江华瑶族自治县国家税务局、永州市中心医院被评为第五届全国文明单位，零陵区徐家井小学被评为第一届全国文明校园。

（颜学飞）

统 一 战 线

【概况】 2017年，中共永州市委统战部突出主线，迎接、学习、

2017年8月31日，永州市暖阳学校揭牌暨助学仪式现场

宣传、贯彻党的十九大精神，助推全市经济社会发展迈上新台阶。先后获全省统一战线聚力脱贫攻坚行动成效突出单位、全省统战工作实践创新成果奖、全省统战信息工作二等奖、统战理论调研三等奖，创建省级“四同创建”示范点2个；获全市党风廉政建设和反腐败工作、意识形态工作、党委办公室工作先进单位，成功创建为市级文明标兵单位。统战工作首次纳入市委表彰奖励。

【党管统战责任落实】 2017年，中共永州市委常委会组织学习全国、全省统战工作有关会议和讲话精神5次，并邀请中共湖南省委常委、省委统战部部长黄兰香为市委理论学习中心组作统战专题辅导报告。先后以中共永州市委办、中共永州市委统战工作领导小组、市宗教工作领导小组名义下发《关于建立永州市新的社会阶层人士统战工作联席会议制度》《关于加强和改进新形势下民族工作的实施意见》《中共永州市委2017年度政党协商计划》《关于建立市级领导与非公有制经济代表人士 新的社会阶层代表人士交朋友制度的意见》《关于建立完善县乡村三级宗教工作网络和落实乡村两级宗教工作责任制》等一系列文件，从顶层设计推进统战工作。8月中旬，中共永州市委统战工作领导小组牵头对各县区贯彻落实统一战线决策部署情况开展集中督查，及时向各县区委反馈督查报告和问题清单，并要求限期整改到位。9月中旬，中共永州市委书记、市人大常委会主任李晖主持召开市委统战工作领导小组全体会议，研究全局性、战略性问题，为统战工作提供人员、机构、经费等保障。中共永州市委将党管统战纳入对各县区党委书记、市直各单位党组书记执行力考核内容，首次将统战工作纳入市委表彰奖励，各级党委（组）履行党管统战主体责任的思想自觉和行动自觉进一步增强。在《永州日报》等媒体开辟《永州统战》专栏，及时宣传统一战线重大决策部署和方针政策。

【思想政治引导】 2017年，中共永州市委统战部始终把学习宣传贯彻党的十九大精神作为首要的政治任务来抓。先后组织召开市直统战系统传达学习党的十九大精神会议、全市工商联系统学习十九大精神暨弘扬企业家精神大会、全市统一战线学习贯彻党的十九大精神会议。市民委联合新疆驻湘工作组举办全市新疆籍人员学习宣传中共十九大精神培训班。制定出台《永州市统一战线学习贯彻党的十九大精神工作方案》，统一部署全市统战系统的学习活动，重点围绕“读原著、学原文、悟原理”深学、“同心筑梦听党话·携手前行跟党走”微宣讲、“下基层、摸实情、促学习”大调研等六项活动谋篇布局。各民主党派市委以“不忘合作初心，继续携手前进”为主题开展座谈讨论，市党外知识分子联谊会召开理事会进行集中学习2次。全年动员组织2300余名统战干部投入学习宣传贯彻中共十九大精神热潮。

【社会服务】 2017年，中共永州市委统战部注重发挥优势和特色，团结一切可以团结的力量，为党委、政府中心工作服务。面对6月25日以来的特大洪涝灾害，全市统一战线响应市委号令，全力以赴抗洪救灾，投入人力3000人次，募集款项3814.01万元，捐赠物资价值818.4万元，创下统一战线捐款捐物历史新高。牵头做好社会力量参与精准扶贫工作，实施“千企帮千村”“同心教育扶贫”“智力援乡”三大行动，引导广大统战成员投身脱贫攻坚战役。全市有754家民营企业与1312个村建立对口联系，对接各类投资项目859个，安排农村劳动力就业9.4万人；打造从小学到大学的教育扶贫链条，“暖阳学校”“一家一助学行动”“佛慈同心班”“泛海助学”等有社会影响力的品牌活动稳步形成，资助贫困学子2600余人，资金1100多万元；先后邀请16名海外专家学者到永州讲学讲座，帮助培训技术人才750人次，帮助企业申请发明专利33项，自主创办或帮助引进企业17家。以“引老乡、回家乡、建故乡”为引领，挖掘“两基地两园区”（双牌阳明山海峡两岸交流基地、九嶷山舜帝陵海峡两岸交流基地和江华海联产业园、湖南华侨产业园）潜力优势，抓住阳明山“和”文化节、宁远县公祭舜帝大典、“海外华人华侨故乡行”“香港湖南联谊总会访湘团永州行”、清明恳谈会、台胞台商中秋座谈会等活动契机，发挥海外联谊会、台商协会、侨商会等统战社团作用，邀请港澳台海外人士800人次到永州寻根谒祖、观光旅游、投资考察。全年“两园区”签订投资项目17个，投资金额分别为52.6亿元人民币、3000万美元。3月，省侨商联合会主办“湖南侨商江永行”活动，确定合作项目7个，签约金额54亿元。

【多党合作事业推进】 2017年，中共永州市委统战部搭建参政议政“零距离”微信平台，深化市委与各民主党派的联系沟通。制定《关于加强永州市人民政府有关部门同各民主党派市委、市工商联对口联系工作制度》，搭建政府有关部门同各民主党派、工商联对口联系平台。下发《关于支持各民主党派市委、市工商联和无党派人士2017年开展民主监督工作的实施方案》，支持各民主党派市委、市工商联和无党派人士聚焦“湘江流域保护和治理”和“脱贫攻坚”开展民主监督工作。5月，在北京大学举办全市统战干部和党外干部综合素质提升班，60多名统战干部、党外干部参加培训。同月，在浙江大学举办永州市民营企业家创新转型发展培训班，50余名非公经济代表人士参加培训。全年组织培训班19个，培训各领域党外代表人士860余人。年底，先后召开市发改委工作通报会、党风廉政建设和反腐败工作情况以及法院、检察工作情况通报会，进一步拓展党外代表人士知情权。

【非公有制经济服务】 2017年，中共永州市委统战部就非公企业反映的问题和困难，开展“访民企、办实事、强信心”调研活动，调研报告报市委常委会研究。出台《永州市非公经济领域防治腐败工作指导意见（试行）》，与市人民检察院联合召开构建“亲”“清”新型政商关系、依法保障和促进非公经济发展联席会议，联合出台意见9条。先后与市国税局、市地税局召开联席会议，为非公有制企业营造良好的税收政策环境、税收服务环境、税收执法环境和廉洁从税环境。在全市确立优化经济环境和机关效能建设监测站、监测点140个，邀请48名非公经济代表人士担任省、市执法监督员、经济环境监督员和行风评议员。

【统战工作探索】 2017年，中共永州市委统战部向市县两级编制部门争取机构设置和人员编制，指导零陵、东安、江永等县区委统战部开展“大部委联合工作制”试点，探索构建大统战格局的新路子，逐渐形成涵盖乡镇、社区、园区、商会等统战工作基层网络。12月上旬，永州市台办在全省构建县级大统战格局座谈会上作《积极融入大统战格局助推对台工作有序发展》的典型发言。坚持先行先试，在新的社会阶层人士方面探索总结“四个要知道、四个要跟上”（知道总体情况是什么，联谊交友要跟上；

2017年9月26日—27日，中共湖南省委常委、省委统战部部长黄兰香（左二）在永州调研非公经济发展情况

知道思想情况是什么，思想引导要跟上；知道需求情况是什么，全面服务要跟上；知道专长情况是什么，平台建设要跟上）工作经验，获中共中央统战部部长孙春兰、中共湖南省委统战部部长黄兰香肯定。开展调查摸底，分门别类建立人物库，引导新的社会阶层人士围绕中心工作调研献策，相继开展“新阶层新力量·为‘旅游升温’献计献策”“我为永州首届旅游文化美食节献一策”等活动。网络意见人士统战工作在全省新的社会阶层人士统战工作会议上作典型发言。创新开展“以党建带统战，以统战促党建”为主题的园区统战工作，提出“七有”（有机构、有专人、有经费、有制度、有台账、有阵地、有活动）建设标准，加大非公有制企业党建工作力度，实现园区企业党建全覆盖，通过组织开展座谈交流、专家讲座、文化沙龙等专题活动，增强企业向心力和凝聚力，达到让各类技术人才“引得进、留得住、能发展”的目的。同时，明确园区领导班子有专人分管统战工作，并将统战工作纳入园区企业党建工作考核范畴，实现党建统战互促互进的良好局面。

（杨婷）

政 策 研 究

【概况】 2017年，中共永州市委政策研究室（市委改革办）围绕市委决策部署，在文字综合、调查研究、信息服务、全面深化改革、全面小康、自身建设等方面取得新的成效，为建设“创新开放新高地、品质活力新永州”做出贡献。

【文稿起草】 2017年，中共永州市委政策研究室注重文稿数量和质量双提升。全年起草各类文稿600余篇，完成市委主要领导在市委经济工作会议，全市“两会”，市委五届三次、四次全会等重要会议和重大活动的文稿起草任务。在《送阅件》《学习与研究》《湖南日报》等报刊发表领导署名文章16篇，全年组织开展调研活动30多次，撰写调研文稿和理论文章20余篇，为市委决策起到参谋作用。

【信息服务】 2017年，《永州通讯》遵循“服务决策、指导工作、交流经验、展示风采”的宗旨，围绕市委、市政府重大决策和部署办刊，为推进全市改革开放和现代化建设事业营造舆论氛围。6月，《永州通讯》获得“全国城市十佳党刊”称号。全年编发《信息摘报》45期、《决策参考》3期，反映市内外经济社会发展的重大问题、好的经验和做法，总结分析发展中存在的问题，并提出对策与建议，多篇得到市委领导的批示肯定。中共永州市委常委、市委组织部部长吴志雄针对农村建房问题专门批阅“政研室的报告很翔实、很具体、很有针对性，对我们下步抓好乡村建房及产业发展、乡村旅游等工作很有帮助和指导”。

【全面小康推进】 2017年，永州全面小康总实现程度92.3%，较2016年提升9.2%。永州市获评“全省全面小康推进工作快进市”，冷水滩、宁远等7个县区被评为全面小康推进工作省先进。起草《永州市关于决胜全面建成小康社会2017—2019年发展规划》（送审稿），明确2017—2019年三年全市全面小康工作的指导思想、目标任务、工作重点、工作措施和责任分工。全市相关单位全面小康工作分管领导和工作人员，就研究与开发经费支出占地区生产总值比重、单位地区生产总值化学需氧量排放强度、单位GDP氨氮排放强度等短板指标推进工作赴省内先进地区进行交流。组织召开全市全面小康工作统计监测培训会议，邀请到省统计局科研所所长李跃辉、主任科员赵海军授课。修改完善《全市全面小康推进工作考评奖励办法》，市直部门考核细则，县区（管理区、经开区）全面小康工作考核细则，全市全面小康示范乡（镇）、全面小康示范村的评选办法等考核方案，形成《永州市2017年度分类指导加快推进全面建成小康社会工作考评奖励办法》（征求意见稿）、《永州市2017年度市直和中央、省驻永相关单位全面建成小康社会工作考评细则》（送审稿）、《永州市2017年度县区、管理区、经开区全面小康工作考评细则》（送审稿）、《永州市全面小康示范乡（镇）评选办法》（送审稿）、《永州市全面小康示范村评选办法》（送审稿）。永州市提出的将地区生产总值（2010年不变价）、高新技术和机电产品出口额占总出口额比重、每万人口拥有律师数、每万人口拥有社会组织数、文化及相关产业增加值占地区地区生产总值比重等5项指标目标值降低的意见被省全面小康办采纳，在《湖南省市州全面建成小康社会考评指标体系（修订初稿）》中该5项指标采用永州市提出建议。

【深化改革】 2017年，永州市8大类30大项123小项年度改革任务全部完成，为全省全国的改革提供多个"永州经验"，精准扶贫机制、社会治理、农村产权制度、警务机制等改革经验在省级以上会议推介或获得省级以上领导肯定性批示20余次。在全省全面深化改革考核中（扣分制，满分100分），永州市获得满分。对标省委改革工作要求，通过反复研究论证、多方调研征求意见，制定《中共永州市委全面深化改革领导小组2017年工作要点》，确定8大类30大项123小项改革事项。制定《2017年永州市全面深化改革目标任务分解落实表》，对《改革工作要点》的事项明确牵头专项小组、牵头单位、责任单位和年度改革目标任务。重点对全市2017年改革工作谋划、招商引资、小城镇建设、绩效考核改革、农村产权制度改革、农业供给侧改革、全域旅游等领域开展改革调研10余次，形成《用改革新举措抢抓招商引资新风口——关于加强新形势下招商引资工作的十项建议》《特色小城镇发展大战略——关于加快永州特色小城镇发展的调查与思考》《关于优化绩效评估和重点工作考核的建议》等调研报告，为市委决策部署提供建议。根据省委深改组的调整情况，明确市委改革办、各县区改革办、各改革专项小组、各责任单位的工作职责，形成横向到边、纵向到底的工作网络。全市全面深化改革动态管理信息平台建成上线，组织各县区改革办、各专项小组、各市直责任单位进行培训。完善督察考评制度，按照"一月一督察调研、一季一主题活动"的要求，明确每个月的改革工作督察主题，全年开展改革督察10余次，制定下发《2017年永州市全面深化改革工作考核办法》。完善信息报送机制，讲好永州改革故事。向省委改革办、《改革内参》、中国改革网等上级部门和国家、省级媒体报送经验材料40余篇，在《改革内参》《中国改革网》《湖南工作》《省委改革简报》等国家、省级刊物、媒体刊发改革经验文章20余篇。编发市委改革简报13期，在市委经济工作会上编发"县区委书记谈改革"专刊，编发永州改革快讯60余期，编辑出版《探索与实践——永州市2016年改革创新优秀案例集》《品质活力永州治理模式探索与实践》。

（邝华军）

机 构 编 制

【概况】 2017年，永州市机构编制系统围绕打好"六大战役"、着力实现"四个提升"，组织开展系列调研，研究机构编制事项，为建设品质活力新永州、创新开放新高地提供坚强的体制机制保障。

以优化编制配备为重点，打好城镇提质战役。撤销市建筑行业劳动保险基金统筹管理办公室，其人员编制充实加强到市城乡建设档案馆、市新型城镇化工作办公室等公益性事业机构；设立永州市历史文化名城保护管理办公室，促进永州历史文化名城建设与保护；从市级编制库分别为零陵区、冷水滩区城乡规划分局调剂事业编制，加强中心城区规划力量。以理顺职能职责为重点，打好交通提速战役。将零陵城区客运管理执法职能及相关机构和人员上收市管，并入市城市客运管理办公室；拟定公交体制改革相关职能划转和人员上收方案，整合第一、第二公共交通运输公司，组建市公共交通集团有限责任公司。以整合力量和赋权强园为重点，打好园区升级战役。清理、整合、撤并区位相邻、相近的小而散的园区；拟定《关于进一步完善园区机构编制理顺园区管理体制机制的意见》，全面规范省级园区机构编制事项，统一园区管理机构性质、内设机构设置、人员编制和领导职数配备、人才引进编制控制标准；推进政府部门行政权力向园区下放，实现"园区事项园区内办结"。以优化机构设置为重点，打好旅游升温战役。将市旅游外事侨务局（永州市政府港澳事务办公室）更名为永州市旅游外事侨务委员会（永州市政府港澳事务办公室）；将县区旅游机构规范设置为旅游发展委员会，统一设立旅游发展服务中心，具体承担旅游服务公益性职责，增强旅游发展力量。以配强队伍力量为重点，打好脱贫攻坚战役，为市扶贫办调增编制，设立市社会扶贫网管理服务中心。以强化专业力量为重点，打好环境治理战役。组建市森林资源监测中心，设立市联动处置指挥中心、市公安局大数据实战中心、网络特侦大队；在县区设立冷水滩区四明山森林公园管理处、祁阳县浯溪湿地公园管理局、零陵区潇水国家湿地公园管理局。

【纪检监察体制改革和巡察机构建设】 2017年，永州市全面摸清71家涉改单位职能配置、机构设置、人员编制、领导职数、内设纪检监察机构等情况，撤销已纳入市纪委派驻监督改革范围的市纪委派驻纪检组35家、市监察局派驻监察机构32家和市一级党和国家机关内设纪检监察机构19家，以及相应的处级、科级领导职数，设立市委巡察办和5个市委巡察组，设立25个市纪委派驻纪检组。下发《关于县区巡察机构设置的通知》，加强对县区纪检监察体制改革和巡察机构建设工作的指导，规范县区纪检派驻机构设置。研究整合行政监察机关、检察机关的相关职能职责、内设机构、领导职数和人员编制，推动组建监察委。

【“放管服”改革】 2017年，永州市推进行政权力下放，再次向县区下放行政权力27项，向永州经济技术开发区下放行政权力12项，向金洞、回龙圩两个管理区下放行政权力8项；指导东安县向行政管理体制改革试点芦洪市镇下放行政权力89项，制定县区直部门向县区工业园下放42项行政权力的指导性意见。完善“权力清单”，新增行政权力47项，取消54项，调整19项，下放39项，更名3项，市政府40个部门保留行政权力2522项，比2016年减少44项。推进减证便民专项行动，取消41项没有法律法规依据的、能通过个人现有证照证明的、能采取申请人书面承诺方式解决的或能通过网络核验的证明材料。加强事中事后监管，设立全省首家市级社会信用体系建设机构，推动出台《守信联合激励目录清单》和《失信联合惩戒目录清单》，加速构建守信激励和失信联合惩戒体系；全面推开“两库一单”“双随机一公开”执法检查。推进综合执法改革，指导东安县经济发达镇试点芦洪市镇设立综合执法局，授权委托行使行政执法权18项，实行区域内一支队伍管执法；厘清城管与市政、园林、规划、环保等部门在城市管理方面的执法职能职责、相对集中的行政执法和行政处罚权，实行领域内的一支队伍管理执法。整合文化部门、县区市场监管部门内的执法资源，实行部门内一支队伍管执法。加强政务服务，推进电子政务外网向基层延伸，推动“一网通办”、带动审批提速；推动建成社会治理、城市管理、公共服务三位一体平台，实现中心城区全覆盖。按照“一口受理、一窗通办”原则，推动建成城乡网格化信息系统，市直下放到社区的69项、下放到村的181项公共服务事项全面纳入系统运行，初步实现村民（居民）不出村（社区）办事。

【机构编制管理】 2017年，永州市结合政府机构改革、行政审批制度改革和事业单位分类改革，对机关事业单位进行“瘦身”。撤并、整合职能弱化的事业单位，回收编制充实市级编制库，重点用于保障党委政府中心工作、民生事务和人才引进工作，为加强服务“健身”。加强和规范各县区机关事业单位补充工作人员使用编制管理，运用实名制编制系统，加强对县区机关事业单位招聘、公务员招录等大额用编计划的审核。对公务员招录用编，区分县区机关和乡镇，分层级实行总量控制；对事业单位则实行单位编制总额控制，超编、平编单位一律不予核准，杜绝新的超编现象发生。创新“周转编制”管理办法，将编制的“使用权”与“所有权”分离，相关单位使用“周转编制”后，其编制仅为所用、不为所有、专编专用，当用编人员退出后，按“减一收一”原则收回市级编制库统一管理，化解“两个只减不增”红线与机构编制资源需求之间的矛盾。推行动态调整管理，打破“编制终身制”，合理分配和利用编制资源，发挥编制效能。

（郭怀玉）

机关党建

【概况】 2017年，永州市直属机关工作委员会辖机关、企事业单位党委57个，党总支部57个，党支部775个，党员14901人。市直机关各级党组织按照市委“基层党建全面提升年”的工作要求，坚持“抓基层、打基础，严管理、强队伍，树规范、创品牌”，坚持党建引领，学习宣传贯彻中共十九大精神，严格落实管党治党工作责任，开展“两学一做”学习教育常态化制度化和基层党支部“五化”创建工作，推进机关思想政治、基层党组织管理、机关纪律作风和机关党员队伍建设等工作，服务经济社会大局成效明显。是年，市直工委年度工作被省直工委考评为“优秀”等次；被永州市委表彰为“党建工作先进单位”“社会管理综合治理先进单位”“脱贫攻坚战役先进帮扶后盾单位”“旅游产业发展先进单位”和“全市计划生育先进单位”等。

【市直机关理论学习】 2017年，永州市制定下发《市直机关2017

年理论学习安排意见》，对市直机关党组（党委）中心组和市直机关各级党组织理论学习进行安排部署，突出抓好对习近平系列重要讲话精神、中共十九大精神和习近平新时代中国特色社会主义思想的学习，普遍做到“六有”（即有计划、有专题、有制度、有人员、有记录、有效果）。7月，对市直机关中心组学习情况进行专项督查。开展“送党课下基层”活动，组织市直机关党员领导干部、支部书记、专家学者、先进典型深入基层讲党课。开展“道德讲堂”和部门价值理念提炼活动，用社会主义核心价值体系引领机关文化建设，抓好宣传教育、示范引领、实践养成、制度规范和政策保障等重点环节，引导党员、干部恪守社会公德、职业道德、家庭美德、个人品德。部分党员干部参加市委党校宣讲团，赴县区、机关开展“社会主义核心价值观百场讲坛”活动。

【主题教育】 2017年，永州市学习贯彻落实中央、省、市委的精神，坚持把“两学一做”学习教育常态化制度化作为重点工作抓紧抓实。组织召开市直机关“两学一做”学习教育暨党支部规范化建设推进会；5月，下发文件，对推进“两学一做”学习教育常态化制度化提出具体安排和要求；6月下旬，市委常委、市委秘书长、市直工委第一书记唐能武以《坚持全面从严治党扎实推进‘两学一做’学习教育常态化制度化》为题，给机关党组织书记讲党课，对市直机关开展“两学一做”学习教育进行再发动再部署再落实。组织开展“支部主题党日”活动，统一确定每月26日为市直机关支部开展主题党日活动时间。6月29日，组织150名市直党务干部到市强制隔离戒毒所和湖南省永州监狱接受实地警示教育。组织开展“党员服务示范岗”创建活动，引导市直机关广大党员戴党徽、亮身份、树形象。开展“发挥作用，添彩党旗”大讨论活动。党的十九大召开后，在市直机关组织以“开展一系列宣讲活动、开展一系列学习培训、开展一系列研讨座谈、开展一系列社会宣传”为主要内容的“四个一”活动。

【机关党建宣传】 2017年，永州市继续在永州电视台办好“机关党建”电视专栏，全年制作节目6期。对“永州机关党建”网站进行改版升级，并通过《中直党建》、湖南《机关党建》、永州电视台、永州新闻网、永州政府网等新闻媒体加强对机关党建信息交流力度，及时发布机关党建工作动态，全年发布信息200多条，发表各类文章30余篇，播出相关新闻10余条。市公安局机关党委建立“不忘初心”讲坛和机关党建“一面墙”，市商务和粮食局机关党委实施“党建七项先锋工程”、江永县国税局抓机关党建等典型经验及成功做法，引起广泛关注，被湖南机关党建网转载。创办“永州机关党建”微信公众号，于5月25日运行，坚持每天更新，每天发布信息不少于4条。“永州机关党建”微信公众号订阅覆盖率在市直机关党员中为90%，在县区（管理区）机关党员中为70%。

【市直机关党组织建设】 2017年，永州市建立机关党组织按期换届提醒机制，有8个机关（企事业）党委、2个党支部领导班子进行换届改选，新成立党总支1个，配备领导班子成员54人；有11个党组织对领导班子成员缺额进行补选，补选领导班子成员52人。全年有38个机关党委按要求配备专职党务干部，纳入行政编制，均解决正科级以上待遇。编印下发《永州机关党建操作实务》，提供统一模板，进一步规范党组织换届选举、发展党员、组织生活会、民主评议党员等日常工作。继续开展机关基层党支部“五化”创建工作，验收516个，近2/3的基层党支部达到创建标准。7月，按照市委要求，在市委组织部的组织下，将此前由市国资委管理的5个事业单位党委划归市直属机关工委管理（永州市农业科学研究所、永州市柑橘示范场、湖南省福田茶场、永州市涔天河水库和工程管理局、湖南省双牌水库管理局），将此前由市直属机关管理的市城市建设投资发展有限公司党委划归市国资委管理。推进市直机关党组织和党员信息采集工作，注册激活网上红星云账号，逐步运用红星云网络党支部开展支部活动。按照市委“落实一个主责、恶补三块短板、破解七大难题”的工作要求，制定机关党建工作主体责任清单，建立和完善工委领导联系基层党组织责任制，采取“一月一指导”“一季一督查”“半年一考核”方式，加大日常督查考核，对每次督查考核发现的问题下发“交办函”限期整改，上半年反馈给各单位党建工作问题清单89份，问题356个，其中党员领导干部参加党组织活动的问题21个。继续实施“三级

2017 年 4 月 25 日，永州市组织召开市直机关党组织书记业务轮训班

摄影　黄型科

联述联评联考”，年初对市直机关 94 个工委直辖的基层党组织书记进行书面评议，对随机抽取的 6 名基层党组织书记进行现场述职评议；年底对 8 名市直机关党组（党委）书记进行党建工作述职评议。

【队伍建设】　2017 年 4 月 25 日—28 日，永州市分 5 个批次对 1000 多名市直机关党务干部进行业务轮训。市直各机关（企事业）党委也按要求相继对所辖党（总）支部委员进行培训。5 月 23 日，在市委党校举办市直机关第 42 期入党积极分子培训班，培训入党积极分子 308 人；6 月 20 日，举办市直机关发展对象培训班，培训党员发展对象 108 人。6 月 26 日—27 日，市直工委分 4 个小组，对中华人民共和国成立前入党的 14 名老党员进行走访慰问。“七一”前夕，表彰“先进机关党委”21 个、“先进党总支”3 个、“先进党支部”12 个、“优秀共产党员”279 名和“优秀党务工作者”28 名。加强党内关怀，建立市直机关贫困党员台账，实行动态管理，定期走访慰问。8 月 6 日—12 日，组织 90 名党组织负责人到北京大学参加“执行力+机关党务干部能力素质提升班”。在机关党员中加强执行力考核，树立先进典型，发挥示范引领作用。

【廉政建设】　2017 年，永州市依托全市 5 个廉政文化教育基地和市纪委办案中心教育基地，结合红色旅游进机关活动，组织机关党员前往参观学习，接受廉政教育；组织机关党员观看《警示·提醒》《反腐枪声》《绝不姑息》等教育警示片，组织学习市纪委《关于“纠‘四风’治陋习”查处案件通报情况》，增强机关党员干部对党纪党规的敬畏。开展专项整治工作，对目标县区开展两个专项整治工作的情况进行检查考核，抽派人员参与市纪委牵头的会风会纪监督和全市录用公务员面试监督等工作，春节、“五一”和国庆期间，市直纪工委对市直机关单位节假日的值班和公车入库情况进行专项督查。根据《永州市 2017 年“纠‘四风’治陋习”专项整治工作要点》，于 5 月 18 日—22 日在市直机关中组织开展“回头看”活动，进一步加强作风建设。加强对市直工委政治学习、纪律遵守、议事决策等工作的事前、事后的监督监管，确保市直工委各项工作运行依规有序。参与修订《市直工委规章制度》，严格按照《党政领导干部选拔任用工作条例》的规定，做到公平、公正、公开选任提拔 4 名科级干部。9 月 22 日，在市委党校举办市直机关第二期新提拔科级干部廉政培训班，对 2016 年以来新提拔的 418 名科级干部进行廉政教育培训。12 月 7 日，市编委办下发文件，明确市直纪工委新设综合室，增设纪工委副书记 1 名（正科级，兼综合室主任），综合室副主任 1 名（副科级）。调整后，市直纪工委领导职数为书记 1 名（副处级），副书记 2 名（正科级，其中 1 名兼任综合室主任），综合室副主任 1 名（副科级）。增强执纪审查力度，保持反腐高压态势，8 月，对市直机关 2016 年 1 月以来被追究刑事责任、受到行政处罚的科级及科级以下党员进行清理；全年审查违反党纪案件 13 件，办结 13 件，处分党员干部 13 人，涉及正科级干部 7 人，给予党内撤职以上处分 7 人；办理信访件 4 件，办结 4 件；审查恢复党员权利申请 3 起，办结 3 起。

【服务中心工作】　2017 年，永州市直属机关工作委员会按照职责分工，带头参与“国家卫生城市”“国家森林城市”“国家交通模范管理城市”等创建工作。组织参加“万名干部下基层，精准扶贫解难题”活动，市直机关选派机关党员 768 名下派基层工作。市直工委抽派 2 名干部参加活动，其中工委委员涂万林在永州市经开区仁湾街道罗建村担任驻村工作组组长，开展精准扶贫工作。2015年—2017年，驻村工作组相继为罗建村发展红麻特色种植产业和绿色光伏产业，协调上级政府和相关部门解决建设资金370万余元，完成通组公路建设4.5千米，除险加固小（2）型水库2座，改造危旧房23套，安装太阳能路灯106盏，帮助贫困学生4名，清理空心房18间，旱厕改水厕36所，沟渠改造3.3千米，绿化面积1300平方米，村集体经济从无到有，年增加10万元，带动20户贫困户脱贫致富。驻村工作受市委表彰，市直工委委员、驻村工作队队长涂万林被评为“2017年度脱贫攻坚战役先进个人”。6月25日以来，永州市发生罕见洪涝灾害，市直工委组织广大机关党员前往一线抗洪救灾，涌现多个先进群体与先进个人。灾后，市直工委发出捐款救灾倡议，各级机关党组织和广大机关党员干部积极响应，市直机关和机关党员捐款捐物合计268.75万元。

【群团工作开展】 2017年，永州市直属机关工作委员会按照市委常委会研究意见和市编委办文件，相关部门相继批准成立市直团工委、市直妇工委。市直工委按照干部选拔任用程序，配备市直工委群工部部长。3月10日，市直工委联合市林业局和市绿化委开展市直机关党员义务植树活动，组织机关党员500名植树3000株。9月底，联合市篮球协会和市文体广新局组织16支队伍，参加市直机关全民健身篮球比赛。10月，举办由54支代表队参加的“城投杯”市直机关气排球赛。在2017年永州市关心下一代工委成立30周年之际，唐述雷获得“全市关心下一代工作突出贡献奖”表彰。按照《2017年永州市精神文明建设工作要点》安排，永州市把“机关党员开展志愿服务活动”纳入党建目标管理考核体系，明确规定党员志愿服务活动要经常开展，全年开展活动不得少于4次。

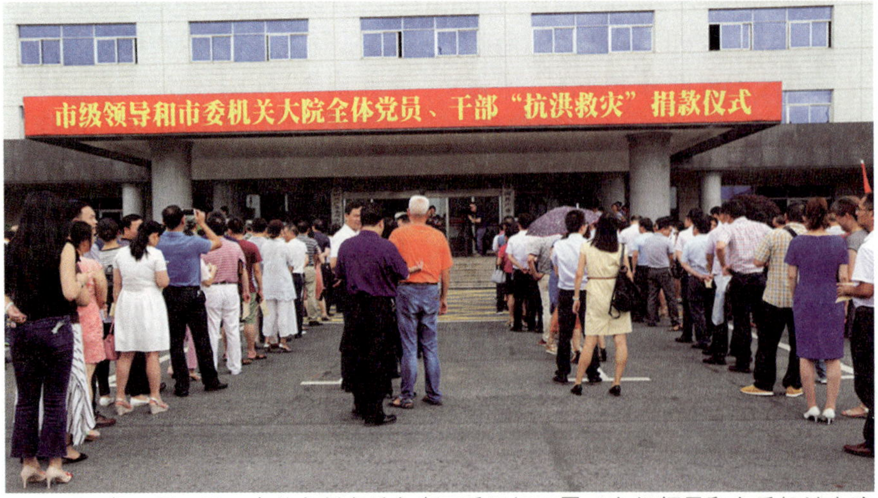

2017年7月5日，中共永州市委市直工委组织开展“市级领导和市委机关大院全体党员、干部‘抗洪救灾’捐款仪式暨开展灾后环境清理”活动

摄影　黄型科

【调查研究】 2017年2月5日，在湖南省机关党建思政研究会七届四次理事会暨全省理论研讨会上，永州市直工委被表彰为“2017年调研工作先进组织单位”，并作课题交流发言。2月14日，市人民政府副市长、市公安局局长刘新良到市直工委调研机关党建工作。开展“机关党建精准发力，助推市委‘六大战役’理论与实践征文”活动，收到参评文章197篇，评出一、二、三等奖和优秀奖，并编成《机关党建精准发力 助推市委“六大战役”实践与探索》一书，发放到全市各级党组织。永州市直工委上报的课题《发挥机关党支部教育管理党员主体作用的调查研究》，被省直工委确定为重点立项课题，年底，调研报告被湖南省机关党建暨思想政治工作研究会评定为一等奖。7月4日，市委常委、市委组织部部长吴志雄专题调研市直机关党建工作，与市直工委干部进行座谈，听取机关党组织建设情况汇报。8月31日，市委书记、市人大常委会主任李晖调研市直工委机关党建。她强调，要主动适应全面从严治党新要求，把机关党建工作摆在重要位置，突出重点，创新方法，提升党建工作水平，发挥党建引领作用；要加强基本保障，推动《中国共产党党和国家基层组织工作条例》全面贯彻落实，财政部门按照《条例》规定的标准较好地落实党员教育经费。

【重要会议】 2017年3月20日，“2017年永州市机关党的工作会议”在冷水滩区召开，市委副书记张严出席会议并讲话，市委常委、市委秘书长、市直工委第一书记唐能武主持会议，市直工委书记郑文飞作工作报告。7月5日，组织开展“市级领导和市委机关大院全体党员、干部‘抗洪救灾’捐款仪式暨开展灾后环境清理”活动。市委书记、市人大常委会主任李晖，市委副书记、市人民政府市长易佳良等市级领导带头捐款，参加现场捐款的531人捐款156620元，随后市级领导带头奔赴冷水滩街道社区开展灾后环境清理工作。8月18日，组织召开2017年市直机关党建工作推进会，贯彻落实全市国有企业党的建设工作会议暨基层党建工作重点任务推进会精神。9月27日—28日，“湖南省机关党建暨思想政治工作理论专题研讨会”在祁阳县召开。省直工委副书记伍英出席会议并讲话，永州市委常委、市委秘书长、市直工委第一书记唐能武，祁阳县委书记周新辉分别代表永州市委和祁阳县委致辞，省直工委综合调研室主任、省政研会秘书长肖新国主持会议。会上，永州市直工委、祁阳县直工委以专题片的形式展示机关党建工作取得的成绩，并作交流发言。9月30日，承办中共永州市委升国旗仪式，庆祝中华人民共和国成立68周年。李晖出席并讲话，易佳良主持仪式，全体在家的市级领导及其他厅级领导干部、市委机关大院内400余名干部职工参加。

（唐述雷）

党校工作

【概况】 2017年，中共永州市委党校举办处干班、科干班、妇干班、民干班、中青班等不同类型主体班10期，培训党员领导干部466人次；在省市级刊物公开发表理论文章29篇，全省党校行政学院社科规划课题结项4项、立项6项，全省社会主义学院系统社科结项1项，获全省党校行政学院系统年度理研会优秀论文一等奖1篇、二等奖5篇、三等奖5篇；被省委宣传部评为全省基层理论宣讲先进集体，获评全省党校行政学院系统第12次教学比赛三等奖，被省委党校、行政学院评为2017年度在职研究生教育优秀学区；被市委、市政府评为2017年度全市基层党建工作先进市直行业系统党组织、“喜迎十九大建设新永州”市直机关大合唱比赛优秀奖、2017年度全市统战工作先进单位；被市直工委评为2017年度市直机关党建工作目标管理先进单位；被市委人才工作领导小组评为2017年度全市人才工作先进单位；获得市老科协、老保协党校分会先进集体；机关第五（退休）支部被评为全市示范离退休干部党支部。

2017年4月27日，永州市党校工作会议召开

【教育教学创新】 2017年，中共永州市委党校将党性教育、党性分析、党性锻炼穿插于党员干部培训全过程，理论教育和党性教育课时量占主体班教学总课时的76%，其中党性教育课时占总课时的27%。结合永州红色文化和培训班次特点，组织学员到陶铸纪念馆、李达故居、陈树湘烈士墓、井冈山等地，开展红色现场教学。统筹市县红色教育基地，打造党性教育基地精品路线2条，在全市形成“一课堂、两路线”的培训格局。组织开展2017年全市党校行政学院系统第12次教学比赛。5月—6月，市委党校与市委宣传部组织19名教员成立社会主义核心价值观宣讲队，进机关、进学校、进社区、进村开展社会主义核心价值观宣讲，在全市11个县区开展宣讲活动100多场次，新湖南客户端、《永州日报》等多家主流媒体进行报道。10月31日—11月5日，组织开展中共十九大精神微党课宣讲活动，秋季主体班4个班学员分赴各县区农村、社区、学校和工厂车间一线，用通俗易懂、喜闻乐见的方式向基层党员群众宣讲。

【科研资政】 2017年，经中共永州市委同意，市委党校重新开办停刊20余年的《永州论坛》。完成决策咨询项目2项，其中由

2017 年 11 月 24 日，中共永州市委党校常务副校长许洋名带领志愿者到扶贫点宁远县禾亭镇石城村开展主题党日活动

中青班学员执笔、党校教师指导的《传承红色基因 打造红色永州——对永州红色文化资源的调查与思考》获市委副书记、市委党校校长张严批示，并推广运用。常务副校长许洋名撰写的《让党旗在党校上空高高飘扬》，被湖南省发展研究中心主办的《决策参考》刊发。

【学员管理】 2017 年，中共永州市委党校执行学校与市纪委、市委组织部等部门联合印发的《关于落实从严治校要求全面加强学员管理的规定》，把全面从严治党要求落实到全面从严治校全过程。围绕学员考勤、到课、就餐、住校等重点环节，坚持“两检查两通报一分析一约谈”。上半年，6 个主体班平均到课率 96.8%，手机入袋率 100%，就餐率 88.5%，住宿率 79.8%；下半年，4 个主体班平均到课率 97.4%，手机入袋率 99.7%，就餐率 99.2%，住宿率 96.7%。将学员培训期间的表现情况，如实上报市委及市纪委、市委组织部，使党校成为市委特别是纪委、组织部观察了解、监督管理干部的“第三只眼”。将纪律规定作为入学教育的必学内容，要求学员手工抄写并签订《学员遵守纪律承诺书》，教育引导学员严格执行和维护党的纪律与党校纪律。

【人才队伍建设】 2017 年上半年，中共永州市委党校引进文学博士研究生 1 名、硕士研究生 2 名，新招录公务员 1 名；下半年引进博士研究生 1 名、遴选公务员 1 名。在职数范围内，选拔任用干部 7 名，其中正科级实职 5 名，副科级非领导职务 2 名；交流 1 名副处级干部到市商务和粮食局任职。选派 4 名新提拔干部参加市直工委组织的科级干部廉政培训，选派 3 名组工干部到北京大学、复旦大学、浙江大学参加人事管理、干部执行力培训；选派骨干教师和管理干部 100 余人次，参加中央党校、湖南省委党校、中国人民大学等班次的业务培训。9 月 21 日—27 日，组织全校专兼职教师和 11 个县区委党校骨干教师 61 人，赴延安开展党性教育专题培训，进一步提升干部队伍的理论功底和专业能力。

【市委党校整体搬迁项目】 2017 年，中共永州市委常委会研究市委党校整体搬迁工作 6 次，市人民政府常务会议研究 1 次。5 月 26 日，市委书记、市人大常委会主任李晖，市委副书记、市人民政府市长易佳良现场调研党校地址，主持召开座谈会，协调解决党校整体迁建有关问题。市委副书记、市委党校校长唐湘林，市委常委、市委组织部部长吴志雄，时任市委副书记、市委党校校长张严，分别主持召开党校整体迁建工作调度会，解决建设过程中的难题。截至 2017 年年末，完成项目选址、控规调整审批、土地调规、林地审批、土地报批、征地、立项等前期工作。

（吕黎）

老干部工作

【概况】 2017 年，永州市有离休干部 208 人，其中行政机关 73 人、事业单位 65 人、企业 70 人。市直有离休干部 62 人，其中行政机关 16 人、事业单位 14 人、企业 32 人。全市有退休干部 52668 人，离退休干部党组织 708 个，占全市基层党组织的 6.1%；离退休干部党员 4.57 万人，占全市党员总数的 13.7%。全市各级老干部门落实全国老干部工作“双先”表彰大会精神，以学习贯彻中央、省委和市委文件为重点开展各项工作。2 月，举办全市老干部工作人员公文写作知识培训班。6 月底，组织全市 60 名老干部工作者在复旦大学举办“执行力+能力素质提升”研修班。完成公务员信息采集 28 人次，遴选公务员 3 名。坚持“五必访”原则，全年看望住院离退休干部 36

人次，走访慰问离退休干部417人次，发放慰问金40余万元。2月，市委老干部局获得“全省老干部工作先进集体”省级荣誉1次；12月，获得“2017年度中国老科学技术工作者协会先进集体奖”国家级奖项1次。

【思想政治建设】 2017年，永州市多次组织离退休干部学习贯彻党的十八大、十八届五中、六中全会和党的十九大精神以及全国、全省老干部工作“双先”表彰大会精神，举办离退休干部专题报告会、学习班、培训班、座谈会等学习活动130场次，参加学习3万余人次。向老干部通报情况70场次，组织老干部就近参观考察40场次。组织开展“做全面从严治党的坚定支持者和模范践行者”专题学习讨论600余场次，评选优秀讲稿、心得体会、言评文章80余篇。

【离退休党支部“五化”建设】 2017年，永州市有离退休干部党组织708个，占全市基层党组织的6.1%；离退休干部党员34910人，占全市党员总数的12%。永州市以推行党支部“五化”建设（支部设置标准化、组织生活正常化、管理服务精细化、工作制度体系化、阵地建设规范化）为总揽，以开展争创“五好”离退休干部党支部、争当“五好”离退休干部党员为工作目标，摸清离退休干部党支部的底数，选好配强离退休干部党支部班子，着力提升老干部党建“堡垒指数”。全年评选、表彰“全省示范离退休干部党支部”1家、“全市示范离退休干部党支部”30家。

【“3+X”服务模式】 2017年，永州市整合社会资源为老干部提供精细服务的方式方法，开创“3+X”新模式，引导义工协会为离退休干部提供精准化、网格化服务。“3”即相对固定3名人员结对服务一名老干部，3名工作人员分别是：1名市委老干部局领导负责领导，1名局工作人员负责联络，1名义工人员具体负责为老干部服务；“X”即服务内容，除基础服务外，根据老干部的实际需求提供精准化服务，服务内容包括：送递刊物、政策宣传、法律服务、慰问走访、家政服务、代购缴费、水电维修、护理陪护、健康医生、营养咨询、谈心倾听、修甲理发等12项。自启动“3+X”新模式后，走访陪护老干部1220次，陪护时间累计2200个小时，为老干部祝寿40人次，到医院探视老干部60人次，参与服务的干部和义工3600人次。

【离退休干部工作委员会成立】 2017年1月，中共永州市委下发《关于同意成立中国共产党永州市离退休干部工作委员会的批复》。5月，市委组织部下发市委离退休干部工委书记、副书记、委员的任职通知。截至2017年年末，全市11个县区全部成立离退休干部工委，市委离退休干部工委和11个县区工委专职副书记配备到位。全市各级各部门将离退休干部党支部建设工作纳入党建工作总体规划，做到同计划、同部署、同落实。

【老干部迎新春工作情况通报会】 2017年1月22日，中共永州市委召开2017年老干部迎新春工作情况通报会。市委书记、市人大常委会主任李晖向全市离退休老同志祝贺新春，并通报2016年全市经济社会发展情况。市委副书记、市人民政府市长易佳良主持会议。市领导张严、高建华、蒋善生、唐能武、王守海、刘尤碧以及全市副厅级以上离退休老领导出席。

【全市组织部长老干部局长会议】 2017年2月24日，中共永州市委召开全市组织部长、老干部局长会议。市委书记、市人大常委会主任李晖出席会议并就老干部工作讲话。市委常委、市委组织部部长吴志雄主持会议，并在组织工作报告中对老干部工作进行部署。各县区委书记、组织部部长、老干部局局长，市直机关、企事业单位及中央、省驻永州单位分管组织、老干工作的主要负责人和老干政工科长参加会议。市委组织部副部长、市委老干部局局长刘均军在全市老干部局长会议上作工作报告，传达学习全国、全省老干部工作“双先”表彰大会和全省老干部局长会议精神，总结2016年全市老干部工作，安排2017年工作任务。

【重点调研】 2017年4月5日—6日，中共湖南省委离退休干部工委书记、省委组织部副部长、省委老干部局局长崔永平到永州，调研督查贯彻落实中办发、湘办发有关文件和全国全省老干部工作“双先”表彰大会精神情况，特别是“点赞新变化、助力新湖南、喜迎十九大”主题活动部署安排和活动开展情况。市政协主席蒋善生，市委常委、市委组织部部长吴志雄，市委常委、江华瑶族自治县县委书记罗建华，宁远县委书记刘卫华，市委组织部副部长、市委老干部局局长刘玲军等陪同调研。崔永平先后到江华瑶族自治县县委老干局、县老年大学、县人民检察院，宁远县湾井镇下灌社区调研离退休干部党建工作，并与永州市、江华瑶族自治县、宁远县有关领导分别座谈。4月21日—22日，省关工委名誉主任沈瑞庭，副主任高锦屏、王四连，省关工委委员、省关心下一代基金会理事长耿云等一行赴永州市调研民营企业关心下一代工作。调研组一行赴湖南凯盛鞋业有限公司、湖南恒康大药房股份有限公司、湖南奔腾文化创意股份有限公司等6家企业实地考察，并召开座谈会听取永州市以及冷水滩区、零陵区、祁阳县、东安县等区县民营企业关心下一代工作情况汇报。5月9日—11日，省人大常委会原副主任、省关工委副主任罗海藩一行到永州市调研，了解基层关心下一代工作情况。调研组实地走访零陵区异蛇科技实业有限公司、零陵区爱眼城、萍洲书院、美丽乡村香零山村等企业、机构、乡村，了解关工委组织、队伍、制度建设和活动开展情况，罗海藩对永州关心下一代工作特别是民营企业关心下一代工作给予肯定。8月29日—30日，省委离退休干部工委委员、省委宣传部部务会成员、副巡视员李颖带队到永州市督查调研湘办〔2017〕32号文件贯彻落实情况、离退休干部“两学一做”学习教育常态化制度化工作情况以及为党和人民事业增添正能量活动开展情况。市委常委、市委宣传部部长刘尤碧参加，市委离退休干部工委书记、市委组织部副部长、市委老干部局局长秦远林全程陪同调研。督查调研组一行先后到祁阳县财政局、祁阳县国税局、市公路局、市商粮局、零陵区公安局督查调研全省示范离退休干部党支部创建工作，实地查看零陵区老年大学建设并观看学员的文艺演出。

【全市关心下一代工作现场交流会】 2017年6月27日，中共永州市委老干部局在双牌县召开全市关心下一代工作现场交流会，进一步推介双牌县关心下一代工作先进典型和好的做法。省人大常委会原副主任、省关工委主任杨泰波和市委常委、市委组织部部长、市关工委主任吴志雄出席会议并讲话。

【“喜迎党的十九大、翰墨丹青抒情怀”书画展】 2017年10月12日，永州市老干部“喜迎党的十九大、翰墨丹青抒情怀”书画展在市美术馆开展。中共永州市委常委、市委宣传部部长刘尤碧出席仪式并宣布开展。老干部（老年）书画家协会会长万爱平主持开展仪式。市委组织部副部长、市委老干部局局长秦远林致辞。老领导唐盛世、孔宪访、刘高志、郝杰为获奖作者颁奖。此次书画展征集书画作品300件，经评委会筛选和评比，选出入展作品102件，其中书法金、银、铜奖12件，绘画金、银、铜奖6件。

【全市离退休干部党建工作推进会】 2017年12月25日—26日，永州市召开全市离退休干部党建工作推进会，学习传达全省离退休干部党建工作推进会精神，总结全市离退休干部党建工作，交流工作经验，部署下一阶段工作任务，并为全市第一批示范离退休干部党支部进行授牌。市委常委、市委组织部部长吴志雄出席并讲话。市委离退休干部工委书记、市委组织部副部长、市委老干部局局长秦远林作工作报告。市委离退休干部工委委员，各县区委组织部部长，县区委离退休干部工委书记、专职副书记，市直有关单位分管老干部工作的领导，市县区部分离退休干部党支部书记参加会议。会后，举办永州市离退休干部工作系统暨离退休干部党支部书记学习贯彻党的十九大精神培训班，观摩市商务

2017年12月25日，永州市离退休干部党建工作推进会召开　　摄影 刘玉

和粮食局、市公路局、零陵区香零山村老干（老年）党支部和零陵区党建公园等离退休干部党建工作现场。

（张晟）

对台工作

【概况】 2017年，中共永州市委台湾工作办公室（永州市人民政府台湾事务办公室）贯彻中央对台工作的决策部署，服务市委、市人民政府对台工作主线，开展一系列亮点工作，其中全域旅游、现代农业、环境保护、品牌建设等稳步推进，成效明显，为全市对台关系深入发展和经济社会健康发展作出积极贡献。

【交流交往】 2017年4月27日，永州市打造“文旅康养特色小镇”专题报告会在永州会堂举行。中共永州市委书记、市人大常委会主任李晖主持报告会，两岸经营者俱乐部、中华两岸连锁经营协会总执行长卓世杰应邀作专题报告，专题报告掀开永（永州）台（台湾）两地文化旅游领域合作新篇章。5月15日—21日，市委副书记张严带领永州农业交流团一行15人走进台湾，开展以“学台湾现代农业，促品质活力永州”为主题的考察交流活动。在台湾期间，举办2017永州市现代农业考察团交流座谈会，20位台湾知名人士、农业专家、企业家参加座谈，助力永州农业现代化发展。8月3日，“永台首届两岸生态环境教育交流研讨会”在舜皇山国家森林公园举行，旨在宣传“两岸携手，保护生态环境”，共同推进绿色发展理念。

【经贸合作】 2017年春节前后，中共永州市委台湾工作办公室利用农村务工人员返乡时机，组织县区台办联合县区人社部门针对台资企业用工开展“春风引动”专场招聘会，衔接贫困户参会，既帮助台资企业解决用工缺口大、招工难的问题，又帮助贫困户解决就业和脱贫的问题。累计解决用工缺口3000余人。2月23日，永州市台胞台商新春座谈会在冷水滩区举行，市委副书记、市委政法委书记张严出席座谈会并讲话，市委常委、市委统战部部长石艳萍主持座谈会，副市长谢景林通报2016年全市经济社会发展情况。会议着重听取和解决在永州的台胞台商生产生活中碰到的困难和问题，要求通过优化服务改善投资环境，构筑“创新开放新高地”，打造“品质活力新永州”，构建“清·新”政商关系。4月与10月，组织东安县委台办赴深圳与上海观摩学习先进地区的对台经济交流经验，并在两岸经营者俱乐部举办的两岸企业家联合会上就东安招商项目进行推介宣传，主动对接邀请台湾上缘食品企业有限公司、源正有限公司、尚顺食品有限公司、原易汽车有限公司、巴强农林科技有限公司、通强生物科技股份有限公司，到永州考察投资环境，寻求合作机会。9月25日，市委、市人民政府举办永州市2017年台胞台商台属中秋座谈会，市委书记、市人大常委会主任李晖出席。她指出，要推行精细精准精确服务，不断优化发展环境，推动永台合作向纵深发展。11月29日下午，全国台企联华中片区会长联席会暨永州市台湾同胞投资企业协会2017年换届大会在永州召开，全国台企联常务副会长、全国台企联华中片区会长余明进、全国台企联华中片区的50余名台商以及永州市委统战部、市台办等单位的领导和嘉宾出席会议，永州特色产品展示会、永州经济技术开发区招商推介会在会议期间举办，市人民政府副市长谢景林出席活动。协助江永县台办举办小型台商商洽会2次，引进永州桦仕德农业发展有限公司、永州威腾食品有限公司2家台资企业落户江永县。

2017年，永州市台胞台商新春座谈会

2017 年 4 月 26 日，第十一届阳明山"和"文化节开幕

【品牌建设】 2017 年 4 月 26 日，第 11 届湖南·阳明山"和"文化旅游节暨"健康中国魅力河山"2017 国际越野跑挑战赛（和美阳明山站）启幕。开幕仪式上，两岸经营者俱乐部主席、中华两岸连锁经营协会理事长王国安转赠中国国民党主席洪秀柱、原海基会会长林中森为阳明山书写的"和"字。国台办交流局副局长董碧幽，省台办交流交往处处长李瑾瑾等出席。海峡两岸森林康养论坛暨旅游招商推介会在活动中举办。10 月 30 日，在冷水滩区举办"家和万事兴台湾永州媳妇娘家行"活动，打造永台交流交往"红娘"品牌，台湾 20 余位陆配回到永州，感受家乡的深厚魅力和深刻变化。11 月 17 日，"湖南东安·两岸幼儿教育交流活动"开幕式在东安会堂举行，拉开东台两岸幼教交流活动的序幕，中共永州市委常委、市委统战部部长石艳萍宣布两岸交流活动开幕。

【基础工作】 2017 年 4 月 27 日，永州市对台工作会议在冷水滩区召开。市委副书记、市委政法委书记张严讲话，市委常委、市委统战部部长石艳萍主持会议，副市长谢景林出席。会议学习贯彻习近平有关对台工作的系列讲话，传达贯彻 2017 年全省对台工作会议和市委常委会会议精神，总结 2016 年工作，部署 2017 年工作。3 月，启动全市台情普查工作，应对两岸关系发展的新形势，进一步贯彻落实 2016 年全省对台工作会议精神，为全市做好对台工作打下坚实基础。12 月 22 日，市委台办在零陵区召开全市党委台办主任座谈会，全市各县（区）委台办主任，金洞管理区、回龙圩管理区、永州经济技术开发区党委负责人、湖南科技学院港澳台办事处负责人参加会议。会议传达省委台办主任座谈会精神，围绕"县（区）委台办应该干什么、县（区）委台办能干什么、2017 年县（区）委台办干了什么、2018 年县（区）委台办打算干什么"等议题进行座谈讨论，为 2018 全市对台工作指明方向。

【对台宣传与涉台教育】 2017 年，中共永州市委台办在全省各市州率先开通新媒体账号"潇湘海峡两岸情"微信公众号和一点资讯号，及时传递涉台资讯，宣传推介永州，截至 2017 年年末，阅读量排全省市州台办第二位。7 月，在全省党委台办主任培训会上，市委台办主任周生来做新媒体宣传典型发言。编写《台胞台商风采录》一书，组稿编审与出版工作正有序推进。为深化涉台教育，全市各级党委台办先后开展对台形势报告进党委学习中心组、进党校、进机关活动。市委台办主任周生来先后为市委党校处干班和冷水滩区、祁阳县委学习中心组，双牌县、东安县、零陵区党外干部培训班讲授涉台知识和台海形势。

【爱心公益】 2017 年 2 月 22 日，永州市台湾同胞投资企业协会到祁阳县羊角塘镇平安完小和冷水滩区骄阳小学，开展捐资助学活动，活动为 33 名品学兼优的贫困留守学生送去助学款 4 万元。7 月初，面对特大洪灾，永州市委台办组织市台湾同胞投资企业协会和台资企业奉献爱心，支援灾后重建，号召台资企业党支部发挥战斗堡垒作用，发扬党员先锋模范作用，鼓励支部党员捐款捐物 50 万元。8 月 28 日，市台协秘书长罗云悌一行到冷水滩区黄阳司镇天里坪村，为李美云同学送去新学期的学习用品和助学款 5000 元。9 月 1 日，永州市台协对祁阳县羊角塘镇狮城天天乐小学开展捐资助学活动，为贫困学生送去助学金 1 万元，并捐助学习用品 160 份、大米 20 包，价值 12095 元。同日，台商雷正南向东安县井头圩镇中心小学万涛、文静、唐俊峰、蒋莲伟、李雄斌等 5 位建档立卡贫困学生捐赠 5000 元及大米 5 袋。

（孙吉春）

讲师团工作

【概况】 2017 年，中共永州市

委讲师团结合新时代干部理论教育工作的新要求，学习习近平治国理政新理念新思想新战略，贯彻中共十九大精神，宣传习近平新时代中国特色社会主义思想，市委理论学习中心组学习、理论宣讲、理论研究及学习平台建设工作扎实推进，取得突出成效。市委讲师团被评为2017年度全省讲师团工作先进单位，增加市本级财政预算10万元，增加全额拨款事业编制3名，增加办公用房1间，并从市委办公楼搬至市政府二办公楼办公。

2017年，中共永州市委讲师团获全省讲师团工作先进单位及部分科研成果

【市委理论学习中心组学习】 2017年，中共永州市委讲师团落实“自学、听课、发言、讨论、小结、通报”6个环节，采取专题辅导与集中讨论相结合的形式，组织市委理论学习中心组进行集中学习11次25天。年初，在市委中心组成员中开展学习调研2次，综合分析意见建议29条，确立重点学习专题6个和备学知识讲座9个，制定出台《永州市委理论学习中心组2017年理论学习安排意见》，由市委宣传部、市委讲师团联合行文下发至全市各级党委（党组）中心组。策划举办大型专题辅导报告会20场，其中省委宣讲团到永州宣讲2场，外请报告17场，市委书记、市人大常委会主任李晖宣讲1场。邀请的国家级专家有故宫博物院院长单霁翔、国家安监总局研究中心主任黄盛初2人；省部级专家黄兰香；省厅级专家有徐晨光、刘大放、徐湘平、贺弘联、张泽军、张志初、罗辉、邓清柯、熊剑勇、陈志强、贺丽君11人；高校专家有郑强、覃正爱2人；大型国企专家有王世渝、黄宇、汪建3人。报告会扩大到各县区（管理区、开发区）党政主要负责人、市直及中央、省驻永州的单位副处级以上领导干部，市委、市人民政府两大院副科级以上干部近千人。为市委中心组成员购买学习资料6种130余册，提供新华书店书卡2万元。围绕学习专题，联系市委工作，组织市委中心组成员开展集中讨论8次，其中，第11次集中学习就如何贯彻落实十九大精神，围绕“今年怎么看，明年怎么办”开展为期2天的集中讨论，各部、办、委、局主要负责人100多人参加，为市委、市人民政府2018年工作献计献策。以建设“创新开放新高地，品质活力新永州”为主题，组织中心组成员结合各自分管工作实际分头开展专题调研，其中集中研讨交流2次，形成包括市委书记、市人大常委会主任李晖的署名文章《永州市加快建设创新开放新高地路径研究——在“一带一路”背景下创新理念适应新常态》在内的调研报告17篇，并结集出版《2017年市委理论学习中心组调研文集》1000册，供全市各级各部门学习参考。省委讲师团《学习导刊》（2017年第4期）以题为《以学为纲、以学促干、以学转改——永州市委理论学习中心组常态化高密度大强度学讲话》向全省推介永州做法。

【理论宣讲】 2017年，中共永州市委讲师团围绕中共十八届六中全会精神、全国“两会”精神、湖南省第11次党代会精神、习近平“7·26”重要讲话精神、中共十九大会议精神、习近平新时代中国特色社会主义思想及市委组织开展的“解放思想、实干兴永”大讨论活动等，在全市组织各种专题宣讲1000场次，参听干部群众10万人次。其中，组织市委宣讲团深入各县区（管理区、经开区）、市直各单位宣讲100场次；讲师团主任周勇受邀到各级各部门宣讲30场次；联合各县区委宣传部深入工厂、农村、街道、学校开展微宣讲150场次；7月，配合省委讲师团深入冷水滩区梅湾街道办事处组织“学而习讲坛：中国共产党的自信从哪里来”基层巡回微宣讲系列活动；11 月 14 日，市委书记、市人大常委会主任李晖深入祁阳县羊角塘太平村向村民宣讲十九大精神。编发《学讲话 用讲话》微心得专报 10 期，推介交流党员干部学习心得成果 22 篇。

【理论研究】 2017 年，中共永州市委讲师团围绕思想理论领域的新情况新问题、围绕永州改革发展的实际、围绕人民群众普遍关心的现实问题，开展教学研究、对策研究和工作研究。其中，教学研究成果有：周勇撰写的《新时代党委（党组）必须高度重视理论建设和理论指导》在 2017 年全省讲师团系统学习贯彻中共十九大精神理论研讨会获三等奖；《试论新时代习近平“家风建设”思想的历史渊源和时代价值》入选省“和善文脉”2017 年理论研讨会；《贯彻新发展理念 加快构建永州农业现代化经济体系》在永州市学习贯彻中共十九大精神第一期集中轮训班结业式上发言；《以学为纲 以学促干 以学转——永州市理论学习中心组常态化高密度大强度学讲话》在《学习导刊》2017 年第四期发表。对策研究成果有：周勇参与省委讲师团联合课题《着力创新湘江源头治理的生态补偿机制》，在《研究与决策》2017 年第 1 期发表；周勇主持市级社科基金重点课题《农业大市向农业强市转变》完成结题，为市委、市人民政府推进“三农”工作提供决策依据。工作研究成果有：周勇撰写的《浅析〈爱莲说〉审美观照》入选周敦颐诞辰 1000 年国际学术研讨会，并在《永州政协》2017 年第二期公开发表；李国仲撰写的《严肃党内政治生活的思考》，在《学习导刊》2017 年第五期发表，《永州引“金融活水”浇肥实体经济》在《湖南日报》12 月 6 日“州市新闻”板块头条发表；吴秋香编撰的《中共永州市委讲师团志》，1 月由湖南人民出版社出版（《中共湖南省委讲师团志》第 408—423 页）。

【学习平台建设】 2017 年，中共永州市委讲师团采取巧借外力与自挖潜力相结合的方法，从历年市委中心组学习邀请的辅导专家学者中，遴选一批在国内外、省内外有较高知名度、较大影响力的专家学者组建市委中心组学习辅导专家库。其中，有为中共中央政治局授课专家 12 人、国家级经济专家 7 人、党建专家 5 人、法学专家 3 人、外交专家 2 人、环保专家 4 人，省级各类专家 7 人，共 40 人。该专家库为市委中心组学习发挥重要作用。配合市委宣传部，以讲师团为主，从市社科联、市委党校、湖南科技学院、永州职业技术学院抽调 10 名理论教学骨干充实到市委理论教学专家库，为全市各级党委（党组）中心组学习提供集体备课、集中宣讲、按需点单“一条龙”服务。同时组织各县区、管理区、经开区、市直有关单位党委中心组学习秘书 16 人参加省委宣传部、省委讲师团联合举办的“全省党委（党组）理论学习中心组学习秘书培训班”，打造一支永远不走的基层理论辅导骨干队伍，形成市、县、乡三级联动的理论武装工作新平台。进一步完善湖南省党委中心组学习信息管理平台“永州版块”，将原有的 6 个栏目调整为通知公告、学习制度、学习计划、学习纪实、学习综述、学习总结、学习成果、学习考核 8 个栏目。

（吴秋香）

永州市人民代表大会

综　　述

2017 年，永州市人民代表大会常务委员会坚持将学习贯彻习近平新时代中国特色社会主义思想和中共十九大精神作为首要政治任务，始终将党的领导放在首要位置，坚持和完善请示报告制度，召开重要会议、作出重要决定、组织重要活动、开展重要工作，及时向市委请示报告，自觉把党的主张通过法定程序转化为地方性法规和人大决定决议。贯彻落实中央、省市推进县乡人大工作和建设会议精神，代拟《中共永州市委关于加强县乡人大工作和建设的实施意见》。听取审议全市“六五”普法情况的报告，作出关于开展第七个五年法治宣传教育的决议，对推动全民学法守法用法，提高社会治理法治化水平作出部署。依法任命新一届市人民政府组成人员和其他国家机关工作人员 63 人次。听取市人民政府工作部门 2016 年度工作情况的报告，“两院”2016 年度专项工作情况及有关业务庭（局）、处工作情况的报告并进行评价，督促常委会任命的国家机关工作人员依法履职、尽责作为。根据市委改革发展课题，围绕提升中心城市辐射带动力、脱贫攻坚、农村低保与扶贫标准“两线合一”、降低城市建设征地拆迁成本、城乡居民医保并轨、民族

2017年12月11日，永州市五届人大常委会第九次会议召开

乡经济社会发展等民生领域的重大课题开展调研，形成一批高质量的调研报告。

针对市级工业财源建设存在的问题和不足，专门召开常委会开展专题询问，向相关部门询问16个方面的具体问题，各相关部门主要负责人认真作答。对《关于加大宋家洲环境综合治理力度加快开发建设的议案》实行挂图作战，先后召开专题调度会13次，组织13次房屋征收和拆除集中行动，签约征收239户、面积52869平方米，涉及房屋129幢；累计拆除违法建筑174幢，拆除面积69985平方米。持续督办《关于在全市城区推进学位建设三年（2017—2019）攻坚行动的议案》，督促市人民政府出台《永州市城区学位建设三年（2017—2019）攻坚行动实施方案》。全市学位建设完成投资22.45亿元，有40所中小学建设项目完工或基本完工；新增学位5.2万个，完成年度计划的91.43%。投身“六大战役”。全市交通提速战役三年行动录入项目119个，总投资1245亿元，其中实施项目33个。湘桂铁路永州地区扩能工程开工建设，省道355线、365线等重点干线公路和祁（祁阳）冷（冷水滩）大道、零（零陵）双（双牌）大道、冷（冷水滩）东（东安）大道等潇湘城市群市政化快速通道建设加速推进。组织代表就永州高铁项目建设开展跨省调研，联合广东、湖南两省的全国人大代表向全国人大提出建议，呼吁推动永（永州）清（清远）广（广州）高铁建设。重抓预算监督。督促政府依法依规完整编制一般公共预算、政府性基金预算、社会保险基金预算和国有资本经营预算（草案），要求预算（草案）必须按时提交市人大财经委初审、市人大常委会审议、市人民代表大会决定。在全省市州率先制订《关于对审计查出问题整改情况报告开展满意度测评的办法》，并依照《测评办法》对责任部门开展首次测评，督促责任单位切实整改。

突出城市管理和民生领域立法。制定《永州市城市市容和环境卫生管理条例》《永州市人民代表大会及其常务委员会立法条例（草案）》《永州市历史文化名城保护条例（草案）》，开展《永州市城市住宅小区管理条例》《永州市古树名木管理条例》和《永州市城市公共客运管理条例》等3个立法项目调研。常委会接收、登记、审查市人民政府和各县区人大常委会报备的规范性文件75件。持续开展水污染防治法执法检查，突出整治水库投肥养鱼问题。跟踪监督食品安全“一法一条例”执法检查整改情况。督促政府继续开展食用农产品、肉类市场、瓶（桶）装饮用水专项整治行动；推进学校（单位）食堂标准化建设，开展校园及周边食品安全“护苗行动”，巩固食用油、米粉放心工程建设成果。先后配合全国人大常委会、省人大常委会开展《中华人民共和国固体废物污染环境防治法》《中华人民共和国著作权法》和《湖南省农村扶贫开发条例》等法律法规执法检查。听取和审议市中级人民法院关于执行工作情况的报告，督促市中级人民法院切实优化执行环境，加大工作力度，解决“执行难”问题。听取和审议市人民检察院关于“除虫护花”永州行动工作情况的报告，督促检察机关“铁腕除虫”“柔情护花”，提高服务经济社会发展的能力和水平。对2016年市中级人民法院《关于〈中华人民共和国行政诉讼法〉贯彻实施情况的报告》和市人民检察院《关于深化检务公开规范执法行为情况的报告》审议意见的整改落实情况进行跟踪督办，推动常委会审议意见有效落实。组织代表视察市中级人民法院、市人民检察院工作，支持“两院”深化司法体制改革，落实司法责任，促进社会公平正义。

联合全国人大深圳培训基地、浙江大学等举办专题培训班，培训代表150人次。坚持主任会议成员走访代表制度，了解代表履职情况，听取代表意见，帮助代表解决履职中的困难和问题。组织在永州的全国、省、市人大代表开展会前视察，协助代表围绕经济社会热点开展调查研究，把符合永州实际、社会普遍关注的问题作为酝酿议案建议的重点，向各级人代会提出高质量的议案建议。完善代表短信、微信平台服务功能，定期向代表寄送《中国人大》《人民之友》《永州人大》等报刊资料，为代表知情知政提供信息。建立代表激励机制，评选表彰46名优秀市人大代表，进一步激发代表的责任担当和履职激情。建立代表履职档案，加强考核和管理，促进人大代表在人民群众的监督下尽职尽责。市五届人大一次会议收到代表建议318件，全部办理完毕并答复代表，代表满意和基本满意率98.7%。建立健全主任会议成员领衔督办代表建议机制，选取严格控制农业生产中滥用农药、打通并村后的断头路、规范中心城区地下管线地面附属设施等7件社会关注度高、事关永州长远发展的建议，由常委会副主任牵头督办、市人民政府副市长牵头领办。常委会第八次会议专门听取重点督办建议7个承办单位的办理工作报告并进行测评，测评满意率100%。加强常委会与人大代表的联系，修订常委会组成人员联系市人大代表办法，畅通社情民意表达渠道。构建市人大代表建议办理网络信息平台，推进建议提交、交办、承办、答复、评价等工作全程网络化。扩大代表对常委会工作的参与度，邀请代表列席常委会会议，参加立法调研、视察检查、专题询问等各项履职活动。出台《关于预算审查前听取人大代表和社会各界建议的若干意见》。制定、修改和完善常委会工作规程、主任会议议事规则、常委会决议决定及审议意见交办、督办办法以及机关办文、办会、服务、协调等一系列制度，推进常委会履职行权的科学化、法制化和人大机关日常管理的规范化、精细化。重视人大新闻宣传工作，办好《永州人大》杂志和永州人大网站，开展人大好新闻评选活动。注重加强上下级人大的联系和沟通，加强对县乡人大工作的联系指导。开展“市级文明单位”和“模范职工之家”创建活动。

2017年7月25日，永州市五届人大常委会第四次会议举行第二次全体会议，对市级工业财源建设开展专题询问

监督工作

【工业财源建设专题询问】 2017年7月，永州市人大常委会第四次会议针对市级工业财源建设存在的问题和不足，专门召开常委会开展专题询问，向相关部门询问16个方面的具体问题，各相关部门主要负责人认真回应。常委会形成审议意见并及时进行交办、督办，促成工业领域一些老大难问题的逐步解决。

【预算监督】 2017年，永州市人大常委会督促政府依法依规完整编制一般公共预算、政府性基金预算、社会保险基金预算和国有资本经营预算（草案），要求预算（草案）必须按时提交市人大财经委初审、市人大常委会审议、市人民代表大会表决，提高审查预算的规范性、针对性和实效性。从预算编制、预算执行、预算调整到决算提前介入、全程把关，促进政府依法理财、严格管财，有效实现财政资金效益最大化。科学运用审计监督成果，对审计查出的问题，以审议意见的形式交由市人民政府及责任部门办理，明确要求整改情况由政府及责任部门分别向市人大常委会报告。在全省市州率先制订《关于对审计查出问题整改情况报告开展满意度测评的办法》，并依照《测评办法》对责任部门开展首次测评，督促责任单位切实整改，实现人大监督和预算执行同提质、齐增效。

【督促城区学位建设】 2017年，永州市人大常委会持续督办《关于在全市城区推进学位建设三年（2017—2019）攻坚行动的议案》，力促市人民政府出台《永州市城区学位建设三年（2017—2019）攻坚行动实施方案》。常委会先后两次派出督办小组，由主任会议成员带队，到11个县区和2个管理区，对议案办理落实情况进行现场调研、跟踪督办。全市学位建设完成投资22.45亿元，有40所中小学建设项目完工或基本完工；新增学位5.2万个，完成年度计划的91.43%。

【执法检查监督】 2017年，永州市人大常委会先后两次派出检查组，由主任会议成员带队到11个县区和管理区、经济技术开发区，对小（2）型以上水库进行抽查和暗访；听取市人民政府贯彻实施水污染防治法情况的报告，要求政府及相关部门加强水质监测监管。全市水库投肥养鱼大幅减少，1231座水库有1156座禁止投肥养鱼，抽样检测的161座水库有125座水库水质达到Ⅲ类水标准，水质达标率77.6%。跟踪监督食品安全“一法一条例”执法检查整改情况。根据2016年执法检查报告和审议交办意见，开展跟踪督办，对未整改到位的问题，紧盯不放，一抓到底，督促政府继续开展食用农产品、肉类市场、瓶（桶）装饮用水专项整治行动；推进学校（单位）食堂标准化建设，开展校园及周边食品安全“护苗行动”，不断巩固食用油、米粉放心工程建设成果；压实监管责任，强化监督考核，以“零容忍”的态度，严惩重罚食品安全领域的违法行为。先后配合全国人大常委会、省人大常委会开展《中华人民共和国固体废物污染环境防治法》《中华人民共和国著作权法》和《湖南省农村扶贫开发条例》等执法检查，促进相关法律法规在全市贯彻实施。

【司法工作监督】 2017年，永州市人大常委会听取和审议市中级人民法院关于执行工作情况的报告，督促市中级人民法院切实优化执行环境，加大工作力度，解决“执行难”问题。听取和审议市人民检察院关于“除虫护花”永州行动工作情况的报告，督促检察机关“铁腕除虫”“柔情护花”，提高服务经济社会发展的能力和水平。组织代表视察市中级人民法院、市人民检察院工作，支持“两院”深化司法体制改革，促进社会公平正义。

专题视察

【市人大常委会组织视察城市管理工作】 2017年7月17日上午，永州市人大常委会常务副主任、党组书记高建华，市人大常委会副主任袁火林分别带领部分委员、人大代表，兵分两路到冷水滩区、零陵区视察中心城区城市管理情况。市人民政府副市长欧阳元初陪同视察。

视察组针对群众关心、社会关注的问题，重点对城市黑臭水体整治、乱搭乱建整治、内涝点整治、渣土运输管理、排污口截流、农贸市场管理、污水处理、垃圾焚烧发电项目等进行实地察看；结合《永州市公园广场管理条例》的贯彻实施，察看冷水滩区滨江公园管理情况；视察组还对市数字城管中心、城管示范岗亭等城市管理创新做法进行视察。在市城市管理局召开的专题汇报会上，高建华肯定全市中心城区的城市建设和管理工作，他指出，市人民政府及市城管局围绕市委“六大战役”部署，克服基础设施薄弱、城市管理经验不足等种种困难，工作成效明显，城市管理在加强，城市形象在提升。就做好下一步工作，高建华建议：一要坚持依法管城，坚守底线强管理；二要坚持改革求效，不断深化增活力；三要坚持问题导向，扭住重点解难题。

政府及城管部门认为，市人大常委会和人大代表对城市管理工作的视察，既指出问题，又提出切实可行的意见和建议。特别是对城管工作充分的理解和肯定，让人备受鼓舞。下一步，政府及城管部门要充分运用和落实好这次视察的意见建议，转化为改进工作的具体行动。要综合运用法律手段和现代技术，突出源头治理，加强现场管理，提高全市城市管理水平，创造更加宜居宜业的城市环境。

【市人大常委会视察检察工作】 2017年7月17日下午，永州市人大常委会常务副主任、党组书记高建华率领市人大常委会视察组，到市人民检察院开展工作视察。市人大常委会领导杨海河、袁火林、周益志、李农妹、胡先荣，以及内司委、联工委等相关负责人参加视察。市人民检察院党组书记、检察长吴秋菊陪同视察。

视察组一行先后到市人民检

察院信访接待大厅、办案工作区、案件管理办公室、高清视频会议室、荣誉室视察，并座谈听取相关情况汇报，详细了解全市检察工作开展情况。年内，全市检察机关围绕建设平安、法治永州的目标，坚持两轮齐转，一手抓司法办案，一手抓司法改革，强化争先创优，着力塑造良好形象，各项工作顺利推进，服务发展有新举措，维护稳定有新局面，惩治腐败有新进展，深化监督有新成效，推进改革有新突破，强化队伍有新气象，接受监督有新提升，为全市经济社会发展提供良好的司法保障。

视察组认为，全市检察机关突出主责主业、突出惩治腐败、突出服务大局，各项检察工作取得新成效。全市检察机关要在深化司法体制改革中稳队伍、优队伍、强队伍，促进全市检察工作创新发展，为建设创新开放新高地、品质活力新永州贡献新的力量。

代表建议交办督办

【概况】 2017年，永州市五届人大一次会议收到代表提出建议、批评意见318件，交由市、县区人民政府及其相关部门承办298件，市直党群机关承办17件，市中级人民法院和市人民检察院承办6件。承办单位按照法律法规和有关制度，开展代表建议办理工作，基本完成代表建议办理工作，代表满意率和基本满意率98.7%。市人大常委会采取多种形式组织督办工作，及时掌握重点建议的办理情况，反馈督办意见，推动建议办理工作有效开展。

【代表建议交办】 2017年，永州市人大常委会在建议交办前，在代表大会议案组初步分类基础上，反复与市政府办衔接，认真研究分析、征求意见、查阅原件，力求使建议承办分类准确，避免出现错、漏分类，克服分类不精准、交办不对口从而导致部门不认真办的现象。3月中旬，与市政府办召开由市人民政府各部门主要负责人参加的建议交办会议，常委会常务副主任、党组书记高建华，副主任、党组副书记杨海河出席交办会，并提出办理和督办要求。动员会后，将涉及政府及其各部门承办的代表建议面对面进行集中交办。对于党群部门和两院承办的建议，在集中交办会结束后，市人大联工委及时进行交办。

【代表建议督办】 2017年，永州市人大常委会从318件代表建议中精心挑选出10件建议交由主任会议讨论，主任会议选择7件社会关注度高、事关永州长远发展大计的建议作为常委会重点督办建议，分别由7位主任会议成员牵头，各相关委室具体组织督办。其余非重点督办建议按照数量大致均衡、分门别类的原则，分解到各委室，并形成常委会重点督办代表建议安排一览表和代表一般建议登记与分类表，使各委室督办任务直观具体，所有代表建议办理督办全覆盖。常委会还明确一名常委会专职委员负责协调和推进重点建议督办工作，市人大常委会副主任杨海河先后主持召开4次由委室负责人参加的建议督办协调推进会议。对于常委会重点督办的7件建议，7位主任会议成员多次带领相关委室和领衔代表，到各承办单位开展专题调研督办，推进重点建议办理工作。如针对《关于严格控制农业生产中滥用农药而造成面源污染的建议》，市农业委开展农药使用量零增长行动，实行高效低毒残留农药替代高毒残留农药，推广病虫害统防统治，实施高毒农药定点经营和可追溯管理，出动执法车290辆次执法人员1659人次，查获涉农违法案件案值金额14亿元。针对《关于整治电动助力车违规行驶的建议》，市交通警察支队起草《永州市电动自行车管理办法》，主动推进电动助力车依规管理，6月—10月，中心城区暂扣非法改装电动车258台，行拘39人，中心城区超标电动车非法改拼装和非法飙车现象得到遏制；以倡导遵法守规、文明礼让、安全出行为主题，推动交通安全知识进学校、社区、集镇、乡村、家庭，并通过互联网微信宣传，全市交警部门开展电动车专题宣讲课29堂，发布交通安全常识1190余条，解答群众咨询840余条。针对《关于加强桶装饮用水质量安全监管确保桶装饮用水水质安全的建议》，市食药监局制作《永州市瓶（桶）装饮用水生产作业指导书》规范企业生产行为，截至2017年9月，全市检查桶装水生产企业425家次，出动执法人员1296人次，下达责令改正通知书167份，整合取缔全市不合格桶装饮用水企业20家。针对《关于加快永州中心城区停车场建设的议案》，市住房和城乡规划建设局在中心城区规划设置公共停车场122处，停车位23368个，提高土地利用率发展立体停车场，预留公共停车场用地，严格新建小区按要求配建停车位，中心城区停车紧张问题有所缓解。针对《关于修通并村后断头路的议案》反映的东安县川岩乡榴星村的4千米断头路，8月底由东安县交通局组织施工，9月底完成70%，12月全部完成；市交通局还将办理工作拓展到全市农村断头路，就全市列入全省“十三五”交通发展规划的505千米农村断头路问题，与省交通厅衔接，争取尽早实施，并加大力度争取全市更多断头路进入省规划。针对《关于大力培养造就新型职业农民的议案》，通过土地流转、金融贷款、项目扶持等政策综合扶持，截至2017年8月底，全市培育新型职业农民12788人，向76家新型农业经营主体颁发经营权流转证，累计授信额9700万元，惠及农民9708户，通过新型农民培育带动，形成“培育一个人才，办起一个企业，兴起一个产业，带动一方致富”链式效应，有效推进扶贫攻坚工作。针对《关于规范中心城区地下管线地面附属设施的建议》，市住房和城乡规划建设局提请市规委会审议通过《中心城区电力规划》方案，拟制《永州市中心城市地下管线和地面附属设施管理暂行办法》，强化城区新建和改造道路工程设计审查；市经投集团在城区道路项目建设过程中，坚持各类管线配套设施的统一设计和施工，改造优化中心城区多条市政道路电力等各类设施，提升中心城区形象和品质。

2017年7月18日，永州市学位建设督办会现场

【市人大常委会督办城区学位建设议案】 2017年7月18日，永州市人大常委会常务副主任、党组书记高建华带领市人大常委会督办组，先后到零（零陵）冷（冷水滩）两区对市五届人大一次会议一号议案“关于在全市城区推进学位建设三年攻坚行动”进行督办。市人大常委会副主任杨海河、袁火林、魏湘江、周益志、李农妹、胡先荣，市人大常委会秘书长蒋千红等参加督办或座谈。副市长谢景林陪同。

全市城区学位建设三年（2017—2019）攻坚行动，计划三年实施158所学校建设项目，新增学位32万个。全年开工项目31个，完成投资11.3亿元，新增学位3.1万个。视察组一行先后到零陵区七里店小学、七里店中学，冷水滩区竹塘小学、潇湘技师学院原校区、将军岭小学、永州十中、杨家桥小学、珍珠小学和银象小学等地，实地察看了解各学位项目建设情况及存在困难和问题。

督办组认为，全市城区学位建设依然存在不少困难，完成目标任务依然十分艰巨。零冷两区和有关部门要增强意识，要把学位建设牢牢抓在手上。进一步强化教育优先发展理念，强化担当意识，用改革和开放的思维统筹推进教育事业的发展。要充分论证，通盘考虑各方因素，把握教育发展规律，科学合理规划设计，把学校规划好、建设好。各有关部门要强化配合，合力攻坚，杜绝拖、推等行为，各司其职，快速推进前期各项工作。市人民政府将进一步强化议案办理，狠抓规划设计，盘活教育资源。同时坚持问题导向，加快推进项目建设，以实际行动向人民交上一份满意答卷。

（永州市人大办公室）

永州市人民政府

综　　述

2017年，永州市实施创新引领、开放崛起战略，突出打好“六大战役”，有效克服经济下行压力，全面战胜历史罕见洪涝灾害，较好地完成全年各项目标任务，“创新开放新高地、品质活力新永州”建设迈出坚实步伐。

保持经济增长。坚持发展第一要务，完成地区生产总值1728.46亿元，增长8.3%；规模工业增加值412.3亿元，增长

7.9%；财政总收入169.23亿元，增长12.9%；社会消费品零售总额653亿元，增长10.7%；固定资产投资1866.49亿元，增长12.9%；城乡居民人均可支配收入分别达到26190元、12738元，均增长9%；金融机构存、贷款余额分别达到2248.62亿元、1187.48亿元，分别增长17.4%、22.9%；全面小康实现程度提高到88.1%，同比提升4.5个百分点。

抓好脱贫攻坚。坚决打好脱贫攻坚战役，全年减贫17.5万人，贫困村出列349个，宁远、双牌、江永3个省扶县实现脱贫摘帽，全市贫困发生率由2014年的13.5%下降到3.3%。完成易地扶贫搬迁56541人、贫困劳动力转移就业1.29万人，发放扶贫小额贷款7.69亿元，116个村入选全省旅游扶贫示范村；救治救助贫困大病患者3.86万人次，贫困学生义务教育完成率、贫困人口居民医保参保率均达到100%。抓党建促脱贫攻坚、“三走访三签字”、产业扶贫、教育扶贫、健康扶贫、“互联网+社会扶贫”等工作走在全省乃至全国前列。

加快产业升级。推进园区升级战役。增加标准厂房面积102万平方米，新入园投资5000万元以上项目100个，增加竣工投产5000万元以上工业项目65个。永州经济技术开发区申报国家级经开区通过国家相关部委审核，祁阳经开区总产值突破200亿元，道县、蓝山工业园新晋为百亿园区，百亿园区达到7个，百亿产业发展到5个。新入统规模工业企业126家，新增首发上市和新三板挂牌企业3家。完成高新技术产业增加值256亿元，占地区生产总值的比重为14.8%；完成全社会研发经费12.2亿元，增长43%；新增高新技术企业195家。推进现代农业发展。增加农产品加工企业81家，新创农业标准化基地（场）60个，增加“三品一标”农产品130个、国家地理标志证明商标和产品5件。

推进旅游升温战役。开工建设旅游重点项目63个，完成投资103.6亿元。增加国家AAA级景区6个，获评全国森林旅游示范市，九嶷山舜帝陵入选国家级风景名胜区。接待国内外游客4979.48万人次，实现旅游综合收入406.7亿元，分别增长17.7%和78.2%。电商交易总额突破300亿元。

推进城乡建设。推进城镇提质战役，实施城镇提质重点项目212个，完成投资367.3亿元；市级开工城建项目46个，完成投资149.77亿元。“一宫两馆六中心”、湘江西岸片区道路改造等一批重点项目加速推进，国家卫生城市、国家森林城市创建成果巩固深化，国家历史文化名城保护力度不断加大，国家园林城市、全国文明城市创建工作全面展开，中心城区首位度与辐射力不断提升，县城扩容提质扎实推进，一批特色鲜明、风情各异的特色小镇、美丽乡村相继涌现。城镇化率48.3%，同比提高2个百分点。

完善基础设施。实施“交通提速战役三年行动计划”，湘桂铁路永州地区扩能工程开工建设，永（永州市）清（清远市）广（广州市）高铁列入湘粤两省合作备忘录，经停永州高铁增加至20对；零陵机场迁建获国家民航局批复，开通永州至重庆、北京直飞航线；潇湘城市群市政化快速通道建设加速推进，完成各类农村公路建设2000余千米。涔天河水库扩建枢纽工程基本建成、灌区工程进展良好，毛俊水库开工建设。完成电网建设投资6.4亿元，神华国华永州电厂复工建设，一批大型风电、光伏项目建成并网发电。智慧永州“四中心”和城乡网格化信息系统上线运行，华为云计算中心、“宽带乡村”“电信普遍服务试点”等项目进展良好。

治理生态环境。开展环境整治战役，推进湘江保护和治理第二个“三年行动计划”，实施增绿、洁地、净水、治气四大工程，推行“双河长制”，抓好中央环保督察交办问题整改和信访件办理，中央环保督察交办的182件和省委、省人民政府交办的12件整改问题办结到位，解决一大批历史治污难题。湘江出境水质保持Ⅱ类以上标准，水功能区和县级以上饮用水水源水质达标率100%、空气质量优良率85.9%，大气质量综合指数排全省第三位。完成人工造林1.99万公顷，全省首个市级航空护林站投入使用。分别增加一个国家森林公园、国家湿地试点公园和国家水利风景区，生态优势更为明显。

深化改革开放。深化改革的“永州路径”持续拓展，简政放权、商事制度改革、农村综合改革、社会治理机制改革等多项改革走在全省前列。获批全省“互联网+政务服务”唯一试点城市，创新开展重点项目“五集中”审批服务，推动大众创业、万众创新活力持续迸发。实施开放崛起“五大行动”，工业招商引资总额155亿元，比2016年增长1倍以上。长丰猎豹汽车新产品研发及技术改造项目、汽车零部件配套产业园、神华国华永州发电厂等重点项目有序推进。恒伟医药产业园、江华九恒配套服务项目、祁阳鑫利生物、江华贵德科技等60余个重大项目竣工投产。实际利用外资10.82亿美元，增长13.5%；内联引资267.86亿元，增长16.21%。完成外贸进出口总额13.57亿美元，增长48.1%，增速排全省第五位。湖南（道县）农副产品集中验放场暨永州公路口岸封关运营，长沙海关江华工作站开关运行。成功创建长江以南首个国家级出口食品农产品质量安全示范市。

发展民生事业。实施“民生微实事建设年”活动，加大为民办实事力度，全市涉及民生的财政支出占比72%，省定10项重点民生实事全面完成，市定6284个民生微实事项目完成投资107.9亿元。增加城镇就业6.2万人、农村劳动力转移就业4.3万人。改造各类棚户区43668户、农村危房26927户。巩固提升农村饮水安全40万人。城乡低保清理提标，养老保险提标扩面。加快补齐社会事业短板，新建义务教育合格学校177所、农村公办幼儿园24所、城区学位5.12万个，高考二本以上上线人数增幅排全省第一位。新建乡镇卫生院49所、行政村卫生室1073个、社区卫生服务中心9个；公立医院全部取消药品加成。群众文化体育活动和精神文明创建活动蓬勃开展，获评全国群众体育先进单位。国家知识产权示范城市进入培育期，全国质量强市示范城市获准创建。

维护社会稳定。管控安全生产领域风险，发生各类生产经营性事故49起，比2016年减少72起，下降59.5%；死亡58人，比2016年减少62人，下降51.7%，实现事故起数和死亡人数连续10年“双下降”。加强立体化、信息化、动态化社会治安防控体系建设，建成全国最大的人脸识别应用基地，建成全省第一个公安大数据实战平台。保持打击各类违法犯罪活动的高压态势，侦办“善心汇”等一批“国字号”“省字号”重大案件，公安工作各项指标均排全省前列，全市社会治安公众评价排全省第一位，连续3年被评为全省综治工作先进市。开展“信访积案清零”专项行动，解决群众合理诉求，信访形势持续好转。

【永州首张40证合一的营业执照发出】 2017年10月9日，中共永州市委副书记、市人民政府市长易佳良向申领业主颁发首张40证合一的营业执照，标志着永州市深化商事制度改革，实施“1+X”多证合一正式全面实施。永州市在商事制度改革的工作中，创新多证合一、一照一码改革方式，对“多证”不规定具体数量，根据市场主体的实际情况和法律法规规定，实施灵活、动态的“1+X”多证合一、一照一码的登记模式。“1”就是营业执照，“X”就是营业执照以外，各政府部门信息采集、记载公示、管理备查类的涉及企业的证照。“1+X”多证合一、一照一码的登记模式，避免企业办理营业执照“一刀切”的多证合一的粗放方式，做到精准的、更切合实际的多证合一，也便于发放证照的部门对企业实施事中事后精准监管。按照省政府办公厅《关于推行“多证合一”改革的实施意见》，永州明确整合涉企证照事项30项，涉及20个单位、部门，除工商营业执照、组织机构代码证、税务登记证、社会保险登记证和统计登记证5证外，还包括公章刻制备案、房地产经纪机构备案、外商投资企业设立备案、二手车经营主体备案、艺术品经营单位设立备案等。

【永州获批湖南省首个出口食品农产品质量安全示范市】 2017年2月20日，由湖南出入境检验局印发的《关于公布第二批省级出口食品农产品质量安全示范区名单的通知》公布最新一批进入省级出口食品农产品质量安全示范区的名单，永州市获批湖南省首个出口食品农产品质量安全示范市。截至2017年2月，全市有冷水滩、宁远、蓝山、新田、道县、江永、江华7个国家级出口食品农产品质量安全示范区和零陵、祁阳、东安、双牌4个省级出口食品农产品质量安全示范区，实现全市出口食品农产品质量安全示范区全覆盖，产品涵盖蔬菜、水果、果蔬罐头等，产品远销港澳，出口美国、俄罗斯、东南亚等国家和地区。

【永州第一家民营企业在深交所上市】 2017年8月17日，湖南科力尔电机股份有限公司（以下简称“科力尔”）在深圳证券交易所上市，成为永州市第一家民营上市企业。中共永州市委副书记、市人民政府市长易佳良出席并致辞，市领导高建华、蒋善生、严兴德、刘鹏出席上市仪式。科力尔是一家有着25年历史的永州本土企业，总部位于祁阳县黎家坪镇，专注微特电机的开发、生产与销售，公司主要产品包括单相罩极电机（含贯流风机）、串激电机、步进电机、直流无刷电机，目前，年产销微电机3000万台，产品销往全世界，是国内生产家用电器配套用微电机规模最大的企业之一。截至2017年8月，全市有13家企业列入省重点上市后备企业，25家企业列入“新三板”后备企业，其中有15家企业与中介机构签订上市挂牌服务协议。

重要政务

【《关于加强食品安全工作的实施意见》出台】 2017年9月，永州市人民政府出台《关于加强食品安全工作的实施意见》（以下简称《意见》）。《意见》提出：到2020年，建立与永州市经济社会发展水平相适应的现代食品安全治理体系，食品安全监管体制机制进一步完善，诚信体系基本建立，食品生产经营者主体责任意识进一步增强，食品产业规模化水平进一步提高，规模以上食品生产经营企业普遍推行良好生产经营规范，食品安全抽检监测、投诉举报和宣传教育培训体系更加完善，社会共治体系基本形成，不发生系统性区域性食品安全事故，群众食品安全满意率达到80%以上，食用农产品监测合格率达到97%以上，食品安全监督抽检合格率达到98%以上。《意见》要求：全面落实食品安全责任，完善食品安全监管体制，加快完善食品安全治理体系，加强食品安全监管能力建设，支持食品产业健康发展，强化食品安全监管保障。

【《关于构建便捷高效政务环境的若干意见》出台】 2017年11月，永州市人民政府出台《关于构建便捷高效政务环境的若干意见》（以下简称《意见》）。《意见》提出：要以服务“六大战役”和“实体经济服务年”活动为重点，推进“放管服”改革，创新政务服务机制，切实精简行政审批事项，规范行政审批行为，着力构建便捷高效的政务环境，为建设“创新开放新高地、品质活力新永州”提供坚强的政务环境保障。《意见》规定：深化“放管服”改革，提升政务服务效率，规范行政行为，构建“亲、清”政商关系，服务实体经济，优化企业（项目）环境，规范招投标行为，健全监督问责体系。

【《进一步扩大开放鼓励投资的若干措施》出台】 2017年11月，永州市人民政府为贯彻落实省委“创新引领、开放崛起”战略，加快“创新开放新高地、品质活力新永州”建设步伐，发挥永州市“国家级承接产业转移示范区”的作用，坚持积极开放的原则，把鼓励投资作为全市对外开放的重中之重，出台《进一步扩大开放鼓励投资的若干措施》（以下简称《措施》）。《措施》制定设立开放型经济发展专项资金、优先保障项目用地、加大财税支持力度、支持引进战略投资者、鼓励引进生产型外贸企业、鼓励发展总部经济、拓宽企业融资渠道、支持企业上市、支持企业增资扩能、支持企业科技创新、鼓励企业争创品牌、支持企业引进人才、加大招商激励力度、切实减轻企业负担、提高政务服务水平等方面的政策措施。政策措施自2017年11月20日起施行，国家、省相关政策另有规定的，从其规定。各县区（管理区、经开区）、园区可参照本政策措施自行制定当地鼓励投资的政策。

重要会议

【市人民政府常务会议】 2017年1月11日上午，市委副书记、市人民政府市长易佳良在市政府二楼一会议室主持召开市政府第一次常务会议，会议听取市政府与广铁集团合作建设湘桂铁路永州地区扩能改造工程、“金盘世界城”项目非税收入减免缓征意见的情况汇报，审议《永州市人民政府领导成员工作分工》，会议原则通过《永州市人民政府领导成员工作分工》，尽快按程序行文。

1月24日上午，易佳良在市政府二楼一会议室主持召开市政府第二次常务会议，听取2017年全市重大项目安排、湘江保护和治理委员会2016年第二次全会及湘江流域退耕还林还湿工作、市级议事协调机构清理调整的情况汇报，审议《永州市中心城区农贸市场建设管理办法》《永州市成品油零售体系“十三五”发展规划》《永州市贯彻落实〈法治政府建设实施纲要（2015—2020年）〉实施方案》《永州市法定招标限额以下政府投资工程建设项目交易管理办法（试行）》《永州市加强全市公共资源交易管理若干规定》《永州市公共资源交易监督管理办法》《永州市矿山地质环境保护和土地复垦办法》《永州市矿产资源总体规划（2016—2020年）》《永州市全民健身实施计划（2016—2020

年）》。

2月6日上午，易佳良在市政府二楼一会议室主持召开市政府第三次常务会议。会议听取市政府副秘书长汤荣石关于2016年市级考核事项的情况汇报，并进行讨论研究，会议原则同意2016年23项市级考核事项的考核结果及表彰方案并明确具体事项；听取市发改委主任陈宇荣关于2017年全市重大项目建设计划的情况汇报，原则通过2017年全市重大项目建设计划，市发改委、市重点办根据会议讨论研究的意见修改完善后，按程序提交市委常委会审议；听取市司法局局长雷廷玉关于审议《永州市中心城区公证体制改革实施方案》的起草说明和情况汇报，原则通过《永州市中心城区公证体制改革实施方案》，市司法局根据会议讨论研究的意见修改完善后，按程序报市委、市人民政府行文；听取市教育局局长蒋俊林关于《市本级公办学前教育发展奖补办法（试行）》的起草说明和情况汇报，并进行讨论研究，原则通过《市本级公办学前教育发展奖补办法（试行）》，市教育局根据会议讨论研究的意见修改完善后，按程序报市人民政府行文。

3月22日上午，易佳良在市政府二楼一会议室主持召开市政府第四次常务会议，听取贯彻省委农村工作会议、全省扶贫工作会议、全省深化供销合作社综合改革推进会、全省民政工作会议、全省科技创新大会和全省科技创新工作会议、全省教育工作会议及全市“教育优先”专题会议、全省卫生与健康大会和全省卫生计生工作会议、全省应急管理工作会议、全省安全生产工作会议等会议精神的情况汇报，听取全国第四届草书展筹备工作和创建省文明城市总结表彰暨创建全国文明城市动员大会筹备工作、开展军队退役士兵走访慰问活动、迎接中央环保督察及2017年环保工作、十一届湖南阳明山“和”文化旅游节暨首届湖南阳明山国际越野跑挑战赛活动筹备工作、2017年“六大战役”重点项目建设等工作情况汇报，审议《关于全面治理拖欠农民工工资问题的实施意见》《市管国有企业负责人薪酬制度改革实施方案》。

4月21日上午，易佳良在市政府二楼一会议室主持召开市政府第五次常务会议，研究市委经济工作会议报告和《政府工作报告》责任分解方案、相关干部处分事项，听取设立基础设施建设基金、2017年“六大战役”项目政府购买服务工作、永州现代服务业新城PPP项目提请政府采购、省人防工作会议精神、永州幼儿师范高等专科学校PPP项目的情况汇报，审议《永州市开放崛起“2+6”系统方案》《永州市促进加工贸易创新发展的实施方案》《永州市关于全面推行河长制的实施方案》《永州市严厉打击恶意逃废银行债务优化金融生态环境专项活动措施》《关于2016年度永州市科学技术奖励和专利奖的决定》《零陵区潇水两岸棚户区改造项目范围内国有土地上房屋征收与补偿方案》《冷水滩区市园林局片区及滨江小学宿舍区棚改和湘江东路、湘永路改扩建工程项目范围内国有土地及集体土地上房屋征收补偿安置方案》《永州市中医药“五名”战略实施方案（2017—2020年）》《永州市基层医疗卫生机构标准化建设实施方案》。

5月12日下午，易佳良在市政府二楼一会议室主持召开市政府第六次常务会议，听取全市宗教工作情况汇报，审议《关于加快推进〈循环经济促进法〉的实施意见》《关于加快推进公平竞争审查制度的通知》《永州市妇女发展规划（2016—2020年）》《永州市儿童发展规划（2016—2020年）》《永州市重大行政决策合法性审查暂行办法》《永州市规范性文件管理办法》。

6月7日上午，易佳良在市政府二楼一会议室主持召开市政府第七次常务会议，听取市政府办工作、组建市交投集团、市农科园伊塘污水处理厂及配套管网PPP项目、贯彻落实第六次全省妇女儿童工作会议的情况汇报，研究“一城一交、公车运营”公交体制改革及公共交通问题、相关干部处分事项，审议《永州市创建国家全域旅游示范市实施方案》《永州市“旅游升温战役”实施方案》《永州市行政机关行政案件应诉工作办法》，废止《永州市招投标市场十条禁令》。

7月5日上午，易佳良在市政府二楼一会议室主持召开市政府第八次常务会议，听取防汛救灾应急贷款工作的情况汇报，审议《永州市构建便捷高效政务环境若干意见》《2017年度市级考核工作方案》《永州市私募股权投资基金方案要点》《永州市土壤污染防治工作方案》。

8月9日上午，易佳良在市政府二楼一会议室主持召开市政府第九次常务会议。会议听取传达贯彻全国全省安全生产电视电话会议精神、创建国家级公共文化服务体系示范区、丁酉年永州市公祭舜帝大典、城镇居民医疗保险基金清算及亏空弥补、湘江西岸片区道路及风光带建设PPP项目的情况汇报，审议《永州市城市市容和环境卫生条例》《关于大力加强农业品牌建设深入推进农业供给侧结构性改革的实施意见》《永州市贯彻落实中央第六环境保护督察组反馈意见整改方案》，研究干部处分事项。

8月30日下午，易佳良在市政府二楼一会议室主持召开市政府第10次常务会议。会议组织学习新《中华人民共和国立法法》，传达贯彻省委办公厅《关于宁乡县防汛救灾责任追究情况及其教训的通报》、全省2017年脱贫摘帽工作推进会议和全省第二次易地扶贫工作推进会议精神，通报全省2016年绩效评估结果，审议《关于实施开放崛起战略建设开放强市的实施意见》和《关于进一步扩大开放鼓励投资的若干政策措施》等3+5系统文件、《关于加强食品安全工作的实施意见》《永州市农村特困人员供养服务机构管理办法》，研究关于全市规范津补贴及事业单位绩效工资水平调整、永州市棚户区改造河东片区河西片区安置小区PPP项目、脱贫攻坚等工作。

9月20日上午，易佳良在市政府二楼一会议室主持召开市政府第11次常务会议。会议传达学习杜家毫在省安监局调研座谈时的讲话，许达哲、何报翔在永州调研讲话和全省2017年第一次总河长会议精神，组织学习《湖南省人民政府及各部门任命的国家工作人员宪法宣誓组织办法》，研究市人大关于学位建设工作视察督办交办意见、信访、中心城区创建“六个绿色”等工作，审议《关于推进价格机制改革的实施意见》《永州市中心城区传统巡游出租车运价动态调整机制完善运价和燃料价格联动办法》《永州市社会投资补充耕地开发项目管理办法》。

9月29日上午，易佳良在市政府二楼一会议室主持召开市政府第12次常务会议。会议听取关于政务督查、市政府序列的市级议事协调机构清理、汉和无人机项目的情况汇报，审议《永州市举报毒品违法犯罪行为奖励办法（试行）》《关于进一步深化文化市场综合执法改革的实施方案》《关于推行“多证合一、一照一码”改革的实施意见》《永州市联动处置管理办法》《2017年全市绩效考核实施方案》。

10月25日下午，易佳良在市政府二楼一会议室主持召开市政府第13次常务会议。会议传达贯彻武警湖南省总队深入推进练兵备战暨正规化建设现场会议精神，听取湘江西岸片区道路及风光带建设PPP项目、永州东部新城南部片区北部片区PPP项目、滨江新城路网一期PPP项目、市政府部分工作部门行政权力调整、冷水滩区高科技工业园区范围内集体土地所涉相关项目房屋征收、公益性岗位补贴标准调整、突出环境问题整改落实等工作情况汇报，审议《关于深入推进人民防空改革发展的实施意见》《永州市国家历史文化名城保护条例（草案）》《关于进一步规范全市耕地后备资源开发利用的实施意见》《〈永州市化解商品房库存促进房地产市场平稳健康发展的实施办法〉补充规定》《永州市投融资担保有限公司组建方案》，研究干部处分事项。

11月14日上午，易佳良在市政府二楼一会议室主持召开市政府第14次常务会议。会议传达学习许达哲在省政府全体会议上的讲话、全省产业扶贫现场推进会议精神，听取关于“互联网+政务服务”、组建永州市融媒体中心、2017年市直军队营职及以下技术干部安置等工作情况汇报，审议《全市政务联动处置工作考核办法》《进一步推进全市农垦改革发展实施方案》《关于贯彻落实〈健康中国2030规划纲要〉的实施意见》《永州市城乡居民医疗保险支付方式改革实施意见》《2017年全市优化经济发展环境“满意不满意单位”测评实施方案》《永州市城镇职工基本医疗保险实施办法》《永州市2016—2017年度黄标车提前淘汰财政补贴实施方案》《关于加快推进装配式建筑发展的实施意见》。

11月28日下午，易佳良在市政府二楼一会议室主持召开市政府第15次常务会议。会议学习《党政主要负责人履行推进法治建设第一责任人职责规定》《中共中央办公厅国务院办公厅关于进一步加强信访法治化建设的意见》文件精神，贯彻传达全省县域内城乡义务教育一体化改革发展现场会议精神，研究创建全国质量强市示范城市、市纪委办案中心等三个重大项目建设、干部处分等工作，审议《市人民政府任命的国家工作人员宪法宣誓仪式方案》《关于加强和改进新形势下民族工作的实施意见》。

12月25日上午，市委副书记、代市长赵应云在市政府二楼一会议室主持召开市政府第16次常务会议，审议《政府工作报告》《关于永州市2017年国民经济和社会发展计划执行情况及2018年计划草案的报告》和《永州市2017年财政预算执行情况和2018年市本级财政预算（草案）的报告》。

【全国“互联网+”社会扶贫工作现场推进会在永州举行】 2017年9月28日，全国“互联网+”社会扶贫工作现场推进会在永州市举行。会上，“中国社会扶贫网”在全国全面启动。国务院扶贫办副主任洪天云出席会议并讲话，副省长隋忠诚致辞，国务院扶贫办信息中心副主任、社会扶贫网建设工作领导小组办公室主任刘翔介绍“中国社会扶贫网”运营情况，省扶贫办主任王志群出席会议。中共永州市委书记、市人大常委会主任李晖作“中国社会扶贫网”试点工作典型发言。会议由国务院扶贫办社会扶贫司巡视员曲天军主持。全国28个省区市扶贫办的分管领导及处室负责人参加会议。株洲市以及江西省、四川省在会上作“中国社会扶贫网”试点工作经验介绍，广西壮族自治区作表态发言。当天上午，与会人员集体参观“中国社会扶贫网”江永管理中心、江永电商街扶贫商城和“中国社会扶贫网”江华管理中心，现场观摩江永县潇浦镇向光村的“中国社会扶贫网”推进工作情况以及江华瑶族自治县“教育扶贫众筹项目”思源学校。现场会上，与会人员还与袁隆平院士进行现场视频连线。2014年—2016年，永州市减少贫困人口36.98万人，贫困村脱贫出列131个，减贫率54.2%，贫困发生率从13.5%下降至6.3%。产业扶贫、社会扶贫、金融扶贫、教育扶贫、“三走访三签字”活动等多项工作走在全省前列。2017年，永州市抓住被列为全省唯一的“中国社会扶贫网”整市推进试点市的机遇，推进脱贫攻坚的新路径、实现社会资源与贫困户需求精准对接的大平台，形成“12345”的永州模式：“1”即一网统领，构建扶贫大平台，构建一张与新闻网站、政府门户网站、微信公众号、移动终端等网络媒介相融合的立体互动网络平台；“2”即两线并行，融入市场大舞台，坚持线上注册与线下活动同步并行、扶贫与扶智同步并行；“3”即三级联动，市里组建中国社会扶贫网湖南永州管理办公室，总揽全市社会扶贫网试点运行，县区设立管理中心，乡镇设立服务站，村设立信息管理员；“4”即四员助力，组建“扶贫志愿者、扶贫服务专家、扶贫监督员、扶贫形象大使”四支队伍；“5”即五台同唱，围绕“两不愁、三保障”的脱贫目标，针对贫困户的个性化帮扶需求，发起“医疗、教育、危改、产业、德智”五个爱心众筹平台，走出一条社会扶贫的“永州路径”。截至2017年9月21日，永州市社会扶贫网累计注册贫困户13.8万人，爱心人士22.9万人，成功对接20余万次，对接成功率66.3%；注册用户数、需求发布数和爱心对接成功率在全国领先。

【湖南省2017年受灾困难群众生活救助和因灾倒损住房恢复重建工作推进会在祁阳县召开】 2017年11月7日，湖南省2017年受灾困难群众生活救助和因灾倒损住房恢复重建工作推进会在祁阳县召开。副省长、省减灾委主任杨光荣出席并讲话，民政部救灾司副司长杨晓东，省政府副秘书长黎咸兴，省民政厅党组书记、厅长唐白玉，市委副书记、市长易佳良，副市长贺辉等出席会议。会上，祁阳县、平江县、涟源市、宁乡市作交流发言。会前，与会代表实地参观祁阳县进宝塘镇河埠塘社区倒房分散建房重建安置点和八宝镇香山岭集中建房重建安置点，观摩防灾减灾救灾模拟演练活动。2017年，全省多次遭受冰雹、洪涝、滑坡、台风、干旱等各类自然灾害侵袭。特别是6月22日至7月初全省大范围的特大暴雨洪涝，给人民群众生命财产造成严重损失。截至2017年10月31日，全省倒房重建开工10531户，开工率96.8%；竣工6227户，竣工率57.2%；损房修复24048户，修复率95.5%。永州发生较大自然灾害7次，特别是7月初历史罕见的洪涝灾害，造成全市直接经济损失近50亿元，受灾119万人。

（永州市人民政府办公室）

政务公开与服务、电子政务

【概况】 2017年，永州市政务中心工作取得较好成绩，全市继续保持全省政务公开政务服务工作“先进单位”，市政府网站进入全国、全省“优秀”行列（位居全国第32名、全省第五名）。11月，省人民政府发文明确永州市为全省“互联网+政务服务”唯一试点市；国家网信办确定永州市为“党政机关网站云化迁移”试点市。市政务中心获批“社会管理和公共服务标准化”全国试点单位，并继续保持“市文明标兵单位”称号，被市委评为推进环境整治、依法行政、综合治理、优化经济环境测评先进单位。

【政务公开整合创新】 2017年，永州市政务中心按照“公开是原则，不公开为例外”的要求，推动政务公开向纵深发展。整合公开平台。全面推进市政府网站群集约整合和改版升级，全市99家政府网站通过集约化建设整合为54家，全部实行标准体系、技术平台、设计风格、安全防护、运维监管“五统一”。永州市政府网站在全省政府网站抽查中连续四季度合格率100%。履行公开职责。全年主动公开信息20万条，市政府网站日均点击量5万人次，市政务公开办依法妥善处置依申请公开信息8件。丰富公开载体。开发“中国永州”手机客户端，利用微信、微博等新媒体发布信息，打造24小时在线的“掌上政府”。创新公开形式。在全省率先发布永州市“政务公开”负面清单目录1490条。

【电子政务集约融合】 2017年，永州市政务中心以项目建设为抓手，集约整合，电子政务迅猛发展。按照市政府“把控严、技术新、标准高、投资少、见效快”的要求，以建设“城乡一体、全域覆盖”电子政务公共云平台为先导，不断完善智慧永州云计算中心，支持华为永州云计算中心建设，助力永州市与华为公司、省发展研究中心三方战略合作，共同打造电子政务“三基地一中心”。全市电子政务外网上联国家、省电子政务外网平台，横向覆盖市级200家单位，纵向覆盖14个县区、131个乡镇，电子政务网络覆盖率和IP地址使用率全省最高。市政务中心通过网络安全维护，成功防御5月爆发的勒索病毒威胁。推进电子政务网络平台扩容改造升级，着力提升信息化条件下网络支撑覆盖范围和承载能力，该项目经市政府常务会议审议通过，正报市财政评审。全面推进各业务信息系统资源融合整合，不断完善人口、法人、房产房屋、城市部件、空间地理、经济信息六大基础数据库，实现与省国土、质监、卫计、工商、税务等省厅部门数据库对接，打通与市直和县区系统的对接和数据交换，完成数据入库2亿多条。依托智慧永州、华为永州云计算中心和六大基础数据库，探索智慧永州“3+2+W”模式，有序部署智慧党建、互联网+监督、城乡网格化信息系统、政务联动处置信息平台、华为警务云、智慧蓝山、智慧宁远、智慧东安、市社会信用信息公示系统、城乡居民收入信息比对系统、市本级涉税信息系统、企业信息公示系统、企业登记“多证合一”信息系统、市政府网站群等50个智慧应用项目。其中，互联网+监督、智慧永州综合应用平台、华为警务云等30个项目全面建成。落实市人民政府《关于加快推进信息化系统集约化建设的通知》，强化电子政务项目统筹，全年审查项目29个，避免重复建设，节约财政资金3000万元。

【政务服务品牌创建】 2017年，永州市政务中心聚焦服务需求，着力优化办事流程，提高办事效率，打造政务服务两大品牌。打造政务服务品牌。整合窗口资源，优化人员配置，协调推进企业注册登记、不动产登记、工程项目报建3个“一站式”集成服务。实施“国标”行动计划，推进服务事项、服务行为、服务质量标准化，构建办事大厅标准化体系框架。聚焦“六大战役”重点项目建设，设立统一窗口，建立联席会议制度，实行集中窗口、集中进驻、集中领导、集中会审、

2017年5月31日，智慧永州协调指挥中心、湖南省永州市综治中心、永州市联动处置指挥中心、永州市网格管理中心揭牌和城乡网格化信息系统上线仪式在冷水滩举行

2017 年 6 月 28 日，中共湖南省委常委、省委政法委书记黄关春（右四）在智慧永州协调指挥中心等“四中心”调研全市网格化管理建设工作

集中督办“五集中审批”，提请市级领导召集联席会议 2 次，现场审批重点项目 6 个，现场发证 3 个，所有项目均在 7 天内办结。落实商事制度改革，实施企业登记“40 证合一”。落实不动产登记改革，推进房产、国土两部门不动产业务整合、整体进驻、集中办理。落实“放管服”改革，各窗口简化审批环节 70 个，消减申报资料 400 项，审批提速 70%。创建政务联动处置品牌。整合政府部门投诉平台资源，成立联动处置指挥中心，完善“六步闭环”联动处置机制、管理机制和考核机制。依托智慧永州，有序整合 12345、12328、12319 和 110 非警务等政府热线，无缝对接微信、微博、政府网、政协云，初步构建群众诉求联动处置大通道。全年有效处置事件 22 万件，处置率 99%，群众满意率 95%。接待领导视察和外地学习参观 59 次。

（丁华文）

优化经济发展环境

【概况】 2017 年，永州市制定下发《永州市人民政府办公室关于推行“多证合一、一照一码”改革的实施意见》《永州市人民政府关于构建便捷高效政务环境的若干意见》《永州市人民政府办公室关于印发〈永州市“互联网+政务服务”试点工作方案〉的通知》《永州市 2017 年优化经济发展环境工作要点》和《永州市 2017 年优化经济发展环境工作考核办法》，从“放管服”改革、创新政务服务机制、精简行政审批事项、畅通政务服务渠道、优化营商环境等方面对全市的优化经济发展环境工作进行安排部署。按照“两集中、两到位”要求，推行网上审批、网上政务服务和电子监察系统，实现网上对接、同步运行、电子监察 3 个 100% 到位，便捷高效的政务环境得到有力构建，为“创新开放新高地，品质活力新永州”提供保障。

【商事制度改革】 2017 年 3 月，永州市实行企业简易注销登记制度，解决企业准入易退出难的问题，全年办理简易注销企业 104 户。8 月，出台《永州市企业集群注册登记管理试行办法》，实行企业集群注册登记制度，降低各类创客的准入门槛，办理企业集群注册登记 12 户。10 月，推行“多证合一、一照一码”改革、企业名称自主申报登记管理改革和全程电子化登记、电子营业执照改革。“多证合一、一照一码”改革整合部门 20 个，涉企证照项目 40 个，整合事项排全省第三位。10 月 9 日，颁发永州市首张“四十证合一”营业执照，截至 2017 年年末，为企业办理“多证合一”营业执照 1750 户。企业名称自主申报登记管理改革将冠市级和省级企业名称核准权下放至县、区登记机关。全程电子化登记、电子营业执照改革即全面推行无纸全程电子化登记、自动生成电子营业执照，实现办理工商登记业务“一次不用跑”，通过全程电子化系统为企业办理登记业务 45 户。

【简政放权】 2017 年，永州市取消市本级行政权力 54 项，向各县区、金洞管理区、回龙圩管理区下放行政权力 27 项，向永州经济技术开发区下放行政权力 12 项，向县区工业园下放行政权力 43 项。开展审批事项集中清理，完成保留行政职权的清理和公共服务事项下放“负面清单”审查工作，纳入公共服务权力下放“负面清单”280 项，涉及市直单位 30 个。纳入 2017 年度第二批脱钩改革试点的行业协会商会 185 家（市本级 58 家、县区 127 家），按照“五分离、五规范”要求，全面完成脱钩任务。

【行政审批提速】 2017 年，永州市推行审批提速“两个 1/3”工程，强化网上政务服务的电子监察和督办工作，全市网上政务服务和电子监察系统办理办件121.8万件，未因行政过错产生红黄牌，永州市政务服务中心各办事窗口累计精简审批环节70个，消减申报材料400项，压缩承诺时限8000个工作日，平均办结时限为7个工作日，实现审批提速70%。

【检查收费规范】　2017年，永州市推动落实《永州市规范对企业和重点项目检查行为的若干规定》及重大行政处罚检查备案等涉企检查制度，要求相关单位在行政处罚决定书下达后7个工作日内报永州市优化经济发展环境办公室备案，规范涉企检查行为，全年办理涉企检查备案8679件次（市级办理1125件次）。规范涉企收费行为，督促有关单位落实“一站式”收费制度，对园区内工业企业和园区外重点工业企业只收取排污费、特种设备检验和检测费、计量器具强制性检测费、产品质量定期检验费4项费用。

【涉企服务】　2017年，永州市优化经济发展环境办公室加强与企业的沟通联系，通过召开企业座谈会、实地走访等方式，收集企业的问题困难和意见建议。2月和8月，市优化经济发展环境办公室先后邀请三湘电线电缆有限责任公司、永州异蛇科技实业有限责任公司等企业代表20家，召开企业座谈会2次，收集问题和意见建议30多条，分别协调相关职能部门予以妥善解决。

【建设环境整治】　2017年，永州市优化经济发展环境办公室协调市公安局开展打击“三强三堵”（强装强卸、强揽工程、强行阻工；堵门、堵路、堵桥）专项整治行动，市公安局成立打击“三强三堵”专项行动领导小组，制定具体工作方案，加大宣传力度，全年累计进行宣传活动25次，悬挂横幅150条，走访企业280家次，走访在建项目（230个）周边村庄185个，发放宣传资料6000份。查处“三强”刑事案件123起，刑事拘留208人，行政案件259起，行政拘留453人；查处“三堵”刑事案件147起，刑事拘留247人，行政案件508起，行政拘留1036人。

【经济发展环境监督测评】　2017年，永州市优化经济发展环境办公室设立涉企投诉举报电话，受理涉企投诉28件（湖南省优化经济发展环境办公室交办4件），均按程序办结，并印发优化经济发展环境工作通报和简报14期，通报典型案例25件。11月，以中共永州市委办公室和永州市人民政府办公室的名义下发《2017年全市优化经济发展环境“满意不满意单位”测评实施方案》，实施方案扩大测评范围，将各11个县区、金洞管理区、回龙圩管理区和永州经济技术开发区纳入测评范围；提高测评标准，将“黄牌单位”和“不满意单位”的最低分值由“6分”提高到“7分”即测评得分低于7分的单位授予“黄牌单位”或者“不满意单位”。

（杨海平）

信　访

【概况】　2017年，永州市贯彻落实习近平关于信访工作的指示批示精神，以信访工作“责任落实年”活动为主线，开展“信访问题源头治理”和“信访积案清零”两个专项行动，中共永州市委常委会专题研究信访工作9次，市人民政府常务会议听取信访工作情况汇报2次；1月3日、6月20日和9月15日，中共永州市委书记、市人大常委会主任李晖先后召集召开全市信访维稳工作调度会议，分别提出工作要求；

2017年，中共永州市委书记、市人大常委会主任李晖（左三）在市信访接待中心接待来访群众

李晖对信访工作作出专题批示17次，每月公开接访1次，以个人名义致信县区委书记2次；市“四大家”领导带头包案下访，推动信访事项化解。经市委常委会研究同意，调整市信访工作联席会议召集人，市委副书记任第一召集人，市委政法委书记任常务召集人，市人大、市人民政府、市政协、军分区等相关领导为召集人，下设专项小组拓展到13个，工作组长由市级领导担任。

年内，全市信访工作多次得到省联席办通报表扬。纳入“信访积案清零”专项行动化解的54件（涉及95名信访当事人）积案，全部办结，息访息诉27件，办结率和息访息诉率分别为100%和50%；受理网上投诉12959件，网信占比67.2%。全市信访工作呈现“两下降两上升一好转”的态势（即信访存量下降、群众走访占比下降，信访部门公信力上升、网信占比上升，信访秩序持续好转），在全省率先开展“四级”（市、县、乡、村）书记同步接访（下访）活动，被时刻新闻、今日头条等国内主流媒体推介，工作做法被《人民信访》杂志刊登。永州市信访局被评为全国维护妇女儿童合法权益先进集体，信访工作目标管理考核排全省第四位，被省信访局评为“三无”创建工作先进单位。

2017年，中共永州市委书记、市人大常委会主任李晖（中）到新田县开展“四级书记”同步下访活动

【“四级”书记同步接访】 2017年7月，永州市参与接访的“四级”书记4729人次，接待来访群众5862批、9941人次；现场解决信访事项3278件，交办1029件，解释说明574件。中共永州市委书记、市人大常委会主任李晖接待14批、43人次。同时，健全完善联合接访机制，每天安排一名市县乡党政领导到同级信访接待中心坐班接访；10月，市信访联席会议13个工作组全部进驻市信访接待中心，开展日常接访工作。

【网上信访件办理】 2017年，永州市各县区党政主要领导每月至少调度网上信访工作一次，推动网上信访件办理。推进信访信息系统应用，市、县两级完成视频信息系统建设。开展网上信访工作“一比二讲三看四提高”活动，并坚持一月一排队、一月一通报，倒逼工作落实，规范办理工作。2月，市、县两级同步开展“网上信访闹元宵”宣传活动；4月，制作网信宣传片，在各级信访机构不间断播放，提升网信“知名度”。年内，全市受理网上投诉12959件，网信占比67.2%，位于全省前列。

【信访源头治理】 2017年，永州市开展“信访问题源头治理”专项行动，以在当地能反映信访诉求、在当地解决好信访问题、在基层调处好矛盾纠纷为目标，进行“三无”县区和“四无”乡镇（街道）创建活动，推动信访事项及时就地化解，确保小事不出村、大事不出乡、难事不出县。是年，永州市创建“三无”县区2个，“四无”乡镇（街道）创建达标99个，分别占比14.3%和52%；祁阳县在全市率先建立信访维稳“以村为主”的工作机制和县、乡、村“三级联动”体系，衡阳、湘潭、桂林等地信访部门到该县观摩。

【信访积案化解】 2017年，永州市成立全市“信访积案清零”专项行动工作领导小组，中共永州市委书记、市人大常委会主任李晖负总责，市委副书记、市委政法委书记任组长；以“两办”名义印发《2017年永州市“信访积案清零”专项行动工作方案》，制定任务书、明确时间表。按照“大领导包大案、小领导包小案”的原则，由市委常委会议研究确定市级领导包案下访的信访积案，并明确化解时限和预期效果；各县区党政主要领导的包案信访积案，由市信访工作联席会议讨论决定，并由市联席办进行交办；明确县区的积案交办程序，参照市级做法执行，做到按难易、论能力逐级交办和落实。2月18日，市委常委会议明确将33件信访积案交办给市级领导；9月15日，李晖在全市信访工作会议上，现场交办各县区信访积案802件。把“信访积案清零”专项行动与市委的主题活动结合起来开展推动，制定《市级领导结合脱贫攻坚“三走访三签字”活动带案下访信访事项安排表》，筛选信访事项32件，由市级领导带案下访，截至2017年年末，32件信访事项全部化解到位；围绕市委“万名干部下基层，精准帮扶解难题”活动中的信访维稳工作任务，对来访群众重复反映或涉及民本民生的274件信访事项，进行交办，限期办理，并全部化解到位。年内，全市交办信访积案802件，全部化解到位。其中市级领导包案化解的33件，全部办结，息访息诉25件，办结率和息访息诉率分别为100%和75.8%；市联席办交办的25件，全部办结，息访息诉17件，办结率和息访息诉率分别为100%和68%。

【依法治访】 2017年，永州市落实省、市有关信访责任追究文件精神，对造成较大负面影响的非访行为，进行责任倒查。9月20日，市人民政府第11次常务会议研究同意强化信访工作责任追究，对违反信访工作纪律且属于纪检监察机关或者组织人事部门职责范围、需要追究责任的，由纪检监察机关或组织人事部门负责开展调查并做出责任追究决定；由市纪委明确一名副书记和一个处室专门处置信访违纪违法方面问题，做到有案必接、有责必究。这在全省属首例。年内，全市追责单位21个，其中1个单位因信访工作被一票否决、4个乡镇（街道）和单位因信访工作被重点管理、5个县区16个乡镇（街道）被全市通报批评；追责40人，其中免职3人、诫勉谈话19人、通报批评18人。成立由市级领导带队的督查组4个，到14个县区和市直单位开展督查。市信访局坚持每天视频督查各县区值班接访情况，推动开门接访。实行一月一调度、一月一总结、一月一分析、一月一通报“四个一”工作法，推动信访事项及时就地化解。是年，下发交办函245件、工作通报150余件、督办函24件。

（刘建能　阳辉文　周永军）

移民开发

【搬迁安置】 2017年，永州市按照安排部署，完成湖南省水利一号工程涔天河水库扩建工程的移民安置任务。截至2017年年末，江华瑶族自治县6个移民安置点建设基本完成，移民安置房屋和安置点的道路、水电等配套设施建设基本建成，学校、医院等配套设施基本建成并投入使用；移民安置房屋全部完工并分配到户，移民陆续搬迁入住，该工程累计完成移民搬迁6666户、2.84万人，占任务的100%；库区道路复建工程的8条等级公路除省道355线外，均具备通行条件；3月，工程通过涔天河水库扩建工程下闸蓄水阶段（正常蓄水）移民安置初（自）验，4月12日，通过水利部移民局对正常蓄水阶段移民安置终验。

新建水库移民安置工作有序推进。永州市移民开发局对毛俊水库的前期工作开展指导，确保规划编制的内容及深度、精度符合水库移民政策法规、规程规范及移民安置目标的实施要求。截至2017年年末，市移民开发局与蓝山县人民政府、项目法人单位签订三方协议，完成移民安置监督评估单位的招投标工作，组织、指导蓝山开展移民安置协议和临时过渡安置协议的签订；加大对东安县芦江水库移民安置工作监督，截至2017年年末，芦江水库规划安置移民407人，生产安置人口689人，淹没区房屋拆迁协议和外迁移民安置协议签订率93%，外迁移民的建房在安全前提加快推进；指导晒北滩电站完成移民安置的扫尾验收工作。

【水库移民后期扶持】 2017年，永州市计划到位水库移民后期扶持项目资金2.39亿元，其中后扶基金1.47亿元（直补资金8724.57万元，后期扶持项目资金5989.41万元），发放后扶直补资金7841.28万元，占直补资金的89.88%。后扶基金项目547个，在建340个，开工建设率62.15%，完成项目验收209个，拨付项目资金2150.34万元，完成率38.2%；规划后扶项目资金9190万元，完成项目231个，拨付项目资金2278.38万元。

【产业开发】 2017年，永州市累计投入资金1000多万元用于移民产业发展，库区和移民安置区新发展和提质改造水果基地733.33公顷、油茶基地140公

江华瑶族自治县水口移民新镇一角

顷、茶叶基地120公顷、中药材基地50公顷、蔬菜基地153.33公顷、其他基地14公顷；扶持农产品加工企业及农村合作组织24个。

【移民培训】 2017年，永州市移民开发局以移民特困群体为重点，开展“精准培训+智力脱贫”，打造“一户一产业工人”和“一村一致富带头人”工程，提高水库移民生产开发水平和就业创业本领。全市完成移民培训任务3695人次，其中实用技术培训2953人，主要是农业种养技术方面的培训；就业技能培训742人，主要是厨师、育婴员、养老护理、电梯维修、移民村主干及致富带头人培训，获证率95%以上，就业率90%以上。年内，市本级在江华瑶族自治县开展厨师培训51人、驾驶员培训100人。截至2017年年末，全市培训任务全部完成。

【移民避险解困】 2017年，永州市计划完成第三批避险解困贫困移民1972人。其中冷水滩区63人、零陵区218人、金洞管理区86人、祁阳县616人、东安县192人、江永县101人、宁远县205人、蓝山县69人、新田县244人、江华瑶族自治县178人。截至2017年10月底，各相关县区均完成前期工作，确定避险解困搬迁安置人员和搬迁安置点，完成建设（包括购房人员）1731人。

（周川）

扶贫开发

【概况】 2017年，永州市以脱贫攻坚统揽经济社会发展，把脱贫攻坚战役作为“六大战役”之首，脱贫攻坚战役取得突破性进展。全市减贫17.04万人，贫困村脱贫出列349个，宁远县、双牌县、江永县脱贫摘帽，全市贫困发生率下降至3.3%。

【扶贫政策落实】 2017年，永州市坚持“四跟四走”（资金跟着贫困户走，贫困户跟着能人走，能人跟着产业项目走，项目跟着市场走）新路子，坚持将产业发展和精准扶贫相结合，带动53万贫困人口参与发展特色种养、农村电商、乡村文化旅游等产业。鼓励引导小微企业进驻贫困村，307家园区小微企业在贫困村建设“扶贫车间”，吸纳5000余名贫困劳动力在“家门口”就业，年均务工收入超过到1.8万元。转移就业贫困劳动力1.29万人，技能培训贫困对象1.3万人次，易地扶贫搬迁安置5.65万人，农村危房改造2.63万户，新增524名贫困人口为生态护林员。推进教育扶贫阻断贫困代际传递，贫困学生义务教育完成率100%，建档立卡家庭子女不同学段教育资助实现“应助尽助”。落实健康扶贫综合保障政策，推行先诊疗后付费“一站式”综合服务，贫困人口医保参合率、家庭医生签约服务率100%，住院综合报销比例87%，4类9种大病救治率98.98%、住院医疗费用总报销比例95%，排全省第一位。开展兜底脱贫对象认定清理整顿，农村低保标准提高到3036元/年，实现扶贫与农村低保“两线合一”。

【扶贫领域查摆整改】 2017年，永州市按照“学、下、查、断、改、问”的六字诀思路，开展查摆整改工作，中央和省督查考核指出的以及市县查摆出来的问题全部整改销号。全年清理“四类对象”5.7万人，纳入“五类人员”2.8万人，实现“应清尽清、应纳尽纳”，纠正建档立卡信息系统问题数据41万条。强化脱贫攻坚执纪问责，排查和受理扶贫领域腐败问题线索7773个，立案772件，查处534人。通过报纸、电视、微信等媒介发布政策信息10余万条，发放20余万份脱贫攻坚手册、政策告知书和年历挂图到户到人，干部群众的政策知晓率得到提高。

【基础设施建设】 2017年，永州市新解决409个贫困村、23.46万贫困人口的安全饮水问题，完成271个贫困村的农网升级改造，实现贫困村100%通硬化路面、通客班车，贫困村通宽带率达到75%，4G信号实现全覆盖。新建成乡镇文化站177个，农家书屋图书补充更新、农村广播、数字电视节目实现贫困村全覆盖。新建成标准乡镇卫生院37所、标准化村卫生室950个、12396科技信息服务站22个，科技专家服务团覆盖417个贫困村。新建成并网光伏电站557个、32兆瓦，数量及规模排全省第一位，513个贫困村集体经济年经营性收入超过4万元。

【扶贫新模式】 2017年，永州市创新脱贫攻坚新模式，扶贫工作走在全国前列。按照“12345”思路在全市推进中国社会扶贫网试点，以“互联网”为平台，鼓励政协委员、民营企业、社会个人参与脱贫攻坚，形成合力，“互联网+”社会扶贫模式得到国务院扶贫办主任刘永富肯定，在全国“互联网+”精准社会扶贫论坛、全国电商精准扶贫现场会上进行推介，获评全国“互联网+”社会扶贫卓越贡献奖。在全省率先推进扶贫小额信贷规范化试点和扶贫“特惠保”，扶贫小额信贷放贷总量连续2年排全省第一位，扶贫“特惠保”在全省率先实现“应保尽保”。坚持党建引领，第一书记和专职化书记实现贫困村全覆盖，在全国率先创建农业部管理干部学院实践教研基地，“政府买单”有计划分步骤培训农村党员干部和贫困村主干。在全省率先开展“三走访三签字”活动，实现市县两级领导干部所有乡镇、贫困村、贫困人口走访全覆盖。“互联网+”社会扶贫全国现场会以及全省小微企业进村、教育扶贫、抓党建促脱贫攻坚、就业扶贫等多个现场会先后在永州市召开。

【全省“中国社会扶贫网”上线工作培训班暨“小微企业进村”现场观摩会在江华召开】 2017年9月8日，全省“中国社会扶贫网”上线工作培训班暨“小微企业进村”现场观摩会在江华瑶族自治县召开。“中国社会扶贫网”领导小组办公室主任刘翔，省扶贫办党组书记、主任王志群出席会议并讲话，中共永州市委书记、市人大常委会主任李晖致辞。会议由省扶贫办党组成员、副主任黎仁寅主持。市领导罗建华、贺辉出席会议。永州市、株洲市、邵阳市以及永州市江永县、江华瑶族自治县在会上作典型发言。与会人员还参观“中国社会扶贫网”江华管理中心、江华鼎维塑业雨衣厂、“中国社会扶贫网”江永管理中心，现场观摩了解江永县向光村的中国社会扶贫网推进工作情况和“小微企业进村”情况。2014年—2016年，全市减少贫困人口36.98万人，贫困村脱贫出列131个，减贫率54.2%，贫困发生率从13.5%下降至6.2%。产业扶贫、社会扶贫、金融扶贫、教育扶贫、“三走访三签字”活动等多项工作走在前列。永州市社会扶贫试点率先整市推进，实现全国领跑，形成“12345”的永州模式。全市社会扶贫网注册用户数、需求发布数和爱心对接成功率排全国第一位。

（肖柳）

政协永州市委员会

综　　述

2017年，政协永州市委员会围绕“构筑创新开放新高地、建设品质活力新永州”目标任务，履行三项职能，深化协商民主实践，完善履职新理念、新载体、新形式，开展“三创三争三好”主题活动，“政协云”建设、“三个一”扶贫等系列工作走在全省前列。

致力协商议政。永州市政协五届一次全会期间，各政协委员通过小组讨论、大会发言等形式，为全市经济社会发展建言献策。围绕构建亲清政商关系、抓好周敦颐千年诞辰庆典活动、建设国际慢城、发展全域旅游、加快电商产业升级、推进农业供给侧改革等，相关党派界别的委员作议政发言。小组、联组讨论中，各委员就推进新型工业化、零陵古城建设、生态环境治理、文化旅游发展、重大交通建设、教育事业发展、扶贫开发和农村水利建设等，发表协商意见。中共永州市委、市人民政府领导参加联组讨论并作出回应。市政协五届三次和五届四次议政性常委会，分别就“建设开放强市”“推进教育扶贫”组织专题协商。市委、市人民政府领导和相关市直部门负责人参加会议，并采纳落实相关调研建议。开展调研建言，协同湖南省政协以“促进开放崛起”“推进教育扶贫”“优化非公经济发展法治环境”为题，组织政协委员深入调研，就相关问题

2017 年 1 月 8 日下午，市政协五届一次会议举行选举大会，选举政协永州市第五届委员会主席、副主席、秘书长和常务委员。图为第五届市政协领导班子

向省政协发出“永州声音”，向市委、市人民政府提出“永州对策”。如在推进教育扶贫调研中，通过省政协三级联动监督性调研和市政协调研组市内外调研，剖析全市教育扶贫中存在的“农村教育落后、留守儿童多、校车运营困难、资金压力大”等 7 个方面 40 多个问题，分别提出有针对性的建议。全市对教辅资料开展专项整治，秋季教辅材料征订总额裁减三分之二，减少 1.02 亿元，全省教育扶贫现场会在永州市召开。围绕“六大战役”的实施和推进，确定重点调研课题 5 个，向市委、市人民政府提交《永州市生态文明建设的调研报告》《加强湘江源头生态环境保护的调研报告》《我市园区升级的调研报告》《我市脱贫攻坚的调研报告》《我市乡村精品旅游文化建设的调研报告》，得到市委、市人民政府重视采纳和落实。参加各党派界别重要工作和民生问题调研，形成专题报告 40 多个。有序实施民主监督，创新重点提案市委、市政府和市政协领导领衔督办、党派界别集体提案协商督办、民生提案视察督办、承办单位和提案人见面督办等制度。政协五届一次会议立案的 292 件提案全部办复，委员满意率 98.95%。中共永州市委书记、市人大常委会主任李晖就领衔督办的“提高精准扶贫工作实效”和加快“水云潇湘”项目建设两个提案组织召开专题督办会，现场督促办理；市人民政府建立提案办理分管副市长联系制度和承办单位“一把手”负责制度。完善政协全会委员大会发言、政府领导回应发言和政协领导点评发言制度，提高大会发言质效，通过领导批办领办、专项督查、集中督办、民主测评等方式抓实大会发言意见建议的办理落实。10 月底，市政协五届五次常委会议对 12 个大会发言的承办单位进行民主测评，测评结果均为“满意”。市政协主席会议组织委员对全市城投、城管、环保、公安、检察工作进行视察，通过视察推介典型、指出问题、推动工作进展。全年向省政协上报信息 49 条，编发市本级《社情与民意》专报 36 期，促成一批问题及时得到重视和解决。市委、市人民政府领导先后 31 次对政协大会发言、调研视察、专题协商、社情民意等各类报告和建议作出批示。《市委通报》6 次刊发政协的调研成果。

致力改革创新。参与市委、市人民政府中心工作，做好联系县区、项目建设和招商引资引智工作。特别是把市委、市人民政府“六大战役”作为建言出力的重要平台，市政协主席、驻会副主席分别担任脱贫攻坚、城镇提质、旅游升温、交通提速、环境整治、园区升级指挥部的领导，协调落实项目，尽心推进工作。开展“三个一”扶贫行动，全市 2400 多名省市县政协委员实现全结对，结对率排全省政协系统首位。据不完全统计，在“三个一”扶贫行动中，政协委员结对贫困家庭 5521 户，帮助贫困家庭孩子就学 1800 多人，解决就业 2300 多人，协调贫困村落实项目资金 3000 多万元，捐款捐物 800 多万元。市政协联系的榴星村，及市政协领导牵头联系的鱼塘村、新沙桥村、下塘窝村、小源村、濂西村、回龙村、黄甲岭社区、桃源社区等脱贫摘帽工作全面推进。面对“7·2”特大洪灾，市、县区政协组织各参加单位和委员投身防汛抗灾，支持灾后重建，组织捐款捐物 1100 余万元。按照市委书记、市人大常委会主任李晖“政协云要走在全省市州政协前列”的目标，抓好云建设、云宣传、云议政。成立政协信息化建设领导小组，申报省“政协云”建设试点，实现政协云 APP 在永州全覆盖安装，使用和安装率在全省排第一位。建设远程协商平台，市政协五届三次常委会议首次实行与县区政协视频直播，并通过红网和政协云向社会直播。

致力党建引领。实施“党建+建言”“党建+为民”“党建+主题活动”“党建+政协云”，发挥政协党组在政协常委会和政协机关的核心领导作用。坚持以制度管人理事，制定完善30多项规章制度，促进机关办文办会办事更加规范。以创建省级文明单位为抓手，改善机关环境，转变干部作风，提高机关工作执行力和服务委员的能力，打造学习型、创新型、服务型、效能型、廉洁型和文明型机关。组队参加“喜迎十九大·建设新永州”合唱比赛、全民健身运动会等文体活动，组织开展政协老主席文体联谊会和各类学习培训活动。深化工作交流，接待省政协和全国省、市政协调研考察53批次。加强专委会建设，完善专委会联系界别和委员制度。各专委会发挥专业特长，组织委员调研视察，形成一批建言成果；联同界别开展送医送药、送文化、送科技和捐资助困等活动，贴近群众，服务群众。开设道德讲坛，建设文化长廊，营造良好文化氛围。建立完善政协刊、网、云、微全方位平台，构建宣传大格局，提升政协好形象。在《人民政协报》《湘声报》和省市主流媒体推出一批有深度、有影响的精品报道。市政协主席首次走进红网，推介永州政协履职实践。加强文化交流，主办“潇湘灵韵·九城市政协书画交流第九次会议暨当代湖南国画（山水）永州写生创作展”，八省十市政协及省政协书画院100余名领导和书画家参加会议。

【“三创三争三好”主题活动】
2017年，永州市政协在全体政协委员、政协界别和市县政协机关中开展“三创三争三好”主题活动，即创一流工作业绩，争当优秀政协委员；创品质活力团队，争当优秀政协界别；创务实创新政协，争当优秀政协机关；打造履职成果，推出一批好提案、好调研、好新闻。通过实践，活动取得较好成效，涌现出一批先进和典型，得到省政协和市委、市人民政府肯定，省政协机关报《湘声报》专版刊登永州的经验做法。

【政协信息化建设探索“永州模式”】 2017年5月，永州市政协全面启动政协云建设试点。7月，全市政协委员和机关干部2608人全部安装使用政协云APP，使用率和安装率在全省排第一位。同时，开展“政协云+社会治理”试点，在全省率先实现试点异构平台对接，促进政协“微建议”提交和落地，“政协云永州模式”的经验在全省推广，辽宁省、厦门市、株洲市、怀化市等省内外政协纷纷到此考察学习。年底，永州市政协在湖南政协云座谈会上作典型发言，在表彰的6个市州之中排第一位；在表彰的23个县区政协里，永州有5个，占22%，是先进集体最多的市州；在表彰的110名“政协云”工作先进个人中，永州有25人，占23%，是表彰人数最多的市州。

（蒋慧玲）

重要会议

【政协永州市五届一次会议】
2017年1月5日上午，中国人民政治协商会议永州市第五届委员会第一次会议在永州会堂召开。会议应到委员399人，实到393人，符合《中国人民政治协商会议章程》规定的有效人数。唐定代表政协永州市第四届委员会常务委员会向大会作工作报告。市委常委、市人民政府常务副市长唐湘林作市政协四届五次会议委员大会发言意见建议办理落实情况的说明；市政协副主席张建亮代表四届市政协常委会作关于提案工作情况的报告；市政协副主席彭爱华作市政协四届五次会议委员大会发言意见建议办理落实情况的点评；市政协副主席吕斌宣读优秀政协委员、优秀提案、优秀调研报告、优秀大会发言等表彰决定；刘翼平、乔黎萍、伍重武、秦琦、唐国玉、赵斌等6位委员作大会发言。经过大会选举，蒋善生当选为政协永州市第五届委员会主席。张建亮、彭爱华、吕斌、田洁、杨军元、文绍涛、宋可福、潘衡湘当选为政协永州市第五届委员会副主席。王小波当选为政协永州市第五届委员会秘书长。蒋善生在闭幕会上作讲话。

【市委召开政协工作会议】
2017年3月，中共永州市委召开政协工作会议。市委书记、市人大常委会主任李晖在会上提出重视政协工作“一提高、两纳入、六个一”的思想，“一提高”就是提高对政协工作的重视程度，各县区党政领导“一把手”（主

2017 年 9 月 18 日，九城市政协书画交流第九次会议在永州市举行

摄影　蒋慧玲

要负责人）列席市政协全会开幕式，各乡镇党政“一把手”列席所在县区政协全会的开幕式。“两纳入”就是将落实“三在前、三在先”协商制度纳入各级党政“一把手”党建工作考核，将政协提案和大会发言办理、专项民主监督工作纳入各级各部门的绩效考核。“六个一”就是党政主要领导每年抽出一定的时间同政协委员进行一次座谈，直接听取委员们的意见建议；每年尽可能多地批阅、督办委员的意见建议；每年至少参加政协组织的一次专题协商会；每年至少召开一次党委常委会专题研究政协工作；每年至少为政协解决一个突出困难和问题；每年至少牵头督办落实政协的一个重点建议案或重点调研报告。江华县委、东安县政协和市交通运输局作典型发言。

【潇湘灵韵·九城市政协书画交流会】 2017 年 9 月 18 日，九城市政协书画交流第九次会议在永州市举行，“潇湘灵韵”书画作品展开展。此次九城市政协书画交流第九次会议由永州市政协主办。九城市政协书画交流暨当代湖南国画（山水）永州写生创作展“潇湘灵韵”在会议期间举行命名，展出作品 182 幅，其中九城书画精品 110 幅，3 月湖南省政协书画院组织省书画名家赴永州采风写生创作作品 72 幅，展览时间为 9 月 18 日—23 日。开幕式上，湖南省政协书画院、各城市政协代表向永州市政协赠送书画作品，永州市政协向各城市政协代表颁发作品收藏证书。会议期间，与会人员还深入永州市文化产业项目考察，并举行书画交流笔会。

重要提案

【《关于进一步增强精准扶贫工作实效的提案》】 2017 年，中共界委员在政协永州市五届一次会议上提交《关于进一步增强精准扶贫工作实效的提案》。提案认为全市脱贫攻坚成效显著，但一些地方仍然存在形式主义突出、精准度不够和实效不强等问题。提案建议：一要提高扶贫精准度。通过精准识别和建档立卡，确保对象精准；落实党政“一把手”脱贫攻坚的第一责任、党委政府主体责任、行业部门特殊责任，确保责任压实；按照中共中央提出的“五个一批”方法路径，分类给予针对性的扶持，确保措施有效；按照退出标准、程序和核查办法，设定时间表，确保退出真实。二要进一步增强脱贫攻坚的实效。创新帮扶方式，由帮钱、帮物向帮思路、帮技术、帮项目转变，由“要他脱贫”向“他要脱贫”转变；强化帮扶力量，选拔优秀干部作为驻村帮扶的主力军，加强对驻村帮扶队员培训；落实帮扶责任，进一步明确和细化“第一书记”和驻村工作队员的考核，提高贫困村党员村干部、青年农民的致富本领和带富能力。三要提高贫困村班子“双带”能力，突出党组织建设的目标任务，选准配强贫困村主干，强化贫困村班子队伍管理培训。

【《关于推进供给侧改革加强永州实体经济发展的提案》】 2017 年，经济界委员在政协永州市五届一次会议上提交《关于推进供给侧改革加强永州实体经济发展的提案》。提案认为：加强实体经济发展是 2017 年中央经济工作会议的要求，是永州经济社会发展的现实需要。然而永州经济发展面临着深层次的结构性矛盾和问题：融资成本过高，税负过重，机制不活等。提案建议：一是设立产业引导基金。以股权投资形式对企业进行支持，与企业共享收益，共担风险，提高财政资金杠杆作用，发挥市场机制作用，吸引更多社会资金支持重点产业和新兴产业发展。二是创新银行金融产品。加强政银、银企的合作，放宽对企业的授信管理，扩大贷款抵押物范围。三是建立园区市场化运行机制。大胆放权，实行聘用制，建立激励性的奖惩机制。四是加大对本土企业的扶持。对连续3年以上发展业绩和发展潜力比较好并有一定规模的本土企业在用地、用工、企业管理、人才引进和培养、科技支撑、减税降费等方面可享受招商引资企业同等政策。五是大力支持企业上市。继续完善政策，鼓励企业到创新三板、中小板挂牌上市，直接到市场去融资。六是大力培育企业家精神。培育企业家的责任意识、担当意识、市场意识和信用意识，强化企业发展的内生动力。

【《引导社会资本投资推进我市农业供给侧改革》提案】 2017年，民革永州市委在政协永州市五届一次会议上提交《引导社会资本投资推进我市农业供给侧改革》。提案认为：永州是一个农业大市，引导社会资本投资农业，是解决农业投入不足、促进农业结构优化升级和农民收入增加的重要途径，也是建设优质农副产品供应基地和推进永州农业供给侧改革的迫切需要。提案建议：一要争取设立政府性的农业股权投资基金。由过去直接补贴、无偿补贴为主，转为更多股权投资、基金投入等市场化方式。政府通过预算安排，单独出资或与社会资本共同出资设立农业股权投资基金，采用股权投资等市场化方式，引导社会各类资本投资农业。二要先行先试，创新发展农业的金融政策。督促各类金融机构继续加强与进入农业的社会资本对接，创新金融产品，提高金融服务农业的针对性。在此基础上，先行先试推动建立社区性农村资金互助组织。三要实行标准化生产，打造“永”字号农产品品牌。尽快建立永州农产品生产标准和全程监控可追溯系统，确保产品品质做好品牌推广。四要建立政府主导、多元投资、市场化运作模式的农业服务网络，促进农业和服务业融合发展。五要严格准入，全程监督。建立社会资本投资农业准入制度，切实保护基本农田。建立健全制度化、规范化的监督机制，避免企业弄虚作假，确保农民权益不受损害。

2017年8月，永州市政协主席蒋善生（右二）率“加强环境治理，构建和谐共生的生态环境”课题组赴浙江、福建等地考察学习。图为考察厦门松霖集团

【《关于进一步加强潇湘两岸生态环境建设的建议》提案】 2017年，文绍涛委员在政协永州市五届一次会议上提交《关于进一步加强潇湘两岸生态环境建设的建议》。提案认为：由于生态环境污染成因的多样性、技术的复杂性和利益的博弈性，潇湘两岸生态环境建设还存在一些突出问题。一是缺乏对生态污染治理进行统筹规划的立法和统筹领导，实施污染治理的配套措施不够完善；二是对造成生态污染的主要成因防控力度不够；三是尚未在全市范围内形成生态污染实时监测体系，缺少紧急环境问题预警机制等。提案建议：一要加强生态立法执法工作。从市级层面尽快启动潇湘两岸生态环境建设地方性法规的制定工作；加大执法力度；完善重大污染违法案件移送司法及协同配合机制。二要加大政策保障。尽快出台潇湘两岸生态建设的“1+X”政策体系，“1”是指《潇湘两岸生态环境建设实施办法》，“X”是指保障和支撑潇湘两岸生态环境建设的配套性政策措施。三要加强统筹领导。实行“政府领导、环保牵头、相关部门分工负责、各市区县具体实施”的工作机制和跨部门、跨区域联合防治机制。四是加强生态环境质量监测预测和严重污染事件应急处理工作。五是争取上级支持。加强与国家部委、省厅的汇报衔接，争取在项目和资金方面对永州给予倾斜。

纪检监察

综　　述

2017年，中共永州市纪律检查委员会严格政治纪律监督和廉政审核把关，对36个单位“两学一做”专题民主生活会进行现场监督。对中共永州市委研究的5批次500余名干部严把“党风廉洁意见回复关”，否决2人。建立党风廉政建设和反腐败工作形势分析制度，中共永州市委全年召开形势分析会4次，对扶贫领域“微腐败”、私车公养、为官不为、为官乱为等17类问题进行交办。组织开展“两个责任”考核，以问责倒逼责任落实，全年追究“两个责任”落实不到位680人。配合中央环保督察组查处环保违法问题135个，问责184人；查处防汛救灾玩忽职守、失职渎职的党员干部和国家工作人员52名，通报典型案例8起。是年，中共永州市纪委监察局机关获得绩效评估、安全生产、社会稳定、精神文明和意识形态、计划生育、食品安全、党委办公室工作、六大战役、发展开放型经济等20余项市级先进或优秀称号。中共永州市委履行党风廉政建设主体责任考核排全省第一位，党风廉政建设新闻宣传和纪检监察信息工作分列全省第三、第四位。

【纪律审查】　2017年，永州市纪检监察机关受理信访举报3234件，处置问题线索2517件，立案1633件，结案1615件，给予党纪政纪处分1720人，同比分别增长24.2%、23.2%、25.6%。立案审查市管干部40人，给予撤职以上处分18人，移送司法机关6人，重点查处市委政法委原副书记陈某某案，市经济建设投资有限公司原党委书记、董事长柏某案，江华国有林场原党委副书记、场长李某某案等一批大要案件。用好“四种形态”，第一、二、三、四种形态分别处理764人次、1229人次、399人次和103人次，其中第一、二种形态占比79.9%。65名干部主动向纪检监察机关交代问题，党纪威慑力和政策感召力得到彰显。继续保持“零外逃”。

2017年4月21日，中共永州市委常委、市纪委书记杨永（右一）在东安县井头圩镇上大村调研精准扶贫工作

【作风建设】　2017年，中共永州市委出台禁酒令、操办丧事“五个严禁”等规定。全市各级纪检监察机关剑指陈规陋习，聚焦领导机关和重点部门，立案703件，给予党纪政纪处分666人，组织处理4894人，曝光典型案例486件。中共永州市纪委出台《关于扑下身子沉到基层护航脱贫攻坚的意见》，全市千余名纪检监察干部深入一线监督执纪，落实市委《关于为敢于担当的干部担当为敢于负责的干部负责的若干意见》文件精神，为1200余名受到错告、诬告的干部正名。

【专项整治】　2017年，永州市以“雁过拔毛”式腐败问题专项整治为总揽，率先开展农村危房改造专项整治，延伸开展城乡低保清查、集中整治“村霸”和宗族恶势力等专项行动，立案859件，给予党纪政纪处分800人，组织处理1215人，移送司法机关82人，工作成效在中央电视台等媒体报道。推动建立县、乡、村三级惠农利民资金公示“蓝山模式”，完成“互联网+监督”平台建设，排查问题3847个，挽回经济损失574万元。开展涉砂涉矿、教辅材料、招投标等领域突出问题专项治理，全市有1258名国家公职人员和292名领导干部配偶、子女及其配偶退出涉砂涉矿等经营性活动，核查问题线索436件，给予党纪政纪处分10人，组织处理145人，移送司法机关2人；全市中小学秋季学期教辅征订额比春季学期减少1.02亿元，立案21件，给予党纪政纪处分11人，组织处理27人；查核工程建设招投标项目1396个，给予党纪政纪处分21人，组织处理28人，移送司法机关4人，一批违规违纪单位和个人被列入“黑名单”并公开曝光。开展农村纪检监察信访举报集中办理专项行动，通过领导包案、提级办理等方式办结销号1706件。

【纪检监察改革创新】　2017年8月，永州市完成市本级派驻改革任务，设立派驻纪检组25个，机构规格为副处级，划转编制125人，实际到位113人，实现对市一级158家副处级以上单位派驻监督全覆盖。全年开展监督检查160余次，通报批评120余人次，提醒谈话80余人次，诫勉谈话30余人次，受理信访举报150余件次，立案26起，结案20起，处理处分25人。完成市委巡察机构改革，设立巡察办1个，巡察组5个，核定行政编制21名，其中市委巡察办6名、市委巡察组15名，实际到位20人。改革后五届市委完成巡察4轮，市县巡察联动推进，发现问题2248个，立案186件。11月，启动国家监察体制改革。组建改革试点工作小组，中共永州市委书记、市人大常委会主任李晖任组长，下设1个办公室和6个工作小组。11月29日，中共永州市委常委会审议通过《永州市深化国家监察体制改革试点工作实施方案》，市本级从市人民检察院划转行政编制32名，转隶人员30名。

【廉政教育】　2017年，永州市打造廉政文化“五个一”工程。系统整理永州优秀历史人物家规家风家训，编印成书，引导广大党员干部自觉廉洁修身、廉洁齐家。推动廉洁文化在市县乡村四级全覆盖。周敦颐故里当选最美三湘廉政文化教育基地。举办“爱莲战队”党规党纪知识电视竞赛。以纪念周敦颐诞辰1000周年为契机，拍摄廉政电影《爱廉说》、开展“我读《爱莲说》”全国征文比赛。以中共永州市纪委原常委、市监察局原副局长王海洋事迹为蓝本的反腐电影《决不姑息》成功上映。

2017年12月27日，中共永州市纪委与市人民检察院就深化国家监察体制改革进行案件线索和资产移交

【中共永州市五届纪委二次全会】
2017年1月23日，中共永州市五届纪委二次全会在冷水滩区召开，总结2016年纪律检查工作，部署2017年任务，全会审议通过市委常委、市纪委书记杨永代表市纪委常委会所作的《标本兼治，惩防并举，坚定不移推动全面从严治党向纵深发展》工作报告。中共永州市委书记、市人大常委会主任李晖出席并讲话。会议明确2017年党风廉政建设和反腐败工作六项重要内容：一是严肃党内政治生活，净化党内政治生态；二是强化监督问责，推动管党治党责任落实；三是加强纪律建设，让纪律成为管党治党的尺子；四是巩固拓展纠“四风”成果，推动作风全面好起来；五是加大执纪审查力度，继续保持惩治腐败高压态势；六是树起严格自律的标杆，把纪委的权力关进制度的“笼子”。

【《爱莲战队》决赛暨颁奖仪式举行】　2017年8月24日晚，全国首档“莲文化”主题党风廉政建设知识竞赛节目《爱莲战队》决赛暨颁奖仪式在市广播电视台举行。中共永州市委书记、市人大常委会主任李晖，市委副书记、市人民政府市长易佳良，市委副书记、市委政法委书记张严，省纪委宣传部部长周金甫，市领导高建华、杨永、刘尤碧、宋可福出席活动并颁奖。《爱莲战队》由永州市纪委主办，将党风廉政建设基本知识和永州本土的廉政文化有机结合，通过大型电视竞赛的形式，利用电视传播手段和视听语言表达，结合影像视频、实物图片、音乐片段、故事情景等元素，将党风廉政建设基本知识做成一道好看好学、好记好传、好懂好用的文化大餐，实现场内场外、市内市外的有机互动，有效地促进全市廉政文化知识传播的全覆盖。全市有 42 支战队参赛，历时 35 天角逐，零陵区、东安县、市中级人民法院、市国税局、市地税局、市经济建设投资发展集团有限责任公司 6 支代表队进入总决赛，总决赛通过必答题、抢答题、应用题、猜词题、才艺题、即兴演讲六轮比赛，决出冠军、亚军、季军各 1 名，优胜奖 3 名。在当晚总决赛中，经过六轮角逐，东安战队获得冠军，市国税局战队获得亚军，零陵战队获得季军，市中级人民法院战队、市地税局战队和市经济建设投资发展集团有限责任公司战队获得优胜奖。

（张小军）

巡察工作

【概况】 2017 年，中共永州市委巡察工作领导小组办公室按照中央和省委部署，贯彻落实 9 月 3 日—5 日王岐山在湖南调研的讲话精神和 10 月 9 日全省巡视巡察工作电视电话会议精神，全面推进市县巡察工作。截至 2017 年年末，中共永州市委完成巡察工作任务 3 轮，11 个县区均开展 2 轮以上巡察工作。

2017 年，中共永州市委常委、市纪委书记、市委巡察工作领导小组组长杨永（左），市委常委、市委组织部部长、市委巡察工作领导小组副组长吴志雄（右）为市委巡察工作机构揭牌

存在的主要问题是：巡察的方式方法还比较简单，难以带着问题去巡察，不善于从政治的角度分析问题；巡察队伍的力量与承担的巡察任务还不适应、不匹配，巡察成果运用还比较单一；建立长效防范风险机制、干部选拔任用等方面还存在不足，缺乏激励措施。

【巡视巡察组织建设】 2017 年，中共永州市委以落实政治责任为根本，从人员、机构、制度三个方面加强组织建设，推动巡察工作开展。市委书记、市人大常委会主任李晖审定每一轮巡察对象、巡察人员和巡察的重点，每轮巡察结束后，市委第一时间召开书记专题会听取巡察工作情况汇报。全年，市委召开书记专题会 2 次，听取巡察情况汇报，市委常委会专题研究巡视巡察工作 6 次。1 月，李晖出席巡察改革试点东安县委巡察机构的揭牌仪式，就县区巡察机构的成立设置作批示。截至 2017 年年末，市县两级巡察机构按照改革的要求均组建成立，人员配备基本到位，市县巡察队伍人才库逐步建立。市县两级组建巡察组 51 个，抽调巡察干部 302 人，确定巡察队伍人才库 654 人。市委明确所有县处级后备干部必须参加一轮以上巡察工作。市县均建立巡察机构与纪检监察机关、组织部、审计局等相关单位协调开展工作的机制，初步形成党委统一领导、巡察工作领导小组具体领导、各级各部门分级负责、有关部门支持配合、巡察办和巡察组具体实施的领导体制和工作机制。

【巡察工作要求落实】 2017 年，中共永州市委巡察工作领导小组办公室按照政治巡察要求，着力发现“党的领导弱化、党的建设缺失、全面从严治党不力”等三大问题，并把对扶贫领域的巡察作为工作重点。9 月 15 日，启动市委第二轮巡察，对全市各县区（管理区、经开区）开展基层组织建设和扶贫领域巡察，市县两级派出巡察工作人员 300 余名，实现所有乡镇扶贫领域全覆盖。市委第一轮巡察发现“党的领导、党的建设和全面从严治党”三个方面的问题 158 个。市委第二轮巡察，交办扶贫领域方面问题 1464 个，督促整改到位 465 个，处理处分 252 人。各县区按照市委的要求，巡察 428 个对象，发现重点问题 2580 个，市县两级纪检监察机关通过巡察发现线索立案 251 人，市纪委根据巡察发现的线索对 2 名县处级领导干部给予立案审查。召开市纪委全会，对县区巡察工作作出部署，把巡察工作和纪检监察工作结合起来，修订《中共市委巡察工作办法》，印发《五届市委巡察工作总体规划》，拟定市委巡察全覆盖的具体路线图、时间表，确保巡察对象和巡察网络全覆盖。

2017 年，中共永州市委第二轮巡察工作动员部署会

【巡察方式创新】 2017 年，中共永州市委制定出台《市委巡察机构与相关部门协作机制（试行）》《巡察发现问题线索处理工作的意见》《巡察反馈工作制度》《巡察整改情况公开工作制度》《市委巡察办每轮巡察工作流程图》《市委巡察组每轮巡察工作流程图》等制度和工作流程等，提高巡察工作的规范化、科学化水平。坚持常规巡察和专项巡察相结合、市委统筹和自主巡察相结合，根据工作需要灵活运用“一托二”“一带三”等方式开展巡察。市委第二轮对县区基层组织建设和扶贫领域巡察，规定每个巡察组至少要延伸巡察 3 个以上重点乡镇。严格执行巡察报告“报账”、反馈“交账”、移交“转账”、督办“查账”、整改“销账”的“五账管理法”，不定期对巡察整改情况开展“回头看”、杀“回马枪”，对整改不到位、责任不落实的，严肃问责，提升巡察震慑力。10 月，市委巡察办组织 4 个专项检查组对五届市委第一轮巡察单位的整改落实情况进行专项检查，组织 3 个巡察组对第一轮巡察单位开展巡察“回头看”。截至 2017 年年末，市县两级巡察发现问题 3285 个，整改落实 2112 个，督促建立相关内部管理制度 258 项。

【扶贫领域专项巡察】 2017 年，中共永州市委针对扶贫领域专门部署开展第二轮巡察。市委巡察组按照“一托二”的方式对两个县区开展巡察，按照“市委统筹、县委配合、市县联动、以上率下”的方式，对各县区的巡察力量进行整合调度。市委巡察组解剖重点乡镇和重点部门，统一调度县区委巡察组，“一日一汇总、每周一总结”，变“单独作战”为“协同作战”。巡察工作立足资金和项目等方向，重点查纠基层“微腐败”问题；立足基层干部作风，重点关注基层干部在推进扶贫工作中履职不力、作风不实等问题。向第一阶段县区移交扶贫领域项目资金管理、基层微腐败、干部作风等方面的问题 844 个。针对巡察发现在扶贫领域存在的共性问题，市县两级巡察机构督促被巡察单位按照立行立改要求，拿出“当下改”的举措，建章立制，形成“长久立”的机制。在全市建立县区、乡镇、村三级惠农利民资金公开公示制度，零陵区、江华瑶族自治县、蓝山县等地先后出台《关于建立健全村级财务监督委员会的意见》《村级财务管理办法》等规范性文件，规范村级权力运行。

（蒋杰）

民主党派 · 工商联

民革永州市委员会

【概况】 2017 年，民革永州市委员会有 9 个基层支部，在册党员 136 名，平均年龄 45 岁，其中本科以上学历 117 人，占 86%，有博士研究生1人、硕士研究生26人，副高以上职称32人，占23.5%，退休党员4人。有省政协委员1人、市人大常委1人、市政协委员18人（其中常委5人）。机关现有编制4名，实有人员3名。累计选送20余名党员、干部参加中共湖南省委统战部、民革湖南省委、中共永州市委组织的各类学习培训。年内，民革永州市委员会完成8个支部的换届工作，成立永州一中支部，全年发展党员12名，全部具有本科以上文凭，其中研究生2人。年底，被民革中央评为民革全国组织工作先进集体。

【民革参政议政】 2017年，民革永州市委确定重点课题3个，分别形成《永州市脱贫攻坚调研报告》《中心城区公共文化服务体系建设几个重要问题的调研报告》《南岭瑶族地区优势产业发展调研报告》，并上报民革湖南省委、永州市政协。《永州市脱贫攻坚调研报告》被市政协评为2017年度优秀调研报告。在永州市人大、政协五届二次会议上，民革永州市委组织党员向大会提交调研报告2篇、理论文章1篇、大会发言1篇、集体提案2件、建议案1篇、个人提案16件。副主委伍重武代表民革市委在政协大会上作《加大中心城区公共服务体系建设 打通公共文化服务最后一公里》口头发言。在市政协“三创三争三好”主题活动中，民革党员中的政协委员伍重武、陈世平、杨丽君、方芳和叶春桃等5人被评为优秀政协委员，民革界被评为优秀政协界别，《引导社会资本投资推进我市农业供给侧改革》（案号167）被评为好提案，《引导社会资本投资推进我市农业供给侧改革》（伍重武发言）被评为好大会发言，《永州市脱贫攻坚调研报告》被评为好调研，《顺应互联网发展潮流创新人民政协工作机制》被评为好理论文章。全年收集、编辑、报送社情民意信息稿件15篇，民革湖南省委采用7篇，市政协采用4篇，中共永州市委统战部采用2篇，其中《使用非医保类药物亟待进一步规范》被评为好社情民意，伍重武被评为民革全国参政议政工作先进个人。连续5年跟踪监督湘江流域永州段污染状况；对永州市水质净化中心进行民主监督，形成监督报告报送相关部门。

【民革参与社会服务】 2017年，民革永州市委响应民革中央《关于开展伸出博爱之手——民革基层组织牵手困难群众活动的通知》精神，开展博爱志愿者公益活动，志愿者服务队伍相继细分出博爱关爱老兵、法律服务、医疗救助、扶贫济困志愿者队伍，涌现出谢建林、唐箭、龙训锋、薛海卫等一批优秀志愿者。谢建林被民革中央评为民革全国社会服务工作先进个人。开展“永州市幸存抗战老兵关爱行动”，新发现幸存老兵8名，从2016年7月起，生活援助金每人每月提高至800元。截至2017年年末，全年发放生活援助金200万元；组织慰问抗战老兵300余人次，发放慰问金30余万元，慰问物资折合人民币20余万元。特大洪灾期间，组织志愿者支援受灾群众，组织民革党员捐款捐物5万余元；永州职业技术学院支部和市中心医院支部组织医疗志愿者送医送药下乡，免费为村民治病、送药，累计发放药品价值1万余元；零陵区支部组织党员到石山脚敬老院、杨梓塘社区关爱空巢老人；组织农业技术人员送科技下乡，为农户进行果树种植培训，提供技术、信息和项目支持，指导农民学习科技知识100多人次，发放各类资料400余份。

【祖国统一联谊活动】 2017年，民革永州市委安排专职副主委唐翔拜访新一军军长孙立人将军的长子、美籍华人孙安平以及深圳龙越基金会负责人孙春龙；组织党员赴南岳忠烈祠参加“国殇”大型公祭活动，先后祭拜抗日名将郑作民、王甲本、张琦等烈士，推动王甲本、张琦烈士墓地的升级改造；协助东安县政协，邀请湖南省黄埔军校同学会、长沙市黄埔军校同学会、长沙市黄埔后裔联谊会数十人前往唐生智故里东安县，开展“寻访抗战足迹，同心圆梦中华”活动。以法律服务志愿者为主体，为在永州的台胞、台属、台商、台企提供法律服务，做好涉台社会服务。

（唐海涛）

民盟永州市委员会

【概况】 2017年，民盟永州市委发展盟员26名，其中硕士7名，盟员总数比2016年增长6.95%，代表人士发展人数和净增长率都排在全省市州组织前列。向各级政府机关推荐盟员后备干部，副主委姚如男提拔为福田茶场场长，张伟任永州职院督导室主任，吴双庆推荐到江永县源口乡挂职副乡长，杨金砖和袁火林、姚如男分别当选省人大代表、省政协委员，邓航宁补选为市政协委员。

【民盟思想建设】 2017年3月底，民盟永州市委召开五届二次全体（扩大）会议，学习中共十八届六中全会、全国两会和中共中央总书记习近平在民进、农工党、九三学社联组讲话精神，安排部署“坚持和发展中国特色社会主义学习教育”和“两学一助”学习实践活动。4月，民盟机关干部和部分盟员跟随民盟省委妇女委员会到江永县、江华瑶族自治县开展“不忘初心，重走费老之路”活动。8月，民盟永州市直属一支部开展暑期谈心活动，学习习近平“7·26”重要讲话。10月24日，民盟永州市委机关和永州职院一支部、市直一支部共同举办“中共十九次代表大会”会议精神学习座谈会。11月9日，盟市委召开骨干盟员座谈会，专题学习中共十九大报告。盟市委班子成员带头撰写中共十九大学习心得，主委袁火林的《不忘合作初心 迅速掀起实干兴永热潮》在《永州日报》、盟省委微信公众号等发表，在全盟提出政治塑盟、人才强盟、实干兴盟的号召。副主委朱衡宁撰写的《“互联网+”时代政协模式创新研究》，获市政协优秀理论文章。全市所有支部均按照盟市委要求开展学习座谈活动，各支部骨干盟员向盟市委提交学习心得60余篇。12月，民盟永州职院一支部和民革株洲环保支部开展跨党派联合调研，交流学习中共十九大心得。

【盟员参政议政】 2017年，在永州市五届一次人大会上，市人大代表杨金砖递交的调研报告《加大对农业农药面源污染管控的建议》，被列为市人大常委会原主任高建华督办的两件建议之一。在政协永州市五届一次全会上，提交集体提案4件。《关于加强农村农民安全用药监管与服务的建议》和《大力发展乡村旅游的建议》分别选为大会口头发言和书面发言（大会共有口头发言6篇，书面发言6篇）。其中《关于避免扶贫贷款产生群体性征信不良的建议》被列为市政协1号提案，评为“优秀提案”。盟员中的政协委员在五届一次政协全会上分别领衔或单独提交个人提案32件。有7名政协委员被评为2017年度优秀政协委员，占全市优秀政协委员的18%，民盟永州市委被评为市政协优秀界别。7月，张伟在重点提案办理会上提出重视乡镇和工业园污水处理的建议；8月，秦琦和张伟在市政协召开的“教育扶贫专题议政会”上作主题发言。

【民盟开展调研】 2017年，民盟永州市委选定《打造优质农副产品供应基地》和《加强教师队伍建设》两个重点课题开展调研，由袁火林和姚如男带队成立两个专题调研组。农业调研组撰写的《打造优质农副产品供应基地》获评民盟湖南省委招标课题三等奖、市政协优秀调研报告。永州市第一中学、永州市第二中学、永州市第三中学、永州市第四中学、永州市京华中学支部分别就教师队伍建设召开座谈会，提出意见建议。副主委姚如男撰写调研报告《加强教师队伍建设》。各支部也发挥自身优势开展调研和撰写报告。市直四支部提交《零陵区初中教育教学现状》的调研报告。12月，袁火林参加永州市第四中学支部组织的美丽乡村建设考察活动，响应乡村振兴战略，为推进美丽乡村建设献策献力。蒋怡在省交通运输厅组织的专题调研中认真建言献策，受到一致好评。

【民盟民主监督】 2017年8月，民盟永州市委主委袁火林带领市政协民盟界全体委员，到东安县凡龙圩学校开展调研视察活动，对农村义务教育学校教改进行民主监督。10月，盟员中的纪委特约监察员参加市纪委组织的作风建设暗访活动。11月，袁火林率领民盟永州市委“湘江流域保护永州民盟民主监督调研小组”到湘江渌埠头河段就湘江流域保护暨全面落实河长制相关情况开展民主监督。

【反映社情民意】 2017年，民盟永州市委向民盟湖南省委、湖南省政协等上报社情民意信息稿件多篇，其中民盟湖南省委采用11篇，湖南省政协采用7篇，占全市各县区和民主党派采用量43条的21%；永州市政协简报采用6篇，占全市总量的16%。副主委朱衡宁撰写的《移风易俗 转变农村大操大办红白喜事陋习》等3篇社情民意被评为市政协“优秀社情民意”。《教辅资料费和校车费成为教育扶贫的桎梏》被省、市政协采用，推动全市教辅资料专项整治的开展。2017年秋季，全市教辅资料征订总额裁减2/3，累计减负1.02亿元。

【盟员参与社会服务】 2017年，民盟永州市委重点帮扶永州市各民主党派联合社会服务基地雷发庄村创建全省“美丽乡村”，争取国土、水利、交通等项目资金20万元，帮助引进投资商周文在该村投入500万元，发展现代休闲农业。争取市财政将该村社会服务工作经费10万元列入财政预算。永州遭受严重洪灾，民盟市委主委袁火林乘船到扶贫联系点冷水滩区蔡市镇邓家铺村略江口、加一、加二、陶家、长春山、郭家等地，察看汛情并指导防汛抗灾工作。姚如男连续坚守岗位60小时，巡查灾情，转移群众。徐善松连续工作50多个小时，奋战在疾病防控一线。7月5日，民盟永州市委募得善款6万元，袁火林、朱衡宁带领由医学、农学专家和志愿者组成的永州民盟抗洪救灾分队分别到冷水滩区宋家洲社区、零陵区菱角塘镇开展防疫减灾和慰问活动，给两地受灾群众分别送去慰问金各3万元。永州市第三人民医院支部、市中心医院支部医学专家为灾区群众准备1万多元的救灾药品并向群众宣传疾病防控知识，帮助群众做好灾区卫生防疫工作。永州职业技术院支部农学专家制作农作物水淹后植株恢复技术资料，指导帮助受灾农民恢复生产，减少损失。永州市第三中学支部多次开展社会服务工作，为职院附小捐赠一套价值15万元的水培作物实验室设备，为菱角塘镇红太阳幼儿园捐助价值6000元滑滑梯一套，支部主委邓小星个人捐款1000元，并通过各种途径筹集善款1.5万元。永州市第二中学支部赴6所农村学校捐赠爱心书籍近1万套。永州职业技术学院一支部坚持帮扶一名困难学生，在捐款助学的同时还经常看望该学生，助其身心健康成长。永州职业技术学院三支部到冷水滩区蔡市镇邓家铺村开展送种苗农技下乡活动，参与精准扶贫。永州中心医院支部在零陵区大庆坪乡开展义诊下乡活动，关注村民身体状况，增强村民健康生活意识。

【盟员履职尽责】 2017年，湖南科技学院民盟支部主委徐大成指导学生林云飞参加第七届香港国际钢琴邀请赛（总决赛）获一等奖；指导学生程虹参加12月的“湖南省第五届本科院校音乐舞蹈专业学生‘独唱、独奏、独舞’比赛”获一等奖，徐大成获得“优秀指导教师”称号。杨金砖被推选为中国柳宗元研究学会常务理事、秘书长，撰写的《明洪武永州府志整理中所遇到的三个问题》一文，被湖南省地方志编纂委员会评为优秀论文一等奖，《文物安全责任层级管理体系与实践探索》作为湖南省文化厅重大招标课题立项。李花蕾主持的课题“《四库全书考证》整理与研究”，获国家社科基金项目立项（17BTQ039）；“濂溪故里诗文整理与研究”，获评省社科基金基地项目。永州职业技术学院一支部盟员孔湘华组织“走进蘋岛魅力永州”、《零陵醉天下》等多场舞韵旗袍秀，在中国国际老年文化交流促进会庆祝建国68周年走进港澳大型文艺会演中获银奖和“最佳编导奖”。永州职业技术学院二支部主委黄祥国带领全系教师建设的医学检验技术专业教学资源库被教育部立项为职业教学专业教学资源库，属国家级重点项目。永州职业技术学院三支部艾灵仙指导学生参加云计算技术与应用获得全国三等奖、湖南省一等奖，艾灵仙被评为省优秀指导老师；莫志军获得市科技进步二等奖1项，主持省级课题1项，参与市级课题3项，是省科技特派员、省“三区人才”。永州市第一中学支部主委成少华获永州市第一届享受政府特殊津贴专家，主持省级“成少华语文名师工作室”；龙路云、眭小军、唐前等辅导的学生获全国化学、数学、生物奥赛一等奖、二等奖。永州市第二中学支部盟员张映华撰写的多篇教学论文在国家级和省级刊物上发表并获奖。永州市第三中学支部主委邓小星指导学生参加全国影像节比赛，获全国三等奖，指导学生参加湖南省38届青少年创新大赛，获省二等奖。永州市第四中学盟员张新军被评为湖南省正高级教师、省网络名师工作室名师。市直三支部盟员邓春艳被评为“永州市名校长”，湖南省特级教师。永州市中心医院支部盟员曾之耀带领科室团队开展全市首例3D腹腔镜下胃结直肠癌手术，并在湖南省胃肠外科年会上进行手术视频展示；吕青山当选为湖南省预防医学会老年病预防与控制专业委员会委员，获得湖南省卫生计生委科研课题资助一项，由湖南省卫计委公派赴美国UCD卫生系统访问3个月。市直一支部盟员何欣彦在湖南省交通运输厅年终考评被评为“2017年度全省交通统计工作先进个人”。四支部盟员郑江云被12月2日《人民法院报》以《法里法外 读懂潇湘之畔的女法官》为题作专题报道。

（杨冰洁）

民进永州市委员会

【概况】 2017年，民进永州市委有会员68人，有6个支部（包括湖南科技学院支部、永州职业技术学院支部、零陵区支部、冷水滩区支部、市直单位综合支部、市直文化支部），会员主要分布在市直单位和零冷两区，为文化教育出版界。有省、市、区人大代表政协委员25人次。

【民进思想宣传】 2017年，民进永州市委累计向民进各级刊物、网站、地方政府网站、电台等媒体投稿，宣传报道各类活动30余篇（次），其中在民进中央网站刊登各类活动和工作情况23篇，上报社情民意12篇，被《统战周报》采用1篇，中共湖南省委办公厅综合采用2篇，全年宣传信息和社情民意信息超额完成会省委考核目标。

【民进组织建设】 2017年，民进永州市委推进基层支部工作的规范化、制度化和程序化建设，完善领导班子分工和基层支部考核办法，明确基层支部的工作职责和任务。坚持“双量并举，质量优先”原则，持续推进“优才入会工程”，发展高素质会员8名。会员实职安排有突破，主委胡建辉到市统计局担任局长，满票当选省政协委员，并当选省政协常委；唐红星提拔担任双牌县副县长；陈彦提拔担任永州职业技术学院财经系主任（副处级）；担任中层科级干部实职的会员文红艳、周霞梅、宋芬年内均提拔为正科；会员张四玲满票当选省人大代表。

【民进参政议政】 2017年，民进永州市委在民进湖南省委参政议政工作会议上做典型发言。在年初永州市“两会”上，会市委和会内人大代表、政协委员提交建议、提案16件，大会发言2篇，《大力发展森林康养产业 力争打造全省行业龙头建议》在永州市政协大会上作口头发言，获中共永州市委书记、市人大常委会主任李晖批示。其中《关于永州发展森林康养产业的调查与思考》被永州市政协评为优秀调研报告一等奖；《重塑零陵古城“万庙之城”风貌》被永州市政协评为优秀调研报告三等奖；《加强乡村文化建设 助力精准扶贫的提案》被列为重点提案；《加快我市中心城区棚户区改造的建议》被评为优秀提案；《新形势下增强参政党基层组织建设活力的思考》被评为优秀理论文章一等奖；《忠心履职做参政议政的践行者》被评为政协好新闻。4月，在民进永州市二届三次会议上，要求各支部准备调研课题，将“园区升级”和“生态旅游”作为会市委重点，全年完成重点调研报告2篇，其他调研报告4篇。协助广西河池地区、贺州市、江西赣州、上海民进组织在永州开展课题调研活动。在永州市政协常委会上，会内三位政协常委作专题发言4人次，其中主委胡建辉发言2次；参与政府工作报告建议2人次，参与重要人士安排协商、两院报告协商、市发改委工作情况通报协商等其他协商10多人次。组织专门班子对湘江流域规定河段开展不定期的环保监督，并形成民主监督报告。

2017年4月，民进永州市委二届三次全会

【民进参与社会服务】 2017年，民进永州市委参与冷水滩区上岭桥镇雷发庄村（民主党派联合社会服务基地）帮扶建设；重点抓好具有本会特色的法律援助服务和法律免费培训等活动。5月27日—28日，与中共东安县委、县人民政府承办舜皇山人文旅游高峰论坛。9月28日，由民进湖南省委、民进永州市委主办，长沙生殖医学医院承办的“文化惠民·同心共进”活动走进新田瑶乡，民进湖南省委、民进永州市委和长沙生殖医学医院出席会员刘习明捐资70万元新建的新田县门楼下瑶族乡学校塑胶跑道启动仪式，并开展送医送药活动，药品价值4.5万元。6月底至7月

2017 年 5 月 27 日—28 日，民进永州市委参与承办舜皇山人文旅游高峰论坛

初，面对永州遭受百年不遇的洪灾，组织会员开展赈灾捐款，永州民进全体会员累计捐款 6.01 万元，其中会员唐湘旗个人累计捐款 3.99 万元，冯小波个人捐款 1 万元。组织走访慰问，深入脱贫攻坚民主监督观察窗口三家村对部分受灾群众进行走访帮扶，并为特困户送去慰问金、大米、食用油。7 月 27 日，由民进湖南省委和民进永州市委牵线，上海海川剑鑫教育集团到永州开展教育扶贫，与 6 位贫困学生现场面试，其中 5 位特困学生签订所有费用全免并安排工作的入学协议，其中一位成绩特别突出的特困学生由民进永州市委资助完成高中学业。湖南科技学院支部组织会员开展经常性的健康进校园活动；零陵区支部组织看望 91 岁民进老会员，并与兄弟市区基层组织开展交流联谊活动；市直文化支部开展大型文化教育宣讲活动，冷水滩区支部开展农机“五下乡”活动等。

【民进机关建设】 2017 年，是民进中央确定的机关建设主题年，按照民进省委的工作部署和要求，民进永州市委主要加强“四型机关”建设，着力建设学习型、效能型、服务型、创新型机关。6 月，机关专职副主委和秘书长都参加北京大学党外干部能力素质提升培训班学习。8 月中旬，机关工作人员参加中共永州市委统战部组织的习近平“7·26”讲话精神学习；10 月，机关工作人员参加中共永州市委统战部组织的集中收看中共十九大开幕式，机关工作人员交流心得体会，并撰写理论文章 2 篇。修订、完善各类规章制度 6 项。加强档案管理工作，及时更新后备干部数据库、会内领导干部数据库、会内人大代表、政协委员数据库、党外代表人士队伍数据库，并进行跟踪管理、动态管理和分类、分层次管理，在 2017 年档案执法检查中获得较高评价。修定《民进永州市委机关公文处理细则》。会市委领导走访工作上升为一项制度。会市委根据《民进永州市委分工安排》，以支部为单位确立 6 个学习实践活动联系点，会市委班子成员每人联系一个支部，班子成员直接参与联系点的学习实践活动，通过加强联系、走访座谈、调查研究、听取意见、发现问题、总结经验。建立《会市委领导走访制度》，全年领导班子成员访谈会员 50 余（人）次。

【民进民主监督】 2017 年，民进永州市委响应民进中央和湖南省委会“为执政党助力、为国家尽责、为人民服务”号召，参与脱贫攻坚民主监督工作。先后配合民进中央脱贫攻坚民主监督调研组赴永州市新田、祁阳两个县开展为期 5 天的调研；配合民进湖南省委职教扶贫调研组到新田县开展为期 2 天的调研；7 月 25 日—27 日，配合民进中央金融扶贫民主监督调研组到江华瑶族自治县调研。为脱贫攻坚建言献策，《大力发展森林旅游的调研》被永州市政协评为优秀调研报告并作为大会口头发言材料。4 月，被确定为脱贫攻坚民主监督观测点，将祁阳县茅竹镇的贫困村三家村和非贫困村泗容村作为扶贫攻坚民主监督观察窗口，分别安排专人 4 次进村入户进行脱贫攻坚情况观测，对两个村扶贫工作的问题和经验及时与祁阳县委县政府反馈交流，形成《关于贫困农村“空巢”老人精神扶贫的建议》《金融扶贫要建立防范风险机制》《教育扶贫要重视留守儿童的情感帮扶》等 3 篇社情民意。并报送统战部门、民进湖南省委或者以“直通车”报送中共永州市委，供决策参考。4 月，完善《民进永州市委社情民意信息奖励办法》。6 月，开通网页，会员可以发布脱贫攻坚有关内容。

（邓曙光）

农工党永州市委员会

【概况】 2017 年，农工党永州市委发展党员 8 人，平均年龄 37

岁，其中研究生学历1人、大学学历7人，高级职称3人、中级职称5人。年内，中国农工民主党永州市委员会围绕中共永州市委、市人民政府中心工作，助力“六大战役”，为建设创新开放新高地、品质活力新永州凝聚共识、凝聚智慧、凝聚力量，为建设社会主义新形势下高素质的参政党，主动作为、有效履职，各项工作稳步推进。市委会被评为2017年度普法考试完成优秀单位。

2017年9月12日—14日，农工党永州市委会与桂林市委会联合开展“湘桂湘江上游生态经济合作区建设”专题调研，探索区域经济一体化新模式

【农工党思想建设】 2017年年初，农工党永州市委制定“不忘合作初心，继续携手前进”专题教育活动方案，分步骤开展活动。9月1日—3日，组织班子成员赴农工党党史教育基地——惠州，开展“不忘合作初心，重走先辈道路”主题谈心活动，实地参观邓演达纪念园和故居，接受农工党优良革命传统教育洗礼，增强走中国特色社会主义政治发展道路的自觉性和坚定性。10月25日，举办“不忘合作初心，继续携手前进”专题培训班，邀请农工党省委宣传处处长钱俊清和中共永州市委统战部副部长邓晓明授课，加深党员对党史和多党合作政策的理解。学习宣传贯彻中共十九大精神，为党员购买《党的十九大学习辅导百问》《党的十九大文件汇编》等学习资料；11月29日，举办学习中共十九大精神专题培训班，培训党员60多名，邀请湖南科技学院马克思主义学院思想政治教育系主任邓怡舟教授宣讲中共十九大精神，使党员理解中共十九大的精神实质和深刻内涵。在农工党中央开展坚持和发展中国特色社会主义学习实践活动总结表彰大会上，田洁获评全国“优秀党员”称号，永州市直科教支部委员会被评为全国“组织建设工作先进基层组织”，农工党永州市委还获评农工党湖南省委“不忘合作初心，继续携手前进”专题教育活动优秀组织奖。

【农工党参与政治协商】 2017年，农工党永州市委发挥自身特色，参与政治协商，许多意见、建议都被采纳。8月31日，农工党永州市委专职副主委熊忠东代表市委会在永州市政协五届四次常委会上以《关于大力发展职业教育推进我市教育扶贫的建议》为题作专门发言。

【农工党参政议政】 2017年，农工党永州市委围绕油茶产业、中药材种植、文化旅游等4个课题开展调研，完成《永州市油茶产业发展调研报告》《加强文化旅游融合提升永州文化软实力》《以中药材种植为抓手促进我市中医药产业发展》《艾滋病防控》四篇调研报告，与农工党桂林市委联合开展“湘桂湘江上游生态经济合作区建设”专题调研，探索区域经济一体化新模式、新做法，调研成果通过全国人大代表和政协委员向中共中央反映。戴菊芳提交参事建议8篇，其中《贫困户慢性乙肝患者抗病毒治疗亟待关注》获中共湖南省委副书记乌兰、省人民政府副省长向力力批示，《关于创建麓山中医药健康标准化基地的建议》获向力力批示。田洁提交的《关于将永州零陵区冷水滩区和祁阳县纳入国家级重点生态功能区补偿范围的建议》得到省财政厅采纳，祁阳县被纳入国家级重点生态功能区生态补偿范围，增加生态补助资金3000万元；《关于支持新田县城至宁远保安互通公路新建一级公路的建议》得到省交通厅采纳，新田至保安段公路被列入省高等级公路建设计划。王鸿杰提出的《关于在宋家洲建设永州山水雕塑主题公园的建议》获中共永州市委书记、市人大常委会主任李晖批示。全年报送社情民意信息10余条，其中《建议将珠蛋白生成障碍性贫血纳入新生儿疾病筛查项目》被中共中央统战部专供中央政治局领导参阅的《零讯》采纳。5条社情民意信息被省政协采用，2 条被中国湖南省委统战部采用，2 条报市领导参阅。在市、区“两会”上，农工党永州市委和个人共提交提案、建议 28 件，被各级“两会”及有关部门采纳，农工党议政建言的政治优势得到有效发挥。其中集体提案《关于加快我市养老产业发展的提案》被永州市政协评为优秀提案，《做优做强油茶产业助推永州全面小康》被列为大会口头发言材料，《永州市油茶产业发展调研报告》获好调研二等奖，周云玲撰写的《如何发挥民主党派政治优势界别优势和个体优势之我见》被评为好理论文章二等奖，农工党界别被评为优秀界别。农工党永州市委会被农工党湖南省委评为“2017 年度参政议政先进集体”。

【农工党民主监督】 2017 年，农工党永州市委分别与市农委、市林业局、市卫计委、市环保局、市统计局、市食药局等 6 个部门建立对口联系关系，并按照对口联系工作要求制订工作方案，开展一系列联合行动，得到对口联系单位的一致好评。开展第二轮“保护湘江母亲河”民主监督活动，将白竹亭水库黑臭水体整治作为监督重点，通过与市环保局联合行动，完成黑臭水体治理。熊忠东、金辉两名农工党员被市监察局聘为市人民政府特约监察员。

【农工党参与社会服务】 2017 年，农工党永州市委发挥界别特色，以医疗卫生服务为主阵地开展社会服务活动。响应精准扶贫号召，参与对江华瑶族自治县洪源村的扶贫工作。5 月 26 日，组织医疗专家 20 多名到洪源村开展“健康扶贫”大型义诊活动，并走访慰问贫困户。现场接待就诊村民 300 余人次，免费发放药品价值 9000 余元、健康宣传资料 1000 余份。田洁带领农工党主委班子成员和部分医疗专家有针对性地对欧满娥、李诗会、李国新等 8 户因病致贫贫困户进行上门诊疗，为高位截瘫者李诗会捐赠轮椅 1 台。发挥人才智力优势，开展捐资助学、救灾防病、医疗义诊咨询、送医送药下乡等社会服务活动。各支部开展社会服务活动 15 次，参加党员人数 152 人次，捐款送药价值 2.7 万余元，受益群众 6000 余人。6 月底，永州市遭受特大洪灾，农工党永州市委第一时间发出倡议，号召全市农工党员投身灾区，开展医疗服务、卫生防疫、抗灾保民等的志愿服务工作。市直预防保健支部在救灾防病第一线指导各县区做好卫生防疫工作，确保大灾之后无大疫。主委田洁带队对全市饮用水安全情况进行检查，确保灾期灾后市民饮用水安全。农工党永州市委在此次抗洪救灾中，投入 169 余人次，捐物价值 1.95 万余元，除在本单位捐款外，还缴纳特殊党费 1.4 万元，帮助受灾群众重建家园。

2017 年 5 月 26 日，农工党永州市委会举办“健康扶贫”大型义诊活动并走访慰问贫困户

【农工党宣传工作】 2017 年，农工党永州市委围绕全市各支部参政议政、民主监督的重大举措及活动，借助各种媒体，采取多种形式扩大宣传，展示支部活力和党员风采。在各级媒体发表宣传报道 79 条次，稿件被中央级、省级媒体采用 7 条次和 35 篇。完成党刊《前进论坛》的征订工作，被农工党中央授予 2017 年度“党刊发行工作先进单位”。

（王心懿）

市工商业联合会

【概况】 2017 年，永州市工商业联合会把握“两个健康”工作主题，引导广大非公经济人士服务“六大战役”战略，构建新型政商关系，不断提升工商联自身的凝聚力、影响力和执行力，助推全市经济社会发展迈上新台阶。

【服务经济发展】 2017年，永州市举办第八届永州乡友清明恳亲会暨“迎老乡、回故乡、建家乡”招商推介会。4月9日，为湖南异地商会联合会对接永州市人民政府经贸项目牵线搭桥，促成一批重点项目落地，集中签约项目6个，总投资51.6亿元。开展“访民企、办实事、强信心”调研活动，推动出台《关于建立市级领导与非公经济代表人士新的社会阶层代表人士交朋友制度的意见》。帮助解决融资、用地、法律维权、人才等问题36件。落实对口联系工作制度，与市国税局、市地税局、市人民检察院召开联席会议。与市人民检察院联合出台《关于构建“亲”“清”新型政商关系依法保障和促进非公有制经济健康发展的意见》，畅通法律维权通道，维护会员合法权益。

【教育引领】 2017年，永州市工商联系统学习中共十九大会议精神暨弘扬企业家精神大会召开，解读非公经济发展的政策机遇。5月，在浙江大学举办首届“永州市民营企业家创新转型发展培训班”，50余名非公经济代表人士参加培训。组织全市非公企业家参加湖南省工商联举办的非公企业法律风险防范与管理培训班。

【脱贫攻坚】 2017年，永州市工商业界继续推进“万企帮万村”精准扶贫行动，有161家民营企业与贫困村结对，投入建设资金5.46亿元，扶助贫困村235个，扶贫覆盖人口62552人，扶持项目341个。市工商联驻点帮扶对象新田县下塘窝村实现整体脱贫，为贫困村实施易地搬迁项目惠及166户（770人）。

2017年6月16日，中共永州市委统战部、市人民检察院、市工商联构建“亲”“清”新型政商关系服务非公经济发展第一次联席会议

【宣传工作】 2017年，永州市工商业联合会在《永州日报》开辟专栏报道永州市30多名民营企业家参与脱贫攻坚工作的先进事迹，以《扶贫路上善流暖意融》为代表的系列节目引起较大反响。在永州电视台展播《扶贫攻坚我们在行动》系列宣传片，连续报道优秀企业家参与扶贫的先进事迹。

【市工商联参政议政】 2017年，永州市制定出台《关于加强永州市人民政府有关部门同各民主党派市委、市工商联对口联系工作制度》。全市55名非公经济代表人士当选为省市人大代表、政协委员。确立优化经济环境和机关效能建设监测站、监测点140个，邀请48名非公经济代表人士担任省、市经济环境监督员和行风评议员。

【建言献策】 2017年，永州市围绕民营企业参与全市“六大战役”等问题进行调研，撰写《民营企业参与精准扶贫实现共赢的路径及对策——以永州市为例》《利用互联网+让永州驶入全域旅游发展快车道的提案》分别被评为湖南省工商联2017年度优秀调研报告二等奖和优秀提案；在永州市政协五届二次会议上，永州市工商联作《发挥民营企业优势 合力推进精准扶贫》发言，得到中共永州市委、市人民政府重视。

【爱心公益】 2017年，永州市工商业联合会与中共永州市委统战部在冷水滩区试点，联合建立一所面向孤儿和极度贫困家庭学龄前儿童的全免费寄宿制学校——公办民助的“暖阳学校”，学校第一批报收贫困学生41名。与永州爱尔医院举办大型公益复明活动，为低保户、五保户及特困家庭中的白内障患者提供每人1500元的全额资金救助服务。7月—8月，永州市遭受特大洪水袭击，永州市工商联引导非公企业、异地商会捐款捐物3800万元。

【商会党建】 2017年6月30日，中共永州市工商联直属会员单位综合委员会第一次党员代表大会召开，大会选举产生第一届综合党委委员会班子，吴文旭当选为第一届综合党委书记，管理直属商会党支部9个，党员112人。7月，举办入党积极分子培训班，45名直属商会入党积极分子参加培训并结业。市宝庆商会会员刘汉成舍己救人不幸牺牲，被市委授予“见义勇为先进个人”称号。

【工商业界基层组织建设】2017年，永州市工商业联合会继续开展“五好”县级工商联创建活动。冷水滩区、祁阳县、道县、宁远县、江永县工商联获评全国和全省“五好”县级工商联。指导永州市浙江商会换届，永州市鑫城锰业有限公司董事长何卫忠当选为永州市浙江商会第三届会长。抓好“四好”商会创建工作，永州市衡阳总商会、永州市浙江商会、祁阳县女企业家商会获得2017年度湖南“四好”商会称号。年末，永州市工商联有会员1.16万个。

【永州市教练型企业家联合会成立】2017年1月19日，永州市教练型企业家联合会成立大会暨第一届一次会员大会召开，大会选举产生商会首届领导班子。中共永州市委常委、市委统战部部长石艳萍出席并讲话。

【海南省永州商会成立】2017年3月25日，海南省永州商会成立庆典暨永商联合投资公司成立启动仪式在海口华彩华邑酒店举行。中共永州市委副书记、市人民政府市长易佳良携市直部门主要负责人以及各县区主要领导参加庆典仪式。易佳良代表永州市委、市人民政府发表讲话，对商会的成立提出具体的要求和期望，并为商会会长黄培劲、执行会长王寒、名誉会长柏斌授牌，其他领导分别给商会常务副会长、副会长、理事及会员授牌。会上，还举行永商联合投资公司启动仪式。

【昆明永州商会成立】2017年4月15日，昆明永州商会成立大会在昆明举行，中共永州市委常委、市委统战部部长石艳萍率领永州党政代表团到会祝贺。永州市政协副主席、市工商联主席吕斌代表永州市委、市政府为商会赠送题词。

（吕宇清）

人民团体

永州市总工会

【概况】2017年，永州市总工会对接中共永州市委“六大战役”工作大局，坚持“贴近中心促发展、贴近职工办实事、基层搞服务”，推动各项任务落实，较好地完成年度工作目标。永州推动厂务公开民主管理工作获评全国先进单位，综合考评、经费审查工作获评全省先进单位。“一户一产业工人”培养工程、“四送”活动、“五型”建家、工匠选树等工作特色和品牌形成良好局面。

【思想道德教育】2017年，永州市各级工会以“中国梦·劳动美”主题教育活动为载体，先后组织开展工会“五个一”工程、工间操、大合唱等系列文体活动，丰富职工思想文化生活；弘扬新时代劳模精神，推荐获评全国五一劳动奖章1名，全国工人先锋号2个；落实关心关爱劳模政策，发放劳模春节慰问金、体检费和困难劳模各类救助金270余万元；摄制“寻找老劳模老工匠”纪实片，引领广大职工投身“六大战役”主战场。举办各类学习座谈、专题辅导、文体活动等宣传活动，教育引领工会干部和广大

2017年12月21日，永州市总工会第五次代表大会开幕

职工牢固树立“四个意识”，不断增强“四个自信”，自觉维护习近平在党中央和全党的核心地位。

【技能技术提升】 2017年，永州市总工会通过各项举措动员广大职工提升技能技术水平，参与转变发展方式、供给侧结构性改革，体现自身社会价值。推动“四位一体”劳动和技能竞赛向非公有制企业、新兴产业、现代服务业拓展，企业、职工参与面达到90%、85%以上，联合市发展和改革委员会、市重点办等部门，在全市“六大战役”重点项目和130多个重点工程领域开展以“投身六大战役，争当行业工匠”为主题的“五比五赛”活动。组织开展职工技术创新活动和“五小”活动。联合有关部门开展各工种技能培训7期，培训人员1306人，实现就业4280人。根据省总工会关于开展“湘字号”传统技艺工匠竞赛活动的安排部署，持续开展全市第七届职工职业技能大赛，着重在永茶、永酒、永竹、永绣、导游、应急、环保等10行业开展“传统+特殊工种”的职工职业技能竞赛。选拔选手参加全省湘茶、湘竹、湘绣、湘酒技能竞赛，制茶选手获全省首届手工制茶技能大赛决赛三等奖。

【民主管理】 2017年，永州市总工会发挥工会人大代表、政协委员参政议政作用，组织和代表职工参与民主决策活动。创新厂务公开民主管理制度，建设区域性工联会职代会制度，推动全市各类公共企事业单位民主评议工作实现行业全覆盖。全市在厂务公开建制率方面，公有制企业达到100%，非公有制企业达到82.5%。

2017年7月上旬，永州市总工会干部职工参与特大洪涝灾害抢险救灾现场

【维权维稳】 2017年，永州市总工会借力群团与政府联席会议制度、劳动关系三方协商机制，协商解决职工（农民工）权益维护问题。全年参与专项劳动保障监督视察5次。联动处置工会网络舆情3件。接答“12351”维权热线电话92个，接待职工群众来访127人（次）、来信6件，提供法律援助3人，追讨薪金待遇10.3万元，处理回复率100%。开展工资协商“要约行动”，推动工资集体协商扩面建制和提质增效工作，全市80%以上的企业签订工资集体专项合同，涉及企业2840家，覆盖职工14.8万人。

【帮扶品牌推广】 2017年，永州市总工会强化“四送”活动的品牌效应，确保全年各季度都有对应主题的职工帮扶行。开展“春送岗位”活动，组织专场招聘会42场，提供就业岗位4.6万余个；开展送“夏送清凉”活动，送政策、送健康、送安全，维护广大职工和农民工的职业安全健康权益，推动一线高温防暑降温措施落实；开展“金秋助学”活动，筹集发放资金800余万元，资助困难职工子女2200余人；启动实施以“进万家门、知万家情、解万家难、暖万家心”为主要内容的“冬送温暖”活动。

【工会基本保障】 2017年，永州市总工会为300名因大病（重灾）致使家庭生活特别困难职工发放救助金300余万元。“双联”结对帮扶企业130家、困难职工3100人次，帮助企业解决基本困难930多个。组织10万名职工参加医疗互助活动，2万名女职工参加特殊疾病保障，累计给6000多人次因病住院职工发放互助医疗补助800余万元。在2017年特大洪涝灾害中，市总工会发出倡议，号召全市职工支援受灾群众灾后重建，筹集救灾资金237万元。

【基层工会组织建设】 2017年，永州市总工会通过单独组建、区域联建、行业统建等方式，推动基层工会组织建设。全市新建基层工会委员会645家，完成省总分配任务的107.5%；新增工会会员24807人，完成省总分配任务的103.4%，其中农民工入会1.67万人，完成省总分配任务的100.2%。推进“五型”模范职工之家和“星级工会”创建，全市90%以上的基层工会均设置劳动争议室、职工减压室、职工书屋、职工学习室等场所，85%以上的基层工会组织基本实现“有人干事、有钱办事、有章理事和有场地开展活动”。推进基层联组工作制度，结合农村扶贫攻坚活动，市总工会组织机关党员与宁远县天堂镇香花桥村11户贫困家庭结对精准帮扶，筹措支持资金800多万元，帮助解决基础设施建设问题，启动五项产业扶贫项目，在册56户、283人实现脱贫。

【后勤保障】 2017年，永州市总工会选调各级工会干部参加全国总工会、省总工会干部调训轮训，联合浙江大学举办工会干部培训班2期，培训干部300余人次；完善税务代收、财政代扣、工会自收“三管齐下”工作机制，工会经费实现稳定增长；加强工会经审工作，确保工会经费安全高效运行；启动永州工人文化宫建设以及各县区文化阵地新建、改造工程，实现工会资产保值增值；推进永州工会微信公众号、永州工会网站等新媒体建设，一批工会亮点工作和职工先进典型在各级媒体宣传推介。

（冯宇）

共青团永州市委

【概况】 2017年，共青团永州市委坚持从严治团，推进改革攻坚，围绕迎接学习宣传贯彻党的十九大精神，统筹推进“助力‘六大战役’，青年争当先锋”主题活动，各项工作均取得较好成绩，在全省共青团工作年度考核中排第二位。社会扶贫、希望工程、志愿服务等10余项工作被《中国青年报》《湖南日报》等媒体报道推介。“情暖高墙，关爱未来”志愿服务项目以第一名的成绩，入选“全国志愿服务十大优秀示范项目”。

【服务中心大局】 2017年，共青团永州市委成立团市委脱贫攻坚项目指挥部助力脱贫攻坚，组织开展“千名青年下基层，社会扶贫志愿行”活动，市县两级团组织联动，筹措资金130余万元、物资价值200余万元，招募志愿者1000余名，走进全市700余个贫困村宣讲脱贫攻坚政策，提升群众政策知晓率和工作满意度；发起“永州青年社会扶贫教育圆梦计划”“不让一个永州学子因为家庭贫困上不起学”得到中央电视台、湖南卫视、《湖南日报》等媒体的关注和推介，全年动员5万余名青年和社会各界爱心人士，募集资金350余万元，资助学生2269名；争取省青少年发展基金会支持，专门成立“永州青年社会扶贫教育圆梦基金”；举办贫困学子首都夏令营，200余名永州籍在京爱心人士参加晚会；支持和动员爱心企业和青年社会组织自行开展2017北京（永州籍）大学新生助学金颁发暨字画公益认捐活动、雨儿公益首届助学节暨爱心助学晚会等公益扶贫活动。先后开展青年企业家进园区、高校毕业生进园区、团干部进园区、全市青年文化创意设计大赛等系列活动，助力园区升级。组织开展“文化潇湘，醉美永州”全市青少年诗词朗诵大赛，“古城故事多，我来说一说”说故事大赛等系列活动，在各大景区组建永州青年志愿者景区服务队，助力旅游升温。组织开展“城市管理志愿体验日”、中心城区“全面禁燃”万人签名等系列活动，助推城镇提质。组织“绿色环保一家行，共植青年同心林”、保护湘江母亲河、防范金融风险进校园、法制宣传进校园等系列活动，助力环境治理。各级团组织开展交通安全知识进校园、进社区、进家庭系列活动，助跑交通提速。

【思想政治引领】 2017年，共青团永州市委以宣传贯彻中国共产党十九大精神为契机，把思想政治引领融入共青团各项工作。运用新媒体手段开展宣传工作，拍摄微视频《新时代 新青年 新永州》《青春兴永 何必远方》等微视频4部，其中《新青年 新永州》网络播放量超10万次。开展联系服务春节返乡青年活动月，邀请乡镇党委主要负责人利用春节青年集中返乡的时机，和青年座谈并宣讲党的十九大精神特别是乡村振兴战略的相关内容。活动期间，在村里建立青年工作微信群，开展在外务工青年摸底造册工作，探索建立永州在外务工青年人才库。率先开通今日头条新媒体阵地，微信工作保持全省领先，青年之声平台专家数排全省第一位，智慧团建系统录入率排全省第一位。通过各种媒体尤其是新媒体，推介共青团工作，扩大共青团工作覆盖面。《中国青年报》《湖南日报》等省以上主流媒体，全年推介共青团永州市委的工作 10 余次，《永州日报》、永州电视台报道推介 40 余次，红网、新湖南等新媒体报道推介 100 余次。

【青年成长创业服务】 2017 年，共青团永州市委联合永州监狱继续推广“情暖高墙，关爱未来”志愿服务品牌的影响力。该项目在 2016 年 12 月宁波志交会上获得全国金奖后，2017 年 8 月又以第一名的成绩，获评全国志愿服务十大优秀示范项目。举办青春大讲坛、“永州青年齐聚北京，共话‘创新创业创青春’”等活动，邀请永州籍创客代表奉佑生、邹学勇、姜程钟等和永州青年交流创业体会。周明、蒋可可以创业青年身份获评“湖湘英才”称号，该奖项在永州市实现零的突破。驻深圳团工委发起“青春快线·10 元回家”活动，为 1000 多名购票难的在深圳务工老乡，提供免费乘车服务，活动被《中国青年报》推介。组织“共青团与人大代表、政协委员面对面”活动，发出青年好声音，为青少年成长成才争取政策、营造环境。推动青年家庭文明创建，邀请专家学者举办专题讲座，开展一系列以青年家庭为单位的公益活动。

【示范带动】 2017 年，共青团永州市委按照共青团改革精神，贯彻落实“走进青年、转变作风、改进工作”的要求，抓好“1+100”和“4+1”工作。书记带头争当“1+100”直接联系青年模范团干，《当团委书记 就要做好“1+100”工作》的经验材料和做法在团中央、团省委公众号上推介，动员全市团干部要有敢当“网红”的勇气和智慧做好青年工作。将“1+100”和“4+1”有机结合，强调团干部“单兵作战”能力，每名团干部每周至少开展 1 次直接联系青年活动，不断提升团干部在青年中的影响力，被中国青年报以《永州：青年团干“一呼百应”》为题报道推介。

【共青团自身建设】 2017 年，共青团永州市委两次向市委提交加强基层团建工作汇报。市委主要领导两次批示，安排市委督查室牵头开展专题督查，要求市委组织部督促各县区配备团县区委领导班子，确保按时配备到位。组织全体干部到市公安局走访交流，学习永州公安向服务对象提供有效供给的实干精神。坚持领导带头，团市委书记龙亮在全市团干部面前承诺：“转变作风，去除‘四化’，从我开始，请大家向我学习，对我监督”。完成团市委换届工作，团市委委员、常委中基层一线青年比率大幅提升，书记、副书记、常委、委员均满票当选。邀请中共永州市委常委、市纪委书记杨永上全面从严治团主题团课。开展“学习总书记讲话，做合格共青团员”教育实践，在实践中锻炼干部。

（伍岳）

永州市妇女联合会

【概况】 2017 年，永州市妇女联合会（简称永州市妇联）发挥党联系妇女群众的桥梁纽带作用和妇联职能优势，有效推进全市妇女儿童事业发展。市妇联先后被评为全国巾帼建功先进集体、湖南省“家书抵万金”征集活动最佳组织奖、省女企业家协会先进集体、全省妇联系统宣传工作先进单位、市绩效评估优秀单位、市禁毒工作先进单位、市综治工作先进单位、市信访工作先进单位、市直机关党建工作目标管理先进单位、市直机关先进党支部等称号。

【助力城乡妇女发展】 2017 年，永州市各级妇联联合各部门开展“春风送岗位行动”30 场次，提供女性岗位 14675 个；争取金融扶持政策向贫困妇女倾斜，在全市小额贴息贷款 3.49 亿元中妇女获贷 1.38 亿元；扶持 1594 名妇女自主创业，带动 5032 名妇女就业；双牌县国家税务局办税服务厅等 6 个岗位获评“全国巾帼文明岗”称号，周巧云等 2 人获评“全国巾帼建功标兵”称号。全市妇联举办各类培训 25 期，组织 1800 余名城乡女性参加家政服务、手工编织和新型职业女农民培训班，组织 38 名贫困妇女参加全国“农家女”学校、省农产品女经纪人等专项学习；组织 8 人参加湖南省第二届家政服务技能比赛，组织 8 家企业代表参加“芙蓉匠心，助力脱贫”女红艺术节活动，并为 1 家企业免费提供展位。组织 10414 名妇联干部带动 8326 名巾帼扶贫志愿者为 78153 名贫困人口提供扶贫政策宣传；在结对扶贫村东安县水岭乡吊牛坪村开展一对一的结对帮扶工作，并派出驻村扶贫工作队队长，帮助该村脱贫出列。

【维护妇女儿童合法权益】 2017 年，《永州市妇女儿童发展规划（2016—2020）》编制出台，全市 11 个县区按要求出台新一轮《两个规划》。全市各级妇联开展以“建设法治永州·巾帼在行动”为主题的“三八”维权周暨《中华人民共和国反家庭暴力法》宣传活动；举办“家庭律师社区行”法律知识讲座67场，举办农村妇女土地权益保护、反家庭暴力、禁毒知识等各类维权培训班50场；编印《妇女维权手册》《中华人民共和国反家庭暴力法》手册、平安建设（含反家暴知识）、预防艾滋病、禁毒知识彩色折页、维权宣传袋等，发放各种维权宣传品4.1万余份。全市11个县区全部建立婚调委，其中祁阳县、宁远县婚调委工作受到省综治办、省妇联领导和中共永州市委书记、市人大常委会主任李晖的肯定，全市婚调委接受群众咨询1286件，调解698对，其中调和376对，开展回访或后续服务406对。发挥“家暴庇护站”作用，救助流浪妇女和儿童30余人。联合市综治办在全市评选表彰“平安家庭”示范户150户。全市县以上妇联组织接待信访786件，其中市妇联53件。参与由市禁毒委主办的“禁毒之声，唱享健康；文明城市，健康毅行”活动。继续实施农村适龄妇女“两癌”免费检查项目，检查73069人，超额完成省定任务。组织开展“粉·蓝双丝带”行动暨女性安康保险竞赛活动，保障妇女10万名，救助100余人，为631名贫困母亲争取国家和省级“两癌”救助金676万元。

【推进文明创建活动】 2017年，永州市妇联召开“凝聚巾帼力，建设新永州”座谈会，制定《关于开展“凝聚巾帼力量打好‘六大战役’”主题活动的实施方案》，号召广大妇女积极投身市委“六大战役”部署。举办“文明永州·最美家庭——永州市2017年庆‘六一’少年儿童家庭美德故事演讲比赛”，13个县区（管理区）的选手讲述“最美家庭”“孝老爱亲”“幸福和谐”等弘扬中华民族传统美德的家庭故事。与交通运输系统联合举办在校中小学生“扣好人生第一粒扣子”宣讲会，开展“关爱雏鹰·呵护健康”预防儿童意外伤害知识公益讲座10场。“六一”期间，陪同市四大家领导走访慰问留守儿童和幼儿园小朋友。全年各级妇联联合有关部门举行文艺演出300多场次，走访慰问儿童982名，发放慰问金及物资30.59万元。推进寻找“最美家庭”活动，全市各级妇联表彰“最美家庭”112户，“最美湘女”67名，“最美创业”34名。其中，东安县夏辉艳、新田县陈丽萍2户家庭获评全国“最美家庭”。开展“巾帼心向党·建功新时代”主题宣传教育活动，到社区举办党的十九大精神宣讲会，先后邀请中共十九大代表、省妇联主席姜欣，江永县女农民田满姣授课。开展“巾帼心向党·喜迎十九大”为主题的“晒晒我们的节日”随手拍有奖活动和“身边最美女性”图片有奖征集活动，收到参赛作品近500幅。以组织家庭教育公益巡讲“五进”活动、“书香女性·母亲素质提升工程”活动、《廉洁家书》征文活动、“家教、家风、家训”巡回报告会和美德故事演讲比赛等5大活动，推动家教家风建设，全市开展各类家庭教育讲座60场次，参与人数10931人。举办首届“妇联邀您回娘家”活动、第三届青年交友联谊活动、第四届市直机关女子气排球比赛，组建市直机关“妇女之家”。全市9000余名巾帼志愿者深入基层开展扶贫、走访、关爱等志愿服务2万多人次。及时向全社会发出抗洪救灾倡议书和救灾捐赠倡议书，筹集救灾款项物资79万元，为灾区群众发放矿泉水6400箱、母亲暖心邮包500个、爱心书包100个。

2017年，永州市妇联、永州市文明办联合举办庆“六一”少年儿童家庭美德故事演讲比赛

【妇联改革】 2017 年，永州市151 个乡镇、30 个街道均完成妇联组织改革，配备妇联主席 181 名，兼职副主席 391 名，妇联执委 4525 名；2952 个村、345 个社区全部完成“妇代会”改建妇联工作，配备妇联主席 3297 名，兼职副主席 6594 名，妇联执委 44651 名。宁远县基层妇联改革经验被中国妇女报社评为 2016 年度妇女工作十大创新案例。在冷水滩区梅湾街道、零陵区七里店街道、祁阳县黎家坪镇、道县西洲街道和江华瑶族自治县沱江镇试点建设区域化妇联。在女性相对集中地建立妇女组织和“妇女之家”阵地 122 个。组建 11 个市直机关事业单位战线妇委会，成立市直机关“妇女之家” 1 个，市交通战线妇委会“妇女之家” 1 个，台资企业“妇女之家” 1 个。蓝山、新田两县均在妇女务工人员集中地广州市花都区建立流动妇联。

【永州市第五次妇女代表大会】 2017 年 12 月 6 日—8 日，永州市第五次妇女代表大会在冷水滩区召开。省妇联党组书记、主席姜欣出席大会开幕式并代表省妇联对大会召开表示祝贺；中共永州市委书记、市人大常委会主任李晖出席开幕式并讲话；市委副书记、市委政法委书记唐湘林主持开幕式，市领导高建华、蒋善生、石艳萍、唐能武、吴志雄、王守海、刘尤碧、谢朝月、胡先荣、严兴德、张建亮出席；黄玉芳代表永州市妇联第四届执行委员会向大会作工作报告。市委副书记、市委政法委书记唐湘林出席闭幕式并讲话。市委常委、市委组织部部长吴志雄主持闭幕式。大会通过《关于永州市第五次妇女代表大会报告》的决议，选举产生市妇联新一届领导班子和第五届执行委员会。黄玉芳当选为市妇联主席，黄秋莲、刘贤华、周爱萍、周云玲（兼）、蒋艳萍（兼）、赵亚辉（兼）当选为副主席，16 人当选为常委。“巾帼心向党·建功新时代”永州市第五次妇女代表大会代表联谊晚会也在大会期间举行。

（熊锦星）

永州市科学技术协会

【概况】 2017 年，永州市科学技术协会以科学普及为主线，以“四服务一加强”为抓手，以学会（协会）为主要工作平台，较好地完成全年的各项任务。全市青少年科普志愿者队伍 16 万余人，排全省第一位；全市智能终端科普传播平台受众人数排全省第一位；科协工作基础机制建设全省领先。获“中国科协全国科普日活动优秀组织单位”“全国青少年高校科学营活动优秀组织单位”“湖南省第三十八届青少年科技创新大赛优秀组织单位”等称号，在省科协对各市州科协绩效考核中，永州市科协排全省同类市州第一位。

【科普宣传】 2017 年，中共永州市委宣传部牵头出台《中共永州市委宣传部等关于丰富和完善科普宣传载体进一步加强科普宣传工作的实施方案》，将科普宣传纳入全市意识形态考核，建立科普宣传工作机制。3 月 3 日，在湖南潇湘技师学院举办 2017 年全市“科普进校园”系列主题活动的启动仪式，活动包括科普展览、科普知识专题讲座、征集科普志愿者、培训青少年科技教育师资和利用“科普湖南”微信公众号新媒体平台让科普知识走进青年学生等活动，加强科普志愿者队伍建设。5 月 9 日—12 日，开展青年科学家进校园巡回演讲活动，邀请湖南省交通规划勘察设计院总工程师彭立，湘潭大学材料科学与工程学院教授、博士生导师王金斌，湖南省植物保护研究所所长、德国汉堡大学分子生物学博士、博士生导师张德咏三位青年科学家在零陵区和道县，从各自的学科领域出发，结合自己的人生经历，向学生们讲述自己怀揣梦想、脚踏实地，创造精彩人生的故事。9 月 19 日，在李达中学启动全国科普日系列活动——“科普嘉年华”。在 9 月 16 日—22 日全国科普日期间，发挥县区科协、学会、科普示范社区、科普示范基地、科普教育基地、科普场馆等各类科普资源的作用，开展科普游园、科普讲座、科普下乡、技术培训等一系列“科普嘉年华”主题活动。组织参加 2017 年全国农民科学素质网络知识竞赛，宁远县、江华瑶族自治县参赛人数排全国第六位、第七位，排全省第一位、第二位。相继在江华瑶族自治县、新田县、江永县、冷水滩区、宁远县等地开展中国流动科技馆永州巡展活动。7 大展区 50 余件展品为公众提供参与科学实践的机会。

【学会平台建设】 2017 年，永州市组织专家学者围绕“六大战役”中的城镇提质、环境治理和旅游升温三大战役开展特色科普活动——永州市特色民居（古村落）调查，对全市特色民居（古村落）进行摸底调查，发掘永州民居特色元素，在各县区组建特色民居（古村落）调查专业班子，组织全国知名古建筑学专家柳肃、孙超法等教授为各县区特色民居（古村落）调查班子进行专业培训，传授古建筑发现、保护和修缮的方法和技巧。7月12日，召开中共永州市科协系统行业委员会第一次党员代表大会，选举产生中共永州市科协社会组织行业委员会，出台《关于加强我市科协社会组织党建工作的通知》，逐步建立科学规范、相对稳定的学会工作机制，推进学会工作制度化、常态化，实现社会组织党的建设和党的工作“两个覆盖”。扶持重点学会发展，打造重点示范学会，科协领导班子成员分别与市数学学会等全市10个具有本地特色、学术能力较强的学会对接，进行重点培育，帮助开展特色学术活动，探索建立学会承接政府购买服务模式。

【青少年科技创新】 2017年，永州市科学技术协会联合市教育局、市科技局和共青团永州市委等部门，建立全市青少年科技创新教育和科普志愿者建设的工作机制。制定出台《关于进一步加强中小学科技创新教育工作的通知》《关于进一步加强我市科普志愿者队伍建设工作的通知》《永州市青少年科普志愿者工作考核细则》等文件，明确青少年科技创新教育和科普志愿者队伍建设的意义和作用、推进实施办法，搭建竞赛活动平台，完善经费、师资、后勤等保障机制。

联合市教育局、市科技局、共青团永州市委举办永州市第22届青少年科技创新大赛。在县区推荐的基础上，收到学生作品335件、教师作品34件。评出学生组创新项目类作品一等奖17件、二等奖25件、三等奖21件；科技实践活动（含科学DV）类作品一等奖7件、二等奖2件、三等奖3件；创意类作品一等奖5件、二等奖3件、三等奖3件；科幻绘画作品一等奖10件、二等奖33件、三等奖45件；教师组作品一等奖9件、二等奖7件、三等奖5件；评选出优秀组织单位12个、优秀科技辅导员10名。推荐参加4月28日—30日在衡阳市第八中学举办的第38届湖南省青少年科技创新大赛，获得省赛一等奖6项、二等奖16项、三等奖18项，优秀项目奖2个。组织参加5月19日—21日在邵阳市第一中学举行的2017年湖南省青少年机器人竞赛，获得一等奖3个、二等奖13个、三等奖8个。组织选拔品学兼优、热爱科学、综合素质较高并在各类科技创新活动中取得较好成绩的40名高一、高二学生参加7月在中国科学院大学、中山大学、东南大学、湖南大学举办的青少年高校科学营活动。在第八届全国青少年科学影像节上，东安县耀祥中学教师胡国柱指导学生摄制的科学微电影《大师兄的人体漂浮术》获得国家一等奖，系湖南省唯一获此奖项的作品。

【永州开展首个“科技工作者日”活动】 2017年5月23日，在首个全国科技工作者日到来之际，中共永州市委书记、市人大常委会主任李晖到市科学技术协会看望全市优秀科技工作者代表并座谈，并明确市级科普经费、理顺科协管理机制、市科技馆建设等问题。市科协联合市科技局、市文体广新局、市卫计委、市教育局和市总工会等六部门出台开展“倡导全市广大科技工作者积极参与全民健身运动，为国健康工作四十年”活动文件，从活动形式、健身装备、器材、场地、组织领导和建立健全活动机制等方面对科技工作者参加全民健身活动进行明确规定和要求。

（张国梁）

永州市归侨侨眷联合会

【概况】 2017年，永州市归侨侨眷联合会（简称市侨联）围绕建设一流侨联组织和侨胞之家，服务永州“创新引领、开放崛起”发展战略，深化“两个并重”“两个拓展”，推进“党建带侨建”，各项工作取得新成绩，获评全省侨联系统绩效评估“优秀单位”和年度信息工作三等奖。

【海外人才智力援乡工程】 2017年4月10日，受永州市侨联“海外人才智力援乡工程”品牌活动邀请，美籍华人科学家黄厚斌到永州为李达中学、永州市第一中学高中部学生讲学，受到热烈欢迎。8月18日，市侨联举办“海外人才智力援乡工程——旅美资深专家唐春林先生演讲交流会”，永州市侨界政协委员、市县统战干部、县区侨联干部、留学生代表及市直单位人员60余人参加，唐春林结合亲身经历，从“衣食住行”4个方面入手讲解美国生活，内容丰富、事例鲜活，广受好评。

【维护侨益】 2017年2月22

2017 年 10 月 24 日，丁酉年海外华侨华人祭舜大典举行

日，永州市归侨侨眷联合会到侨资企业家邹卫东企业现场，对照问题清单，为其办理银行贷款提供政策支持，协助当地干部处理田、地权属纠纷，帮助解决资金和权属纠纷等。市侨联协调安排“归侨侨眷维权法律服务中心”就商品房装修合同纠纷为侨眷陈平代理诉讼，二审全面胜诉，陈平获得赔偿近 30 万元。市侨联委派副主席柏继平三赴江华瑶族自治县，专门协调解决老归侨林利杜的移民安置补偿问题，并达成安置协议，最大限度保护老归侨的利益，省重点工程涔天河水库移民最后一个“钉子户”得到妥善安置。12 月 5 日，中共永州市委常委、市委统战部部长石艳萍一行走访零陵区侨资企业潇湘源农庄，现场办公，为企业解决实际困难和问题。

【服务经济】 2017 年 5 月 6 日—7 日，邀请由世界华人企业家联合会荣誉主席、澳门君天集团董事长叶惊涛率领的港澳商务考察团一行 12 人赴江永县考察，澳门蔬菜总商会与江永县签订港澳果蔬基地框架协议，为江永果蔬直通港澳搭桥。9 月 2 日，祁阳县人民政府与香港铜锣湾集团在祁阳县举行项目签约仪式，省侨联党组书记朱建山，中共永州市委常委、市委统战部部长石艳萍等领导出席签约仪式。香港铜锣湾集团投资的“祁阳县杨梅湖片区城市综合体及生态文化旅游地产项目”是由省市县三级侨联组织牵线搭桥，跟踪服务 3 年的结晶。项目集商业、休闲、旅游及地产开发于一体，总投资 70 亿元人民币，占地 7.33 公顷。截至 2017 年年末，该项目全面动工。

【海外联谊】 2017 年元旦，由永州市归侨侨眷联合会主办，美国、澳门爱心人士参加的“侨心关爱联欢会”在翊翔侨心小学举行，为三地互通往来，开展交流活动拉开序幕。3 月 16 日，中共永州市委书记、市人大常委会主任李晖会同省侨联党组书记朱建山赴中国侨联汇报“全球华侨华人祭舜大典”事宜，中国侨联副主席康晓萍和文化交流部部长刘奇、副部长邢砚庄参加汇报。双方就活动报批、规模等具体事项达成共识。3 月 23 日，澳门弱智人士家长协进会一行 16 人再次到永州市侨联访问，双方举行文化交流座谈会。市人大常委会副主任魏湘江会见澳门客人，并出席座谈会，市侨联主席唐建春、党组书记邓晓明、副主席柏继平等参加座谈。澳门客人对在永州开办智障儿童康复教育学校和拓展中心的相关事宜进行考察。4 月 3 日，在市侨联的安排下，美国化学家奉向东及夫人回乡，出席永州市第八届清明乡友恳亲会，市委书记、市人大常委会主任李晖会见奉向东，4 月 4 日，市委常委、市委统战部部长石艳萍会见并设宴招待奉向东夫妇。清明节期间，市侨联、祁阳县侨联共同接待回乡祭祖的美国亚特兰大 EC&S 公司汪松年、欧盟湖南商会会长唐勇等海外华侨华人，唐勇当场促成祁阳“自然韵”黑茶参加由中共中央宣传部组织、欧盟湖南商会承办的境外展览。7 月 3 日—6 日，加拿大华侨、蒙特利尔市华助中心主任李西西女士一行 4 人回永州寻根访亲，市侨联陪同观看城市风貌，参观母校，寻访宗族祠堂和祖居老房，市人民政府副市长李旦梅参加会见，赠送江永女书作为纪念。8 月 15 日，阿联酋湖南商会副会长、丝路全球华人马拉松组委会秘书长尹海军一行 3 人到永州市侨联访问，并进行座谈。11 月 18 日，美洲湖南永州同乡会在美国南旧金山市成立，中国驻旧金山总领事馆、湖南省侨联、湖南省海外侨社团联谊总会、中共永州市委、市人民政府、市侨联和各区县侨联等发去贺信、贺电、贺词。

【侨联组织建设】 2017 年 3 月 30 日，市侨联四届六次全委（扩大）会议在冷水滩区召开，市侨联委员、归国留学生代表、市侨商会和闽侨总商会代表、全市侨联干部参加会议。会议传达省侨联七届四次全委会精神，并通过人事增补事项。5月3日，市侨联制定下发党建带侨建示范基地建设文件和考核标准，推动“党建带侨建”示范基地建设。8月17日和11月2日，道县、双牌县第一次归侨侨眷代表大会分别召开，会议选举产生各县第一届侨联委员会委员、主席、副主席。至此，全市11个县区全部建立侨联组织。12月13日—15日，市第五次归侨侨眷代表大会和五届一次委员会议召开，选举产生新一届委员会委员和主席、副主席、常务委员。

【公益帮扶】 2017年1月—2月，各县区走访慰问归侨侨眷40余户，发放慰问金4万元。借助市慈善基金会平台成立“市侨联慈善分会”，截至2017年年末，筹得爱心善款200万元。3月，市侨联在翊翔侨心小学，选拔留守儿童学生80名，组建童声合唱团，并联络湖南科技学院音乐舞蹈学院与翊翔侨心小学合作，搭建大学生见习基地。4月14日—16日，澳门汇才慈善会组织由爱心人士及学生229人组成的探访团到江永县，分成46个小组分别探访2016—2017年度受助学生和学生家庭。澳门汇才慈善会资助江永县高中家庭经济贫困学生368人，资助特困初中学生80人，捐赠爱心款项51.2万元。5月6日—7日，港澳商务考察团赴江永县考察，澳门君天集团董事长叶惊涛通过省华侨公益基金为勾蓝瑶寨捐款100万元，帮助建设民俗演艺厅，推动景区旅游产业升级，助力当地百姓旅游扶贫。澳门蔬菜总商会会长李勇辉向全村60岁以上的老人进行捐赠。5月31日，由中国侨联、中国妇联、中国华侨公益基金会、中国儿童基金会、钢丝善行团联合发起“大爱无疆·全民慈善”公益活动，到永州市零陵区菱角塘镇中心小学礼堂，为全镇山区的50名留守儿童代表送上爱心礼包，与孩子们一起欢度“六一”。侨眷蒋阳秋在儿童节来临之际，为母校贫困学生捐赠助学金和物资1万余元。面对全市罕见洪涝灾害，市侨联第一时间发布《就永州洪灾致海外华侨华人乡友报告书》，发起倡议，募集钱物，帮助受灾群众共度时艰。各县区侨联积极响应，引导侨资企业、侨商会、海内外爱心捐款接龙，筹得善款160万元。9月，马来西亚华人王国丰资助贫困大学新生26名，发放爱心款20万余元，并在新田一中设立“王国丰班”，资助贫困高中生100名。4月13日和9月13日，77岁的归国华侨李体坚两次到冷水滩区蔡市镇中心小学、零陵区翊翔侨心小学为他资助的20位学生送来助学金8000元，为翊翔侨心小学留守儿童合唱团捐资1.8万元，用于购买演出站台和100套文化衫。12月14日，省侨联党组书记朱建山走访慰问冷水滩区困难归侨侨眷。

【第三届永州鱼人节】 2017年3月31日，“绿色湘江·保护母亲河——第三届永州鱼人节”在湘江河畔举行，中共永州市委副书记、市委政法委书记张严宣布活动启动，市政协主席蒋善生，市委常委、市委统战部部长石艳萍，市人民政府副市长贺辉等出席。活动吸引3000余名群众参与，市民依次将30万尾鱼苗放流湘江，改善湘江生态环境。新华网、光明网、凤凰网等境内外60多家媒体对活动进行报道。

【湖南省侨商联合会年会在永州召开】 2017年3月25日—26日，湖南省侨商侨领江永行暨湖南省侨商联合会2017年年会在永州市江永县召开。省侨联党组书记朱建山，省侨联副主席孙民生，中共永州市委常委、市委统战部部长石艳萍，省侨商会正副会长，市州侨联负责人和侨商侨领等200余人出席。中科建设湖南公司、澳大利亚康派斯投资集团与江永县签订合作协议，签约金额54亿元；央视湖南栏目组与江永县电视台，湖南暄美齿科与江永县人民医院签订合作协议；省、市侨商会分别与江永县工业园签订合作协议。

【“海外侨胞故乡行”活动走进永州】 2017年10月23日—24日，中国侨联“海外侨胞故乡行”活动走进永州。美国、英国、马来西亚、新西兰等30多个国家和地区的海外侨胞120余人齐聚宁远县，举行“丁酉年海外侨胞祭舜大典”。湖南省政协副主席袁新华主祭，省侨联党组书记朱建山，中共永州市委副书记、市人民政府市长易佳良，市委副书记、市委政法委书记张严，市政协主席蒋善生，湖南省侨联党组成员、副主席孙民生，省侨联副巡视员郭剑虹，市委常委、市委统战部部长石艳萍，市人民政府副市长李旦梅等领导参加。海外侨胞一行还赴宁远文庙、宁远工业园及永州特色产品

2017年12月14日，永州市第五次归侨侨眷代表大会召开

展示等场所参观，并参加永州市情推介会。

【永州市第五次归侨侨眷代表大会】 2017年12月14日—15日，永州市第五次归侨侨眷代表大会召开。中共永州市委书记、市人大常委会主任李晖到会祝贺。她强调，要始终紧密团结在以习近平为核心的党中央周围，奋发勇为、扎实工作，汇聚侨智、发挥侨力，为加快建设"创新开放新高地、品质活力新永州"作出新的更大贡献。省侨联党组书记朱建山出席会议并讲话。市领导唐湘林、石艳萍、李农妹、李旦梅出席会议。市侨联主席唐建春代表市侨联第四届委员会向大会作工作报告。共青团永州市委、美洲湖南永州同乡会向大会致辞。

（李红丽）

法　　治

政法委及综治

【概况】 2017年，永州市打造出"四张名片"。即：以网格化管理为重点的社会治理工作迈入全国先进行列，全国综治中心建设推进视频会议、全国社会治安综合治理表彰大会推广网格化管理的"永州模式"；社会治安综合治理工作继续保持全省前列，永州市连续3年被评为"全省社会治安综合治理工作先进市"；执法质量和执法水平进入全省第一方阵并稳居全省前列；政法队伍建设评价得分在全省综治民调测评中连续4年排第一位。群众的安全感满意度再创新高，全省综治民调测评综合得分89.73分，比省平均分高2.59分，较2016年提高1.88分。全市政法系统涌现全国社会治安综合治理先进集体——永州市综治办、全国司法宣传工作先进法院——零陵区人民法院、全国模范人民调解委员会——零陵区梳子铺乡人民调解委员会等国家级先进集体10个，"全国特级优秀人民警察"周巧云、"中国好人"蒋冬林等先进个人21人次；省级以上先进集体、先进个人105个（名）；推出"2017年度CCTV法治人物年度致敬英雄"黄小兵等重大先进典型。

【社会大局维护】 2017年，永州市围绕中共十九大胜利召开，营造安全稳定的社会环境这一主线，全年未发生影响政治稳定的重大事件、重特大公共安全事故、重特大群体性事件、暴力恐怖事件和个人极端事件。开展反邪教、反恐怖、反渗透专项斗争，继续保持全省反邪教工作先进市州荣誉。组织开展百日会战、禁毒会战、严打盗骗抢、打击整治"村霸"和宗族恶势力等系列专项行动，全市刑事案件发案率下降24.54%。突出抓好"十大平安创建"，市内90%以上的单位和社区、村实现"零发案"。冷水滩区、江永县、双牌县、江华瑶族自治县被评为全省综治工作先进县区；市公安局、江华瑶族自治县、冷水滩区岚角山街道、蓝山县毛俊村、市中心医院、九嶷山舜帝陵景区、联泰石油公司九嶷山服务区分别被授予全省十大平安创建示范单位；永州市被评为全省平安铁路护路联防工作示范市州。

【治安防控体系建设】 2017年，永州市新建公共视频高清探头1.5万个，公共视频探头2.1万个。与华为公司签订战略合作协议，建成全省第一个公安大数据实战平台，建成3000路人脸识别系统点位。全市16家长途汽车客运站落实实名售票和实名查验制度，1090家旅馆安装"实名宝"，成立寄递安检中心14家，实现所有收寄件100%过机安检。《综治物联网的多维运用》项目被列为2017年湖南省综治创新15个重点项目之一。永州市分别在全省社会治安防控体系建设现场推进会和全省雪亮工程推进会上作经验发言。

【综合治理“三位一体”建设】 2017 年 5 月 31 日，永州市综治中心、网格化管理中心、智慧永州协调指挥中心、联动处置指挥中心“四中心”挂牌运行，合署办公，打造以综治中心为“平台”，网格化服务管理为“底座”，综治信息化为“支撑”的“三位一体”综治新模式。同步规划建设镇、村综治中心、网格管理中心、农村综合服务平台 3191 个，投入资金 16.6 亿元，全市 181 个乡镇、街道综治中心和 2041 个村级综治中心标准化建设完成。创新构建“1+N”组团式服务管理，铺开农村综合服务平台和农村网格化系统建设工作，完善社区岗位编制管理。推进信息化全覆盖，农村网格化信息系统上线运行，“智慧永州”综合信息平台整理入库各类数据 2 亿余条，全市发现上报各类问题事件 23 万余件，处理解决 22 万余件，处置率 95%。

【社会公平正义维护】 2017 年，永州市全面推进司法体制改革，完成首批 448 名入额法官和 279 名员额检察官的遴选工作；在全省率先组建家事、知识产权、环境资源等专业审判机构，率先探索派驻公安机关检察工作室，率先实现律师参与涉法涉诉信访值班常态化。强化执法监督，全市评查各类案件 8737 起，发现并纠正瑕疵错误案件 567 起，追究相关责任 25 人。组织开展破解执行难专项行动，中共永州市委出台《关于进一步解决人民法院执行难的意见》，判处拒执犯罪人数占全省的 53%。完善司法救助，发放救助资金 947 万元。加速推进法治文化阵地建设，全市建成法治公园 10 个、法治广场 8 个、法治宣传街区 23 个、青少年法治教育基地 11 个，《法制日报》推介永州经验。

【服务经济社会发展】 2017 年，永州市以防控金融风险为重点，开展针对非法集资、网络传销、恶意逃废银行债务等经济犯罪的专项打击行动，全市共立经济犯罪案件 217 起，破 185 起，涉案价值 22 亿余元，追缴 5000 余万元，妥善处理万喜登、森宇房地产、舜皇米业等系列经济纠纷。侦办全国经济犯罪第一案、全国传销犯罪第一案——“善心汇”组织、领导传销案，得到中央部委和省委肯定。持续开展整治“三强”（强揽工程、强买强卖、强行阻工）、“三堵”（堵门、堵路、堵桥）违法犯罪活动，查处三强三堵刑事案件 265 起、行政案件 753 起。开展“法律服务进园区、进企业、进项目”活动，全面推进政府法律顾问制度。建成乡镇公共法律服务工作站 170 个、村（社区）公共法律服务工作点 2624 个，公共法律“一小时”服务圈初步形成。

（李俊雄　王明辉）

2017 年 6 月 30 日，中共永州市委书记、市人大常委会主任李晖通过视频在全国雪亮工程建设推进会上作网格化经验介绍

立法工作

【概况】 2017 年，永州市人大常委会公布《永州市公园广场管理条例》，表决通过《永州市城市市容和环境卫生管理条例》，审议《永州市人民代表大会及其常务委员会立法条例（草案）》《永州市历史文化名城保护条例（草案）》，并对《永州市乡村房屋建设管理条例》《永州市城市住宅小区管理条例》《永州市古树名木保护管理条例》《永州市城市公共客运管理条例》4 个项目开展调研。

【立法意见征求】 2017 年，永州市人大常委会把握立法质量这个重点，开展调查研究，听取各方意见建议，集中各方智慧。在立法计划拟定和法规草案审议修改过程中，在《永州日报》、永州人大网、“永州发布”微信公众号等媒体上发布公告和消息，寄发信函千余封至各有关单位和人大代表，公开征集立法意见和建议2000余条。在三部法规草案起草和审议修改过程中，召开立法听证会、论证会、座谈会百余次，有关行政管理单位、行政相对人、人大代表、政协委员、基层群众、有关组织等社会各界人士参加会议。在《永州市城市市容和环境卫生管理条例（草案）》审议修改过程中，赴全市11个县区进行实地调研，全面了解城市公园、广场、市容和环境卫生管理现状，听取群众意见和建议，进行有针对性地修改。

【法规统一审议】 2017年，永州市人大常委会召开全体委员会9次，对《永州市人民代表大会及其常务委员会立法条例（草案）》和《永州市城市市容和环境卫生管理条例（草案）》进行统一审议，按法定程序提出修改情况报告、审议结果报告、草案二次审议稿、草案三次审议稿和表决稿等相关材料。在审议过程中，研究常委会组成人员和有关专门委员会的审议意见以及社会各方面的意见，维护公民权利，规范政府权力运行。坚持法制统一原则，确保法规草案与上位法不抵触；坚持实事求是原则，力求条款有针对性、可操作性强。对影响立法质量以及社会特别关注的重大问题，加强调查研究，全面了解掌握有关情况，提出修改完善法规草案的意见。对于涉及重大问题和较大意见分歧的，主动地与相关部门进行沟通协调，力争将重大问题和意见分歧解决在草案提交常委会审议之前。同时，注重做好向上级人大的汇报沟通，主动邀请省人大法制委、常委会法工委以及相关专门委员会到永州指导工作。

【永州首部地方性法规获批】 2017年3月31日下午，湖南省十二届人大常委会第29次会议高票表决通过《湖南省人民代表大会常务委员会关于批准〈永州市公园广场管理条例〉的决定（草案）》。《永州市公园广场管理条例》由总则、管理与服务、法律责任地、附则四章组成，共33条，自2017年7月1日起施行。《永州市公园广场管理条例》作为永州市首部地方性法规，在永州市民主法制建设进程中具有里程碑式意义。

法治政府建设

【概况】 2017年，永州市围绕“推进依法行政、建设法治政府”的主线，以落实党中央、国务院《法治政府建设实施纲要（2015—2020年）》（以下简称《纲要》）为重要抓手，发挥组织协调、督促指导、考核评价的职能作用，适应法治建设新常态，为开创政府法制工作新局面提供坚实法治保障。

【法治政府保障】 2017年1月24日、2月18日，永州市人民政府、中共永州市委分别召开市人民政府常务会、市委常委会听取市政府法制办关于法治政府建设工作的情况汇报，专题研究2017年法治政府建设工作，审议通过《永州市贯彻落实〈法治政府建设实施纲要（2015—2020年）〉实施方案》。2月底，永州市法制办向省政府、市委和市人大常委会分别上报《2017年度永州市法治政府建设工作报告》。同时将法治政府建设工作报告在市政府门户网站上进行公布，接受社会各界的监督。5月8日，组织召开全市法治政府建设工作会议，总结回顾2016年全市法治政府建设和政府法制工作，对2017年法治政府建设工作进行安排部署。11月，市推进依法行政与行政程序建设工作领导小组下发《永州市2017年度法治政府建设考核方案》，组织开展2017年度法治政府建设工作专项督查，督查和考评结果纳入年度政府绩效考核和县区（管理区）的县区长执行力考核。8月30日、11月28日，市人民政府第10次、第15次政府常务会议开展会前学法，分别学习《中华人民共和国立法法》和《党政主要负责人履行推进法治建设第一责任人职责规定》，增强行政机关工作人员特别是领导干部运用法治思维和法治方式的能力。

【行政决策制度体系】 2017年，永州市人民政府法制办组织召开《永州市国有企业监事会管理暂行办法》《永州市农村特困人员供养服务机构管理办法》等5个重大决策听证会；市政府出台《永州市重大行政决策合法性审查暂行办法》《永州市规范性文件管理办法》，市政府法制办审查市政府规范性文件61件、非规范性文件125件，审查合同协议121件，市直部门报送“三统一”文件39件，报省政府备案的规范性文件49件，县区规范性文件报市政府备案241件。7月，下发

《关于做好规范性文件全面清理工作的通知》，对市政府2012年—2017年的规范性文件进行再清理，并提请市政府发布《关于公布市政府及市政府办公室规范性文件清理结果的通知》。清理结果为宣布失效的80件、继续有效的256件、重新公布6件。落实政府法律顾问制度，充实决策咨询队伍，协调市、县区政府及部门聘请政府法律顾问227名。

【行政执法监督】 2017年，永州市严格行政执法人员资格管理，实行行政执法人员持证上岗和资格管理制度，组织全市行政执法人员统一参加全省电子化考试，市本级报名参加行政执法人员资格考试600人，其中市直单位448人、永州经济技术开发区18人，金洞管理区112人、回龙圩管理区22人。完成换发行政执法证13628本，其中市直部门换发行政执法证1674本、永州经济技术开发区67本、金洞管理区128本、回龙圩21本，计1890本。9月，市法制办下发《关于开展2017年行政执法案卷评查及行政执法指导案例编制工作的通知》，抽查评查县区和市直有关部门的余卷37卷。

【行政复议应诉】 2017年，永州市人民政府法制办新收复议案件113件，受理101件。应结案件132件（含上期结转31件），其中结案115件、未结17件。从结案情况来看，决定维持原具体行政行为75件，占审结案件的56.8%；撤销28件，占审结案件21.2%；其他结案（包括调解和解、驳回复议申请、转送等）29件，占审结案件22%。办理行政应诉案件72件，其中二审、再审案件14件。现一审结案60件，未结12件。在所有应诉案件中，市政府作为单独被告独立应诉的案件10件，结转5件。

【责任清单再清理】 2017年，永州市人民政府法制办下发《永州市人民政府法制办公室关于修订、完善部门责任清单的通知》，对2016年公布的责任清单进行再清理，市政府公布《永州市人民政府工作部门责任清单（2017年版）》。该清单有主要职责516项、与相关部门有职责分工或交叉的职能298项、建立事中事后监管制度365项、公共服务事项240项，共计1419项。

【政府立法】 2017年，永州市完成《永州市城市市容和环境卫生管理条例（草案）》和《永州市历史文化名城保护条例（草案）》的起草、立法调研、论证、听证等工作，市政府法制办出具地方性法规合法性审查报告。年内，收到省政府法制办立法征求意见函11件，2件无意见，其余9件均回复修改意见和建议，并对省政府立法调研、协调等工作予以配合。向各县区和市直有关单位下发《关于申报2018年度政府规章立法项目建议的通知》，收集政府立法项目建议。

（张力立）

公　　安

【概况】 2017年，永州市在省公安厅对市州公安民调、绩效考核、党廉考核3项综合性考核中，均排全省第一位。市公安局被省综治委评为全省十大平安创建示范单位，系全省公安机关唯一获评的单位。市公安局被省人社厅、省公安厅评为2012—2017年“全省优秀公安局”。市公安局是全省公安局长会议上唯一连续2年获大满贯奖项的市州公安局。全省公安机关社会治安防控体系建设、全省公安机关刑事技术工作、全省公安监管信息化建设、全省做好涉众型经济犯罪案件处置工作4个现场会相继在永州市召开，

2017年，湖南省公安机关社会治安防控体系建设现场推进会在永州召开

永州经验在全省推介。中共永州市委、市人民政府作出“市直学公安、县区学江华”的决定，弘扬永州公安精神。全国有62个单位、1459人到市公安局学习交流经验。市公安局成功侦办中共中央总书记习近平作出指示批示的全国经济犯罪第一案、全国传销犯罪第一案、全国党的十九大维稳第一案——善心汇组织、领导传销活动案，全国刑拘犯罪嫌疑人2549名，受到中央、省委肯定。涌现出全国特级优秀人民警察、全国巾帼建功标兵、全国唯一女刑侦大队长、湖南省人大代表周巧云，2017年度“全国十大法治人物”排名第一的黄辉庆，“湖南好人”杜宏槐等一批先进典型。

2017年，永州市公安机关2017年新警训练成果汇报表演

【维稳安保】 2017年，永州市公安局以中国共产党的十九大安保维稳为重点，开展全年的安保维稳工作。市公安局被省公安厅评为党的十九大安保维稳工作先进单位。加强和改进办案方式，防范打击境内外敌对势力、敌对分子在永渗透破坏活动。开展反邪教专案侦查工作，侦破中央、省人民政府督办的6起反邪教重大专案，8次受到中央、公安部和省公安厅表扬。全省第一个在所有县区公安局设立反恐怖大队，全市没有发生暴恐案件。

【专项整治行动】 2017年，永州市公安局组织开展严打盗抢骗、社会治安环境整治战役、追逃、集打斗争等专项行动。全市立刑事案件1.16万起，破6780起，破案率58.65%，全市有重大影响的刑事案件全部侦破。抓获历年在逃人员805人，追逃成绩排全省第一位。全市破获毒品刑事案件433起，其中部省督毒品目标案件13起，是全省破获部省督毒品目标案件最多的市州；缴获毒品130.8公斤，逮捕、直诉毒品犯罪嫌疑人726名。打击“三强三堵”违法犯罪，刑拘450人，行政拘留1466人。打击整治“村霸”和宗族恶势力违法犯罪，全年打掉恶势力犯罪团伙34个，刑拘146人、逮捕93人，查处破坏基层选举案件75起，行政拘留101人，打击黑恶犯罪排全省第一位。打击假币犯罪，缴获假币1400余万元，占全省缴获假币总量的80%。打击道县“两怀”妇女外流盗窃犯罪，抓获143名道县籍外地上网逃犯，抓获率76.47%，在全省10个重点地区户籍逃犯到案率排第一位。打击拒不执行法院判决裁定犯罪，全市依法追究101名“老赖”刑事责任，占全省50.5%。

【治安防控】 2017年，永州市以“共建平安永州，共享永州平安”为主题，建成既有天网，又有地网；既有人防心防，又有物防技防；既管控现实社会，又管控虚拟社会；既有点上的星光闪烁，又有面上的全面开花的立体化社会治安防控体系。将“雪亮工程”纳入农村网格化管理平台建设，全年新建高清探头1.5万个，全市达到2.1万个。全市建成1个省际、6个市际、16个县际公安检查站和37个电子卡口，构建“四门落锁”综合防线。在全省率先建成14家寄递安检服务中心，落实寄递安检“三个100%”制度。落实旅馆业、网吧、长途客运、散装汽油购买等重点领域实名制，实现实名管理无盲区。发展万名义警，开展“一呼百应、全民创安”“蓝背心”平安工程建设。开展全市乡镇和居民小区治安星级评比。组织开展“以案说防”活动，营造“你说我说大家说、你防我防共同防”的治安防控氛围。全市刑事发案比2016年下降24.54%。

【安全监管】 2017年，永州市加强公共安全监管，全市没有发生重特大安全事故。在道路交通安全管理方面，全市醉驾刑拘1549人，占全省57.85%。道路交通事故起数比2016年下降23.9%，死亡64人，比2016年下降42.86%，降幅排全省第一位。按照“环保主导、公安主责”的原则和“彻底淘汰、淘汰彻底”的标准，提前23天淘汰8255黄标车辆，是全省第一个100%完成淘汰任务的市州。在消防管理方面，全市火灾事故起数比2016年下降43.18%，死亡0人，伤1人，是近30年唯一没有发生亡人火灾事故的一年，全市连续16年没有发生重大以上火灾事故。在监所管理方面，全市没有发生在押人员非正常死亡、脱逃等安全事故，监管重点工作评估排全省第一位。

【改革创新】 2017年，永州市实施大数据警务战略，推进“4+X”警务机制改革，市公安局建成“一平台五中心”，12个县区公安局建成“五大中心”，188个派出所建成综合警务指挥室，实现互联互通、实体化运行。1月，永州市与华为公司合作，建成全省第一个公安大数据实战平台，归集数据498类30.6亿余条，实现亿级数据秒级处理。全市建设人脸识别系统点位3000路，建成全国最大的人脸识别应用基地，通过智能比对，实现对目标人员一键定格、一秒识别、一览无遗、一网打尽。在全省率先建成执法监管中心，对执法办案157个风险点实时预警、全程监督，实现市县所三级联动，形成人、案、物、场所“四位一体”执法监管格局。在全省率先建立新型智能统一受立案工作机制，群众在自助平台可以实现自动报警，自动查询案件受理情况和办理进程象。

【全省首个公安执法监管中心在永州运行】 2017年5月18日上午，永州市公安局执法监管中心揭牌仪式举行，该中心是全省第一个实体化、一体化运行的执法监管中心。该执法监管中心组织机构坚持实体运行，法制支队、法制大队与市、县执法监管中心并轨运行，形成市、县、所队三级执法数据网上共享、执法问题网上交办、预警信息网上流转的实体运行新模式。

【永州首个驻公安派出所检察官办公室揭牌】 2017年5月19日，永州市首个驻公安派出所检察官办公室在双牌县公安局城关派出所揭牌成立。永州市人民政府副市长、市公安局局长刘新良，市人民检察院检察长吴秋菊参加揭牌仪式。派驻检察官主要承担定期向公安机关通报检察机关侦查监督工作的有关数据和情况，定期总结、分析、通报公安派出所执法办案情况、派驻检察官工作情况；提前介入侦查，引导侦查取证；开展立案监督和侦查活动监督工作；提议并牵头组织召开检警联席会议等工作。

（李俊贤）

【公安干校】 2017年，永州市公安干校根据年度教育培训计划，举办各类培训班8期，培训总人数962人。重新整合学校各种资源，建立、完善管理制度，内部管理服务得到加强。11月10日，学校党总支成立；12月，学校工会组织成立。“全省公安机关社会治安防控体系建设现场推进会”“2017年全市公安民警职工光荣退休暨‘湖南公安荣誉勋章’授勋仪式”等大型会议在学校举行，“7·13”专案近300名办案人员进驻学校，学校在吃住方面给予全方位保障，得到专案领导肯定。

（蒋涛）

【公安交通管理】 2017年，永州市发生道路交通事故293起、死亡64人、受伤356人，财产损失97.04万元，发生次数、死亡人数和受伤人数分别下降23.90%、33.33%和22.27%。2017年，永州市公安局交警支队被授予集体三等功一次。

全年查获各类交通违法行为97.20万起，增长9.92%。其中超员2039起，增长60.68%；超载6626起，增长56.50%；闯红

2017年1月5日，永州市交警刑警联合侦破交通肇事逃逸案件 摄影 唐晓勇

灯5.58万起，增长64.35%；疲劳驾驶2244起，增长643.05%；酒驾3832起，增长30.12%；醉驾1692起，增长33.54%；毒驾49起，增长22.50%；涉牌涉证7.05万起，增长116.16%；违法停车20.99万起，增长38.96%；其他交通违法行为40.29万起，增长39.25%。醉驾刑拘1549人，占全省57.85%。因酒醉驾引发的道路交通事故发生率下降67.13%。2016年4月—2017年12月，建立、完善交通肇事逃逸刑事案件联合侦办机制，75起重大交通逃逸刑事案件，侦破70起，侦破率93.3%，各项数据均在全省排第一位。将零陵北路、翠竹路、永州大道、梅湾路等路段列为重点整治路段，进一步优化上述重点路段的交通基础设施。零陵北路与凤凰路交会处新建天桥，减少行人横穿马路的风险。梅湾路新建中间隔离栏，杜绝车辆随意调头和行人横穿马路，规范行车秩序。永州大道提质改造工程逐步进行，翠竹路至高速入口路段进一步拓宽路面，保证过往车辆安全通行。

2017年6月5日，永州交警启用身份证人脸识别系统处理交通违法行为

摄影 翟翊翔

开展严打整治百日会战。全市公安交警部门现场纠违18万起，查获重点交通违法行为4.8万起，办理涉交类案件1025起，刑事拘留1014人，行政拘留2907人，第一、第三阶段分别排全省第三位、第二位。开展“三个不发生”创建活动。查处公路现场纠违3.92万起，查处重点车辆四类重点交通违法2362起，城区现场查处7.82万起，城区查处各类重点交通违法15.6万起，机动车不礼让斑马线9602起，危险驾驶912起，行政拘留2155人，机动车缉查布控处罚“两客一危”2015起，检查登记数10.67万起，排全省第二位。开展打击“盗抢骗”专项行动。刑事拘留532人，办理危险驾驶448起、交通肇事84起、校客车严重超员案件14起，排市公安局机关第三位。开展社会治安环境整治战役。刑事拘留1565人，完成率156.5%，排市公安局机关第一位。12月8日，全市8255辆黄标车全部淘汰，提前23天在全省第一个完成黄标车淘汰工作任务。

针对重大道路交通安全隐患，提请市政府下发整改函至当地县区政府和县区长、主任限期整改，各县区长、主任为排查治理第一责任人。推行“一单四制”工作机制，列入交办制、台账制、销号制、通报制管理的省级重大事故隐患5处、市级重大事故隐患27处、县级重大事故隐患13处。对双牌县鑫发运输公司26辆危化品运输车长期在广东、海南等地运营，未年检、未报废的重大安全隐患，采取督办、约谈，安排专人到营运所在地联合当地公安交警部门查封和强制注销等方式将隐患全部消除到位。在中心城区开展较大道路交通事故处置应急演练，协调各部门联合行动，检验交警部门处理突发事件能力。全市188个乡镇（办事处）建立道路交通安全协调议事机构和交通管理服务站，3061个行政村（社区）成立交通安全劝导队，两站两员覆盖率100%。在全市建立道路交通安全管理社会化“路长制”，出台考核办法和实施细则，进一步完善道安委平台，成立以市长为组长的道路交通安全领导小组，压实联系乡镇的县（区）领导路长责任，明确路长在道路交通安全管理中部署、巡查、处置、督查、通报的工作要求，逐个制定乡镇、安监、公安交警、交通运输、公路、农机、教育和运输企业主要责任人工作任务，尤其是针对农村地区道路交通安全，构建责任明确、协调有序、监管有力的道路交通安全捆绑机制。建立道路事故预防“三端管理”。前端隐患清零，严格源头治理，严管车辆登记注册关、驾驶人考试关、车辆出站关、车辆检测关；中端严管重罚，坚持强化路面管控，严打重罚；末端倒查追责，落实事后追责问责，督促交通参与单位和参与者履责。

完成全年各项道路交通安保工作，中共十九大安保排全省公安交警系统第二位，其中《2017年国庆、中秋节道路交通安全形势研判专刊》在全省推介。实现92次交通警察保卫任务无一台车刮擦，无一次误时误事（其中省、部级领导32次，各类会议、调研、商务、考察等任务60次）。建成大研判、大会商、大查缉工作机制，开展道路安全研判189期，利用缉查布控系统对严重交通违法行为实现实时预警1741次，上传预警图片1425次，出警拦截1394起，现场处罚807起。中心城区智能交通的交通信号控制系统、交通视频监控系统、机房、平台软件、移动警务等项目建成并发挥效能。推进“六大中心”建设，初步实现道路交通管理指挥现代化、管理数字化和信息网络化；推进黄田铺中队规范化、标准化建设，打造样本工程。

打造“交警百事通”，将各项交通管理业务以纪实性视频全方位展示出来，让市民了解掌握驾驶人考试、机动车上户、事故处理、违章查询等交管业务流程。栏目开办以来，访问点击量超过630万次，湖南卫视、永州发布等新闻媒体先后报道。市机动车驾驶人考试科目二、科目三考试系统升级全面完成；宁远县机动车驾驶人科目二分考场建设基本完成，提交省总队验收。针对多年来群众反映强烈的“买分卖分”问题，市交警支队率先引进并在处罚窗口安装身份证阅读器和数码高拍仪系统，驾驶员接受处罚必须提供身份证原件，而且还要进行人脸识别，有效杜绝“买分卖分”现象。湖南省车辆号牌制作中心永州制作点启用。在辖区范围内开通运行互联网小型汽车预选机动车号牌业务，满足群众足不出户选取号码需求。

以“五进”宣传活动为载体，深入社区、村庄、学校、单位和家庭，先后开展“春运”“交通违法整治百日大会战”“社会治安环境整治”“以案说防”“预防重特大交通事故”“黄标车淘汰”和“三个不发生”等专项行动系列宣传活动。加强与永州电视台、永州新闻网、红网永州、《永州新报》和永州发布、今日永州等媒体沟通协作，开辟“畅安永州”专栏，先后开展“六一”儿童节、安全生产月、百日无违章、交通违法摩托车集中处理、送头盔保安全公益活动和“12·2全国交通安全日”等主题宣传。在中央、省、市媒体推送发布信息1122条（其中中央级媒体9条、省级媒体41条、市级媒体1072条）。集结全市13个县（区）交警大队官方微博和微信公众号，形成宣传矩阵，集中报道全市打击整治动态，曝光涉毒、涉枪、盗抢骗典型案例，不断扩大集打斗争覆盖面和影响力。全年发布微博456条，推送微信公众号信息150期，曝光各类交通违法信息3208条。全市公安交警系统注重网络互动，开展执法大直播9次，吸引近120万网友观看。

【永州成为全省第一个完成黄标车淘汰任务的市州】 2017年12月8日，永州市8255辆黄标车全部淘汰，成为全省第一个100%完成黄标车淘汰任务的市州，提前23天完成省政府下达的任务。中共永州市委、市人民政府将黄标车淘汰工作作为一项政治任务，纳入全市综治考评和绩效评估范畴，成立高规格领导小组，从环保、财政、公安、交通、商粮、宣传等部门抽调专人组建工作专班，集中办公。召开专题工作推进会，对黄标车淘汰工作进行具体安排部署，明确要求在2017年12月10日前，100%完成淘汰全市黄标车的目标任务。市政府先后召开常务会议2次，专题研究黄标车提前淘汰财政补贴事项。市公安局、市环保局、市财政局、市商粮局四部门联合印发《永州市2016—2017年度黄标车提前淘汰财政补贴实施方案》，明确黄标车补贴范围、补贴标准和补贴流程，按照不同车型给予每辆黄标车1500元~8000元不等的财政补贴。全市发放黄标车提前淘汰补贴500万余元。

【湖南省车辆号牌制作中心永州制作点开业】 2017年8月30日上午，永州市公安交警支队在零陵号牌制作点举行湖南省车辆号牌制作中心永州制作点开业仪式。仪式由交警支队副支队长唐兴宇主持，交警支队支队长杨运吉致辞。支队在家党委班子成员，冷水滩、凤凰园、零陵交警大队分管车管工作的大队领导及车管所长，支队机关相关科室主要负责人，永州电视台、《永州日报》、永州人民广播电台、永州新闻网和红网永州站的记者参加仪式。机动车号牌改革是公安部2017年重点工作，湖南省车辆号牌中心永州制作点开业投入运行，将方便市民申办机动车号牌业务，机动车号牌申领人领到号牌的时间将由一个月缩短到一周以内。

（翟翊翔）

【公安消防】 2017年，永州市公安消防支队围绕中共十九大消防安保“核心任务”，推动消防工作和部队建设持续健康发展，为建设品质活力新永州提供优质的消防安全环境，全市火灾形势持续平稳，部队内部安全稳定，各项工作稳步推进。全市部队接警出动4303起，出动消防车6761辆次，消防人员4.55余万人次，抢救被困人员2426人，疏散人员7190人，抢救财产价值5801.5万元，全年未发生亡人火灾事故。成功处置“5·3”永连公路双牌茶林段油罐车侧翻火灾和2017年特大洪灾事故等急难险重任务。支队被中共永州市委、市人民政府表彰为“2017年度抗洪救援先进集体”，3名官兵获评先进个人，1名官兵获评湖南省“雷锋式爱民官兵”称号，1名官兵被评为全市“拥政爱民先进个人”，支队被市人民政府授予集体二等功1次，立个人二等功1人、立个人三等功49人次。

针对队伍管理和作战训练“两个着力点”推进正规化建设、实战化训练、科学化作战、信息化消防“四大系统工程”，提高部队管控水平和执勤作战能力。开展“纪律作风整顿月”、执勤岗位练兵、“大演练”、数字化预案制作等活动，规范部队管理，稳定官兵队伍。组织开展“兵讲堂18分钟军事课”，通过集中培训、研讨考核等形式，有组织、有计划、有步骤地对不同岗位、不同层级的官兵进行强化训练，提升作战能力。

以党建工作为核心强化干部队伍建设，组建“两级班子”定期对基层开展指导帮扶，帮助基层党组织书记掌握“六会”基本功，以筑魂育人为目标提升官兵素质。支队党委全面统筹年度政治教育，开展“两项重大教育”等专项主题活动，建立起“书记上党课”长效机制，树立官兵“四个意识”。培树先进典型，加强争先创优意识，开展警营文化活动，开展“十九大好声音”“好歌传唱”“微电影制作”等活动，丰富部队警营文化生活，支队微电影《戎装》获总队三等奖。支队党委坚持“问计于基层、问政于官兵”，主官带头与官兵谈心交流200余人次，与市中心医院携手建立消防官兵就医就诊“绿色通道”，与地方教育系统衔接，建立官兵子女教育优待制度，解决官兵的后顾之忧。

结合城市建设规划和经济发展趋势，制定《永州市消防支队“十三五”灭火救援装备建设规划》，确保全市消防装备战略后勤保障到位。支队投入装备建设经费3500万元，新购置消防车辆5台，个人防护装备4100件（套）、抢险救援器材147件（套）。利用美国政府450万美元低息贷款采购的6台消防车全部到位。营房基础建设整体有序推进，支队训练基地暨宁远县第二消防站完成室内外装修，零陵区萍洲站驻兵启用，祁阳县二站主体动工建设，蓝山县大队办公楼竣工。

开展消防专项整治行动10余次，重点集中在冷水滩中心城区的小区整治、重大火灾隐患整改、区域性火灾隐患等的整改工作，全市挂牌重大火灾隐患单位36家，其中省级重大火灾隐患单位4家，市级重大火灾隐患单位12家，县级重大火灾隐患单位20家，挂牌的重大火灾隐患全部完成整改销案。排查单位2.7万余家，督促整改火灾隐患6.1万余处，罚款935万元，临时查封

2017年，永州市公安消防支队获得市政府集体二等功

579处，三停281家，拘留62人。提请市人民政府和市安委会联合市公安局、市安监局和市民政局等单位在全市范围开展大型室内场所、易燃易爆单位、文物古建筑、工业园区企业、养老机构、高层建筑、电气火灾等消防安全专项整治。在永州电视台、《永州日报》、红网永州站、华声在线、平安永州等永州主流新闻媒体和官方双微平台，开设消防宣传专栏专版。联合教育部门，在全市各中小学校开展消防培训教育活动800余场。结合全市三下乡、“5·12”防灾减灾日、安全生产月、119消防宣传月、“全民消防我代言”等主题活动开展宣传工作。全年在中央级主流媒体发稿36篇，在《中国消防在线》上稿345篇，制作《直通119》专题节目52期。

（周泽湘）

检　察

【概况】 2017年，永州市检察机关面对司法改革的“阵痛”、案多人少的压力和队伍建设的现状，坚持司法改革与司法办案共同推进，各项工作取得新进展。经民主推荐、业绩考核、遴选考试，并报省法官检察官遴选委员会审核，全市确定员额检察官279名，定量、定岗、定人、定标的“四定”绩效管理模式得以确立。执法状况、案件质量连续3年排全省第一位，群众满意度、反渎职侵权工作排全省第一位，民事行政检察、生态环境资源检察、控告申诉、宣传教育等工作进入全省先进行列。全市11个案件入选全省检察机关精品案件，2名干警获得“全省优秀反渎局长”称号，8名干警获“全省业务标兵、能手”，3名干警入选全国检察机关职务犯罪侦查预防人才库。市人民检察院被评为全国文明单位，蓝山县人民检察院被评为全省文明单位。江永县人民检察院被评为全省检察服务大厅建设示范院。

【“三个突出”办案】 2017年，永州市各级检察机关以司法办案为中心，坚持“三个突出”（突出主责主业、突出惩治腐败、突出服务发展），履行检察职责。对接中共永州市委“六大战役”，推进“‘除虫护花’永州行动”，保障和促进非公经济健康发展，批准逮捕强行阻工、强买强卖、强揽工程等侵犯非公经济犯罪案件13件、39人，提起公诉48件、146人；零陵区人民检察院依法对聚众阻扰风电施工的5名犯罪嫌疑人批捕起诉，3人被判处有期徒刑；查处利用行政审批权“吃拿卡要”等影响投资环境的职务犯罪47人；部署开展惠农扶贫领域专项活动、创新创业园区“135”工程专项督查行动。配合公安机关开展打击“盗抢骗”、外流犯罪专项行动，严厉打击各类刑事犯罪，批捕2413件、3100人，起诉5423件、6805人，案件数名列全省前茅；提前介入全国传销第一案“善心汇网络传销案”，引导侦查，快捕快诉，依法批捕31人，起诉30人，案件办理得到最高人民检察院的肯定；加强立案监督和刑事审判监督，立案监督105件，纠正漏捕漏诉117人，纠正漏罪165人，提出抗诉26件；与市食品药品监督管理局、市环境保护局等部门衔接协调，设立检察联络室，拓宽监督领域，增强监督实效；构建民事行政检察多元化监督格局，办结不服法院生效裁判监督案件136件，审判程序违法监督103件；与市中级人民法院联合开展“小标的大查封扣押冻结”执行活动监督；加强刑罚执行监督，纠正减刑、假释、暂予监外执行不当31人次，纠正刑罚执行和监管活动违法情形209件次。立案侦查职务犯罪案件109件162人，其中贪污贿赂犯罪案件67件77人，渎职侵权案件42件85人，要案20人；湖南省统计局原副局长杨某某、邵阳市原副市长陈某某及柏某、陈某、滕某某、何某某、李某某等一批要案被市检察机关依法查处；坚持惩防并举，开展预防调查31件，发出检察建议45份，开展警示教育、预防职务犯罪专题讲座63场次，受理行贿犯罪档案查询4536次，双牌县人民检察院的“农村职务犯罪预防教育”，江华县人民检察院、蓝山县人民检察院分别开展的农业综合开发领域、民政系统预防调查，受到当地党委政府的好评；全市检察机关联合邮政部门开展的“检察蓝+邮政绿”预防职务犯罪模式得到省高级人民检察院推介。

【服务非公有制经济】 2017年，永州市人民检察院制定出台《关于充分发挥检察职能依法保护和促进非公有制经济健康发展的实施意见》，构建“亲”“清”新型检商关系。与中共永州市委统战部、市工商联召开联席会议，与市工商联共同出台服务非公经济发展九项措施，建立一对一联系企业制度，组织开展“六个一”活动。江永县人民检察院出台服务电商产业发展十条意见，宁远、东安等县区人民检察院设立驻工业园区检察室。坚持“五个慎重”查办涉企案件，实行一案一评估，一案一分析，一案一总结，坚决防止“案子办了，企业垮了”。冷水滩区人民检察院在查办宁远县工业园原党工委书记乐某某受贿、滥用职权案时，对涉案的13个非公企业逐一评估，对15名涉嫌犯罪情节轻微的企业法人代表、生产经营负责人和技术骨干分类施策，妥善处理，确保企业正常经营。祁阳县人民检察院建立办理涉企案件的打、防、保、助“四位一体”模式，受到非公企业好评。

【公益诉讼】 2017年，永州市各级检察机关配合中央环保督查行动，开展环境治理、土壤污染防治专项监督活动，立案37件，发出诉前检察建议23份，位居全省前列；市人民检察院主动介入中央环保督察组交办的蓝山县新圩镇上清涵村铅锌选矿厂环境污染案，依法向县人民政府发出检察建议，蓝山县人民检察院依法对2名涉嫌失职的国家工作人员立案侦查，及时介入外省垃圾非法“入侵”蓝山县、道县案，启动公益诉讼前期调查工作；全市检察机关“检察蓝”守护“永州绿”的经验做法得到湖南省人民检察院肯定。开展危害食品药品安全犯罪专项立案监督，监督公安机关立案19人；开展中小学校校园及周边“食品安全护苗行动”，向相关单位发出督促履职检察建议87份；联合环保等部门，集中开展城区饮用水源督查专项行动，发出检察建议32份。批捕生产、销售伪劣产品等犯罪20人，起诉87人；批捕电信网络诈骗等犯罪122人，起诉67人；批捕非法吸收公众存款、集资诈骗等犯罪26人，起诉47人；开展“雁过拔毛”式腐败专项整治、农村危房改造资金、脱贫攻坚、农业开发等专项监督行动，立案查处涉农职务犯罪案件91件138人。

【检察执法与司法规范】 2017年，永州市检察机关依托统一业务应用系统受理流转案件1.27万件，监管刑事诉讼涉案款7000余万元，涉案物品690余件，防止超期办案、侵害诉讼权利等不规范情形436件次，坚持案件质量评查常态化、检察机关内部人员过问案件记录和错案责任倒查问责等制度，全年评查出职务犯罪、不捕不诉、涉法涉诉信访案件1100余件；开展以“七见”为标准的规范司法行为专项整治活动，查摆司法不规范问题6类45个，通报批评12人，诫勉谈话3人，查处违纪违法检察人员2人；加强对律师执业权利的司法保障，在检察环节接待律师阅卷509次，提供电子卷宗光盘536张，听取律师意见749件，坚持理性平和抗辩，努力构建检察官与律师相互尊重、相互依存、相互促进的良性互动关系。在全省检察机关执法考评中，永州市的执法状况、案件质量、群众满意度三项重要指标均排全省第一位。

（于文辉）

法　　院

【概况】 2017年，永州市中级人民法院辖9县2区11个基层人民法院、44个人民法庭。全市两级法院实有人数1162人，其中政法编制人数（包括工勤人员109人）1113人，事业编制49人，编外聘用人员643人；员额法官427人，司法辅助人员392人，司法行政人员185人；市中级人民法院（简称市中院）有员额法官71人，副处级以上干部21人；有院党组成员6人、民主副院长1人，审判委员会专职委员2人；机关内设机构21个。年内，永州市中级人民法院在司法效率、执行工作、信访考核、信息宣传、民调测评等考核评比中均排全省法院系统第一位，党建工作、司法警务、安保维稳、调研培训等继续保持先进，位于全省第一方阵。

【刑事审判】 2017年，永州市法院系统审结刑事案件8020件、1.12万人，其中市中级人民法院审结1929件、2617人。严厉打击危害人民生命财产安全的暴力犯罪，审结故意杀人、绑架、抢劫等案件1382件、1634人，判处五年以上有期徒刑犯罪分子584人，重刑率35.7%。打击社会反映强烈的治安犯罪和经济犯罪，审结黄赌毒、集资诈骗、非法传销等案件1724件、2073人，郭修扬、谢雁龙、桂得心等一批重大制造、运输、贩卖毒品犯罪分子被判处死刑，诈骗、非法吸收公众存款1.16亿元的犯罪分子邓茗风被判处无期徒刑。打击事关民生权益的食品药品和环境资源犯罪，审结生产销售假冒伪劣产品、有毒有害食品等案件139件、235人，处理非法采伐、狩猎等案件127件、163人，对猎捕、出售虎纹蛙主犯喻孟飞判处有期徒刑10年。打击职务犯罪，审结贪污、贿赂、渎职等案件186件、234人，市发改委原主任龚某被判处有期徒刑11年。

【民商事审判】 2017年，永州市法院系统审结民商事案件3.24万件，其中市中级人民法院审结3281件。依法受理企业破产案件13件，办结6件，处置不良资产28.5亿元，推动落后产能退出市场；审结房屋买卖、建筑施工等案件1698件。审理企业融资、民间借贷案件1.02万件，协调化解万喜登、金水湾、香河房地产等企业因资金链断裂引发的群体纠纷；审结金融案件327件，审理知识产权和涉外案件22件，审结农村土地流转、山林权属、环境整治等案件8260件。

【行政审判】 2017年，永州市法院系统审结行政诉讼案件911件，其中市中级人民法院审结372件。支持依法行政，维持行政行为案件776件，占比85.2%；准予执行行政非诉案件851件，占比96.7%。确认违法、撤销或变更行政行为案件135件。调处土地征收、房屋拆迁行政案件158件，推进宋家洲、零陵古城、湘江西岸棚户区改造建设。审理行政机关负责人出庭应诉案件159件，增长25.3%，零陵区区长、双牌县副县长等出庭。

【法院案件执行】 2017年，永州市法院系统执行案件1.77万件，其中市中级人民法院受理执行案件471件。开展执行攻坚年活动，中共永州市委出台《关于进一步解决人民法院执行难的意见》，开展“春雷行动”“夏季攻势”“秋季风暴”“年关收网”专项活动。强化执行工作机制建设，联合发改、公安、银行、房产、土地等部门构建信息查控平台和失信联合惩戒机制，形成系统联动、部门配合的新格局。全市法院系统公布失信人员名单1.16万名；司法拘留1139人；判处拒执犯罪68人，占全省53%。以员额法官为主体，以司法警务为保障，推行审查、执行、案管流程一体式的扁平化管理，建立权责分明、规范高效的新模式。全市法院执结案件1.57万件，执结率88.8%，其中市中级人民法院执结466件，执结率98.94%，执行周期37天，比全省平均值少109天。执行工作绩效连续5年排全省第一位。

【法院基础设施建设】 2017年，永州市法院系统有审判法庭12个，有10个建成投入使用。2个未建审判法庭的法院中，零陵区人民法院的新审判大楼竣工，冷水滩区法院新审判大楼批准立项。全市有人民法庭44个，建成（含新建、改建、维修）35个，达到建设标准的有16个；上报在建的人民法庭9个，分别为冷水滩区普里桥，江永县回龙圩，祁阳县白水、潘家埠和浯溪，江华瑶族自治县水口，蓝山县所城，宁远县中和、水市法庭。

【法院便民措施】 2017年，永州市坚持重心下移、服务基层，全面推行巡回审判，形成以人民法庭为点、车载流动法庭为线、基层法院为面的司法服务网络，江华瑶族自治县、蓝山县等地实现巡回审判乡镇全覆盖。坚持易案简审、难案精审，推行民事小额速裁和刑事轻刑快审，减轻当事人诉讼负担。祁阳县人民法院运用轻刑快审方式审理刑事案件369件，平均审理周期10天，当庭宣判率100%，服判息诉率98%。

【涉诉信访】 2017年，永州市按照依法治访、诉访分离工作要求，引入律师参与接访和代理再审案件工作机制，加大申诉复查力度，审理申请再审、申诉案件990件，比2016年增长72.3%，做到有错必纠，依法保护合理信访诉求。处理初信初访3541件，回复率100%，做到有访必复，引导当事人依法理性维权。规范审理程序，统一救助标准，向34人发放救助款171万元。依法打击非访行为，判处郭祚庚、潘清爱等14名非访人员有期徒刑。全市法院系统接待来访8753人次，妥善处置意图赴省进京访332件次，涉诉信访考核排全省第一位。

【审判管理】 2017年，永州市法院系统遵循放权不放任、监督不缺位的改革设计，加强案件质效监管，加大庭审和文书评查力度，保障审理规范、裁判公正。全年评查案件1100件、庭审120场、裁判文书2500份。上诉案件发改率1.74%；生效案件发改率0.03%，零陵区、东安县、新田县、双牌县、祁阳县均为零。加强审限监管，每月进行审判效率分析和工作排位通报，强化院长约谈、庭长督办，根治久立不审、久审不决的现象。全市法院结案率93.2%，排全省第二位，其中市中院的结案率和办案周期均排全省第一位。永州市是全省唯一彻底消灭长期未审结案件的市州。

【法院改革】 2017年，永州市中级人民法院贯彻以审判为核心、以法官为中心的改革重点，遴选员额制法官446名，率先推行新型审判团队试点，明确法官、法官助理、书记员工作职责和责任清单。冷水滩区人民法院员额法官人均结案231.7件，排全省第二位。落实院庭长办案制度，发挥优质审判资源的示范引导效应。全市83名入额院领导办理案件3288件，平均结案39.6件。市中院7名院领导有4人办案数进入全省各中院前十位。按照审理者裁判、裁判者负责的改革原则，推行审判长负责制，取消院庭长对未参与案件的审批权和裁判文书签发权，突出员额法官办案主体地位。推行专业法官会议，发挥其统一司法理念和裁判标准的咨询、研讨作用，明确审委会讨论的案件范围只限于重大、疑难、复杂案件，实现从个案研究到宏观指导的转变，最大限度地还权于法官。推行类案审判模式，建立少年、家事、涉外、环境资源、知识产权、减刑假释审判合议庭，推动案件裁判专业化、审判法官专家化。家事审判是最高人民法院确定的湖南唯一试点中院。

【司法能力建设】 2017年，永州市法院系统加强学习型法院建设，组织干警参加北京大学、国家法官学院和省高院各类调训、培训965人次，培训覆盖面89%。加强调查研究，重点夯实审判实务和司法改革的理论根基。全市法院系统有39篇论文在省级以上获奖，被最高法院采用工作信息6篇，占全省在最高法院发稿数一半，排全省第一位，《永州中院反映涉众型经济犯罪高发应引起重视》被最高法院推送至中央办公厅。调研工作、信息工作被省高院评为先进。

【法院纪律作风建设】 2017年，永州市法院系统坚持正风肃纪，落实“两个责任”，开展司法巡查和明察暗访，防范司法廉政风险。全市法院系统查处违法违纪案件6件7人，下降45.45%，市中院连续两年无违纪违规事件。落实“一案双查”问责机制，查处东安法官魏凯扬醉酒休庭、李洪涛裁判文书严重差错违纪案件责任人和责任领导，让有责必问、失职必究成为常态。在全市法院系统部署开展为期半年的“牢记使命守规矩、正风肃纪在路上”专项整治活动，全面清理队伍思想政治、纪律作风和司法能力建设中存在的问题，打造让党放心、让人民满意的法官队伍。

【法院司法宣传】 2017年，永州市法院系统在各级各类媒体上稿2900多条，召开新闻发布会28场次，中院官方微博粉丝数突破2万人，中院微信公众号粉丝3.87万人，在《人民法院报》《法制周报》发稿18篇，其中有4篇整版报道，2篇头版头条。编发《永法舆情》16期，处理法院网和官方微博网民留言、私信226条。组织全市两级法院网络宣传员开展日常舆情监测、跟踪、收集、整理和分析工作。在最高人民法院发稿6篇，省高级人民法院23篇，在省高级人民法院、最高人民法院发稿数量均位于全省前列。永州中院、零陵区法院被评为全国法院思想宣传先进单位，永州中院被评为全省法院信息工作先进单位。

【审判监督】 2017年，永州市中级人民法院执行向市人民代表大会及其常委会报告工作制度，专题报告执行工作、司法公开、行政审判等，听取意见和建议。加强人大代表沟通联络工作，邀请旁听案件、评议庭审、参与执行等769人次，增进理解和支持。市中院办理代表议案和建议5件，满意率100%。加强人民陪审员工作，扩大司法民主，零陵区、道县、祁阳县、江永县、宁远县等地人民陪审员参审率在93%以上，新田县达到100%，保障人民群众对司法审判的参与权、知情权和监督权。接受民主监督，向各民主党派和社会各界通报工作，向政协委员寄送工作简报2000余份，市中院聘请12位委员担任执法执纪监督员，办理委员提案4件，满意率100%。接受社会监督，案件公开开庭率98.6%，再审复查听证率100%，应当公开的裁判文书上网率100%。依法接受检察机关法律监督，审结刑事抗诉案件18件。

（夏宁春）

司 法 行 政

【概况】 2017年，永州市以综治考核和绩效考核为总揽，以阵地建设和队伍建设为抓手，牢牢系紧“四根线”，为全面构筑创新开放新高地、建设品质活力新永州提供优质的法律服务、营造安全稳定的社会环境和公平正义的法治环境，在全省司法行政系统取得“三个第一、三个领先”的佳绩。即：综治民调排全省司法系统第一位，法治县区创建排全省第一位，律师当选人大代表、政协委员比例排全省第一位，普法依法治理纳入市委市政府考核表彰范畴在全省领先，法治文化建设在全省领先，公共法律服务体系平台建设在全省领先。市司法局被评为中共十九大期间全市维稳安保工作先进单位、2017年度全市党风廉政建设和反腐败工作先进单位。

2017年1月3日，永州市第八次法治宣传教育工作会议召开

【法治宣传】 2017年，永州市先后召开市委常委会议专题研究普法依法治理工作3次，高规格召开全市第八次法治宣传教育工作会议，在全省率先将普法依法治理纳入市委市政府考核表彰项目。国家工作人员学法考法机制逐步完善。全市报考人数突破12万人，学法完成率、参考率、合格率创历史新高。法治创建活动持续深入，双牌县、江华瑶族自治县、宁远县被评为全国法治县区创建先进单位，占全省1/7。零陵区被评为全省法治县区创建先进单位；21个村（社区）被评为全国全省“民主法治示范村（社区）”。开展送法下乡、青少年法制巡回宣讲、农村法制宣传月、法治电影进校园、“12·4”国家宪法日等普法宣传活动，全年发放普法资料34万份，举办法治讲座700多场次。加速推进“3+1”法治文化阵地建设，法治文化建设全省领先。建成法治公园10个、法治广场8个、法治宣传街区23个、青少年法治教育基地11个。市本级投资5000万元新建的白石山法治文化公园于5月建成开园，江华法治文化公园入选第二批“省级法治文化示范项目”。中共永州市委书记、市人大常委会主任李晖在《法制日报》刊发署名文章《繁荣法治文化引领法治永州》；在参加红网“市州委书记谈法治”节目，作为中共十九大代表接受《人民日报》采访，介绍永州法治文化建设的经验。市司法局在全省司法行政工作会议上作为唯一的市州作典型发言。

【法律服务】 2017年，永州市司法局在全系统组织开展“你出谋、我献策，打赢六大战役，司法行政应该这么做”主题征文活动。依托悦学法微信公众号开展每月一次“激发学法热情助力‘六大战役’”为主题的学法送红包有奖答题活动。市县区政府法律顾问制度及各重点旅游景区旅调组织基本设立。全市公证机构联系当地重点工程和项目，主动参与征地拆迁、城市改造基础设施建设等工作。市潇湘公证处主动跟进宋家洲拆迁整治，为政府部门向132户拆迁户送达有关法律文书进行证据保全公证，尽量做到少收费不收费。律师参与信访工作进一步深化，参与信访值班、陪同领导接访、化解信访积案，为党委政府分忧。全市有37名优秀律师担任各级人大代表和政协委员，比上届增加26名，占全市律师的8%，远超全省2%的平均水平。国家司法考试组考严密、零失误。县级公证机构体制改革、小康律师指标完成。市县（区）两级公共法律服务中心全部建成，乡镇工作站、村（社区）工作点基本覆盖，“12348”法律热线保持畅通，“如法网”完成对接。办理各类法律援助案件2463件。

【法律保障】 2017年，永州市强制隔离戒毒所持续实现“六无”（无戒毒人员逃跑，无戒毒人员非正常死亡，无所内案件发生，无毒品流入，无重大安全生产事故，无重大疫情）。全年收治戒毒人员802人，向省直强戒所转送458余人，连续17年实现安全稳定“六无”目标。配合全市党建和文明创建，将场所打造成为现场警示教育基地，全年累计接待参观教育15批、1300余人次。社区矫正持续实现“三无”（无脱管、无漏管、无重新违法犯罪）。狠抓社区矫正执法规范化建设，定期召开全市社区矫正监管安全形势分析会议，联合市人民检察院开展社区矫正执法专项督查。接收社区服刑人员1.78万人，解矫1.35万人，在册4319人，无一人因脱管漏管而导致重新违法犯罪。安置帮教基地“3+8”项目建设初见成效，为全市“三无”（无家可归、无业可就、无亲可投）刑满释放人员提供融入社会的平台。

【“6.6亿特大网络传销案”获评湖南最具影响力法治事件】 2017年6月6日，由中共湖南省委法治湖南建设领导小组办公室、省司法厅共同主办的“2016年度湖南省最具影响力法治人物和法治事件”专家评审会在长沙举行。省直各机关、政法部门、省内高校、主流媒体的21名专家学者参加评审会。经过与会专家学者评审并综合公众投票，新田县人民检察院提起公诉的“6.6亿特大网络传销案”成为“2016年度湖南省最具影响力法治事件”。在该特大跨省网络传销案起诉过程中，新田县人民检察院抽调业务骨干、集中干警力量辗转内蒙古、河北、广西、广东、山东等12个省市区补充侦查取证，审阅案卷材料53本、视听资料58份，制作阅卷笔录200多页；指导公安机关聘请司法会计师事务所对该案相关证物进行司法会计鉴定，并对鉴定的方向和标准提出具体要求；核实公安机关扣押的相关物证，解决电子证据来源合法性的问题；对羁押在蓝山、江华等地的19名犯罪嫌疑人进行提审；最终相关证据得以核实：孙某某等19名被告人要求参加者以缴纳费用等方式获得加入资格，并按照一定顺序组成层级，直接、间接以发展人员的数量作为计酬或返利依据，引诱参加者继续发展他人参加，骗取财物，扰乱经济社会秩序，情节严重。2016年4月29日，新田县人民检察院以组织、领导传销活动罪向新田县人民法院提起公诉。2017年3月9日，新田县人民法院公开审理并作出一审判决，以组织、领导传销活动罪分别判处被告人孙某某、马某某、尹某某等19人一年五个月至五年有期徒刑。对其中情节轻微的被告人分别适用缓刑一年六个月至三年，并分别判处罚金3万元～70万元。

（林利军）

军　　事

永州军分区

【概况】 2017年，永州军分区坚持看齐追随铸军魂，改革强武谋打赢，融合共进促发展，从严治军保稳定，融入国防和军队调整改革，“适应新体制、谋求新作为”，整理制定大类16项、小类118项的管理规定，部队正规化建设和管理水平在省军区处于领先地位，军分区被省军区表彰为军事训练和全面停止有偿服务工作先进单位，全区有8个（次）单位、16人（次）受到省军区以上表彰。

【国防动员】 2017年，永州军分区适应领导指挥体制“五个转变”，坚持精力和资源向中心聚焦加强动员备战。采取网上同步跟训与分散自训相结合，先后带领县区人武部同步组织“两个转变”“五步法”“后备力量”研究作业，《永州后备力量行动任务研究》在省军区考核中获得第一名。重点抓实训练对策，形成主官带着班子练、领导带着部属练模式。组织31名基层武装部长参加全省专武干部集训，其中4名专武干部被评为“优秀学员”，10名专武干部荣获单项表彰，组织为期2个月的水上操作手骨干集训和抗洪抢险示范性演练。探索应急民兵“建、训、管、用、保”方法路子，永州民兵建设成果受到中央电视台庆祝建军90周年《中国军队·中国民兵》专题片连续报道。

【后勤保障建设】 2017年，永州军分区适应新常态新要求，对标新政新规，规范经费使用管理。全面停止有偿服务工作，成立中共永州市委书记、市人大常委会主任李晖任组长的驻永州部队全面停止有偿服务工作领导小组，采取法律诉讼手段关停长城酒店，率先在全省完成58个项目的关停任务，省军区转发相关做法。加强基础设施建设，完成民兵武器仓库老废旧装备清理任务，11个县区人武部完成新址搬迁和旧址改造任务。

【抗洪抢险】 2017年6月至7月，永州市境内普降大到暴雨，部分地区大暴雨，汛情灾情严峻，永州军分区先后出动现役官兵430人次，基干民兵1.63万人次，解救群众3万人，处置险情100多处。军分区政治工作处主任严兴荣、冷水滩区人武部部长陈建红被中共湖南省委、省人民政府表彰为抗洪抢抢先进个人；祁阳县人武部、东安县人武部被湖南省军区表彰抗洪抢险先进单位；伍致健、唐远军、唐克伟被湖南省军区表彰抗洪抢险先进个人；5个单位和19名个人被中共永州市委、市人民政府通报表彰。

【纪念建军90周年】 2017年，永州市举行多种活动纪念中国人民解放军建军90周年。中共永州市委、市人民政府、永州军分区联合举办永州市庆祝中国人民解放军建军90周年暨表彰大会，对5类60名拥政爱民模范、心系国防好家庭、“双带双促”先进个人、优秀退役军人、优秀军嫂等个人、家庭代表进行表彰。召开市委常委议军会，重点推进军人子女教育优抚、家属定向招考安置、家属未就业补助、副团职转业干部政治待遇等10件实事。召开全市退役人员突出问题协调会，对查摆的28个具体问题，限定时间整改。

【抗洪抢险演练】 2017年5月18日，永州市在冷水滩区潇湘平湖举行民兵应急分队抗洪抢险示范性演练。中共永州市委书记、市人大常委会主任、军分区党委第一书记李晖到场观摩并讲话。市委副书记、市长易佳良，唐湘林、石艳萍、唐能武、杨永、吴志雄、刘尤碧、王守海、贺辉、耿保民、陆鸿等领导出席。演练分为6个科目，按照编队开进、紧急疏散、孤岛救援、水上救生、技能展示以及编队搜救等顺序进行，全市各县区的民兵应急分队，以及43艘冲锋舟参加演练。

【市委常委议军会】 2017年8月1日，中共永州市委书记、市人大常委会主任、永州军分区党委第一书记李晖主持召开市委常委议军会。市委副书记、市人民政府市长、市国防动员委员会主任易佳良出席会议并讲话。张严、蒋善生、唐湘林、石艳萍、唐能武、吴志雄、王守海、陆鸿等市党政军领导出席，市直相关单位负责人、军分区处以上领导参加会议。会上首先传达学习习总书记在庆祝中国人民解放军建军90周年大会的讲话精神。市委常委、永州军分区司令员王守海介绍军分区部队调整改革相关情况和全市国防后备力量建设情况。李晖肯定永州军分区各项建设取得的成绩，并对军分区部队和民兵预备役人员为永州经济社会发展作出的贡献表示衷心的感谢。她要求各级各部门和军分区要读懂改革，加强新形势下党管武装工作，自觉强化使命担当；要服务改革，在全社会营造尊重军人、优待军属的氛围，激发广大官兵投身改革、献身国防的热情；要融入改革，着眼应急应战专司主营主业，发挥优势服务经济社会发展，要围绕创建双拥模范城的目标，办好军人子女教育优待、随军军属安置、落实国防教育和人防机构编制、打造军民融合示范区等10件实事，推动永州市国防后备力量建设创新发展。

（严兴荣　伍致健）

2017年5月18日上午，永州市民兵应急分队抗洪抢险示范性演练在冷水滩潇湘平湖举行　　摄影　伍致健

人民防空

【概况】 2017年，永州市人民防空办公室（简称市人防办）贯彻落实第七次全国人民防空会议和全省人民防空会议精神，围绕全省人防工作大局和市委“六大战役”工作部署，以深化改革创新为动力、以推进军民融合为途径，坚持人防发展立足战备，最大限度发挥社会效益和经济效益，较好地完成既定指标任务。11月，被中央精神文明建设倡导委员会评选为全国文明单位。

【训练演练】 2017年，永州市人防办落实国家人防办颁发的人防训练大纲要求，开展人防指挥部研究性演练、人防指挥通信系统训练、专业队伍训练、市带县短波电台训练，参加省人防办组织的各类联合演练，开展市带县机动指挥所通信拉练2次。按省人防办要求，组织永州片区（永州市、郴州市、衡阳市、邵阳市）人防机动指挥通信系统训练，在现场实际操作考核中，永州市人防办被评为第一名。

【依法行政】 2017年，永州市人防办举办全市人防行政执法培训班，推进各县人防行政执法工作，配合省办在全市开展行政执法稽查检查，市本级人防行政执法全年立案7件，结案4件，追缴人防易地建设费590万元。

【人防指挥所项目建设】 2017年，永州市9县人防指挥所项目建设陆续启动。祁阳县地面指挥所建成使用；新田县地面指挥所主体完工，装修基本完成；双牌县、江华瑶族自治县、东安县完成开工前准备工作；蓝山县、道县、宁远县完成选址和立项，正处于设计阶段；江永县暂未启动，正在抓紧立项和选址工作。东安县和新田县“结建”工程正在建设中。

【宣传教育】 2017年，永州市人防办按照开放式、嵌入式、融合式的理念，推进人防宣传教育“五进四化”工作。翠竹园小学开放式人防宣教场所建设完成，并投入使用；永州市林博园开放式人防宣教基地完成选址设计等工作；15168工程开放式人防宣教基地完成设计；蓝山县宣教场所、双牌县宣教场所全部完工并投入使用；零陵区东山景区融合式宣教场所建设在筹划设计中。

【永州市第二次人民防空会议】 2017年9月28日，永州市召开第二次人民防空会议，总结回顾永州市“十二五”以来的人防工作，研究部署“十三五”人防工作。中共永州市委副书记、市人民政府市长易佳良，市委常委、永州军分区司令员王守海出席并讲话，副市长欧阳元初作工作报告，市政协副主席潘衡湘出席。市机构编制委员会办公室、市财政局等17个单位获评“全市人民防空先进单位”，蒋跃鹰、封立辉等46人获评“全市人民防空先进个人”。

（胡霖）

武装警察

【概况】 2017年，中国人民武装警察部队湖南总队永州支队（简称永州支队）立足“五年”特殊背景，以习近平系列讲话精神为引领，贯彻落实总队党委工作部署，推动铸魂强能、练兵备战、强基固本、后勤保障等各项工作落实，部队全面建设稳步推进、稳中有升、稳步向好。

【理想信念教育】 2017年，永州支队落实“中国共产党的十九大”最严政治考验和“向习近平看齐”最高政治要求，稳固“三个维护”思想根基。组织支队全体官兵全程观看中共十九大会议直播视频，听取中共十九大工作报告；编印“应知应会手册”，组织官兵按照原文学报告、学党章及《人民日报》、解放军报评论员文章；抓好《武警部队学习〈习近平论强军兴军〉五项机制》贯彻落实，以《习近平论强军兴军》为基本教材，采取党委中心组带学、主官领学、干部自学、理论骨干促学的方法，落实每周三理论学习制度，持续抓好习主席系列重要讲话精神学习贯彻，先后组织体会交流9次、笔记展评3次；利用“三个半小时”、局域网和灯箱等载体，宣传解析新思想新观点新论断，推动创新理论灌注部队、统领建设。

【练兵备战能力提升】 2017年，永州支队以为中共十九大营造安全稳定环境为中心，集中精力向练兵备战、执勤安保用劲。坚持每日覆盖检查、每周录像通报、

2017年9月30日，武警永州支队完成市委机关升国旗仪式任务

每月分析讲评制度，强化勤务跟踪管控，规范执勤秩序。坚持贯彻“军事训练八落实”和“六种组训模式”，以“学法规、练业务、训动作”为主要内容，推行首长机关训练制度，落实每天1小时体能训练、每季度4天集中训练，提高军事训练实战化水平。完成联勤巡逻、抗洪抢险、扑灭山火、重要活动安保、押运押解等临时勤务212起。7月参与全市抗洪救灾战斗，被中共永州市委、市人民政府表彰为“抗洪救灾先进单位”，3名官兵被表彰为“抗洪救灾先进个人”，1人被中共湖南省委、省人民政府表彰为“抗洪救灾先进个人”，2人立三等功。协同公安机关担负11个县（区）的武装联勤巡逻和多个卡点武装查缉任务。

【规范化管理】 2017年，永州支队坚持问题意识和底线思维，把依法抓建、守牢底线作为部队管理的重中之重。贯彻落实“八个规范”和《正规化管理规定》，全面组织法规学习、案例警示和安全常识教育，强化官兵学法懂法、依法抓建、依规办事的思维习惯。投入80万元在永州市中队开展试点，10月底在该中队召开深入推进练兵备战暨正规化建设现场会，重点抓好战备秩序、内务设置、政治环境、库室管理、登记统计的规范统一。

【基层组织建设】 2017年，永州支队坚持把工作重心放在基层，夯实基层基础。安排5批工作组下部队蹲点帮建，班子成员下基层蹲点指导均在60天以上。推进“四个基本”能力训练，结合政工例会或政治教育准备会时机，

2017年3月10日，武警永州支队党委二届十次全体（扩大）会议召开

以会代训，集中破解难题，培养基层建设明白人。用好“双争”载体，建立日常工作落实情况台帐，每季度综合平时检查、季度考核成绩对基层中队进行量化排名，引导各级干在平时、争在平时。抓好王喜这一重大典型的宣扬推广，2017年王喜获评“全国向上向善好青年”，被中共永州市委、市人民政府表彰为“拥政爱民模范”。结合建党96周年表彰先进党组织和优秀党员，结合“双争”评比每季度评选出10名“优秀干部”和20名“优秀士官”，激励官兵创先争优。

【综合保障】 2017年，永州支队以后勤变前勤，注重规范管理、面向基层、服务官兵，提升后勤保障质量效益。按照“不经准备、立即出动”要求，补充调整战备物资，建强应急保障力量。依托“大练兵”活动，开展后勤干部岗位练兵，后勤队伍能力素质明显增强。争取地方党委政府支持，10月下旬，协调市人民政府召开常务会议，研究解决推进练兵备战暨正规化建设、中共十九大维稳保障、新公寓楼装修、机关院内维修改造等经费和教导队饮用水困难等问题，并以中共永州市委、市人民政府名义下发指导性文件，督导各县（区）党委、政府加大对驻地武警中队建设的支持力度，明确各县（区）相关建设经费标准。

【领导看望慰问】 2017年1月5日，湖南省公安厅监管总队总队长吴逊伟率工作组检查宁远县新建看守所执勤设施建设，永州支队参谋长李奇及市公安局的领导全程陪同。1月22日，中共永州市委书记、市人大常委会主任李晖，市委副书记、市人民政府市长易佳良率永州市五大家领导慰问团，到永州支队看望慰问官兵，向官兵致以节日的问候。1月24日，市人民政府副市长、市公安局局长刘新良率市公安局相关领导到永州支队走访慰问，给支队全体官兵送去新春的问候和祝福。3月16日，武警湖南省总队政委蒋建宇到永州支队检查指导工作，永州支队支队长祝立志、原政委王剑陪同检查。7月31日，李晖、易佳良率慰问团一行6人，到武警永州支队走访慰问。8月21日，李晖到永州火车站，看望慰问担负联勤武装巡逻任务的永州支队官兵，代表市委、市人民政府对官兵们表示感谢，并送去

防暑降温物品，刘新良、支队政委刘小龙陪同参加慰问。10 月 14 日—15 日，湖南省武警总队司令员李明辉率工作组到永州支队检查指导，永州支队支队长黄炜铭、政委刘小龙陪同检查。

【武警永州支队党委二届十次全体（扩大）会议】 2017 年 3 月 10 日，中国人民武装警察部队湖南总队永州支队党委二届十次全体（扩大）会议召开。会议传达学习武警部队党委、总队党委扩大会议精神，总结分析 2016 年部队建设形势，部署 2017 年工作任务。支队党委书记王剑作题为《聚力迎接大考奋力开新图强以优异成绩迎接党的十九大胜利召开》的工作报告。支队党委副书记祝立志围绕《坚持制度抓落实稳中求进创一流以优异成绩向党的十九大献礼》作主题讲话。

【扑灭山火】 2017 年 4 月 3 日，永州市双牌县和蓝山县先后发生森林火灾，火势较猛，武警永州支队官兵临危受命，迅速出动，完成两起扑灭森林火灾任务。

【周敦颐诞辰千年大典安保】 2017 年 6 月 23 日—26 日，湖南省纪念周敦颐诞辰 1000 年大典在永州道县举行，武警永州支队官兵负责现场安全保卫、敬献花篮和机动备勤任务。活动现场秩序稳定，未发生任何安全事件。

【建军 90 周年暨表彰大会】 2017 年 8 月 1 日，永州市庆祝中国人民解放军建军 90 周年暨表彰大会在永州会堂举行，武警永州支队副参谋长邹高峰、一中队特勤排班长王喜被中共永州市委评为“拥政爱民模范”，支队政治处组织股股长朱期卫家属被评为“最美军嫂”。

【破获毒品交易案】 2017 年 12 月 1 日，武警永州支队一大队蓝山县中队协助公安机关破获一起毒品交易案，抓捕涉毒分子 4 人，缴获冰毒约 4 公斤，管制刀具 1 把，大众小轿车 2 台。

【盘王节安保】 2017 年 12 月 2 日，神州瑶都江华瑶族自治县瑶族盘王节暨开幕式在江华瑶族自治县沱江镇县一中举行，永州支队官兵担负现场安全保卫任务。活动现场秩序正常，群众生活保持稳定。

（唐敏）

经济建设

Economic Construction

农　　业

综　　述

2017年，永州市实现农林牧渔总产值612.48亿元，增长3.5%；农村居民人均可支配收入12738元，增长9%。

推进现代农业发展。坚持质量兴农，提升粮食、水果、蔬菜产业，全市发展优质稻32.93万公顷；建设优质水果10万公顷，柑橘被列入国家特色农产品优势区建设规划；发展优质蔬菜17.33万公顷，外销蔬菜占全省的40%以上。推进养殖业转型升级，做强生猪产业，温氏集团在永州投资累计超10亿元，助推全市生猪规模化养殖水平达到55%，高出全省10个百分点。全市累计创建省、市、县现代农业特色产业园80个，万公顷以上基地18个，万字号养殖场38个。全市农产品加工业实现销售收入576亿元，比2016年增长12.2%，其中过亿元企业136家，增加29家，增加农业产业化市级龙头企业16家。培育上市后备企业，增加在湖南股权交易所农业专板挂牌的农业产业化龙头企业10家，仅在长沙之后，排全省第二位。推进“院市合作”（市人民政府与中国农科院、省农科院战略合作），与中国农科院、省农科院开展农业科技攻关合作项目24个。推进“委市共建”（市政府与省农委共同推进农业标准化建设合作），全市修订农业标准化生产技术规程80个，新增标准化基地（场）60个。发展农村新产业、新业态，全年休闲农业接待游客390万人次，增长13%。推动“互联网+”现代农业发展，农产品上行和农产品防伪溯源体系建设取得新进展，全市实现农产品网上交易额7.5亿元。零陵区、江永允山镇分别成为全省农村一二三产业融合发展试点县区、试点乡镇。

祁阳现代农业示范园——长塘冲水库风光

保障产品质量安全。市农业委员会与市人大农业委、市食安委联合开展农产品质量安全行活动，省、市农产品抽检合格率在97%以上。开展有机肥代替化肥和绿色防控行动，全市推广测土配方施肥面积68.2万公顷（复种指数），东安县成功入选全省化肥减量增效示范县。推进畜牧业绿色发展示范创建，全市完成禁养区规模畜禽养殖场退养317家，畜禽废弃物资源化利用率75%，道县被列入全国畜禽粪污资源化利用重点县。全市新认证“三品一标”农产品145个，江永县夏橙、香姜、香柚、香芋4类农产品获国家生态原产地保护认定，占湖南上榜产品类别的50%，双牌县入选国家山水林田湖农业面源污染治理工程示范县。以办理市五届人大一次会议第156号重点建议为契机，加大农药监管力度，组织开展农药使用量零增长行动，全市农药经营门店由1845家减少到1245家，取缔600家，其中高毒（限用）农药经营门店由450家减少至196家，取缔254家。加快推进农产品质量检测体系建设，全面完成市级和11个县级农产品质检机构升级改造，项目建设进度排全省第四位。办理其他人大代表建议14件，实现“按时办复率、见面沟通率、主办件满意率”3个100%。新创建国家级农产品质量安全县1个、省级2个，永州市成功获批国家级出口食品农产品质量安全示范市，成为全国第四个、长江以南首个国家级出口食品农产品质量安全示范市，新田县农业品牌建设被省政府通报表彰。新增国家地理标志产品5个，新田大豆被评为全省2017年十大农业品牌，果秀被评为全省十大企业品牌，瑶珍大米、瑶山雪梨、江永香柚入选全国名特优新农产品目录。

开展农业产业扶贫。做大做强粮油、经作、畜牧水产、乡村旅游、农村电商等产业，初步形成“主业突出、区域联动”扶贫产业发展格局。全市与新型农业经营主体建立持续稳定增收利益联结关系的贫困人口53.8万人。全年通过发展农业产业带动贫困户82432人，人均增收1665元；贫困村集体经济年经营性收入达到4万元以上的村有513个，占全市总贫困村数的66%。零陵何仙姑村通过发展特色产业和休闲观光农业，成功脱贫摘帽，2017年被评为全省美丽乡村示范村。举办农业专题招商活动，全市全年新引进签约农业类项目21个，签约金额172.1亿元，引进广东农垦、中农批等一批央企、上市控股公司。同时，做好2015年、2016年引进项目的调度。2015年深圳农业专题招商18个签约项目中14个全部开工，11个项目完成投资计划并投产。2016年沪洽周22个农业签约项目动工18个，完成投资13.7亿元（内资）和3800万美元（外资）。争取中央、省级农业类项目资金12.83亿元，比2016年增加2.87亿元，增长28.81%，所占份额为全省的10.3%，其中争取省级现代农业特色产业园项目18个，比2016年增加2个；争取到零陵区制种大县奖励项目，全省仅有3个，连续3年实施，每年1100万元。

建设美丽宜居乡村。实施“四清四化”（四清指：清垃圾、清杂物、清残垣断壁和路障、清危房；四化指：绿化、美化、净化、亮化）行动，启动实施476个重点村人居环境整治建设，新建各类垃圾、污水处理设施1270处，改水改厕2.38万户，清理废旧空心房1.6万余间、35万平方米。建成农村垃圾转运站97个、垃圾收集点5210个，乡镇中转站30个，配置垃圾收集车3100余台，配置保洁清运人员1.2万人，45%的行政村对生活垃圾进行有效处理，全市初步形成“户分类，村收集，镇转运，县处理”的格局。建设省市美丽乡村示范村62个，规划建设美丽乡村精品线路21条，宁远“江南九嶷”、零陵“永州之野”等美丽乡村精品线路初显魅力，省级美丽乡村示范村双牌桐子坳村成功创建为国家AAA级景区、祁阳八尺村获批中国美丽休闲乡村称号。道县、双牌县获评全省美丽乡村建设工作先进县，新田东升等5个村被评为省级美丽乡村示范村。

持续深化农村产权改革。在全省率先完成农村土地承包权经营权确权登记工作，道县在全省第一个完成农村承包地确权登记数据成果汇交工作，并建成全省第一家确权信息应用平台。全市建立县区、乡镇、村三级流转服务网络，加速推进农村土地流转，全市农村耕地流转面积17.62万公顷，流转率54.46%，比2016年提高8个百分点。在全省率先组建“农建投”，实现13个县区、管理区“农建投”投融资平台建设全覆盖，整合涉农资金及撬动信贷、社会等各类资金45亿元。在全省率先推进农地经营权抵押贷款试点，新田县发放农村土地承包经营权抵押贷款近2亿元，全省“两权”抵押现场会在永州召开，省委常委、省人民政府常务副省长陈向群对永州的工作给予肯定，其经验在全省推介。

【市委农村工作会议】 2017年3月29日上午，中共永州市委农村工作会议在冷水滩召开，市委副书记、市人民政府市长易佳良出席会议并讲话。市领导张严、罗建华、贺辉、宋可福出席会议。副市长贺辉作工作报告。

2017年，全市农业农村工作按照市委“六大战役”的总体部署，以推进农业供给侧结构性改革为主线，以精细农业为引领，以提高质量和效益为中心，狠抓“农业园区升级、农产品质量安全、农业品牌创建、基础设施建设、美丽乡村建设、农村产权制度改革”六大重点，力争实现农业增加值增长3.4%以上，农村居民可支配收入增长8.5%以上。全市各级各部门要准确把握“三农”工作面临的新形势、新要求、新挑战，增强做好“三农”工作的责任感、使命感、紧迫感；要跳出农业看农业，发展农业新业态新模式，推进一二三产业融合发展，探索具有永州特色的农业供给侧结构性改革路径。

易佳良强调，要紧紧抓住农业供给侧结构性改革、农业园区升级、农业品牌培育和农村环境治理，精准发力、深度用力，突破难点、打造亮点，促进农民增收。要严格落实责任，加大投入力度，夯实基层基础。突出抓好“三农”工作的关键点、兴奋点，全面提升“三农”工作的凝聚力、执行力。要严格落实省委省政府确定的“五个确保”，盯紧重点地区、重点堤段、重点水库、重点岗位，落实以行政首长负责制为核心的防汛抗旱责任制，全面推行河长制，提前部署防范，

2017年，湖南省农业救灾补损暨农业生产现场会在祁阳县召开

将防汛责任、防御措施落实到位，确保人民生命财产安全。

会议还通报2016年度农业农村单项工作考核结果，各县区人民政府、管理区、永州经济技术开发区向市人民政府递交责任状。

【永州市茶叶协会】 2017年，永州市茶叶协会围绕市委“园区升级战役”，为全市茶叶发展做好服务。全年完成扩园1733.33公顷、低改1133.33公顷的生产任务。有湖南自然韵黑茶科技有限公司、湖南三峰茶业有限责任公司、永州市福田茶业有限公司、永州阳明山天然茶业开发有限公司、永州市浯峰茶业有限公司、江华县九龙井茶业有限责任公司、湖南省福田茶场、回龙圩农垦集团和宁远舜风茶厂等一批茶叶龙头企业，年加工能力7000吨以上，带动大量工商资本进入茶叶产业领域，形成龙头企业、工商资本投向茶叶产业的良好局面。申报国家、省级茶叶发展项目，开展三品认证，扶持茶叶龙头企业健康发展。推动《湖南省永州市25万公顷有机茶叶产业项目》，加快永州农业结构调整、增加农民收入，加强乡村振兴、精准扶贫等示范工作。

种　植　业

【农村经营管理】 2017年，永州市新发展各类农民合作社1237个，新增成员8712人，累计发展到5237个，成员24.87万人，带动农户27.4万人。新发展家庭农场748个，累计发展到4389个。确定信用试点，拟定产业基础好、运行较规范的省级示范社祁阳县德辉种养专业合作社作为试点合作社，年内制定试点方案。5月，组织50名农民合作社理事长到怀化市沅陵县老街村参加中共中央组织部、农业部农村实用人才带头人农民合作社培育主题培训班。6月初，组织一批农民合作社理事长参加全省农民合作社理事长赴台湾培训班。12月27日，组织召开全市农民合作社建设与管理培训班。组织开展项目申报工作，申报家庭农场示范县项目2个、省级示范家庭农场项目8个、农民合作社重点培训项目13个、农民合作社省级示范社创建项目15个。按照省农业委员会办公室《关于申报2017年村级集体经济发展奖励村的通知》要求，审核上报52个发展壮大村级集体经济进步村奖励对象，每个村奖励10万元~15万元。推进农村集体产权制度改革，组织召开全市农村经营管理工作会议，会上对全市农村集体产权制度改革试点工作进行安排。要求每个县区都明确一个试点村，制定初步的实施方案，但由于之前并村以及上半年村支两委换届导致这项工作暂时搁置。在换届选举完成后，各县区主动开展试点工作，除回龙圩管理区、永州经济技术开发区外，其他县区都已确定改革试点村，江华、零陵、蓝山、道县、东安、双牌、冷水滩、金洞出台试点实施方案，部分县区出台相关配套文件，如江华瑶族自治县出台《农村集体经济组织成员资格界定指导意见》，其中江华、零陵、蓝山、道县改革试点工作推进顺利。9月28日，市委改革办、市农委、市农经站等领导一行赴零陵区菱角塘镇金牛社区就农村集体产权制度改革试点考察调研，对零陵区农村集体产权制度改革试点的成效进行充分地肯定并要求零陵区学习借鉴其他市县的改革试点先进经验，稳步推进改革试点。全市在3月底将169万份湖南省农民负担与补贴监督卡发放到农户手中。新田县向全县农户印发《致农民朋友的一封公开信》，并在商店、码头、车站等群众聚集场所进行张贴。冷水滩、江永、江华、道县等县区印刷《惠农减负政策宣传册》。东安、蓝山、宁远等县区设立县长热线电话和信访接待日，接受群众投诉，及时批示群众来信来访。

【农业园区建设】 2017年，中共永州市委、市政府首次把农业园区建设同工业园区同安排、同步署、同考核，全市各级各有关部门采取有力的工作措施，推进农业园区升级各项工作，促进农业园区升级提质增效。

要素保障体现为“三个到位”。即：工作谋划到位。各县区、管理区正式出台三年行动计划、2017年工作方案和考核办法，明确农业园区升级年度目标任务。工作机制建立到位。成立农业园区升级战役专抓班子，确定专人负责农业园区升级工作，压实工作责任。出台一系列配套政策文件。县区“农建投”公司都开展融资和重点投入到现代农业产业园建设项目。顶层规划引领到位。全市制修订农业园区规划150个。永州农科园开展首批国家现代农业产业园申报工作，以现代农林产业示范带为核心，聘请市规划设计院对园区总体规划进行修编。祁阳县规划“一路一带一廊，一核两区八景十园”的现代农业示范园区，道县现代农业产业园规划面积约1082平方千米，构建“一心八区一走廊”，并以道州脐橙特色产业为主线，编制《湖南省道县现代农业（脐橙）产业园总体规划》；宁远县规划形成“一带五区九园十五景”的总体空间布局，双牌县着力推动“三园合一”建设。

重点园区升级实现三个提升。即：规模和设施配套提升。全市重点升级的14个园区由各县区政府和园区主体投入资金23.89亿元。多数重点升级园区在产业规模上进行扩展，在基础设施上进行完善配套。祁阳县结合田园综合体建设，推动重点升级园德辉蔬菜特色产业园提档升级，率先达到“园区景区化、管理智能化”目标。蓝山县百叠岭茶叶特色产业园建设完成基础设施投资3200万元，改造老茶园53.33公顷，带动新垦荒扩园173.33公顷。东安县霞栖现代农业综合产业园二期工程完成年度投资额5600万元，核心功能区新流转土地扩园33.33公顷，增加蔬菜大棚224个，扩建销售网点8个，食用菌和蔬菜获出口许可证。新田县东升富硒蔬菜特色产业园完成投资5000万元，建成总部大楼、菜壹楼等主体工程及配套设施建设，增加蔬菜面积56.47公顷、葡萄23.4公顷，完善基地绿化美化设施，增加蔬菜检测和包装设备，“东升”“秀峰”两大品牌蔬菜直通香港、出口东南亚。零陵区永州特色蛇类驯养繁殖利用产业园新增投资910万元，新建蛇毒提取生产线和产品生产线一条，完成异蛇文化广场、石林及生态旅游基础配套设施，新租赁山塘100余公顷开展黄颡鱼、甲鱼特色水产养殖。产业融合水平提升。深化园区与产业扶贫融合，江华瑶族自治县兰下瑶山雪梨产业园对参与合作的贫困农户统一提供技术指导和保底回收，直接带动贫困村整村发展瑶山雪梨特色产业，在全县累计推广瑶山雪梨种植面积2133.33公顷，直接受益贫困户432户、1468人，人均增收在2500元以上；通过建成气调库以及农产品交易大市场，直接受益贫困户376户、1279人，人均增收在1300元以上；贫困对象用工2000人次，每人可分别获得5000元~2万元不等的收入。道县灰鹅养殖特色产业园产业扶贫160户、3600余羽，培训指导贫困道县灰鹅养殖户528人次，带动当地农民就业765人。深化园区与乡村旅游融合，金洞森林旅游产业园依托林区生态旅游资源，明确“核心引领，一带联动，多区支撑，全域旅游”作为园区升级发展核心思路。9月26日，在金洞楠木文化主题公园内有500年历史的高大“楠木王”树下，举办“魅力金楠 唱响中国”2017永州金洞首届森林音乐会。回龙圩管理区依托6666.67公顷高产柑橘水果园区，投入2.9亿元打造音花艺境主题乐园、建设高尚湖景区、建设民宿村等，进一步促进农旅结合。10月29日，成功举办“首届永州（回龙圩）柑橘文化旅游节”。宁远县“江南九嶷”、零陵区“永州之野”美丽乡村精品旅游线路、双牌灌区百里花果生态风光带初见成效。深化园区与电子商务融合，全市园区企业都开展电子商务业务，推进农产品上行和防伪溯源系统建设，如江华瑶族自治县瑶山雪梨线上销售额200万元以上，防伪溯源监管云平台实现市、县、企业互联互通。绿色发展水平提升。种植类园区大都安装有节水微灌设施，推广应用水肥一体化、绿色保鲜等技术，施肥注重以有机肥为主，减少化肥投入量；安装太阳能杀虫灯和黄板，进一步减少农药使用量，回龙圩管理区还开展防虫网式大棚柑橘栽培新技术探索。

新创建园区有三大成效。即：建立市县级现代农业产业园认定标准。市县联合林业、畜牧水产、财政部门出台《现代农业产业园市（县）级示范园认定管理办法》，明确申报程序和认定标准。各县区、管理区按照现代农业特色产业园省级示范园要求，指导企业主体搞好创建和组织好申报材料。全市物色推荐2017年度现代农（林）业特色产业园省级示范园21个，其中种植类农业产业园8个、休闲农业产业园2个、畜牧水产特色产业园5个、林业产业园6个，评审通过增加认定省级特色园18个，超额完成年度4个的任务。启动现代农业产业园市县级示范园创建。各县区落实县级以上现代农业产业园的55个建设任务的乡镇，江华、祁阳两县完成13个县级现代农业产业园认定工作，各县区推荐现代农业产业园市级示范园41个，拟评审认定32个。冷水滩区小里桥生态农业种养专业合作社优质稻产业园建设力度大，新投入资金381.34万元。

永州农科园推进“四个”方面升级。即：基础配套升级。伊塘污水处理厂PPP项目完成前期工作投资600万元，农科大道项目实施道路管网和路基压实建设，完成投资800万元，100套公租房完成三通一平、3幢主体完工，即将实施装修，上大公路一期工程于11月29日挂网招标。科技创新升级。强化与科研院校的“院园合作”“院校合作”，申请科技专利5项，申报企业标准4项，引进和推广新技术、新品种、新设施26项（个）。产业集聚升级。湖南和广生物公司完成信息管理化用房和香料园建设，超高压超临界生产线投入生产；西瓜博览园完成6.67公顷工厂集约化育苗中心建设，配置智能监控系统，新增西甜瓜优质种苗200万株，成功注册“伊糖”牌西瓜商标，通过国家绿色食品认证；永州植物园启动林博园二期建设，柑橘示范场启动百果园建设，省美丽乡村示范点茶花村打造以伊人民俗文化为主题的整村特色项目，完成投资300万元，日均游客1500人次；成功承办“幸福永州·大美冷水滩”乡村游山地自行车全国邀请赛。管理服务升级。出台《永州国家农业科技园区管理制度》《永州国家农业科技园区入园企业管理办法》，推进园区管理科学化、制度化、规范化。

【农业标准化建设】 2017年，永州市以“委市共建”为平台，新创建农业标准化示范基地（场）60个，获批国家级出口食品农产品质量安全示范市，道县被列入第二批国家农产品质量安全县。江华瑶族自治县红山优质柑橘生态休闲产业园农业标准化示范基地，完成土地流转266.67公顷，投资2300万元，新建厂房1000平方米，标准化种植柑橘等水果180公顷。道县建成6个万亩、19个千亩以上脐橙为主的水果产业带，全县脐橙种植面积1.13万公顷，在上关脐橙万亩片中集中连片新扩建脐橙标准化示范基地200余公顷。宁远县以好放心米业公司联合多家水稻专业合作社，流转耕地333.33公顷，采用烟—稻轮作模式，标准化种植烤烟、优质稻，实现农田设施标准化、生产技术标准化、管理流程标准化、指标体系标准化、作业程序标准化，确保农产品质量安全可靠。千家峒江永香芋标准化示范园形成连片种植近666.67公顷。回龙圩李家塘农业标准化生产示范基地实现园区主道全硬化。冷水滩区安普白茶有限公司投资366万元，新扩白茶基地30公顷，完成白茶加工厂、电力设施、水井及灌溉等基础设施建设。新田县以凤神油茶为依托，带动创建133.66公顷油茶标准化生产基地，祁阳唐家山油茶基地标准化种植油茶600公顷，实现由生产型园区向产游综合型园区发展。东安县大江源产业园流转土地373.33公顷，投入6000万元用于园区基础设施建设和沃柑种植，其中完成216.67公顷农业标准化示范基地建设。

现代农业示范园、田园综合体——祁阳茅竹三家村

【农业招商引资】 2017年，永州市完成农业招商引资项目18个，投资总额139.2亿元，完成投资额6.08亿元，养殖类农业招商引资项目占一半以上。永州农

科园引进中珠集团股份公司投资10亿元，建设5（A）级食品加工厂；零陵区引进湖南雨田实业有限公司，在接履桥建设现代生态农业产业示范园，累计完成投资2800多万元，拉通园区道路交通及100公顷的生态果园建设。祁阳鑫广安30万头生猪一体化养殖项目于9月8日在白水镇向凉村开工建设，到位资金8000万元。东安县引进江苏盱眙市华润特种水产养殖公司从事莲藕套养小龙虾生态种养基地建设，完成投资1500万元。江华县白芒营温氏奶牛养殖产业园完成投资1.3亿元，完成全部主体设施工程建设，规模养殖奶牛3500头。湖南泰谷生物科技开发有限公司投资的江永县夏层铺现代生态农业产业园建设项目正在进行规划设计，启动游客服务中心等基础设施建设，完成投资2500万元。冷水滩区温氏集团大湾村生态养殖项目、新田县食用菌恒温智能大棚暨生产工厂建设项目、蓝山县广东温氏畜牧股份有限公司合作项目、道县正帮养种生态循环农业示范基地签订合作协议，均在动工建设。

江华瑶族自治县茫海洲生态农业技术研究基地

【科技兴农助农】 2017年，永州市以“委市共建”（市人民政府与省农委签订共同推进农业标准化建设合作协议）为抓手，整市推进农业标准化建设，全市新认证“三品一标”（无公害农产品、绿色食品、有机农产品和农产品地理标志系统称为“三品一标”）农产品145个，全市新创建示范乡镇11个、农业标准化示范基地（场）62个，东安县创建为国家第一批农产品质量安全县，创建国家出口食品农产品质量安全示范区7个，永州市成功创建为国家级出口食品农产品质量安全示范市。同时，永州市与中国农科院、湖南农科院对接合作项目24个，中国农业科学院南方红壤作物与生态研究中心在永州市农科所挂牌，为永州市现代农业发展提供强有力的科技支撑。

【永州4类农产品获国家生态原产地产品保护】 2017年1月，国家质量监督检验检疫总局发布受理生态原产地产品保护申请公告，湖南省8类产品、13个品牌上榜，其中江永县夏橙、香姜、香柚、香芋4类农产品获得国家生态原产地保护认定，占据上榜产品类别的一半，上榜数居湖南省首位。这标志着永州市生态原产地产品（生态原产地产品是指产品生命周期中符合绿色环保、低碳节能、资源节约要求并具有原产地特征特性的良好生态型产品。受保护的生态原产地产品不仅可以享受优先报检、检验、检测和放行的“绿色通道”，还将成为优秀的“中国制造”，成为打造中国顶级品牌的消费亮点）保护实现“零”的突破。江永县发展富硒香型农特产品，常年种有夏橙2466.67公顷、香姜2000余公顷、香柚9200余公顷、香芋4666.67余公顷，是全国最大的香柚和香芋生产基地，先后被国家命名为“中国香柚之乡”“中国香芋之乡”。按照规定，江永县此次通过评定的4类生态原产地保护产品，可以加贴生态原产地产品保护标志。同时，江永县还创建“生态原产地保护示范区”，并通过国家质检总局考核组的现场考核。

（杨祝学）

畜 牧 业

【概况】 2017年，永州市畜牧业总产值349.51亿元，增长8.15%。全市猪、牛、羊、家禽主要畜牧产品出栏（出笼）量为999.4万头、53.9万头、83.7万只、9745.8万羽，均保持稳定增长态势，分别排全省第三、第一、第三、第二位。全市有年出栏万头以上的生猪产业集团37家，年出栏生猪500头以上的规模场

3621家，规模化养殖比重55%，高出全省平均水平10个百分点，重点企业有温氏、鑫广安、佳和、正大、恒惠、天顺等；有基础母牛扩群增量项目县3个，年出栏牛50头以上的规模场907家，年出栏羊300只以上的规模场597家，草食牧业规模化养殖比重50%，高出全省平均水平三个百分点，重点企业有温氏江华乳业、舜天恒禾等；有年存笼家禽1万羽以上的规模场641个，规模化养殖比重65%，重点企业有玉华鹅业、万家鹅业、鑫隆鸭业等；有市级以上标准化示范场443家，其中国家级畜禽标准化示范场16家，省级畜禽标准化示范场63家；有A类生猪定点屠宰及加工企业12家，规模饲料加工企业10家。年内，永州市畜牧业新增农业部无公害标识认证单位13家，东安鸡获评国家质检总局国家地理标志产品。

【温氏生猪养殖项目】 2017年，温氏集团在永州项目完成投资3.66亿元，累计完成投资13.74亿元。成立冷水滩、江永、江华、零陵、宁远、新田、蓝山、道县、祁阳、东安10家生猪一体化养殖分公司，江永潇浦一场、江永潇浦二场、江永上江圩种苗场、江永大同种猪、江华界牌种苗场、江华桥市种苗场、宁远保安猪场、道县柑子园扩繁场、零陵黄田铺种苗场9个猪场已经投产。全市温氏养猪项目累计落实种猪场用地规模385万头（其中建成投产81万头、在建88万头、土地储备216万头）；新增合作养户470户，累计发展合作养户1333户，出栏生猪70.50万头，销售额12.64亿元，实现养户总获利1.93亿元，合作养户头均获利274元。年内，中共湖南省委书记、省人大常委会主任杜家毫在永州调研期间对温氏项目建设给予肯定；国家扶贫开发办主任刘永富在永州调研时对温氏生猪合作养殖扶贫模式予以认可并点赞。

【草食牧业发展】 2017年，永州市继续落实南方现代草地畜牧业推进行动项目，道县永旺养殖农民专业合作社、江永县黄甲岭凤田养牛专业合作社、永州市恒盛畜禽养殖专业合作社纳入2017年南方现代草地畜牧业推进行动项目储备库。通过引种或购买冻精等方式，推广西门塔尔牛、利木赞牛、安格斯牛、德国黄牛及波尔山羊等优良牛羊品种，发展种植饲用玉米、青贮玉米和优质牧草400公顷以上，构建粮饲兼顾、农牧结合、循环发展的新型种养模式。4月，江永县温氏白芒营5000头奶牛基地投产，该项目累计投资1.17亿元，饲养澳大利亚引进的优质荷斯坦奶牛1845头，月产奶800吨以上。全省存栏肉牛最多的宁远县舜天恒禾饲养场承办省牛羊产业协会组织的全省规模化肉牛场管理技术研讨会。

【动物疫病防控】 2017年，永州市春秋防疫及日常补免等工作有序开展，没有发生区域性重大动物疫情。年初，永州市对H7N9禽流感的处置工作获得农业部兽医局肯定。在全省率先开展动物疫病防控标准化站、村、场创建活动，全市完成42个标准化乡镇站、28个示范村、54个示范场（小区）的创建。制定《2017年永州市定点专项监测计划》，全年完成猪瘟、猪蓝耳病、O型口蹄疫、鸡新城疫、H5及H7型禽流感抗体检测14.68万个，病原监测7.85万份。全年组织开展3次大规模技术培训和1次全市动物卫生监督执法案卷评审，参训人员400余人次。加快推进全市病死畜禽无害化处理体系建设，截至2017年年末，零陵区、道县两个处理中心完成主体

江华温氏白芒营奶牛养殖基地

2017 年，永州渔政执法人员在湘江河段清理地笼网

工程，各县区规划建设的示范收储暂存点场基本完工。

【畜禽质量安全监管】 2017 年，永州市畜禽水产品质量安全检测中心取得省级检验检测机构资质、农产品质量安全检测机构考核资质“双认证”，将畜禽水产品质量安全抽检调整为两月一次。全年组织抽检样品 1.04 万份，其中抽检猪尿液 0.92 万份、畜禽水产品组织样品 0.12 万份，合格率 99.7%。开展“两节” “两会” “3·15” “两节一会”四次畜禽和生产资料质量安全专项整治行动，检查饲料兽药生产企业、经营企业、使用企业和规模养殖场户 252 家次，排查各类隐患问题 57 个，下发整改通知 25 份，提出整改要求 56 项。持续开展生猪屠宰“扫雷行动”，查处私屠滥宰窝点 7 个，查获“注水肉”案件 4 起，收缴并无害化处理猪肉产品 5.3 吨，查获各类违法案件 11 起，移交司法机关案件 2 起，行政处罚 33 人次。

【养殖环境整治】 2017 年，永州市以中央环保督察为契机，推进养殖业环境整治工作。中央环境保护督察组交办永州市涉及养殖业的信访件 39 件，其中属实的 38 件、不属实的 1 件，均全部办结。全市清退或搬迁养殖场 87 个，整改养殖场 23 个，涉养生猪 10 万头，群众不满意度为零。完成禁养区内 350 家规模养殖场的退养任务，完成 3179 家家禽规模养殖场粪污防治设施配套工程建设，实现配套率 83.5%，畜禽粪污资源利用率 75%，高出省政府既定目标任务 5 个百分点。道县获评国家畜禽粪污资源化利用重点县。

（唐泽刚）

水　产　业

【概况】 2017 年，永州市水产品总产量 23.1 万吨，增长 0.65%；总产值 35.59 亿元，增长 1.55%，内陆水产养殖面积 3.96 万公顷，增长 1.34%；稻田综合种养面积增加 4966.67 公顷，增长 11.71%。全市四大家鱼产量保持稳定，克氏原螯虾、蛙类和蟹（河蟹）产量分别增长 248%、17.91%、7.24%。进一步推广“莲—鱼”等模式，发展观光式种植养殖业，湘莲种植面积增长 239%；继续对网箱、围栏捕鱼进行清理整治，网箱、围栏捕鱼面积分别减少 32.24%和 100%。受夏季水灾影响，全市鱼种投放量增长 5.17%，淡水鱼苗、鱼种捕捞产量分别减少 7.78%、17.97%。东安县高岩湖生态开发有限公司的虹鳟、宁远县景翔农业开发有限责任公司的黄颡鱼等 5 个水产品种获农业部无公害认证。

【现代渔业发展】 2017 年，永州市创建国家级水产健康养殖示范场 5 家，累计达到 31 家，在湘南地区排第一位，水产健康养殖率 65%，增长 3 个百分点；投入资金 1000 万元改造标准化鱼池 106.67 公顷；全市稻田综合种养面积 3.6 万公顷，祁阳县建成全市首个 13.33 公顷以上的“稻—虾”共生综合种养示范基地，全市新增稻田综合种养示范点 27 个，累计创办示范点 50 个，面积 466.67 公顷；成功引进推广匙吻鲟、叉尾鮰、黄颡鱼、鳜鱼、银鱼、大闸蟹、中华鲟、赤眼鳟、虹鳟、南美白对虾、甲鱼、小龙虾等名优特多个品种，养殖水面 3733.33 公顷，产值近 7 亿元，水产良繁体系建设加快，水产苗种生产许可持证率 100%；完善全市水域滩涂规划，推行水域滩涂信息化管理，实现电子发放养殖使用证，规范大水面渔业资源利用，对保护区域内水域网箱养鱼进行综合整治，取缔网箱养殖 189 户、26.36 公顷。

【水生资源保护】 2017年4月1日，永州市举办第三届“鱼人节”鱼类人工增殖放流活动，放流各种大规格鱼苗鱼种30万尾。6月6日，市人民政府主办“永州市全国放鱼日”活动，组织冷水滩区、东安县、江华瑶族自治县、道县、双牌县和祁阳县等多个县区同步举行人工放流活动，当天放流各类鱼苗鱼种2000万尾，全年放流各类鱼苗鱼种13251万尾（含银鱼卵10000万尾）。对湘江东安段、湘江潇水双牌段2处国家级水产种质资源保护区实施全年禁捕，对保护区渔民全面摸底，鼓励捕捞渔民全部退出，配合省畜牧水产局完成湘江潇水永州段拦河水电站鱼类洄游通道建设摸底工作。全面禁止投肥养鱼，对全市小（2）型以上水库和公共饮用水源地进行养鱼实施常态化监管，全年没有发生一起投肥养鱼的举报事件。

【渔政执法监管】 2017年，永州市畜牧水产局联合市公安局在全市范围内组织开展水生生物资源“执法保护年”活动，打击“电、毒、炸”鱼等违法捕捞行为。全年检查渔船3000多艘（次），查缴和销毁违禁、违规渔具400余套，行政教育、处罚150余人，移交司法机关11起，刑事立案2起，判决2人，购进3架执法无人机，初步构建水陆空三位一体无死角渔政执法体系。

（唐泽刚）

林　　业

【概况】 2017年，永州市完成人工造林面积1.99万公顷，为计划任务的110.8%；完成封山育林面积1.87万公顷、森林抚育面积6.07万公顷；完成育苗面积200公顷，新建花卉苗木基地826公顷，江华林场杉木、马尾松良种基地在永州市首次获批全国重点林木良种基地；完成义务植树1500万株，尽责率94.2%。永州市成功创建为“国家林业科技示范园区”“全国森林旅游示范市”，永州市林业局获评“全国林业系统先进集体”。在2017年度省政府对市政府“湘林杯”林业建设目标管理考核中，永州市被评为优胜单位，排全省第一位。

直升机等先进设备正在双牌五星岭村喷洒作业　　摄影　刘军剑

【生态修复】 2017年2月，永州市在祁阳县茅竹镇三家村启动湘江保护“一号工程”湘江流域退耕还林还湿试点工程，工程规划总面积33.3公顷，实际建设面积41公顷，11月通过省林业厅验收，综合考核排全省第二位，推进森林禁伐减伐三年行动，年减少木材采伐量16.6万立方米，减幅24.3%；启动市县级生态公益林保护工程，新落实市、县级生态公益林保护面积4.88万公顷；对4个国家级、2个省级自然保护区和8个国家级湿地公园试点开展专项检查；完成第三次石漠化检测工作，东安县、宁远县、祁阳县等获评全省第三次石漠化监测工作先进单位。

【森林保护】 2017年，永州市启动“智慧林业”工程建设，在江华、高泽源、大庙口、月岩、五星岭等5个重点国有林场安装野外森林防火监控摄像头18个，监测面积10.67万公顷。举办全市森林防火实战演练，运用冲锋舟、直升机、无人机等先进设备。中南地区首个地市级航空护林站落户，于11月在江华瑶族自治县建成并投入使用。全年发生森林火灾70次，受害面积291.14公顷，火灾发生率5.64次/10万公顷、受害率0.23‰，全市有害生物发生面积4.07万公顷，发生率2.13%，成灾493.3公顷，成灾率0.42‰，对全市2.99万棵树龄在100年以上的古树名木实行建档挂牌保护，在全省评选的10大“湖南树王”、109株“湖南最美古树”中，永州市分别占2株和23株，其中“湖南银杏王”和“湖南樟树王”分别落户东安县和祁阳县。先后开展“2017利剑”“火案严打”“长江经济带林业资源保护”等林业资源专项保护行动，全年受理各类涉林行政案件563起，查处503起，打击处理903人次，市森林公安局被国家局记集体二等功。

【林业产业】 2017年，永州市完成油茶、毛竹新造3466.7公顷、低改1.08万公顷。全市油茶林面积19.73万公顷，竹林面积9.55万公顷，油茶产业产值43.56亿元，竹产值22.6亿元。家具、油茶等“永品出境”实现出口国外零突破，其中，吉星家具软体家具出口到欧洲，林之神茶油出口到新加坡，栋梁木业首次出口杉木产品到美国。“异蛇科技”获评国家级林业产业龙头企业、农产品国家地理标识；冷水滩现代林业产业园和新田家具产业园申报国家林业产业示范园通过省级评审；新增东安县舜皇峰楠竹产业园、祁阳县唐家山油茶产业园、蓝山县郁葱林业林下经济产业园、双牌县廖家村林下经济产业园等4个省级现代林业特色产业园。全市拥有国家级林产龙头企业3家、省级龙头企业55家、中国驰名商标4个、湖南省著名品牌（商标）17个、油茶综合产业园区3个、现代林业特色产业省级示范园13个。全年办理较大额度林权抵押贷款39宗、3600万元，林下经济产值60亿元，增长15%，经营面积23万公顷，从事林下经济的农户16万户。是年，全市林业总产值398.73亿元，增长12.08%。

【森林旅游】 2017年，永州市成功创建为“全国森林旅游示范市”。全年新增祁阳县太白峰国家森林公园、江永县永明河国家湿地试点公园、零陵区何仙姑省级森林公园、祁阳县大江省级森林公园。道县月岩国家森林公园获评“中国森林养生基地”。年末，全市有国家级森林公园9个、省级森林公园6个、国家级自然保护区4个、省级自然保护区2个、国家级湿地公园试点8个、国有林场29个。国家级自然保护区、国家级湿地公园、国家森林公园数量均排全省第一位。国有林场数量排全省第二位，面积排全省第一位。将全市29个国有林场打造成新的全域森林旅游地；阳明山、金洞2个省级森林康养试点获批；三分石景点成功创建国家AAAA级旅游景区。建成全国面积最大的市级森林植物园，市林科所先后获评“全国林业科技示范园区”和“全国林业科普基地”。全市12个森林公园全年接待游客321.12万人次，实现森林生态旅游年收入4.31亿元，分别增长20.6%和22.3%。

【生态扶贫】 2017年，永州市通过将退耕还林、水源涵养林、长珠江防护林、退化防护林修复、岩溶地区石漠化综合治理、矿区植被恢复与生态恢复等国家重点林业生态工程改善贫困地区生态环境，全年累计安排资金1210.76万元，其中林业改革发展资金541万元、森林抚育补助资金473万元、省级油茶产业发展专项资金196.76万元。在江华瑶族自治县、新田县两个国贫县选聘建档立卡生态护林员524名，人年均工资1万元，帮助2114人实现脱贫。

【永州植物园获评“全国林业科普基地”】 2017年6月2日，在长沙举办的全省林地测土配方暨科研能力培训班上，省林业厅为全省10家“全国林业科普基地”获评单位授牌，永州森林植物园入选。“全国林业科普基地”评选活动始于2004年，已成功开展四届。此次命名的第四批全国林业科普基地的有效期为2017年至2020年，全省有10家单位（基地）入选，永州森林植物园为全市唯一入选单位。永州森林植物园（永州市林业科学研究所）作为一家集科研生产、科普教育及生态旅游等功能为一体的市直公益一类事业单位，先后获得“永州市生态科普教育基地”“湖南省科普基地”、湖南省首届“公众最喜爱的科普场馆（基地）”“全国林业科普基地”等称号。

【永州国家林业科技示范园区获批】 2017年9月1日，国家林业局办公室向省林业厅下发《国家林业局办公室关于同意建立湖南永州国家林业科技示范园区的函》，标志着永州市在申报永州国家林业科技示范园区上取得实质性成果。永州市是湖南省四大重点林区，是全国南方重点集体林区和木材供应战略基地，林地面积、林木蓄积量、森林覆盖率、林业产值等几大重要指标位于全省前列，成功创建为国家森林城市、全国油茶产业发展示范市，市林业局获评“全国绿化先进集体”称号。市林科所在杉木无性系选育、桉树引种、油茶丰产栽培等方面多次获得国家和省级科技成果奖。在永州市林业科学研究所的基础上，建设永州国家林业科技示范园区，对林业科技研究、林业成果转化、林业资源保护和综合利用、林业高素质人才培育等方面有很大促进作用。

（秦唯峰　吴炳贤）

水　　利

【概况】　2017 年，永州市水利局围绕市委经济工作会议、《政府工作报告》和“六大战役”实施方案确定的水利工作任务，推进水利改革发展，为建设创新开放新高地、品质活力新永州提供水利支撑。全市水利投入、进度和质量均位于全省前列，市水利局获得 2017 年度全省“芙蓉杯”水利建设考核优秀单位，排全省第一位，创造历史最佳成绩；获得全省防汛抗灾先进单位、全省水利工程质量考核第二名。在省人民政府 2017 年度真抓实干成效明显地区通报表扬永州市的 27 项工作中，市水利局占水环境质量改善和全面推进河长制两项。全市实现水功能区水质达标率 100%，省级重要饮用水水源地全部为Ⅰ类、Ⅱ类水，出境水质连续 55 个月稳定在Ⅱ类水标准以上，水环境总体质量位于全省前列，祁阳县浯溪镇成功跻身国家级水利风景区，金洞晒北滩水利风景区获批省级水利风景区。

【抗洪救灾】　2017 年，永州市水利局面对“7・2”特大洪灾，树立“防汛抗灾责任重于泰山”的理念，启动防汛应急一级响应，举全局之力维护人民群众生命财产安全，开展抗洪救灾工作，紧急行动、加班加点，确保抗洪救灾有效推进。

【水利投资】　2017 年，永州市完成水利建设资金投入 35 亿元，争取下达中央投资水利项目总投资 19.94 亿元，其中中央投资 14.5 亿元，占全省的 20%，排全省第一位，较 2016 年（2016 年争取中央投资 9.08 亿元）多 15.7%，全市水利建设的进度、质量均居全省前列。

【重大水利工程建设】　2017 年，永州市境内被国务院确定为三大“国字号”重大水利工程建设有序推进。涔天河水库扩建工程枢纽，全年计划投资 6.86 亿元，基本项目建成完工，9 月，第一台机组发电。涔天河水库扩建工程灌区，计划投资 5 亿元，全年完成 4.5 亿元，占年度计划的 90%。毛俊水库工程于 10 月开工建设，年度计划投资 5 亿元，全年完成 4.5 亿元。

【水利民生项目建设】　2017 年，永州市境内的东安县芦江水库、道县营乐源水库、蓝山县毛江和两江口水库、江华瑶族自治县清江水库、宁远县金钩挂水库等新建重大水源性工程都按照年度计划任务如期推进。道县向阳水闸、零陵区南津渡水库等大型病险水闸除险加固项目按照下达的计划任务有序推进。农村饮水巩固提升工程新增和改善受益人口 40 万人，其中解决 13.74 万贫困人口饮水不安全问题，超出年初计划，双牌县、宁远县、江永县等国家级贫困县贫困人口饮水问题全部解决。小农水项目县、四水治理、水土保持、灌区续建配套、农村水电增效扩容等民生水利项目稳步实施。

【水生态建设】　2017 年，永州市按照“守水有责，水安民安”的总体设想，全面推行河长制，市、县、乡、村四级河长体系全部建立，在全省率先开展“双河长制”，推行“民间河长”。开展湘江保护和治理第二个三年行动计划，实施最严格的水资源管理制度，水库污染治理加紧推进，水功能区水质达标率 100%，省级重要饮用水水源地全部为Ⅰ类、Ⅱ类水，出境水质连续 55 个月稳定在Ⅱ类水标准以上，水环境总

2017 年，中共永州市委书记、市人大常委会主任李晖（中）主持召开防汛会

体质量位于全省前列。

【水利改革】 2017年，永州市水利局落实省市改革要求，在行政审批“放管服”、水利项目投融资、水利工程招投标等重点领域和关键环节开展水利改革。梳理“放、管、服”权力清单，做到办事最简、收费最少，服务最优；采取PPP模式或申请PSL模式，拓宽投融资渠道；创新建立电子招投标体系，构建公开、公正、公平的招投标平台；开展“雁过拔毛”式腐败问题专项整治，推进国家公职人员涉小水电、涉河道采砂经营性活动专项整治。

（左建平）

烤烟业

【概况】 2017年，在国家严控总量计划、收购矛盾突出的情况下，永州市按照“主业稳收、辅业增收、扶贫助收”的总思路，拓宽烟农增收渠道，全年收购烟叶64.93万担，实现烟叶税、增值税、所得税三项税收4.58亿元。是年，全市烟农主业收入9.43亿元，增长3%；户均收入8.69万元，增长11%。引导烟农开展烟后优质稻生产，烟农辅业收入3.45亿元，增长6.4%。为烟叶种植投保1750万元，理赔1735万元。

【烟叶生产】 2017年，永州市以烟叶质量为核心，推动先进适用技术落实。2016年12月上旬完成播种育苗，春节前翻耕起垄和肥料准备全部到位，2017年3月20日以前移栽完毕；通过“金叶夜校”“田间工作法”、技术员定向全程优质服务等方式，全面落实壮苗培育、大穴深栽、平衡施肥、绿色防控等先进实用技术，烟叶成熟度明显好于往年；全面实行编码预检、精准预约、按部位分时段专分散收模式，烟叶质量和等级纯度进一步提升，在全国和全省的收购检查中，等级合格率都名列前茅。

田间管理到位，烤烟长势旺盛

【烟叶收购】 2017年，永州市烟叶收购稳定有序。永州市两烟领导小组制定丰产烟叶处置预案，向省政府、省烟草局争取支持，并召开专题会议，安排部署烟叶收购工作。各产区县委、县政府筹措资金，宣传政策，化解矛盾，对丰产烟叶同步收购、同步付款，丰产烟叶收购需要得到保障。全市烟草部门走访卷烟工业企业，寻找丰产烟叶销售渠道，缓解收购压力。

【现代烟草农业】 2017年，永州市常规烟基项目和土地整理项目如期完工，完成常规烟基项目2964个、行业补贴资金4571万元，完成土地整理项目7个、行业补贴资金6531万元。获国家烟草专卖局复函水源性项目5个，援建资金4.5亿元，年内完成投资9686万元，其中新田县金陵水库水源连通工程竣工，宁远县金钩挂水库项目完成项目法人验收，江华瑶族自治县清江水库项目完成80%的工程量。全市户均生产规模1.33公顷，其中种植面积1.33公顷以上的占总面积71.4%；20家烟农合作社在专业化育苗、机耕、植保、烘烤、分级5个基本环节服务覆盖率分别达100%、96%、56%、68%、100%，烟叶生产用工20.5个，减少0.5个；新增职业烟农1360户，累计培育职业烟农2276户。

（周进武）

【湖南中烟工业有限责任公司零陵卷烟厂】 2017年，湖南中烟工业有限责任公司零陵卷烟厂（简称零陵卷烟厂）固定资产原值15.6亿元，净值5.96亿元，（其中卷接包设备4.55亿元、制丝设备1.65亿元、房屋建筑物6.2亿元），固定资产数量6108项，全年新增固定资产106台（套），价值670.21万元。实现产值37亿元，增长8.13%. 为适应白沙系列、芙蓉（软红）制丝本地化生产，新增一条2500千克/H梗丝掺兑线。

卷烟生产。主要生产品牌有芙蓉王（硬）、白沙（软）、白沙精品、芙蓉（软红）4个品牌。全年完成内销烟生产计划26.6万箱（133亿支），其中生产芙蓉王（硬）39.5亿支（7.9万箱）、白沙（软）44.35亿支（8.87万箱）、芙蓉（软红）33.325亿支（6.665万箱）、白沙精品15.825亿支（3.165万箱），总产量10.83%。全年完成工业现价产值37.01亿元，增长8.12%。

2017年零陵卷烟厂主要生产设备统计表

表4

设备名称	型号	数量	单位	备注
全自动机器人解包系统	FT534A	1	套	3000千克/h制丝线2条
烟片垂直切片机	FT6311	2	台	
滚筒式叶片回潮机	WQ3113F/WQ3114F	2	台	
异物剔除装置	HELIUS1200D	2	台	
叶片加料机	SJ17D/SJ18D	2	台	
曲刃水平滚刀式切丝机	SQ37A	4	台	
隧道式叶丝回潮机	WQ712A/WQ711A	2	台	
滚筒管板式烘丝机	SH35E/SH36E	2	台	
烟丝加香机	SJ291	1	台	
贮叶丝柜	GPT25H10	3	台	
预配柜	GDT20H10	4	台	
贮叶柜	GDT30H9A	8	台	
贮丝柜	GPT35H10	16	台	
除尘压棒机	TG80	1	台	
卷烟机组	PROTOS70（ZJ17）	13	台	
包装机（软）	GDX1（ZB25）	5	台	
包装机（硬）	GDX2（ZB45）	8	台	
成型机组	ZL26	4	台	
成型机组	YF27A	4	台	
装箱机	YP11	5	台	
空压机	阿特拉斯空压机ZR160-7.5	4	台	
制冷机	2台特灵、3台约克	5	台	
锅炉	SZS20-1.27-YQ	2	台	
空调箱	MZU15、MZU60、MZU40	21	台	
电梯	ZFTH5000/0.5-JX、NeXWay-S等	14	台	
水环式真空泵	2BE1-303-0BY	2	台	

2017 年零陵卷烟厂各牌号产量完成情况表

表 5

卷烟牌号	计量单位	2017 年完成	2016 年完成	同比增减%
卷烟入库产量合计	万箱	26.6	24	10.83
其中：芙蓉王（硬）	万箱	7.9	8.59	-7.92
白沙软	万箱	8.87	7.94	11.71
白沙精品	万箱	3.165	0	100
芙蓉软红	万箱	6.665	7.47	-10.78
芙蓉王	万箱	7.9	8.59	-7.92
一类烟小计	万箱	7.9	8.59	-7.92
白沙精品	万箱	3.165	0	100
三类烟小计	万箱	3.165	0	100
白沙软	万箱	8.87	7.94	11.71
四类烟小计	万箱	8.87	7.94	11.71
芙蓉软红	万箱	6.665	7.47	-10.78
五类烟小计	万箱	6.665	7.47	-10.78

产品质量。修订实施《工艺管理规定》，实施日常工艺预防（八项工艺预防）检查、定期工艺质量联合检查、工艺质量专项检查。针对操作人员对标准和文件的执行情况、设备完好性、质量检测装置、工艺参数及工艺环境条件、重点时间段的工艺确认等进行检查。全年产品的市场抽检合格品率及产品的优等品率均为 100%；卷制与包装得分加权平均值为 99.72，上升 0.4%；卷烟成品包装与卷制西格玛水平为 5.15，上升 4%；卷烟焦油盒标值与实测值偏差为 0.51 毫克/支，上升 6.3%；焦油量加权平均值为 10.89 毫克/支，下降 0.91%；顾客投诉产品质量事故为 0 次，与 2016 年持平；A 类顾客投诉事件 1 次。围绕公司质量年“做最好自己、追求零缺陷”活动主题，制定工厂的《2017 年精益质量管理暨“质量年”活动推进方案》，承接上级公司质量龙虎榜、提升龙虎榜、质量匠心员工的系列活动，开展有工厂特色的工艺质量培训、考核、卷制可控物理指标评价等系列活动。在公司质量年评比中，工厂获得一季度质量提升龙虎榜榜主和三季度质量龙虎榜榜主。实现白沙（精品）、白

2017 年 12 月 18 日，零陵卷烟厂举行学习贯彻中共十九大精神知识竞赛。图为“你说我猜”竞赛现场

沙（软）、芙蓉（软红）本地制丝，制定防错混批、错混牌过程质量控制措施，明确制丝过程关键工序和质量控制要求，进行工艺标准的验证、试验工作。各品牌本地制丝调试、生产顺序、过程质量控制稳定，上级公司抽检过程中卷制与包装得分、感官质量评价达到均质化要求。

各类消耗。实现万元产值综合能耗 12.11 千克标煤/万元，万支卷烟综合能耗 4.05 千克标煤/万支，25 毫米烟叶单耗 6.93 千克/万支，20 毫米烟叶单耗 7.16 千克/万支，25 毫米盘纸单耗 591.79 米/万支，20 毫米盘纸单耗 641.17 米/万支，100 毫米滤棒单耗 2514.84 支/万支，120 毫米滤棒单耗 1672.28 支/万支，水消耗 0.24 吨/万支，电消耗 10.94 千瓦时/万支。

2017 年零陵卷烟厂主要物料及能源消耗指标情况表

表 6

指标名称	计量单位	2017 年完成	2016 年完成	同比增减%
烟叶（按对标口径计算）	千克/万支	6.77	6.78	-0.15
卷烟纸（按对标口径计算）	米/万支	593.49	591.41	0.35
滤棒（按对标口径计算）	支/万支	2511.44	2511.09	0.01
烟盒	张/万支	500.93	501.48	-0.11
条盒	张/万支	50.08	50.04	0.08
万元产值综合能耗	千克标煤/万元	12.11	11.95	1.34
万支卷烟综合能耗	千克标煤/万支	4.05	3.99	1.50
水消费	吨/万支	0.24	0.23	4.35
二氧化硫排放总量	吨	0.12	0.20	-40
化学需氧量排放总量	吨	3.56	3.99	-10.78

节能减排。累计产量综合能耗 20.27 千克标煤/箱，其中单箱耗电 8.56 千克标煤/箱、单箱耗油 11.71 千克标煤/箱，工业用水 317888 吨，用电 12640243 度，化学需氧量、二氧化硫、生产废水排放分别为 3.56 吨、0.12 吨、22.25 万吨。以公司开源节流新环保第三季——“琅琊榜”活动为契机，持续优化生产组织，合理调度动能设备，推广节能新技术，优化生产区附房中央空调供热方式，严格控制动能启停时间。完善能耗统计分析，执行《动能管理规定》，坚持每周例行检查，每季度专项检查。将耗能指标以责任书形式分解到班组，与员工岗位月度绩效相挂钩。《余热在空调系统的应用研究》创新小组课题获公司 2017 创新项目三等奖。

2017 年 6 月 27 日，零陵卷烟厂团委组织向郴州市贫困村捐书活动，捐助图书 1800 多册　　摄影　王家能

科技研发。参与申报公司 2018 年科技项目与创新小组项目 7 项，3 个项目通过公司评审；5 项被国家知识产权局授予实用新型专利，专利实现零的突破；“松散回潮工序工艺控制技术改进与研究”“智能换柜程序开发”

"余热在空调系统的研究与应用"等3项2016年度创新小组项目通过验收；"自动校秤系统的研发""GD包装设备条包透明纸U形刀对压辊的改进"两个2017年度创新小组项目完成年报。全年收集小改小革项目申报77项，评定各类小改小革项目等级76项，其中B类3项、C类10项、D类29项、E类34项。

（王佳能）

【湖南烟叶复烤有限公司永州复烤厂】 2017年，湖南烟叶复烤有限公司永州复烤厂（简称永州复烤厂）按照"稳重向好、深化管理、推进创新、转型发展"工作思路，突出为工业企业服务、为中式卷烟品牌发展服务、为产区公司服务的导向，企业保持健康和谐稳定发展。全年完成打叶复烤加工66.24万担，产出成品44.20万担，完成烟叶分选43.78万担，其中精片选烟叶4.93万担。实现产值1.04亿元，上缴利税5000万元。

易地技改。易地技改项目总投资7亿元，项目完成合同投资6.59亿元。8月，完成全线12000KG/H联调试机，具备生产条件。项目全面实施期间，永州复烤厂"抢进度、保质量、抓安全、守规范、重验收、严签证"，实现新烤季搬迁投产的目标。

生产经营。以精益生产管理为抓手，以服务能力建设为核心，加强质量管理，提高仓储能力，生产经营有序开展。做好生产计划组织，通过与工业公司、产区公司沟通、衔接，采取措施解决生产任务与客户需求、产区调拨、物流运作等方面的困难；强化烟叶分选管理。新厂乔迁后，完善质量追溯体系管理，按作业指导书抓规范管理，加大考核力度，提高工作质量和效率；做好仓储管理工作，采用新、老厂结合运作，科学调配，重点控制转运周期和次数，控制仓储成本，收效较好。

质量管理。制定《在线质量控制管理办法》，完善《在线质量巡检工作细则》《生产工艺纪律考核办法》《生产加工过程非烟杂物控制管理措施》等体系文件，防范和解决质量问题，提升企业质量控制水平。针对客户需求，设计和下达《加工作业指导书》72份、《配方打叶方案》41份，发出《内部工作联络单》173份，发出《工艺质量整改报告》4份、《工艺纪律考核单》9份，落实加工前、中、后期的参数设计、技术指导和工艺监督的各项要求，实现生产在线的精准控制。对原烟入库、分选、加工，成品入库、在库、出库等环节加大检测力度，实现加工过程精准控制，确保产品质量的均匀和稳定，产品各项指标控制良好，其中主要控制指标烤后大中片率合格率83.37%，叶中含梗率合格率98.87%，装箱叶片含水率合格率99.27%，在线杂物检测合格率100%，成品合格率100%。采用精细化管理进行均质化加工控制，通过原料检查、制定配打方案、制定加工作业指导书、原烟备料、配比铺叶、储柜混配、配比检查等环节进行精准控制，批次烟碱CV值平均为直投2.75%，选后2.67%；水分CV值平均为2.19%，在行业中居于领先。

（周君斌）

永州复烤厂全貌

农业机械化管理

【概况】 2017年，永州市农业机械化管理局农机有干部职工1100人；农机用户24.8万户；农机总动力617.8万千瓦，比2016年增加14.3万千瓦，增长2.3%；农业机械拥有量102.7万台（套），比2016年增加1.9万台（套），增长1.8%，其中拖拉机及配套机具6.59万台，水稻插秧机3880台，联合收割机7846台，农产品加工机械31.14万台，耕作机械15.4万台；完成农机作业服务总面积127.07万公顷，比2016年增加13.07万公顷，增长11.4%；全市主要农作物耕种收综合机械化水平达到50.55%，比2016年增加2.5个百分点，其中，水稻耕种收综合机械化水平60.1%；全市农机化总投入1.56亿元，完成农机经营服务总收入48.01亿元。

【农机补贴】 2017年，永州市争取农机购置补贴资金3464.78万元，上年结转资金494.68万元，上年预用资金-69.83万元，国补可用资金3889.64万元。全年实施农机购置补贴资金3534.48万元，拉动农民投入9508.77万元，受益农户0.89万户，完成补贴机具1.05万台（套），非补贴机具9001台（套），共计1.95万台（套），其中水稻插秧机136台、谷物联合收割机461台、粮食烘干机108台、拖拉机488台、田间管理机械99台、耕整地机械4470台。全年完成农机土地深松作业4600公顷，完成农机土地深松作业补贴365.6万元。

【水稻机插秧技术推广】 2017年，永州市水稻机插秧技术推广工作基本形成“以户带组、以组促村、以村促乡、全面铺开”的格局。全市新建水稻机插育秧点达到301个，举办机插秧技术培训班11期，培训各类人员460人次，开展机插秧现场操作和演示活动19场次，观摩群众1.66万人；全市落实机插秧累加补贴和工作经费310万元，新推广水稻插秧机136台，完成机插秧面积11.2万公顷，机插率26.7%。

【油菜、花生机械化技术推广】 2017年，永州市完成油菜机耕面积6.25万公顷、机播面积1.94万公顷、机收面积1.87万公顷，油菜综合机械化水平达到52.6%；新推广油菜机具43台，其中免耕直播机11台、精少量播种机8台、油菜籽收获机24台。全年花生机械化种植面积200.13公顷，机械化收获面积1740公顷，新推广花生收获机械5台。

【农机专业合作社】 2017年，永州市培育和发展农机合作社40家，其中纳入省级财政扶持建设的现代农机专业合作社32家。年末，全市工商部门注册的农机合作社总数达到258家，纳入省级财政扶持建设的现代农机专业合作社154家，投资20万元以上的农机专业大户达到701户。农机合作社和大户承租田地2.12万公顷，为周边农户开展机械作业服务面积12.53万公顷，解决农民转岗再就业2.1万人。全市各类农机合作组织投入资金5767.3万元，购置农业机械1066台，国家补贴资金1555.2万元。

【农机技能培训】 2017年，永州市举办各类农机技术培训班50余期，完成农机化培训2.33万人次，争取新型职业农民培训指标788人次，分别完成培训农机管理人员610人次、农机技术人员3230人次、农机监理人员51人次、农机操作人员1.94万人次。市农业机械化管理局与市委组织部等部门联合开展“教会农民用农机，我是党员我带头”农机教用活动3期，主要针对农机育插秧、油菜收获、灾后“双抢”等3个农业生产时节开展活动，均采用网络直播的方式进行，网络点击率1000多万人次。

【农机产品研发】 2017年，永州市农业机械研究所与永州田源机械装备有限公司合作，研制开发永州田源牌TY-702轻型履带式拖拉机。该机型获得推广鉴定证书，并被列入2017年湖南省农机推广目录，纳入补贴范围，并多次参加市、县举办的现场演示活动，农机用户反映较好。

【农机安全监理】 2017年，永州市开展“平安农机示范市”创建活动，全年创建全国“平安农机”示范县1个（宁远县），创建“平安农机”示范乡镇17个，全省农机监理“为民服务创先争优”示范窗口单位1个，各县区农机监理站与辖区内拖拉机主、机手的责任状签订率90%以上，派出农机监理人员3200人次对农机安全作业情况进行检查和指导，开展各类宣传活动300多场次，发放各类宣传资料8.6万多份，开展农机安全生产检查800多次，检查拖拉机8000多台次，纠正违章作业380多起，排查整改隐患

570多处；对各类农机手开展农机安全培训1700多人次，其中发放拖拉机驾驶证758人、收割机驾驶证133人；全年未发生较大及以上农机安全生产事故。

【“我是党员我带头”系列活动】 2017年4月7日，永州市在冷水滩区杨村甸乡举行“教会农民用农机，我是党员我带头”党建主题下乡活动，中共永州市委组织部部务委员艾建华，冷水滩区委常委、组织部部长秦远林，民进永州市委专职副主委桂金玉以及杨村甸乡的村干部和共产党员，农机合作社的种粮大户和农民群众代表等100余人参加此次活动。活动分两个阶段，第一阶段是党员教育“乡村学堂”——农机技术传帮带活动，活动重点介绍高速乘坐式插秧机、手扶式插秧机、无人植保飞机和多功能履带式拖拉机的操作技巧及维修保养技术，并开展新机手现场教学和作业演示。第二阶段是理论教学，通过多媒体教学的方式让广大村干部，共产党员和农民群众代表解水稻育插秧机械化技术。

5月12日，永州市在冷水滩区牛角坝镇石溪坪村举办“推进油菜生产机械化 我是党员我带头”为主题的全市油菜生产机械化技术推广现场演示会，参与演示的农业机械4台，其中联合收割机3台、拖拉机配套气吸式精量直播机1台，周边观摩咨询的群众200余人。全体参会人员首先参观油菜机械化收获作业、精量直播技术示范现场，相关技术人员配套进行技术讲解，与会人员还就油菜生产机械化技术进行交流。

7月20日，永州市灾后水稻生产全程机械化作业演示暨“教会农民用农机我是党员我带头”农机技术培训会在东安县鹿马桥镇伍通庙村举行，永州市人民政府副市长贺辉、省农机局总工程师汤绍武等省、市、县相关部门领导和农机合作社理事长、种粮大户、农机大户以及受灾群众等100多人参加培训会。市农业机械化管理局组织党员干部和农机志愿服务队为受灾群众、中共党员、村组干部、农机合作社社员、种粮大户等80余人讲解秸秆还田、飞防减药、精施减肥、保护性耕作、土地深松以及联合收割机安全操作、维修保养等技术和要领，发放农机购置补贴政策、农机安全生产等宣传资料2000余份。活动为受灾困难群众提供义务机械化作业服务13.33公顷。

（魏昶）

农业综合开发

【概况】 2017年，永州市农业综合开发工作面临诸多挑战，农业综合开发投入的新政策稳步推行，农业综合开发体制改革逐步顺畅，农业综合开发深层次的矛盾得到化解。全市农开系统广大干部职工共同努力，完成全年农业综合开发预期的各项工作任务。

【农业综合开发项目验收】 2017年，永州市实施高标准农田建设任务7553.33公顷，财政投资1.84亿元，其中中央财政资金1.31亿元，省级配套资金5015万元，市级配套资金208万元；实施农业产业化发展财政补助项目39个、财政贴息项目1个，财政投资3286万元；实施农业综合开发部门项目4个，财政投资1046万元，所有项目全部完成建设任务。10月16日—22日，省农开办验收组对市本级和东安县进行2016年度农业综合开发工作验收，总体评价较好。

【农业综合开发项目建设】 2017年，省农开办批复永州市高标准农田建设任务2546.67公顷，财政投资1.76亿元；地方土地治理项目60公顷，财政投资180万元；产业化项目转土地治理项目财政投资511万元。项目计划批复下达后，永州市农业开发办组织专家对高标准农田建设项目的规划设计和可研报告进行评审，11月完成工程招投标。全年，省农开办批复永州市农业综合开发产业化发展财政补助项目16个，其中龙头企业项目7个、农民专业合作社项目8个、家庭农场项目1个，财政投资1071万元，其中中央财政投资765万元、地方财政配套306万元，实施部门项目5个，财政投资2520万元。

【大农业服务】 2017年，永州市农业综合开发根据省农开办的投入政策调整，参与脱贫攻坚和农业综合开发资金整合搞开发。双牌县、江永县、宁远县、新田县和江华瑶族自治县列入农业综合开发脱贫攻坚项目县，单列财政资金实施农业综合开发，由省农开办直接进行项目管理。双牌县、江永县、宁远县、新田县和江华瑶族自治县等5县安排的中央财政资金分别为670万元、774万元、1032万元、900万元和1073万元，合计4449万元。冷水滩区、零陵区、东安县、祁阳县、蓝山县、道县等6县实施农业综合开发资金整合搞开发，6

个县区整合开发面积4060公顷，整合中央财政资金7691万元；整合3个农业综合开发产业化发展项目，整合财政资金200万元。

（张跃军）

农业产业扶贫

【概况】 2017年，永州市制订全市农业产业五年发展规划、《2017—2019年永州市农业产业扶贫攻坚行动方案》《2017年度农业产业扶贫攻坚行动方案》、全市农业产业扶贫众筹工作方案和一系列配套政策文件。贯彻落实全省产业扶贫现场推进会会议精神。11月14日，市委副书记、市人民政府市长易佳良主持召开市政府第14次常务会议，听取全省产业扶贫会议精神和贯彻落实意见的汇报，经讨论研究形成两点意见：第一，同意从2018年开始，市财政预算每年安排不少于2000万元的产业扶贫专项资金，并从扶贫开发资金中切块30%用于支持开展精准扶贫工作。第二，同意在全市脱贫攻坚战役绩效考核中，将产业扶贫的分值提高到20%以上。同时，在安排使用市本级蔬菜、茶叶等农业专项项目资金时，明确倾斜扶持参与产业脱贫项目的申报主体。年内，全市与新型农业经营主体建立持续稳定增收利益联结关系的贫困人口538091人。全市围绕扶贫产业开展各种培训，参与培训的贫困户167359户，占建档立卡贫困户总数的86%。全市种养专业合作社覆盖贫困村679个，占全市贫困村总数774个的88%。全市市级以上龙头企业282家，在村建有基地的龙头企业143家，覆盖贫困村498个。全年通过发展农业产业带动贫困户82432人，人均增收1665元，达到目标任务的167%。其中覆盖带动贫困户发展种植业5.89万公顷，超过年4.36万公顷的目标任务，达到135%；养殖业覆盖带动贫困户超额完成全年目标任务数23550人；农产品加工和休闲农业覆盖带动贫困户落实14901人，占全年目标任务的130%；贫困村集体经济年经营性收入达到4万元以上的村有513个，占全市总贫困村数的66%，占目标任务276个村的185%；建档立卡贫困户参加新型职业农民培育工程1606人，超过年900人的目标任务，达到178%；贫困村创建美丽乡村落实27个，占225%；开展人居环境整治贫困村落实143个，超过年88个的目标任务，达到135%。

【贫困县开展涉农资金整合】 2017年，永州市根据湖南省人民政府出台的《关于推进贫困县统筹整合使用财政涉农资金工作的实施意见》，联合市财政局在推荐申报省里的现代农业发展专项资金等19个专项，每个专项都重点推荐贫困县，申报项目433个，到位项目资金1.08亿元。在市本级安排茶叶、蔬菜专项资金时，项目申报重点向贫困户或以贫困户为主的合作社倾斜。发布产业扶贫众筹项目。市、县区在社会扶贫网发布产业扶贫众筹项目20多个，计划筹集资金5000余万元。其中，“永州潇湘之源富硒有机茶”产业扶贫项目，计划在永州贫困地区帮扶贫困户600户，每户种植富硒有机茶0.2公顷~0.33公顷，总面积133.33公顷。计划分三期筹措帮扶资金300万元，第一期线上得到172人支持，筹措资金50.3万元。计划在江华、祁阳、蓝山等县扶持贫困户直接帮扶或以资金入股形式加入合作社，发展种植富硒有机茶。市农业委从工作经费中安排55万元，直接帮扶零陵区富家桥镇何仙姑村，东安县上大村、榴星村，道县柑子园镇刘家村等4个村发展扶贫产业。

【结对帮扶】 2017年，永州市农业委选派一名正科实职干部派驻零陵区富家桥镇何仙姑村，担任驻村帮扶工作队长、第一书记，另外，还阶段性派出3名科级干部到该村开展帮扶工作。在职的14名委领导与38户贫困户实名结对，其中7户贫困户2017年度顺利脱贫，原已脱贫的31户也实现稳定增收。组织专家和技术人员到村帮助制定产业发展规划、解决资金、技术、销售等难题。该村已脱贫摘帽，实现从“贫困村”到“美丽乡村”的蜕变，先后获得“市美丽乡村建设示范村”“市党员现代化远程教育示范站点”“省脱贫攻坚示范村”“国家旅游扶贫重点村”等称号。

【重点项目建设】 2017年，永州市农业委两个扶贫增效重点产业项目建设完成，其中1.33万公顷有机茶生产示范区项目新建茶园0.19万公顷，超年度计划的41.29%，投入资金13955万元；实现提质改造茶园478.8公顷，投入资金2140万元，完成投资21715万元。为民办实事美丽乡村示范村建设14个示范村，开工建设项目145个，竣工项目141个。完成投资6500万元，达到年度投资计划的130%。

（杨祝学）

农业科技研究

【概况】 2017年，永州市农业科学研究所以基础科研、新品种选育引进推广、新技术示范推广为手段，坚持自主创新与引进集成，在农作物育种、重大技术引进集成、农产品储藏加工、农业标准化示范建设、实用科技成果转化推广等方面服务“三农”。全年完成研究项目550个，培育出杂交水稻和优质稻新品种12个、油菜新品种1个、烤烟新品种1个，取得各类科研成果284项。

【农业科研】 2017年，永州市农业科学研究所开展科研试验项目33个，其中国家级项目6项、省级项目7项、市级项目15项、自选项目5项。水稻方面有新品种选育、区域试验、预试和湖南省水稻产业体系208个水稻新品种的品比试验，15个新品种的高产展示试验，在零陵区石山脚乡鹿坪村开展晶两优534、晶两优华占、黄华占、香两优1号、荃优丝苗等10个优质中稻品种的大田对比试验，筛选出晶两优华占、黄华占等适合永州种植的优质高产品种。旱杂粮方面主要有国家西南普通春玉米4个品种的生产试验，湖南省旱粮产业体系甜玉米、特色红薯、大豆和青贮饲料玉米等25个品种的品比试验，沪紫黑糯1号、一品红紫红薯的丰产栽培试验，湖南省玉米、大豆、甜糯玉米区域试验。烤烟方面有新品种选育、烤烟南繁加代与冬季制种研究、湘烟5号制种技术研究、湘烟5号调制技术研究、烤烟良种繁育、不育系选育、富钾饼肥品种筛选研究、烟叶品质分析。茶叶方面有实施永州市本级茶叶专项新建茶园示范项目，建成高标准的茶叶基地1个；应用多效有机菌肥、茶尺蠖病毒、引诱天敌和种草养畜等生态改善技术；探索有机茶生产关键技术，该项目通过永州市农业委验收；实施湖南省科技创新联盟子项目——永州江华苦茶资源开发与利用项目，开展茶树种质资源收集与保存，在江华瑶族自治县、双牌县、蓝山县收集野生苦茶资源20份，对野生茶树、古老茶树进行原位保存，建设茶树种质资源圃。花生方面主要有实施永州市科技创新重点项目——花生高产栽培及高效施肥技术研究项目，从中国油料所、湖南农业大学旱地作物研究所引进花生新品种26个，从中筛选出适宜湘南（永州）红壤旱地、天水田等高产高抗专用优质系列品种9个，集成以单粒精播、增施钙肥为基础的湘南（永州）红壤旱地花生绿色高产高效栽培技术体系，在全市建设项目基地333.33公顷，该项目通过成果验收和成果评价，申报发明技术专利2项。

【农业科技服务】 2017年，永州市农业科学研究所在冷水滩区、东安县、祁阳县、零陵区、道县、江永、江华瑶族自治县、新田县、海南省建立生产基地，开展茶叶新品种引进和新技术推广、花生高产高效栽培技术示范、双季稻全程机械化高产高效栽培技术示范、海南异地优质高产水稻新品种选育、水稻新品种高产示范、水稻绿色高效轻简栽培技术示范。继续派驻科技人员到浙江中烟公司江华基地驻点开展技术服务。在零陵区石山脚乡鹿坪村推广绿色优质稻高产栽培技术（采取少施化肥，多施有机肥，田间装太阳能杀虫灯、放养蛙类防螟虫、施生物农药、灌净水技术），泰优390亩产600千克，天龙一号亩产532.2千克；在零陵区石山脚乡吾山里村推广双季稻全程机械化高效栽培技术，早稻平均亩产522.8千克，晚稻平均亩产517.1千克。在零陵区珠山镇筱家村向农户示范推广水稻新品种“两优7188”及栽培技术；通过“花生专业合作社+基地+农户”模式，在新田县枧头镇、石羊镇，江永县潇浦镇、松柏瑶族乡，蓝山县楠市镇推广江永小籽、蓝山长钩子、蓝山小籽等花生新品种，种植面积500公顷。在祁阳县三家村建立特色鲜食秋玉米绿色生产示范基地，示范节水灌溉（滴灌和喷灌）、高效施肥（肥料随灌水滴施或喷施）、绿色防控（用黏虫板、火虫灯与低毒农药相结合的综合防治虫害方法）、化学除草等高效栽培技术；10月24日，全省旱粮产业体系现场观摩交流会在祁阳县三家村召开，得到省农业委、湖南农业大学领导专家的肯定；在零陵区邮亭圩镇梅江村与富家桥镇何家坪村建立双季稻全程机械化农机与农艺相结合的高效栽培技术示范片，示范面积35.26公顷，再生稻平均亩产248.9千克；在江华瑶族自治县涛圩镇旦久村、历湾村建立紫红薯丰产增效栽培技术推广基地，推广“一品红”紫红薯面积133.3公顷，示范烟薯连作模式下的烤烟上部叶催熟早采和红薯苗提前扦插技术。

（谭虹）

涔天河工程建设投资

【概况】 湖南涔天河工程建设投资有限责任公司成立于2011年12月15日，是湖南省水利建设“一号工程”涔天河水库扩建工程的项目法人，为国有独资企业。2017年，枢纽工程基本完工。灌区工程干渠11个标段有10个标段进场施工，支渠13条，开工6条。在全省重点建设项目考核中，涔天河水库扩建工程的枢纽与灌区项目均被湖南省政府评为“优秀等次”，2015年—2017年，该工程连续3年被评为全国最有影响力的十大水利工程之一。永州市遭遇洪灾期间，公司按照省、市调度命令，将出库下泄洪水始终控制在170个流量以内；7月4日14时，按调度命令，水库完全停止泄流。在一天多的时间里，水库拦截洪水1亿立方米，为下游抗洪救灾提供有力保障。省水利厅在开展防汛督查时，肯定该工程为永州市防洪减灾做出的贡献。湖南公共频道在系列宣传片《空中看湖南——永州速度谱华章》中，对扩建工程的拦洪削峰进行报道。

【工程建设】 2017年7月1日，涔天河水电站首台机组发电启动；9月23日，首台机组并网发电；年底，4台机组全部安装完成，具备发电条件。枢纽工程实现“灌溉、防洪、补水、发电、航运”等各种功能目标，完成投资7亿元，占省重点办年度计划的102.94%。开工累计完成投资62.42亿元，占水利部批复概算的104.01%，占省人民政府调整后总投资的94.89%。灌区工程进入开工阶段，4月28日向老灌区供水。9月16日，右总干渠二标段龙门桥2号隧洞贯通，是涔天河灌区工程的84条隧洞中第一座贯通的隧洞。12月23日，右总干渠二标段小麦冲隧洞贯通。全年灌区工程完成投资10.06亿元，完成省政府下达的年度投资任务，占市脱贫攻坚战役下达的年度投资任务的244%。

（蒋筱芊　莫君婕）

涔天河水库和工程管理

【概况】 2017年，永州市涔天河水库和工程管理局以“两学一做”学习教育常态化制度化为契机，较好完成渠道灌溉、防汛抗旱、民生保障、项目建设等各项目标任务。全年累计完成工作计划310项，筹集经费3170.7万元，较2016年增加225万元；晏家田电站年发电65.56万千瓦时，较2016年增加9.4万千瓦时；公示公开民生项目262项，公开招标19次，合同金额2785.62万元。

【渠道灌溉】 2017年，永州市涔天河水库和工程管理局完成农田灌溉任务5733.33公顷。完成杉冒山、燕子地、下蒋等渠段清淤200余米，渠道扫障64千米，渠堤扫障宽度3.5米；按照计划和时间节点推进节水灌溉配套改造项目工作，修复160余米江华瑶族自治县城西开发损毁渠堤；处理杉冒山、麻子窝、燕子地和大盘铺等10多处较大溶洞，修复孟家段放水口垮塌和梁木塘渠道内坡开裂，完成晏家田大坝除险处理、什叶洞上水管补漏维修等工作；落实《汛期值班管理制度》《渠道巡视检查制度》《水位交接制度》等工作制度，走访村户宣传保护环境、爱渠护渠等知识和法规3700多人次，向沿渠乡镇、单位发出书面函件26封，参与协调矛盾40余次。全年未出现溃堤、决堤事故和水事纠纷事件，在渠首放水5.4立方米/秒（较灌溉保证流量8.0立方米/秒减少32.5%）的情况下，中、西干渠尾水均保持满渠水灌溉。

涔天河水库大坝在建工程

【安全度汛】 2017年入汛前，永州市涔天河水库和工程管理局组织召开全局安全管理暨防汛抗旱工作会议，分析形势，明确任务，强调纪律；修编和完善《2017年涔天河灌区防汛抗旱应急预案》，组织相关人员参加学习和培训，增强防大汛抗大旱思想意识；安排资金3万余元添置和补充防汛物资器材，开展防汛演练训练2次。在6月下旬至7月初的历史性灾害天气期间，落实防汛工作责任制和防汛会商制度，做好流域雨水监测和预报，发布预警信息103次，处理设备故障和隐患11次，排除险情2处；7月2日，组织全局干部职工进入防汛一线巡查，处理隐患7处，确保扩建工程的安全度汛。

【民生保障】 2017年，永州市涔天河水库和工程管理局实现经营性收入212.96万元，清欠借款182.8万元，争取财政拨付经费2775万元，干部职工工资按时足额发放，单位运转正常；实施生活区篮球场改造、公益场建设、基层管理所房屋维修、机关大院绿化改造等民生项目15个，投入资金26.63万元；实行网格化安全管理，加装高清视频监控摄像头25个，实现小区全覆盖，在8月份江华瑶族自治县星级小区评定中获评第一名，被授予4星级治安小区；开展全局性安全生产大检查3次，发现与整改隐患49项；开展倒闸操作竞赛、岗位练兵、安全规程考试等活动，提升安全思想认识。

【项目建设】 2017年，永州市涔天河水库和工程管理局稳步推进节水灌溉配套和老灌区改造项目建设。编制《灌区改造工程质量管理办法》和《湖南省水利水电工程质量监督申报书》，开展现场质量安全检查3次；配合水利部节水供水重大水利工程专项稽查组做好项目质量安全工作，督促设计、监理、施工等7家单位递交《质量终身责任承诺书》，签订《涔天河灌区改造工程安全生产管理目标责任书》《涔天河灌区改造工程监理（施工）质量目标责任书》，提取砂、卵石、水泥土工膜等原材料检测样品和制作检测砼块、渠道侧坡面与底板回弹法砼强度检测3次；节水灌溉、老灌区改造等重点项目建设完成投资607.15万元，其中西河渡槽SCL膜防渗项目建设任务全部完成，实际投资173.99万元，西河渡槽和桥头铺渡槽除险加固项目350.31万元，苗圃管理所管理用房31.13万元，其他51.72万元。

（邓鹏志）

双牌水库管理

【概况】 2017年，湖南省双牌水库管理局以中国共产党十九大精神为引领，推进“两学一做”学习教育，各项工作稳步推进。干渠累计运行163天，大坝累计水量2.21亿立方米，其中有效供水量1.85亿立方米，干渠最大运行流量为23立方米/秒，灌区农业生产灌溉用水正常。在年度考评中，湖南省双牌水库管理局被评为全市“综合治理先进单位”，通过全国水利文明单位复审，继续保持“全国水利文明单位”称号。

【防汛保安】 2017年7月1日上午9时，双牌灌区范围内的祁阳县、零陵区、冷水滩区等地相继普降大到暴雨。7月2日凌晨6时，灌区沿线8个雨量监测点的降雨量均超过100毫米，最大降雨量167毫米。受强降雨影响，干渠所有水位观测点均超历史最高水位，最高的超历史水位1.1米。洪灾造成干渠滑坡、塌方、溶洞、淤塞等水毁工程及灾情45处，直接经济损失350余万元。湖南省双牌水库管理局投入资金120余万元开展灾后重建工作，修复水毁工程22处，应急加固隐患工程14处，确保农业供水。

【项目建设】 2017年，湖南省双牌水库干渠续建配套项目总投资474万元。湖南省双牌水库管理局组织人员，科学施工，按时完成项目建设任务。按照园林式、花园式单位的标准，2012年—2017年，对7个基层管理所站进行改造，完成投资540万元，办公条件得到改善。

【生态灌区建设】 2017年，“双牌灌区百里花果风光带”列入永州市重点旅游投资项目。该项目计划投资5.5亿元，其中首批工程投资1.8亿元，分三期实施。2017年实施的一期工程全长10千米，完成投资5000万元，主要景观包括四季花海观光带、紫薇造型景观带、花海漂流等。项目由湖南省双牌水库管理局与零陵区合作开发，种植各类花卉苗木200万株，其中美国三红紫薇150万株，种植四季常青草皮10万平方米。

（吴滢荣）

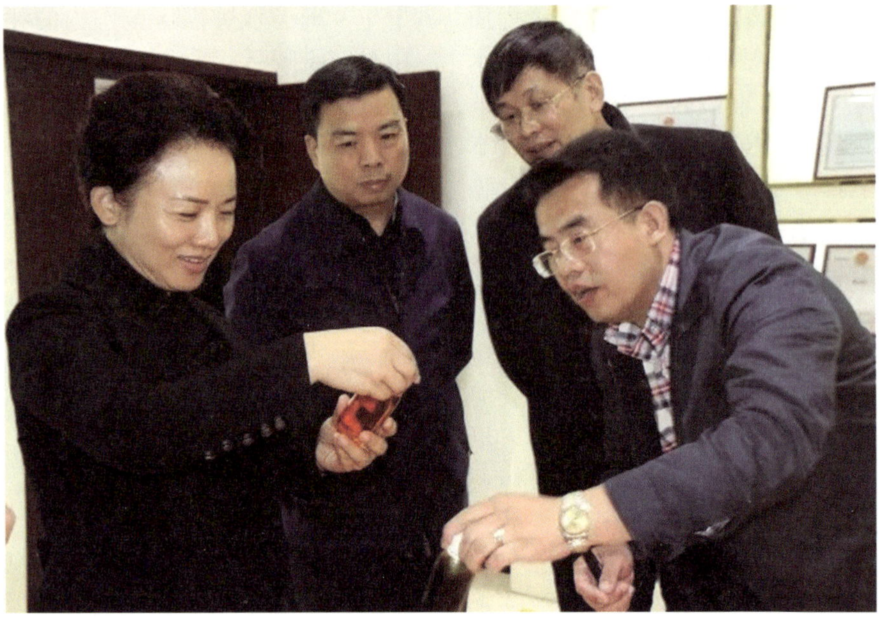

2017 年 11 月 12 日，永州籍中国工程院院士欧阳晓平（右二）在中共永州市委书记、市人大常委会主任李晖（左一），市委常委、市委组织部部长吴志雄（左二）陪同下到永州市国家农业科技园考察

农业科技园

【概况】　2017 年，永州市国家农业科技园按照中共永州市委“六大战役”安排部署，围绕打造“创新、开放、品质、活力”园区的建设目标，以“规模化、产业化、标准化、品牌化、信息化”为建设标准，落实“一年打基础、二年上台阶、三年大变样”的阶段性任务，园区升级工作稳步推进。

【自建与共建】　2017 年，永州市国家农业科技园设立园区升级指挥部，成立领导班子和工作机构，制定园区升级方案和考核办法，将园区升级工作任务分解到各个局室，按照“一个项目、一名领导、一套班子、一名专人、一抓到底”的责任方式，实行“一周一报告、一月一调度、半年一考核、年终一评比”的考核方式，确保人人身上有任务、个个肩上有责任。拟定两区政府和 31 个市直单位建设任务方案，与相关部门对接，制定涉农资金整合方案，全年累计整合项目资金 1 亿元，市农委、林业、畜牧等部门在园区领办不同类型的现代农业产业园，形成园区共建合力。以园区建设资金为基础，设立每年 1000 万元的现代农业产业发展专项资金，对入园建设的企业、个人实施产业扶持和奖励。

【产业规划设计】　2017 年，永州市国家农业科技园以现代农林产业示范带为核心，聘请市规划设计院对园区和伊塘镇总体规划进行修编，编制《湖南永州现代农业产业园总体规划（2017—2026 年）》和《湖南永州现代农业产业园规划实施方案》（2017—2018）。

【配套基础设施建设】　2017 年，永州市国家农业科技园实行扩容升级，提高园区承载能力。配合市交建投公司对总投资 10 亿元的上大公路高标准扩建工程制定设计方案、融资方案，到省国土资源厅完成用地调规，并落实征地工作，一期工程于 11 月 29 日挂网招标；总投资 7000 万元的伊塘污水处理厂 PPP 项目完成前期投资 600 万元，挂网公开招标后，正在与候选中标方进行合同谈判；长 2.1 千米、总投资 2700 万元的农科大道项目完成投资 800 万元；伊塘镇 100 套公租房完成投资 600 万元，3 幢房屋的主体全部完工；茶花、山门口、堰塘等 3 个村的农村综合服务平台正在施工建设。

【科技支撑】　2017 年，永州市国家农业科技园强化与科研院校的“院园合作”“院校合作”，与中国农科院都市农业研究所合作规划建设田园综合体，与省农科院合作建设 333.33 公顷西瓜标准化示范基地，与湖南农业大学合作实施柑橘、西瓜、食用菌、植物萃取和生态休闲农业等 5 个科技项目，邀请 1 名日本农业专家开展农业实用技术讲座，推动一批科研成果从实验室走向市场，构建产学研紧密结合的农业科技成果研发、转化、推广体系。全年申请科技专利 5 项，申报企业标准化 4 项，引进和推广新技术、新品种、新设施 26 项（个）。湖南果秀食品公司与中国农业科学院、湖南农业大学、湖南省微生物研究所等科研单位合作创办的食用菌菌种与工厂化栽培研究中心向国家发改委申报国家地方联合工程研究中心。

【产业发展】　2017 年，永州市国家农业科技园针对湘南红壤丘陵地带区域特点，推行“农工结合、农旅结合”的产业融合发展格局，改造提升以优质稻、柑橘、西瓜、油茶为主导的特色产业，培育发展以果蔬加工、天然辛香料萃取为龙头的农副产品精深加工业，发展以永州森林植物园AAA级景区为核心的乡村旅游休闲观光业。湖南联池生物公司年加工1万吨橘皮投产，湖南和广生物公司完成5800平方米的信息管理化用房和8000平方米的香料园建设，超高压500×3超临界生产线投入生产；西瓜博览园完成6.67公顷工厂集约化育苗中心建设，配置智慧农业智能监控系统，对西瓜育苗实行远程监控追踪，新增西甜瓜优质种苗200万株，新品种西瓜种植666.67公顷，注册“伊糖”牌西瓜商标，通过国家绿色食品认证，推动伊塘镇打造“中国黑美人之乡”；永州森林植物园启动林博园二期建设，柑橘示范园启动百果园建设，湖南省美丽乡村示范点茶花村打造以伊人民俗文化为主题的整村特色项目，年游客量20万人次，旅游消费3000万元以上；自创“农科乡创汇”电商自有品牌，采取政府搭台、企业参与、社会培育方式，推进“互联网+农业”工程；承办“幸福永州·大美冷水滩”乡村游山地自行车全国邀请赛。成功申报农业部国家农村创新创业产业园区、科技部第一批国家级星创天地、湖南省第一批农业星创天地示范基地，配合市林科所成功申报永州国家林业科技示范园区。

【招商服务优化】 2017年，永州市国家农业科技园建立工作人员驻点项目制度，实行一对一的零距离跟踪服务；按照“急需”和“紧缺”原则，采取人才引进和公开招聘方式，补充管理人员与专业技术人员14名；以湖南省首家农村土地银行——伊塘土地银行为基础，建立“政府主导、市场引导、农民自愿、企业经营”的土地流转模式，促进农业向规模化、集约化经营转变；拟定市农园招商引资优惠政策管理办法，提交市政府审定。市农科园全年接待客商80余人次，引进广州市棕鑫公司投资2.2亿元，建设占地13.33公顷的红麻科技产业园；引进湖南大则旅游发展有限公司投资13亿元，建设“蛮地伊人文旅生态”项目，完成一期流转土地33.33公顷，正在开展二期流转土地13.33公顷、征收土地13.33公顷的工作；引进湖南华威太阳能公司投资3亿元，建设20兆瓦光伏一二三产业融合项目；引进湖南龙景湖生态旅游开发有限公司投资1.5亿元，流转土地40公顷，建设以永州民族文化特色为主的生态旅游民俗文化村；与中珠集团股份公司、广东温氏集团对接入园落户事宜。

（文正平）

福田茶场管理

【概况】 2017年，湖南省福田茶场有干部职工344人，其中在职138人，含干部22人、全民工9人、全民合同制工91人、农工16人；退休人员206人，含退休干部50人、全民工17人、全民合同制工53人、集体工15人、农工71人；另有场员61人，其中生产场员33人、转养场员28人。

【转型发展】 2017年，湖南省福田茶场按照“一院两园”建设构想，探索茶旅郊游业的发展思路，推进老院子棚户区改造、茶文化观光园和生态农业示范园建设，以及基础设施建设等项目。8月8日，场部大院内棚户区改造工程开工，总投资1700万元，新建棚改房6幢，项目规划建设党

观光茶园

建文化广场、茶博园等设施，体现宜居休闲游览等多项发展功能。

棚户区改造饮水工程于8月开工，12月完工，100吨存水量、30米高的伞塔式水塔交付使用。12月，完成雨污管道的预埋工程，完成所有道路、广场和停车场的土方和水稳层工程，完成部分路段路沿石的安放，完成荷花池改造维修，第一期亮化工程投入使用。

【厂房改建】　2017年，湖南省福田茶场投资30万元对原永大生物能源公司部分厂房进行改造，新建一幢240平方米的高档茶加工厂，配建一幢100平方米的办公用房，投资12万元添置一套红绿茶兼加工流水线，每年可生产加工高档茶1000千克。工厂的改建，为永州市茶叶研究所的项目发展以及茶叶加工新工艺提供平台。

【技术更新与引进】　2017年，永州市茶叶研究所规划建设一个3.33公顷的茶品种园。年初对1公顷衰老茶园采取台刈、深耕、重施饼肥复合肥的办法进行技术更新改造，茶树长势很好，是低产茶园改造的新途径。3月，对1.47公顷荒空地进行深耕平整，重施底肥，从省茶叶研究所高桥茶叶试验场引进以黄金芽茶为主的11个品种进行种植。茶叶品种园基地的建成为研究所对茶叶新品种的培育、茶产业发展方向提供研究基地。

【课题申报】　2017年4月中旬，永州市茶叶研究所向市科技局申报《野生茶红茶加工技术研究与应用》，课题以实验茶厂为工艺研究平台，以阳明山野生茶为原料，改进红茶加工技术，试制生产高档茶。该项目获批并得到20万元的研究经费支持。截至2017年年末，完成机械安装、调试。

（胡绍金）

2017年，永州市柑桔示范场新大门落成

柑橘示范管理

【概况】　永州市柑橘示范场暨永州市柑橘科学研究所，设有科室5个，下设工区4个。全场有员工409人，其中在职干部、科研人员和管理人员38名、技术工人128人，退休人员243人；有土地面积375公顷，属国有农用划拨土地，其中柑橘等果园种植面积306.67公顷。2017年，市柑橘示范场利用技术、资源、区位优势，打造“永州市南方百果观光园”，推动全市农业转型升级。

【科研示范推广】　2017年，永州市柑橘示范场申请永州市科技创新及应用研究项目《沃柑新品种引种试验》，开展柑橘优势品种引进实验和露地栽培实验、示范。《柑橘——红橘系列新品种种植技术示范与推广》品种通过验收，形成系统的红橘栽培方法。与中国柑桔科学研究所开展院士合作，建立黄龙病检测、监控和防治研究中心，规划建立检测中心、防治中心和示范区。2月，从中国柑桔研究所引进品种苗4个，品种接穗7个。3月，在市柑桔示范场举行黑美人嫁接西瓜育苗技术讲座二场，参加人员平均每场150人次，发放技术资料2000份，一季度累计繁育西瓜种苗400万株。

【重点项目】　2017年，“永州市南方百果观光园”是永州市柑桔示范场和永州市的重点发展项目。观光园结合传统果园及新型公园的特点分果园体验区、花海观光区、生态养生区3个功能区，规划建设在永州市国家农业科技园区核心区，距离冷水滩区、零陵区、祁阳县均为20千米，距衡昆高速永州出入口15千米、二广高速永州东出入口7千米，门临国道322线。市柑桔示范场与中南林业科技大学风景园林学院合作完成规划设计图。邀请中国经济投资股份有限公司、北京中天燃气集团公司、浙江机械建造投资公司、长沙北鑫建筑工程有限公司、广东凯天实业公司等公司在市柑桔示范场会议室召开“永州市南方百果观光园”招商洽谈会议20余场。

（潘丽灵）

工　　业

综　　述

2017年，永州市工业经济呈现“触底回升，平稳增长，趋稳向好”的运行态势。完成规模工业总产值1535.9亿元，增长18.1%；实现规模工业增加值412.3亿元，增长7.9%，排全省第三位。工业实缴税收24.1亿元。新入统规模工业126家，排全省第一位。全市规模工业增速排全省第一方阵。是年，永州市经信委被评为全省工业经济运行监测协调工作先进单位、全省经信系统电力依法行政工作优秀单位。

在全省率先应用大数据手段——工业云平台调度监测工业经济运行情况。建立完善由经信部门牵头，统计、税务、电力等部门组成的联席会议制度，按照“一月一调度，一季一分析，半年一小结，全年总结账”的运行工作机制，共同对工业经济运行指标监测，永州市先后两次在全省工业经济形势分析会上作典型发言。

开展“企业服务年”和“一帮二促”活动，选定35家重点企业，明确带头市级领导，实行“一对一”帮扶，支持湖南科力尔电机股份有限公司于8月17日在深圳证券交易所上市，解决长丰猎豹扩能用电等现实问题。在2017年全市优化环境测评中，市经信委排第一位。全年帮助企业申报各类项目125个，到位的中央、省各类项目资金6305.5万元（市本级3699.5万元，县区2606万元。对31家中小企业下达帮扶资金990万元。推进电力体制改革，降低企业用电成本，先后组织发电企业4家、用电企业155家向省经信委申报，全部进入直接交易准入目录。编印《支持促进非公有制经济发展政策文件汇编》1000本赠送给企业。发挥减负领导小组的作用，协调推动落实税收优惠政策、清理规范涉企收费、降低企业用地用工用能物流成本，全年减轻企业负担7.7亿元。全年全市新培育小微企业6923家。

年内，全市列入园区升级战役重点项目138个，完成投资168.43亿元，为年度计划的102%。长丰猎豹汽车新产品研发及技术改造项目、汽车零部件配套产业园、神华国华永州发电厂等重点项目有序推进。恒伟医药产业园、江华九恒配套服务项目、祁阳鑫利生物、江永安登利电子、江华贵德科技等60余个项目竣工投产。由市经信委牵头引进的协鑫光伏普利桥项目完成投资1.2亿元，于6月30日并网发电。

开展招商引资活动。利用“港洽周”“沪洽周”等各类招商平台，开展“迎老乡、回故乡、建家乡”等招商活动，引进贵德集团、三一重能、中信重工、远大住工、国美智慧城等一批重大产业项目。工业招商引资总额155亿元，比2016年增长一倍以上，引进中国500强企业11家。其中总投资10亿元，落户江华经开区的贵德光电产业园项目从签约到投产只用时150天，“江华速度”书写湖南招商引资、项目建设速度新纪录。中共湖南省委书记、省人大常委会主任杜家毫在省委常委会扩大会议上对“江华速度”给予高度评价。

产业转型升级加快。淘汰“地条钢”落后产能75万吨。92家富锰渣冶炼企业通过中央环保督查整改验收。引导东安红狮水泥兼并宁远莲花水泥，按工信部和省经信委要求，将日产1500吨水泥熟料产能进行置换，并于10月获批试生产，实现利税1200万元。实施“绿色制造工程”，构建绿色制造体系，都城食品列入省政府“两型”企业创建计划，熙可食品获评全省第一批绿色工厂。工业节能降耗、清洁生产、再生资源综合利用扎实推进，祁阳海螺水泥的立窑协同处理垃圾的回收再利用技术，实现垃圾处理的减量化、资源化、无害化，成为省内行业规模最大、技术水平领先的现代环保型水泥生产企业。企业技术创新体系初见成效，5家企业新产品列入“湖南省2017年度百项新产品推进计划”，4家企业专利转化成果列入“省2017年百项专利转化推进计划”，和广生物、湘江稀土2家企业申

2017年，永州市在全省率先应用大数据手段——工业云平台调度监测工业经济运行情况。图为培训会现场

报为省级企业技术中心，全市有15家省级企业技术中心，占全省5.7%。全市新产品销售收入保持较快增长势头，规模以上工业新产品产值135亿元，占规模工业主营业务收入的11.2%。规模以上工业企业科研与开发经费支出13.9亿元，占全市的93.9%，工业企业科研与开发经费投入是全市研发投入支出主要力量。

推进“两化融合”。把智能制造、培育云计算大数据及信息服务产业作为主攻方向，引导企业创建省级智能制造示范企业和省级智能制造示范车间。江华同丰粮油获评省智能制造示范企业。智慧永州建设稳步推进，全市100多家行政事业单位和服务项目进入华为云系统。年初，市人民政府与湖南省委网信办、华为公司三方签订协议，推动大数据运行的各类业务开展，围绕华为公司，引进15家信息电子网络公司落户永州经济技术开发区。推进“电信普遍服务”项目和光纤入户工程。全年完成593个行政村通宽带，完成数量和质量均排全省前列。筹建军民融合创新产业园。10月12日，永州市人民政府与兵器集团签订战略合作协议，10月18日，召开项目启动会并对产业园进行授牌。同步推进“民参军”和“军转民”，有民参军意向企业13家，其中2家列入民参军序列，获省国防科工局初审通过。全年军工、民爆企业完成工业产值5.3亿元，增长16.5%。

（何春华）

【湖南时代阳光药业股份有限公司】 2017年，湖南时代阳光药业股份公司总资产1.91亿元，完成产值2.18亿元，实现税收1949万元，增长47%。公司被湖南省地方税务局评定为A级信用企业；公司独家产品喉咽清颗粒（口服液）入选2017年版国家医保目录；“儿童专用药小儿扶脾颗粒的升级研究”获得2017年永州市科技进步一等奖；公司独家产品喉咽清口服液入选《中药大品种科技竞争力报告》（2017版）。

2月23日，湖南时代阳光药业股份公司生产的“喉咽清口服液”“喉咽清颗粒”入选全国医保目录品种；11月3日，喉咽清的君药“土牛膝”列入国家12种特色民族药材的示范性研究，为瑶药立项研究；12月1日，“喉咽清口服液”入选2017年国家中药大品种科技竞争力报告，在全国咽喉类用药排第三位；12月底，“湖南省抗感染中药工程技术研究中心”通过省科技厅组织的验收，工程中心符合当前国家限制滥用抗生素。倡导中药绿色抗生素的发展方向，为链接地方优势资源，发展中医药产业建立平台。

投入300多万元实施提取车间扩能改造，达到日提取药材量80T/天；投资400多万元对口服固体制剂生产线进行自动化升级改造，颗粒剂由每天生产60万袋提高到100万袋，产能提高66%；投入300多万元对锅炉进行技术改造，采用生物质燃料并有效处理药渣，结束48年的锅炉燃煤时代，对污水处理环保系统进行全面技术升级改造，提高污水处理效果。

建立完善的质量保证体系，监督和监控产品质量。配备薄层色谱扫描仪、高效液相色谱仪、紫外分光光度仪等高端精密的检测设备，启动新版GMP技术升级和改造，产品市场抽检合格率100%。实施产品生产全过程监控，逐步建立健全产品质量追溯体系，确保产品质量，达到国家对产品“安全有效”的品质要求。3月，公司获得“永州市首届市长质量奖”，全国独家产品

“小儿扶脾颗粒”技术提升研究列入湖南省战略性新兴产业重点科技攻关项目，成果获得永州市科技进步一等奖。

确立用三年时间培育在主板上市的战略目标。通过科技创新，实施对已上市中药大品种的培育和经典名方产品的开发，提升市场竞争力和发展规模。规范内控体系建立现代企业制度，提升公司的经济效益和创税能力，增强市场活力。围绕“专注医药产业、聚焦产品、培养团队、提升品质”的目标，确保公司持续增长态势。

（李逸韵）

【湖南兵器建华精密仪器有限公司】 2017年，湖南兵器建华精密仪器有限公司有各类主要设备1300余台（套），具有较强的机械加工、工具制造、冲压、压铸、表面处理、塑料压型、电子产品、化工产品等生产和科研开发能力。全年实现营业收入2.15亿元，创造利润1410万元。年内，公司部门由29个调整为24个。在中干竞聘中，平级变动42人，晋升17人；完成供电分离改造；对接供水分离改造和业务管理移交工作；启动生活区提质改造一期工程并完成路灯改造。在“2017湖南技能大赛·湖南兵器集团职工职业技能竞赛”中，湖南兵器建华精密仪器有限公司3名参赛员工分别获得普通车工、工具钳工、数控车工的第一名，3人均被授予“湖南省五一劳动奖章”“湖南省技术能手”“湖南兵器技术能手”等称号，其中1人获得省政府技术能手津贴。投入科研经费946.87万元，增长33%。实行科研A、B、C角制度，指定项目主要负责人、次要负责人和项目预备队员，新招聘科研人才5名，公司军品在研项目18项、预研项目25项。申报民用彩色烟幕弹机械引信生产建设项目，申报总投资额1259万元；“十三五”安全技术改造第一期项目建议书通过新时代工程咨询有限公司的评审，获批总投资额1740万元；完成某引信生产线扩能项目建设，项目总投资360万元；启动火工区库房建设，项目总投资额250万元；某系列引信生产线建设项目到位国拨资金2000万元并投入使用；设计更新生产线所需的各类非标设备；新添先进设备125台套，投入资金325万元。开展“质量专项提升”活动，组织成立生产保障小组，注重加强和完善质量管理体系建设，通过武器装备承制单位资格审查和中国新时代质量管理体系认证检查。全年公司产品实物质量稳定，交付的产品实现零投诉，军品综合良品率98.48%、质量损失率0.65%，重大质量事故为零，顾客满意度98.15%，军品一次交验合格率100%。

（周文兰）

【湖南兵器跃进机电有限公司】 2017年，湖南兵器跃进机电有限公司资产总额4.36亿元，固定资产净值1.44亿元。年内，完成5个品种13份合同，民品完成盘式电机8284台、变压器油泵1478台（含机车泵933台）、提升机98台、风机153台，完成工业总产值2.13亿元，增长4.58%。实现营业总收入2.13亿元，增长4.11%；实现利润总额为-450万元，较2016年减亏420万元，剔除补贴收入，实际减亏441万元。

严把产品质量和服务关，加强生产管理和现场管理，开展“五品四数”“质量月”“质量专项提升”和QC活动，机加车间QC小组获“兵器行业QC成果一等奖”1项，包装分公司管壳QC小组获得“湖南省优秀质量管理小组”，执行董事、总经理黄永杰获得“2017年兵器行业质量管理小组活动卓越领导者”称号。全年无重大质量问题，质量损失率0.21%，主业产品交验3个品种18个批次，成品一次交验合格率为100%。12月13日，公司通过新时代认证中心组织的武器装备质量管理体系第二次监督审核、民品质量管理体系第一次监督审核；12月23日，下属电机分公司通过中国质量认证中心3C认证。

推进改革，激发发展活力。完成供水分离改造移交：公司水改项目总费用849.72万元，2016年7月启动；2017年初，供水分离改造基本完成，1月23日公司将2177户用户的供水管理职能移交永州市水务运营发展公司并正式计量计费，每年可节约水费支出120万余元。供电分离改造启动。推进供电分离改造移交：公司电改项目预算总费用为980万元；4月10日，公司与国网永州供电分公司签订供电分离改造移交协议；7月22日，电改项目启动；11月，高低压线路及设备安装完成并通过验收；截至2017年年末，公司支付电改专项资金817.20万元。落实“压缩管理层级，减少法人户数”工作。根据省兵器集团公司要求，该项工作于5月启动后，公司以永州跃宇机床有限责任公司为重点，组织相关部门开展资产清查、衔接洽谈等一系列工作；8月，与对方股东就注销事宜达成协议；9月下旬，跃宇公司完成税务、工商登记注销；12月，经省国资委审核验收，公司率先在集团内完成“压减”目标任务。开展“三项制度”改革：根据“三项制度”改革总体方案和相关配套方案，年初，完成机构调整精简、中干轮岗交流；3月，举行部分中层管理人员公开招聘，12人报名，5人竞聘成功；10月，制定出台《“45、55”及以上人员自愿离岗休养办法》。截至2017年年末，办理自愿离岗休养35人，全年办理退休和特殊工种提前退休84人。

把握国家军民融合发展的战略机遇，推动公司健康可持续发展。牵头筹建湖南兵器永州军民融合创新产业园。公司作为园区主体单位负责永州园区总体建设和运营工作。8月10日，公司与长沙德昌光机电科技有限公司、湘潭市恒欣实业有限公司达成协议，共同发起成立湖南兵器跃进智能控制科技有限公司，新公司注册资本1200万元，主要负责各种型号制导舵机和精密伺服系统组件的设计与总装总调；跃进公司作为控股股东出资408万元，占注册资本的34%，并承接舵机机械加工部分的业务；9月9日，新公司签订入园协议，落户浏阳经开区军民融合产业园。10月18日，承办由省兵器集团公司、陆军武汉军代局驻永州地区军代室，市国资委、市经信委，东安县人民政府、县经信委、端桥铺镇政府，及建华公司、新成公司等单位参加的园区公司（筹）项目建设启动会，成立湖南兵器永州军民融合创新产业园区公司（筹）领导小组及组织机构，园区筹建工作启动。

（齐增程）

【湖南神斧集团湘南爆破器材有限责任公司】 2017年，湖南神斧集团湘南爆破器材有限责任公司注册资本5688万元，总资产3.83亿元；实现销售收入2.41亿元，增长9.3%；实现利润1407万元，增长30.8%，保持健康稳步发展的良好局面。

年内，公司统筹推进“立足民爆、壮大消防，走爆破服务一体化”发展战略，爆破业务和消防产品收入再创最好水平。通过打造研产销爆一条龙的现代化民爆经营模式，实现由生产经营到生产经营服务一体化的转型。完成经营爆破收入7700万元，发展拥有祁阳县、新田县等11家爆破分公司。通过做大做强消防产业，公司拥有热敏线、引发器、非贮压灭火装置和破窗锤等多个品种产品。主导产品热敏线从无到有做到细分市场行业第一，全国市场占有率90%以上。完成消防产品收入1796万元。正在研发公共客运交通车辆消防安全防护系统项目。加快技术改造步伐，提升生产线智能制造水平，改善本质安全条件。研发延期体自动排压生产线，生产线用工从23人缩减至6人。引进18台导爆管自动化生产设备，该线智能装备覆盖率达到60%。

截至2017年年末，公司整体异地搬迁项目累计完成投资1.36亿元。一期主体工程全部完工。供电专线、自来水蓄水池和地源热泵系统安装完成。基础雷管生产线、起爆药生产线从5月开始进入设备安装。

按照国务院国资委、财政部出台的《关于国有企业职工家属区“三供一业”分离移交工作指导意见》的要求，开展改革改制的各项工作。公司生活小区水电改造工程在永州市涉及“三供一业”分离移交企业中率先完成，实现水改造1279户、电改造1306户，每年为公司节约费用100多万元。

（刘有为）

【湖南省南岭化工集团有限责任公司】 2017年，湖南省南岭化工集团有限责任公司总资产3.18亿元，净资产2.1亿元。全年实现营业收入1.2亿元，增长12.1%，贡献税收942万元，实现连续8年减亏；实现产品销售收入8165万元，增长18.9%；完成工程项目6个，实现工程业务量1540万元，增长18%。

年内，公司强化基础管理，落实价值管理，管理效益持续提升。对各子（分）公司日常财务核算进行专门指导，基础核算工作不断优化；加强职业再教育，组织开展各类职业培训10余场；实施降本增效，节约采购成本、生产成本、财务成本490万余元；推进人员分流，节约人力成本100万余元；加强费用管控，节约业务费30万余元；争取政策支持，落实到位各类扶持资金101.5万元。

推进企业改革，加快水电移交，截至2017年年末，各点水电改造施工全部完成，移交工作有序进行；5月，所属湖南南岭贸易公司股权划转至新天地集团，促进新天地集团贸易业务整合发展；推进双牌转运站资产盘活，得到省人民政府支持。改进生产技术，产品质量稳步提升。油相产品内在质量稳定，平均一次交验合格率98.5%，实现外部市场破冰销售，内部油相新品种一次性试用成功并大批供货；组织开展肠衣膜质量攻关和纸箱七层改五层质量攻关，推进无溶剂复合工艺改造，膜产品适应性和纸箱产品稳定性持续提高。

（张孟春）

【神华国华永州发电有限责任公司】 神华国华永州发电有限责任公司（简称永州发电公司）成立于2013年3月28日，由中国神华能源股份有限公司全资组建，厂址位于湖南省永州市东安县芦洪市镇。公司规划建设4台100万千瓦发电机组，一期建设2台100万千瓦发电机组，同步建设烟气脱硫、脱硝设施，工程项目静态投资70.06亿元，动态投资74.26亿元。2017年，永州发电公司下设党建行政人事部、计划部、工程技术部、安健环监察部、物资部、发电部6个部门，员工总数53人。国华永州电厂完成永电公司企业法人变更，永电公司营业执照升版为五证合一。

年内，公司围绕“低能耗、低排放、低造价”开展基建项目工作，贯彻落实上级公司战略规划，推进项目复工。全年安全目标整体受控，实现“零事故、零伤害、零火险、零污染、零职业病”的本质安全。对外挖掘项目优势争取资金到位，投资计划顺利批复，取得全国唯一复工项目；对内开始锅炉钢架吊装施工，为工作开展奠定坚实基础。1月22日，神华国华永州发电有限责任公司召开2017年度工作会、政工会暨安全会，传达落实国华公司年度工作会议精神，总结2016年工作，部署2017年重点工作。公司总经理作题为《扛起责任 精准务实 顺势合规为持续提升项目市场竞争力而不懈奋斗》年度工作报告。2月22日，神华集团电力管理部总经理刘志江到神华国华永州发电有限责任公司开展项目合法、合规、有序安全建设现场检查。刘志江指出，永州项目在前期依法合规、文件跑办上做了大量工作，进度推进有序，希望公司继续加强与当地政府、参建单位的合作，共筑精品，共筑丰碑。神华集团战略规划部、环境保护部、工程管理部、安全监察局、电力管理部相关人员陪同检查。3月30日，湖南省2017年全省投资及重点建设项目工作会议在长沙召开，湖南省重点办在2016年底对全省重点项目从体系管理、安全管理、质量工艺及文明施工等方面进行评价，神华国华永州发电有限责任公司获得专家一致好评，被确定为2016年度优秀项目。该次会议宣布《2016年度全省重点建设项目考核情况》，国华永州电厂一期工程等优秀项目得到通报表扬。11月2日，神华集团工程管理部总经理毛迅带队到国华永州电厂进行工程安全、质量及造价管理检查。毛迅结合项目实际情况，对下一步的工作提出四方面要求，在工作中将举一反三，不断提升基建的管理水平。

（黄日卓）

2017年2月22日，神华集团电力管理部总经理刘志江（右排中）到国华永州电厂开展项目合法、合规、有序安全建设现场检查　　摄影　黄日卓

【湖南省南津渡水力发电有限公司】 2017年，湖南省南津渡水力发电有限公司发电2.55亿千瓦时，售电2.47亿千瓦时，实现含税收入9749.9万元，实现税收1700万元。计划实现利润1490万元，实际实现利润780万元。归还到期借款本金800万元，支付利息736万元，还本付息1536万元。

年内，公司按照“安全第一、预防为主、综合治理”的方针，落实安全生产主体责任，完善风险管控和隐患排查治理双重预防体系。建立健全三级安全网络，分解落实安全生产责任，层层签订安全生产责任状。推行以公司领导为主体的带队安全督查、以安全监察部为主体的例行性安全督查、相关部门共同参加的专项安全督查，修订安全管理办法，辨识管控安全风险。以安全生产标准化和班组标准化建设为重点，以目标责任体系建立和量化考核办法为手段，重点加强各项制度的完善和落实。制定《2017 年防洪度汛方案》，组建抗洪抢险指挥中心和 6 个抗洪抢险分队。开展汛前安全大检查，召开防汛会商会，落实防汛物资。加强设备专责管理，加大隐患排查治理。强化设备管理基础性工作，实行设备运行、维护和检修专责制，将责任分配到个人，建立设备技术台账和缺陷管理台账。开展以“全面落实企业安全生产主体责任”为主题的第 16 个全国“安全生产月”活动，全年开展看电教片、知识竞赛、预案演练、知识讲座、消防演习等各类安全教育活动 30 余次，特殊工种持证率 100%，全员安全教育培训参与率 100%。

制定《2017 年重点工作安排一览表》，分 5 大类 40 项，明确具体工作内容、牵头领导、责任人、责任部门和完成时间，确立全年的主攻方向。出台全面预算管理相关制度，控制生产经营中各项资金活动，提高资金使用效率，全年可控成本比 2016 年减少 485 万元。12 月 14 日，完成工商营业执照更换，更名为“湖南省南津渡水力发电有限公司”。

（欧阳亚晖）

双牌水电站大坝风光

【湖南省双牌水力发电有限公司】 2017 年，双牌水力发电有限公司全体干部职工把握稳中求进工作总基调，坚持以经济建设为中心、以企业改革带动经济发展、以制度创新调动人才活力、以增强执行力提高办事效率，统筹做好保安全、提效益、优管理、强党建、创文明等工作，较好地完成各项工作任务，取得良好经营业绩。全年发电 5. 31 亿千瓦时，产值 1. 22 亿元，上缴水费、水资源费等 2346 万元，上缴税金 4611 万元。获评“全国优秀水利企业”，通过“全国文明单位”复审，被中共永州市委、永州市人民政府评为 2016 年度全市社会管理综合治理先进单位、安全生产工作先进单位、党建工作先进单位。8 月，在双牌县“欢乐潇湘自信双牌”群众文艺汇演中，选送的音乐情景剧《情定潇水河》获得二等奖。参加双牌县无纸化学法考法，完成“七五”普法考试，参学率、参考率和合格率均达到 100%，受到双牌县人民政府表彰。

贯彻落实安全生产方针，遵守规章制度，实施设备更新改造，不断提升安全管控水平。全年组织开展安全大检查 5 次，消除安全隐患 51 起；执行“两票三制”，双票合格率 99. 8%；建立安规考试题库，开展安规考试、知识竞赛、安全生产技能培训、学法考法等活动 9 次，定期开展失压事故应急演练、消防安全应急演练等应急预案演练；完成 3 台主变更换等设备更新改造工作。利用水情自动监测系统，科学调度水资源，全年水资源利用率为 66%，较 2016 年提高 16. 4 个百分点。实现“零事故”安全生产目标，水电站连续安全运行 3735 天。

组织制订公司章程，完成工商登记，全民所有制企业改制为有限公司，并完善法人治理结构。11 月 15 日，经湖南省国资委批准，公司由“湖南省双牌水电站”更名为“湖南省双牌水力发电有限公司”。制定系列改革方案，推行劳动用工与薪酬分配制度改革。19 个职能部门精简为 13 个，26 个班组精简为 16 个，在岗员工由 269 人精简为 216 人，中层管理人员由39人精简为30人。推进“三供一业”移交，完成“供水分离”移交；“供电分离”移交实现“一户一表、电表出户、抄表到户、用户缴费”。

新建和修改完善《差旅费管理办法》《公务接待管理办法》等规章制度32个，编制安全管理、运行值班、机组检修标准化手册。推行全员绩效考核，采取分层考核的方式，做到薪酬与绩效挂钩，合理拉开收入差距，提升工作效率和工作质量。完成道县基地28个台区的改造，移交电力部门管理，节约抵扣电量300万度，节约抵扣电费80万元。

（唐卓文）

装备制造产业

【概况】　装备制造业是永州市七大主导产业之一，形成汽车整车及零部件、新能源电动车、农业机械、金属加工机械、矿山机械、工程机械、食药加工机械、电机设备、发电及输配变电设备和智能装备等门类齐全、具有相当规模和一定水平的产业体系。汽车整车制造主要分布在永州经济技术开发区，以长丰猎豹汽车整车生产基地为龙头，配套企业发展迅速。技改扩能后，长丰猎豹汽车的年整车生产量达到15万台。永州市还引导恒远发电等一批优势制造企业“迈出去”，参与“一带一路”建设，汽车、机电、矿山机械、水电设备等产品通过海上丝绸之路销往越南、缅甸、老挝、泰国等东盟市场，出口量逐步提升。以湖南状元地质装备、湖南中地钻探装备、卓尔钻具等企业为重点的地质装备企业的生产水平提升较快。

2017年，全市有先进装备制造产业规模以上企业74家，实现总产值161.4亿元，增长22.6%，占全市规模工业总产值的11.5%。湖南科力尔电机有限公司年产销微电机3000万台，产品销往世界各地。8月17日，湖南科力尔电机股份有限公司在深圳证券交易所成功上市。全年湖南长丰猎豹洗车有限公司的CS10整车产能69433台，实现产值56.3亿元，增长14.2%，实缴税金4.6亿元。

【新能源汽车推广】　2017年，永州市推广应用新能源汽车252台，其中纯电动客车250台、混合动力客车2台，折算标台，实际完成推广任务3024台（252×12=3024），全年超额完成省下达800辆的推广任务。

【装备制造企业奖励与荣誉】　2017年，湖南鼎元机械有限公司的鼎元夹砖机列入湖南省“百项专利转化推进计划”；湖南宇晖重工机械有限公司的单传动液压辊压制砂机研制及产业化，湖南长丰汽车空调有限公司的猎豹CS10自动空调系统及冷却模组研发列入湖南省“百项重点新产品推进计划”；江华瑶族自治县同丰粮油食品有限责任公司获得湖南省智能制造示范企业认定。

（唐绍金）

轻纺制鞋

【概况】　2017年，永州的皮革、家具、塑料制品等重点子行业发展较快，占全市轻工行业的半数以上。耐克、阿迪达斯、彪马、匡威等国际知名品牌的生产基地陆续落户永州。轻纺制鞋业形成比较完整的产业体系，初步形成祁阳制鞋、蓝山毛纺制鞋、宁远服饰制鞋、道县轻纺制鞋、新田家纺等5个产业基地，涌现出祁阳凯盛鞋业、蓝山湘威制鞋、宁远华荣鞋业、道县建溢鞋业、祁阳东骏纺织等一批龙头骨干企业。全市新入园轻纺制鞋企业4家，祁阳新入园轻纺制鞋企业3家：祁阳龙浩纺织有限科技公司、祁阳义合新材料科技有限公司、祁阳天一塑胶鞋材制品有限公司。其中，祁阳义合新材料和天一塑胶鞋材制品有限公司分别是为东骏纺织和凯盛鞋业配套的企业。蓝山新入园企业1家：蓝山博士奴皮具有限公司。截至2017年年末，全市轻纺制鞋规模工业企业210家，实现产值250亿元，增长24.33%，占全部规模工业产值的17.84%。制鞋业形成从鞋底、鞋面、鞋材到整鞋生产制造、销售、研发等完整产业链，年产鞋量3000万双，年出口总额2.8亿美元，生产耐克、彪马等世界名牌运动鞋2000万双，增长10%。

（蒋芳）

生物医药业

【概况】　2017年，永州市医药行业主要以中药、化学药、医疗器械、生物制品、制药机械五大子行业为主。生物医药产业主要布局在冷水滩区、零陵区、双牌县等县区，初步形成以中成药生产和植物提取开发为主，以中药饮片加工和制药机械生产为辅的产业格局，拥有片剂、胶囊剂、丸剂、颗粒剂、酊剂、中药口服液、水针等现代化生产线，年生产能力为片剂50亿片、胶囊剂22亿粒、丸剂1200吨、颗粒剂6000吨、中药提取物生产能力1000吨、中药饮片加工能力1.3万吨。此外，永州市成为中国青蒿种植的最佳区域之一，由永州星辰生物科技生产的青蒿素年产量50吨以上，占全国总产量20%以上。年末，全市有生物医药规模工业企业31家，实现产值58.19亿元，增长11.19%。恒伟药业、时代阳光药业、希尔天然药业等中成药生产企业，千山药机等医疗器械生产企业具有较强的业内竞争实力。湖南恒康大药房股份有限公司（证券简称：恒康药房，证券代码：871992）于8月在“新三板”挂牌上市，恒康大药房股份有限公司在永州拥有直营店171家、加盟店130家，总计301家。

【优势产品】 2017年2月，时代阳光生产的“喉咽清颗粒（口服液）”入选2017年版国家医保目录；3月，时代阳光药业获得首届“永州市市长质量奖”荣誉牌；喉咽清口服液主要原料“土牛膝”被国家食药监总局药化注册司列为“12种特色民族药材检验方法的示范性研究”；5月，“儿童专用药小儿扶脾颗粒的升级研究”获得2017年永州市科技进步一等奖；时代阳光药业独家产品喉咽清口服液入选《中药大品种科技竞争力报告》（2017版）；“湖南省抗感染中药工程技术研究中心”通过湖南省科技厅组织的验收，成为省级工程中心。

（蒋芳）

新能源新材料产业

【概况】 2017年，永州市的风力发电初具规模，包括江华大路铺风电场、双牌风电场、江永黄甲岭风电场、大唐风力发电石岩头风电场、道县风电场等项目。生物质能利用有序推进，包括祁阳县的凯迪生物质发电等项目。太阳能利用明显加快，由湖南华威太阳能高科技有限公司与中国电力投资公司共同合作，总投资10亿元的永州华威零陵区接履桥100兆瓦光伏发电项目于8月并网发电，是湖南省最大的单体地面光伏电站。

全年，新增认定新材料企业3家，累计认定新材料企业23家，完成产值30亿元，增长2%。其中，上市企业1家，获得高新技术认定企业5家，建有企业技术中心3个，申请专利78项，获得专利授权16项。获批新材料企业项目4个，获得资金220万元。全市新材料产品涵盖工业和信息化部《新材料产业“十二五”重点产品目录》中的稀土材料、能源材料、新型无机非金属材料、信息材料、新型环保建筑材料、生物材料、汽车材料、新型化工材料等多个领域。部分领域掌握核心技术，如高性能稀土永磁黏结铷铁硼磁体制造技术达到国际领先水平，高性能显示功能材料制造技术国内领先，永州是湖南最大的显示功能材料研发和生产基地。硫酸钙晶须产品可替代进口产品，技术水平国内领先。新材料产业布局比较分散，集中度不高，龙头企业少。稀土材料主要集中在江华瑶族自治县、祁阳县、零陵区；汽车材料集中在冷水滩区、祁阳县；信息材料集中在冷水滩区、零陵区、道县，其他县区略有分布；能源材料主要集中在冷水滩区、零陵区；化工材料主要集中在双牌县。

截至2017年年末，全市新能源新材料产业完成规模工业总产值69.7亿元，减少2.67%，占全市规模工业总产值的4.97%。

（柏舟燕）

2017年6月30日，永州市经信委引进协鑫新能源普利桥光伏发电项目并网发电

电子信息产业

【概况】 2017年，永州市的电子信息产业布局主要集中在冷水滩区电子信息产业园、道县工业园以及江华经开区3个工业园区，主要包括三大电子信息产业链雏形：一是冷水滩区电子信息产业园以达福鑫集团为代表的平面显示产业链，包含ITO导电玻璃、LCD显示屏、触摸屏背光源等企业；二是道县工业园以晶石电子为代表的高端电子元器件生产产业链，包括晶辰电子等企业；三是以美星光电为代表的LED贴片、灯具产业链，包括炬辉光电、健特电子、创辉电子等一批LED照明及显示生产企业。全市电子信息制造业逐步向高端智能型终端产品转变，智能触摸显示屏、步进电机、LED照明、汽车电子、集成电路板、锂电池、智能空气净化器等产品在全省处于领先地位。其中，江华九恒条码生产的RFID电子条码标签占有全球70%的市场份额，湖南科力尔电机有限公司的步进电机在亚太地区处于领先地位。2017年，全市电子信息产业有规模企业96家，完成总产值173.7亿元，增长31.3%，占全市规模工业总产值12.4%。

【华为云计算中心项目】 2017年，华为云计算中心项目在永州总投资20亿元，一期机房总面积1万平方米，按照国际T3+高标准建设，可承载1000个标准服务器机柜。截至2017年年末，全市有14个部门和单位的15个信息化项目，部署在永州华为云上，累计使用计算资源1250核，存储资源500T。

【大数据产业园项目】 2017年，深圳奔凯安全技术股份有限公司落户永州，北京安天、软通动力、上海联影医疗科技有限公司、华唐教育集团、大连楼兰、亿阳信通股份有限公司、珠海鼎义互联科技股份有限公司、广东铂亚信息技术有限公司、南京索酷信息科技股份有限公司、必爱旅行网等10余家以云计算大数据为基础的科技互联网公司，洽谈落户永州。永州经济技术开发区与“中国网络安全企业前10强”北京安天集团签订湖南区域总服务商授权协议，共同打造“湖南省网络安全产业基地”和“湖南省网络安全人才实训基地”。

（杨飞）

软件和信息服务业

【概况】 2017年，永州市软件和信息服务业发展态势良好，电商支撑体系初步形成。全市移动互联网产业以发展电子商务和大数据产业为主，其中平台企业16家，电子商务交易额142亿元，网络零售交易额36亿元，增幅分别为101%、105%。

年内，市经济和信息化委员会帮助永州亿科互联信息网络有限公司、永州市今日农产电商有限公司两家企业申报湖南省移动互联网产业发展专项资金60万元，组织湖南世杰信息技术有限公司参与申报并获评湖南省移动互联网产业重点企业。在省市项目资金和政策的扶持下涌现出湖南世杰信息技术有限公司、永州杰夫电子商务有限公司、永州高格商务有限公司、永州亿科互联信息网络有限公司、永州市今日农产电商有限公司等一批优秀的电商服务平台企业。恒惠、果秀等食品加工企业也在尝试移动互联网销售，并取得较好的收益。

（杨飞）

信息化基础建设

【概况】 2017年，永州市基本实现城乡4G信号全覆盖，城区基本实现宽带光纤化，城乡光纤带宽达到20兆~100兆以上。年末，全市行政村宽带通达率85.61%，4G覆盖率99.83%。

【“电信普遍服务试点项目”】 2016年8月，“电信普遍服务试点项目”项目启动，2017年8月结束，全市完成冷水滩区、双牌县、新田县、蓝山县4县区593个行政村的宽带覆盖任务，完成数量和质量在全省名列前茅。2017年，永州市按照省通信管理局相关文件要求，组织三大通信公司完成第三批电信普遍服务试点城市的申报工作，上报《2017年电信普遍服务试点永州市实施方案》。申请建设零陵区、道县、东安县、祁阳县、宁远县等5县区278个普遍服务宽带建设行政村，项目由联通公司中标，总投资2942.4万元，其中国家补助资金588.48万元。

（杨飞）

工业园（开发区）

【概况】 2017年，永州市有工业园区12个（永州经济技术开发区和11个县区工业园区），其中省级工业园区7个、省级工业集中区4个、市级园区1个。全市工业园区的协调管理服务部门为市经信委，具体负责园区建设、发展指导、协调服务及年度考核等工作。是年，全市工业园区规划面积196.59平方千米，已开发面积115.35平方千米，规模工业企业937家，建成标准厂房面积1321万平方米，园区规模工业总产值占全市规模工业总产值的92%，园区主导产业占比52%。全市工业园区规模工业总产值完成1411.01亿元，增长18.9%，实现规模工业增加值380.46亿元，增长8%；道县集中区、蓝山经济开发区、东安经济开发区、零陵工业园区规模工业总产值突破100亿元，全市百亿园区增加至9个，祁阳经济开发区规模工业总产值首次突破200亿元；全市工业园区实缴税金19.37亿元，增长20%。各园区突出“项目为王”理念，加大协调服务力度，一批项目先后竣工投产。全年全市园区新增入园5000万元以上的工业项目100个，新增竣工投产5000万元以上工业项目65个，其中东安红狮水泥、江华华讯电子、江永安登利电子、宁远汇盛鞋业、中信重工特种机器人、新田吉艺家具、祁阳鑫利生物、零陵精信源五金制品等项目竣工投产；新增入统规模工业企业159家。

年内，全市工业园区初步形成以先进装备制造、电子信息、新材料新能源、农产品加工、矿产品精深加工、生物医药、轻纺制鞋等为主体的七大支柱产业体系。园区集聚效应初步显现，新上工业项目95%以上落户园区。各工业园区基本上形成2~3个主导性产业。其中，永州经济技术开发区主要发展先进装备制造、生物医药和大数据产业，冷水滩高科技工业园主要发展电子信息、生物医药产业和现代物流产业，零陵工业园区主要发展矿产品精深加工和生物医药产业，祁阳经济开发区主要发展农副产品加工、新型建材和轻纺制鞋产业，江华高新技术产业开发区主要发展新型建材、新型能源和稀土新材料产业，道县工业集中区主要发展电子信息和轻纺制鞋产业，宁远工业园区主要发展有色金属加工、新型建材和轻纺制鞋产业，东安经济开发区主要发展光伏产业和矿产品精深加工，蓝山经济开发区主要发展轻纺制鞋、石材加工业，新田工业集中区主要发展家私制造和机械制造产业，江永工业集中区主要发展农产品加工产业，双牌工业集中区主要发展农林产品加工业。

【湖南冷水滩高科技工业园】 冷水滩高科技工业园位于永州市中心城区的北部，是全市“一区三园”重要组成部分，也是永州市工业建设的重要平台和建设国家级承接产业转移示范区的主阵地。园区以打造国家级承接产业转移示范区为总揽，以建设国家级经济开发区为目标，按照“工业新城、绿色新区、产城融合”功能定位，突出产业集群、项目集聚、用地集约、资源集中的规划设计理念，加快培育经济发展带动区、城市综合功能区、对外开放先导区、现代产业集聚区、开放崛起示范区五大功能，加快打造湘江西路风光带、水汲江生物康养小镇和休闲走廊、唐家岭森林公园三大核心景观，建成园区景区化、管理智能化、招商专业化、产业集群化、服务精细化、创建品牌化的现代化工业园区。

园区总规划面积46平方千米，东到湘江、南到永州大桥、西到省道217线、北到马坪物流园。境内构筑起高速公路、高铁、水路、航空四位一体的快出快进立体交通网络。湘桂铁路、洛湛铁路、衡昆高速、二广高速、国道322线、207线及省道217线贯穿全境。永州民航机场开通直达深圳、昆明、上海、海口、厦门等航线。境内湘江北可抵长江，南下经灵渠可达珠江水系。园区距长沙黄花机场340千米，距桂林国际机场200千米。

树立产业意识，坚持项目为王，根据《冷水滩区2017年招商引资工作方案》《冷水滩区加快发展开放型经济鼓励投资的若干规定》，成立专业化招商队伍，常驻长三角、珠三角，做到精准招商、因地招商、以商招商，进一步明确园区产业招商重点，对落户项目按照区里有关政策，在供地、财政、金融、用工、配套服务方面给予最大优惠和支持。园区始终坚持项目向园区集中、产业向园区集聚、资源向园区集约，按照“产业政策、投资强度、财税贡献、建设周期、成长性能”等五大要件，有针对性地引进一批产业链条长、关联度高、科技含量高、附加值大的重大战略项目，先后引进达福鑫电子、新辉开电子、弘电电子、恒伟生物医药产业园、钰丹药业、希尔药业、潇湘源玻璃钢、万马轮毂、融鑫物流、邦联医药物流、永州金属物流园、中高压电线电缆、湖南熙可、湖南恒惠等重大项目89个，电子信息、生物医药、先进制造、农产品精深加工和现代物流五大主导产业格局基本形成。按照园区景区化和产城融合的要求，园区聘请上海建工按高标准规划设计生物康养小镇，依托园区水汲江生态走廊和生物医药产业，打造新型康养小镇，同时加快打造湘江西路风光带、水汲江休闲走廊、唐家岭森林公园三大核心景观。

2017年，园区完成规模工业总产值156亿元，实现园区规模工业增加值39.62亿元，新入统企业11家，新增入园企业35个，其中投资5000万元以上的项目13个，新增竣工投产5000万元以上项目10个，工业园区主导产业占比85.2%，新建成厂房面积13.8万平方米，基础设施投入15.35亿元，上市企业2家。整合成立高科建融资平台公司，全年谋划包装项目融资200亿元，对接授信额度100亿元，融资到位近50亿元。

【湖南零陵工业园区】 湖南零陵工业园区成立于1997年，2006年经国家发改委批准为省级工业园区。园区采用“一园两区”管理模式，下辖河西工业区和珠山锰产业专业园区，有规划面积33.08平方千米，总建设面积10平方千米，累计完成投资52.1亿元，入驻规模以上工业企业72家。园区形成生物制药、新能源新材料、农副产品加工、电子信息等支柱产业，先后被评为“湖南最具投资潜力园区”“湖南省推进新型工业化示范基地”“湖南省经济技术开发区先进单位”“永州市推进新型工业化先进园区”。

2017年，园区以“双百亿园区”建设和“四个翻番”为目标，以“招商填空、建厂达效、优化服务、完善配套”为导向，围绕园区升级战役工作，在园区经济总量、招商形势、设施建设、企业服务及要素保障各方面均取得新的突破。3月1日，园区《河西工业园片区狂执行详细规划》获得市政府批复，批复面积3.32平方千米。5月13日，河西工业新区标志性建筑——创新创业服务中心启动建设，该项目占地1.18公顷，总投资1.08亿元，总建筑面积27775.36平方米，高16层（其中：主楼建筑面积约22004.05平方米，地下停车场面积约5771.31平方米），配套建设1万平方米的市民中心广场。7月21日，零陵工业园区“助保贷”管理中心挂牌，同时下发《关于零陵区小微工业企业助保贷金贷款管理办法（试行）》《零陵区小微工业企业“助保贷”业务风险补偿暂行办法》，该融资平台与建行合作建立，首期“助保金池”计划筹措资金1000万元，可发放贷款1亿元~1.5亿元，并根据后期规模增加贷款额度。9月24日，零陵区在上海召开招商启动会，零陵区就产业规划、重点招商配合、协调以及推进高精尖项目落户园区等进行沟通交流。12月27日，园区与深圳市时代伯乐创业投资管理有限公司签订深圳时代伯乐能源产业园项目协议，采用“产业+基金+平台”新型招商模式，共同打造产业园区和运作招商项目。由时代伯乐与零陵区共同发起设立20亿元永州零陵时代伯乐新兴产业聚集基金，旨在通过资本并购，在新能源、大健康等领域布局，实现“产业跨越、科技引领、人才集聚”战略，共同打造园中园。

是年，园区完成规模工业生产总值65.3亿元，增长21.7%；规模工业增加值12.78亿元，增长8.5%；实缴税金总量1.18亿元，增长45%；新增入园5000万元以上工业项目13个，新完成5000万元以上工业项目竣工投产10个。进出口额4.02亿元，增长20%。

【湖南祁阳经济开发区】 2017年，祁阳经济开发区坚持产业主导，加快全面发展，实施园区升级战役，加快创建“创新、开放、品质、活力”新园区，取得较好成效。制订《祁阳县“园区升级战役”三年（2017—2019年）行动计划》《祁阳县“园区升级战役”工作方案》《祁阳县“园区升级战役”考核实施办法》等文件，制定“建设国家级科技企业孵化器，争创国家级新型工业化产业示范基地、湖南省十强开放型特色园区”的任务目标。

坚持“工业新城，城市新区”发展定位，加快产城融合步伐，把经开区新区与国家级浯溪风景名胜区、百里湘江画廊、祁阳大道、唐家岭汽车站等项目进行对接，加速推进产城融合，二、三产业协同发展；以“园区、城区、景区”三区融合的发展理念开展调区扩区，统筹“一区两园”，调区扩区面积9.56平方千米；完成基础设施投资15亿元。以“七个一”工程为重点，先后开展新埠头自来水厂、污水处理工程、道路提质改造工程、“六纵四横”路网、标准厂房、党群服务中心、物流园、城市综合体等重点基础设施和功能配套项目建设，其中新建标准厂房15万平方米，公租房1070套。

坚持“项目为王”理念，实施“项目带动”战略，以项目强产业，以产业促发展。引进深圳传佳音、海创固体废弃物综合利用等5000万元以上项目9个，租赁厂房项目4个，签约资金26亿元。引入沃客智能终端、大联纺织、聚达电子、洪伟祥电子、新恒辉科技等项目7个。国铝五金、可美织带、尼森藤业、雄利电气等19个项目入驻科创产业园的标准厂房正在建设。全年开工项目21个，完成项目固定资产投资13.4亿元，新增竣工5000万元以上产业项目6个，其中深圳传佳音从签约到投产仅6个月时间。新增规模企业12家，园区规模企业累计达到104家。科力尔电机成功上市，皓志新材料、丰达机电等6家企业进入湖南省重点上市企业后备库，东骏纺织扩能改造后产值突破10亿元，全区产值过10亿元企业达到3家。推进园区建设运营向“社会建园，企业招商”转型。与金荣集团首期合作项目祁阳科创电商孵化器，于9月下旬开园运营，入驻电商企业40余家。

推动“政、银、企”三方对接，对接项目66个，授信总额53亿元，到位信贷资金30亿元，设立1亿元规模的产业发展基金，用于推动创新创业、产业升级和小微企业发展；完成10个工业类项目批地73.33公顷，征地133.33公顷，并全面清理闲置土地和空头入园协议，调整入园企业用地规模。采取乡镇招工定额考核、举办大型招聘会、免费技能培训、推进“校企合作”和强化员工社会保障、配套园区廉租房、开通公交专线，搭建用工平台。通过财政给予补贴等措施，加快企业招工稳工力度，园区有员工3万余人，全年新招工5000余人。继续实行“分片联系村组，包干联系项目”的“双联”工作机制，开展“工业企业服务年”活动，对重点企业、重点项目开展一对一服务，落实“问题清单、责任清单，销号清单”。全年帮助解决涉企用电、用工、审批、基地、上市、技改等具体问题130余个。

全年实现技工贸总收入280亿元，增长21.6%；规模工业产值226.5亿元，增长17.46%；规模工业增加值58.2亿元，增长9%；完成税收3.8亿元，增长19.76%，园区产业聚集度达到99%，成为全市规模工业总产值率先突破200亿的产业园区；被评为“湖南省开放型经济先进园区”，成功创建国家级新型工业产业示范基地。

【湖南东安经济开发区】 2017年，东安经济开发区下辖两个工业园（白牙市工业园、芦洪市工业园），入驻规模企业67家，形成以林安雅、歌诺雅、舜皇峰等为代表的竹木制造产业，以瑞麟、菲斯特、宏能为代表的电子信息产业，以毅荃、凯翔、凯信为代表的针纺产业和以红狮水泥、神华火电、湘江焊材、中民筑友为代表的能源建材产业等经济发展门类。

全年完成基础设施投入资金10.3亿元，新建成标准厂房12.89万平方米，完成土地储备90公顷，启动园区升级战役一期综合工程，完成2平方千米范围内所有路网的白改黑、绿化、亮化、美化和自来水、电力、通信地下管网改造工程，并建成创新创业服务大楼。官田北路延伸、金源路延伸、创业路等工程同时开工建设。

立足品牌服务和特色服务，对投资项目有关手续实行代办制，从项目立项、审批、建设、招工、生产等方面进行全程跟踪服务。建立和完善首问责任制、限时办结制、专人服务企业制，完善“并联审批”工作机制，落实和助推“一次性盖章会”，快速便捷为企业办理各项手续。在园区设立劳动就业服务中心，为企业提供政策法规、就业招工、劳动培训等相关服务，解决企业招工难问题。

是年，东安经济开发区成功打造“百亿园区”，完成规模工业生产总值116.04亿元，增长46.3%；完成税收10790万元，增长36.9%。完成工业增加值27.84亿元，增长9%；园区工业集中度87%；主导产业占比54.3%；完成进出口额3.32亿元，增长35%；高新技术企业占比70.15%；园区新增入统规模工业企业8家；招商引资新入园项目12个；建成产值过10亿元项目1个（红狮水泥）；产值过5亿元项目1个（中民筑友）。

【湖南双牌工业集中区】 双牌工业集中区管委会地处双牌县城北新区，洛湛铁路、国道207线纵贯全境，东出二广高速，北上永州机场均半小时车程。园区按“工业新城、城市新区、产城融合”功能定位，规划总面积12平方千米（其中一期6平方千米），按一区五园格局，分为核心工业园、商贸物流园、竹木产业科技园、特色农产品加工园、化工产业园。2009年9月开工以来，累计投入资金近4亿元，储备土地266.67公顷，“四纵五横”路网初成框架，110千伏变电站、10万吨污水处理厂投入运营，供电、供水、排水、通信、广播电视等基础配套设施覆盖全区。综合大市场完成主体工程，安置区、棚户区、公租房建住房2100余套；县中心医院投入使用，开通园区往返县城的公交车，新引进的湘一·阳明学校招生办学，同步推进绿化亮化工程和银行、超市、酒店等配套设施建设，进一步优化宜居宜业环境。县委、县政府创新集中区管理体制，赋予集中区县域经济管理职能，对集中区管理体制进行重大调整，实行封闭式管理，并出台《双牌工业集中区封闭式运行管理暂行办法》《双牌工业园项目入园管理暂行办法》《关于推行园区服务大优化几项制度的通知》以及修编《双牌县鼓励投资兴业若干意见》等一系列管理办法和入园优惠政策。

工业集中区初步形成农林产品深加工、生物医药、机械制造、化工四大主导产业，截至2017年年末，有入统工业企业33家，园区技工贸总收入完成50.5亿元，增长27.6%；规模工业总产值完成40.34亿元，规模工业增加值完成18.72亿元，分别增长25.9%和21.1%；规模工业企业实缴税金完成12024万元，增幅为29.68%；新增入统规模企业8家，新增竣工投产工业项目6家；园区工业项目投资强度达220万元/亩，园区工业集中度75%，园区主导产业集聚度86.8%；园区有高新企业2家，新建成标准厂房面积10.5万平方米；新增土地储备面积86.87公顷；基础设施投入完成3.16亿元。

实施“基础设施建设年”活动，投入建设资金3.16亿元用于园区基础设施建设。其中：路网建设完成投资2.04亿元，拉通城北大道、平安路、站前路、济世路、铁东二路等路网主干道；投资260万元完成城北安置区和“135”工程的供电建设；投资420余万元，完成“135”项目、火车站广场和城北安置区供水管网的铺设；投资1232万元完成园区污水管网和下游排洪沟的建设；投入9600万元加快推进火车站广场建设。新开工建设保障性住房近500套，为“135”创新创业园提供员工宿舍配套240套；投资1.4亿元的永州阳明学校建成，于9月1日招生开学；新增银行网点1处；新增商业网点15处；农村淘宝县级中心站落户园区；调整公交车运营时长和车次；园区污水管网与县污水处理厂实现无缝对接，园区污水处理厂完成可研和选址，正在立项和筹集资金；制作垃圾集装箱8个，并委托县环卫所负责及时清运，确保生活垃圾统一送至县垃圾处理厂进行无害化处理。

抓新项目引进，采取以商招商和以乡招商的方式，通过以“135”标准厂房为平台，设立广东省双牌商会，创新思路抓招商，2017年新引进华长源实业、广州腾威科技等项目14个，新开工建设项目10个，新建成投产的项目有6个。对在建的乐福地、塑料机械等重大项目实行一个项目安排一名领导联系，及时帮助项目解决建设资金不足、阻工扰工等问题。乐福地包材项目厂房建设基本完成，正在制作安装设备；仕诚塑料机械制造项目厂房建设完成，正在进行生产配套建设；华长源波形护栏完成一期厂房建设。园区企业生产正常，华长源波形护栏、键特科技、南岭民爆等企业还不断扩大生产规模，增加产值。

“135”创新创业产业园工程是省委、省政府为贯彻中央“大众创业、万众创新”战略而部署的一项具体工程。在2015年、2016年两年内完成建设标准厂房21万平方米，新引进30家以上创新创业企业。项目计划总投资3亿元，规划两处占地面积20公顷，分两期建设，一期工程于2015年5月开工建设，完成标准厂房建设任务11万平方米，引进小微企业19家。二期工程在2016年建设，完成标准厂房10.5万平方米（其中：园区自建5.5万平方米、机械制造产业园建设5万平方米），引进小微企业14家。

【湖南道县工业集中区】 湖南道县工业集中区是道县承接沿海产业转移、对接东盟和推进新型工业化的主战场，是商务部授牌承接加工贸易产业转移的重点试验区，国家发改委批准的湘南国家级承接产业转移示范区，湖南省首批工业集中区、“两化融合”试验区、新能源示范产业园区、循环经济示范产业园区、中小企业信用体系建设示范园区、新型工业化产业示范基地、湖南省培育发展战略新兴产业·电子新兴产业特色园区、省创新创业带动就业示范基地。截至2017年年末，道县工业集中区累计完成固定资产投资75.7亿元，其中基础设施建设资金40.2亿元。建成面积8.2平方千米，形成10平方千米开发规模，园区道路、供水、通信、供电等基础设施日趋完善。

园区内湖南省农副产品集中验放场暨永州公路口岸封关运行，奔腾创新创业园、永旺创新创业园、宏发创新创业园等三大创新创业园建成投入使用，累计建成标准厂房48万平方米，其中政府建设23万平方米（一层标准厂房2万平方米，高层标准厂房21万平方米），使用率95%；企业自建25万平方米。园区功能配套日趋完善，形成“九纵七横”路网格局，建成干道4条9.7千米，正在建设道路8条11.4千米。园区开发建设道州碧桂园、西班牙花园、东方丽都、兴业绿洲、锦绣乾坤等商居高端小区，建成商住房1735套；建成廉租房1684套、公租房5014套；学校、餐饮、购物、网吧等生活休闲设施完备，园区宜业宜居度稳步提升。引进落户规模以上企业94家，初步形成电子信息、轻纺制鞋、先进制造、生物科技等四大支柱产业。

2017年，园区完成规模工业总产值103.58亿元，增长17%；完成规模工业增加值18亿元，增长8%；新增入统规模工业企业12家，园区工业集中度97.23%，园区主导产业占比89%，规模以上工业企业开工率100%，高新技术企业户数占园区规模工业企业户数65%，进出口额5000万美元，进出口增长率35%；园区工业实缴税金2.6亿元，增长20%，新增入园5000万元以上工业项目12个，新增5000万元以上工业项目竣工投产数9个，重大签约项目履约率100%，引进大企业1家。新增标准厂房15.14万平方米；新增土地储备106.67公顷。

出台《入园企业办证流程图》，明确办证项目、职能部门职责、办证所需的一次性告知清单、法定完成时限等内容；坚持推行“一站式”服务，开设全程代办窗口，明确专人为园区企业办证服务。开展园区建筑施工环境整治行动，制止“三强”“三非”等行为，全年园区化解处理矛盾纠纷40起，打击处理10余人。依托县乡村三级招工服务平台，落实帮扶企业招工的23条措施，全年为园区主要企业新增员工2000余人。

【湖南江永工业园区】 湖南江永工业集中区实际建设按“一园三区”模式，近期规划面积4.5平方千米，远期规划面积10平方千米，远景规划面积20平方千米。截至2017年年末，开发面积1.68平方千米。

按园区景区化理念，确定农副食品加工业为主导产业，有色金属冶、新材料、新能源、电子信息等其他产业，均根据不同产业进行规划分区。信息平台建设专用光缆正在架设中。园区电话专线和园区宽带网络开通，园区办公实现联网。园区规模工业企业信息录入永州工业云。

全年确定升级重点项目10个，除污水处理厂项目完成选址、PPP融资、正在准备挂网外，其他项目均全面开工。全年新增入园5000万元以上工业项目数6个，增长20%；新增5000万元以上的工业项目竣工投产数4个，增长33.33%。新明鞋都产业园项目（一期）签订厂房租赁合同，第一条生产线正常生产，完成投资1600万元。永州安登利电子项目的第一、二、三、四、五条生产线均已投产，基础设施配套工程完成并竣工验收，招收工人426人，完成投资2800万元。湖湘商贸电商产业园基本建成，完成投资3600万元，正在组织项目整体验收。

年末，园区有企业41家。其中规模以上工业企业33家，规下企业及其他8家；投产企业34家，在建企业7家；新增入统规模企业5个。实现技工贸总收入50.15亿元，增长10.18%；完成规模工业总产值40.55亿元，增长20.97%；实现规模工业增加值10.99亿元，增长18.37%；实缴工业企业税收0.38亿元，增长29.65%，较2016年提高8.23%；进出口额2676万美元，增长197.33%。

【湖南江华高新技术产业开发区】 江华高新技术产业开发区（以下简称“高新区”）是2006年5月经省人民政府批准、国家发改委核准的省级开发区，是经省人民政府批准转型为全市唯一的省级高新区。高新区规划面积38平方千米，开发面积11平方千米，新增土地储备91.67公顷。2017年，江华高新技术产业开发区在全省省级以上园区最新综合评价中排第11位，继续保持在全省产业园区第一方阵。年初，园区在市委经济工作会议上作典型发言；年末，项目建设的“江华经验”受到省、市的关注和推广。

全年签约引进邦特尔智能设备、明意湖科技、贵德科技集团、盛华达电池科技、顺林模型、力王高科等21个项目，完成全年任务的175%，合同引资38.7亿元，其中的贵德科技集团、盛华达电池科技2家为年产值过10亿元的集团企业。与东莞证券公司举办首届“赢在江华”企业家高峰论坛，40多名企业家参与。永州市在谈的20多家“新三板”挂牌企业，有6家落户江华。完善联席会议制度，成立经济发展局（就业促进局），实施“企业服务百日会战”。多次召开园区企业座谈会，全年收集整理各类意见建议80多条，设立全市首个县级海关工作站，培育日日兴生物科技、鸿福华发园、展承创益文化用品、卓业电子、九恒数码科技等外贸企业16家，出口总额超过2亿美元。

组织园区企业打包申报认定高新技术企业，九恒新能源、恒津包装、晟瑞电子、华讯电子、六月香果业等6家企业获得认定，国家高新技术企业数量增至9家。实施挂图作战，促进邦特尔智能、金洱电子、绿宝石新能源、威斯特机电、展承创益、湘缘服饰等十大产业项目建成投产。九恒集团、海螺塑编新增产能5亿元以上，同丰粮油项目通过技术改造实现产能翻番。新培育威斯特机电、绿宝石科技、湘缘服饰、深燃、汇豪纸品、鼎裕包装等16家企业入统规模企业，全年投入13亿元打造滨江大道、城北大道和瑶都大道等样板路，城市新环线初步构建。

通过园区6家融资平台，完成融资申报9.2亿元，到位资金6.5亿元，采取企业现场招聘会、产业扶贫、平面广告等方式促进就业，协助企业招录员工3100多人。

园区企业服务中心建成投用，率先实现办公区域无线WiFi、高清监控全覆盖。全年开展安全生产大检查96次，发现安全隐患234处，全部整改到位，组织安全员培训5次，开展安全生产知识宣传教育活动3次，推进安全生产示范园区创建工作，实现安全生产“零事故”。处置各类报警求助98起，行政拘留24人，刑事拘留6人，破案6起，为园区企业及群众挽回经济损失5万元。

全年实现技工贸总收入149亿元，增长20%；实现规模工业总产值131亿元，增长24%；实缴税金3.5亿元，增长21%；园区出口总额2亿美元，增长67%；新增标准厂房15万平方米，增长22%；高新技术产值占总产值比重超过50%，提前完成市级下达的目标任务，排全市园区第一位。

【湖南宁远工业园区】 2017年，湖南宁远工业园区围绕“一流园区、美丽新城”目标，践行“产业高点定位、项目提质提速、发展抓主抓重”工作要求，园区经济发展步伐稳步向前。台湾工业区、循环经济区、食品生物医药区实现二区合一，统一归园区管委会管理，简政放权取得实质性进展，推行并联审批和全程代理等服务方式，基本实现“办事不出区”的目标。

与深圳无界投资控股集团公司签订合作协议，打造光电智能制造、新能源及新材料两个新型产业园区。与裕宁电子、海粤达等13家高新型企业签订入园协议，总投资70亿元。全年铺排重点项目32个，其中列入全市考核的16个，总投资115.75亿元，年度投资23.5亿元。1月—12月，所有项目全部开复工，开复工率100%，完成投资21.8亿元。新增竣工投产5000万元以上工业项目8个。基础配套设施投入30亿元，主要改善园区的用电、用水、道路和新建标准厂房等。园区内日产3万吨的城北水厂开工建设，自来水管网、雨水管网全部接通，污水处理厂及配套管网工程完成80%；西部工业新城的高压电杆搬迁全部完成；舜阳大道、舜华大道2条样板路全线通车。完成标准厂房建设50万平方米。

全年完成规模工业总产值117.7亿元，增长15.96%；实缴税金1.54亿元，增长31.6%；规模工业增加值31.3亿元，增长28.9%；工业集中度达到91.5%。

【湖南新田工业集中区】 新田工业集中区创建于1992年，2008年被纳入全国中西部地区加工贸易梯度转移重点承接地、湖南省“蓝宁道新”加工贸易走廊。2012年经湖南省人民政府批准设立为省级工业集中区。2016年12月，明确为市委、市政府派出机构，机构职别为副处级。园区规划建设面积8.8平方千米，规划范围内完成“五通一平”，三横四纵的道路网络形成；水、电、气、通信等专供管网全部建成；高标准物流园修建完毕；绿化、美化、亮化工程完成。2017年，园区有入驻企业130多家，其中规模以上企业48家，初步形成林工、硒锶、机械制造、新材料新能源四大支柱产业格局。

组建工业组专业招商组，由县委书记、县长带队，赴成都、广州、深圳等地招商。制定并公示服务企业承诺书，推行并联审批和全程代办制，为企业提供一条龙、一站式服务。年内接待外地客商20批次、130余人。全年签约引进项目12个，协议引资额11亿元，全年引进企业7家（其中4家企业投入生产）。

将园区总规纳入县城总体规划范围一起编制，园区规划面积由5.08平方千米调整为8.8平方千米。委托省建筑科学研究院编制控制性详细规划，加快发展购物、餐饮、健身、休闲、娱乐等生活性服务业，完善学校、医院、公园等公益性设施，不断提升园区基础设施配套水平和综合承载能力。

2017年，园区完成基础设施建设投资6亿元，实施重大项目36个，全年建成一条样板路；新建一个休闲商务区（党群服务中心）；建设一所学校（德恒实验学校）、一家医院（工业南园便民医院），开通一条公交线路（4路公交），满足园区内就学、就医、出行需求。扶持林工企业，带动贫困户脱贫。吉星家居通过种植苦楝木0.2万公顷，辐射带动近2000户贫困户脱贫。新田林产工业提供就业岗位万余个，直接带动3000余户脱贫，辐射带动9000余户贫困农民增收。

设立5000万元的产业发展基金，鼓励企业做大做强。推行限时办结和受理监督卡制度，企业入园可走“绿色通道”，“一站式”办理；建立县级领导联系企业制度，对48家重点骨干企业进行“一对一”帮助扶持；把园区的林工产品纳入政府采购目录，优先采购。吉星家居的产品远销欧美，并签订总投资10.2亿元的协议生产规模。德力重工生产的小型挖掘机远销东南亚，签订订单3000万美元。

【湖南蓝山经济开发区】 湖南蓝山经济开发区成立于1992年7月，1994年经湖南省人民政府批准为省级经济开发区。2017年，园区新规划面积30平方千米。园区交通十分便利，三条省道交汇其中，永连（永州—连州）二级公路、二广高速（二连浩特—广州）、厦蓉高速（厦门—成都）贯通蓝山全境，南下广州290千米（3小时车程），大进大出、快进快出的交通格局初步形成。园区创业大道全线完工，并通过竣工验收，德政南路完成道路路基土方工程，雨污水管道、自来水管道、电力杆线、水泥稳定碎石底基层施工全部完工；启动龙泉路、承丰大道、德政北路、科技北路、金石路（原承丰北路）、学府路等路网建设，初步形成“四纵四横”路网格局。园区由3.8平方千米扩展到6平方千米。

园区有企业267家，其中工业企业109家，外贸进出口型企业16家，企业从业人员3.87万人，其中工业企业从业人员3.11万人，形成针织、服装制鞋、皮具、玩具、机械制造与电子产品等主导产业。全年，园区实现技工贸总收入131.3亿元，增长23.3%；完成规模工业总产值113.68亿元，增长25.4%；完成规模工业增加值27.08亿元，增长9.47%；规模工业实缴税金完成1.09亿元，增长21.12%；建成标准厂房6.3万平方米；新入园企业27家，新增入统规模工业企业9家，新增工业项目开工数10个，新增工业项目竣工投产数7个；园区规模工业增加值占全县规模工业增加值的87.1%；新增土地储备面积103.33公顷。

推进园区景区化建设，成立创建园林建设工作领导小组，对必达电子、炽佳服饰、迈斯特公司、三峰茶业和湘威公司等一些重点企业的绿化工作进行任务分解，“见缝插绿、全面覆盖”，加快建设进度，绿化工作在5月份基本完成；加快建设道路亮化工程，在创业大道、东方大道（工业园段）、归雁路等道路安装路灯255盏，并对损坏的路灯进行修复；加大对园区主次干道绿化投入力度，与广东中绿园林集团有限公司签订苗木采购及种植合同，合同总金额148.85万元；进行园林绿化提质，补植损坏的树木，清理绿化带内杂物；建立健全生活垃圾收集、运输、处置集中处理机制，开发区垃圾中转站投入使用。

截至2017年年末，园区赋权有关的10个制度和文件全部行文出台；利用园区融资机构融资，加快园区修路、设施配套、报批土地等工作进度，通过园区基础设施建设业主管理费、融资工作经费、企业新增税收提成等保障园区经费来源。全年县经建投公司完成融资1亿元。

推进园区专业化招商，成立蓝山经济开发区招商引资管理服务中心，入园项目（企业）审核、审批，商检、海关、工商管理等实施“一条龙”全程代办服务，重新修订完善招商引资优惠政策，广东浩信控股集团、广东天下永商投资集团、风河集团等企业到蓝山考察洽谈合作事宜，香港新井集团到蓝山投资落户；全年安排招商引资专项经费1000万元，4月，在广东省中山市举行蓝山（中山）招商推介会，对外包装发布重点招商项目11个，120余家企业参加，合同引资40.73亿元，是被省级新闻媒体重点宣传报道的县级招商推介会，龙昌数码科技有限公司机器人制造项目、广州铭鹰皮具项目、舜蓝茶油、深圳市三湘源共享电源主机制造项目等工业产业项目到蓝山落户，总投资超13亿元。全年实际利用外资8700万美元，增长30%，超出200万美元，完成全年目标任务，继续领跑全市；利用“港洽周”活动签约蓝山浆洞生态旅游度假区项目、星月智能玩具二期、蓝山绿田园竹文化产业园项目、蓝山智佳乐儿童城项目等项目4个，总投资12亿元，项目全部开工建设。

提升园区产业集聚化，打造以承阳毛织、德晟纺织和新炽佳为龙头的纺织服装服饰产业园，以高信电子、必达电子为龙头的电气机械与器材制造产业园，以湘威、湘江源皮具为龙头的皮革毛皮羽毛及其制品和制鞋产业园，以舜蓝油茶加工为龙头的农副产品加工产业园和以气调保鲜冷链物流项目为龙头的仓储物流园，标准厂房（一期）7幢全部出租，引进集开发、生产、销售于一体的大型ODM&OBM玩具公司——永州星月投资科技有限公司并投产，用工3000余人，年产值逾5亿元。

开展园区品牌创建，永州高信电子科技有限公司获ISO 9001：2008质量管理体系认证和ISO 14001：2004环境管理体系认证，获背光模组、成像系统、带有触摸屏的液晶显示装置、显示系统、液晶显示器等6项国家专利；三峰茶业有限公司获国家级有机食品认证和质量体系认证，获部级金奖4个，并获省级龙头企业、著名商标称号。加快重点项目建设，德晟纺织服装工业园项目新建的2展示厅，完成总面积幢1.68万平方米；蓝山县鑫旺竹业项目的厂房、办公用房、仓库及员工宿舍楼等配套基础设施建设全面完工，并投入生产，用工80人；舜蓝茶油科技有限公司完成油茶造林180公顷，完成油茶林抚育73.33公顷，新租林地153.33公顷。

交通运输业

综　　述

2017年，永州市秉承“坚持稳中求进，加快发展，通过抓项目、强管理、促改革、优服务、惠民生，进一步强化作风建设，提升执行力，加快推进‘六个交通’建设，为全市经济社会发展提供有力交通保障”的基本思想指导交通运输工作，全市交通基础设施建设实现新的发展，交通格局明显改观。年末，全市公路总里程2.3万千米，其中高速公路4条，长492千米，占全省高速公路总里程的8.1%；国道（新标准）7条，省道22条，国省干线公路长2572千米（其中一级公路141千米、二级公路1138千米），占全省国省干线公路总里程的8.6%，国省道二级以上公路占50%；农村公路1.99万千米，占全省农村公路总里程的10%；乡镇通沥青或水泥路率、行政村通达率、通畅率均达到100%；三级以上汽车客运站19个；内河航道总里程545千米，其中等级航道147千米，现有渡口90处、码头泊位262个；有铁路461千米（不含洛湛铁路新增二线），开通高铁列车20对；有一个军民两用机场（零陵机场），开通北京、上海、昆明、海口、重庆、厦门、深圳等多条航线。全市公路道路运输经营业户3.27万户，从业人员12万人，拥有客运企业43家，营运客车3529辆，客运线路1110条，等级客运站场61个，平均日发班次8000个；全市公路货运企业58家，其中危

2017年3月22日，中共永州市委书记、市人大常委会主任李晖（右一）组织市交通运输局和市城建投等单位负责人到BRT快速公交建设施工工地调研交通提速战役

货企业11家，危货车辆445台，普通营运货车2.06万辆。全市有二类以上汽车维修企业117家，汽车驾校95所，教练车3487台，教练员3560人。中心城区改革重组成立公交总公司，有公交线路46条，公交车辆700余台；中心城区有出租汽车企业4家，出租汽车700台。全市有水路运输企业20家，客（渡）船380艘，采砂运砂船150艘，货运船100余艘。是年，市交通运输局获省交通运输发展目标考核二等奖，获省重点民生实事农村公路建设目标管理优胜单位（一等奖）。交通运输发展目标考核、春运工作、创建国家交通管理模范城市、抗洪救灾、文明创建、法制工作。人大代表建议和政协委员提案办理、中共十九大安保维稳等多项工作被市委、市政府评为先进，其中重点代表建议办理测评获得全市第一，被评为唯一的优秀，年度绩效考核及六大战役考核均获得先进。5月，在全省干线公路建设大会上，永州市作为全省唯一的市州代表作项目前期工作典型发言；3月，市交通运输局在市委政协工作会议上作为市直单位代表，就政协委员提案办理工作作经验介绍。

【交通提速】 2017年，永州市交通基础设施项目建设完成省下达投资任务35.7亿元（为计划的123%），完成市下达大交通投资任务107.26亿元（为计划的117%）。湘桂铁路永州地区扩能工程开工建设，永清广高铁列入湘粤两省合作备忘录，经停永州高铁增加至20对；零陵机场迁建获国家民航局批复，新开通永州至重庆、厦门、北京直飞航线；衡永高速公路前期工作进展顺利，省道355线、356线等重点干线公路和祁阳大道、冷东一级路等潇湘城市群市政化快速通道建设加速推进，零双一级路建成通车，完成各类农村公路建设2000千米。

2017年10月2日，“四好农村路”建设零陵区四达亭村道一景

【交通项目建设】 2017年，永州市重大交通建设项目稳步推进。兴永郴赣铁路、永清广高铁分别列入国家“中长期铁路网规划”和“粤港澳大湾区”前期规划；零陵至道县高速、永郴高速列入全省中长期规划，衡永（冷水滩）高速、冷水滩至零陵高速正在开展前期工作。申报的22个干线公路项目进入“十三五”中期调整规划，43个普通公路项目前期工作全部启动。

【交通行业管理】 2017年，永州市交通运输局强化班子队伍建设，开展“强素质、正行风、优服务、树形象”专项创建活动，抓好“纠四风”和“雁过拔毛”专项治理，组织局机关中层干部竞聘上岗和轮岗，行业管理规范有序。全市交通工程优良率在全省保持先进行列；全市国省干线公路超限超载率低于0.1%，达到省政府考核目标，公路养护优良率超过省考核标准；开展永州火车站公共交通秩序专项整治，加大对黑的、摩的等非法营运行为的打击力度，抓好公交车车容车身整治，调整购置新能源公交车辆，城市客运整体形象有效改观；开展“打非治违”专项治理活动、“道路交通秩序集中整治百日大会战”和“隐患清零”排查治理专项行动，全年没有发生较大以上责任事故，在全省检查评比中排第三位，全市交通运输安全生产形势总体平稳。

【交通行业改革】 2017年，永州市“一城一交，公车公营”改革基本完成。市财政出资1.85亿元，分期付款购置纯电动公交车200台，其中BRT公交车60台。12月6日，市城市公共交通运输有限责任公司组建挂牌运营。出租车行业改革稳步推进，《关于深化改革推进永州市出租汽车行业健康发展的实施意见》《永州市网络预约出租汽车经营服务管理实施细则（暂行）》和《永州私人小客车合乘管理规定》3个政府规范性文件经市政府第18次常务会议研究，按程序下发，分步实施。

【“百日大会战”】 2017年3月，永州市开展交通运输安全“百日大会战”行动。重点规范营运驾驶员从业资格、车辆技术状况、安全驾驶行为，加强管理三级以上汽车客运站、客运班车和危货运输车辆，突出查处违法违规营运、车站场安全管理无序、车辆安检不到位、“五不两确保不落实”等情况。“百日大会战”期间，全市交通运输部门组织、参与执法行动1332次，出动执法人员2.63万人次，检查道路运输企业321家，检查汽车客运站450次，排查营运车辆2.11万台次，发现违法经营行为1709起，发现汽车客运站“三岗”人员履职不到位情况32起，查处违法违规车辆2737台次，下达处罚决定书422份，累计罚款90.65万元。

【“四好农村路”建设】 2017年，永州市交通运输系统推进全市农村公路“四好农村路”各项工作，全年投入资金16.93亿元改善农村交通状况。全市农村公路建设完成1242.5千米，占省下达计划年度目标的100.6%，其中提质改造完成894.6千米，占年度目标的100.9%，重要县乡道（旅游资源路）完成年度目标216.8千米，县乡路网硬化（边界断头路）完成年度目标131千米，完成投资8.74亿元。农村公路安保设计建设完成省下达计划年目标1336千米，完成投资1.95亿元。全市农村公路危桥改造省下达计划目标93座，完成投资1.06亿元。渡改桥完成省计划开工目标17座，完成投资0.94亿元。农村客运招呼站建设完成省下达计划目标400个，完成投资0.14亿元。提前实施通水泥（沥青）路902千米，完成投资4.1亿元。

【抗洪救灾】 2017年6月下旬至7月初，在特大洪灾期间，永州市交通运输局面对全市交通基础设施遭受重大损失的情况，启动防汛抢险应急预案，组织干部职工进行防灾、抗灾工作。灾害期间，稳妥处置湘江河道数艘失控大型挖砂和采砂船舶，避免对沿河桥梁冲撞破坏；成功防范新田县境内省道228线近万方山体滑坡；转运因灾受阻乘客2000余人；调集挖机60余台、铲车80余台、抢险车辆100余辆，机械26136台班，船舶217艘次，转运车辆580台次；投入人力11787人次，水泥3490吨、碎石和砂163860立方米，抢通中断国省干线公路。被中共永州市委、永州市人民政府评为“永州市抗洪救灾先进单位”；局内部分救灾干部获评“永州市抗洪救灾先进个人”。

（吕定禄）

2017年，永州市农村道路水毁抢修现场

公路建设与养护

【概况】 2017年，永州市公路局担负境内2条国道、9条省道及其他重要经济线路共2555千米公路的养护、建设、管理等行业指导任务。全系统干部职工坚持“追求一流、锐意创新、敬业自律、立路为民”的永路精神，爱岗敬业，遵法守纪，各项工作取得新成绩。是年，被评为全省公路系统“红旗单位”，被市委、市政府评为“绩效评估先进单位”“先进基层党组织”“党风廉政建设先进单位”，先后涌现出以全国“五一劳动奖章”获得者胡谋超、“中国好人”周任文、“抗冰英雄”陈小兵为代表的国家级、省级、市级各类标兵，获评“省级文明单位”称号。

公路驿站

【公路治超】 2017年，永州市先后组织“春雷行动”“零点行动”“路路联动”等专项行动，协调公路、公安等相关职能部门处理违法超限超载车辆175台，卸载货物724.11吨，按新标准罚款36.13万元，切割非法改装车辆3台。全年投入1500万元，建成不停车检测系统11套，全市11个治超站建设完成，12个超限检测站与省里联网，实现省、市、县（区）、站四级联网。永州市公路局获评全省公路治超“先进单位”。

【“交通提速”战役】 2017年，永州市公路网普通干支线大中修计划投资6756万元，实际实施30.42千米，实际完成大修工程总投资7158万元，超额完成投资402万元。工程合格率100%，优良率100%，排全省第一位。国道207线双牌尚仁里至道县县城改建工程完成竣工验收。

【公路养护管理】 2017年年底，永州市国省干线路况优良率91.92%，保持全省领先地位，干线公路养护排全省第二位，路政管理排全省前三位，国道207线永州段获评湖南省“路政管理示范”，省道217线南桥镇段“马路市场”得到整治，永州普通干线公路彻底告别“马路市场”。路畅安公路建设有序推进，实现“零事故、零死亡”，省、市挂牌整治路段合格率达到100%，争取部省灾毁路面恢复资金6756万元，抢修工程资金340万元。实施公路安全生命防护工程1521千米，总投资2.33亿元；改造危桥100座，总投资1.16亿元。

【美丽公路建设】 2017年，永州市将“美丽公路”建设纳入“城乡同治”“美丽乡村”建设，形成“政府主导、公路牵头、部门配合、社会参与”的工作机制。国道207线、省道325线、省道216线、冷东公路“美丽公路”建设全面启动，冷水滩区“五道五治”初现成效。投入近亿元，推进干线公路绿色通道建设，绿化率90%以上。开展创“绿色、洁美、畅安、文明”普通干线公路活动，以点带面，打造示范路段，建设示范路段153千米。国道207江华段被评为湖南省“最美公路”，江华白芒营公路驿站成为全省示范性驿站。

（唐希明　齐东斌）

交通建设质监管理

【概况】 2017年，永州市交通建设质量安全监督管理处受监干线公路项目13个、大中修项目2个、渡改桥2座、水库道路复建工程1个，总投资额44.18亿元，总里程441.52千米。含国道207线零陵至双牌一级公路双牌段、国道207线零陵至双牌一级公路零陵段、省道348线祁阳黎家坪至冷水滩马坪公路、省道231线祁阳木梓圩至金洞牛头山公路、省道239线广西灌阳边界至江永潇浦公路、省道231线新田邬下至金鸡岭公路、省道355线江华分水岭至白芒营公路、省道236线中和至宁远县城公路改建工程、省道238线东安芦洪市至小江口公路、省道228线新田县城至竹林坪公路、省道355线江华分水岭至白芒营公路、省道356线江华涔天河至沱江公路、冷水滩珊瑚路至东安井头圩公路东安段、江华涔天河水库扩建复建工程。市交通质安处以“品质工程”活动为契机，以“平安工地”为抓手，各项工作有序推进。造价管理工作获得2017年度省造价站先进单位称号；绩效考核、安全生产、党风廉政建设获得市局表彰并进入先进行列；2017年文明单位创建顺利通过复核。6月，通过预警、排查省道228线新田县城至竹林坪公路项目成功避免一起重大山体滑坡安全事故，市交通质安处得到省、市局领导的高度评价，并获通报表彰。

【工程质量监督】 2017年，永州市贯彻省委、省政府有关文件精神，突出重点，开展各类专项整治，收到较好的效果。6月，组织检测单位对全市干线公路在建项目的工程实体质量进行检查，重点对路基结构物、桥梁工程、隧道工程、路面工程等工程实体和施工工艺进行检查，抽查指标18个、数据2499组（个），除桥梁部分构件钢筋保护层厚度合格率较低外，其他各项指标均较好。8月，集中开展在建项目从业人员履约情况大检查大整治专项行动，按照“全覆盖、零容忍、严执法、重实效”的要求，检查交通重点工程建设领域主要从业人员持证上岗、履约履职等情况，行动累计检查项目7个，检查施工单位19家、从业人员168人、证件418本，检查监理单位8家、从业人员56人、证件176本，工地实验室20家、证件109本，并对两起施工单位人员履约不到位、人员证件造假的行为进行行政处罚。11月起，组织湖南省交通建设质量监督试验检测中心对全市在建项目进行原材料及产品的抽检，抽检项目5个、各类原材料28批次，加强全市干线公路在建项目工程质量源头控制和原材料及产品的质量管理，掌握在建项目原材料及产品质量情况。

全年始终对全省一号水利工程——涔天河水库保持高度的质量监督，自开工以来，组织开展专项检查6次、工程实体抽查3次，下发通报6次、抽查指令5份，专门抽调高级工程师1名到省道355线项目总监办提供技术指导，确保工程造价变更管理与优化设计有序进行，对库区内受监的配套四级农村公路项目——江华涔天河道路复建工程（全长136.49千米，总投资7.25亿元，大桥13座，中桥2座，超过40米以上高墩160多根）的桥梁工程采取重点监管，该项目年底通车。在全市交通工程项目竣交工检测中，针对问题下发检查通报与督查指令6份，并跟踪督促确保整改落实，全年完成新田邬下至金鸡岭公路项目、宁远至中和公路两个项目的交工检测里程48千米，完成祁冷公路、国道207线双牌段改建工程等4个项目107千米的竣工质量鉴定报告，各项目均通过竣工验收，祁冷公路被评为优良工程。

2017年，永州市交通质安处志愿服务献爱心活动

【工程安全监督】 2017年，永州市交通建设质量安全监督管理处先后印发《2017年全市交通建设工程安全生产工作要点》《全市交通建设行业安全生产大检查工作方案》《2017年公路水运工程“平安工地”创建活动实施方案》《2017年交通建设工程安全生产领域“打非治违”专项行动工作方案》《交通建设行业安全生产“大排查、大管控、大整治”专项整治行动工作方案》《全市交通建设行业贯彻落实重大事故隐患治理“一单四制”制度工作方案》《全市交通建设行业国庆及十九大期间安全生产工作方案》《2017年“安全生产月”活动方案》，转发市道交委《永州市工程运输车辆交通安全专项整治方案》等文件，部署全年工作，明确监管责任措施。制定《永州市公路水运工地试验室的管理办法》，明确建设、监理、施工单位以及母体单位、工地试验室的具体职责与要求，加强对工地试验室的动态管理，提高试验检测数据的客观性与准确性。

6月，承办全市交通行业以“全面落实企业安全生产主体责任”为主题的2017年安全生产月宣传活动，邀请市安全监督管理部门及所属二级单位参加活动，活动中还向各项目建设单位发放安全宣传挂图、安全手册、录像带等，并组织施工人员观看《生命的红线》警示教育片40场；举办安全培训10次，悬挂横幅150条，挂图50套，举办墙报和黑板报10期。全年重点抓好“两节两会”“五一”“汛期”“国庆中秋”及中共十九大期间的安全督查。开展“打非治违”、安全生产“大排查、大管控、大整治”及安全生产“隐患清零”等专项行动，打击整治突出的非法违法、违规违章行为。开展桥梁、隧道安全专项督查，重点监管施工条件复杂、桥隧比例大、整体施工风险高的江华道路复建、江华省道355、新田省道228项目等山区公路建设项目和桥隧工程。全年开展各类专项检查12次、综合检查4次、专项整治6次，检查施工单位、监理单位80家，查处安全隐患50处，下达整改通知书10份，下发通报5份，下发“隐患清零”交办函2份，下达行政处罚决定书6份，罚款20万元。

【造价管理】 2017年，永州市交通建设质量安全监督管理处深入项目实地调查地方材料价格水平，了解业主的需求，以及项目融资渠道、收益水平，并派出技术骨干提供业务指导和咨询，解决实际问题，为项目确定合理的招标价格。创新工作方法，采取查阅资料、约谈、检测验证等多种方法和手段，保证工程数据的准确性。全年完成概算审查项目6个，送审金额18.49亿元，审核金额17.97亿元，核减金额5145万元；完成施工图预算审查项目7个，送审金额16.42亿元，审核金额15.72亿元，核减金额6981万元；完成清单预算审查项目5个，送审金额6.56亿元，审核金额为6.17亿元，核减金额3849万元；完成较大变更审查8批次，送审金额5138万元，审核金额5022万元，核减金额116万元；审核新增单价5批次。

【交通质监行业管理】 2017年，永州市成立质监所的县区有零陵区、冷水滩区县、双牌县、新田县、道县、江永县、江华瑶族自治县、宁远县、蓝山县9个县区，其中宁远县、蓝山县、道县、双牌县于2016年组建完成。制定《永州市农村公路建设工程质量与安全监管指导性意见》《永州市交通质量监督管理工作考核制度试行办法》，对全市7个县区进行工作调研，指导县区站（所）理顺工作思路与职能职责、建立健全管理制度，重点汲取道县“8·13”垮桥事故的教训。全年定期对已成立的县区质监站（所）开展执法业务和专业知识培训3次，全市监管人员自身素质及业务水平得到提高。

（黄彩霞）

道路运输

【概况】 2017年，永州市道路运输经营业户3.27万户，从业人员12万人。有客运企业43家，等级客运站场61个，营运客车3529辆，客运线路1110条，平均日发班次8000个；全年完成客运量8314.46万人，旅客周转量49.56亿人千米；有货运企业58家，普通货车2.06万辆，危货车辆0.05万辆，完成货运量6359.28万吨，货物周转量174亿千米；有二类以上维修企业117家，驾校95所，教练车3487台，教练员3560人。建成农村招呼站400个，累计完成投资1400万元。全市农村客运平稳发展，行政村班车通客车率100%。完成春运、黄金周、两会等重大节假日和防汛、冰冻灾害天气等重要时期运输保障工作，市道路运输管理处获评省、市2018年春运工作先进单位称号。

【道路运输安全生产】 2017年，永州市根据湖南省交通运输厅道路运输安全“隐患清零”行动部署，完善客货运企业安全生产责任体系和市、县两级运管机构安全监管责任体系，市政府、市交通运输主管部门、各级运管机构、运输企业层层签订安全责任状，实行目标管理考核。市道路运输管理处被评为湖南省2017年度道路运输系统安全监管目标考核先进单位。市道路运输管理处成立安全督查组6个，督查全市各责任片区，各运管机构对客货运企业、客运站特别是“两客一危”车辆实行安全监管分级分片包干责任制。运管机构通过“联网联控”动态监控，建立横向到边、纵向到底、责任到人的道路运输安全网格化监管体系，确保每个运输企业、客运站、每台车都有责任机构和责任人负责跟踪并定期考核、奖罚兑现。结合道路运输安全“隐患清零”督查、道路运输安全集中整治“百日大会战”行动、道路运输行业“落实企业安全生产主体责任年”活动、道路运输安全生产“打非治违”专项行动、道路运输安全生产“大排查、大管控、大整治”专项行动、道路运输“安全生产月”等活动，全面排查全市道路运输安全隐患，对查出的问题以“一单四制”原则，形成闭环管理。全年开展专项行动16次，执法行动1332次，出动执法人员2.63万人次，检查企业321家次，检查客运站450次，排查营运车辆2.11万台次，整改隐患2万多条。

【客货运及站场管理】 2017年，永州市客货运输企业、站场质量信誉考核结果为AAA级的客运企业1家，普货运输企业2家，客运站12家，货运站1家。持续开展"群众满意客运站"创建活动。全面落实省、市际客运班线实名制售票和查验工作，配备身份证阅读器169个、自动售取票机5台、人工识别验票系统6套、人脸识别验票系统19套，并通过省交通运输厅和省公安厅验收。做好道路运输企业节能减排工作，淘汰黄标客车210台、货车495台、教学车辆13台，引导经营者选用节能型车辆。对全市683名道路危险货物运输车辆驾驶人、押运员和装卸管理员等从业人员资质进行核查。

【维修市场管理】 2017年，永州市机动车维修企业质量信誉考核结果为：AAA级（优良）17家，AA级（合格）27家，A级（基本合格）1家，B级（不合格）67家，新办维修企业5家。落实新国标《汽车维修开业条件》宣传贯彻达标，全市原有一、二类维修企业达标率68%。组织专项督查2次，规范道路运输车辆管理档案。委托永州职业技术学院汽车技术系举办国家标准《汽车维护检测诊断技术规范》培训班。宣贯《道路运输企业车辆技术管理规范》，按要求制定实施指导性意见，强化车辆技术管理，落实节能减排工作。宣贯《道路运输车辆综合性能要求和检验方法》（GB—18565—2016）和《道路运输车辆技术等级划分和评定要求》（JT/T198—2016）。

【驾培市场管理】 2017年，《永州市推进机动车驾培机构服务模式改革工作方案》出台，机动车驾驶计时培训、按学时收费、先培训后付费服务模式在全市各驾培机构的覆盖率达到80%，2037辆教学车辆安装车载终端，安装率67.12%。开展全市驾培市场安全集中整治"百日大会战"和"打非治违"专项行动，排查隐患889个，整改到位685个，列入黑名单6人，依法关闭驾校1所，停业整改驾校4所。出台《关于统一规范全市教练车车身标识工作方案》，统一规范全市3487辆教练车车身颜色和标识。组织开展全市道路运输驾驶员继续教育培训工作和全市道路运输从业资格考试管理工作，全市组织考试132场次，参考人数6352人。严格全市道路运输从业资格管理，吊销道路运输从业资格证7人。

【营运车辆年度审验】 2017年，永州市审验营运客车3495辆，审验率90%，合格率100%；审验营运货车1.55万辆，审验率75%，合格率100%；审验危货运输车辆450辆，审验率99%，合格率100%。

（蒋玉成）

航空运输

【概况】 2017年，湖南省机场管理集团有限公司永州零陵机场分公司（简称永州零陵机场）下设综合管理部、企划财务部、安全质量部、航务部、安全检查站、机场保障部、地勤保障部7个机构。有职工85人，均为劳动合同

2017年7月，永州零陵机场遭遇百年一遇洪涝灾害，湖南省政协主席李微微（左二），中共永州市委书记、市人大常委会主任李晖（左三），市委常委、常务副市长唐湘林（右二）到机场指导抗洪救灾工作

2017年7月3日，湖南机场集团党委书记李军（左二）和中共永州市委常委、常务副市长唐湘林（右二）赶赴永州机场现场指导抗洪救灾工作

制员工。年内，安全保障飞行1586架次，完成旅客吞吐量120824人次，减少1%；完成货邮吞吐量14.2吨，增长8%。飞行航线有永州—北京，永州—昆明，永州—上海，永州—重庆，永州—三亚。

【跑道运行风险管控】 2017年，永州零陵机场成立风险管控小组，制定风险管控方案，加大巡视检查力度，完成道面病害安全整治项目施工，采用环氧树脂材料维修道面小的破损点600余处，使用道面修补料维修破损点140余处，道面安全风险基本解除。

【施工项目推进】 2017年，永州零陵机场控制区内项目施工较多。为稳步推进跑道病害整治、盲降设备更换、排水沟改造、下滑保护区改造和航向保护区改造、围界视频监控、停机坪消防管网改造等施工项目的进度，永州零陵机场落实项目经理安全负责制，组织开展项目开工前的安全教育，安排专人强化施工现场安全监控，定期不定期开展施工现场安全措施督查。11月，机场内所有施工项目均通过集团公司的竣工验收。

【隐患排查治理】 2017年，永州零陵机场落实“安全隐患零容忍”工作要求，确保安全隐患排查治理，实现“常态化、全覆盖、无盲区”目标，重点梳理跑道破损、设施设备老化、人员安全意识不强等安全隐患，并实施建档、整改、销号管理机制。全年排查安全隐患90项，整改到位86项，有4项因资金等原因未整改到位，整改率95.56%，全年安全运行持续平稳。

【净空安全管理】 2017年，永州零陵机场成立永州市社会管理综合治理护线护路净空管理联防办公室；加强与驻场海军部队的协调，共同建立机场净空共同安全管理机制，开展净空巡视检查80余次，实地勘察净空区申报建设项目18处，管控升空物5起；向全市各级政府及相关职能部门发报净空管理文函8次；向周边村民发放净空安全宣传单2000余份。

【应急演练】 2017年，永州零陵机场根据年度计划，组织开展应急演练。全年组织开展各类应急演练6次，提高机场工作人员安全意识和突发事件应急处置能力。

【交通环卫整治】 2017年，永州市人民政府投资200万元对永州零陵机场公共区域环境进行提级改造，对旅客停车场进行规划和扩容，对候机楼的标识标牌、墙面、地面、柜台进行维修和更换，优化登机流程，较好地改善员工的工作环境，为旅客创造舒适温馨的乘机环境。

【永州—厦门航线开通】 2017年3月26日，“永州—厦门”航线首航仪式在永州零陵机场举行。下午4：30分首趟永州飞往厦门的航班在零陵机场起飞，这是继永州市开通至上海、昆明、海口、深圳后的第五条航线。中共永州市委书记、市人大常委会主任李晖，民航湖南监管局局长范永平出席首航仪式并讲话。市领导唐湘林、唐能武、刘鹏、李旦梅等出席首航仪式。航班信息为：每周一、三、五、七各一班，由巴西航空工业公司机型E-190型飞机执飞（106座），去程航班号GX7851，下午16：30从永州零陵机场起飞，18：05抵达厦门高崎国际机场，回程GX7852，19：00从厦门高崎国际机场起飞，

20：40到达永州零陵机场。航班飞行时间1小时35分钟，全程票价1240元，提前购票可优惠至520元（具体以当天售票系统最低折扣价为准）。

【永州—北京航线开通】 2017年11月10日晚，永州机场举行“永州—北京航线”开通仪式。中共永州市委常委、市人民政府常务副市长唐湘林致辞，市委常委、市委秘书长唐能武，副市长李旦梅，民航湖南监管局副局长刘波出席活动。该航线开通后，永州至北京的距离缩短在3个小时的航程以内。永州先后开通直飞昆明、深圳、海口、厦门、重庆等地航线，标志着永州立体交通网络建设日益完善。

（吴红春）

铁路运输

【概况】 2017年，永州火车站设4个运货班组和4个客运班组。车站有正线3条、到发线10条、5个站台，每天接发列车194列，其中旅客列车106列（动车组42列）、货车88列，分芦洪市、高溪市、东安东、楠木塘、滩头湾、永州东6个方向接发列车。车站设有售票窗口11个，自动售票机5台、自动取票机4台，候车室4个，一候车室为商务候车室，面积350平方米；二、三候车室为普速候车室，面积各为690平方米；四候车室为高铁专用候车室，面积690平方米。

【铁路运输安全生产】 2017年，永州火车站制定《高铁管理硬性规定》《接发列车作业安全卡控措施》《防溜作业办法》《信号楼定置管理办法》等制度；总结提炼出以“清、准、严”（即计划清、用语准、卡控严）为主要内容的“三字”防错作业办法解决分芦洪市、高溪市、东安东、楠木塘、滩头湾、永州东6个方向接发列车容易出错的难题；总结提炼出“一准备二防溜三撤除四汇报”工作法防止列车溜逸，解决接发列车股道多（有13条，其中正线3条，到发线10条）的难题。针对调车短进路多的问题，车站为防止机车冒进信号发生挤岔事故，硬性规定严格执行调车联控，提前告知司机短进路，且必须先将前方顺向道岔操至开通本进路位置，防止发生调车事故。

【铁路运输经营】 2017年，永州火车站在节假日客流高峰期，通过增开临时旅客列车、加强宣传等方式开展任务攻关活动。全年完成旅客发送量325.06万人，同比多发送34.84万人（其中高铁多发送42.91万人，普客少发送8.07万人），增长12%；完成运输进款3.42亿元，同比多收入259.74万元，增长8%。其中窗口售票66.83万张、42.75万元；代售点售票70.71万张、6925.67万元，互联网售票达到售票总数的71%。全年连创当日发送量最高纪录，10月1日发送旅客2.01万人，10月8日发送旅客2.14万人，黄金周计发送旅客11.95万人，同比增加3.54万人，增幅29.6%，进款1175.29万元，同比增加82.47万元，增幅7%。全年，永州火车站采取一系列安保措施，确保春运、“两会”“一带一路”、国际合作高峰论坛、“7·1”香港回归、第十届全运会、中共十九大及各类节假日期间的正常乘车秩序。查获危险品、违禁品9654件，其中液体类、气体类危险品2631件，油漆12瓶，仿真手枪17把，管制刀具51把，钝器、利器6881件。

【春运工作】 2017年，永州火车站坚持“平安春运、有序春运、温馨春运”的指导思想，以“舜之爱”人性化服务为重点，为旅客提供满意服务，实现“安全好、服务好、秩序好、形象好、效益好”以及“消灭责任死亡事故、消灭路风事件、消灭影响较大的投诉事件、消灭负面的曝光炒作”的工作目标。春运期间，车站发送旅客44万人，同比增加2.7万人，增长6.5%；进款4700万元，同比增加590万元，增长14.2%。

【职工教育】 2017年，永州火车站坚持“以人为本，按需培训”和“质量第一，实用实效”的原则，加强新图实施、暑运、施工管理、防洪工作、人身安全、防寒过冬和春运等多项工作，做好各阶段的职教工作和特殊作业培训。在车务段2017年技术比武中，2名客运值班员分别取得值班员全能第一名、全能第二名，1名货检员取得全能第三名；在广铁集团车务系统2017年大学生技术比武中，1名大学生职工代表衡阳车务段参加比武，获得团体第一名、信号员全能第一名、信号员理论第一名、信号员实作第二名。

【“舜之爱”特色服务】 2017年，永州火车站将“舜文化”融入“人民铁路为人民”的服务当中，创建“舜之爱”特色服务文

永州火车站“舜之爱”服务队服务旅客

化品牌，主要推出“5 爱”服务套餐，即“爱心推车、爱心导乘、爱心热线、爱心驿站、爱心充电”。“舜之爱”品牌自创建以来，为旅客做好事 4600 余件，服务重点旅客 6 万多人，收到表扬信 300 多封、锦旗 90 多面，人民网、中国网、新华网、广州铁道等媒体对“舜之爱”服务文化品牌的特色做法进行报道，永州“舜之爱”服务队以“笑迎八方客，满意永州行”的服务宗旨，获得社会各界赞誉。

（张玲）

水路运输

【概况】　2017 年，永州市地方海事局按照省市“打非治违”和“隐患清零”的文件要求，协调各有关职能部门，开展各类专项整治工作，加大对船舶或船员无证无照、证照不全进行生产经营活动、船舶超员、超载以及不按规定装载冒险航行、非客船非法载客、非法从事危险品运输、非法从事渡口经营和客渡运输、非法从事汽渡、未经批准擅自从事水上水下活动、在通航水域非法采砂的打击力度。全年，永州市纠正违章违规行为 480 次，排查出一般安全隐患 262 处，并全部整改到位，下达整改通知书 340 份，立案调查处理 26 起，处罚金 18 万余元，移交公安机关治安处理处罚 28 人。

【安全监管】　2017 年，永州市地方海事局重点加强对业务范围内重大安全隐患的治理。同时稳步提高水运防污、应急救援的水平和效果。报请市安全生产委员会（办公室）对“三无”船舶隐患突出和自用船、农用船非法载客严重的县区进行市级重大安全隐患挂牌督办，组织召开全市水上交通安全专题会议；每月挂牌督办县区，提出工作建议，并对重大安全隐患治理工作推进缓慢、整治力度不大的县区进行约谈和通报，取缔、拆解“三无”采、运砂船舶、“僵尸”船舶 325 艘；拆解自用船、农用船非法载客船舶 3 艘；取缔非法旅游竹筏、快艇、PVC 排筏 85 艘；邀请专业船员培训学校到永州市开展船员培训 7 期，培训各类船员 507 人。

制定水运防污专项行动方案，成立工作领导小组，加强统筹协调；以专门会议、文件、宣传等形式进行发动和部署；督促各县区海事管理机构加强对水运企业、船舶所有人、经营人和乘客的防污染宣传教育工作，提高船员和乘客的环保意识，特别要求在船员培训时增设船舶防污染知识、法规课程，使船员具有相应的防治船舶污染内河水域环境的专业知识和技能，熟悉船舶防污染程序和要求。年末，全市 400 总吨以上出港船舶均安装油污分离器和船舶污水处理装置，并按规定签发证书；22 千瓦以上客渡船舶安装油水分离器工作有序推进，22 千瓦以下客渡船舶全部配备油污桶和生活垃圾桶，并建立回收处理工作台账；对于通航水域的饮用水取水口，要求业主方设置警示标志。

完善县乡两级《水上交通安全应急救援预案》。10 月 24 日，联合双牌县人民政府、市畜牧水产局在双牌县上梧江通航水域联合举办水上交通安全应急救援联合演练。

【船舶检验】　2017 年，永州市地方海事局根据省局“规范年”活动的统一部署，创新开展质量体系内部审核和质量改进活动。与长沙船舶检验局开展“结对子”活动，签订船检“结对子”协议书，双方互动交流，永州市的船检工作人员的理论知识和实船检验的业务水平得到提升。按检验要求开展船舶检验，对检验过程中发现的问题，及时督促整改，重点检查对船用救生设备、消防设备、防污染装置等，对未按规定装置设备的船舶一律不予以检验，完成营运船检验574艘（28587千瓦、36693总吨、15903客位、载货量27210吨），发放吨位证书177本。

【船舶船员管理】 2017年，永州市地方海事局根据《湖南省内河航运市场秩序专项治理行动方案》和《永州市内河航运市场秩序专项治理行动方案》的工作要求，在全市范围内组织开展内河航运市场秩序专项治理行动。完成油补资料的审核上报工作。对客运企业资质进行核查。督促县区海事机构落实客运企业配备专职管理人员、海务、机务人员的规定，对部分客运公司进行资质核查，并针对问题提出整改意见。做好小型船舶船员数据采集补录工作，全市补录适任证书457个、服务簿393本。做好船员异地培训工作，对全市船员培训需求进行摸底，协调长沙金舟船员培训中心在江华瑶族自治县举办基安培训5期，培训船员396人，协调益阳扬帆船员培训学校在祁阳县举办基安培训2期，培训船员124人。对“十二五”期间船型标准化改造资金进行清算，按照长航局反馈审计意见，补充上报相关资料，并对资料进行整理归档。上报2017年、2018年渡口改造计划及客运便民码头改造计划。对全市渡口进行清理，按照已改造、未改造、渡改桥渡口、无船渡口进行分类整理，整理制定2017年渡口改造计划表，拟订2018年渡口改造计划数，并根据省海事局意见，上报全市客运便民码头改造计划。组织县区海事局（处）对县区的水运客户、营运船舶名录进行整理上报，全市整理上报水路客户23家，船舶名录342艘。

【水路运输管理】 2017年春运期间，永州市投入客船9076艘，运输旅客38.43万人，增长4.02%。全市水上安全形势良好，没有出现旅客滞留和投诉现象，永州市地方海事局受到市春运领导小组表彰，被评为全市春运工作先进单位。完成2016年全市船舶油补上报，补贴船舶417条，其中客船245条、客渡船172条，客位1.52万个。对客运公司化补贴进行统计申报，全市客运公司22家，客船227艘，客位8842个。开展“三年防污染”行动项目计划，招标采购完成建造15米级和5米级海巡艇各1艘。招标采购建造30米级带多功能海巡艇和趸船各1艘，船舶正在建造之中。海事工作码头建设完工。

2017年，永州市举行水上交通安全应急救援联合演练

【水路运输安全监控】 2017年，永州市海事系统有监控中心11个，其中市级监控中心1个、县区监控中心10个，安装视频监控系统的重点渡口42道，安装3G客船移动视频监控的客船100艘，市、县区各监控平台运转正常。根据省中心新的《监控中心值班管理制度》，建立监控中心日常各项制度，并对辖区各监控中心进行考核，做好重点渡口、重点时段的重点监控，每日按时报送视频监控点正常工作率情况，全年总体故障率4%，减少20%。

（陈家麟）

城市公共交通运输

【概况】 2017年12月，永州市城市公共交通运输有限责任公司成立，是中Ⅰ型国有独资公益性企业，承担中共永州市委、市人民政府赋予的中心城区公共交通运输业务，公司有职工1200余人，营运车辆680台，公交线路45条；公司下设综合部、财务部、运营管理安全部、后勤保障部、审计绩效考核部5个职能部门；成立第一公交公司、第二公交公司、BRT事业管理部、公交驾校、修理厂5个二级机构。新公司贯彻落实中共十九大精神，加强职工队伍建设，提升公交服务质量，坚持“安全、便捷、舒适、绿色”的经营理念，打造

"平安公交、绿色公交、文明公交、美丽公交、智慧公交"。

【永州首个电动公交充电站投入使用】 2017年1月25日，永州市第二公交公司电动公交车充电站接入电源启动，冷水滩区首批引进的60辆新能源纯电动公交车在此站内充电"加油"。该公交车充电站是永州市首个电动公交充电站，设有17个双枪直流充电桩，总装容量2700千瓦，主要分布在梨子园路。截至2017年年末，投入使用的充电桩14个，其中300千瓦的快速充电桩7个，可实现28台公交车同时充电。纯电动公交车在充电站充电，只要20分钟即可充满，充满电后公交车能跑80千米，纯电动公交车比燃油公交车节约成本50%左右，并可实现全程零排放、无污染。

（市城市公共交通运输有限责任公司办公室）

邮政通信业

邮政管理

【概况】 2017年，永州市邮政管理局按照年初全省邮政管理工作会议工作整体部署，以"互联网+"为方向，不断提升服务水平和监管效能，各项工作取得阶段性成果。年内，全市邮政行业业务总量完成5.98亿元，增长22.51%；业务收入6.5亿元（不含邮政储蓄银行直接营业收入部分），增长19.57%。其中快递业务量完成820.21万件，增长2.31%；快递业务收入完成1.4亿元，增长16.9%。邮政普遍服务和特殊服务寄递时限达到国家规定标准，服务满意度保持稳定。快递服务满意度稳步提升，邮政业消费者申诉处理满意率99%。

【邮政安全监管】 2017年，永州市邮政管理局采取日常检查、突击检查、联合检查、明察暗访、调取监控录像记录等方式，对辖区内快递企业安全制度建立执行、收寄验视及实名登记制度的落实情况、寄递信息安全管理、安全教育培训、安全设施、现场管理等方面进行重点检查。全年快递市场检查21次，出检天数50天，检查企业187个，企业核查80余次，出动检查人员450余人次，下达整改通知书23份，实施行政处罚9起，罚金3.9万元，警告处罚65起，并约谈问题较为突出的15家企业负责人。贯彻《邮政业消费者申诉处理办法》，加强申诉处理工作，执行首问责任制、限时办结制，办理各类申诉488件，用户满意率99%。落实企业安全主体责任，与全市快递企业签订安全生产责任书，寄递企业100%设立内部安全管理机构和制度，督导企业完善应急预案，自查整改各类隐患。推进城市网点标准化建设，将标准化建设作为实地核查的一项硬性规定纳入企业许可、增设分支机构、地址变更等许可核查。加强与寄递渠道领导小组成员单位的协作配合，建立健全联席会议、联合执法、案件移送、信息通报、责任倒查等联动工作机制，各县区均成立寄递渠道领导小组，明确联络员，落实安全管理属地责任。各部门间实施信息共享，与公安共享寄递渠道线索60余条，立案查处6起，警告处罚65起。部署中共十九大、"双十一"等重要节日及旺季期间行业安全保障工作，组织辖区主要寄递企业召开动员部署会议，与各企业签订《安全保障承诺书》，组织执法人员对全

2017年7月27日，国家邮政管理局副局长赵晓光、省邮政管理局局长朱汉荣率领国家邮政局、省邮政管理局相关人员考察永州市寄递安检中心和市级邮件处理中心

摄影 杨依沅

市11个县区邮政公司的中心营业网点及各品牌快递公司营业网点进行现场督察。

【“三项制度”落实】 2017年，永州市邮政管理局按照快递服务的标准流程，严格执行100%开箱验视、100%实名收寄、100%过机安检“三项安全制度”。督促企业严格执行收寄验视制度，明确不经验视不得寄递要求，制作快递运单填写模板，指导用户完整清楚填写运单，在验视合格后加盖验视标识；作为全省三个试点城市之一，永州市寄递业实名录入率位于全省前列，散户实名率先实现100%，得到省邮政管理局肯定，永州市邮政管理局的经验做法被省邮政管理局第六期《全省市场监管工作情况交流》全文刊发，向全省推介；通过“政府扶持、企业运作”的方式，建成寄递安检服务中心12家，全市各县区政府均对寄递安检服务中心建设提供财政支持，平均投入财政资金30万元，双牌县寄递安检服务中心投入68万元，建成的12家寄递安检服务中心总投入668万余元。3月与5月，永州市邮政管理局两次联合永州市综治办、市公安局、市交通运输局、市工商局等组成督查组，对所有寄递安检服务中心的正常运行、重点寄递企业是否落实三项制度措施进行抽查，截至2017年年末，12家寄递安检服务中心运转良好，全市寄递企业安检机数量由2016年的15台增至40台，全市9县2区实现安检机配备全覆盖，先于全省实现县域内过机安检的目标。

【邮政普遍服务保障】 2017年，永州市邮政管理局启动邮政普遍服务网点分级划类管理模式，完成全市244个普遍服务网点的评分审核工作，在全市范围内随机抽查网点124个。对《丁酉年》《中国人民解放军建军九十周年》《中国共产党十九次代表大会》等纪特邮票发行现场开展专项检查，全市无违规销售行为。开展“扫黄打非”检查，与各寄递企业签订责任书511份。开展邮政专用标志车辆专项检查，对全市邮政公司（含EMS）132台邮政专用标志车辆进行抽查，专用车辆使用规范。对全市党报党刊投递情况进行全面摸底调查，建立党政机关《人民日报》《湖南日报》基础信息台账，对无法当日见报的江华瑶族自治县、江永县进行多次督导，年末，全市11个县区党报党刊当日见报率100%。发挥社会监督力量，指导社会监督员开展工作，全市邮政社会监督员走访邮政营业网点371个，监督371人次，走访消费者934人，提出意见及建议十余条，其中1名社会监督员获得国家级“优秀监督员”称号、1名社会监督员获得省级“优秀监督员”称号。对普遍服务营业场所检查191处，出动检查人员569人次；累计检查集邮网点18处，出动检查人员25人次；新邮发行监督检查3批，出动检查人员25人次；机要网点检查累计20处，出动检查人员40人次。全年下发责令改正通知书8份，通报4份。约谈市邮政公司主要负责人1次。督促邮政公司实现邮政营业网点城乡全覆盖，全市有邮政普遍服务营业场所244处，其中城市网点35个、农村网点209个；有邮路94条，邮路单程总长度3468千米，农村投递单程线路总长近3612千米，通邮政行政村2960个，通邮率100%。优选江永香柚为进城农产品，推动邮政企业借助自身优势，完善配套服务措施，开展“邮政+香柚”的“一市一品”农产品进城示范项目建设，截至2017年年末，该项目配送进城香柚216吨，带动电商快包业务量约2万余个，带动电商快包收入16.8万元。引导邮政企业开展江永香姜、新田富硒草鹅、道县脐橙等多个农产品进城项目，累计实现销售金额72余万元，带动电商快包业务量约121万余个，

2017年9月30日，永州市邮政管理局联合市公安、综治、国安召开中共十九大安保工作动员部署会 摄影 杨依沅

带动电商快包收入930.66万元。与市住建局将《转发省邮政管理局省住房和城乡建设厅〈关于支持邮政智能包裹柜建设提升邮政服务能力的通知〉的通知》联合下发至各县区、管理区、经济开发区住建部门及房产部门，辖区内各级邮政分公司与170余家物业单位开展合作。

（杨依沅）

邮政服务

【概况】 2017年，永州市邮政系统有从业人员1729人，其中在岗职工647人、聘用工511人、劳务工258人；有县区分公司11个，市分公司职能部门6个，专业生产机构5个；有228个网点，其中综合网点119个、纯金融网点4个、纯邮政营业16个、代办点91个（其中空白乡镇局所89个），便民服务站337个，综平站点3757个。

年内，全市邮政系统实现业务收入4.53亿元，增长16.37%。金融类业务新增总资产36.9亿元，比2016年增加4.97亿元；包裹快递业务实现收入2698.17万元，增长116.68%，高于全省平均水平55.38个百分点；集邮业务实现收入1180万元，增长17.2%。函件业务实现收入975万元，连续12个月排全省第一位；报刊业务实现收入2881.71万元。永州市邮政分公司获评“湖南邮政2017年度绩效考核先进企业”称号。江永县分公司、东安县分公司和市包速业务班分别获得全省邮政“先进党组织”“基层服务型党组织示范点”“共产党员示范岗”称号，全市邮政系统1人获评“永州市优秀共产党员”称号、3人获评全省邮政系统“优秀党员”称号。在集团公司举办的“金点子”大赛中，市邮政系统2名员工获得全国金点子大赛一等奖，并获《中国邮政报》专题采访报道。

【基础设施建设】 2017年，永州市邮政分公司加大网点改建力度，完成网点建设项目13个；完善网点机具设备设施，全市新增ATM/CRS自助设备27台，点均达到1.94台；新增免填单机22台、清分机7台，实现补登折机全覆盖；建成仓储中心1个，在建1个。增强运输能力，增开永州至江永、江华直达区邮路，缩短邮车到达时间90分钟；调整区内网运组织，市区内二频次邮路全面提速，县区二频次邮车均提前50分钟以上到达；实行专线运输，增开永州至长沙、江永至长沙、祁阳至长沙、东安至长沙四条临时邮路，“双十一”期间，增开永州至广州邮路，临时发运快递包裹51.12万件；提升集散能力，日处理邮件能力从2万余件提升至5万余件，分拣准确率保持在95%以上；提高投递能力，增加投递车129辆、PDA480台。提升信息化支撑水平，全市金融网点和县中心使用10MMSTP线路，全年投入资金560万元用于技术设备更新。

【财务管理】 2017年，永州市邮政分公司按照零基预算的要求推行财务标杆管理，11项财务重点管控指标达标率位于全省前列。专业利润率高于省公司拟定的预算水平，其中分销、代理金融和报刊等3个专业的利润率处于全省领先水平。邮资封片及零售报刊收入存货率均达标并处于全省优秀水平，分销库存比排全省前列。规范工程建设项目财务管理行为，全年安排网点装修项目18个，支局重建项目1个，仓储项目2个，其中中央预算内项目12个，配套财务自有资金1300万元，中央预算内项目按照省公司要求进行得到集团公司工程审计专家的肯定。祁阳黎家坪镇、道县仙子脚镇、江华瑶族自治县码市镇等3个网点的购置工作基本完成。

【人力资源配置】 2017年，永州市邮政分公司稳妥推进经营组织架构改革，完成全市涉及12个部门、11个县区，603名员工、570个岗位的改革工作，清理漂浮人员52人，到县或重镇支局任职的年轻员工7人，四级领导改非7人，分流人员20人。合理编制年度全市邮政人员及人工成本计划预算安排，对全年工资总额和劳性支出实行预算管理，工资支出与劳务工报酬支出均控制在预算之内。建立以企业效益为中心的绩效奖励激励机制，出台《2017年永州邮政月度绩效考核办法》《永州市邮政2017年度中层管理人员年终绩效考核办法》等。规范用工管理，全市用工1729人，较2016年减少30人，全市邮政人均劳动生产率26.5万元，增长14.2%。组织各类培训60余场次，参培人员1万余人次，全市员工持证上岗率93%，增长3%。

【内审效能提升】 2017年，永州市邮政分公司建立企业自审与社会审计相结合的审计体系。全年完成审计项目36个，审减率

21.24%。全市送审工程项目55个，送审金额2945.84万元，其中委托社会审计项目24个，送审金额2268.06万元。

【安全管控】 2017年，永州市邮政分公司重点开展印章管理、消防、食堂安全、电源线路等专项检查整治，对检查发现的问题，全部整改到位。全年投入资金1100万元改造安防设施，更新92个网点的电视监控，农村52个网点安装标准金库门，安装22套自助设备防护舱。组织开展金融机构安全评估工作，全市金融机构安全评估合格率100%。落实收寄“3个100%”制度，确保重大活动期间邮政寄递渠道安全。深化“平安邮政”建设工作，遏制各类安全生产事故。公司持续保持安全稳定的良好态势。

【服务质量提升】 2017年，永州市邮政分公司采取普遍服务、质量检查、客户服务管理等方式，强化监督检查和督导力度，提升企业服务品质和客户体验，全年没有发生重大通信事故和案件。实现全年普遍服务“零”处罚工作目标，邮政管理局客户评价满意度83.52分，获评“全国邮政客户满意企业”“湖南省消费者维权先进单位”等称号。机要通信质量稳定，客服工单处理率提升至95%，通信服务质量、网运KPI绩效指标均位于全省前列。

（郭小华）

无线电管理

【概况】 2017年，永州市无线电管理处办结频率使用许可1件、台站设置审批4件，开展行政监督检查8次，出动人员24人次。频率占用费严格执行收费标准，计划征收3.1万元，实际征收3.2万元，完成计划的103%。获2017年湖南省经济和信息化工作一等奖、市经信系统绩效考核第一名，管理处党支部被评为全市“五化”建设优秀党支部。

【打“黑”除“伪”】 2017年，永州市无线电管理处把打击“黑广播”“伪基站”专项行动延伸为常态化工作，每月出动3次以上，到中心城区和各县区开展排查打击行动，结合频率评估路测、在用设备检测等工作，确保行动效果。采购“伪基站”侦测系统2套，系统可以直接进入移动公司监控后台掌握“伪基站”活动情况。全年出动监测车81车次，动用监测定位设备151台次，出动监测人员284人次，工作测试时长310小时。

【无线电安全保障】 2017年，永州市无线电管理处按照国家法律法规要求，对国家、省、市组织的重点考试做到逢考必保。全年对永州市内的公务员招录、自考、高考、司法考试、成人高考等23场次考试，做好无线电安全保障，出动移动监测车25台次、技术人员92人次，启用各类监测设备67台套，并于任务完成后2日内向省无委办上报巡考情况和统计报表。

【监测检测】 2017年，永州市无线电管理处累计监测9225小时，按时按质完成国家局和省办下达的各项监测任务，无线电频谱监测统计报告质量稳居全省前列。开展频谱监测评估工作，出动人员42人次，动用移动监测车13台次，行车里程3000余千米，路测采集数据27GHz，于6月底前完成以广播电视频率为重点的评估数据的采集和分析工作，并及时上报评估报告。完成在用设备年检测试工作，全年测试包括公众移动通信、广播电视和气象雷达在内的各类在用无线电发射设备119台套。

【无线电监测技术培训交流会】 2017年3月1日，永州市无线电管理处在南华大酒店召开无线电监测技术培训交流会，湖南省无委办副主任刘文出席会议，长沙市、株洲市、湘潭市、岳阳市、衡阳市、郴州市、邵阳市、怀化市8个市州的领导和专家参加会议。培训会上，设备供应方技术人员演示新设备的各项功能，还对国内外相关新技术、新产品进行介绍。

（蒋春玲）

电信通信

【概况】 2017年，中国电信股份有限公司永州分公司有领导班子成员4名，在职员工1369名，市本部分市场、网运和综合支撑三大类22个部门（中心），下辖10个县（区）分公司、76个农村支局。

年内，完成年度预算目标，收入、利润双超产，内外部市场份额稳步提升，转型创新工作有效承接，企业呈现健康持续发展的局面。公司业绩考核排全省第一位，业务收入完成104.96%，排全省第四位；增长17.26%，排全省第三位；累计实现平台收入增长21.1%，排全省第三位；收

2017年5月17日下午，中共永州市委书记、市人大常委会主任李晖（前排右一），市委常委、常务副市长唐湘林（后排右一）在湖南电信公司副总经理褚格林（后排右二）的陪同下，考察中国电信永州分公司河东中心营业厅

入份额26.5%，较2016年年底提升1.01%，份额提升排全省第四位。净增移动出账用户完成进度261.5%，排全省第二位；移动过网份额24.15%，份额提升排全省第一位；净增宽带出账用户完成进度143.8%，排全省第八位；净增ITV用户完成进度87.5%，排全省第九位。

是年，永州分公司获中国电信湖南公司"2017年度业绩考核优秀奖"；总经理王中获湖南电信"2017年度最佳经营者"称号；江华瑶族自治县分公司总经理于信荣、江永县分公司总经理杨海林被中国电信湖南公司评为"2017年度明星县公司经理"；祁阳县、江华瑶族自治县、江永县、宁远县、道县、东安县6个县公司获湖南电信"2017年度天翼先锋双提升奖"；祁阳县分公司被评为"2017年度中国电信湖南公司战略业务单元"；永州分公司IT业务运营与支撑中心被评为2017年度中国电信湖南公司"天翼先锋号"。道县分公司白马渡支局、道县分公司仙子脚支局、江华分公司大圩支局、蓝山分公司大麻支局、祁阳分公司八宝支局、零陵分公司城南营业部、零陵分公司零陵区核心商圈、蓝山分公司蓝山自营厅、祁阳分公司祁阳行客团队、东安分公司城南装维分部、市分公司接入维护中心凤凰园综合维护分部、市分公司网络操作维护中心政企客户支撑分部、市分公司业务运营及IT支撑中心等12个承包团队获中国电信湖南公司2017年"最佳承包团队"称号。

【电信网络建设】 2017年，中国电信永州分公司以网络转型引领投资建设，重点投资移动网络建设和光网宽带建设。移动网络建设方面，公司的4G网络城区及乡镇覆盖100%，农村地区4G覆盖率88%；光网建设方面，公司实现城市、乡镇FTTH100%全覆盖，全市行政村通宽带达到91%；公司在全省率先完成"电信普遍服务试点项目"，双牌县、新田县、蓝山县、冷水滩区4个试点县区593个"电信普遍服务"行政村完成宽带建设，均在全省率先通过项目验收，平安乡镇项目网络建设全部完成，冷水滩区乡镇村布控监控点366个，双牌县乡镇村布控监控点198个，新田县乡镇村布控监控点780个，蓝山县乡镇村布控监控点256个。提前完成重点民生项目建设185个行政村的光网升级改造；网络保障方面，公司推行"六项服务承诺"，提升客户感知，全年公司的客户服务综合满意度、集约处理投诉良好率、工信部季度百万用户申诉率等指标均达标。

【"六项服务承诺"】 2016年，中国电信永州分公司针对光网宽带安装、维修、服务等内容，在全市率先推出"六项服务承诺"；2017年5月，公司将"六项服务承诺"全面延伸至农村。公司保障人力、物力、财力等后勤供给，组织一支300余人的装维工程师队伍，配备装维专用车辆200台，克服农村区域点多线长面广的困难，为"六项服务承诺"提供支撑。

【转型创新】 2017年，中国电信永州分公司调优划小承包机制，引导员工向一线流动。全年永州分公司划小承包专业组织体系划分为17个，四级经营单元214个（比2016年增加6个），AB、D类员工参与划小承包人数767人，占全市在岗员工的61.07%，比2016年增加37人。其中，划小承包小CEO214人，与2016年相比，小CEO更换占比27.2%。前端四级单元目标达成率82.6%，后端划小单元综合评估高于85分的占比达到95.52%。划小承包业务收入增长17.9%，划小承包人员个人承包佣金前端增幅21.72%，后端增幅35.46%。公司网络操作维护中心员工何桥成、蓝山分公司自营厅员工李润兰分别被中国电信集团有限公司评为2017年度“全国最佳小CEO”。

【创新成果表彰】 2017年，中国电信永州分公司向中国电信湖南分公司2017年度创新成果及成果推广评选活动选送项目9个，5个项目获奖。《合理调优基站资源 加大无线信号覆盖面》项目获岗位创新优胜奖，《创新支撑模式 提升支撑活力 打造倒三角支撑品牌》项目获岗位创新鼓励奖；《模块化管理 分类别运营 全面提升渠道发展效能》项目获集约创新二等奖；《持续优化薪酬激励机制 推动企业持续快速发展》项目获集约创新成果推广二等奖，《持续推进网络终端精确管理助力业务发展》项目获岗位创新成果推广优胜奖。

【安全生产管理】 2017年，中国电信永州分公司承接落实“防范打击通信信息诈骗”等专项行动，完成中国共产党十九大和抗洪救灾等重大通信保障任务。组织开展“安全生产月”“天翼安康杯”等活动，进行安全隐患排查整治和安全生产宣传教育；对全公司通信机房、营业场所、通信线路、消防设施、重点部位、车辆安全等生产现场进行排查整改，全年整改三线交越隐患370处，杆线升高隐患点1050处，更换通信机房内超期使用的电器8台、开关电源9套、空调4台、电池4组，处置车状较差的车辆5台；在“2017年青春行动”中，杆线整治投入330万元，更换开关电源22套、电池33组、空调40台、油机13台。全年无安全生产责任事故发生，无通信重大责任事故，无重大火灾责任事故。

【领导考察】 2017年5月17日，中共永州市委书记、市人大常委会主任李晖，市委常委、市人民政府常务副市长唐湘林，市委常委、市委秘书长唐能武等在中国电信湖南公司党委委员、副总经理褚格林陪同下，对中国电信永州分公司进行工作调研。李晖一行听取永州分公司近年来在承接国家“宽带乡村”示范工程和电信普遍服务项目试点，承建运营全市电子政务内外网、平安城市、金保工程、数字城管、华为云计算中心、城乡网格化等信息化工程方面的情况汇报，并视察永州分公司河东中心营业厅。李晖对永州分公司近年来取得的成绩予以肯定，她希望永州分公司再接再厉，认真按照永州市委、市人民政府“六大战役”所涵盖的信息化建设等工作要求，发挥电信网络优势，改进和提升运营服务水平，为永州信息化建设做出更大贡献。

11月15日，中国电信湖南公司党委书记、总经理廖仁斌到永州分公司考察，先后赴道县分公司、宁远县分公司进行工作调研。在道县，他考察分公司自营厅和渠道商圈樟木树店，看望营业员和合作商，参与清塘支局“万村攻坚”营销活动。在宁远，他到印山花园小区了解小区用户拓展、智慧家庭发展情况，并到客户家里，询问宽带使用感知和电信服务情况。廖仁斌对永州分公司的经营发展给予肯定。他强调，要做到“六个坚持”，始终坚持战略引领不动摇，战斗目标不动摇；始终坚持科学发展企业，精确管理企业，严格治理企业，不断创新企业；始终坚持优质高效抓发展，扎扎实实打基础；始终坚持“公开、透明、规范”的用人导向；始终坚持机制创新，提升活力；始终坚持打造“以人为本”的企业发展模式不动摇；要重视移动、光网、物联网、渠道等能力建设工作；缜密设计，确保收入二位数增长；要抓好三维联动工作，让全体员工共享发展成果；要做好岁末年初业务营销工作和“万村攻坚”“万家智慧”、乡村移动跨越、新型ICT物联网突破和短板提升等工作。

【汛期网络畅通安全】 2017年6月底至7月中旬，永州出现历史罕见洪灾。中国电信永州分公司及时部署防汛抗洪和通信抢险等各项工作，保护人民群众生命财产安全。按照防汛抗洪工作部署，取消周末休假，重点做好通信保障工作，确保各地机房设备（尤其是油机房在地下室，采取有力措施进行重点保障）、中继光缆、传输设备（省干中继光缆、波分）等通信设备、线路的安全，维护通信网络畅通。洪灾期间，出动通信抢修人员586人次，奔赴抗洪抢险第一线，确保全市各地的通信网络畅通和信息安全，受到上级公司、当地政府和社会各界的肯定和好评。祁阳分公司受到中国电信湖南分公司2017年抗洪抢险专项表彰，祁阳分公司党委被中国电信湖南公司授予2017年“抗洪抢险共产党员突击队”称号。永州分公司邓冬平、于智勇、李庚友、张洪波、秦利斌、赵健民、周冬军7人受到中国电信湖南分公司2017年抗洪抢险专项表彰，被授予中国电信湖南公司2017年“抗洪抢险优秀共产党员”称号。

（翟芳）

移动通信

【概况】 2017年，中国移动通信集团湖南有限公司永州分公司贯彻落实中共十九大会议精神，应对市场挑战，坚持四轮驱动融合发展，持续做好“互联网+”精准扶贫，全年累计完成通信服务收入13.40亿元，比2016年同期增长9.58%，基本完成全年目标任务。新增通话客户100.45万户，期末通话客户198万户，三方期末通话客户份额61.17%。其中，净增4G客户32.8万户，全年累计完成集团专线净增4905条（存量8247条），完成省定任务值129%；净增宽带用户9.6万户，有线宽带用户规模达21.5万户，较2016年提升17.09%。

【移动网络建设】 2017年，中国移动通信集团湖南有限公司永州分公司全面新增4G基站1647个，总量达到5792个，行政村4G覆盖率99%以上。新增传输光缆9500皮长公里，接入光缆里程4.9万皮长公里。新建管道261千米，达到2956管程公里。新增端口24.89万个，小区端口数64.3万个。新增家宽驻地网小区2464个，达到5098个；家庭宽带住户覆盖率提升到71%，行政村宽带通达率从62.7%提升到74%；平均宽带客户满意度83.9%。

【移动客户服务】 2017年，中国移动通信集团湖南有限公司永州分公司服务保障能力持续领先。根据2017年第三期客户满意度调查，公司客户满意度89.71%，网络质量满意度表现值91.39%，移动网络投诉处理满意度90%，家庭宽带投诉率0.09%，家宽投诉处理回访满意度95.8%，投诉关键指标进入全省前列。抓好窗口服务规范化，从影响客户感知的服务规范、服务态度、业务办理差错等方面着手，提升前台服务质量；加强投诉“事前、事中、事后”全流程管控，加大投诉焦点难点问题解决力度；建立星级客户营销服务保有体系，加强星级客户俱乐部深度运营，提供星级客户差异化尊享服务。

【企业文化】 2017年，中国移动通信集团湖南有限公司永州分公司开展“幸福1+1元宵喜乐会”“幸福1+1三八妇女节”“幸福1+1”咪咕健康行、“幸福1+1”第六届男子篮球赛等形式多样的文体活动，组建兴趣小组25个，有856名会员参与活动，参与率97.7%。开展“送温暖”活动，慰问特困职工10户、困难职工36户、劳动模范3人、离退休人员25人。

（杨锡苹）

联通通信

【概况】 2017年，中国联通永州分公司贯彻以集团公司新战略为指引的湖南联通《发展纲要》，坚持稳中求进工作总基调，落实“稳增长、新发展、控成本、强保障、防风险”工作部署，应对经济发展新常态和历史罕见洪涝灾害等困难，实现经营业绩平稳发展。

【联通客户服务】 2017年，中国联通永州分公司实施基层单元2.0改革，构建倒三角支撑体系下的基层单元，后台职能支撑部门围绕“一切为了客户、一切为了一线、一切为了市场”，提升对基层、客户及普通员工的服务水平。全年固网NPS18.6分，同比提升17.29分，排全省第七位。客户综合满意度91.05分，同比提升1.5分，排全省第六位。

【风险防控】 2017年，中国联通永州分公司深化风险防范，重

2017年12月，岁末年初联通业务营销启动会

点领域平稳过渡。坚持党建统领全局，党建工作融入公司动力体系。推进“一岗双责”落实，树立“公司的发展是第一要务，守纪律是前提”的纪律意识。利用“纪委+专业部门”的方式，全年梳理风险点62个，开展内部风险防控，配合省公司纪委巡察组与光改小组，完成专项巡察工作。

【联通网络保障】 2017年，中国联通永州分公司加强信息基础设施建设，统筹规划城乡通信基础设施，推进光纤入户和农村行政村宽带全覆盖工程，推进城市家庭带宽200兆~1000兆、农村家庭带宽50兆~100兆以上网络覆盖。无线网建设方面，全年投资2000多万元，规划建设宏站数800多个。全市4G网络达到市区县城良好覆盖、乡镇全覆盖、行政村重点覆盖目标。响应国务院提速降费号召，推进CA载波聚合业务，投资2200万元，完成4G站点开通875个，开通率100%，将4G网速提升至300兆。宽带建设方面，全市宽带达到市区、县城、乡镇全覆盖，部分行政村重点覆盖，以及偏远地区村庄无线宽带覆盖等目标，全年投资1100多万元，新建端口数6.5万个。传输网方面，完成两区三点架构搭建，完成投资2493万元，新建传输线路2000千米，主要聚焦在汇聚机房建设、4G接入能力建设、县乡OTN成环保护建设等方面。

【“电信普遍服务项目”建设】 2017年，中国联通永州分公司作为全市“电信普遍服务项目”建设中标企业，本期工程投资1.2亿元，完成永州市278个行政村的宽带网络覆盖，满足对中小学、村委会等农村公共服务机构以及居民的使用要求，有线宽带接入速率100Mbps以上，同时提供不低于6年的运营维护服务。

（王巧玲）

在建的城南大桥

城乡规划业

综　　述

2017年，永州市住房和城乡规划建设局创新“智慧工地”“首层示范”“负面观摩”“党员示范岗”等管理方式，全市获省“芙蓉奖”建设工程3个，省级质量标准化示范工地、优质工程等42个。全市建筑企业289家，房地产开发企业546家。全年完成招投标项目83个，总招标金额40余亿元。发布造价信息1.8万条，办理施工、监理等合同备案186个。下达市政项目变更批复25个，处理有关技术问题310余项。完成施工图审查备案71项，项目初步设计审查32个。推广装配式建筑，出台《关于加快推进装配式建筑发展实施意见》，建立2017年装配式建筑项目库。年内，城建档案入馆8万余卷，实现数字化管理，接待查阅人员1.6万人。“安管人员”、农村建筑工匠等专业技术人员的教育培训1.7万余人次。全市建筑施工面积1253.7万平方米，建筑业总产值210亿元，较2016年增加30亿元，增长9.4%。

【城乡规划编制与管理】 2017年，永州市中心城区总体规划局部修改方案、21个专项规划、18大片区控规成果以及近期建设规划初步方案全面出台，高溪市、蔡市等卫星镇规划完成评审，潇湘城市群协调发展规划及其交通、产业、生态3个专项规划继续完善，永州火车站周边区域城市设计加快推进，《城市设计导则》和《美丽乡村建设导则》启动编制；各县总规、控规、专项规划有序推进，136个建制镇和2205个村庄完成规划编制。

【城乡规划重点项目建设】 2017年，永州市制订《永州市中心城区提质三年（2017—2019年）行动计划工作方案》和《2017年“城镇提质”战役重点项目任务书》，市本级“城镇提质”项目开工 46 个，完成投资 149.8 亿元，占年度计划的 109%。坚持“月调度、季督查、年终考核”，对项目的规划选址、规划设计、质量安全、竣工验收等环节进行全程监管和指导，推动项目建设。远大住工装配式建筑、永州大道地下综合管廊、永州“两中心”、城南大桥、城南大道等重大项目进展顺利。

【美丽乡村乡镇建设】 2017 年，永州市新增国家级特色小镇、美丽宜居小镇、人居环境整治示范村 3 个，省级美丽示范乡镇、村 7 个，省级历史文化名镇名村 40 个，入列中央财政支持范围的传统村落 15 个，双牌县、道县获评全省美丽乡村建设先进县。完成农村危房改造 2.69 万户，占年度目标任务的 116.6%，争取中央、省农村危房改造补助资金 3.7 亿元，县区配套资金 2.1 亿元，组织社会众筹资金 1162 万元。完成“农村建房规划与质量安全管理”重大课题调研，形成调研报告和《永州市规范农村建房指导意见》。

【国字号品牌创建】 2017 年，永州市有“创国园”项目建设 108 个，其中完工项目 38 个、在建项目 40 个，中心城区绿化覆盖率 30.77%、绿地率 27.9%、人均公园绿地面积 4.1 平方米；江华瑶族自治县成功创建为国家园林县城，东安县、新田县成功创建为湖南省园林县城；《永州市公园广场管理条例》出台实施。《永州市历史文化名城保护条例（草案）》审议通过。

【行政审批服务】 2017 年，永州市住房和城乡规划建设局完成“一站式工作平台”升级，所有行政审批事项纳入内网审批，实现“系统工作一张网、信息数据一个库、项目建设一张图”；项目报建环节由 18 个缩减到 14 个，政务服务事项由 54 项缩减到 30 项；报建资料由 150 余项精简到 80 余项；办事时限整体缩短三分之一以上。受理办结行政审批事项 7314 件；组织各类规划审查会议 40 余次，审查和研究项目问题 1500 余个；核发“一书三证”482 份；审核平台公司 163 个市政项目预决算，审查金额 15 亿元；完成规划技术论证 290 余项、项目公示 600 余项、用地红线圈定 2100 余项。驻政务中心窗口连续四个季度被评为“红旗窗口”。各县区住建局“一站式工作平台”建设全面铺开，其中宁远县住建局试点建设全面完成。

（张程源　陈华）

城乡规划设计

【概况】 2017 年，永州市规划设计院贯彻中共永州市委、市人民政府“六大战役”和“四个提升”战略部署，围绕生产责任目标，以项目为中心，以优质服务为基础，较好地完成各项工作任务。全年完成设计产值 3700 万元，超出目标产值 1700 万元，人均产值 50 余万元。签订设计业务合同 248 项，其中规划类 89 个，金额 1200 余万元；建筑类 69 个，金额 500 余万元；市政类 90 个，金额 2000 余万元。工程设计质量合格率 100%，图纸合格率 100%。获省 2017 年度优秀城乡规划论文竞赛表扬奖 1 项，获省规划学会优秀规划设计二等奖 1 项，规划设计表扬奖 1 项。

存在的主要问题是：设计市场不断分化，市场份额占有率较

湘江风光带

低；经营成本和难度加大，利润空间狭隘；技术力量不足，技术骨干缺乏，缺乏学术带头人；人才培养与引进难度大；制度运作不畅；设计费回收率偏低。

【设计过程控制】 2017年，永州市规划设计院制定设计过程各阶段的主要工作安排，提高控制力度。在项目前期阶段，衔接各业主单位，配合业主单位出具设计任务书、项目委托书及前期立项工作，推动项目的实施，及时签订设计合同；在项目设计阶段，定期召开业务例会，进行项目初审，设计作品实行三级校审制，严格把关设计质量；在后期服务阶段，派遣业务人员从事施工现场处理等服务工作。洪涝灾害期间，全市地质灾害和房屋受损时有发生，市规划设计院及时参与处理，制定的方法措施科学有效，服务效果明显。在生产过程中，加强设计人员的创新意识，更新设计理念，推广新技术的运用，一部分论文和设计成果在省住建厅规划协会获奖，先后获省2017省规划学会优秀规划设计二等奖1项、规划设计表扬奖1项，获省2017年度优秀城乡规划论文竞赛表扬奖1项。

【基础性建设】 2017年，永州市规划设计院结合国家的有关政策及湖南省委关于《深化人才发展体制机制改革的实施意见》，制定生产承包责任制，完善其他相关制度，实现多劳多得，奖优罚劣，调动职工的积极性，保持人才队伍的稳定性，破解绩效分配及成本支出问题。搬至新办公场所办公后，对办公室进行调整，一楼设立图文工作室，投入60多万元，增添打印设备，提高出图质量和效率；对全院历年的档案进行整理和集中存放，并安排专人管理；办公区设置学习栏、公示栏等，改善办公条件和环境。加强内部工作管理；促进工作规范化、制度化；加强院办公室、生产经营室、业务科室的紧密协作，实现信息共享，提高工作效率。

【服务中心工作】 2017年，永州市规划设计院贯彻中共永州市委“六大战役”总体思路，树立以经济建设为中心的服务宗旨，围绕市重点建设项目和新的建设热点开展优质各类设计服务。利用地域优势，在道路改造、立面改造、绿化改造、广告规划等领域开展业务，服务城镇提质战役；与湖南大学合作开展潇湘城市群交通专项规划设计，编制中心城区各出城口内外交通组织规划方案，服务交通提速战役；编制永州市十三五新型城镇化建设规划；与湖南大学合作开展潇湘城市群的生态专项规划设计，重点体现城市双修（生态修复、城市修补）功能，服务环境整治战役；参与市城投公司在建安置小区采用BIM技术及装配式建筑设计。配合市住建局开展海绵城市专项规划的前期工作。

（蒋彬）

城市管理

【概况】 2017年，永州市城市管理行政执法局除履行自身职责外，还牵头负责国卫管理、控违拆违、中心城区全面禁燃、创文城生活环境组、创交模人行道和停车泊位专业组、创国园市容环境组等工作。是年，永州市城管局获党风廉政建设、项目建设、安全生产、防汛抗旱、信访等二十多项先进。在市人大常委会的年度工作测评中，被评价为第一方阵“好单位”；创新城管“党建+”“岗亭+”治理方式，多次被省级媒体宣传推介，在《人民日报》和微博联合发布的《2017

2017年7月17日，永州市人大代表视察汽车北站排污口　　摄影 成文杰

2017 年 6 月 21 日，永州城管月月谈活动城管队列展示　　摄影　邓凌云

政务指数·微博影响力报告》中，永州市城管执法局微博跻身“全国十大城管微博”行列。

【环境治理】　2017 年，永州市从多个方面开展环境整治工作，取得明显成效。污水治理方面，中心城区 16 个湘江排污口全部截流，中心城区 17 处黑臭水体完成整治 13 处，占总任务的 76.4%，超过省定 60%的任务。道县污水处理厂提标扩建工程、江华瑶族自治县污水处理二期工程、祁阳县城浯溪区污水处理厂扩建工程、向家亭污水处理厂提标改造北线工程全面完工；下河线二期第二个 5 万吨扩建工程开工，20 万吨提质改造工程启动建设，新建污水管网 122.71 千米。垃圾治理方面，中心城区生活垃圾焚烧发电项目于 11 月开始点火发电，入选财政部 PPP 示范项目经典案例；祁阳县、江永县 2 个存量垃圾场完成封场，冷水滩区、零陵区、蓝山县、东安县等 5 个存量垃圾场纳入湘江流域综合整治亚行贷款项目；宁远县、道县、祁阳县、新田县、金洞管理区、回龙圩管理区等县区推行城乡一体化，宁远县成为首批 100 个国家农村生活垃圾分类和资源化利用示范县；冷水滩区、零陵区、宁远县、东安县、道县、蓝山县、江永县 7 个县区乡镇卫生机构纳入医疗废物处置范畴，增加处置业务医疗卫生机构 19 家。城市净化方面，中心城区拆除违法建筑 50.2 万平方米，宋家洲综合治理、湘江西岸棚户区改造、零陵古城、东部新城等重点项目有序推进，其他县区拆除违法建筑 51.57 平方米；中心城区杜绝违规燃放烟花爆竹的行为，除双牌县、江永县外，其他县区城区禁燃全面铺开；公园广场噪声扰民、夜宵市场油烟治理成效明显；中心城区在全省范围内率先开展规范熏制腊制品专项行动。

【城镇提质项目】　2017 年，永州市城市管理行政执法局计划项目 27 个，全部开工建设，完成投资 9.54 亿元，占全年投资计划的 164%，其中纳入市本级城镇提质战役重点项目 6 个，完成投资 7 亿元，占计划任务的 100.4%，比 2016 年增长 133.3%。坚持“疏堵结合、防治结合、点面结合、严细结合”的思路，运用数字化、网格化手段管理城市，11 个县区建成数字城管平台，市数字城管中心累计受理案件 15 万余件，结案率 99.85%；加快城市管理立法步伐，《永州市公园广场管理条例》于 8 月 1 日起实施，《永州市城市市容和环境卫生管理条例》出台。

【市容市貌管理】　2017 年，永州市以城市创建为抓手，开展市容环境卫生专项整治。冷水滩区、零陵区和永州经济技术开发区三区环卫部门增加清扫保洁、改造建设环卫设施，治理道路扬尘、渣土撒漏；冷水滩区、零陵区和永州经济技术开发区三区城管部门开展各类整治活动 300 余次，整治占道经营、取缔流动摊担 5.8 万余起，规范修车和洗车场所 220 余处，整治规范违章广告 3000 余处。各县区加大市容、环境卫生管理力度，成效明显。在城市创建中，中心城区相继通过省和国家的评估和验收。宁远县、东安县、新田县迈入国家卫生县城行列，江华瑶族自治县成功创建为国家园林县城，东安县、新田县入围省级园林县城。

【中心城区民生保障】　2017 年，永州市中心城区曲河水厂 10 万吨/日扩容提标项目建设、智慧水务平台建设稳步推进，供水管网新建改造 21 千米，中心城区供水能力 37.5 万吨/日，供水管网总长度 1164 千米，服务人口 56 万人。冷水滩区城区完成燃气管网建设 12 千米，新增燃气用户 1.15 万户，商业用户 60 多户，中心城区燃气普及率 91%。市政网格化管理持续推进，潇湘大道、新火车站区域、河东等重点地段楼宇景观的提档升级，18条背街小巷路灯改造等民生微实事任务按期完成，冷水滩城区路灯亮灯率保持在99%以上。

（刘武荣）

城市园林

【概况】 2017年，永州市城市园林局围绕“六大战役”决策部署，以创建“国家园林城市”为抓手，加强城市绿化建设与管理，改善城市生态环境。江华瑶族自治县成功创建为“国家园林县城”“生态文明示范县”，东安县、新田县成功创建为“省级园林县城”。是年，永州市城市园林局继续保持永州市文明单位和湖南省文明卫生单位称号，局机关工会建设被授予“模范职工之家”称号。

年末，全市有公园绿地62处，约238公顷，其中综合性公园4处，社区公园4处，专类公园5处，带状公园3处，绿化广场4处，街头绿地、小游园42处；街道绿化77条，街道绿化面积约127.5公顷；附属绿地575.9公顷，生产绿地317.7公顷，防护绿地44公顷，其他绿地429公顷，建成区绿地总面积1732.1公顷。

【园林城市创建】 2017年，永州市将创国家园林城市与其他“国”字号创建工作同“六大战役”相整合，创建国家园林城市工作稳步推进。永州市创建国家园林城市领导小组办公室全年明确建设项目102个（其中93个项目为年初下达的建设任务，9个项目为后续增加），完成樟树脚公园、科技小游园、翠竹小游园等创国园建设项目28个，在建设项目28个。

【城市园林规划】 2017年，永州市根据《永州市城市绿地系统规划》，在完成《永州市绿线规划》和《中心城区垂直绿化规划》的基础上，启动《城市绿地系统规划》修编。要求创国园的各个项目建设，必须按照《公园设计规范》《绿道规划设计导则》等相应的设计规范和技术规范做好公园、城市广场、小游园、城市道路主次干道、桥梁及山体断面立体绿化和生态停车场绿化等园林绿化建设项目新建和提质改造的规划。

【园林提质改造工程】 2017年，永州市重点推进中心城区35条道路绿化提质改造工程，项目完成投资1.1亿元，移出苗木9500余棵，种植乔木灌木、微景观树1.17万棵，种植小苗5.2万平方米。永州大道项目晓深塘立交桥至冷水滩段的5米绿化带苗木种植大苗1.5万株、花灌木2.5万株、小苗11万平方米，道路中间12米绿化带启动建设。完成虎岩公园提质改造工程，做好潇湘公园提质改造工程的环评审批、立项、设计招标等前期准备工作。滨江公园提质改造工程经永州市园林局提出改造意见后由业主单位城投集团进行设计招标。滨江公园投入126万元，升级维护广场基础设施。潇湘公园投入490万元，完成游路的二期、健康步道及健康小屋改造工程，改造和维修公园的厕所、供水设备、路灯、办公楼等基础设施。

【园林式单位（小区）创建】 2017年，永州市城市园林局组织开展中心城区单位庭院拆墙透绿工作初步摸底工作，引导已建小区和单位进行绿化改造，为创建“省、市级园林式单位（小区）”提供技术指导。全年受理全市申

2017年9月5日，中共永州市委书记、市人大常委会主任李晖（左四）到市城市园林局调研　　摄影　周戬

报材料 118 份，组织专家对部分申报单位进行现场初评，授予 69 家单位（小区）“市级园林式单位（小区）”称号。

【《永州市公园广场管理条例》实施】　《永州市公园广场管理条例》（简称《条例》）经湖南省人大常委会批准，于 2017 年 7 月 1 日起施行，《条例》对永州群众关注的热点、焦点问题作重点规范，《条例》共四章三十三条，包括总则、管理与服务、法律责任、附则四部分。《条例》是永州市制定的第一部地方性法规，也是湖南省第一部公园立法，是地方法规对公园和广场法制化管理的有益探索。

（周戬　李冰洁）

城市建设投资

【概况】　2017 年，永州市城市建设投资发展有限责任公司发挥自身中心城市的“城建项目建设主体、项目城市投融资主体、城市资产经营主体”作用，拓展融资渠道，实施项目建设。截至 2017 年年末，资产总额 463.29 亿元，2017 年度新增资产 130 亿元，净资产 260.79 亿元，负债 202.50 亿元，资产负债率 42.67%；信用评级 AA。是年，公司被评为永州市党建工作先进单位、人才工作先进单位，连续 4 年被评为全市党风廉政建设和反腐败工作先进单位。

【城市建设】　2017 年，永州市城市建设投资发展有限责任公司有“六大战役”重点项目建设任务 44 个，计划完成投资 59.7 亿元。截至 2017 年年末，“六大战役”完成投资 73 亿元，增长 60.86%，其中城镇提质战役实施项目 32 个，完成投资 60.52 亿元；交通提速战役实施项目 1 个，完成投资 2.94 亿元；旅游升温战役实施项目 1 个，完成投资 2.49 亿元；环境治理战役实施项目 2 个，完成投资 2.83 亿元；抗洪抢险及灾后重建投入 5 亿元。是年，公司被评为永州市“城镇提质”“扶贫攻坚”“环境治理”“旅游升温”等四大战役先进单位，20 多个项目获奖。将军岭安置小区、城南大桥、翠竹大道、白石山公园、珊瑚公园等项目成为新的城市名片。

2017 年 5 月 3 日，中共湖南省委书记、省人大常委会主任杜家毫（右四）调研市城投集团投资建设的将军岭安置小区项目建设情况

【城市建设项目融资】　2017 年，永州市城市建设投资发展有限责任公司把握政策红线和融资底线，保障项目建设资金链不断。在市政府规定利率不超过 6.5% 的情况下，对接融资项目 20 个，金额 364.73 亿元，落实并通过金融机构审批通过 166.416 亿元，到位资金 80 亿元，年平均综合利率 5.82%。

【资产经营】　2017 年，永州市城市建设投资发展有限责任公司完成各类资产划转、增注总额 177 亿元，其中完成评估列入 2017 财务年报的新增资产规模 123.79 亿元，增长 235.3%。年末，公司资产总额 463.29 亿元，负债 202.50 亿元，净资产 260.79 亿元，资产负债率 43.7%。完成东部新城翠竹东路两宗 166.67 公顷基本农田划出及土地利用总体规划调整工作；调剂使用全市耕地占补平衡指标，节约土地报批成本 8400 多万元；抓好国有资产管理经营，实现经营收入 6000 余万元。

（肖琳）

经济建设投资

【概况】　2017 年，永州市经济建设投资发展集团有限责任公司（简称市经投集团）下辖市滨江新城投资公司、市顺达住房投资公司、市交通建设投资公司、市机场建设投资公司等 4 家中Ⅱ型功能型子公司和市保安服务有限公司、市潇湘平湖旅游开发有限公司等 2 家经营性子公司。年末，公司全口径统计资产总额153亿元，负债总额86.17亿元，净资产66.83亿元。市经投集团获得全省档案管理宣传工作先进单位、全市保密工作先进单位、全市调研工作先进单位、全市无偿献血工作先进单位、全市建议提案办理工作目标管理先进单位等称号。

【经济建设项目融资】 2017年，永州市经济建设投资发展集团有限责任公司拓展企业债、非公开公司债券、非公开定向债务融资工具（简称PPN）等直接融资方式，全年实现到位资金和获得融资授信批复总额60.36亿元，其中到位资金28.08亿元（交通银行项目贷款10亿元，建设银行股权类理财产品3亿元，兴业银行项目贷款4.8亿元，国开行项目贷款1亿元，华运融资租赁5亿元，河北金租融资租赁2亿元，市慈善总会借款0.12亿元，政府债券置换债务资金到位2.16亿元）；获得PPN批文9亿元；获得非公开公司债批文8.5亿元；PPP项目获得融资授信6.17亿元（包括永州大道地下综合管廊PPP项目取得建设银行融资授信2亿元，永州幼儿师范高等专科学校PPP项目取得建设银行融资授信4.17亿元）；获得国开行、北京银行、恒丰银行及信托贷款授信8.61亿元。

【经济建设项目招商】 2017年，永州市经济建设投资发展集团有限责任公司参加“港洽周”招商推介会、文化旅游招商推介会、永州—厦门航线旅游招商推介会等招商活动，对接滨江新城新能源供能项目、远大建筑工业化项目、华侨城卡乐文旅项目、潇湘国际汽车城、“水云潇湘·一江十景”等招商项目。其中，滨江新城新能源供能项目签订合作协议；远大建筑工业化项目与市城投集团、远大建筑集团共同组建合资公司并投产运营；华侨城卡乐文旅项目达成合作意向。公司下属子公司市保安公司实现年经营收入5526万元。

【经济建设项目工程】 2017年，永州市人民政府下达重点项目建设投资计划38.3亿元，全年累计完成投资42.3亿元，完成征地184.59公顷，征收房屋648户，征收房屋总面积12.31万平方米。引进最新技术BIM站辅助指导施工，设置实名制通道、安全观摩通道、安全体验展区，实行工地摄像全覆盖、手机APP实时现场监查、噪声扬尘即时监控等智能化管理，推进“智慧化工地”创建和项目创优工作。“两中心”一期项目被评为“湖南省建筑工程施工质量标准化示范工地项目”“湖南省工程质量常见问题专项治理省级示范观摩工程”“省级建筑施工安全生产标准化示范观摩工地”等称号。“两中心”项目、永州大道（联城段）后续配套项目、永州大道地下综合管廊项目、永州幼儿师范高等专科学校项目、滨江新城安置小区建设项目、滨江新城道路建设项目、万商红商贸新城项目正在有序施工。“一宫两馆四中心”项目、滨江新城棚改项目、永州市滨江新城路网项目（含滨江新城污水处理系统）、上大公路项目、冷祁公路提质改造项目、永州市湘江东岸生态治理项目、永州市委党校整体搬迁及市政配套基础设施建设项目、李达故居及李达公园项目、永州市玫瑰湾休闲养生产业园基础设施项目、岚角山镇提质改造项目、永州零陵机场迁建等项目前期工作进展顺利。

（廖茂盛）

永州大道地下综合管廊项目

建 筑 业

建筑工程事务管理与规划执法

【概况】 2016年11月起，永州市建筑工程事务管理办公室和市规划执法支队实行“两块牌子，一套人马”的合署办公管理体制。主要承担永州市中心城区规划区建设用地范围内建筑市场执法监察（不含零陵区）和已办理建设工程规划许可证的违法建设案件的规划执法监察，并查处违法违规行为。

2017年，永州市建筑工程事务管理办公室（市规划执法支队联合支部）“五化”建设被市直工委评为先进单位，党建工作年终考核在全市住建系统18个支部中排第一位；获全市住建系统党风廉政建设先进单位、安全生产先进单位；在市住建系统创先争优和绩效考核工作中排局属单位第一位。

【项目执法监管】 2017年，永州市建筑工程事务管理办公室（市规划执法支队）负责管控中心城区职责范围内已办理建设工程规划许可证的173个房屋在建项目，其中冷水滩区88个、零陵区69个、永州经济技术开发区16个，监管总建筑面积875.02万平方米，监管率100%，参与批后管理放线、验线和规划条件核实395人次；发出执法文书202份，其中温馨提示单69份、执法工作联系函34份、责令（限期）改正通知书34份、责令停止违法行为通知书26份、其他函件39份。

2017年9月5日，中共永州市委书记、市人大常委会主任李晖一行到市规划执法支队调研并听取相关汇报 摄影 甄园园

【违法建设查处】 2017年，永州市建筑工程事务管理办公室（市规划执法支队）立案查处违法建设15起，立案率100%；依法下发《行政处罚事先告知书》12份、《行政处罚决定书》12份；下发行政处罚催告书4份，申请人民法院强制执行8起；收缴罚款519.53万元。

【执法档案管理】 2017年，永州市建筑工程事务管理办公室（市规划执法支队）安排工作人员6名，用时3个月，将市规划执法支队2011年1月成立以来共6年的所有执法案卷、项目档案、文书档案和财务档案，按照档案管理要求，进行整理，重新分类编号，并安排专人进行保管。

【台账分类管理】 2017年，永州市建筑工程事务管理办公室（市规划执法支队）建立健全5本台账的管理制度。规范项目管理台账，每月更新一次，确保监管信息公开、透明，避免发生瞒报、谎报现象；对市规划执法支队成立以来所有违法项目处罚情况按年度归类建立处罚信息管理台账；对2014年1月以来市住建系统审批的项目信息进行归类，建立《项目审批信息跟踪管理台账》；对市住建局领导批转件、群众信访件、支队领导审批件，建立批件督办管理台账，跟踪落实批件处理办结情况，并进行内部通报；对市住建局下发的局务会议纪要、案审会议纪要、行政处罚事先告知书、行政处罚决定书、移送法院强制执行申请书，由案审科建立管理台账并每月更新一次。

【信息化建设】 2017年，永州市建筑工程事务管理办公室（市规划执法支队）与长沙市规划信息中心签订信息化建设合同，购置规划移动执法监察平台服务器，规划移动执法监察平台的服务器端和移动终端软件系统开发完毕，报批手续办妥，并移交进入试运行阶段。

（唐媛媛）

建设工程质量安全

【概况】 2017年，永州市建设工程质量安全监督站围绕中共永州市委、市人民政府的决策部署，以“六大战役”为主线，落实安全生产工作要求，提高中心城区的质量安全管理水平，永州建筑市场安全生产形势平稳趋好。全年获评芙蓉奖工程3个；获评省级质量标化示范工地项目60个，获评省级质量常见问题治理示范观摩工地项目2个，获评省级安全生产管理标化示范观摩工地项目2个，获评省级优质工程项目11个。办理质安监手续的在建工程项161个（其中市政项目26个，占16.1%），总建筑面积388.02万平方米，造价91.88亿元（其中市政工程6.79亿元）；办理建设工程竣工验收备案项目26个；办理起重机械备案等手续518台（次）；市建设工程质量检测试验中心完成检测试验1.34万组（项、次），其中合格组1.33万次（项），合格率99%。

【建设工程安全生产】 2017年，永州市建设工程质量安全监督站根据市住建局下发的目标任务，研究部署质量安全监督工作。3月，召开专题会议明确科室指标，将任务分解到各责任领导。9月、11月，召开二次专题会，分析部署各阶段工作进度和推进情况，根据实际困难，调整思路，改进措施，制定完善质安监督新举措，落实工程质量和施工安全相关部署工作。出台《2017年永州市建设工程质量安全督查工作方案》，加大督查频率和力度，将对比考核结果与监督人员绩效评价相结合，落实奖惩；实行一月一督查，一分析一通报，将工作完成情况通报到监督员，到项目关键岗位执业人员，到技术负责人和法人代表；站长带领督查科到工地实地督查，月平均督查检查工地项目数10～15个，班子成员根据分管范围，带领分管科室人员对重点、难点问题开展专项督查。

【质量安全监管】 2017年，永州市建设工程质量安全监督站在元旦、春节、五一、十一等法定节假日期间，开展全市范围内的建筑工地“节前布置、节后复工大排查、大管控、大整治”活动，组织施工、监理企业动态核查，开展建筑工程质量安全检查，结合创卫活动开展多次建筑工地扬尘治理整治活动。通过巡查检查，下发整改督办通知37份，停工通知8份；开展督查督办，下发隐患交办12份。将曲河花园安置小区一、二、三标段，冷水滩区玻璃厂棚屋改造，竹塘安置小区（高层），愿景国际，万商红，九嶷大道提质改造，中央新城，永州大市场等在建项目纳入监管，实行跟踪检查制度，发出整改通知30多份。以脚手架、支模架、深基坑、临时用电等重危大工程为重点，开展专项整治行动，下发隐患整改通知39份、停工整改9份、不良行为告知书11份，消除安全隐患29处，建立较大危险安全交办单3件，跟踪督查督办3件。开展在建建筑工程关键岗位人员专项整治行动，要求关键岗位人员（项目部项目经理、技术负责人、施工员、安全员，监理部总监、专监、监理员）履职实行打卡管理制度，率先在中心城市的城投、经投等国有投资及较大规模房地产开发项目中推行。规范监督行为，明确“只允许四个一次”的步骤要求，即一个工地的一种违法行为或质量安全隐患，不能重复下发监督指令，只允许下发一次限期整改、一次停工整改、一次不良行为告知、一次不良行为认定。对较大以上质量安全隐患，按照上级主管部门“一单四制”的要求进行落实，出台建筑工程质量安全隐患报告制度，加强施工单位、监理单位的自查自检，建立建筑工地质量安全隐患情况，加强检查督办，消除安全隐患。落实五方主体责任，突出“五化”和示范效应，在中心城区推行质量安全管理图示化、规范化、标准化、常态化、智能化管理，出台图示化、规范化制度，增强五方责任单位的企业主体责任；推行规范化围挡和智能化扬尘控制、门禁管理设施；在主体工程施工质量管理中推行首层示范质量控制，在安全管理过程中推行标准化、定型化的安全防护设施，将军岭安置小区达到永州智慧工地要求，两中心项目获得省住建厅验收通过，是永州首个绿色施工示范工地。

【“六大战役”服务】 2017年，永州市建设工程质量安全监督站将“六大战役”贯穿安全生产工作的始终。把“六大战役”重点项目的建筑工地纳入质量安全生产管理的工作重点，开展督促检查；以万商红安置小区、巴洲安置小区等项目为示范，以烟草技改项目、华为云计算项目为重点，推广质量安全示范工地建设；全程跟踪快速公交首末站、永州大道综合管廊、坦塘垃圾发电项目（静脉产业园项目）、城市道路综合提质改造、将军岭安置小区、潇湘公园滑坡治理抢险工程、源味街立面改造等中心城市重点项目、工业园区产业项目、农科园项目。

【城市创建服务】　2017 年，永州市建设工程质量安全监督站落实中共永州市委、市人民政府“三创一保”工作部署，对建筑工地围挡、材料堆放、道路硬化、安全通道、裸土覆盖、扬尘和噪音治理、宣传氛围、办公场所、食堂卫生等进行重点管控；结合创国卫复查、市爱卫办专项检查、国家环保督查组的专项检查等行动，加强平时检查、重点督查、跟踪督办，下发督办函约 90 余份，向市创卫办提交交办函 20 余份，下发不良行为告知 15 份；促进责任主体单位特别是市城投公司、市经投公司、市开建投公司等中心城市政府投资平台强化“管生产，必须管安全”等质量安全生产管理意识，落实城市创建工作举措，中心城区所有的项目均按创卫要求安装施工围挡。

【工程质量安全行政审批】2017 年，永州市建设工程质量安全监督站精简行政审批手续，增强监督队伍执行力、履职力。简化办事流程，将市质安站办理有关质量安全监管手续全部进入市政务中心窗口，统一受理、审查、出证，实行一次告知。实行预约办理，申报单位可将电子材料，以电子邮件、微信、短信等多种方式发送至政务中心窗口岗位人员，待初审通过，后再报送纸质申报资料。通过合并整合、简化优化、内网查询、后置监督核查、取消等方式精简申报材料。开工安全生产条件审查和安全监督备案手续分别办理时，需申报资料 33 项，精简后只需资料 5 项；办理质量监督注册手续需申报资料 15 项，精简后需资料 2 项；办理竣工验收备案手续需申报资料 22 项，精简后需资料 7 项；办理建筑起重设备相关手续需申报资料 53 项，简化为 8 个大项 37 个小项。

【扬尘专项治理】　2017 年，永州市建设工程质量安全监督站制定下发《关于开展环境突出问题彻底整治的通知》《2017 年建筑施工扬尘防治工作方案》，开展多次扬尘治理专项检查，所有在建工地均进行封闭围挡施工。对永州大道全线 20 千米进行裸土太阳膜覆盖；中心城区在建工地新建及修复围挡 13 万米，建立冲洗平台 132 个，购买冲洗车辆 40 余辆，建立喷雾设施 67 个，完成裸土覆盖面积 40 多万平方米，将军岭、两中心、城南大桥等重点项目建立环境自动检测仪 15 个，中心城区在建有渣土外运的工地基本建立冲洗平台或购置冲洗车辆、移动式喷雾扬尘控制车辆，对 132 个在建工程建立扬尘治理动态整改台账。

【“负面观摩”新闻曝光式检查】2017 年，永州市建设工程质量安全监督站在全省率先推出“负面观摩”新闻曝光式检查，对省、市局每季度组织的安全生产督查中发现较多的质安问题的项目、中心城区项目和 6 个县区项目进行负面观摩 4 次，对上海城、幸福小区等 12 个项目进行负面观摩，邀请电视新闻媒体进行整改跟踪报道；采取交叉检查方式对各科室监督的项目进行检查，并对检查的问题形成督办函进行交办。全年利用电视台、新闻网络媒体，采取负面观摩、交叉检查、监理报告制等方式，约谈企业法人 4 人，并将失信者记入黑名单进行惩戒，推进安全生产管理迈上新台阶。

【办理交办建议提案】　2017 年，在永州市政协五届一次会议上，市政协委员邱艳华提出《加强城市噪声污染治理工作的提案》的第 135 号提案。永州市建设工程质量安全监督站启动交办建议提

2017 年，永州市建设工程质量大会召开

案办理机制，由分管领导负责，经办科室负责，采取措施，解决问题。相关工作人员多次与邱艳华电话、微信沟通，及时反馈办理情况，将对施工噪声的管控情况以及相应的资料文件较交至邱艳华。邱艳华对该站的答复“非常满意”。

【执法整改】 2017 年，永州市建设工程质量安全监督站落实五方责任主体质量终身责任，开展建筑领域质量常见问题治理专项整治、安全生产大排查、季度质量安全督查、建筑起重机械整治、商品砼整治等行动。全年日常监督巡查各科室 965 次，下发隐患通知 114 份、停工整改 34 份，下发不良行为告知 14 份。协助查处“打非治违”行动，督办项目 138 个（项），对 92 个在建项目进行监督检查 480 余次，其中下发质量安全隐患整改通知书 170 余份、停工通知书 155 份、不良行为告知书 15 份，督促整改项目 24 个，对建筑起重机械市场中有出具虚假检测报告、非法挂靠、超出资质范围执业等违法违规行为的责任主体单位予以通报，坚决清出永州市建筑起重机械市场。对发现存在问题和隐患比较严重的责任主体单位，及时通报各县（区、管理区）质安站、安监站和市站各监督科室落实跟踪整改机制，按法律法规予以停工、罚款等惩戒。

【建设工程质量安全培训】 2017 年，永州市建设工程质量安全监督站通过开展各类培训工作，强化干部队伍素质，提高业务能力和管理水平。施工企业培训方面，全年组织建筑工地安全生产标准考评培训 4 次，邀请专家授课，全市监督机构和相关项目单位人员参培人数 1000 余人次，与各界专业人士就加强建设工程的质量安全管理，进行探讨学习。监管业务培训方面，市质安站派人参加省住建厅组织的质量和安全生产业务培训 5 次，送培人数 70 余人次；组织开展监管信息平台和二维码使用管理培训，参培人员 500 余人次。干部职工内部培训方面，组织站内高级工程师编写讲义、站领导上台授课，开展站内培训 7 次，参培人数 400 余人次；派员参加新规范、新技术培训；邀请省专家到永州市开展质量、安全和建筑起重机械培训 3 次；组织法律法规学习，比拼业务技术水平。

【亮点工作】 2017 年，永州市建设工程质量安全监督站通过对项目的培育，引导带动企业创先争优提升全市的质量管理水平。年初制定和确定年度的考核指标、培育对象，指标具体化、量化到全市各县区。将“芙蓉奖”、省优质工程、市优质工程、省级质量标准化示范工地、市级质量标准化示范工地、省级质量常见问题专项治理示范观摩工地、市级质量常见问题专项治理示范观摩工地量化到具体项目，针对性进行培育。“湘江西岸棚户区改造安置小区将军岭”项目获评省级质量标准化示范观摩工地、省级安全标准化示范观摩工地、全国建筑行业“BIM”建模大赛创建与应用二等奖及“智慧工地”。全省建筑行业观摩队伍到永州学习和借鉴数十次。

【精品工程培育】 2017 年，永州市建设工程质量安全监督站培育省级标化示范工地等精品工程。永州市“两中心”项目一期，金盘世界城 7#~13#幢、18#幢、20#幢，巴洲安置小区项目一、二标段，麒麟公馆，宏一加州小镇，中央新城 F 区，永州市河西棚屋区改造将军岭安置小区等项目，创建党员示岗 21 个。城南大桥、永州大道综合管廊申报省级示范工地，得到省质安站及其他市州质安站认可。12 月中旬，分别接待邵阳、常德市质安站和天鹰建设施工等企业组织的观摩活动。将迎接省检、国检工作作为常态工作，争创精品工程，将“两中心”项目一期、二期，金龙绿城等项目列为重点培育项目，以点带面，促使转变。制定下发《关于在市政工程中推行“首段示范”质量控制管理的通知》，对土石方路基压实、沥青路面、给排水管道、人行道铺筑、绿化等关键工序推行首段示范制，要求舜皇路、传芳路等 34 条绿化提质改造项目的施工单位，在人行道压模混凝土施工前，进行压模混凝土首段示范，对路灯基座、井盖、树池周边等进行监督交底。

（李华陵　陈祚江）

房地产业

综　　述

2017 年，永州市批准商品房预售面积 436.53 万平方米，下降 20.34%，其中中心城区批准预售面积 204.1 万平方米，下降 27.44%，全市商品房供应较 2016 年下降 20.34%；全市新建商品房销售面积595.3万平方米（排全省第六位），上涨57.7%（排全省第三位），其中中心城区新建商品房销售面积239.27万平方米，上涨31.68%。全市房地产开发完成投资112.55亿元，比2016增加17.89亿元，增长18.9%，增幅排全省第三位。全市商品房去库存面积603.43万平方米，较2016年下降28.08%，其中住宅库存370.8万平方米，较2016年下降41.49%。商品房库存去化周期为12.19个月，较2016年缩短14.49个月，其中住宅去化周期为8.1个月，较2016年缩短13.66个月。

【保障性住房建设】 2017年，永州市各类棚户区改造开工4.37万套，其中城市棚户区改造新开工任务4.34万户，国有工矿棚户区改造任务312户，开工率100%，改造房屋面积448万平方米，完成直接投资97.2亿元。全市腾退保障性住房1068套，新增分配保障性住房入住1.96万套，累计分配保障性住房入住7.44万套，同时为9531户住房困难家庭发放租赁补贴1378万元。市本级采购5家开发商的245套商品房用作公租房，化解库存面积1.94万平方米。全市盘活闲置公租房2915套。

【中心城区国有土地上房屋征收与补偿】 2017年，永州市有中心城区国有土地上房屋征收项目24个，其中新增征收项目11个、结转项目13个。签约822户，全年审减房屋征收与补偿相关资金3000余万元，累计拨付房屋征收相关费用3.8亿元，拆除房屋面积19万平方米（含公产部分）。

【物业管理】 2017年，永州市有物业企业336家，新增备案物业服务企业2家，录入企业信用信息的有167家，其中一级物业服务企业资质3家。市房产局与冷水滩区人民政府联合起草制定出台《关于加强住宅小区管理的通告》。冷水滩区房屋维修资金使用370万元，为银海花园、华源府邸、帝王广场、远志新外滩等50余个小区化解电梯、消防、房屋漏水、下水管道改造、安防系统等民生问题。

【不动产改革】 2017年，永州市房产局根据中央、省、市关于不动产统一登记改革工作的要求，按照10月11日市人民政府协调会议精神，配合市国土资源局开展房屋产权档案移交、信息对接和统一办公的工作，10月11日起对房屋权属登记等纸质档案和电子数据进行移交；11月27日，市房产局办事大厅停止办理无房证明、有房证明、房屋权属登记信息档案调取及信息查询等业务。

【永州市房地产中介协会换届选举大会】 2017年8月16日，永州市房地产中介协会举行换届选举大会，29家协会成员参加会议，会议选举通过新一届负责人名单，伍世璠任协会会长，邹玉梅、马静任副会长，熊明仕、黄海霞任秘书长。协会有会员单位9个，个人会员（专职注册房地产估价师）41名。单位会员均为注册在永州市范围内的房地产评估机构，其中二级资质单位1个，三级资质单位7个，1个分公司。个人会员43名，均为专职注册房地产估价师。

【永州市保障性安居工程工作推进会】 2017年10月24日，永州市保障性安居工程工作推进会在冷水滩区举行。中共永州市委副书记、市人民政府市长易佳良，市人民政府副市长欧阳元初、市人民政府副秘书长李黎武出席会议。市直相关单位主要负责人，各县（区）政府主要负责人，各县（区）房产系统负责人及住房保障办公室负责人参加会议。李黎武主持会议。会议对全市1月—10月保障性安居工程工作情况进行总结通报。易佳良在会上讲话。会议对2017年全市保障性安居工程建设目标任务进行安排部署，全市棚户区改造要在11月底前100%完成省定目标，解决各类保障性工程审计问题。

【《永州市化解商品房库存促进房地产市场平稳健康发展的实施办法》出台】 2017年11月23日，永州市人民政府办公室印发《永州市化解商品房库存促进房地产市场平稳健康发展的实施办法补充规定》，对《永州市化解商品房库存促进房地产市场平稳健康发展的实施办法》在实施过程中存在乡村人口（农民）身份认定、市区两级购房财政补贴分摊及审批流程等问题，作补充规定。全年，永州市房产局交易所受理冷水滩区享受购房补贴4396户，受理契税补贴5581户。

【中国·永州第七届房地产交易展示会】 2017年12月28日—31日，主题为“美好新生活宜居新永州”的中国·永州第七届房地产交易展示会在永州市冷水滩区滨江广场举行。该展会由中共永州市委、永州市人民政府主办，

2017年，中国·永州第七届房地产交易展示会开幕

永州市房产局、永州市房联承办，腾讯房产、永州市广播电视台协办执行。27家房地产开发企业、29个房地产开发项目参展，成交商品房543套，达成意向2434组，接待来访16738人。

（周敏）

住房公积金

【概况】 2017年，永州市完成住房公积金归集27.36亿元，为年度计划的118.97%，增长18.65%；新增缴存职工1.68万人，为年度计划的140.34%；提取住房公积金14.4亿元，增长32.6%；发放贷款22亿元，为年度计划的122.24%，增长18.3%；实现增值收益1.36亿元；贷款逾期率0.015%。个人住房贷款发放额、公转商贴息贷款发放额、项目贷款发放额、住房消费提取额的总和与当年缴存额的比率（即住房贡献率）为118.79%。全市累计实现住房公积金归集150.97亿元，归集余额87.74亿元；累计提取住房公积金63.24亿元；累计发放住房公积金贷款119.80亿元，贷款余额75.79亿元，为全市个人住房贷款余额的32.79%；资金使用率92.08%；累计实现增值收益9亿元；累计上缴廉租房建设补充资金2.5亿元。

【归集扩面】 2017年，永州市实现市直、江华瑶族自治县、江永县行政事业单位政府绩效奖和第13月工资全额纳入住房公积金缴交基数。规范和调整驻永州银行业机构缴存比例、缴存基数。开展灵活就业人员建制调研，为进城务工人员、自由职业者和个体工商户建立住房公积金制度提供决策依据。增加中国银行为住房公积金业务受委托银行。启用全国住房公积金异地转移接续平台。

【住房公积金政策调整】 2017年，永州市调整住房公积金最高和最低月缴存额，1月—6月，住房公积金月缴存额为单位和个人最高均不得高于1337元/月，最低均不得低于57元/月，中央、省属单位按长沙市标准执行；7—12月，住房公积金月缴存额为单位和个人最高均不得高于1574元/月，最低均不得低于57元/月，中央、省属单位按长沙市标准执行。根据中国人民银行、住房和城乡建设部、财政部的规定，2017年，永州市住房公积金存款利率统一执行1.5%。对2017年7月1日后，职工调离本市到外地工作并缴存住房公积金的，不再办理调离本市提取，只通过平台办理异地转移手续。年度信贷计划由18亿元调增到22亿元。按照“合法、统一、简便、高效”的原则，实现业务审核审批手续、资料、流程等18项具体内容的大简化。11月，联合市不动产登记部门清退不动产抵押权登记收费20万元。

【住房公积金异地贷款】 2017年，永州市住房公积金管理中心在湖南省率先推出全国住房公积金异地购房贷款政策，即在外地正常缴存住房公积金并且信用良好的缴存职工来永州购房，符合中心贷款条件的给予住房公积金贷款支持。全年，全市发放异地贷款1073笔、3.44亿元，支持购房面积13.60万平方米。截至2017年年末，累计发放异地贷款4.62亿元，异地贷款余额4.46亿元。承办的课题《住房公积金在宏观经济调控中的地位和作用》获省住房公积金课题研究成果“三等奖”。

【住房公积金风险防控】 2017年，永州市住房公积金管理中心制定完善住房公积金归集、提取、贷款实施细则，严格日清月结，严格业务复核，完善二级审批；进行固定资产清理建账，开展住房公积金基础数据、业务数据大清理和期房保证金、归集挂账清

2017 年 2 月 25 日，永州市住房公积金管理中心江华县管理部便民服务场地启用
摄影 唐超

理；强化稽查监督，协助和配合市财政、审计部门开展住房公积金业务、资金财务检查和专项审计；创新业务稽核方式、手段和覆盖面，全年开展业务现场稽核 7 次、业务抽样送审稽核 6 次和网上稽核 4.85 万笔，网上回复业务咨询、答疑 180 笔，发布业务稽核通报和专项稽核通报 5 个；法规稽查科获省内部审计师协会“内部审计先进单位”；7 月和 9 月，处置和打击骗取住房公积金虚假中介广告，联合永州电视台拍摄专题新闻报道 1 期，在《永州新闻联播》《永州城事》栏目播出。

【住房公积金服务提升】 2017 年，永州市住房公积金管理中心落实住房公积金“一站式”服务、“首问负责制”“一次性告知制”“限时办结制”“服务承诺制”等服务制度，推行预约上门服务、延时下班服务、周六上午照常上班等便民举措。联合中国人民大学举办“住房公积金+执行力”培训；举办服务礼仪培训、道德讲堂和各项文明创建活动；中心所属零陵区、东安县、江华瑶族自治县 3 个管理部获市“文明窗口单位”，东安县、祁阳县、双牌县、道县、江永县 5 个管理部获市“青年文明号”，祁阳县、江永县 2 个管理部获市“巾帼文明岗”。

【住房公积金便民服务场地】 2017 年，永州市住房公积金管理中心所属江华瑶族自治县、江永县、零陵区、双牌县、冷水滩区 5 个县区管理部便民服务场地交付使用，加上投入使用的东安县管理部便民服务场地，全市总数达到 6 个。

（唐科）

商贸服务业

综　　述

2017 年，永州市完成外贸进出口额 91.76 亿元，增长 51%，增幅排全省第五位；加工贸易进出口额 4.44 亿美元，增长 17.99%，总量排全省第四位，增幅排全省第七位；实际利用外资 10.82 亿美元，增长 13.52%，总量排全省第六位；内联引资 267.86 亿元，增长 16.21%；对外承包工程和劳务合作 2.21 亿美元，增长 22.48%，总量排全省第七位；社会消费品零售总额 653 亿元，增长 10.7%，增幅排全省第五位；累计购销粮食 207.78 万吨，增长 0.72%；粮油加工总产值实现 100.8 亿元，与 2016 年基本持平，物流总产值实现 16.3 亿元，增长 2.5%；电子商务实现交易额、网络零售额分别实现 300 亿元、80 亿元。

是年，永州市获评 2017 年度省人民政府表彰的落实开放崛起等政策真抓实干成效明显的所有表彰奖项并获得奖励资金 400 万元。市商务和粮食局被省商务厅评为 2017 年度全省商务工作先进单位。

【对外经贸活动】 2017 年，永州市推动“永品出境”“永企出海”，外贸实现“破零倍增”，全市有进出口实绩的企业 167 家，较 2016 年同期增加 48 家，破零企业 58 家，倍增企业 14 家。祁阳县、江华瑶族自治县、蓝山县三县外贸分别突破 10 亿元。服装鞋类、机电、电子产品大量销往“一带一路”特别是东盟国家和地区，1 月—11 月，对“一带一路”沿线国家进出口总额 25.79 亿元，增长 90.63%，对东盟进出口 15.17 亿元，增长 90.2%。对“一带一路”沿线国家对外承包工程和劳务合作完成营业额超 1 亿美元。12 月，永州华富公司在伊朗投资 1.1 亿美元的矿产项目开工。恒远发电携手中国电科驻湘单位，投资7亿元建设越南光伏电站工程，是央企与永州本土企业共同参与“一带一路”建设的典范。

【招商引资】 2017年，永州市对接500强企业项目57个，其中投产7个、在建20个。三一重能、中信重工等一批500强企业和行业领军企业到永州投资项目建设，万达集团、汉和无人机、德奥通航、中建钢构等大项目正积极对接。通过2017年“港洽周”等重大平台签约项目97个，开工项目41个，其中在“港洽周”省级平台上签约的10项目有8个开工。湘南承接产业转移示范区建设前五批150个重大启动项目开工149个，投产90个，实际到位资金522亿元，占总投资的71.2%。

【社会消费升级】 2017年，永州市配合省商务厅开展第三届金秋购物消费节，30余家企业通过线上线下实现销售额2亿元，永州市被省商务厅授予最佳进步奖。在中心城区举办大规模汽车展销会6场，累计销售汽车3500台，销售额过3.4亿元。引进世界500强企业卜蜂莲花超市，开业当天客流量突破20万人次，当日销售额490万元。开展首届旅游文化美食节暨金牌源味名菜评选活动、全国草书名家邀请展、周敦颐千年诞辰纪念活动、乡村旅游文化节等特色节庆活动。将农贸市场标准化建设改造列入市委经济工作报告10件惠民实事之一，完成15个农贸市场的标准化建设改造。

【粮食安全保障】 2017年，永州市开展粮食安全行政首长责任制考核，做好粮食收购、地方储备粮管理、急供应体系建设、军粮供应管理等工作。推进粮油产业工程，指导祁阳县、宁远县申报“优质粮食工程”项目，指导湖南果秀食品、江华同丰粮油等13个项目单位申报2017年粮油千亿产业项目。组织粮油加工龙头企业参加福建粮洽会等活动，拓展优质粮产品销售渠道。

2017年，中共永州市委副书记、永州市人民政府代市长赵应云出席永州市招商项目推介会

【项目争资】 2017年，永州市商务和粮食局与市财政局向上争取外贸专项资金、加工贸易专项资金、电商项目资金、粮油产业资金等资金9000万元。

【示范创建】 2017年，江华经济开发区和宁远工业园区外贸综合服务中心挂牌成立，永州市建设园区外贸综合服务中心助力外贸快速发展的经验在全省开放型经济工作会上获典型推介。永州市中小商贸流通企业服务中心挂牌成立。湖南农副产品集中验放场暨永州公路口岸通过验收封关运营，这是永州市第一个对外开放的口岸，也是湖南省唯一的农副产品集中验放场。长沙海关驻永州办事处江华工作站揭牌开关。永州市获批国家级出口食品农产品质量安全示范市，成为全国第四个、长江以南首个国家级出口食品农产品质量安全示范市。零陵区、祁阳县、东安县获批国家级出口食品农产品质量安全示范区，永州国家级出口食品农产品质量安全示范区的县区总数达到10个。新田县获批全国电子商务进农村示范县。祁阳县获批“中国好粮油”行动示范县。永州经济技术开发区申报国家级经开区经国家相关部委审核通过。

【电子商务】 2017年，永州市建成县级电子商务运营中心19个，电商服务站累计2100余个，其中农村电商服务站超1200个，规模较大的“触电”企业400家。冷水滩区潇湘创客汇电商园、祁阳县电商产业园等电商园区建成投入运营，邮乐购永州馆、融e购永州馆相继建成上线。农产品上行和电商扶贫生态链逐步形成，电商发展带动农民人均增收732元，贫困户人均增收476元，贫困村新建电商网点280个，贫困户新开设网店149个，1.66万名贫困人口通过电商实现就业，1.58万余名贫困群众通过电商实现脱贫。新田县成功申报国家级电子商务进农村综合示范县，江永县打造的生态闭环电商模式获全国典型推介。

（王善峰）

2017年永州市开放型经济指标完成情况表

表7

指标名称	年份	年度目标任务	1—12月完成数	增幅（%）	完成进度（%）	绝对值排名（全省/湘南三市）	增幅全省排名（全省/湘南三市）	在全省总量占比（%）
外贸进出口	2017年	73.1亿元	91.76亿元	51	125.53	8/3	5/2	3.77
	2016年	9.6亿美元	10.22亿元	16.6	106.46	8/3	4/1	3.8
加工贸易进出口总额	2017年	4.4亿美元	4.445亿美元	17.99	101.03	4/3	7/3	4.27
	2016年	3.9亿美元	3.76亿美元	6.35	96.60	4/3	5/1	5.22
实际利用外资	2017年	10.48亿美元	108190万美元	13.52	103.2	6/3	11/1	7.47
	2016年	9.35亿美元	83160万美元	14.6	101.9	6/3	5/1	7.61
内联引资	2017年	256亿元	267.86亿元	16.21	104.6	10/3	9/3	5.25
	2016年	220亿元	230.49亿元	15.7	104.77	10/3	4/1	5.28
对外承包工程和劳务合作完成营业额	2017年	1.9823亿美元	2.2亿美元	22.48	111.35	7/2	10/3	3.13
	2016年	1.6475亿美元	1.8亿美元	31.26	109.38	7/2	7/3	2.85
社会消费品零售总额	2017年	660.59亿元（增长12%）	653.00亿元	10.7	98.85	9/3	5/1	4.39
	2016年	585.89亿元	589.90亿元	11.8	已完成	10/3	3/3	4.39

2017年永州市各县区（管理区、经开区）外贸目标任务完成情况表

表8

单位：万元

县区	进出口额	总量排名	增幅（%）	增幅排名	年度计划	完成进度（%）	进度排名
冷水滩区	90554	5	68.9	2	61650	146.88	2
零陵区	35925	9	22.2	11	33798	106.29	11
祁阳县	196527	1	31.1	10	172455	113.96	10
东安县	36436	8	40.1	6	29906	121.84	6
双牌县	13650	11	56.2	4	10046	135.87	4
道　县	81896	6	32.5	9	71087	115.21	9
江永县	19268	10	181.9	1	7859	245.17	1
江华县	152918	2	43.1	5	122909	124.42	5
宁远县	107997	4	36.7	8	90845	118.88	8
新田县	51908	7	15.2	12	51832	100.15	12
蓝山县	114831	3	15.0	13	114831	100.00	13
金洞	692	14	15.0	13	692	100.00	13
回龙圩	1673	13	67.6	3	1148	145.70	3
经开区	13335	12	38.5	7	11071	120.45	7
合　计	917609	/	51	/	780129	117.62	/

2017 年永州市各县区（管理区、经开区）加工贸易目标任务完成情况表

表 9　　　　单位：万美元

县区（管理区、经开区）	1—12 月完成数	增长（%）	2017 年工作目标	完成进度（%）	总量排名	增幅排名	进度排名
冷水滩区	7085. 85	28. 47	6000	118. 10	3	4	4
零陵区	769. 62	120. 84	500	153. 92	8	3	3
祁阳县	12888. 13	14. 03	12800	100. 69	1	7	6
东安县	1947. 97	577. 03	400	486. 99	7	1	1
双牌县	515. 06	10. 86	500	103. 30	9	8	5
道　县	3443. 47	14. 70	3800	90. 62	5	6	8
江永县	—	—	100	—	—	—	—
江华县	2319. 31	243. 04	1000	231. 93	6	2	2
宁远县	6750. 69	19. 97	6800	99. 27	4	5	7
新田县			200				
蓝山县	8731. 27	-16. 45	11600	75. 27	2	9	9
金洞管理区			50				
回龙圩管理区			50				
永州经济技术开发区			200				
全市	44451. 36	17. 99	44000	101. 03			

2017 年永州市各县区（管理区、经开区）外资目标任务完成情况表

表 10　　　　单位：万美元

县区（管理区、经开区）	1—12 月完成数	增长（%）	2017 年工作目标	完成进度（%）	总量排名	增幅排名	进度排名
冷水滩区	10250	13. 88	9800	104. 6	5	6	5
零陵区	11000	13. 40	10500	104. 76	4	8	3
祁阳县	15700	11. 36	15000	104. 66	1	10	4
东安县	9274	15. 90	9000	103. 04	8	5	7
双牌县	3500	16. 66	3500	100	10	3	9
道　县	9501	18. 76	9000	105. 56	7	1	1
江永县	3500	16. 66	3500	100	10	3	9
江华县	12500	12. 80	12000	104. 16	2	9	6
宁远县	11030	16. 10	10500	105. 04	3	4	2
新田县	3500	16. 96	3500	100	10	2	9
蓝山县	8635	13. 61	8500	101. 58	9	7	8
金洞管理区	0		500				
回龙圩管理区	0		500				
永州经济技术开发区	9800	6. 52	9800	100	6	11	9
全市	108190	13. 52	105600	102. 45			

2017年永州市各县区（管理区、经开区）内联引资目标任务完成情况表

表11

单位：亿元

县区（管理区、经开区）	1—12月完成数	增长（%）	2017年工作目标	完成进度（%）	总量排名	增幅排名	进度排名
冷水滩区	27.94	16.37	26	107.46	5	5	1
零陵区	25.2	20	24	105	6	2	5
祁阳县	31.28	16.34	30	104.27	2	6	6
东安县	20.77	15.32	20	103.85	8	7	8
双牌县	12.02	11.27	12	100.17	11	11	11
道　县	31.94	17.90	30	106.47	1	3	3
江永县	12.47	11.44	12	103.92	10	10	7
江华县	30.47	16.39	29	105.07	3	4	4
宁远县	28.98	20.30	27	107.33	4	1	2
新田县	13.22	14.67	13	101.69	9	8	10
蓝山县	22.55	12.75	22	102.50	7	9	9
金洞管理区	1		1	100	14		14
回龙圩管理区	1.01	10.99	1	101	13	13	12
永州经济技术开发区	9.01	11.10	9	100.11	12	12	13
全市	267.86	16.21	256	104.63			

2017年永州市各县区（管理区、经开区）对外承包工程和劳务合作目标任务完成情况表

表12

单位：万美元

县区	营业额	总量排名	增幅（%）	增幅排名	年度计划	完成进度（%）	进度排名
冷水滩区	1302.05	8	23.02	3	1164.24	111.84	3
零陵区	3084	2	22.12	5	2777.94	111.02	5
祁阳县	3094	1	21.82	6	2793.78	110.75	6
东安县	922.2	9	22.28	4	829.62	111.16	4
双牌县	780.6	11	21.14	9	708.84	110.12	8
道　县	2969.5	4	18.94	10	2746.26	108.13	9
江永县	834	10	21.29	8	756.36	110.26	7
江华县	3027.8	3	23.05	2	2706.66	111.86	2
宁远县	1970.42	6	39.27	1	1556.28	126.61	1
新田县	1820.7	7	16.40	11	1720.62	105.82	10
蓝山县	1999.66	5	21.68	7	1807.74	103.03	12
金　洞	0				50	0.00	
回龙圩	0				50	0.00	
经开区	268.2	12	15.50	12	255.42	105.00	11
合计	22073	/	22.48	/	19928	110.76	/

2017年永州市各县区社会消费品零售总额目标任务完成情况表

表13 单位：亿元

县区	1—12月完成数	增长（%）	2017年工作目标	完成进度（%）	总量排名	增幅排名	进度排名
冷水滩区	129.63	11.0	130.77	99.13	1	1	1
零陵区	97.42	10.8	98.48	98.92	2	3	3
祁阳县	80.76	10.5	81.86	98.66	3	6	6
东安县	62.27	10.8	62.95	98.92	5	3	4
双牌县	12.70	10.3	12.91	98.37	11	9	10
道　县	60.30	10.5	61.13	98.64	6	6	8
江永县	24.18	10.3	24.57	98.41	10	9	9
江华县	46.37	10.8	46.88	98.91	7	3	5
宁远县	70.24	10.9	70.95	99	4	2	2
新田县	27.67	10.5	28.05	98.65	9	6	7
蓝山县	41.40	10.1	42.14	98.24	8	11	11
全市	653.00	10.7	660.59	98.85			

海　关

【概况】　长沙海关驻永州办事处的前身为衡阳海关驻永州监管组，设立于2000年7月，当时主要负责永州市特别是长丰汽车制造股份有限公司进口汽车零配件的查验工作。2008年10月，衡阳海关驻永州监管组扩权，正式办理除减免税、稽查外的海关业务。2012年7月，更名为衡阳海关驻永州办事处。2014年10月20日，长沙海关党组研究决定设立驻永州办事处筹备办公室；2015年12月30日，长沙海关驻永州办事处挂牌开关，为正处级机构，内设办公室、综合业务科、监管科3个科室，有在职关员11人。负责永州市所有海关业务，承担永州市进出口运输工具、货物、物品监管、依法征收关税及代征进口环节税、查缉走私、编制海关统计等任务。

2017年，驻永州办事处审结进出口报关单5353份，增长48.7%；监管货运量1.5万吨，下降18.8%；监管货值8334.7万美元，增长58.8%；备案加工贸易手册84份，增长13.5%，备案金额2.1亿美元，增长32.7%；核销加工贸易电子化手册77份，手册报核及时率100%；加工贸易手册实际进出口值4.5亿美元，增长18.5%；办理新增企业备案106家，企业注销1家，企业变更26家。办理减免税8份，减免两税32.6万元；实际税收入库2400.3万元，下降28.9%。

【通关环境优化】　2017年，长沙海关驻永州办事处推行通关无纸化、汇总纳税、自报自缴、全国通关一体化等重大改革，提高通关效率，通过在报关企业推广QP系统、扩大税费电子支付比例、全程跟踪通关状态、加强与口岸海关沟通等方式，进一步压缩进出口通关时间，实现同比压缩三分之一的目标。

【服务外向型经济发展】　2017年，长沙海关驻永州办事处在宏观上加强加工贸易产业发展分析和政策解读，指导企业用好用足政策，加大对龙头产业的扶持力度，制定针对性服务措施。在平台建设上，推动道县农产品集中验放场封关运行和江华海关工作站设立，支持开通“跨境一锁”业务，引导企业属地报关。

【统计辅助决策】　2017年，长沙海关驻永州办事处加强统计数据分析研究，每个季度编写《海关要情》，对永州外向型经济进行分析，为政府决策提供辅助参考。加强外向型经济调研，开展永州承接加工贸易产业转移课题调研，分析承接加工贸易产业转移原因、特点和问题，总结研究成果，形成专题调研报告，从海关角度提出对策建议。

【企业诚信守法规范】 2017年，长沙海关驻永州办事处针对永州加工贸易企业业务基础薄弱，容易发生程序性或过失性违规的实际情况，通过开展企业巡查、核查、稽查等手段，到一线掌握企业生产经营情况，帮助企业整改规范，支持企业提升信用等级，维护企业合法权益。推动召开打击走私综合治理工作会议，将打击走私纳入到永州市综合治理考核指标。

（石巍巍）

供　销

【概况】 2017年，永州市供销合作社推进综合改革，强化为农服务。全市供销合作社系统累计完成商品销售总额126.63亿元，增长36.85%；实现利润总额1.48亿元，增长14.73%。永州市供销合作社获得全国供销合作社系统先进集体、2017年度全国总社信息报送先进单位、2017年度全省供销合作社系统综合业绩一等奖。

【供销综合改革】 2017年3月22日，中共永州市委副书记、市人民政府市长易佳良主持召开市人民政府第四次常务会议，研究全市贯彻落实全国、全省深化供销合作社综合改革推进会精神的意见。3月29日，永州市召开全市深化供销合作社综合改革推进会，各县区党委、政府分管领导参加会议，市委副书记张严、副市长贺辉在会上对全市供销改革进行安排部署。市深改办先后2次组织市、县供销社赴省内、省外综合改革先进地区考察调研，配合市委改革办向县区下发督办函，将深化供销改革纳入市委市政府绩效考核、深化改革工作考核和农业农村工作考核。全市11个县区均出台实施意见和实施方案，理事会、监事会机构全面建立，各项改革任务达到时间进度要求。零陵区、冷水滩区、道县、双牌县先后获批省级供销社综合改革示范县，祁阳县社获评“全国供销合作社百强县级社”。

【供销为农业服务】 2017年，永州市供销合作社坚持“农民外出打工、供销社给农民打工”的服务理念，在全市推开土地托管业务，北五县实现土地托管服务全覆盖，争取系统内外项目资金3000多万元，引进民营资本4000多万元，在全市组建市级土地托管公司2家、县区级惠农服务公司7家、乡镇级惠农服务公司（中心）10家，全年开展土地托管服务0.87万公顷，流转土地0.71万公顷。开展“放心农资下乡进村”和“农资经营诚信店”建设活动，规范发展农资配送中心14家，农资供应网点491个，庄稼医院364个，全年销售各类化肥27.15万吨。

【农村电商】 2017年，永州市供销合作社以“供销惠万家”工程纳入全市农村综合服务平台建设范围为契机，打造集“供销+互联网+社会化服务”于一体的县乡村供销惠民服务网络。全市“供销惠万家”村级服务网点覆盖率超过40%，冷水滩区、零陵区、祁阳县、东安县、双牌县、新田县、江永县建成“供销惠万家”县域运营中心及县域样板店，发展“供销惠万家”城市社区加盟店60余家，“供销惠万家”微信公众号上线运营。市“供销惠万家”公司组织全市系统电子商务企业到湖南商务职院、省供销电子商务公司进行专题培训，并赴湘西、怀化等地考察学习。

【社企建设】 2017年，永州市供销合作社把健全体制机制作为社有资产管理和社办企业发展的关键，推进资产公司和农资公司建设。全市11个县区社均建立资产公司和农资公司，全市系统有社属企业95家，资产总额18.83亿元。市合永兴集团公司框架基本形成，被评为全国总社龙头企业。湖南永怡茶业公司打造祁阳县、回龙圩管理区、道县3个优质茶叶基地，全年加工成品茶70余吨，产值近200万元。

【供销基层组织发展】 2017年，永州市供销合作社新增全国供销合作社基层社标杆社2家、农民合作社示范社2家；创建市级基层社标杆社6家、农民专业合作社示范社12家。全市系统有乡镇基层社171家、村级综合服务社2226家，领办创办各类农民专业合作社240家，基层社和村级综合服务社覆盖率均超额完成全年任务。

（蒋茂华　田诗豪）

贸易促进与会展业

【重大经贸活动】 2017年，中国国际贸易促进委员会永州市支会组织22家企业单位参加各类展会活动15次，其中境外活动5次、境内活动10次，包括“2017

湖南企业走进东盟经贸活动”“第六届广州国际食品食材展”“2017年郴州五金博览会”“宁夏中阿国际博览会”“第五届中国（湖南）国际矿物博览会”“2017年怀化健康产业博览会”“2017年亚洲农产品展”“满洲里国际贸易博览会”“中国—东盟博览会”等。4月24日—28日，组织江华经开区、科力尔公司、佛尔盛公司代表一行7人参加“2017年德国汉诺威工业博览会”，科力尔公司集中展示单相罩极异步电机、贯流风机、单相串激电机、步进电机、直流无刷电机、伺服电机等六大系列产品，与10多家境外企业举行对接洽谈。5月17日—26日，组织市农机局、市农机研究所、永州田源机械装备等企事业单位随湖南农机走进东盟经贸代表团赴泰国、越南、老挝三国开展“2017湖南企业走进东盟经贸活动”。恒丰机械初步达成在老挝设立产品营销中心的意向；异蛇科技与泰国就蛇类综合开发进行交流发言，并对在越南开发蛇类产品表达强烈意愿。6月14日—17日，组织湘缘食品、雅大科技、恒丰粮油、风神油茶、果秀食品及恒康药业等6家企业、26人参加“第六届中国（广州）国际食品食材展览会”，展出罐头食品、有机粮油、休闲食品、酿酒设备、各种酒类等数十种产品，参展企业个数、人员总数、产品数量均创历史新高。湘缘食品与俄罗斯进货商达成月供50吨生姜系列产品的合作意向；雅大科技接待客商586人次，达成意向合作25家，其中酿酒技术培训转让6家，酿酒曲、酿酒设备采购16家，各种特色酒、基酒供货3家，意向合作金额1650万元；恒丰粮油与广州市山水食品公司淡成合作销售富硒大米、红薯米的合作意向；风神油茶与国内大型电商和代理商洽谈合作，推广产品。

【经贸法律服务与培训】 2017年，中国国际贸易促进委员会永州市支会办理涉外法律证明文书749份，其中原产地证627份、优惠证16份、代办领事认证及商事证明书106份，签发单证涉及出口金额累计3169.48万美元，新增注册企业6家。2月，调解科力尔电机与土耳其客户及货代三方之间的贸易纠纷，实现涉外商事调解“零”的突破。3月，与国检部门签署“加强原产地签证等工作，服务‘走出去’战略合作备忘录”，在全省市州支会中率先实现与国检签约。8月2日，与上海协力（长沙）律师事务所签订涉外法律服务合同，以政府购买服务模式，为企业免费提供专业涉外商事法律系列服务，全年受理企业咨询210余起，解答210余起，企业满意度100%。为会员企业发布信息咨询103条，累计发布300余次，其中预警信息93条，涉及20个国家与地区，及时帮助企业规避外贸风险。12月13日，中国贸促会永州法律服务中心揭牌运作，并举办永州国际商事法律论坛，组织70多家企业就规避国际贸易风险开展培训、研讨。是年，获评全省贸促系统“2017年度法律服务工作先进单位”。

【经贸合作与交流】 2017年4月23日—28日，永州市组团赴欧洲进行商务考察，与德国萨安州区域发展与交通部及马格德堡工商会就永州长丰汽车智能制造开展洽谈合作；与永州籍芬兰北欧湖南农业产业园董事长唐勇就全市农业、农产品加工及进出口进行对接。4月14日，邀请招商证券副总裁王乐一行到永州市考察，组织市城建投资公司、市经建投资公司、市经开区、中央新城、新顺农牧业等企事业参加专题对接。6月9日，组织奔腾彩印、异蛇科技等企业参加第二十届北京科技博览会“新湖南·中

2017年8月2日，永州市贸促会与上海协力（长沙）律师事务所在长沙神农大酒店签订涉外法律服务合同后合影

2017年4月24日—28日，中国国际贸易促进委员会永州市支会组织江华经开区、科力尔公司、佛尔盛公司代表参加“2017年德国汉诺威工业博览会”

关村协同发展论坛”，考察中关村软件园区和小米、汉王、北斗星通等高科技公司。11月22日，组织湖南果秀食品有限公司、湖南都成国际食品有限公司、永州市雅大科技实业有限公司等20余家永州本土食品企业参加永州首届冬季乡村旅游节绿色食品展销会。

【贸促会永州市支会第三届委员会议】 2017年12月13日，中国国际贸易促进委员会永州市支会第三届委员会议暨中国国际商会永州商会第三届会员代表大会召开，会议选举产生第三届中国国际贸易促进委员会永州市支会（中国国际商会）新一届领导班子，选举产生贸促委员56名、商会理事单位28个。

（邓海秋　蒋明圆）

烟草专卖

【概况】 截至2017年年末，永州市烟草专卖局（公司）资产总额22.83亿元。辖区内有卷烟零售户1.94万户、烟农1.08万户。全年销售卷烟18.1万箱，收购烟叶64.9万担，实现销售收入59.7亿元，增长5.5%；实现税利18.37亿元，增长3%；三项费用同口径比下降1%，经济运行总体平稳。

【烟叶生产】 2017年，永州市烟草专卖局（公司）落实烟叶种植收购“守红线”政策，全年收购烟叶64.9万担，烟叶质量好于往年，国家局、省局检查合格率位列全省前茅，在各工业企业紧缩烟叶采购量的情况下，永州烟叶市场份额逆势上扬。全年新创建省级示范合作社1家，累计达到8家，烟农主业收入9.43亿元，户均8.77万元，辅业收入3.45亿元，入选《全国烟农增收典型经验100例》3例。

【卷烟营销】 2017年，永州市完成卷烟销售18.1万箱，增加0.18万箱，保持全省7.1%的份额和排名第六的位置，增幅排全省第一位，单箱均价2.61万元，同比增加0.15万元，增幅排全省第三位。创新“乡镇示范、城区连片、重点突破”建设模式，建成自律互助小组320个，覆盖客户总数的30.35%。精简车组1个、整合优化线路14条，年节约费用50多万元。常规烟分拣效率同比提高5%，建立涵盖30个设备厂家、64个主要设备的基础数据库。推进“6S”精益管理落地，物流费用率下降0.06%，货款回笼率100%，电子结算成功率95.4%，托盘联运上升34.15%，烟箱循环利用完成年度任务的100.75%。

【烟草专卖管理】 2017年，永州市查获各类涉烟案件1657起，增长57.36%，其中假私烟案件954起，增长617.29%；案值5万元以上大要案件103起，增长128.89%。查获各类卷烟4113.33万支，增长86.76%，其中假私卷烟1257.64万支，增长496.46%；查获烟叶、烟丝51.6吨，增长23.79%；破获国标网络案7起，非法经营真烟网络案1起，办理公安部、国家局督办案件1起，刑拘52人，批捕30人，判刑13人。连续3年获得“全省卷烟打假特殊贡献奖”，被推荐为“全国打假先进集体”。修订烟草制品零售点合理布局，新办许可证压缩到5个工作日之内。市政务中心烟草办证窗口多次获得“红旗窗口”称号。

【公益慈善】 2017年，永州市烟草专卖局（公司）向社会捐款252.01万元。其中，向患病困难群众捐赠金叶慈善医疗卡65万元，向困难卷烟零售户捐赠慰问物资8.06万元；向困难群众村集

2017年6月1日，中共永州市委常委、市人民政府常务副市长唐湘林（中）到市烟叶物流中心项目工地现场办公

体扶贫捐赠103.59万元；发放助学捐款3.4万元；为卫生城市创建活动捐款10.9万元；为新农村基层设施建设捐款14.46万元；为社会公共设施建设捐款43.7万元；为抗洪救灾捐赠1.5万元；其他捐款1.4万元。

【专题研究】 2017年6月1日，中共永州市委常委、市人民政府常务副市长唐湘林主持召开会议，专题研究烟草工作。市烟草专卖局（公司）在会上作专题汇报，烤烟、水利、气象、工商、邮政、电力等职能部门参会。唐湘林肯定永州烟草2016年及“十二五”期间取得的成绩，同意永州烟草当前及“十三五”发展思路，要求各职能部门密切配合、稳定发展好烟草产业。会后，唐湘林到中国烟草永州产业园项目工地进行现场办公。

（黄亚林）

盐　业

【概况】 2017年，湖南盐业股份有限公司永州市分公司落实全国盐业体制改革的方针政策，坚持发展与创新，各项工作取得新业绩。公司获评全省盐业系统“文明单位”、永州市国资委先进党委。是年，永州盐业系统销售各类盐2.4万吨，完成预算的117.9%，其中小包盐销售1.9万吨，完成预算的120%，增长18%。非基盐销售4800吨，完成预算的87%。全年实现销售收入4500万元。

【盐业体制改革】 2017年底，永州市按照《湖南省人民政府关于印发湖南省盐业体制改革实施方案的通知》和《湖南省人民政府办公厅关于印发湖南省盐业监管体制改革实施方案的通知》精神，组织实施盐业监管体制改革工作，出台《永州市盐业监管体制改革实施方案》，并于12月19日报省人民政府。12月29日，省人民政府批复同意永州市的盐业监管体制改革实施方案。

【盐业市场营销】 2017年，湖南盐业股份有限公司永州市分公司主动调整营销策略，确保市场份额，调整结构，面向客户小量多批均匀供给基盐，缓解市场供需，用足货源紧缺利好，推动“非基盐”销售；调整价格，释放价格信号，稳定传统客户，分时段下调价格，维系价格体系，兼顾公司、客户利益。主动改革考核、薪酬模式，区分管理、业务岗位，实行“岗位工资+绩效工资+提成”工资模式；引入营销人员市场化考核机制，实行配送费用吨盐包干；加大盐、非盐及电商销售考核与激励力度，限时考核，及时兑现；开展“百日竞赛活动”，主动强化宣传，树立“雪天”品牌形象，在分公司综合大楼楼顶设置5米高“雪天盐、放心盐”发光大字；制作400余幅“雪天牌”墙体和店招广告，覆盖全市188个乡镇；利用“3·15”“5·15”“双百三下乡”活动，全渠道、全方位、全过程宣传“雪天”品牌；加强终端网点陈列管理，展示“雪天”品牌。创新营销模式，实行大客户“合同+返点”模式、终端小网点赠送或捆绑有奖销售方式、商超“打地堆”特价促销活动等差异化营销；对农村市场采取车销模式，沿路进村进店销售；激励员工，开展业绩竞赛、费用支持、销售有奖等活动。创新渠道掌控，重新梳理城市、农村渠道，打造核心网点群，对网点布局和结构精准定位；稳定重点区域，扩大网点密度，提升渠道掌控能力；安排专人负责商超，与多家餐饮送货商合作；以镇为中心，采用辐射延伸村组的方式，与农村淘宝、邮政合作。创新终端管理，构建陈列网点用具、制度和服务标准平台，推进产品陈列规范化、标准化、常态化，加强终端建档和访销管理。

【盐业市场监管】 2017年，永州市人民政府召开联席会议，下发《关于印发〈永州市食盐市场专项整治行动方案〉的通知》，组织协调各县区政府、公安、工商、食药、卫生、盐务等多个执法部门，在全市范围内开展食盐专项整治行动，出动执法人员100多名，查处违法违规的盐产品300多吨，其中“臭味盐”210吨，立案6起。市经信委、食药、公安、卫计委、质监、工商和盐务七部门联合下发《关于规范全市食盐市场经营管理秩序的通告》，查处进入永州市场的12个省（市）区20余种品牌的违法违规经营行为。重点查处永州中盐皓龙臭味盐、道县重庆盐小厨、江华中盐榆林及祁阳云南“白象”等大案要案。成立永州市盐务局盐政执法办公室，创造市县独立执法与市县联合执法相结合、当地执法与外地封存相结合、查处打击与劝阻劝退相结合等新模式，劝阻劝退省外生产批发企业20家、经营户51个、盐产品360吨。依托政府专项行动、“3·15”“5·15”宣传日活动、“双百三下乡”活动，印发《关于规范全市食盐市场经营管理秩序的通告》《关于盐业体制改革答疑》《食盐消费提示通告》等通知材料2万余份；利用“臭味盐”典型案例，通过市经信委、市卫计委、市盐务局发表电视讲话，并刊登在《永州日报》《当代商报》上，提醒广大消费者和经营者注意购销食盐的风险。全年查处涉盐案件323起，其中简易程序78起、一般程序18起。查处违法食盐492.62吨，其中没收261.06吨。移送公安等部门涉盐案件9起，查处违法食盐265吨，行政罚款6.85万元，传唤11人，刑事拘留9人。

【盐业精细化管理】 2017年，湖南盐业股份有限公司永州市分公司实行POS机收款及销货款日清常态化制度。盐与非盐核对日清月结，盐产品销售无赊销、无欠款，货款与盐矿及雪天公司每月两清；非盐销货款回款率99.5%，无非盐资金占用超标情况发生；POS刷卡率99%。通过供应链系统进行业务、财务数据共享制作商品成本表，对存货及相关业务核算实现财务与业务系统无缝对接。实行配送费用吨盐包干制、综合费用全年总额制，各项费用指标控制在集团、股份公司下达的任务范围内，实现挖潜金额30余万元。整合分公司本部办公大楼资产，重新招租，租金增幅约110%；零陵老办公楼维修后整体出租，年租金近8万元，投资回报率15%。对6台旧车进行公开拍卖，创收25万元。逐级签订安全工作责任状，落实安全责任追究制度，到重点单位、重点场所开展巡检、组织整改，开展安全生产月活动，加大安全设施投入，做好盐与非盐访销、配送过程中的人、财、物安全工作，全年无一例安全责任事故。

（陈海容）

供电

【概况】 2017年，国网永州供电公司学习贯彻习近平新时代中国特色社会主义思想和中共十九大精神，落实省公司党委和市委、市政府的各项决策部署，围绕“三个目标”，开创“三个局面”，各项工作取得新成效、新突破。全年完成售电量71.3亿千瓦时，增长7.70%；电费回收率100%。

【供电安全生产】 2017年，国网永州供电公司开展基建反违章专项行动，推行外包队伍违章扣分机制；开展安全生产问题专项梳理，清理安全生产各项问题53项；强化电网风险预控和精益运维，220千伏主变连续6年零跳闸，消除外破、“三跨”等输电线路隐患212处，完成10千伏线路通道治理619条，配变停运率、10千伏线路故障分别减少47.85%、52.06%；排查在运公用美变246台，更换51台；完成党的十九大等重大活动、重要节日保电任务。公司安全生产突破5000天，实现第14个“安全年”。宁远县电力公司获评湖南省抗洪救灾先进集体荣誉。

【电网发展】 2017年，国网永州供电公司深化“一库三中心”应用，完成各级电网优选排序工作。完成3个脱贫摘帽县贫困村改造，接纳557个贫困村的光伏扶贫项目并网；完成41.3万户集抄改造和上线任务，实现采集全覆盖；石岩头风电线路获得“国网公司创优示范工程”，公司连续6年获得省公司流动红旗；完成国网公司在江华冯河变电工程的试点任务；3个设计项目获得国网和省公司嘉奖；公司基建专业获评“国网公司2017年度基建信息化应用先进单位”等4项称号。

【供电经营质效】 2017年，国网永州供电公司清理电网基建、技改、零购、小型基建335项。推进用户资产接收，加大反窃查违力度，开展台区同期线损系统建设，台区线损率下降1.64个百分点。开展电价整治，完成电能替代项目39个，替代电量3.27亿千瓦时。

【供电企业管理】 2017年，国网永州供电公司加强内部人力资源市场建设，28个专业97人参加第二批“三角”挂职锻炼。完善“三系一创”绩效工资管理考核方案，推进农电岗位薪点绩效薪酬体系应用。推进“六型本部”建设，制定实施本部工作质量考核办法，推行科级干部履职尽责“三级约谈”和服务基层“三级督办”积分制。规范业务外包管理，实施全口径劳动用工清理。搭建集体企业投资、经营平台，提前完成集体企业瘦身健体，推进民营企业“五分开”工作。推进公司制改制，完成市、县公司工商变更登记工作。开展上划县公司管理提升行动，完成宁远县“一县两公司”合并。群众性科技创新成果获中电联职工技术成果二等奖1项、省级荣誉2项。QC成果获省级及以上荣誉7项，申请国家专利5项。4个管理创新项目获省级荣誉。

【供电服务】 2017年，国网永州供电公司坚持“管专业必须管服务”原则，实施客户投诉管控绩效考核。建设“移动服务窗口”，推进网格化抢修站点建设，配网抢修APP接单率排全省第一位。开展“强基础、降线损、控投诉”专项活动，建立健全“日跟踪督办、周通报管控、月考核评价”机制。开展客户经理素质“三年提升计划”，开设《供电服务月刊》、供电服务“红黑榜”。引导全市104家企业参与市场交易，成立冷水滩园区供电公司，满足园区多样化服务需求。在全省率先出台《关于在全市推进电力客户电费智能结算业务的通知》。编制《供电服务风险防范手册》，梳理风险点118个。

（杜小芳）

中石化石油销售

【概况】 2017年，中石化永州石油分公司在营加油站110座，在营油库1座，在建油库1座，在岗职工532人。公司秉承“发展企业、贡献国家、回报股东、服务社会、造福员工”的企业宗旨，以经营为龙头，以安全为保障，发挥永州成品油供应市场主导作用，履行大型国有企业的社会责任，全年供应市场油品销售45万余吨。

【安全管理】 2017年，中石化永州石油分公司落实安全生产责任制，强化“安全责任、教育培训、风险识别和风险防范”四大体系，安全生产实现零事故。树立“发展不能以牺牲人的生命为代价”的理念，做到“四个狠抓，四个‘不’”，即狠抓“三违”一个不例外，狠抓培训一个不缺课，狠抓隐患整改一个不漏项，狠抓制度执行一点不含糊。执行总部各项安全生产禁令，组织学习《中华人民共和国安全生产法》和《中华人民共和国环境保护法》等法律法规。加强基层员工重点岗位技能培训，加强防火灾、防抢防盗以及防暴恐等应急预案的学习和演练，组织桌面、现场应急预案演练1330余次。开展“我为安全作诊断”和全员HSE知识学习竞赛活动，收集“我为安全作诊断”建议176条，表彰奖励17条。

【优质服务】 2017年，中石化永州石油分公司坚持“以客户为中心”，强化服务管理，完善服务品质，提升服务水平。开展“加油站综合服务提升年”活动，严格油品数质量监控，践行“每一滴油都是承诺”，确保油品质

滩头湾油库一角 摄影 邓慧洪

优量足；强化非油品质量管控，保证“易捷万店无假货”。制定规范化服务标准，优化服务流程，靓化服务窗口，营造良好的消费环境。开展“文明加油站”创建活动，在每个加油站设置“便民服务台”，免费提供医药、维修、问询等便民服务。

（李睿璇）

中石油销售

【概况】 2017年，中国石油湖南永州销售分公司落实毛利最大化前提下销量最大、盘活资产存量、打造非油增长极等决策部署，履行社会、政治、经济三大责任，实现“四个突破”和“四个提升”，全年油品销售累计15.8万吨，增长22.96%，获得中国石油湖南销售公司2017年度“调结构、增效益、增纯枪、降费用”劳动竞赛综合排名第二位。

【经营销售】 2017年，中国石油湖南永州销售分公司面对市场增长乏力、行业竞争加剧、价格政策调整、最严环保监管等复杂形势，围绕专业化零售公司建设，调整营销策略，加强市场预测，合理把握库存，做好资源保供。本着“关注细节、用心去做”的服务理念，完善终端销售服务功能，开展多样化和个性化服务。人均纯枪量增长13.52%，非油收入增长32.73%，IC卡沉淀资增长29%。

【安全管理】 2017年，中国石油湖南永州销售分公司以树立“生命至上、安全第一”的发展思想，持续推进HSE体系建设，落实企业安全生产主体责任、落实交通安全及施工安全管理，提升设备检修职能、落实安全风险防控、突出安全检查和隐患排查、加强应急处置能力建设等，公司生产经营安全平稳受控。7月，面对永州地区历史罕见的强降雨，做好防范工作，洪灾期间未发生人员事故，未发生油品质量事故，财产损失降到较低水平。针对中共十九大前后的反恐防恐态势，分公司提前对散装汽油进行升级管理，从源头上杜绝散装汽油的危害。

【供油现场管理】 2017年，中国石油湖南永州销售分公司落实“6S”管理规范，推进目视化、定置化和标准化管理，持续开展神秘顾客访问、视频、现场稽查考核，打造优质现场服务，实现形式化到习惯化的内涵升级；以市国卫办专项督查为契机，突出问题导向，强化加油站关键区域、关键部位的管理，对整改落实情况及时回函办结；开展库房、卫生间、加油现场等区域的专项整治活动，清洗加油站罩棚，对镜子、绿植、灯光灯带等方面存在的问题均进行整改亮化。

（毛盾）

旅　游　业

综　　述

2017年，永州市围绕打好旅游升温战役和创建国家全域旅游示范市的战略目标，落实项目建设、招商引资、品牌创建、市场营销等重点工作，各项旅游指标稳步增长。全年国内外游客总接待量4983.75万人次，增长17.67%；实现旅游收入406.70亿元，增长78.24%，旅游收入增幅排全省第一位。

是年，永州市旅游外事侨务局在基层党建工作、党风廉政建设和反腐败工作、旅游升温战役、行业扶贫、美丽乡村建设工作、发展开放型经济优质服务、人才工作、社会治安综合治理工作等方面被评为先进单位。

【全域旅游发展】 2017年8月，永州市创建国家全域旅游示范市动员大会暨“旅游升温战役”推进会召开，出台《永州市“旅游升温战役”实施方案》《永州市创建国家全域旅游示范市实施方案》，全面启动国家全域旅游示范市创建工作。东安、江永、宁远三县被列入湖南省全域旅游示范区创建单位。市人民政府邀请山东台儿庄古城策划运营团队、全国知名旅游专家魏小安团队和全国知名旅游专家周建明等对永州市旅游资源、旅游产品、旅游线路进行战略策划，制定全域旅游总体规划编制方案，采取整体创建、分步实施、市县联动的方法，以市为单位整体创建，争取到2021年成功创建为国家全域旅游示范市。永州市全域旅游的相关做法引起省委、省政府的关注，省委办公厅在《工作情况交流》上刊登专题文章，宣传推介永州推进全域旅游发展的经验。

【侨界服务工作】 2017年，永州市旅游外事侨务局拓展海外交流，做好华侨华人接待、华侨捐赠服务和管理、社区侨务等工作，依法护侨，凝聚侨心。走访部分困难归侨归眷及部分侨资企业，发放慰问金（品）10万余元。按有关政策办理“三侨生”身份证明2份、华侨回国定居证1份、港澳同胞证2份。接待侨属侨眷来访6人次，信访件2次，办结率100%。服务“港洽周”活动，加强与港澳地区的合作交流，全年审核审批因公赴港澳团组16批39人次。

【旅游重点项目建设】 2017年，永州市旅游升温战役开工在建项目63个，完成投资107.41亿元，完成全年计划的125%。零陵古城项目完成投资11.8亿元，超额完成年度投资计划，景区路网建设如期完工，完成仿古街建筑面积7万平方米，展示接待中心对外开放。东山景区开园，柳宗元文化旅游区全面提质扩容，“永州八记遗址”国保申报编制工作初步完成，潇水、愚溪两岸景观带规划设计通过审批。宁远九嶷山景区完成投资1.18亿元，超额完成年度投资计划，完成景区游客服务中心主体工程和生态停车场建设，九嶷山民俗村至舜帝陵停车场的道路接通，景区AAA级厕所投入使用，景区基础配套设施体系的提质改造基本完成。围绕国家级精品旅游线路和市内十条精品线路建设，加强“永州之野”乡村旅游和“瑶家古风”文化生态旅游精品线路沿线的公共服务要素供给。

全年推介发布旅游重点招商项目52个，签订招商项目21个，总金额220.8亿元。其中，“港洽周”签约旅游招商引资项目10个，总投资189.15亿元。政银企合作洽谈会暨金融支持“六大战役”项目对接会签订旅游升温项目11个，贷款金额31.65亿元。向上申请文化旅游重点县专项资金、省级乡村旅游发展资金、大湘西开发资金、旅游公共设施洪灾毁损修复专项补助资金、旅游厕所建设等7个项目的建设资金8269.6万元，增长12%。

【旅游景区提质扩容】 2017年，永州市新增国家AAA级旅游景区（零陵东山景区、周家大院景区、宁远下灌景区、江华宝镜古民居景区、回龙圩回龙湖景区、东安树德景区）6个；新创五星级乡村旅游区点（零陵潇湘源农庄、宁远大界源生态休闲度假村、祁阳香湖湾度假村、宁远云轩生态农庄、江华绿健生态农庄）5个；建成省级美丽乡村（零陵何仙姑村、新田东升村、回龙圩神仙洞村、东安赵家井村、宁远下灌村）5个。九嶷山舜帝陵风景区入选国家级风景名胜区。东安县、宁远县、江永县国家全域旅游示范区创建工作有序推进，江永县全域旅游景区提质改造项目列入全国优选旅游项目名录。双牌县“国际慢城”总体规划完成，慢城花海、风景道、停车场等基础设施建设全面启动。

2017年，江永勾蓝瑶寨洗泥节活动现场

【“旅游+”新业态】 2017年，永州市推进旅游与林业、文化、农业等产业的融合发展，催生一批新产业和新业态。在“旅游+林业”模式中，金洞管理区猛江河国家湿地公园被评为“全国森林康养基地试点单位”；金洞、阳明山国家森林公园被列为全省森林康养基地；永州市获评全国森林旅游示范市。在“旅游+文化”模式中，“永州国际艺术综合体”文创项目申报立项工作持续推进；零陵柳子小镇列为全省第三批湖湘风情文化旅游小镇创建单位；在2017年中国首届民族特色旅游商品大赛上，永州市获得一金（东安鸡）、一银（瑶族衍纸工艺品）、一铜（青花瓷异蛇王原液）。通过乡村产业振兴推进农旅融合，10个旅游特色小镇和10个乡村旅游示范点建设如期完成年度投资计划；江永县旭日升现代休闲农业园获批2017年度“湖南省休闲农业示范点”。

金洞漂流　　摄影 刘坤

在旅游扶贫工作中，投入旅游产业扶贫发展资金25.1亿元，辐射带动就业3.07万人，促进贫困人口年人均增收1940元，帮助18个乡村旅游扶贫重点村实现脱贫，出现江永县勾蓝瑶寨、宁远县下灌村等4个全省旅游扶贫典型。

【自驾车营地建设】　2017年，永州市旅游外事侨务局与桂林市旅发委、厦门市旅发委和广东省自驾游协会分别签订旅游合作战略协议，永州市成为广东省自驾游协会最佳自驾旅游目的地。舜皇山房车营地投资60万元，建成房车停车位10个，配备水电桩、绿色停车位等配套设施。东安县被中国旅游车船协会授予全国自驾游目的地试点区。祁阳县香湖湾自驾车房车营地完成规划编制，配套度假酒店正式营业，湖心岛及周边别墅建设全部完工。

【“旅游厕所革命”】　2017年，永州市建设旅游厕所113座，其中新建94座、改扩建19座，实际投资2869万元，政府补贴584万元。评定A级旅游厕所8座，其中AA级5座（零陵区东山景区西游客中心内旅游厕所、零陵区周家大院子岩府旁旅游厕所、东安舜皇山国家森林公园游客中心停车场厕所、东安舜皇山国家森林公园老山界厕所、九嶷山舜帝陵旅游厕所），A级3座（九嶷山舜帝陵5旅游厕所、九嶷山舜帝陵2旅游厕所、江华宝镜旅游厕所）。鼓励和指导等级旅游景区建设“第三卫生间”，全市建成“第三卫生间”13座。

【乡村旅游示范村建设】　2017年，永州市按照各县（区）党政一把手分别挂点联系一个村的要求，开展“乡村旅游示范村”创建工作。全市重点推进冷水滩敏村、零陵何仙姑村、祁阳湘湖村、东安新溪村、双牌廖家村、宁远西湾村、江永勾蓝瑶村、江华井头湾村、道县楼田村、新田龙家大院村、蓝山大洞村等11个乡村旅游示范点建设，打造生态休闲、农业观光、养生度假、文化体验等多种类型的乡村旅游产品。零陵何仙姑村、新田东升村、回龙圩神仙洞村、东安赵家井村、宁远下灌村成功创建省级美丽乡村。

【乡村旅游富民工程】　2017年，永州市整合各类资金25.1亿元，投入旅游产业扶贫。旅游扶贫辐射带动就业3.07万人，促进贫困人口年人均增收1940元。宁远县获批湖南省旅游扶贫示范县；出现江永勾蓝瑶寨、宁远下灌村等4个全省旅游扶贫典型。新田仁岗村、双牌桐子坳村被列入全省2017年旅游扶贫示范村项目，每个村获得旅游扶贫资金200万元。零陵区潇湘源农庄、宁远县大界源生态休闲度假村、祁阳县香湖湾度假村、宁远县云轩生态农庄、江华瑶族自治县绿健生态农庄成功创建五星级乡村旅游区点。全年新增四星级乡村旅游区点17家，三星级乡村旅游区点23家。全市乡村旅游全年接待游客1922.45万人次，实现旅游综合收入114.33亿元，较2016年同期分别增长30.67%和37.55%。

【重点景区交通条件改造】
2017年，永州市境内道贺高速回龙圩以南段实现通车；东安县舜皇山至大庙口二级公路开工建设；零陵区人何公路复线完成前期准备工作，并动工建设；江华瑶族自治县秦岩景区通景公路建设有序推进。东安县开通东安至广州的“东安号”旅游专列，连接桂粤港澳重点客源市场。

【旅游交通新航线开辟】　2017年，永州市新开零陵机场直飞厦门、北京、重庆三条航线，举行永州—厦门、重庆、北京航线首航仪式。7月，永州机场遭受洪灾，机场全面停航。其中东方航空云南公司永州—上海虹桥、昆明、深圳航线，因维护跑道和洪灾影响，于6月25日—7月16日期间停航，7月17日—8月7日分别复航。8月8日—9月19日期间跑道因受洪水浸泡、承重值不达标停航，9月20日复航。10月28日，航班时刻换季，更换执飞航空公司为东航上海公司。永州—深圳航线停航。北部湾航空公司永州—厦门航线，于8月8日停航。北部湾航空公司永州—海口航线，于6月25日—7月25日停航，7月26日复航至8月7日停航。自10月29日起，由华夏航空公司执飞永州—海口、重庆航线；由东方航空上海公司执飞永州—上海浦东、昆明航线。11月10日起，中国联合航空公司开通永州—北京航线。永州市航线办，维系现有航线的正常运营，续签昆明—永州—上海航线合作协议，按照相关合同，做好航线补贴资金的审核把关工作。全年进出港航班1586架次，进出港客流量12.13万人次，进港货物14.22吨。

【旅游品质形象推广】 2017年，永州市实行市县联动、整体营销的策略，主打文化旅游特色牌，全年举办大型文化旅游节庆活动30多场。在2017年度全省旅游新媒体同类微博影响力排名评选中，永州旅游排第三位；永州市被评为全省十佳旅游微信、微博平台。在游客接待人次上排全省第七位，旅游综合收入增幅排全省第一位，首次进入全省先进行列。4月，面向全国开展“永州旅游形象宣传广告语”公开征集活动，打造“锦绣潇湘、美在永州”旅游形象主题。8月，湖南卫视《我们来了 II》在江永县、道县、江华瑶族自治县等地采景录制，节目播出后永州旅游受到全国关注。先后举办第十一届阳明山“和”文化旅游节、周敦颐千年诞辰纪念活动、2017“东安鸡”美食文化旅游日活动、“永州之野”零陵首届乡村旅游文化节、金洞森林音乐节、东安武术节、中国汽车场地越野赛（新田站）、回龙圩柑橘文化旅游节、中国·江永户外山地休闲体育大会、中国优秀旅游电视节目颁奖仪式、江华盘王节，承办2017年湖南省冬季乡村旅游节等重大节庆活动。国庆黄金周期间举办的“2017永州首届旅游文化美食节暨永州金牌源味名菜评选活动”，吸引众多游客到永州体验。在跨区域营销方面，与桂林市人民政府联合举办“千车万人游永州”活动，开辟湘桂城市圈全域旅游合作新路径；组团参加省旅发委在郑州和深圳举办的湖南高铁旅游产品推介会，在惠州举办永州旅游专场推介会；结合厦门、海口、北京、重庆等地航线的开通，开展一系列的宣传推介活动。推进全市A级景区市民免票政策，鼓励永州人游永州，全市28个A级景区中，有12个景区免门票，“周末游、周边游”增长较快。

【旅游航线推介会】 2017年1月13日，永州市人民政府举办北京—永州航线旅游推介招商会。中共永州市委副书记、市委政法委书记唐湘林，市人民政府副市长李旦梅出席推介招商会。永州—北京航线航班于11月10日首航，每天一班。永州—北京（航班号：KN5808）20：20从永州零陵机场起飞，23：15到达北京南苑机场；北京—永州（航班号：KN5807）16：25从南苑机场起飞，19：35到达永州零陵机场。

5月23日，永州市人民政府举办厦门—永州航线旅游招商推介会。中共永州市委副书记、市人民政府市长易佳良，市委常委、市人民政府常务副市长唐湘林，中共厦门市委常委、政法委书记李伟华，厦门市人民政府副市长韩景义，厦门市人民政府副秘书长、办公厅主任黄杰出席推介会。民航湖南监管局、北部湾航空公司负责人和永州籍在闽工作的相关人员、在闽经商的客商，厦门

2017年3月26日，永州零陵机场开通厦门往返航班

旅行商、厦门市主要新闻媒体记者参加推介会。推介会通过旅游宣传片播放和旅游产品推介，展示永州的自然山水和人文历史。会上举行江华瑶族长鼓舞表演、《美在永州》《大瑶山放歌》歌曲演唱、世界唯一的女性文字——江永女书说唱表演和现场书写等文艺表演。永州市向厦门游客推出“古城名山游、永州之野游、寻根祭祖游、瑶都风情游”四条航线旅游精品线路。

【红色旅游】 2017 年，永州市加强红色旅游基础设施建设和旅游营销宣传推介，促进红色旅游发展。为迎接陶铸诞辰 110 周年，祁阳县制定提质改造工程，修缮陶铸纪念馆和陶铸故居，陶铸公园如期竣工；零陵区完成红色旅游遗迹的标牌标识建设，对菱角塘镇画眉山红六军团指挥部旧址唐界元老人旧屋进行修缮，对红军墓立碑保护；宁远县筹集 3000 万元，规划修建宁远县烈士公园；新田县通过规划，形成以红六军团小源会议旧址为龙头，蒋先云故居、郑作民故居、红军西征文化纪念园等红色品牌共同发展的红色旅游产业格局；道县被纳入“重走长征路”精品旅游线路，投入 350 万元完成何宝珍故居和茶园渡口、蒋家岭战斗旧址等 6 处长征地标建设。江永县投入 20 万余元修建上江圩红军渡、桐口红军路及千家峒三峰山红军战斗遗址纪念碑。26 位“红六军团”后代走进永州，先后到新田县、蓝山县、宁远县、道县、双牌县、金洞管理区、冷水滩区等地，重走父辈西征路。市文体广新局牵头编印红色故事，编排红色文艺节目。市史志办挖掘红色旅游文化内涵，组织编撰、评选推出一批精品红色旅游导游词，开展红色旅游导游员、讲解员培训班。市扶贫办设立一批“红色旅游扶贫观测点”，通过开发红色旅游资源，带动当地贫困人口就地参与红色旅游经营服务。

【旅游市场秩序规范】 2017 年，永州市旅游外事侨务局依法对全市 AAA 级及以上旅游景区和星级乡村旅游区点进行整治，对经营管理服务差、限期整改不到位的等级景区依法依规处理；开展全省异地执法交叉检查和全市执法旅游市场专项执法检查，重点整治“低价团”“购物团”等违法行为，对扰乱市场秩序的旅行社进行行政处罚，维护旅游市场秩序。根据《国务院办公厅关于加强旅游市场综合监管的通知》的文件精神，研究制定全市旅游市场综合监管清单，明确相关职能部门的监管责任；开展旅行社信誉等级评估活动，加强市场综合监管力度。组织开展全市性的旅游安全生产大检查，督促旅游企业安全生产主体责任，强化旅游从业人员安全意识，指导旅行社、旅游景区和星级饭店等旅游企业开展安全教育培训和应急演练。

【“千车万人游永州”活动】 2017 年 3 月 30 日，由广西桂林市组织的 26 台旅游大巴、18 台自驾车满载着 1000 多名游客抵达永州市体育中心，开启“千车万人游永州”旅游交流活动的序幕。中共永州市委书记、市人大常委会主任李晖出席桂林首发团欢迎仪式并宣布“千车万人游永州”活动正式启动。永州市委常委、市委宣传部部长刘尤碧主持欢迎仪式。永州市人民政府副市长李旦梅、桂林市人民政府副市长樊新鸿分别致辞。“千车万人游永州”活动由永州市人民政府、桂林市人民政府联合举办，永州市旅游外事侨务局、桂林市旅游发展委员会、永州日报社、桂林日报社承办，湖南海外旅行社永州分公司、桂林合众旅行社协办。欢迎仪式上，永州市旅游外事侨务局和桂林市旅游发展委员会、永州日报社和桂林日报社分别签署两地旅游合作协议。桂林首发团赴零陵的柳子景区和东山景区、双牌的阳明山景区、宁远的九嶷山景区和江永的女书园观光旅游。“湘桂城市圈全域旅游合作”活动以旅游为载体，根据各自城市的推广重点，组织“客商团”“看房团”“公益团”等定制团队互访，并开展如手机摄影大赛、游记大赛等活动，实现“以旅游推销城市，以媒体树立品牌”的城市营销效应。

【永州举办首届名优食品展销会】 2017 年 4 月 26 日—28 日，第十一届湖南·阳明山“和”文化旅游节暨永州市首届名优食品展示展销会在双牌县阳明山启幕。该届展会由市经信委和市食品医药行业联合会举办，20 多家本土企业参展，展出的食品涵盖永州特色食品、保健食品、养生产品、有机食品、高端食品等。展销会以“和”文化旅游节为契机，打造行业展示平台，促进旅游与食品产业融合，拓展“和”文化的内涵与外延。

（文紫湘）

金　融　业

综　　述

截至2017年年末，全市金融机构本外币各项存款余额2248.62亿元，较年初新增333.78亿元，增量低于2016年同期7.96亿元。各项存款余额全省排第八位，较2016年同期上升一位，较年初增量排第四位，较2016年同期上升四位。全市金融机构本外币各项贷款余额1187.48亿元，较年初新增221.39亿元，同比多增加48.92亿元。从全省排名来看，各项贷款余额在全省排第九位，与2016年同期持平，较年初增量在全省排第七位，较2016年同期下降3位。全市银行业金融机构累计盈利34.03亿元，上升15.65%，银行业业绩整体趋稳。

【信贷投放结构优化】　2017年，永州市在供给侧改革的重点领域、小微企业、涉农领域以及精准扶贫等薄弱环节的信贷投放明显改善。年末，全市服务业贷款余额422亿元，增长32.02%，增速高于2016年同期2.84个百分点，其中信息传输、软件和信息技术服务业、租赁和商务服务业贷款较年初增量同比分别达到506.62%、464.62%的历史新高位。供给侧改革中保障性住房开发贷款投放持续增长，个人住房贷款继续呈高位增长态势。截至2017年年末，全市保障性住房开发贷款余额31.5亿元，较年初新增17.9亿元，同比多增加7.56亿元；个人住房贷款余额255.55亿元，较年初增加75.37亿元，同比增幅达到66%。信贷投放在小微企业、涉农领域以及精准扶贫等薄弱环节也有较大的改观。全市“两权”抵押贷款余额7.23亿元，较年初增加0.85亿元，其中农村承包土地的经营权抵押贷款较年初同比增长151.45%；全市金融精准扶贫贷款余额143.92亿元，增长25.41%，其中为4.56万人建档立卡贫困人口发放贷款20.85亿元；全市小微企业各项贷款余额340.15亿元，较年初增长38.26%。

【社会融资规模】　2017年，永州市社会融资规模累计新增292.7亿元，较2016年同期上升17.39%。社会融资结构发生明显改变、融资方式呈多样化发展、直接融资规模占比显著提高，银行贷款依旧处于主导位置，占全市社会融资总量贡献率的75.63%；委托贷款整体稳步增长，对房地产发展单一倚重特征明显，全年委托贷款累计新增12.61亿元，其中发放给个人的公积金委托贷款余额同比上升23.28%；全市债券融资方式不断扩展，公司债、中期票据累计融资23.8亿元，打破以往“企业债”的单一模式；非金融企业境内股票融资形成重大突破，湖南科力尔电机有限公司等企业实现融资30.8亿元；保险对经济发展支撑作用进一步发挥，累计发生赔偿支出11.31亿元，增长28.03%。

【现金投放回笼】　2017年，永州市现金投放回笼保持平稳增长态势，全年累计投放发行基金130.20亿元，较2016年同期增加投放9.54亿元，增长7.90%；现金回笼175.42亿元，同比多回笼0.78亿元，增长0.45%；现金净回笼45.22亿元，减少9.55亿元。

【跨境收支】　2017年，永州市外汇收支规模和银行结售汇规模稳中有升，其中，外汇收支总额

2017年5月11日，湖南省银监局党委书记、局长李赛辉（中）应邀出席永州市政银企合作洽谈会暨“六大战役”项目对接会

6.99 亿美元，增长 25.77%；银行结售汇总额 4.22 亿美元，增长 5.51%。外汇收支和银行结售汇“双顺差”格局持续，货物贸易与投资增势良好。其中，外汇收支顺差 37578.11 万美元，增长 26.2%；结售汇顺差 29841 万美元，增长 21.45%。

（杨辉）

【政银企合作】 2017 年，永州市加强与省级金融监管机构和金融机构的衔接沟通，争取信贷支持。市人民政府与省建设银行、省农业银行、华融湘江银行总行、兴业银行长沙分行等 4 家银行签署战略合作框架协议，协议总金额 750 亿元。举办 2017 年度永州市银企合作洽谈会暨金融支持“六大战役”项目对接会，达成签约意向项目 156 个，拟贷金额 559.3 亿元，截至 2017 年年末，发放到位 170 亿元。帮助中科农业、恒惠食品等 16 家企业协调银行贷款，协调到位资金 3 亿元。开展“一帮二促”活动，协助田源机械解决技术合作和信贷资金问题。

【企业上市服务】 2017 年，永州市金融办落实后备企业培训和培育，全年累计走访上市挂牌后备企业 40 多家，协调解决科力尔电机、恒康大药房、时代阳光药业等企业上市挂牌的困难，邀请深圳证券交易所领导到永州市实地调研，指导企业上市工作。科力尔电机于 8 月 17 日在深交所上市，奔腾文创、恒康大药房分别于 2 月 21 日、9 月 6 日在新三板挂牌，实现永州市民营企业上市和新三板企业挂牌零的突破。全市有 19 家企业进入省重点上市后备企业资源库，入列企业数排全省第四位。协调科力尔电机落实企业上市省财政补助 200 万元。全年全市直接融资 121.44 亿元，增长 41.72%。

【金融服务】 2017 年，中共永州市委、市人民政府提出“新引进 1 家股份银行，设立 4 家以上全功能县域支行”的目标任务。光大银行永州分行及光大银行新田支行挂牌营业，永州市实现全国性股份制银行零的突破；长沙银行东安支行、新田支行、零陵北路社区支行、黄古山中路社区支行相继开业，江华新阳村镇银行、宁远潭农商村镇银行、东安星龙村镇银行、道县神农村镇银行、蓝山神农村镇银行等 5 家村镇银行相继开业，村镇银行县域覆盖率从 11.11% 提高至 66.67%，超额完成年内设立 4 家村镇银行的目标任务。市投融资担保公司增资扩股获省政府金融办审批通过，注册资本增至 5.5 亿元；江华华信融资担保有限公司获得省政府金融办开业批复。国融证券、山西证券进驻永州市。向省政府金融办申报争取金融机构各类奖励和风险补偿资金 163 万元。政策性农业保险、特色农业保险、大病医疗保险等涉及民生类的保险业务实现保费收入 55.2 亿元，增长 18%；全市 6 家融资性担保公司累计担保额 46.4 亿元，新增担保额 8.53 亿元，年末在保余额 12.27 亿元；全市 11 家小贷公司贷款余额 4.67 亿元；新田县全国农村土地承包经营权抵押贷款试点经验在全省推介。新田县累计办理抵押贷款 1024 笔，金额 1.71 亿元。

【金融风险防范】 2017 年，中共永州市委、市人民政府先后出台加快金融业改革发展、村镇银行扶持政策等政策文件，推进金融安全区建设，蓝山县成功创建为省级金融安全区，宁远县成功创建为市级金融安全区，全市有省级金融安全区 3 个，市级金融安全区 8 个。蓝山县、江华瑶族自治县、祁阳县、江永县、东安县、宁远县、新田县 7 县进入全省县域金融生态环境评估综合评分排位前 50 名。开展为期一年的打击恶意逃废银行债务、优化金融生态环境专项活动，全市收回不良贷款 3.12 亿元。加大防范和打击非法集资宣传力度，开展防范非法集资宣传月活动，重点举办“与民同心，为民守护”为主题的打击非法集资宣传活动，承办全省“远离非法集资，建设美好家园”大型宣传活动，全年发送短信 150 万条，发放各种宣传资料 35 万余份，接受群众现场咨询 4 万余人次。出台《永州市处置非法集资事件应急预案》和《永州市非法集资举报奖励实施细则（试行）》，健全应急处置和举报奖励机制。开展非法集资风险专项排查、互联网金融风险整治、七类地方金融类企业风险排查等活动，加强对社会反响较大的涉嫌非法集资案件的处置，做好金融类信访维稳工作，全年没有发生区域性系统性金融风险，全市金融风险总体可控。在防范和打击非法集资综合治理考核中，永州市排全省第一位。

【金融扶贫】 2017 年，永州市采用“户贷户用”模式向贫困农户发放扶贫贷款，全市新发放小额扶贫贷款 7.69 亿元，完成省定目标的159.56%，增量排全省第一位。推进金融扶贫服务站建设，全市建成金融扶贫服务站774个，提前一年半实现辖内贫困村金融扶贫服务站全覆盖目标。推进“扶贫特惠保”和“财银保”等特色扶贫保险业务，其中“扶贫特惠保”做到应保尽保，实现全覆盖。江华瑶族自治县、新田县两个国家级贫困县利用证监会扶贫优惠政策，引进40多家企业完成注册，其中4家新三板挂牌企业分公司投产或在建。

（李友建）

【实体经济信贷投放】 2017年，中国人民银行永州市中心支行围绕中共永州市委、市人民政府“六大战役”部署，加强对金融机构窗口指导与业务督导，支持地方经济发展，中心支行相关领导陪同永州市委、市人民政府主要负责人到上级央行争取金融资源。10月，举办永州外汇服务实体经济发展银企对接会，20多家涉外企业与辖区内7家外汇指定银行现场签署本外币信贷授信合同，签约金额逾20亿元人。协助市人民政府举办永州市银企洽谈会并加强督办，推动签约资金兑现。制定出台金融支持现代农业、电子商务、灾后重建、开放型经济发展等5个指导意见，召开全市金融机构支持实体经济发展座谈会，引导金融机构加大对实体经济信贷投放。

【低成本央行资金投入】 2017年，中国人民银行永州市中心支行向上级行争取再贷款、再贴现等人民银行货币政策工具，为辖区内金融机构提供低成本流动性资金支持，降低实体经济融资成本。1月—12月，全市累计发放支农、扶贫再贷款20.1亿元，累计发放额连续5年排在全省前列。落实“定向降准”，释放资金2.2亿元；为地方法人金融机构累计办理再贴现2.01亿元、常备借贷便利2.7亿元，实现再贴现业务在辖区内县域法人金融机构的“零突破”和辖区内法人金融机构常备借贷便利业务线上、线下两种操作模式的“零突破”。对MPA评估结果为C类的机构加强业务督导，收回1家机构再贷款2000万元，推迟1个季度下达1家机构再贷款限额5000万元，引导金融机构信贷投放既与当地经济发展契合，也与央行货币政策合拍。

【农地抵押贷款试点推进】 2017年，中国人民银行永州市中心支行参与“农地”试点制度设计、银行信贷产品创新、信贷投放督导以及向上争取资源等方面的各项工作。永州中支行领导多次带队到新田现场督办“农地”试点工作，促进“农地”试点提质增量扩面。2月，湖南省“两权”抵押贷款试点现场推进会在新田县召开，永州中支现场向参会人员介绍“新田模式”，得到各界肯定。截至2017年年末，新田县6家银行机构全部参与授信和贷款发放，累计发放“农地”抵押贷款2.01亿元，余额1.84亿元，贷款余额排全省8个试点县第二位。“新田”模式得到中共湖南省委常委、省人民政府常务副省长陈向群与中国人民银行党委委员、副行长潘功胜的肯定，被《金融时报》等多家媒体报道。

【货币发行服务】 2017年，中国人民银行永州市中心支行探索构建硬币自循环长效机制，优化硬币流通服务。督导各金融网点采取措施，方便群众办理残损币、小面额货币兑换及人民币真伪鉴定工作，对社会公众现金服务投诉机构实行严格问责。针对部分县区春节特殊习俗，加大小面额货币供应，保证群众兑换需求。截至2017年年末，全市现金投放、回笼业务分别为130.21亿元、175.43亿元。在道县开展反假货币“示范区”创建工作，建立反假货币工作站、假币监测点，加强监测、检查、考核，全年收缴假币1518.24万元。《金融时报》以《“濂溪故里”的反假货币犯罪攻坚战》为题，对道县反假货币工作进行专题报道。工作经验被中国人民银行货币金银局局长王信、国务院反假联席会议办公室秘书长刘艳武肯定批示。高规格修建新发行库，10月启用，全市货币发行效率与人民币流通质量得到改善。

【征信应用】 2017年，中国人民银行永州市中心支行分别为政府部门与个人查询信用报告299份、5.44万份。在道县和江华瑶族自治县开展征信文化共建基地试点，并以此为平台召开银企对接会，签约项目32个，达成意向融资额26.13亿元。推进《永州市贫困农户信用信息数据库》全覆盖工作。截至2017年年末，录入贫困农户信用信息21.2万户，评级授信18.2万户，授信金额38.21亿元，贫困农户获得信用贷款18.34亿元。在祁阳县创新开展“征信+库税融”工作，65家小微企业获得银行免抵押、免担保信用贷款累计1.12亿元，帮助18家企业走出经营困境，助推27家重点税源企业增加税收5336万元，增长27.4%。

【“三站融合”推进】 2017年，中国人民银行永州市中心支行和电商共建量化考核机制，将手机开卡、话费充值、包裹快递、代缴话费、代购车票等服务纳入三站功能，给予融合站点财政补贴，促进全辖“三站融合”有效推进。截至2017年年末，全市128个贫困村实现三站融合共建，完成年计划的400%。服务站成为“互联网+扶贫”的前沿阵地。江华瑶族自治县扶贫站通过“快乐购”平台销售各类商品2306万元；利用“瑶都优品”，帮助农户开发农产品累计28种，直接带动就业2104人。

【民众金融素养提升】 2017年，中国人民银行永州市中心支行向上级行争取，将祁阳县作为全省探索和实践金融知识纳入国民教育体系首个试点县，实现金融知识普及机制融冰。在祁阳试点的基础上，全市其他8个县的工作全面铺开。试点工作得到中国人民银行总行与长沙中支的肯定，原创编撰的金融知识教材《我的金融知识启蒙书》在全省推广，被中国金融出版社推介到内蒙古地区使用，被评为第八届湖南省优秀社科普及读物。围绕老年人等六类重点人群，组织辖区内金融机构开展金融知识进社区、进校园、进工厂、进农村等宣传活动，累计发放各类宣传资料11万余份，为2万余人提供现场咨询和金融宣讲服务。

【金融监督管理】 2017年，中国人民银行永州市中心支行对14家金融机构开展专项检查、2家金融机构开展综合执法检查，对其中8家金融机构罚款107.1万元。根据货币政策导向评估结果，约谈2家法人金融机构；对9家市级银行机构、6家区级银行机构以及59家县级银行机构开展综合评价，对2家B类机构予以整改问责。制定互联网金融业务风险专项整治方案，对全市318家可疑企业进行排查，约谈问题企业1家，并责令限期退出支付市场，5月该企业办理注销手续。开展辖内金融风险情况调查，基本掌握政府债务、房地产经营、民间借贷和非法集资、地方法人金融机构经营的总体情况。选择祁阳、新田、宁远等县试点构建金融风险联防联控机制，守住不发生系统性金融风险底线。9月，在双牌县举行永州县域金融风险防控机制建设工作座谈会，探索建立区域金融风险防控长效机制。全市9县创建省级金融安全区3个，市级金融安全区5个。

【反洗钱与外汇协作】 2017年，中国人民银行永州市中心支行联合市中级人民法院、市公安局、市财政局、市国税局、市地税局、长沙海关永州办事处等单位，建立反洗钱、外汇管理监管联动机制，签订“本外币跨部门联合监测监管新机制”部门协作备忘录。率先在全省与公检法机关建立县域反洗钱双边协作机制，实现辖区内8个支行的全覆盖。宁远县人民检察院通过协作机制向县人民银行发出案件协查通知。全年向公安部门移送非法经营地下钱庄、外汇诈骗等案件线索2起。6月，查处永州通宏贸易有限公司违规将外汇汇入境内行为，并对该企业罚款10万元。

【国库服务与监督】 截至2017年年末，永州市国库系统办理各类国库业务合计163.5万笔，金额991.79亿元，分别增长19.34%和15.9%。继续推进道县支行国库监督平台和国库协作平台建设，并在辖区内东安县、双牌县扩面试点，全年发现和纠正不合理预算支出30笔，涉及金额5.26亿元；继续实行在宁远县探索的对各类财政专户的“双控管理”模式，累计盘活财政存量资金2.13亿元；在江永县探索开展远程管控代理支库业务模式，解决非现场监督手段缺乏的问题。9月，中国人民银行国库局局长周逢民到永州调研，对永州探索国库服务、监管新模式给予肯定。10月中旬，中国人民银行永州市中心支行联合市总工会、市财政局、市国税局、市地税局、长沙海关驻永州办事处举行国库业务知识电视竞赛决赛，同时开展全辖国库文化作品评选与展示。

（杨辉）

【银行业监管】 2017年，永州银监分局贯彻新发展理念，督促和引导银行业机构回归服务实体经济本源，加大有效信贷投入，改进金融服务，履行社会责任，支持和促进全市经济持续稳定发展。加强政策引领，坚持将国家金融方针政策与永州实际有机结合起来，突出监管政策引领作用，制定《关于银行业支持深化供给侧结构性改革的指导意见》，提出5个方面23条具体措施，引导优化金融资源供给、支持深化供

2017年11月22日，永州银监分局召开学习贯彻党的十九大精神宣讲报告会

给侧结构性改革；制定《关于促进县域银行业发展的指导意见》，提出6个方面32条具体措施，着力加强和改善县域银行服务，促进银行业有效服务“三农”、服务县域经济。加强有效资金供给，发挥银行业融资主渠道作用，加大对实体经济的有效资金支持，全市银行业机构各项贷款余额1187.48亿元，较年初增加221.39亿元，增长22.92%，高于全省平均水平7.22个百分点；压缩同业、理财、委托贷款等业务，遏制资金脱实向虚，引导资金回流实体经济，资金运用中信贷占比大幅上升，全年银行业新增资产中贷款占比60.81%，同比提高12.11个百分点。加强“六大战役”支持力度，协助中共永州市委、市人民政府举办永州市政银企合作洽谈会暨金融支持“六大战役”项目对接会，达成签约意向项目156个，拟贷金额559.3亿元，实际发放贷款170亿元。加强供给侧结构性改革支持，落实湖南银监局《关于银行业支持深化供给侧结构性改革的指导意见》，制定《永州银行业债权人委员会制度》，发挥江华坤昊实业有限公司债权人委员会作用，促进企业生产自救，有序推动化解过剩产能，落实差别化住房信贷政策，全年“两高一剩”行业贷款余额2.11亿元，比年初减少0.58亿元，个人住房按揭贷款比年初增加79.15亿元，增长51.54%，房地产库存压力得到有效缓解。加强薄弱环节金融服务，全市银行业小微企业贷款余额476.46亿元，同比增加99.41亿元，增速高于全部贷款增速3.99个百分点，小微企业贷款户数3.85万户，同比增加1493户，申贷获得率95.53%；率先在全省启动扶贫小额信贷规范化管理试点，全市小额扶贫贷款余额26.12亿元，全年新发放小额扶贫贷款7.08亿元，为省定目标4.81亿元的147.19%，投放量连续两年排全省首位；新田县、江华瑶族自治县、双牌县、江永县、宁远县5个贫困县贷款余额348.03亿元，同比增加49.38亿元，增长16.53%；涉农贷款余额618.95亿元，增长18.55%。加强消费者权益保护，设立永州银行业消费者权益保护区；落实银行机构主体责任，推进专人专线专门场所接待信访投诉；全年受理并办结信访17件，化解进京群访事件1起；联合银行业机构开展“送金融知识进校园”等集中宣传活动，打击不良校园贷，免费发放《湖南省银行业消费者权益保护知识读本》和《湖南省银行业校园金融服务手册》7000余册、宣传折页3000余份，提升公众金融安全意识。

围绕增强银行业体系活力，增加有效金融服务供给，持续改革、充实银行业机构体系。推进村镇银行县域全覆盖，江华瑶族自治县新阳村镇银行、宁远县潭农商村镇银行、东安县星龙村镇银行以及蓝山、道县神农村镇银行等5家村镇银行相继核准开业。支持新设银行业机构，光大银行永州分行及新田支行挂牌开业，永州市告别无全国性股份制银行的历史。推动银行业机构下沉网点，长沙银行东安县支行、新田县支行、零陵北路社区支行、黄古山中路社区支行相继开业。改进法人治理，针对部分农商行法人股东出质股权，相关董事不实行履职回避、在董事会上的表决权未受到限制的问题，督促其完善《公司章程》和股权管理制度，限期整改到位，并加大监管问责力度。推动农商行转型发展，按照“农信社—农商银行—标杆银行—上市银行”的发展路径，以农村供给侧结构性改革为主线，把防范风险放在突出位置，坚守支农支小市场定位，完善“三农”金融服务长效机制。推动蓝山农商银行转型发展得到银监会肯定，该行被银监会评为农村商业银行“标杆银行”。

坚持防范化解金融风险，守住不发生系统性风险底线，银行业保持持续平稳运行的良好局面。加强责任传导，将银行业金融机构及其主要负责人推到风险防控第一线。按照属地监管原则与职责分工，将风险防控监管责任落实到分局、落实到条线，落实到岗、落实到人，分工把口，各负其责。加强“双线”问责，凡违法违规、失职渎职均依法依规问责，以问责倒逼主体责任和监管责任的落实。把主要精力和监管资源向辖内法人机构监管倾斜，组织开展监管评级、审慎监管会谈、年度利润分配监管、同业业务风险排查和信用风险专项排查，及时发现风险点，并做到及时提示、有效处置。全市农商行不良贷款率 2.68%，贷款拨备率5.02%，拨备覆盖率 186.91%，各主要监管指标持续符合监管要求。根据辖内银行业风险状况，加强和改进信用风险、操作风险、声誉风险、流动性风险、交叉金融风险以及外部转移风险等重点领域风险防控。年末，全市银行业不良贷款余额 25.99 亿元，不良贷款率 2.19%，辖内没有发生“圈、团、链”风险，银行业风险总体可控。落实银监会、湖南银监局“三三四十”专项治理部署，对 11 家机构实施监管检查，“三三四”专项治理发现问题 18 个，涉及资金 20.09 亿元，市场乱象整治排查发现 6 个方面 38 个问题。对 6 家机构罚款 205 万元，处罚责任人 36 名，拟对 6 家机构罚没 180 万元、处罚责任人 29 名。

（刘燕）

银　行　业

【概况】　2017 年年末，永州市银行业协会有会员单位 21 家，秘书处有工作人员 8 人，其中本科学历 2 人、大专学历 6 人。该届理事会由市农发行、市工行、市农行、市中行、市建行、市交行、省农村信用联社永州办事处、市邮储银行、市华融湘江银行、市长沙银行、市邮政分公司、永州农商银行、江华农商银行等 13 家单位组成，会长单位为市邮储银行。协会秘书处有专职副会长 1 人，秘书长 1 人，副秘书长 1 人，内设综合部、维权部、自律部和协调部，各部设主任 1 人。按照《银行业协会工作指引》和《2017 年度永州市银行业协会工作要点》要求，落实会员大会和各次理事会决定决议，履行协会自律、维权、协调、服务职能，较好地完成年度工作任务。

【行业自律】　2017 年，永州市银行业协会印发《关于重申严禁违规吸收和虚假增加存款的通知》，要求各商业银行加强对分支机构的绩效考评管理，合理分解考评任务，约束存款“冲时点”行为，根据永州银监分局安排，就存款市场秩序赴蔡市、岚角山等银行业网点进行暗访，督促会员单位做好文明规范服务工作。落实湖南省银行业行规行约贯彻落实情况自查工作，印发《关于开展银行业行规行约贯彻落实情况自查工作的通知》，组织全市各银行业机构对中银协 2005 年以来的有关行规行约贯彻落实情况进行自查，统计显示协会会员单位的项目落实情况较好。协会还对部分会员单位进行抽查，督促会员单位自觉执行中银协制定的行规行约。

【行业维权】　2017 年，永州市银行业协会多次赴市中级人民法院执行局或邀请市中级人民法院执行局到协会指导工作，加大对银行业胜诉未执行案件执行力度。全年全市银行业向法院申请案件 1114 件，金额 8.76 亿，其中判决 1115 件，金额 9.13 亿元，已执行案件 653 件，金额 3.6 亿元，将涉银行案件 925 人录入全国法院失信被执行人名单库。

【网点建设】　2017 年，永州市银行业协会制定《2017 年度永州市银行业星级网点评选及 2015 年度永州市银行业星级网点复查方案》，组织专业人员对全市银行业机构申报的 33 个营业网点及 19 个 2015 年度已授牌营业网点进行测评和复查。经测评，有 11 个营业网点达到五星级标准，7 个营业网点达到四星级标准，4 个营业网点达到三星级标准，11 个营业网点未达标。协会对达标营业网点授予相应星级牌匾。经复查，18 个营业网点符合已授星级网点标准；1 个营业网点不符合星级网点标准，协会督促其进行整改。

【行业服务】　2017 年，永州市银行业协会邀请北京嘉泰开元文化传播有限公司到永州举办《银行业债权保护工作相关知识》和《监管趋严下商业银行信贷合规管理与风险防控》两期培训，各会员单位、理事单位分管领导、部门负责人及业务经理 200 余人参加。举办永州市银行业普及金融知识万里行活动，成立领导小组，制订《2017年永州市银行业普及金融知识万里行活动方案》。各会员单位分别于7月、8月、9月，分阶段开展“支付结算账户使用安全宣传月”“电子智能服务推广宣传月”“防范电信网络诈骗宣传月”活动。银行业累计参与网点1671个，累计开展活动1365次，累计参与员工1.09万人，累计受众客户650.51万人，发放宣传资料63.89万份，媒体报道76次。建立“高管论坛”，部署“高管论坛”调研论文征集工作，各会员单位主要负责人就银行业防控风险、创新思维差异化发展、推动普惠金融及金融业务国际化突破等方面进行调研，论坛收到论文13篇，经权威部门评审，评出一等奖1篇、二等奖2篇、三等奖3篇、优秀奖5篇。全年组织两次银行业专业人员职业资格考试，考试设“银行业法律法规与综合能力”和“银行业专业实务”两个科目，永州市考点应考2539人次，实考1744人次，缺考795人次，及格403人次，平均及格率23.1%。

【永州市银行业协会第六届会员大会三次会议】 2017年3月8日，永州市银行业协会在冷水滩区召开第六届会员大会三次会议，审议通过《协会第六届会员大会三次会议工作报告》《协会2017年度工作要点》《协会2016年度财务收支情况报告》《协会2017年度财务预算和编制说明》《协会2017年度会费征收标准议案》及《银行业债权保护工作相关知识培训方案》。全年组织召开理事会议2次，并审议通过一系列工作议案。

（张卫卫）

【中国工商银行永州分行】 2017年，中国工商银行永州分行坚持以客户为中心的经营理念，以建设永州“服务最好、同业最强、客户首选”银行为目标，聚焦“六大战役”，加大信贷投放力度，创新金融产品和服务，在自身发展和服务地方经济发展中取得较好成绩。年末，各项存款余额191.39亿元，较年初增加17.96亿元，增长10.36%，其中储蓄存款余额119.00亿元，较年初新增8.11亿元，增长7.31%；公司存款余额23.53亿元，较年初新增2.21亿元，增长10.36%；机构存款余额47.9亿元，较年初新增8.26亿元；同业存款较年初减少0.2亿元。各项贷款余额101.13亿元，较年初增加6.53亿元。其中公司贷款余额68.37亿元，较年初增加10.2亿元，增长17.55%，新增四行占比44.91%，排同业第二位。实现拨备前利润2.75亿元，较年初新增1773万元，增长6.87%。实现中间业务收入1.18亿元。

加大贷款投放的营销力度，信贷投放继续保持快速增长的势头。全年累计发放公司贷款21.26亿元，同比多放3.2亿元，公司贷款净增额10.2亿元。

加强信贷风险管理，重点加强不良资产清收处置和信用风险防控。在不良资产清收处置方面，清收转化潜在风险贷款2.37亿元；处置不良资产12.61亿元，其中现金清收2552.96万元、呆账核销9513.19万元、重组上调11.04亿元，收回受托、证券化资产1081.29万元，账销案存30.87万元。在信用风险防控上，通过加强潜在风险贷款的化解处置，加大对房地产和大户风险的防控，优化信用风险全流程管理。

实现国际结算1.59亿美元，增长12%，同业占比排第二位；完成跨境人民币业务量4.89亿元，增长10%，同业占比排第一位。个人本外币理财产品销售45.47亿元，时点余额14.2亿元，较年初增加5.38亿元，增长61.07%，增幅排全省第一位，净增额排全省第五位；时期余额12.37亿元，较年初增长4.87亿元，增幅65.14%，增幅排全省第一位。融e购B2C非金融交易额9509万元，完成省分行任的103.8%，排全省第五位；融e购活跃商户数23户，完成省分行任的135.3%，排全省第四位。11月22日，建成工行融e购“永州馆”线上和线下体验馆，“永州馆”线下体验馆是全省第一家融e购城市馆线下体验馆。

（程纯）

【中国建设银行永州市分行】 2017年，中国建设银行永州市分行负责业务再创新高，全行一般性存款余额366.27亿元，新增43.97亿元，同比多增7.87亿元，余额占比38.22%，同业排第一位。其中，对公存款余额141.58亿元，新增22.37亿元，同比多增10.34亿元，余额占比42.55%，同业排第一位；新增占比32.31%，同业排第二位。个人存款余额224.70亿元，新增21.60亿元，余额占比35.66%，同业排第二位；新增占比46.84%，同业排第一位，系统排第一位。一般性存款日均余额365.31亿元，新增48.07亿元，其中，对公存款日均余额140.89亿元，新增25.97亿元，个人存款日均余额224.41亿元，新增

22.13亿元。资产业务快速增长，各项贷款余额156.17亿元，新增36.61亿元，余额占比35.15%，同业排第一位。其中：公司贷款余额60.11亿元，减少1.30亿元，同业排名第四位；个人贷款余额96.05亿元，新增37.91亿元，新增占比63.52%，同业排第一位。实际信贷资产新增信贷资产新增61.97亿元。效益指标持续提升，实现账面利润首次突破6亿元大关，达到6.95亿元，同比多增0.97亿元，系统内排第五位，增长16.2%，系统内排第三位，同业排第一位。其中，实现中间业务净收入2.63亿元，比2016年同期增加0.7亿元，完成省建行计划的139.19%，四行占比50.05%，同业排第一位，增长35.63%，系统内排第二位，同比提升10位。贷记卡业务收入较同期增加5521万元，理财产品管理和增值收入增加1728万元。资产质量管控有效，不良贷款余额为7856.13万元（含信用卡，省行考核口径），完成省行控制计划的102%，系统内排第三位；不良率0.5%，系统内排第三位，同业排第一位，继续保持资产质量先进行地位。

跟进全市战略部署，履行大行责任，发挥重点项目建设传统优势，拓宽融资渠道，对接项目落地，连续5年被评为“全市优化经济环境和机关效能建设工作先进单位”。全年实现大中型公司机构类贷款及资管投行业务授信21户，金额75.6亿元；新增授信金额56.55亿元。棚改项目取得突破，审批通过全省第一笔棚改贷款5.5亿元，年初实现发放2.5亿元；母子公司联动取得历史性突破，联动子公司建信信托为市水务投公司投放信托贷款10亿元。全年普惠金融贷款新增1.15亿元，在全省“拓客户，稳存量，控风险，增收益”小微企业业务竞赛活动中，获评“综合一等奖”“资产质量专项奖一等奖”；承销市经投集团9亿元PPN获交易商协会注册成功；承销零陵城投10亿元中期票据发行3亿元，实现债务融资工具承销发行零的突破，成为永州四大行承销发行债务融资工具的第一家银行。先后与永州市人民政府及零陵区人民政府、祁阳县人民政府、东安县人民政府等签订政银全面战略合作协议；与市国税局、市地税局签订“银税互动”合作协议；与市工商局及22家企业签订“政银企合作、助力双创”战略合作协议；与零陵区、江永县、双牌县等政府平台签订“助保贷”合作协议；与市商务和粮食局合作承办“单一窗口”标准版推广永州专场培训会、永州市外经贸政策业务培训会。

根据转型发展要求，通过改革创新形成新的动力，提升金融生态圈建设质量，金融生态圈建设立项项目累计立项55个，其中做深做透16个，平均获客量8870个，对私、对公客户产品平均覆盖度分别为10个、7.6个，存贷款等金融总量平均在4.4亿元以上，与7个客户建立银企直联等系统对接。个人有效客户折算后新增25.30万户，系统内排第二位；信用卡客户新增2.59万户，代发工资个人客户新增7.38万户；对公有效客户（折算后）新增1632户，系统内排第六位；单位人民币结算账户比年初新增1898户，系统内排第四位，基本结算账户新增1751户，系统内排第三位；账户新增四行占比54.31%；重点池类新型结算产品票据新增116户，计划完成率263.64%，系统内排第一位。

实现国际业务条线中收544.4万元，计划完成率292.28%，系统内排第一位；国际收支客户新增15户，系统内排第四位，同业排第一位；在国家外汇管理局永州市中心支局的外汇执规考核中连续两年被评为A类行。在市人行银行业金融机构综合评价工作中，连续两年被评为A类行；获得2017年永州市银行业务金融机构支付结算暨账户实名制知识抢答赛团体一等奖；获得2017年人民银行永州市中心支行等六家单位举行的永州国库业务知识竞赛二等奖；获评国家外汇管理局永州中心支局举办的国际收支业务知识竞赛活动最佳组织奖；创建“市级文明标兵单位”。完成1个网点搬迁，3个网点装修，优化现金类自助设备布局，推进渠道转型，减少柜台16个，释放柜员29人，确保网点100%实现双大堂，营销人员314人，营销人员占比70.56%。加快互联网金融发展转型，金湘通商户新增1461户，善融商务有效买家1.22万户，手机银行客户新增12.91万户，个人网银客户新增11.49万户；悦生活交易量129.01万笔，POS收单交易额111.14亿元，移动金融柜面替代率85.21%。

（李顺清）

【中国银行永州分行】 2017年，中国银行永州分行围绕总行“担当社会责任，做最好的银行”战略目标，贯彻落实省行“树正气、建机制、严管理、防风险、求发展”十五字工作方针，推进人力资源改革和网点智能化升级改造及工作措施落实，探索新时期“互联网+”模式，实现“比、学、赶、超”。年末，人民币各项存款89.94亿元，较年初新增14.7亿元，完成省行任务的136%。其中，人民币储蓄存款58.65亿元，较年初新增5.82亿元；人民币公司存款31.23亿元，较年初新增8.78亿元。外币存款1764万元美元，其中外币储蓄存款1190万美元。外币公司存款568万美元。本外币各项贷款46.01亿元，较年初新增7.34亿元，完成省行任务的155.41%，完成永州市政府考核指标的108%。其中，人民币公司贷款17.21亿元，较年初新增2.97亿元，完成省行任务的132.41%；人民币零售贷款23.41亿元，较年初新增4.41亿元，完成省行任务的337.75%；外币贷款631万美元。实现本外币净收入2.52亿元，完成省分行任务的108.02%；实现拨备前利润1.56亿元，完成省行任务的116.37%；实现净利润8790万元。中国银行永州分行整体等级上升一级。

贯彻执行《基层网点风险管控（50条措施）》，举办“内控50条，我说你听”演讲比赛，以赛促学。开展内控管理专项检查，防控金融风险，治理金融乱象，打击“三违反”（违法、违规、违章）行为。落实“四个管好”（管好抽屉、管好印章、管好口袋、管好员工）。推进会计基础工作标准化，会计达标工作常态化，全年实现平安有序运营。

根据中央普惠金融和精准扶贫的政策导向，在新田县设立县支行。新田县支行为新田县门楼下村养殖企业发放专项扶贫贷款200万元。参加推进祁阳县、东安县定点扶贫工作站建设，实现扶贫工作由输血到造血的转变。

（罗瑞桥）

2017年2月17日，中国银行湖南省分行行长魏国斌（左三）到永州分行调研指导工作

【中国农业银行永州分行】

2017年，中国农业银行永州分行坚持以总行“六维方略”为指引，以推进全面“升级进位”为总抓手，克服经济下行、竞争加剧、转型阵痛等困难，各项工作有序推进。年末，各项存款余额318.14亿元，比年初净增43.68亿元，存款增量占市场份额的36.72%，排四大行第二位。其中，对公存款时点净增31.47亿元，排四大行第一位；各项贷款余额140.99亿元，比年初净增27.84亿元，贷款增量占市场份额的35.5%，排四大行第二位。其中，对公贷款增量占四大行份额的49.95%，排四大行第一位。

推动互联网金融服务“三农”落实，实施“一行一策、一行一品、一行一色”发展规划，辖区内5个支行三农事业部达标，完成计划的100%，较2016年增加2个。农户贷款净增2.47亿元，完成计划的419%，全省农行排第二位。清理惠农通无效、低效服务点780个，台月均交易同比提升19笔达到33笔。民生代理项目市场份额提升，县域代理支行由2016年的4个增加到6个。

审批通过项目11个，审批金额25.3亿元，投放18.29亿元。加强公私联动，抓好“四类源头”资金营销，深化“四大行动”。设立和完善个贷中心与个贷专业团队，非农个贷净增13.2亿元，全省农行排第四位。推进个人客户营销，个人贵宾客户净增1.26万户，全省农行排第一位。

实现营业收入8.86亿元，完成计划的110%，同比增收1.79亿元，增长25.3%，增幅排全省农行第二位。加强双基管理，推广“三线一网格”管理新模式，资产质量稳中向好。全年，未发生责任性刑事案件和重大风险事件。不良贷款余额2.61亿元，较年初下降1480万元，不良率1.85%，较2016年末下降0.59个百分点。清收已核销不良贷款2916万元，完成计划的139%。

下村走访慰问贫困户活动12次，争取县扶贫整改项目资金350万元。继续投放“贫困妇女扶贫贷”1.78亿元，帮扶1.07万名贫困妇女脱贫，结合产业扶贫为5个贫困县投放项目精准扶贫贷款6亿元。发放“富农贷”精准扶贫贷款1.92亿元，助力1.15万名贫困户脱贫。服务三农和精准扶贫工作经验，被人民网、中央人民广播电台、新华网、《湖南日报》等20余家主流媒体报道。

（雷振华）

【中国农业发展银行永州市分行】2017年，中国农业发展银行永州市分行累计发放各类贷款29.86亿元，实现中间业务收入168万元，实现账面利润2.76亿元，实现国际业务结算量2499万美元。年末，各项贷款余额104.1亿元，各项存款余额77.3亿元，农发重点基金余额18.2亿元。办公室、投资、内审、法规等10个专业条线被上级行评为优秀单位。

支持粮油收储，做好政策性收购信贷工作，择优支持市场性收购，全年发放收购贷款5.05亿元，支持13家企业收购粮食15.19万吨，全面完成14.67万吨储备粮轮换计划，发挥收储资金供应主渠道作用，维护国家粮食安全和农民利益。合规支持农业农村基础设施建设，主动适应国家规范地方政府举债融资政策调整，以棚户区改造为支持重点，制定下发《永州市分行2017年度项目营销挂钩考核办法》《永州市分行棚户区改造贷款业务专项考核方案》，推进农村土地整治、城乡一体化等中长期项目建设，全年营销棚改项目11个，金额55.25亿元，投放棚改贷款14.5亿元，支持棚户区拆迁79.13万平方米，新建安置住房8.5万平方米，改善1.46万群众的住房条件。

开展“信贷队伍建设年”活动，制定下发活动实施方案和信贷队伍建设三年规划，开展“五查五看五比”活动，创建辖区内祁阳县支行、江华瑶族自治县支行作为贷后管理、信贷队伍建设年活动、全面风险管理的示范行，推进信贷全流程标准化管理和贷后管理工作常态化建设，完成辖内67家客户评级和71家客户授信工作，组织信贷业务专项检查9次，加强信贷管理基础。按照银监会和省分行统一部署，开展“三套利”“三违反”“四不当”“市场乱象整治”等专项检查，强化合规管理。做好反洗钱、内控评价、法律审查工作，加强合同管理，防范法律和案件风险。开展道县支行财会基础样榜行建设，利用坐班主任异地交流、财会辅导、会计远程监控系统等措施，推动全市财会基础规范化管理，提升基础管理水平。在全市金融系统国库知识和业务技能比赛中取得第二名。

坚持把风险管控作为全行工作的重点，守住不发生系统性风险和各类案件的底线。对正常类客户及时启动续贷（展期）流程，做好企业到期贷款的续贷工作。对重点维护类客户中科、咏农、金浩、黄泥井等公司，按照省分行“一报告一清单三台账”管理办法，坚持“一企一策”原则，逐企业制定维护方案，强化风险预警监测，协调政府帮助企业多方位引进战略投资者，维护信贷客户。全年收回风险贷款4339.2万元，收回欠息398.9万元。定期或不定期组织开展员工行为风险排查，全年未发生重大员工行为风险和责任性安全事故。

坚持易地扶贫搬迁、产业扶贫、基础设施扶贫3个集中推进，全年投放各项精准扶贫贷款18.68亿元，占全行贷款投放总额的62.56%，年末精准扶贫余额76.97亿元。通过整合财政涉农

2017年，永州农发行投放县域城镇建设固定资产贷款支持新田县富硒农产品加工产业园项目建设　　摄影 骆海瑛

2017 年 11 月，永州农发行举办 2017 年“喜迎十九大”党建、作风建设知识抢答赛
摄影 骆海瑛

资金，创新支持扶贫过桥贷款业务，累计营销改善人居环境、教育、健康、农村提质改造等扶贫过桥项目 5 个，金额 10 亿元，审批项目 3 个，金额 6 亿元，实现全市首笔 2 亿元教育扶贫过桥贷款投放。支持易地扶贫搬迁，全年到位易地扶贫专项贷款 9.23 亿元，到位资金排全省第一位，支付资金 5.81 亿元，推动全市 13 个县区（经济开发区、管理区）84 个易地扶贫搬迁安置点建设，建成住房 8819 套，面积 69 万平方米，12.63 万人易地搬迁。投放产业扶贫贷款 10.98 亿元，解决 2760 人建档立卡贫困人口就业问题。《湖南日报》以《为了一个共同的梦想》为题对支持易地扶贫搬迁进行深度报道，巩固永州农发行在金融扶贫中的先锋、主力地位。做好扶贫联系点蓝山县大桥乡大源村结对帮扶工作，市分行 20 名党员干部结对帮扶 21 户贫困户，全年捐助专项帮扶资金 9.2 万元。年底，该村通过脱贫验收，实现整村脱贫。

（蒋薇薇）

【中国邮政储蓄银行永州市分行】 截至 2017 年年末，邮政储蓄存款余额 73.7 亿元；公司业务存款余额 29.21 亿元，净增 1.96 亿元；零售贷款余额 86.8 亿元，净增 14.4 亿元；消费贷款结余 55.79 亿元，净增 12.53 亿元；小企业贷款结余 7.25 亿元，净增 8356 亿元；全年未发生重大案件和重大安全事故，实现“零案件”目标。中国邮政储蓄银行永州市分行获评“2017 年度中国邮政储蓄银行湖南省优胜二级分行”“中国邮政储蓄银行湖南省分行全省业务发展先进单位”称号。

发挥自身资源优势和网点优势，通过转型升级和普惠金融，服务创新创业和民生金融。加大对“三农”、小微企业的资源倾斜和支持力度，加大对各县区支行“三农”、小微企业经营管理的考核力度，优先保证信贷额度，简化服务流程，优化利率定价，提高作业效率；围绕市场变化、政策导向和客户需求，强化市场调研和产品开发，重拾产品“供给箱”，建立“点穴式”金融服务模式，重点围绕“担保难”的问题，创新担保方式，推广助保贷、发票贷、税贷通等弱担保产品；开展金融产品进园区、进乡镇、进社区等活动，建立“上门问需求、出计策”的服务模式，提高客户获取邮储银行金融服务的便利性和满意度；加强社区金融服务，坚持研发综合金融服务方案，拓展消费金融的服务领域，从住房、汽车向旅游、教育、文化、信息消费延伸，以产品和服务创新助推消费升级和供给侧改革，全年发放住房按揭贷款 45.5 亿元、汽车按揭贷款 16.45 亿元、综合消费贷款 22.21 亿元，发展支付结算，开展代办社保 IC 卡业务，打通金融服务的“最后一公里”，为城乡居民提供类别广泛、操作方便、服务优质的各类金融项目。年末，中国邮政储蓄银行永州市分行拥有本外币账户 351.38 万户，社保 IC 卡 117.5 万户，商易通、POS 机 1556 户，个人网银客户 73.74 万户，手机银行客户 62.51 万户。

围绕服务“三农”的战略定位，以成立三农金融事业部为契机，加大“三农”贷款的推广力度，针对“三农”客户融资“小额、分散”和“短、频、急”的特点，探索开发农户保证贷款、农户联保贷款、烟农贷款、种养殖大户贷款、家庭农场贷款、农机购置补贴贷款等新产品，在推进土地经营权、林权抵押贷款等传统贷款的基础上，创新开办农业产业链贷款、“信用村”农户信用贷款等新产品，针对粮食、水果、蔬菜种植和禽畜、水产养殖等永州特色产业定制专项信贷政策，并与湖南省农业信贷担保有限公司合作开展“惠农担”贷款业务，提升服务基础农业和现代农业的水平；全市建立111个金融扶贫服务站，发放扶贫贷款4200多万元。发放贷款2.98万笔，平均单笔贷款金额16.95万元。

围绕传统金融、双创金融、政务金融、民生金融四大体系开展产品创新，形成包括“强抵押”“弱担保”“纯信用”等担保方式的全产品序列，推出快捷贷、税贷通、新三板贷款、流水贷、劳动密集型小企业贷款等多项产品，满足分布于不同行业、处于不同生命周期的小微企业的融资需求。与财政、人社、人行等机构合作，解决小微企业融资难、融资贵、担保难等问题。参加各级政府组织的政银企对接会，自主对接园区、行业协会、商会等产业组织，加强银企沟通，打通金融扶持实体经济发展渠道。年末，全行小微企业贷款有9074户，余额28.04亿元，在全省邮储银行排第二位，信贷支持小微企业发展达到银监会“三个不低于”的监管要求。

（盘书花）

【交通银行永州分行】 截至2017年年末，交通银行永州分行人民币各项存款余额44.91亿元，新增14.46亿元。其中对公存款余额35.84亿元，新增12.16亿元；储蓄存款余额9.07亿元，新增2.3亿元。人民币各项贷款36.16亿元，增长12.14亿元，贷款不良率为0；实现经营利润13879.97万元。2017年，获中银协“百佳示范单位”、交通银行总行“第二届企业文化建设示范基地”、交通银行湖南省分行“先进集体”“经营管理优胜单位”、冷水滩区“综合治理先进单位”等二十多项荣誉。

交通银行永州分行营业大厅

通过资产业务撬动、投行项目落地、与国开行彩虹桥计划合作深化攻坚市政重点建设项目等举措，推动公存款增长；以“金鸡报晓，抢跑2017”储蓄存款竞赛活动为载体，通过百佳创建、“三进”活动、打造“消费金融圈”、优化内部考核等措施，抓好个人存款增长。与永州市城建投、开建投签署12亿元的战略合作协议，中央商务区旧城改造项目投放10亿元，潇水东岸项目投放3.5亿元，凤凰北城项目自营贷款投放0.16亿元，类信贷投放2.8亿元，以及总行专项贷款规模获批投放11亿元；个人贷款较净增1.42亿元，完成全年任务的142%，其中个人商用房贷款增幅超过100%。

通过分类联动营销等方式方法做好客户营销工作，开展对公条线“清零行动”，开立三个对公重点账户，通过再进园区活动营销湖南和顺医药有限责任公司1500万元流贷、湖南长丰汽车空调有限公司741.72万元贴现和5050万元银行承兑汇票开票业务；储备新火车站棚改项目、零陵城投PPN项目、宋家洲整治项目等重点项目7个，拟投放金额48.3亿元。做好医院类、政府类代发客户群营销业务，开展系列“三进”活动，实施“深耕挖潜”式营销。

个人储蓄存款时点余额9.07亿元，新增2.3亿元；个金AUM日均余额新增4.3亿元，完成全年任务的144%；通过理财产品销售转型传统客户储蓄存款的性质，实现用财富管理客户。与消费服务行业合作，创新开展“最红星期五”活动、节假日大型活动、专属客户群等卡消费一系列优惠活动，提高零售板块非利息收入，提高卡回佣收入。私人银行客户净增完成全年任务的100%，个金财富管理客户、对私有效折算客户均超额完成全年任务。

规范信贷业务基础管理工作，组织客户经理按照要求建立一级信贷档案，归档二级档案；对全行的权证进行实物查库，对押品权证出入库操作流程进行梳理，建立相关登记簿，确保权证及时入库，账实相符；每月以授信业务简报的形式对授信业务的运行及考核情况进行通报，按照规章制度对客户经理的授信业务差错、贷后管理履职情况等进行考核；加大对逾期贷款的催收力度，将逾期非不良贷款控制在省行下达的控制额（100 万元）以内。按照“彻底排查、排查彻底”的标准和要求，在全分行开展存量授信业务专项风险排查、保证金业务有关要求执行情况、一手房合作商及合作项目风险专项排查、二手房按揭贷款业务管理风险排查、“以贷谋私”专项治理排查、政府类融资业务“回头看”自查等 45 项专项风险排查及自查工作。围绕贷后管理、授信业务申报、票据业务等等重点工作，开展专题业务培训 9 次，并组织考试考核。制定《永州分行 2017 年会计营运风险管理重点工作计划》，组织全行性的自查、专项检查 23 次，全行性查库 3 次。严格落实总行、省分行规章制度，每周编写《永州分行营运管理“内点事”》期刊，开展技能岗位练兵、“学习制度、查摆风险”和“柜面业务控时长提效率”等活动，提高营运条线员工综合业务能力。8 月，零陵支行成功堵截信用卡诈骗案件 1 起，被省级新闻媒体报道，受到客户的好评。制定《交通银行永州分行 2017 年安全保卫工作要点》，开展“加强安全风险防范，提高突发处置能力”平安创建活动，每周在安保条线进行专题学习培训，全年开展两次安全保卫知识摸底考试，清理更新突发事件应急预案，新增应急预案 4 个，更新预案 2 个，开展预案演练 12 次，参加人数 138 人次。注重信息系统建设。5 月及 9 月开展两次金融科技安全宣传活动，引导客户树立安全意识，防范非法信息侵害。开展“新五大领域”专项治理、警示教育等活动，强化财务审核关，确保财务运作合法合规。

（毛莹）

【湖南省农村信用社联合社永州办事处】 截至 2017 年年末，全市农商银行各项存款余额 636.91 亿元，净增 92.8 亿元，存款总量、增量在全市金融机构中均排第一位；各项贷款余额 395.67 亿元，在全省系统内排第三位，总投放 297.89 亿元，净增 50.52 亿元，贷款净增额在全省系统排第二位，贷款总量、增量在全市金融机构中均排第一位；在金融产业扶贫工作中，累计为 19.5 万户建档立卡户进行评级授信，授信额度 64.96 亿元，全年累计发放精准扶贫小额信用贷款 6.15 亿元，占全市发放额的 80%，余额 25.96 亿元，排全省第一位；存贷比 62.12%，在全省系统内排第一位，高于全省平均数 8.2 个百分点；历年贷款到期收回率 97.27%，不良率 2.68%。湖南省农村信用社联合社永州办事处连续 3 年获得全省农村信用社目标考核第一名，资产质量、信贷投放、经营利润和监管评级等核心指标居全省系统内第一方阵。农商银行实现经营利润 21.1 亿元，缴税 6.87 亿元，经营利润和缴税在全省系统内分别排第三和第二位，其中祁阳县、道县、江华瑶族自治县、蓝山县 4 家农商银行缴税额在当地排第一位，宁远县、东安县、江永县、新田县、双牌县 5 家农商银行缴税额在当地排第二位，永州农商行缴税额在当地排第四位。全年缴税 6.87 亿元，在全省系统内排第二位。永州辖区内各农商银行均获得当地“纳税大户”称号。

稳步扩大信贷投放，支持地方实体经济。全市农商银行总投放 297.89 亿元，净投放 50.52 亿元，支持永州脱贫攻坚、城镇提质、旅游升温、园区升级等项目；发放永州各级政府的主导项目、重点融资项目及大中型集团客户贷款 15.2 亿元，助推永州新型城镇化、农业现代化建设等。全市农商银行在 2016 年评级面 100% 基础上，对建档立卡贫困农户有

2017 年 10 月 23 日，湖南农村信用社联合社永州办事处全体人员学习中国共产党的十九大报告

效授信比 93.98%，授信金额 64.96 亿元。截至 2017 年年末，全市农商银行发放精准扶贫贷款 6.47 亿元，净增 5.05 亿元，重点支持发展科技扶贫、电商扶贫、乡村旅游扶贫等。围绕农村各类创业群体，创新推出“土地流转经营权抵押贷款”“林权抵押贷款”“返乡农民工创业贷款”“巾帼信用创业贷款”“大学生创业贷款”“退伍军人创业贷款”“股权抵押贷款”等专属信贷产品；采用“公司+基地+农户+信贷”模式，创新推出“小额信用扶贫贷款”“绿色产业扶贫贷款”“财政贴息扶贫”等金融信贷品牌。全年累放各类涉农贷款 209.26 亿元，其中创新类涉农贷款占比 27%。围绕城市创业群体，推出“便民卡+”创新业务，如双牌县的便民卡便宜贷、蓝山的便民卡商易贷等。全市农商银行发放“便民卡+”贷款 310 笔，金额 1.66 亿元。全市农商银行加强客户经理等级管理，给予客户经理一定贷款权限，并简化信贷档案资料。将非大额信贷资料从现行的 30 余项精简到 10 项以内，简化贷款评估手续，推行责任管贷制度，客户用于抵押的房地产价值由客户经理自己评估。

（方赛霞）

【华融湘江银行永州分行】 截至 2017 年年末，华融湘江银行永州分行下设 5 家营业网点及 2 家离行式自助银行，各项存款余额 92.10 亿元，较年初新增 48.18 亿元，增长 109.7%；信用投放总量 117.09 亿元。

截至 2017 年年末，华融湘江银行永州分行累计向永州市投放信用超过 60 亿元。突出支持重要工业产业，在支持永州地方基础设施建设、园区开发、战略产业发展、中小微企业转型、政府重点项目和民生工程等方面，优先支持符合国家产业政策导向、区域内竞争优势明显、对地方经济发展贡献突出的现代物流、新材料、精细化工、智能制造装备、医疗卫生及设备、生物医药、高等教育、节能环保、基础设施建设等行业。突出支持永州市政府重点项目，通过创新产品实施突破，向政府工程建设项目投放大额贷款。紧跟中共永州市委经济发展战略，以永州城镇提质、交通提速、园区升级、旅游升温、脱贫攻坚、环境治理等“六大战役”为契机，对河西棚户区改造、国道 207 线、零陵古城改造、滨江新城、京华中学棚户区改造、东安龙溪河河道治理等多个项目给予重点资金扶持。在永州市人民政府组织的“全市各家金融机构”的考评中，获得“永州市中心城市建设金融工作优质服务先进单位”称号。突出支持重点工业企业，灵活运用对接理财、直投、银银组合、贷款等现有表内外创新产品，扶持长丰汽车、长丰沙发、长丰内装饰、元创精密等优质成长型工业企业的发展壮大。

坚持把地方中小企业作为信贷支持的重点，加大对小微企业信贷倾斜，打造“小微企业合作银行”，支持中小微企业和消费金融发展。截至 2017 年年末，小微企业贷款（含个人经营性贷款）余额超 10 亿元。以工业园区、商会与行业协会、担保公司以及核心企业等为切入点，搭建营销平台，推行“模式化经营”，批量开发小微企业客户，实现营销效率与营销成本的“双赢”。成立小微企业金融服务中心，开辟小微企业金融服务“绿色通道”，在产品创新上形成包括循环贷款、贸易融资、经营性物业贷款、标准厂房按揭贷款等在内的融资产品体系，为 300 余家中小企业提供全方位的金融服务。创新授信模式，推出“循环贷”“物业贷”“互助联保贷”“银保贷”“信用贷”“信义贷”“组合贷”“快捷贷”等产品，创新运用企业联保、组合担保等形式，为企业量身定做融资方案。

坚持“服务立行”，推进“五年三步走”发展战略，扩大服务覆盖面。下辖 4 家支行获评永州银行业协会“五星级网点”称号；推出网上银行、电话银行、手机银行、微信银行、直销银行等电子银行业务；发行金融 IC 卡、社保卡和公务卡；实施“华融卡”开户、取现和网上银行、手机银行转账手续费全免等惠民措施；上线互联网消费贷款“融安贷”等普惠金融产品，不断为客户提供方便、快捷、周到的金融服务。截至 2017 年年末，客户突破 6.5 万户。

（许学文）

【永州农村商业银行】 截至 2017 年年末，永州农村商业银行各项存款余额 159.58 亿元，较年初净增 27.15 亿元；各项贷款余额 100.51 亿元，较年初净增 16.76 亿元。其中全年累放涉农贷款 40.71 亿元，新增小额扶贫贷款 0.63 亿元，存贷比 62.99%。实现经营利润 5.04 亿元，比 2016 年增加 1.76 亿元。

开展专项拓展活动。利用元旦、春节等重要时间节点，制定激励措施，人人头上有目标任务，个个身上有奖励处罚，开展“开门红”专项拓展活动。对接政府职能部门，多次向市、区政府汇报，主动对接政府职能部门争取存款，市财政局先后在该行新增定期存款3亿元、冷水滩区政府将医保社保局的收入账户和支出账户及基金归集专户在该行开户。加强市、区各单位的业务合作，与永州水务公司签订协议，水费归集到该行；冷水滩区财政全面开通“非税POS机”。承接市公共资源交易中心的交易平台系统，与相关软件公司签定协议，系统接口正在加快研发中。针对该行在市、区两级政府税收分成方案上建言献策，争取政府政策扶持，制定“税收按零、冷、经开区辖区内网点存贷款规模比例分成的总体方案和原则”，分税政策推动该行存贷业务的发展。利用绩效考核系统，全员参与各面业务发展。

截至2017年年末，永州农村商业银行净投放各项贷款16.76亿元，授信68.59亿元。加强对市政工程、新能源等重点项目营销，发放贷款20笔，金额合计10余亿元。支持“六大战役”，在严控风险的同时简化贷款流程，发放政府融资性平台贷款5笔、5亿元。如对永州经济技术开发区长丰配套、零陵区农建投所发放的贷款，衍生存款近2亿元。开辟信贷绿色通道，支持中心城区的工业园区的重点企业，如对湖南奔腾创意文化有限公司及“永州大市场”2个重点园区企业授信1.6亿元，发放贷款9800万元。参与市政府主导的银企洽谈对接活动，与长丰配套工业发展有限公司、黄泥井大市场实业有限公司等9家企业签订贷款意向，金额7亿元，实际签约5家，授信金额4.2亿元，投放贷款3.23亿元。与湖南农业信贷担保公司、永州小额投融资担保公司签订战略合作协议，为其授信5亿元。截至2017年年末，建档授信21497户，有效授信20749户，授信金额8.82亿元，扶贫贷款用信户8776户，贷款余额4.1亿元，其中，农户自主创业213户，金额970万元；企业和种养殖产业合作社等农村经济组织帮扶8563户，金额4亿元。建立金融扶贫服务站49个。支持“大众创业、万众创新”，发放创业贷款8700余万元。持续开展“两扫五进”和“访客户、问需求、优服务”专项活动，强化评级授信，夯实基础客户、拓展潜力客户、争取优质客户，做优做强信贷主业。

加快发展电子银行业务。重点推进福祥便民卡、福民卡、IC卡、健康卡等特色卡业务的开展，推广“天天掌柜”业务，实现便民卡自助放款，探索直销银行，丰富移动支付产品。拓展转型业务，扩大代收代缴工作。加强与财政、社保、电力、供水、供气等行业合作，争取系统客户、行业大户，探索咨询、理财等代销业务，扩大代理代收代缴代付范围，开办“房屋维修基金”代缴业务，承办冷水滩区医疗保险管理服务中心业务。依法合规办理票据等资金业务。在监管部门政策允许的范围内，开展电子票据业务。

（刘振武）

【长沙银行永州分行】 2017年，长沙银行永州分行有营业网点10个，其中营业部1个、县域支行5个、社区支行4个，团队人员155人。年末，长沙银行永州分行本外币资产总额64.2亿元，较年初增加39.4亿元，其中人民币各项存款余额64.2亿元，较年初增加39.4亿元，增长158.87%；本外币各项贷款余额87.38亿元，贷款不良率为零；实现经营利润2.7亿元。

坚持“服务地方经济、服务中小企业、服务市民”的市场定位，打造智慧金融、县域金融、绿色金融、科技金融四大特色战略品牌。对接永州市“六大战役”项目17个，金额63.1亿元；开立非税、国库集中支付、社保、

长沙银行永州分行优服管理

财政、住房公积金、房屋维修基金等重点系统账户，打造“湖南人的主办银行”的品牌。

参与永州市文体事业发展，举办“爱心助残晚会”“长沙银行杯”工间操比赛、“长沙银行杯”乒乓球比赛、“长沙银行杯”中欧篮球赛、协办“第33个教师节文艺晚会”等系列活动。推进“人才强行”和“人本关怀”，打造专业化、职业化的队伍，形成“违规就是风险、不知就是风险、失职就是风险”的风险文化和“长沙银行=快乐银行”的快乐文化。

（唐佩）

保　险　业

【概况】　2017年，永州市保险行业协会有市级会员单位25家，其中产险12家、寿险13家，新增县级机构6家。全市保险业保费收入55.2亿元，增长18%，保险深度2.3%，保险密度0.99，全市人均保费将近1000元。其中产险保费收入18.34亿元，增长19%。累计营业税和个人所得税2.14亿元。全市保险行业联系扶贫村点33个，累计投入扶贫资金85万元，投送扶贫物资折合现金120万元。政策性农业保险、特色农业保险、大病医疗保险、各类责任险及养老保险等涉及民生类的保险不断发展，全市保险业累计赔款（给付）各类保险责任金额19.58亿元。累计赔付洪灾损失1.42亿元，其中“三农”保险赔款1.2亿元。新增从业人员8000余人，累计达到2.2万余人。

【保险业市场规范】　2017年3月28日，永州市保险行业协会召开产险公司总经理和分管车险业务部门负责人会议，传达省保险行业协会和全省秘书长联席会议的相关会议精神，贯彻制定“两个规范”落实措施，签订落实承诺书。3月29日，协会根据会议的安排，成立3个检查小组，到各公司和4S店进行督导和宣传。在寿险方面，市保险行业协会将人员合理流动作为重点，落实相关规定推动机构网点建设，针对投诉的热点，加强对各公司的交流，督导各会员单位，对从业人员加强诚信教育，防止消费误导。

【保险客户权益保护】　2017年，永州市保险行业协会重视客户来访和投诉，做好矛盾化解，工作得到会员单位和客户的认可。听取投诉人与被投诉人的意见，了解真实情况，查明投诉原因；加强沟通协调，针对投诉人的意见，与投诉方进行交流，并将投诉意见和建议与保险人沟通，达成彼此理解，化解矛盾，妥善处理投诉冲突与矛盾。对于不合理的诉求，协会做好相关法律法规的说明与解释，支持保险人的正常做法，维护保险人的权益，防止国有资产的流失，维护社会的公平和正义。

【保险行业宣传】　2017年3月，由永州市人民政府金融办主办，永州市保险行业承办，市级各保险公司协办的保险“三进”活动暨“3·15”的启动仪式在冷水滩滨江广场举行，“3·15”当天，全市所有保险公司在现场都设置展台、摆放宣传资料，向民众普及保险知识、宣传保险政策；解答民众有关保险产品、保险购买、保险理赔等方面的疑问，取得较好社会反响。“7·8”全国保险公众宣传日，永州市保险行业协会根据省保监局下发的《关于做好2017年食品安全宣传周活动的通知》、永州市食品药品安全委员会办公室下发的《永州市食品药品安全委员会办公室关于上报2017年全市食品安全宣传周活动内容的通知》等文件，将宣传周活动与保险公众宣传日一起安排，提高全社会保险意识，提升保险业形象。

【保险业协调服务】　2016年10月7日，尹某安驾车发生交通意外造成尹某安因抢救无效死亡。2016年12月，湖南经视频道《钟山说事》栏目报道此事。经永州市保险行业协会汇报，市金融办争取，市人民政府分管保险的副市长签署意见转发至中共永州市委宣传部和市公安局。根据指示，协会多次与宁远县公安局进行协商，并就相关事宜交换意见，后经市信访局协调，事件得到妥善处理。9月，市保险行业协会将泰康人寿东安支公司职场租赁合同纠纷一事上报市金融办，经市金融办领导与东安县相关负责人衔接，事件得到妥善处理。

（蒋晓玲）

【中国人民财产保险股份有限公司永州市分公司】　截至2017年年末，中国人民财产保险股份有限公司永州市分公司及系统累计完成保费收入8.53亿元，同比增加1.72亿元，增长25.19%。综合成本率93.40%，上升2.99%。其中综合赔付率67%，同比上升3个百分点；综合费用率26.22%，同比下降0.29个百分点。累计实现报表利润5351万元，除冷水滩区和江永县外，其他10家单位均实现盈利。累计实现现金净流量1.24亿元，百元保费现金净流量14.54元。年末，应收保费率0.52%，下降0.52%。全年累计承担社会风险责任1.37万亿元，是全市地区生产总值（1750亿）的8倍；立案6.1万件，结案5.8万件；缴纳税款超过3054万元，被永州市人民政府评为金融机构支持地方经济发展先进单位。

发挥车险发展委员会职能，构建多部门合作的“大车险”格局，搭建车险经营问题快速处理平台，提升车险发展能力和盈利能力。成立商业非车险发展委员会，推行“大抓项目、大抓渠道、大上产能”工作思路，拓展新渠道和新项目。巩固扩大传统农险业务，拓展市县级支柱产业和特色产业农险项目，开展生猪价格指数、油茶、香芋等地方特色保险业务，拓展巨灾保险业务；加强三农保险基层服务体系建设，推进三农营销服务部示范点建设工作。对接政府，推动社会医疗保险可持续发展，在全省率先中标第二轮三年期永州市城乡居民大病保险，保费累计3亿元；中标且独家承办零陵区、冷水滩区、江永县城乡居民意外伤害保险项目，中标续保新田县、江华瑶族自治县等县城乡居民意外伤害保险项目。截至2017年年末，实现社会医疗保险业务累计保费收入1.37亿元，增长69.82%。

成立合规管理委员会，列出合规管理路线图、时间表、责任人，开展合规管理年的各项工作。加强业务质量监控，按照销售费用差异化配置原则，有针对性地加大对优质业务的销售费用投入，提升优质业务占比；组织开展防灾减损；推行全面预算管理和试行支公司财务清算员监管制，对预算目标达成情况进行跟踪分析，对偏离预算的支公司（部）进行预警；加强风险管控，组织开展全市系统单证、印章、固定资产、农险等重点风险排查和专项稽查工作；加强税收风险管控，落实“营改增”专票抵扣工作，配合税务检查；强化核损、报价、理算、核赔、人伤、法律和诉讼等关键节点管控，加快案件处理，加大稽查和追偿，提升公司盈利能力。

以客户为中心推进服务优化转型，对理赔服务、客户投诉处理、客户服务基本标准落地实施监督考核。推进金卡以上车险VIP客户分级服务落实，宣传推广“湖南人保财险”微信公众号；对服务界面人员开展转型培训，提高服务基层、服务一线的自觉性和主动性。公司内各机构部门按照服务优化转型的要求，推进各项服务优化举措，全市标准化服务的常态化机制基本建立。

2017年，人保财险湖南省分公司举行扶贫养猪场捐赠仪式

6月25日—7月3日，永州市遭受严重洪涝灾害。中国人民财产保险股份有限公司永州市分公司接到洪灾报案后迅速进行现场查勘定损。截至2017年8月22日，全市累计报损案件3843件，定损处理结案3632件，处理率94.5%；定损金额8712.94万元，结案赔付8042.04万元，结案率92.3%。其中水稻赔付3568.26万元，玉米赔付110.66万元，烤烟赔付1249.02万元，水稻制种及其他农险赔付442.4万元，农房赔付684.35万元，机动车辆水淹损失赔付328.26万元，企业财产损失赔付585.2万元，巨灾保险赔付900.6万元，扶贫特惠保赔付50.29万元，工程险赔付123万元。人保财险总公司和省分公司特派农险理赔专家进行现场指导，并从广东省、广西壮族自治区及湖南省郴州市、怀化市抽调17人，组成抗洪救灾小分队，投入永州的抗灾理赔工作。双牌支公司唐海恒、宁远支公司欧少君获评“永州市抗洪救灾先进个人”称号，祁阳县“7·2”特大洪灾农房保险理赔案例被评为2017年度中国最具代表性十大风险管理案例（财产险）。

（匡林垚）

【中国人寿永州分公司】 2017

2017年5月31日，中国人寿永州分公司在客户中心大厅开展“总经理接待日”活动

年，中国人寿永州分公司个险各项业务指标全部达成，均列全省系统前列。首年标保达成率105.61%，增长40.47%；首年期交达成率115.4%，增长42.91%；首年十年期达成率108.84%，增长29.83%；短期险达成率118.34%，增长34.86%。全市银保期交达成8185.71万元，达成率105.35%，增长20.26%；达成十年期2406.86万元，达成率103.74%，增长13.05%；标保达成2305.09万元，达成率107.21%，增长32.46%；短险达成349.59万元，达成率112.77%。全市大短险保费达成9948.2万元，达成年度目标的102.66%。截至2017年11月底，公司实现与主要竞争对手对标双领先，个险新单期交（折算）对标1.95，排全省第六位（全年预计对标值为2）；个险月均销售人力对标2.66，较2016年提升0.16，排全省第三位。年内，全市系统举办营销员新人培训班63期，招募新员5686人，月均增员率10%。

以“一主三辅六步育成”为主线，推动和促进三班三训的稳步运作。举办创业签约班59期，培训5251人；举办创业启航班导师授权培训两期，参训223人；举办创业启航班39期，培训1111人；举办创业晋阶班培训两期，受训180人；举办职训ABV的师资授权培训班，受训139人。截至2017年11月底，全市有23个星级职场进行职训运作，受训新人852人。重视主管队伍培育，组织组经理晋级培训班4期，培训新晋组经理368人；组织组经理养成培训4期，培训准主管330人。组织银保主管培训两期，培训162人；组织预备主管培训两期，培训202人；组织金鹰起飞训练营26期，培训616人。全年为团险渠道客户经理举办专业技能培训班五期，受训人数406人。

有个险职场83个，其中65个职场安装266个功能组，功能组成员767人，分公司分批分组对所有成员进行培训，统一职场功能组、导师、行事历上墙模板，统一功能组每日汇报模板。截至2017年11月底，个险职场拥有导师405人，其中准星级导师203人，一星级导师118人，二星级导师62人，三星级导师11人，四星级导师11人。实现裂变职场5个，分别为零陵区万建英、唐宏花，道县何慧、裴媛翠，祁阳县刘金莲等，收展筹建成功18人，实现新增210人。

全市系统新单、续期、短险创费至11月底分别增长29.88%、56.62%、19.11%。各项费用均有节余，全市经营管理费用节余3712.59万元，执行率64.83%。其中员工薪酬节余1227.14万元，非人员经营管理费用节余2485.45万元。在保持高增员率、队伍质态大幅提升的基础上，直接销售成本预算同比增幅达到44.45%。以费用投入推动业务发展的方式逐步转变，业务推动费用执行率25%。员工人均目标薪酬较2016年增长15.9%，人平增长到7.18万元，其中基本工资增长5.59%，目标绩效增长28.85%。

（黄禹嘉）

【中国太平洋财产保险股份有限公司永州中心支公司】 截至2017年年末，中国太平洋财产保险股份有限公司永州系统累计完成保费收入1.92亿元，同比净增2328.14万元，增长13.77%，综合成本率90.08%，行业口径整体综合成本率89.51%，优于行业3.81%。市场份额10.13%，市场排第四位。全年永州市11家支公司完成保费1.43亿元，占整个中支保费的74.74%，其中保费贡献排前三位的支公司是零陵区支公司、祁阳县支公司和江华瑶族自治县支公司。11家支公司的综合成本率83.19%，低于支公司整体水平的是江华瑶族自治县支公司、蓝山县支公司和道县支公司。永州中支上交税费1077.76万元，代缴代扣车船税550.6万元。

车险业务的三大核心渠道结构持续优化。其中，电网销渠道实现保费占车险整体保费的42.08%，增长9.95%；交叉销售渠道实现保费占车险整体保费的6.12%，增长52.51%，通过利用寿险资源宣导产险产品，加强对寿险的业务督导，保费出现较快增长。车商渠道实现保费占车险整体保费的29.08%，增长4.93%，车商渠道的覆盖面进一步扩大，合作车商达到112家。

非车险整体经营情况较好，综合成本率83.09%，下降2.65%。重点推动企财险的发展，企财险全年实现保费收入201万元。在“财富U保”APP的推广应用上，注重用户数和出单量，取得明显效果。农险业务保费增长62.62%，综合成本率88.92%，优于行业7.99%，市场份额11%。新产品成为农险业务的增长点，e农险无人机、专用手机、专用PAD等新工具确保农险查勘理赔的快捷与精准。

（李慧娟）

证　券　业

【方正证券永州清桥路营业部】 2017年，方正证券永州清桥路营业部坚持合规展业，创新客服方式，加大营销团队建设，宣导合规文化，应对网络金融冲击，强化实体优质服务的理念，建立方正营业部品牌效应，各项业务在永州市场均排第一位。全年完成股基权交易量398亿元，新增开户数6697户，新增资产5400万元，客户资产总量21.35亿元，销售基金和理财产品2100万元，销售公司财富管理套餐120余单。

贯彻落实湖南证监局“提质转型”的战略决策，以“三个管理办法”为导向，建立健全客服体系。完善客户咨询和客户回访制度，加强客服专员的业务素质培训，全年客户服务完成客回访2万多人次，挽留和新增客户资产5000多万元；在客户分类的基础上，按客户操作习惯、资产和交易周转率分类细化客户，分阶段定向服务，坚持差异化服务，根据客户需要提供不同的服务，及时与客户联系沟通，回避风险。改变以往电话通知、现场咨询等单一客服手段，组织员工通过回访，完善客户联系方式，按照客户的分类，建立不同类客户的QQ群和短信群，将同类客户加入同一客户群进行差异化服务，不同类客户举办不同类的讲座和股市沙龙；坚持信息的时效性原则，将所掌握的资讯信息如配股、增发、突发利空、突发利好、持仓股票研究报告、风险提示等通过电话、短信、QQ信息以及飞信等手段，及时通知客户，加强QQ群和飞信等在线咨询。

加强培训，打造一支知识化、专业化、技巧化的客服队伍，坚持日常晨会投资分析培训（邀请分析师或分析能力强的员工、客户进行培训）；定期组织投资咨询专业培训（电视讲座、网络视频、现场投资专家）；购买相关投资书籍，采取自学、互相探讨等多种方式学习，进行保险、房产、基金等理财知识培训；开展投资者教育，宣导证券“打非”意识，参与湖南证监局和证券业协会打击非法证券期货咨询和防范非法投资理财的宣传工作，成立投资者教育工作小组，全年开展投资者教育活动30多次，并开展常态性的举行反洗钱、新业务培训和“打非”宣传；建立投资者教育园地，园地内容广泛，包括公司简介、证券知识介绍、新业务学习、合规制度和打非宣传等，并不断更新园地内容；加强投资者教育，每周定期邀请营业部具有证券分析资格的员工、公司总部研究所人员、外聘基金公司经理、保险理财师等向客户开展投资分析和理财培训，组织客户股市沙龙，交流分享理财经验，介绍新业务的办理流程和风险特征，向客户介绍证券“打非”活动，增强客户的“打非”意识；贯彻“走出去服务”方针，客服人员走向街道、社区、企业、乡镇，增加客户互动，扩大服务面。设立合规专员，宣导合规文化，坚持合规制度建设，利用公司和监管部门的平台对开户、交易、权限设置、受控业务授权、账户清理规范等日常性业务环节进行监控，提升业务活动合规质量，按照协会自律经营和管理，在非现场开户、佣金管理、客户转托管撤销指定、营销业务提成、客户经理招募使用、经纪人管理等敏感问题上，坚持合规展业，从合规中出成绩。避免因违规引发公司处罚、监管部门追究及客户投诉。

（唐朝明）

综合经济管理

经济调控与体制改革

【概况】 2017年，永州市围绕

2017年11月7日，湘南、大湘西片区省重点项目协调推进会在永州召开

打好“六大战役”、实现“四个提升”，各项工作取得较好成绩。是年，永州市实现地区生产总值完成1728.46亿元，增长8.3%；财政总收入完成169.23亿元，增长12.9%；城乡居民人均可支配收入分别达到26190元、12738元，均增长9%。年内，全市发改委系统获得国家和省级表彰5项。

【项目建设】 2017年，永州市科学编制“六大战役”重点项目建设实施方案，对重点项目建设实行月调度、季督查、组织召开现场推进会等推进措施。全市“六大战役”660个重点项目完成投资1190亿元，占年度计划的115%；列入全省重点项目建设计划的项目33个，完成投资305.3亿元，占年度省定任务的160%。2017年湘南、大湘西片区省重点项目协调推进会在永州市召开，永州市重点项目建设工作经验在全省推介，并被省政府评为2017年重点项目建设优秀市。

【投资管理】 2017年，永州市完成固定资产投资1866.49亿元，增长12.9%；基础设施投资完成562.39亿元，增长36.4%，比全部投资增速高23.5个百分点；完成民间投资984.78亿元，增长12.8%，占全部投资比重的52.8%；项目数量上升，施工项目3727个，新开工项目2773个、投产项目2415个，分别增长16.3%、9.6%、8.2%，分别增长10.2%、6%、7.9%；毛俊水库、神华火电站分别完成投资5.05亿元、8.13亿元，涔天河水库扩建枢纽工程基本建成。

【服务业管理】 2017年，永州市服务业实现增加值792.2亿元，增长12.1;%；服务业占地区生产总值比重提升45.8%，增长1.5%；服务业完成固定资产投资1076.84亿元，增长22.9%；服务业投资占全社会固定资产投资的57.7%。

【工业交通管理】 2017年，永州市实现全部工业增加值504.76亿元，增长6.9%。规模以上工业实现增加值412.31亿元，增长7.9%。新增高新技术企业195家，发展到477家，实现高新技术产业增加值256.86亿元，增长12.7%，占规模以上工业的比重达到62.3%，增长7.5%。全市公路通车里程2.3万千米，其中高速公路492千米；经停永州高铁增加至20对；零陵机场迁建获国家民航局批复，新开通永州至重庆、北京的直飞航线；衡（衡阳）永（永州）高速公路前期工作进展顺利，零（零陵）双（双牌）一级公路建成通车；完成各类农村公路建设2000余千米。

【招标投标】 2017年，永州市核准建设项目8个，全部为公开招标。5月，全市水利工程建设全面实行电子化招标，房屋市政和交通运输工程建设项目电子招投标系统初步开发完成。截至2017年10月，全市涉及的9件招标投标规范性文件全部清理整改到位，按要求宣布废止、失效。5月8日，将湖南省综合评标专家库抽取终端移交至市公共资源交易中心。

【争取项目支持】 2017年，永州市争取中央和省预算内项目超过400个，争取建设资金29亿元，增长46.6%。湘桂铁路永州地区扩能工程由铁路总公司储备项目争取为开工项目，是全市近十年来唯一一个开工建设的重大铁路项目；永（永州）清（清远）广（广州）高铁列入湘粤两省合作备忘录和《粤港澳大湾区城市群发展规划（初稿）》。争取风电开发建设项目指标11个，装机规模排全省第一位。深化与国开行的金融合作，全年新增授信121.8亿元，发放到位64.84亿元，分别增长82.9%、85.3%。市城市建设投资发展有限责任公司企业债13亿元成功发行，冷水滩高科园8亿元债券获国家审批通过。三一重能落户永州。江华瑶族自治县和祁阳县入选第三批全国结合新型城镇化开展支持农民工等人员返乡创业试点县。永州经济技术开发区被评为省“双创”示范基地。

【体制改革】 2017年，永州市关停落后钢铁产能70万吨，取消、降低和放开77项涉企收费，为企业降低成本3000万元以上。全年为县区下放行政职权28项；全面实行投资项目在线审批、并联审批和“五集中”审批服务，审批时限平均缩短60%以上。建成“信用永州”平台，构建信用激励和失信联合惩戒机制。制定全市价格机制改革的实施意见，完成100个病种按病种收费改革。

【节能减排】 2017年，永州市能源消费总量807.09万吨标准煤，增长2.3%；单位地区生产总值能耗0.5448吨标准煤/万元（目标值为0.559吨标准煤/万元），下降5.59%，超额完成年度计划万元地区生产总值能耗比2016年下降3.5%的节能目标任务。

【民生保障】 2017年，永州市84个易地扶贫搬迁项目完成投资25.51亿元，为省定任务的127.5%，安置建档立卡贫困户14936户、56541人；宁远县、江永县、双牌县3个脱贫摘帽贫困县提前完成搬迁任务，宁远县易地扶贫搬迁工作得到省委主要领导肯定，经验在全省推广。539个行政村完成农网升级改造，投资8.27亿元，为全年计划的100%。全市341个贫困村光伏扶贫年度投资任务全部完成，争取2018年度集中式光伏扶贫项目指标排全省第一位。全市实施民生微实事项目6284个，完成投资107.9亿元，省定10项重点民生实事全面完成。开展出租车运价调整、节假日市场价格、医疗教育收费、涉企价费、国有商业银行收费等专项检查，并及时处置群众价格投诉和举报。

（彭天用）

2017年12月20日上午，湘桂铁路永州地区扩能工程开工奠基仪式在冷水滩园艺场举行

工商行政管理

【概况】 2017年，永州市是全省商事制度改革的试点地区。在全国率先试行“三证合一、一照三码”，并取得突破性经验，为国家推行“三证合一、一照一码”打下基础。永州市两次在省政府召开的全省深化商事制度改革工作会议上作典型发言，全国有29个城市到永州学习考察或借鉴经验。

年内，全市统一实施“40证合一、一照一码”改革，整合20个部门40个涉企证照事项；开展企业集群注册；下放冠市企业名称登记权限；实施企业简易注销登记改革；实现企业登记全程电子化登记管理和电子营业执照；全面推行企业名称自主申报登记管理；永州市企业信用信息共享交换系统和协同监管平台融入国家企业信用信息公示系统（部门协同监管平台），“全国一张网”在全市正式运行；全市市场监管实现“双随机一公开”全覆盖。截至2017年年末，全市累计实有市场主体193922户，注册资本2536.98亿元，分别增长14.38%、32.96%。新设立市场主体46054户，新增注册资本614.93亿元，分别增长27.09%、33.19%；新安置从业人员154079人，增长177.6%；产业结构得到优化，市场主体活跃度明显增长，2013年—2016年企业年报率分别为81.8%、81.3%、89.6%和91.04%。与市建设银行签署战略合作协议，搭建“银政企”合作平台，为118户企业贷款20多亿元。办理股权出质83件，股权出质3.89亿元，为企业发展提供融资36亿元。为46家企业办理动产抵押63亿元，帮助23家企业完成股份改制，其中3家公司成功上市。推进招商引资，引进永州美年大健康管理有限公司。引导个体私营企业尝试电子商务，实有个体经营性网店12975个，企业经营性网店47个，全市60%以上的农业实体企业开展电商业务。谋划文化广告园区建设——引导和帮助市广告协会租用厂房近1万平方米，签约入户广告企业21家。

【市场监管】 2017年，永州市全面推行"双告知、一承诺"制度，通过国家企业信用信息公示系统（协同监管平台—湖南）向各监管部门推送事中事后监管信息103244条。"一处违法，处处受限"的惩戒效应日益显现。重点查处深圳光彩金融控股有限公司、深圳市善心汇文化传播有限公司等组织策划传销案，涉案金额820亿余元，行政处罚2000余万元，移交公安机关涉案资金1.5亿元。围绕农资、家电、建材、儿童用品、危险化学品等重点领域开展"八大整治"，立案查处各类违法经营案1600件。其中，7个违法广告案例被省工商局评为优秀案例；2个消费维权案例被省工商局评为典型案例；"一卡通"智能科技有限公司滥收费用案，被国家总局评为全国公用企业整治典型案例。

【商标品牌管理】 2017年，"永州商标受理窗口"运行，受理商标注册39件。全市工商系统指导经营者成功注册商标1800件。截至2017年年末，全市有效商标总量11085件，增长17.49%。其中驰名商标11件、著名商标91件、地理标志商标6件、市知名商标79件、马德里商标5件。

【消费者权益保护】 2017年，永州市将维护旅游市场秩序放到市委"六大战役"的旅游升温战役中进行安排部署。12315进景区工作取得实效，全市所有国家AAA级景区全部设立消费维权服务站。开展流通领域商品质量检测和监管，组织重点行业专项整治，全年受理消费者申诉、举报8970件，立案查处损害消费者权益案件165件。

（张凯）

审　计

【概况】 2017年，永州市审计机关完成审计单位439个，其中审计项目434个，专项审计调查项目5个。查出主要问题金额1995750万元，其中违规金额141320万元、管理不规范金额1854450万元；审计发现非金额计量问题362个；损益（收支）不实金额122146万元；审计发现侵害人民群众利益215万元；出具审计报告和专项审计调查报告480篇，被批示、采用223篇。审计处理处罚金额460635万元，其中应上缴财政36363万元、应减少财政拨款或补贴5947万元、应归还原渠道资金100407万元、应缴纳其他资金15641万元、应调账处理金额302275万元；移送司法机关、纪检监察机关和有关部门处理事项20件，移送处理人员4人，移送处理金额8666万元。审计促进整改落实有关问题金额363790万元；审计促进拨付资金到位14575万元；审计后挽回（避免）损失6217万元；核减投资额6446万元。审计提出建议961条，被采纳938条；推动被审计单位制定整改措施48项；提交审计信息323篇，被批示、采用223篇。向社会公告审计结果19篇。永州市本级及市辖区2012年—2013年成品油价格改革财政补贴资金审计、江华瑶族自治县林业局2015年预算执行及其他财政财务收支情况审计项目被评为"湖南省审计厅优秀审计项目"，江永县2015年—2016年6月医疗保险基金审计、2015年度道县县本级财政预算执行及其他财政收支情况审计项目被评为"湖南省审计厅表彰审计项目"。

【国家重大政策措施落实情况跟踪审计】 2017年，永州市审计局围绕保障经济运行安全和推进政策措施落实，对江华、冷水滩、双牌、江永等县区落实稳增长促改革调结构惠民生防风险等政策措施情况进行跟踪审计，揭示项目建设滞后、财政存量资金清理力度不够、资金使用效率不高，行政审批改革不到位等问题，移送违纪违规问题线索4件，1份审计要情得到市委主要领导批示。市纪委运用审计成果，将审计要情反映的有关问题批转相关县区纪委核实处理。

【预算执行审计】 2017年，永州市审计机关围绕市委市政府"四个三"战略布局和"六大战役"推进实施，审计预算执行单位57个，查出主要问题金额186.77亿元。按照市人大常委会的要求，市审计局在预算执行审计中对市本级教育资金进行专项审计，摸清中心城区学位建设情况。按照市人大常委会审议意见及其制发的《关于对审计查出问题整改情况的报告开展满意度测评的试行办法》要求和市政府安排，督促被审计单位及时整改审计工作报告指出的问题，首次向市人大常委会报告整改工作并接受测评的6个单位，测评结果均为“满意”等次。

【民生资金审计】 2017年，永州市审计局组织全市审计机关持续对全市保障性安居工程进行跟踪审计，并按市政府常务会议意见对城镇居民医疗保险基金进行专项审计。2016年保障性安居工程审计移送违纪违规问题线索2件，追缴各类资金2510万元，就该项审计情况提交的审计要情和审计综合报告得到包括市委、市政府主要领导等4名市级领导批示，配合市委督查室、市政府督查室对各县区及市直有关单位对整改情况进行督查5次，并下发督查通报。市审计局还对全市住房公积金归集、管理和使用情况进行审计。

【经济责任审计】 2017年，永州市对123名领导干部开展经济责任审计，其中任中审计32人、离任审计91人；审计查出主要问题金额2.2亿元，促进增收节支2387万元；提交审计报告和审计结果报告157篇，被批示和采用83篇次，在一定范围内通报审计结果23篇次。同时，市审计局按照省审计厅的统一安排，从全市审计机关调派10余名审计干部，对湘潭市雨湖区区委书记、区长进行历时两个多月经济责任审计。

【建设项目审计】 2017年，永州市完成固定资产投资审计项目185个，审计投资总额6.6亿元，核减投资额0.64亿元，核减率9.7%。市审计局对涔天河灌区工程和中心城区35条道路绿化提质改造等重点项目进行跟踪审计，指出问题并督促整改以审计要情的形式及时报告市委、市政府，1份审计要情得到市委、市政府主要领导批示，1份审计要情得到市委常委、常务副市长唐湘林批示。

【审计自身建设】 2017年，永州市审计局制订完善《关于进一步提升审计项目质量的意见》等业务制度，明确能力建设、质量控制管理、责任落实、目标考核、推进审计规范化建设等具体措施。创新设计编制《国家安居工程保障对象跟踪审计监督全覆盖权责清单报告表》和《国家安居工程保障项目跟踪审计监督全覆盖权责清单汇总表》，得到国家审计署原审计长刘家义、副审计长孙宝厚等署领导批示。推广运用现代审计技术，以“金审工程”为依托，在预算执行审计、保障性安居工程跟踪审计和城镇居民医疗保险基金专项审计中，通过大数据综合关联分析，筛查问题疑点，提高核查问题的精准度和审计质效。

（周波）

2017年永州市本级及所辖区、县审计工作统计表

表14 金额单位：万元

审计机关	完成审计项目（个）	审计查出主要问题金额	审计处理情况					出具审计报告和审计调查报告（篇）	提出审计建议（条）	提交审计信息（篇）
			审计处理处罚				移送处理事项（件）			
			应上缴财政	应减少财政拨款或补贴	应归还原渠道资金	应调账处理金额				
永州市本级	33	147569	3381	—	2785	17466	—	35	128	21
冷水滩区审计局	18	124096	19646	—	705	12488	2	18	51	4
零陵区审计局	29	154123	352	176	1992	150899	7	29	53	61
江华县审计局	71	65879	1350	1306	20223	677	3	71	36	84
祁阳县审计局	61	28220	2679	271	202	129	—	95	98	60
东安县审计局	21	70492	53	9	119	68798	4	21	43	—
江永县审计局	101	4582	85	789	347	1499	—	101	201	50

续表14

审计机关	完成审计项目（个）	审计查出主要问题金额	审计处理情况					出具审计报告和审计调查报告（篇）	提出审计建议（条）	提交审计信息（篇）
			审计处理处罚				移送处理事项（件）			
			应上缴财政	应减少财政拨款或补贴	应归还原渠道资金	应调账处理金额				
蓝山县审计局	23	35799	6967	—	214	5518	—	23	32	6
双牌县审计局	30	160295	24	3392	265	1	3	33	52	6
宁远县审计局	17	4429	1705	—	1892	21	—	17	86	—
道县审计局	20	1126623	30	—	220	42573	1	20	76	1
新田县审计局	15	73657	85	—	71438	2180	—	17	105	30

统　　计

【概况】　2017年，永州市完成地区生产总值1728.46亿元，增长8.3%，增速排全省第七位；规模工业增加值412.31亿元，排全省第三位；固定资产投资1866.49亿元，增长12.9%；社会消费品零售总额653.00亿元，增长10.7%，排全省第五位；进出口总额13.57亿美元，增长48.1%，高出全省平均水平10.8个百分点，排全省第五位；财政总收入169.23亿元，增长12.9%，高出全省平均水平5.5个百分点，排全省第四位；全市城镇居民可支配收入26190元，增长9%，农村居民可支配收入12738元，增长9%，分别排全省第三位、第六位；金融机构期末存款、贷款分别增长17.4%、22.9%，分别排全省第二位、第五位。

【常规统计调查】　2017年，永州市统计局组织实施工业、服务业、投资、贸易等统计调查监测200多项。全市新增“四上”企业305家，新增总量排全省第三位，其中新增规模工业企业126家，排全省第一位。开展政府绩效、城市卫生、综合治理、党风廉政等12项满意度民意调查。

【第三次全国农业普查】　2017年，永州市组织动员普查员、普查指导员23087名进村入户，推进全市第三次农业普查工作，完成入户登记等工作任务。开展集中审核、复查40多批次，修正差错130多万笔。派员参加全国、全省业务交流检查，受到国家农普办、省农普办肯定。永州市统计局获评全国先进普查集体。

【统计服务】　2017年，永州市统计局围绕全市中心工作，紧盯工业回升、加快服务业发展等关键要素加强调查分析形势研判，统筹部门衔接，及时报告运行态势、预测趋势，为全市综合决策提供精细化服务。全年撰写专题分析55篇，获市委主要领导批示3篇、国办采用2篇、省办采用2篇。

【统计改革】　2017年，永州市统计局统筹推进国民经济核算、投资、服务业、“三新”统计等方法制度改革，确保统计改革落地生根。征求县区领导及统计部门意见，制定完善县区地区生产总值、农业、工业、投资、消费等主要经济指标评估办法，一个办法、一把尺子公平、公正、公开核审数据。按照全省依法独立设置统计机构的统一部署，会同相关部门推动统计体制改革，4个县统计机构独立设置工作取得新进展。

【统计基层基础】　2017年，永州市继续推进乡镇统计站规范化建设，破解基层统计力量薄弱、人员流动频繁等难题。采取以会代训等方式，强化业务培训，提升基层统计人员操作能力，全市统计继续教育人员首次突破1000人大关；组织市县业务骨干52人参加在清华大学举办的统计业务培训班；先后派出42名业务人员参加国家统计局业务培训，邀请省统计局专家到永州讲课4次。

【统计法治建设】　2017年，永州市统计局坚持贯彻中央《关于深化统计管理体制改革提高统计数据真实性的意见》，以《统计法实施条例》颁布为契机，开展统计法律法规宣传和统计执法。举办《中华人民共和国统计法》进党校、统计开放日、《中华人民共和国统计法》颁布纪念日等大型活动，参加政府门户网站《在线访谈》栏目，加强互动互信，营造学法、用法、守法的社会氛围。市、县统计部门围绕数据质量，进一步加大统计执法力度，全年检查单位 208 个，发出整改通知书 75 份。对 3 个县开展统计巡查，统计巡查结果向县人大、政府通报。统计法治工作受到省法治办肯定，市统计局被评为 2017 年度全市普法依法治理工作先进单位。

【部门合作】 2017 年，永州市各级各部门不断健全统计机构、配置统计人员，加强合作，协调与信息共享，共同构建大统计工作格局。统计部门与发改、经信、财政、人民银行、税务等部门会商，研讨把脉经济运行，为完成统计目标任务献策出力。编制、工商、民政、质监等部门及时提供部门行政记录，维护全市基本单位数据库。农业、国土、水利、林业等部门支持“三农普”工作。宣传、文广体新、旅游等部门推进文化、旅游产业等统计。

（周中辉）

国家统计调查

【概况】 2017 年，国家统计局业务工作主要分三大块，第一块是民生调查项目，包括：城乡居民收支调查、劳动力调查、农民工监测、贫困监测、小康监测、农民工市民化进程监测等；第二块是经济调查项目，包括：粮食产量调查、畜牧业调查、居民消费价格调查（CPI）、工业生产者价格调查（PPI）、小微企业跟踪调查等；第三块是专项调查项目，其中承担省级专项调查有全省绩效评估民意调查、全省城市文明程度指数测评和全省党风廉政建设民意调查；组织实施的市级专项调查有创建省级文明城市模拟测评和永州市县区文明指数测评。年内，国家统计局永州调查队依法独立开展统计调查，统计监督和分析研究，独立上报调查数据和资料，为各级党委、政府和社会各界服务，为经济社会发展提供统计支撑。

2017 年 9 月 20 日，国家统计局永州调查队联合永州市统计局在冷水滩区步步高超市举行第八届“中国统计开放日”现场宣传活动　摄影　王拯

【统计调查】 2017 年，国家统计局永州调查队为全市 7 个粮食生产大县和 7 个生猪调出大县的认定、推进永州小康监测、贫困监测等工作提供真实可信的统计调查数据，全市城镇居民人均可支配收入增长 9%，增速排全省第三位；农村居民人均可支配收入增长 9%，增速排全省第六位。国家统计局永州调查队负责的统计调查数据在全省的绩效考核、小康考核、扶贫考核中均获得满分。开展 2 年的劳动力调查是调查失业率的重要计算依据。

【统计服务】 2017 年，国家统计局永州调查队完成市文明委委托的创建国家文明城市模拟测评、永州市县区文明指数测评等专项调查，配合国家统计局湖南调查总队完成永州市党风廉政建设民意调查、绩效考核民意调查和文明城市测评，协助 9 个县区成功创建省级文明城市。围绕抗洪救灾、灾后重建、“六大战役”、中共十九大民意等内容，国家统计局永州调查队还开展多次快速调查，撰写系列专项调查报告，为上级统计部门、地方党委政府了解民情民意提供信息。是年，国家统计局永州调查队撰写调查信息 64 篇、调查分析 25 篇，被上级主管部门、市政府研究室、永州新闻网、《永州日报》和永州政府网站采用 110 篇次，其中撰写的课题《永州市第三产业吸纳劳动力就业研究》被省政府采用，在国家统计局湖南调查总队评比中获评第一名。开通“永州调查”微信公众号，内设“数据发布”“统计相关”“调查问卷”三大模块，该公众号成为永州调查队对外发布重要民生数据、统计法律法规、调查专业知识的主要平台。

【法治宣传】　2017 年，国家统计局永州调查队先后开展实施在市政府广场悬挂统计法宣传横幅、在办公楼墙体张贴《〈统计法实施条例〉知识问答和解读》大型喷绘海报、在《永州日报》上刊登《统计法实施条例》、联合永州市统计局举行第八届“中国统计开放日”现场宣传等活动措施，持续加强法治宣传。4 月、10 月，分别在全市范围内开展“双随机”执法检查活动，营造依法治统工作氛围。

（杨娟）

食品药品监管

【概况】　2017 年，永州市食品药品监督管理局抓住监管重点，提升监管成效，完成全年食品药品监管工作目标任务。全市未发生源头性、系统性、突发性食品药品安全事故，食品药品市场秩序持续稳中向好，实现永州市在全省“群众食品安全满意度调查”中排名第一位，在全省食品安全工作考评中排名第二位，药品不良反应严重报告上传率排名全省第一位，全市医疗器械严重报告数与质量排名全省第一位，食品药品政务信息排名全省第二位，全市食药监系统立案查处食品药品违法案件 1618 件，排名全省第四位。2017 年“全国安全用药月”湖南启动仪式在永州市成功举办。

【监管执法】　2017 年，永州市食品药品监督管理局开展中药提取物、无菌和植入类医疗器械、农村食品安全等专项整治和校园及周边食品安全“护苗”、保健食品“护老”、瓶（桶）装饮用水等三大整治行动，对食品药品“一非两超”、假冒伪劣、“潜规则”等三大突出问题进行治理，开展严惩食品、药品、保健食品、化妆品、医疗器械违法违规行为的“五大稽查集群战役”。全市食药监系统出动执法人员 12.2 万人次，检查食品药品生产经营单位 6.4 万余家次，下达责令改正通知书 1.6 万余份；捣毁制假售假窝点 18 个，查办典型案例 4 起，涉案食品药品货值 253.4 万元，违法所得 81.9 万元，罚没款 765.57 万元，有效净化全市食品药品市场秩序。开展食品生产经营风险分级评定食品生产经营企业 2.5 余万家，占比 100%，排查出食品药品风险隐患 3842 条；完成食品药品抽验 2077 批次，药品不合格 12 批次，食品不合格 54 批次，并依法进行核查处置；完成农产品抽检 2880 批次；公示食品药品抽检信息 28 期，公示率 100%；开展食品药品医疗器械飞行检查 246 家次，责令整改 213 家次，移交问题线索 556 条，立案查处 46 家。通过日常监管、隐患排查、飞行检查、抽样检测、信息公示等多种手段举措，加大对违法犯罪的打击力度，发现重点案件或线索，及时提请公安部门介入，进一步发挥公安、检察、法院的联合协作职能，全市食药监系统立案查处“四品一械”违法案件 1618 起，办理省局挂牌督办案件 2 件（冷水滩区屈某某等人经营假冒白酒系列案、冷水滩区曾记副食店经营来源不明进口食品案），向公安部门移交涉刑案件 24 件，问题线索 56 条，刑拘 16 人。在 2017 年湘粤桂十二市食品药品稽查打假区域协作联席会议上作典型发言。

【体制机制】　2017 年，永州市食品药品监督管理局组织全市白酒、食用植物油、食品添加剂等食品生产企业建立健全食品安全

2017 年 11 月 23 日，永州市Ⅳ级食品安全事故应急演练在祁阳县举行

摄影　王利雄

追溯体系，着力实现“电子溯源，保真消费”，全市建立食品安全追溯体系食品生产企业22家，完成酒类经营户信息录入和注册1080户。建立健全全市食品安全信用档案管理机制，依法向社会公开公布，实行负面清单管理，对失信企业和严重违法企业进行约谈、增加检查频次、加大处罚力度和吊销许可证等；建立食品生产经营企业信用档案85家，并及时在市食药监局网站上公开公示；公示行政处罚决定书73件，约谈企业110家。组织相关人员远赴浙江宁波、江苏苏州考察学习，探索永州市食品安全公共领域购买食品安全责任保险新模式，推进试点工作，不断健全食品安全社会共治新机制；完成学校食堂、生产企业等食品安全商业保险100万元，食品安全责任保险试点工作位居全省前列。

【应急演练】　2017年11月23日，永州市食品药品监督管理局联合祁阳县人民政府在祁阳一中体艺馆举行2017年食品安全事故应急演练。此次食品安全事故应急演练是2016年市政府修订《永州市食品安全事故应急预案》后组织的第一次大型应急演练，参演人员按照事故发生、发展的不同阶段，对事故报告、应急响应、应急处置、舆情处置、响应终止、善后处理等6个方面进行实战演练。市教育局、市卫计委、市商粮局、市农业委，祁阳县委、县人大、县政府、县政协有关领导，永州市食药监局相关科室负责人，各县（区）食药（工商质监）局长、分管副局长及应急管理股股长，祁阳县各镇（街道）镇长（主任）、分管领导，祁阳县食药安委成员单位主要领导、分管领导，各中小学校、幼儿园负责人，食品生产经营单位及市民代表1000余人现场观摩演练。

【食品安全示范创建】　2017年，中共永州市委、市人民政府将学校（单位）标准化食堂建设列为惠民微实事的重要内容，率先在全省全面推进学校（单位）标准化食堂建设。市食品药品监督管理局及时出台工作方案，制定建设标准，细化任务分解，调度召开全市现场推进会。全市建成标准化食堂100家，完成年度工作目标任务。市食安委两次召开联席会专题研究部署餐饮业质量安全提升工程，出台全市食品安全示范创建具体方案。零陵区、江华瑶族自治县成功申报省级食品安全县区创建；创建省级食品安全示范街1条、省级食品安全示范学校6家、示范学校食堂6家、示范单位4家。同时，制定全市食品安全示范乡镇建设方案。6月，启动全市“放心肉菜示范超市”创建活动。年末，经企业对标创建，县级食安委办初评推荐，市食安委办对9家市级“放心肉菜示范超市”进行复评验收，在永州发布等新闻媒体公示。

【行政服务】　2017年，永州市食品药品监督管理局建立权力清单、监管清单、负面清单“三单”管理制度。贯彻实施“三小”条例，开展“三小”治理。推行食品生产企业“SC证”，实施食品流通许可、餐饮服务许可“两证合一”。推动食品药品产业发展，服务地方经济，将希尔药业、康都制药、时代阳光药业和湖南熙可等食品药品生产企业列为重点帮扶企业，为企业出谋划策、帮扶解困。引进深圳海王医药有限公司落户永州经济技术开发区，项目总投资6000万元，年经营总值4亿元以上。严格按照“标准化、信息化”窗口建设要求，全面推行两个“压缩三分之一”工程、网上政务服务审批系统。全年窗口受理行政审批和备案事项738件，其中即办件56件，平均每件审批时间5.3个工作日，比法定工作日提速80.3%，办结时限均在法定工作日提速三分之一的基础上再提速三分之一，且无一例投诉，无一起纠纷。市政务中心窗口获得“政务服务模范窗口”，被省法制办评为“2016—2018年全省依法办事示范窗口单位”。

【舆论宣传】　2017年，永州市食品药品监督管理局与永州电视台合作“食闻药事”专栏，与《永州日报》建立“一食一药总关情”栏目，分别播出或者刊登食品药品监管工作新闻采访23期，在红网永州站开设“食品药品专栏”，定期报道食品药品监管工作动态，增强社会舆论导向；收集并处置各种舆情51条。在永州公共频道、新闻综合频道开展食品药品安全公益广告宣传，在国家法定节假日、抗洪抢险、中高考等重点时段开展食品药品安全短信宣传；在“3·15”消费者权益日和“12331”投诉举报日期间，邀请湖南红网对市人民政府副市长进行永州食药监管工作在线访谈，并与市政府新闻办召开新闻发布会。官方微博多次获得全国食药监系统官方微博传播力BCI周榜冠军。评选出首届

"最美食药监卫士"10名。

（卿云鸿）

质量技术监督

【概况】 2017年，永州市质量技术监督局以"创质量城市、建品质永州"为目标，为全市经济发展和社会和谐稳定提供坚强质量保障。连续5年组织向省质量技术监督局推荐监督抽查合格企业（湖南好产品），有12家企业入围，永州是湘南片入围数量最多的市州。成功申请"东安鸡""祁阳槟榔芋"为国家地理标志保护产品，全市有7个国家地标产品。组织全市质量和标准工作领导小组成员、各县区工作人员赴中国人民大学参加"质量强市"能力提升培训班。举办全市质量工作大会，颁发市长质量奖，是全省第一个市长质量奖颁发地区。获永州市维护社会稳定工作先进单位、党管意识形态工作先进单位、全市治理车辆超限超载工作先进集体、全市法治政府建设工作先进单位、市直机关党建工作目标管理先进单位、全市政务公开政务服务电子政务工作先进单位、全省纤维及纤维制品质量监管先进单位、全省特种设备安全监督管理工作优秀单位。

【"质量强市示范城市"创建】 2017年，永州市质量技术监督局担负争创"全国质量强市示范城市"任务，主动开展各项工作，在市级新闻媒体发布争创"全国质量强市示范城市"征求意见和"城市质量精神"宣传语的征集活动，得到市民响应，支持率98.7%；邀请专家、学者建言献策，提出创建意见和建议；制作城市质量宣传片，组织相关人员到创建成功的城市学习先进经验。9月5日，市委副书记、市人民政府市长易佳良，市人民政府副市长严兴德带队赴北京参加申述论证会，永州的质量发展理念、质量区域发展优势得到与会专家肯定。永州市获批创建全国质量强市示范城市，是全国34个入围的城市之一，也是全省唯一获批城市。

【国家焊剂检验检测中心建设】 2017年，国家焊剂检验检测中心（永州）项目完成投资5900余万元，主体工程、实验室建设和附属工程全面完成，建筑总面积1.4万平方米。5月，下属的产检所、计量所、信息所等机构进驻开展工作，技术带头人1名，高新专业技术人才9名全部到岗到位。9月，参加全省统一考核，国家焊剂检验检测中心（永州）项目在全省5个在建国检中心综合排名第一位。年末，CNAS认证通过国家质检总局认证中心的认证，建成后的永州国家焊剂检验检测中心是全市唯一一家国家级检测中心。

2017年3月29日，永州市质量工作大会召开　　摄影　周瑛鸿

【监管工作】 2017年，永州市质量技术监督局出动执法人员1327人次，组织集中执法行动468次，检查生产使用单位463家，发现非法违法行为362处，下达《特种设备安全监察指令书》192份，查处非法充装行为3起，查处非法充装过期、非自有产权气瓶15起，查处超期未检电梯等特种设备67台，查处超期未检安全附件35起，查封违法特种设备31台，立案查处42起。7月，印发《关于加强汛期涉质安全生产工作的紧急通知》，参与市内重点区域的水淹电梯、大型游乐设施的应急处置。在全市范围内开展"电梯安全进小区"活动。市质监局连续10年获得"永州市安全生产工作先进单位"，连续5年获得"全省特种设备管理工作先进单位"称号。

【执法打假】 2017年，永州市级监督抽查完成1118个批次，涉及企业992家，覆盖轻工、机电、建材、饲料、化肥、日用化工、

2017 年 9 月 5 日，永州市赴北京参加申报创建全国质量强市示范城市认证会
摄影 周瑛鸿

有机无机化工、石油化工、食品相关产品等九大类产品，总体合格率 94.1%。开展电线电缆和“地条钢”专项整治行动，排查电线电缆生产企业 9 家，其中获证企业 5 家，对 4 家生产黑窝点全部取缔到位，对 1 家 3C 获证企业予以立案调查，4 家问题企业全部责令整改，通报认证机构企业 1 家；摸排打击“地条钢”企业 7 家，是全省取缔“地条钢”产能工作最全面最彻底最到位的市州之一。开展的专项行动和“质监利剑”行动 5 次，全市质监系统出动执法人员 5153 人次，检查企业 1287 家，查办各类案件 248 起，办结案件 160 件，捣毁窝点 2 个，货值金额 340 余万元；2017 年前三季度在省局监督执法打假工作评比中排第一位。

【时代阳光、南岭民爆企业获评市长质量奖】 2017 年 3 月 31 日，永州市首届最高质量荣誉奖——市长质量奖评选揭晓，湖南时代阳光药业股份有限公司、湖南南岭民用爆破器材股份有限公司获奖。2016 年，中共永州市委、市人民政府在加强产品质量建设方面，打出激励机制、严格质量规范、加强名优商标培育等系列组合拳。专门设立该市最高质量荣誉奖——市长质量奖，获得市长质量奖的单位，由市政府进行表彰和奖励，并由市长颁发奖牌、证书和奖金；引导企业采用先进的质量管理方法，食品企业须通过 SO 22000 或 HACCP 认证，药品企业须通过相关 GMP 认证，农副产品加工企业须通过绿色食品或有机食品认证，实施卓越绩效质量管理模式。2016 年，永州市获评“省级出口食品农产品质量安全示范市”称号，全市建成 7 个国家级、省级出口食品农产品质量安全示范区，出口食品增长 169%。湖南零陵恒远发电设备有限公司通过质量建设，获得湖南省出口商品质量保证合格证，拥有机电产品自营进出口权。

（周瑛鸿）

安全生产监督

【概况】 2017 年，永州市开展安全生产大检查、专项整治，全市安全生产形势持续稳定向好。全年全市发生各类生产安全事故 49 起、死亡 58 人，同比减少 72 起、62 人，下降 59.5%、51.7%，实现事故起数和死亡人数连续 10 年“双下降”。全年没有发生重大及以上事故，发生较大事故 2 起，死亡 10 人。江永县、金洞管理区、回龙圩管理区和永州经济技术开发区实现“零事故、零死亡”。

【“四核四化”】 2017 年，永州市安全生产委员会（安委办）、永州市安全生产监督管理局先后出台《安全生产工作“四个签字背书”操作办法》《“一人一月一隐患”隐患排查治理实施方案》《企业安全生产分级监督管理实施方案》《“四全”安全生产宣传教育工作推行方案》《落实企业全员岗位安全生产责任制的指导意见》《企业主要负责人依法履行安全生产职责“十个一次”工作意见》等 10 个全局性制度文件，加强宣教培训和监管执法，突出“安防素养提高、安全责任落实、风险隐患防治和本质安全提升”等四项核心工作在落实企业主体责任中的引领作用，全方位促进企业主体责任、部门监管责任和党政领导责任落实，防范治理风险隐患，多项工作在全省首创，得到上级有关部门的肯定。

【“一单四制”】 2017 年，中共永州市委、市人民政府把重大事故隐患“一单四制”挂牌督办整改工作作为促进全市安全生产形势根本好转的主抓手。4 月，市委书记、市人大常委会主任李晖主持召开市委常委会议，要求全市在排查各类安全隐患的基础上，务必按“一单四制”的要求落实到位，形成重大隐患排查治理闭环管理，确保所有隐患整治到位，坚决遏制较大以上事故发生。全市各级各部门明确专门机构、专门人员负责“一单四制”日常管理工作，市安委办将县区政府贯彻落实“一单四制”的情况纳入季度安全生产考核内容。年内，全市排查认定重大事故隐患111处，均按“一单四制”要求，实行交办制、台账制、销号制、通报制管理，并建立市级政府重大事故隐患治理清单上报省安委办。对已销号的75处重大安全隐患，落实通报制，实现隐患排查治理闭环管理。

【宣传教育】 2017年，永州市安全生产委员会（安委办）、永州市安全生产监督管理局通过大投入、大创新推进“全域、全民、全厂、全员”宣教培训。推进“一乡一长廊”“一村一公约”“一村一专栏”“一户一手册”等工作布置；落实“安全生产月”“万名干部下基层”、安全生产宣传教育“七进”（进企业、进校园、进机关、进社区、进农村、进家庭、进公共场所）等教育活动；开展落实企业主体责任知识竞赛、主要负责人安全生产述职、十万岗位零伤害承诺、安全技能比武等安全生产共建共享宣教活动；推动企业狠抓员工“三级”教育培训、岗位资格安全培训等安全教育。全年全市投入1450多万元，建成安全文化长廊7776.3米、安全宣传专栏3398块、安全自治公约3181个，发放安全常识手册136.8万份；刊发各类安全生产宣传报道23.5万余字，播放安全公益广告、警示教育片350余分钟，上湖南卫视、湖南经视稿件51篇；举办培训班280多期，培训所辖行业企业重点人员4500多名；组织安全专家、骨干监管人员深入基层、深入企业上门免费培训，培训各类从业人员41013人。

【监管执法】 2017年，永州市安全生产委员会（安委办）、永州市安全监督管理局对道路交通、烟花爆竹、建筑施工等安全生产关键行业领域，开展“五个一批”（依法严厉打击惩处一批违法违规行为，彻底治理一批重大事故隐患，关闭取缔一批违法违规和不符合安全生产条件的企业，联合惩戒一批安全生产失信企业，曝光一批严重违法违规和重大隐患典型案例）集中整治活动，全年全市开展执法活动7256次，出动执法人员5.78万人次，检查生产经营单位3.62万家，排查重大隐患111处，责令改正、限期整改、停止违法行为4089起，立案调查1020起，下达行政处罚决定书1578份，经济处罚524.92万元，责令停产停业493家，暂扣或者吊销许可证照287个，取缔关闭生产产所246处，行政拘留271人，抓捕涉嫌犯罪人员56人，问责公职人员72人。

年内，围绕重点行业领域和人员密集场所，组织地毯式排查整治。在道路交通领域，开展交通安全“百日大会战”和隐患清零行动，采取明察与暗访、流动巡查、异地用警等方式，对上路客货车（含出租车、公交车）、货客运企业进行重点查治，全年全市查处各类交通违法39万余起，刑事拘留1014人，行政拘留2907人，查处校车各类交通违法158起，排查道路交通安全隐患1133处，在集中打击重点交通违法“百日会战”行动中排名全省第三位，永州市在全省作典型发言。在建筑施工领域，建立施工现场与建筑市场联动机制，深化在建房屋市政项目大检查，市级检查项目93个，下达停工（整改）通知35份，立案查处28个，不良行为记录人员28人次。在消防安全领域，开展电气火灾综合治理、夏季消防检查和高层建筑、

2017年，永州市落实企业安全生产主体责任知识竞赛颁奖现场

2017 年，国务院安委会督查组到永州市督查安全生产工作。文化部副部长杨志今（前中）在省市领导的陪同下检查金沙湾房地产项目

商场市场消防安全专项整治，检查单位 9200 家，督促整改火灾隐患 2.4 万家，查封单位 168 家，责令“三停”113 家，拘留 55 人。在煤矿领域，对全市 2013 年以来关闭退出的 23 家小煤矿，均按关闭措施 100% 处置到位，无一处反弹现象。在非煤矿山领域，实行“全境界单一台阶”开采方式，提质提升尾矿库度汛和日常安全运行能力，重点整治地下矿山。全年检查生产经营单位 242 家，立案查处问题和隐患 51 起，整顿关闭矿山企业 50 余家，打击取缔非法开采点 200 余处，追究刑事责任 64 人。在烟花爆竹领域，开展整治非法违法经营、储存运输等清剿行动，查处非法生产经营和储存运输烟花爆竹 270 起，取缔 266 起，采取行政措施 17 人，采取刑事措施 6 人。在危化品行业，市级检查企业 12 家，随机抽查企业 5 家，处罚到位金额 22 万元。对城镇燃气、电气线路等重点行业领域开展专项整治，实现重点领域检查、整治全覆盖。在工贸行业，开展工贸企业粉尘防爆安全专项整治、有限空间作业条件确认、涉氨制冷、金属熔融等四大专项整治。对全市工业园区内 200 多家规模以上工贸企业全部开展执法检查，立案查处 62 家，行政处罚 166 万余元。

【领导督查】 2017 年 8 月 23 日，中共湖南省委常委、省人民政府常务副省长陈向群到永州市冷水滩区、金洞管理区、祁阳县等县区督导检查安全生产工作。督查中，陈向群查看安全生产台账，询问安全生产责任制落实情况，叮嘱企业负责人要严守安全生产红线，保障员工生命健康安全。陈向群强调，各级各部门要牢固树立安全发展理念，切实把安全生产责任扛在肩上、落实在行动上，完善和落实各项工作措施，坚决防范和遏制各类事故发生，为中共十九大胜利召开营造安全稳定环境。省安监局副局长杨国庆，市委书记、市人大常委会主任李晖，市委副书记、市人民政府市长易佳良，市委副书记张严，市委常委、市人民政府常务副市长唐湘林，市人民政府副市长严兴德等陪同。

9 月 13 日—17 日，国务院安全生产委员会第十三综合督查组组长、文化部副部长杨志今率队到永州市检查指导安全生产工作。督查组一行通过听取汇报、现场核查、查阅资料等方式，对市委市政府及江华瑶族自治县、祁阳县的安全生产工作进行全面检查考评。督查组对永州市在创新开展安全生产“四核四化”工作中取得的成绩给予肯定，并就抓好贯彻落实党中央、国务院的安全生产决策部署提出具体要求。副省长杨光荣、省政府副秘书长黎咸兴、省安监局局长李大剑、省文化厅厅长禹新荣、李晖、易佳良、张严、唐湘林等陪同检查。

【企业安全生产主体责任知识竞赛】 2017 年 7 月 28 日，永州市落实企业安全生产主体责任知识竞赛总决赛在永州经济技术开发区长丰集团大礼堂举行，经过初赛、预赛，24 支各县级、企业代表队进入最后总决赛。蓝山县代表队夺冠，道县等 5 支代表队分获二、三等奖，新田县等 12 支代表队分获优胜奖、组织奖。省安监局副巡视员胡金文，市人大常委会副主任李农妹，市人民政府副市长、市公安局局长刘新良，市政协副主席杨军元等出席活动。

（何集军）

国有资产管理

【概况】 2017 年，永州市人民政府国有资产监督管理委员会有干部 21 名，机关后勤服务人员 2 人，退休干部职工 4 人，归口管理单位 41 家，基层支部 389 个，党员9803人，其中在职党员4856人，离退休党员4947人。年内，协助11家驻永州的中央、省属企业（湘纸、国电、移动、广铁；南岭、湘器、跃进、建华、零陵烟厂、双牌水电站、南津渡水电站）开展“三供一业”分离移交工作，湘纸等4家央企供水应分离2859户，分离完成1187户，签订协议1337户，完成比例88%；供电应分离1592户，分离完成1319户，签订协议177户，完成比例94%。南岭等7家省企供水应分离9440户，分离完成3907户，签订协议1653户，完成比例59%；供电应分离10697户，分离完成2581户，签订协议6785户，完成比例88%；多次率国企改革办工作人员到市直各有关部门协商，达成统一意见，解决失业保险、工伤保险、养老保险等问题；与市人社局赴省人社厅汇报改制工作，解决全市改制企业养老保险挂账遗留问题。对剩余26家停产市属国有企业开展改制扫尾工作，除永州汽车运输总公司外，其余工作进展顺利，档案资料整理移交，并完成社会职能移交准备工作。

【携手央企省企共谋发展】2017年10月12日，永州市国资委协助省国资委、市委、市政府在永州举办“携手央企省企共谋互利发展”座谈会，张剑飞等省政府领导、丛培模等省国资委领导出席会议，32户驻湘央企、重点骨干省属企业党委书记、董事长参加会议。这是湖南省第一次在市州举办并集中邀请驻湘央企、重点骨干省属企业主要负责人参加的大型对接座谈会。永州市与13家央企、省企签订协议17个，意向金额167.87亿元。市国资委拟定《永州市落实“携手央企省企共谋互利发展”座谈会签约协议实施方案》。

（何铭）

国土资源管理

【概况】 2017年，永州市国土资源系统完成项目建设用地、土地供给与监管、基本农田划定、矿政管理、控违拆违、信访维稳、抗洪救灾等多项工作目标任务。冷水滩分局推进征地拆迁，为二广高速连接线、冷东公路等重大项目落地做出突出贡献。东安局“跑部进厅”，完成神华火电项目用地报批。双牌局有效应对处置麻江特大滑坡泥石流灾害，被国土资源部专家誉为“成功转移人员的典范”。祁阳局在全县“满意单位”测评中连续两次排名第一位，被县委县政府授予“特别贡献奖”。永州经济技术开发区获评全省节约集约用地一等奖，奖励用地指标20公顷。新田县继续保持“全国国土资源节约集约模范县”称号。市国土资源局保持市级“文明单位”，成功创建为全省“健康单位”、市“模范职工之家”。全市增减挂钩工作从无到有、全面铺开，“江华经验”在全省推广。

【保障用地发展】 2017年，省国土资源厅下达新增建设用地计划指标903公顷，永州市获省批准建设用地项目121个、面积980公顷，确保涔天河水库扩建工程灌区建设项目、神华电厂新建工程等重大项目、重点工程的用地需求。市委党校搬迁项目用地报批实行倒排工期，跟踪报批，15天内拿到批文，得到市委市政府肯定。率先在全省完成市、县两级土地利用总体规划调整完善。坚持土地预付款按挂牌起始价100%收取，推行宗地挂牌前公示制度，全年招拍挂出让土地成交151宗、总面积510公顷，挂牌成交金额55.8亿元，宗数、面积、金额较2016年均有较大幅度

2017年6月22日，永州市冷水滩区地质灾害应急演练在冷水滩区岚角山街道油榨头社区举行　　摄影 刘运程

提升。其中，冷水滩中心城区成交36宗、面积136.53公顷，实现土地出让纯收入10亿元。

【耕地保护】 2017年，永州市非农业建设占用耕地项目47个、面积308.8公顷，连续18年实现耕地占补平衡。在涔天河水库灌区内的道县、宁远县、江华瑶族自治县、江永县四县实施旱土开发项目1200公顷，立项17个，总投资1.1亿元，可新增耕地800公顷；全年实施土地开发项目72个、面积3000公顷，验收报备23个，新增耕地1600公顷；实施土地整治项目31个、面积4733.33公顷，土地复垦项目8个、面积2333.33公顷，全面完成省政府下达的耕地保有量和基本农田保护面积不减少的目标任务。在省公共资源交易中心转让旱土耕地指标59公顷，为涔天河扩建工程筹集资金3.4亿元。全市划入永久基本农田29.47万公顷，基本农田保护率82.7%，一次性通过省国土资源厅审核。

【矿产资源管理】 2017年，永州市出台《永州市矿山地质环境保护和土地复垦办法》，零陵区财家锰矿、唐家锰矿“矿山复绿”工程投入资金400万元，完成项目15个、面积45.8公顷，种植树木13万棵，通过省级验收。争取省国土资源厅矿业权价款地勘项目资金1014万元，全市探矿权32个，投入1634万元（含社会资金）开展矿产勘查；争取干旱地区找水资金50万元，在祁阳文明铺成功找水，解决当地1500余名村民的饮水、用水需求。在全省率先退出湘江流域矿业权61个，超额退出3个，关闭、调整国家级和省级自然保护区内矿业权3家，全市矿山数量由634家减少到534家。

【土地矿产执法整治】 2017年，永州市立案查处土地、矿产违法案件223件，结案185件，市本级直接查处案件结案率100%。全市罚没款、没收违法所得1360万元，没收、拆除建筑物面积5.6万平方米，没收违法开采矿产品2345吨。开展“打非治违”集中整治行动56次，驱散非法开矿人员187人次，捣毁非法窝点31处。核查出违法建筑砖厂314家，对小型违法砖厂实行“立行立改”，对规模较大的违法砖厂立案查处58起，中心城区规划区内35家建筑砖厂全部关停到位。

【不动产统一登记】 2017年，全市房产登记档案于11月全部移交到不动产登记机构，发证6.6万本、证明4.5万份。市不动产登记中心对房产登记数据进行分析再利用，将办结时限由法定30个工作日压缩到1~7个工作日，并专门添置查询叫号系统，加快不动产查询办理速度。市局政务窗口连续8年被评为全市“模范窗口”。

【测绘地理信息】 2017年，永州市完成43个测绘资质单位的年度报告、测绘统计、资质巡查和质量抽检工作，组织开展全覆盖排查整治“问题地图”专项行动，排查地图2381幅，处理“问题地图”14幅、“问题网站”4个，对公共场所和旅游景点张贴的“问题地图”全部予以撤除更换。市本级、道县、宁远县等地数字城市建设完成，数字永州基础地理数据通过“智慧城市”平台实现市、县共享，国土资源业务网在全市178个乡镇国土所联通。地图缓存和自动更新系统研究与开发项目获市科学技术进步二等奖。完成全市地理国情地图集编制工作。市国土资源规划设计测绘院通过ISO 9001质量管理体系认证，组建零陵分院、永南分院，归口管理冷水滩局测绘队，添置无人机、深度测距仪等智能设备，受办业务9702宗，业务收入2287万元，增长78%。

【地质灾害防治】 2017年，永州市遭遇历史罕见洪涝灾害，汛期因强降雨引发各类地质灾害785起，其中特大型2起。永州市国土资源部门开展隐患排查、宣传演练、责任落实三个“全覆盖”，汛前查明地质灾害隐患点991处，并全部建立台账，发放宣传资料3万余份，联合气象部门发布预警21期，发送手机短信3.8万条，联合县区政府开展地质灾害应急演练230场次，参与群众2万余人。在国土资源部和省国土资源厅支援下，妥善处置双牌麻江特大型滑坡泥石流、冷水滩潇湘公园滑坡特大险情，永州市连续11年实现自然地质灾害“零伤亡”，是全省三个没有因自然地质灾害发生人员伤亡的市州之一，被市委、市政府评为“抗洪救灾工作先进单位”。

【维护合法权益】 2017年，永州市完成农村集体土地征收1220公顷，完成集体土地房屋拆迁31万平方米。冷水滩区中心城区发布各类征地文件72份，征收集体土地223.53公顷，征收房屋342户，支付土地和征收补偿安置款

2017年7月4日，国土资源部、省国土资源厅专家指导组在双牌麻江滑坡泥石流现场指导地灾防治工作　　摄影　刘运程

4.4亿元，全年没有因征地拆迁出现群体性上访事件。市国土资源局组织参与诉讼、执行案件41件，化解上级交办信访件95件，办理网上信访件50件，处理来信来访86批198人次。全年未发生赴省进京集访和非正常上访，被市联席办评为全国"两会"期间信访维稳工作先进单位。市本级投入1500多万元，开展大数据、电子政务云、不动产平台等项目建设，电子政务移动办公系统、微信公众号建设有序推进，局门户网站连续7年获评"全市优秀政府网站"。

【永州土地确权完成率113.5%】2017年8月，湖南省政府办公厅公布湖南省土地确权工作情况，永州、株洲、衡阳、娄底、常德5个市州基本完成任务。其中，永州市确权完成率113.5%，11个县区全部完成任务，在全省推广永州市的经验做法。永州市13个县区的186个乡镇、3548个村、124万户完成权属调查、外业测绘、审核公示等内外业工作，实测承包地块数888万块、面积33公顷，有11个县区向省确权办提交基本完成报告，在全省排名第一位。全市建成县区农村土地流转服务中心13个，乡镇服务中心195个，村级服务站2562个；建立县级农村土地承包仲裁委员会13个，乡镇纠纷调解委员会183个，实现全覆盖。2016年初，新田被列为全国农村土地承包经营权抵押贷款试点县；2017年2月，全省"两权"抵押贷款试点现场推进会在新田县召开。道县在全省率先将全县数据汇交至农业部，成为全省唯一通过农业部验证合格的县区，并建成全省第一家农村土地承包经营权确权登记颁证信息平台。8月2日—4日，全省农村土地承包经营权确权登记颁证成果检查验收和数据库成果汇交培训班在道县、宁远县举行，并把道县、宁远县确定为全省确权登记颁证数据汇交模板。

（唐文婷）

【地质矿产勘查开发】　2017年，湖南省地质矿产勘查开发局四〇九队实现对外经营总收入1.42亿元，新基地全面投入使用，办公、生活分区运行，整体实力发生质的飞跃，进一步巩固服务永州地质工作主力军的地位。《阳明山地区矿山地质调查》获湖南省地勘局科技进步二等奖、湖南省地勘局地质科学技术奖，《潇湘技师学院新校区建设工程》获湖南省优秀工程勘察设计奖。队总工程师曾志方获第二届全国最美地质队员称号。409队获评湖南省地勘局2017年安全生产先进单位称号，连续3年被评为湖南省地勘局社会管理综合治理先进单位，被评为永州市无偿献血先进单位。勘探院获评湖南省地勘局优秀勘测施工企业，向波、孙礼仁获评湖南省地勘局优秀项目经理。队团委被评为湖南省红旗团委，队属单位地调所成功创建为市级青年安全生产示范岗，志愿者服务队被评为市优秀志愿者服务团队，队属单位地环分院成功创建为市级青年文明号。

新踏勘可立项矿点10余处。《湖南省望云山地区铀矿地质调查》项目圈出一批异常点（带），发现矿脉3条；《零陵野牛冲矿区锰矿普查》提交333+334碳酸锰矿石资源量1407万吨；《零陵新宅里矿区锰矿普查》可提交334碳酸锰矿石资源量277万吨；《江华野鸡坳矿区锡矿普查》可提交334锡资源量1434吨；《湖南省东安县王师岭矿区水泥灰岩矿详查》项目提交水泥用灰岩矿资源储量（332+333）1.5亿吨，达到大型规模。

地质科研成果有突破。《湖南省稀有稀散矿产成矿地质背景及找矿方向研究》发现稀有金属矿点 3 处和稀散元素矿点 2 处。与零陵区、东安县、双牌县、回龙圩管理区等县区签订战略合作协议。承担江华瑶族自治县中小学地质灾害补充调查等 4 个省级财政项目，完成地灾勘查、评估、设计及应急治理等项目 48 个。

主动服务地方经济社会发展，在全市特大洪灾期间，累计派出地质技术人员 100 余人次，排查地灾隐患点 130 多处，指导疏散群众 7000 余人，得到市县两级政府肯定。全面开展矿山技术服务，为零陵、宁远、新田、江华等地经济发展提供资源保障。在永州市农村综合服务平台建设、涔天河水库移民安置等重大项目中，提供重要的技术咨询和支撑。

送培各类专业技术、业务培训 75 人次。选派干部 15 人次分赴清华大学、人民大学、中山大学、厦门大学、省委党校、市委党校参加专题教育培训。完成各类资格证书注册 3 人次，新增建筑九大员证书 21 本。全队拥有研究员级正高 3 人，副高 14 人，工程师 48 人，助理工程师 49 人，拥有包括地勘、地环、勘察施工等专业共 8 个甲级资质、11 个乙级资质。新增环保工程专业承包三级和古建筑工程专业承包三级资质。与永州经济技术开发区对接，牵头成立永州市钻头行业协会，筹划建设的“湖南腾飞地质装备有限公司地质勘探装备制造建设项目”得到永州市人民政府支持，采购无人飞机、激光三维扫描仪、基桩动测仪等新型设备，提升地质工作队伍的装备水平。

（李亚莉）

【煤田地质勘探】 2017 年，湖南省煤田地质局第三勘探队施工项目 41 个，实现货币工作总量 6602 万元，新承接项目 24 个，合同额 4690 万元。实施地灾调查及勘查项目 5 个，地质技术服务项目 12 个，提取各类地质报告 95 件。完成“渝东—湘西地区页岩气地质调查井钻探工程”设计施工任务，钻探进尺 2002 米，终孔孔径 φ98 毫米，短时间内大幅度刷新历史深孔岩心钻探孔深、孔径双项记录，有效处理施工过程中出现的钻探孔内事故。完成永州市冷水滩区棉花塘矿区水泥用灰岩矿详查（2015 年度）野外工作验收，质量等级评定为优秀；完成邵东县廉桥矿区甘塘角区段深部煤炭（石膏）和新化县小洋矿区胜利—小洋区段煤炭（2013 年度）项目成果报告和财务竣工评审，完成项目的结题。编制邵东县团山镇光冲煤矿普查项目（2008 年度）成果报告，并完成资料汇交。

2017 年 5 月 19 日，在第五届中国（湖南）国际矿物宝石博览会上，中共湖南省委书记、省人大常委会主任杜家毫（左三）到矿博会现场参观各个展区，询问湖南省煤田地质局在地质灾害调查和防治方面的能力，以及展出设备在地灾防治中的应用

摄影 黄利群

实施宁远县（野外验收等级评定为优秀）、冷水滩区（野外验收等级评定为良好）、零陵区（野外验收等级评定为优秀）等三县区中小学校地质灾害补充调查以及江华县湘江乡重点集镇地质灾害勘查项目，启动双峰县花门镇重点集镇地质灾害勘查项目，产值 124 万元；开拓地质灾害市场，与市相关部门签订地质灾害技术支撑合作协议；完成县区采石场、社会市场测绘及矿山执法测量等各类地质成果报告 86 件，产值 170 万元；实施永州经济技术开发区仁湾镇峦丘头，冷水滩区杨村甸乡保方村、西岭村高标准农田建设，宁远县五龙山瑶族乡、棉花坪瑶族乡高标准农田等土地整理项目 5 个；结合农业地质发展方向，实施“永州市富硒农业地质调查评价及选区研究”项目，成功立项“永州市露天开采矿山地质环境生态修复技术研

究”项目。

施工双牌县茶阳公路提质改造工程桥梁岩土工程勘察、贵阳至南宁客运专线补定测工程地质钻探、重庆至昆明高速铁路定测队段工程地质钻探、柳南高速公路勘察等项目 8 个，完成实物工作量 5.3 万米。克服渝昆线铁路勘察项目地质地形条件复杂、机组退场等困难和柳南线公路勘察项目工点报告多、时间要求紧、技术人员不足等状况，保证项目顺利进行，培养一批掌握公路勘察报告的年轻技术人员。

施工桩基项目 10 个，岩溶注浆项目 2 个，地基加固项目 1 个。实施多个冲击桩项目，特别是涪陵乌江大桥桩基项目采用的深水无泥浆循环施工工艺取得突破性进展，大大缩短工期，创造清包工单台月产值 10 万元的台效，经检测全部 18 根桩均为 1 类桩，广东清远 A、B 标岩溶注浆项目本年度完成产值 800 万元，盈利 200 余万元。新承接的郑—万高铁巴东段神龙溪双线大桥 1#墩桩基项目，桩径 φ2.8 米、桩深 89 米，合同金额 870 万元。

（李美玲）

公共资源交易

【概况】 2017 年，永州市公共资源交易中心全年办理进场交易项目 2466 宗，实现交易总额 548.8 亿元，其中工程建设和政府采购项目节资 4.87 亿元，节资率 9.8%；国土和产权交易项目增收 6.45 亿元，增收率 13.1%。

【交易管理制度体系建设】 2017 年，永州市公共资源交易中心报请市人民政府常务会议审定通过《永州市公共资源交易监督管理办法》，对进场交易范围与目录、交易程序、监督管理机构与职责、监督管理环节与内容和公共资源交易违法违规行为的责任追究作出明确规定，与《永州市国家规模标准以下使用国有资金投资工程建设项目交易管理办法（试行）》《永州市加强公共资源交易管理的若干规定》《永州市加快整合建立全市统一公共资源交易平台实施方案》一起构成全市公共资源交易基本制度体系，为规范全市公共资源交易活动提供坚强保证。

2017 年 5 月 23 日，永州市水利电子招标系统上线

【信息化建设】 2017 年 5 月，永州市公共资源交易中心与省公共资源交易中心的水利系统电子招投标系统成功对接，全年平稳运行项目 30 个，业主、监管部门、代理机构和投标人对该系统均表示满意。9 月，投标保证金系统上线，并从政府采购项目开始试运行。

（张铁映）

工业企业改制服务

【概况】 2017 年，永州市工业企业改制服务办公室围绕“六大战役”的总体部署，加强工业企业改制指导和离退休人员管理“两大服务”，各项工作取得良好的效果。

存在的主要问题是：办公条件差，受场地条件影响较大；离退休党员人数多、居住散，年老多病，组织管理困难较大。

【改制企业指导】 2017 年，永州市工业企业改制服务办公室针对企业的具体问题，开展各类指导服务工作。建立工作联系点制度，由办党组书记、主任张治荣统筹负责，工作人员分成 2 个工作组，进驻原二轻供销公司、工贸公司等公司，对企业改制进行指导，协调企业内部关系，维护企业稳定、企业改制进度。工作组全年到改制企业服务 26 人次，帮助排解较大困难和问题 9 个，矛盾化解在初始状态，问题基本解决在基层。市供销公司员工廖某某原被开除，由于处理时存在违规现象，他本人多次上省进京上访以求问题解决。市工业企业改制服务办党组高度重视，党组书记、主任张治荣及其他领导了解事情的前因后果，共同开展思想工作，帮助协调各方关系促进问题的解决，情况基本得到稳定，后续的处理也稳步跟进。

【上访维稳疏导】 2017年，永州市工业企业改制服务办公室115名离退休人员要求发放医疗铺底金、误餐费等，几次到中共永州市委、市人民政府上访。市工业企业改制服务办接到相关信息后，开展工作，维护局面。加强思想政治工作，组织工作人员7次到老同志住处，找老同志谈心谈话，宣传党的纪律和政策，要求老同志稳定思想，控制情绪，克制过激行为，通过正常渠道反映问题。对老同志提出的合理要求和意见，市工业企业改制服务办分别向市经信委、市财政局进行反映，促成问题解决。全市工业企业改制服务系统内，全年未发生上省进京上访事件。

【离退人员服务】 2017年，永州市工业企业改制服务办公室帮助特困离退休人员和特困户解决实际困难，全年对6家特困户、因病导致家庭生活特别困难的17名离退休人员，解决困难补助及医疗补助费4.77万元。帮助原6个行管办家属区解决保洁问题，按照中共永州市委、市人民政府关于创建国家卫生城市和建设文明城市的部署要求，办领导7次带队到现场，帮助原市煤炭办、机冶办、轻纺办家属区解决保洁问题，聘请3人承包宿舍区清扫院落、清运垃圾和花草树木的修饰。全办107人次参加创卫活动，3次邀请社区领导现场指导，聘请临时人员清理44人次，清理机冶办、化工办、煤炭办、轻纺办等4个院落的淤泥及杂草杂物，清运垃圾24车次。在办公经费困难的情况下投入创卫资金4.12万元。7月初，湘江河流水位暴涨，市工业企业改制服务办办公区和所辖的原市机冶办家属区被洪水浸淹，家属区4幢楼的85户、391人困于院内。市工业企业改制服务办干部职工到洪水一线开展抗洪抢险，确保办公设备、国有资产安全，确保被困人员安全脱险。

【参与平安创建】 2017年，永州市工业企业改制服务办公室按照市区综治委要求，开展平安家庭创建和评选工作，组织平安创建知识竞赛活动。市工业企业改制服务办还从综合治理宣传教育、安全防范、民调及创建国卫、创建文明城市等基础性服务入手，开展平安创建辖区实现安全稳定、民调良好、无重特大案事件。全年市工业企业改制服务办在辖区内张贴宣传标语38份，出版专栏7期，宣传综治工作、文明城市建设和创卫工作。召开离退休人员座谈会5次，共同探讨系统内平安创建工作的途径。组织系统内在冷水滩辖区内的在职干部职工12人，开展走访活动，每人走访2户非公职亲属、3个社会群众家庭，全年走访77个家庭，填报走访回执单60份，通过实地走访中，宣传市区综治工作的成绩和意义征求对综治工作的意见和建议。利用会议和上党课，加强思想教育和正面引导，提高干部职工的政治意识和纪律要求。

（肖良宣）

商业企业改制服务

【概况】 2017年，永州市商业企业改制服务办公室落实中共永州市委、市人民政府各项决策部署，聚力国企改革，聚焦信访维稳，着力安全生产，服务企业发展，为加快建设“创新开放新高地、品质活力新永州”做出贡献。

【服务商业企业改制】 2017年，永州市商业企业改制服务办公室按照中共永州市委、市人民政府关于国企改革工作的总体方案，推进国企改革工作。完成2014年原物资6家改制企业扫尾工作，做好资产移交和档案移交工作；完成“两金”公司的股票回购、确权基础工作，金秋贸易股份有限公司、金属材料股份有限公司股票回购处置方案基本制定，并上报市国企改革办、市人民政府审定；化解改制企业金属回收总公司、轻化建材总公司债务包，与债务包债权方衔接磋商，做好提交法院裁决的各项基础性工作。

【治安综合治理】 2017年，永州市商业企业改制服务办公室做好中共十九大召开等重大活动期间的信访维稳工作，全市商业企业系统未发生进京上访事件。按照领导联系企业、科长深入企业、企业留守人员驻守企业的方法，在企业一线排查了解安全隐患和综治问题，发现一起，处理一起，全市商业企业系统未发生安全事故和社会治安问题。

【职工权益维护】 2017年，永州市商业企业改制服务办公室在重大节日期间，组织探望慰问困难职工及复退转军人；组织商业、物资、万利3个临管办为改制企业职工办理退休手续，为改制职工开具各种证明材料，协助办理房产证、国土证，协助社区处理各种纠纷，办理工商注销僵尸企业等一系列便民优民实事；做好棚户改造和安置的协调工作，维护和保障改制企业职工合法权益。

（黄国衡）

财 政 税 务

财　　政

【概况】 2017年，永州市财政总收入完成169.2亿元，比2016年增长12.9%，排全省第四位，财政收入占地区生产总值的9.8%，税收占财政收入的77.5%。地方收入中非税占比34.9%，财政收入质量排全省第二位。其中，地方一般预算收入完成109.3亿元，增长6.6%；上划中央税收48.8亿元，增长29.5%（增值税25.1亿元，增长42.3%；消费税7亿元，增长0.9%；企业所得税12亿元，增长36.4%；个人所得税4.3亿元，增长47.3%；营业税0.4亿元，下降70.2%）；上划省级税收11.1亿元，增长14.5%（增值税6.3亿元，增长69.8%；营业税0.1亿元，下降95.9%；企业所得税2.4亿元，增长36.4%；个人所得税0.8亿元，增长47.3%；资源税0.2亿元，下降11.1%；城镇土地使用税1.3亿元，增长40%）。全市财政支出完成431.9亿元，增长8.2%。

【财政收入征管】 2017年，永州市完成财政总收入169.2亿元，增长12.9%。其中，市本级完成36亿元，增长1.6%；县区完成133.2亿元，增长16.4%。祁阳县、冷水滩区、宁远县、零陵区、道县、江华瑶族自治县和东安县财政收入均超过10亿元。全市到位转移支付285.9亿元，增长6.4%。其中，一般性转移支付173.4亿元，增长9.6%；各类专项转移支付112.5亿元，增长1.7%。市本级到位转移支付33.7亿元，下降19%。其中，一般性转移支付14.4亿元，下降0.6%；各类专项转移支付19.3亿元，下降28.8%。

【财政支出管理】 2017年，永州市财政支出完成431.9亿元，增长8.2%。其中，市本级完成63.8亿元，下降7.8%。全市与民生相关的支出完成342.2亿元，增长6.9%，占财政支出总额的79.2%。与此同时，“三公”经费等一般性支出继续下降，2017年市本级“三公经费”支出5167.6万元，下降7.2%。

2017年永州市财政收入完成情况表

表15　　单位：万元、%

分项		完成数	上年同期数	增减额	增幅
永州市财政总收入		1692348	1499156	193192	12.9
分级次	上划中央收入	487776	376546	111230	29.5
	上划省级收入	111211	97114	14097	14.5
	地方收入	1093361	1025496	67865	6.6
分部门	国税部门	705530	489896	215634	44
	地税部门	644336	628942	15394	2.5
	财政部门	342482	380318	-37836	-10

续表15

分项		完成数	上年同期数	增减额	增幅
分县区	市本级	360050	354348	5702	1.6
	冷水滩区	173293	145688	27605	18.9
	零陵区	162400	140937	21463	15.2
	祁阳县	181375	151019	30356	20.1
	东安县	104599	85749	18850	22
	双牌县	54656	47389	7267	15.3
	道县	137766	118654	19112	16.1
	江华瑶族自治县	114920	113581	1339	1.2
	江永县	49523	40736	8787	21.6
	宁远县	164634	137489	27145	19.7
	新田县	64848	60602	4246	7
	蓝山县	86419	72962	13457	18.4
	回龙圩管理区	5474	4728	746	15.8
	金洞管理区	5522	4729	793	16.8
	永州经开区	26869	20545	6324	30.8

2017年永州市一般公共预算支出情况表

表16　　　　单位：万元、%

预算科目	完成数	上年同期数	增减额	增幅
一般公共服务支出	437610	426679	10931	2.6
国防支出	268	305	-37	-12.1
公共安全支出	179920	166491	13429	8.1
教育支出	764935	717648	47287	6.6
科学技术支出	42140	23928	18212	76.1
文化体育与传媒支出	101836	84802	17034	20.1
社会保障和就业支出	701077	615715	85362	13.9
医疗卫生与计划生育支出	462049	437632	24417	5.6
节能环保支出	91403	100987	-9584	-9.5
城乡社区支出	158329	125917	32412	25.7
农林水支出	760061	663901	96160	14.5
交通运输支出	149470	188924	-39454	-20.9
资源勘探信息等支出	58700	58428	272	0.5
商业服务业等支出	28687	29604	-917	-3.1
金融支出	605	437	168	38.4
国土海洋气象等支出	56497	24344	32153	132.1
住房保障支出	232731	266127	-33396	-12.5
粮油物资储备支出	9663	7784	1879	24.1
债务付息支出	56971	30114	26857	89.2
其他支出	25833	22489	3344	14.9
一般公共预算支出合计	4318785	3992256	326529	8.2

【民生建设支出】 2017年，永州市教育支出76.5亿元，增长6.6%。“三名工程”稳步推进，中心城区新增学位5.2万个，持续推进中小学校基础设施建设，永州市第一中学、永州市第四中学及李达中学部分教学设施升级改造完成。支持中职、高职教育，足额安排中职三年级免学费补助资金，多渠道加大高职教育投入，成为全省首批达到高职生均财政拨款水平的市州。推动教育信息化“三通两平台”建设，建成全市校车监管云平台，完善校园网络、班班通等设施。分类落实困难学生资助政策，免除582名普通高中建档立卡家庭经济困难学生学杂费。农林水支出76亿元，增长14.5%。支持实施易地扶贫搬迁、精准扶贫脱贫，实施农业综合开发，组织5个重点贫困县开展统筹整合财政涉农资金工作，统筹财政涉农资金16.1亿元。落实“一事一议”财政奖补政策，投入财政资金2.1亿元，带动社会投入1亿元，在全市1559个行政村实施“一事一议”公益项目1603个，改善农民群众的生产生活条件。社保就业支出70.1亿元，增长13.9%。全市农村低保标准提高到253元/月，分散供养标准提高到3936元/年，农村兜底保障对象基本实现政策性脱贫。推进养老体系建设，全市城乡居民基础养老金最低标准提高到85元/月，退休人员基本养老金和生活补贴进一步提高。落实高龄老人补贴政策，90岁至99岁的老人为100元/月，100岁以上老人为400元/月。落实残疾人“生活补贴、护理补贴”两项补贴政策。统筹安排各类就业补助资金，落实就业困难人员社保补贴、公益性岗位补贴，支持高技能人才引进。医疗卫生与计划生育支出46.2亿元，增长5.6%。落实全市城市公立医院改革财政补偿方案，按政策兑现药品零差率销售、公立医院基建贷款贴息、购置大型医用设备补偿，推动公立医院改革。城乡居民医保财政补助标准达到人均450元，基本公共卫生服务财政补助标准提高到人均50元，12类45项基本公共卫生服务项目和国家基本药物制度顺利实施；农村妇女两癌免费检查、孕产妇免费产前筛查等公共卫生政策保障到位。支持保障市中心血站血液核酸检测系统运行，缩短病毒检测“窗口期”，提高全市临床用血安全水平。文化体育与传媒支出10.1亿元，增长20.1%。支持创建国家公共文化服务体系示范区和市文化艺术中心、博物馆、图书馆、工人文化宫等重点文化设施项目建设。

2017年9月，永州市财政局获得“喜迎十九大 建设新永州”大合唱比赛二等奖
摄影 魏远荣

【支持经济建设】 2017年，永州市财政继续投入1.2亿元支持长丰猎豹汽车技改项目，支持永州经济技术开发区创建国家级园区，支持新创建8家国家级高新技术企业和省级工程技术研究中心。推进永州市投融资担保有限公司增资扩股，全年新增资本4.04亿元。安排航线专项资金7000万元，保障永州市直达昆明、深圳、上海、海口、厦门等重要城市的航班经营。支持“蓝宁道新江”加工贸易走廊争创国家级平台，安筹措资金8000万元，加强海关、出入境检验检疫通关平台建设，助力发展外向型经济。设立外贸发展专项资金，鼓励外向型企业对接一带一路和东盟，开展对外经贸合作，支持创建国家级出口食品农产品质量安全示范市。支持做大做强现代服务业，促进第三产业提速和转型升级，促进实现进出口总额88亿元、电子商务交易额300亿元。

【财政改革】 2017年，永州市

进一步深化国库集中支付改革，压减“三公”经费1318.1万元，下降20.3%。推进财政资金统筹使用，出台《关于推进市本级财政资金统筹使用的实施意见》，市本级撤销财政专户13个，上缴国库资金4.6亿元，推进专项资金整合。落实“营改增”和资源税改革，推行“一站式”收费，对收费项目实行目录清单管理。落实增值税税率降档和各类税收优惠政策，取消或停征27项行政事业性收费和新型墙体材料、公用事业水电费附加两项政府性基金，减少收费4017万元，落实中心城区非税收入减免缓征政策，为33个报建打捆项目减免资金6781万元。推进投融资机制创新，规范政府债务管理，争取置换债券，全年到位置换债券61.2亿元（市本级8.7亿元），全市每年可减少利息支出2.7亿元以上，平均债务期限延长2年以上；引入市场机制，将融资综合成本控制在7%以内，推动市级融资平台市场化转型，稳步推进PPP模式，全市运作PPP项目45个，总投资670亿元，落地项目15个，总投资121.3亿元。

【财政监督管理】 2017年，永州市本级获得全省财政综合管理AA级（最高级）评价，9个县区获得A级以上评价。永州市财政局被纳入全国财政系统法治财政建设示范点。构建全口径预算体系，强化“四本预算”的衔接，预决算公开全覆盖，整合部分预算单位，探索预算编制过程公开，按预算法规定调整预算。出台12类38项财政业务限时办结办法，提高资金安排和拨付效率。构建财政监督大格局，财政监督实现常态化，预算绩效管理全覆盖，政府采购机制不断完善，财政投资评审效率和质量不断提高，政府购买服务机制初步建立。制定市本级民生资金公开目录和要素采集标准，推进“互联网+监督”平台建设。对扶贫开发等领域财政资金进行清理核查“回头看”，进一步健全强农惠农资金监管制度。

【重要事件】 2017年5月3日—8日，永州市财政局在上海财经大学举办全市财政系统干部十八届六中全会专题培训暨“执行力+财政业务素质提升班”，各县区（管理区、经开区）财政局班子成员或业务骨干、市财政局副科级及以上干部参加培训。6月1日，市财政局综合办公系统建成试运行，随后扩展到移动办公，实现无纸化办公。7月21日，市财政局入选全国财政系统法治财政建设示范点，成为全国63个示范点的新成员。12月4日—5日，永州市首次预算编制征求意见会在市财政局召开，会上市财政局预算科及相关业务科室在听取部门预算单位意见的基础上，就相关问题进行详细解释与说明，与各单位达成有效沟通，此次会议是永州市在财政预算公开工作上的一次积极探索。12月29日，湖南省2016年度市县财政管理综合评价结果揭晓，永州市本级获评AA级，获得省财政奖励资金1050万元，其中规范预算编制引导单项奖50万元。

（周祖杰）

国家税务

【概况】 2017年，永州市国家税务局坚持党建引领，突出创新集成，夯实基层基础，实施党建工作规范化、重点工作项目化、税收管理法治化、队伍建设团队化、作风建设常态化，国税工作取得新成效。市国家税务局机关通过全国文明单位复核验收，江华瑶族自治县、祁阳县、双牌县等县局先后获得全国文明单位、全国工人先锋号、全国巾帼文明岗等国字号称号，市国税局在省局2017年度绩效管理考评中排第二位，被评为绩效管理先进单位；国家税务总局党组书记、局长王军先后两次批示表扬永州国税工作，中共永州市委、市人民政府主要负责人批示肯定5次。团队化管理模式被省国家税务局评为全省系统亮点工作一类项目。在全省系统业务大比武中，市国税局突破性取得团体三等奖。推进数字人事试点，全市系统1361人建立个人成长账户。全市国税系统获得市级及以上先进集体40多个，先进个人50余人次。

【国税征收】 2017年，永州市国税系统组织税收收入76.62亿元，其中，不含车购税的国税收入70.62亿元，增收22.02亿元，增长45.32%，增幅排全省第五位。落实“坚决依法收好税、坚决不收过头税、坚决落实减免税、坚决打击偷骗税”要求，加强调度，争取支持，组织收入质量有所提升。将年纳税50万元以上的700户企业纳入重点税源企业监控范围，组织开展综合分析预警，推行项目风险管理，依托金税三期、电子底账等风险管理系统开展风险分析识别与应对工作，全年通过风险应对入库税收1.46亿元。整合应用增值税发票管理新系统，加强消费税、车辆购置税管理，提高企业所得税汇算清缴质量，全年入库企业所得税13.34亿元。成立大企业管理局，防控地方政府融资平台企业风险。加强国际税收管理，与海关、外汇等6部门联合，开展跨境税源情报交换，入库非居民税收366万元，增长122%。

【服务发展】 2017年，永州市国税系统围绕落实中共永州市委、市人民政府“六大战役”和“四个提升”安排部署，出台实施推进“六大战役”在国税落地见效30条措施和服务园区升级战役的意见，从依法征收税款、落实税收政策、优化税收征管等5个方面，制定具体措施，简政放权，规范执法，对重点行业、重点企业和招商引资项目量身制定税收政策辅导方案，提出利用税收政策，促进企业产能升级发展的建议，为企业营造公平公正的税收环境。落实国务院6项减税政策等税收优惠政策，实行优惠政策台账管理，确保税收优惠落实。全年减免各项税收9.7亿元，办理出口退税4.19亿元，增长14.5%。围绕“纳税服务提质年”的主题，开展大征集、大走访等活动，与地税部门联合走访纳税人1.6万户，征集意见建议75条，帮助解决办税难题56个，纳税人满意度排全省第四位。推广手机端“永税在线”平台，实现手机和网上办税的快捷服务。加快电子税务建设，引导纳税人采用人机互动的方式办理涉税事项，减轻办税成本。试点建设自助办税厅，打造“全天候全功能”办税大厅，满足纳税人多元化办税需求。

【国家税务依法治税】 2017年，永州市全面推行市、县两级国税局领导年度述法工作，党组理论学习中心组法治学习成为常态。对重大行政处罚决定等5项重大执法决定开展法制审核，审核同意重大行政处罚决定54件，否决2件。新田县国税局率先在全省试点执法全过程记录制度，纳税人对执法满意率100%。组建公职律师团队，办理普法、税法宣传和税收政策培训等148件法律事项。法制先进单位创建取得新成绩，永州市国税局冷水滩区分局、双牌县国税局、蓝山县国税局等3个单位获得“湖南省依法办事示范窗口单位”。推行稽查主辅查制度，查补入库各项收入9878万元，其中，百万元以上的案件29起。打击虚开虚抵和制售假发票行为，查获发票违法犯罪案件212起，涉案金额8.35亿元，移送公安机关3起。严格纳税信用评比管理，全面共享涉税信用信息，通过银税互动为信用良好的纳税人发放贷款4000多万元，将6户纳税人纳入税收“黑名单”。发挥纳税信用在“两代表一委员”资格审核中的把关作用。

【国税改革】 2017年，永州市国家税务局强化“营改增”后续管理，采取分行业集中培训、上门个别辅导等方式全覆盖培训试点纳税人，培训47期、1万多人次。开展延伸辅导，帮助金融机构分析税负变化原因，提出降低税负建议。开展案头分析、实地核查，梳理“营改增”政策落实情况。全年，“营改增”四大行业入库税款24.88亿元，增长1.52倍。落实国税地税征管体制改革方案，健全国地税合作机制，明确国地税合作具体事项任务单，确定联合纳税服务、协同税源管理、联合税务稽查、干部交流、联合绩效考核等五个重点合作项目，全市11个县区局16个办税服务厅在3月全部实现“一窗一人”联合办税，国税地税互派干部50余人，协同开展“以票控税”，增加各项税收2亿余元。全面推行实名办税，对3.69万户纳税人进行实名认证，企业纳税人、起征点以上个体纳税人采集比例达到100%。集中清理金税三期问题数据10万余条。联合财政等部门实现永州市涉税信息平台上线运行。

（肖明剑）

地方税务

【概况】 2017年，永州市有地税纳税户6.19万户，其中正常单位纳税人1.52万户，个体纳税人4.24万户，临时纳税人4314户。重点行业是汽车制造、卷烟、水电设备生产及房地产业。由地税负责征收的税种有个人所得税、房产税、契税、烟叶税以及2018年1月1日开征的环境保护税等13个；征收或代征的费金有社会保险费、残疾人就业保障金、工会经费等6个。全市系统单位及个人先后获得“全国文明单位”“全国模范职工之家”“全国税务系统先进单位”“全省文明标兵单位”等省局级以上荣誉80多项（次）。

存在的主要问题是：收入质量还有不足，依法治税、挤水保质的任务还比较艰巨；推进征管转型工作举措的针对性不强，风险管理比较被动。

2017年，中共永州市委常委、市人民政府常务副市长唐湘林（右一）给优秀税务青年颁发证书

【地方税收征收】 2017年，永州市地税系统完成各项收入65.41亿元，剔除营改增因素，同比增加12.97亿元，增长24.73%，总量、增幅在全省分别排第七位、第三位；其中市本级收入10.43亿元，增收1.58亿元，增长17.84%。依法对5个单位3个税种1.81亿元违规入库税款进行退库并追责。

【地方税务征管转型】 2017年，永州市地税局将风险管理作为征管转型的主抓手和突破口，全市承接风险应对任务8批、2879户，实施提示提醒2466次，纳税评估125户，引导纳税人自行补；报税费1.52亿元。持续打牢征管基础，全市税费种认定率由年初的45.83%提高至97.54%，排全省第二位；全市催报催缴率由年初的16.6%提高至75.5%，排全省第二位。永州征管转型工作得到税务总局肯定。

【地方税务依法治税】 2017年，永州市地税局依法打击偷逃骗抗等税收违法行为，全年累计立案检查182户，查补收入1.74亿元，其中查办500万元的大要案件3起，超过1000万元2起。年初，永州市中级人民法院二审以逃税罪判处零陵一房地产公司法人代表肖某有期徒刑3年，并处罚金5万元，是永州地税组建以来第一个因公司逃税而被判刑的企业法人代表，湖南卫视、《湖南日报》进行专题报道。

【纳税服务】 2017年，永州市地税局全面推行“一窗一人”办税模式、二维码一次性告知、实名制办税等举措。组织千名税干联合国税开展“问需求、优服务、促改革”大走访专项活动，市国地税班子成员对全市100家重点企业和支柱产业逐一走访。加强纳税信用管理，评定A级纳税人69户，“银税互动”提质扩面，为企业办理贷款39笔，发放信用贷款2593万元。落实国务院6项减税政策，激发“双创”活力，依法减免小微企业等各项税收5.83亿元。

【环境保护税开征】 2017年，永州市地税局按照财政部、国家税务总局和环保部三家单位的安排部署，落实排污费改征环境保护税的部门协调、数据移交、业务培训、软件调试和跟班学习等工作，确保2018年1月1日环境保护税由地税部门全面接收并征管。

【全市优秀税务青年评选活动】 2017年4月，永州市地税局开展“全市税务系统优秀青年评选活动”。通过推荐报名、能力测验、个人素质展示、网络投票、组织考察、党组研究和公示6个环节的选拔，邓巧宁、阳思贞等30名税务干部被授予“永州市税务系统优秀青年”称号。4月27日，在永州广播电视台演播大厅举行全市税务系统优秀青年表彰晚会，中共永州市委常委、市人民政府常务副市长唐湘林出席晚会并为受表彰的优秀青年颁发证书。

（吕海南）

文化建设

Culture Advancement Construction

教　育　业

综　　述

2017年，永州市有幼儿园1667所，在园幼儿22.4万人，专任教师1.03万人；小学457所，在校生51.15万人，专任教师2.67万人；普通中学325所，在校生32.01万人，专任教师2.11万人；特殊教育学校7所，在校生998人，专任教师118人；中职学校36所，在校生6.39万人，专任教师2880人；高等学校3所，在校生2.77万人，专任教师1623人。生师比例幼儿园为21.72：1，小学为19.14：1，普通中学15.04：1，中等职业学校22.19：1。全市人口中，每万人口在校生：幼儿园408.78人，小学933.59人，普通初中417.67人，普通高中166.53人，中等职业学校116.6人。全市小学校园占地面积1081.76万平方米，校舍面积360.52万平方米，学生人均7平方米；普通初中校园占地面积717.8万平方米，校舍面积213.5万平方米，学生人均9.3平方米；普通高中（含完全中学）校园占地面积277.61万平方米，校舍面积134.61万平方米，学生人均12平方米；中等职业学校校园占地面积209.62万平方米，校舍面积73.46万平方米，学生人均11.5平方米。全市义务教育普及程度，小学入学率100%，辍学率0%；初中毛入学率100%，辍学率0.78%，毕业升学率91.1%。

全市有13.21万人参加初中学业水平考试，是全市教育系统考试人数最多和规模最大的考试。全市初中学业水平考试期间，各项工作平稳有序，没有发生考试事故。市组织普通高中学业水平考试正考，设考点19个，报名人数2.71万人。9月，组织全市高中学业水平补考，设考点10个，补考人数6215人。市普通高等学校招生考试设考区11个，考点21个，报考人数3.45万人（其中文科考生1.13万人、理科考生1.75万人、职高类考生5728人），增长5%，录取2.84万人（其中本科录取1.18万人，专科录取1.66万人），2名考生录取为中国人民解放军空军飞行学员。4月和10月，永州市组织两次高等教育自学考试全国统考，4844人参考。组织成人高校招生考试，全市设考区5个，考点8个，1.19万人（其中专升本考生6024人、高起本考生503人、高职高专考生5345人）参考，增长70%。组织硕士研究生招生考试，设考点1个，1575人参考，增长17.4%。3月和9月，永州市组织两次全国英语等级考试，9054人次报名参加考试，增长42%。组织中小学教师资格考试（笔试），全市设考点4个，有8352人报考1.75万科次，增长39.7%。

（蒋林）

2017年3月30日，永州市城区学位建设项目集中开工，当天及近期第一批开工项目21个，新增学位40945个

【重点教育项目建设】 2017年，永州市新增学位5.12万个。全年投入1.3亿元，建成义务教育标准化教学点177所，建设公办幼儿园24所，超额完成年初建设任务。争取中央省级全面改薄专项资金2.32亿元，改善薄弱学校基本办学条件，建设学校标准化食堂91个，改善学校办学条件和提高义务教育均衡发展水平得到省教育厅肯定。农村中职教育攻坚计划稳步实施，新田、双牌、江永三县成功申报为全省农村中职攻坚项目，3所职业院校成功创建为国家改革发展示范校，入围湖南省卓越中职学校。全市7个县区通过国家义务教育发展基本均衡县评估验收。

【品牌示范引领】 2017年，永州市在全省率先整体推进“三名工程”，评选产生市级学科带头人222名、名师53名、名校24所、名校长20名，在全省乃至全国均有一定知名度，如优秀教师盘晓红、吴才有和优秀学校马坪学校。永州市整体推进“三名工程”的经验和成效受到《中国教育报》《湖南日报》《湖南教育》等媒体重点推介。6月，李达中学、柳子中学、职院附小、市机关幼儿园、竹塘小学（在建）和市机关幼儿园二园（拟建）收归市教育局直管，市本级在冷水滩区、零陵区分别直管全学段一条线，作为全市各学段教育教学示范校和教师培训基地。

2017年9月9日，中共湖南省委副书记、省人民政府省长许达哲（左三）到江华瑶族自治县涔天河中心小学调研教育扶贫、移民搬迁学校建设等情况

【教育教学质量】 2017年，永州市高考取得新的突破。高考二本以上上线人数达到8807人，较2016年净增806人，增长10.1%；清华大学、北京大学上线19人，较2016年增加10人，增长111%。65所中小学校创建全国青少年校园足球特色学校，全市中小学生在全国各类竞赛活动中获一等奖126个。全市普惠性幼儿园达到990所，占比63.61%，学前三年毛入园率83.38%，排全省第四位。全市有7个县区通过国家义务教育发展基本均衡县评估验收。全市职业学校毕业生就业率97%，3所学校创建国家改革发展示范校，入围湖南省卓越中职学校。

【教育综合改革】 2017年，永州市开展初中学业水平考试和普通高中招生制度改革，得到省教育厅肯定。推进县域内城乡义务教育一体化改革，东安县集团化办学的创新经验，在全省县域内城乡义务教育一体化改革发展推进会上被推介，株洲市、娄底市等市州组团到永州市借鉴学习。开展传统文化进校园进课堂、生态文明教育、光盘行动、最美孝心少年评选、文明校园创建等专题活动。全市12所学校团委、少先队，11名师生受团中央、团省委表彰，宁远县一中团委被团中央评为“全国五四红旗团委”。

【教育扶贫】 2017年，永州市在教育扶贫工作中投入资金5000万元，实现建档立卡贫困学生学业“零负担”；全市教辅材料征订总量减少三分之二，学生书包减负2亿元；生源地信用助学贷款连续5年排全省第一位；在全省率先发放教育惠民及减负政策明白卡，率先建立校园教育惠民信息查询平台等。8月4日，在永州市江华瑶族自治县承办的湖南省教育扶贫推进工作现场会上，永州市作典型发言，“两个率先”的做法在全省推介，湖南卫视及《湘声报》等媒体进行专门报道。2017年在全省教育扶贫工作考核中，永州市排第一位。

【教学仪器和电化教育】 2017年，永州市新增班班通终端设备7650套、计算机教室397间、学生用电脑1.9万台、多功能教室（报告厅）290个、电子备课室168间、录播室45间、教师用电脑5789台，全年教育信息化投入总金额超过4.62亿元。全市乡镇中心小学以上学校“校校通”100%，乡镇以下学校及教学点宽带接入率为83.12%。全市乡镇中心小学以上学校“班班通”达到77.09%，其中双牌县、东安县、零陵区、新田县、江永县、金洞管理区、蓝山县、江华瑶族自治县“三通”工程建设达到100%。全市完小以上中小学教师网络研修空间开通率91.58%。零陵区成功创建为“湖南省现代教育技术实验县（市、区）”。在全省率先设立教育惠民信息查询平台，内容包括“教育自助政策”“教育减负政策”“教育自助信息”3大板块。推进“中小学网络联校”建设，通过教育信息化等手段实现教育均衡。截至2017年年末，全市有市级示范“网络联校”12个，省级示范“网络联校”主校5个。2017年度“湖南省教育信息化创新应用十百千万工程”名单公布，东安县第一中学入选示范校，江华瑶族自治县白芒营镇中心小学、新田县思源实验学校、零陵区神仙岭小学入选示范网络联校，永州市双牌县教育信息化建设跻身10个省级示范县之列。永州市部署市本级教育信息化创新应用工程，有2批示范县、校、网络联校挂牌成立。全市组织信息技术与教育教学融合的赛事8项，开展“一师一优课，一课一名师”活动，组织全市中小学电脑制作活动、全市机器人初赛、全市教育教学信息化交流展示系列活动等，参加教师近3万人；举办全市教育网络安全培训、优课教研活动、中小学电脑制作活动指导老师培训等。成立网络信息工作领导小组，开展全市教育系统网络与信息安全检查，对各教育单位门户网站情况进行网络巡查，2017年永州市教育系统网络信息安全一切正常。

组团参加中国教育装备展示会，会同纪检监察、计财等部门，在第72届中国教育装备展示会上采购教学仪器设备3000多万元，提高薄弱学校办学条件；开展实验教学示范学校评选，建立永州市中小学实验教学示范学校评价机制，发挥示范学校在实验教学和实验室标准化建设等方面示范和辐射作用；举办全市教育系统危险化学品安全综合治理培训，并建立危险化学品安全综合治理工作档案台账，定期开展督导检查；加强中小学实验教学督查与学生实验考查工作，组织专家按照教学大纲的要求进行高中初中理化生实验操作考查命题，推进素质教育。

（李青）

【教育科学研究】 2017年，永州市教育科学研究院组织学科教研员和高考研究管理团队，在市直及县区68所中小学校开展教育视导活动。活动听课600多节，研讨50多场次，开展学生问卷调查30多次。通过随堂听课、检查备课和作业批改、查阅学校教育教学管理材料，了解课堂教学及教育教学管理情况。将教研人员分派到22所省市示范性高中学校，进行分片包校驻点视导，指导高考备考。

开展小学语文、数学、英语、音乐等11个学科，中学语文、数学、英语、地理、化学、历史、信息技术等10个学科的优质课竞赛、说课及微课大赛。活动就如何提高教师素养、如何进行教材研究解读和概念教学展开专项竞赛，化学、数学学科还对教师的学科知识和能力进行笔试竞赛。是年，永州市在省级教学比武活动中，获省级一等奖8人、省级二等奖17人、省级三等奖15人。

申报省级规划课题25个，其中8个被省教育科学规划办立项为全省资助课题。永州市第四中学副校长欧阳慧主持的《中学生家风教育研究》获评湖南省十三五规划2017年重点资助课题。全市课题立项的数量和质量在全省居领先水平。全市职业教育“十三五”规划微型课题研究，立项课题50个。永州市教育科学研究院组织开展永州市基础教育、民办教育和职业教育优秀论文评选工作，全市收到论文3000余篇，评出优秀论文2000余篇，选送300余篇论文送省里参赛，获省一等奖65篇、二等奖112篇。

组织学生参加各种学科竞赛活动。全市在全国高中奥林匹克竞赛中，获全国一等奖5人、二等奖52人、三等奖78人；省级一等奖76人、二等奖186人、三等奖248人。全市各级学校的文学社团在省级以上刊物发表习作300余篇，在省级以上作文竞赛中获奖400多人次。组织中职学校参加全国第13届和湖南省2016—2017中职学校文明风采竞赛活动，活动收到各类作品724件，获省一等奖7项、二等奖13项，国家一等奖2项、二等奖5项、三等奖4项，永州市获得省组织奖三等奖。组织中职学生参加湖南省黄炎培职业大赛永州赛

2017年9月8日，永州市第33个教师节庆祝表彰大会召开

区竞赛活动，其中4个作品入围省赛。在永州工商职业中专、祁阳职业中专、永州综合职业中专、永州工贸中专、蓝山县职业中专举办全市中职学生技能竞赛活动，选拔121人参加全省技能竞赛并获得优异成绩，其中一等奖6人、二等奖22人、三等奖50人。

牵头组建永州市高考研究团队。3月，永州市教育科学研究院在新田县第一中学召开全市高考复习研讨会，针对全市“二模”考试中出现的问题，总结经验，对全市高三二轮、三轮的总复习提出建议。该次研讨会特别邀请华中师大附中年级部长做年级部管理及尖子生培养专题报告。

对全市高一、高二年级，继续实行统一质量监测，并分析监测结果，出具分析报告。做好初中学业水平考试、考查工作，完成初中学业水平考试的命题、阅卷和评析工作，中考命题连续7年零勘误。协助市教育局基础教育科完成英语口语考查命题和插标工作，形成《永州市2017年初中毕业学业考试评价报告》。做好高中学业水平考试与考查工作，组织教研员到市直高中学校、省市示范高中学校进行现场教学指导，协助市教育局基础教育科完成全省高中学业水平考试阅卷工作，并实现“零差错”。完成关于2017年高考调研及2018年高考备考复习视导，出具《2017年高考分析报告》。

学前教育

【概况】 2017年，永州市有各类幼儿园1667所（其中公办幼儿园224所，民办幼儿园1443所）；在园幼儿22.4万人；全市普惠性幼儿园990所，占比63.61%，学前三年毛入园率83.38%，排全省第四位。

2017年8月4日，湖南省教育脱贫攻坚会在江华瑶族自治县召开

【农村公办幼儿园建设】 2017年，永州市投入5187万元，建成农村公办幼儿园24所并全部通过评估验收，学前教育二期计划，完成年度工作目标。

【普惠性幼儿园认定】 2017年，永州市在县区初评上报的基础上组织复核，全市认定普惠性幼儿园100所，认定结果在永州教育信息网公示并报省教育厅，通过普惠性幼儿园进入和退出机制，实现动态管理。

【分类定级管理】 2017年，永州市推进办园水平分类定级管理工作，开展园长技能大赛，学前教育发展不断规范；开展全市幼儿园办园行为规范督查，对全市13个县区进行地毯式检查，对排查出来的问题下发通报，限期整改。

（蒋林）

义务教育

【初中学业水平考试和普通高中招生制度改革】 2017年，永州市制定下发《2017年永州市初中学业水平考试和普通高中招生工作实施方案》，对考试科目、分值以及成绩呈现方式、综合素质评价、招生录取依据、招生录取方式和优惠加分等方面进行改革。永州市总结东安县集团化办学、新田县教育联盟和江华瑶族自治县专递课堂等办学模式改革的经验，推进义务教育集团化办学工作，东安县在11月21日—22日召开的全省县域内城乡义务教育改革发展现场会上作典型发言，株洲市、娄底市教育局组织县区教育局局长到东安县参观考察学校教育集团化办学工作。

【教育质量监测】 2017年，永州市对小学和初中开展教育质量抽查，全市基础教育阶段质量监测体系进一步完善。中心城区冷水滩区和零陵区初中学校实行联考制度。2017年期末考试，永州市对中心城区初中学校招生首次进行市级统筹，统一组织命题、分区组考、集中分析。

（蒋林）

普通高中教育

【概况】 2017年，永州市有普

通高中学校31所，较2016年增加3所民办高中学校，其中省市示范性高中22所。永州市加快普及高中阶段教育，提高教育教学质量。高三年级完善“三会三考三分析三视导”备考模式，高一、高二年级建立联考机制；组建高考研究团队，加强复习备考研讨和视导；对高三年级任课教师进行全员培训，12月，组织各县区教育局分管基础教育的副局长、基础教育股股长、教研室主任、高中校长到上海、浙江等高考改革先行省市考察学习。

【综合素质评价改革试点】 2017年，永州市推进高中学生综合素质评价改革试点工作，指导祁阳县第一中学、新田县第一中学和江永县第一中学等3所学校做好高中学生综合素质评价改革试点工作，为全市整体推进学生综合素质评价改革提供经验。

（蒋林）

【永州市第一中学】 2017年，永州市第一中学有在校学生5200余人，在职在岗教工369人，其中正高级教师2人，特级教师5人，市名师10人，市学科带头人26人，市骨干教师60人，高级教师133人，外籍教师2人，研究生49人，国省级学科奥赛教练26人，受到省级以上表彰的优秀教师和先进教育工作者20余人。学校被认定为全国文明单位、全国特色学校、全国学校体育工作示范学校和全国国防教育特色学校；学科奥赛获省赛区全国奖38项。

举行“拥抱成长之星”公益活动、“关爱明天，普法先行”青少年普法教育活动、“践行社会主义核心价值观”主题宣讲活动、“湖南省最可爱的乡村教师优秀事迹报告会”和“高考心理辅导讲座”“拥抱成长之星”公益活动、“讲好红色故事·喜迎党的十九大”青少年党史国史教育报告会、“雅韵三湘”高雅艺术进校园等一系列活动；全美湖南同乡联合会主席、硅谷华人科学家黄厚斌，湘潭大学数学与计算机科学学院副院长王文强教授，北京大学经济学院副院长、党委副书记、湖南招生组组长崔建华教授和北京大学物理学教授肖立新，省教育科学研究院严伯霓教授，中国青少年研究会李圳教授等先后到该校讲学。与湖南科技学院建立长期全面的教育战略合作关系，十余所兄弟学校、高校先后到该校交流学习。《湖南国防教育》等媒体先后30余次宣传学校的办学影响和经验。

高考一、二批本科上线人数1135人，其中一本上线557人。理科参考1362人，一本上线529人，上线率38.8%；二本上线997人，上线率73.2%，学生敖文轩以总分688分的成绩被清华大学录取。学校高二学业水平考试正考合格率93.99%。

509班学生蒋忠获中国化学奥赛（初赛）全国一等奖，有21名选手获全国数理化生等学科奥赛省赛区全国二等奖，16名选手获全国三等奖。在2017届名校自主招生中，通过19人，占全市通过人数的60%。首次组队参加省青少年机器人大赛，三个组获省二等奖2个、省三等奖1个。在全国青少年法制知识网络大赛中，210名学生获全国复赛一等奖。学生在第12届中国中学生作文大赛、省青少年锦标赛等比赛中获各级奖项100余项。学生黄立钢获评“全国最美中学生”，刘源获选湖南省第九届学联代表，吕迦南获选永州市第五届团代会代表。

教师王受吉应邀参加全国教育科学规划领导办重点立项课题《智慧型3D网络学习空间构建与应用研究》；教师唐金娥、屈波、唐雪艳、屈甘霖主持的4个课题通过省规划办立项并获专项经费支持，立项数量领先市同类学校。在“一师一优课”活动中，学校有247人次晒课，王受吉、唐凯、唐海峰、黄志华、唐雪飞、宋倩文、唐红兵7人获评部级优课，成少华等18人获评省级优课，50人获评市级优课，2人获评市级先进个人。全校教工在市级以上获奖或发表论文70余件，其中省级以上27件在市级以上教研活动中讲座或上公开课36节次。学校教工参加各级各类培训，人平学分达到150个以上。

以推动教育信息化和教育现代化为核心，更新设备，完善设施，投入100万元建设300座多媒体报告厅1个；投入170万元建设完成95间标准化考场高清监控系统和数字广播系统；投入960万元完成2017年度信息化项目，包括105间班班通一体机、网络中心机房及无线校园网、校园电视台、电子图书阅读室、室外电子发布系统建设。老田径场提质改造、教师公租房工程相继开工建设，新建艺术楼工程实现挂网招标。

年内，永州市第一中学继续保持全国文明单位称号，获评全国国防教育特色学校，获推全国国防教育示范学校，挂牌清华大学、广西大学等名校优秀生源基地，是首批湖南省教育学会“创客教育中心”会员学校，通过省级科技活动示范学校考核验收，入围省级优秀示范学校评选。在全市省级示范性普高办学水平评估考核和校长任期目标管理考核中位列前茅。与湖南科技学院达成初步协议，就教师培训进行合作，不定期聘请高校专家教授对学校教师进行专题培训和提升培训。湖南科技学院与教师教育相关的8个专业聘请学校知名教师为客座教授。广东会城华侨中学等十余所兄弟学校、高校先后到该校交流学习。《湖南国防教育》《法制周报》《永州日报》等媒体先后30余次宣传学校扫办学影响和经验。

（屈甘霖）

【永州市第四中学】 2017年，永州市第四中学高考本科一批上线462人，一、二批本科上线突破1100人。学考全科通过率91.8%，继续居于全市前列。学校组织语文、英语和历史等200余名教师参加国培计划网络研修，所有教师均完成研修任务，获得研修证书。在市教育局组织的永州市第三届骨干教师、学科带头人、名师评选活动中，王瑰荣、阳青海两位教师被评为名师；王华、蒋春燕、唐海啸、蒋冰芝、何永芳、杨辉、刘丽芳、伍达志、唐江天、唐嗣文、伍海军、龚路斌、周阳13位教师被评为骨干教师。12月，举办青年教师教学比武活动，唐晓荣、陈妮妮、陈维轩、陈超文等一大批优秀的青年教师脱颖而出。在全市“一师一优课，一课一名师”活动中，全校晒课435节，向市省推荐优课36节，综合得分排全市第一位。在优课评比中，王瑰荣、刘雨琪、陈妮妮等3位教师获评省优，王瑰荣获评部优。晒课活动得到市教育局肯定，学校获得永州市“一师一优课”活动优秀组织奖。陈山泉在第七届全国校园文学研究论坛评选活动中被评为“十佳指导老师”，雷庆建在第七届全国校园文学成果展评活动中被评为“模范指导老师”，陈智获2017年全省中学物理教师实验能手大赛高中组二等奖，李满森在全省生物实验操作比赛中获二等奖。在2017年湖南省基础教育研究优秀论文评选和湖南省教育信息技术论文征集评选活动中，学校30余篇论文获奖。教师周志恩的《课堂提问　学生思维的孵化器》获全省二等奖，教学专著《阅读教学增效津梁》被湖南省教育厅评为2017年湖南省“双百工程”优秀著作类三等奖。唐协和等17名教师在2017永州市基础教育研究优秀论文评选中分获一、二、三等奖。郑鉉壬、李仁辉、李博等38名同学获湖南省高中数学联合竞赛一等奖；李博获2017年高中化学奥林匹克竞赛全国一等奖，唐宇轩、郑鉉壬等7名学生获全国二等奖。张蕾、周文敏等13名学生获第十二届中学生作文大赛永州分赛区一等奖。教师欧阳慧申报的湖南省教育科学“十三五”规划2017年度课题《中学生“家风”教育研究》被立项为德育研究省级重点资助课题。李朝华、阳青海、黄筱楠3位教师主持的课题《高中生物理实验能力的评价体系与应用研究》《高中生生物实验能力的评价体系与应用研究》《高中生化学实验能力的评价体系与应用研究》均于2017年结题并获评优秀。

年内，永州市第四中学进一步开展教育教学改革，明确“管理重心下移，领导工作下沉”的管理思路，逐渐构筑“校长负责制下的两线三级制”的低重心教育教学管理模式，精细化管理得到加强。午休静校改革得到师生支持和社会好评。探索班级管理新思路、新举措，以2017级高一为试点，改革班主任队伍的选拔

2017年，永州四中举行“放飞心灵 追求卓越”高三大型心理减压活动

方式，采取自愿报名、教师投票和行政领导评分三结合的方式，持续推进班主任队伍的年轻化、精英化。

（陈鹏志）

中等职业教育

【概况】 2017年，永州市中等职业学校招生2.68万人，中职学校36所，专任教师2880人，在校学生6.39万人，较2016年增加7730人。有国家级中职改革发展示范校、湖南省卓越中等职业院校3所（永州工商中等职业专业学校、永州工业贸易中等专业学校、祁阳职业中等专业学校）；湖南省示范性（特色）中等职业学校6所（祁阳师范学校、道县师范学校、宁远县职业中专学校、蓝山县职业中专学校、江华瑶族自治县职业中专学校、永州市综合职业中专学校）；校企合作生产性实习实训基地项目2个；中职示范性特色专业群6个。

【重点项目申报】 2017年，永州市落实中职攻坚计划，改善中职学校办学条件，推荐新田、双牌、江永、东安4县参加全省农村中职攻坚项目的申报，其中新田、双牌、江永3县申报成功，各获得项目资金500万元。

【教师培训】 2017年，永州市组织开展职业教育科研课题研究，推荐申报省级教改教研项目，组织职教科研论文评选活动，开展教师说课竞赛、信息化教学大赛等活动，组织134名教师参加省级培训。8月，在祁阳师范举办全市中职学校教师职业能力提升培训。

【教育成果】 2017年，永州市举办全市职业学校技能竞赛、黄炎培职业教育奖创业规划大赛、中职学生篮球排球赛等综合素质竞赛，组织全市121名学生参加全省中职学生技能竞赛，获省一等奖9个、二等奖27个和三等奖54个。组织实施全市中等职业学校学生专业技能抽查，语数文化课水平考试，英语、计算机应用职业能力测试和2017年上期期末统一检测，学生专业技能抽查合格率和优秀率比2016年均有提高。

【人才培养】 2017年，永州市中等职业学校毕业1.68万人，其中毕业生就业人数1.63万人，直接就业人数1.05万人，升学人数5780人，毕业生就业率97.26%，对口就业率84%。与2016年相比，毕业生数有所上升，就业持平。

（蒋林）

【湖南省祁阳师范学校】 2017年，湖南省祁阳师范学校有全日制学生3173人，成教类学生1400余人，教职员工186人，教学、生活、活动设施齐全。开展“青年教师课堂达标活动”；鼓励教师做“双师型”、专业型和研究型教师，周榕、邓雪松、邹却亢被评为市级骨干教师。学校教师在国家、省、市级比赛中获奖项200多人次，教师唐飞云获中国幼儿优秀课件评选特等奖；教师肖语诗获2016年度湖南省大众语言艺术研究会优秀会员称号；中国书协会员、青年教师欧亮获中国书法最高奖——兰亭奖。

推进“工学结合、异地教育、顶岗实习”四段渐进式人才培养模式，探索学校与企业“双主体”育人的人才培养途径，落实订单培养，制度实施“双证书”“多证书”人才培养工程。开设课外兴趣小组近200个，定期开展讲座，邀请模范人物、优秀教师来校讲学；实施学分制，没有修满兴趣小组学分的学生不予毕业；不定期抽查学生技能掌握情况，以技能展示或上展示课的方式对兴趣小组进行考核。加大教学改革力度。调整学制模式，安排专门教师组织学生在第一学

2017年，中共永州市委书记、市人大常委会主任李晖（左六）与祁阳师范学校参加市春晚的演员合影 摄影 何红怡

期和第五学期参加两次笔试。学生在第四个学期进行为期五周的见习、实习。专门开设迎接公办幼儿园、小学教师入编考试、特岗教师省级考试班（简称迎考班），全年迎考班80人参考，61人考上公办教师。

坚持品牌建设，打造“书法”和“普通话”两个精品专业。1月，在第三届湖南省青年艺术节上，学校获金、银、铜奖30多人次，校团委获优秀组织奖；3月，在永州职业学校技能竞赛上，获一等奖3个、二等奖1个；3月，学校普通话测试通过率93.4%，其中过一级乙等的37人；4月，获“永州市首届青少年说故事大赛”一等奖数占总数的一半；6月，在“九鼎杯”——永州市青少年诗词朗诵大赛中，获银奖5个；8月，在湖南省“拒邪教，扬正气”书画展中，获二等奖2个、三等奖1个；9月，在第七届全国小学教育专业大学生书画作品邀请展上，获一等奖2个、二等奖3个。

拓展学前教育实习基地20个，安置近200名优秀毕业生在永州本地实习，其余学生均安置在北京、广州、深圳、长沙等实习基地；学生实习前与学校、实习单位签订《顶岗实习协议书》《顶岗实习安全协议书》《实习安全承诺书》等三方协议；建立学生实习就业跟踪管理信息平台，登记学生实习就业单位、单位联系人、联系电话等必要信息；实行定期走访、跟踪服务制度。学校毕业1371人，就业率和就业满意率均达到100%。

（周柏春）

2017年，中共永州市委书记、市人大常委会主任李晖（右四）到道县师范学校调研“党建+产业技术扶贫”培训工作

【湖南省道县师范学校】 2017年，湖南省道县师范学校有在职教职工168人，在校学生3379人。11月，湖南省高等学校设置“十三五”规划布点永州，学校高师创建迈出关键性一步。

注重办学规模与办学效益并重，实行三年制中专、五年制公费定向培养大专、“3+3”形式、对口高考、旅游服务与管理等多形式、多层次的办学。秋季通过新生入学文化检测，招录新生968人。学校毕业生总人数1173人，就业率98.97%，对口就业率96.85%。毕业生就业满意度和用人单位满意度均在90%以上。

对接教师资格证国考，强化“三基教学”。启动国考研究论坛，组织教师赴深圳、广州和农村小学、幼儿园等地开展跟班学习和调研，组织编写国家幼儿园教师资格考试的校本辅导用书《一课一练》。全年开展校级、年级组等大中型活动30多场次，每期面向全校学生开设社团近30个，形成“小先生制”、社团活动和特长生培养等三位一体的育人体系，组织教师以教研组为单位开展主题调研活动，组织大型学生心理健康教育活动2次，新增二级心理咨询师3名。开展“中国好人”（学校老校长罗德康）、“全国最美中职生”（学生沈思平）学习教育活动，学生王梅被评为2017年度“全国最美中职生”。开展学前教育宣传周、职业教育宣传周、普通话宣传周、教师节等系列主题教育活动。全年学生获得国家、省市奖励300多项，在第13届全国“文明风采大赛”中，获国家二等奖2项、三等奖1项，学校获评“优秀组织奖”；在全国第二届学前教育专业学生幼儿园活动设计与实施能力竞赛中，获一等奖3项、二等奖1项，学校获专、本科组团体一等奖；在第四届湖南省青年文化艺术节大赛中，获金奖5项、银奖3项、铜奖4项，学校被评为“优秀组织奖”。

通过“品牌四创”活动，推动学校品牌、专业品牌、教师品牌和科研品牌做出新的成果。学校获第二届全国青少年学生法治知识网络大赛杰出组织奖、全国第13届中等职业学校“文明风采”大赛优秀组织奖、“2017年全国国防教育特色学校”“第四届湖南省青年文化艺术节优秀组织奖”“永州市社会管理综合治理先进单位”“永州市机关党建工作目标管理先进单位”“永州市市直机关先进基层党委”“永州市青少年诗词朗诵大赛优秀组织奖”等国家级、省市级荣誉。《湖南日报》《永州日报》、永州教育信息网等多次对学校办学成果进行报道。在全国第二届学前教育专业学生教育能力竞赛中获专、本科组团体一等奖；承担中国·道州纪念周敦颐先生1000周年诞辰暨第八届理学文化节纪念活动全部节目的编导和演出任务。学前教育专业学生就业率99.6%，对口就业率98%以上。采取送出去、请进来的办法，组织青年教师外出参加各级各类培训，面向全体教师举办“学校内涵发展和教师专业发展研修班”和永州市教师信息化教学技能提升培训。有市级学科带头人和骨干教师7人，参加国家、省市级各类专业比赛获奖人数180多人次，6个教学团队获湖南省信息化教学大赛二、三等奖；出版专著2部，申报省市级课题5项，主编和参编教材多本，教师发表或获奖论文50余篇。

（李鸽　杨林）

【湖南省永州市工业贸易中等专业学校】　2017年，湖南省永州市工业贸易中等专业学校（简称永州工贸学校）秋季招收全日制学历教育新生2258人，全日制学历教育在校生6132人，有123个教学班，毕业学生1801人，职业培训规模11.93万人天。学校有教职工378人，其中，专任教师316人，硕士研究生35人，专业课教师213人，“双师型”教师193人，兼职教师51人，省市专业带头人16名，高级职称教师76人。学校建有信息技术类、加工制造类和文化艺术类3个专业群，开设电子技术应用、电子与信息技术等13个专业，其中电子技术应用专业为省级精品专业、省示范性特色专业；电子技术应用、畜禽生产与疾病防治、服装设计与工艺3个专业的实训基地为省级校企合作生产性实习实训基地；有校办企业16家。年内，永州工贸学校获全国职工教育培训示范点、全国国防教育特色学校、湖南省实习管理教育强校、湖南省家庭服务职业培训示范基地、湖南省禁毒示范校、湖南省科学技术普及基地、永州市园林单位等、道县食品安全“示范校”、党建先进单位、普法依先进单位等称号。

开展“用中职学生身边的先进典型感染教育中职学生”宣传教育和“美德少年”评选活动；开展以“道德讲堂”为主题的思想道德教育活动和以“中国梦”为主题的实践体验活动；开展文明用语和“阳光少年——我的好伙伴”读书及征文活动，获市一等奖1人，二等奖2人，三等奖2人。引进企业7S管理模式［整理（SERI）、整顿（SEITON）、清扫（SEISO）、清洁（SEIKETSU）、素养（SHITSUKE）、安全（SECURITY）、节约（SAVING）］，开展“文明班级”“文明寝室”“每月之星”和“四好学生”“优秀班、团干部”“学习标兵”“优秀实习生”等评比活动，何应辉、杨立月、蒋德晴等16人分别被评为省、市“三好学生”“优秀学生干部”“优秀实习生”，14级计一班被评为“湖南省先进班集体”，麻玉珍、胡澄被评为永州市“优秀学生”，何秀云被评为永州市“优秀团员”。开展去村小学曙光支教活动8次，承办道县2017庆“六一”“让爱与你‘童’行”启动会、“12·5”国际志愿者日“儿童防侵害”等大型公益宣传活动，被授予“2016年度道县志愿服务组织先进单位”，校团委被评选为道县“五四红旗团委”。以省市专业技能抽查和技能大赛为契机，优化教学内容，提高学生技能水平，在第14届全国中等职业学校文明风

2017年，永州市农村党员和青年农民第一期培训班开班

采大赛上获省一等奖3个、省二等奖6个、省三等奖10个、市一等奖49个、市二等奖56个、市三等奖33个，学校获湖南省“优秀组织学校”称号；在市专业技能抽查中，16级计算机应用专业和数控技术应用专业学生优秀率100%；学生技能大赛中，获省一等奖2个、省二等奖4个、省三等奖7个，市一等奖9个、市二等奖11个、市三等奖10个。推进学校“阳光体育”运动，获永州市中职学校学生男子篮球比赛第一名、湖南省中职学校学生男子篮球比赛三等奖。

年内，学校全日制毕业学生数1801人，就业学生数1801人，学生初次就业率100%。对口就业学生人数1679人，对口就业率93.22%；直接就业学生人数1478人，占总数的83.06%，对口升学人数323人，占毕业生总数的17.94%，直接就业学生中在机关和企事业单位的1458人，占总数的80.96%（其中第一产业就业学生数82人，占直接就业学生数的5.55%，第二产业就业学生数1253人，占直接就业学生数的84.78%，第三产业就业学生数143人，占直接就业学生数的9.68%）；合法从事个体经营和其他方式就业的毕业生数为20人，占就业学生数的1.11%。

坚持“政、企、校”三元合一，“学生→学徒→准员工→员工”四位一体的人才培养总体思路。按照双向选择原则，学生、学校和企业签订三方协议，明确各方权益及学生在岗培养的具体岗位、教学内容、权益保障等。重构课程体系，按照各专业三年（2.5+0.5）计划课时3240的标准制定实施性教学计划，分别组建公共基础课和专业课的课程建设团队，其中公共文化课程864课时，专业课程和能力拓展课程1836课时，顶岗实习540课时，工科类专业实践课占专业课的比例60%，文科类专业实践课占专业课的比例30%。激活校企联合培养创新动力，学校电子技术应用专业将企业资源引入学校，实现校企资源共享。实施“智力引进”“人才引进”融合战略，开设工业机器人技术方向专业课程，吸引行业生产一线人员参与制定人才培养和“校内工厂”方案，整合各专业群的资源，形成共建共享开放的信息资源平台，2017年度使用国家中职规范教材比例100%，引入行业企业合作开发的《PLC原理与应用项目教程》等校本教材。组织校内外专家对课题研究内容、研究目标、研究方案、技术路线等进行把关，全年立项省级课题4个、市级课题6个；1个省级课题通过验收，5个市级课题通过验收。

落实国家资助政策，国家减免学费合计1.18万人次（春季5677人、秋季6132人），免学费金额1417.08万元；国家助学金受助学生1552人次（春季839人、秋季928人），发放助学金176.7万元；校内资助2576人人次，资助金额96.7万元（其中学校资金扩面资助助学金49人合4.9万元，建档立卡户免书籍课本、住宿费428人合33.43万元，其他资助58.37万元），行业企业奖学、助学1006人，金额16.9万元，校团委募捐助学9人，金额5.26万元。

创新“专业教师领办企业、与学子合资兴办企业”的校中厂、厂中校人才培养模式，实现校企一体化育人；创新“教师、师傅一体，课堂、车间一体，生产、实训一体，学习过程、工作过程一体，技能训练、素质培养一体”教学模式，实现学校与园区、专业群与产业链、课程与岗位技能无缝对接；将“企业引入校园内”、把“车间建在教学楼”，建立深永发电子有限公司和道州玉华鹅业等16家校内生产基地、116家校外实习基地；与企业合作开设深圳比亚迪班和永州晶石班等订单培养班92个，订单培养学生数4617人，学生订单培养率75.3%，涵盖企业37个。开展“党建+产业技术扶贫”培训，提高农村党员、青年农民的带头致富、带领群众共同致富的能力，全年举办培训班21期，培训1.01万人，其中贫困农民5870人。累计带动村民4万余人脱贫。中共中央组织部《党建研究》以《因地制宜，着眼长远，开展脱贫攻坚》为题刊发中共永州市委书记、市人大常委会主任李晖的署名文章《以农民培训助力脱贫攻坚的探索与思考》，推介专题培训工作，《人民日报》以《湖南永州3年减少贫困人口近37万，脱贫路上聚起雁阵效应》为题，对专题培训工作经验进行宣传推介。

（唐生德）

高 等 教 育

【湖南科技学院】 2017年，湖南科技学院有8大学科门类，设44个普通本科专业，全日制在校学生1.47万人，其中新生4033人；在职教职工1100人，其中专任教师750人，具有正高、副高职称338人。

年内，学校开展校内35个专业评估，金融工程、广播电视编导两个专业顺利通过学士学位授权评估，摄影和建筑学两个新申请的本科专业通过教育部审核备案，2018年可正式招生。省级名师空间课程和省级微课程通过省教科院验收，立项省级教学改革项目16项，通过验收18项。获湖南省普通高校教师课堂教学竞赛一等奖2项、三等奖2项，一等奖获奖总数排二本院校第一位、全省高校第五位。获得中央财政支持地方高校发展专项资金1300万元；立项省级大学生研究性学习和创新性实验计划28项、校级89项。学生在学科类专业竞赛中获得国家级奖励6项、省级奖励80项，其中一等奖20项，获第三届中国“互联网+”大学生创新创业大赛铜奖（省一等奖），省大学生禁毒辩论赛季军，第三届湖南省青年文化艺术节金奖；瑶族舞蹈《过山》第三次登上中央电视台，并应邀参加湖南省海内外专家联谊会。

申报中国语言文学一个一级学科硕士学位点和工程硕士、教育硕士两个专业硕士学位点，被确定为硕士学位授予立项建设单位。获得国家级立项课题11项，省级重大、重点委托项目及省级项目立项66项，科研进校经费1600余万元。全年发表各类学术论文970篇，申报专利159项，获得授权53项，其中发明专利11项，4项得以转化应用。

学校确定2017年为人才工作年，出台人才引进、管理等制度10项，引进教授、博士33人，签约特聘教授、讲座教授5人，专任教师中博士比例由9.25%提高到12.99%；选拔校内第四批“英才支持计划”6人、首批“青苗支持计划”10人；7人通过高校教师系列正高职称评审、22人通过各系列副高职称评审，两名博士入选“永州市首届青年英才”。

成立思想政治工作研究所，承办湖南省高校思想政治教育研究会2016年年会，党委书记陈弘两次在全省思想政治工作会议上作典型发言；辅导员夏汉伟先进事迹被湖南卫视报道，辅导员欧阳智超入选“学习宣传贯彻党的十九大精神——湖南省高校优秀辅导员巡讲团成员”；学校获湖南省第六届辅导员职业能力大赛团体总分第六名，连续5年进入湖南省辅导员职业技能竞赛决赛；学校被确定为全国大学生KAB创业教育基地、“省级众创空间”和省高校大学生创新创业孵化示范基地，连续三年获得全省“互联网+”大学生创新创业大赛优秀组织奖，连续两年获得中国创新创业大赛（湖南赛区）优秀组织奖。

2017年4月27日，湖南科技学院党委书记陈弘在湖南省高校思想政治工作会议上作交流发言

截至2017年年末，“十三五”规划确定重点工作任务完成57项，正在进行中131项。学校与德国、俄罗斯、白俄罗斯、韩国、泰国五国的六所高校建立友好合作关系，对外合作高校达到29所，首次招收留学生3名。联合永州市人民政府举办“周敦颐诞辰1000周年国际学术研讨会”、青年科学家进校园及系列科普展览，举办永州经济发展论坛、第18届全国区域旅游开发学术研讨会暨永州旅游发展论坛；对接地方教师教育、旅游与文化产业方面人才需求，成立教师教育学院和旅游与文化产业学院；与中共零陵区委、区人民政府、零陵区工业园签订战略合作框架协议，与永州市经济技术开发区达成合作意向，并形成实际性合作成果。《光明日报》《中国教育报》《湖南日报》等主流媒体陆续报道学校服务地方事迹。

（杨能山）

【永州职业技术学院】 2017年，永州职业技术学院招录新生5938人，到校5486人，到校率92.4%。其中高考录取3125人，单招录取1500人，五年制大专录取900人，三年制中职录取413人（含乡村医生233人），118名毕业生通过“专升本”考试进入本科院校深造。与2016年相比，三年制大专医卫类专业学生所占比例由70.40%下降到61.06%；五年制大专医学类学生所占比例由71.33%下降到32.18%；学院总体上医学类学生所占比例由73.28%下降到56.6%，非医学类专业占比上升至43.4%。附属医院实现总收入1.26亿元，收治门诊病人10.4万人次，住院病人1.2万人次；完成学院1560学时的理论教学、1356学时的见习带教和97名实习生的实习带教任务；推广医疗新技术、新项目33项。实习农场完成1500人次学生的实习任务；指导当地农民建设和发展生态养殖场19家；全年出栏优质瘦肉猪8764头，实现产值1842万元，利润280余万元。永州职业技术学院首次代表湖南省参加全国职业院校信息化教学大赛，获得大赛二等奖1项、三等奖2项，实现该院教师参加全国权威赛事奖项的重大突破。

推进“双一流”建设，加强现代养殖技术、医学技术、健康服务与管理、机械制造与汽车工程4个重点专业群的培育和建设；医学检验技术专业教学资源库项目建设稳步推进，护理系完成四门国家级教学资源库数字课程建设；成功申报“国家级护理专业骨干教师培训”项目；完成2018年新增专业申报建工作，新增筑智能化工程技术、新能源汽车技术、幼儿发展与健康管理3个高职专业，11个专业方向。继续执行“涉外护理人才培养方案”，加强国际合作与交流，遴选2017级106名大专生参加涉外英语护理班学习。组织师生参加各类教学竞赛和专业技能竞赛，获省级以上奖励37项，其中护理系获“护理技能”国赛三等奖，计算机系获“云计算技术与应用”项目国赛团体三等奖，实现国家技能竞赛获奖零的突破。

2017年7月13日，永州职业技术学院参加“喜迎十九大 建设新永州”合唱比赛获一等奖

出台《科研经费管理暂行办法》。全年立项市级以上课题50项，其中国家级1项、省厅级23项、市级26项，申请资助经费51.1万元。立项国家社会科学基金“十三五”规划2017年度教育学一般课题1项，实现近五年湖南省高职高专院校在国家级规划课题立项、全省教育信息技术学科在国家规划课题立项两个零的突破。学院组培中心推广和指导迷迭香种植26.67公顷；指导双牌县、道县、江永县、江华瑶族自治县、宁远县、零陵区和金洞管理区种植油葵0.1万公顷，推广种植油茶0.13万公顷。油茶项目获2017年永州市科技进步一等奖；石斛项目、油葵项目获2017年永州市科技进步二等奖。

学院通过“校园文化艺术节”“本土文化进校园”等系列特色品牌活动，提升学生综合素质。加强对辅导员、班主任履职能力培训，在公开选拔优秀硕士研究生党员任专职辅导员的基础上，探索中青年教师兼任辅导员制度和青年教师担任班主任制度。学校先后获得“永州市五四红旗团委”“永州市青年志愿者工作先进单位”、省级优秀辅导员等集体、个人荣誉。

建立健全“奖、助、贷、补、勤、减”的帮困资助体系，发放大、中专生奖助学金等1485.67万元；落实学生资助政策，办理助学贷款562.93万元，受助学生937人；建立就业困难毕业生帮扶机制，设立勤工助学岗位245个，发放酬金33.61万元；开设《大学生心理健康教育》等系列心育课程，加强学生个体心理咨询与辅导，建立有效预防心理问题发生的三级网络工作模式，促进心理教育和学生思想政治教育有机结合，学院获评“湖南省高校心理健康教育先进单位”称号。

加强就业创业指导系列课程建设，开设“大学生职业发展与就业指导”“创业基础”课程；举办2018届毕业生专场招聘会，

1200多名学生达成就业意向；出台《大学生创新创业奖学金评选办法》《大学生创新创业孵化基地管理办法》《大学生创新创业项目扶持办法》等文件，加强对学生创新创业活动的支持和管理。是年，学院毕业生初次就业率93.06%。与大北农集团联合开办畜牧兽医现代学徒制试点班，与永州恒康医药集团、江西国鼎科技有限公司等企业签订校企合作协议，与东莞海嘉集团、武汉美斯坦福信息技术有限公司、深圳智邦科技有限公司合作共建专业，企业先后投入830万元，用于学院实验实训室建设及设备购置。学院入围“全省职业教育实习管理强校”，畜牧兽医专业成功立项为湖南省高职校企合作生产性实习实训基地。全年开展短期培训17批次，培训收入340万元。承办全国第四届草书展、“美丽湖南·三湘巨变”湖南省现实题材美术创作工程美术精品展等国内、省内大型活动。

（秦永亮）

【湖南潇湘技师学院（湖南九嶷职业技术学院）】 2017年，湖南潇湘技师学院在校全日制学生4500余人，毕业生就业率95%以上。适应社会需求，改造重点学科专业，突出专业优势，凸显办学特色，2017年下学期的毕业设计抽查及专业技能抽查中全部一次性过关。在第45届世界技能大赛湖南选拔赛中，机电工程系取得电气装置项目的第三名、第六名和第15名，汽车工程系取得汽车技术项目的第10名、第11名和第15名，管理系取得西式烹调项目的第七名、第11名、第14名和第15名。

实施限制招生政策，全年招生1200名。向全院各系部发布42家单位用工信息，提供就业岗位数2000多个，涵盖2018届毕业生12个专业5个学历层次，有17家省内外知名企业到学校现场招聘。截至2017年年末，2018届毕业生有685名确定实习就业单位，占毕业生总数的95.8%。

12月18日—27日，湖南潇湘技师学院代表永州市参加2017湖南技能大赛·第45届世界技能大赛选拔赛，在申运、姚永辉、蔡义军等教师的指导下，16级大专机电建筑班王成、15级中级机电班许广福、17级大专机电建筑班唐俊、15级中机电班唐继宗分别获电器装置项目竞赛第三名（二等奖）、第六名（三等奖）、第15名和第28名；15级中汽一班李劲松、14级五年制大专班蒋齐龙、16级大专班陈智飞、15级中汽一班李创发在教师蒋辉云、刘剑、郑生明的指导下，分别获得汽车技术赛项第10名（三等奖）、第11名、第15名、第25名；在教师唐建波、胡先雨的指导下，管理系15级中级烹饪班赵文凯、黄俊杰、唐熙富、唐飞鹏分别获西式烹饪项目第七名（三等奖）、第11名、第14名和第15名。

举办“喜迎新年 共筑梦想”迎新年晚会；举办“我最达人”才艺比拼活动与“争做文明向上好学生”主题演讲比赛；联合市地税局、市人寿财险公司举办“共筑梦想——五月的鲜花”大型五四文艺晚会；举办第三届田径运动会，并承办市第六届“创业杯”男子篮球赛和气排球赛；举办“不到潇湘岂有诗”线上摄影展；举办“一站到底，我是战神”大型互动知识活动。

（胡先云）

【湖南广播电视大学永州分校】 2017年，湖南广播电视大学永州分校（简称永州电大）以“一校两中心两基地”为建设目标，在管理、教学和组织建设等方面取得一定成绩。招生规模首次突破3000名，增长21.5%，县级电大站（点）的招生规模占全校招生总数的71%，在籍学生8000多人，农民大学生培养计划数由原来的每年500名增加为每年1200

2017年6月1日上午，中共永州市委书记、市人大常委会主任李晖一行到潇湘技师学院调研

名。学校首次获得2017年全省电大“招生工作先进单位”称号。

开展以“爱岗敬业，提升素质”为主题的教学比武活动，教师魏春燕获得省电大教育类教师教学技能比赛三等奖；道县教学点教师周文化参加全省电大“好声音讲坛——讲话精神进基层”师生微宣讲比赛获得三等奖，王莹、顾明两位教师获得优胜奖，学生组陈新燕、杨成分别获得二等奖和三等奖，永州电大获得优秀组织奖；副教授谢湘获得国家开放大学“土木工程”答辩主持人资格，青年讲师顾明获得“第六届全国教育课程改革教研成果一等奖”和“2017年度全国教育课程改革先进个人”称号。

创建农民大学生特色课堂，有在籍农民大学生2415名，分布在全市14个县区（经开区、管理区）。有针对性地开展送教下乡活动，聘请专家开办法律、电子商务等特色课堂教学，创设农民大学生上讲台“自教互学”的新型教学模式。设立农民大学生教学实践基地15个，每个县级电大站（点）有1个以上实践基地。开展“最美农民大学生”网络评选活动，扩大“农民大学生计划”项目的影响力。推出“潇湘柳韵”系列社区特色课堂、健康养生系列社区精品课堂；组织实施开放教育考试、奥鹏教育考试、西北工大考试、国家统考课程考试，没有出现重大责任事故。永州电大获得湖南“2016年全民终身学习活动周成功组织奖”，获得“湖南省离退休干部‘喜迎十九大颂歌献给党’合唱比赛”优秀组织奖，组织社区大学学员参加2017年零陵区垠地杯广场舞大赛获团体三等奖，社区大学学员黄有湘获“全省百姓学习之星”称号。教务科李俊达获省电大“优秀考务工作者”称号，李剑锋获评省电大“优秀学籍工作者”称号。

参加市教育局组织的教师培训工作调研，参与制定《永州市2017年市级教师培训规划》，协助市教育局组织、指导国家级教师培训和省级教师培训的实施，组织全市中小学教师资格证考试面试工作，指导、组织教师参加“信息技术应用能力提升工程”，开办六期普通话培训班，培训学员1067名；完成“心理健康教育骨干教师培训”“第三批市级骨干教师评选”“高中语文英语历史”名师工作坊等培训；完成行政执法电子化考试组考工作。

年内，永州电大得到中共永州市委、市人民政府以及市教育行政主管部门的支持与关心。6月1日，市委书记、市人大常委会主任李晖，市委副书记、市人民政府市长易佳良到学校调研，2017年第19期《市委常委常务会议纪要》中明确指出：“原则同意永州电大搬迁，选址、土地置换等问题，报请市政府专题研究。由市财政局就永州电大增加财政投入的问题提出意见，适当予以支持。”

（喻凯）

科　　技

综　　述

2017年，永州市科技工作坚持新发展理念，全面落实中共永州市委、市人民政府关于创新引领开放崛起的战略部署，深化科技体制改革，以科技项目实施为重点，以科技创新平台建设为抓手，以园区为载体，以提升科技创新能力为目标，加快推进创新型永州建设，加速科技成果转化。是年，永州市全社会研发经费投入增幅排全省第一位，创新创业大赛获奖项目总数排全省第二位，高新技术产业增加值增幅排全省第二位，技术合同交易额增幅排全省第二位，授权专利质押融资额增幅排全省第二位，永州市科技局被省知识产权局评为先进单

2017年5月26日，永州市科技创新大会召开　　摄影　陈平

位，受到省政府办公厅表彰奖励，科技进步贡献率47.73%。

【科技计划项目】 2017年，永州市组织实施市本级科技创新项目56项，安排经费450万元。组织申报省级以上科技项目205个，立项项目68个，其中，龙昶机械、和广生物、南岭民爆等3家企业被列为省战略性新兴产业专项和创新创业投资专项，3个项目获省科技创新项目资金支持1000万元；举办科技创新知识专题培训班两期，新认定高新技术企业30家，认定通过数创历史新高，全市有高新技术企业69家，完成高新技术产业增加值256亿元，占地区生产总值比重的14.8%。江华经济开发区通过会议评审和专家答辩，升格为省级高新区，祁阳农业科技园区晋升为省级农业科技园区，新建省级研发平台2家。中南大学何继善院士主导的福嘉综环科技股份有限公司院士专家工作站被认定为“湖南省院士专家工作站”，实现永州市省级院士专家工作站零的突破。举办永州市首届创新创业大赛，选拔出39个项目参加湖南省第四届创新创业大赛半决赛，21个项目获奖，3个项目参加第六届国家创新创业大赛，2个项目获优胜奖，获奖项目总数再创新高。

【科技成果转化】 2017年，永州市科技体制改革稳步推进，湖南科技学院、永州职业技术学院、市农科所、市农机所等4家单位被确定为科技成果使用权、收益权和处置权改革试点单位。鼓励高校、院所科技成果与企业对接，加速科技成果转化，全年有20多家规模以上科技型企业同高校、院所建立产学研合作关系，一批科技成果相继在全市转移转化和应用。湖南和广生物科技公司与湖南科技学院合作的“生姜全利用深度开发关键技术研究及其产业化”被列为省创新创业投资项目。湖南烈岩科技有限公司与中南大学、湖南师范大学合作研发的“全液压高频凿岩机”、江华贵德电子、恒远水聚能器等3个项目，进入2018年度湖南省100个重大科技创新项目笼子。推荐2017年度省科技奖项目16个，5个项目通过授奖初评公示，完成技术合同交易1.33亿元，为省定任务数的133.49%，完成总量和增幅均创新高。

【科技扶贫】 2017年，永州市发展扶贫特色优势产业16个，培育各类科技型扶贫示范企业64家，带动贫困农户脱贫致富近10万人；建成国家农业科技园、星创天地等国家级科技支撑平台4家，各类省级科技支撑平台20余家，市县级科技支撑平台近100家；投入经费22万元，在全市贫困村新建“12396”农村科技信息化基层站点22个，发布各类供求信息300余篇，通过互联网远程指导、电话指导等方式帮助农户处理种养技术问题近2000个；组建科技专家服务团11个、151人，覆盖全市54%以上的贫困村。市科技局选派2名干部驻江华小圩壮族乡勾挂岭村，全年脱贫34户，家庭人均纯收入3200元；发展茶花园生态种植、黑山羊养殖、肉牛养殖等3家合作社，流转土地20公顷；邀请技术专家到村进行产业规划和技术指导，安排专项经费15万元，新种福建蜜柚21.33公顷，产后可以带动32户贫困户脱贫；完成村道窄改宽14.1千米，新修通组道2.86千米，10个村民小组接通自来水，新砌护河道520米，全村医疗保险、养老保险收缴率达到95%以上，投入30万元改扩建村级公共服务平台，安装太阳能路灯80盏。

【知识产权】 2017年，永州市科技局查处假冒专利案件300件，专利侵权纠纷案件26件，“打击侵犯知识产权和制售假冒伪劣商品”省综治考核指标以满分通过考评；全年申请专利2810件，其中，发明专利申请量1032件，增长54%，在全省排第六位；专利授权量1246件，增长10.66%。

【科普宣传】 2017年，永州市组织开展以“科技强国，创新圆梦”为主题的科技活动周系列科普活动，科普活动室覆盖中心城区的每个乡镇和街道办事处；确定13家单位为市级科普示范基地，两家单位被省科技厅认定为省级科普示范基地；5月23日，中共永州市委书记、市人大常委会主任李晖专题调研全市科技工作。

（鲁淑兰）

2017 年永州市专利申请量情况表

表 17 单位：件

地区	申请量	发明	实用新型	外观设计	职务					非职务
					大专院校	科研单位	工矿企业	机关团体	职务总计	个人
零陵区	345	128	118	99	166	2	18	0	186	159
冷水滩区	523	289	150	84	1	1	110	4	116	407
祁阳县	312	113	65	134	1	1	117	1	120	192
东安县	279	72	45	162	0	0	17	1	18	261
双牌县	179	52	68	59	0	0	103	0	103	76
道县	141	34	34	73	1	0	9	1	11	130
江永县	104	54	18	32	0	0	32	3	35	69
宁远县	463	183	42	238	0	0	19	0	19	444
蓝山县	110	5	29	76	0	0	5	7	12	98
新田县	147	55	24	68	0	0	2	1	3	144
江华县	207	47	22	138	1	0	54	0	55	152
总合计	2810	1032	615	1163	170	4	486	18	678	2132

2017 年永州市专利授权量情况表

表 18 单位：件

地区	申请量	发明	实用新型	外观设计	职务					非职务
					大专院校	科研单位	工矿企业	机关团体	职务总计	个人
零陵区	168	23	74	71	55	0	17	1	73	95
冷水滩区	160	26	80	54	0	4	64	0	68	92
祁阳县	133	7	32	94	0	0	22	1	23	110
东安县	124	2	22	100	0	0	5	0	5	119
双牌县	56	1	16	39	0	0	4	0	4	52
道县	78	4	16	58	0	0	8	0	8	70
江永县	24	1	9	14	0	0	2	0	2	22
宁远县	200	7	58	135	0	0	17	0	17	183
蓝山县	82	4	23	55	0	0	15	3	18	64
新田县	76	3	22	51	0	0	7	0	7	69
江华县	145	4	15	126	0	0	19	0	19	126
总合计	1246	82	367	797	55	4	180	5	244	1002

气 象 服 务

【概况】 2017 年，永州市气象局落实中国气象局、湖南省气象局和中共永州市委、市人民政府各项工作部署，将气象工作纳入市委、市人民政府考核，全面推进气象现代化，提升气象监测、预报、服务和科技支撑能力，气象防灾减灾工作取得新成效。是年，获全省气象部门目标管理综

2月16日，在湖南省气象局长会议上，省人民政府副省长戴道晋为永州市气象局颁奖 摄影 周丽珍

合考评优秀奖、全省气象工作创新奖，获评“湖南省文明标兵单位”，在第六届全省气象行业天气预报技能竞赛中，团体获第四名、理论知识和业务规范获单项第一名。道县富塘、营江两乡镇获中国气象局授牌“气象灾害防御标准化示范乡镇”，局机关一支部获评“湖南省气象部门基层党组织建设示范点”。

【气象防灾减灾】 2017年5月8日，永州市人民政府召开气象灾害部门防御联动会，全市水利、国土、林业等部门参加，加强在气象灾害监测预报预警、数据信息共享、应急联动等方面的合作。全年出现暴雨天气14次。6月25日—7月2日，永州市发生暴雨洪涝灾害，湘江永州段出现超历史最高水位。永州市首次启动防汛抗灾一级应急响应，市气象局提前发布气象预报信息，更新预警和实况信息，气象服务工作得到中共永州市委书记、市人大常委会主任李晖和其他党政领导多次肯定。在重要节假日、重大节庆活动（如永州全域旅游宣传推广和第四届草书展等）中，开展气象服务，受到李晖及市委宣传部、市旅游局相关负责人的认可。实施人工影响天气工作，消除春夏冰雹，服务烤烟生长；开展人工增雨缓解旱情、降低森林火险等级；增加水库蓄水、涵养改善生态环境。

【气象现代化】 2017年，永州市通过加强硬件设施和人才队伍建设等手段，不断提高气象工作的现代化水平。冷水滩台站搬迁进入扫尾阶段，台站面貌排全省前五位，江永县的气象业务用房正在装修，双牌县气象业务楼正在建设施工，祁阳局在12月31日启动对比观测，市、县两级突发事件预警信息发布平台建设取得新进展，部分县区完成建设，推进“道安监管云”交通气象服务项目建设，提升交通气象服务保障能力，升级改造区域骨干站18个。市县（区）落实地方气象事业机构12个、地方气象事业编制51个，祁阳县、冷水滩区、东安县招考人员9名。

【气象改革与培训】 2017年5月8日，永州市人民政府组织气象、水利、交通、电力、住建等部门联合召开防雷工作会议，贯彻落实上级防雷改革文件精神，明确各部门防雷工作职责、范围。联合市安全生产监督管理局、市城市管理执法局举办全市危化企业管理人员防雷安全生产培训班2期、施放气球培训班2期，培训人员150人次。

（周丽珍）

水文服务

【概况】 2017年，永州市水文局服务全市防汛抗旱减灾、水资源管理、水环境监测，为全市防汛抗旱减灾、农村安全饮水、生态文明建设和河长制工作提供技术支撑，各项工作稳步推进。是年，祁阳局秦远清、汪国君、伍小铁获评永州市2017年防汛救灾先进个人。

【防汛减灾】 2017年，永州市属降水略偏枯年景，降雨时空分布不均，汛期先后发生12次较强的降雨过程，发生10站次超警戒水位，5站出现超历史水位。永州市水文局发布洪水预警8站次，洪水实时预报12站次，增长50%，各次预警预报均达优秀等级；发送水情短信1300条，增长23%，在所接发报文中，30分钟到报率100%。7月2日，湘江干流老埠头、冷水滩、祁阳（二）等控制站点相继超过1976年历史最高实测水位。市水文局通过网络、电话、短信等形式向各级防汛部门和相关单位发送实时雨水情信息1000余条，向社会发布蓝、黄、红色预警6站次，发布洪水预报6站次。其中最早一次预警预报较洪峰出现时间提前27小时~37小时。7月2日10时30分发布的湘江老埠头、冷水滩和祁阳（二）站洪水预报中，预报的老埠头站洪峰时间和水位，与实际出现洪峰水位的时间，峰值非常一致，预报等级达到优秀。

【水环境监测】 2017年，永州市水文局围绕中共永州市委、市人民政府推进湘江保护与治理，创建国家生态文明建设示范市的目标，为市县乡村四级河长制和民生工作服务。全市所有国家级、省级重要饮用水水源地安全保障达标建设方案的编制、审查工作。承担永州市区日供水规模20吨以上及各县日供水规模1000吨以上农村饮水安全工程的定期水质检测工作，全年完成1500个农村饮水水样的分析检测；对永州市1200多座各型水库近三年投肥养鱼进行环境治理的情况进行抽样检测，抽样检测有代表性的水库145座；实现市级水功能区监测全覆盖，市级水功能区水质监测断面从59个增加到107个，增长44.8%；完成永州市主要入河排污口的核查、排污量核定及水质监测，入河排污口监测增加至33个。参与国控项目建设，第一期19个站点安装完成并验收，第二期69个站点正在实施安装。

【水文现代化建设】 2017年，永州市水文局根据湖南省“十三五”水文现代化建设目标要求，重点推进工作的“水信息采集现代化、水信息传输网络化、水信息处理智能化、水信息服务产品化”。在信息采集现代化方面，向上级争取专项资金支持，完成91处山洪站点和11个固定墒情站点的升级改造。在传输网络化方面，新建地下水自动监测站点2处，填补全市地下水自动监测的空白，在市局机关加装专用服务器，实现数据及时传输并保证传输渠道畅通，全市自动测报系统通畅率在98%以上。在处理智能化方面，完成13套缆道在线测流系统和2套固定式ADCP系统的比测工作并投入使用，测流的自动化水平得到提高，水文监测资料全面实现在线审核，为永州水文实现分级管理打下基础。在服务产品化方面，自主完成江华瑶族自治县干旱预报模型构建工作，填补全市在抗旱服务上的产品空白，该成果通过验收并投入实际应用。

2017年5月，永州市水文局开展应急监测演练

【水文应急演练】 2017年5月下旬，永州市水文局举办水文应急监测演练，局机关以及全市9个县区局50余名职工参加演练。演练用遥控船ADCP测流、无人机、超声波测深仪、雷达测速仪等多种高科技水文设备，快速、准确测得水位、流速、流量等重要水文数据。演练为提高全市水文工作人员的专项技术和操作技能，掌握科学应急监测技术奠定基础。

【永州91处山洪站点实现智能化】 2017年，永州市对全市91处山洪站点的预警设备进行智能化改造，实现山洪灾害预警预报“信息采集自动化、信息传输网络化和信息处理智能化”。市水文局投入改造资金240余万元。改造后，各级山洪灾害监测预警设备能够实现即时自动采集水位、雨量、流速等数据，数据将同步传输到省水文局水情信息平台，一旦达到雨量临界值就会自动报警，值班人员根据预测相应级别，及时向有危险的区域发出预警预报或者撤离信息，从而最大限度地争取到防汛抢险时间。各级山洪站点的数据信息与省水文局水情信息平台进行对接，实现全省山洪站点的雨量、水文实时信息共享共用。

（陈彬）

防震减灾

【概况】 2017年，永州市地震局持续推进地震监测预报、震灾预防、应急救援三大工作体系建设，起草《永州市防震减灾十三

2017年5月12日，永州市地震局开展防震减灾科普宣传活动

五规划》，并由市人民政府办发布，全市防震减灾工作稳步推进。是年，市地震局获评2017年度全省市州防震减灾工作综合考核优秀单位，东安县地震办分别获得全省、全国2017年度防震减灾工作综合考核先进单位。

【监测预报】 2017年，永州地震台、永州地震监测台网中心实现安全运行无故障。分别完成2017年年中、2018年度永州地震趋势研究会商报告2个，并参与全省地震趋势会商。江华地震台项目建设完成进站道路建设台站征地、施工设计、施工队伍招标等前期工作。地震群测群防工作逐步展开，各县区“三网一员”初具网络。全市设群测群防观测点12个，全市各乡镇场安排防震减灾助理员。

【震灾预防】 2017年，永州地震局开展建设工程抗震设防要求监管，继续推进新修订的《中国地震动参数区划图》的贯彻落实。全市中心城区所有新建、改建、扩建的建设工程项目均按照新的地震烈度区划图的要求进行抗震设防。各县区新修订的城市建设规划中均单独列有抗震规划，实现新建、改建、扩建建设工程项目抗震设防全覆盖。开展永州市防震减灾科普教育示范学校创建活动。5月，联合市教育局下发《关于在全市中小学校开展创建防震减灾科普教育示范学校工作的通知》。宁远县第八中学进行市级防震减灾科普教育示范学校的创建活动。开展永州市农村民居防震保安工程示范点创建活动。东安县利用移民搬迁的条件，选择芦洪市镇永电新村作为永州市农村民居防震保安示范点，所有房屋建筑均按地震烈度6度设防。截至2017年年末，东安县永电新村一期工程主体建筑完成，安置移民家庭53户。开展防震减灾知识进机关、进学校、进企业、进社区、进农村、进家庭的“六进”活动，提升全民防震减灾知识的普及率。在“5·12”全国防灾减灾日，前往永州火车站广场、滨江广场进行宣传，向群众发放资料2000余份、宣传伞100把，向防震减灾科普教育示范学校和地震安全示范小区赠送科普书籍和读物800余本（册）。

【地震应急演练】 2017年，永州市地震局地震应急现场工作队分别在5月和8月开展地震应急演练活动，演练装备操作、地震现场应急处置等；参与省地震局组织的地震应急工作和地震分析预报业务培训班2人次；6月，与防灾科技学院联合办学，组织市教育局、市应急办和各县区地震部门有关业务骨干23人赴四川省北川县新县城参加结构抗震技术与灾害性地震应对策略培训，并现场参观汶川、北川、汉旺地震现场遗址及“5·12”地震纪念馆。10月8日，零陵区石岩头乡樟树脚村部分村民房屋及旁边出现细小裂缝，疑似与地震活动有关，经场查看分析，并与省地震局沟通，确定此事为轻微地面下沉，与地震活动无关，及时处置该疑似地震宏观异常事件。

（刘文军）

文化事业

综　　述

2017年，永州市有文化单位266个（含县、区和乡镇文化站），其中文化行政单位14个，事业单位251个，在编职工1043人；有公共图书馆12家，其中市属馆1家，县（区）馆11家；市级群众艺术馆1个，乡镇文化站227个；文物保护单位538个，其中国家级文物保护单位26处、省级文物保护单位56个、市级文物保护单位212个、县级文物保护单位244个。全市有文化经营单位1064家，其中艺术类表演团体12家，娱乐场所140家，网吧704家，报刊图书音像经营企业208家。有广播电台5座，中、短波广播发射台和转播台21座，广播综合人口覆盖率92%；电视台10个，电视综合人口覆盖率98%，有线电视用户45.45万户。有印刷企业107家，其中出版物印刷企业6家；出版物批发单位2家；实体书店116家，其中中心城区46家；城市多厅数字影院总数21家，年经营收入1.3亿元。全市报纸出版总印数15.5万份，出版报纸种类2种，全年新闻出版业销售收入4.5亿元，利润总额0.8亿元。全市有文化生产和服务单位6000家，其中规模以上文化企业94家，文化产业增加值69.08亿元，地区生产总值占比4%。

【文化惠民】 2017年，永州市启动“演艺惠民送戏下乡”活动920多场，面向贫困地区4000多名留守儿童开设音乐、舞蹈、书法、美术免费培训班，为新田县、江华瑶族自治县两个国扶县491个村配送982万元的音响、乐器设备。中心城区建成全省最大的公益电影院1座。建成24小时自助图书馆7座。完成5049个农家书屋图书补充更新。全市全民阅读指数排全省前三位，送电影下乡6.07万场，组织“欢乐潇湘”文艺会演活动371场。全市无线数字电视节目有效覆盖90%以上，可免费提供17套数字电视及3套以上数字广播。建成乡镇广播平台172个、行政村广播室3292个，安装广播喇叭（音柱）3万个，全市9县2区所辖乡镇、行政村实现农村广播全覆盖。全年实现安全播出“零”事故。永州文化研究院和永州书法研究院成立。

【文体活动】 2017年，永州市举办全国第四届草书展、全国草书名家邀请展、首届怀素草书学术论坛系列活动，第九届阳明山“和”文化节暨海峡两岸文化旅游经贸交流活动，周敦颐诞辰1000周年纪念活动，第四届中国电视旅游创优评析颁奖大会，市直机关大合唱等一系列文化体育活动。女书书法作品被国务院副总理刘延东作为国礼赠送给联合国教科文组织总干事博科娃。举办全国户外健身大会、东安武术文化旅游周、中欧篮球对抗赛等国家级、省级大型群体活动近300场次。群众文体活动参演团体1986个，群众演员86万多人，参演节目3657个，新创作节目765个，参与群众200多万人次。承办全国青少年足球冠军杯赛、湖南省青少年乒乓球、花样游泳、水球锦标赛，主办全市青少年田径、游泳、举重锦标赛等赛事。

【文艺精品】 2017年，永州市文化系统创作作品广播剧《情满九嶷山》、歌曲《想爹娘》获2017年度湖南省五个一工程奖，歌曲《油茶飘香》获省“潇湘好歌”奖，《半床棉被》在艺海杂志发表，《组长扶贫》《菁菁校园》两个小戏在湖南省文化馆杂志上发表。创作《建党时期的爱情传奇》《打赌》《一杆秤》《毛泽东与李达》《消失与隐匿》《爱晚亭》《柳宗元》等作品。6月底，拍得何绍基隶书对联精品和何绍基父亲何凌汉行书对联各1件。截至2017年年末，市美术馆收藏何绍基及其家系墨迹10件。

【文体产业】 2017年，永州市有文化生产和服务单位6000家，其中规模以上文化企业94家，文化产业增加值69.08亿元，GDP占比4%。奔腾文化创意产业有

2017年，永州市24小时自助图书馆开馆

限公司在新三板上市。以潇湘文化古玩城为龙头的古玩、奇石特色经营年交易额2亿元。建成电影院21家，产值1.3亿元。体育彩票发行1.63亿元。

【文化市场】 2017年，永州市文体广电新闻出版局查办各类文化市场违法违规案件382件，其中立案190件、结案192件。开展市场巡查1.33万人次，检查文化市场经营场所4980家次，发现违法违规行为170余起，处置各类违法违规行为130余起，现场纠正、制止各类违规行为50多起。立案查处“扫黄打非”类违法违规案件34件，出动市场执法检查车辆146车次、530人次，检查文化经营单位141家次，发出整改通知书17份，取缔出版物游商地摊26处，没收违规销售中小学教科书1072册，没收非法出版物2320余册、非法报（期）刊420余份、非法音像制品630盘，查处违法经营书店27起、违法经营音像店2起、违法印刷非法出版物印刷厂2家、违法经营小影吧2家。

【文物保护】 2017年，永州市向国家文物局申报国家重点文物保护项目18个，争取专项资金7050万元，占全省四分之一，争取省级文物保护项目经费350万元。其中涧岩头周家大院争取资金1597万元，累计争取资金7204万元；上甘棠村古建筑群争取资金1113万元，累计争取资金3482万元；湘桂古道永州段维修工程（一期）389万元；永州市馆藏青铜、陶瓷文物保护修复项目325万元，这是该市首次实施的馆藏文物科技保护项目。中共永州市委、市人民政府同意每年安排200万元文物专项保护经费，并列入财政预算，以后随着财政收入的增长而增长。针对文物灾情，争取国家文物局对国保单位柳子庙、李达故居、浯溪碑林救灾资金45万元。

【非物质文化遗产传承】 2017年，永州市对7大类别的19位项目代表性传承人进行评审，推荐10位申报为省级项目代表性传承人，确定5位有特色、质量高的项目代表性传承人为第六批市级非物质文化遗产名录项目代表性传承人。截至2017年年末，全市列入国家级非物质文化遗产项目名录代表性传承人2人，列入省级非物质文化遗产项目名录代表性传承人8人，列入市级非物质文化遗产项目名录代表性传承人81人。编纂出版《省级非物质文化遗产·舜帝与娥皇女英的传说》。将非物质文化遗产项目及市级代表性传承人保护经费纳入市财政预算，每年拨付非遗项目经费50万元，传承人每人每年工作经费3000元。6月，与湘潭市、郴州市联合举办“湘水同源·文化同根”非物质文化遗产巡演活动。

【全国第四届草书展系列活动】 2017年3月28日—4月12日，由中国书法家协会主办，湖南省文化厅、湖南省文联与中共永州市委、永州市人民政府联合主办，中国文联书法艺术中心、湖南省书法家协会、湖南省书法院、永州市文体广新局、永州市文联承办的全国第四届草书展、全国草书名家邀请展、首届怀素草书学术论坛在国家历史文化名城永州举办。湖南省人民政府副省长向力力讲话并宣布开幕，全国政协常委、中国书法家协会主席苏士澍，中共永州市委书记、市人大常委会主任李晖分别致辞。开幕式由中国书法家协会分党组书记、驻会副主席陈洪武主持。省人大常委会原副主任唐之享，中国书法家协会代表，湖南省委宣传部、省文化厅、省财政厅、省文联、湖南日报社等省直单位主要领导，永州市领导刘尤碧、魏湘江、李农妹、谢景林，中央、省市新闻媒体记者及全国各地的书法名家和书法爱好者千余人参加开幕式。全国第四届草书展向海内外书法爱好者征集书法作品1.07万件，近400幅草书作品亮相，包括参展作品221件、名家邀请展作品127件、永州本地草书作品35件。

【永州非物质文化遗产参展第十三届中国（深圳）国际文化产业博览交易会】 2017年5月11日—15日，江永女书、江华瑶族织锦等永州非物质文化遗产参展第13届中国（深圳）国际文化产业博览交易会非遗馆。中共湖南省委常委、省委宣传部部长蔡振红巡视永州展馆。该届文博会湖南大湘西非遗展厅永州馆，以“锦绣潇湘·人文永州”为主题，重点展示江永女书文化传媒有限公司、江华旋鼎文化创意有限公司、永州异蛇科技实业有限公司、湖南祁阳君竹繁石文化发展有限公司等企业的“女书”礼品、瑶族织锦、异蛇酒系列产品、祁阳石系列产品等非物质文化遗产项目产品。同时，还组织江华《瑶族长鼓舞》、江永《女书吟》等国家级非物质文化遗产，在大湘西非遗展厅进行轮流演出。展演期间，永州馆接待参展嘉宾、客商及观众6万人次，签订产品交易单220份，现场成交额400余万元，达成意向交易40份，意向交易额200万元；发布重点文化产业招商项目19个，签约6个，总投资11.5亿元。

【江永女书参加深圳文博会、首届语博会】 2017年5月9日—16日，永州市江永县选派女书传人胡美月、蒲丽娟参加深圳文博会。5月14日—15日，北京"一带一路"国际合作高峰论坛期间，由女书传人胡欣创作的女书作品《文明交流互鉴》，被中共中央政治局委员、国务院副总理刘延东赠送给到中国参加会议的联合国教科文组织总干事博科娃。9月11日—13日，组织女书习俗参加第12届北京文化产品博览会暨北京首届语博会，《全球说——传奇女书》课程在世界语种数量第一的多语言学习平台"全球说"上线推广。

【永州3位选手在世青赛夺冠】 2017年6月17日，在日本东京举行的世界青年举重锦标赛上，永州市举重运动员朱巧玲参加女子53公斤级比赛，以抓举88公斤、挺举109公斤、总成绩197公斤获抓、挺、总三项冠军。阳春燕参加女子58公斤级比赛，以抓举100公斤获抓举冠军，挺举118公斤获挺举季军，总成绩218公斤获总成绩亚军。6月19日，周小青在女子63公斤级比赛中以抓举106公斤成绩获得63公斤级金牌，以挺举130公斤、总成绩236公斤获得该级别2枚银牌。

【《心若在梦就在》——2017永州市赈灾·扶贫义演晚会】 2017年7月16日晚，以赈灾、扶贫为主题的《心若在梦就在》——2017永州市赈灾·扶贫义演晚会在永州体育馆举行。义演晚会由中共永州市委、永州市人民政府主办，中共永州市委宣传部、永州市文体广电新闻出版局、永州市广播电视台承办。中共永州市委书记、市人大常委会主任李晖，市委副书记、市长易佳良，张严、高建华、蒋善生、唐湘林、唐能武、吴志雄、王守海、刘尤碧等在家的市级领导和离退休老同志，与奋战在抗洪抢险救灾一线的各级党员干部群众代表，解放军指战员、武警消防公安官兵、民兵预备役人员，新闻工作者、志愿者代表以及关心支持永州抗洪救灾的社会各界爱心人士观看义演。经永州市慈善总会核实，从灾情发生到7月16日晚上23：00，收到捐赠资金3558.97万元，捐赠物资价值683.84万元。

【廖秋云在全运会女子举重夺冠】 2017年8月28日，永州市江永籍选手廖秋云在第13届全运会女子举重53公斤级比赛中，以抓举95公斤、挺举127公斤、总成绩222公斤的成绩夺得冠军。

【永州文化执法巡逻车交付使用】 2017年9月16日，永州市文化市场综合执法局执法巡逻车交车仪式在冷水滩区举行。此次交付的车辆为总计划7辆执法车中的5辆，全部为新能源汽车，车身按文化部执法车辆标识统一涂装，永州市文化执法改革在执法车辆配备方面迈出一大步。

【"喜迎十九大·建设新永州"机关大合唱比赛】 2017年10月10日—13日，由中共永州市委、

2017年8月28日，永州市江永籍选手廖秋云在第33届全运会女子举重53公斤级比重中夺冠

永州市人民政府主办，中共永州市委宣传部、永州市文体广电新闻出版局承办的永州市“喜迎十九大·建设新永州”市直机关大合唱比赛在永州会堂举行，43 支合唱队近 4000 名合唱队员出场。中共永州市委书记、市人大常委会主任李晖，市委副书记、市人民政府市长易佳良，张严、高建华、蒋善生、石艳萍、唐能武、杨永、吴志雄、刘尤碧及在家的市级领导参加或观看比赛。永州职业技术学院、市委办、市国税局、市人大机关（市总工会）获得一等奖；市直宣传文化系统联队、湖南科技学院、市老年大学获得特别奖；市人力资源和社会保障局、市政协机关、市中心医院、市财政局、市政府办、市工商局、市纪委（监察局）、市委组织部、老干局、团市委、妇联联队获得二等奖；市林业局、市房产局、市国土资源局、市农业委员会、市城市管理行政执法局、市地方税务局、湖南潇湘技师学院、市中级人民法院、市城投公司、市经投公司、市交通运输局、国网湖南省电力公司永州供电分公司获得三等奖。

【永州第一家公益电影院启用】 2017 年 11 月 1 日，永州市第一家公益电影院启用。该影院位于永州市冷水滩区零陵中路 18 号，总建筑面积 866 平方米，有 480 个沙发座椅，灯光、音响、空调、卫生设施等齐全，每天晚上 7：00—11：30 根据放映进度、观影人数等因素可免费放映 2 场公益电影。

【2017 永州·东安武术文化旅游周活动】 2017 年 11 月 11 日—15 日，2017 永州·东安武术文化旅游周活动在东安县和谐广场举行。湖南省人大常委会副主任谢勇出席，省政协副主席欧阳斌讲话，省人大常委会原副主任唐之享出席。中共永州市委书记、市人大常委会主任李晖等相关领导出席开幕式。东安武术源远流长，流派荟萃。自三国时期古老的峨眉拳传入，已有 2000 多年的发展历史，留下诸多武术史与传说，“东安拳”，独树一帜，代代相传。1992 年 12 月 4 日，东安县被国家体委命名为“武术之乡”，系全国首批入选单位。此后，东安县先后 3 次被评为“全国武术工作先进单位”。东安是全国首个德文化之乡，是“文武双全”县。2012 年，东安武术被列为湖南省第三批省级非物质文化遗产。此次武术旅游文化周除开幕式外，还举行武术高峰论坛、2017 年拳王征战—国际拳王争霸赛、全国武术之乡武术大赛暨武林风云会、旅游美食体验活动等五类主题活动。

【“富硒之乡南有新田”湖南·新田中国汽车场地越野锦标赛】 2017 年 11 月 13 日，2017“富硒之南有新田”湖南·新田中国汽车场地越野锦标赛决赛开幕式在新田县南国武当山赛场举行，全国各地的 30 余支车队 80 余名选手参加。国家体育总局汽车摩托车运动管理中心副主任杨光宇，省体育总会专职副主席冯湘江，省体育总会副主席谭鸥，市政协主席蒋善生，中共永州市委常委、市委宣传部部长刘尤碧出席决赛开幕式。新田发展体育运动事业，取得显著成效。2013 年成功创建为“全国卡车运动基地”。中国汽车场地越野锦标赛作为一项国家顶级越野赛事，多次放在新田县举行。

（张毅）

文化市场综合执法

【概况】 2017 年，永州市文化市场综合执法局以强化文化市场监管为重点，履行“文化市场执法监管与服务发展”双重职责，推进文化市场综合执法改革，规范文化市场经营秩序，促进中心城区文化市场持续健康发展。全年开展市场巡查 1.33 万人次，检查文化市场经营场所 4980 余家次，发现违法违规行为 170 余起，处置各类违法违规行为 130 余起，现场纠正、制止各类违规行为 50 多起。是年，市文化市场综合执法局被评为“全国查处侵权盗版案件有功单位”“2017 年全省文化市场综合执法工作先进单位”“2017 年全省‘扫黄打非’工作先进集体”“2015—2017 年度全省文化市场综合执法规范案卷制作单位”，查办的“冷水滩区潇湘网吧违规接纳未成年人进入营业场所案”被文化部评为“2016—2017 年度全国文化市场重大案件”。

【文化市场综合执法改革】 2017 年，永州市文化市场综合执法局落实中央办公厅《关于进一步深化文化市场综合执法改革的意见》和中共湖南省委办公厅《关于进一步深化文化市场综合执法改革的实施意见》精神，通过调研征求意见，起草《关于进一步深化文化市场综合执法改革的实施意见》送审稿，及时向主管部门上报改革工作。11 月 6 日，经中共永州市委、市人民政府研究同意，出台印发《关于进一步深化文化市场综合执法改革的实施意见》，改革工作有序推进。

【文化市场监管】 2017年，永州市文化市场综合执法局针对网吧、电子游艺、歌舞娱乐场所、演出娱乐市场、校园周边环境，开展系列专项整治行动。集中开展网吧专项整治行动5次、电子游艺场所专项整治行动3次、歌舞娱乐场所专项整治行动2次，依法查处网吧违规经营行为100余起、电子游艺场所违规经营行为12起、歌舞娱乐场所违规经营行为22起，网吧违规接纳未成年人现象得到遏制，网吧及娱乐场所经营秩序明显好转。5月15日—7月15日，在零陵区、冷水滩区两城区组织开展“春雷”专项整治行动，出动执法车辆161余台次、执法人员300余人次，检查演出、娱乐市场400家次，查处违法违规场所18家；5月，开展为期一个月的校园及周边文化市场专项治理活动，出动执法人员456人次，巡查文化市场经营单位750家次，依法查处违规接纳未成年人案件2起、露天违规演艺8场次，协调处置噪音污染、灯光污染等现象12起。

【文化市场综合执法办案】 2017年，永州市文化市场综合执法局加强对文化市场的监督检查，延伸执法触角，扩展案件来源，从严从重打击文化市场违法违规行为，实行联合办案机制，整合办案力量，实时联动公安、工商、消防、电信、教育等部门力量，查办重大案件。全年查办各类文化市场违法违规案件382件，其中立案190件、结案192件。

【“扫黄打非”工作】 2017年，永州市文化市场综合执法局开展“清源”“秋风”“净网”“护苗”“固边”5项“扫黄打非”专项整治行动。全年立案查处“扫黄打非”类违法违规案件34件，出动市场执法检查车辆146台次、530人次，检查文化经营单位141家次，发出整改通知书17份，取缔出版物游商地摊26处，没收违规销售中小学教科书1072册、非法出版物2320余册、非法报刊420余份、非法音像制品630盘，查处违法经营书店27起、违法经营音像店2起、违法印刷非法出版物印刷厂2家、违法经营小影吧2家。

【文化市场安全生产】 2017年，永州市文化市场综合执法局建立健全文化市场安全生产监督检查工作台账和文化市场经营单位安全生产隐患排查治理台账，在日常监管中将安全生产检查列入工作重点，建立文化市场经营单位安全生产工作一户一档制。加强对歌舞、游戏游艺、营业性演出、网吧等人员聚集场所以及印刷企业等安全生产重要行业的检查，排除安全隐患，堵塞安全死角和漏洞。

（杨勇辉）

文　　物

【文物项目资金争取】 2017年，永州市申报国家重点文物保护项目18个，争取专项资金7050万元，占全省1/5；申报省级文物保护项目4个，争取专项经费350万元。其中涧岩头周家大院争取资金1597万元，累计争取资金7204万元；上甘棠村古建筑群争取资金1113万元，累计争取资金3482万元；湘桂古道永州段维修工程（一期）争取资金389万元；永州市馆藏青铜、陶瓷文物保护修复项目争取资金325万元，这是该市首次实施的馆藏文物科技保护项目。中共永州市委、市人民政府同意每年安排200万元文物专项保护经费。争取国家文物局对国家文物保护单位柳子庙、李达故居、浯溪碑林救灾资金45万元。

舜帝庙考古遗址公园二期工程施工现场

【文物保护项目实施】 2017年，永州市完成舜帝庙遗址本体保护展示工程，龙家大院一期修缮工程，廻龙塔修缮工程，阳华岩摩崖石刻抢险加固工程，涧岩头周家大院四大家院，红门楼、黑门楼、老院子二期修缮工程，新田文庙修缮工程，井头湾古建筑群修缮工程等文物保护工程项目，并通过竣工初步验收。湘桂古道永州段一期修缮工程、岁圆楼古建筑群修缮工程、柳子庙展示利用工程、清溪瑶寨文峰塔抢险工程完成招投标程序。完成上甘棠村古建筑群、岁圆楼古建筑群消防工程，宁远文庙、久安背翰林祠、云龙坊与王氏虚堂防雷工程等“消防、安防、防雷”工程项目，并通过省文物局组织的竣工验收。

【文物安全和执法】 2017年，永州市文物行政主管部门坚持每月对本辖区内的文物保护单位进行文物行政执法和安全巡查检查，全年进行文物行政执法和安全巡查检查3251次，检查文物单位444个，并依法妥善处理违法行为和安全隐患。市文物管理处与市消防支队成立“永州市文物消防安全管理联合机制”，与公安、消防联合下发《永州市夏季文物安全大排查工作方案》，开展永州市2017年文物安全状况大排查行动暨夏季消防安全检查工作，出动人员74人次，检查文物保护单位85处、国有文物库房13个，发现隐患30余处，下发《文物安全隐患整改通知书》11份，立行立改16处。与公安部门建立文物、公安联合打击文物犯罪机制，联合下发《永州市2017年打击文物犯罪专项行动方案》，先后破获道县“蒋成武盗掘古墓案”“乌家明、蒋运明盗掘古墓案”和“江永县桐口村石柱基被盗案”。聘请文物兼职看守员和守夜人，由县区文物管理部门与兼职看守员签订文物保护责任书。探索“政府出资，民间参与”的文物保护模式，将文物保护责任落实到人，推动“四级责任”体系落实。邀请省文物局、市法制办专家对永州市文博系统进行文物行政执法培训，开展辖区内异地文物行政执法工作；组织文物行政执法人员参加《全省文物行政执法技能大比武》活动，获最佳组织奖；下发《关于妥善处理省级文物保护单位唐克故居违法建设的建议函》《关于妥善处理省级文物保护单位阳明山古井、古塔及石刻违法建设的建议函》，及时遏制两起违法建设苗头。

【文物展示利用】 2017年，永州市文物管理处跟进永州博物馆新馆建设，提前筹划新馆陈列内容设计，征集特色地方文物。举办《永州市青少年书画作品展》等临时展览，全年市博物馆总参观人数为31万人次，组织学校、单位及社会团体参观博物馆112团次。制定志愿者招募方案，吸纳广大文化传播志愿者，充实博物馆工作队伍力量。组织全市文博爱好者参加“首届湖南文物价值解读与传播大赛”之“优秀讲解员”比赛，杨洋、李梦雅和吕元玲等3人获评“优秀讲解员”。组织全市革命类博物馆纪念馆参加全省博物馆党史国史主题讲解比赛，李达故居管理处讲解员郑巧玲进入决赛并获优胜奖。探索实践文物保护与新型城镇化、新农村建设、精准扶贫、为民办实事和文化供给侧改革“五结合”路径。全市5个中国历史文化名村、49个省级历史文化名镇名村、24个中国传统村落依托古镇古村开展乡村旅游，实现产业结构调整和脱贫致富。文物建筑和古村落旅游成为永州文化供给侧改革的特色路径。

【文物资源调查和申报】 2017年，永州市文物管理处配合省文物局完成全市明代及清早期以前古建筑调查工作。组织完成河西古城范围内宋代石室墓的清理、整理和搬迁工作。配合省文物考古研究所开展蓝山五里坪古墓群和毛俊水库建设项目的考古发掘，以及湘桂铁路永州地区扩能工程的考古调查勘探。完成第七批全国重点文物保护单位保护范围和建设控制地带划定。指导各县区梳理重要文物资源，制定第八批全国重点文物保护单位申报计划，提前做好申报材料的整理工作，全市有超过20处文保单位确定申报第八批国保，将永州红六军团长征旧址捆绑申报为第八批国保，向市人民政府申请工作经费40万元。有30余处文保单位计划申报为第十批湖南省重点文物保护单位。全市2个镇、38个村获评第五批湖南省历史文化名镇名村，总数排全省第一位；7个村镇成功获评全省经典文化村镇；道县、宁远县申报省级历史文化名城通过专家组评审。

（黄宝利）

报　业

【概况】 2017年，永州日报社有干部职工106人。其中班子成

2017 年 3 月 30 日，由永州市人民政府、桂林市人民政府联合举办，永州市旅游外事侨务局、桂林市旅游发展委员会、永州日报社、桂林日报社承办，湖南海外旅行社永州分公司、桂林合众旅行社协办的“千车万人游永州”活动现场

摄影 郭磊

员 8 人，含党组书记、社长 1 名，党组副书记、总编辑 1 名，党组成员、副总编辑 4 人，党组成员、纪检组长 1 名，党组成员、副社长 1 名；五级职员 1 名，六级职员 2 人；有正高职称的 1 人，副高职称的 11 人。是年，永州日报社围绕中心工作，创新报道方式，拓展新闻视角，为“建设创新开放新高地、品质活力新永州”营造良好舆论氛围和舆论支持。

【新闻策划】 2017 年，永州日报社党组和编委会提前对全年的宣传报道工作进行预安排，加强新闻报道策划，确保全年宣传报道工作有的放矢，取得实效。报社先后对中国共产党的十九大，全国、省市“两会”，市委经济工作会议，“万名干部下基层”，中央环保督查，国卫复查，全国“互联网+”社会扶贫工作现场会，全国第四届草书展，周敦颐 1000 周年诞辰纪念活动等重要会议及重大活动制定宣传报道方案，并按既定要求完成报道任务。

【宣传报道】 2017 年，永州日报社安排专人、分段报道开展中共十九大的宣传报道工作，会前推出“砥砺奋进的五年——创新开放新永州”“喜迎十九大”“十九大时光”“向党旗敬礼”4 个栏目各类新闻报道 200 余篇；会后及时转发好人民日报学习贯彻十九大精神的系列评论员文章和新华社关于十九大精神解读性报道，及时开设专栏“新时代、新征程——学习贯彻十九大精神”“抓重点补短板强弱项——学习贯彻党的十九大见行动”，反映全市各地各部门学懂弄通做实十九大精神的具体行动。策划的“千车万人游永州”旅游升温活动，担当主流媒体的社会责任，推动全市旅游升温战役和全域旅游发展。

【报业发展理念创新】 2017 年，永州日报社围绕中共永州市委、市人民政府的重要决策部署和工作重点，找准报道发力点，从深度报道上做文章，以党媒的忠诚和担当为发展思路开展新闻报道。结合市委“万名干部下基层，精准帮扶解难题”活动，推出《扶贫路上的暖心事》等稿件；在新闻发生后第一时间采写推出《果园夜话》《打通精准扶贫最后一公里》等通讯报道，同时配发评论员文章，增强报道的影响力和感染力，推介宣传市委、市人民政府的中心工作。

【永州日报社创先争优】 2017 年，永州日报社发扬以老带新的“传帮带”优良传统，鼓励年轻编辑记者在新闻实践的磨砺中创先争优，创精品力作，年轻编辑记者有 3 件作品获 2016 年度湖南新闻奖等奖，有 19 件作品获湖南新闻奖市州报好新闻奖。

【报业经营】 2017 年，永州日报社牢固树立“产业强报”的发展思路，发挥党报优势，拓展经营路子，加快报业发展。广告经营继续采取发包经营的方式，实行规范化管理，各项广告经营业务井然有序。《永州日报》发行量保持在 4.3 万份左右。

（吕孔军）

文学艺术

【概况】 2017 年，永州市文学艺术界联合会（简称市文联）有团体会员 29 个，11 个县区文联，有中国文联直属文艺家协会会员 93 人。

年内，永州市文联团结引导全市广大文艺工作者和文艺爱好者，以人民为中心，坚持正确导向，组织文艺活动，推动精品创作，文艺工作获得新发展。永州市文联工作被《湖南日报》、湖南卫视和湖南经视分别报道 4 次；

2017年6月3日，“笑满三湘——我爱我们的新湖南”两岸六地文艺志愿者走进勾蓝瑶寨暨“洗泥节”开幕式文艺惠民专场演在江永县兰溪瑶寨乡勾蓝瑶寨举行

摄影 唐文君

在新湖南、红网、华声在线等新媒体报道12次；在省文联主办的《文坛艺苑》刊发工作信息26条；在湖南省第四届曲艺大赛中，永州市曲艺家协会创作的《道州说唱·醉嫂骂夫》获银奖、《祁阳小调·找靠山》和《口技·百鸟争鸣》获铜奖；市美术家协会吴建陵创作的油画《阳明山上杜鹃红》和曹先兵创作的国画《瑶乡丰碑功垂千秋》等2件作品入选“三湘巨变，美丽湖南”现实题材美术作品巡回展；永州农民作家锄禾的小说《人生没有重来》在省举办研讨会；文艺家萧建民的《云梦山风·中国画作品展》在长沙举办展览。

【宣传平台管理】 2017年，永州市文学艺术界联合会实行“一把手”负责制，把好意识形态关口，确保责任制执行到位。《潇湘》杂志、“一脉湘水”微信公众号全年运行正常有序，没有发生责任事故。《潇湘》杂志全年出刊6期，向全市机关、学校、车站、医院、乡镇赠阅2万册，文章的转载率38%。“一脉湘水”微信公众平台，固定关注用户接近1万人，全年有6期信息成为爆帖，阅读点击量超过1万次。

【文学艺术活动】 2017年1月，由永州市文学艺术界联合会主办，市摄协承办，市书协、演协协办的永州市首届摄影艺术展在柳子街居民家门口开展，艺术展览与柳子古街景点自然融合，方便老百姓观看，吸引10万人次观展，《湖南日报》、湖南卫视、湖南经视、中国新闻社、香港凤凰网等对活动进行重点报道。5月，举办“春风无限潇湘意”中国画特展，海天、刘左均、张青渠、王炳炎、康移风、陈明大、陈丽芳等8名画家的作品首次联袂展出，在永州文艺界形成较大影响。5月底，中共永州市委书记、市人大常委会主任李晖调研全市宣传思想文化工作后，市文联分成2个组，深入全市各艺术家协会，走进艺术名家身边，围绕永州市文艺人才短缺，特别是国家级会员少、创作文艺精品少、文艺名家到永州采风少等问题，展开为期一周的连续调研，收集各类意见建议100余条，并形成调研报告。6月，参与组织纪念周敦颐1000周年诞辰系列活动，编印纪念活动《潇湘》专刊，参与组织书法摄影等比赛活动，组织音乐家创作《悠悠千古濂溪情》《爱莲说》等主题歌曲。7月初，永州市遭受特大洪灾之后，组织文艺界参与抗洪抢险，创作文艺作品，记录珍贵的资料和画面，并为灾区群众捐款6万元。8月，按照省文联和中共永州市委关于迎接中国共产党十九大工作的要求，承办由省文联、省美术家协会主办的“美丽湖南，三湘巨变”湖南省现实题材美术创作工程美术精品展永州巡展，省文联领导以及市委常委、市委宣传部部长刘尤碧，李农妹、谢景林、杨军元等市领导出席展览开幕式。9月底，组织全市近30名艺术家，进村入户，开展脱贫攻坚主题创作采风活动。10月上旬，组织干部职工参加全市机关喜迎十九大合唱大赛；市美术家协会策划举办聂运省画鸡展；江永县举办首届紫荆花文化旅游节；零陵区开展形式多样的春节送文艺下乡活动。

【奖项评选组织】 2017年，永州市文学艺术界联合会组织各文艺家协会参与第三届永州文艺奖的作品收集、整理、筛选和初评工作。落实湖南省“五个一工程”奖评选、2018年国家艺术基金申报等工作，组织推荐参评作品30件；落实市委人才工作会精神，推荐评选出永州市文艺名家12名，并对名家进行重点宣传；联合湖南科技学院举行“潇湘新锐作家方阵”新书发布会，推出《春秋录》《渐行渐远》《长恨歌》《舞天涯》和《当代小说艺术创作论稿》5部新书。

【文艺界志愿者服务】 2017年，永州市文学艺术界联合会组织开展“到人民中去”5·23文艺志愿者服务、承接全省“笑满三湘——我爱我们的新湖南”送文艺下基层活动。5月23日，由市文联、市演协、市曲协、市音协、江永县文联等单位联合组成的文艺志愿者服务队走进江永县勾蓝瑶村，跟当地的瑶族群众联合演出，对村民开展一对一的艺术培训和帮扶，提升当地旅游表演节目的质量和艺术水准，促进当地旅游发展，助力脱贫致富。6月初，在江永县勾蓝瑶村举办由省文联主办的“笑满三湘——我爱我们的新湖南”“两岸六地文艺志愿者走进勾蓝瑶暨‘洗泥节’开幕式”专场文艺惠民演出，省文联领导到现场观看，湖南、广西、广东、香港、台湾、澳门等地的艺术家，跟当地瑶族村民同台演出12个特色表演节目。湖南卫视、《湖南日报》、广西卫视对活动予以关注和报道。

【对外交流活动】 2017年6月上旬，永州市文学艺术界联合会组织文艺家走进历史文化名城广西桂林，开展文化交流活动。6月中旬，广东惠州市文联组织广东省知名画家到永州开展为期一周的采风活动，创作反映永州山水的书画作品。10月，中国国家博物馆书画艺术研创中心主任石峰一行走进零陵区、双牌县、宁远县、祁阳县，开展喜迎十九大中国国家博物馆书画艺术研创中心当代中国画名家“红色经典”采风活动，并举行现场交流笔会；支持永州农民作家锄禾到长沙举行《人生没有重来》作品研讨会，支持永州画家萧建民到湖南美术馆举办“云梦山风”国画作品展，支持中国口技传人永州人李逵创作的口技节目走进南美洲；市曲艺家协会组织艺术家到海南省开展交流学习，到长沙参加全省曲艺研讨培训；市京剧协会参加在长沙举办的湖南省第六届京剧票友艺术节。

2017年4月8日—12日，来自全国40个市州文联及书协代表到永州参观第四届全国草书展
摄影 唐文君

【承办第四届全国草书展暨首届怀素草书论坛】 2017年，第四届全国草书展暨首届怀素草书论坛在永州市召开，永州市文学艺术界联合会是承办单位之一，参与策划和组织工作。市文联在《潇湘》开辟草书论文专栏；邀请著名作家、中国作协副主席叶辛到市文联访问，并在中央电视台一套《开讲啦》栏目宣传推介永州，用亲身经历，讲述永州故事、永州文化，为草书展作预热。3月底，在第四届全国草书展期间，组织全国草书名家邀请展、首届怀素草书学术论坛系列活动，在《书法研究》等学术期刊刊登论文19篇次；参与策划组织“潇湘意”美术馆永州石刻拓片展，组织活动嘉宾走进零陵区、祁阳县等地实地考察永州书法碑刻。4月初，组织广西、福建、山东、辽宁、河北、江苏、四川等20个省40个市州文联及书协代表参观草书展和永州书法碑刻；邀请中国书法报、《湖南日报》、湖南卫视、腾讯网、红网、《中国文化报》等媒体对活动跟踪报道，在全国产生较大影响。

（王竹林）

广播电视

【概况】 2017年，永州广播电视台始终不忘初心，牢记使命，以主流媒体的责任和担当，高举“新闻立台”的旗帜，稳固主流舆论阵地，弘扬社会主旋律，广播电视事业取得新的成绩。全年在中央电视台发稿61条，其中新闻联播5条。6件作品获2016年度湖南新闻奖，17件作品获评2016年度湖南广播电视奖。全台自主创作的《情满九嶷山》广播剧获湖南省第十三届精神文明建设“五个一工程”奖，微电影《新的较量》获评亚洲微电影金海棠奖。在2017年5月21日的湖南卫视新闻通联年会上，永州电视媒体获得包括先进通联集体、特殊贡献奖、十佳通联记者、优秀通联记者、优秀通联作品等全部奖项。

【新闻宣传和策划】 2017年，永州广播电视台推出《决胜“六大战役”》《小康路上的永州脚步》《防汛抗灾特别报道》《砥砺奋进的五年》等系列主题宣传，举全台之力策划的14集新闻大片《新高地新永州》，集中宣传全市五年来深入贯彻习近平发展新理念，“创新开放新高地、品质活力新永州”建设取得的新成就，为中国共产党十九大的召开营造良好氛围。通过“永州广电”APP的推送，14组报道总点击率、阅读量达到32.8万人次，展示永州广电全媒体宣传矩阵的能量。全年在湖南卫视播发稿件1156条，时长521分38秒，发稿时长和发稿条数总量在全省各市州均排第一位，实现永州全年在卫视发稿“四连冠”。8月，永州在湖南卫视发稿131条、67分钟，发稿时长和条数均创历史新高，为宣传永州、推介永州做出应有贡献。

【广播电视专题活动】 2017年，永州市广播电视台成功策划举办“我的永州我的家——2017年永州市春节联欢晚会”“诚信兴商，从我做起——‘3·15’特别行动”“爱心送考绿色让行”“禁毒之声唱享健康”“品味书香诵读永州”“旅游扶贫，美丽乡村行”等26场大型活动，社会效果和经济效益良好。与市纪委联合举办全国首档以“莲”文化为主题的党风廉政建设知识大型电视竞赛活动《爱莲战队》，将党风廉政建设知识做成好看好学、好记好传、好懂好用的文化大餐向中共十九大献礼，在全国引起较大反响。集中宣传报道“首届永州旅游文化美食节”，推进旅游升温战役，提升永州餐饮文化的知名度；举办电视房交会聚焦城镇提质战役，形成宣传集聚效应。举办“永州首届少儿春晚”，打造春晚品牌，形成“少儿春晚”“永州春晚”“我要上春晚”为平台的“春”字号节目集群。

2017年永州市春节联欢晚会

【广播电视经营创收】 2017年，永州市广播电视台拉长创收的短板，放大媒体资源，以栏目为平台实行产业链招商，以活动为载体促进互利双赢，较好地完成年初制定的目标任务，全年实现营业收入比2016年增长33.6%。

【安全播出】 2017年，永州广播电视台走在行业技术发展的前沿，启动高清化改造、广播电视无线数字化覆盖工程和广播直播车等工程设施建设，为全台的内容生产和播出提供技术支撑。以做好中共十九大安全播出为突破口，压实责任、强化培训、健全机制，提升安全播出保障水平，确保全年安全播出任务落实。全台完成中共十九大期间的安全播出工作，获评“全省十九大安全播出先进单位”称号。全年实现自办节目、转播中央台节目安全、优质、零误差的目标。

【广电融合发展】 2017年，永州广播电视台依托视频采集、制作、传播等自身优势，实现永州广电APP大屏小屏优质内容的整合和传播，为融合发展提供技术支撑。全年永州广电客户端用户总数达到6万人，在线观看手机直播人数最多时达到14.7万余人次，广电新媒体的影响力日益凸显。市广电中心探索融合发展道路，及时组建融媒体中心，推动永州广电APP依托《今日永州》客户端进行转型升级，广电媒体的影响力和传播力得到增强。

【《爱莲战队》总决赛】 2017年8月24日晚，全国首档以“莲”文化为主题的党风廉政建设知识大型电视竞赛节目——《爱莲战队》总决赛在永州市广播电视台演播大厅举行。东安战队、市国税局战队、零陵战队分获冠、亚、季军。中共永州市委书记、市人大常委会主任李晖，市委副书记、市人民政府市长易佳良，市委副书记、市委政法委书记张严，湖南省纪委宣传部部长周金甫，永州市领导高建华、杨永、刘尤碧、宋可福出席并为获奖战队颁奖。

（魏 虹 刘鹏祥）

党史地方志

【概况】 2017年，永州市党史与地方志征集编纂办公室（简称市史志办）秉承“围绕中心、服务大局”的理念，发挥史志“资政、存史、育人”功能，较好地完成年度目标工作任务。年内，开展党史资料征编，《中国共产党永州历史（1978—2002）》有序推进；红色遗址保护取得新成效；地方志编修工作稳步推进，《永州市志》拟定篇目框架，部门志和专志编修取得阶段性成果，《湖南乡镇简志·永州卷》召开内部评审会，《舜帝陵志》形成送审稿，影像志拍摄迈出新路径；《永州年鉴（2017）》编纂工作提质增速，县（区）综合年鉴编纂实现全覆盖；党史宣传教育形式多样，《潇湘潮》第5辑“新时期永州城镇建设专辑”出版发行，信息化建设推进有力。是年，市史志办获评全省党史工作目标管理考核先进单位。

【党史征研】 2017年，永州市党史与地方志征集编纂办公室制定下发《中国共产党永州历史（1978—2002）》第三卷编写工作方案，资料搜集工作有序开展；出版永州市爱国主义教育读本《红军长征在永州实录》和《不朽的传奇——红军长征在永州的故事》；挖掘改革开放初期永州突出的实践活动，形成《早春潇湘》初稿；新田《对三湾改编历史意义的再认识》、江华《坚定红色文化自信推进老区精准扶贫》《毛泽东在秋收起义和向井冈山进军中的卓越贡献及历史意义》入选“湖南革命老区贡献与精准扶贫”“毛泽东与秋收起义”学术研讨会；《思想大解放迎来城市大发展——祁阳城市建设实录》被收录入《湖南改革开放实录（2017卷）》；祁阳编辑陶铸诞辰110周年纪念活动专辑——《陶铸与祁阳》；宁远编写《疑山赤子》；零陵开展“红色文化进校园”工作，出版党的知识简明读本《童心向党》。

【地方志编纂】 2017年，永州市全面推进第二轮修志工作，举办全市第二次市志、部门志业务培训班，市志、部门志编修聘请主编30余人，完成资料搜集7000万字；《民俗方言志》形成初稿并送专家审阅；《湖南乡镇简志·永州卷》召开内部评审会，各县区完成第一轮修改工作；《舜帝陵志》形成送审稿，全书篇幅100万字左右；村志签约近100部，23部村志完成初稿编撰，6部村志出版发行；收集、整理出永州籍烈士名录1786名，策划并协助市民政局完成永州烈士纪念墙建设；启动《民俗·节庆篇》第二部的拍摄制作，完成“盘王节”民俗活动的拍摄。

【年鉴编纂】 2017年，《永州年鉴（2017）》瞄准中国精品年鉴工程，创新工作理念，着力精细化操作，把牢质量效率关，通过中国精品年鉴初审，并呈报中指组复审。通过年鉴编纂组织领导、编纂统筹协调、编纂业务指导和编纂督查考核4个环节，全市年鉴编纂比省定目标提前一年、比全国目标提前三年实现全覆盖目标。《永州年鉴（2017）》获湖南省第五届年鉴奖评选市州类综合年鉴一等奖；《东安年鉴（2017）》，《祁阳年鉴（2017）》和《祁阳年鉴（2016）》，《新田年鉴（2016）》分别获得县区类综合年鉴一等、二等、三等奖。

【党史联络】 2017年，永州市党史与地方志征集编纂办公室编辑出版永州党史回忆录专辑《潇湘潮》第5辑“新时期永州城镇建设专辑”；完成省党史研究室、省党史联络组组稿任务，永州4篇文章被《回忆录》23辑收录。祁阳编写《“三农”回眸与思考》《祁阳县城变迁纪实》等回忆录；东安出版发行《中共东安县委工作大事记2016》；新田启动《南有新田·回忆录》征编工作。

【史志宣传教育】 2017年，永州市在北京举办红军将领后代代表座谈会；在各级党校开展党史专题讲座，把《红军长征在永州实录》等党史书籍送往全市机关和企、事业单位；开展“党史故事进校园活动”，把《不朽的传奇——红军长征在永州的故事》一书发送至全市中小学校；面向全市各高、初中学校开展“讲好红色故事，喜迎党的十九大”专题巡回宣讲活动；宣传报道“红六军团后代重走父辈西征路”途径永州活动，弘扬长征精神、传承红色文化；向省委党史研究室报送经验材料、各类简讯 20 余条，发表全市史志工作简讯 60 余条，其中 4 篇在中国共产党历史网发表；持续推进图书数字化工作，设计 DVD 封面并刻录永州党史与地方志系列电子书籍光盘，完成 142 种、5 万多页史志书籍数据化处理；利用永州云服务器“智慧永州”，升级改造永州史志网，安装电子阅读软件，方便市民网上查询、阅读永州史志资料。

【永州在北京召开红军将领后代代表座谈会】 2017 年 3 月 16 日，中共永州市委、市人民政府在北京召开红军将领后代代表座谈会。任弼时之女任远芳、贺龙元帅之女贺晓明、萧克上将之子萧星华等十余位红军将领后代代表应邀参加此次座谈会。市委书记、市人大常委会主任李晖，市委副书记张严，市委常委、市委秘书长唐能武，市人民政府副市长李旦梅、贺辉出席座谈会。座谈会上，红军将领后代代表纷纷发言，深情回忆前辈们艰苦卓绝的长征足迹，并就如何传承革命传统，如何开发、保护和利用永州地区的红色资源，发展红色旅游等，进行深入探讨。会上，还推介永州市红军长征遗址群捆绑申报国家红色文物保护单位、维护扩建白果市乡红军烈士陵园和苏维埃红色政权旧址（红六军团司令部旧址）、永州党史陈列馆、“重走长征路”红色旅游线路等红色资源保护开发利用建设项目。永州是红军长征经过的重要地区，先遣部队红六军团途经境内 10 个县区，留下大量的遗址遗迹，成为宝贵的党史资源和历史文化资源。

2017 年 3 月 16 日，湖南永州·红军将领后代代表座谈会在北京召开，任远芳、贺晓明、萧星华、王北建、周刚、曾豹、李少科、贺战生、罗海曦、何继明、袁贻滋等十余位红军将领后代或亲属，中共永州市委书记、市人大常委会主任李晖，永州市委副书记张严等参加座谈会

【易介南、李晖等领导调研永州史志工作】 2017 年 5 月 22 日下午，湖南省地方志编纂委员会党组书记、副主任易介南，中共永州市委书记、市人大常委会主任李晖等领导一行调研永州史志工作。易介南肯定永州史志工作，强调“一纳入八到位”要进一步贯彻落实，“两全”目标要不打折扣；《永州市志》编修要注重把握好时间节点，注意处理好《永州市志》与部门志编修的方式方法，体现地域特色和亮点；《永州年鉴》编纂要常编常新，瞄准目标，打造品牌；勉励干部队伍要增强方志自信，潜下心来搞研究，加强锻炼，提升文字功夫和业务水平，成为地情专家等。李晖要求，党史地方志工作要让史志结硕果、让史志“活起来”、让史志队伍强起来。

（黄斌）

档　　案

【概况】 2017 年，永州市贯彻落实中央、省、市《关于加强和改进新形势下档案工作的实施意见》，以协同工作明确责任担当，以绩效考核促进任务落实，档案工作取得新的成绩。

【档案规范化管理】 2017 年，永州市加强档案资源发掘，拓展档案工作的建设范围。市档案局指导奔腾印刷厂、果秀集团公司等 10 家民营企业建立独立的档案库，奔腾印刷厂被评定为民营企业档案工作规范管理示范单位，市档案局组织业务人员到厂部开展企业档案管理专题讲座。永州市市县两级国家档案馆接收各类档案 11 万多卷（件、册）。市档案馆接收原零陵地区教育科学研究所、原零陵地区函授站、永州市干线江永分公司等 13 家单位档案 10646 卷（1063 件）、照片档案 15 本 598 张，首次将中共永州市委组织部管理的 337 卷已故干部档案接收进市档案馆。截至

2017年年末，市档案馆档案资料总量为44.39万卷册。修订完善档案馆管理制度，改善档案保管保护条件，加强档案实体安全的检查，每个全宗档案抽检不少于20卷，档案库房每月通风换气不少于2次，及时发现排除档案安全隐患，接待利用档案及时归位。开展机关事业单位“档案工作规范化管理年”活动，创建档案工作规范化管理省一级、省特级单位。截至2017年年末，全市有38家单位档案工作规范化管理达到省特级标准，158家单位达到省一级标准，231家单位达到省二级标准。

【档案服务】 2017年，永州市档案局围绕“六大战役”以及创建全国文明城市、国家园林城市、国家交通管理模范城市、国家历史文化名城等各项中心工作，为相关部门单位加强档案管理服务，督促抓好各种门类各种载体档案的收集整理，搞好档案资料汇编，为迎接单项工作检查验收提供依据。督促指导各县区和相关单位做好政府机构改革单位，国企改革单位和农村区划调整相关乡镇、村的档案处置、档案整理、档案接收进馆工作，抓好农村土地承包经营权确权登记颁证档案的规范整理，确保相关档案规范移交县级综合档案馆。联合市扶贫办下发《关于认真做好精准扶贫档案工作的通知》，集中4天时间到回龙圩管理区、江永县、宁远县、新田县、冷水滩区等地的10个村镇专题调研精准扶贫档案工作。选定宁远县作为精准扶贫档案管理工作示范县，在宁远县档案工作培训班上就《精准扶贫档案管理办法》作专题讲座。组织业务人员对市城市建设投资发展有限责任公司、市经济建设投资发展集团有限责任公司、涔天河水利扩建工程、零陵卷烟厂技改、祁冷公路、国道322双牌段等重点项目档案管理开展指导服务。针对宋家洲水电站自1993年开工建设以来项目文件材料的收集、整理、归档不及时不规范的问题，联合冷水滩区档案局开展专项督查，督促电站聘请档案中介服务公司对积累30多年的档案进行规范整理，档案经验收组专家现场查看和评议后达到合格等级。改进档案查询利用服务方式和手段，实行24小时全天候服务，开辟部门单位修志编史专用查阅场所。市档案馆全年接待查询人员6641人次，查阅档案5.7万卷次。其中接待73家市直单位修志查阅3527人次，查阅档案3.98万卷次。与县区档案局联合开展永州古村镇、古民居等物质文化档案资料编研，收集10个县区资料。完成《红军长征在永州史料录》送印稿。

【档案基础设施建设】 2017年，中共永州市委、市人民政府把易地新建永州档案馆纳入议事日程。市委副书记、市人民政府市长易佳良主持召开市长办公会议，专题研究新建市档案馆具体事宜，确定建筑面积1.5万平方米，市经济建设投资集团公司负责投资建设，档案部门参与监管。截至2017年年末，全市争取国家投资建设的县级档案馆有江永县、江华瑶族自治县、祁阳县、宁远县、蓝山县、新田县、双牌县、零陵区、道县等9个县区和金洞管理区、回龙圩管理区2个管理区，国家投资总额7000万元。江永县、祁阳县、宁远县、蓝山县4个县档案馆均建成使用，江华瑶族自治县、新田县、双牌县、回龙圩管理区3个县区馆基本完成室内外装修，金洞管理区、零陵区、道县3县区（管理区）档案馆开工建设。东安县档案部门初步明确档案馆建设地址。全市各部门单位均建立档案室，部分市直部门单位实现档案库房、档案员办公室、档案查阅利用室、档案展览陈列室“四位一体”，有较为完善的档案室保管保护设施设备。截至2017年年末，全市所有乡镇均设立档案室。全市将村级档案室纳入农村综合服务平台八室两中心一广场建设的总体规划，每个村级档案室面积不少于20平方米。新建的村级综合服务平台均安排专门档案室。

【档案信息化建设】 2017年，永州市《政府工作报告》将建设数字档案馆写进报告内容。永州市档案局编制《永州市档案信息化建设“十三五”规划》，聘请专业公司对永州市数字档案馆建设项目进行可行性研究，制定《永州市数字档案馆建设项目总体方案》。全市档案文件级目录数据库建成，实现文件级目录计算机检索。督促指导全市档案工作规范化管理晋升省特级的市县直单位，投入人力、物力、财力，加强档案信息化建设，建立档案目录数据库、全文数据库和多媒体数据库。对开展档案数字化加工的单位，加强安全保密监管，指导相关单位做到涉密档案不外包，密级档案一律不搞数字化。

【档案依法治理】 2017年6月9日，永州市档案局联合零陵区档案局在零陵区工人文化宫广场举办以“档案——我们共同的记忆”为主题的宣传活动，通过摆放展板、现场咨询、发放宣传资料等形式，吸引2000多名市民参观、咨询，配置1台宣传车在零陵城区范围巡回宣传，播放新修改的《中华人民共和国档案法》。10月27日“世界音像遗产日”、12月4日“国家宪法日”，市档案局均通过在永州档案信息网站上刊载纪念文章、悬挂横幅等方式进行法制宣传，组织7200人次参加“宝葫芦杯”法律法规知识竞赛。8月28日—30日，市档案局免费举办“2016年度归档文件整理及贯彻新修订的《归档文件整理规则》培训班”，市直机关、企事业单位的专兼职档案管理人员和档案中介公司从业人员252人参加培训，参训人员是历年最多的一次。市档案局把档案教育培训、档案宣传、档案行政执法等列入各县区档案局档案工作目标管理考核的重要内容，对年内发生档案违法案件的县区，实行一票否决制，年终不能评先评优；建立《永州市档案行政执法依据》，做好档案行政执法责任清单、权力清单和负面清单，确保全市档案行政管理部门依法行使行政处罚自由裁量权，保障公民、法人和其他社会组织的合法权益；对中共永州市委宣传部、市编委等30多家单位开展档案工作年度审查。11月底开始，组织4个组对170个市直机关企事业单位及其二级机构、社会团体、中央和省驻永州的单位，开展档案行政执法检查，对档案管理混乱的单位依法下达执法检查监督函，要求限期整改，并实行跟踪复查。

（蒋文飚）

全民健身服务

【概况】 2017年，永州市全民健身服务中心以“两学一做”为抓手，打造“第一窗口、第一环境、第一形象”，各项工作取得新成果。全年举办各类健身活动30余次，参与人数6万余人次，带动健身群众30余万人；健康主题公园累计投入建设资金近600万元；场馆免费、低收费开放获得群众好评，电约、网约、手机支付平台运转顺畅，全年接待健身群众近30万余人次；“三创一保”等国字号创建活动有序推进，群众健身环境明显改善。

【全民健身活动】 2017年，永州市全民健身服务中心贯彻落实《全民健身条列》和《全民健身计划纲要》，组织开展各类健身活动和体育赛事，推动全民健身事业向前发展，形成“全民健身、人人参与、人人运动”的氛围。全年举办各类健身活动30余次，参与人数6万余人次。其中，举办国家级文化活动和体育赛事3次，如2017年全国首个“文化和自然遗产日”非物质遗产巡演、2017年中欧国际男篮对抗赛、2017“全民健身挑战日”活动等。承（协）办省级群体活动及培训8次，如2017年湖南省青少年乒乓球锦标赛、2017年湖南省“全民健身·快乐同行”运动健身指导活动、2017年全省公安系统羽毛球赛、全省中老年人门球锦标赛及2017年湖南省柔力球、手拍鼓一级社会体育指导员培训班等；承（协）办市级群体活动21次，如2017年永州市文体广新系统气排球赛，市直单位全民健身“平安杯”女子气排球赛，市直单位全民健身“交通提速杯”职工篮球赛、羽毛球赛、门球赛、乒乓球比赛，“书香永州”全民阅读启动仪式，永州市“太极拳健身月”活动启动仪式及永州市赈灾·扶贫义演晚会等。组队参加省级及市级比赛、培训10余次，如气排球比赛、登山比赛、健身球操比赛、秧歌比赛及农耕大赛等。

2017年10月14日，由中华全国体育总会主办，国家体育总局群体司发起，湖南省体育局、永州市人民政府联合主办，永州市文体广电新闻出版局承办的全民健身挑战日——健康永州动起来活动在永州市体育馆举行

【硬件设施建设】　2017年，永州市全民健身服务中心按照市人民政府第85次常务会议决议，运用EPC+模式引进投资500万元新建五环羽毛球馆，建筑面积3100平方米，可建成标准羽毛球场20片。加大对中心公共体育健身场地设施及院内环境绿化提质改造等硬件建设力度，合理布局环境绿化、规范配置树木种植、提高绿地建设覆盖率；钢膜结构生态篮球场、五人制生态足球场、生态健身路径，体育馆声场系统工程改造、竞训馆消防工程改造、健身广场提质改造等工程完工，中心大院环境和体育健身设施得到改观。

【健身场馆开放】　2017年，永州市全民健身服务中心继续开展体育场免费、低收费对外开放工作。永州市体育馆对有组织的单位和公益性质活动免费开放，通过电话预约、网上运动猿APP平台等形式全年开放350天，举办各类健身或体育赛事活动40余次，接待参与健身人员20万余人次。市游泳馆实行低收费对外开放，全年接待游泳健身市民5万人次，免费为6周岁以下儿童开放，接待1万人次。

【全民健身招商引资】　2017年，永州市全民健身服务中心按照市人民政府第85次常务会议决议，运用EPC+模式引进投资约500万元新建五环羽毛球馆。为正大集团卜蜂莲花连锁超市落户永州做好前期服务工作，为该企业提供车辆通行、卫生保洁、秩序维护及消费顾客车辆停放等服务。该项目总投资1.3亿元，带动就业人数500人以上。

（苏书科）

李达故居管理

【概况】　2017年，李达故居管理处发挥全国爱国主义教育示范基地和红色旅游景区的示范功能，重点推进文物保护、宣传教育与免费开放接待，各项工作取得新发展。李达故居管理处被评为全市文物工作先进单位、全市综治工作先进单位、中共永州市委办系统学习型党支部等称号。

【宣传教育】　2017年，李达故居管理处向中共永州市委宣传部提交全国爱国主义教育示范基地工作报告及情况登记表。配合嘉兴电视台、湖南教育频道等媒体完成纪念王会悟文献片及全民国防教育专题片拍摄。清明节前后，组织多所中、小学校及幼儿园的师生到李达故居开展“我们的节日·缅怀革命先烈”纪念活动，传播爱国主义精神，宣传李达生平事迹。利用清明节期间李达亲属回乡的时机，召开座谈会，现场了解李达故居及辅仁小学的原貌，为后续修缮及保护奠定基础。组织李达生平思想研究工作，编写《李达故居》，公开发表综合文稿16篇，其中《论纪念馆党性教育活动创新》一文入选中国博物馆协会纪念馆专委会2017年会论文集，《李达的马克思主义中国化思想及其现实启示》入选中国博物馆协会名人故居专委会2017年会论文集。

【文物征集管理】　2017年，李达故居管理处面向社会征集雕花床、书柜、八仙桌等旧家具，征集《社会学大纲》（1937年6月二版）、《社会发展史》（湖南大学1950年版）等旧书籍。采取加固措施，对辅仁小学遗址进行保护，联系专业公司，对李达故居进行白蚁防治，加强对李达故居的安全防范和管理。

【“三防”项目建设】　2017年3月，李达故居管理处完成李达故居消防工程财政评审，评审金额450.68万元。8月28日，进行消防工程招标，中标单位为长沙时代消防设备工程有限公司。国家文物局批准李达故居修缮计划。10月，与中标单位签订消防工程采购合同。中标单位于11月开始进场施工。

【抗洪抢险】　2017年7月1日，李达故居遭受特大洪水袭击，地面积水漫过李达故居门前道路。7月2日上午，洪水进入李达故居庭院，辅仁小学旧址陷入一片汪洋；下午，辅仁小学旧址大部被淹没，部分墙体塌陷；李达故居本体（自道路至墙体）最高浸水达到3.3米。接到防汛险情预警后，李达故居管理处全体人员立即投入抗洪抢险。全体工作人员与村民30余人，将可移动文物和其他物品转移到村民家里和单位办公室，将文物损失减少到最低程度。

（贺俊华）

新　华　书　店

【概况】　2017年，永州市新华书店有经营管理班子成员5人，下设教材公司、图书公司、文化用品公司、校园业务部、永州图书城等5个经营部门，综合管理部、信息技术部、资产财务部、人力资源部、党群工作部、物流管理部等6个管理部门，冷水滩区、零陵区2个直属分店。全市公司有员工463人，其中正式在职员工278人，退出、内退员工24人，退休人员37人，停薪留职人员6人，劳务派遣人员、临聘员工118人。永州市新华书店按照“稳主业、树形象、强管理、严党建”的工作思路，各项工作推进有序，获评全省新华书店系统“产业发展创新奖”。

【教辅流动供应服务】 2017年，永州市新华书店按照全省中小学违规征订教辅专项整治活动要求，做好永州2017年秋季中小学教辅材料发行工作，针对“一科一辅”外市场类教辅材料的学习使用需求，以门店展销、流动供应、联点服务、线上销售、电话订购等多种服务举措满足学生、家长购书需求。全市11个县区新华书店组建62支服务小组共217人，统一在所有村级以上学校开展秋季学生用书流动供应服务，到校服务814次，服务覆盖率100%。

【中共十九大文件及辅导读物发行】 2017年，永州市新华书店从货源组织和服务保障入手做好中共十九大文件及辅导读物的发行工作。在全市各中心门店设置专题展区，以张挂横幅、摆放书花、专柜陈列、集中展销等方式，让读者阅读选购，利用“永州e书”微信公众平台推荐导读，推出电话预订热线和“阅达书城”线上平台等购买渠道；组建发行服务小队，以汽车书店形式将中共十九大文件及辅导读物送至全市各乡镇，发行总量达到60万册。

【24小时自助图书馆】 2017年，永州市新华书店中得冷水滩区2家24小时自助图书馆建设项目标的。2家24小时自助图书馆分别位于逸云路与湘江东路交汇口的滨江公园和湘永路体育中心的临街广场，单馆使用面积40平方米，馆内藏书4000余册，实行24小时开放，市民凭身份证或读者证可自由进出、自助办证、自助借还图书。

【“阅达书城”购书平台】 截至2017年年末，永州市新华书店在“阅达书城”购书平台上架图书品种3.71万个，招募会员6.51万人。“阅达书城”是由湖南新华书店集团打造的掌上购书平台。该平台以O2O理念为核心，以连锁门店现行业务为基础，通过发展移动终端电子会员，在线推送商品和营销活动信息，推出同城配送等地面服务手段，为全市各中心门店三公里服务半径范围内的读者提供免费送货、半日送达的便捷购书服务，满足本地读者对图书的紧急和特殊需求。

（李彬）

社会建设

Social Construction

民　　政

综　　述

2017年，永州市各级民政部门围绕中共永州市委、市人民政府推进“六大战役”、实现“四个提升”的决策部署，以“五化”民政建设为总体要求，以“基层、项目、改革、管理”为推进重点，各项工作展现新成效、呈现新进步。永州市全年争取各类民政资金17.64亿元，较2016年增加0.34亿元，资金占全省的比例从2016年的8.82%提高到8.86%，排全省第三名。农村留守儿童之家建设和管理工作经验在全省推介，率先通过第二次全国地名普查省级验收，全省受灾困难群众生活救助和因灾倒房重建工作推进会在永州市召开。市本级救灾物资储备库投入使用，市芝山医院完成整体搬迁，市福利中心建设完成收尾工作，市军休所零陵片区建设主体工程完工。举办全市养老护理人员培训班、婚姻登记员培训班、民政系统标准化建设能力提升班和社会工作者考前培训班。市民政局被评为中共十九大期间全市维稳安保工作先进单位，全市法制政府建设工作、党风廉政建设和反腐败工作、维护稳定工作、抗洪救灾、政务服务模范窗口等先进单位，连续6年被评为全省民政工作先进单位。

【社会救助】　2017年，永州市将农村低保标准提高到3036元/年，实现农村低保与扶贫标准的“两线合一”，社会保障兜底脱贫对象全部实现政策性脱贫；城市低保标准为420元/月。根据中共湖南省委、省人民政府统一部署，永州市集中开展农村低保和社会保障兜底脱贫对象认定清理整顿工作，全市清退条件好转或不符合条件的农村低保对象29.2万人，新增纳入符合条件的对象1.4万人，保障人数由清理前的255687户362831人下降为41436户84722人，净退27.8万人，保障率由原来的6.8%下降到1.6%，其中兜底脱贫对象退出9370人，新增3330人，兜底人数由清理前的11840户26816人下降为10352户20776人，净减6040人。全年实施医疗救助55.6万人次，支出救助金1.39亿元，其中资助参保40.9万人次，支出金额0.31亿元；直接救助14.7万人次，支出金额1.07亿元。将农村贫困人口纳入重特大疾病医疗救助范围，全年救助1.87万人次，支出救助金0.21亿元。

【救灾救济】　2017年，永州市先后遭受洪涝、风雹等自然灾害7次，累计受灾152.06万人次，直接经济损失65.72亿元。市民政部门紧急组织查灾核灾报灾救灾工作，争取上级下拨各类救灾资金5300万元和一大批救灾物资，全市2225户因灾倒损农房恢复重建全面完成。发放2016—2017年度冬春救助资金3150万元，救助因灾困难群众47.53万人次。创建部省级“综合减灾示范社区”17个。建成多灾易灾村级避难场所设25个。全市获批实施省级财政老区专项扶贫项目33个、资金141万元。

【拥军优抚安置】　2017年，永州市以帮助退役军人解决“三难”问题为重点，开展各类优抚关爱活动。全年为180名重点优抚对象安排短期疗养，为800名在乡老复员军人提供医疗巡诊和送医送药上门服务。落实军休干部“两项

2017年2月22日，永州市家政服务行业协会登记成立，并领取全市首张统一社会信用代码社会组织证书

2017年8月28日，永州福彩2017年“阳光天使·精准助学”助学金发放仪式在冷水滩区举行

待遇”。安置符合政府安排工作条件的退役士兵306名，年度安置任务清零。全年举办各类培训班16期，培训退役士兵1306人。深化“双带双促”活动，投入260万元，对60户创业大户给予帮扶，10名优秀“双带双促”先进个人受到中共永州市委、市人民政府和永州军分区联合表彰。建设完成永州烈士纪念园英烈墙。永州市连续三届被评为“湖南省双拥模范城”，东安县被命名为“湖南省双拥模范县”。

【社会福利】 2017年，永州市为5534名孤儿发放基本生活费4158万元。为82590名残疾人“两补”对象发放补贴资金5830万元；救助流浪乞讨人员49998人次，发放救助金1919万元。帮助36名受助人员寻亲返家。市人民政府出台《关于加强困境儿童保障工作的实施意见》，开展农村留守儿童“合力监护、相伴成长”关爱保护专项行动，推进留守儿童控辍保学、户口登记、临时监护等工作。全年新增养老床位1213张，超出省定任务23张。全年为11847名90周岁~99周岁老人发放高龄生活补贴资金1260.99万元；为237名百岁老人发放长寿健康补助金1201.58万元；为19306名失能半失能老年人发放补贴资金571.53万元。市慈善总会发放慈善救助金2942万元，救助困难群众9000余人次。福彩发行5.27亿元，比2016年增加3211万元，总量在全省上升至第六位，其中电脑票销量排全省第二位。筹集各级福彩公益金1.5亿元，全省福彩工作现场会议在永州市召开。

【社会治理】 2017年，永州市完成全市2950个行政村、347个社区（居委会）“两委”换届选举和特别法人统一信用代码赋码工作，1.22万人进入新村居“两委”班子，参选率95.2%；所有村（社区）居委会全部录入全国统一赋码管理系统，并颁发基层群众性自治组织特别法人社会信用代码证书；在新产生的村居委会中，明确一名委员专抓民生工作。在全市30%的行政村开展农村社区建设，农村社区综合服务设施覆盖率35%。在全市20%的村居开展议事协商制度改革，推进村务公开民主管理示范创建。组织开展第二批行业协会商会与行政机关脱钩改革工作，全市185家行业协会商会完成脱钩改革任务。推进市县社会组织孵化培育基地的建设运营，实现社会组织党组织和党建工作全覆盖。“三社联动”在全市29个社区开展试点，探索推行政府购买社会服务。

（邓湘阳）

残疾人事业管理与服务

【残疾人脱贫攻坚】 2017年，永州市残联系统主动融入中共永州市委、市人民政府“六大战役”，结合“连千村帮万户工程”和美丽乡村建设，开展残疾人脱贫攻坚工作。全市残联系统继续结对帮扶25个贫困村，全年扶助农村贫困残疾人数（建档立卡户）2.83万人，稳定脱贫残疾人9481人。加强残疾人扶贫示范基地建设，争取建立省级农村残疾人扶贫示范基地3个，市级农村残疾人扶贫示范基地18个，投入扶持资金45万元。通过基地辐射，带动159名农村贫困残疾人有序进入市场，有效增收。筛选1380户贫困残疾人家庭发展养殖、种植，实施阳光增收，投入扶持发展资金276万元。

【残疾人就业培训】 2017年，永州市残联系统与人社部门联合举办残疾人就业招聘会28场，新增残疾人就业岗位613个。制定出台《永州市2017年残疾职业技能和实用技术培训实施方案》，建立市级残疾人培训示范基地2家，完成培训任务2168名，组织50名盲人到株洲盛康职业技术培训学校和市特教学校进行专业培训，并为10家盲人按摩机构申报盲人按摩进社区项目补助。通过按比例就业、集中就业、自主创业、公益性岗位等形式，安排292残疾人在党政机关就业，扶持残疾人就业创业165名，完成公益性岗位补贴560名。争取省级扶持残疾人托养服务示范机构2家，完成农村贫困残疾人居家托养补助1390名，补助资金96.6万。全年为5.82万名困难残疾人发放生活补贴，为5.07万名重度残疾人发放护理补贴，符合条件的残疾人“两项补贴”基本实现全覆盖。

【残疾人康复】 2017年，永州市残疾人康复中心建设项目进入主体工程建设实际性施工，道县、新田县、江华瑶族自治县完成康复或托养中心前期准备工作，残疾儿童29项康复项目纳入基本医疗保障支付范围，完成4个省级规范化示范社区康复中心创建。全年为有需求的3.51万名残疾人提供康复服务，为2.07万残疾人提供辅具适配服务，为1100例白内障患者实施复明手术，免费发放各种轮椅、助行器、站立架等辅助器具1.72万人。

【残疾人信访维稳和基金募集】 2017年，永州市“12385”残疾人服务热线运行良好，全市接待残疾人来信来电来访1040件次（市本级108件次）。上级交办件和网上信访件办结率达到100%。依托市县区法律援助机构，保护残疾人合法权益。落实贫困残疾人家庭无障碍改造、无障碍社区（村）的创建和贫困残疾人家庭危房改造等工作，全年完成240户贫困残疾人家庭无障碍改造任务，指导零陵区石山脚乡悟山里村创建省级无障碍示范村。发挥市残疾人福利基金会作用，开展“爱心助残一日捐”活动，组织策划“全国助残日”永州爱心助残募捐文艺晚会，中共永州市委书记、市人大常委会主任李晖，市委副书记、市人民政府市长易佳良率四大家班子等领导集体出席晚会并带头募捐，全年收到206个单位和个人的爱心捐款113.4万元，实现爱心助残捐款历史性突破。深圳独立团网络科技有限公司向永州市无偿捐赠轮椅110台、先科净水机640台，总价值254万元。

2017年5月17日晚8时，永州市“全国助残日”助残募捐文艺晚会在永州会堂举行 摄影 曾渊

【残疾人文体宣传】 2017年，永州市各级残联在残疾人重大节日“全国助残日”“爱耳日”“爱眼日”等期间，组织开展一系列宣传文体活动，全年在省市等新闻媒体发表各类新闻351篇。在全国残疾人游泳竞标赛和第五届中国残疾人田径公开赛暨2017年世界残奥田径大奖赛（北京站）中，残疾人运动员唐千、唐晓明、蒋芬芬获银牌3枚、铜牌2枚。在第九届全国残疾人文艺会演（西部赛区）中，《旧时光》获舞蹈类一等奖，《敬酒歌》获二等奖。唐国强、李再林、孙勇3人被湖南省人民政府残工委授予“全省残疾人自强模范”称号。

【残疾人康复中心项目建设】 2011年8月，永州市残疾人康复中心经国家、省发改委批准立项的重点民生公益性残疾人福利项目，建设地点位于东部新城区域，与冷水滩区上岭桥镇镇政府相邻，占地面积1.12公顷。项目主体工程总建筑面积1.03万平方米，总投资3000万元，是一个融康复医疗、教育培训、辅助器具服务等多功能于一体的公益性、现代化综合服务基地。项目自2015年5月启动，先后完成征地、青苗补偿、地质勘测和土石方、挡土墙、

2017年12月5日上午，永州市残疾人联合会第五次代表大会在冷水滩开幕
摄影 曾渊

护坡、水电配套设施等三通一平基础工程。2017年10月25日，主体工程开工建设，项目建设进展顺利。

【永州市残疾人联合会第五次代表大会】 2017年12月5日上午，永州市残疾人联合会第五次代表大会在冷水滩区开幕。湖南省残联党组成员、副理事长侯建斌，中共永州市委书记、市人大常委会主任李晖参加会议并讲话。会议由市人民政府副市长贺辉主持。市委副书记、市人民政府市长提名人选赵应云等在家市委常委，人大、政协主要领导及联系残联工作的有关领导出席开幕式。市人民政府副市长贺辉当选为市残联第五届主席团主席，市人民政府副秘书长齐爱社、市残联党组书记李社光当选为市残联第五届主席团副主席，李社光当选为市残联第五届执行理事会理事长，万平波、唐荣华当选为副理事长，匡富春、刘玉珍、曾渊、张秋琳4人当选为第五届执行理事会理事。聘请市委副书记、市委政法委书记唐湘林为永州市残联第五届主席团名誉主席。会议还选举产生残疾人各专门协会主席。

（曾渊）

军队离退休干部管理

【概况】 2017年，永州市军队离退休管理所围绕“一核五化、德孝军休”服务品牌创建工作，做好“创新发展、优质服务、文化养老”三篇文章，保障军休人员两项待遇落实，逐步推进军休所服务规范化、制度系统化、建设标准化、管理精细化、活动经常化，年度各项任务进展顺利，军休服务管理工作呈现出新的生机与面貌。

【军休项目建设】 2017年，永州市军队离退休管理所冷水滩片区院内完成门头维修、雨棚安装、门面防水防漏3项工程。冷水滩片区生活服务配套设施装修工程位于吴家庙路临街门面的军休综合服务大楼附属楼，工程项目经市人民政府批准同意，建设面积860平方米，拟定设置老年文化活动室、医疗保健中心、慈善超市、生活服务助餐室等四大功能区域，12月完成所有装修建设任务。零陵片区军休干部服务中心项目被列为全省军休系统“十三五”建设范畴，建筑面积812平方米，一期投资164万元，全年先后完成立项、规划许可、建设施工图设计、图审、旧房拆除、预算评审、建设施工队伍招投标等报批事项，11月初开工建设，施工许可证、消防许可证同步办理，12月底主体封顶。

【军休文化创新】 2017年，永州市军队离退休管理所与电信部门合作，开发建设“永州德孝军休”微信公众号及网站，涵盖军休政策、工作动态、通知公告、服务管理、党建学习、军休文体、养生保健和所长信箱，集信息发布、政策宣传、军休服务等内容，为军休干部提供日常需求、紧急救助、社会服务。创办“德孝军休”宣传专栏，定期宣传时事政治、刊登老同志文艺作品、通报所内活动信息，展现军休所工作风采。5月，第一期“德孝军休”宣传专栏出刊；6月，与《永州日报》签订宣传合作协议，撰写老干部访谈10篇，军休工作纪实1篇，征集到军休干部老照片、老物件30余件；7月，与市直机关老年书画协会联合举办“鹰胆鸽魂”建军90周年书画展，编印“鹰胆鸽魂”建军90周年书画集。组织开展门球邀请赛、春节联欢会、新年书画展、春季游园、养生保健知识讲座、党员主题党日等活动。门球队取得历史性突破，在全省军休人员门球比赛中，取得第三名的成绩。

【军休服务管理】 2017年，永

2017年，永州市党政主要领导走访慰问市军休所老干部

州市军队离退休管理所根据永州市民政局目标管理考核，出台《2017年军休所重点工作推进表》《永州市军休工作年度目标管理责任制考核办法》及考核细则，将军休工作与党建工作相结合，把责任落实到科室和个人，确保各项目标任务完成。对照省民政厅《湖南省军休服务管理机构星级评定标准（修订）》重新制定政治待遇、生活待遇、医疗保障、文体活动等工作制度，明确工作流程。继续采用“结对服务、联包共创”的方式，及时调整结对服务对象，重点服务“三高”、空巢、独居老人，工作人员做到一日一问候或一天一电话。加强老同志心理疏导，制定疏导流程，聘请专家教授上专题心理辅导课、保健讲座，提高工休人员生活质量和幸福指数。“五勤五访”制度常规化，工作人员对老同志勤问候、勤走动、勤慰问、勤回访、勤联络，军休干部有病必访、生日必访、重大节日必访、长居外地必访、有困难必访。

（左宁静）

人力资源和社会保障

综　　述

2017年，永州市人社系统围绕“民生为本、人才优先”工作主线，提前超额完成湖南省人社厅下达的五大项26个主要指标，中共永州市委、市人民政府下达人社部门的三大类21项主要任务和交办的63份批示件均落实到位。全年，全市社会保障卡持卡人数476.3万人，持卡率排全省第一位，被国家人社部评为全国第二批社会保障卡综合应用示范基地；“社保通”4G移动平台覆盖全市487个村卫生室，村民可在村卫生室凭社保卡实现医保诊疗费结算，该成果作为湖南省唯一参展项目在2017年人社部举行的“全国人社信息化创新应用展”上展示；推荐7家创业孵化基地申请复核和申报省级创业孵化基地，全部取得省级认定，其中2家在申请复核中被省人社厅评为优秀省级创业孵化基地，永州市就业工作成效明显，受到省人民政府通报表彰。永州市人社局获评湖南省文明单位、全省人社系统绩效评估优秀单位、全国人社系统新闻宣传工作做得好的单位、全市人民防控先进单位、全市意识形态工作先进单位、全市统战工作先进单位、全市人才工作先进单位等十余项表彰。

【城乡就业创业】 2017年，永州市新增城镇就业6.2万人，失业人员再就业2.47万人，其中就业困难人员再就业0.69万人。全市新增农村劳动力转移就业4.3万人，帮助104户新出现的零就业家庭至少1人实现就业，零就业家庭动态就业援助率100%，城镇登记失业率控制在4.18%。全市发放创业担保贷款3.5亿元，扶持3513人自主创业，带动1万余人就业再就业。

【就业服务】 2017年，永州市组织“春风行动”“民营企业招聘周”“高校毕业生就业招聘会”及“就业去哪儿”等就业用工服务活动160多场次，为本地企业输送员工4.5万余人。中央、省下拨就业补助资金2.94亿元，首次排进全省第二位；永州市就业创业工作在全省人力资源社会保障半年工作推进会上作典型发言；《湖南省人民政府办公厅关于对真抓实干成效明显地区加大激励支持力度的通知》对永州市就业工作进行通报表彰。落实人社领域企业减负政策，开展园区企业打捆实施养老保险费率过渡试点，调整工伤保险费率，落实阶段性降低失业保险费率，全年为企业降低成本9200余万元。

【社会保障】　2017年，永州市推进五险统一征缴改革，各县区全部完成启动工作，全市五项社会保险参保总人数1034.4万人次。企业退休人员待遇实现13连调，人均月增加养老金152.13元，调整后人平月养老金为2150.27元，增长13.8%，城乡居保基础养老金最低标准由80元提高到85元，工伤保险伤残津贴提高145元，居民医保补助提标到450元。全年社保基金收支总额突破200亿元大关，实现基金总收入113.7亿元，增长9.2%，基金总支出102.1亿元，基本实现应收尽收和及时足额保障待遇发放。

企业养老保险参保34.3万人，其中在职职工21.1万人，离退休人员13.2万人，征缴基金16.76亿元，争取上级补助资金16.11亿元，发放基本养老金30.32亿元，完成企业社保同级财政补助2838万元。机关事业单位养老保险参保19.94万人，其中在职职工13.76万人，离退休人员6.18万人，征缴基金21.61亿元，发放基本养老金28.44亿元，全市机关养老保险基金规范运作和安全完整率100%。城乡居民养老保险登记参保341.2万人，参保缴费人数192.5万人，60岁以上领取待遇人数83.58万人，征缴基金2.61亿元，争取上级补助资金9.38亿元，发放养老金待遇8.97亿元。城镇职工基本医疗保险参保总人数42.7万人，征缴基金13.95亿元，基金支出9.45亿元。城乡居民医疗保险参保人数531.4万人，基金收入30.81亿元，基金支出23.56亿元。生育保险参保人数为28.4万人，基金收入2279万元，基金支出2107万元。工伤保险参保总人数34.14万人，征缴基金1.34亿元，基金支出7354万元。失业保险参保总人数30.5万人，征缴基金6963万元，基金支出3772万元。

2017年2月6日，永州市2017年春风行动启动仪式现场

【公务员队伍建设】　2017年，永州市公务员公开考录实行“凡进必考”“四考合一”。全市组织1.36万人参加公务员考试，考录公务员851人。组织开展2017年市直机关面向基层公开遴选优秀公务员工作，计划遴选83人，经网上报名，按照遴选公告精神，取消、核减遴选计划13个，实际遴选70人。

【人才引智】　2017年，永州市通过“走出去”和“引进来”相结合，实现人才总量和质量“双突破”。4月，中共永州市委主要领导带队赴长沙、武汉等地为市直单位引进高学历急需紧缺人才227名；11月，永州市派出6个引才小组赴北京、上海、南京等6地，引进高学历急需紧缺人才173名；按照“公开招募、自愿报名、组织选拔、统一派遣”的方式，全市招募高校毕业生“三支一扶”计划人员45人；全年申报的16个省级引进海外人才与智力项目全部获批，获得引智资金72万元，创历史新高。

【职业技能培训】　2017年，永州市坚持服务企业、帮助企业招工和稳岗的宗旨，重点对园区企业新录用人员开展岗前就业技能培训，全年累计培训城乡各类劳动者6.1万人。组织开展职业技能鉴定1.01万人次，取证办结7354人。全市新增高技能人才1040人。开展职业技能竞赛活动，组队参加“2017湖南省技能大赛暨第45届世界技能大赛湖南选拔赛”焊接、汽车技术、电气装置、西式烹调、烘焙等5个项目的竞赛，电气装置获全省二等奖。

【专业技术人员管理服务】　2017年，永州市落实省“科技平台规划”免费培训工作，组织新田县、江永县、冷水滩区的基层专业技术人员和农村实用人才参加农业新技术培训班 3 期，20 余人参加培训。会同市公务员培训中心举办专业技术人员继续教育培训班 3 期，培训人数 1000 余人次。核准 19 名享受国务院特殊津贴专家的津贴发放，配合市保健委组织市直副高职称以上专业技术人员 1500 余人进行健康体检。完成基层卫生计生系列高级职称评审和中小学高级教师职称评审工作，中小学教师中级通过 1674 人、高级通过 996 人、正高级通过 9 人，基层卫生高级职称参评 63 人，通过 32 人（其中正高通过 2 人、副高通过 30 人）。

【人事考试】 2017 年，永州市人力资源和社会保障局通过局政务网、永州人事考试网、永州人社微信等渠道发布人事考试资讯 300 余条，为广大考生提供考试信息。组织各类人事考试 46 项，参考人数 6.2 万人次，考试规模和数量均超历史同期水平，考试安全率 100%。

【人事代理与人才服务】 2017 年，永州市人事人才职业介绍中心落实五部委下发的《关于进一步加强流动人员人事档案管理服务工作的通知》要求，取消档案管理的 7 大项 22 小项服务性收费，免费接收流动人员档案，推进档案管理信息化，托管的 4 万余份档案全部录入全省联网系统，流动人员档案信息录入在全省排第一位，实现省、市、县三级联网。通过永州电视台信息专栏、永州人才网、手机短信、微信等方式，免费为 456 家招聘单位发布招聘信息 5000 多条。

【军转安置服务】 2017 年，永州市有军队转业干部安置计划 76 名，其中计划安置 49 名（团职干部 10 名，营职以下机专业技术干部 39 名），自主择业 27 名，另有随调家属 13 名。永州市采取“考试考核、公开选岗”的阳光安置办法，按照湖南省军转干部转业考试分数（占 40%）和档案考核分（占 60%），确定军转干部选岗排名顺序，依次进行选岗，实现军转干部、接收单位和党委政府“三满意”，得到湖南省军区肯定。

【事业单位管理服务】 2017 年，永州市事业单位公开招聘 3471 人，政策性安置 326 人，交流 156 人。事业单位公开招聘制度、聘用制度、岗位管理制度基本实现全覆盖，全市事业单位完成岗位设置 3828 家，完成率 91.1%。市本级办理管理岗位调整 60 人次，专技岗位调整 610 人次，审批竞争上岗方案 7 家，办理聘用合同鉴证 330 人，审批同意县区岗位设置方案 102 家。开展工勤人员转岗考试，工勤人员转换到管理岗位或专技岗位 25 人。

2017 年 4 月 6 日，永州市在湖南大学体育馆举办急需人才引进新闻发布会

【劳动关系协调】 2017 年，永州市以规范劳务派遣和劳动用工备案为重点，贯彻落实《中国人民共和国劳动合同法》，全市累计审批劳务派遣单位 29 家，劳务派遣分公司备案 5 家；注册登记的劳动用工备案户数 2754 家，备案人数 12.89 万人；签订正式工资集体协商合同的企业 2852 家，覆盖职工数 13.26 万人。指导全市 34 家劳务派遣公司联合发起并成立全省第一家人力资源服务行业协会。全市市县（区）两级劳动人事争议仲裁机构立案受理劳动人事争议仲裁案件 578 件，结案 571 件，其中调解结案 399 件，结案率 98.8%，调解率 69%。开展农民工工资支付、清理整顿人力资源市场秩序、用人单位遵守劳动用工和社会保险法律法规三大专项检查，全市劳动保障监察机构主动监察用人单位 2374 家，涉及劳动者 7.14 万人，接到投诉举报案件 488 件（立案 116 件），协调处理和立案结案 479 件，结案率 98%，追回被拖欠的劳动者工资等待遇 8491.8 万元。

【工资收入分配】 2017 年，永州市出台《关于印发〈市管国有企业负责人薪酬制度改革实施方案〉的通知》，规范国有企业负责人的薪酬；完成全市法官、检察官和司法辅助人员的工资套改工作；根据中共湖南省委组织部、省财政厅、省人社厅、省审计厅等四部厅下发的《关于调整市州、县市区公务员规范津贴补贴水平工作有关事项的通知》文件，拟定永州市机关工作人员津贴补贴和事业单位工作人员基础性绩效工资标准，调整2017年全市最低工资标准，其中市区为1280元，九县及两管理区为1130元；公布2016年全市城镇在岗职工年平均工资，标准为5.24万元。

（陈雄杰）

就业服务管理

【概况】 2017年，永州市帮扶104户新出现的城镇零就业家庭实现至少一人就业，城镇零就业家庭动态援助100%；城镇登记失业率4.18%；离校未就业高校毕业生实名登记率、跟踪回访率、就业服务率、就业及就业准备率均达到100%。新增农村劳动力转移就业人数4.27万人，完成全年任务的106%。职业培训总人数60972人，完成全年任务的106%。其中，就业前技能培训完成20829人，完成比例109.6%；岗位技能提升培训完成30463人，完成比例105.0%；创业培训完成9680人，完成比例107.6%；贫困家庭“两后生”技能培训完成1257人，完成比例104.8%。全市失业保险参保人数30.5万人，其中市级参保人数82532人，失业保险基金累计征缴6963万元，支出3772万元。发放创业担保贷款3.54亿元，完成省全年2.9亿目标任务的122.21%，扶持3513人自主创业，带动就业和再就业10539人，贷款回收率98%。继续落实社会保险补贴和公益性岗位补贴政策，办理灵活就业人员社保补贴6903人次，发放社保补贴2826.37万元；安置公益性岗位8650人，发放公益性岗位补贴4211.84万元。

存在的主要问题是：贫困劳动力稳岗难；高校毕业生创新创业孵化基地日常管理有待加强；贷款回收存在一定困难；失业保险制度建设滞后，影响业务经办工作开展等等。

【城镇登记失业率控制】 2017年，永州市城镇登记失业人员3万人，全市城镇就业人口68.8万人，城镇登记失业率4.18%。主要措施是加强就业扶持政策的宣传力度，增加政策的知晓度；开展就业援助月活动和春风行动，确保零就业家庭等就业困难群体就业；加强就业服务与指导，帮助就业困难人员就业；持续鼓励企业招用就业困难人员和高校毕业生就业；落实社会保险补贴政策等优惠政策。

【城镇零就业家庭动态清零】 2017年，永州市帮扶104户新出现的零就业家庭，采取开发就业岗位、完善政策措施、依托基层平台服务、建立最低生活保障、失业保险与就业联动机制等措施，使零就业家庭成员至少一人就业，零就业家庭全部实现清零。

【高校毕业生就业服务】 2017年，永州市实名登记的高校毕业生1862人，实现就业1661人，就业率89.2%。实现实名登记率、跟踪回访率、就业服务率、就业及就业准备率4个100%。开展离校未就业高校毕业生就业见习工作，市级全年安排638人次参加就业见习。开展高校毕业生创业扶持工作，累计为454名创业成功的大学生发放门面租金补贴和一次性开办补贴45.48万元。

【农村就业】 2017年，永州市把劳务协作脱贫工作作为一项重大的政治任务，按照“全覆盖、建机制、稳脱贫”要求，以“政府推动、市场主导、分类施策、因地制宜”为原则，围绕“识别、对接、稳岗、服务”4个主要环节，制定“精准扶贫一人、就业创业一人、脱贫致富一户”的工作目标，采取健全工作机制、推广信息平台、强化政策支持、加强扶贫宣传等措施，推进全市就业扶贫工作，新增农村贫困劳动力转移就业12734人，完成省全年任务1.11万人的114.7%；贫困家庭“两后生”技能培训人数1239人，完成省全年任务1200人的103.3%。按照《关于创建湖南省“10强40佳”家庭服务企业（单位）和家庭服务职业培训示范基地的通知》精神，申报湖南省“10强40佳”家庭服务企业（单位）和家庭服务职业培训示范基地。9月16日上午，举办以“打造永州‘工匠型’人才，助力转移就业脱贫”为主题的湖南省家庭服务业职业技能大赛永州选拔赛。春运期间，在重要集市区设立宣传咨询点260个，发放《进城务工就业指南》等宣传资料91.2万份，组织输出农民工人数8.18万人。从“岗位到位、服务到位、统计到位、宣传到位”4个方面发力做好以“促进转移就业，助力脱贫攻坚”为主题的春风行动。

【失业保险基金征缴】　2017年，永州市失业保险克服费率下调等征缴不利因素，宣传、扩面、清欠多措并举，实现失业保险基金平稳增长。截至2017年年末，全市失业保险参保人数30.5万人，实际缴费人数16.3万人；市级参保人数8万人，实际缴费人数5.7万人。失业保险基金累计征缴6963万元，市级失业保险基金累计征缴3220余万元，比2016年同期增长380万元；失业保险基金滚存结余4.18亿元，比年初增长5300万元，市级失业保险基金滚存结余1.6亿元，比年初增长1700万元。全市失业保险金发放标准稳步提高，从7月开始，市区（含冷水滩区、零陵区、经开区）由原来960.5元/月提高至1088元/月，九县两区由原来的875.5元/月提高至960.5元/月；严格执行政策，一律按309.4元/月标准为失业保险金领取人员缴纳城镇职工医疗保险，保障失业保险金领取人员医疗保险待遇水平。截至2017年年末，累计享受失业保险待遇20901人次，同比增加1580人次；失业保险基金各项待遇累计支出3310余万元，同比增加320万元。是年，全市失业保险总费率从1.5%降至1%，其中单位费率由1%降至0.7%，个人费率由0.5%降至0.3%，惠及全市2300余家参保单位16万余参保职工，降低全市参保企业用工成本2800多万元，降低市本级参保企业用工成本1300多万元。实行两项新政策，实行失业保险援企稳岗“护航行动”，要求实现稳岗补贴政策对符合申领条件的企业全覆盖，鼓励支持用人单位采取稳岗措施，在供给侧改革中不裁员或少裁员；实行技能提升补贴政策，全面促进失业保险参保职工提高职业技能水平和职业转换能力，从源头上预防失业、稳定就业。截至2017年年末，全市对55家企业发放580余万元稳岗补贴，对符合条件的7名职工发放1万元技能提升补贴。清缴改制企业失业保险历年欠款，解决国有企业改制遗留难题；对符合条件的改制企业职工按时足额发放失业保险待遇。对永州药业集团等8家改制企业完成清欠，清缴欠款1300余万元，对原潇湘纸业等改制企业10余名职工重新核定并发放失业保险待遇，保障改制企业职工合法权益。

【职业培训】　2017年，永州市在永州新闻网开展“就业创业在永州”专栏宣传，利用互联网的特点和优势，将党委政府和各部门支持就业创业的政策、就业创业工作的成功做法经验、创业者们自主创业实现梦想的感人故事等宣传出去，营造良好的就业创业舆论氛围，带动更多的人实现就业创业。市本级定点创业培训机构永州市军队转业干部培训中心等培训机构规范办班管理，确保培训质量。出台《永州市创业培训师资管理办法（试行）》，加强创业培训师资管理，充实创业培训师资力量。举办永州市首届创业引领者专项活动暨创业培训讲师大赛，不断强化创业培训管理工作，完善创业培训讲师充电提质平台建设，增强创业培训师资力量，提升创业培训师资水平。完善基础设施，美化永州市高校毕业生创新创业孵化基地的办公场所；加大宣传力度，提高永州市高校毕业生创新创业孵化基地的知名度，宣传大学生创业的优惠政策。永州市高校毕业生创新创业孵化基地通过湖南省省级创业孵化基地复核。

【创业担保贷款】　2017年，永州市继续坚持“大众创业、万众创新、积极稳妥、扩大规模、突出重点、防范风险”的总体思路，呈现“贷得快、用得好、收得回、效果好”的良好局面。强化宣传力度，在“春风行动”和“就业政策宣传月”等活动场地专门设立创业担保贷款宣传咨询台。落实创业担保贷款就业政策，开辟“绿色通道”。财政、银行上门现场办公，简化贷款发放手续，缩短贷款审批时间，提高群众的知晓率和监督力。严把放贷环节，严把“资料关”，审核贷款资料；严把“考察关”，实地认真考察。建立联合办公制度和风险共担责任制度。建立创业培训与创业担保贷款联动机制。加强风险防范，制定内控措施。建立健全统计制度。加强沟通协作，做好与投融资担保公司的业务对接。

（市就业服务管理局）

人力资源服务

【公共就业招聘活动】　2017年，永州市举办“春风行动”“民营企业招聘周”“就业去哪儿”“精准扶贫劳务协作对接”等大型招聘会15场，组织2357家市内外企事业单位进场招聘，提供就业岗位3.6万个，初步达成就业意向的1.1万人。在招聘活动期间，通过电视台信息专栏、永州人才网、手机短信、微信等方式，免费为 456 家招聘单位发布招聘信息 5000 多条。

【高校毕业生就业服务】 2017 年，永州市本级有 10 家见习基地吸纳见习大学生 285 人，申报见习补贴金额 197.8 万元，其中，永州人才市场见习基地推荐 199 名见习生到市直机关单位见习，帮扶离校未就业的高校毕业生就业。根据省人社厅转发人社部《关于做好 2017 年全国人力资源市场高校毕业生就业服务周》的通知精神，12 月 2 日、12 月 9 日，市人力资源服务中心联合湖南科技学院就业处、永州职业技术学院就业处举办两场大型校园专场招聘会，有 728 家用人单位进场招聘，提供就业岗位 1.87 万个，进场应聘的大学生 1.1 万人，现场达成就业意向的 2310 人。

【流动人员人事档案管理】 2017 年，永州市人力资源服务中心推进档案管理信息化工作进程，托管的 4 万余份档案全部录入全省联网系统，在全省流动人员档案信息录入排第一位，实现省、市、县三级联网。逐步推行档案业务网上受理、办理，档案异地查阅和调出等工作。是年，该中心工作被湖南省人力资源服务中心评为“全省人力资源服务业先进单位”。

（市人力资源服务中心）

职业技能培训

【概况】 2017 年，永州市军队转业干部培训中心内设办公室、教务科和后勤科，有在编人员 6 人，退休人员 1 人，临时人员 5 人，公务用车 1 台，主要工作任务是组织和承办国家公务员初任和任职，事业单位新进人员、专业技术人员继续教育，以及军队转业等培训，组织城乡劳动者就业前培训，组织失业人员、下岗职工再就业培训以及特殊群体人员的就业训练指导和服务等工作，上级人事部门交办的其他事项。市军队转业干部培训中心围绕大培训格局的工作思路，坚持“注重教育、严格管理、提高绩效、确保廉洁”的工作原则，履职尽责，创新服务，培训工作迈上新的台阶。存在的主要问题是：继续教育培训方式有待改进，专技人员继续教育采用现场培训方式，培训时间过长，培训成本过高，工作和培训存在时间上的冲突，培训中心培训种类多，业务工作量大，师资力量相对薄弱。

【军队转业干部培训】 2017 年，永州市军队转业干部培训中心把做好转业干部培训工作摆在突出位置，多措并举，落实培训任务，确保培训实效。根据转业干部的职业规划特点，设置适应性培训内容。邀请地方“土专家”及学者型领导讲授“市情介绍”“社会主义核心价值观”“六大战役讲座”“公务员法”“依法行政”“绩效观与执行力”等，提升转业干部业务素质，帮助他们尽快融入地方工作。把培训工作与军转干部转业到地方安置的岗位需求相结合，利用社会培训资源，运用现代化传媒培训手段，增强培训的针对性和实效性，提高军队转业干部的适应能力，全年培训军转干部 49 人，调训培训率 100%。

【初任公务员培训】 2017 年，永州市军队转业干部培训中心在中国共产党十九大闭幕后举办市直单位公务员初任培训班。培训围绕中共十九大报告提出的适应新时代发展要求的一系列新思想新观点新论述，将“十九大精神学习——习近平新时代中国特色社会主义思想”“六大战役之城镇提质”“六大战役之旅游升温”、保密法讲座等内容，融入课程培训，提高初任公务员的政治思想水平，提升综合协调和依法行政的能力。培训分两期进行，每期 10 天，其中第一期 96 人、第二期 163 人，市直机关新考录公务员全部参加培训，培训合格率 100%。

【事业单位新进人员培训】 2017 年，永州市军队转业干部培训中心根据《关于加强事业单位新进人员入门培训工作的通知》精神，举办市直事业单位新进人员入门培训班 2 期。针对事业单位的特点，市军培中心创新培训方式，将集中面授与社会实践相结合、中心举办与用人单位合办相结合、主管部门与行业培训相结合、确保培训效果，解决工学矛盾，受到学员和用人单位好评。全年培训 403 人，调训培训合格率 100%。

【专业技术人员培训】 2017 年，永州市军队转业干部培训中心按照《国家中长期人才发展规划纲要（2011—2020 年）》、人力资源和社会保障部《专业技术人员继续教育规定》等文件精神，拟定全市专业技术人员继续教育公需科目网络培训实施方案，确保平台服务功能完善、终端服务形式多样、课程资源丰富新颖、培训质量优良可靠。与湖南人才市场对接，采用网上报名的方式登录湖南人才市场公共教育网，进行在线学习，完成所选课程的学习，充实更新专业知识。对愿意参加现场培训的专业技术人员，按传统方式组织培训。对人数较多的单位，采取上门培训的方式，先后到金洞管理区、市城市建设投资发展有限责任公司、永州电视台、市公路桥梁建设有限公司、祁阳师范等单位现场办班，全年举办培训班 8 期，培训 1000 人次。

【就业人员创业培训】 2017 年，永州市军队转业干部培训中心响应永州市发展电商的号召，开展 SIYB 培训工作，办培训班 14 期，培训 407 人，创业成功率 65%。市军培中心借鉴浙江遂昌电子商务培训的经验及做法，联合市电子商务服务中心，主要针对城镇登记失业人员、农村转移就业劳动者、高中毕业生开展电子商务培训，提高他们的就业能力。培训坚持理论与实践相结合，针对学员自身碰到的问题，展开讨论、分析，寻求解决方法，同时向学员推介同行业好的经验技术，组织创业培训学员互相参观学习，总结点评，增加实践经验。在培训课程设计与师资选派中，通过选拔本地师资，引进外地优秀创业专家，优化师资结构。采取“门诊式”“会诊式”“上门服务”等形式，对参加创业培训的学员，开展创业培训后续服务活动，工作人员搭配创业专家组建专家服务团，分成 3 个小组，到创业者商铺实地走访，了解创业过程中所遇到的困惑及困难，对反馈信息进行收集整理，并由跟团专家提出专业意见，为创业学员解疑答惑，跟踪辅导解决学员在实际创业过程中的问题，推动对创业成功人员给予小额担保贷款的扶持工作。采用“互联网+实体”的服务方式，帮助创业者转型升级，通过线上宣传推广，和线下促销活动，加强实体与电商的体验与分享，引导创业者加盟“我连网”“永州我连”等电商平台，打造创业典型，在市人社专栏和电视台进行宣传报道。

（市军队转业干部培训中心）

机关事业单位社会保险管理

【概况】 2017 年，永州市机关养老保险在职参保人员 137610 人，完成目标任务 9.7 万人的 140%，离退休 61787 人，全市机关养老保险基金规范运作和安全完整率 100%。机关事业单位养老保险征缴 21.61 亿元，职业年金 6607 万元，拨付离退休费 28.44 元。其中，市级机关养老保险在职参保人员 13535 人，离退休人员 6404 人，基本险征缴 2.06 亿元，职业年金 1.35 亿元，拨付离退休费 2.71 亿元，基金规范运作和安全完整率 100%。

存在的主要问题是：改革配套政策法规出台缓慢，改革推进的补充政策严重滞后；新系统软件运行操作中存在不足，严重影响正常的业务经办；市级各参保单位基金未征缴到位，部分差额单位和自收自支单位欠缴一直存在；养老保险基金历年欠费清欠困难较大，部分单位和个人对欠缴部分不愿补缴，存在拖延的思想；原试点制度参保单位和人员的关系转移较难等等。

【机关事业单位养老保险制度改革】 2017 年，永州市机关事业单位社会保险管理处对全市 14 个县区经办机构开展养老保险改革调研，对基金安全采取交叉检查和自查自纠的方式进行两次检查。3 月初，调研检查贯彻落实 2017 年全市人社工作会议精神。根据调研改革情况，结合县区改革发展现状，提出全市改革发展的工作计划和方案，拟定机保经办服务工作要点，明确完成新系统信息本地化建设和启动职业年金运行时限。11 月底，根据湖南省人社厅《关于开展社会保险经办风险管理专项行动的通知》的要求，对各县区风险管理开展专项检查，对照检查评估指标内容，将专项检查与综合工作结合起来统一进行督查。梳理改革以来国家、省出台的机关养老保险改革政策，汇编成《机关事业单位社会保险改革政策汇编》第一期，并发放到市直各参保单位和各县区经办机构。正在推进《机关事业单位社会保险改革政策汇编》第二期的收集和梳理工作。

【机关事业单位养老保险政策宣传】 2017 年，永州市利用电视和网络媒体对养老保险政策的扩大宣传。在永州电视台新闻节目中播放工作动态，插播宣传标语，在“永州人社”节目中开辟机关事业单位集中宣传政策学习专题，利用 yz12333 网站将机关社保政策法规和办事流程对外公布，利用《永州日报》人社专版及时报道工作经验；道县利用电视台录制“社保会客厅”专栏，解读机关事业单位养老保险制度改革的相关政策，制作电视宣传片；蓝山县、新田县、东安县利用官网、微信、手机报对新政策做重点宣传；宁远县在县城中心广场利用LED电子屏幕、社保服务大厅滚动播放机关社保新政策；江华瑶族自治县利用短信平台，将新政策亮点条款和宣传标语发送到职工手中。全市的宣传工作在中国劳动保障新闻网、湖南民生网、永州新闻网、《人才就业社保信息报》《永州日报》等媒体均有报道，累计报道50余次，信息采用70多条。

【机关事业单位养老保险金征缴】 2017年，永州市机关事业单位养老保险新系统上线运行，市级在改革推进过程中出现三个第一次。第一次进行新系统征缴结算。根据改革要求，启动实施新制度经办工作。通过开展新系统使用培训，熟练掌握系统操作；进行参保单位信息登记，实行新老数据转换；启动新系统测试运行，确保系统数据安全。7月，市级运行新系统，第一次在新系统里对各参保单位进行征缴结算工作，完成2016年2月以来各参保单位的月征缴单打单等工作，实现待遇的合理衔接，新老系统“交接”工作完毕，结束以往的财政代扣代缴的征缴模式。截至2017年年末，市级征缴养老保险金2.67亿元，职业年金1.35亿元，共计4.02亿元。第一次进行津补贴和养老金调待审核工作。市本级退休人员养老保险待遇调整工作首次由永州市机关社保处负责调待审核，按照《关于2017年调整退休人员基本养老金的通知》要求，对各参保单位进行资料核查和待遇调整，对市本级6462名离退休人员进行养老金调整，人均调待180余元，市本级调整后全年将增加预算1395万余元。9月，按照参保单位类别分二批召开机关事业单位养老金发放及生活补贴调整工作部署会，对此次退休人员补贴标准调整的内容、经办流程及时间要求进行安排部署。市本级6462名退休人员参与生活补贴调整工作。第一次进行社会化发放待遇。7月，市本级首次成功实现机关事业单位退休人员基本养老金的社会化发放，差额拨款单位和自收自支事业单位改变差额结算的方式转为社会化发放。市本级社会化发放197家单位、4600多名离退休人员。

【机关事业单位养老保险金发放】 2017年，永州市继续推进历年清欠工作，保障退休人员待遇发放到位。为完成新系统上线运行及社会化发放工作，一方面，进一步清理历年欠缴欠费工作，逐步完成2016年各参保单位收缴及2017年的征缴工作。另一方面，对部分差额拨款单位及自收自支单位的离退休人员养老金发放困难，多次协调，做到离退休人员养老金发放不拖欠不拖延，维护离退休人员权益。在新系统上线运行试点期间，对市级参保单位重新进行数据录入、审核，逐步实行离退休人员养老金新系统发放工作，做到每月20日及时准确拨付养老金。严格规范基金的拨付手续和办事程序，把好基金进出关，确保基金万无一失。对参保对象不属新制度参保范围的，参加企业职工养老保险。原负责试点业务经办的机关事保经办机构和对应层级的企业职工养老保险经办机构共同办理参保对象养老保险关系的转移接续。对不能通过新系统进行发放待遇，由市财政局在交通银行设立支出专户，实行专户发放，专账核算，封闭运行，确保市本级机关事业单位离休人员及原九疑宾馆、潇湘宾馆等12个单位的退休人员待遇按时发放和日常管理等工作。完成市直单位2016年绩效奖金的审批工作和独生子女父母奖励费发放工作。截至2017年年末，发放独生子女父母奖励费120.5万余元，代发2016年市直单位退休人员综治奖1649.7万元。

【征缴业务培训】 2017年1月，永州市针对市级全额、差额、自收自支三类单位分别召开机关事业单位养老保险全面实施征缴培训会3次，就做好征缴启动、征缴方式的明确及如何贯彻落实进行安排部署，同时，按照《关于印发〈湖南省机关事业单位养老保险缴费工资基数和统筹项目暂行规定〉的通知》的基数范围，要求各市直单位重新进行数据采集审核，市直300多个单位经办人员参加培训。6月初，市直机关养老保险改革征缴大会召开，启动机关养老保险基金征缴工作，200多个单位经办人员参加会议。9月底，组织召开全市机关养老保险改革研讨座谈会，各县区机关社保经办机构主要负责人30余人参加会议。听取各县区关于机关养老保险改革工作情况汇报，总结改革现状及改革中碰到的问题及困难，提出解决意见和建议。

【机关事业单位养老保险新系统上线】 2017年2月初，永州市市本级机关事业单位养老保险新系统启用。按照“先机关、全额单位，后差额、自收自支单位”的步骤，采取“全员参与、人人有责”的方式，根据市级实际情况制定新系统上线方案，进行统一部署。成立领导工作小组，分成3个业务小组，进行社保登记数据采集、复核、录入等工作。采取每天早会调度，集中研究处理疑难技术问题，每周召开一次处务会专题研究改革问题，业务骨干每周开展一次集中业务学习培训，各组长每天下午汇报采集、录入、结算工作进度。同时，每周统计各县区新系统启用情况，实时掌握全市工作进度，在全县区QQ群上进行通报。

（市机关事业单位社会保险管理处）

社会劳动保险管理

【概况】 2017年，永州市社会劳动保险管理处围绕全市改革发展稳定大局及各项业务工作，扩大征缴面力度，提升经办服务能力，企业离退休人员基本养老金按时足额发放。截至2017年年末，全市参保在职职工21.11万人，征缴16.76亿元，完成年度任务的120.6%，其中市本级参保5.44万人，征缴4.99亿元。全市参保企业离退休人员13.2万人，发放基本养老金30.32亿元，同级财政补助2838万元。其中市本级发放3.06万人，发放8.09亿元。

存在的主要问题是：征缴任务重，全市“五小”企业财力有限，部分职工缴满15年后，就不再缴费，洪涝灾害导致减少征缴9728万元；发放压力大，全市“挤”特殊工种退休、因病退休“大门”的企业参保在职职工逐年增多，提前退休人员增长过快，基金收入增长的幅度比不上支出的增长幅度，市本级和许多县区的结余经常临近红线；查处冒领难，由单位型向社会型转变，企业离退休人员居住分散，死亡不报、迟报冒领养老金现象时有发生，且核查的手段有限，成本过高。在五险统一征缴工作方面主要是信息化建设滞后，市直五险统一征缴信息系统所运行的服务器存在系统存储空间不足、无故死机和程序没有响应等问题，且仅使用基金财务子系统等等。

【企业养老保险基金征缴】 2017年，永州市社会劳动保险管理处面对经济下行、缴费基数过高等困难，通过部门协调、政策宣传、落实政策三管齐下，征缴扩面工作保持良好势头。规范永州市企业养老保险参保缴费政策，做好申报工作，细化社会保险经办机构申报工作，按照《湖南省基本养老保险基本业务汇编》要求，核定参保企业参保人数和社会保险缴费基数；加强宣传，提高参保意识，利用电视、广播、报刊等舆论工具，宣传社会保险的重要意义、基本法规及其他基本常识，使用人单位、广大劳动者、有关部门和社会各界关心支持社会保险费的征缴工作，增强全社会的保险意识，提高企业法人依法参保缴费的自觉性；按章执法，加大清欠力度。对于未依法参保的用人单位，采取催缴通知书、电话催缴和上门催缴相结合的办法，督促其缴齐所欠社会保险费，力争当年欠费当年清，实行社会保险稽核和欠费催缴工作结合制度，对欠费企业进行重点稽核，弄清是否有缴费能力，然后做出相应处理。

【企业养老金发放】 2017年，永州市社会劳动保险管理处在做好扩面征缴的基础上，争取上级补助资金，确保全市企业离退休人员养老金按时足额社会化发放。搞好党风廉政教育，吸取全国各地基金案件的教训，提高工作人员认识的思想认识。执行基金安全管理“三条铁律”，即一事双岗双审，信息系统外不办业务，不直接收取现金。内外检查相结合，实行自查自纠、上级检查、交叉检查等制度，定期不定期开展基金安全大检查，并以督办整改和通报的形式，消除基金安全隐患。开展退休审批专项检查，对查出的问题进行督办整改。通过电话核查、上门调查、查阅住院记录、比对火化信息、接受群众举报等手段，查处瞒报冒领养老金行为。全年全市没有发生企业养老保险基金安全案件。

【省级文明窗口打造】 2017年，永州市社会劳动保险管理处实行首问责任制、一次性告知制、限时办结制、内控制度相结合的监督机制，制定《窗口服务“十不准 十做到”》，实行窗口“早课”制，坚持每月的首个星期一在经办窗口前列队“早课”制度，培养遵守纪律和优质服务的自觉性。用一张清单将办事依据、所需条件与资料、办结时限等全部列明，办事群众拿到告知书后一看就能明白，不用再跑“冤枉路”。针对原来办理退休手续时群众在2楼大厅和20楼市人社局养老保险科来回跑的问题，通过汇报衔接，改为每月下旬定期在2楼窗口联合办公，所有经办业务，均能在2楼窗口一站式办结，资料齐全的能实现即时收件、即时处理。在经办服务大厅设置咨询服务台，一把手带头、处领导及科室负责人轮流值班，负责解答服务对象的业务咨询，做到“零距离”、面对面的服务。7月，永州市社会劳动保险管理处被省人社厅推荐参与省级文明窗口单位评选表彰。

（市社会劳动保险管理处）

医疗保险基金管理

【概况】 2017年，永州市城镇职工医疗保险参保42.65万人，城镇职工生育保险参保人数284039人，全市城乡居民医疗保险参保人数为531.5万人。全市城镇职工医疗保险基金收入13.95亿元，基金支出9.45亿元；城镇职工生育保险基金收入2279万元，基金支出2107万元；全市城乡居民医疗保险征缴收入30.81亿元，基金支出23.56亿元。

存在的主要问题是：基金收支无法平衡；监管效能难以提高；城乡居民医保筹资工作难度大；经办责任大等等。

【城乡居民医保归口管理】 2017年，永州市城乡居民医保制度整合以后，全市城乡参保居民数量剧增，对经办机构的经办服务能力建设提出新的要求。市本级医保经办机构将原审核结算科的部分职能分离出来，整合成立异地联网结算科，专门负责市内、省内和跨省异地就医直接结算工作，构建经办机构与医疗机构沟通联系桥梁，实现业务顺畅对接，提高跨省异地就医直接结算工作效率。从8月起，异地联网结算科简化异地就医审批手续，异地就医参保人员只需要凭身份证、异地居住证明、个人申请，就能够通过单位经办人、电话传真、微信、QQ邮箱等方式办理异地就医备案手续，无须加盖公章，方便参保人员异地就医需求。加强沟通协调，牵头建立QQ工作群、微信工作群和医院交流群，联系协调各县区、市州、省关联单位，及时协调处理跨省异地就医过程中出现的问题。

【城乡居民医保监管】 2017年，永州市按照“三保合一、管办分离、市县对口”的总体思路，探索实施经办服务与基金安全监管“两权分设”经办模式。将原市新农合结算中心整体划入市医疗保险基金管理处，成立市医疗保险稽核监管中心；各县区（管理区）在城镇居民医保经办机构和新农合经办机构的基础上，分别整合成立医疗保险管理服务中心和医疗保险稽核监管中心。建立健全医疗保险稽核监管中心，集中监管力量，强化和规范医疗服务行为，杜绝欺诈、恶意骗取医疗保险基金等违规行为的发生。制定下发《永州市城镇职工医保跨省异地就医经办流程（试行）》《关于做好市内异地就医联网结算工作的通知》《关于进一步明确市内异地就医结算工作流程和部分协议医疗机构费用结算工作的通知》《关于做好跨省异地就医直接联网结算的通知》等一系列文件，明确将跨省异地就医的医疗服务和就医行为纳入协议医疗机构服务协议，各级医保经办机构加强协议医疗机构异地就医管理和异地就医费用审核，保障异地就医参保人员合法权益。

【城乡居民医保协议管理】 2017年，永州市完善基本医疗保险协议医疗机构服务协议。年初，根据各医疗保险协议医疗机构实际发生费用情况和对医疗服务协议的执行情况，分别进行数据分析和测算。市级与41家医疗机构签订医疗服务协议，其中对7家医疗机构实行单病种管理，与335家符合零售协议药店签订服务协议。

【市级信息支撑平台构建】 2017年，永州市依托国家金保工程，在湖南省范围内较早整合城镇职工与城乡居民医保信息系统，建立市级管理、覆盖市县、延伸基层的完全统一的基本医疗保险信息管理系统，实行市级数据集中管理模式，对原来孤立的数据、碎片化的信息系统进行整合，实行同人同城同库管理。按照《关于印发跨省异地就医结算系统接口规程和地方系统改造要点的通知》要求，完成本地医疗保险业务系统改造，搭建市级异地就医费用结算平台，实现与省级平台的信息对接和数据交换。8月以来，按照人社部制定的联调测试流程，组织经办机构、医疗机构、信息技术三方，共同开展跨省异地就医功能测试、社会保障卡测试、性能及可靠性测试等工作。在成功测试的基础上，8月6日—11日，组织人员奔赴江苏省、浙江省、福建省三地，开展跨省异地就医住院费用直接结算实测工作，在以上三地均成功完成社保卡实测工作。8月31日，首例跨省异地就医直接结算实例在永州市中心医院产生。

【社保卡建设】 2017年，永州

市累计发放社保卡465万张，达到全市常住人口的86%。其中，市内支持跨省异地就医的协议医疗机构用卡环境改造完成目标任务的100%，跨省异地就医备案人员社会保障卡发放2574人，发卡率97%。同时，对全市所有协议医院、定点药店的信息系统和社保卡读卡机具进行改造，全市三级以上医院基本实现“就医一卡通”，业务专网延伸至乡镇、社区，搭建“社保通”4G移动平台，移动POS在村卫生室推广使用。实现社保卡在全市城镇职工、城乡居民医保等业务应用，参保人员凭社保卡可办理挂号、医保结算、参保登记、信息查询、缴费和待遇领取等业务。监管部门通过对社保卡个人的诊疗数据进行分析，实现对个人的动态监管。

【与村卫生室业务对接】 2017年，永州市在村卫生室选择医保服务智能终端一体机解决方案。该方案采用4G专用网络，终端内集成门诊收费、门诊退费、家庭账户查询、结算申报等八大功能模块，囊括村卫生室的所有业务。该终端支持社保卡读取和身份证录入两种信息提取模式，方便医生上门服务，便于医保监管机构实行远程监控。截至2017年年末，全市2500余家村卫生室接入或正在接入医保系统，完成率50%以上。

（市医疗保险基金管理中心）

工伤保险基金管理

【概况】 2017年，永州市有工伤保险参保单位5428户，参保总人数341401人，征缴工伤保险保费1.34亿元，完成全年任务7500万元的179%，享受待遇人数1900余人，支付各项待遇费用7354万元。

存在的主要问题是：建筑行业参保难度大；经办风险管控重视程度不够；政策模糊地带隐患大，部分县区在实施政策性关停企业改制过程中，未将工伤职工的工伤待遇纳入安置范围，还有个别企业停止生产，停止缴费，不预留工伤职工费用等。

【建筑业参保】 2017年3月、8月，永州市召开全市工伤保险经办工作研讨会，听取各县区经办机构的工作进度情况汇报，了解实际工作中的困难，并就在经办问题逐一进行解答，部分问题以会议纪要下发，统一各县区经办口径，争取经办工作成果最大化。收集各类问题65个，回复处理40多个，其中以会议纪要的形式回复26个。开展缴费基数申报和社会保险登记证年审工作。下发《关于做好2017年度工伤保险缴费基数申报工作的通知》，对部分未及时申报的参保单位，通过电话、邮件和QQ等方式进行通知，提示断保风险，督促相关参保单位尽快办理缴费基数申报手续。审核参保单位5000多家，审核30多万名参保职工的缴费基数。按照《永州市建筑业参加工伤保险实施办法》，市工伤保险管理处与住建、安监等部门建立工作联动机制，畅通信息共享渠道，共享项目施工许可证发放、安全生产管理等信息资源，推动落实建筑行业参保政策。对于未参保的项目，到项目施工现场开展政策宣传，发放参保通知书，发放安全帽等宣传品，敦促项目企业及时参保。9月、11月，分别组织县区工伤保险经办机构负责人去怀化、郴州学习建筑行业参保的先进经验。是年，全市385家新开工建筑企业100%参保。创新征缴手段，采取将征缴任务分解到个人、任务完成情况与绩效挂钩、申请将机关事业单位保费纳入财政预算由财政代扣代缴等形式，以机关事业单位人员抗洪救灾、下乡扶贫等容易发生工伤事故的典型案例说服机关事业单位参保。

【工伤保险待遇支付】 2017年，永州市各县区工伤保险待遇实行属地管理、属地审核，保障工伤待遇足额及时拨付，提升经办机构的服务水平。开展定期全面检查和不定期抽查，全面把关全市待遇审核拨付工作情况。截至2017年11月末，全市享受工伤保险待遇人数1908人，其中：一至四级伤残103人；五至十级伤残457人；未评定伤残等级1108人。享受工亡待遇人数25人，享受供养亲属待遇人数215人。全市工伤保险待遇支出5595万元，其中：工伤医疗待遇支出1734万元；伤残待遇支出1561万元；工亡待遇支出2148万元，工伤康复待遇支出143万元，其他支出9万元。

【工伤保险基金监管】 2017年5月，永州市工伤保险管理处开展“雁过拔毛”式腐败问题和“纠四风治陋习”专项整治工作，查找各类基金风险点，排查确立风险点5个。组织人员对2013年以来市本级工伤保险基金的征缴、拨付、管理、使用等环节进行检查，对查找出来的问题及时进行整改，确保基金运行安全，并在11月形成专题报告上报市人社局。新增加4名业务经办人员，重新规范科学设置岗位，做到“双岗双审”。抓好《工伤保险经办规程》等内部管控制度的贯彻落实，实行业务、财务分账管理。加强信息系统控制，重申业务操作人员和系统维护人员等各类人员职责和使用权限，为每项业务设置工号和密码，对数据录入、修改、访问、使用进行监督管理，确保数据安全。重视住院监管，从接到事故报案起，及时跟踪掌握受伤职工的治疗情况和医疗费使用情况，并通过网络核查用药是否规范，何时达到出院条件，要求协议医院提醒工伤职工及时出院，减少用药的漏洞和挂床现象的发生，减少工伤保险基金的不合理支出。采取书面稽核和实地稽核相结合的方式，对缴费人数、缴费基数和异动人员等情况进行稽核。10月，开展基金使用情况专项检查，重点检查三项费用情况，通过询问财务工作人员，翻阅财务报表，明细账，原始凭证等会计档案，对三项费用的列支情况进行严格的检查。

【工伤保险政策宣传】 2017年，永州市工伤保险管理处借助“2017春风行动”启动仪式和“12333”全国统一咨询日等活动进行现场宣传，在活动现场提供工伤保险政策法规、参保流程、待遇偿付、老工伤待遇等咨询服务，组织参加各类宣传活动230多场次，免费发放各种宣传资料和物品15万余份。市本级在42家企业新制作立式不锈钢永久性宣传栏168个；对原有的432个固定宣传栏内容全部进行更新；在580多家参保企业设立不锈钢永久性宣传栏600个。编制《工伤保险文件汇编》《工伤保险实用手册》，印制10万份。创新设计购物袋等宣传用品，增加工伤保险文化与永州文化相融合的内容。在永州新闻网开设工伤保险宣传专栏，联合永州广播电视台拍摄工伤预防宣传视频，筹备制作永州工伤保险十年发展成就宣传视频。发放各类宣传用品20万份，设立工伤保险宣传视频播放点600余处。

【工伤人员档案审核】 2017年，永州市工伤保险管理处将市直改制国有企业老工伤纳入市本级工伤保险基金统筹管理。对用人单位及其主管部门上报的老工伤人员历史资料和档案进行初审，对老工伤人员人数、伤残等级核实，市本级审核404人，审核9遍。已签协议且预留资金到账的企业有湘江纸业和药业集团两家，纳入统筹管理182人，预留费用1291万元。逐步清理部分系统遗留问题，规范老工伤系统数据管理。将永州市第三人民医院作为老工伤人员旧伤复发鉴定定点医疗机构，并开通特殊门诊窗口。

（市工伤保险管理处）

城乡居民社会养老保险管理

【概况】 2017年，永州市城乡居民登记参保341.2万人次，完成省定任务的108%；60周岁以上领取待遇人数86.6万人，全市发放基础养老金8.97亿元，9月底完成基础养老金提标5元/人的任务。参保人员个人缴费2.61亿元，完成全年任务的130%。全民参保登记工作9月底完成，参保人员（数据库）入库率100%，未参保人员登记率97.95%，超过任务近3个百分点。城乡居保银行代收保费金额（自主缴费率）96.5%，超过任务6.5个百分点。全民参保登记工作按期完成，城乡居保政府缴费和基础养老金补贴（含政府代缴）到位6600万元，完成省下达补贴任务的101.5%，按照湘政办发〔2014〕31号文件启动的有零陵、冷水滩、祁阳、宁远、新田、东安等县区。按照湘政办函〔2017〕5号文件要求，自1月起，全市对出台实施方案、保障人数、资金收支及欠费情况按季调度统计。11个县区出台文件，建立县区政府领导牵头的联席会议制度。

存在的主要问题是：各县区工作进展不平衡，多数县区缴费存在“前冷后热”“前松后紧”现象；基层经办能力亟待加强；基金监管难度大，待遇稽核、生存认证工作难度大，虚报冒领现象时有发生；部分县区教育、卫生、财政等部门衔接配合不够，代发的补助资金有时发放不及时。

【城乡居民社会养老保险征缴】 2017年，永州市通过将城乡居民社会养老保险基金征缴纳入绩效评估、层层分解落实指标、工作与评先评优挂钩、提请人大领导到乡镇督查等形式，不断加大基金征缴力度。宁远、零陵、冷水滩等县区对乡镇、街道推行目标管理，下发责任书，明确指标任务和责任人，年底考核兑现奖惩。零陵、江华、新田、道县、双牌、江永等县区进度较均衡。在继续推行经办银行代缴、参保对象通过银行渠道缴费模式的基础上，加快推行城乡居民养老保险手机缴费。7月，全市14个县区相继采用这一新的缴费方式。江永县开通微信公众号，零陵区、东安县、江永县、江华瑶族自治县提供网上查询服务，方便群众办事，业务办结率100%。全市城乡居民自主缴费率96.5%。县区经办机构与残联、卫生、扶贫、民政等部门沟通，数据共享，让更多的缴费困难群体参保。以建档立卡扶贫对象的数据为基础，加强政策宣传，动员贫困家庭适龄人员参加养老保险，确保全员参保、应保尽保。

【城乡居民社会养老保险发放】 2017年，永州市规范各项规章制度，健全死亡人员信息报送制度、待遇领取人员公示制度、责任追究制度、养老金发放与绩效工资挂钩制度等，确保城乡居民待遇及时足额发放。9月底，全面完成2017年提标调待工作，为84.04万人按政策增发养老金3402.53万元。落实地方政府缴费补贴、提标补助资金。省下拨提标补助资金3460.5万元，地方政府落实提标补助资金869.87万元。加强部门协调，县区经办机构为老年乡村医生、原民办教师和代课教师、原电影放映员代发困难补助，为独生子女家庭发放奖励补助金。

【城乡居民社会养老保险基金监管】 2017年，永州市重点开展基金安全三项大检查。开展全市范围内的城乡居民养老保险经办机构内部控制专项检查。在2月县区经办机构自查的基础上，3月中旬组成3个检查组抽查9个县区。5月，省检查组抽查东安、祁阳两县并下发整改通知书，督促两县抓好省检查组所发现问题的整改落实工作。8月，督促尚未检查的5个县区补足自查资料，做好经办机构内控制度部级直查准备工作。养老保险重点指标专项核查。6月开始，全市以养老保险重复领取待遇、死亡冒领、提前退休和一次性补缴为核查重点，进行数据比对，县区经办机构对省城乡居保中心下发三批次2.25万名重复领待人员的数据进行核查，对核实死亡人员作暂停发放处理，城乡居保养老金稽核退款16.8万余元。开展经办风险管理专项行动。做好退休认定和生存状况认定工作，全市14个县区经办机构明确专人负责，开展城乡居保个人权益记录管理的自查，没有发现违规违纪的现象。

（市城乡居民社保办）

劳动人事争议仲裁

【概况】 2017年，永州市市县（区）两级劳动人事争议仲裁机构受理劳动人事争议仲裁案件数578件，结案571件，调解结案399件，结案率98.8%，调解率69%。其中：市级劳动人事争议仲裁院受理的案件数219件，结案216件，调解结案134件，结案率98.6%，调解率61.2%。全市各级仲裁院完成省人社厅要求的结案率95%以上、调解率60%以上的工作要求。全年，全市市县（区）两级劳动人事争议仲裁机构对劳动人事争议仲裁案件做到100%受理。

存在的主要问题是：市劳动人事争议仲裁院未列为参照公务员法管理单位等等。

【劳动人事争议仲裁与法律援助实现联合】 2017年12月13日，永州市劳动人事争议仲裁院与市司法局就在该院设立法律援助联络点协商成功。法律援助联络点的设立将进一步解决经济困难劳动者维权问题，维护劳动者合法权益。

【仲裁标准统一】 2017年年初，永州市在江永县召开全市劳动人事争议仲裁工作会议，对2016年全市的仲裁工作进行总结，对2017年全市仲裁工作进行部署安排；12月7日—8日，在新田县召开全市劳动人事争议仲裁案例研讨会。通过每年召开工作会议和全市案例研讨会，统一全市相关案件的仲裁标准，在多重劳动关系、职工休年休假等7个具体方面做出统一裁决标准，改变全市仲裁机构各自为战、各县区之间仲裁标准不统一的状况。

【基层劳动争议调解组织建设】 2017年，永州市县（区）劳动人事争议仲裁机构发挥企业、行业协会、乡镇（街道）等基层调解组织的作用，健全调解网络，发挥调解员作用，搞好劳动人事争议预防，将劳动人事争议案件尽量解决在基层，减少劳动人事争议案件。

（市劳动人事争议仲裁院）

劳动保障监察

【概况】 2017年，永州市劳动保障监察机构监察用人单位2374个，涉及劳动者人数71432人，投诉案件488件，结案数479件，结案率98%，追发劳动者工资等待遇8491.9万元。其中：市级检查单位132个，涉及劳动者18432人，投诉案件55件，结案数55件，结案率100%，追发劳动者工资等待遇1092.8万元。

存在的主要问题是：执法手段单一，难以形成有力震慑；执法条件有限，工作推进难度大；执法环境复杂，维权工作量显著增加等等。

【劳动保障监察问题处置机制】 2017年，永州市出台《永州市人民政府关于全面治理拖欠农民工工资问题的实施意见》，将保障农民工工资纳入政府目标考核，成立以分管副市长为组长，市政府副秘书长、市人社局局长为副组长，人社、住建、公安、交通运输、水利等12个部门分管领导为成员的保障农民工工资支付工作领导小组，促进各部门协调联动，明确相关部门在解决拖欠农民工工资方面的职责。构建各部门联动追薪机制，加强与公安、信访、住建等部门的联动，加大对欠薪逃匿、恶意欠薪行为的打击力度。如11月，市某工地娄底籍70余名农民工因拖欠工资集体上访，市信访、人社、住建、公安、财政等部门联动，妥善处置，该工地农民工拿回自己应得的工资130余万元。召开全市做好2018年春节前保障农民工工资支付工作会议，会上就做好保障农民工工资支付工作进行专门安排部署，确保实现“两个基本、一个不发生”的目标（即保障农民工工资支付基本不拖欠，发生的拖欠农民工工资案件要在春节前基本结案，不发生因拖欠农民工工资而引发的群体性事件和极端事件）。市发改委、市公安局等12个部门联合制定并下发《永州市开展农民工工资支付情况专项检查工作方案》。

【劳动保障监察专项行动】 2017年，永州市发改委、市公安局等12个部门联合制定印发《永州市开展农民工工资支付情况专项检查工作方案》，对全市开展农民工工资支付情况专项检查工作做出统一部署。成立以市人社局、市发改委、市公安局等12个部门为成员的永州市农民工工资支付情况专项检查协调指导小组。各县区也建立专项检查协调指导机构，并建立专项检查成员单位之间、上下级之间的信息反馈制度。检查用人单位306户，涉及农民工1.98万人，其中农民工1.43万人，补发工资人数0.45万人，责令支付工资及赔偿金4696.3万元。查处涉嫌犯罪案件移送公安机关14件，移送法院审理15件。印发《永州市开展清理整顿人力资源市场秩序专项行动方案》。专项行动期间，全市各相关部门出动执法人员209人次，检查职业中介机构17户，检查用人单位254户，查处违法用人单位5户，其中未经许可登记擅自从事职业中介活动1件，提供虚假就业信息1件，提供虚假招聘信息6件，扣押劳动者居民身份证和其他证件或向劳动者收取押金等费用2件，在检查中下达限期改正指令书8份，责令退赔劳动者中介服务费、押金或其他费用4.2万元。开展用人单位遵守劳动用工和社会保险法律法规情况专项检查，检查用人单位102家，涉及劳动者0.68万人；责令用人单位补签劳动合同500份。对存在问题的用人单位，由各级劳动保障部门下达限期改正指令书27份，责令支付工资及补偿赔偿396.7万元，督促2家用人单位缴纳社会保险费23.9万元。

【劳动保障定期监察】 2017年，永州市劳动保障监察机构对1768家用人单位进行定期监察，涉及劳动者6.31万人。在完善原有的来访、来信、来电等举报投诉渠道的基础上，通过网络在线问政、永州红网、网络舆情、12333投诉专线等多条渠道受理投诉举报。截至2017年年末，全市劳动保障监察机构处理投诉举报案件442件，为劳动者追回工资等待遇7656.55万元（其中农民工工资7290.64万元）。

【维护农民工合法权益】 2017年，永州市贯彻执行《湖南省建设领域农民工劳动报酬支付管理规定》《关于进一步加强建筑行业农民工工资保障工作的通知》文件精神，对建筑项目收缴农民工工资保障金。截至2017年年末，全市收缴农民工工资保障金1.31亿元（其中市本级9151.21万元）。加对强欠薪违法行为的信用惩戒力度，将用人单位评为不同的劳动保障诚信等级并实行分类监管。采取定期公布重大欠薪违法案件、健全失信企业“黑名单”制度等措施，提高企业违法失信成本。全年向社会公布重大欠薪违法案件11起。

（市劳动保障监察支队）

信息服务与管理

【社保卡建设】 2017年，永州市召开全市社保卡数据采集和信息化建设工作会议，重点部署社保卡数据采集和信息网络安全工作。通过组织下发信息核对表，由乡镇、社区安排工作人员上门核对和要求各县区协调教育部门，争取学校支持等方式，对全市16周岁以下的学生开展照片和个人信息采集。截至2017年11月底，全市持卡人数476.7万人，达到全市常住人口的87%。对全市跨省异地就医备案人员社保卡发放情况进行核查，通知未领卡人员及时领卡，对未制卡人员及时制卡。利用社保卡基础信息，对精准扶贫对象建档制卡。开展社保卡开户失败数据清理工作，处理市本级社保卡开户失败数据；做好社保卡补换卡、挂失、解挂、查询等日常工作。将制卡数据与公安户籍数据、城乡居民医保数据进行比对，清理出已参保数据和未参保数据，联合教育部门，由县区社保卡服务中心组织工作人员到学校采集照片、核对信息并提交制卡。

【人社业务信息化建设】 2017年，永州市制订全市人社业务专网安全管理规章制度，对市局数据中心的VPN网关等安全设备进行升级，制定《县区信息网络安全建设指导方案》，指导县区进行网络安全建设，要求县区制定网络安全建设方案，确定网络安全管理责任人，做好网络风险排查和防范应对，对信息网络、服务器、电脑终端进行安全加固，配备网络安全设备。配合就业部门做好新就业信息系统的上线运行和数据迁移，在全市就业领域推广应用。确保信息网络和信息系统安全稳定运行，保障医保、养老等业务的开展。为合作银行、商业保险公司、定点医院搭建数据专线接入平台，提升接入网络的通信质量。协调电信永州分公司、移动永州分公司，搭建“社保通”4G移动平台，布设移动POS终端，将城乡居民医保业务系统延伸至村卫生室。实现村民在家门口看病也能使用社保卡办理医保结算，推进社保卡应用和服务向基层延伸。

（市人社局统计信息中心）

人 事 考 试

【概况】 2017年，永州市人事考试院组织实施五大类人事考试46项，4.2万人报名，组考6.16万科。其中组织实施五项招录招聘考试，1.93万人报名参考，3.85万科，其中全省公务员录用考试1.36万人，市直机关公务员遴选考试757人，市直事业单位公开招聘考试3937人，引进人才考试、2012年第三批调任考试、高校毕业生“三支一扶”考试957人。组织实施五项全国专业技术人员职（执）业资格考试，1.52万人次报名参考。组织实施专业技术人员计算机应用能力考试78场，5431人次参考。组织实施市人防办、市公共资源交易中心、市人民检察院、市城投集团4家单位委托招聘考试，招聘58人。组织实施事业单位工勤人员转岗考试，1507人参考。配合做好考后资格审查和证书管理工作，全年整理上报、领取、打印、核发、补发各类资格证书、合格证7500余本。

存在的主要问题是：非法培训机构违规违法助考、高科技作弊集团化猖獗，根据教育部考试中心公布的数据，永州市在执业药师考试中，雷同卷人数比例偏高、全国排名靠前；考试机构的性质、人员管理方式和队伍现状与人事考试工作高要求不相适应，人事考试占用周末多、封闭加班多、保密要求高与人手不足、责权利不对等、核心队伍不稳定等问题比较突出；部分学校不愿意承接考试任务，个别考点对考试制度执行不到位，少数监考人员履职意识淡薄，业务生疏，引发考试安全问题等。

【考试安全保障】 2017年，永州市人事考试院完善试卷库房、值班和监控设备等，试卷领取、清点、运送、保管，要求双人复核，双人押运、双人值班，钥匙双人保管，确保试卷绝对安全；监考人员实行现场抽签决定考场；禁止监考人员在监考期间阅读书报、做题、看手机、聊天、串考场、打瞌睡，整肃考纪考风；安排楼层巡考负责试题本和答题卡的回收核验，杜绝少装、漏装、错装题本题卡情况的发生；落实人社部关于“专业技术人员资格考试原则上封闭2小时，开考5分钟后一律禁止入场”的要求，避免迟到考生携带答案进场、偷拍试卷提前离场等情况的发生，为每个考场配备金属探测仪和手机存放袋，考前对考生实施严格安检，对考生身份进行地毯式核验；制定方案和召开考务会，传达考试安全要求和考务工作规定，确保考务工作者都了解职责任务与注意事项，明确考务安排分工；接受纪检部门的监督，对重要岗位、重要环节实施监管，每个考场安排1名人社干部担任主考和1名学校老师担任副考，互相监督，每4~5个考场安排1名楼层巡考，检查考场执纪情况，发现问题及时警示，考后对责任考场进行综合考评，奖优罚劣。

【考试作弊打击】 2017年，永州市人事考试院分析考试形势，针对考试类型制订应对方案，明确防范重点。自行组织的考试，重点防止试题流失，防范高科技作弊；全国、全省组织的考试，重点加强考场监听。在全国执业药师考试中，永州市利用新型语音监听器材，组织监听小组8支，抓获高科技作弊人员46人，缴获作弊器材75件。

【考务管理现代化建设】 2017年，永州市人事考试院加强考试信息化建设，永州人事考试网站考试政策发布、考试动态更新、准考证打印、考试成绩查询等功能日趋完善，证书邮寄平台开通，考试服务保障能力得到提升。完善自有考试基地建设，与潇湘技师学院合作建设标准化考场，更新完善考场视频监控和屏蔽设施，提高考点硬件条件，提升防作弊能力。应用现代科技助力考务管理，客观题试卷全部采用光电阅读，提高准确率，节省人力物力财力，考后资料归集全部扫描建立数据库。

（市人事考试院）

职业技能鉴定

【概况】 2017年，永州市组织职业技能鉴定1.01万人次，取证办结7354人次，完成省定目标任务的101.3%和105.06%；职业技能鉴定评审费收入105.15万元，完成全年目标任务的175%。1月14日起，组织实施实际操作考试，考完后进行登分工作，将成绩录入工考信息系统，并按照规定进行成绩折算，确定合格人员名单。添置新的证书打印系统，实现证书印章、照片、二维码一次打印成功。12月8日，永州市机构编制委员会办公室同意将市职业技能鉴定中心机构类别由公益二类调整为公益一类，经费渠道由自收自支调整为全额拨款，同时从市级编制库为市职业技能鉴定中心调剂事业编制2名，领导职数设主任1名、副主任1名。

【考务管理情况】 2017年，永州市把考务管理作为职业技能鉴定工作的主要手段，对人数较多的考务活动由市人社局分管领导参加，一般考务活动做到现场督考，发现问题及时纠正，妥善予以解决，考务管理工作逐步走向规范化轨道。

【职业技能政策宣传】 2017年，永州市对职业资格改革、职业资格全国统考、职业技能竞赛等及时通过网站、微信等多渠道多方式进行宣传，推广国家职业资格证书制度。2014年以来，国务院分7批取消的职业资格有434项，取消比例达到70%以上。根据湖南省人社厅继续做好职业资格清理规范工作的相关要求，重视职业资格清理规范工作，组织"回头看"，巩固和深化职业资格清理规范成果。9月，宣传贯彻落实人社部出台的《职业资格目录清单》。

【职业技能竞赛活动】 2017年，永州市职业技能鉴定中心参与市环保局组织的环境监测技术竞赛和市就业局组织的家政服务员、育婴员、养老护理员竞赛活动；组队参加2017年湖南技能大赛暨第45届世界技能大赛湖南选拔赛。

（市职业技能鉴定中心）

卫生计生

综述

2017年，永州市有医疗卫生机构5805个。其中医院128所、基层医疗卫生机构5567个、专业

2017年9月25日，永州市《健康扶贫 精准解困》"医疗众筹"免费医疗救治项目启动 摄影 张建辉

公共卫生机构110个。医院中，公立医院35所、民营医院93所。基层医疗卫生机构中，社区卫生服务中心（站）37个，其中社区服务中心25个、社区服务站12个；卫生院182所；诊所543个，卫生所、医务室（包括分支机构）93个；村卫生室4705个。专业公共卫生机构中，疾控中心12个、妇幼保分健院12个、卫生计生综合监督执法局（卫生监督所）12个、专科疾病防治所2个、采供血机构1个、计划生育技术服务机构71个。

2017年6月30日，永州市医疗联合体签约仪式现场　　摄影 张建辉

年末，全市医疗卫生机构有编制床位35392张，实有床位数37285个。全市卫生编制人数29983人，实有在岗职工数39662个，离退休人员6206人，年内退休人员284人。全市卫生技术人员29708人，其中执业（助理）医师12477人、注册护士12033人。市直医疗卫生单位引进高学历人才88名（全日制博士研究生1名，全日制硕士研究生87名）。入选全国卫生计生系统先进工作者1名、全市第一届享受政府特殊津贴专家3名、青年英才2名。在全省率先启动实施基层卫生专业技术人员高级职称评审改革，评审通过正高2人、副高30人。在全省率先开展乡村医生本土化免费培养。全市医疗卫生机构有固定资产32.8亿元；房屋建筑面积261.53万平方米，其中业务用房面积174.2万平方米、租房面积30.12万平方米。全市拥有万元以上医疗设备12217台件，总价值22.93亿元，其中50万元~99万元408台件（较2016年增加31台件），100万元以上407台件（较2016年增加50台件）。全市医疗卫生机构总收入74.18亿元，比2016年增加6.65亿元，增长9.84%；总支出73.47亿元，比2016年增加7.77亿元，增长11.82%。

2017年度（2016年10月至2017年9月），全市评估总人口651.60万人，比2016年度增加5.40万人；已婚育龄妇女人数120.37万人，比2016年度减少0.90万人；出生人数9.40万人，比2016年度增加0.30万人；出生率14.42‰，比2016年度提高0.21个千分点；符合政策生育率91.08%，比2016年度提高0.24个百分点；出生人口性别比为117.39，比2016年度下降1.17个百分点；自然增长率7.19‰，比2016年度提高0.25个千分点；死亡率7.23‰，比2016年度下降0.04个千分点。

截至2017年9月30日，全市流动人口总数174.29万人，占全市人口总数的26.14%，较2016年度同期减少21.93万人。流出人口164.7万人，其中跨省流出人口156.1万人，省内流出人口8.6万人；女性流出人口81.17万人，流出育龄妇女66.25万人，男性流出人口86.58万人；跨省流出人口中，流向最集中的是广东省，为128.56万人。流入人口9.56万人，省内流入7.79万人，跨省流入1.77万人；其中女性流入人口0.61万人，其中流入育龄妇女0.53万人；男性流入人口1.16万人。

2016年卫生重点工作获全省优秀，在第二方阵7个市州中排第一位。被湖南省卫计委评为2016年全省卫生计生宣传工作先进单位；被省卫计委评为2017年度湖南省出生缺陷防治工作先进单位；永州市被评为2016年全省卫生技术资格考试和护士执业资格考试优秀考点；蓝山县、江永县、双牌县、零陵区被省卫计委评为湖南省儿童保健服务合格县市区；冷水滩区花桥街镇卫生院等36个乡镇卫生院被评为国家级群众满意的乡镇卫生院（《国家卫生计生委办公厅关于公布“2016—2017年度群众满意的乡镇卫生院”名单的通报》）。

【医疗卫生服务体系】 2017年，永州市完成卫生项目建设投资

4.67亿元。继续推进基层医疗机构标准化建设三年行动计划，建设完成乡镇卫生院50所、社区卫生服务中心9个和行政村卫生室1073个，进度率分别为96.15%、100%和109.15%。市中心医院南院建设项目基本完成。

【民生实事项目工程】 2017年，永州市实施民生实事项目4项，省级有孕产妇免费产前筛查和农村适龄妇女“两癌”免费检查2项，市级有基层医疗机构标准化建设和为65岁以上农村老人免费体检2项。全市“两癌”（宫颈癌和乳腺癌）免费检查93270人，超额3070人完成省里任务。孕产妇产前筛查完成59485人，目标数覆盖率108.44%。为65岁以上农村老人免费健康体检33.04万人，为年度任务的103.11%。

（首永琳）

【永州市中心医院】 2017年，湖南省永州市中心医院有编制床位2400张，在职职工2756人，其中研究生导师10名、博士研究生、硕士研究生309名，高级职称专家353人，中级职称537人。全年引进人才43人，其中博士研究生1人、硕士研究生42人。选派49名业务骨干到国内知名医院进修学习，11名医疗专家到美国、德国进修学习。放射科医生蒋宏坤入选第16批援津巴布韦医疗队员，援外工作实现零的突破。申报省级科研项目5项、市级科研项目8项、校级科研项目1项。两项市级科研成果分别获永州市科学技术进步一等奖、二等奖。在省级及以上医学杂志公开发表论文297篇，其中SCI文章4篇。全年接待门急诊83.3万人次，增长6.34%；出院病人9.8万人次，增长2.24%；完成手术2.25万台次，增长6.63%；完成健康体检5.52万人次；病床使用率102.25%；平均住院日9.01天；抢救危重病人2610例，增长29.08%。全年经济收入12.14亿元，其中业务收入11.89亿元，增长14.66%；财政拨款0.25亿元。全年获得国家、省、市级奖励40项，个人奖励29项。其中集体奖项有“全国文明单位”“湖南省平安医院创建示范单位”“全省助残先进集体”“芙蓉标兵岗”“高级卒中中心”“优秀官方网站”“永州市第二届红十字应急救护大赛暨‘5·12’护理技能竞赛二等奖”“永州市卫计系统家风家教家训演讲比赛组织奖”“喜迎十九大，建设新永州，市直机关大合唱比赛二等奖”等；个人奖项方面，唐朝晖获“永州市第一届享受政府特殊津贴专家”，蒋健被授予“湖南省五四青年奖章”，邓丹被评为“湖南省优秀共青团干部”，秦哲被评为“湖南省优秀信息主任”，张保亮被授予“永州市第一届青年英才”，李丹获得“护理骨干临床培训教学能力比武二等奖”“全省院感联会读书报告会一等奖”等。

以创建“平安医院”示范单位为载体，开展安全防范教育，对全体医护人员，特别是新进人员、实习学员、住培学员等开展安全培训50余次，获评湖南省十佳“平安医院”示范单位，并被国家卫计委提名为全国创建“平安医院”活动表现突出集体。

通过监测和点评，抗菌药物使用的各项指标，均控制在湖南省卫计委要求的范围内。在原有30个临床路径病种的基础上，新增病种105个，临床路径管理病人住院费用人均减少185元。全年无医院感染暴发事件，无传染病漏报事件。

完善院科两级护理质量管理体系，更新CCU、RICU、介入中心等特殊专科质量评价标准。组织全院护理人员理论培训32次，操作技能培训两轮，全年选派141名护理骨干外出学习交流，39名护理人员外出进修专科护理。上报护理创新项目20项，静疗项目获全国“寻找外周最佳穿刺实践”专家评审20强，南院内分泌科“多功能伤口换药架”、南院五官科“悬挂式眼液盒及眼液提示卡”、北院急诊科“甘露醇小暖箱”获评全省护理产品创新项目二等奖，北院神经外科“改良版中心静脉压测量装置”、南院ICU“危重患者病员服改良”获评全省护理产品创新项目三等奖。

10月1日，医院开始执行国家卫计委有关药品采购的“两票制”和省卫计委“价格联动”的药品采购政策，实现城镇居民医保和新农合并轨管理。开通跨省异地就医直接结算服务。联合湘雅医院、市内各县区医院、乡镇医院、社区卫生服务中心构建五位一体的医疗联合体，全年与省级医院、各县区二级医院共32家医院签约。实施“541工程”，通过以胸痛、卒中、创伤、肿瘤、结核病诊疗五个专科联盟为抓手，以远程视频会诊、远程心电、远程病理、远程影像诊断四大技术平台为纽带，以成立“永州市医联体基层医院培训基地”为基础，每年为全市的基层医院免费培训基层医生500人次，打造跨

2017 年 12 月 6 日，湖南省人大常委会副主任李有志（前排右二）调研永州市中心医院

区域性医疗服务中心。省人大常委会副主任李友志一行到永州调研督查健康永州建设时，对医院的建设模式给予肯定，并建议省卫计委在全省推广“永州模式”。

投入 700 万元专项资金，推动“学科建设年”活动开展，对全院学科发展现状进行调研和评估，并制定学科发展规划，对重点项目和重点学科给予培育、扶持和奖励，住院部新增超声医学科、磁共振室、介入中心；门诊新增盆底康复中心，开设伤口造口失禁门诊。市胸痛中心、创伤救治中心、卒中中心、肿瘤防治中心、结核病诊疗中心挂靠该院，其中卒中中心被省、国家卫计委授予省级综合卒中中心、国家级高级卒中中心建设单位。中医康复科被市卫计委评定为永州市特色中医专科。开展新技术、新项目院内专家评选活动，入围 93 项，其中重点项目 31 项、一般项目 62 项，上述项目均进入中期评审阶段。

通过重点项目建设，改善患者就医环境，推广预约门诊服务，开通智康“掌上医院”、医院官方微信等预约挂号、缴费平台，WiFi 实现全覆盖；实现门诊、住院费用相互交费、转账，微信预约挂号、微信交费与自助机交费、取号自动联机，社会保障卡在自助机上刷卡缴费等。投入资金 100 万元对北院 CT 室、MRI 室、DSA 室进行改造，投入 250 万元完成北院神经外科 ICU 的建设，对南院手术室、北院妇科门诊、产科门诊、门诊胃肠镜室、膀胱镜与碎石中心、核医学科与衰变池等进行改建，投资 1.6 亿元的南院综合楼主体精装修基本完成。

是年，医院被评为第五届“全国文明单位”，是湖南省两家获评医院之一。成功抢救来自各县区的高危孕产妇，孕产妇死亡率为零。承担抗击手足口病、H7N9 型禽流感、抵御流行病、抢救祁阳重大车祸患者等突发性公共卫生事件的社会责任。120 紧急救援中心出车 1 万余次，救治病人 9000 余人。免费为 7 岁～9 岁的儿童做窝沟封闭，超额完成全年任务。先后到江华瑶族自治县界牌乡、道县寿雁镇等偏远贫困地区开展义诊活动 35 次，义诊 7000 余人次，免费发放药品价值 7 万余元，发放健康宣传资料 1 万余份。全年无偿献血量 10 万毫升以上。“全民健康‘救’在身边”志愿服务项目获评湖南省第二届志愿服务项目大赛金奖。医院女护士马连芳公交车上跪地救人事迹，被中央电视台、新华社、《湖南日报》、湖南卫视、《永州日报》等媒体报道。

（蒋少军）

【永州市中医医院】 2017 年，永州市中医院设有内、外、妇、儿、针灸、骨伤、中风、肿瘤、肾病（含血透）、治未病、康复、重症医学（ICU）等 34 个临床和医技科室，开设病床 800 张，有职工 600 余人，其中高级职称 80 余人。医院固定资产 3.4 亿元，业务总收入近 2 亿元，门急诊 24 万人次，住院 2.1 万人次，年手术 6000 余台次。

实行全面预算管理和财务信息公开制度，实施药品零差价，规范药品耗材采购、配送和使用。提高基本药物使用比例。建立以公益性和运行效率为核心的公立医院绩效考核体系。开展按病种付费，逐步实行国家中医药管理局规定的临床路径病种，医院按病种付费病种数 45 种，每个科室进入临床路径病种数不少于 3 种。

医院将医联体建设纳入医院总体工作布局，安排专人负责医联体工作，院领导实行分片包干，与省中医附一、省中医附二、省儿医、省人医、湘雅附一、湘雅附二、省肿瘤医院建立医联体，与省儿医、湘雅附一、湘雅附二进行远程医疗、教学连接，与其他医院完成双向转诊。确定骨伤科与湘雅附二、肛肠科与省中医附二、肿瘤科与省肿瘤医院、内镜中心与省人医、ICU 与省人民

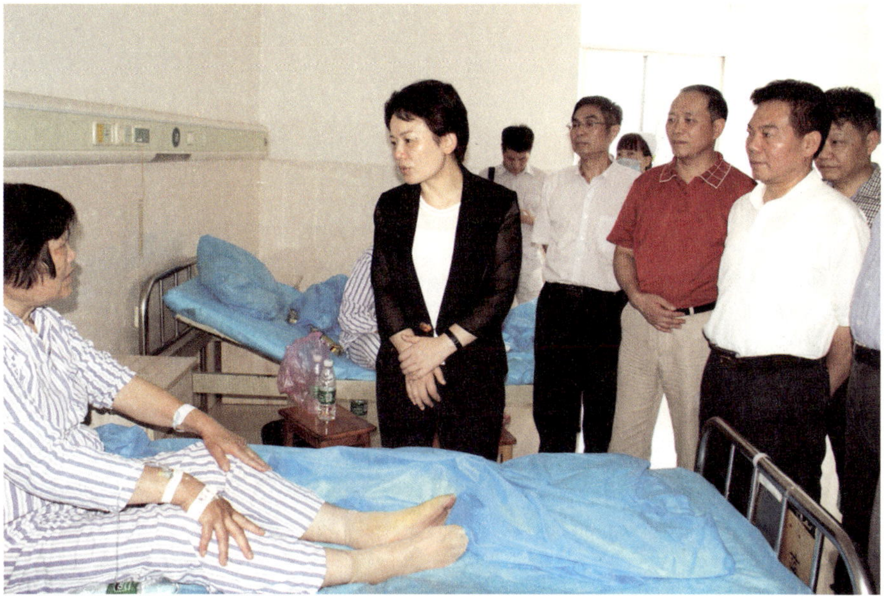

2017 年 6 月 19 日，中共永州市委书记、市人大常委会主任李晖（左二）到永州市中医院看望变压器爆炸起火事故受伤群众，慰问伤者亲属　　摄影　卞红

医院建立技术协作。与全市 23 家下级医院、8 个社区卫生服务中心和 11 家乡镇卫生院签订医联体协议。

落实医疗核心制度、三级查房制度和三日确诊制度，加强对危重病人的管理，药事部门加强抗菌药物临床应用管理，执行限制使用抗菌药物和特殊使用抗菌药物临床应用程序。贯彻基本医疗制度，基本诊疗规范和诊疗标准，重点加强基础质量、环境质量和终末质量管理，发挥医疗质量管理委员会、质控小组的督导、监管职能。落实医疗技术准入、应用、监督、评价制度，健全医疗技术风险预警机制。

举办全市性的论坛或学术会议 5 次，加强中医住院医师规范化培训基地、全科医师培养基地和永州市高校毕业生就业见习基地的建设。全年接收规范医生 25 名、毕业生 30 名。

抓好科研项目工作，形成科研与临床医疗互促新局面，全年发表论文 56 篇，其中国家级 34 篇，完成市级科研项目 2 项、院级科研项目 10 项。与基层医疗卫生服务机构签订相关协议，派出中青年骨干医师长期坐诊和进行技术指导。开展中医药知识进社区、企业活动，派出专家到基层医疗机构，对从业人员进行专业的培训与技术指导。开展巡回下乡义诊、送科技下乡、对口支援等活动，到各乡镇及社区普及和宣传中医诊疗技术及康复保健知识。开展巡回下乡义诊、送科技下乡 28 次，与 5 个乡镇建立对口支援关系。

（李征北　卞红）

【永州市第一人民医院（永州职业技术学院附属医院）】　2017 年，永州市第一人民医院（永州职业技术学院附属医院）收治门诊病人 134287 人次、住院病人 13197 人次，危重病人抢救成功率 95.3%，药品收入占业务总收入的 28.67%，耗材收入占业务收入的 18.24%，基药比例 31.66%，抗生素使用强度（DDD 值）38.61，医改相关控制指标均在正常范围内。该院获评“2015—2017 年湖南省改善医疗服务行动优秀科室（眼科）”“永州市芙蓉标兵岗”“永州市第二届红十字应急救护大赛暨‘5·12’护理技能大赛团体第二名”“永州市卫生应急技能竞赛团体第二名”等多项荣誉；先后被推选为“湖南省普外腹腔镜技术联盟副理事长单位”“湖南省眼科联盟副主席单位”“湖南医院品质管理联盟副主席单位”；吕慧慧被评为“2017 年全国优质护理服务表现突出的护士”，卢桂云被评为 2017 年“湖南省优秀志愿者”，杨铭获得“永州市第一届享受政府特殊津贴专家”称号，并被推选为“湖南医院品质管理联盟副主席”“湖南省医学会内科专业委员会副主任委员”，梁剑被聘为“湖南省中医药和中西医结合学会灾害医学专业委员会副主任委员”，赵永旺获得“永州市优秀科技工作者”称号，陈晓育被推选为“永州市医学会老年病专业委员会主任委员”。截至 2017 年年末，有 9 个市级学科专业委员会挂靠该院，主任委员均由该院专家担任；在永州市第二届红十字应急救护大赛暨“5·12”护理技能大赛中，谢南艳获得心肺复苏比赛第一名、张京获得演讲比赛第一名。经湖南省卫生计生委批准，永州市第一人民医院“胸痛中心”“卒中中心”相继挂牌成立。全年公开发表学术论文 91 篇，编写教材 4 部（本），科研立项 2 项，赵永旺主持的科研项目获 2017 年第 14 届湖南医学科技三等奖；“生命安全健康教育”项目被评为“2017 年度湖南省优秀志愿者服务项目入围项目”。

响应医改政策，率先在全市

成立永州市第一人民医院医疗联合体和专科联盟，与全市所有的县区人民医院、中医院、妇幼保健院和二级以上民营医院签订医联体协议，将医改工作推向新的阶段；中国复明扶贫流动眼科手术车“复明10号”湖南永州站启动仪式在该院启动，为100名贫困白内障患者免费实施复明手术；《中国心血管病报告2016》宣传推广暨湖南省高血压健康学校永州分校在该院成立并挂牌，现场为全市165名心血管内科专业的医务人员进行业务培训，为500余名患者现场义诊。

永州市第一人民医院全貌

落实医疗核心制度，坚持依法执业、合理检查、合理用药、合理治疗的原则，通过定期不定期督导检查，全面查找存在的问题，分析产生的原因，制定具体的整改措施，立行立改。医务科通过重点督查医疗核心制度和岗位职责的落实抓质量，用医疗质量保证医疗安全，促进医患和谐，医疗纠纷事件较2016年减少17.36%，全年发生医疗事故争议9起，其中8起通过永州市医调委和七里店办事处人民调解委员会调解成功，1起正在协商处理中，全年未发生医疗事故；护理部实行三级质控，提升专科护理质量，强化护理制度管理，落实护士“两岗层级、专科、管理”模式培训与考核；质控科采取环节质控和终末质控并重的方式提高病历质量，全年发布《医疗质量通讯》4期；院感科采取严格管理和督查落实相结合的方式，通过每季度一期的《院感通讯》通报存在的问题和整改的措施；设备科完成年度设备采购179台件，维修70余台次。

开展诊疗新技术、新项目。开展膝关节置换、腹腔镜下肝叶切除术、GPS精准导航引导下经皮肾镜钬激光碎石取石术、体外反搏术、肺泡灌洗术、车载心肺复苏机在院前急救中的应用、无痛分娩、等离子腺样体及扁桃体切除术、持续床旁血液净化治疗、种植牙即拔即种术、308紫外光光疗法、内窥镜下泪囊鼻腔吻合术等诊疗新技术新项目36项。

5月26日，在全市率先成立永州市第一人民医院医联体和眼科联盟，召开成立大会，组建永州市第一人民医院讲师团，首期与17家基层医疗机构签订医联体协议、与12家县级医疗机构签订专科联盟协议，年底与全市所有县（区）人民医院、中医院、妇幼保健院和二级以上民营医院签订医联体协议。派出102名专家赴3所县级医院、12所乡镇卫生院开展大型义诊活动15次，组织会诊20次，开展教学查房18次，指导手术5台次，开展专题讲座16次，与双牌县、江永县人民医院达成眼耳鼻喉科专科建设合作意向。10月1日，实施药品采购“两票制”，临床药学紧跟临床，坚持合理治疗、合理检查、合理用药的原则，对临床用药提出指导意见和建议，进一步减轻群众用药负担，保障人民群众用药安全。

杨铭、陈晓育、罗文正、赵永旺4名教授取得湖南中医药大学2018年消化内科、心血管内科、脊柱外科和眼科4个专业的硕士研究生招生资格，全年有2项课题分别由湖南省教育厅和永州市科技局立项。公开发表国家及省级学术论文91篇。完成学院各项教学任务，派出兼职教学人员29人，完成学院临床、影像、药学、检验、助产、口腔、护理等7个专业1560学时的理论教学、1356学时的见习带教和97名实习生的实习带教任务，完成湖南中医药大学5名临床医学本科专业实习生的实习带教任务，完成南华大学和湖南中医药大学消化内科、护理等2个专业5名统招硕士研究生的培养任务，没有出现教学事故；完成2016级10名全科医生转岗培训任务并全部结业。在全市择优录取2017级全科医生转岗培训学员30人、全科医师规范化培训8人。医院第二住院大楼（包括“全科医师临床培养基地”和“儿童医疗服务体系”两个中央财政投资项目）建设于9月8日封顶。

（黄明辉）

【永州市妇幼保健院】 2017年，永州市妇幼保健院批准设置临床教学床位499张，实际开放160张。全年医院总收入1.01亿元，业务收入9093.32万元，增长24.43%；门急诊人次15.17万人次，增长5.2%；住院5809人次，增长18.41%。住院人均医疗费用3773.05元，增长9.24%，即时结补住院对象3406人次，增长37%，人次均报账2096元，补偿率64.35%，药占比控制13.99%。收到锦旗和表扬信32起，“三公”经费下降13.13%，医疗纠纷和投诉下降52%，患者对医院的综合满意率99.7%。各项妇幼健康服务工作质量指标均达到或超额完成省定目标任务。全市产筛率108.45%、新筛率117.63%、两癌筛查率103.91%、孕产妇死亡率15.19/10万、5岁以下儿童死亡率4.96‰。出生缺陷发生率由2016年的277.37/万下降至157.91/万，永州市被评为全省出生缺陷防控“先进单位”。

针对早产儿，尤其是极低和超低出生体重儿，永州市妇幼保健院采取“袋鼠式护理”，确保新生儿成活率。2月6日，一孕妇到市妇幼保健院门诊产检时，胎监示胎心异常，彩超示胎盘成熟、胎盘功能不良，B超室立即联系产科会诊。15时50分，婴儿在产科剖宫产出生，出生时比成人手掌大小，体重1.36千克。经产科、新生儿科医护人员进行呼吸道，刺激足底等一系列抢救，患儿面色由发绀转红润，随即转入新生儿科重症监护，经过医护人员“袋鼠式护理”，该患儿生命体征平稳，各项发育基本正常。

6月6日，在引导式教育室举办本年度第二次残联儿童室内亲子活动，60名儿童在家长们的陪伴下参与活动。活动内容有集体舞蹈、亲子互动游戏、人才艺表演等。市妇幼保健院专业团队老师根据残联儿童特点，经过讨论和修改，针对性地设计有利于提升运动功能、认知、语言、手功能、社会适应等能力的相关节目和游戏，康复效果比较明显。

2017年，永州市妇幼保健院开展预防出生缺陷日主题宣传活动

7月，共青团永州市委联合市妇幼保健院组织医务人员志愿者到江永、宁远等县开展助力脱贫攻坚“送医下乡”义诊活动。医务志愿者先后到14个行政村，进行健康教育咨询和免费诊疗等服务，免费为村民做健康保健，测量血压、测听心肺等，对留守儿童进行体格检查。活动免费检查、咨询200余人次，发放宣传单200余份，免费发放治疗药品2000多元。

（邹湘林　冯文彬）

爱国卫生运动

【概况】 2017年，永州市爱国卫生运动委员会办公室（简称市爱卫办）发挥自身特色，克服人员少、工作任务多等困难，与国家、省对接，组织人员向省里和其他国卫管理先进市州学习，针对国卫管理中出现的各类问题，逐项销号，确保中心城区国家卫生城市通过国家复核，创建成果得到巩固。

【城市卫生管理】 2017年，永州市爱国卫生运动委员会办公室采取“一周一督查，一查一登记，一季一结算，年终算总账”等措施，组织病媒生物防制中标专业公司对全市中心城区进行日常消杀作业，并履行监督和指导职责。采取进社区、进小区、进家庭等方式，组织开展爱国卫生月活动，春秋时节，组织开展大规模的病媒生物消杀活动。全年投放灭鼠药物溴鼠灵谷物146吨，溴鼠灵蜡块8420千克、粘鼠板260件1.3万张、灭蟑毒饵148件、灭蚊蝇药物627件，老鼠、蟑螂、蚊、蝇密度控制在国家C级标准范围内。推动宁远县、新田县、东安县、道县、江永县、蓝山县、祁阳县的病媒生物防制市场化运作。在全市遭遇特大洪水灾害后，市、县爱卫会各成员部门及时开展环境治理、消毒防疫、病媒生物综合治理等救灾防病工作，确保"大灾之后无大疫"。

【卫生创建活动】 2017年，永州市、县、乡镇、村、单位（小区）按照"创建为民""创建惠民"的思路，开展卫生创建活动。中心城区国家卫生城市复检成功授牌，祁阳县、道县、蓝山县、江永县启动国家卫生县城创建工作，道县祥霖铺镇、祁阳县观音滩镇、祁阳县白水镇和蓝山县毛俊镇创建为省级卫生乡镇；零陵区梳子铺乡、石岩头镇，宁远县棉花坪瑶族乡、鲤溪镇、太平镇、保安镇，冷水滩区牛角坝镇、蔡市镇、杨村甸乡，祁阳县黎家坪镇、潘市镇，道县仙子脚镇、寿雁镇、清塘镇，江永县夏层铺镇等15个乡镇创建为市级卫生乡镇；道县祥霖铺镇八家村等49个村创建为省级卫生村；祁阳县龙山街道办事处等41个单位创建为省级文明卫生单位；冷水滩区杨村甸乡四明山居委会等90个村创建为市级卫生村（居委会）；零陵区七层坡小学等46个单位创建为市级文明卫生单位。启动建设健康城市、健康村镇活动，制定印发《永州市开展健康城市健康村镇建设的实施意见》。

【农村改厕】 2017年，永州市农村改厕任务在国家和省没有项目资金的情况下"超计划完成"。截至2017年年末，全市卫生厕所达到107.3万户，其中无害化卫生厕所新增3.62万户，卫生普及率76.58%，无害化卫生厕所普及率24.85%，增长3%，冷水滩区、零陵区、新田县、宁远县财政按农户每改一口三格化粪池补助800元的标准保障改厕资金。其中，零陵区从2017年起每年改厕5000座，按照每座800元标准予以补贴；冷水滩区从2017年起每年改厕6000座，按照每座不低于800元的标准予以补贴。

（许勇忠）

疾病预防控制

【概况】 截至2017年11月30日（按审核日期统计），永州市报告法定传染病26种，发病27018例，死亡188例，发病率为497.60/10万。无甲类传染病报告；乙类传染病报告19种12054例。与2016年同期相比，乙类传染病上升7.31%；丙类传染病上升9.72%，主要原因为流行性感冒上升37.04%（增加363例），手足口病上升12.07%（增加1209例）。

存在的主要问题是：狂犬病例人体、犬样采集难度大；部分县区达不到省监测方案要求；部分医疗机构门诊日志或出入院登记登记不全，传染病患者报告信息不全；定点医院能力不足；艾滋病病防治工作重视及认识还不够到位，部门职责没有完全落实；部分预防接种门诊设置不规范，达不到国家《预防接种工作规范》要求；全市职业卫生技术服务机构资质认证工作进度相对滞后。

【重点传染病监测、防控】 2017年，永州市流行性感冒监测：永州市中心医院和永州市第三人民医院两个监测哨点医院登记报告流感样病例26331例，占总登记的8.18%；病原学监测全年采集标本2027份，超过方案要求，分离培养阳性标本23株，阳性分离率1.13%；全年报告流感暴发疫情6起，采样66份，阳性53份，阳性率80.30%，29份为B型Yamagata流感、16份为B型Victoria流感、8份为季H3流感。

不明原因肺炎与人感染禽流感监测：永州市各级医疗机构加大流感、不明原因肺炎的监测力度，发现疑似病例及时检测排查。截至2017年年末，排查不明原因肺炎病例86例，其中3例H7N9阳性、2份季H3阳性、2份新甲H1阳性、其他的全部阴性。全市开展禽流感外环境强化监测，采集774份环境标本，其中265份A型阳性（H7阳性56份，其中道县5份、江华瑶族自治县8份、江永县9份、蓝山县7份、冷水滩区9份、零陵区3份、宁远县1份、祁阳县3份、双牌县4份、新田县7份），阳性率34.24%；家禽规模养殖场（户）和城乡活禽市场外环境常规监测，全年采样36份，经核酸检测份阳性5份；职业暴露人群人禽流感感染血清学调查，完成相关人员个案调查30份，采集血样30份。

狂犬病监测及防控：永州市是国家级狂犬病监测点。年内，永州市将狂犬病防控工作纳入全市传染病防控工作的重点，落实各项防控措施，继续加大狂犬病

2017年2月27日，永州市人民政府副市长谢景林（右排右三）到市疾控中心调研指导工作

防治经费的投入及防治知识宣传力度，规范门诊建设，规范处置狂犬病疫点，对每例狂犬病患者进行详细的个案调查，指导病家消毒处理，开展狂犬病例人体标本和疫点犬的监测采样工作。全市狂犬病发病率继续维持在较低水平，全年报告处理狂犬病暴露者39853人，个案信息均录入监测信息，按时上报。全年报告狂犬病人21例，发病率0.38/10万，发病率较2016年基本持平，全年进行个案调查21例，采集人体标本14份，疫点犬脑样105份；开展犬伤人犬只带毒情况调查，采集伤人犬脑35份。

霍乱监测：年内，永州市未发生霍乱疫情。全市每个乡镇以上卫生医疗机构开展腹泻病人监测，做到逢泻必登，逢疑必检；全市全年登记腹泻病人6606例，进行霍乱检索2133人，检索率32.29%。以水体和水产品为监测重点开展外环境霍乱污染情况监测，全年各县区完成霍乱弧菌环境和食品监测样1444份，其中水样695份（占48.13%）；水产品样744份（占51.52%）；食品样5份（占0.35%），经检测，所有样品霍乱弧菌检测阴性。

手足口病监测及防控：永州市针对手足口疫情高发形势，由市卫计委牵头强化工作督导，下发通报要求整改；加强疫情监测力度，及时处置聚集性疫情；开展健康教育宣传工作，要求各级疾控机构设置手足口病宣传栏，各医疗机构、学校、托幼机构加大日常手足口病防治知识宣传力度，全年印发手足口防控宣传单40万余份，经乡村医生进村入户。永州市还组织各种范围的日常检测。开展普通病例监测，每县每月至少采集5例普通病例的咽拭子，送市疾控中心统一检测，全年采集普通手足病咽拭子样712份，经检测确诊438份，其中，EV71阳性67份，占15.30%；COA16阳性76份，占17.35%；其他肠道病毒阳性295份，占67.35%。开展重症病例和死亡病例监测，全市按现住址报告重症16例（包括死亡病例2例），其中1人在本地就诊，其余均在外地就诊，采集重症和死亡病例标本1份，经检测此份样品均为其他肠道病毒阳性。开展手足口的聚集性疫情和暴发疫情监测，全年报告手足口病聚集性疫情63起，均进行有效处置。

登革热监测：全年报告登革热输入性病例1例；成蚊监测放置诱蚊灯108盏，捕获各类蚊虫1.2万余只，未捕获到伊蚊；蚊幼监测全年放置诱蚊诱卵器1200个，回收1082个，阳性数229个（捕获伊蚊阳性率21.16%），捕获伊蚊235只。

伤寒、副伤寒监测：全年监测临床诊断病例16例，采集32份样（含病人出院后的追踪），分离培养出伤寒菌株8株，副伤寒菌株4株；重点人群监测354人，未检出带菌者；联合相关单位对分离的伤寒、副伤寒菌株均进行药敏实验，结果显示对头孢他啶耐药率28.57%、头孢曲松耐药率33.33%、复方新诺明耐药率28.57%、左旋氧氟沙星耐药率42.86%和环丙沙星耐药率60%、妥布霉素耐药率50%、庆大霉素耐药率28.57%、阿莫西林耐药率33.33%、头孢吡肟耐药率60%和四环素耐药率40%。

其他传染病监测：对肾综合征出血热、钩体病、布病等自然疫源性疾病开展常规监测，全市报告出血热病例25例、钩体病1例、布病37例（外地报本地病例21例），对所有病例均进行个案流调和疫点处理，并及时上报。

【传染病疫情处置】 2017年，永州市报告人感染H7N9禽流感5例。疫情发生后，市、县（区）疾控中心派出应急处置机动队人员，赶赴现场，进行采样检测、调查处置并指导防控工作，疫情得到有效控制。报告流感聚集性疫情4起，流感突发公共卫生事件2起，经各级相关部门的协作，所有疫情均得到有效的控制，没有发生疫情扩散和死亡病例。5月、11月，东安县、祁阳县分别报告东安县新圩江镇中心小学、祁阳县长虹街道明德小学各发生一起水痘疫情，经判定为一般突发公共卫生事件，经东安县、祁阳县疾控中心的调查处置，疫情均得到有效的控制，没有发生疫情扩散和死亡病例。

【卫生应急】 2017年，永州市规范法定传染病报告管理，提高报告综合质量。1月—11月，全市传染病报告质量评价综合率99.93%。法定传染病报告及时率99.91%；疾控机构对法定传染病报告卡的审核及时率99.99%；网络正常运行率100%；有效证件号完整率99.80%；无重卡。全市11个县区传染病报告质量综合率均超过湖南省2017年传染病报告管理要求（90%）。开展传染病预警预测，排查可疑传染病疫情。1月—11月，全市传染病预警信息响应及时率99.65%（计1440起预警，其中5起单病例预警响应超时），判定疑似事件232起，现场处置率100%，判定暴发流行12起，预警信号阳性率0.83%。全市11个县区没有发生传染病异常疫情信息延误处理现象。及时报告突发公共卫生事件。1月—11月，全市报告突发公共卫生事件12起，报告发病307例，死亡5例。按事件分级统计，其中较大事件1起、一般7起、未分级4起。按事件分类统计，其中传染病疫情9起，报告240人（占78.18%），死亡2例（均为人感染H7N9病例）；突发中毒事件2起，报告32人（占10.42%），死亡3例（均为毒蕈中毒死亡）；水污染1起，报告35人（占11.4%），无死亡。12起突发事件均报告及时、诊断明确、处置有效。开展卫生应急技能竞赛，提高全市卫生应急整体水平。8月8日—10日，市卫生和计划生育委员会、市人力资源和社会保障局、市总工会联合组织开展“2017年永州市卫生应急技能竞赛”，11支县区代表队、2支市级医疗机构代表队（永州市中医院、永州市中心医院）计72名选手参加技能竞赛。竞赛设置突发急性传染病防控（包含笔试、技能操作、桌面推演和盲样考核环节）、突发事件紧急医学救援（包含笔试、技能操作环节）两个项目。

【结核病防治】 2017年，永州市以结核病患者发现为重点，通过规范疾控中心督导管理、提高定点医院诊疗能力、落实基层结防职能、推进学校结核病防控等，开展结核病防治工作。全市11个县区全部完成结核病诊疗工作转向定点医院改革，全市完成疾控中心、定点医院、基层医疗卫生机构分工合作的新型结防体系建设，是全省第一个完成新型体系建设的市州，受到湖南省卫计委肯定。省卫计委依托该体系，将全省结核病防治技术联合体试点定在永州市，6月，试点工作全部启动。做好“3·24”系列宣传活动，市本级在湖南科技学院开展结防知识讲座并招募大学生志愿者100多人，在冷水滩区杨村甸镇开展结防知识赶大集现场宣传活动，在零陵区商业城开展街头宣传活动。全市开展街头宣传120场次，电视播报34次，发放宣传单26.65万份，悬挂标语167幅，制作宣传栏126期，新招募志愿者121名，群发短信101万条，市本级及9个县区举办讲座27场次。组织开展“全国结核病防治知识网络竞赛活动”，参赛人数排全省第二位，市本级及2个县获得湖南省“优秀组织奖”，获得国家级优秀个人奖6人、省级个人组织贡献奖3人、省级优秀个人奖11人。市本级组织县区专业人员培训2次，对市卫计委、疾控中心、定点医院结防管理人员、实验室人员100人进行培训。各县区也对医疗机构、乡镇卫生院有关人员进行培训，开办培训班67个，培训6740人。组织6人次参加上级培训。市卫计委、市教育局联合下发文件2个，并组织对县区的联合督导检查。市卫计委定期向市教育局通报全市学校结核病疫情情况，并就学校结核病防控工作提出意见。在年初对学校结核病防控工作进行专门安排部署，纳入年度工作考核并制定考核细则。开展结核病防治知识进校园讲座活动，全市各县区开展讲座303场，听讲师生2.56万人以上，发放各类宣传资料28万多份。市疾控中心安排专人对专报系统进行网络巡查与分析，专题向市卫计委汇报。截至2017年11月月底，全市调查41个学校的结核病患者69例，对34个学校的有结核病患者的102个班开展密切接触者筛查，筛查师生6700人，其中开展PPD试验1102例，发现患者3例。全年没有发生突发公共卫生事件。永州市疾控中心对县区开展现场督导4轮、病人电话访视工作2轮，向市卫计委通报疫情与工作分析10次。全市网络报告发现活动性肺结核患者4170例，其中新涂阳患者1323例、涂阴患者2674例。总活动性肺结核数较2016年略有下降。全市登记新涂阳患者1149例，治愈1077例，治愈率91.5%；登记涂阴患者2689例，完成疗程2595例，涂阴肺结核治疗成功率96.5%。2项诊疗效果指标均达到85%以上要求。全市各县区非结核病定点医院有效网络报告肺结核患者或疑似患者数3607例，到位患者3275例，总体到位率90.8%。全市各县区仅能开展痰涂片镜检，有病原学诊断的肺结核患者仅包括涂阳患者及在上级医院病原学检查阳性患者。全年全市病原学诊断率35.8%，较2016年有所提高，未达到40%的要求。全市筛查耐多药肺结核可疑者226例，发现耐多药患者27例，分别完成全年任务的136.1%、96.4%。

【艾滋病防治】 2017年，永州市先后组织开展防治艾滋病知识宣传、自愿咨询检测、安全套推广、针具交换、公安司法监管场所被羁押人员HIV抗体监测、高危人群干预、艾滋病感染者关怀救助等项目活动，做好艾滋病的检测、发现、抗病毒治疗等工作。截至2017年11月月底，全市累计报告艾滋病病毒感染者和病人4954例，其中艾滋病病人2356例，艾滋病感染者2598例，死亡1712例；2017年1月—11月，发现艾滋病病毒感染者和病人779例，艾滋病病人343例，感染者436例，死亡284例。永州市的感染人数、发病人数和死亡人数排全省第三位，次于衡阳市和长沙市。感染者和病人主要以农民为主，传播途径由过去的静脉注射吸毒传播为主，向性接触传播为主转变，老年男性增长明显，50岁以上的老年艾滋病感染者和病人占57.4%。市卫计委对各县区每月防艾工作进行通报，艾滋病“一站式服务”工作全面开展；全市有艾滋病病毒抗体初筛实验室70家、艾滋病确证实验室1家及艾滋病定点医院14家，医防实现对接，基本形成社区、疾控、定点医院三位一体的艾滋病综合防治模式。

【免疫规划】 2017年，永州市免疫规划工作的信息化建设稳步推进，预防接种服务得到改善。永州市采取强化培训、督促指导、责任追究等措施，加强免疫规划信息平台的使用与管理，基本实现湖南省卫计委提出的免疫规划信息化建设“三个100%”的目标。截至2017年11月，全市预防接种门诊疫苗扫码接种覆盖率和个案信息及时上传率达到100%；儿童个案接种信息完整率99.10%，排全省第二位。全市0岁~2岁儿童“小豆苗”APP关联率51.83%，排全省第一位，加强接种医生与儿童家长的信息沟通，实行疫苗接种网上预约。针对全省麻疹疫情的高发态势，3月，部署全市8月龄~6岁儿童的麻疹类疫苗查漏补种活动。活动补种第1剂次11810人，补种率96.83%，补种第2剂次11151人，补种率96.59%。并在活动结束后进行快速评估，调查评估8月龄~6岁儿童733人，麻疹类疫苗查漏补种后接种率为97.82%，达到方案规定95%的要求，通过省卫计委的考核验收。全市麻疹疫情得到有效控制，全年报告麻疹病例23例，报告发病率0.43/10万人，发病数和发病率分别排全省第九、第八位。开展全市适龄儿童接种率暗访和明察工作。6月，暗访调查1岁~7岁儿童330名，调查显示全市适龄儿童电子建卡率95.15%，建证率100%，全市儿童免费接种的疫苗22针次，疫苗接种率均达到90%以上，以乡镇为单位统计，少数疫苗针次接种率未达到90%。10月，开展接种率明察，调查1岁~7岁儿童1050名，适龄儿童预防接种建卡、建证率达到100%，绝大部分乡镇适龄儿童免疫规划疫苗接种率在90%以上。两次调查显示，全市适龄儿童免疫规划疫苗接种率低于报告接种率，达到国家扩大免疫规划要求90%的目标。

重点组织开展全市秋季入学儿童接种证查验与疫苗补种活动。查验小学804所、幼儿园1603所，查验学生201593人，查验率97.91%。发现漏种疫苗的儿童41526人。采取边查边补、集中补种及家长自带儿童到接种点补种等方式，按免疫程序对漏种疫苗儿童进行补种，全市补种40294人，补种率97.03%。4月25日，市疾控中心围绕“规范接种疫苗，共建健康中国”宣传主题开展通过预防接种宣传活动。全市出动专业人员200余名，开展街头宣传，通过悬挂横幅、开辟宣传专栏、组织专家回答群众咨询等方式进行宣传。全市设现场咨询点200余个，展出横幅、展板、标语等560余条（块），出动宣传车30余台，发放各种宣传单8万余张（份）、宣传海报

1500套，发放宣传扇4000余把，咨询人数2万余人。

【地方病防治】 2017年，永州市疾病预防控制中心完成国家疾控中心安排的碘缺乏病实验室外质控考核。制定下发《关于开展2017年碘盐监测或碘缺乏病监测工作的通知》，全市定量检测食盐3300份、尿样2100份和1400名学生的甲状腺容积率，检测结果显示市级总体碘盐覆盖率98.97%，合格碘盐食用率94.88%；重点人群（学生、孕妇）补碘良好，未出现碘缺乏病患者。开展碘缺乏病防治知识系列宣传活动。完成《湖南省卫生计生委疾控处关于开展全省生活饮用水水碘含量调查工作的通知》的工作要求，全市采集水样2973份，检测结果显示永州市除冷水滩区2个乡镇的水碘中位数在10微克/升以上外，其他乡镇的水碘中位数均在10微克/升以下，永州市属于环境缺碘地区。

【寄生虫病防治】 2017年，永州市疾病预防控制中心完成湖南省对永州市的消除疟疾督导考核工作。在"全国疟疾日"，开展疟疾防治知识宣传活动。祁阳县、东安县完成省级蚊媒监测工作。祁阳县完成重点寄生虫病（肝吸虫病）监测工作。

【慢性病防治】 2017年，永州市疾病预防控制中心在"全国肿瘤防治宣传周""第28个世界无烟日""全国爱牙日""全国高血压日""世界精神卫生日""世界卒中日""联合国糖尿病日"开展相关慢性病防治知识宣传活动。指导新田县、道县完成肿瘤随访登记工作，指导宁远县完成上消化道肿瘤筛查工作。开展死因监测、基本公共卫生服务中慢性病管理的培训和督导工作。

2017年7月2日，永州市防疫机动队赶赴灾区，开展消毒、杀虫、灭鼠，及饮用水安全、食品安全、环境卫生等工作 摄影 荣诚博

【食品安全与环境危害因素控制】 2017年，永州市卫生和计划生育委员会制定下发《2017年永州市食品安全风险监测方案》《2017年永州市食品安全风险监测方案实施细则》《永州市城乡饮用水水质卫生监测工作方案》等文件方案，组织市食品安全风险监测会商制度各成员单位，对2016年食品安全风险监测结果进行会商，召开11个县区卫生计生委分管食品安全风险监测工作的领导、科室负责人，11个县区疾病预防控制中心分管食品安全风险监测工作的领导以及市级相关人员等50余人参加的"全市食品安全重点工作会议"，组织开展2017年食品安全宣传周活动，每月对各县区食品安全风险监测工作完成情况进行通报。

采集化学污染监测样品851份（市级191份、县区660份），国家分配任务完成率100.0%，检出化学污染物超标样品12份，化学污染物样品检测超标率14.1%。

采集食品微生物及其致病因子监测样品420份（市本级200份、县区220份），完成国家分配任务的100.5%，收集检测数据2119条，检出致病菌阳性样品5份，致病微生物阳性样品检出率1.2%。

组织各县区开展自制凉菜微生物风险监测工作，每个县区采集20份，检测菌落总数、大肠菌群、蜡样芽孢杆菌、单核细胞增生李斯特氏菌、金黄色葡萄球菌、沙门氏菌六种微生物指标，全年测样220份，未检出蜡样芽孢杆菌、单核细胞增生李斯特氏菌、金黄色葡萄球菌、沙门氏菌四种致病微生物。参照香港食物环境卫生署食物安全中心《即食食品微生物含量指引》，菌落总数、大肠菌群等卫生指示菌不满意的样品153份，占总样品的69.5%，其中菌落总数不满意的样品77

份，占 35.0%；大肠菌群不满意的样品 126 份，占 57.3%。全市实报食源性病例 5893 例，食源性病例报告完成率 190.1%，病例监测信息报告及时率、完整率均为 100%；采集病例标本 249 份，病原学标本采集完成率 207.5%；在已经完成全部检测项目的 231 份粪便标本中，检出阳性标本 33 份，食源性病例病原学阳性样本检出率 14.2%。

通过“食源性疾病暴发报告系统”报告食源性疾病暴发事件 119 起，报告暴露人数 4579 人，发病人数 509 人，死亡 5 例，为毒蘑菇中毒。按照污染物类别分类，分别为有毒动植物及其毒素类 90 起，暴露人数 344 人，发病 310 人，最主要是由于食用毒蘑菇和有毒河鱼子引起的中毒；致病微生物及毒素引起的 10 起，暴露人数 1776 人，发病 73 人；不明因素引起的食物中毒 7 起，暴露人数 104 人，发病 31 人；化学污染物引起的 6 起，暴露人数 44 人，发病 37 人；混合因素引起的 6 起，暴露人数 2311 人，发病 38 人。

全市对 144 个乡开展生活饮用水卫生监测工作，水质监测乡镇覆盖率 85.2%，超过省级要求的 85%；实设水质监测点 656 个，其中城市饮用水实设监测点 107 个，农村饮用水实设监测点 549 个；实际监测水样 1304 份，完成率 113.8%，其中城市实际监测水样 211 份，完成率 101.4%，农村实际监测水样 1093 份，完成率 116.5%；合格水样 797 份，合格率 61.1%，比 2016 年提高 12.6%，其中城市饮用水检测合格 191 份，合格率 90.5%，比 2016 年提高 6%，农村饮用水检测合格 606 份，合格率 55.4%，比 2016 年提高 14.3%。

对市直管 28 家经营单位中的 66 个场所进行室内环境监测，合格率 90.9%；对上述 28 家单位的 234 个公共用具样品进行卫生指示菌及致病菌检测，合格率 98.7%；对 5633 名公共场所及餐饮行业从业人员进行健康体检和卫生知识培训，对 5588 名健康体检和卫生知识培训合格的人员发放健康体检和卫生知识培训合格证，健康体检和卫生知识培训合格率 99.2%。

【职业病防治】 2017 年 4 月 26 日，永州市在祁阳县白竹湖广场举行 2017 年永州市《中华人民共和国职业病防治法》宣传周活动启动仪式，拉开“宣传周”系列活动的序幕，纪念《中华人民共和国职业病防治法》颁布实施 15 周年。启动仪式上，先后举行职业病防治签名活动、相关主题的文娱活动和义诊活动，并为就诊群众免费发放药品。6 月 5 日，市卫生计生委牵头制订下发《永州市尘肺病农民工基本医疗救治救助实施方案》，设立市尘肺办。6 月 9 日，召开 2017 年全市农民工尘肺病基本医疗救治救助工作会议，对全市尘肺病农民工基本医疗救治救助工作人员进行安排部署，会后各县区相应设立尘肺办。11 月 10 日，召开全市尘肺病农民工基本医疗救治救助工作推进会。永州市定点医疗卫生机构为永州市第三人民医院，全年收治住院尘肺病人 34 名。

永州市疾控中心取得职业卫生技术服务机构资质后，全年对 4 家厂矿企业进行工作场所职业病危害因素检测，采粉尘样 21 个，检测合格率 100%；检测噪声点数 85 个，检测合格率 80%；采集化学危害因素样品 10 份，检测合格率 100%。

对全市 43 家单位的放射作业场所进行放射防护检测，检测点数量 1246 个，合格率 98.96%；对 13 所医院放射科机房新、改建建设项目进行职业病危害放射防护控制效果评价；对 5 所医院放射诊断机房新建项目进行职业病危害放射防护预评价。

对 15 家厂矿企业 565 名作业工人进行上岗前体检，发现职业禁忌症 21 人；对 42 家厂矿企业 2231 名接触职业病危害因素工人进行在岗职业健康体检，发现职业禁忌症 12 人，未发现疑似职业病人；对 40 名离岗人员进行体检，未发现异常者。

启动重点职业病防治和放射卫生监测项目工作。8 月 15 日，举办全市职业病网络报告工作及重点职业病监测项目工作培训班。全市网络直报填报重点职业病个案卡 2856 例，各县区录入的个案卡分别为零陵区 68 例、冷水滩区 38 例、祁阳县 604 例、东安县 28 例、道县 23 例、蓝山县 834 例、新田县 185 例、江华瑶族自治县 7 例、市本级 1027 例人，全市 2017 年重点职业病监测覆盖率 100%。11 月 13 日—17 日，对全市 11 个县区的重点职业病防治项目工作及网络直报工作进行现场督导，完成永州市中心医院、永州湘南肿瘤医院、祁阳县人民医院和冷水滩区菱角山社区卫生服务中心的医用辐射防护监测工作，完成永州湘南肿瘤医院、祁阳县人民医院和冷水滩区菱角山社区卫生服务中心的职业性放射性疾病监测与职业健康风险评估工作，完成全市医疗照射剂量及频度调查工作。

3月23日，市中心医院报告冷水滩区高科园内中小企业创业园聚鑫汽车用品公司先后有9名员工疑似职业中毒（肝功能损害）事件，永州市冷水滩区卫计委联系市、区疾控中心联合开展流行病调查，根据事件的病例发病过程和流行病学调查结果分析，结合省职防院、市中心医院、市区疾控部门相关专家会诊意见，排除甲、乙、丙、丁、戊型病毒性肝炎，考虑中毒性肝炎，与职业危害因素关联可能性大。

【疾病控制质量管理】 2017年，永州市市县两级疾控机构按照《检验检测机构资质认定评审准则》要求建立较完善的质量管理体系，并有效运行，全市除江永县、双牌县，其他县区均成立质量管理科，并配备专职成员。市本级与各县区均按照新版《检验检测机构资质认定评审准则》要求通过复资质复评审。江华瑶族自治县疾控中心通过县级疾控等级达标（乙等）的现场评审。

（荣诚博）

卫生计生综合监督执法

【概况】 2017年，永州市卫生计生综合监督执法局围绕中心工作，加强队伍建设，加大执法力度，统筹推进卫生计生监督各项工作。市直管单位卫生计生监督覆盖率100%，立案办案数创历年之最，居全省前列。该局制作选送的微课作品获全省卫生计生执法监督微课大赛一等奖、国家二等奖，5件作品获省局表彰并获优秀组织奖等。

【传染病防治监督】 2017年，永州市突出对以人感染高致病性禽流感等重点传染病的防控，加强重点传染病防控和医院感染管理工作，全市各医疗卫生机构的传染病疫情报告工作基本规范，未发现迟报、漏报情况；对全市疫苗接种单位的重点领域、重点环节、重点人员进行监督检查，确保疫苗质量和接种安全；开展消毒产品专项监督检查，加强全市各医疗卫生机构对消毒产品的管理意识，涉及消毒产品的违法案件比2016年减少一半。

【医疗卫生监督】 2017年，永州市在全市范围内针对各类医疗机构的医疗秩序、诊疗活动、采供血和医疗广告发布领域进行多批次、有重点、全覆盖的专项检查整治工作。全年查处医疗卫生违法案件289件，责令停业整顿6家，警告51户次，没收违法所得16.9万元，罚款103万元，未发现非法采供血现象。

【公共场所卫生监督】 2017年，永州市落实公共场所卫生监督量化分级管理和公共场所劝烟控烟督促检查，开展对公共场所“五小”行业和各类游泳场所的专项整治，监督覆盖率、建档率、“五病”调离率、量化分级实施率均达到100%，“双随机”抽检合格率92.3%以上。

【饮用水卫生监督】 2017年，永州市进一步加大生活饮用水监督管理，推进农村集中式供水卫生安全巡查服务，全年抽检5类126家供水单位，城市供水单位合格率100%，较2016年提升5.5%。

【职业卫生、放射卫生监督】 2017年，永州市完成对全市157家放射诊疗和职业卫生机构的放射卫生、职业卫生重点监督抽检任务和日常监督工作，开展放射诊疗设备防护性能检测与许可专项整治，逐步建立放射诊疗安全防护监管的长效机制；加强对医

2017年7月5日，永州市卫生计生综合监督执法局对菱角山水厂、荷叶岭水厂和曲河水厂进行重点监督检查　　摄影　唐建春

2017年4月3日，永州市卫生计生综合监督执法局在市中心医院放疗中心核医学科做日常监督检查　　摄影　李祥明

疗机构放射诊疗许可管理，完善流转进出机制，全市放射工作人员持证率94.39%，健康监护率94.22%，放射诊疗许可率86.62%，分别提高7%、8%和11%。

【计划生育监督】　2017年，永州市各级卫生计生监督执法机构配备专职人员52名，加强计划生育监督执法力量。以“7·11”世界人口宣传日为契机，全市各地组织开展各类计生知识和相关法律法规宣传活动。开展打击违规应用人类辅助生殖技术专项行动和计划生育技术服务机构监督检查，全年查处“两非”案件56例，罚没款136.05万元，没收B超机10台。

【学校卫生监督】　2017年，永州市各级卫生计生监督机构对全市707所学校开展卫生监督检查，优秀率18.7%，合格率81.3%，合格率较2016年增长16.1%。学校教学生活环境合格率98.3%，传染病防控和常见病防控、生活饮用水卫生等重点监督项目均处于良好水平。

【卫生计生稽查】　2017年，永州市各级卫生计生监督机构开展内部稽查112次，卫生计生监督执法文书稽查1473份，发出稽查通报31次，组织信息投稿348篇，审查案件164起，较2016年同期分别增长16.67%、222.32%、6.90%、98.86%、8.61%。在层级稽查中，抽查卫生计生监督员60名，风纪风貌合格率100%，抽查行政处罚案卷61份，合格率95.08%，现场稽查被监督单位66家，合格率78.79%。检查指导12个县区监督机构和抽查12家乡镇协管机构；开展微课评选和案例征集活动，全年选送6个行政处罚案例参加全国优秀案例评选，有3个作品在省里获奖，其中1个入围国家评选并获国家卫生计生委微课大赛二等奖，实现永州市在国家卫生计生监督执法微课大赛上零的突破。

【投诉举报处理】　2017年，永州市各级卫生计生监督机构对各级投诉举报，实施一案一查制度，全年受理投诉举报案件35起，办结34起，及时反馈查处情况；加强行政处罚案件移送、强制执行相关工作，移送公安机关案件6件，较2016年减少62.5%，市本级2起行政处罚案件申请冷水滩区人民法院强制执行。

（付雅琼）

民族宗教事务

综　　述

2017年，永州市民族宗教领域省级社会管理综合治理考核连续6年获得满分；永州市推动解决宗教工作重点、难点工作经验被《湖南民族宗教工作通报》采用，并向全省推介；江华瑶族自治县在全省贯彻落实中央和省委民族工作会议精神推进会上作典型发言；永州市民宗委在2017年度全省民宗委主任会议上作典型发言；永州市民宗委被评为全市反恐怖工作先进单位。

【推动民族地区经济社会发展】　2017年，永州市向湖南省民宗委争取少数民族发展资金1798万元，赴省民宗委和国家民委汇报推动永清广高铁项目建设工作，配合国家民委开展“南岭走廊”脱贫攻坚与全面小康社会建设情况调研，推动全市民族地区基础设施建设。新增中国少数民族特色村寨1个（江华瑶族自治县井头湾村），新增湖南省最美少数民族特色村镇2个（江永县上甘棠村、江华瑶族自治县香草源村），全市民族地区贫困人口退出7.5万人，占全市年度退出贫困人口的43%，全国“互联网+”

2017年6月2日，永州市宗教工作会议召开　　摄影　杨各飞

社会扶贫现场会、全省党建促脱贫经验交流会和全省教育脱贫现场会相继在江永县、江华瑶族自治县召开，江永县获得全国唯一的“‘互联网+’社会扶贫突出贡献奖”。落实民族考生加分政策，全年审核享受高考民族优惠政策的考生4115名，比2016年增加182名；江华瑶族自治县纳入少数民族高层次骨干人才计划范围，报考少数民族骨干人才计划的研究生26人，其中博士研究生2人。

【促进民族团结】　2017年，永州市民族宗教事务委员会举办蓝山县大桥瑶族乡20周年庆祝活动、全市首届“建设伟大祖国，建设美丽家乡”演讲比赛；开展“民族团结进步行”活动和与维吾尔族、回族、东乡族等在永州的少数民族群众共度古尔邦节活动；加强对在永州的少数民族群众的服务管理，冷水滩区、零陵区建立健全社区（街道）民族工作服务之家；与新疆驻湘工作组合作，对在永州的新疆籍少数民族群众开展调研和中共十九大精神宣讲；落实湘桂两省区毗邻四市民族团结联谊机制，加强周边地区民族团结合作。蓝山县大桥瑶族乡、冷水滩区梅湾街道清桥路社区获评第五批“全省民族团结进步创建活动示范单位”，江华瑶族自治县获评第五批“全国民族团结进步创建示范单位”，江永县在第五届湘桂两省区毗邻四市民族团结联谊会上作典型发言。

【少数民族优秀文化保护和传承】
2017年，永州市民族宗教事务委员会进一步夯实民族文化基础设施，挖掘民族文化资源和特色，推动少数民族优秀文化的保护和传承。抢救民族古籍、医药、习俗等传统文化，《湖南瑶族传统文化》《道县瑶乡忆录集》等瑶族书籍出版发行，蓝山民族文化进校园经验两次被湖南卫视推介，江永女书入列国际标准字符集，宁远瑶族伞舞等少数民族传统文化申报省级以上非物质文化遗产，全市有省级非物质文化遗产7个。指导民族地区开展盘王节、洗泥节、赶鸟节等民俗活动，形成民族文化品牌，江华盘王节成为知名的瑶族品牌，湘南三市六县八瑶乡坐歌堂在宁远县桐木漯乡举办，湖南卫视《我们来了》节目组到江永县勾蓝瑶寨、女书园拍摄，展现永州少数民族文化多姿多彩。江华瑶族自治区县原创民俗舞蹈《咔嚓梭》获得全省第五届“欢乐潇湘”大型群众文艺会演一等奖。

【维护宗教领域和谐稳定】
2017年，永州市民族宗教事务委员会指导成立永州市天主教爱国会，开展和谐寺观教堂创建活动，理顺万寿寺管理体制，加强宗教团体和宗教活动场所规范管理，推进宗教事务规范化、法治化。举办全市宗教工作会议，承办全省民族宗教依法行政培训班，组织开展市领导及统战、民宗部门负责人同宗教人士的谈心活动，开展宗教团体负责人述职活动，组织宗教干部、宗教界人士参加政策法规培训和中共十九大精神培训。开展宗教领域安全隐患排查工作，督促11个县区对排查出来的22个有安全隐患的宗教场所建立销号台账，明确责任单位和整改时限，限期整改到位；引导宗教界投入2000多万元加强基础设施建设；引导宗教界参与赈灾救灾、扶贫帮困、捐资助学活动，宗教界累计捐款捐物300万元；落实中共十九大期间民族宗教领域维稳工作；部署“打非抵渗”和反恐怖工作。中共十九大期间，永州市民族宗教领域无一起影响社会稳定的事件发生，全年全市民族宗教领域保持稳定。

【全市宗教工作会议】　2017年6月2日，永州市宗教工作会议在冷水滩区召开。市领导张严、蒋善生、石艳萍、唐能武、张建亮出席；市直和中央、省驻永州的有关单位主要负责人，各县区、管理区、经开区党委书记、统战部部长，政府分管宗教工作的副县区长（副主任），民宗局局长及宗教工作具体负责人，市宗教工作领导小组成员单位成员，中共永州市委统战部、市民宗委班子成员及相关科室负责人179人参会。中共永州市委副书记、市人民政府市长易佳良主持会议，市委书记、市人大常委会主任李晖讲话。会议以全国、全省宗教工作会议精神，特别是习近平有关宗教工作的重要论述以及杜家亳在全省宗教工作会议上的重要讲话精神为指导，回顾总结近年来全市宗教工作情况，分析研究当前宗教工作形势，安排部署宗教工作任务。

【新疆驻湘工作组调研】 2017年7月25日—26日，中共新疆驻湘工作组党委书记、组长石建率工作组一行到永州市调研新疆籍人员服务管理工作。永州市民宗委、市公安局、冷水滩区、零陵区、祁阳县及市直单位相关负责人参加调研。调研通过座谈会、走访、谈心等方式，交流对到永州的新疆籍人员的服务管理经验。调研期间，石建和市民宗委党组书记、主任蒋季红带领新疆籍务工经商人员，探望冷水滩区易家桥敬老院的老人，引导到永州的新疆籍人员支持永州慈善爱心事业。

【少数民族特色村镇工作推进会】 2017年8月21日，永州市少数民族特色村镇工作推进会在冷水滩区召开。永州市人民政府副市长谢景林，市直相关单位负责人，各县区（管理区、经开区）分管民族宗教、旅游的领导和部门负责人以及全市21个民族乡党委书记参会。中共永州市委常委、市委统战部部长石艳萍主持会议。省民宗委党组副书记、副主任赵仁秀和市委副书记、市委政法委书记张严在会上讲话。会议总结近年来永州市少数民族特色村镇创建工作，表彰先进，弘扬典型，部署下一阶段少数民族特色村镇工作。

【宗教慈善行“金秋助学”活动】 2017年8月25日，永州市宗教慈善行“金秋助学”活动在冷水滩区举行。中共永州市委统战部、市政协三胞联谊委、市民宗委领导出席活动，市基督教“两会”、市道教协会、祁阳县甘泉寺、冷水滩区文昌阁、东安县沉香寺、基督教永州堂捐助代表，各县区受助学生代表、民宗局负责人参加活动。市民宗委党组书记、主任蒋季红主持活动。市委常委、市委统战部部长石艳萍讲话。活动募集善款10万余元，资助学生40多名。

【永州市首个政协界别活动工作室揭牌】 2017年8月29日，永州市首个政协界别活动工作室——少数民族界别活动工作室揭牌仪式暨市政协少数民族界别组活动在市民宗委举行。市政协党组副书记、副主席张建亮，市政协三胞联谊委主任魏秋云出席揭牌仪式，市政协少数民族界别组组长，市民宗委党组书记、主任蒋季红，市政协少数民族界别组部分委员参加活动。

【永州市天主教爱国会成立】 2017年11月3日，永州市天主教爱国会成立大会暨市天主教爱国会第一次代表大会在冷水滩区召开。中共永州市委常委、市委统战部部长石艳萍，市人大常委会副主任李农妹，市政协副主席张建亮，市委统战部副部长吕文桂出席大会，省民宗委宗教二处处长田野到会祝贺并讲话。市民宗委党组副书记、副主任刘志刚主持大会。大会审议并通过《永州市天主教爱国会章程》和《永州市天主教爱国会第一次代表大会选举办法》，选举产生由13名委员组成的第一届委员会和以邱林为主任的领导班子。

2017年11月29日，蓝山县大桥瑶族乡喜迎二十周年乡庆　　摄影 杨各飞

【蓝山大桥瑶族乡举办二十周年乡庆】 2017年11月29日，蓝山县大桥瑶族乡举行建乡二十周年庆祝活动。湖南省祝贺团团长、省民宗委人事处处长厉德均，永州市祝贺团团长、市人民政府副市长谢景林率祝贺团致辞祝贺，市县相关单位及大桥瑶族乡群众参加庆典活动。蓝山县大桥瑶族乡二十年的发展成就充分展示中国社会主义制度巨大的优越性，彰显民族政策的强大生命力。

（杨各飞）

丁酉年祭祀舜帝大典

社 会 团 体

湖南省九嶷山舜帝陵基金会

【概况】 2017年，湖南省九嶷山舜帝陵基金会筹措资金186万元，主要以民间募集为主。先后组织三次较大规模民间祭祀活动（福建等地的舜帝后裔），筹措资金约50万元。

【碑林园文化】 2017年，湖南省九嶷山舜帝陵基金会把碑林园的文化内涵充实工作摆上议事日程。永州市政协原主席、基金会常务副理事长兼秘书长陈金荣先后4次到现场指导，与中共宁远县委、县人民政府以及宁远联络处协调，对咏舜诗词碑和历代著名人物雕像的制作、安装等方面明确具体要求。11月初，93块咏舜诗词碑、15座历代著名人物雕像的安装全部完成。

【舜文化的研究、宣传与传播】 2017年，由永州市党史与地方志征集编纂办公室承编，九嶷山舜帝陵基金会副秘书长张泽槐主编的湖南省六部特色志之一的《舜帝陵志》完成十章110万余字的初稿编纂工作。7月24日，《舜帝陵志》初稿初审评议会召开，湖南省地方志办公室省志处处长黄俊军对志书给予肯定并提出修改意见。2016年12月—2017年9月，九嶷山舜帝陵基金会办公室与永州市作家协会、湖南湘君面业有限责任公司在全国范围内开展《舜帝陵赋》有奖征文活动，有北京、上海、广东等28个省、市的征文300多篇，评出获奖作品65篇（一等奖空缺，二等奖增加一篇共5篇，三等奖10篇，优秀奖50篇）。

【舜帝后裔联谊】 2017年4月20日—22日，湖南省九嶷山舜帝陵基金会宁远联络处有关领导赴香港参加世界舜裔宗亲联谊会第九届常委会第三次会议。5月5日—6日，基金会宁远联络处参加福建省石狮市召开的舜文化活动中心落成大典，并向到会的菲律宾、泰国、马来西亚等十多个国家和地区3000多名参会者发出邀请，请他们到舜帝陵寻根问祖。10月24日，“海外华人华侨故乡行”暨祭舜大典活动在舜帝陵举行，湖南省政协副主席袁新华担任主祭。邀请美国、英国、马来西亚、中国澳门等20多个国家和地区的海外华侨华人代表100多人，齐聚九嶷山拜谒舜帝陵，公祭人文始祖舜帝，弘扬舜德精神，增强舜葬九嶷的认同感。

【永州社会各界祭舜大典】 2017年11月22日，由湖南省九嶷山舜帝陵基金会主办，宁远县人民政府承办的永州市社会各界祭舜大典在宁远县九嶷山舜帝陵祭祀广场举办。湖南省原副省长郑茂清，湖南省政协原副主席谭仲池，中共永州市委书记、市人大常委会主任李晖，市委副书记、市人民政府市长易佳良等相关人员以及海内外舜裔宗亲和社会各界5000余人参加。

（张伟）

永州市红十字会

【概况】 2017年，永州市各级红十字会、红十字会会员单位和志愿者团队秉承“人道、博爱、奉献”的红十字精神，发挥红十字会桥梁和纽带作用，为困难百姓解难，较好地完成年度工作任务。市红十字会党支部被市直属工委评为2016年度党支部规范化建设优秀单位；被市卫计委直属机关党委评为先进党支部。全年参加省市会议20余次，学习传达各项工作安排，召开全市红会系统会议3次，对任务分工进行具体落实，确保工作实效。

【三献工作开展】 2017年，永州完成无偿献血2.48万人次，献血总量883.44万毫升，比2016年提升12个百分点，全市医院临床供血100%来源于无偿献血。3月，永州市红十字会印发《关于做好2017年造血干细胞血样采集工作的通知》，采取网站推广、发放宣传资料和播放电视专题片等形式，宣传造血干细胞捐献的相关知识，并对志愿者进行排查，按规定流程进行血样采集。全市采集造血干细胞血样161份，高分辨13例，成功捐献2例。其中，6月1日，江永县80后扶贫队员熊永平在长沙湘雅医院捐献造血干细胞救治一位患白血病的7岁女童，熊永平是江永县首个成功进行干细胞捐献的志愿者。12月4日，道县唐小娟在深圳捐献造血干细胞救治一位白血病儿童，是永州市第13位成功捐献者。完成人体器官捐献30例。江华瑶族自治县红十字会帮助当地一位瑶族女孩实现眼角膜及遗体的捐献愿望，该女孩是永州市首例遗体及组织无偿捐献者，实现全市人体遗体及组织捐献零的突破。

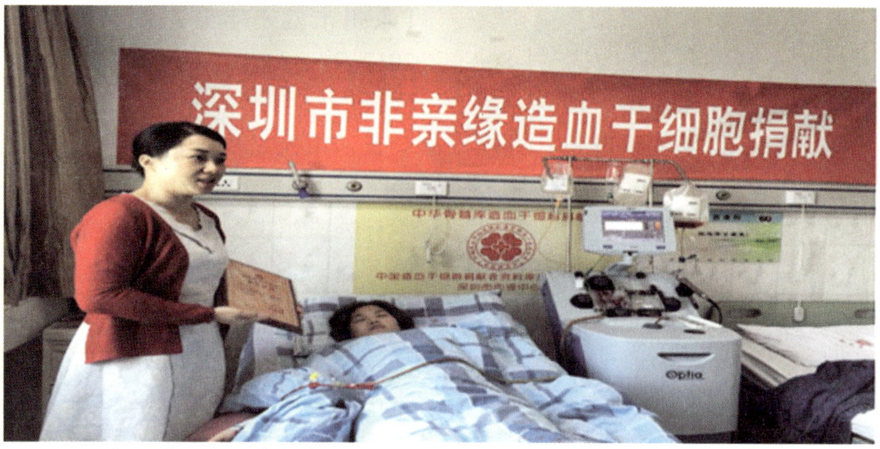

2017年，道县志愿者唐小娟在深圳捐献造血干细胞

【三救工作推进】 2017年，面对特大洪灾，永州市各级红十字会收集相关信息并及时上报上级红会，争取支持；紧急成立抗洪救灾领导小组，启动一级响应，下发《关于做好防汛救灾工作的紧急通知》，安排人员24小时值班，组织人员到东安白牙市镇、紫溪镇等重灾区现场勘察灾情；筹集一批大米、油、棉被、赈灾家庭包等价值12万多元的救灾物资及药品运送到东安县、祁阳县、金洞管理区等重灾县区，并进行现场发放；7月10日，与市卫计委一同开展为灾区人民献爱心捐款仪式；争取上级救灾物资68万多元，下发各类救灾物资89多万元。将救护培训与传播人道主义精神结合起来，推进救护培训“五进”（进机关、进社区、进学校、进农村、进企业），全年培训救护员436人，普及人员3.09万人次。落实省红十字会关于申请人道救助金的文件精神，对全市特困人群进行摸底，对全市人道救助基金申请人的资料进行审查与上报，按要求进行公示，全年有92人获批，每人获得补助5000元；为53名贫困白血病儿童申报专项救助基金，每人获得救助金3万元；为祁阳县人民医院225名肾病患者争取血透治疗救助金18.07万元；各县区红会进入扶贫第一线，开展入户调查、建档立卡、宣传政策、制订规划、引进项目等工作，帮助贫困村脱贫。

【红十字会主题宣传】 2017年，永州市红十字会在“5·8”世界红十字日、“5·12”防灾减灾日、“6·14”无偿献血日、“9·9”世界急救日4个重要纪念日开展集中宣传活动。5月8日—9日，与市卫计委在永州市中心医院联合举办永州市第二届红十字应急救护大赛暨“5·12”护理技能竞赛，各县区及市直医疗卫生单位21支代表队147人参赛，是历年来参加人数最多、规模最大的一次比赛，赛后选拔代表队参加湖南省第二届应急救护大赛，获三等奖。5月12日，参与永州市减灾委在永州火车站广场主办的防灾减灾日集中宣传活动，围绕“减轻社区灾害风险，提升基层减灾能力”的宣传主题，在现场设置应急救护知识展架，向市民发放防灾减灾科普知识资料800余份，摆放人体模型，请专业救护师示范心肺复苏以及包扎的操作方法。6月14日，联合市中心血站、祁阳县卫计委、祁阳县红十字会，在祁阳县白竹湖广场举行2017第14个“世界献血者日”大型系列公益宣传活动，10多家医疗卫生单位的无偿献血志愿者100余人参加宣传活动。在国家、省、市各类新闻媒体上发表新闻稿件64篇。

【博爱送万家活动】 2017年1月，永州市红十字会筹集价值7万多元的物资，走访慰问全市11个县区及2个管理区的困难群众；18日，参与市卫计委精准扶贫村——小源村走访活动，支持棉被51床；19日，参加第64届世界防治麻风病日活动，与市卫计委、市民政局、市疾控中心、市残联等单位到冷水滩区岭口麻风村走访慰问，并送去慰问物资和慰问金；23日，到凌云社区走访慰问贫困群众；24日，与市教育局、市电大联合在零陵区接履桥镇敬老院开展“情系五保老人，健康知识进社区”活动，为38位老人送去御寒衣物及慰问金，红十字医务志愿者团队现场为老人们义诊、讲解应急救护、保健常识。11月17日，与市药监局、市扶贫办联合在江永县桃川镇桃源社区开展“扶贫济困、互助互济”为主题的扶贫日系列活动，通过摆放脱贫攻坚图片展板、扶贫知识竞答、发放捐赠物资、开展扶贫政策宣传等特色活动，引导社会各界关注贫困问题，关爱贫困人口。

【永州市红十字会工作会议】 2017年4月10日，永州市红十字会工作会议召开，市红十字会会长、市人民政府副市长谢景林，市人民政府副秘书长唐海涌，市卫计委党组书记肖东民出席会议，各县区人民政府分管副县区长、红十字会秘书长，市直团体会员单位分管领导，市红十字会全体干部职工参加会议，这是近5年来规模最大的一次工作会议，分管副县区长首次参加会议。

（蒋晓群）

永州市关心下一代工作委员会

【法制教育巡回宣讲活动】 2017年3月10日—28日，永州市关心下一代工作委员会联合市教育局、市司法局、市人民检察院、团市委等单位开展全市青少年法制教育巡回宣讲活动。组织9名专家、学者为宣讲团成员，分成3个组，分别由市关工委老领导带队，到13个县区（管理区）和大专院校按高中、初中、小学3个层次及三所大学进行巡回宣讲。每个县区安排一次大课和三堂小课。活动作报告51场，直接受教育师生2.8万余人。

【党史、国史教育巡回宣讲活动】 2017年9月17日—29日，中共永州市委组织部、市委老干部局和市史志办联合开展以“讲好红色故事，喜迎党的十九大”为主题的青少年党史国史教育巡回宣讲活动。全市分两个分团，11个县区分为南北两片，分别由市关工委副主任李续荣和钱荣棠带队。第一分团赴南片县，第二分团赴北片县和永州市第一中学、第四中学进行宣讲。每个县区集中举行两场报告会，高中和初中各一所，作报告24场，听课师生1.2万余人次。

【孝德文化教育活动】 2017年11月—12月，永州市关心下一代工作委员会和永州电视台《直播永州》栏目联合开展第三届“寻找永州最美孝心少年”活动，采访拍摄“最美孝心少年”13名。12月20日，永州市关工委成立30周年暨全市关心下一代工作和“最美孝心少年”表彰大会召开，表彰13名永州市第五届“最美孝心少年”，湖南省人大常委会原副主任、省关工委主任杨泰波，省人大常委会原副主任、省关工委名誉主任沈瑞庭，省人大常委会原副主任、省关工委副主任高锦屏等省关工委领导出席会议，中共永州市委书记、市人大常委会主任、市关工委顾问李晖出席会议并讲话。

【扶贫助学活动】 2017年，永州市关心下一代工作委员会通过多方努力募集资金，联合市财政局连续3年累计拨款50万元，全市关心下一代基金超过400万元。市关工委每年由财政拨款30万元注入关心下一代基金。11月底至12月上旬，市关工委分组分县区到边远山区和少数民族地区的231名贫困中小学生学校和家中进行走访，每人资助1000元。

（张晟）

永州市计生协会

【概况】 2017年，永州市各级计划生育协会贯彻落实习近平等中央领导人在中国计生协“八代

2017 年，永州市举行“5·29”纪念活动

会”上的重要指示批示精神，围绕全市改革发展稳定大局开展卫生计生工作，取得较好成效。是年，市计生协及东安县、道县、江永县、宁远县、新田县、蓝山县计生协获“2017 年度全省计划生育协会工作模范单位”称号，江永县被列入国家计划生育基层群众自治示范县。派员参加省大学生青春健康演讲大赛，获得湖南赛区二等奖 2 人，市计生协获得全国大学生青春健康演讲大赛湖南赛区决赛“最佳组织奖”。

【计生政策宣传】　2017 年，永州市计划生育协会组织开展以“深入推进计生协改革发展，全面落实六项重要任务”为主题的“5·29”会员活动日宣传服务活动，湖南省卫计委党组成员、省计生协常务副会长康代四到东安县参加“5·29”纪念活动，并现场慰问贫困母亲，社会爱心人士一对一的向 12 名计生特殊家庭进行 3000 元~10000 元不等的爱心捐助。新田县开展“5·29”计生协会员活动日表彰救助活动，活动中关爱留守儿童的做法被湖南卫视新闻联播报道。7 月 11 日，开展以“人口流动、健康同行，计划生育、倡导文明”为主题的“7·11”世界人口日宣传服务活动。“5·29”“7·11”活动期间，全市各级计生协组织宣传活动 1490 场次，宣传服务人数 57 万余人，对 1.61 万人进行走访慰问，发放慰问金及物资 135.25 万元。永州市计划生育协会网展示特色、指导基层、服务群众、推动工作的功能，全年上传稿件 436 条。全年在省级以上媒体刊发稿件 206 条，在市级相关媒体刊发稿件 351 条。《中国人口报》3 月第 5740 期刊发《永州市计生协免费为计生特殊家庭开展健康检查》。《湖南日报》刊发《计生协扶贫惠民生——道县计生协会精准扶贫纪实》。

【优生优育指导】　2017 年，永州市各级计划生育协会通过悬挂横幅、开设宣传栏、发放宣传单、设立咨询台现场咨询等方式普及免费孕前优生体检项目，动员新婚夫妇参加婚前医学检查、备孕育龄群众参加孕前优生健康检查、备孕和早孕妇女增补叶酸预防神经畸形。祁阳县计生协为流动人口发放“把健康带回家”大礼包，送上 0 岁~6 岁儿童健康教育手册、优生优育健康教育折页，讲解免费孕前优生检查的时间、地点、注意事项、检查项目等。

【计生困难家庭帮扶】　2017 年春节期间，永州市计划生育协会和市卫计委分成 7 个组，走访全市各县区计生特殊家庭，给每个家庭送去慰问金 1000 元、一桶油、一袋米、一床被子。东安县计生协为每户计生特殊家庭赠送一部“爱心”手机，签约一名家庭医生。8 月，永州市计划生育协会、市卫计委、市民政局、市财政局、市人社局、市住建局等部门联合出台《关于切实做好计划生育特殊困难家庭扶助关怀工作的实施意见》，明确经济扶助力度，医疗保障水平，养老保障工作，帮扶关怀活动等方面的要求。

2016 年—2017 年，全市免费为 4.54 万户独生子女家庭、农村两女户和计生困难家庭购买计生家庭意外伤害保险，保费 130.9 万元，理赔 59.92 万元，理赔率 45.77%。为全市 1190 位特殊计生对象办理综合保险，理赔 7 人，理赔金额 2.34 万元。全市争取省“三结合”项目 12 个，项目资金 42 万元，4 个是贫困村。争取省计生家庭创业贴息贷款项目 108 户，项目经费 94.57 万元，71 户是贫困村的计生家庭。金洞管理区旭日洞村“三结合”项目，采取“公司+计生家庭”管理模式，动员 32 户计生农户（其中计生贫困家庭 16 户）种植有机水稻，平均每户增收 2 万元，《湖南日报》以《计生协会“结穷亲”，科学种田“挖穷根”》作专门报道。结合“5·29”会员活动日，发动全市卫计系统单位、干部职工

2017 年，永州市计生基层群众自治示范创建和“诚信计生”工作现场会召开

及社会人士开展“小善举·大爱心”募捐，全市筹措资金 60.85 万元，其中单位捐款 19.51 万元、个人捐款 41.33 万元。全市三批 62 名卫生计生系统困难职工得到 5000 元~10000 元不等的扶助金。省人口健康基金福利会在江永县开展“决胜小康·计划生育困难家庭发展行动”项目，帮助江永县的 40 户计划生育困难家庭进行精准扶贫。市计生协常务副会长蒋玲萍在省人口健康基金福利会座谈会上作《用小善举做大文章为卫计系统困难职工排忧解难》的典型发言。开展法制宣传、法律援助等维护计生家庭合法权益，落实流动育龄群众公共卫生、计划生育均等化服务。祁阳县建立多部门支持参与的计生家庭维权机制，联合开展维权调研，重点维护育龄夫妇自主安排生育两孩等合法权益。

在新田县建立流动人口服务省级示范点 1 个，在冷水滩区建立市级示范点 1 个。市计生协组织各县区在“7·11”世界人口日期间开展“人口流动、健康同行，计划生育、倡导文明”为主题的宣传服务活动，活动期间走访慰问流动人口 1 万余人，发放慰问金及物资 39.14 万元。春节期间，组织各县区开展“关爱流动人口，把健康带回家”主题宣传活动。在新田县计生协与广州市流动人口计划生育管理办公室组织的“爱在流动、情暖羊城”公益活动中，300 名新田籍外出务工人员免费乘坐 6 台大巴车回乡过年，活动被湖南卫视新闻报道。

【计划生育基层群众自治示范创建】 2017 年，永州市计划生育协会将推进计生群众自治示范创建活动与推行村级计生目标管理责任制结合，开展县、乡、村、组四级联创活动，引导广大群众实行自我教育、自我管理、自我服务、自我监督。6 月 8 日，在江永县召开全市计生基层群众自治示范创建和“诚信计生”工作现场会暨中国计生协会 2017 年计生基层群众自治示范县项目（江永县）启动仪式。湖南省计生协会副会长新凡、中共永州市委副书记张严到会讲话。各县区计生协会会长、卫生计生委主任，常务副会长、专职副会长、秘书长参加会议，与会人员参观江永县兰溪瑶族乡勾蓝村计划生育基层群众自治示范创建现场，听取江永县的经验介绍。是年，全市创建省级“计划生育基层群众自治示范乡镇街道”17 个、省级“计划生育基层群众自治示范村居”29 个、市级“计划生育基层群众自治示范村居”35 个。

【计生工作拓展】 2017 年，永州市计划生育协会和市卫计委联合下发《关于基层计生协会参与基本公共卫生服务的通知》，按照“政府所需、协会所能、群众所盼”的基本要求，组织基层计生协参与开展健康教育宣传倡导，动员会员参与居民健康档案的信息采集，协助做好儿童、孕产妇、老年人保健工作，开展一般性的项目服务，打通卫生计生基本公共服务“最后一公里”。组织协会会员参与妇幼保健和生殖健康服务，向群众免费发放避孕药具和宣传单，面对面地交流讲解生殖保健、优生优育、出生缺陷干预、避孕节育、预防艾滋病等知识，全市“两癌筛查”、妇幼健康、出生缺陷防控等各项工作效果明显。

（唐浩）

永州市慈善总会

【概况】 2017 年，永州市慈善总会募集善款 2903 万元，捐赠物资折价 206.3 万元；发放慈善救助资金 2942 万元，救助困难群众 9000 余人次。

【慈善资金筹措】 2017 年 10 月，永州市慈善总会开展“慈善一日捐”活动，收到 103 个单位捐款 60 余万元。及时开展赈灾募捐，募集善款 3814 万元，物资价值 818.4 万元（包括县区）。配合市住建局、市农业委、市卫计委等部门，开展“我爱我家”危房改造、有机茶产业扶贫、医疗救助等众筹项目，募集扶贫资金 720 余万元。协助湖南永祥集团、深圳比苛电池有限公司、中共永州市委统战部、市侨联等单位和部门在市慈善总会建立冠名基金200余万元。

【慈善救助】 2017年，永州市慈善总会配合湖南省慈善总会抓好金叶慈善医疗卡项目。投入项目资金62.12万元，为500余名困难群众发放医疗救助卡1242张；对一些家庭困难的大病患者，在其享受国家有关救助政策的基础上，给予适当的医疗救助，救助35人次、10.4万元。在助困助老方面：两节期间，从“慈善一日捐”活动中安排经费20万元，用于“迎新春、送温暖、献爱心”活动，走访慰问困难群众；联合民革永州市委、中华社会扶贫基金会开展关爱抗战老兵活动，逢年过节或老兵生日等，慈善志愿者都会组织开展慰问；联合市钓鱼协会开展“关爱空巢老人”活动，现场为115名空巢老人送上一份礼包，并为每位老人发放600元慰问金，总计价值15万元；开展“一张纸、一件衣、献爱心”活动，收到旧衣物400多吨、废旧纸张折价5万余元；中秋重阳等传统佳节，各级慈善总会组织和发动社会各界开展多种形式的敬老爱老、扶贫帮困活动；对一些特困对象家庭给予临时救助，救助70人，发放救助金14万元。在助学方面：开展“牵手困境儿童”救助，组织志愿者开展家访11次，筹措资金14万元，长期一对一资助128名困境儿童；启动儿童“五防”（防性侵、防拐卖、防校园暴力、防灾害、防意外）安全教育项目，陆续纳入学校教学计划；开展“暖阳”助孤工程，配合中共永州市委统战部，发动社会各界爱心人士捐款，开办一所集学杂费、生活费、服装费、保险费、学习用品费等全免费的寄宿制学校——“暖阳学校”，有37名孤儿首批入住，并安排慈善志愿者进行长期陪伴；开展“比苛爱心传递”助学项目，深圳比苛电池有限公司安排20万元，资助寒门学子42人。在慈善超市方面：拟联合本土企业共同打造具有永州特色的“小城大爱”慈善超市，合作试点方案初步形成，待进一步考察论证后，组织实施。

【慈善宣传】 2017年，永州市慈善总会在发挥慈善网站、慈善简报、手机短信、微信等自身宣传载体的同时，加强与主流媒体的协作，及时报道慈善活动及慈善事业发展中的先进事迹和典型。9月5日，集中组织开展《中华人民共和国慈善法》宣传。市、区慈善总会及慈善志愿者在冷水滩中心城区开展慈善法宣传活动。

【慈善志愿者队伍建设】 2017年，永州市慈善志愿者协会有注册登记志愿者812人，分别成立宣传、综合、后勤、劝募等工作组，建立注册志愿者后期教育、学习、培训制度。指导6个县区成立慈善志愿分会，累计注册人数2000余人。组织慈善志愿者开展83次慈善公益性活动，参与人次1200余人次，累计志愿服务时间超过6500小时。承担总会“一张废纸献爱心、关爱母亲义工行”“关爱抗战老兵”“牵手困境儿童”“比苛爱心传递助学”“紫江村扶贫”等项目的具体实施。

（市慈善总会办公室）

生态建设

Ecological Construction

综　　述

2017年，永州市环境保护工作围绕生态文明建设和品质活力新永州建设，努力谋大局、转方式、强落实，各项工作取得新突破。在中央环保督察的推动下，解决一大批历史遗留的环境问题，推动中心城区截污管网等基础设施建设。全市空气质量明显改善、主要河流河长制工作成效明显和生态环境治理成效明显，获得湖南省人民政府表彰。江华瑶族自治县成功创建全省唯一的首批国家生态文明建设示范县，该县环保局被授予全国环保系统先进集体称号。江华瑶族自治县、东安县、零陵区、宁远县、永州经济技术开发区五县区被授予全省环保重点工作考核先进单位。市环境监察支队获评2017年全国执法大练兵活动表现突出集体，2017年全省监察执法优秀单位，省移动执法大比武二等奖、案件评查二等奖。

【生态文明创建】　2017年，永州市启动生态文明建设示范市创建工作，制定出台《永州市创建国家生态文明建设示范市实施方案》，召开全市创建动员大会，委托中国环境科学研究院编制创建全国生态文明示范市总体规划，初步拟定年度实施计划和创建的指标体系，开展全市生态保护红线划定工作。江华瑶族自治县成功创建为全省唯一首批国家级生态文明建设示范县，零陵区石山脚乡、富家桥镇获得国家级生态乡镇命名，零陵区梳子铺乡等60个乡镇获得省级生态乡镇命名。

环境质量与监测

【及时发布环境质量状况】
2017年，永州市持续发布环境质量状况，在政府网站上每月发布环境质量简报、地级及以上城市集中饮用水水源水质状况，每季度发布企业污染源监督性监测数据，满足公众对环境质量关注的需求。

【环境质量改善】　2017年，永州市水功能区水质达标率100%；县级以上集中式饮用水水源地长期保持在Ⅱ类水质以上，水质达标率100%；全市平均空气质量优良率86.5%，中心城区空气质量综合指数排全省第三位；完成全市千吨万人和千人以上集中饮用水水源区划定，强化县级以上饮用水源保护区的整治，13个工业园区污水处理设施建设基本完成，全市关闭或搬迁禁养区内畜禽规模养殖场350家，完成900个行政村的污水治理和环境综合整治任务。中心城区关停红砖厂35家，全市淘汰10蒸吨以下燃煤小锅炉92台204.8蒸吨，淘汰黄标车8252台，在全省率先完成年度任务，7个县区在全省率先禁止城区燃放烟花爆竹。一般工业固体废物综合利用率85%以上，达到预期目标。土壤环境总体保持稳定，环境风险得到基本控制。

【环境安全整治保障】　2017年，永州市开展纳污坑塘环境问题排查整治、长江经济带化工企业及园区全面摸底调查和砖瓦行业专项执法，关停砖瓦企业164家。开展国家级自然保护区的监管执法，整改问题57个。开展环境安全隐患排查治理，确定隐患重点风险等级单位3家，完成隐患整改治理108个。妥善处置东安县平元模板厂遗留甲醛罐破损泄漏事件和冷水滩区果蔬公司冷库液氨泄漏事故，及时处理蓝山县新圩镇上清涵村铅锌选矿厂环境污染和道县、蓝山县异地垃圾倾倒案件，得到省市领导肯定。围绕中央环保督察交办问题整改，全

2017年，永州市中央环保督查整改推进会议和永州市第一次河长会议在祁阳县召开

市查处环境违法案件300件，罚款总额1663万元，创历史之最，排全省第三位。其中行政处罚262起，移交刑事处罚13起，行政拘留34起43人，刑事拘留13起36人，按日计罚1件，查封扣押20件，停产整治16件，实现4个配套办法案件全覆盖。全市调处环境信访案件2250件，没有出现国家和省督办的信访案件，没有发生重大以上环境污染事故和生态破坏事件，环境安全和社会稳定得到有效保障。

【中央环保督察交办问题整改】 2017年，永州市配合中央环保督察，解决一大批突出环境问题。中央环保督察交办的182件信访投诉件和省委、省政府交办的12个整改问题全部办结，中央环保督察反馈意见9个问题有7个办结销号，1个完成年度任务仍需持续推进和1个超期未完成，基本整改到位。集中解决对环境问题认识不足、环保投入不足、工作紧一阵松一阵和出台环保土政策问题，初步形成党委统揽、政府主导、部门协同、企业主体、社会参与的齐抓共管大环保格局。解决一批历史遗留问题，养殖污染、黏土砖厂和采石场无序开采问题得到解决，开展危险废物清理整治，不符合产业政策的92家冶炼高炉、危险废渣治理得到妥善处置。永州市中心城区投入3亿元，完善永州大道、冷水滩河东、永州经开区和零陵区河西的地下截污管网建设，依法取缔20个直排湘江的排污口，升级改造德源路提升泵站建设，完成13个黑臭水体治理，超额完成省定目标任务。

（陈良）

农业环境保护

【概况】 2017年，永州市推进化肥、农药使用零增长行动，强化畜禽水产养殖污染治理，加强秸秆禁烧和综合利用，推动沼气新能源发展，农业面源污染治理取得明显成效。全市落实测土配方施肥面积68.27万公顷，推广测土配方专用肥15.63万吨，配方肥应用面积33.33万公顷；推广水肥一体化技术面积0.89万公顷，推广高效新型肥料（包括缓释肥料、水溶肥料、生物肥料等）面积1.52万公顷；恢复发展冬季绿肥生产，完成绿肥播种面积7.47万公顷；推行秸秆还田等综合利用技术，全市秸秆还田总面积29.47万公顷以上；开展有机肥替代化肥技术行动，推广堆肥等农家肥施用面积7.36万公顷，商品有机肥应用面积4.11万公顷。通过化肥使用零增长行动各项措施的落实，比2016年化肥施用量（纯量）减少2988.14吨。全市有专业化服务组织56家、飞防组织17家、专业化队伍738个、从业人数8219人、村级服务站408个、植保无人机93台、专业化统防统治标准化区域服务站19个。完成农作物病虫害专业化统防统治总面积11.44万公顷，绿色防控核心面积1.36万公顷、辐射面积5.13万公顷。推广水稻抗病虫品种1.46万公顷、翻耕灌深水灭蛹技术2.7万公顷、二化螟及纵卷叶螟性诱剂诱杀技术0.13万公顷、柑橘挂黄板10.5万张、食诱板0.77万公顷、挂实蝇球1.1万个、诱杀瓶1.7万个，安装杀虫灯810盏。通过开展统防统治和绿色防治，提高高效、低毒、低残留农药和生态环保农药的使用比重，控减少农药的用量，全市农药使用总量从2016年的5000吨减少到4790吨，减量4.2%。双牌县阳明山管理局阳明山村、蓝山县太平圩镇大洞村、宁远县柏家坪镇大路尾村列入全省农业面源污染防治工程示范村建设，其中双牌县阳明山村和蓝山县大洞村被列为全省重点工程建设示范村（全省5个），每个村项目资金280万元，其中有3个县项目主体工程建设基本完工。组织各县区开展农业面源污染调查工作，为全市乃至全省农业面源污染综合防治提供数据支撑；按照《湖南省土壤污染状况详查实施方案》的要求，组织东安县完成135个农业污染地样点点位的种植情况调查核实工作；在双牌县和江华瑶族自治县继续分别开展一季稻和茶叶农业环境定位监测，全年取送土壤、水质、农产品样品96个。

【沼气利用】 2017年，永州市在用的户用沼气池13.23万户，年产气3089.81万立方米；大型沼气工程26处，总池容4万立方米；中型沼气工程259处，总池容4万立方米，集中供气3800户；小型沼气工程4697处，总池容19.95万立方米，集中供气2.61万户；生活污水净化沼气池40处，总池容2600立方米；学校污水净化处理系统25处，总池容2000立方米；省柴节煤灶37万台，节能炉39万台，太阳能热水器10.92万台；小型光伏发电386处，小型水力发电721台，秸秆综合利用122.89万吨；沼气产业企业34个，从业356人，总产值3056万元。永州佳和农牧有限公司、湖南地大生态循环农业示范场、江华秋满园生态农业开发有限责任公司、宁远县旺大生态农业发展有限责任公司被湖南省农业委评为全省生态循环农业示范场典型实例。

【养殖业污染治理】 2017年，永州市抓住中共湖南省委、省人民政府实施湘江污染防治第一个“三年行动计划”有利时机，完成生猪养殖场退养1155户，退养栏舍面积近60万平方米，退养21万头。市县两级拿出财政资金1200万元，在冷水滩区宋家洲、江华瑶族自治县涔天河、东安县湘江段退养网箱面积近28万平方米，湘江源水质和航运安全改善。全市重点水域投肥养鱼现象得到有效控制，饮用水源保护区和小（2）型以上水库实现全面禁止投肥养鱼。争取整合各类资金1.25亿元，重点对260余个配套设施不完善的规模猪场进行改造扶持，改造标准参照市级以上标准化示范场建设要求，全市完成猪舍标准化改造（扩建）面积30万平方米、添置养殖配套设施2400余台（套），全市生猪标准化养殖率达到55%，较2010年提高20个百分点以上。全面推进畜禽粪污综合治理，对大中型生猪养殖企业要求采取工业治污模式并配套人工湿地进行水质全面净化；对适度规模养殖户要求采用猪-沼-果（茶、蔬、林等）或发酵床治理方式，实现达标排放或“零”排放。同时通过招商引资，全市引进有机肥加工厂7个，每年生产有机肥6.1万吨，减少传统养殖企业污染。道县获得全国第一批国家畜禽粪污治理试点项目，零陵区、道县生物资源处理中心动工建设。全市规模猪场粪污资源化利用率在75%以上，新建猪场100%粪污排放达标。

（杨祝学）

美丽乡村建设

【概况】 2017年，永州市以农村环境综合整治为切入点，推进美丽乡村建设，农村生态环境、人居环境和发展环境持续改善，各项工作取得较好成效。全年新启动62个省市级美丽乡村示范创建村、476个人居环境整治重点村的建设，规划建设21条美丽乡村精品线路。宁远县“九嶷风情”和零陵区“永州之野”两条精品线路基本成型。

年初，制定《2017年全市美丽乡村建设工作要点》和《2017年农村环境整治工作方案》，总体目标是：力争1个以上的县区被评为“湖南省美丽乡村建设先进县区”，1个以上的县区成为全省“美丽乡村建设整域推进试点县”，2个以上的乡镇成为全省“美丽乡村建设整域推进试点乡镇”；5个以上的村成为省级授牌美丽乡村示范村，10个以上的村授牌为市级美丽乡村建设示范村；重点建设2条以上美丽乡村精品路线，全面完成476个村庄人居环境整治任务，全面启动农村垃圾、污水处理整县推进工作。将目标任务细化分解到各县区、乡镇，落实到村。各级各部门对美丽乡村建设进行研究部署，确定支持美丽乡村建设的工作方案和工作重点，全市上下形成协同配合的工作格局。

按照“办点示范、串点成线、连线成面、整域推进”的思路，市、县两级创办美丽乡村建设示范点183个，其中市级办点43个，创建省级示范村35个，市级示范村27个。每个示范村按照“一个县级以上领导联点、一个工作队驻村帮扶、后盾单位项目支持”的要求，逐村落实村庄建设规划、具体建设内容、整合到村的项目，为全市新农村建设探索路子。1月—12月，全市示

湖南省美丽乡村示范村——宁远县湾井镇周家坝

范村开工各类建设项目1800多个，完成投入25.6亿元。道县两河口村投入资金3500多万元，硬化2条2.6千米的村道，对3.5千米长的村主干道实施路面拓宽，新建停车场、文化广场、篮球场各一处，设立便民服务站，新建绿化带2200余米，拆除“空心房”70户、4600平方米，统一粉刷外墙房屋65座，改水改厕全部完成，污水、垃圾处理纳入有效管理。

【项目建设】 2017年，永州市坚持项目带动，以项目建设促进农村生产生活条件改善，助力美丽乡村持续发展。截至2017年12月15日，35个省级创建村开工各类建设项目302个，完工253个，其中基础设施类项目开工121个，完工104个；产业建设类项目开工60个，完工55个；社会公益类项目开工121个，完工94个。累计完成投资4.32亿元。启动的14个民生实事重点项目村开工项目152个，完工项目141个，实际完成投资2.65亿元（其中各级财政和部门投入1.34亿元），占年度计划的113.2%。双牌县茶林镇桐子坳村在2016年成功申报为省级美丽乡村示范村基础上，按照国家级美丽乡村建设标准开展建设，完成景区游道升级建设2.5千米，突出银杏主题文化植大树2000多棵，对百公顷花海进行设计升级并施工改造，使村内景观再度升级。

【精品线路打造】 2017年，永州市以打造精品旅游景点为着力点，将美丽乡村建设与乡村旅游、农业产业结构调整、休闲观光农业发展相结合，全市规划建设旅游精品线路21条，重点打造宁远“江南九嶷”、零陵“永州之野”精品线路。“江南九嶷”以传承舜帝精神，体验民俗文化，感受瑶族风情为特色。编制好春水河畔美丽乡村精品旅游线路建设控制性和详细规划，开展仁和坝至五里沟河道沿线美丽乡村旅游精品线路建设。“永州之野”精品旅游线路实行“一村一策”“一村一品”，沿线高贤等村连片种植荷花66.67公顷，何仙姑村种植向日葵66.67公顷和33.33公顷稻田鱼虾养殖，新建高标准农家乐5家。东安县依托神华国华永州火电厂和芦江水库等重点工程建设，抓好从芦洪市镇赵家井村到新圩江镇芦江村“一带八景”旅游精品线路建设，投入资金1.1亿元。双牌水库灌区百里花果生态风光带沿途主要种植猕猴桃、罗汉果、蓝莓、五彩紫薇等名特优水果、花卉，着力打造一条“十里花带”，并成功引进一个民宿生态项目，正在进行土地测绘和土地流转工作。

【农村环境整治】 2017年，永州市加强山水田林路综合治理，把农村建设成生活宜居、环境优美、设施完善的幸福家园。实施“四清四化”行动，全年计划启动农村环境综合整治重点村476个，累计完成重点整治村481个，占计划的101%。所有整治重点村都编制整治规划，实施各类整治项目2100多个。新建各类垃圾、污水处理设施1270处，改水改厕2.38万户，清理沟渠河道546千米，清淤山塘500多口，清理废旧空心房1.6万余间、35万平方米。建成农村垃圾转运站97个、垃圾收集点5210个、乡镇中转站30个，配置垃圾收集车3100余台，配置保洁清运人员1.2万人，垃圾收运处理采用城乡一体化模式的有31个乡镇，采用集中治理模式的有97个乡镇，45%的行政村对生活垃圾进行有效处理，全市初步形成“户分类，村收集，镇转运，县处理”的格局。农村垃圾集中处理率、配备保洁员的行政村普及率100%，80%的行政村废弃空心房得到处置。全市计划开展的900个污水治理村全部完成治理规划，建成污水处理实施并竣工运行的有684个村，占76%，正在建设污水处理设施的有176个村，占19.5%，未开工的有40个村，占任务的4.5%。畜牧水产部门加快全市“小、散、差”传统养殖场淘汰、退养工作，依法关闭或搬迁禁养区内规模畜禽养殖场93家，退养栏舍面积6.5万平方米，退养生猪规模4万余头，对56家养殖场开展粪污治理，完成扩改建栏舍1500平方米。全市农村生活污水处理率55%，卫生户厕改造率85.1%，村庄绿化覆盖率62.8%。争取中央和省级农村饮水项目资金支持，在155个贫困村的饮水项目开展巩固提升，新增农村安全饮水13.6万余人，农村自来水普及率74.75%，比2016年提升2.5个百分点。祁阳县采取PPP模式建设6.1万吨/天的大村甸水厂进入项目采购阶段，江华瑶族自治县采取PSL贷款1.5亿元建设规模10万吨/天的涔天河水厂开工。农村饮用水水源地保护工作全面铺开。完成所有大中型水库和部分小型水库禁止投肥养鱼清理。在全市的1229座水库中，小（1）型以上水库全部取缔投肥养鱼，小（2）

型水库的污染治理工作基本完成。推进耕地质量建设。完成测土配方施肥面积 68.27 万公顷，完成冬季绿肥生产面积 7.67 万公顷，应用秸秆还田 29.38 万公顷，秸秆综合利用率 60%以上，主要农作物化肥利用率平均提高到 37%以上。实施化肥、农药使用零增长行动。年内比 2016 年化肥施用量（纯量）减少 9661 吨，示范区减少化学农药用量 20%～30%。实施绿色植保工程。全市完成农作物病虫害专业化统防统治总面积 11.44 万公顷，其中全程承包面积 8.24 万公顷。绿色防控核心面积 1.48 万公顷，辐射面积 5.32 万公顷。高效、低毒、低残留农药和生物农药的使用比例达到 95%以上。开展外来物种防控。每个县区均建立 66.67 公顷以上的外来物种防控核心示范区，开展外来物种综合防控示范。投入资金 1500 余万元，福寿螺、水葫芦等外来物种防控面积达到 20.2 万公顷次。灭除福寿螺等外来物种 3.35 万公顷。

【农业产业支撑】 2017 年，永州市在稳定和提高传统农业生产的基础上，发展乡村生态农业、生态旅游、农家乐等服务业，促进农村产业形态优化升级。依托优势资源，与精准扶贫相结合，与全面小康相结合，发展特色种养业。优质稻面积 30.38 万公顷，占水稻总面积的 71%。转型升级养殖业。全市有国家级、省级畜禽养殖标准化示范场分别为 10 个、40 个，农业部水产健康养殖示范场 19 个、省级休闲渔业基地 5 个。通过引进广东温氏集团，发展合作养殖户 650 户，基本形成标准化建圈、规模化养殖、规范化管理和产业化经营的新格局。建成以南六县为中心的外销蔬菜基地 3.33 万公顷。蔬菜播种面积保持在 15.33 万公顷，排全省第一位。食用菌产业发展迅速，年产量 15.65 万吨，成为湖南省食用菌重要生产基地。“一带一片一基地”柑橘优势产区建设加速推进，建成以道县、宁远县为中心的全省最大鲜食脐橙优势产业带 1.07 公顷，以冷水滩区、零陵区、东安县、祁阳县为中心的全省最大宽皮柑橘加工原料生产基地 2.53 万公顷，江永县建成全国最大的柚类鲜食生产基地 1 万公顷。茶叶产业发展迅速，茶叶种植面积达到 0.62 万公顷，连片 13.33 公顷以上的茶叶基地 23 个，基地总面积 0.22 万公顷，有机茶认证面积 0.11 万公顷。培育专业乡镇 49 个、专业村 1346 个，全市基本形成“一村一品，一乡一业”的发展格局。突破农业单一发展模式，逐步走向多元化经济模式。有 417 个村发展乡村旅游，建成各类休闲农业经营主体 681 家，比 2016 年增加 129 家。全面启动“乡村旅游示范村”建设工程，全市有 26 个村列为“乡村旅游示范村”创建名单。建成电商服务网点 1800 多个，11 个县区均建设农村淘宝县级营运中心，有农村淘宝合伙人 1000 余人。江永县、祁阳县先后获评国家级电子商务进农村示范县。全市触电涉农企业或合作社近 200 家，农产品上线品种达到 900 多种，全市农产品网上交易额 7.5 亿元。

2017 年湖南省冬季乡村旅游节在宁远举行

【乡风文明建设】 2017 年，永州市围绕“生态、价值、文化”三大发展理念，推进全市农村精神文明建设。开展“五好文明家庭”“好邻居”“农村致富能手”等精神文明创建活动，全市农村涌现 76 名县以上道德模范、25 名市以上道德模范、52 名中国好人和湖南好人。实施“百县千乡宣传文化工程”，每个乡镇都建立文化中心，乡村文化大院 5000 多个，构建县、乡、村三级文化阵地网络。各地以文化阵地为依托，组织时事政策教育，开展各类文体活动，举办科技知识培训。引导农民崇尚科学，抵制迷信，移风易俗，树立科学、文明、和谐的乡村新风尚，全市涌现出各级文明村镇 399 个，建成省市级美丽乡村示范村 43 个。推进基层民主管理，实行工作重心下移、工作力量下沉、经费保障下倾，把基层组织打造成真正的战斗堡垒。

【湖南省冬季乡村旅游节】 2017 年 11 月 22 日，2017 年湖南冬季乡村旅游节在永州市宁远县下灌村开幕。活动以“相约永州祈福九嶷”为主题，由湖南省旅游发展委员会、永州市人民政府主办，永州市旅游外事侨务局、宁远县人民政府承办。湖南省人民政府原副省长郑茂清、湖南省政协原副主席谭仲池出席活动，省旅发委、永州市县等相关领导嘉宾出席开幕式。

（杨祝学）

县区概况

Counties and Districts

冷水滩区

【概述】 2017年，冷水滩区辖9个乡镇、10个街道、1个工业园区、1个农业开发区、1个永州国家农业科技园区。面积1217.13平方千米，其中耕地面积32186公顷。常住总人口55.34万人，其中城镇人口38.18万人。人口出生率15.33%，自然增长率7.89%。年内气温最高38.4℃，最低-0.4℃，年降水量1241.8毫米。

地区生产总值267.12亿元，增长9.3%。其中，第一产业增加值36.57亿元，增长4.2%；第二产业增加值98.43亿元，增长6.5%；第三产业增加值132.12亿元，增长13.1%。三次产业结构比为13.7∶36.8∶49.5。财政总收入17.33亿元，增长18.9%，其中地方财政收入10.94亿元，增长13%。城镇、农村居民人均可支配收入分别为29806元、18967元，分别增长9.7%、8.8%。

农林牧渔业总产值65.89亿元，增长4.3%。主要农产品产量：粮食作物36.87万吨，出栏生猪105.03万头，蔬菜88.51万吨，家禽出笼1378.52万羽，水产品2.77万吨。农产品加工年销售收入突破65亿元，增长13%。农村公路提质改造工程完工272千米，占任务的309%；4.5米宽通畅公路完成120千米，占任务的150%。投入资金1.02亿元，完成4256处大小水利工程建设，解决2.7万人农村人口饮水安全，恢复和改善灌溉面积2133公顷。继续保持“全国粮食生产大县”“全国生猪调出大县”两块国家级牌子，新获评全省粮食生产标兵县、省动物疫病防控绩效考核先进县区。

区域规模工业总产值361.07亿元，增长21.9%。主要工业产品产量：汽车6.9万辆，大米24.1万吨，饮料酒8.3万吨，服装3350.8万件，水泥98.5万吨，商品混凝土154.7万立方米，变压器21.1万千伏安，电力电缆19.9万千米，光电子器件3.7亿只（片、套），电子元件6.2亿只。五大百亿产业集群成为工业经济新的增长点，其中，先进制造、电子信息、生物医药、农产品深加工等主导产业产值近247.9亿元；推进五大主导产业集群发展，区域规模工业增加值85.53亿元，增长8.2%；区域规模企业165家，其中产值过亿元企业90家，过5亿元企业9家，新入统企业11家。以潇湘创客汇为载体，引进31家区内外电商企业入驻；科技研发投入1.2亿元，高新技术企业16家，专利申请量461件，新增省级重点新产品24项。

社会消费品零售总额129.6亿元，增长11%。其中城市零售额88.3亿元、农村零售额41.3亿元，分别增长9%和12%；外贸进出口总额1.34亿美元，增长64.7%；旅游区（景点）接待游客823万人次，增长21%，收入41.8亿元，增长22%；启动城镇提质项目63个，投资46.1亿元。

固定资产投资300.13亿元，增长13.3%。重点项目338个，总投资1089.77亿元，新建项目134个，续建项目204个，开工率100%；竣工305个，竣工率90%。交通建设投资7.2亿元。蔡市镇零东圩5.5千米四好农村公路样板路建成通车。公路安保工程完成84.77千米，占任务的270%。危桥改造15座，渡口码头改造1座，投资150万元建成农村客运招呼站43个。邮电业务总量3.88亿元，增长51.9%。增加工业项目37个，总投资86.68亿元，年度计划投资28.77亿元，完成投资28.77亿元。如潇湘创客汇、诺方舟电子、恒伟医药产业园、年产20吨青蒿素技术改造、年产180万支汽车轮毂生产线、奔腾文创、西北变压器（新宇变压器）等完工并投入使用。签约引进智能装备产业园、水云潇湘特色小镇、远大住工、兴立汽配、潇湘创客汇、永盛泵业、湖南瑞丰现代特色农业等7个投资过亿元的项目。社会事业项目25个，总投资35.5亿元，年度计划投资11.17亿元，完成投资10.1亿元。高新技术产业产值197.65亿元，高新技术增加值62.5亿元，占地区生产总值比重的23.4%。

投入1.83亿元，增加城区学位9340个。高考二本以上上线1543人（含二本），万人上线率居全市第一位；有公共图书馆2个，文化广场60个，乡镇文化站11个，村级农家书屋273个。医院卫生机构有床位5912张，比2016年增加22床，每千人拥有床位11.12张，卫生技术人员2088人。开展群体活动26次，参与健身29.33万人次，参与率54%。

存在的主要问题是：基础设施依然薄弱，中心城区的经济社会总量仍然偏少，产业发展特别是工业经济的发展仍然是短板，医疗、教育等民生事业与群众期盼仍有差距。

【推进“八大会战”】 2017年，冷水滩区坚持以项目统揽“八大会战”。产业集群方面，装备制造产业规模企业发展到35家，完成工业总产值106亿元，提前两年实现百亿目标。园区升级方面，园区新落户企业35个，新建厂房13.8万平方米。基础设施方面，打造零东圩公路、省道217线马坪至水汲江段、国道322线等7条样板路；新建通村公路127千米，完成农村公路提质改造工程272千米、通畅公路120千米、安保工程84.7千米。旅游升温方面，加快推进两个公园和两个特色小镇建设，启动邓家铺、明塘、仁山、敏村、田洞等10个美丽乡村和“旅游升温”10件实事建设。城镇提质方面，创建国家卫生城市复查工作通过国家级验收；完成紫霞路、梧桐路、珊瑚路、传芳路、凤凰路、湘江东路等城区主次道路地下管网升级改造。环境治理方面，生态环境启动建设乡镇垃圾中转站9个，开工建设乡镇农贸市场14个，完成生活污水治理任务村90个，完成改厕1.3万口，建设公厕120座，完成30个规模养殖场改圈。全面推行河长制，并率先在全市设立河流警长，建立完善区、乡、村三级责任体系。政务环境率先在全市推行企业登记全程电子化改革，企业登记升级为“40证合一”，实现工商登记业务“最多跑一次”。社会环境推行以网格为基本单位的“1+N”治理模式，推行农村警务“113”工作模式试点工作。精准脱贫方面，完成异地扶贫搬迁246户824人，脱贫4966人，12个贫困村高标准出列，贫困发生率由4.2%下降到2.9%。征地拆迁方面，完成土地储备300公顷，土地报批246.67公顷，征收土地466.67公顷，拆迁房屋100万余平方米，形成征地拆迁的“冷水滩样本”。

【征地拆迁“冷水滩样本”打造】 2017年，冷水滩区将征地拆迁作为“推动经济发展、推进项目建设、提升城市品质”的第一抓手，坚持“依法征迁”“阳光征迁”“和谐征拆”“高效征拆”，围绕湘江西路、高科园片区、二广高速连接线、安置小区、学位建设等市区重大项目，打响“征地拆迁”大会战，通过“依法”“和谐”“阳光”“高效”征拆，让群众感受到社会的公平和人文关怀。全年完成土地储备300余公顷，土地报批246.67公顷，征收土地466.67公顷，拆迁房屋100万余平方米，拆迁面积是2015年的两倍，形成征地拆迁的“冷水滩样本”。通过征地拆迁，解决一大批历史遗留问题，宋家洲综合整治完成国有土地上所有房屋拆迁，遗留25年的安置问题开始破题；在高科技工业园结束占天占地安置模式，货币安置600多人，1.5亿元；九嶷大道、“三路一桥”、湘龙铜业、原台湾工业园等一批项目遗留问题得到有效处理。

【历史罕见特大洪涝灾害应对】 2017年7月1日，受强降雨影响，湘江干流冷水滩水文站水位从11时起快速上涨，22时水位开始超警戒水位，7月2日22时24分出现洪峰水位100.01米，超警戒水位5.01米，超历史最高水位0.46米。冷水滩城区出现9处城市内涝，5个乡镇沿河地区受淹。灾害发生后，全区党政军民齐心协力，坚守一线，开展抗洪抢险救灾斗争，实现未垮一塘一库一坝，未出现群死群伤，夺取抗洪救灾胜利。8月10日，中共永州市委、永州市人民政府发布《关于表彰2017年全市抗洪救灾先进单位和先进个人的决定》，全市61个单位获得“2017年永州市抗洪救灾先进单位”称号，其中冷水滩区有5个单位获此殊荣。

（张立林　蒋嬰）

领导名录

中共冷水滩区委员会

书　　记　何冲龙
副 书 记　桂砺锋　施创太
常　　委　彭　峰　陈建红
　　　　　蔡富强　黄燕玲
　　　　　艾祥柏　陈　雄
　　　　　许金善　齐纲要

区人大常委会

主　　任　徐志华
副 主 任　胡柏艳　孙纲要
　　　　　唐英波　蒋剑青
　　　　　龙国文

区人民政府

区　　长　桂砺锋
副 区 长　蔡富强　郑　航
　　　　　汤丽娟　吴春华
　　　　　蒋建辉　张文凤
　　　　　朱昌锋
　　　　　彭　勇（挂职）

区政协委员会

主　　席　秦少义
副 主 席　刘洪波
　　　　　熊　健（兼）
　　　　　翁天宝　唐基和
　　　　　汤　丽（兼）

中共冷水滩区纪律检查委员会、监察委员会

书记、主任　彭　峰

区人民武装部

部　　长　陈建红

区人民法院

院　　长　　傅芳萍

区人民检察院

检 察 长　　胡华清

零　陵　区

【概述】　2017年，零陵区辖10个乡镇、6个街道，土地总面积1964.14平方千米，耕地面积3.33万公顷。年末总人口61.6万人，常住人口56.14万人，其中城镇人口32.14万人、农村人口24万人，城镇化率57.2%。出生人口8414人，出生率13.09‰；自然增长率5.56‰。年内最高气温38.0℃，最低气温-0.1℃，年降水量1615.7毫米。

地区生产总值231.1亿元，增长8.4%。其中第一产业增加值41.6亿元，增长4.3%；第二产业增加值99.8亿元，增长7.1%；第三产业增加值89.6亿元，增长12.1%。三次产业比18.0∶43.2∶38.8，三次产业对经济贡献率分别为9.2%、37.8%和53.0%。财政总收入完成16.24亿元，地方财政收入11.28亿元，地方税收收入6.49亿元，占地方财政收入的57.6%。一般公共预算支出完成37.4亿元。

农业总产值75亿元，增长4.4%；农业牧渔业增加值41.6亿元，增长4.3%。粮食作物总播种面积6.33万公顷，蔬菜种植面积2.65万公顷。主要农产品产量：粮食总产量37.36万吨，水果总产量20.23万吨，猪92.15万头，牛1.43万头，羊3.24万只，家禽出栏1595万羽，水产品总产量2.04万吨。增加市级以上农业龙头企业6家，有省级农业产业化龙头企业4家，市级龙头企业28家，培育新型经营主体75家。有全国驰名商标2个，省著名商标7个，市知名商标2个。保持全省粮食生产先进县区、生猪调出大县、省级出口食品农产品质量安全示范区等称号，获评“全省农民权益维护和负担监管工作先进单位”，在2017年全市农业农村工作考核中排第一位。规模农产品加工企业完成产值33.6亿元，增长31.76%。有省、市、区现代农业产业园11个，其中市级农业产业园4个、省级农业产业园4个。

增加规模工业企业16家，完成区属规模工业总产值74.12亿元，增长18.22%，高于全市5.3个百分点，锰、烟、农产品加工、新能源新材料、电子信息、生物医药等六大产业初具规模。烟草制品业总产值37.1亿元，黑色金属冶炼业总产值9.84亿元，医药制造业总产值5.57亿元，计算机、通信和其他电子设备制造业产值增长31.5%，酒、饮料制造业产值增长12.6%，非金属矿物制品业产值增长17.1%，家具制造业产值增长29.7%。推进园区扩园提质，园区面积10.9平方千米，引进产值过亿元企业3家。第三产业拉动明显。投入旅游建设资金23亿元，推进“进城、下乡、入水”全域旅游发展。景点景区快速推进。“零陵古城”完成一期主体工程，建成面积10.5万平方米，签约引进旅行社50余家、商铺600余家。东山景区完成法华寺修缮、武庙布展和旅游配套建设。“永州之野”精品线路高标准打造自在香零、荷塘月色、仙姑花海等景点节点，“百里花果带”建成紫薇景观带和四季花海，乡村旅游精品线路初步成型。周家大院、东山景区成功创建国家AAA景区。创建五星级乡村旅游示范点1个、四星级乡村旅游示范点4个。红星美凯龙、卜蜂莲花等大型商贸物流项目加快建设，“农村淘宝”整区推广，发展农村淘宝等网点200余家，潇湘汽车城年销售额15亿元，成为湘南地区规模最大、功能最全的汽车展销中心。开放承接势头良好。完成外贸进出口额3.59亿

东山景区夜景

元，增长22.2%，完成全年任务的106.29%。完成加工贸易769.62万美元，增长120.84%，完成全年任务的153.92%。完成对外承包工程和劳务合作营业额3084万美元，增长22.12%，完成全年任务的111.02%。新增对外贸易进出口备案企业7家，分别是永州市永靛中药饮片有限公司、永州市永定中药材贸易发展有限公司、永州市零陵晨光树脂有限责任公司、湖南德福隆商贸有限公司、零陵区佳欣源贸易有限公司、永州市零陵易购商务有限公司、湖南鳅祥生物科技实业有限公司。

开工建设城镇提质项目123个，完成投资100多亿元。完成中心城区建设规划、5个特色小镇规划、141个村庄规划编制，评审通过零陵古城、潇水风光带等专项设计15个。启动实施火车站广场、阳明大道、黄古山路提质改造，日升西路等4个公交首末站加快推进，南津路、潇水东路、康济大道提质改造全面完成。“三场四位”建设成为城市新亮点，樟树脚党建主题公园建成开放，新建改造小游园5个、农贸市场5个、停车场22个，增加停车位2500个、厕位216个，投放共享单车1000余辆。梳理研究城建突出问题176个（其中历史遗留51个），解决问题129个（其中历史遗留41个），打通七里店路、荔枝中路等断头路5条，改造背街小巷23条，拆除违法建筑17万平方米，储备土地333.33公顷。全国文明城市、国家园林城市等创建领跑全市，“国卫”复审通过验收。基础设施全面加强。投入建设资金6.8亿元，国道322复线、4条通乡干线公路的前期工作有序推进，零双一级公路完成全线道路及绿化、亮化建设，朝阳大道拉通路基，建设农村公路窄改宽250千米、安保工程160千米、通村通组公路180千米、乡镇客运招呼站18个。公交体制改革全面完成，公路治超取得较好成效。投入水利建设资金2.1亿元，整治加固山塘水库23座、扩容山塘200余口，治理中小河流13千米，清淤疏浚渠道1200千米，更新改造大型泵站7处，实施农村安全饮水工程38处，新解决5.5万人饮水不安全问题。石岩头大唐风电、接履桥华威光伏并网发电。新建城区10千伏线路4条，完成农网升级改造70个村。新增通讯基站306个，全区4G网络覆盖率95%以上。实施美丽乡村建设“五大行动计划”，推进农村环境综合治理、乡村旅游精品线路开发，全区299个行政村规划编制100%完成，制定下发《零陵区美丽乡村建设办点示范的实施意见》，重点推进21个省、市、区级美丽乡村建设和“永州之野”精品旅游线路、百里花果生态风光带建设，完成总投资4.1亿元，完成农村公路建设185千米，安装太阳能路灯90个村，升级农村电网6个，改造房屋建筑风貌545座，新增公路两旁及公共场所绿化美化面积11万平方米，改造旱厕650座，拆除废旧空心房348处、8700余平方米，完成农村陈年垃圾清理2.4万吨，新建农村户用沼气池太阳能节柴灶1400口，治理投肥养鱼水库污染53座，关停砖厂22家，农村垃圾无害化处理率95%以上。打造“永州之野”乡村旅游精品线路，投资2.2亿元，实行“一村一策”“一村一品”，贤水河景观通道基本建成，对沿线可视范围内房屋进行立面改造和绿化美化，在高贤村连片种植荷花66.67公顷，何仙姑村种植向日葵66.67公顷和33.33公顷稻田鱼虾养殖，新建高标准农家乐5家；“百里花果”生态风光带一期全面完工，累计投资3000余万元。举办全区首届乡村文化旅游节、珠山镇夏阳荷花节，黄田铺教育书香小镇、富家桥旅游名镇等特色小镇加快推进，何仙姑村成为省级美丽乡村，悟山里村获评全国文明村，农村面貌明显改观。

行政管理体制、农村产权制度、社会治理机制、财税金融、投融资体制等重点改革深入推进。“放管服”改革落地见效，并联审批、民生微服务体系成为全市样本。推进“互联网+政务监督”，推行“政务公开负面清单”，政务中心各窗口平均办结时限为7个工作日，行政审批服务提速70%。建成农村综合服务平台214个。村务监督月例会试点工作全省推介。以网格化为重点的社会治理机制改革创造零陵经验，“1+X”组团式服务打通服务群众“最后一公里”，社区网格化全面覆盖，农村网格化全面推广。闲置土地清理全面完成，依法依规征收土地140公顷，征收房屋3万余平方米，报批项目建设用地88.8公顷。招商引资取得重大突破，新引进项目15个，时代伯乐新兴产业园项目、北源光电LED路灯生产项目、汽车零配件生产项目、电力设备生产项目、再生资源加工利用项目，机器人研发、机器人生产项目等一批重大项目签约落地，到位内资25.2亿元，利用外资1.07亿美元。开展向上争资和信贷融资，累计争资32亿元、融资48亿元，有效保障民生支出和重点项目建设。重点项目建设有序推进，完成投资138亿元。35个重大前期项目按计划推进，其中27个项目基本完成前期工作，潇水湿地公园、民办名校、新材料产业园、四医院搬迁、湘运零陵汽车站搬迁新建等一批投资额度大、带动能力强的优质项目前期工作推进快。全年民生财政支出占比74.5%，11类900余项民生微实事惠及民生。“学在零陵”成效显著。投入建设资金4.9亿元，新建学校15所，七里店小学、五里堆小学、荷叶塘学校投入使用，新增城乡学位5100个。推进教育“三名工程”和“一校一品”，高考二本以上上线1121人，初中学业水平考试合格率排全市第一位。工商职业中专成功创建卓越学校。徐家井小学获评全市唯一的全国首届文明校园。“健康零陵”加快推进。全区公立医疗机构“医联体”服务、“药品零差率”全覆盖。中医院扩建、妇保中心新建加快推进，提质改造乡镇卫生院6个、村卫生室136个。创建全省群众满意卫生院4个、市级以上卫生乡镇2个、卫生村50个，荣获全省公共卫生服务先进县（区）。七里店社区卫生服务中心获评“全国百强优质服务中心”。人口计生工作进类进位、进入全省良好行列。“文化零陵”有序开展。全面实施免费阅读、送戏下乡等文化惠民工程，常态开展广场“月月乐”、非遗“四进”等群众喜闻乐见的文艺活动。启动档案馆新建，文化馆、图书馆维修改造，新建农村综合文化服务中心85个、标准化书屋80家、广播村村响294个、公交免费书报刊亭25个、自助图书馆2个。整治网吧26家，杜绝未成年人进网吧上网。涧岩头村被评为全省经典文化村。社会事业协调发展。社会保障不断完善，新增城镇就业6011人、农村劳动力转移就业5000多人，新建珠山、七里店社区等城乡养老服务示范点6个，新增养老床位562张，改造棚户区7518户、农村危房1900户。城乡低保、养老保险提标扩面，城乡医保整合全面完成，“五项保险”实现法定人群全覆盖。第十届村（社区）换届工作完成。强力开展打击“盗抢骗”犯罪、“三强三堵”等专项行动，安装高清探头1500个，“网上追逃”排全市第一位。全面开展阳光信访、带案下访，信访维稳形势明显好转。城乡网格化管理全域覆盖，为全国“雪亮工程”建设网格化管理提供零陵方案。安全生产、质量监管、食品药品安全整治成效显著，获评全省安全生产先进县（区），综治民调排全省第35名，获评全市综治工作先进县（区）。

存在的主要问题是：经济下行压力较大，实体经济尤其是企业生产困难仍然较多，财政收支平衡面临压力，加之年初预期较为乐观、相关政策调整、环保力度加大、洪涝灾害影响，部分经济指标没有完全实现预期目标。增长动力接续不足，抓项目建设、产业发展、招商引资、新兴增长点培育的成效还不够明显，新旧动能转换还需要一个较长过程。环境和要素保障不强，少数干部执行落实不力、服务效率不高、为政不勤不廉的现象仍然存在，资金、土地、人才等发展要素保障还不充分。满足人民美好生活需要的条件还不充分，脱贫攻坚任务艰巨，民生保障还不完善，城乡公共服务与人民群众日益增长的美好生活需要还有很大差距。

【零陵抗洪救灾取得重大胜利】 2017年7月上旬，零陵区潇水流域遭遇历史记录最高水位的洪涝灾害，面对严峻的险情灾情，党政领导靠前指挥，干部群众团结一心，武警官兵和民兵预备役冲锋在前，紧急转移安置灾民2.1万人次，抢险修复灾毁工程300多处，确保全区正常的生产生活秩序。

【零陵获评国家级出口食品农产品质量安全示范区】 2017年7月21日—22日，零陵区创建“国家级出口食品农产品质量安全示范区”迎来国家质检总局考核组考核。考核组采取听取汇报、考察基地现场、查阅资料、询问调查等形式对零陵区的出口食品农产品质量安全示范区创建工作进行全面考核验收，最终获得专家组认定通过。9月18日，国家质检总局公布2017年国家级出口食品农产品质量安全示范区名单，零陵区获评“国家级出口食品农产品质量安全示范区”称号。零陵区出口产品种类为活大猪，在全省范围内是首个示范区。抢抓国家级出口食品农产品质量安全示范区契机，坚持“政府主导、部门联动、企业主体、市场运作”的工作机制，推行以“标准为核心、基地为依托、企业为龙头、品牌为引领、市场为导向”的质量安全发展模式，示范区创建各项工作推进有力有序。

2017年8月26日上午，“永州之野·古韵零陵”2017湖南省永州市零陵区首届乡村文化旅游节开幕仪式在富家桥镇周家大院举行

【零陵首届乡村文化旅游节】2017年8月26日—28日，“永州之野·古韵零陵”2017湖南省永州市零陵区首届乡村文化旅游节举行。活动包含开幕式+周家家宴直播大事件、仙姑故里+浪漫七夕、永州之野+蛇王争霸、永州之野+味道零陵、永州之野+美丽乡村等五大板块，展现古城文化、乡村美食、民俗风情等文化旅游品牌项目。中共永州市委副书记、政法委书记张严出席仪式并宣布开幕，湖南经视党委书记薛雨东，市人大常委会副主任魏湘江，副市长严兴德、李旦梅，市政协副主席张建亮等出席开幕式。

（唐廷成　汤汉达　唐瑜）

领导名录

中共零陵区委员会

书　　记　唐　烨
副 书 记　吴恢才　盘志元
常　　委　唐建明　龙　军
　　　　　周润润　蒋映群
　　　　　彭江辉　蒋　诚
　　　　　唐清林　唐会国

区人大常委会

主　　任　唐荣成
副 主 任　胡乃湘　徐海英
　　　　　邓建国　胡自力
　　　　　全长青

区人民政府

区　　长　吴恢才
副 区 长　龙　军　王小会
　　　　　汤安权　何　锋
　　　　　彭定国　张国材
　　　　　王文俊

区政协委员会

主　　席　李祥军
副 主 席　杨时隽　蒋晓娟
　　　　　周军松　柏文生
　　　　　欧阳永衡

中共零陵区纪律检查委员会、监察委员会

书记、主任　周润润

区人民武装部

部　　长　王建武

区人民法院

院　　长　何小春

区人民检察院

检 察 长　杨建国

祁　阳　县

【概述】2017年，祁阳县辖19个镇、3个街道办，土地总面积2538平方千米，耕地面积4.92万公顷。年末总人口108万人，其中常住人口86.95万人，人口出生率12.77‰，人口自然增长率6.20‰。年内最高气温39.1℃，最低气温0.6℃；年降水量1264.7毫米。

地区生产总值292.52亿元，增长8.2%。其中：第一产业增加值49.92亿元，增长2.9%；第二产业增加值104.23亿元，增长6.9%；第三产业增加值138.37亿元，增长11.4%；三次产业结构比17.1∶35.6∶47.3。财政总收入18.14亿元，增长20.1%。

粮食种植面积10.89万公顷，油料种植面积2.48万公顷，棉花种植面积0.05万公顷，蔬菜种植面积3.06万公顷。主要农产品产量：粮食总产量63.06万吨，肉类总产量10.26万吨，猪肉7.84万吨，生猪出栏104.67万头。农业机械总动力86.36万千瓦，增长0.4%。其中：农用排灌动力机械50.13万千瓦；联合收割机829台。实际机耕面积8.07万公顷；机械收获面积4.13公顷。农业产业化步伐加快，增加土地流转1906.67公顷，培育新型农业经营主体500家，新评定市级龙头企业3家，新认证“三品一标”农产品8个，“祁阳槟榔芋”获评国家地理标志保护产品。茅竹三家村田园综合体试点建设走在省市前列；现代农业示范园获评省级农业科技园区。被列为全国食用农产品合格证管理工作试点县，获评全省粮食生产标兵县、养殖业工作先进县、家庭农场示范县、农产品质量安全示范县、农业标准化综合示范县，县供销社被评为全国百强县级社。

工业总产值255亿元，增长17.36%，成为全市第一个规模工

滨江新城——祁阳

业总产值突破200亿的园区。工业增加值87.70亿元，增长7.3%。规模工业总产值228.91亿元，增长15.14%。实现税收4.8亿元，增长14.28%。增加规模企业16家，年产值过亿元企业70家、过5亿元10家，其中凯盛鞋业、东骏纺织突破10亿元，科力尔电机成为全市首家在中小板上市的本土民营企业。主要工业产品产量：砂石1.45万吨，大米46.22万吨，米制半成品3745吨，印染布553万米，服装350万件，鞋1010万双，水泥336.01万吨，日用玻璃制品2.19万吨，铝材1.68万吨，电子元件588万只。实施“园区升级”战役，祁阳经济开发区调区扩区完成。固定资产投资额50.19亿元，增长54.24%。其中基础设施投资完成10亿元。科创产业园奠基动工。新入园企业14家。新开发工业园区面积2平方千米，新建标准厂房15万平方米。

社会消费品零售总额80.77亿元，增长10.5%。“旅游升温”战役全面实施，国家级浯溪水利风景区获批，“湘江百里画廊”完成总体策划，潘市古韵小镇启动建设，观音滩八尺村创建为国家级AAA级景区、中国美丽休闲乡村、历史古村。电子商务进农村深入发展，“一乡一品”电商扶贫全面实施。新批外商投资项目6个，合同使用外资金额4.14亿美元，实际利用外资金额1.75亿美元。湖南金荣集团、深圳传佳音、香港铜锣湾等知名企业入驻祁阳。进出口总额2.92亿美元。被列为中国好粮油行动示范县、国家级出口食品农产品质量安全示范县。

固定资产投资336.25亿元，增长12.5%。推进“城镇提质”战役，城镇化率46.97%。推进“五园五化”战役，完成拆墙建绿单位60个，拆除违法建筑45.6万平方米，创新实施194个小区提质改造，建成小游园68个，县城62条主次街道提质改造基本完工，城市品质大幅提升。创新实施小城镇“10+X”工程，开工小城镇项目158个，建成农村小游园22个，潘市镇被评为全省美丽乡镇示范镇，白水镇、观音滩镇被评为全省卫生乡镇。建成市级全面小康示范镇3个、示范村19个，18个村获评省历史文化名村，12个村入选省级传统村落；龙溪村被评为中国最美古村落、全省首批经典文化名村。“交通提速”战役扎实推进，祁阳大道全线通车，在各县区率先建成第一座高架桥、第一条地下综合管廊、第一个生态景观城南门户。木金公路完成扫尾，黎马公路拉通路基，唐家岭汽车站竣工投用；王府坪、芦家甸、望浯园市场棚户区改造步伐加快，红星美凯龙项目开工建设，新天地城市综合体主体完工，黎家坪污水处理厂投入运营，一水厂改造完成，新埠头水厂即将供水，城区供水管网提质改造210千米。水利建设提档加速，被列为农田水利生态化、标准化建设试点县和农村水价改革试点县。电网改造持续推进，完成12个县城台区、85个村（社区）电网升级和15万户智能化电表改造。智慧祁阳扎实推进，“一平台三中心”加紧建设。通讯广电设施更新换代，建成4G基站300座，县城无线网络实现全覆盖，光纤入户改造率99%，行政村宽带覆盖率95%以上。全面打响“环境治理”战役，中央环保督查交办问题全面整改到位，全县66条河流、242座中小型水库实行河长制、库长制管理；推进饮用水源保护区专项整治，划定保护区11个，取消排污口4个，水质达标率保持100%；完成100个行政村污水治理及农村人居环境综合治理建设任务；率先开展退耕还林还湿试点，为全省“一湖四水”保护与治理提供样板；成功创建太白峰国家森林公园、大江省级森林公园。

农村居民可支配收入12812元，城镇居民可支配收入28504元，分别增长8.7%、9.0%。年末，金融机构存款余额355.65亿元。开展“三走遍三签字”脱贫攻坚活动，推进产业开发、劳务协作、光伏发电、“百企联百村”等四大特色扶贫，率先实现贫困村光伏发电、党群服务中心、农村电商平台全覆盖，完成687户、

2413 人易地扶贫搬迁任务，解决 52 个贫困村、1.76 万人不安全饮水难题，实现 25 个贫困村出列、16924 人脱贫。民生保障不断加强。省市下达的重点民生实事指标全部完成，中共祁阳县委、县人民政府确定的“十件民生实事”基本实现，人民群众获得感、幸福感不断提升。城镇新增就业人员 6888 人，年末城镇登记失业率 4.5%，失业人员再就业 3052 人。五大保险参保人数 134 万人次，城乡居民基本医疗保险实现“三保合一”，农村低保标准、扶贫标准实现“两线融合”，发放城市低保资金 5578.8 万元、农村低保资金 6340.8 万元。养老事业有新发展，每千名老人养老床位达到 32.35 个；开工建设保障性住房 3893 套，农村危房改造 4320 户，城乡居民居住条件进一步改善。移民避险解困被列为省试点，完成搬迁安置 176 户、616 人，获评全省移民工作先进县。

“放管服”改革深入实施，取消县本级行政职权 40 项，承接市级下放职权 24 项；商事制度改革深入推进，发放“多证合一、一照一码”营业执照 801 户，新登记各类市场主体 5296 户，被列为全国支持农民工等人员返乡创业试点县；组建不动产登记中心，颁发权证 6425 本。新建省级技术中心 2 家，申请专利 312 件，授权专利 133 件。高新技术产业增加值 38.30 亿元，增长 12.9%。科技对经济发展的贡献率 54.6%。启动教育名县创建工作，义务教育均衡发展，通过国评验收，增加城区学位 2800 个，起始年级大班额基本消除，中考“一分二率”全市领先；祁阳一中高考一、二批本科上线突破 1000 人，全县总数 2185 人，有 2 人被清华大学、北京大学录取；县职业中专创全国百强中职学校取得重大突破，对口升学连续 7 年排全省第一位；长郡教育集团落户祁阳县，陶铸中学成为省级骨干民办学校。广场文化、群众体育、文艺创作有声有色，非遗保护传承形成长效机制，祁阳体育馆建成投用，广电工作获评全省先进；中央电视台“阳光大道、为您点赞”栏目走进祁阳，祁阳知名度、美誉度不断提升。卫计事业不断进步，县级公立医院改革深入实施，分级诊疗试点取得明显成效，基本公共卫生服务水平不断提升，出生缺陷防控成效显著，人口计生工作实现转型发展。灾后重建快速高效。战胜百年不遇的“7·2”特大洪灾，恢复重建干出“祁阳速度”，抗洪救灾获评全省先进；高规格承办全省灾毁住房重建、农业救灾补损现场会，“祁阳经验”在全省推广。安全信访形势稳定。安全生产工作通过全省安全生产示范县复评验收、国务院督查组考核评估。食品药品安全监管得到加强，“质量兴县”深入实施，商标品牌保有量排全市第一位。

（李海军）

【湖南科力尔电机在中小板上市】2017 年 8 月 17 日，湖南科力尔电机股份有限公司（以下简称“科力尔电机”）在深圳证券交易所挂牌上市（股票代码 002892），成为永州市第一家在 A 股市场上市的本土民营企业。该公司位于祁阳县黎家坪镇，是一家拥有 26 年历史的祁阳本土企业，主要生产罩极电机、串激电机、混合式步进电机、贯流风机、直流无刷电机、交流伺服电机等系列微电机产品，是中国生产配套于家用电器、办公自动化和工控行业微电机规模最大的企业之一，其中罩极电机产销量排全国第一位、世界第二位。该公司相继被评为“国家级高新技术企业”“湖南省优秀非公有制企业”“湖南省企业技术中心”，是伊莱克斯、通用电气、松下等全球知名高端家电集团的重要供应商。2017 年，该公司实现电机产量 3500 多万台，销售收入 5.9 亿

2017 年，全市本土民营企业——祁阳科力尔电机在 A 股市场上市

元，出口创汇5500多万美元，上缴各类税金5000多万元。

（李佑君）

【浯溪水利风景区获评国家级水利风景区】 2017年9月4日，经水利部风景区建设与管理领导小组审议，湖南祁阳浯溪水利风景区被评为国家级水利风景区。浯溪水利风景区总面积51.59平方千米，其中水域面积26.58平方千米，属自然河湖型水利风景区，依托湘江祁水干流而建，湘江、祁水、浯溪湿地、琵琶洲、中州岛等自然生态景观和浯溪碑林、陶铸故居、李家大院等历史人文景观水乳交融、交相辉映。景区秉持“绿水青山就是金山银山”理念，定位改善水环境、修复水生态、发展水经济，打造“百里湘江画廊”。

（李佑君）

【祁阳创建为国家级出口食品农产品质量安全示范区】 2017年9月18日，经国家质量监督检验检疫总局评审和现场考核，祁阳县被评为国家级出口食品农产品质量安全示范区。祁阳县坚持以“投入无违禁、源头无隐患、管理无盲区、出口无障碍”为目标，建立健全组织保障、标准化管理、投入品控制、疫情疫病监控、质量追溯监管、预警应急管理、诚信管理、多元化国际市场等8大全程控制体系，走出出口食品农产品质量安全管理新路子，全县未发生食品农产品质量安全事件和重大动植物疫情疫病。祁阳县在获评全省外贸工作先进县的基础上，创建为国家级出口食品农产品质量安全示范县，将享受国家质检总局给予的简化备案注册程序、优先对外推荐注册、出口检验放行、境外通关等方面的检验检疫监管便利。

（陈铁牛）

【“祁阳槟榔芋”被列为国家地理标志保护产品】 2017年11月15日，“祁阳槟榔芋”通过国家质监总局批准，被列为国家地理标志保护产品，这是继“祁阳石”后，祁阳县获得的又一个国家地理标志保护产品。“祁阳槟榔芋”保护地域范围为祁阳县文明铺镇、龚家坪镇、大村甸镇、文富市镇、黎家坪镇等五个镇现辖行政区。“祁阳槟榔芋”因形似“槟榔”外形而得名，在祁阳的种植历史已逾百年，主产区位于“衡邵干旱走廊”核心地带，个大肉白，白肉上均匀布满紫红色花纹，粉多细腻、香味浓郁，含淀粉率高，口感有“香、粉、糯、软”四大特点，具有独特的品质和地域特色。“祁阳槟榔芋”亩植450株~500株，亩产可达到2000千克~2500千克，亩产、单价远高于水稻，具有良好的经济效益，是推动农民增收的重要作物。中共祁阳县委、县人民政府2016年、2017年连续2年举办“姜·芋”文化节，做响祁阳槟榔芋和红爪姜两个特色农产品品牌。

（李佑君）

【祁阳入列中国好粮油行动示范县】 2017年9月20日，经湖南省粮食局组织的“优质粮油工程”项目评审，祁阳县被列为中国好粮油行动示范县，获国家3年专项资金扶持，2017年到位资金2200万元。祁阳县是农业大县，也是全国粮食生产大县、中国油茶之乡。2017年，全县完成粮食播种面积10.89万公顷，粮食总产量63.06万吨，其中优质稻占比70%；油茶种植面积4万公顷，茶籽油产量4500吨；油菜种植面积2.48万公顷。拥有规模粮油加工企业12家，其中，国家级农业产业化龙头企业2家，省级4家。拥有银光大米、金浩山茶籽油2个中国名牌产品，天龙、银光、金浩、湘妹4个中国驰名商标。

（陈铁牛）

【太白峰国家森林公园获批】 2017年12月27日，太白峰国家森林公园获国家林业局批准。该公园距离祁阳县城15千米，是祁山山脉最高峰，海拔779米，规划总面积4393公顷，森林覆盖率83.3%。公园内谷、坡、岩、洞、壁等多种自然环境竞相融合，森林群落结构完整，古树名木品种繁多，近千种动植物保护良好，有穿山甲、虎纹蛙等国家二级保护动物18种，有湖南三大古树之王、国家地理标志产品祁阳石、浑然天成的溶洞群和濒临灭绝的珍稀动物“祁阳小鲵”，有太白云霄、天螺吐眼、龙塘映月、白鹤云屏、黄龙出洞、仙鹅抱蛋、二龙抢珠、将军塘、飞机坪、会龙坪、凉山皂、云仙观、白鹤庵等自然景点，是低山丘陵地区的生态样板，湘南地区的“后花园”。2004年3月，经省政府批准设立湖南祁阳小鲵省级自然保护区；2008年6月，被列为全省18处重要湿地之一。

（陈铁牛）

领导名录

中共祁阳县委员会

书　　记　　周新辉

副 书 记　金 彪　陈小平
常 委　郑国荣　廖道南
陈 莉　龚红辉
张少宣　唐明生
周树和　陈志标
彭国锋

县人大常委会

主 任　邓晓阳
副 书 记　刘晓春
副 主 任　刘晓春　谢铁山
桂富生　刘双顺
唐 江

县人民政府

县 长　金 彪
副 县 长　陈 莉　周树和
陈环玉　柏曼红
周贞霖　刘 军
蒋明明　沈拥政

县政协委员会

主 席　郑增啟
副 书 记　陈振文
副 主 席　陈振文　于建春
文英雄　黄爱蓉
桂 湘

中共祁阳县纪律检查委员会、监察委员会

书记、主任　廖道南

县人民武装部

部 长　龚红辉
政 委　卢世强

县人民法院

院 长　欧阳韵勇

县人民检察院

检 察 长　程 晖

东 安 县

【概述】 2017年，东安县辖15个乡镇、1个经济开发区、1个国家森林公园、1个国营林场，土地总面积2219平方千米，耕地面积4.27万公顷。年末人口总数64.46万人，其中城镇人口23.19万人，人口出生率11.67‰，自然增长率-5.2‰。年内气温最高38.5℃，最低-0.8℃，年降水量1404.7毫米。

2017年，东安县举行第二届武术文化旅游周

地区生产总值183.42亿元，增长8.5%。其中，第一产业增加值38.73亿元，增长4.2%；第二产业增加值67亿元，增长6.8%；第三产业增加值77.69亿元，增长12.4%。三次产业结构由2016年的22.63∶36.74∶40.63转变为21.11∶36.53∶42.36。财政总收入10.46亿元，增长22%。

农林牧渔业总产值70亿元，增长4.3%。其中，农业产值34.29亿元，增长3.9%；林业产值4.33亿元，增长10%；牧业产值26.05亿元，增长3.2%；渔业产值4.03亿元，增长6.9%；农林牧渔服务业产值1.1亿元，增长11%。粮食总产量39.91万吨，增加2.39%。其中稻谷产量35.53万吨，增长2.09%。出栏生猪90.49万头，增长3.37%；出栏牛2.32万头，下降3.33%；出栏羊5.39万只，增长1.32%；出笼家禽1061.5万羽，下降0.45%；水产品产量2.1万吨，增长0.29%。农产品加工企业364家，其中省级龙头企业1家、市级龙头企业29家。整治各类水利工程891处，其中治理重点病险库28座。落实农机补贴资金498.07万元，累计推广各种农业机械1652台。农业机械总动力15.5万台/70.5万千瓦，增长5%。新创办农村清洁工程重点示范村33个。

规模工业企业77家，新增规模以上工业企业16家，规模以上工业企业完成总产值131.18亿元，增长18.7%。规模以上工业增加值32.76亿元，增长8.4%。主要工业产品产量：规模工业锑金属含量5132吨，水泥45.19万吨，铁合金11.08万吨，十种有色金属3.08万吨，大米2.28万吨，饲料4.39万吨，服装64万件，电子元件1004万只。规模以上工业企业主营业务收入127.03亿元，实现利税2.88亿元。

社会消费品零售总额56.21亿元，增长10.8%。其中城镇零售额38.82亿元，增长12%；乡村零售额17.39亿元，增长8%。批发业2.59亿元，增长9.6%；零售业48.44亿元，增长10.3%；住宿业1625.4万元，增长12%；餐饮业5.02亿元，增长16%。承接产业转移、招商引资引进项目39个。接待入境游客877.5万人次，旅游综合收入47.94亿元。创建全国首批自驾游目的地试点区；举办舜皇山人文旅游高峰论坛、东安鸡美食文化旅游节、第二届武术文化旅游周等主题活动；“东安鸡”被国家质检总局批准为国家地理标志保护产品，在中国首届民俗旅游商品大赛中获金奖。精准扶贫完成农村危房改造竣工1962户，农村饮水安全巩固提升7612人，特困移民解困避险搬迁安置192人。完成农村公路提质改造132.41千米，农村公路安保设施建设267.64千米。增加城镇就业5009人。城市棚户区改造1794套。增加社会治安视频监控摄像头（人脸识别点）1190个（250个）。完成2个行政村配电网改造工程。完成42个行政村宽带网络升级改造建设。

固定资产投资175.86亿元，增长13.1%。其中，第一产业投资3.14亿元，下降29.5%；第二产业投资46.98亿元，下降36.1%；第三产业投资125.75亿元，增长62.2%。货运吞吐量526.2万吨，增长3%；货物周转量1.05亿吨公里，增长2.8%；客运吞吐量351.4万人，增长2.6%；客运周转量1.42亿人公里，增长2.9%。公路通车总里程（含乡村公路）2076.84千米，邮电业务总量2.67亿元，全县固定电话用户2.22万户。

普通中小学校75所，其中小学35所，普通中学34所，职业中学6所。在校学生7.05万人。乡镇农村科技站17个，农村科技推广小组420个，培养科技示范户210户，引进推广新优品种、新技术、新产品、新成果56项（个），申请国家专利279件。有县级文化馆1个、乡镇文化馆（站）17个、县级图书馆1个、农村图书馆（室）301个，图书总藏量29038册。有电视台1个、电视差转台2座，电视综合人口覆盖率100%。有有线电视用户20336户。有卫生机构31个，其中县级医院14个、乡镇卫生院15所、疾控中心1个、妇幼保健院1所。城乡居民基本医疗保险参保50.03万人，参合率96.21%。各类体育社会团体发展到25个，团体会员3.5万人，个人会员3.8万人，体育指导站84个。举行各项体育比赛78次，参赛人数3.5万人。在国家级体育比赛中，获金牌2枚、银牌7枚、铜牌15枚；在省级体育比赛中，获金牌12枚、银牌15枚、铜牌16枚。

存在的主要问题是：经济总量不大，实体经济发展不快，尤其是工业经济底子薄；重大项目接续不力，后备不足，建设进度偏慢；脱贫攻坚任务艰巨繁重，就业、教育、医疗、社保、住房、交通等民生领域还存在薄弱环节；财政收支矛盾持续加剧，保运转、保民生、保稳定、保发展的压力非常大。

【东安创新“放管服”改革新模式】 2017年，东安县在推进“放管服”改革的过程中，创新开展以“一次性盖章汇”为核心的并联审批制度改革，实现为企业真正松绑。成立由中共东安县委书记任顾问，县人民政府县长任组长，常务副县长、纪委书记任副组长的高规格领导小组。研究制定“一次性盖章汇”实施办法，把建设投资项目并联审批改革工作纳入县委、县政府年度综合绩效考核，并按照“谁审批，谁负责”的原则，实行审批责任追究。在县政务服务中心设立并联审批综合窗口，各相关部门按“两集中、两到位、三进中心”的要求，分管领导和业务股室工作人员统一进驻窗口办公。20个审批单位统一刻制行政审批专用章，实行集中管理；在县政务中心设立作风监督岗，对纳入“一次性盖章汇”审批项目的审批事项，实行登记备案，全程监督，并对服务对象随机抽取三分之一进行回访。将县委、县政府确定的特别重大项目，A类、B类、C类重点项目，投资3000万元以上的招商引资项目，以及经县委、县政府研究同意需纳入的其他项目，实行“一次性盖章汇”方式审批，每月至少召开两次以上“一次性盖章汇”，特别重大项目审批不限次数，即来即开。把建设投资项目所有审批事项合并为立项、规划用地、设计审批、建设工程规划及施工许可、合并验收5个阶段，分别由县发改、国土、住建等部门牵头组织受理，相关部门参与，实行并联审批、联合图审、联合验收。并联审批综合窗口预审后，交由一个部门牵头统一受理，协办部门按各自职责出具审批意见，再由相关县级领导召开“一次性盖章汇”进行集中会审，实现“一次性盖章、一次性审批”。该县通过“一次性盖章会”，将原来一个投资项目审批过程至少需85个工作日、跑20个单位、盖22个章，缩短至最少8个工作日，每个阶段所需盖章的单位一次性盖完，整体提速70%以上。全年集中审批项目50余个。

【东安创建为国家级出口食品农产品质量示范县】 2017年，东安县创建为国家级出口食品农产品质量示范县。东安县重视出口食品农产品质量安全示范建设工作，成立以县委副书记、县长为组长，各相关成员单位主要负责人为成员的创建工作组；出台考核管理办法，将示范建设情况纳入县政府对有关部门和乡镇的年度考核；县政府安排专项工作经费；完善质量安全标准体系，绿色防控。依照国际标准制订和实施各类农产品果蔬《生产技术操作规程》，创建绿色防控标准化生产示范区。强化农业化学投入品控制体系，保障源头安全，建立农业投入品供应县、乡镇、村三级配送体系。加强疫情疫病监测控制，实现零疫情。完善质量安全追溯体系，全程可追溯。建立《东安县食品农产品质量安全追溯管理办法》，引进杭州甲骨文科技公司“满天星·点亮中国”农产品防伪溯源项目，打造东安县农产品可溯源平台。完善预警与应急管理体系，风险可控，制订《东安县农产品质量安全事故应急预案》和《东安县重大动物病情防控应急预案》，组织相关专项对农产品质量安全进行风险评估，制定应急措施，2017年无重大食品农产品质量安全事故。全年农产品实现外贸出口1250万美元。

【东安获评“全国农业综合执法示范窗口”】 2017年，东安县获评“全国农业综合执法示范窗口”称号。东安县以机构建设促成农业综合执法体系建设，依法整合所有执法机构和力量，以农业综合执法大队为主体，实施综合执法。坚持有办公室、案审室、听证室、会议室和储藏室“五有”标准建设执法体系，并配备执法专用车1辆、办公电脑10台、打印机兼复印机4台、执法记录仪2台、照相机和摄像机各4台。制定《农业行政执法责任制》《农业行政执法公示制度》《农业行政执法人员行为守则》《农业行政执法过错追究制度》等23项制度；聘请34位市县人大代表、政协委员为农业综合执法的监督员，监督农业综合执法行为；发挥法制股和案审委员会的案件审查权力，避免行政复议和行政诉讼案件的发生。加强组织领导，完善执法网络，确保农业法制建设到位。明确分管领导，着力抓机构队伍建设，强化执法与服务有机结合。加强宣传与监管力度，营造农业综合执法氛围。重点开展农资信用体系建设，促进农资企业诚信守法经营。

【东安站成为全省首个开通至大城市高铁班组的县级站】 2017年5月6日下午，由东安县冠名的东安东经桂林北至广州南的动车“东安号”开行，标志着东安县成为湖南省首个开通至大城市的高铁班组的县级站。“东安号”动车每天开行两对，一对为东安东经桂林至广州南D2987/6/7次和D2966次，其中，D2987/6/7次每天14时46分从东安东站始发，途经兴安北、桂林、恭城、贺州等旅游城市高铁站，于19时39分抵达广州南；D2966次每天11时12分从广州南站发车，15时27分抵达东安东。另一对是东安东至南宁东D8495次和D8496次，经由衡柳、柳南线运行。“东安号”动车开行后，东安东站每天停靠的动车数量将提升到25趟次，其中4趟为始发、终到。“东安号”动车组的开通，使东安车站的服务功能由“中间站”向“始发站”升级转换，东安人民无须换乘即可直达广州，全程用时4.5小时。

【中国·东安舜皇山人文旅游高峰论坛】 2017年5月27日—28日，中国·东安舜皇山人文旅游高峰论坛在东安县举办。全国人大内司委副主任委员秦光荣，中国先秦史学会秘书长、中国社科院研究员宫长为等出席，并作专题发言。此次论坛由中国民主促进会湖南省委文化委员会、湖南省舜文化研究会主办，中共东安县委、县人民政府与中国民主促进会永州市委承办。论坛的主题是舜皇山人文历史与永州文化旅游的关系，旨在挖掘舜帝南巡与永州、东安历史文化发展的关系，促进舜帝文化研究成果与永州、东安文化旅游产业融合发展。其间，与会人员围绕“互联网+旅游”、智慧旅游、生态旅游、旅游投资、创意营销等议题进行探讨。

【东安鸡美食文化旅游节活动】 2017年6月17日，东安县举办首届“中国·东安2017‘东安鸡’美食文化旅游日”活动。由1001名东安鸡制作技艺传承人现场烹饪“世界最大东安鸡宴”，为现场数万名观众和电视机前的观众展示东安鸡制作技艺，使数万人知晓和了解、学会东安鸡的制作技艺。经过专业评委和大众评委的品尝，评出特别金奖和金奖，并通过世界纪录协会认证官现场认证，湖南省湘菜产业促进

2017 年，“世界最大东安鸡宴”活动在东安县政府广场举行

会向东安县授予“湘菜之首——东安鸡”匾额。此次活动以“共享东安美食、助推产业发展、聚力脱贫攻坚”为主题，先后开展“东安鸡千人炒万人尝”、大胃王比赛、“鸡动人心·购创意”“金鸡独立·战到底”“闻鸡起跑·乐翻天”等系列活动。东安鸡因产于东安而得名，又名“醋鸡”，始于唐朝。1972 年 2 月，美国总统尼克松访华时，中国曾用这道湘菜招待他。席间，东安鸡香浓气醇、肉嫩骨脆、酸里有凉、辣而不涩的特点，令在座宾客胃口大开、赞不绝口。自此，东安鸡被列为国宴菜谱之一、八大湘菜之首。《东安鸡制作技艺》也被列为市级非物质文化遗产。截至 2017 年年末，全县培养东安鸡养殖大户 360 多家，养殖东安鸡 1260 万羽，开发东安鸡产品 12 款，覆盖全县 146 个贫困村 16652 户贫困户。

【东安获评全国中小学校责任督学挂牌督导创新县】 2017 年 9 月，东安县网上申报通过国务院教育督导办的材料评审。11 月，国家教育督导评估组对东安县的创建工作进行现场核验，通过听取县政府工作汇报、查阅相关资料、实地察看现场、座谈问卷调查、观摩督学工作后，专家组认为东安县创建成果突出，一致同意通过评估验收，并确定为“全国中小学校责任督学挂牌督导创新县”。东安县在设置教育独立机构、改善办公条件、健全工作制度、配备督学编制、保障工作经费、创新督导手段、强化结果运用等方面取得明显成效。投入 300 余万元，建设 6 个督学责任区，采取“笔试+面试”方式公开选聘 19 名专职督学、16 名兼职督学，每年县财政安排专项工作经费 30 万元，实现中小学校责任督学挂牌督导全覆盖。

【永州·东安第二届武术文化旅游周】 2017 年 11 月 11 日—15 日，永州市举办 2017 永州·东安第二届武术文化旅游周。此次活动由中共东安县委、县人民政府主办，主要内容包括开幕式、全国武术之乡武术大赛暨武林风云会、拳王征战——“江东武校杯”国际拳王争霸赛、武术高峰论坛、旅游美食体验活动等 5 大主题活动。东安县素有“习武先习德”“不打第一拳”之风。2012 年，东安武术被列为湖南省第三批省级非物质文化遗产。先后举办“2016 中国东安首届武术旅游文化周”活动、万人同练“东安拳”活动和 2017 全国“龙腾狮跃闹元宵”大联动活动，展示东安精湛的武术技艺、深厚的文化底蕴和良好的道德风尚，树立独具地域文化特色的品牌。

【“东安鸡”获批国家地理标志保护产品】 2017 年 12 月 8 日，国家质检总局发布《国家质检总局关于批准对新乐花生等 32 个产品实施国家地理标志产品保护的公告》，永州市的“东安鸡”名列其中，成为国家地理标志保护产品，从 12 月 11 日起实施保护。“东安鸡”产地范围为东安县芦洪市镇、鹿马桥镇、端桥铺镇、新圩江镇、川岩乡、花桥镇、井头圩镇、大江口乡、紫溪市镇、白牙市镇、大庙口镇、石期市镇、大盛镇、南桥镇、横塘镇、水岭乡、黄泥洞林场现辖行政区域。“东安鸡”产地范围内的生产者，可向东安县食品药品工商质量监督管理局提出使用“地理标志产品专用标志”的申请，经省质量技术监督局审核，报国家质检总局核准后予以公告。“东安鸡”的检测机构由质量技术监督部门在符合资质要求的检测机构中选定。

【东安鸡获中国首届民族旅游商品大赛金奖】 2017 年 9 月 1 日上午，首届民族旅游商品大赛结果出炉，国宴名菜、湘菜之首东安鸡，获得中国首届民族旅游商品大赛金奖。此次大赛，全国 31 个省市自治区和新疆生产建设兵团 1000 余家旅游商品生产企业参加，1.5 万余件商品参赛。参赛项目包括民族旅游特色食品、茶品、饮品、旅游纪念品等 20 类，大赛遵照地域性、市场性、实用性、创新性、工艺性、示范性六大标准评审。湖南有33件商品参赛，获2金3银9铜，其中，永州有3件商品获奖，东安鸡获得金奖，瑶族衍纸工艺品获得银奖，异蛇王原液获得铜奖。

（文士军）

领导名录

中共东安县委员会

书记	冯德校	
副书记	龙向洋	陈　丽
常委	李四清	彭俊卿
	蒋　华	李觉会
	唐华栋	廖劲松
	唐振宇	张一波

县人大常委会

主任	张　波	
副主任	唐新柱	胡慧川
	蒋永辉	黄　敏
	刘　劼	

县人民政府

县长	龙向洋	
副县长	蒋　华	何　锋
	宋志雄	李瑞霞
	张　静	邹礼春
	沈中心	唐久梅

县政协委员会

主席	陈　军	
副主席	秦剑元	丁国志
	唐月程	周壬秀
	蒋裕华	

中共东安县纪律检查委员会、监察委员会

书记、主任	廖劲松

县人民武装部

政委	李觉会
部长	金志辉

县人民法院

院长	蒋江陵

县人民检察院

检察长	唐小辉

双牌县

【概述】　2017年，双牌县辖6个镇、5个乡（其中一个瑶族自治乡）、3个林场和1个国家级森林公园管理局。土地总面积1751平方千米，其中耕地面积0.01万公顷。年末总人口20.26万人，其中城镇人口8.81万人，少数民族人口1.3万人。人口出生率12.09‰，人口自然增长率5.02‰。年内气温最高39.6℃，最低－0.8℃，年降水量1755.8毫米。

地区生产总值59亿元，比2016年增长8.2%。三次产业结构比为26.9∶42.5∶30.6。财政收入5.5亿元，增长15.3%。城乡居民人均可支配收入分别增长8.9%和11.9%。全面小康实现程度提升10.1个百分点。

农林牧渔业总产值27.73亿元，增长3.9%。粮食总产量7.72万吨，落实播种面积1.5万公顷。全年流转土地0.35万公顷，总投资1.3亿元，建设“三分三合”示范园区9个，创建省级现代特色产业园2个，新增无公害产地、无公害产品、有机食品、绿色食品认证面积306.67公顷。

规模工业完成总产值64.5元，增长15%。规模工业增加值18.33亿元，增长7.6%；规模工业增加值占全市的比重由2016年的4.73%下降至4.57%；新增入统规模工业企业6家。湖南南岭民用爆破器材股份有限公司、双牌县金蕊实业有限责任公司被确定为高新技术企业，实现高新技术企业零的突破，骨干龙头企业持续壮大，南岭和双牌电站税收分别达到3344万元、4680万元，国内领先的2.4万吨全自动乳化炸药生产线竣工投产，乐福地八角袋生产线试生产。

社会消费品零售总额12.84亿元，居民消费价格总水平同比上涨11.6%，进出口总额2002万美元，实际利用外商直接投资额3500万美元。接待各类游客561万人次，实现旅游综合收入33.8亿元。基本完成“四纵六横”主

双牌县城沿江风光带夜景

次干道改造，打通断头路9条、改造背街小巷19条，污水处理厂和垃圾处理场开始社会化运营，城区环卫保洁实行政府购买服务，县城“脏”“乱”“差”“堵”现象得到治理，双牌大道、潇水风光带、永水风光带交相辉映，市民休闲品质稳步提升。投入13.5亿元，新建和提质农村公路189千米，建成和完善一批水利、道路基础设施，茶林镇入选湖南省美丽特色乡镇，坦田村成为全市唯一的国家级“改善农村人居环境示范村”，廖家村成为全省灾后重建示范点，黄泥山村获批湖南省无邪教示范村。

固定资产投资82.71亿元，铺排“六大战役”重点项目95个，完成投资24.2亿元，是2016年的1.26倍。双牌经济发展主动脉双（双牌）零（零陵）一级公路全线贯通，南部区域旅游环线控制性工程打理公路建成，阳明山汽车站完成主站楼主体工程，省道343线、茶阳公路建设顺利推进，实施农村公路窄路加宽77千米，新建村道48千米，组级公路通畅64千米，完成安保工程70千米，渡改桥1座，启动6个渡口码头、60个招呼站建设。农田水利基础得到加强，完成2个镇小农水项目建设，恢复、改善灌溉面积分别320公顷、753.33公顷，投入1.98亿元完成3622处冬春农田水利建设，加固水库12座，贤水河治理及四水治理项目顺利推进。

打赢特大洪涝灾害保卫战，抗洪抢险工作得到国土资源部和中共湖南省委、省人民政府表扬；阳明山入选中国最佳自驾旅游目的地和全省首批森林康养示范基地，茶林桐子坳村获评“中国最美银杏村落”称号；推进“放管服”改革，清理行政审批中介服务事项6项，下放乡镇行政权力32项、公共服务事项68项，取消43项证明材料，工程建设项目审批环节减少4个、申报资料由150余项精简到80余项。简易注销登记改革、“多证合一”全面实施，市场主体达到6744户，是2016年同期的3倍以上。持续提升对外开放层次与水平，到位内资12.02亿元人民币，增长9.25%；到位外资3500万美元，增长16.7%。外贸进出口1.62亿美元，增长86%。完成加工贸易800万美元，增长66.4%；开展“增绿、洁地、净水、治气”四大工程，造林1553.33公顷，建成县乡村三级“河长制”，全年空气质量优良率87.8%，城镇饮用水源取水口断面水质稳定达到饮用水II类标准，2个入境和出境断面水质均达到II类水质标准，达标率100%。

存在的主要问题是：经济总量偏小、产业层次偏低、骨干财源缺乏，工业弱、农业小、服务业发展不足等问题并存；基础设施建设短板明显，城市建设管理不够精细精明，中心城区辐射力弱，镇村公共事务管理滞后，城乡发展不平衡不充分；政务服务和营商环境欠优，诚信体系建设和法治工作水平有待进一步提高，干部的观念、作风、能力和执行力有待进一步加强等。

（汤政成　蒋思韬）

【双牌获评“全国法治县（区）创建活动先进单位”】 2017年，双牌县以创建“事事有法可依，人人知法守法，各方依法办事”的法治环境为目标，推进“七五”普法，开展“法治体检”活动，不断夯实基层基础工作，成立全县“重大决策专家咨询论证委员会”，组建由42名专家组成的“专家咨询论证委员会专家库”，建立村（社区）法治工作站200个，8个村（社区）被授予全省“民主法治示范村（社区）”，全县领导干部、公务员、青少年、企事业经营管理人员和农民等重点对象普法受教率98%，连续4年获评省社会治安综合治理先进县，连续3年进入全省“平安县”行列，连续多年保持赴省进京上访“零指标”，被评为全国法治县（区）创建活动先进单位。

【双牌实现整县脱贫摘帽】 2017年，双牌县把精准扶贫作为最大的政治任务和第一民生工程，秉承“众志成城、团结协作，背水一战、勇往直前，不怕疲劳，连续作战，提标拉杆、精益求精，实事求是、遵循规定”精神，全力以赴攻坚脱贫战役。发展重点扶贫产业6个，创办种养专业合作联社114个。完成易地扶贫搬迁5814人。发放产业扶贫奖补资金1783.4万元，各类教育补助以及助学金总计1016万元，各类生态补偿金414.7万元，交通补助6492人次356.2万元。发放扶贫小额信贷1.6亿元，助学贷款934万元。完成保障兜底250户、672人，医疗保障措施全面落实。投资农村基础设施11亿元，铺排67个贫困村890个项目建设，建成67个贫困村村级综合服务平台，解决全部农村人口的饮水、用电和出行问题。全年脱贫11251人，贫困发生率下降至1%，67个贫困村全部出列，顺利脱贫摘帽，脱贫成效排全省第三位。

【双牌推进“三分三合”试点】2017年，双牌县试点推进“三分三合”工作，通过推动“三个整合”，流转土地200余公顷，打造整合政策项目8个，引导投入政策资金3000万元。吸引8家现代农业企业入驻园区。撬动金融资金600万元，引导新型经营主体投入2000万元到园区的基础设施建设和产业发展中；筑牢“三个平台”，进一步完善园区基础平台建设，健全建强服务体系，培育现代农业企业8家，种养大户80余户，提升示范园区发展能力；培育“三个产业”。突出一二三产业融合发展，发展百香果、反季马铃薯等产业基地533.33公顷，“三分三合”示范园暨“泷泊·国际慢城”初具雏形，发展规模农产品加工企业5家，引进现代冷链物流规模企业1家，产、销、加一体化产业链基本形成；加强“三个建设”，加强村级干部队伍建设，统筹完善乡村规划，有效提升乡村风貌、人文环境。截至2017年年末，全县建成“三分三合”现代示范园1个、现代农业产业基地800公顷、乡村旅游区点12个，启动美丽乡村建设28个。“三分三合”工作被中共湖南省委改革办专题推介。

【双牌获评全省美丽乡村工作先进县】 2017年，双牌县坚持以人民为中心，全面实施新农村建设提质升级行动，全年投入2.6亿余元用于美丽乡村建设，通过高位谋划推动、凝聚工作力量、坚持统筹推进、强化宣传引导、建立保障机制等举措，形成“天下第一杜鹃红”阳明山村、“秋天最美村庄”桐子坳村等一批亮点品牌，探索出“三园合一”的双牌路径，构建5个特色片区，打造桐子坳村、廖家村等重点龙头，培育桐子坳银杏文化、日月湖生态文化等5条精品线路。建立以永（永州）蓝（蓝山）高速、国道207线、永（永州）连（连州）公路沿线和全县18个美丽乡村建设示范村、2个大型田园综合体为主体的片、面、点立体体系，生态环境友好、湖湘特色鲜明、村村宜居宜业、人人共建共享的农民幸福新家园基本建成，农民群众的获得感与满意度明显提升，获评2017年全省美丽乡村建设先进县。

云山花海中的万寿寺

【双牌获评全国群众体育运动先进单位】 2017年，双牌县被评为全国群众体育运动先进单位。双牌县以满足人民群众不断增长的体育需求为出发点，不断开展各项群众体育健身活动、完善基础设施建设。开展群众身边的体育活动，举办篮球、羽毛球、广场舞、山地自行车骑行等一系列群众喜闻乐见的体育项目。举办规模较大体育系列比赛，举办“阳明山国际越野跑挑战赛”，吸引来自国内外近千名越野跑爱好者参加，中央电视台五套、中央电视台五套+、湖南卫视、湖南经视等30余家新闻媒体对赛事进行报道。县城十分钟健身圈建设基本建成，多处篮球场、足球场等健身设施免费开放。实施农村农民体育健身工程。完成农村农民体育健身工程106个改善农村人居环境。推进规划面积13.33公顷城东新区体育公园建设。

领导名录

中共双牌县委员会

书　　记	苏小康	
副 书 记	肖质彬	张跃斌
常　　委	李群辉	周　华
	唐　旭	雷秀新
	王焕金	肖　勇
	袁　巍	唐　俊

县人大常委会

主　　任	唐冬华	
副 主 任	蒋昌智	邓美英
	吕保和	张云娥
	刘世春	
原副主任	袁小爱	邓明义
	姜国文	

县人民政府

县　　长	肖质彬	
副 县 长	雷秀新	蒋爱先
	何彩玲	廖卫平
	罗　轩	唐红星
	彭　澎	李　雄
	陈爱民	

县政协委员会

主　　席	唐　彦	

副 主 席　　蒋建辉　田春玲
　　　　　　陶思荣　钟建红

中共双牌县纪委检查委员会、监察委员会

书记、主任　　李群辉

县人民武装部

部　　长　　周　华

政　　委　　徐云峰

县人民法院

院　　长　　黄文德

县人民检察院

检 察 长　　周　涛

道　　县

【概述】 2017年，道县辖11镇4乡7个街道办事处和3个国有农林场，土地面积2447.8平方千米，其中耕地面积4.55万公顷。年末户籍总人口80.48万人。全县常住人口62.60万人，其中城镇人口29.18万人，城镇化率46.61%。人口出生率12.96‰，死亡率7.13‰，人口自然增长率5.83‰。年内最高气温38℃，最低气温0℃；年降水量1371.4毫米。

地区生产总值189.66亿元，增长8.8%。其中，第一产业增加值42.47亿元，增长3.9%；第二产业增加值48.99亿元，增长6.1%；第三产业增加值98.2亿元，增长12.8%。三次产业结构比22.4∶25.8∶51.8。一、二、三产业对经济增长的贡献率分别为10.98%、18.58%和70.44%，分别拉动GDP增长0.97个、1.63个、6.20个百分点。非公有制经济增加值113.23亿元，增长9.1%，占地区生产总值的59.7%。财政总收入13.78亿元，一般预算收入9.67亿元。

居民消费价格总指数（CPI）上涨1.4%，其中消费品价格指数上涨0.6%。居民消费八大类指标中：食品烟酒类下降0.5%，衣着类上涨0.6%，居住类上涨4.0%，生活用品及服务上涨1.1%，交通和通信类上涨2.4%，教育文化和娱乐类上涨1.2%，医疗保健类上涨2.7%，其他用品和服务上涨0.6%。商品零售价格指数上涨0.9%。农业生产资料价格指数上涨0.2%。

全面建成小康社会取得新进展，总体实现程度92.0%，比2016年提高7.2个百分点。其中，经济发展实现程度87.9%，提升14个百分点；人民生活实现程度88.2%，提升2.5个百分点；社会发展实现程度达98.1%，提升1.9个百分点；民主法治实现程度100.0%；生态文明实现程度100.0%。

农林牧渔业总产值77.99亿元，增长4.1%；农林牧渔业增加值42.97亿元，增长4.0%。粮食种植面积7.25万公顷，油料种植面积0.95万公顷，烟叶种植面积0.22万公顷，蔬菜种植面积3.42万公顷。主要农产品产量：粮食总产量39.91万吨，油料1.67万吨，烤烟4125吨，蔬菜105.55万吨，水果18.21万吨，生猪出栏94.4万头，牛出栏8.31万头，羊出栏12.98万只，禽蛋3717吨，水产品3.11万吨，增长0.2%。拥有农业机械10.67万台，增长4.8%；机械总动力54.23亿千瓦，增长4.8%。增加农机具2061台（套），机械化水平提高3%。建成农业标准化生产基地57个，增加家庭农场等新型经营主体395家。涔天河水库扩建道县灌区工程、营乐源水库新建工程加速推进；全市第一座大型水闸向阳坝除险加固工程进展顺利，建成后可恢复灌溉533.33公顷。实施村庄安全饮水工程26个，惠及群众3.2万人。实施土地开发整理、农业综合开发治理、标准烟田建设项目0.11万公顷，增加耕地356.4公顷。

工业总产值150.15亿元，增长13.0%；工业增加值38.26亿元，增长6.7%。增加规模以上工业企业15家，规模以上工业企业达到101家。规模工业总产值108.75亿元，增长21.7%；规模工业增加值28.57亿元，增长8.2%。主要工业产品产量：锰矿

2017年，永州举行周敦颐诞辰1000周年纪念活动

石成品矿 15.14 万吨，大米 6 万吨，精制食用植物油 5814 吨，鲜、冷藏肉 1.33 万吨，熟肉制品 2117 吨，饮料酒 154 千升，布 2204 万米，服装 1118 万件，手提包（袋）、背包 47 万个，鞋 1071 万双，纸制品 7304 吨，化学试剂 4074 吨，硅酸盐水泥熟料 125.35 万吨，水泥 135.01 万吨，商品混凝土 96.92 万立方米，砖 3.49 亿块，生铁 1.32 万吨，铁合金 9.80 万吨，金属紧固件 6113 吨，模具 3.72 万套，电力电缆 1.85 万千米，锂离子电池 44.96 万只（自然只），家用房间空气清洁装置 2.57 万台，集成电路 268 万块，光电子器件 151 万只（片、套），电子元件 3394 万只，印制电路板 13.0 万平方米，自来水生产量 1874 万立方米。规模工业企业主营业务收入 107.07 亿元，增长 25.4%；利税总额 2.45 亿元，增长 10.6%，其中利润总额 0.73 亿元，增长 14.1%。建筑业增加值 10.75 亿元，增长 3.8%。具有资质等级的总承包和专业承包建筑企业完成产值 26.8 亿元，增长 16.1%；房屋建筑施工面积 150.59 万平方米，增长 21.1%；房屋建筑竣工面积 111.76 万平方米，增长 8.4%。

固定资产投资 190.06 亿元，增长 13.0%。第一产业投资 4.71 亿元，增长 167.0%；第二产业投资 72.25 亿元，增长 20.2%，其中工业投资 69.46 亿元，增长 20.4%；第三产业投资 113.09 亿元，增长 6.4%。在建项目 457 个，其中新开工项目 307 个；投产项目 299 个，增长 31.7%。5000 万元以上项目 81 个，完成投资 74.33 亿元，增长 2.2%。房地产开发投资 15.87 亿元，增长 29.3%。房地产业增加值 7.53 亿元，增长 9.9%。房屋施工面积 137.58 万平方米，增长 19.2%；竣工面积 62.15 万平方米，增长 37.0%。商品房销售面积 59.05 万平方米，增长 30.1%；商品房销售额 20.67 亿元，增长 39.4%。

社会消费品零售总额 60.31 亿元，增长 10.5%。城镇消费品零售额 51.98 亿元，增长 10.6%；乡村消费品零售额 8.33 亿元，增长 10%。批发和零售业零售额 53.88 亿元，增长 10.4%；住宿和餐饮业零售额 6.43 亿元，增长 11.1%。外贸进出口总额 1.22 亿美元，增长 31.8%。其中，出口总额 1.19 亿美元，增长 31.3%；进口总额 265 万美元，增长 56.8%。引进项目 60 个，其中外资项目 5 个、内资项目 55 个。到位外资 9501 万美元，增长 26.7%；到位内资 31.94 亿元，增长 17.9%。接待国内外旅游者 316.9 万人次，增长 19.8%；旅游总收入 15.92 亿元，增长 20.6%。其中接待入境游客 4386 人次，创汇 88.63 万美元，分别增长 20.0%、38.2%。

客运量 899 万人，增长 2.3%；客运周转量 4.83 亿人公里，增长 2.7%。货运量 862 万吨，增长 8.4%；货运周转量 19.75 亿吨公里，增长 9.8%。公路通车里程 2818.32 千米，其中高速公路 77 千米。邮电业务总量 4.82 亿元，增长 23.7%。固定电话用户 1.47 万户，减少 21.3%，其中乡村固定电话用户 0.53 万户，减少 19.7%；移动电话用户 36.09 万户，增长 6.5%。互联网宽带用户 5.15 万户，增长 40.3%。

初中升学率 94.2%，高中阶段毛入学率 93.5%。有职业中学 2 所，在校学生 6133 人；普通中学 37 所，在校学生 4.23 万人；普通小学 279 所，在校学生 6.74 万人；幼儿园（班）214 所，在园（班）人数 2.98 万人；特殊学校 1 所，在校学生 79 人。教职员工 8276 人，其中专职教师 6835 人。专利申请量 273 件，增长 3.4%，其中发明专利申请 166 件，增长 167.7%；专利授权量 78 件，增长 73.3%，其中发明专利授权 4 件，比 2016 年增加 1 件。有 16 家企业通过 ISO9000 质量体系认证，注册商标 746 件，“道州脐橙”实现地理标志证明“零”的突破。

有名胜风景和文物保护单位 58 个，濂溪故里建成全国第一大濂溪书院，玉蟾岩遗址保护项目计划书通过国家文物局评审，月岩摩崖石刻保护工程项目规划编制完成并获国家文物局通过；有群众性文艺协会及民间演出团体 266 支，从业人员 3800 余人，年均自发演出 1000 余场次；有文化馆 1 个，1 个三级图书馆藏书 56.73 万册，增加图书 4830 册；乡镇文化站覆盖到乡，农家书屋覆盖到村，免费服务群众 12 万余人；举办周敦颐诞辰 1000 周年纪念活动；落实文化惠民工程，搞好“送戏下乡，演艺惠民”，演出 60 场，电影放映 6867 场。电视发射台 1 座，卫星电视接收站台 56 个，电视、电话、网络、广播通村率 100%，有线电视用户 9.62 万户。医疗卫生机构（含诊所）607 个，比 2016 年增加 106 个。有床位总数 3268 张，比 2016 年增加 120 张；卫生技术人员 3102 人，其中执业（助理）医师 1461 人、注册护士 1239 人。

组织11次较大规模的群众体育活动，举办元宵节舞龙比赛、篮球联赛、“体彩杯”职工气排球比赛、龙船赛等大型体育赛事。

城镇居民人均可支配收入25291元，增长9.9%；农村居民人均可支配收入14333元，增长8.9%。增加城镇就业7281人，增加农村劳动力转移就业5200人。基本养老保险参保人数2.76万人，失业保险参保人数2.22万人，城镇职工基本医疗保险参保人数3.5万人，工伤保险参保人数3.83万人。城乡居民最低生活保障清退1.78万户、2.98万人，增加1261户、2379人，领取城市最低生活保障1594户、3419人，领取农村最低生活保障4758户、11958人。整合涉农项目资金1.2亿元用于精准扶贫，发放扶贫小额贷款4927万元，实现10个贫困村出列、9600人脱贫目标。

环境空气质量达标率97%，县域内潇水干流及六大水系水质保持Ⅲ类或以上，县城集中式饮用水水源水质达标率100%。城镇污水处理率87%，城市生活垃圾处理率100%；农村生活污水处理率64.8%，农村生活垃圾集中处理率95%以上。森林资源蓄积量增长率5%；城镇建成区绿化覆盖率40.1%。能源消耗总量94.83万吨标准煤，万元地区生产总值能耗0.50吨标准煤。实施减排项目67个，削减化学需氧量427.56吨、氨氮83.29吨、二氧化硫180.6吨、二氧化碳579.07吨、挥发性有机物69吨以上。发生生产安全事故3起，死亡5人（其中生产性道路交通事故1起、死亡2人），分别比2016年上升50.0%、持平，没有发生较大及以上生产安全事故。亿元地区生产总值生产安全事故死亡人数0.0264人/亿元，下降9.0%。

存在的主要问题是：发展水平不高。一二产业增加值、固投、消费、居民收入等指标没有实现预期目标。产业链条短、融合少，园区投入多、产出少，产业附加值低、工业占比低、税收比重低的状况仍未根本改变。发展后劲不足。重大产业项目布局不多，真正能支撑道县经济发展、对财源建设有重大贡献的大企业比较少。发展保障不强。项目融资困难，全县存贷比常年低于全市平均水平10个百分点，县内大量存款资源外流。工业土地储备不足，招商引资项目落地困难。企业结构性用工常年缺口3000人以上，一大批企业开工不足。公共服务较薄弱，公交、公园、学位、病床等供需问题仍然突出。发展环境不优。干部执行力不强，工作习惯推着走。部门履职履责差，本位主义严重等现象仍然存在。

【道县湘粤桂综合物流园启动建设】 2017年1月，位于道县城南高速公路出口与国道207线交汇处湘粤桂综合物流产业园启动建设，项目计划总投资16.6亿元，规划面积86.67公顷，一期征用土地60余公顷，布局建设五金建材、陶瓷建材、家居建材和汽车贸易等4大专业物流区。五金建材、家居建材和汽车贸易等三大专业物流园的43幢商贸主体工程及配套设施全面完工，陶瓷建材物流区启动建设。中国家居流通业第一品牌红星美凯龙全面进驻家居建材物流区，并带动大自然、圣象、皇朝家私、马可波罗等全球顶级品牌经销商100余家加盟；从永州、邵阳等地引进伟业铝材、华爵防盗门、新派门窗等89个高端品牌经销商；宝马、奔驰、大众、本田、日产、丰田等26家汽车品牌经销商签约落户汽车贸易物流区。湘粤桂综合物流产业园项目的建设，加速道县由县域城市向区域城市蜕变，补齐蓝宁道新工业走廊物流产业短板，构建起道县城市创新业态孵化集聚地和城市新兴产业集群发展示范带，成为永州市南部乃至湘粤桂三省结合部区域重要的物流集散中心。

【道州欢乐世界水上乐园开园】 2017年6月20日，道县欢乐世界水上乐园举行开园庆典活动，投入运营使用，年接待游客3万人次。道州欢乐世界水上乐园项目位于道县祥霖铺镇两河口村境内，东临道贺高速，西临国道207线，占地6.67公顷。该项目集“健康健身、休闲娱乐、亲子娱乐”于一体，总投资1.2亿元，分三期投入建设，第一期投资6000万元，从2016年开工建设到2017年5月基本完成。建成的项目有标准游泳池、波浪游泳池、超级大喇叭滑梯、成人组合三彩滑梯、成人组合高速滑梯、成人组合螺旋滑梯、休闲环形漂流河、儿童嬉水池、亲子戏水池等游乐服务设施及游客接待中心、大型停车场、大型餐饮超市、票务中心、男女更衣室、储物柜、淋浴室、休息室、洗手间等配套设施。

【道县月岩国家森林公园获评“中国森林养生基地”】 2017年，道县月岩国家森林公园获评“中国森林养生基地”，系湖南省唯一获此殊荣的单位。公园距道县县城25千米，南北长9.6千米，东西宽8.7千米，总面积3936.7公顷，森林覆盖率76.8%。属亚热带湿润季风气候，全年四季分明，雨热充沛，年均气温17.5℃，无霜期309天。境内动植物资源丰富独特，有国家一级重点保护动植物7种、国家二级重点保护动植物53种。园内分大江源、庆里源、月岩、中坪等四大景区，大气质量、土壤质量、水环境质量优良，空气负氧离子含量高，有月岩、千家洞高山湿地、韭菜岭等景点。徐霞客曾感叹："永南诸景殿岩，道州月岩第一"。

【道县农村产权制度改革创三个"全省第一"】 2017年，道县创新推进农村土地承包经营权确权登记颁证工作，创三个"全省第一"，即在全省第一个完成农村承包地确权登记数据成果汇交工作，并一次性通过农业部数据监测；在全省第一个建成确权信息应用平台；在全省第一个全面进行档案整理。完成数据汇交，工程数据汇交一次性通过农业部质检，实现全省零的突破，在全国排第三位。完成24个乡镇（街道）、559个村、12.73万户农户、4.36万公顷土地的基础摸底、外业测绘、指界公示、内业数据处理，确权面积占"二调"面积的95.72%，占二轮承包面积的103.27%。高规格建成信息平台，投入300万元，建成农村土地确权登记颁证数据、基本农田数据、土地等级数据、农地规划数据、新型农业经营主体、精准扶贫、土地流转数据和农村产权流转交易数据等8类数据统筹建库为一体的县级信息平台。进行档案整理，由第三方承担档案整理工作。将确权登记颁证工作形成的所有档案，形成电子档案和纸质档案，实行专柜存放、专人保管，档案整理完成90%。

（周贤华）

领导名录

中共道县县委员会

书　　记　刘勇会

副 书 记　李天明　蒋燕飞

常　　委　何小华　乌进甫　易恢节　义　洁　李　林　刘松元　彭德源　林志刚

县人大常委会

主　　任　周良英

党组副书记 原正处级干部　杨建国

副 主 任　何雨桂　陈　一　王福忠　周小平　曹湘华

县人民政府

县　　长　李天明

副 县 长　李　林　陈丽萍　李良刚　朱云雁　杨三信　何智英　周　勇

县政协委员会

主　　席　蒋新祥

党组副书记 原正处级干部　郭春荫

副 主 席　胡昌启　赵明扬　黄　敏　丁建华　陈新娥

中共道县纪委监察委员会、监察委员会

书记、主任　易恢节

县人民武装部

部　　长　蒋全安

县人民法院

院　　长　杨　斌

县人民检察院

检 察 长　沈　阳

江　永　县

【概述】 2017年，江永县辖9个乡镇和1个国有农场、1个国有林场、1个省级自然保护区、1个国家森林公园，土地总面积1540平方千米。年末户籍人口28.16万人，常住人口23.94万人，其中城镇9.22万人、农村14.72万人，城镇化率38.5%。出生率12.5‰，自然增长率5.14‰。年平均气温19.2°C，最高气温37.3°C，最低气温-0.8°C。年降水量1346毫米，年日照总时数1443小时，无霜期351天。

地区生产总值65.7亿元，增长7.7%。第一产业增加值21.4亿元，增长4.3%；第二产业增加值18.3亿元，增长6.3%；第三产业增加值26.0亿元，增长12.0%。人均生产总值2.76万元，增长12.9%。三次产业结构比为32.6∶27.8∶39.6，三次产业对经济增长的贡献率分别为18.8%、23.2%、58.0%。财政收入4.95亿元，增长21.6%；地方财政收入3.47亿元，增长21.3%。

农业总产值39.28亿元，农林牧副渔增加值22.01亿元，分别增长4.4%和4.4%。粮食播种面积2.44万公顷，稻种植面积1.67万公顷，烤烟种植面积1867公顷，油料种植面积0.99万公顷，蔬菜种植面积1.71万公顷。主要农产品产量：水稻9.87万吨，油料1.64万吨，烟叶5.54

万担，肉类 6.03 万吨，禽蛋 2210 吨，水产品 5359 吨。财政农林水事务支出 2.7 亿元，增长 23.4%。争取到中国工程院院士袁隆平建设超级杂交水稻“一季稻+再生稻”试验基地，提升农业科技含量。通过开展“校（院）县合作”，进行农产品种苗改良和品质提升，江永香柚获得“湖南省十大农业品牌”。“江永五香”万亩标准化现代农业产业园正在推进，与湖南农业大学旱地作物研究所开展技术合作，建立江永浓香小籽花生产业园，发展花生高产示范基地 333.33 公顷，特色农副、义华花生、季丰农业的龙头示范作用有效发挥，与泰谷生物共建的现代农业生态示范区项目稳步推进。建成优质水果基地 1.44 万公顷，优质蔬菜基地 1.11 万公顷，出口蔬菜基地 18 个。发展蔬菜加工企业 40 多家，年加工速冻芋条、香芋脆片、腌姜等产品 3.5 万吨。实施柑橘黄龙病防控，淘汰重病和失管果园 1166.93 公顷，改种 466.67 公顷。发展生猪 126.9 万头、肉牛 24.6 万头。登记“农家乐”46 家、生态农庄 4 家，休闲农业总产值 3669 万元。

规模工业总产值 56.9 亿元，增长 15.6%；实现增加值 13.4 亿元，增长 6.6%；销售产值 44.8 亿元，增长 18.3%；工业产品销售率 100%。培育省级龙头企业 2 家、市级龙头企业 7 家、省著名商标 4 个，增加入统规模工业企业 6 家，引进威腾食品、桦仕德农产品和中信家具等企业 3 家。新建标准厂房 3 万平方米，帮助企业融资 1.63 亿元。发展园区企业 39 家，其中规模以上工业企业 31 家，园区规模工业增加值占全县规模工业增加值 89.75%，园区主导产业聚集度 55.85%，较 2016 年提高 7.59 个百分点。获得省科技计划项目立项 6 个，江永县老石头有限责任公司被认定为高新技术企业。固定资产投资 78.6 亿元，增长 12.7%。社会消费品零售总额 24.19 亿元。城镇居民人均可支配收入 22252 元，增长 8.9%；农村居民人均纯收入 9357 元，增长 12.0%。

美丽乡村——上甘棠古村　　摄影 赵清茂

重点项目 71 个，完成投资 84.2 亿元。列入市委、市政府考核重点项目 34 个，完成投资 59.3 亿元，占年度计划投资的 110.2%。燕子山、上江圩、龙田、铜山岭等风电项目累计完成投资 7.58 亿。68 个农村综合服务平台开工建设。新明鞋都、安登利电子项目 5 条生产线投产。温氏集团生猪养殖一体化建设项目温氏公司饲料厂建设完工。湖湘商贸电商产业园、义华花生、老石头、瑶家人等企业提质升级工程完成。永明河综合治理项目、工业园区基础设施建设项目有序推进。桃小公路开工建设，省道 356 盐下井至大漠头公路扩改项目、国道 538 神湾至瓦屋下公路等项目前期工作有序推进。与华融湘江银行、长沙银行、国开行、平安银行等各大银行达成意向，融资 43.21 亿元，到位 15.4 亿元。成功举办“湖南侨商江永行暨湖南省侨商联合会 2017 年年会”活动，签约项目 7 个 54 亿元。参加 2017 年湖南港洽周，签约项目 3 个 8.8 亿元。与澳门蔬菜批发商协会签订建设供港澳果蔬直销基地合作协议。新明鞋都、广发贸易、安登利电子等新的出口增长点有效地拉动全县外贸增长。完成外贸进出口 2370 万美元，对外贸易增幅排全市第一位，内联引资 12 亿元，利用外资 3500 万美元。

完成永明河综合治理一期滨河路建设。以廉政文化为主题的金龙公园开放使用，瑶城市场扩改建设主体工程完成，江永·绿谷博览城项目一期综合楼主体完成封顶。县城山体融城、拆墙透绿以及永明河国家湿地公园、凤凰公园、麒麟公园等提质扩容工程加快推进，全县城镇化率39%。千灌公路江永段全线通车，行政村客运班线通达率100%。开展节能减排工作，关停高污染、高能耗企业9家。加快生态公益林建设、石漠化工程建设和矿山植被修复，完成造林面积0.87公顷。实施沿河风光带和省道S325线旅游通道美化绿化项目建设工程。推行“三级联动”的河（库）长制，完善全县60条河流、83座水库（山塘）的河（库）档案。抓实9处饮用水水源保护，全县集中式饮用水水源达标率、地表水质达标率均达到100%，永明河创建为国家湿地试点公园。特色镇村提质工程全面启动，完成村庄规划55个，上江圩、夏层铺、桃川3个沿线乡镇立面改造挂网招标，粗石江完成规划设计，重点创建的勾蓝瑶、上甘棠、下新屋、刘家庄、向光、仙姑塘等6个美丽乡村示范村各项任务全面落实。投入1650万元完成30个村的生活垃圾整治，农村垃圾集中处理率98.12%，城镇生活污水处理率93.51%，城市空气质量达标率93.3%以上。被列为“2017全国百佳深呼吸小城”，成为全市唯一入围的县区。

完成《江永县旅游产业发展总体规划》编制和女书岛、上江圩女书文化风情小镇、上甘棠景区、五香园、五香村等景点规划，绘就具有“瑶香”特色的全域旅游示范县蓝图。女书园、勾蓝瑶寨、千家峒景区道路交通、接待中心等基础设施建设完工。勾蓝瑶新村项目、大湘西瑶家古风项目以及源口生态度假区、松柏万亩野生紫荆花景区的游客服务中心、停车场等基础设施配套建设有序推进。引进深圳市桐湾易房科技有限公司，计划3—5年投资15亿元，建设小木屋3000幢、床位1.5万个。与中惠旅集团签订千家峒旅游PPP项目意向协议，总投资8亿元。先后举办盘王节、松柏紫荆花节、勾蓝瑶洗泥节文化旅游月、“香约江永·食全食美”美食大赛等活动，与全国餐饮知名品牌“许家班”众企业签订2.1亿元食材大单。湖南卫视《我们来了》节目组到勾蓝瑶寨、女书园拍摄，承办2017中国山地户外健身休闲大会江永站赛事。接待游客400万人次，旅游综合收入20亿元，分别增长68.1%和77%。

实施产业扶贫项目246个，发放产业帮扶资金2386万元，基本实现“一村一产业”“一户一项目”的目标。建成全省首个夏橙资产收益扶贫项目。以企业、合作社为依托，发展新型农业经营主体。依托列入“全国电子商务进农村综合示范县”的契机，出台优惠政策，带动贫困户开网店超过500个，2000余名贫困人口实现电商就业，3500户贫困户1.02万人通过电商脱贫，实现电商销售额20亿元。光伏发电产业覆盖62个贫困村，全部并网发电。为708户贫困户集中安装59个光伏电站，贫困户年均增收3000元以上。所有贫困村建起金融扶贫服务站，扶贫特惠保覆盖面100%，累计投放扶贫小额信贷1.87亿元，带动2852户贫困户发展产业脱贫。

存在的主要问题是：经济下行压力大、产业转型困难，工业经济实力偏弱，同时，抓项目建设、产业发展、新兴增长点培育的成效还不够明显，新旧动能转换还需要一个较长过程；民生保障还不完善，城乡公共服务与人民群众日益增长的美好生活需要还有很大差距；一些干部和部门工作落实不力、服务效率不高、执行力不到位。

【江永女书入列国际标准字符集】 2017年，中国代表团于2015年向国际标准化组织ISO/IECJTC1/WG2提交的《关于将女书编入国际通用字符集的提案》获得一致通过。2001年，国际标准化组织ISO/IEC10646工作组在该标准框架中为女书预留编码空间。2007年，清华大学教授赵丽明主持的中国女书研究专业委员会向国际标准化组织提交《关于将女书编入国际通用字符集的提案》。从2007年9月—2008年4月的数次会议上，女书ISO/UCS国际编码提案及补充提案获得认可，女书修订提案被接受。在2013年和2014年分别召开的第62、63次ISO/IECJTC1/SC2/WG2国际编码大会上，因日本代表投反对票而未获通过。对此，江永县女书文化抢救保护工作领导小组决定采取专业学术支撑与文化传承互相印证的办法，组织由政府部门认定的全体女书传人对提案中的女书字符再作一次校正比较，以全部传人的认可来攻破日方只以一个传人的样本而提出的异议。2015年8月24日—9月15日，全体女书传人最终一致确认396个女书标准字符作为《关于将女书编入国际通用字符集的提案》的补充提案。10月20日—23日，中国代表团女书字符工作组在日本松江召开的国际标准化组织ISO/IECJTC1/WG2第64次会议上就补充提案作详细说明。会后，中国代表团女书字符工作组根据各国专家的建议，整理完善《女书国际通用字符集方案》，呈送各国专家审核、表决。

【江永连续3年获评“全省社会治安综合治理先进县”】 2017年，江永县综治工作连续第3年获评“全省社会治安综合治理先进县”，并被授予“平安县”称号。江永县向全县226个村（社区）各指派一名县级领导或科局党组成员、一名政法干警和一名乡镇干部联村驻点服务，构建县、乡、村三级便民服务平台，打通服务群众的“最后一公里”。在每个村建设一间联村干警值勤室，驻点联村的政法干警承担起村里社会治安信息员、矛盾纠纷调解员、治安防范指导员、法律政策宣传员、为民办事服务员等“五大员”职责。针对农村常见的宅基地、财产、婚姻、家庭等矛盾纠纷，逐一入户、逐一排查、逐一登记、逐一化解，筑牢农村社会治安防控根基。同时，推出切合辖区实际的“警察管要害、联防护街面、百姓守家门”的警民联防新举措，设置城区治安岗亭8个，组建城区义务巡逻队4支、乡镇治安巡逻队12支，聘请乡镇治安信息员150名，组建覆盖辖区每个角落、拥有1000多人的护村、护企、护校、护场巡防队伍，每天穿梭在辖区的大街小巷开展网格化巡逻。惩治“村痞村霸”“两抢一盗”等违法犯罪行为。通过“送法到家、教育帮扶”和“阳光执法”活动，及时将矛盾纠纷消除在萌芽状态。

【江永香柚入选湖南十大农业品牌】 2017年3月，湖南省农业委员会评选湖南省十大农业品牌结果公示，江永县申报的“永明”牌江永香柚名列其中，是永州市唯一入围的农业品牌。江永县香柚在湖南省第一至三届农博会上连获“金奖”，是“湖南省十大名优产品”，中华水果流通协会命名的“中华名果”；“永明”牌商标是湖南省“著名商标”，是“湖南省消费者信得过品牌”。“永明”牌江永香柚占据湖南省柚类市场份额的70%以上，中国柚类市场份额的8%以上。

【江永全域旅游景区入选2017年全国优选旅游项目名录】 2017年5月23日，江永全域旅游景区提质改造项目入选全国优选旅游项目名录，将优先获得国家旅游发展基金贷款贴息资金。该项目计划投资18.5亿元对景区进行提升改造，其中女书园、勾兰瑶项目建成并投入使用，其他项目也正在加紧推进。江永全域旅游景区项目是湖南省入榜的28个项目之一，也是永州市唯一入选项目。优选旅游项目将纳入相关银行各分行项目储备库，优先获得旅游发展基金贷款贴息资金支持，解决优选项目投融资过程中的实际问题。各分行会支持优选旅游项目建设，跟踪其进展情况，确保优选项目推进，在政策允许范围内给予优先支持。

【江永与湖南三大院校签署农科合作协议】 2017年6月24日，“香约江永”院校县农业科技合作签约仪式在长沙举行。湖南省农业科学院、湖南农业大学、湖南生物机电职业技术学院与江永县人民政府签署院校县农业科技合作协议。协议约定，院校县双方将按照“平等协作，资源共享，互利共赢，共同发展”的原则，共同推动院校技术、人才与江永县农业优势产业的有机融合，促进院校科技成果在江永县的转化与应用，提升院校产学研一体化水平，推动江永乃至整个永州现代农业产业化发展水平。中国工程院院士袁隆平，中共永州市委书记、市人大常委会主任李晖，湖南省农业科学院党委书记柏连阳，湖南农业大学党委书记周清明，湖南生物机电职业技术学院党委书记刘启华，永州市人民政府副市长贺辉，湖南省物勘院总工程师骆检兰出席仪式。

【国际首部“江永女书”先导课程发行】 2017年9月11日，永州市携手多语言学习平台“全球说”在第12届中国北京国际文化创意产业博览会“首届国际语言文化博览会”上，向与会观众展示“江永女书”魅力。双方还举行《全球说——传奇女书》首发暨“全球说”与永州市合作备忘录签署仪式，共同推动“江永女书”方言文化的保护和传承工作。

由联合国教科文组织全球合作伙伴“全球说”牵头开发的《全球说——传奇女书》主题课程，是在女书研究专家、清华大学教授赵丽明的指导下，组织永州市和江永县的相关专家及女书传人共同协作完成的国际首部女书先导课程。该课程以文字、图片、音频、视频和动画相结合的形式，介绍女书、传播女书和研习女书。根据协议，双方将在永州开展包括设立语料采集与多语言推广基地在内的多项合作，共同推动“江永女书”方言文化的保护和传承工作。

【全国“互联网+”社会扶贫工作现场推进会在江永举行】 2017年9月28日，全国“互联网+”社会扶贫工作现场推进会在江永县举行。会上，“中国社会扶贫网”在全国全面启动。国务院扶贫办副主任洪天云出席会议并讲话，湖南省人民政府副省长隋忠诚致辞，国务院扶贫办信息中心副主任、社会扶贫网建设工作领导小组办公室主任刘翔介绍“中国社会扶贫网”运营情况，湖南省扶贫办主任王志群出席会议，中共永州市委书记、市人大常委会主任李晖作“中国社会扶贫网”试点工作典型发言。2017年3月以来，江永县全面推进“互联网+社会扶贫”工作。依托“中国社会扶贫网”爱心帮扶、电商扶贫、扶贫众筹、扶贫展示、扶贫榜样“五大平台”，动员社会力量通过各种方式参与帮扶贫困群众，吸引海内外大批爱心人士、社会资本聚焦扶贫，架起扶贫对象和社会爱心人士之间沟通的桥梁，形成“献爱心就上网，上网就上社扶网”的爱心共识，让爱在阳光下连接，着力打造社会扶贫公益品牌。截至2017年9月，全县贫困户注册率在全国率先实现100%，爱心人士注册数11.4万人，排全国第一位；贫困需求和爱心捐赠97318条，成功对接60642条，贫困户爱心需求对接数实现全覆盖。7月，国务院扶贫办主任刘永富到江永县调研社会扶贫网建设工作时，赞誉江永县在全国率先探索经验、创造示范，成为全国县级社会扶贫网的“短跑冠军”。

【江永获评中国全面小康扶贫十佳县市】 2017年12月16日晚，“2017第十二届中国全面小康论坛”在北京举行，论坛由中国扶贫开发协会、《小康》杂志社举办。会上，学术界、经济界、各级政府部门、企业界及文化科技界等各界人士以“新时代与决胜全面小康”为主题，共话决胜全面小康路径；江永县被评为年度“中国全面小康扶贫十佳县市”。是年，该县按照“12345”社会扶贫网试点工作思路，推进“互联网+”社会扶贫，构建“政府、市场、社会”协同推进的扶贫大格局。先后承办全省、全国“互联网+”社会扶贫工作现场会。全县实施基础设施扶贫项目768个、产业扶贫项目246个，发放产业帮扶资金2386万元，带动13809户贫困户参与，户均增收2000元以上，基本实现“一村一产业”“一户一项目”目标。

（李道恒　李剑飞）

领导名录

中共江永县委员会

书　　记　　周立夫
副 书 记　　唐德荣　王小丽
常　　委　　杨　诚　蒋俊善
　　　　　　王克贤　吴军臣
　　　　　　沈勇强　谭美池
　　　　　　唐阳陵　郇双飞

县人大常委会

主　　任　　黄智亮
副 主 任　　李忠英　何勉才
　　　　　　欧阳小泉　欧阳萍
　　　　　　陈德义

县人民政府

县　　长　　唐德荣
副 县 长　　蒋俊善　杨迪松
　　　　　　盘成军　何福明
　　　　　　何　娟　莫　鸣
　　　　　　郑明明　李新建

县政协委员会

主　　席　　刘忠华
副 主 席　　刘志强　李　红
　　　　　　义忠文　张莲秀
　　　　　　尹　玲

中共江永县纪律检查委员会、监察委员会

书记、主任　　唐阳陵

县人民武装部

部　　长　　王克贤
副 部 长　　陈富裕

县人民法院

院　　长　　唐　英

县人民检察院

检 察 长　　欧阳旭勇

江华瑶族自治县

【概述】 2017年，江华瑶族自治县辖16个乡镇、295个村委会、17个社区居委会。土地面积3248平方千米，其中耕地面积2.97万公顷。年末全县总人口53.48万人，少数民族人口38.9万人，城镇人口9.24万人。人口出生率13.12‰，自然增长率5.87‰。年内气温最高37.5℃，最低1.3℃；年降水量1227毫米。

地区生产总值113.86亿元，增长8.8%。其中第一、二、三产业增加值分别完成23.99亿元、32.57亿元、57.3亿元，分别增长3.7%、7.4%、12.2%。三次产业结构比为21.1∶28.6∶50.3。财政总收入11.49亿元，增长1.2%；地方财政收入7.13亿元，下降10.5%。

农林牧渔业总产值44.29亿元，增长3.9%。其中农业产值17亿元，增长0.3%；林业产值13亿元，增长8%；牧业产值

12.04亿元，增长1.6%；渔业产值0.52亿元，增长5%；农林牧渔服务业产值1.73亿元，增长10%。农作物总播种面积7.09万公顷，增长0.6%。其中粮食作物面积4.23万公顷，增长0.9%；油料播种面积0.65万公顷，下降0.2%；蔬菜播种面积1.18万公顷，下降3.2%；瓜果类播种面积0.17万公顷，增长5.6%。主要农产品产量：出栏生猪53.56万头、牛2.54万头、羊11.54万只，出笼家禽361.25万羽，水产品2894吨。发展农产品加工企业387家，增加4家，其中规模企业24家，市级农业产业化龙头企业15家、省级农业产业化龙头企业3家，发展专业合作社345家、家庭农场271家。鸿福华发园瑶香猪养殖特色产业园获评“现代农业特色产业园省级示范园”。桥头铺绿健生态旅游农业休闲园获评省五星级乡村旅游区（点）。同丰粮油食品公司投资8036万元建设年加工8万吨大米生产线，技术达到湖南一流、国内领先水平，成为“湖南省绿色食品示范基地”和“湖南省智能制造示范企业”。栋梁木业、冯河农业、水云农业3家企业在湖南股权交易所农业专版成功挂牌。增加“三品一标”认证品种6个。

规模工业总产值133.03亿元，增长23.6%。规模工业增加值36.32亿元，增长8.6%；主营业务收入127.34亿元，增长25.9%；实现利润4.64亿元，增长35.7%。增加规模工业企业16家。江华经开区成功转型升级为“省级高新技术产业开发区”，园区规模工业总产值131亿元，占全县规模工业总产值的98.5%。有高新技术企业48家，总产值103.2亿元，增长32.5%。引进投资2000万元以上项目24个，其中过亿元项目13个，利用外资1.25亿美元，内联引资30.47亿元。外贸进出口总额15.29亿元。园区形成电子信息、新型能源、稀土新材料、新型建材、矿冶循环、农林产品加工、服装制鞋七大产业。

社会消费品零售总额46.37亿元，增长10.8%。其中：城镇零售额37.1亿元，增长11%；农村零售额9.27亿元，增长10.0%。批发业零售额4.32亿元，增长8.2%；零售业零售额38.16亿元，增长10.9%；住宿业零售额1.1亿元，增长29.1%；餐饮业零售额2.81亿元，增长6.7%。

固定资产投资118.24亿元，增长13.5%。其中全部单位投资110.18亿元，增长12.5%。国有投资40.4亿元，下降3.1%；非国有投资77.85亿元，增长24.6%；民间投资59.61亿元，增长49.2%。工业投资38.41亿元，增长28.9%；产业投资19.23亿元，增长36.4%；民生工程投资13.08亿元，下降21.4%；生态环境投资20.87亿元，下降11.6%；基础设施投资56.15亿元，增长7.3%；高新技术产业投资8.13亿元，增长135.1%；技改投资10.9亿元，增长9.5%；房地产开发投资8.07亿元，增长29.8%。列入市级重点项目67个，投资85.68亿元。园区引进项目21个，总计划投资30亿元，其中邦特尔移动终端电子产业园、贵德光电等12个过亿元项目均入驻投产。市政方面：投资1200万元，实施旧城区污水管网、人行道等公共市政设施升级改造；投资8000万元，建成县城第二污水处理厂、涔天河镇与水口新镇污水处理厂；县城生活垃圾填埋无害化处理场完成改造升级；小圩乡农贸市场主体完工，白芒营镇小城镇二期开发顺利，河路口镇推进公共设施建设，建成公共停车场、垃圾处理场、小广场，涔天河镇成功创建为“湖湘风情文化旅游小镇”，涛圩镇投入30万元改造涛圩市场各类厂棚，投入20万元完善集镇公共设施。交通方面：涔天河库区8条复建道路全部建成通车，新建公路110千米，新修机耕道26千米、“窄加宽”工程320千米、安保工程123千米，危桥改造工程13座。水利方面：有各类水利工程1432个，投入资金7.77亿元，修建水渠4万米，水利工程完成土石方187.92万立方米。新增农田有效灌溉面积0.16万公顷，新增节水灌溉面积0.21万公顷。邮政业务总量0.43亿元，增长15.2%；电信业务总量0.65亿元，增长29.5%。手机用户34.62万户，增加6.08万户，增长21.3%。电信、移动、联通三家宽带用户6.06万户，增加1.84万户，增长43.6%。

专利申请量207件，其中发明专利47件，当年专利授权量145件。科学技术经费支出0.39亿元，增长127.4%。有各类学校331所，其中幼儿园66所、小学48所、九年一贯制学校5所、初级中学17所、完全中学1所、高级中学2所、特殊教育学校1所、中等职业学校3所、村小及教学点188个。有医疗卫生机构359个，其中综合医院7所、中医医院1所、专科医院2所、乡镇卫生院19所、村卫生室290个、个体诊所39家、妇幼保障院1所。

有乡镇文化站17家，农家书屋308家，文物保护单位48处，其中全国重点文物保护单位2处、省级5处、市级19处、县级22处。有省级非物质文化遗产6项、市级非物质文化遗产16项。江华瑶族自治县被评为第五批全国民族团结进步创建示范县，江华瑶族盘王节被列为全省四大少数民族节庆品牌；沱江镇被评为湖南省第五批历史文化名镇，茅栗井、五庵岭、井头湾获评湖南省第五批历史文化名村，井头湾还上榜第二批中国少数民族特色村寨名录，湘江乡庙子源村获评湖南最美少数民族特色村寨美誉。

存在的主要问题是：财政收入增长缓慢，骨干财源较少；出现停产停工项目，部分企业复工复产难；民间非法借贷、非法集资风险较大，依法处理缓慢；通信信号覆盖率不高；干部执行力需进一步加强。

【江华成功创建为“国家生态文明建设示范县”】 2017年，江华瑶族自治县通过制定并实施《江华瑶族自治县国家生态文明建设示范县规划》，将县域划分为“生态文化旅游发展区、绿色农业发展区、城镇工贸发展区”三大功能区。按照“五个打造”创建：打造神州瑶都，着力构建生态家园；打造生态山水名县，不断加强生态文化建设；打造瑶族生态旅游胜地，发展生态旅游产业；打造新兴工业县，做大做强生态工业；打造绿色农业基地，发展生态高效农业。经验做法是实行“企业+基地+家庭农场”的农业发展模式，打造“猪—沼—果、猪—沼—茶”的立体绿色农业园区；全面进行封山育林、植树造林，在全国率先建立县级生态公益林补偿机制，参照国家标准由县财政进行补偿；形成以生态旅游为龙头，以瑶族文化为特色，以历史文化为内涵，以绿色文化为灵魂，以生态旅游线和文化旅游线为主干的总体格局；建立科学的干部考核指标体系和绿色GDP指标体系。实施“治气、净水、增绿、洁地”四大工程，描绘“天蓝、水清、城绿、村美”的生态文明画卷。森林覆盖率78.78%，活立木蓄积量1600多万立方米，有原始森林和原始次生林3.33万公顷。9月21日，江华瑶族自治县成为首批国家生态文明建设示范县，是湖南省唯一获此殊荣的县区。

【江华创建为“国家园林县城”】 2017年10月19日，江华瑶族自治县通过住房城乡建设部的公示，被命名为国家园林县城。是年，江华瑶族自治县围绕国家园林县城目标，高起点规划、高质量建设、高标准管理，按照人与自然和谐、城美街绿巷荫宜居、宜业、宜游的园林县城思路打造。创新园林县城理念，在2011年确立“县城绿化率全国第一、县城生态公园数量全国第一、全县森林覆盖率全国第一、全县空气质量全国第一、全县水质量全国第一、涔天河两岸的森林景观美景度全国第一”的“六个全国第一”建设目标。创新创建工作机制，将《国家园林县城标准》的47项指标任务分解到17个牵头单位和29个责任单位，以责任状形式明确责任，把创园工作纳入政府年终绩评估目标管理考核。创新创建工作举措，突出规划引领，突出市民广泛参与，突出城乡全域共建。拆墙透绿展示瑶族生态文化，县城内规划建设森林公园13个、水上公园7个和5大水系，121个单位实施机关院落花园化建设，60个单位被评为“市级园林式单位”，16个单位被评为“省级园林式单位”。先后投入20多亿元，完善城市路网和市政配套设施建设，新建一批以瑶族图腾园、火车站广场、瑶都大道、城北大道、江华大道滨江大道为骨架的城市标志性工程。县城绿化覆盖率43%，人均公园绿地面积13.91平方米。

【江华社会扶贫网实现贫困注册全覆盖】 2017年，江华瑶族自治县作为全国全省第一批“中国社会扶贫网”上线试点县，成立“中国社会扶贫网”江华县级服务管理中心和16个乡镇服务站，以每村配备1名信息采集员的方式，组建600人的村级信息采集员队伍，建立县、乡、村三级服务体系，构建政府、市场、社会协同推进的大扶贫格局。借助社会扶贫网平台，成功对接东莞证券、江西斯源、江华天宇、九恒集团等爱心企业，筹集善款200余万元，实行精准对接。8月1日，该县还举办“万企帮万村”精准扶贫行动暨中国社会扶贫网“自信教育”帮扶计划现场捐赠活动，成为全国首个上线的1017众筹项目，11家企业现场捐款124.5万元和10万元物资，中南大学第一批对接落实的10万元医疗保健品，通过中国社会扶贫网发放到需求贫困户手中。

【江华成立首个园区非公企业综合党委】 2017年8月15日，中国共产党江华经济开发区企业综合委员会成立并召开第一届党员代表大会第一次会议，成为全市首个园区企业综合党委。江华经开区企业综合党委下设11家非公有制企业党组织和1家非公有制联合党支部，有党员139人，覆盖到园区全部30多家企业，成立企业党组织9个，孵化非公企业党组织5个。

【江华当选首批国家生态文明建设示范县】 2017年9月21日上午，全国生态文明建设现场推进会在浙江安吉县召开，江华瑶族自治县获评首批国家生态文明建设示范县。这次评选是由环保部组织专家评选，涉及全国25个省市，入选46个县、区、市，江华是湖南省唯一一个入围并成功当选的县。

江华重视生态文明建设和环境保护工作，有60个单位被评为“市级园林式单位”，16个单位被评为“省级园林式单位”，成功创建为“省园林县城”，14个乡镇获得国家级生态乡镇称号。

【全国“互联网+”社会扶贫工作现场推进会到江华现场观摩】 2017年9月28日，全国“互联网+”社会扶贫工作现场推进会在江华瑶族自治县举行。国务院扶贫办副主任洪天云，湖南省人民政府副省长隋忠诚，国务院扶贫办信息中心副主任、社会扶贫网建设工作领导小组办公室主任刘翔，中共永州市委书记、市人大常委会主任李晖，市委副书记、市委政法委书记张严，市委常委、江华瑶族自治县县委书记罗建华参加会议。与会人员先后观摩“中国社会扶贫网”江华管理中心和江华“自信教育”帮扶基地思源实验学校。江华作为全国全省第一批“中国社会扶贫网”上线试点县，搭建平台，激励企业、社会组织、个人参与扶贫，成立“中国社会扶贫网”江华县级服务管理中心和16个乡镇服务站，每村配备1名信息采集员的方式，组建600人的村级信息采集员队伍，建立起县、乡、村三级服务体系，构建政府、市场、社会协同推进的大扶贫格局。贫困户注册率100%，爱心人士注册3万人，发起贫困需求2.37万余条，成功对接1.49万余条，对接成功率63%；爱心捐赠6038个，成功对接3645个，对接成功率60%。通过线上线下对接，筹集各类爱心资金8000万元、爱心物资5000万元，为贫困群众提供4500余个就业岗位，得到帮扶的贫困群众2万人次。“中国社会扶贫网”江华管理中心把江华思源实验学校创建为中国社会扶贫网“自信教育”帮扶基地，创办音乐、美术、体育、书法、科技创新、瑶族特色文化等特色教育促进学生全面发展，发挥互联网在助推脱贫攻坚中的强大作用。

【湖南省抓党建促脱贫攻坚工作经验交流座谈会在江华召开】 2017年10月10日，湖南省抓党建促脱贫攻坚工作经验交流座谈会在江华瑶族自治县召开。中共湖南省委常委、省委组织部部长王少峰，省委组织部副部长、省人力资源和社会保障厅厅长贺安杰，省委组织部副部长、省委非公有制经济组织和社会组织工委书记蔡建和，省委非公有制经济组织和社会组织工委专职副书记罗缵吉，中共永州市委书记、市人大常委会主任李晖，市领导张严、吴志雄、罗建华、贺辉出席会议。李晖致辞，王少峰讲话，省财政厅、省人社厅介绍相关工作情况，江华瑶族自治县、花垣县、通道侗族自治县万佛山镇、安仁县金紫仙镇源田村、省贸促会驻城步县五团镇铺路水村工作队等5个单位作经验交流，14个市州作书面汇报。会议指出，要提升政治站位，增强“四个意识”，把思想和行动统一到中央、省委决策部署上来；要加强干部人才队伍建设，坚决保持贫困地区县乡党政正职相对稳定，拓宽

2017年10月10日，湖南省抓党建促脱贫攻坚工作经验交流座谈会在江华瑶族自治县召开
摄影 唐建国

贫困地区干部人才队伍源头活水，激发脱贫攻坚一线干部人才内生动力，凝聚决胜脱贫攻坚的关键力量；要抓好村级组织建设，推进换届后村级班子建设，派强驻村帮扶工作队和第一书记，强化基层基础工作保障，发展壮大村级集体经济，筑牢脱贫攻坚战斗堡垒；要发挥党员示范带动作用，提升党员队伍整体素质，强化党员身份意识和先锋意识，发挥党员致富带富作用，着力打造脱贫攻坚先锋队。

【湖南省第三届生态文明论坛江华年会】 2017年10月14日—15日，湖南省第三届生态文明论坛在江华瑶族自治县举行，论坛以“加快绿色发展，建设生态强省”为主题。湖南省人大常委会副主任王柯敏，中国生态文明研究与促进会执行副主席李庆瑞，中共永州市委常委、江华县瑶族自治县县委书记罗建华，市人大常委会副主任胡先荣出席论坛。省委改革办、省两型委、省环保厅领导及专家学者们围绕生态文明建设，从广泛开展生态文明绿色发展的宣传教育、新环境与新格局下江华的发展机会、江华产业发展的破题思路等方面进行演讲，与会的各县区长、专家、企业家就人与自然如何和谐共处、如何统筹推进生态文明建设和经济共同发展、发展生态最大的阻力、检查机关在生态文明建设方面有什么举措、生态文明建设的经验等内容进行对话和经验交流。会议指出，生态文明的发展路径，要根据各自的优势，突出特色，因地制宜发展，广泛动员，共同参与，形成合力，构建政府企业公众共治体系，加强宣传教育，使绿水青山就是金山银山的理念深入人心，形成生态文明共建的大格局。

【2017神州瑶都瑶族盘王节活动】 2017年12月2日晚，2017神州瑶都（中国·江华）瑶族盘王节开幕式暨贵德集团开园群星演唱会在江华瑶族自治县一中体育运动场举行。中共湖南省委宣传部常务副部长蒋祖烜，中共永州市委书记、市人大常委会主任李晖，长沙海关关长黎对贞，省文联副主席、省作协主席王跃文，市委常委、市委秘书长唐能武，市委常委、江华瑶族自治县县委书记罗建华，市人大常委会副主任李农妹，副市长谢景林、李旦梅，市政协副主席彭爱华等领导出席开幕式。该届盘王节开展公祭盘王大典暨盘王巡游、旅游商品暨美食博览会、龙灯会暨传统斗龙大赛等活动，展示江华瑶族自治县的浓郁民族风情。开幕式上，江华瑶族自治县被授牌为“中国瑶都文化传承研究中心”，贵德集团向江华瑶族自治县捐赠扶贫款30万元。瑶族盘王节是瑶族人民纪念祖先盘瓠的盛大传统节日，迄今有1700多年历史。“瑶族盘王节”以展示瑶族民间文艺活动为基础，推动瑶族生态旅游胜地建设，深挖瑶族文化内涵，突出民俗、旅游特色品牌，展示江华浓郁的民族风情，瑶族人民厚重的历史文化、生产生活以及瑶族同胞纪念祖先的传统民俗。

（汪继文　曾秋林）

领导名录

中共江华瑶族自治县委员会

书　记　罗建华
副书记　龙飞凤　龙赋云
常　委　艾克海　唐伟文　蒋　剑　伍继承　廖树清　张　恒　黎　胤

自治县人大常委会

主　任　黄志坚
副主任　刘江明　廖家益　贝小义　蒋　平　安　青

自治县人民政府

县　长　龙飞凤
副县长　艾克海　黎　胤　李勇东　黎　氢　文　嵩　黄守平　何永亮　胡少波　陈江涛

自治县政协委员会

主　席　陈槐权
副主席　黄世才　罗　梅　李坤胜　吴淑华　唐　晖

中共江华瑶族自治县纪律检查委员会、监察委员会

书记、主任　蒋　剑

自治县人民武装部

政　委　赵　峰

自治县人民法院

院　长　唐建新

自治县人民检察院

检察长　唐建球

宁　远　县

【概述】 2017年，宁远县辖16个乡镇（含4个瑶族乡）、4个街道办事处、4个国有林场、406个行政村。县域总面积2500.86平方千米，耕地面积4.17万公顷。年末，总人口89.21万人，常住人口72.73万人，城镇人口32.02万人、农村人口42.71万人，自然增长率5.43‰。年内气温最高37.7℃，最低-0.6℃，年降水量

1245.5 毫米。

地区生产总值 152.78 亿元，增长 8.7%。其中，第一产业增加值 29.24 亿元，增长 4%；第二产业增加值 47.6 亿元，增长 5.4%；第三产业增加值 75.94 亿元，增长 13.2%。一、二、三次产业的结构比 19.1 ∶ 31.2 ∶ 49.7。财政总收入 16.46 亿元，增长 19.7%；地方财政收入 11.28 亿元，增长 11.9%。

农林牧渔业总产值 54.63 亿元，增长 3.3%。主要农产品量：粮食 30.88 万吨，烟叶收购 19.61 万担，出栏猪肉 91.53 万头，出笼家禽 853 万羽，水产品产量 2.23 万吨。城镇居民人均可支配收入 24427 元，增长 10.3%；农村居民人均可支配收入 13120 元，增长 11.6%。

工业总产值 172.44 亿元，增长 10.7%，其中，规模以上工业总产值 128.42 亿元，增长 10.8%。规模工业增加值 38.01 亿元，增长 6.5%。主要工业产品产量：钢材 52.59 万吨，水泥 172.6 万吨，自来水生产量 1620 万立方米。年末规模以上工业企业 99 家，其中新增规模工业企业 17 家。

社会消费品零售总额 70.25 亿元，增长 10.9%，其中城镇消费品零售总额 55.5 亿元，增长 12.8%，乡村消费品零售总额 14.75 亿元，增长 5.4%。利用外资 1.1 亿美元，增长 16.1%；内联引资 28.99 亿元，增长 10.7%。接待游客 1039.26 万人次，增长 29.9%；旅游综合收入 59.1 亿元，增长 23.1%。九嶷山—舜帝陵景区晋升为国家级风景名胜区、全省十大“平安景区”；下灌景区创建为国家 AAA 级景区。

九嶷山三分石

社会固定资产投资 188.98 亿元，增长 12.8%。其中国有投资 97.55 亿元，增长 16.6%；非国有投资 91.43 亿元，增长 9%；房地产投资 8 亿元，增长 11.3%。第一产业投资 12.54 亿元，增长 17.3%；第二产业投资 59.44 亿元，下降 1.7%；第三产业投资 117 亿元，增长 21.4%。工业投资 59.4 亿元，与 2016 年持平。

财政支出进一步向保障民生倾斜。农林水事务支出 7.55 亿元，增长 7.02%；教育支出 9.86 亿元，增长 18.77%；医疗卫生支出 5.14 亿元，增长 10.75%；社会保障和就业支出 7.33 亿元，增长 23.02%；节能环保支出 1.37 亿元，增长 6.67%；住房保障支出 1.48 亿元，下降 10.11%。易地扶贫搬迁 2932 户、12178 人；发放扶贫小额贷款 1.02 亿元，实现 4.5 万人脱贫，通过省里脱贫摘帽验收。城镇新增就业、农村劳动力转移就业 1.31 万人。五大社会保险持续扩面，城乡低保、农村五保实现应保尽保。实施棚户区改造 369 户，完成农村危房改造 4876 户。城乡医院床位建设“三年行动计划”全面启动。新增城区学位 6500 个；高考二本以上上线人数 912 人，中考优秀率进入全市前三位。

存在的主要问题是：基础差、底子薄、财力弱的问题依然突出，经济扩总量、升均量、提质量任务艰巨，产业转型、改革创新、招商引资、城乡均衡发展、基本公共服务均等化仍需持续发力，环境保护、金融风险防范有待加强，食品药品安全、安全生产形势依然严峻；党风建设、廉政建设任务繁重，政府职能转变有待深化。

【九嶷山—舜帝陵入选国家级风景名胜区】 2017 年 3 月 21 日，国务院发布通知，公布第九批国家级风景名胜区名单（全国共 19 处），九嶷山—舜帝陵风景名胜区入选国家级风景名胜区，成为永州市第一处国家级风景名胜区。九嶷山—舜帝陵名胜区由舜帝陵景区、灌溪仙境景区、青山尾峡谷景区构成，规划面积 150 平方千米，风景区以奇特壮美的喀斯特峰林自然景观为基础，以舜帝陵古建筑群、舜帝遗迹等历史人文资源为核心，是集自然山水、历史文化和风土民俗于一体的山岳型风景名胜区。2013 年，九嶷山—舜帝陵名胜区开始申报国家级风景名胜区。先后投入近 10 亿元，对九嶷山—舜帝陵风景名胜区进行升级改造，实施提升项目

40多个，建设游客中心和生态停车场，扩建舜帝陵园，开发建设灌溪仙境景区，实施景区民居“穿衣戴帽”工程、游步道建设和绿化美化亮化工程。2010年以来，连续6年获得“湖南省风景名胜区保护管理工作先进单位”称号。

【宁远获评“湖南省旅游扶贫示范县”】 2017年7月，宁远县获评“湖南省旅游扶贫示范县”，全省有11个县区获此称号。宁远县构建乡村旅游“一核一环两片多点”发展格局，加快推广景区带村、能人带户、企业（合作社）+农户等多种类型的旅游扶贫新模式，利用全县丰富的旅游资源，以“美丽乡村”建设为契机，以乡村旅游为抓手，创新思路、高位推动、多级联动、特色带动，发挥乡村旅游扶贫、富民、美乡的功能作用，推进旅游扶贫工作。

【宁远获评“国家卫生县城”】 2017年8月，在中共湖南省委、省人民政府召开的爱国卫生运动电视电话会上，宁远县被授牌为“国家卫生县城”。宁远县全面贯彻中共湖南省委、省人民政府建设“两型社会”的战略部署，全面开展爱国卫生运动，坚持以创促建、创建同步，坚持以城带乡、城乡联动，坚持全县动员、全员参与，坚持科学规划、标本兼治，围绕国家卫生县城创建这个中心，不断完善硬件设施。各职能部门发挥创卫主力军作用，使全县城乡面貌焕然一新，群众卫生意识持续增强，连续3年获评湖南省城乡环境卫生整洁行动“十佳县”称号，是全省128个县区中唯一获此殊荣的县区。

【宁远举办湖南省冬季乡村旅游节】 2017年11月，宁远县举办湖南省冬季乡村旅游节，此次旅游节以“相约永州祈福九嶷”为主题，开展“永州之野·九嶷部落”多彩冬季等系列活动，接待游客93万人次。宁远县主动融入全省全市全域旅游布局，实施生态立县、文化活县、旅游兴县战略，把全县作为一个全域生态、文化、旅游大公园来整体规划、建设和管理，打九嶷山品牌，做舜文化文章，加快推进九嶷山舜帝陵创国家AAAAA级旅游景区，培育“锦绣潇湘·伟人故里·九嶷圣地”全域旅游品牌。跻身全国“景区带村”旅游扶贫示范县、全域旅游示范区创建县和全省旅游强县、旅游扶贫示范县、特色县域经济文化旅游产业重点县，全县以旅游为支撑的第三产业对地区生产总值贡献率65.9%，成为县域经济新的增长极。

【宁远获评全国“平安农机”示范县】 2017年12月，宁远县获评全国“平安农机”示范县，成为永州市唯一获评的县区。宁远县坚持以“安全第一、预防为主、综合治理”的方针，推进全国“平安农机”示范县创建工作，构建“政府主导、农机主抓、部门配合、社会参与”的农机安全管理体系。创建为省级“平安农机”示范乡镇7个、平安农机示范村69个、平安农机示范户1165家，全县农机安全生产形势平稳，农机事故重伤、死亡起数为零。

（陈玲）

领导名录

中共宁远县委员会

书　　记	刘卫华	
副 书 记	唐　何	刘军君
常　　委	刘庚旺	曹辉正
	陈海平	黄永英
	雷军平	唐　浩
	郭照国	曾海波

县人大常委会

主　　任	张明贵	
副 主 任	周　方	胡昕若
	眭晓棠	何为民
	谢全花	

县人民政府

县　　长	唐　何	
副 县 长	黄永英	邓小英
	陈云生	邓传文
	欧阳国春	胡红灯
	黄生强	杨友忠

县政协委员会

主　　席	李苏昭	
副 主 席	蒋家安	欧桥贵
	赵吉永	李春茂
	肖红梅	

中共宁远县纪律检查委员会、监察委员会

书记、主任	陈海平

县人民武装部

部　　长	文小武
政　　委	向　胜

县人民法院

院　　长	吕新陵

县人民检察院

检 察 长	周　辉

新　田　县

【概述】 2017年，新田县辖11个镇、1个民族乡、2个国有林场、1个国有森林公园、230个行政村（居委会）。土地总面积1022.4平方千米，耕地面积2.1

万公顷。年末总人口44.6万人，常住人口34.46万人，人口出生率14.49‰，自然增长率7.07‰。年内气温最高38℃，最低-1℃；年降水量1615.7毫米。

地区生产总值79.6亿元，增长8.3%，第一、第二、第三产业分别实现增加值18.4亿元、21.8亿元、39.5亿元，分别增长3.9%、6.1%、12.1%；财政总收入6.5亿元，增长7%。三次产业结构比为23.0∶27.3∶49.7。财政总支出24.6亿元。城乡居民人均可支配收入分别达到22689元、8504元，分别增长8.7%、11.0%。

完成农林牧渔业总产值33.1亿元，增长4%。划定永久基本农田1.73公顷，新增和改善农田有效灌溉面积1000公顷。粮食总产量15.6万吨；种植烤烟0.35万公顷。主要农产品产量：烟叶10.61万担；出栏肉猪48万头、牛1.6万头、羊4.6万只，出笼家禽720万羽，水产品总产量7373吨。三味辣椒种植系统入选中国重要农业文化遗产。富硒农业发展迅猛，新增富硒农产品加工规模企业9家，产品远销粤港澳。豆家旺新田大豆产业园成功创建省级农业现代化产业园，金盆油茶等3个产业园晋级市级产业园。

规模工业总产值和增加值分别实现78.1亿元、17.9亿元，分别增长12%、7.8%。新增入统企业9家。签约引进项目14个。利用内资13.5亿元、外资3500万美元；外贸进出口7826万美元，增长16.8%。推进“放管服”改革，推行“四单”管理，取消行政审批事项59项，新登记市场主体2700户。和祥润被评为国家高新技术企业，吉星家居、龙昶机械被评为“小巨人企业”。工业园规划面积调整到8.8平方千米，新建标准厂房6.2万平方米，建成玉麟路公租房768套，新修南通路、土珠山路，提质改造双碧街、陶然街，铺设污水管道800米。

固定资产投资79.4亿元，增长12.9%。103个贫困村的通村公路开工建设，农村公路拓宽31千米，县乡道硬化12千米。建成农村公路客运招呼站60个，改造危桥10座，实施安保工程113千米。实施水利工程66处，提质改造日西河河坝，启动陶岭坡耕地综合治理项目，修复骥村河道等水毁工程22处。农村饮水安全巩固提升1.97万户，完成计划数的135.8%。能源信息加快发展。三井20兆瓦光伏电站并网发电，100个村级集中式光伏发电项目全部开工，门楼下舍子源、九峰山等风电项目前期工作顺利推进。高山35千伏变电站完成改扩建，53个村电网实施升级改造。完成新华东、西路等8条主干道的路面“白改黑”，创建为“湖南省园林县城”“湖南省文明县城”“湖南省信息化建设示范县”。曾山水厂投入使用，迎宾路等17个片区2600户的棚户区改造全面推进。投入奖补资金2400万元，在龙泉、枧头、三井、陶岭4个乡镇实施“美丽乡村”建设，东升村创建省级示范村。

社会消费品零售总额27.8亿元，增长10.5%。龙家大院、谈文溪成功申报国家级历史文化名村，金盆镇河山岩等9个村被列为省级历史文化名村。“建文帝的传说”“石羊醋水豆腐制作技艺”申报为永州市非遗保护项目。创建惠峰生态农庄等三星级乡村旅游示范点3个，陶岭仁岗被列为省级旅游扶贫示范村。接待游客人次、旅游收入分别增长20.4%、21.2%。举办“富硒之乡·南有新田”全国汽车场地越野锦标赛、湖南新田山地半程马拉松赛等大型赛事。引进京东等战略合作伙伴，创建为“全国电子商务进农村综合示范县”。推广家政服务，被列为“全国家政扶贫试点县”。

民生民本持续改善。整合财政涉农资金3亿元，全部用于脱贫攻坚，全年减少贫困人口2789户、11957人，贫困村出列15个。实施易地扶贫搬迁1591户、7536人，农村危房改造1299户。劳务协作扶贫工作经验被《人民日报》等主流媒体推介，全省劳务协作扶贫现场会在新田县召开。增加城镇就业5024人，农村劳动力转移就业2800人次。完成城乡居民基本医疗保险并轨，参保率97%。全面清理整顿城乡低保和社会保障兜底脱贫对象，实行动态管理。教育事业成效突出。德恒实验学校实现秋季招生入学，增加城区学位4300个。获评“全国教育督导创新县”。二本以上上线514人。生态环境得到优化。以中央环保督察为契机，开展5个重点行业环境突出问题集中整治，得到省市肯定。划定生态红线，全面推行“河长制”。综治民调稳居省市前列。获评省级安全生产先进单位。人口计生工作保持全省良好县行列，全省卫计综合监督执法现场会在新田县召开。

金融市场运行平稳。年末金融机构各项存款余额118.7亿元，增长20.8%；贷款余额56.4亿元，增长31.9%。长沙银行开业，光大银行抓紧筹备。以推进农村承包土地经营权抵押贷款试点为契机，推进农业供给侧改革，激活土地要素，以《农村土地经营权流转证》抵押贷款的“新田模式”在全国推广，举办湖南省“两权”抵押贷款试点现场推进会。

存在的主要问题是：经济发展质量不高，没有支柱财源，缺少带动力强的大项目。产业规模较小，规模工业企业数量不多、总量不大，对县域经济、财政税收的贡献不大。财政支出压力巨大，收入增长乏力，缺少大型支柱财源。刚性支出增多，收支平衡压力较大。土地、资金、人才等要素制约仍然比较突出，公共服务水平与人民群众的期待还有一定的差距。

【新田两位作家作品被《小说选刊》转载】 2017年3月，《小说选刊》2017年第三期出炉，新田作家何一飞的小小说《太阳一族》和陈艳芳的小小说《太平街》入选其《微小说》栏目。《太阳一族》原载《天津文学》2017年第一期，“推荐语”评论其“一篇大题材的小说，作者举重若轻，千余字便解决了。”《太平街》原载《湖南文学》2017年第一期，“推荐语”称其为“一篇满满正能量的作品”。

【新田入列全国首批责任督学挂牌督导创新县】 2017年3月20日，《人民日报》公示国务院教育督导委员会第一批全国中小学校责任督学挂牌督导创新县（市、区）名单，全国获此殊荣的仅11个省29个县（市、区），新田县名列其中。新田县创新教育督导方式，逐步形成“定位更准确、平台更完善、网络更健全、工作更精准、成效更明显”的督学责任区挂牌督导新机制。同时，将“互联网+”理念运用到教育督导实践中，自主研发教育督导信息化平台，推进教育督导信息化，开创教育督导新天地，形成覆盖全县、互联互通的督导信息服务体系，全面提升县域中小学责任督学挂牌督导工作水平。2016年，新田县“推进教育督导信息化开创教育督导新天地”为2016年度湖南省市州教育工作创新（特色）项目。

【新田获评首批全国中小学校督学责任区挂牌督导创新县】

2017年3月，新田被评为首批全国中小学校督学责任区挂牌督导创新县。新田将“互联网+”理念运用到教育督导实践中，自主研发教育督导信息化平台，全面提升县域中小学责任督学挂牌督导工作水平。

【新田获评全国电子商务进农村综合示范县】 2017年8月，商务部、财政部、国务院扶贫办公布2017年电子商务进农村综合示范县名单，新田县作为永州市唯一入选的县区上榜，并获中央财政2000万元专项资金支持。新田县将发展农村电商作为推进脱贫攻坚、促进贫困地区群众脱贫致富的重要抓手。建成电子商务县级服务中心5个、农村服务站点102个，其中贫困村52个。全年电子商务交易额突破20亿元，网络零售额6亿元。

【新田被列为全国家政扶贫试点县】 2017年9月，新田县被列为全国家政扶贫试点县。与10余家家政企业达成合作协议，全年面向贫困人口开办家政培训班13期，培训600余人次，合格者全部输送到广州、长沙等地就业。

【新田入围省级园林县城】

2017年12月，新田县入围“湖南省园林城市（县城）”。新田县累计投入1亿多元，县城建成区绿地面积362.25公顷，绿地率32.93%；绿化覆盖面积388.48公顷，绿化覆盖率35.32%；人均公园绿地面积13.3平方米，道路绿地达标率76.21%，绿化普及率97.74%，林荫路推广率51.66%。

【新田农地抵押贷款试点】

2017年，新田县以被列为全国农村承包土地的经营权抵押贷款试点县为契机，创设“农村土地经营权流转证”，破解政策、实践层面诸多困难，激活土地要素资源，拓宽“三农”融资通道，为农村土地经营权融资抵押开辟新渠道。全县流转土地1.13万公顷，超过全县耕地总面积的50%；向102家新型农业经营主体授信3.9亿元，累计投放贷款1.8亿元。《中国三农研究》《金融时报》等主流媒体对新田工作经验进行总结推介，全省“两权”抵押贷款试点工作现场调度会在新田县召开。

【新田农业品牌创建】 2017年，新田县成功申报省级农业产业化龙头企业1家、市级龙头企业2家。“新田大豆”被评为湖南省十大农业区域公用品牌，“鸭头商标”等5个商标被评为“湖南省著名商标”，“三箭”“喜在心”

被评为“湖南省富硒产业十佳品牌”。“陶岭三味辣椒”“新田大豆”获评国家地理标志保护产品。全县完成产地“三品”认定面积 4666.67 公顷，申报“三品”农产品97个，被省人民政府评为“积极开展农业品牌创建成效明显的县区”。

【新田获评全省脱贫攻坚一类县】 2016年，新田县实现贫困人口减贫16983人，贫困村出列27个（合并后），减贫率20.5%，完成省市下达的年度减贫任务，2017年，被评为湖南省脱贫攻坚一类先进县。新田县全面创新落实“1+X+部门”精准扶贫机制，集结工作组11个，12个乡镇组成12个战区，实行领导包村、部门帮村、干部驻村结对的精准帮扶模式，扶贫任务精准落实到村、组、户、人。依托“中国天然富硒农产品之乡”的独特资源优势，发展富硒特色农业，引进培植富硒农产品加工龙头企业、专业合作社130余家，建成富硒农产品核心示范基地0.67万公顷，富硒产业年总产值超过20亿元，富硒产业就业人数突破2.5万人。实施“互联网+精准扶贫”，贫困村电商运营站点逐步普及，电子商务交易额突破7亿元。创新易地搬迁扶贫与小城镇开发、美丽乡村建设、旅游示范创建、主导产业发展、推进城市化、金融创新“六结合”新举措，全年完成1698户、7000人搬迁，其中贫困户1619户、6663人，超额完成省定任务。全年在70个贫困村建立金融扶贫服务站，建档立卡贫困户评级授信参评率100%，贫困户有效授信率99.57%，完成小额信贷2.84亿元，超省市下达的8400万元任务。12个贫困村软弱涣散基层党组织得到整顿提升，优选8人任贫困村党支部书记，选派125名优秀副科级以上机关干部和机关企业、事业单位退休领导干部到贫困村任“第一书记”，选派181人组成64个工作队进村与27606户贫困户结对帮扶，实现结对帮扶全覆盖。

（邓光鹏）

领导名录

中共新田县委员会

书　　记　　唐　军
副 书 记　　秦山成　易先平
常　　委　　王名扬　陈志华　周国平　李祥佐　汤小兵　刘晓燕　贺幸福　吴新波　周　平

县人大常委会

主　　任　　欧阳涛
副 主 任　　郑智新　毛群联　贺安祥　刘志斌　周艳芳

县人民政府

县　　长　　秦山成
副 县 长　　王名扬　刘大兵　唐红林　杨柳青　彭晓军　李勖川　黄小波　肖方英

县政协委员会

主　　席　　王佑生
副 主 席　　何三明　龙石佑　李咏梅　郑龙杰　黄美华

中共新田县纪律检查委员会、监察委员会

书记、主任　　汤小兵

县人民武装部

部　　长　　许朝友

县人民法院

院　　长　　胡剑涛

县人民检察院

检 察 长　　朱　诺

蓝　山　县

【概述】 2017年，蓝山县辖14个乡镇（其中瑶族乡6个）、5个国有农林茶场、1个国家森林公园，总面积1806平方千米，耕地面积2.14万公顷。户籍总人口43.32万人，常住人口34.5万人，城镇化率48.29%，出生率13.2‰，死亡率5.9‰，自然增长率7.3‰。年内气温最高37.6度，最低值-0.8度，年降水量1290.7毫米。

地区生产总值111.06亿元，增长8.1%。第一产业增加值16.71亿元，增长3.6%；第二产业增加值40.87亿元，增长6.5%；第三产业增加值53.48亿元，增长11%。人均生产总值32266元，增长13.5%。三次产业结构比为15∶36.8∶48.2。财政总收入8.64亿元，增长18.4%；地方财政收入5.92亿元，增长12.5%。财政总支出27.04亿元，增长21.9%。年末金融机构本外币各项存款余额95.1亿元，各项贷款余额66.11亿元，分别增长13.4%、20%。保险保费收入21.1亿元，增长20.3%。

农林牧渔业总产出31.18亿元，增长4%。农林牧渔业增加值17.31亿元，增长3.8%。财政农林水事务支出6.61亿元，增长111.2%。主要农产品产量：粮食12.86万吨，烟叶6918吨，生猪出栏88.5万头，牛出栏1.33万头，羊出栏3.05万只，家禽出笼300.35万羽，水产品产量1562吨。农业机械总动力348983千瓦，增长1.5%。增加省市农业龙头企业3家，郁葱林业获批湖南省现代林业特色产业园。增加“三品一标”农产品认证5个，花果庄园、绿田园竹酒公司系列产品获得SC认证，新顺农牧湘蓝黑提获评湖南省著名商标。增加农业专业合作社65家，花葛源葛根种植合作社被评为全国农民专业合作示范社。举办全市秋冬马铃薯现场观摩培训会。蓝山县获批全省首批全市首个国家有机产品认证示范创建区。

规模工业企业新增11家，达到84家。工业增加值38.71亿元，增长6%。其中，规模工业增加值32.25亿元，增长7.5%；高新技术产业增加值19.09亿元，占GDP的比重达到17.2%。规模以上工业农产品加工产值62.66亿元，增长18.7%。规模工业企业主营业务收入134.77亿元，增长15.8%。工业技改7.93亿元，增长9.5%。建设标准厂房9万平方米，新入园企业27家，园区规模工业总产值113.68亿元，经开区新晋为全市百亿产业园区。科技成果转移转化公共服务平台正式上线，增加高新技术企业2家。承阳针织新购自动化电脑织机500台，增加成衣制造生产线。湘威三期动工建设，星月玩具二期6幢标准厂房投入运营。湘江源皮具产业园6幢厂房完成主体工程，德晟纺织、万和科技标准厂房加快建设。

社会消费品零售总额41.41亿元，增长10.1%。城镇消费品零售额31.61亿元，增长10.3%；乡村消费品零售额9.8亿元，增长9.4%。外贸进出口11.48亿美元，增长15%。利用外商直接投资8635万美元，增长13.6%；到位内资22.55亿元，增长12.8%。总投资11亿元的云冰山景区一期工程开工建设，毛俊百家姓文化产业园沿河风光带基本建成，大洞梨花悠乐园、百叠岭生态观光茶园、花果庄园成功创建为湖南省五星级乡村旅游区，接待游客177.8万人次。县城至火市沿线12个村庄立面改造有序实施，厦蓉高速、二广高速沿线村庄完成立面改造498户。坪源村、桐木林村、虎溪村等3个省级美丽乡村示范创建完成，虎溪村被列为第四批中国传统村名录，毛俊村、上清涵村先后被评为全省新农村建设示范村，毛俊镇被列为省级卫生镇，大洞村被评为全省美丽乡村建设示范村。

湖南省非遗文化——瑶族伞舞传承

固定资产投资91.56亿元，增长12.8%。工业投资48.06亿元，下降0.1%；基础设施投资32.52亿元，增长60.2%。技术改造投资3.27亿元，占全部固定资产投资的3.6%。房地产业增加值4.73亿元，增长2.4%，房地产业完成投资3.67亿元，商品房屋销售面积21.68万平方米。建筑业增加值3.14亿元，增长5.6%。具有资质等级的总承包和专业承包建筑企业房屋建筑施工面积65.17万平方米，增长13%；房屋建筑竣工面积22.51万平方米，增长7.8%。

安排重点项目建设132个，投资59.72亿元，实现税收4.2亿元。其中，毛俊水库工程全面开工，湘江源至九嶷山公路、国道537线祠堂圩至岭脚段、蓝俊公路等3条干线公路开工建设，二广高速连接线基本完工。总投资40亿元、总装机40万千瓦的风力发电项目，开工35万千瓦，完成投资19亿元；塔峰、大桥、四海坪等20万千瓦风电场实现并网发电。交通运输、邮电通信业增加值7.82亿元，增长6.4%。货物周转量18.68亿吨千米，增长5.9%。旅客周转量12.07亿人千米，增长4.9%。民用车辆2.81万辆。邮电业务总量4.6亿元，增长8.4%。年末固定电话用户3.85万户；移动电话用户22.25万户；互联网宽带用户2.65万户。

县城总体规划和土地利用总体规划修编全面完成。城镇提质三年行动计划、“西区开发”“控违拆违百日会战”强力推进，9条扩容道路建设加快，21条主次干道和54条背街小巷完成提质改造，县城一、二市场完成升级改造，供水排污、管道燃气、垃圾收运、路灯照明、公交站台、小游园等市政配套设施不断完善，县城“五纵五横”路网体系初步形成。夔龙公园、森林植物园、湿地公园、塔下寺文化广场启动实施，县城绿化率40.21%。

民生支出22.43亿元，占财政支出的82.9%。拥有普通中学12所，其中普通初中10所、高中2所、中等职业学校1所、小学24所、九年一贯制学校16所、小学教学点71个、特殊教育学校1所，2017年特殊教育学校在校学生人数80人。小学适龄儿童毛入学率101%，初中毛入学率106%。普通中学在校学生19935人，其中初中在校学生15596人，高中在校学生4339人；中等职业学校在校学生4713人；小学在校学生34961。有乡镇文化站15个、文化馆1所、文物管理所1所、图书馆1所。文物藏品366件，其中一级1件、二级17件、三级52件、一般文物296件，图书馆藏书5万册。有各类医疗卫生机构414个（含基层医疗卫生机构、卫生室），其中医院7个，建制乡镇卫生院15个，疾病预防控制中心、妇幼保健院、卫生监督所各1所；有床位总数1815张，比2016年增加38张。有卫生技术人员1877人。开展新型农村合作医疗工作的村209个，参加农村合作医疗33.66万人。在全省青少年跳水团体赛中，2人次获团体第一名；一米板分别获第六、第七名；三米台获第六名。

湘江源　　摄影 阮达英

廖秀珠在全国女子举重锦标赛暨全运会预赛中获总成绩第六名、抓举第三名，在世界大学生运动会上，获总成绩第四名。拥有电视台1座，差转台1座。电视人口覆盖率99.2%。有线电视用户1.5万户。

全年减贫5151人，贫困村出列8个。贫困发生率由4.2%下降到3.5%。易地扶贫搬迁184户825人，危房改造1200户，大冲、新安、毛江3个易地扶贫集中安置点实现入住，大冲村整体移民搬迁成为全省亮点。改造提升贫困村道路71.7千米，16个贫困村光伏发电工程并网发电，百叠岭村、坪源村等6个村列入全国旅游扶贫村。累计发放小额扶贫贷款1.67亿元，发放贫困村林业生态补偿资金525.49万元，补贴160万元为所有建档立卡贫困人口购买“扶贫特惠保”。投入4279万元实施贫困村薄弱小学改造三年行动计划；发放助学资金352.19万元，建档立卡贫困学生“应助尽助”。578名兜底保障对象实现“应兜尽兜”，人均发放补助3240元。“中国社会扶贫网”贫困户需求对接成功率92%。

存在的主要问题是：经济总量不大，发展质量不高；支撑经济发展的产业项目不多，产业项目带动经济发展能力不强；贫困地区基础薄弱，脱贫攻坚任务繁重；基层基础欠账较多，一些涉及民生的问题有待进一步解决，基本公共服务与人民群众期盼还有差距；干部作风还需进一步改进，投资环境有待进一步优化。

【蓝山获批“国家有机产品认证示范创建区”】 2017年，蓝山县获批为湖南省首批、永州市首个国家有机产品认证示范创建区。蓝山县以有机示范区创建为契机，以湘江源头生态品牌为依托，推进国家有机产品认证示范区创建工作，发展有机茶叶、有机茶油、有机蔬菜、有机稻、有机中草药、有机养殖等有机种养殖，培育壮大有机水果、有机蔬菜、有机茶叶等农业产业，重点打造万亩马铃薯、万亩油葵、万亩杉木速生丰产林3个万亩基地，逐步形成市场开拓为导向，龙头企业为主体、特色资源为依托、技术服务为支撑、政府支持为保障的特色有机产业发展格局。

【蓝山创建为“湖南省金融安全区”】 2017年，蓝山县创建为湖南省金融安全区。蓝山县按照“三年创建省级金融安全区”的工作目标，精心组织、高位推动，金融生态主要指标不断优化，金融生态环境持续改善。全县有工商银行、农业银行、建设银行、邮储银行、农商行5家商业银行机构，营业网点45个，保险机构8家，融资性担保公司1家，金融从业人员410余人。截至2017年年末，全县金融机构本外币各项存款余额95.1亿元，各项贷款余额66.11亿元，累计清收不良贷款7000万余元，不良贷款全额和占比实现“双下降”。蓝山县域金融生态评估综合排名连续4年进入全省50强、连续2年获永州市各县金融生态评估综合排名第一名。

【蓝山获评“2017年全省知识产权工作先进县”】 2017年，蓝山县实施知识产权战略，与长沙标致、七源等专利事务所合作，组织企业开展专利申请服务活动，专利申请量163件，其中发明专利申请57件，专利授权82件，有效发明专利32件，每万人口有效发明专利拥有量为0.8件；专利行政执法立案假冒专利案件30件，专利纠纷案件4件，结案率100%；永州高信电子科技有限公司、蓝山县金山川粉末冶金有限公司2家企业通过国家高新技术企业认定。年末，蓝山县获评为“2017年全省知识产权工作先进县”。

【蓝山被列为全国基层政务公开标准化规范化试点县】 2017年5月，蓝山县被确定为全国基层政务公开标准化规范化试点单位。蓝山县围绕权力运行全流程、政务服务全过程，以“互联网+政务服务”带动“放管服”改革为主线，以群众需求为导向，围绕就业创业、社会救助、社会保险、户籍管理、医疗卫生、涉农补贴、城市综合执法、养老服务等八个方面为重点开展试点工作，以争创全国基层政务公开标准化规范化试点示范县为动力，推进政务公开、政务服务和大数据三项工作，计划投入资金1.16亿元实施新政务办事大厅建设项目，打造线上线下相结合、管理与服务相结合、统筹与协调相结合、政府主导与社会参与相结合的“点单式一体化”政府服务模式，形成可复制、可推广、可考核的“蓝山模式”“蓝山标准”。

（李华雄　周君旺　丁杰）

领导名录

中共蓝山县委员会

书　　记　　秦志军
副 书 记　　魏和胜　李劲涛
常　　委　　黄和平　何江鸿
　　　　　　李　勇　魏勇波
　　　　　　黄　萍　苏建华
　　　　　　赵忠辉　杨　康

县人大常委会

主　　任　　谭平玉
副 主 任　　郭晓武　刘惠明
　　　　　　梁有余　袁　凤
　　　　　　彭继学

县人民政府

县　　长　　魏和胜
副 县 长　　何江鸿　周晓芬
　　　　　　黄正军　黄安平
　　　　　　李　鑫　秦　波

县政协委员会

主　　席　　唐志雄
副 主 席　　盘运贵　黄石保
　　　　　　李松旺　黄积文

中共蓝山县纪律检查委员会、监察委员会

书记、主任　　魏勇波

县人民武装部

部　　长　　黄　萍
政　　委　　邓海勇

县人民法院

院　　长　　吴昭明

县人民检察院

检 察 长　　曲　军

回龙圩管理区

【概述】 2017年，回龙圩管理区完成地区生产总值2.9亿元，增长9.07%；财政收入5437万元，增长15.7%；社会固定资产投资7.21亿元，增长13.5%；实现社会消费品零售总额9039万元，增长13.06%；城镇居民人均可支配收入23684元，增长15%；农村居民人均纯收入13060元，增长10.12%；全面小康实现程度93.5%。

坚持改品种、提品质、强设施、创品牌，建成园连片、路相通、渠相连、旱能灌、涝能排、虫能防（有太阳能杀虫灯），可加工、可仓储的标准化柑橘基地3333.33公顷。柑橘农业专业合作社农民帮农民、先富带后富的社会力量扶贫模式写进《精准扶贫湖南样本》，贫困户家家都有3亩以上橘园、永久性脱贫的产业扶贫经验被湖南卫视播报，下岗农工通过学习技术、种植柑橘、销售柑橘的大众创业、万众创新经验被《三湘都市报》推介。

坚持防治、管理“一盘棋”，

回龙圩柑橘高产园区　　摄影　容散龙

将生态建设与美丽乡村建设、产业发展、党建、文化等工作有机融合，凝聚各级各部门工作合力。坚持源头防治，严把招商引资环保关，严防污染企业进区入园，设定养殖业禁养区。加大整治力度，增绿、洁地、净水、蓝天、治气，力促城乡旧貌换新颜。加强市场化运作，投入200余万元，通过政府购买服务实现城乡保洁、垃圾场处理等公司化运作。通过大力整治，回龙圩生态环境不断优化，在2017年中央环保督查中，是全市唯一一个问题“零交办”的县区（管理区）。

加大生态文化旅游开发力度，完善策划、规划，出台奖补措施，引进两家公司，投资近3亿元，回龙湖景区游乐设施、四季花海、游泳池，高尚湖景区斗牛场、民宿村、丛林探幽、木屋别墅、宾馆等核心景点配套设施建设取得质的突破。回龙湖现代农业生态旅游休闲园创建为全区首个国家AAA级景区。承办或举办全市首届柑橘文化旅游节暨柑橘产业高峰论坛、灯光节、斗牛大赛，吸引游客64万人次，旅游综合收入3亿元，分别增长126%、107%。

存在的主要问题是：融资机制仍不顺畅。尽管市政府为管理区搭建投融资平台，但由于回龙圩自身资源禀赋不强、本级财力积累不足，融资谈判难、资金到位慢等，投融资瓶颈依然存在。

【神仙洞街道神仙洞村创建为全省美丽乡村建设示范村】 2017年1月10日，湖南省美丽乡村建设先进县市区和湖南省美丽乡村建设示范村名单公布，回龙圩管理区神仙洞街道神仙洞村名列其中。神仙洞村地处回龙圩管理区西北部，西与江永县毗邻，辖6个村民小组208户670人，人均纯收入9000元/年。神仙洞村美丽乡村以农耕文化为主题，以古树、古村为基调，于2016年6月启动建设。邀请北京城市设计院高标准整村设计规划。拆除乱搭乱建厂棚40余间2000平方米。前期投资950万元，完成村道绿化1500米，安装路灯120盏，建设休闲广场2处、生态停车场1处、村级综合服务平台1处、生态游乐场3处、农具房38间、古门楼修缮3处、垂钓场所5处、村道路面改造2.5千米等。打造以“一网、一室、一社、一栏”为载体的农村党建综合体，“一网”即搭建便民服务网络，“一室”即建设多功能活动室，“一社”即建立柑橘专业合作社，“一栏”即推介美丽乡村建设成效展示栏。在巩固提升传统柑橘产业的基础上，发展安全、生态、高效的优势农业及生态乡村观光旅游经济。制定村规民约、文明公约、卫生公约等，发动村民投身创建工作；完善决策机制，实行“一事一议”，落实集体领导和民主决策。

【首届柑橘节举办】 2017年10月28日—30日，由中共永州市委、市人民政府主办，回龙圩管理区党委、管委会承办的“2017首届永州（回龙圩）柑橘文化旅游节暨绿色、精细、高效柑橘产业高峰论坛”在回龙圩管理区召开。此次柑橘文化旅游节以“和美永州，橘香回龙”为主题，包括篝火晚会、开幕式、柑橘产业高峰论坛以及文艺会演、走进橘园、欢乐橘园自驾游、采橘运橘吃橘比赛等活动，旨在以橘为媒、以节会友，全方位展示永州原生态环境和淳朴风土人情，推动永州柑橘产业转型升级，并将回龙圩打造成“中国柑橘之乡”。该次节会为深入推进永州市与外界的经贸合作，推动柑橘产业向更大规模、更高品质发展，提高回龙圩知名度和美誉度打下良好基础。

【回龙湖景区创建为国家AAA级旅游景区】 2017年12月4日，永州市旅游景区质量等级评定委

2017年10月28日，中共永州市委书记、市人大常委会主任李晖宣布永州（回龙圩）首届柑橘节开幕　　摄影　唐力洋

员会组织评定，确定回龙圩回龙湖景区为国家AAA级旅游景区。该景区主体为回龙湖音花艺境主题乐园，是集生态观光、亲水体验于一的现代农业生态旅游休闲中心。项目用地面积26.67公顷，其中花海种植面积13.33公顷。建有回龙湖游乐场（包括家庭过山车、高空飞翔、旋转木马等设施）、飞龙在天、二龙戏珠、花海流水、百花岛、花乐谷、大型花草雕塑造型（寿星、卡通人物等）、花景连珠、四季花园等景观，以及百舸泛波、拓训基地（“超级战区”山地真人CS，真人飞行棋，野炊营地）等游艺设施及基础设施。

（卢凤莲）

领导名录

中共永州市回龙圩管理区委员会

书　　记　赵文旺
副 书 记　刘功文　成　萍
党委委员　周礼才　王湘文　李冬华　欧阳群松　何　科　朱　琨　袁　立（挂职）

永州市回龙圩管理区管理委员会

管委会主任　刘功文
管委会副主任　周礼才　欧阳群松　何　科
副调研员　李宋成

中共永州市回龙圩管理区纪律检查委员会

书　　记　王湘文

金洞管理区

【概述】　2017年，金洞管理区（林场）辖3个乡、1个镇、45个行政村（居委会）、8个分场，总面积635平方千米，总人口6.8万人（少数民族人口3970人），城镇人口1.5万人，人口出生率89.32‰，人口自然增长率4.49‰；有山林面积5.07万公顷，森林蓄积量280万立方米，空气中负氧离子含量1.1万个/立方厘米，被称为“天然氧吧”；有木本植物91科600余种，草本植物500余种，中草药材50余种，野生动物50余种。获“国家储备林示范林场”“国家珍贵树种培育示范县”“中国楠木之乡”及全国绿化模范单位等多个荣誉，有金洞漂流、睿击射击俱乐部、国家森林公园、湿地公园等旅游品牌。

地区生产总值12.4亿元，增长11%；财税收入5520万元，增长16%；社会消费品零售总额5.1亿元，增长13.6%；固定资产投资20.4亿元，增长16.4%；实现规模工业增加值2.98亿元，增长11.2%；城镇居民人均可支配收入和农民人均纯收入分别达到30040元、9600元，分别增长8.8%、9%。三次产业结构比为18.6∶31.5∶49.9。

金洞宾馆改造、滨河风光带、城区自来水改扩建、龙潜凼易地扶贫搬迁等项目全面完成。省道231线木金二级公路建设完成。金洞中心汽车站建设主体工程建设完成。农村公路提质改造18千米，安保设施建设55千米，完成危桥改造项目5座，完成金洞镇江家河渡口和伞米滩渡口两个码头改造工程，修复洪灾水毁工程381处，完成5个农村客运招呼站建设。完成金牛二级公路两旁10千米楠木大道建设。启动森林康养基地和楠木特色小镇建设。金洞楠木主题公园建设完成。举办“金楠飘香唱响中国”2017永州金洞首届森林音乐会。金洞漂流、睿击俱乐部等现有旅游景点游客逐年增多。依托楚旺农牧公司、湖南语溪百草堂中药饮片厂等企业带动12个贫困村3360人脱贫。完成农村兜底脱贫对象264人，转移贫困劳动力就业5400余人。凤凰乡、石鼓源乡、金洞镇3个易地扶贫搬迁集中安置工程扎实推进。石鼓源乡西岭坳村雷打坪光伏发电项目建设并网发电。完成农村环境综合整治重点村10个，污水治理村20个。

引种猕猴桃、腊木等经济林果，杉木无性系研究首次获得国家专利，获得全市科普工作先进单位。投入400万元，完成全区10所村小和1所幼儿园标准化建设。印制惠农补贴政策“一册明”手册2.8万册。落实贫困寄宿生困难生活补助政策，落实贫困寄宿生2210人次，发放贫困寄宿生困难生活补助122万元。完成定向委培免费师范生7人，新招聘教师41人。居民健康建档率98.9%，高危孕妇管理率和住院分娩率均达到100%。编印《金洞抗击百年洪灾掠影》《金洞—中国楠木之乡》宣传册，创作微电影《金洞有约》和《金楠飘香》主题歌曲。

有6个贫困村列入全国乡村旅游扶贫重点村。食品药品监管得到加强，计生工作转型发展，稳妥实施全面两孩生育政策。17个村实施农网改造工程项目。完成285套棚户区改造的货币安置，全区保障性住房分配入住率92.5%。完成全区780户农村危房改造，改善全区部分农户的居住条件。解决脱贫摘帽的10个贫困村安全饮水。增加城镇就业440人。石鼓源养老院护理区床位建设竣工。基本养老服务补贴覆盖率85%以上。建立14个村级淘宝服务站点，农村宽带网络升级改造6个行政村。

【金洞国有林场获评“省第一批森林康养试点示范基地”】 2017年2月，湖南省林业厅公布全省第一批森林康养试点示范基地名单，金洞国有林场名列其中。成立于1954年的金洞林场（管理区）是“全国四大科技示范林场”“全国百佳国有林场”，有香杉、楠木、银杏和红豆杉等珍贵植物，森林覆盖率90%以上，林木蓄积280万立方米，素有湘南“生态明珠”之称。

【洪灾生产自救】 2017年6月底以来，金洞管理区遭受暴雨、大暴雨连续袭击，截至7月2日上午9时，24小时内降雨量139.6毫米。洪灾造成沿线河堤、桥梁、公路等基础设施不同程度受损，其中两座桥梁受损，道路被淹8处，塌方21处，182户、450间栋民房倒塌，860公顷农作物受灾，3950头牲畜死亡，因灾直接经济损失2.25亿元。面对洪灾，全区组织精干力量，深入基层一线，发动群众，开展灾后重建工作。对受损的桥梁及时进行隐患排查，对塌方的道路淤泥进行清淤保畅，对房屋受损受灾群众进行走访慰问，对存在次生灾害隐患处的居民群众，及时劝离转移，确保群众安全，并安排卫生防疫部门进行大规模的消毒。

【李晖在金洞管理区指导灾后重建】 2017年7月6日，中共永州市委书记、市人大常委会主任李晖在金洞管理区的重灾村、重点受灾地区指导开展灾后恢复、重建工作。她先后到金洞镇黄河村、金洞管理区人民医院了解受灾情况，实地察看金晒公路水毁情况。此次洪灾中，金洞管理区有1.7万人受灾，全区林木、农作物和公路、桥梁、民房等大面积受损，直接经济损失2.25亿元。李晖指出，要把恢复重建与卫生防疫结合起来，防止大灾之后有大疫。要把党委政府救助与发动群众自救结合起来，尽快恢复基础设施和水毁田地。要把灾后生产补损与安抚受灾群众结合起来，确保社会秩序稳定和谐。要把水毁房屋重建与易地搬迁、深度扶贫结合起来，增强受灾群众脱贫发展能力。相关部门要迅速赶赴救灾一线，对受灾严重地区在资金和物资上实行重点倾斜。对水毁路桥的修复重建，要

2017年7月6日，中共永州市委书记、市人大常委会主任李晖到金洞管理区指导灾后恢复、重建工作　　摄影　彭斌

2017年9月26日下午，“魅力金楠·唱响中国”2017永州金洞首届森林音乐会在金洞楠木文化主题公园举行

在项目和技术上加大支持力度。对仍不通电的村组要在第一时间恢复通电，同时统筹考虑推进农网改造。要做好群众思想工作，发挥基层各方力量开展救灾补损工作。

【永州金洞首届森林音乐会举行】 2017年9月26日下午，“魅力金楠·唱响中国”2017永州金洞首届森林音乐会在金洞管理区楠木文化主题公园举行。此次森林音乐会，采用湖南省首家室外森林大舞台，设计上保留原生态植物为主，体现美妙森林“以人为本”“接近自然、回归自然”的设计法则，创造出舒适宜人的观演环境。中共湖南省纪委驻文化厅纪检组组长、省文化厅党组成员、省艺术摄影协会名誉主席廖星，省文化厅副巡视员、省艺术摄影协会顾问杨仲跃，省林业厅副巡视员张凯锋出席。中共永州市委副书记、市委政法委书记张严宣布音乐会开幕，市政协副主席张建亮出席。全国各地游客与当地群众2000余人现场观看演出。先后演唱《大漠胡杨》《雨花石》《云上山歌》《在希望的田野上》等经典歌曲，演奏《蓝色多瑙河》《苗岭的早晨》《苗寨狂欢节》《拉德斯基进行曲》等经典曲艺，还特别创作演出主题歌曲《金楠飘香》和以国家非物质文化遗产地方代表曲艺祁剧、花鼓戏、瑶歌等音乐元素原创的交响组合曲《家在潇湘》，孙维良、李雨儿、中央电视台《星光大道》冠军组合、湖南交响乐团以及当地演唱人员参演。

（何涛）

领导名录

党委书记	何德波	
党委副书记 管委会主任	何永明	
党委副书记	李耀华	
党委委员会 常务副主任	肖铁山	
党委委员 管委会 副主任	夏铁桥	邓彪
党委委员 政法委书记	肖中华	
党委委员 纪委书记	周旺生	
党委委员 管委会 副主任	王勇	唐亚
管委会 副主任 金洞公安 分局局长	秦学君	
金洞公安 分局政委	刘明	
副处级干部	孙国庆	汪桂林
副处级 职级干部	奉付成	邓秋实
	周光卓	张治国
	邹广贤	

永州经济技术开发区

【概述】 永州经济技术开发区（简称永州经开区）始建于1988年，是湖南省最早成立的省级重点开发区之一，也是湖南省“开放型经济先进园区”“承接产业转移特色园区”“新型工业化产业示范基地”“知识产权工作示范园区”“信息化和工业化融合试验区”“循环化改造试点示范园区”“电子商务示范集聚区”“大众创业万众创新示范基地”和“全国模范劳动关系和谐园区”，在全省134家省级以上园区综合评价中连续3年排前十位。永州经升区下辖长丰工业园、凤凰工业园、冷水滩高科园，管辖1个街道，总规划面积121平方千米，总人口8.5万人。2017年，永州经开区获评全市宣传工作先进单位、意识形态工作先进单位、统战和人才工作先进单位等先进表彰；区环保局获评全省环保系统先进县区环保局称号，区国土分局获评全市国土系统绩效考核先进单位，区住建局获评全市住建系统绩效考核先进单位、全市规划编制先进单位，区商务局获评全市商务粮食工作安全生产先进单位，区社会发展局获评全市民政工作先进单位，区城管分局获评市容环境管理先进单位、城镇提质战役先进单位。

技工贸总收入635.5亿元，增长19.7%；工业总产值501.1

亿元，增长 20.1%；规模工业总产值 305.8 亿元，增长 20.3%；固定资产投资 121 亿元，增长 42.4%；内联引资 35.03 亿元，利用外资 1.96 亿美元，增加入园投资 5000 万元以上项目 19 个；增加入统规模工业企业 14 家；外贸进出口 9.79 亿元，完成对外承包工程和劳务合作 1470.25 万美元。其中龙头企业长丰猎豹全年生产整车 69433 台，实现工业总产值 56.32 亿元。

园区有规模以上工业企业 162 家，有国家级高新技术企业 20 家、省级以上研发机构和技术中心 11 家，有国家驰名商标 3 个、省级名牌商标 8 个，形成大制造、大数据、大健康、大商贸物流 4 大产业集群。主要企业有长丰猎豹汽车及配套企业、华为云计算数据中心、中信重工开诚特种机器人永州生产基地、三一新能源装备永州基地、傲农（永州）生物科技、安天（永州）网络科技、元创科技、恒远发电、锦络电子、大德科技、三湘电缆等。湘江西路风光带总投资 5 亿元，亲水河小游园总投资 1 亿元，凤凰岭公园总投资 5 亿元。碧桂园、顺丰快递等先后入驻。

龙头企业长丰猎豹实现时产 42 台、日产 450 台、月产 8010 台“三大突破”，登上 2017 中国制造业企业 500 强，新能源汽车 CS9-EV 在永州工厂实现量产；恒远发电技术全省领先，7500 千瓦大容量卧式发电机组出口越南，获得 PCT 国际专利授权 3 件，并与中电科集团下属企业签署 7 亿元越南宁顺省太阳能光伏发电项目合作协议；状元集团水下科考钻机完成全国首次获取深达 3 米的珊瑚礁岩样；三湘电线、长丰沙发、长丰空调被认定为省级“小巨人企业”。

实施 78 个区级重点项目，累计完成投资 58 亿元，占年计划的 108.6%。其中“六大战役”项目 30 个，完成投资 40.69 亿元，占年计划的 104.2%。长丰扩能项目累计完成投资 2.3 亿元，总装车间、焊接车间扩能全面完成，涂装车间技改正加快施工；烟草产业园投产运行，每小时打叶 12 吨，产能达到 26 万担；华为云计算数据中心项目累计完成投资 2.04 亿元，主体施工基本完成；地质科技产业园建成，汽车配套产业园、大数据产业园以及城南大道、湘江西路、丰泰路、南甸路、潇湘大道等项目完成年度目标。

2017 年 5 月 3 日，中共湖南省委书记、省人大常委会主任杜家毫（左二）在永州经济技术开发区考察调研

签约引进产业项目 19 个，总投资 65 亿元。“世界 500 强”中信重工特种机器人、“中国 500 强”三一重能、上市企业傲农生物科技、“全国网络安全十强”北京安天等项目相继落户。推进军民融合产业园、地质装备产业园等园中园建设。同时，依托大数据产业园和汽车配套产业园开展专业化招商，举办永州（厦门）汽车配套产业园专题招商推介会，前三元催化器总成、液晶仪表总成、汽车仪表台、制动器总成等 11 个项目签约入驻汽车配套产业园，云联星空、易尤特、领信科技等 16 个项目签约入驻大数据产业园。

社会保障制度改革取得突破，获批“全省养老保险缴费费率过渡试点园区”，直接为企业减负 800 余万元。行政审批制度改革有成效，69 项服务事项进社区“一站式受理”，群众办事更方便，商事登记实现“多证合一”，企业登记更快捷。社会治理机制改革成效明显，机关人脸识别系统、园区进出车辆识别系统投入使用，网格化管理、数字城管更加高效。

安排党建预算经费 687.8 万元，是 2016 年的 2.98 倍，特别是基层党组织负责人的待遇进一步提升。投入 200 余万元，打造

2017 年 11 月 9 日，中共湖南省委常委、省人民政府常务副省长陈向群（左四）调研永州经济技术开发区康都药业有限公司

传芳路和舜皇路党建宣传长廊。非公党建进一步提升，实现党的组织建设和党的工作两个“全覆盖”。依托北京大学、复旦大学开展“执行力+经济管理”全员大培训；依托市委组织部开展“党建+青年农民实用技术”培训班，培训致富青年农民 100 名。“党建+扶贫”工作进一步提升，全区 206 户、645 人贫困人口成功脱贫，罗建村、金抬村脱贫摘帽。全省国有企业党建工作经验交流座谈会在永州经开区召开，猎豹汽车永州公司党委被授予“湖南省国有企业基层党建示范基地”。

充实区安委会员单位，制定领导干部安全生产职责清单和安全生产监管责任台账；坚持领导带队检查和“一岗双责，党政同责”制度。集中联合执法 15 次，出动执法人员 122 人次，检查生产经营单位 132 家次，下达执法文书 69 份，立案调查 18 起，经济处罚 37 万元。出动检查督查人员 125 余人次，检查企业 213 家次，排查安全隐患 115 处并全部整改到位，严格落实安全生产“四个一律”和重大隐患“一单四制”，培训人员 325 人次，安全生产宣传教育真正做到“全域、全民、全厂、全员”。

加大农村基础设施建设，实施“村村通”工程，拓宽硬化村级道路 4.8 千米，通组公路 11 千米；实施五小水利项目，整修灌溉沟渠 1600 米，整治山塘水库 3 座；实施农村安全饮水工程 1 个，铺装自来水管道 8500 米；实施美丽乡村建设，修建 1800 平方米小游园，建设健身广场 2 处；实施危房改造 49 处。妥善开展贫困户信贷服务，为全区 15 个村 113 户贫困户发放小额扶贫贷款 339 万元。落实低保兜底政策，新增扶贫对象低保 52 户 123 人，确保所有低保户整户纳入到建档立卡贫困户；落实义务教育免费政策，区财政整合资金 30 万元救助贫困家庭学生 272 名，贫困家庭义务教育覆盖率达到 100%。强化土地、资金、用工等要素保障。依托永州市开发建设投资有限公司这一平台，融资 14.22 亿元。完成报批土地 120 公顷，征用土地 88 公顷；增加城镇就业 1112 人，转移农村劳动力就业 2311 人，企业招工 2566 人。

（永州经开区党政办）

领导名录

党委书记	周　亮
党委副书记 管委会主任	李　瑛
党委副书记 纪委书记	曾令富
党委委员 管委会常务 副主任	张　明
党委委员 管委会 副主任	王中平　廖为华
党委委员 管委会 副主任	唐亚辉（挂职）
调研员	周建宏
副调研员	谢晓青　文建秋
永州市开发 建设投资 公司董事长	贯小平
永州市开发 建设投资 公司总经理	黄立华

人物荣誉

Figures Honour

新任市级领导

赵应云

赵应云，男，1963年6月出生，湖南邵东人，1983年8月参加工作，1994年3月加入中国共产党。1981年9月至1983年8月，在娄底师范学校中师专业中专学习；1983年8月至1990年9月，在邵东县第六中学任教师（其间：1985年4月至1986年12月，在湘潭大学党政干部专修科自考大专学习）；1990年9月至1993年6月，在华中师范大学政治系思想教育专业硕士研究生学习，获法学硕士学位；1993年6月至1997年1月，任湖南日报社理论评论部编辑、记者；1997年1月至1998年9月，任湖南省省委宣传部理论教育处干部；1998年9月至2001年1月，任湖南省委宣传部理论教育处副处长；2001年1月至2006年7月，任湖南省委宣传部理论处处长（其间：2001年9月至2003年6月，在湖南师范大学伦理学研究所伦理学专业博士研究生学习，获哲学博士学位）；2006年7月至2008年11月，任湖南省委宣传部副巡视员；2008年11月至2011年9月，任湖南省怀化市委常委、中方县委书记；2011年9月至2013年6月，任湖南省常德市委常委、市纪委书记；2013年6月至2013年7月，任湖南省常德市委常委、市纪委书记、市人民政府副市长（常委）；2013年7月至2014年6月，任湖南省常德市委常委、市人民政府副市长（常委）；2014年6月至2014年7月，任湖南省怀化市委副书记、市人民政府市长提名人选；2014年7月至2014年12月，任湖南省怀化市委副书记、市人民政府代市长；2014年12月至2017年12月，任湖南省怀化市委副书记、市人民政府市长；2017年12月，任湖南省永州市委副书记，市人民政府副市长、代市长。

张贺文

张贺文，男，1967年10月出生，湖南株洲人，1989年7月加入中国共产党，1987年12月参加工作，省委党校党史专修科党史专修专业毕业，在职研究生学历，医学硕士。1987年12月至1993年11月，任中南制药机械厂统计员，办公室秘书、副主任、主任、企管科科长（其间：1989年8月至1991年12月在中央党校函授学院经济管理专业函授本科学习）；1993年11月至1994年6月，任湖南省长沙市西区委办公室干部；1994年6月至1996年12月，任湖南省医药管理局办公室主任科员；1996年12月至1998年1月，任湖南省医药管理局直属机关团委书记（副处级）（其间：1997年9月至2000年7月在中央党校领导干部在职研究生班经济管理专业研究生学习）；1998年1月至1998年3月，任湖南省医药管理局办公室副主任；1998年3月至2001年2月，任湖南省浏阳市人民政府副市长；2001年2月至2003年5月，任湖南省浏阳市人民政府副市长，浏阳工业园工委副书记、管委会主任（正县级）；2003年5月至2004年3月，任湖南省浏阳市人民政府副市长，浏阳工业园工委书记、管委会主任（其间：2003年9月至2006年5月在中南大学生物医药工程专业硕士研究生学习，获医学硕士学位）；2004年3月至2008年11月，任湖南省浏阳市委副书记（兼），浏阳生物医药产业园党工委书记、管委会主任；2008年11月至2014年1月，任湖南省长沙市人民政府副厅级干部（长沙国家生物产业基地管委会主任）；2014年1月至2015年11月，任湖南省衡阳市人民政府副市长；2015年11月至2017年12月，任湖南省衡阳市委常委、秘书长；2017年12月，任湖南省永州市委常委，当选为市人民政府常务副市长。

周荣峰

周荣峰，男，1970年7月出生，河南洛阳人，1991年7月参加工作，2000年3月加入中国共产党，同济大学交通工程专业毕业，在职研究生，工学、工商管理硕士。1987年9月至1991年7月，在同济大学道路与交通工程系交通工程专业学习；1991年7月至1992年7月，在交通部工程管理司试用期；1992年7月至1995年8月，任交通部工程管理司公路建设处科员；1995年8月至1998年5月，任交通部公路管理司建设协调处副主任科员；1998年5月至1998年8月，任交通部公路管理司建设协调处主任科员；1998年8月至2002年11月交通部公路司公路建设处主任科员（其间：1999年9月至2002年6月，在长安大学道路与铁道工程专业学习，获工学硕士学位；2000年9月至2001年9月，在英国LEEDS大学工商管理硕士学习，获工商管理硕士学位）；2002年11月至2003年2月，任交通部公路司建设处助理调研员；2003年2月至2005年8月，任交通部公路司设计管理处助理调研员（其间：2003年4月至2003年7月，在中央党校中央国家机关分校学习）；2005年8月至2008年3月，任交通部公路司设计管理处副处长；2008年3月至2009年5月，任交通部公路司设计管理处副处长、调研员；2009年5月至2010年3月，任交通运输部公路局工程管理处副处长（正处级）；2010年3月至2016年1月，任交通运输部公路局工程管理处处长（其间：2012年7月至2013年7月挂职任港珠澳大桥管理局副局长）；2016年1月至2017年8月，任交通运输部公路局副局长；2017年8月，任永州市委常委，当选为市人民政府副市长（挂职）。

周益志

周益志，男，1968年8月出生，湖南衡阳人，中共党员，大学文化。历任永州市委组织部副部长。2017年1月，当选为湖南省永州市人大常委会副主任。

李农妹

李农妹，女，瑶族，1966年12月生，研究生学历，法学硕士，中共党员，曾任双牌县委副书记。2006年6月，任永州市林业局副局长、党组副书记；2008年12月，任永州市房产局党组书记；2012年3月，任永州市民族宗教事务委员会主任；2016年7月，永州市领导班子换届拟新提名人选考察对象；2017年1月9日，永州市第五届人民代表大会第一次会议，当选为湖南省永州市人大常委会副主任。

胡先荣

胡先荣，男，1965年1月出生，湖南东安人，1992年11月加入中国共产党，1987年7月参加工作，1987年7月湖南农学院茶叶专业大学毕业，农学学士，具有经济师、律师资格。1997年6月，中共永州市委办综合调研室副主任科员；2000年8月，任中共永州市委办综合调研室主任科员、综合调研室副主任；2002年11月，任永州市委常委会秘书（副处级）；2004年2月，任中共新田县委常委、县委组织部部长；2004年5月，兼任新田县总工会主席、直属机关党委第一书记；2007年6月，任江永县委专职副书记；2009年11月，任道县县委副书记、县人民政府县长候选人；2010年2月，任道县县委副书记、县人民政府副县长、代县长；2010年3月，任道县县委副书记、县长；2012年4月，湖南省道县县委书记；2016年8月，永州市政府副秘书长、党组成员；2017年1月，当选为湖南省永州市人大常委会副主任。

蒋善生

蒋善生，男，汉族，1962年8月出生，永州冷水滩人，1983年6月加入中国共产党，1984年7月参加工作，湖南省委党校经济管理专业毕业，研究生学历。曾任江华瑶族自治县白牛山乡党委组织委员、党委副书记；1986年2月后，历任江华瑶族自治县白牛山乡党委书记，共青团江华瑶族自治县委书记，零陵地区永州市接履桥乡党委副书记、乡长，接履桥乡党委书记，珠山区委书记，零陵地委组织部干部科科长。1995年7月，任零陵地委组织部副处级组织员、干部科科长；1996年4月，任永州市委组织部副部长；1999年8月，任永州市委组织部副部长、正处级组织员；1999年12月，任中共宁远县委书记；2006年10月，任中共永州市委常委、市委政法委书记；2011年9月，任中共永州市委常委；2012年1月，任中共永州市委常委、市人民政府副市长；2016年9月，任永州市人民政府副市长；2016年10月，提名为政协永州市第五届委员会主席候选人。中共湖南省第八、九次代表大会代表，政协湖南省第十一届委员会委员，中共永州市第二、三、四、五届委员会委员，中共永州市第二、三、四、五次代表大会代表，中共永州市第一届纪律检查委员会委员，永州市第一届人大常务委员会委员，永州市第一、二、三、四届人大代表，政协永州市第一届委员会常务委员，政协永州市第一、五届委员会委员。2017年1月，当选为政协永州市第五届委员会主席。

文绍涛

文绍涛，男，汉族，1963年7月出生，湖南东安人，1985年12月加入中国共产党，1981年7月参加工作，中央党校函授学院法律专业毕业，大学学历。曾历任东安县茶源学区小学教师，县职教办干事，县委宣传部干事，县教育局人事股副股长、办公室主任，县委政策研究室干事。1991年2月后，历任东安县委政策研究室副科级研究员，县委组织员（副科级），零陵地委组织部副科级组织员、组织科副科长；1995 年 11 月后，历任零陵地委组织部正科级组织员，永州市委组织部办公室主任；1997 年 11 月，任永州市委组织部办公室主任、副处级组织员；1999 年 9 月，任永州市委组织部副处级组织员；2000 年 9 月，任中共永州市冷水滩区委副书记（其间：2003 年 5 月至 2003 年 12 月挂职任湖南省委督查室副主任）。2006 年 6 月，任中共永州市零陵区委副书记；2007 年 10 月，任永州市委、市政府农村工作办公室党组副书记、副主任；2007 年 12 月，任永州市经济委员会党组副书记、主任；2010 年 1 月，任永州市经济和信息化委员会党组书记、主任；2012 年 3 月，任永州市发展和改革委员会党组书记、主任；2014 年 1 月，任永州市人民政府秘书长、党组成员，市政府办党组书记、主任。湖南省第十二届人大代表，中共永州市第四、五届委员会委员，中共永州市第三、四、五次代表大会代表，政协永州市第一届常务委员会委员，政协永州市第五届委员会委员。2017 年 1 月，当选为政协永州市第五届委员会副主席。

杨军元

杨军元，男，汉族，1962 年 9 月出生，湖南衡南人，1995 年 12 月加入中国共产党，1983 年 7 月参加工作，中南工业大学矿山测量专业毕业，研究生学历，工学硕士，高级工程师。1985 年 9 月至 1988 年 7 月中南工业大学矿山测量专业硕士研究生学员。1988 年 7 月后，历任华东地质学院测量系助教，中南工学院建筑工程系助教、讲师、高级工程师；1993 年 2 月后，历任中南工学院高新科技开发公司副经理，中南工学院高新科技开发公司经理（聘），中南工学院科研处副处长兼高新科技开发公司经理（聘）；1998 年 7 月，任东安县人民政府副县长；2000 年 9 月，任中共东安县委常委、纪委书记；2001 年 5 月，任中共永州市纪委常委，中共东安县委常委、纪委书记；2002 年 1 月，任中共永州市纪委常委；2003 年 12 月，任中共永州市纪委常委、秘书长；2006 年 10 月，任中共永州市纪委副书记、秘书长；2007 年 3 月，任中共永州市纪委副书记；2008 年 11 月，任中共永州市冷水滩区委副书记；2009 年 1 月，任中共永州市冷水滩区委副书记、区人民政府区长；2010 年 1 月，任中共永州市冷水滩区委书记；2014 年 1 月，任永州市财政局党组书记、局长。中共湖南省第十次代表大会代表，中共永州市第四、五届委员会委员，中共永州市第二、三、四、五次代表大会代表，中共永州市第二、三届纪律检查委员会常务委员，中共永州市第二、三届纪律检查委员会委员，永州市第三届人大常务委员会委员，永州市第三、四届人大代表，政协永州市第五届委员会委员。2017 年 1 月，当选为政协永州市第五届委员会副主席。

先 进 人 物

盛金付

盛金付，男，1975 年 4 月出生，永州冷水滩区人，1997 年参加工作，1999 年加入中国共产党，现任永州市维稳办副主任。多年来，他恪尽职守、努力工作，为全市社会大局稳定作出积极贡献。注重机制创新，坚持每周召开一次有关方面座谈会，分析研判当前稳定形势，提出意见建议，周密安排部署，抓好督导落实，参与构建起市、县、乡三级联动的工作格局。注重源头防范，坚持组织开展矛盾纠纷大排查、大调处，交办督办或亲自参与化解大量可能影响社会稳定的问题，收集各类不稳定信息 82370 余条，被各级维稳部门采用近 20750 余条。坚持靠前指挥，协调有关方面，分领域、分类别组织制定工作预案，对突发性事件，始终做到第一时间赶到现场、第一时间组织调处、第一时间进行化解，组织调处化解非正常死亡、医患纠纷、意外事故等易引发群体性事件的重大矛盾隐患 340 余起。2017 年 9 月 19 日—20 日，在全国社会治安综合治理表彰大会上盛金付获评“全国社会治安综合治理先进工作者”称号。

黄小兵

黄小兵，1986 年成为一名民警，先后在永州市零陵区公安分局、市公安局、蓝山县公安局工作，从事公安、政法工作 31 年，为当地经济社会发展、社会大局稳定、百姓安居乐业作出贡献，先后被湖南省公安厅，永州市委、市政府记功表彰 7 次，多次被通令嘉奖，还被授予“湖南省破案办案能手”“永州市十佳政法民警”等称号。

2007 年 7 月，湖南省永州市蓝山县城东头涉黑团伙在街头火拼引发命案，震惊全国。黄小兵临危受命，带领专案组持续半年侦查，以雷霆之势打黑除恶，一举将黑暗犯罪团伙摧毁。此后，黄小兵主持蓝山县公安局工作。他以铁腕重拳砸向各类违法犯罪，组织侦破各类刑事案件1200余起，重特大案件100余起，连续10年实现命案全破，打黑除恶工作连续多年位居全市前列，让蓝山县城实现由乱到治的转变。

2015年4月，任中共蓝山县委常委、县委政法委书记。2017年2月16日，黄小兵因积劳成疾，突发心脏疾病逝世，年仅50岁。先后被中共永州市委追授为“永州市优秀共产党员”，被中共湖南省委追授为“湖南省优秀共产党员”。12月4日，在CCTV2017年度法治人物颁奖礼上，黄小兵获评CCTV2017年度致敬英雄称号。

先进集体

永州市社会治安综合治理委员会办公室

2017年9月19日—20日，全国社会治安综合治理表彰大会举行。永州市社会治安综合治理委员会办公室（简称市综治办）获评“全国社会治安综合治理先进集体”，是全省唯一获此殊荣的市（州）综治办，会议还对永州市网格化服务管理经验进行宣传推介。此次评选的全国社会治安综合治理先进集体和先进工作者，是由人力资源和社会保障部、中央综治委联合发文，对2013—2016年度在全国社会治安综合治理领域作出突出贡献的先进集体和先进工作者进行表彰。

2012年以来，永州市综治办着力推进城乡网格化建设、社会治安防控体系建设和流动人口服务管理，综治基础不断夯实，社会治理能力不断加强。坚持重心下移、力量下沉、服务下放，2/3的街道干部下沉社区，服务事项在社区办理、矛盾问题在网格解决。为网格员专设“社区岗位编制”，工资列入财政预算。网格化服务管理规范国家标准吸纳了“永州元素”。实施“雪亮工程”，确保每个村达到3个以上高清视频探头。建成警务大数据实战平台、建立完善寄递安检服务体系。开展乡镇平安指数发布，并在全省推广。在外出务工人员相对集中的地方建立流动人口服务管理站，为务工群众提供维权、办证等服务，促进当地维稳，共建两地平安，做到“离乡不离党，流动不流失”。2012年—2017年，永州市被评为全省综治工作先进市、全国创新社会治理优秀城市、中国幸福城市20强，群众安全感和满意度测评连续5年保持在全省前列。

附录

Appendix

一、政策规章选登

关于推行“多证合一、一照一码”改革的实施意见

为贯彻落实《国务院办公厅关于加快推进“多证合一”改革的指导意见》（国办发〔2017〕41号）、《湖南省人民政府办公厅关于推进“多证合一”改革的实施意见》（湘政办发〔2017〕55号）精神，进一步深化简政放权、放管结合、优化服务改革，优化营商环境，激发企业活力，经市人民政府同意，现就“多证合一、一照一码”改革有关事项，提出如下实施意见。

一、指导思想

全面贯彻党的十八大和十八届三中、四中、五中、六中全会精神，深入贯彻习近平总书记系列重要讲话精神和治国理政新理念新思想新战略，全面落实国务院关于推进“多证合一、一照一码”改革的工作部署，充分发挥市场在资源配置中的决定性作用，进一步整合企业进入市场的各类涉企证照事项，营造更加宽松便捷的准入环境和公平竞争的营商环境。

二、总体要求

在已实施的企业和农民专业合作社“五证合一、一照一码”、个体工商户“两证整合”的基础上，将涉及企业（包括个体工商户、农民专业合作社，下同）登记、备案等有关事项和各类证照（以下统称涉企证照）进一步整合到营业执照上，从2017年10月1日起，在全市范围内实行“多证合一、一照一码”改革。

三、基本原则

（一）应纳尽纳、动态管理。建立“多证合一、一照一码”改革事项清单，各相关部门涉企证照均应纳入。清单实行动态管理，视情调整。

（二）流程优化、服务高效。强化部门协同联动，精简办事环节和流程，推进实体办事窗口和全程电子化登记整合互动，让群众和企业办事更方便、更快捷。

（三）信息共享、业务协同。按照“互联网+政务服务”的理念，加快推进部门间数据共享和业务协同，推动“多证合一、一照一码”营业执照互认和应用。

四、改革任务

（一）建立“1+X”动态清单。“1”即营业执照；“X”即工商营业执照外，各政府部门信息采集、记载公示、管理备查类涉企证照，以及工商企业登记信息能够满足其管理需要的涉企证照。清单实行动态化管理，我市先行推进第一批40项“多证合一、一照一码”改革。对暂未纳入清单的事项，要积极创造条件，成熟一批、公布一批、实施一批。

（二）推行点单式服务。参照“五证合一、一照一码”和“两证整合”改革模式，实行“一套材料、一表登记、一窗受理、一份证照”机制。申请人办理涉企证照时，只填写一份表格，向企业登记窗口提交一套材料，核发加载统一社会信用代码、加盖工商（市场监管）部门公章的纸质营业执照，免费发放电子营业执照，被整合的证照原则上不再另行核发（特殊原因经企业申请的除外）。

（三）推进部门信息互认共享。依托国家企业信用信息公示系统（湖南），以统一社会信用代码为唯一标识，实现企业相关信息的互通互认、共享共用，并在国家企业信用信息公示系统（湖南）和市企业信用信息共享交换平台向社会公开。各有关部门按

照职责范围及时认领数据，依法履行监管职责，实现一次采集、一档管理、部门共享、协同监管。

（四）推进“多证合一、一照一码”营业执照广泛应用。加快推进“多证合一、一照一码”营业执照在区域内、行业内的广泛应用，使营业执照成为企业唯一身份证，使统一社会信用代码成为企业唯一身份代码。各有关部门、企事业单位和中介机构均应认可“多证合一、一照一码”营业执照的法律效力。

五、保障措施

（一）加强组织领导。各级各部门要统一思想，充分认识推行“多证合一、一照一码”改革的重大意义，按照职责分工，加强衔接配合，认真落实各项措施和要求，确保改革顺利实施。市工商局牵头负责“多证合一、一照一码”改革的实施和协调推进，市编办（审改办）要把“多证合一、一照一码”改革与行政审批制度改革相结合协同推进，市政务中心要完善信息平台建设。

（二）加强基础保障。全面推进“一窗受理、集成服务”改革，做好信息对接和流程再造工作，对涉及重复提交而不必要的申请材料、数据项等，能简化的尽量简化、该减掉的坚决减掉、能整合的必须整合，涉及被整合证照事项的相关部门，应将其办事指南交企业登记窗口统一发放。各级人民政府要做好企业登记窗口人员、设施和经费保障工作，加强业务培训，熟练掌握业务流程和工作规范，着力推行“互联网+政务服务”。

（三）加强事中事后监管。坚持便捷准入与严格监管相结合。各有关部门要切实转变理念，精简事前审批，加强事中事后监管，探索市场监管新模式。全面推行“双随机、一公开”监管，按照“谁审批、谁监管，谁主管、谁监管”的原则，强化主动监管、认真履职意识，明确监管责任，建立以信用为核心的新型监管机制。

（四）加强宣传引导。各有关部门和媒体应开展“多证合一、一照一码”改革政策的宣传，引导群众和企业充分知晓改革内容、准确把握改革政策、自觉应用改革成果，形成全社会理解、支持和参与改革的良好氛围。

六、附则

本实施意见自 2017 年 10 月 1 日起施行。

关于推进城乡居民医疗保险支付方式改革的实施意见（试行）

为充分发挥医保在医改中的基础性作用，根据《国务院办公厅关于进一步深化基本医疗保险支付方式改革的指导意见》（国办发〔2017〕55 号）等文件精神，结合我市实际，制定如下实施意见。

一、基本目标

按照“总额预付、目标管理”的原则，通过强化医保基金收支预决算管理，完善医保付费总额控制，建立健全谈判协商和激励约束机制，推行以按病种付费为主的多元医保支付方式，加强基金使用目标管理考核，实现医疗费用不合理增长得到有效控制、医疗服务质量显著改善、参保人员基层首诊率大幅提高、患者负担明显减轻、医保基金安全运行的改革目标。力争参保人员县域内就诊率达到 90%、转市外就诊率控制在 5%以内。

二、主要任务

（一）强化基金预算管理。市、县两级财政部门和人社部门要完善医保基金收支预算管理制度，在认真编制医保基金收入预算的基础上加强支出预算管理。每年按家庭医生签约服务居民人数，从医保基金中提取“10 元/人”用于家庭医生签约服务的补助。各医保经办机构要于每年 11 月编制完成下一年度基金支出预算，报同级人社部门、财政部门审核后实施。基本医疗保险基金支出增幅原则上不高于收入增幅，确保全年基金收支平衡。

（二）合理确定总额控制指标。全市医保基金支付总额按照乡级定点机构占20%以内、县级定点机构占45%、市级定点机构占35%的比例确定。各地医保经办机构要以年度医保基金收支预算为基础，在扣除门诊特殊病种、居民医保门诊统筹、居民医保家庭账户、大病保险、意外伤害保险、风险调剂金、预留金等费用支出后，于每年12月上旬确定下一年度医保基金向定点机构支付的年度总额控制指标，报同级人社部门审核，并报同级医改办和上级人社部门备案。各地应于每年12月底前将总额控制指标分解到各定点机构。确定各定点机构的总额时应当综合考虑该定点机构上年度规范医疗费用、结合同级同类定点机构的平均医疗费用水平、物价增长和医疗机构发展（按国家要求医疗费用增长控制在10%以内）等因素确定。

（三）建立谈判协商机制。建立医保部门与定点医疗机构间的谈判机制，通过谈判协商方式，就定点机构总额预算指标、按病种支付情况、诊疗项目等进行谈判，合理确定费用标准、服务标准和内容、目标管理考核指标，形成医保部门和医疗机构双方接受的合理方案。各地人社、卫计、财政等相关部门应指导医保经办机构与定点医疗机构建立谈判协商机制，鼓励参保人员代表参与谈判协商过程。

（四）健全激励约束机制。医保基金总额控制实行“总额控制、按月结算、指标考核、年终清算”的结算办法。医保经办机构按照定额标准每年初预付1个月医保费用给定点医疗机构，保证医疗机构的正常运转。按照“结余留用、合理超支分担”的原则，医疗机构实际发生费用超出总额时，超出部分由医疗机构承担；对于合理超支部分，可在协商谈判基础上，由医疗机构和医保基金分担；实际发生费用低于总额的，结余部分经医改领导小组组织相关部门认定后由医疗机构留用。在开展总额控制时，要保障参保人员合规权益，医保经办机构和医疗机构要按照国家有关政策确定参保人员住院期间医疗费用自负比例，严禁引导参保人员就诊时自费购买药品、耗材等行为。

（五）推行以按病种付费为主的复合式医保支付方式。在总额预算的基础上，实行门诊按人头付费，住院按病种、按疾病诊断相关分组（DRGs）、按床日付费等多种方式相结合，适应不同人群、不同疾病及医疗服务特点的复合支付方式，探索符合中医药服务特点的支付方式，鼓励提供和使用适宜的中医药服务。逐步减少按项目付费，将支付方式改革覆盖所有医疗机构和医疗服务。全市二级以上公立医疗机构都要选取一定数量的病种实行按病种收费，并推进临床路径管理。首批病种在省卫计委确定的病种基础上调整，凡是纳入按病种收费的病种全部纳入医保按病种付费。全市按病种付费的病种和临床路径管理病例数占比均要达到国家、省要求的数量和比例。完善差别化支付政策，医疗机构级别越低医保基金起付标准越低、报销比例越高，并拉开比例差距。特别鼓励常见病、慢性病患者到基层定点机构（含乡镇卫生院、社区卫生服务中心）首诊，对在基层定点机构就诊的参保人员，取消住院起付费，每次住院交100元用作自负医疗费结算，自负诊疗费用超过100元的，超过部分由基层定点机构承担，结余部分退还参保人员。对在基层定点机构住院的参保人员，住院均次费用低于800元的按实结算，均次费用超过800元的按800元包干支付（中心卫生院可适当上调）。各地要出台优惠办法，积极引导参保人员到门诊就诊。合理引导分级诊疗，原则上在市内逐级转诊，对自行转省转外治疗的患者提高自负比例。医联体内对符合规定的转诊住院患者实行一站式结算、连续计算；简化转诊转院审批手续，参保人员因病情确需转诊转院治疗的，由就诊医疗机构审批，转诊费用从转出医院总控费用中扣除。

（六）加强目标管理考核。一是加大对定点机构医疗服务行为和费用控制的监管，完善考核指标体系。将参保人员住院率、患者个人自负比例、转诊转院率等纳入定点医疗服务协议管理的指标体系内。突出对实施总额控制后可能出现的推诿拒收病人、减少服务内容、降低服务标准、增加个人负担、虚报服务量等行为的监管。二是要将各统筹区医保基金安全管理纳入政府绩效考核。积极发挥社会组织作用，探索依托第三方社会组织开展相关的绩效评价。

三、工作要求

（一）加强组织领导。市政府医改领导小组统筹协调全市医保支付方式改革。各地各部门要加强协调配合，明确部门职责，形成工作合力，确保支付方式改革顺利有序开展。

（二）加快政策配套。各部门应在2017年11月底前完成相关政策配套。市人社部门要对医保相关政策进行调整，修改完善城乡居民基本医保实施办法；市财政部门、市人社部门要完善医保基金预算管理的制度，研究提出医保基金目标管理考核办法；市卫计部门要研究制定建立分级诊疗制度转诊标准及流程和适应实施总额预算控制的基层机构及人员考核管理办法；市发改部门要完善医疗服务价格动态调整机制，结合按病种付费工作理顺医疗服务价格；各医保经办机构要按总额预付的要求改进结算办法，完善定点机构绩效考核指标体系，并做好系统的升级改造；各医疗机构要加快推进临床路径管理，推进医院全成本核算和规范化诊疗工作。

（三）加大协调力度。市、县两级要分别建立人社、财政、卫计和发改等部门共同参与的工作协调机制，及时研究解决支付方式改革中的重大问题，妥善处理改革中遇到的困难和矛盾，统一宣传口径，做好政策宣传和解读。

本实施意见从 2018 年 1 月 1 日起实行，试行一年，有效期至 2018 年 12 月 31 日。

永州市化解商品房库存促进房地产市场平稳健康发展的实施办法补充规定

《永州市化解商品房库存促进房地产市场平稳健康发展的实施办法》（永政办发〔2016〕36 号）文件出台后，针对在实施过程中存在乡村人口（农民）身份认定、市区两级购房财政补贴分摊及审批流程等问题，特作出以下补充规定：

一、项目认定：房地产开发企业在项目取得《房屋所有权证》《不动产权属证书》或者《商品房预售许可证》后，持土地、建设规划审批手续向市房产局提出符合享受购房财政补贴申请，经冷水滩区和永州经济技术开发区等相关部门共同审核，对项目予以确认后，向社会公示。

二、乡村人口（农民）身份认定：本省乡村人口（农民）在中心城区购房，享受购房补贴的乡村人口（农民）身份，在冷水滩区购房的由冷水滩公安分局认定，在永州经济技术开发区购房的由永州经济技术开发区中心派出所认定；外省乡村人口（农民）在中心城区购房与本地乡村人口（农民）享受同等待遇，外省购房乡村人口（农民）的身份由永州市公安局组织认定。

三、市区两级财政分摊比例：乡村人口（农民）进城购房享受的财政补贴由市、区两级财政按有关财政政策分别承担。房源属于永州经济技术开发区的，市财政承担 20%、永州经济技术开发区财政承担 80%；房源属于冷水滩区的，市财政承担 50%，冷水滩区财政承担 50%。

四、审批流程：

（一）购房者提供网签购房合同或商品房买卖合同、购房发票、契税完税凭证、房屋产权人身份证明、银行储蓄卡号和联系电话，由各开发企业汇总后将资料移交到市房产局，市房产局做好登记汇总后，将资料交与市、区公安部门进行身份认定。

（二）市、区公安部门收到购房汇总后，在 10 个工作日内完成购房者乡村人口（农民）身份认定，并将结果反馈到市房产局。

（三）市房产局审核相关凭据原件并留存购房发票、契税完税凭证及产权人身份复印件等，按季度汇总应补贴数额，提交市财政局。

（四）市财政局组织冷水滩区、永州经济技术开发区对购房财政补贴的情况进行复核，报市政府批准后，将购房补贴资金造册并拨付给补贴对象。

五、有效期

本补充规定自公布之日起施行，有效期与《永州市化解商品房库存促进房地产市场平稳健康发展的实施办法》（永政办发〔2016〕36 号）保持一致。

关于进一步加强困难群众基本生活保障有关工作的通知

各县区人民政府，各管理区，永州经济技术开发区，市直有关单位：

为进一步健全工作机制，强化资源统筹，加强部门联动，全面做好困难群众基本生活保障工作，根据《国务院办公厅关于加强困难群众基本生活保障有关工作的通知》（国办发〔2017〕15 号）和《湖南省人民政府办公厅关于进一步加强困难群众基本生活保障有关工作的通知》（湘政办发〔2017〕19 号）精神，结合永州实际，经市人民政府同意，现将有关事项通知如下：

一、充分认识加强困难群众基本生活保障工作的重要性

党中央、国务院和省委、省政府以及市委、市政府历来高度重视困难群众基本生活保障工作，不断建立健全各项困难群众基本生活保障制度，先后出台了城乡低保、特困人员救助供养、临时救助、医疗救助、农村留守儿童关爱保护、困境儿童保障等政策措施，全力推进农村低保制度与扶贫开发政策有效衔接，全面落实困难残疾人生活补贴和重度残疾人护理补贴制度，高效有序应对各类自然灾害，有效保障了各类困难群众的基本生活。但由于地方财力不足、部门之间衔接配合不够、基层工作力量薄弱，还存在对一些困难群体救助不到位、标准和补助水平偏低等问题。进一步做好困难群众基本生活保障工作，是各级政府的重要职责，是维护社会公平、防止冲破道德底线的基本要求，也是补上民生短板、促进社会和谐的内在需要。各级各有关部门要认真落实党中央、国务院和省委、省政府关于社会政策要托底的部署要求和守住底线、突出重点、完善制度、引导舆论的民生工作思路，进一步加强困难群众基本生活保障工作，切实织牢民生兜底保障安全网，确保困难群众基本生活有保障。

二、认真做好加强困难群众基本生活保障的各项工作

1. 进一步加强重点群体的基本生活保障。各县区（含管理区、经开区，下同）要加大受灾群众困难排查力度，调整完善自然灾害生活救助政策，积极主动做好自然灾害应急救助工作。对今年因遭受洪涝等自然灾害仍在临时安置住所的受灾群众，春节前要全部帮助解决住房问题。要认真落实特困人员救助供养制度，全面开展照料护理工作，提高失能半失能特困人员的集中供养比例，确保 2017 年失能和半失能特困人员集中供养比例达到 30%，到 2020 年达到 50%以上。同时将符合特困人员救助供养有关规定的残疾人纳入救助供养范围。要统筹推进农村留守儿童关爱和困境儿童保障工作，积极改善孤儿和贫困残疾儿童等群体的保障条件。要加强生活无着流浪乞讨人员救助，确保生活无着流浪乞讨人员有饭吃、有衣穿、有场所避寒。要认真落实困难残疾人生活补贴和重度残疾人护理补贴，鼓励有条件的地方合理提高残疾人“两项补贴”标准。要统筹运用各类救助政策，切实解决低保家庭、建档立卡贫困户、特困人员、贫困残疾人、困难优抚安置对象等各类实际困难和问题。各地在保障困难群众基本生活的同时，要积极落实教育、住房、医疗、就业等专项救助制度，全方位提升困难群众基本生活水平。

2. 加强农村低保与扶贫开发工作衔接。各县区要认真落实省、市 2017 年农村低保标准与国家扶贫标准“两线合一”的决策部署，加强农村低保与扶贫开发在政策、标准、对象、信息等方面的衔接，切实将符合条件的贫困户全部纳入农村低保范围，将符合建档立卡的农村低保对象全部纳入扶贫建档立卡，实现“应扶尽扶、应保尽保”。要进一步完善社会救助家庭经济状况核对机制，破除部门信息共享壁垒，充分发挥市级居民家庭经济状况信息比对平台在精准识别救助对象中的重要作用，提高资金

使用的精准性和有效性。持续推进城乡低保和社会保障兜底脱贫对象认定的专项整治工作，确保社会救助公平公正。

3. 全面开展“救急难”工作。各县区要进一步建立健全急难对象主动发现报告机制、“救急难”快速响应机制、一门受理协同办理机制，畅通急难救助的“绿色通道”。针对陷入急难困境的家庭和人员，综合运用最低生活保障、临时救助、疾病应急救助及重特大疾病医疗救助、特困人员救助供养、受灾人员救助、教育救助、住房救助和就业救助等政策资源，同时鼓励单位和个人等社会力量通过捐赠、设立帮扶项目、创办服务机构、提供志愿服务等方式，参与社会救助，及时解决好群众遭遇的突发性、紧迫性、临时性基本生活困难。

4. 加强集中供养场所安全管理。各县区要认真落实“党政同责、一岗双责、齐抓共管、失职追责”的安全管理要求，对福利院、特困人员救助供养机构、救助管理机构等集中供养场所，加强经常性安全教育和安全常识学习培训，严格落实安全管理各项制度规定，适时开展各类应急预案演练，按照法规标准要求配齐消防设施，定期不定期开展防火、防电、防冻、防食物中毒、防煤气中毒等安全隐患排查，确保机构安全运行，提升服务保障能力。

三、切实加强对困难群众基本生活保障工作的组织领导

1. 加强组织领导。各县区人民政府要建立健全政府负责人牵头，民政部门负责，发展改革、教育、财政、人力资源与社会保障、住房城乡建设、卫生计生、扶贫、残联等部门和单位参加的困难群众基本生活保障机制，统筹做好困难群众基本生活保障工作。要大力推行政府购买服务，打破政府大包大揽惯性思维，围绕救助、帮困、扶老、助残等民生领域向社会组织、专业机构购买服务，切实加强基层社会救助经办服务能力。同时，乡镇（街道）要做好各类社会救助的受理、审核和管理等工作，村（社区）要协助做好困难排查、信息报送、宣传引导、公示监督等工作，努力实现政府管理服务与基层自治组织管理服务有序衔接和良性互动。

2. 加大经费投入。各县区人民政府要统筹安排中央、省、市和本级补助资金，把保障困难群众基本生活放在优先位置，确保政府投入只增不减。对中央和省、市财政已拨付的救助补助资金要抓紧落实到位。要优化财政支出结构，科学合理编制困难群众生活保障资金预算，争取资金每年合理增长，提升资金使用效益。要落实社会救助和保障标准与物价上涨挂钩联动机制，防止物价波动影响困难群众基本生活。要加强资金使用管理绩效评价，推进资金使用管理公开公示，建立健全资金监管机制。

3. 广泛宣传政策。要加大宣传工作力度，通过报刊、广播、电视、互联网等媒体并利用便民服务窗口等公众场所，采取多种形式，组织开展有针对性的政策宣传活动，在全市营造积极参与支持困难群众基本生活保障工作的浓厚氛围。要坚持正确的舆论导向，积极弘扬正能量，着力增强困难群众脱贫信心，鼓励贫困群众自立自强，努力实现脱贫致富。

4. 严格责任追究。要落实公开公示制度，建立健全投诉举报核查制度和监督检查长效机制，对落实政策不力和滥用职权、徇私舞弊、失职渎职人员，依纪依法追究责任。要建立社会救助督导检查和绩效评估机制，确保困难群众基本生活得到有效保障。

四、附则

本通知自公布之日起施行，有效期至 2022 年 6 月 30 日。

二、发展和改革课题调研成果选登

永州市加快建设创新开放新高地路径研究
——在“一带一路”背景下，创新理念适应新常态

中共永州市委书记、市人大常委会主任　李晖

当今世界，既是创新的时代，又是开放的时代。在今年召开的市委经济工作会议上，市委确定了建设“创新开放新高地”的目标，这是市委主动对接“一带一路”国家倡议和“一带一部”区位定位，贯彻落实党的十九大精神和省委“创新引领、开放崛起”战略确立的新愿景，承载着在新的历史方位下永州人民的新梦想。

一、深化思想认识，抢抓发展新机遇

宏伟的事业需要科学的战略牵引前进，宏伟的事业需要美好的愿景凝聚人心。党的十九大召开，吹响了新时代接续奋斗的号角，开启了全面建成社会主义现代化强国的新征程。永州已经站在一个新的起点，深刻领会建设创新开放新高地的意义所在，才能更好地抢抓机遇、推动发展。

1. 这是顺应时代发展的必然要求。2013 年 9 月 7 日，习近平总书记在哈萨克斯坦纳扎尔巴耶夫大学发表演讲，提出了共同建设“丝绸之路经济带”的畅想。一个月后，习近平总书记出访东盟，提出共同建设“21 世纪海上丝绸之路”。推进“一带一路”建设，是党中央、国务院根据全球形势深刻变化，统筹国际国内两个大局作出的重大战略决策，对于开创我国全方位对外开放新格局，巩固延长重要战略机遇期，推进中华民族伟大复兴进程，促进世界和平发展，都具有划时代的重大意义。站在新的历史起点，融入“一带一路”倡议，抢抓新一轮发展机遇，积极主动对接长江经济发展战略和粤港澳大湾区建设，永州比任何一个时期都需要创新、需要开放。只有全国各地都全面创新、深度开放，才能让“一带一路”战略行稳致远，永州建设创新开放新高地，是顺应国家战略的必然要求。

2. 这是落实省委战略的自我加压。在 2016 年 11 月召开的湖南省第十一次党代会上，杜家毫同志旗帜鲜明地指出，实施创新引领、开放崛起战略，是湖南未来发展的潜力所在、希望所在、出路所在。深入贯彻落实省委决策部署，必须坚定不移实施创新引领、开放崛起战略，在思想上、理论上、目标上、行动上全面对接。永州虽然是欠发达地区，在湖南的经济发展水平也相对靠后，但我们毗邻两广，处于“一带一路”的前沿阵地和战略要地，是对接粤港澳的排头兵、对接东盟的“桥头堡”。深度分析永州所处的新方位，全面把握发展的新机遇，我们提出全面创新、深度开放，全面建设创新开放新高地，力争在建设富饶美丽幸福新湖南征程中走在前列，正是发扬“三线城市干一流业绩”的激情，落实省委战略的自我加压。

3. 这是实现赶超崛起的永州方案。发展是解决问题的基础和关键，发展必须是科学发展，必须坚定不移贯彻创新、协调、绿色、开放、共享的发展理念。一个地方的发展不能蛮干硬干，必须既“上接天线”又“下接地气”，要善于在科学研判、精准对接上级方针政策和形势大局中找准发展的对接点和兴奋点；必须既“依靠内力”又“巧借外力”，善于在全面把握、精准探寻周边动态和启示启发中，找准发展的瓶颈点和突破点；必须既继承传统又大胆创新，善于在总结经验、分析不足中自我反省、自我改革，找准发展的着力点和引爆点。作为内陆欠发达地区，要提升城市建设品质，实现永州赶超崛起；要在东部沿海地区向中西部地区梯度发展中、在长江开放经济带和沿海开放经济带协同发展中分享经验、聚集要素、抢占先机、赢得优势，除了全面创新、深度开放，永州别无选择。建设创新开放新高地是实现永州赶超崛起的最佳方案。

二、审视永州现实，把握发展新方位

尺有所短、寸有所长。审视永州的发展基础，看优势，建设创新开放新高地其时已至、其势已成；找短板，建设创新开放新高地步履维艰、任重道远，我们既不能盲目自信，也不能妄自菲薄。

（一）优势所在

近年来，永州深入贯彻中央“四个全面”战略布局和“五大发展理念”，积极应对经济发展新常态，以全面建成小康社会为总揽，努力打好“六大战役”，着力实现“四个提升”，全市经济社会发生了深度而有品质的变化，为建设创新开放新高地、品质活力新永州奠定了坚实的基础。

1. 综合实力显著提升。经过几年的努力，永州经济基础不断夯实，发展后劲不断增强。从经济总量来看，2016 年全市地区生产总值完成 1565.81 亿元，是 2011 年的 1.67 倍；固定资产投资达到 1645.9 亿元，是 2011 年的 2.79 倍；财政总收入达到 150 亿元，是 2011 年的 2.13 倍，总量由全省第 10 位上升到第 8 位。从发展质量来看，产业结构更趋合理，三次产业比由 24.1∶38.3∶37.6 调整为 20.9∶34.8∶44.3。全面小康实现程度达到 87.7%。新型工业化取得重大突破，百亿园区达到 5 个，全市初步形成了装备制造、农产品加工、矿产品加工、轻纺制鞋、电子信息 5 个百亿产业。从发展速度来看，主要经济指标增速在全省的排位打破了“八九不离十”的旧格局，财政收入、社会消费品零售总额、进出口总额增速多年在全省保持第一方阵。这些变化是建设创新开放新高地的基础所在。

2011 年与 2016 年主要指标对比

表 19

指标	2011 年	2016 年	倍数
地区生产总值（亿元）	945.39	1565.81	1.67
规模工业增加值（亿元）	261.74	323.77	1.24
人均地区生产总值（亿元）	18168	28744	1.58
三次产业结构	24.1∶38.3∶37.6	20.9∶34.8∶44.3	——
社会消费品零售总额（亿元）	285.16	589.90	2.07

续表 19

指标	2011 年	2016 年	倍数
固定资产投资（亿元）	593.30	1653.09	2.79
财政总收入（亿元）	70.49	149.92	2.13
进出口总额（亿元）	1.92	10.22	5.32
金融机构本外币存款余额（亿元）	844.99	1914.84	2.27
金融机构本外币贷款余额（亿元）	401.58	966.09	2.41
城镇居民人均可支配收入（元）	17193	24026	1.40
农村居民人均纯收入（元）	6002	11683	1.95
城镇化率（%）	37.94	46.3	——

2. 交通区位明显改善。永州是湖南对外开放的重要门户，也是“一带一路”的重要节点，素有“南北通衢”之称。近年来永州交通不断提速，境内先后修建二广、泉南、厦蓉、道贺四条高速，基本实现“县县通高速”；湘桂铁路与洛湛铁路在冷水滩交汇，经停永州高铁达到 18 对，融入了以长沙为中心的一个半小时经济圈；永州机场开通至昆明、深圳、上海、海口、厦门等航线，湘江水运可出洞庭入长江抵上海，对外大开放、对内大通畅的立体式现代交通网络大大缩短了与外界的时空距离，加速了资金、人才、技术、信息、货物等流动。永州已处于湖南“一带一部”定位的战略节点和对接“一带一路”的前沿阵地，建设创新开放新高地的地利优势明显。

3. 生态环境优势独特。自然生态环境是城市的根，是可持续发展的根本保证，绿水青山就是金山银山，良好的自然生态环境是永州最大的战略资源和战略品牌。永州境内拥有 29 个国有林场、8 个国家森林公园、4 个国家级自然保护区、8 个国家湿地公园、2 个省级自然保护区，森林覆盖率 64.5%，城市人均公园绿地面积达到 11.15 平方米，是名副其实的“绿色永州”。永州为湘江源头，潇水、湘江在此相汇，常年空气质量优良率 100%，很多地方的负氧离子 6 万个/立方厘米以上，主要水域 95%以上的断面达到国家地表水Ⅰ、Ⅱ类标准，是令人向往的“锦绣潇湘”。自然生态优势是品质活力新永州的源泉，将在建设创新开放新高地中发挥不可替代的作用。

4. 创先争优氛围浓厚。近年来，永州大力提升党员干部的执行力、党委政府的公信力，全市上下鼓足信心，奋勇争优，实现了“三线城市干一流业绩”，成功把一些不可能变成了可能，把偶然变成了必然。先后成功创建国家卫生城市、国家森林城市，获批国家历史文化名城、湘江源头区域列为国家生态文明先行示范区，入选中国幸福城市 20 强和中国地级市民生发展 100 强。深化改革走出了永州路径，各项改革工作蹄疾步稳，行政管理体制改革、农村产权制度改革、社会治理体制改革等走在全省前列，获评全国创新社会治理优秀城市。质量强市取得显著成效，五年新增国际商标 3 件、中国驰名商标 4 件、国家地理标志保护产品 2 个、“国字号”质量检测中心 1 个，荣获省长质量奖 1 个、质量管理奖 5 个、建设工程“芙蓉奖”3 个。天时不如地利，地利不如人和，全市政治生态山清水秀，干事创业激情高涨，创先争优蔚然成风，建设创新开放新高地，永州其时已至、其势已成，其兴可待。

（二）短板所在

永州作为欠发达地区，相比省会长沙和省内其他较发达城市，创新和开放面临困难只多不少，我们必须保持清醒，正视突出短板，找准努力方向。

1. 人才短缺。创新的基础在人才。永州不缺人才，但永州留不住人才。受经济欠发达的影响，永州本土人才一直存在“孔雀东南飞”的问题，引进的优秀人才又存在“人往高处走”的问题。目前，我市每万人人才数为 500，排全省倒数第一。全市高层次人才队伍严重匮乏，硕士研究生 5700 人，占我市全部人才 0.018%，博士研究生不足 100 人，高学历人才总量不及周边衡、郴、邵兄弟城市；硕士研究生以上高学历人才主要分布在党政机关、教育卫生等公益事业单位，非公企业高学历人才几乎为零，人才数量和人才结构与我市建设创新开放新高地的发展要求不相适。

2. 科研落后。创新的核心在科技，尽管近年来我市科技创新水平有了很大提高，但总体发展水平和创新能力仍还不适应经济社会发展的需要。2016 年市本级财政科技创新投入 560 万元（含市科研四所），在全省各市州中排名倒数第四位。入统研发经费为 9 亿元，占 GDP 的比重为 0.57%，仅完成小康指标的 25%，增速虽在全省排第 7 位，但实现程度排 12 位。我市高新技术产业规模小，现有高新技术企业 48 家，仅占全省 2212 家的 2.2%；高新技术增加值仅 177.4 亿元，只有邵阳的 67.6%、衡阳的 46.6%、郴州的 32.9%，仅占全省 6859.2 亿元的 2.6%。

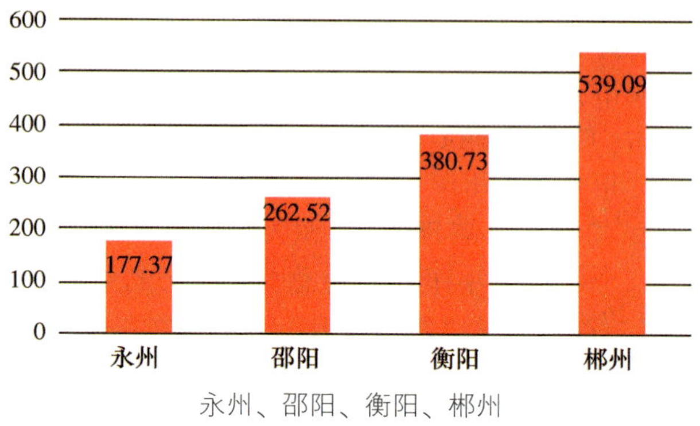

图 8　2016 年高新技术产业增加值对比图（单位：亿元）

3. 产业不强。新型工业化依然薄弱，2016 年，完成规模以上工业增加值 323.77 亿元，仅占 GDP 的 20.68%，占第二产业的比重还不到 6 成，而周边城市邵阳、郴州规模工业占第二产业的比重分别达到 83.68%、92.21%。工业对经济的支撑和拉动作用不强，对经济增长的贡献率不高。全市虽然形成先进装备制造、电子信息、新材料能源、农产品精深加工、矿产品精深加工、生物医药、轻纺制鞋七大主导产业，过百亿的产业达到五个：农产品深加工（332.8 亿元）、轻纺制鞋（211.1 亿元）、电子信息（136.7 亿元）、先进装备制造（129.3 亿元）、矿产品深加工（115.7 亿元）。但是，全市大企业、好企业不多，2016 年，全市年产值过亿元企业 401 家、过 5 亿的工业企业仅 25 家、过 10 亿的仅 7 家（而据市政府向市五届人大常委会第三次会议第一次全体会议上的报告，我市 2016 年产值过亿元工业企业仅 70 家，过 10 亿元工业企业仅长丰猎豹、零陵烟厂），而邵阳市过亿元的企业 585 家，过 5 亿元 83 家，过 10 亿元 16 家。全市实现税收 500 万元以上 1000 万元以下的企业 11 家，1000 万元以上 1 亿元以下的企业 14 家，过亿元的企业仅有 2 家。全市仅有科力尔电机、奔腾文创、恒康药业分别获准在中小板、“新三板”上市。

4. 旅游不旺。开放是旅游的升温炉，旅游是开放的晴雨表。开放和旅游相互作用，但我市旅游不旺，对开放的促进作用不够明显。目前，全市的旅游龙头尚未形成，全市虽有一个国家级风景名胜区，但还没有一个 AAAAA 级景区，没有一家五星级酒店，门票收入过千万元的景区仅有一个（2016 年为 3880 万元）。2016 年，全市等级景区的门票收入不足 7000 万元，不及衡阳衡山景区 3.83 亿元的一个零头，也不及邵阳崀山景区 2.18 亿元的三分之一。对对接“一带一路”、对外营销推广力度重视不够，国际友好城市仅 2 个，分别是斯里兰卡的努瓦拉—埃丽亚市，俄罗斯的赤塔市，而作为一县级市的都江堰市，国际友好关系城市有 14 个。

2014—2016 年全市等级旅游景区门票收入一览表（数据由市旅游局提供）

表 20

景区	2014 年门票收入（万元）	2015 年门票收入（万元）	2016 年门票收入（万元）
舜帝陵景区	402.497	728.886	778.136
紫霞岩	276.231	342.690	365.796
永福寺	27.639	56.127	63.403
舜源峰	21.225	24.557	25.295
古舜帝庙遗址博物馆	6.775	8.909	13.234
宁远文庙	21	23.1	25.6
三分石	未营业	69.207	178.241
阳明山景区	350	510	720
舜皇山景区	2488	3000	3880
浯溪碑林	86.28	87.85	104.11
柳宗元文化旅游区	28	30	30.5
蘋洲书院	21.5	29.76	62.53
秦岩景区	217.8	236	258.2
瑶族文化园	113	127.6	142.2
千家峒国家森林公园	528	692	免门票
女书园生态博物馆	472	540	免门票
上甘棠景区	免门票	免门票	免门票
勾蓝瑶寨	免门票	免门票	免门票
桐子坳景区	免门票	免门票	免门票
李家大院	免门票	免门票	免门票
周敦颐故里	免门票	免门票	免门票
龙家大院	免门票	免门票	免门票
井头湾景区	免门票	免门票	免门票
香草源景区	免门票	免门票	免门票
八尺旅游区	免门票	免门票	免门票
合计	5059.95	6506.69	6647.25

（三）目标所在

创新有千种，开放有万样。建设创新开放新高地，不能只停留在口号的层面，必须有具体的业绩支撑。经过权衡，拟实施“2020”战略，即以 2020 年为时间节点，力争创新开放水平显著提升，在全面对接“451”计划的基础上，着力在 4 个方面取得重大突破。对带有全局性、根本性的重大工作进行精准发力、深度用力，形成重点突破、以点带面的发展格局。

1. 科技创新实现重大突破。将高新技术产业作为衡量创新的首要指标。确保全市高新技术产业增加值年均增速达到 20%，保持在全省前 3 位；绝对值在 2016 年 177.37 亿元、排全省第 10 位的基础上，到 2020 实现翻番，达到 350 亿，争取排位前移 1 位。

2. 对外贸易实现重大突破。把进出口总额作为衡量开放的首要指标，进出口总额年均增速达到 20%以上，保持在全省前 5 位；绝对值在 2016 年的 10.22 亿美元、排全省第 8 的基础上，到 2020 实现翻番，达到 20 亿美元，争取排位前移 1 位。

3. 招商引资实现重大突破。把引进增量和做大存量放在同等重要的地位。力争每年新引进世界 500 强企业 1 家，中国 500 强和中国民营 500 强企业 5 家；每年新增主营业务收入 10 亿元以上企业 1 家，过 5 亿元企业 5 家。

4. 城市形象实现重大突破。把新增城市名片和国际友好城市作为落实“创新引领、开放崛起”战略的重要内容。在创建国家森林城市、国家卫生城市、国家历史文化名城的基础上，通过 4 年左右的努力，成功创建国家交通管理模范城市、国家全域旅游示范区、国家园林城市、全国文明城市、国家生态文明建设示范市。加强旅游海外营销，主动融入“一带一路”，每年至少新增 1 个国际友好城市或友好合作关系城市。

三、推进全面创新，培育发展新动能

未来几年，是永州抢抓发展机遇，提升创新水平的关键时期。我们要以党的十九大精神为引领，立足新阶段新方位新起点，全面对接省委“创新引领、开放崛起”战略，全面实施“开放兴市、产业强市”战略，坚持引进来和走出去并重，遵循共商共建共享原则，加强创新能力开放合作，推动以科技创新为核心的全面创新，形成新的增长动力源泉，并始终将绿色发展的理念贯穿始终，坚持走人与自然和谐共生的创新开放之路。

（一）突出科技创新

推动科技体制改革，建立以企业为主体、市场为导向、产学研深度融合的技术创新体系，加强对中小企业创新的支持，促进科技成果转化，强化知识产权创造、保护、运用。

1. 提升产业竞争力。加快产业关键技术突破，推动我市经济发展由投资驱动、要素驱动向创新驱动转变。积极对接工业新兴优势产业链行动计划，重点选择在我市产业基础较好的汽车及零部件产业、矿产品深加工产业、民爆化工产业和建材加工产业，提高创新发展能力，推动产业转型升级。加大部署先进装备制造、电子信息、新能源、新材料、生物医药等战略性新兴产业创新链，重点突破精密仪器、大功率机组、新型智能自动化机械、新型智能触控件、新型平板显示屏、光伏产业、创新药物等一批核心关键技术，推动产业规模扩张和集群发展。依托永州国家级农业科技园区，辐射带动全市农产品精深加工信息化、标准化、规模化发展，推进农业供给侧结构性改革。加大在节能环保、食品药品安全、安全生产等领域的技术创新和推广应用，让科技创新成果惠及广大群众。

2. 提升企业竞争力。强化企业创新主体地位，使企业成为研究开发投入、技术创新活动和创新成果转化应用的主体。要培养一批创新型领军企业。大力实施国家、省、市科技创新项目，引导企业加强产学研合作，借助国内知名高校、科研院所的力量，牵头组建不少于50个产业技术创新战略联盟、重点实验室、工程技术研究中心等国家级、省级研发机构，转化一批重大科技成果，提升企业创新竞争力。围绕我市七大产业集群创新发展，加快破解产业技术难题，培育以高新技术企业为主力军的创新型企业集群。鼓励有实力的企业通过收并购、同高校院所联合建研发机构等方式设立海外、市外研发基地，面向全球、全国布局创新网络。积极鼓励创新要素跨境流动，在政府审批和监管方面给予必要的支持。提高对中小企业在政府采购中的比例，激发中小企业创新活力，推动面广量大的科技型小微企业向新技术、新模式、新业态转型，加速成长为高新技术企业。

3. 提升园区竞争力。按照打好园区升级战役的总体布局和思路，对园区在用地指标、产业项目布局、基础设施建设、生态环境保护、公共服务配套、专项资金投入等方面给予优先支持。大力推进永州国家级农业科技园区创新发展。坚持“一园多产业”的思路，鼓励园区制定特殊政策措施集聚高端创新资源，全市各领域的科技创新专项资金要向园区倾斜，支持园区创新核心区内重大创新创业载体和平台建设，制定科技人员到园区创办科技型企业优惠政策，力争2020年前创建成国家级农业高新技术产业示范区。大力推动工业园区转型升级。通过科技项目倾斜、科技人才引进、科技创新平台创建等措施，助力园区创新能力提升。坚持高端发展的战略取向理念，推动各县区的工业园区“腾笼换鸟”，培育高层次的创新主体，着力构建区域创新体系，实现转型发展。力争祁阳、江华、蓝山等县区各培育1家省级高新技术开发区，全市升级1家~2家国家级高新技术产业开发区。

4. 提升发明竞争力。建立政府引导、市场驱动，企业投入为主体，多元化、多渠道、高效率的科技投入体系，全社会研发（R&D）投入占GDP的比重逐年明显提高，到2020年达到2.5%。建立财政科技投入稳定增长机制，完善财政科技经费评价体系，调整财政科技资金支持投向，坚持好钢用在刀刃上，集中力量办大事，充分发挥财政资金的杠杆效应，加大对新兴产业的扶持力度。实施最严格的知识产权保护制度。加大对侵犯知识产权和制售假冒伪劣商品行为的打击力度。构建与科技、经济、贸易、金融、文化传媒等政策有效融合的知识产权政策体系。实施企业专利战略和专利“清零倍增计划”，以消灭工业企业零专利现象为最低目标，加快提高企业拥有的专利数量和质量，确保专利申请量年均增长15%以上，保持在全省前2位，万人有效发明专利拥有量达到3件以上，排位前移3位。全面推进专利创造与运用对接，实施重点专利技术转化工程，带动全市专利技术运用转化有序规模发展。

（二）突出金融创新

采取行之有效的政策措施，积极推动金融业改革发展，不断扩大金融市场规模，全面优化金融生态环境，着力破解“融资难”难题，为经济社会发展提供有力支撑。

1. 强化政府引导，完善服务体系。健全融资政策扶持体系。深入贯彻落实《关于加快全市金融业改革发展的实施意见》（永办发〔2017〕9号），鼓励银行创新信贷产品，丰富服务手段，提高信贷服务质量，引导企业加快经济结构调整和转型升级，同时认真落实财政补贴、税收优惠等财税政策，强化对企业的融资支持。做强做大市投融资担保公司，加大市财政注资力度，力争实收资本尽快扩大到6亿元。健全融资信息体系。创新政企、银企对接交流方式方法，不定期开展政企、银企对接交流活动，通过新政策宣讲会、融资知识培训班、银企结对帮扶活动等平台，向企业通报最新政策、传递融资信息、解答信贷疑难、推介金融产品，促进银企交流，推动银企合作。健全企业信用体系。发挥市人民银行主导作用，加快企业信用体系建设步伐，加大企业信用征集力度，完善信用档案，为企业信用等级评定和信贷申请获批创造良好条件。健全风险补偿机制。推动受益财政建立健全对符合条件的小额贷款公司小微企业贷款、融资性担保机构对小微企业的融资性担保、保险公司提供的小额贷款保证保险、小微企业国内贸易信用保险等补偿机制，畅通小微企业信贷渠道。

2. 大力内联外引，完善组织体系。做大做强地方农商银行。进一步营造良好的金融生态环境，支持我市各农村商业银行发展，增强其服务企业能力。大力引进金融机构。继续加强与省内外金融机构的沟通联系，创造条件吸引、争取各类金融机构来永设立分支机构，争取每年新引进1家银行机构。积极向省银监局汇报，争取省银监局在设立村镇银行上给予我市支持倾斜，加大与省内外银行机构对接力争，积极为江永、新田、双牌三县寻找村镇银行建设主发起行，加快“一县两行”覆盖步伐，尽快实现我市村镇银行县域全覆盖。规范发展非银行类金融机构。规范和引导民间资本合理流动，积极争取上级有关政策，规范发展小额贷款公司，健全融资性担保体系，进一步为企业发展提供服务。

3. 优化金融服务，拓展融资渠道。引导金融机构增强服务意识，加大融资支持力度，落实国务院提出的“小微企业贷款增速和增量两个不低于”目标。引导银行改革贷款问责机制和奖励激励机制，适当提高对小微企业贷款不良率的容忍度，提高信贷人员的积极性和创造性；规范商业银行的收费行为，严禁商业银行收取承诺费、资金管理费、财务顾问费、咨询费等，切实降低企业实际融资成本。扩大质押担保范围。传统的企业贷款抵押物只能用固定资产，中小企业大多缺少固定资产，鼓励金融机构可以采用库存货物、应收账款、仓单抵押、知识产权及其相关权利、专利权和商标权等无形资产及其他足值物资做抵押担保物，便利企业贷款。探索创新信贷产品。鼓励银行积极创新工作思路、创新金融产品、创新服务手段，根据中小企业的不同需求，“量身定制”信贷产品。加大上市和债券融资力度。鼓励引导我市一批成长性好、科技含量高的企业加快上市步伐。进一步提高科力尔中小企业板上市和奔腾文创、恒康药业新三板上市效益，大力支持希尔制药在新三板上市，推动熙可2018年在新三板上市。支持企业去股权交易所进行股权交易，帮助其发行企业私募债，切实为企业的融资开辟各种渠道，实现全方位融资。

（三）突出产品创新

推进科技创新向产品创新延续和深入，充分发挥现有品牌优势，树立更多名优特产品牌，提升产品的竞争力，拓宽国内外市场，让更多“永州制造”“永州产”闻名遐迩。

1. 推动智能制造快速发展。工业是经济建设中的主战场，是稳定的财源的主要渠道。必须矢志不渝地实施“开放兴市、产业强市”战略，整合资源，从财力、物力、人力上推动工业信息化发展；把加速推进新型工业化作为富民强市的第一推动力。加快建设以北斗导航、华为云计算为主的大数据中心，加大产业链招商，延伸人数据产业链，培育壮大大数据产业。加快信息化智能制造推进步伐。推进实施智能制造工程，支持通用装备、机械装备、新能源汽车等领域智能制造试点示范。在原材料、装备制造、消费品等行业的骨干企业中，培育一批数字化车间和智能工厂示范试点，做好两化融合管理体系贯标和认定试点工作。推进军民融合发展，在满足军品需要的基础上，积极引导企业引进来走出去，探索军民融合工作模式的突破。做好国家互联网与工业云融合创新试点工作。制定“互联网+制造业”融合发展路线图，推进企业生产设备智能化改造。

2. 强化名优商标综合运用。按照一个企业、一套方案、一个班子、一名市级领导的要求，支持我市6个地理标志商标、10驰名商标企业和91件湖南省著名商标企业做大做强。江永、道县、江华、东安等县区主动作为，加强对本县地理标志商标使用的管理和行政指导。对同类品牌产品，实行严格的商标使用许可，统一生产流程、统一生产标准、统一推广销售。全面加大名优商标的财政投入力度，支持和帮助企业加大广告宣传、产品包装、技术研发和产品提质，组织企业举办和参加各种农博会、产品展销会，千方百计助推“永州品牌走向世界”。推动企业通过名优商标兼并重组，提高产业化、规模化、市场化发展水平。组建永州名优特互联网销售联盟，帮助“名优特”企业在互联网大潮中“抱团取暖”。提倡、引导、支持永州人消费、推广永州“名优特”。组织金融、评估等部门启动名优商标评估、质押、融资业务，挖掘涉名优商标、重点商标的市场价值和潜在价值，促进名优商标的资本化运作，真正把名优商标的“知识产权”转化为“资本产权”。

3. 制定品牌梯次培育计划。组织专人对全市工农业产品进行调查摸底，掌握我市名优产品资源分布、类型、数量、品质特征、市场需要等情况，建立健全名优商标基本台账。要按照“一村一品”“一乡（镇）一品”“一县（区）多品”的模式拟定名优商标培育发展计划，突出我市在果蔬、水果、汽车、电线等区域优质产业和特色产业，按照“培育一批、扶持一批、推荐注册一批”的原则，依次确定市知名商标、省著名商标、中国驰名商标的重点培育目标，建立品牌商标梯次发展模式。积极鼓励和帮助种养大户、农民合作社、家庭农场和涉农企业申请注册商标，鼓励农民合作社、产业协会等涉农组织和团体申请注册集体商标。重点培育永州异蛇、新田富硒、蓝山峰茶、道县灰鹅等特色产品申报地理标志商标。

（四）突出文化创新

永州是国家历史文化名城、湖湘文化的重要源头，文化资源得天独厚，要以创建国家公共文化服务体系示范区为主抓手，实施文化创新“三年行动计划”，努力实现文化大市向文化强市跨越，将文化优势转变为发展优势，为构筑创新开放新高地、建设品质活力新永州提供强大的精神动力和文化支撑。

1. 完善公共文化服务体系。以创建国家公共文化服务体系示范区为目标，实施公共文化服务体系建设“三年行动计划”。把永州建设成为构建现代公共文化服务体系的先行区、公共文化服务体制机制改革的创新实践区。加强公共文化设施建设，抓好市级标志性设施建设。加快市文化艺术中心建设，完成群众艺术馆、大剧院、艺术创作中心、非物质文化遗产展览馆搬迁工作。新建市博物馆、市图书馆，打造省内一流的博物馆和现代公共图书馆。策划永州雕塑公园建设。在各县区推进“八个一”，即建设一个特色文化小镇、培育一个叫得响的艺术团体、创建一个特色文化街区、规划建设一个文化创意产业园区、建设一个博物馆、建设一个美术馆、设立一批24小时城区自助读书馆、打造一个公共文化舞台。推动乡镇（街道）、村（社区）基础性设施提档升级。支持社会民间文艺团队建设，力争在2020年底前达到每个乡镇（街道）、村（社区）建立一支以上特色社会民间文艺团队的目标。

2. 培育文化精品工程。实施品牌培优“三年行动计划”，按照“一县一品”的要求，鼓励和支持各县区打造1个~2个具有广泛影响力的文化品牌活动。对柳文化、理学文化、舜文化、碑刻书法、瑶文化、女书文化以及东安武术、祁剧、祁阳小调、瑶族长鼓舞等进行专题谋划，加强与专业团队的对接合作，通过电影、电视剧、动漫、歌舞剧、文化公园、专题博物馆等形式，提高永州文化知名度和影响力。加强非物质文化遗产的保护和传承。实施中华文化资源普查工程，搞好本土文化资源顶层设计。积极创建国家级瑶族生态保护区。创建一批非遗生产性保护基地，将非物质文化遗产及其资源转化为生产力和产品。发挥谭盾先生和汪涵先生宣传代言作用，进一步扩大江永女书的国际影响力。

3. 发力优秀作品生产。将创新贯穿于文化作品创作生产全过程，实施“永州美”艺术创作“三年行动计划”。打造文艺精品力作。制订永州美艺术创作三年计划（2017—2019），编辑出版《永州文化地图》《文化永州》《永州美》。推进优秀传统文化进校园。推进书法进中小学，女书、祁剧、祁阳小调、花鼓戏、东安武术、瑶族歌舞、中医文化等进校园。加大文化“走出去”步伐。积极开展各种文化交流活动，展现永州文化魅力。组织参加文博会等经贸洽谈活动。培育壮大对外文化中介机构，鼓励人民团体、民间组织、民企和个人进行对外文化交流。建立文化出口重点项目名单和企业名录，加强对女书作品、祁阳石雕、异蛇酒等特色文化产品的包装推介。

4. 实施文化产业振兴计划。实施文化产业振兴三年行动计划，打造新的经济增长点。加快编制全市文化产业发展规划，着力打造“一核三带”文化产业发展总体布局，即以依托中心城区快速发展的文化产业规模，将中心城区打造成为全市综合性的文化产业发展核心；以湘江黄金水道为轴，构筑具有浓郁山水文化气息的生态文化产业带；以道贺高速为轴，依托独特的瑶文化资源，构筑具有浓郁的瑶族文化风情的文化产业带；以厦蓉高速公路为轴，构筑具有浓郁的古文化气息文化产业带。大力发展特色文化产业。加快历史文化、地方文化、生态文化与旅游的深度互动融合，重点实施“零陵古城”文化旅游综合保护开发、“水云潇湘·一江十景”综合开发、“三千文化”生态旅游综合开发与利用，启动“永州八记”景区建设，打造文化与旅游深度融合示范区。发展特色文化创意产业。依托丰富的文化资源打造一批特色文化产业基地。推动原九嶷水泥厂旧厂房、原虎岩粮库旧厂房改建成文化创意产业园，使之成为文化产业集聚发展的重要支点。每年组织1次文创设计大赛、1次文创产品展览会和1次~2次文创产业招商会。加快扶持发展培育奔腾文创、九恒条码、异蛇科技等一批具有行业代表和具有重大示范带动作用的大型骨干文化企业。

（五）突出人才创新

建设创新开放新高地的核心在人才、根本在人才。要确立创新人才是创新事业第一资源的新理念，大力实施人才强市战略，建设一支规模宏大、结构合理、素质优良的潇湘创新人才群，形成人才辈出、人尽其才、才尽其用的生动局面。

1. 健全人才引进机制。按照“政府主导、单位主体、部门联动”的原则，健全我市人才引进机制。加强与省内外、海外高端人才服务机构联系，拓宽人才引进渠道。建立“人才+团队+项目”模式，重点引进我市急需紧缺的路桥交通、规划设计、城市园林、矿产、生态环保、水利水电、汽车、电子、旅游、农林产品研发等专业人才团队和高端项目，推进人才队伍集群化发展。创新“引资+引智+引才”模式，坚持把引资与引智相结合、引才与引智相结合、官方组织引进与民间多元引进相结合。进一步完善柔性引才政策，对高层次人才“不求所有，但求所用”，鼓励本市企业以岗位聘用、项目聘用、任务聘用等灵活用人方式引进急需人才和智力，促进人才智力向我市流动、辐射和汇聚。

2. 完善人才培养机制。实施干部、专业技术人员培训工程，建立以我市经济社会发展需求为导向，以人才能力建设为核心的人才培训模式。支持发展各类专业培训机构，继续加大与省内外知名高校合作的力度，提升人才培训水平。建立科学规范的培训效果评估办法，提高人才培训实效。鼓励用人单位根据岗位需求或我市人才需求实施自主培训，坚持学习与实践相结合、培养与使用相结合，探索产学研一体化下的人才培养新途径。

3. 创新人才评价机制。建立注重业绩、社会认可的人才评价机制。按照党政人才重在群众认可，企业经营管理人才重在市场认可，专业技能人才重在业内认可的要求，建立以岗位职责要求为基础，以品德、能力和业绩为导向，科学化、社会化的人才评价指标体系。坚持把人才评价的标准体现在引领区域高端产业发展上、体现在统筹推进重点功能区建设上、体现在有效破解影响区域发展的难题上，不断提高人才评价水平。

4. 强化人才激励机制。落实国家关于公务员和事业单位收入分配制度改革政策。完善国有企业和民营私营企业各类人才收入分配政策，建立工资集体协商和定期增长机制。研究知识、技术、管理、技能等生产要素按贡献参与分配的办法，探索高层次、高技能人才协议工资制、项目工资制等多种分配形式。加强表彰奖励，开展“永州市优秀人才奖”评选，制定出台永州市优秀人才培养专项经费资助管理办法，完善优秀人才培养资助体系。设立人才发展专项资金，纳入政府财政年度预算，用于鼓励和资助人才开发、培养、引进、激励和人才体制机制创新等。

5. 搭建创新孵化平台。以创建博士后工作站为契机，推动有关部门开展校地合作、校企合作，建设产业技术创新战略联盟。积极承办、举办人才项目与资本对接会，推动人才与资本有效对接，为区域人才的发展创造有利条件。以国家、省市级企业技术中心、创业孵化基地为载体，对接国家“千人计划”“百人计划”等项目，积极吸纳高端科技项目落地，以高端载体吸引人才，以高端项目锻炼人才，以创新体系孵化人才。

四、促进深度开放，拓展发展新空间

“开放”和“创新”如车之两轮，鸟之双翼，必须齐头并进。要以打造承接珠三角的排头兵、对接东盟的桥头堡为目标，深入实施“开放兴市、产业强市”战略，以“产业项目建设年”为抓手，突出工作重点，扩大开放领域，全面建设对外开放的战略高地。

（一）交通大提速

交通兴，百业兴。充分发挥永州交通区位优势，把准“区域综合交通枢纽城市”功能定位，围绕“对内大循环、对外大通畅”的奋斗目标，以“两高两航”为重点，融入对接“一带一路”和“一带一部”交通大动脉，以交通大提速助力经济“大开放”。

1. 优化陆路大通道。加快高速公路通道建设，打造外联高速路。“十三五”期内，力争完成衡阳至道县高速公路建设，规划建设新宁至永州至郴州高速公路，与既有二广高速、泉南高速、厦蓉高速、道贺高速公路形成“内环+放射”高速公路网络。加快干线公路通道建设，打造内畅快速网。加快道县上关至湘源温泉、零陵人民桥至何仙观、江华沱江至涔天河、江华水口至湘江香草源、东安大庙口至紫花坪、冷水滩杨村甸至马坪、蓝山湘江源至九嶷山、宁远九嶷山至道县湘源温泉、金洞牛头山至双牌阳明山等干线公路建设步伐，初步构建“五纵十横十连线”公路大网络。加快潇湘城市群快速通道建设，打造城际快速路。加快潇湘大道、阳明大道、机场大道、S217 冷水滩绕城段、冷水滩至东安一级公路、零陵至双牌一级公路建设，尽快建成中心城区外环快速路。加快农村联网公路建设和拓宽改造，农村通畅公路路面宽度达到 5 米以上，行政村 100% 通水泥（沥青）路。

2. 构建铁路大通道。致力打造区域性铁路枢纽城市，推动永州铁路网从“十字架”到“米字型”的转变，实现真正意义上高铁“零”的突破。启动湘桂线电气化改造，推动衡柳高铁加速加密，时速提至 300 公里；启动建设时速 350 公里的呼南高铁邵永客专线，形成湖南乃至西南各省南下“珠三角”第二大出口出海通道；开工建设湘桂铁路易家桥站至永州站三线、永州北站、永州北货站、永州站提质改造等项目；争取洛湛铁路永州至贺州段调整为永贺高铁，争取靖永郴赣铁路列入中期调整国家十三五规划；实行“五市”联动，开展邵永高铁南延线永州至清远至广州段可行性研究并争取列入规划；启动规划潇湘城市群城际轻轨（磁悬浮）铁路网络。

3. 打造水运大通道。重点实施湘江永州至衡阳千吨级航道改造工程，全面满足三级航道通航标准，加快祁阳、冷水滩、零陵等 3 个千吨级港口码头和全市 116 座渡口码头标准化改造建设，助推临港产业园区建设，加快潇水涔天河库区航运工程、湘江东安石期市至斗牛岭航运工程、双牌库区客运码头工程建设，打通永州内河水运大通道，提升全市水运通行能力，助推全市水上旅游经济发展，规划改造湘桂运河，沟通长江、珠江水系，打通永州第二条水运出海通道，初步形成“低成本、大批量、远距离”的水运新模式。

4. 拓展航空大通道。稳步发展民航业，进一步完善和拓展永州航空、航线大格局。高标准启动和加快永州零陵机场迁建工作，增开深圳至永州至北京、永州至上海浦东等新的航线，架起对接国内外“空中走廊”，广泛开展结交国际友好城市交流活动，加强省际国际交流与合作，真正把空中通道变成播撒友谊的桥梁和开放崛起、互利共赢的“黄金商道”；推进通用航空发展，在江华、冷水滩、祁阳、金洞、双牌布局二类通用机场，初步形成空中旅游通道。

5. 构建服务大通道。突出公交优先发展和改善农村交通条件两项民生工程，加快改善公交相关服务设施，完善城市公交网络体系，优化线路布局，加快中心城市 BRT 快速通道建设，加快更新新能源公交车辆、出租车辆，实施公共交通服务“城乡一体化”工程，实现城郊 30 公里内基本公共交通全覆盖。改进海事支持保障系统，提升河运安全保障能力。实施“美丽交通”“平安交通”“智慧交通”工程，规划“大数据”交通综合管理，加快推进“数据对接、资源共享”的大数据资源平台建设，强化公交文明服务和信息化服务，完善道路交通安保设施，加大超限超载治理，提升道路管养水平，维护和优化城乡交通“便捷、顺畅、舒适”的交通出行条件。

（二）平台大建设

要把开放平台建设作为一项基础性工作来抓，实施“开放平台建设三年行动计划”，着力推动园区转型升级、建设“大通关”功能性平台以及经贸会展平台，通过栽好“梧桐树”，引得“凤来栖”。

1. 抓好园区升级建设。继续推进“百亿园区”计划，做大做强四个百亿工业园区，努力将工业园区构建为创新发展、开放崛起的新高地。重点支持永州经开区在理顺管理体制、聚焦产业优势、加大项目招商、加强产城融合方面走在全市前列，力争晋升为国家级经济技术开发区。积极探索工业园区体制机制改革，按照产城融合、设施配套的要求，加大园区基础设施建设，统筹规划布局与产业园区相配套的文化、教育、交通、医疗卫生、娱乐休闲等配套设施建设，加快由工业孤岛向产城融合转型，努力建设现代化产业园区。积极探索园区建设发展新模式，着力壮大园区龙头企业，培育园区主导产业，引导园区优势产业、特色产业集聚快速发展，鼓励各工业园区因地制宜，错位发展，充分利用现有标准厂房，建设一批起点较高、规模较大、集中度高、竞争力强的特色专业园区。

2. 完善重点产业链。积极培育主导产业，将具有相对优势的先进装备制造、农产品精深加工、电子信息、轻纺制鞋、生物制药等优势产业逐渐壮大成为二百亿产业，打造成全市的主导产业。鼓励传统产业运用先进技术和高新技术改造提升，重点加强对农产品精深加工、矿产品精深加工产业进行整合改造提升。扎实推进异蛇产业整合升级和冶炼企业转型升级计划。设立新兴产业发展基金，大力发展先进装备制造、电子信息、生物医药、新能源新材料、绿色节能环保等新兴产业，推进产业链发展计划，加快形成千亿产业集群优势。紧密对接“制造强国”和“网络强国”战略，重点发展以长丰猎豹、新能源汽车为重点，全面规划建设新能源汽车产业园，大力发展智能化装备制造业，进一步提升先进装备制造业的竞争力，以华为云计算中心、北斗导航、智慧永州等项目为龙头，培育壮大大数据信息产业。

3. 加快物流平台建设。畅通物流通道。重点建好广西、东南亚物流通道、珠三角产业转移物流通道和城区物流通道。加快引进第三方物流和互联网技术，提升快递仓储物流配送能力。加快建设已纳入规划的 6 个交通物流园，全面构建现代物流园区；加快物流空港建设，把未来的零陵机场建设成为集高铁、地铁、城际轨道和高速公路多种交通方式于一体的交通中心和换乘枢纽，实现铁路、公路与航空之间有效对接，使之在“一带一路”新一轮对外开放大格局中发挥更大作用，为永州产业发展提供强大物流平台支持。

4. 加快通关报检平台建设。优化物流通关。进一步放大湖南农副产品集中验放场功能，争取成功申报进境水果和肉类指定口岸；做好永州公路口岸项目二期规划设计和交易区建设。开通港澳直通车。争取长沙海关驻永州办事处、湖南出入境检验检疫局永州办事处机构升格。争取 2017 年底成功创建国家级出口食品农产品质量安全示范市。加快信息化建设。加速电子口岸建设，实行“一次申报、一次查验、一次放行”的通关模式，尝试推进跨境快速通关改革。

（三）招商大突破

把招商引资作为扩大开放的第一抓手，突出全市招商、全民招商，不断强化领导带头招商、以商招商、创造优势招商，用招商的成效检验开放的力度。

1. 转变招商理念。坚持“引资”与“选资”相结合。摒弃“捡到篮子里就是菜”的招商思维，牢牢守住生态、绿色、环保底线，建立健全绿色低碳循环发展的经济体系，坚决杜绝环境污染和精神污染的项目，实现招商引资向招商选资的转变。坚持招“大”与招“小”相结合。坚决杜绝“好高骛远”“好大喜功”“抓大放小”的思想，在瞄准世界 500 百强、中国 500 强、民营 500 强等带动性强的企业招商的同时，要做到“招小引大”，尤其要对一些规模不大但成长性好的新兴产业不要歧视。坚持引资与引技、引智相结合。突出引资与引技、引智并重，做到“双招双引”。在引资的同时，注重引进产业集群和跨国公司区域总部、营运中心、研发中心，注重引进高端人才、关键技术、核心技术、高端技术。

2. 创新招商方式。开展专业招商。各县区以工业园区为载体，组织一支精英式、专业化招商小分队，招商人员可采取从各机关单位、事业单位中择优挑选，从现有落户企业或其他招商专业机构中聘任等方式产生，聘请相关专家开展培训，认证上岗，专职从事招商工作。开展产业链招商。按全市产业发展重点，成立农产品精深加工、先进装备制造产业、生物医药产业、电子信息产业、新能源新材料产业、矿产品精深加工产业、轻纺制鞋产业、商贸物流、生态旅游、现代服务业、总部经济等产业链招商工作组，根据各部门的职能设置，每个产业招商工作组明确一个牵头单位和相关成员单位，招商工作组人员从各单位抽调人员，归口牵头单位统一管理，工作经费由各成员单位自筹，专职开展招商工作。开展委托招商。有效利用协会、商会等中介组织专业性强、行业影响力大、拥有企业和信息资源丰富、组织协调能力强等优势特点，筛选确定一批社会知名度高、有实力且信誉良好的中介机构，签订委托招商协议，实行服务外包，开展委托招商工作。开展点对点招商。探索发展“飞地经济”，通过结为友好城市等方式，与重点城市、中介组织及大型企业集团采取共建产业园区等模式开展多领域合作，实现优势互补、共赢发展。

3. 突出招商重点。定位重点区域。根据我市区位特点，紧盯珠三角、长三角、台湾、东盟等重点地区，开展多种形式的招商。规划重点产业。结合七大主导产业的特点，确定汽车制造、轻纺制鞋、农产品精深加工等 2 个～3 个重点产业进行重点招商，促进产业集群加速形成。瞄准重点企业。锁定世界 500 强、中国 500 强、中国民营 500 强企业，制定重点企业名录、招商线路图，开展专项招商。力争每年新引进世界 500 强企业项目 1 个，中国 500 强和中国民营 500 强企业项目 5 个。圈定重点投资人。实施"永商回归"工程，积极开展"迎老乡回故乡建家乡"行动，吸引优秀永州籍人士返乡投资兴业。

4. 优化招商管理。制定透明招商政策。紧紧把握今年国发 5 号和国办发 7 号两个政策文件大风口，科学制定好当前我市投资新政策，在企业用地，投资达效，用水、用气、用电、用工、融资，标准厂房租赁，发展总部经济，引进人才，企业上市，创新创业等给予最大限度的优惠和奖励，对重点招商项目实行"一事一议""特事特办"。制定科学考核体系。在现有绩效考核的基础上，设立招商引资功臣奖励基金，制定专项考核奖励制度，对一线招商引资人员尤其是作出重要贡献的人员进行重奖，并将招商引资实绩作为组织部门提拔、使用干部的一个重要依据，在干部提拔使用时对优秀招商人员予以优先考虑。建立重大项目市县行政首长调度挂牌联络服务制度。从全市在谈和在建 500 强招商项目中遴选出 20 个左右作为市级重大项目，实行市长跟踪联系和调度制度，每个项目明确一名市级领导挂牌联络服务，每季度由行政首长主持召开一次专题调度会议，统筹项目进展情况，及时解决项目推进过程中出现的重大困难和问题。各县明确 10 个以上重点在建和在谈招商项目，参照执行。实行招商项目手续全程代办机制。成立市县两级招商服务中心，归口商务部门管理，聘请专门工作人员，财政保障工作经费，对招商企业免费全程代办投资手续、全程处理企业投诉、全程落实优惠政策，解决好服务投资的"最后一公里"问题。

（四）旅游大升温

旅游是友谊的使者、沟通的桥梁，在落实"创新引领、开放崛起"战略中，将旅游业作为对外经济开放、引进投资的一个先导行业来发展。始终坚持人与自然和谐共生，坚定走生产发展、生活富裕、生态良好的文明发展道路，在实施乡村振兴战略，推进绿色发展上，认真探索"永州路径"，加快建设美丽永州，突出打造永州旅游龙头，提升营销策划水平，显著提升永州对外知名度，通过旅游大升温推动开放大扩张。

1. 高品质打造核心景区。突出重点，举全市之力，集全民之智，构建以零陵古城和九嶷山为核心景区，多个 A 级景区、特色小镇、乡村旅游精品线路环绕联动的全域旅游新格局。以零陵古城项目为引爆点，带动零陵古城整体升温，强化零陵古城项目的包装策划，营销推介，将其建成为长江以南地区最富文化性、生态性、综合性的山水古城，永州旅游新的增长极。以九嶷山成功创建国家级风景名胜区为契机，主打生态旅游、祭祖祈福、休闲度假概念，集中资源和力量加快创 AAAAA 步伐，创新宣传营销方式，采取市民免费、市外赠送门票等方式，尽快实现景区游客倍增。

2. 高标准包装全域旅游。以创建国家全域旅游示范区为抓手，全面实施乡村振兴战略，把全市作为一个大景区来统筹规划，打造"处处是景、时时见景、触景生情"和"旅游即城市、城市即旅游"的全域旅游示范基地。着力完善景区交通基础设施和基础配套设施，重点加强游客集散中心、自驾车营地、露营基地、星级旅游饭店等建设；着力加强 A 级景区建设，大力支持双牌创建"国际慢城"，在江永、宁远、东安创建国家全域旅游示范区的基础上，加快其他县区申报创建步伐。大力发展乡村旅游，进一步包装江华香草源、江永勾蓝瑶寨、宁远下灌村、祁阳八尺村等一批精品景区。大力推进"543"乡村旅游富民工程，即"十三五"期间，重点打造 5 个特色旅游小镇、支持培育 40 个乡村旅游示范村、引导创建 300 个星级乡村旅游点。

3. 高水平策划旅游营销。加强境内旅游资源独特性、可塑性的包装，坚持走市场化路子，引进高层次战略投资者。创新宣传方式，强化节会营销，高水平办好祭舜大典、清明祭柳、全国草书名家邀请展、东安鸡美食节、江永紫荆花节、江华桃花节、蓝山梨花节等节会，做到旅游月月有节庆、周周有活动。全面加强对外营销，强化与桂林合作，深化"千车万人游永州"活动，面向长三角、珠三角、长株潭等地区开展永州旅游招商、节会推介会活动，进一步提升永州旅游的知名度。加强旅游海外营销，主动融入"一带一路"，每年至少新增 1 个国际友好城市或友好合作关系城市。

（五）环境大改善

牢固树立环境就是生产力的理念，着力营造人尽其才、才尽其用的人才环境，自由流动、诚信守诺的市场环境，尊商亲商、安商富商的营商环境，让一切活力竞相迸发，让一切源泉充分涌流。

1. 打造具有区域竞争力的营商环境。用一流的营商环境吸引投资、发展实业。围绕“办事最简”，深入推进“放管服”改革和商事制度改革，建立政务公开“负面清单”制度，调整完善“三清单一目录”，完善和实施建设工程项目并联审批制度，努力实现“三个简化”。围绕“效率最高”，严格落实“两集中、两到位”，全面推行“互联网+政务服务”模式，健全完善并联审批和重大项目“绿色通道”制度，强化网上政务和电子监察实时监督，不断提升政务效率。积极创建全省“互联网+政务服务”试点城市。围绕“收费最少”，深入推进正税清费，进一步降低企业税费负担和要素成本，大力开展降低实体经济企业成本专项行动，助推实体经济企业减负增效。进一步清理中介服务事项，深入推进行业协会商会与行政机关脱钩改革，全面完成第二批脱钩任务。围绕“服务最好”，严格落实“企业宁静日”等制度，进一步规范涉企检查、收费、罚款等行为；大力开展精准帮扶活动，继续推行联系服务企业“四定”工作机制；着力加快社会信用体系建设；构建“亲、清”新型政商关系。

2. 创造具有深远影响力的创新环境。在全社会大力营造“大众创新、万众创业”的氛围。结合永州实际，制定有利于创新创业的政策体系，加强科技政策与产业政策、社会保障政策等的协调互动，形成政策层面的组合拳。整合创新资源，建立创新要素向产业集聚、创新服务共享、中介服务机制，打造孵化、研发、转化平台，提高资源的集成度。明确责任主体，减少审批环节，加强监督检查，全面执行各级关于鼓励和促进创新创业的政策规定，确保财政、税收、投资、金融等方面的政策措施应享尽享、用足用活。强化政策激励，完善创新创业奖励办法，大幅度提高科技奖励标准，提升科技工作者的创新热情。加强科学普及和创新文化建设，全面提升公民科学素质，大力弘扬创新精神，让创新的源泉充分涌动，使人人崇尚创新、人人乐于创新、人人皆可创新成为全社会的价值追求和生活方式。

3. 营造具有大众感召力的用人环境。用一贤人则群贤毕至，见贤思齐就蔚然成风。树立公道正派的选人用人导向，做到赏罚分明、能上能下，最大限度激发全市干部的干事创业激情。始终坚持“信念坚定、为民服务、勤政务实、敢于担当、清正廉洁”的好干部标准，始终以实绩论英雄，坚决杜绝单一唯票、唯分、唯 GDP、唯年龄、唯学历用干部，出台破格提拔、优先提拔工作细则，使之制度化、公开化，减少干部破格提拔、优先提拔的神秘性和偶然性。坚持党管人才原则，全面清理优秀人才引进优惠政策，在法律法规允许和永州能够承受的前提下，最大限度的提升优秀人才奖励办法，形成能吸引高层次人才来永州创业、推动各类优秀人才在永州创业的政策体系，提升人才引进的公信力，确保人才引得进、留得下、用得好。

打造宜业宜居宜游的品质活力新永州

——永州市中心城区扩容提质路径探索与研究

中共永州市委常委、市委秘书长 唐能武

城市是地方形象的“门面”，经济发展的“载体”，招商引资的“平台”，精神文明建设的“窗口”。改革开放以来，特别是撤销零陵地区、建立地级永州市以来，为正确制定符合永州情况的城市发展战略，市委、市政府进行了长期艰苦的研究与探索，也取得了令人瞩目的发展成效。2017 年市委经济工作会议报告指出，要打好脱贫攻坚、城镇提质、旅游升温、交通提速、环境整治、园区升级六大战役，建设创新开放新高地、品质活力新永州。为此，围绕市委提出的城镇提质战役，对中心城区发展现状进行了调研，并结合自己的实践与思考，对永州市中心城区扩容提质提出一管之见。

一、对焦看成绩：发展加快，品质提高，活力增强

近几年来，市委、市政府始终把加快中心城区发展作为一项事关全局的重要工作，强力推进中心城区扩容提质，按照品质、活力的发展理念，高起点定位，大手笔谋划，大投入建设，城市建设和城镇化发展无论从“量”的增长，还是“质”的提升，均发生了翻天覆地的变化，成功创建国家卫生城市、国家森林城市、国家历史文化名城、全国森林旅游示范市、中国最幸福城市，中心城区的首位度、开放度、文明度、美誉度悄然提升。

1. 城市框架初具雏形。按照市第五次党代会精神和《永州市城市总体规划（2001—2020）》，确定了中心城区的发展定位，即将永州建设成为湘、粤、桂省际区域性中心城市、区域性物流中心，中部地区承接沿海产业转移基地，以历史文化名城为基础的现代化生态旅游城市，开放创新、和谐发展的生态宜居城市；确定了一圈一带一轴三组团的总体发展布局，其中，“一圈”指中心城区外围的高速公路圈，“一带”指湘江风光带，“一轴”指永州大道发展轴，“三组团”指北部冷水滩组团、中部生态新城组团、南部零陵组团。在“十二五”期间，中心城区建成区面积由54.8平方千米拓展到60.1平方千米，常住人口增加到55.02万人，城市框架基本形成，滨江新城、东部新城建设同步启动。同时，完成了21个专项规划和18大片区控规编制，开展了潇湘城市群协调发展及其交通、产业、生态专项规划，结合“十三五”规划，启动了近期建设规划，完成了蔡市、高溪市、上岭桥等卫星镇规划编制，编制了东部新城项目总体规划设计方案。全市形成了从总规、专项规划到控规，再到乡镇、村庄等各层次有机衔接的规划体系。

2. 交通瓶颈逐步放开。冷水滩区河西片区“六纵九横”、河东片区“三纵五横”、滨江生态新城“一纵三横”、零陵区河西片区“四纵五横”、河东片区“三纵六横”的主干路网基本建成，中心城区道路框架全面加强。“十二五”期间，中心城区新增道路面积248.4万平方米，新改扩建道路206千米。2017年以来，特别是围绕打好“城镇提质”“交通提速”战役，中心城区铺开重点项目60多个，其中修建城市主次干道40条，道路总长93.74千米，新增城市道路面积410.14万平方米，城市人均道路面积达14.62平方米。二广高速永州连接线作为东部新城核心区主干道，已开工建设；永州大道沟通南北，泉南高速互通和城区连接线贯通东西；永州大道、育才路、湘江东路等“三纵五横”连通河东路网；陶源路、紫霞路、梧桐路等道路将新火车站与冷水滩工业园连为一体；潇湘大道、城南大道、长丰大道等道路的建设改善了长丰工业园区的投资环境；李达大道、城南大道、迎宾路等道路的实施加快了滨江新城的建设步伐；萍洲大道、桃江路、工业大道等道路打开了萍洲工业园的交通瓶颈。一批功能全、配套好、环境美的主干道相继建成，形成了河东、河西环城路，城区道路框架构建更加合理，有效解决了中心城区的交通压力。同时，零陵机场迁建进展有序，并已开通海口、昆明、厦门、上海、北京、重庆、海口等多条航线；湘桂高铁建成通车，洛湛铁路邵永段客运专线及永玉段扩能改造，湘桂铁路电气化改造及新建湘桂铁路高溪市镇至永州站线路，兴永郴赣铁路和桂永郴赣铁路，襄阳至常德至永州至南宁高铁通道等项目有序实施；经市委、市政府大力争取，湘桂铁路永州地区扩能工程于2017年11月20日提前开工；湘江永州段千吨级航道通航稳步推进。中心城区正逐步打造为综合交通枢纽城市。

3. 经济引擎持续发力。中心城区的汽车、机电制造、医药、交通、商贸、旅游等行业快速发展，已初步建成全市经济重心和带动全市经济快速发展的“新引擎”。一是中心城区经济实力显著增强。截至2016年，冷水滩区、零陵区、永州经开区（以下简称三区）创造了全市28.7%的地区生产总值、20.5%的地方财政收入、29.9%的规模工业总产值、27.5%的固定资产投资（绝对值），34.7%的社会消费品零售总额（绝对值），中心城区城镇居民人均可支配收入实现24385元，主要经济指标增速多高于全市平均水平。需求结构持续改善，投资消费的协调拉动作用不断增强。二是工业园区迅速崛起。新型工业化第一推动力明显，2016年三区工业总产值合计达383.6亿元，完成规模工业增加值合计102亿元，占全市的31.7%，工业集聚效应显著，三区工业园区规模工业总产值占三区规模工业的84.7%。工业结构调整步伐不断加快，向电子信息产业、先进装备制造产业、生物医药、农产品精深加工四大产业共同发展的多点支撑体系转变。围绕长丰猎豹

和华为大数据中心，不断拉长先进装备制造、大数据产业发展链条，产业集群加快推进，产业链条不断完整。2016 年，冷水滩区实现高新技术产业产值 178.94 亿元，实现高新技术增加值 48.12 亿元，占 GDP 比重为 19.9%。2015 年，永州经开区建成百亿园区；2016 年，冷水滩高科园规模工业总产值突破 100 亿元。三是社会服务设施更加完善。“十二五”期间，借力于经济的持续发展，各项社会服务设施得到了进一步完善。特别是中心城区以创国卫、棚户区改造为突破口，加强了城区的基础设施和市场建设，商业设施不断完善，一大批商业铺面焕发生机。舜德摩尔、滨江豪园、红太阳等商业广场相继建成，获得了良好的商业聚集效应；市中心医院、市妇幼保健院、市眼科医院、市中医院等相继建设，促进了全市医疗卫生事业的发展；黄泥井、三多亭等 29 个农贸市场的改造，改善了农贸市场经营环境和秩序；沿江风光带、体育中心、潇湘公园等设施的完善配套，进一步改善了城区休闲环境；中心城区现拥有高等院校已达 6 所；东部新城市级儿童中心、康养中心、交通枢纽中心、湿地公园、安置小区等重大项目即将陆续建设。

4. 城市品牌日益彰显。近年来，随着城镇提质战役的全面铺开，中心城区着力于“山、水、洲、城”于一体的现代化园林城市建设，逐渐擦亮了历史文化名城和生态园林城市的品牌。突出历史文化名城方面，深层次挖掘柳文化等优秀历史遗产，加大对永州八景等历史文物、历史建筑、历史街景的保护恢复和开发利用，逐步恢复了东山景区、柳子景区、萍洲书院等历史遗址风貌，复兴了永州古城风貌。同时，在中心城区建设中，探索融“舜、柳、理学文化”于现代文化之中，在城市建筑设计、城市公益设施中，正不断彰显这一文化特色，如沿江风光带、白石山公园等。突出生态园林城市特色方面，城市新区主干道绿化、美化、亮化、环卫、管线下地等功能设施实现高标准配套建设，完成了湘永路、育才路等 15 条道路的绿化提质，永州大道、萍洲大道等成为城市靓丽的风景，新建小游园 40 个、综合性公园 3 个，建成区绿地率和绿化覆盖率分别达到 33.5%、37.96%，人均公园绿地面积 8.5 平方米，初步实现了居民出门“300 米见绿、500 米见园”的目标。燃气普及率达到 93%，城市污水和垃圾处理率分别达到 93.7%、98.2%。同时，以潇湘平湖为轴线，加大了宋家洲、巴洲等自然景点整治建设力度，逐步凸显了“山、水、洲、城”自然风光带融为一体、协调发展的现代化生态园林城市特色。吸纳全市餐饮休闲文化特色，着力打造了“源味一条街”，进一步丰富了城市文化内涵。

二、对标比不足：基础薄弱，短板突出，任重道远

近年来，全市上下克服多种不利因素，城乡建设取得了可喜的成绩，但囿于基础薄弱，经济实力欠发达，历史欠账遗留问题多等原因，对比发达地区，对照市委、市政府总体目标要求，对照老百姓的期盼，城乡统筹推进步伐还不快，一些制约城镇提质建设的深层次问题还没有得到很好解决。

1. 区位优势发挥不明显。目前永州市区域联系度不高，中心城区辐射力不强，尤其是在省内与长株潭地区、郴州、衡阳的联系度不高，仅生产性服务业与长沙联系处于第三级别，而制造业和一般性服务业与其他城市都缺乏联系。永州地处湘、粤、桂三省交界处，区位优势明显，同时拥有水运、航空、铁路以及公路等多层次、多方位的交通资源，但其优越的交通资源并没有形成相对优势发挥作用，港口建设迟缓，零陵机场未充分发挥航空物流作用，铁路枢纽建设相对滞后，交通建设对内大循环对外大开放层次还不够高。永州市城镇化率为 46.3%，排全省第九位，其中，中心城区常住人口为 55.02 万人，与《永州市城市总体规划（2001—2020）》中明确至 2020 年达到 100 万人口还存在较大差距。2016 年，三区地区生产总值合计为 450.5 亿元，与周边郴州、衡阳相比，中心城区综合实力和辐射带动力相对较弱，区域发展的核心作用难以发挥。

2. 规划引领存在偏差。规划理念还不能完全适应现代城市发展要求，绿色、低碳、智慧城市等理念在规划建设过程中没有得到充分重视，大部分项目的规划设计是由业主单位组织编制，在编制质量和城市建筑风貌上难以统一把控。中心城区发展方向基本符合现行总规，但各功能组团与现行总规有一定偏差，规划目标未能完全实现，组团功能需进一步优化。冷水滩组团城市商业及服务业用地比例仅为 5.7%，远低于现行总体规划的确定值；中部新城组团基础设施建设滞后，建设用地的总体完成率仅为 10.85%，且组团功能不健全，与现行总规有较大的偏差，面临发展动力缺乏的风险；零陵组团工

业用地和绿地比例较高以及商业服务业用地比例过低，与零陵组团重点围绕零陵古城发展文化旅游产业及相关服务业的发展定位存在偏差，需借助历史文化名城发展机遇，提升商业服务业设施用地比例，并逐步搬迁东部工业企业。

3. 基础设施亟须完善。一是道路交通建设存在短板。永州境内尚无真正意义的高铁，衡永、永新两条高速公路短期内难以开工建设，中心城区城市轨道交通建设还未谋划启动，二广高速永州东互通连接线、省道217线马坪至陶源路等出城通道还不够畅通，车辆拥堵现象时有发生，城区公交站点站场、路内停车系统、公交服务质量等建设和综合管理有待提升。二是供水、供气、供电亟须改善。由于历史原因，基础设施欠账多，虽经发展仍有很多不足之处。表现在供水能力不足，管网漏损率较大，中心城区漏损率在40%以上，安全供水得不到保障；长输管线建设进展不快，气化永州目标受到制约；雨污分流不彻底，纳污管网设施建设和污水处理提标改造滞后等，严重制约了城市品质的提升。三是“五化”推进力度有待加大。中心城区建筑立面改造未全覆盖，城区背街小巷、城中村、城乡接合部改观不大。园林绿化项目建设中只求“增绿”不见景观，缺乏观赏性强的景观树种，植物配置模式单调，景观节点少，缺乏精品工程。城区历史文化遗产、地域文化风格、传统文化风貌和山体水体自然景观保护性开发、挖掘性开发不够。城区、卫星乡镇亮化率不高，城市风格、色彩还未形成。四是文化体育休闲设施配套不足。中心城区缺少标志性公共文化体育设施，文化资源保护利用不足，文化创意产业和文化旅游业、体育健身产业缺乏品质的现实未得到改观，满足居民提高生活质量、关注身体健康且富有文化和创意内涵的休闲健身产业圈还未形成。

4. 城市管理有待加强。一是智慧城市管理有待提升。我市数字城管已成雏形，但与株洲等地相比，相差甚远，还存在信息采集渠道单一，系统平台智能化程度不高等问题。二是联动执法工作机制不顺。主要是部门与部门之间、市与区之间规划执法工作机制不顺。如当前虽实行了联动执法，但住建、国土、城管三个执法主体相互衔接欠缺，在遇到职能交叉、问题移交时，时常存在相互推诿和脱节等问题，导致对城区违法违章建筑处置不及时，对周边卫星乡镇无序建房管理约束不到位。三是城市建设与城市管理不紧密。在市政工程施工中，还存在施工组织不科学、不合理的现象，时常给老百姓的生产生活带来不便。在市政设施完工后也未及时将项目移交至职能管理部门，导致后期维护、管护脱节。同时，市政施工随意开挖绿化带、毁绿、损绿、占用残疾人无障碍设施等问题还不同程度存在。

三、对齐谋思路：重点突破，以点带面，引爆全局

我市全面打响城镇提质战役，既是一个宏伟目标，也是一项艰巨任务；既有着难得机遇和诸多优势，也面临着不少困难，可谓挑战与机遇并存，困难与希望同在。实施好中心城区的扩容提质，具有十分重要的现实和战略意义，我们一定要深入贯彻落实好党的十九大精神，注重区域协调发展和城乡融合发展，立足市情，因地制宜，科学谋划，重点突破。

（一）基本思路

以党的十九大精神为引领，按照市第五次党代会提出的目标计划，以《永州市城市总体规划（2001—2020）（2010年修订）》为基础，以“城市让生活更美好”为第一视角，以巩固生态优势、传承历史文化为第一竞争力，明确“十三五”期间中心城市扩容提质的发展方向与路径，完善中心城市的空间形态，强化冷水滩区、零陵区、永州经开区、滨江新城及周边区域空间功能规划的统筹指导，高品质建设布局合理、功能完善、环境优美、特色鲜明的生态宜业宜居宜游城市，打造品质活力新永州。

（二）目标定位

2018年年内，深入实施“中心城区扩容提质行动”，全速推进一批重大项目，大力发展一批产业项目，合理布局一批民生项目，加快推进“T”字型潇湘城市群建设，突出抓好城市群内基础设施互联互通、功能配套，全年力争实施重点城建项目100个以上，完成投资200亿元以上。力争到2021年（建党一百年），“T”字型潇湘城市群关联度更为紧密，“一江两岸”框架基本成型，滨江新城、东部活力新城初具雏形，中心城区常住人口由55.02万增至65万人以上，永州经开区成功获批国家级经开区，中心城区园区规模工业总产值突破1000亿元，“百亿园区、百亿产业、百亿企业”竞相崛起，主要经济指标领跑全市。至2049年（建国一百年），“T”字型潇湘城市群基本形成，“一圈一带一轴三组团”无

缝衔接，冷水滩至零陵实现全面连城，高端优势产业向中心城区聚集，社会消费品零售总额等主要经济指标占全市的“半壁江山”，全面形成优宜生产圈、和美生态圈、品质生活圈与品牌旅游圈，中心城区常住人口增至100万人以上，年国际国内旅客吞吐量突破1000万人次，永州成为湘粤桂边际地区活力城市、生态城市、宜居城市、旅游城市。

（三）路径分析

坚持以“创新、协调、绿色、开放、共享”五大发展理念为指导，按照“高起点规划、高标准建设、高效能管理”的要求，进一步解放思想，把工作重心转移到城市规划和建设上来，不断提高驾驭城市规划、建设的管理能力和水平。

1. 城市空间提升路径。一是以“潇湘城市群”为目标，构建“大永州”城市发展体系。从城市发展的中远期来考虑，树立“全域永州”理念，确立“突出中心、T字展开、组团发展”的发展思路。视县为区，以区为县，跳出零、冷两区双子城的思维束缚，将祁阳、东安、双牌与冷水滩、零陵通盘考虑，纳入城市总体规划，着力打造以冷水滩为核心，以祁阳—冷水滩—东安为横轴，以冷水滩—零陵—双牌为纵轴的“T”字型城市建设格局。在城乡统筹方面，立足于加快推进新型城镇化进程，按照产业向园区集中、农村人口向城镇集中、土地向规模经营集中的原则，高起点、高标准编制中心城区统筹城乡经济社会发展总体规划，在以冷水滩城区为核心，零陵、祁阳、东安、双牌、金洞管理区为次核心的基础上，依托实施好乡村振兴战略，从2018年起，每年高标准规划建设一批中心镇、中心村，形成“四个层级”“点线面”融合发展的新局面。二是以“冷水滩区河东—滨江生态新城”为中心，加快南北连城。明确冷水滩河东片区为全市的政治、经济中心，城市建设重点往滨江生态新城延伸，举全市之力将“冷水滩河东片区—滨江生态新城”打造为湘江流域品质活力之源、创新开放之城。为更好统筹滨江新城的规划、布局，统筹滨江新城开发建设，在航空限高背景下，可设立滨江新区临时党工委、滨江城区临时管委会，履行市委、市政府授予的经济社会管理审批权。在零陵机场搬迁前，重点抓好“一场两片三线”和“一宫两馆六中心”，“一场”即突出抓好零陵机场迁建，“两片”即突出抓好以休闲养生产业为核心的玫瑰湾片区、以商贸会展为核心的万商红片区开发，“三线”即突出抓好以完善道路交通网络和拓展城市空间为东线的阳明大道建设、以绿化提质改造和地下综合管廊为中线的永州大道后续配套、以湘江风光带和潇湘平湖水上旅游开发为西线的湘江东岸生态治理。“一宫两馆六中心”，即工人文化宫、博物馆、图书馆、政务服务中心、文化艺术中心、妇女儿童活动中心、科技中心、青少年活动中心、老年活动中心，谋划实施市奥林匹克运动中心。同步抓好滨江新城规划区内的征地拆迁，争取至2018年年底，实现滨江新城规划区内全面“净地”，为机场迁建后的项目建设，蓄足动力。三是以“一江两岸、滨江新城”为重点，打造魅力潇水。灵活运用市场资本，采取PPP模式和货币安置的方式，利用两年的时间，重点抓好冷水滩湘江西岸和零陵潇水两岸的棚户区改造工作，同时，加大闲置土地的清理处置力度，盘活存量土地，谋划引进高标准、高水平、高品质的精品项目落户两岸，彰显“一江两岸”的新风貌。同步加快湘江东路、湘江西路建设步伐，实现零、冷两区全线贯通，缓解目前单线连接的交通压力，并注重沿线道路功能与防洪功能的统一，体现人文景观与山水景观的协调，丰富日景与夜景的内涵。结合不同区段、不同景观，逐步实施永州大桥、潇湘大桥、曲河大桥、城南大桥、萍洲大桥、东风大桥、南津渡大桥的风貌改造，实现水、景、桥的协调统一。四是以“东部新城—市农科园”为依托，打造城市“后花园”。从近景谋划，坚持“先策划、后规划、再计划”的思路，按照《东部新城项目总体规划设计方案》，全面启动东部新城规划区内路网建设，并逐步向市农科园区域延伸，力争在2020年前，市级儿童公园、儿童医院、康养中心、交通枢纽中心、湿地公园等项目相继建成，积极引进一批旅游文创、智慧科技、教育医疗、商贸会展等类型的大项目、好项目，激发新城活力。从远景考虑，以东部新城为起点，以东部新城—市农科园—金洞管理区为轴线，项目布局逐步向伊塘、大忠桥、三口塘等卫星镇延伸，以打造国家农科园为抓手，依托“市农科园—金洞”沿线的生态农业林业资源，突出自然景观、田园风光，加快特色小镇、中心村的建设，大力发展观光旅游、休闲果业、休闲农业、“田园综合体”等现代农林产业，把“东部新城—市农科园—金洞”沿线及周边区域打造为中心城区的“后花园”。

2. 城市规划提升路径。一要加快规划编制，构建完备规划体系。加快完成永州市城市总体规划局部修编，切实抓紧中心城市近期建设规划以及城市色彩、海绵城市、地下综合管廊等专项规划编制，立即启动零陵菱角塘接履桥片区、石山脚片区，东安芦洪市片区，冷水滩岚角山片区、上岭桥片区、伊塘片区，祁阳三口塘、大忠桥片区等中心城区卫星镇规划。完善“T”字型潇湘城市群协调发展及其交通、产业、生态专项规划编制，辐射带动潇湘城市群周边沿线33个建制镇的协调发展。同时，完成各县总体规划修编扫尾工作，以及各乡镇、村庄规划编制，构建完备的城乡规划体系。二要深化规划研究，指导城市特色塑造。中心城区双中心、单轴线的空间结构特征明显，冷水滩区零陵中路和永州大道零陵区城区段等道路功能过分集中，由此带来日常交通拥堵等城市病。未来在永州城市总体规划修编中，应体现优化城市空间结构的要求，对近期城市拓展区明确与主城区衔接的功能定位，维持合理的城市形态。要合理划定边界，引导城市有序拓展，预留北边潇湘城市群、南边生态经济圈重要的交通廊道和生态廊道，预留滨江生态新城自然生态、自然水系，为未来规划建设内城河、内陆湖保留空间，从规划层面对原有的山脉、水系、塘湖、文物古迹等进行保护利用，力求凸显自然特色、文化特色。要从规划入手，把历史文化、生态文化、现代文化融入城乡规划，在建筑、街景、道路、空间、绿化、水系等方面，保持浓郁的历史文化特质和地方建筑风貌，凸显名城形象清丽、内涵深厚、精致典雅的个性，提升层次和品位。中心城区要开展城市设计、成片危旧住宅改造等规划课题研究，协调城市景观风貌。鼓励和指导周边县区开展各类规划课题研究。三要严格规划管理，确保建设依规实施。坚持“一张蓝图干到底”，切实维护城乡规划的严肃性和权威性，2018年起，要严格中心城区项目用地的审批把关，合理降低冷水滩区组团、零陵组团居住用地比例，逐步提升公共设施、城市绿地、道路广场、第三产业用地比例，到2020年，公共设施用地比例达到19.67%，城市绿地用地比例达到13.32%，道路广场用地比例达到14.50%，其中商业金融用地比例不低于9.9%、医疗卫生用地比例不低于1.31%、教育科研用地比例不低于3.06%、第三产业用地比例不低于0.69%。对城区的建筑方案要逐项审查，严格遵循设计要求和《永州市城市色彩规划》的体量、材质、风格，塑造出简洁、整齐的城市美感，更多体现永州地域文化特色。由行政管理体制改革专项小组牵头，理顺部门与部门之间、市与区之间的行政执法管理机制，健全规章制度，强化协作配合，形成规划执法工作合力。完善社会参与机制，尝试开通微博、微信、短信举报渠道，推行阳光执法。建立项目动态监管平台，坚决依法查处违法违规建设。

3. 城市产业提升路径。一是明确“一个核心”。中心城区产业发展以永州经开区为核心，充分发挥国家级经济技术开发区品牌效应，以及永州作为国家级承接产业转移示范区和对接东盟桥头堡的优势，围绕“大制造、大数据、大医药、大商贸物流”产业抓好招商引资，其中，凤凰工业园以北向马坪、高溪市镇方向，重点发展电子信息、生物医药、食品加工等产业；长丰工业园向仁湾镇路洛湛线沿冷东公路方向发展，重点发展先进装备制造、汽车及配套产业、大数据产业等。同时，优化园区功能定位、产业布局，做优做强冷水滩高科园、零陵工业园、祁阳经开区、东安工业园、双牌工业园等省级工业园区和新型工业化产业示范基地；对于三区的园区建设，突破传统管理体制，建立“合作建园、飞地招商、税收分成”的运行模式，最大程度发挥各区的整体优势，协调解决各区发展中存在的同质竞争、产业雷同、重复建设等问题，使中心城区真正呈现错位发展、协同发展、科学发展的新局面。二是发展“百亿产业”。中心城区要因地制宜，找准主导优势产业做大做强。围绕长丰猎豹和华为大数据中心，不断拉长先进装备制造产业、大数据产业发展链条，推进产业集群，形成完整产业链，力争到2020年先进装备制造、电子信息产业过300亿元。抓好农产品加工产业转型升级，鼓励果秀、熙可等企业运用先进适用技术和高新技术改造提升，鼓励县区农产品加工企业“总部”逐步向中心城区聚集，力争到2020年全市食品加工产业总产值突破500亿元。生物医药产业形成向中心城区集聚发展，力争2020年建成百亿产业。三是培育“百亿企业”。中心城区要率先全面落实支持中小企业发展的各项政策，扶持一批规模企业上台阶，壮大一批主业突出、具有核心竞争力、能发挥支撑和带动作用的龙头企业，突出抓好长丰猎豹15万台技改扩能和新能源汽车布点永州，力争打造永州首家过百亿企业。四是实施“千亿投资”。中心城区要以“产业项目建设年”为契机，始终坚持“项目为王”不动摇，千方百计加大工业投入，以工业项目大投入，推动工业发展大跨越，力争到2020年，中心城区工业项目年度投资超过1000亿元。重点抓好长丰汽车扩能改造、神华火电、新能源汽车产业园、烟草产业园、达福鑫电子、零陵百亿锰产业、康都药业等重大项目建设，不断增强工业发展后劲。五是做活“第三产业”。进一步加强包括知识产权市场、人才市场、信息市场、风险投资市场、技术培训市场的技术进步服务体系，为企业技术研发提供全方位服务；完善会计、审计、法律、咨询、监理、征信、认证、价格评估、招标投标等市场中介服务组织，规范市场秩序；加强物流仓储、金融、批发零售、科研服务等行业发展，扶持、壮大一批物流企业，在中心城区主要水陆口岸规划建设一批物流中心，成立行业协会，建立跨区域、跨省的现代物流体系，使永州物流成为一个实力品牌，走出省际、跨出国门。

4. 城市交通提升路径。一是着力建设北六县区“半小时交通圈”。实施北五县区大内环、“大T字”快速通道工程建设，以冷东快线、冷祁快线为横轴，连接祁阳、中心城区和东安；以207国道零陵至双牌线、永州大道为纵轴，连接中心城区、零陵、双牌，构建“大T字”快速通道。对207国道按一级公路标准改造提质，以其为左翼，连接东安、零陵、双牌；对322国家一级公路标准实施改造提质，以其为右翼，连接祁阳、零陵；加快建设上大一级公路，连接中心城区、金洞管理区，以其为构建北五县区大内环。冷水滩、零陵城区之间加快建设快速公交、轨道交通连接为城市组团。二是着力建设中心城镇与城区间“半小时交通圈”。建设连接城区至马坪、高溪市、芦洪市、伊塘、蔡市等中心镇的快速通道，实现所有中心镇到达城区不超过半小时，形成以中心城区为中心，辐射连接中心镇的内部“半小时交通圈”。同时，坚持路网规划与新农村建设相协调、相配套，全面实现中心村与中心镇之间等级公路连接。三是着力建设水陆公交体系“半小时交通圈”。树立城市公交经营理念，对北六县区公共交通进行统一规划布局、统一服务规范、统一经济政策，开通冷水滩至祁阳、东安、金洞，零陵至祁阳、东安、双牌城际公交，实现北六县区之间公交“半小时直达”无缝连接。积极推进农村客运公交化，加快推进城区公交车辆向中心镇、中心村、以及工业园区全面延伸，将城镇公交延伸至农村，实现“半小时”一循环。以实施冷水滩、零陵千吨级航道码头项目为契机，重建水上特色公交系统，规划建设冷水滩区）—零陵“半小时”水上游览观光路线。四是着力构建立体交通体系“半小时交通圈”。充分利用机场迁建、湘桂铁路永州地区扩能工程、千吨级航道码头等项目的落地，以及党的十九大报告提出的“加强水利、铁路、公路、水运、航空等基础设施网络建设”为契机，着力建设机场、高铁站、火车站、汽车站、客运码头之间的互联互通，实现“半小时内直达”无缝对接。着力实施中心城区东、南、西、北各个出城口提质改造，并建立环线交通，实现各出口之间半小时内直达。通过构建“半小时交通圈”，形成便利、迅捷、高效的立体交通联运体系。

5. 城市品质提升路径。一是突出城市风貌。全面实施背街小巷的提质改造，充分吸收永州传统建筑的优秀文化元素，建设改造具有鲜明历史文化特色的标志性建筑和建筑群。冷水滩城区要突出现代都市风貌，零陵城区要恢复历史文化名城古风貌，中部滨江新城区要体现生态田园城市风貌。同时将三区风貌有机融合，科学确定各城区的主色调。二是打造城市地标。恢复建造规模宏大的“潇湘楼”，注重品牌塑造和文化挖掘，使之与岳阳楼、黄鹤楼、滕王阁等江南名楼齐名；在滨江新城建设弘扬宋明理学的“理学堂”，打造传承传统文化的有效载体，真正做响文化品牌；在滨江公园建设永州历代名人文化长廊，打造传播永州地域文化的实体景观；在中心城区建设古玩、书法、酒吧、柳文化等特色街区，提升市民生活品质。三是加强城市绿地建设。引进园林园艺优秀人才，组建市园林绿化科研中心，强化城市绿化、园艺的专业设计和管理，提升城市绿化空间错落的层次感。积极推进拆墙透绿、控违建绿、见缝插绿，大力倡导庭院绿化、屋顶绿化、居家绿化。加快城市小游园、公园、城市广场等绿色休闲场所建设，全面实现居民出门“300米见绿、500米见园”的目标。在中心城区宜普及市树、市花，为城市吸“碳”，以提高生态承载力；适当种植银杏等落叶林，彰显季节更替，丰富城市景观。重点保育湘江、蘋洲岛、巴州岛、宋家洲、岚角山等，以及西瓜岭、复兴岭、伏塘、西山、狮子岭、百花塘等山水景观，充分彰显“文旅新城、幸福永州”的生态文明本底优势和天然魅力。

6. 城市内涵提升路径。一是明确城市品牌。以法定的形式，确立永州独特的城市品牌，并围绕该品牌进行广泛持久宣传，使之深入人心，成为全市人民的共识。与此同时，努力创建诸如国家园林城市、国家文明城市、国家全域旅游示范市、国家生态文明城市、国家公共文化服务体系示范区等“国”字号品牌，以彰显城市魅力。二是培育城市精神。按照“植根历史、基于现实、紧跟时代、引领未来”的原则，以法定的形式，对永州的城市精神进行准确定位，并组织开展定位高端、内容精彩、形式多样的文体活动，如“怀素杯国际书法大赛”“柳宗元杯散文大赛”“潇湘平湖国际龙舟赛”等在全国叫得响的文体赛事，积极倡导城市精神，彰显城市内涵，为城市注入文化因子，培育独具特色的“永州精神”。三是延续文化血脉。以国家历史文化名城这张名片为抓手，继续加强历史遗存保护，加强对文保建筑、历史街区、名镇名村的保护，加快柳子街、城南路、潇湘古镇历史街区保护修缮和周边环境整治，恢复“八记”“八景”等历史景观。加强非物质文化遗产的发掘保护、传承和利用，培育扶持祁剧、零陵花鼓戏、零陵渔鼓等专业团体，激活地方文化演出市场。城市街道、道路、主要建筑物等改名、命名要体现历史文化特色，保存城镇文化记忆。四是彰显文化神韵。把文化元素植入到城市各个角落，使城市道路、桥梁、建筑、小品、雕塑、园林绿化成为永州文化展示的载体。在建设过程中，严把设计关、施工关、监管关和细节关，做到精工细做，精品纷呈，使建筑成为凝固的艺术，展现城市之美、文化之韵。

7. 城市功能提升路径。一是提升教育资源供给能力。以消除中心城区大班额、大校额为抓手，进一步优化中心城区中小学校、幼儿园规划布点，充分发挥市城投、市经投等平台融资功能，充分利用城区闲置学校、闲置厂房等有利资源，采取政府兴建一批、盘活资源改造一批、开发商配套一批、城乡接合部提质一批、民办教育发展一批等措施，解决中心城区学位紧张问题。同时，按照“教师跟着学生走、编制随着教师走”的原则，进一步理顺教师管理体制，并探索建立编外合同制的教师聘任机制。二是提升医疗卫生聚集能力。建设以现代化大型综合医院为核心，专科医院、社区卫生服务等为补充，且标准不低于6.0床/千人的医疗设施，形成医疗服务、预防保障、卫生监督的综合卫生医疗体系。2020年前，要抓好永州市儿童医院、永州市肿瘤医院、永州市中心血站、永州市精神病医院等专科医疗机构的新建、改建。规划预留滨江新城，冷水滩区高科园片区、珊瑚片区、长丰工业园片区，零陵日升片区等区域的医疗卫生设施用地，积极引进湘雅等品牌医疗机构进驻中心城区。大力支持永州市中心医院发展细胞免疫治疗、基因治疗等前沿医疗技术，支持引进先进医疗设备，提升诊疗水平，增强中心城区在医疗卫生领域对各县区以及周边区域的聚集能力。三是提升批发市场辐射能力。依托永州优势资源，站位大市场、大流通、大区域的角度，规划建设一批中心城区大中型批发市场，促进市场与现代物流、电子商务、会展业、旅游业的融合互补。其中，2018年，以“产业项目建设年”为契机，启动长丰汽配批发市场、凤凰园工业生产资料批发市场、零陵工业园批发市场的建设，服务于区域的工业发展；2019年，以机场搬迁后的滨江新城建设为契机，启动岚角山批发市场、柘塘批发市场的建设，服务于全市的生产生活。对已建成的永州火车站批发市场、永州市批发大市场、永州大道汽车交易市场等，提升其功能和层次，强化设施配套和功能组合，进一步做大做活。同时，对于中心城区小商品及农贸市场，以现有29个农贸市场改在为基础，按800米~1000米服务半径的要求新建或完善。四是提升停车位保障能力。以巩固国家卫生城市为抓手，加快中心城区主要对外出入口和城市中心区边缘18个大型停车场的建设。同时，针对目前中心城区停车位实际，一手抓扩大供给，一手抓营造产业化氛围，采取标本兼治的综合行动，完善停车政策、加强停车管理、挖掘泊位潜力、改善停车秩序，缓解日益严重的停车泊位不足问题。

8. 城市管理提升路径。一是全力打造“智慧永州”升级版。全力推进以网格化管理为核心的社会治理机制改革，将“数字永州”建设作为社会治理改革的主抓手，以数字城管为突破口，发挥信息技术在社会管理创新中的基础性作用，着手建设智慧城市地理空间框架和时空信息云平台，大力推进智能交通、智慧城管、智慧管网等应用服务，推动“数字城市”向“智慧城市”全面升级。二是大力创新城市管理机制。以加快城管体制改革为契机，构建“市、区、社区”三级联动、权责利有机统一的城市管理体制，确保城市管理有法可依，有体制保障。深入实施城市“网格化”管理，经常性组织环境志愿者队伍，常态化开展城市环境专项整治，规范提质户外广告、门店牌匾，建设整洁、有序、美观、舒适的城市环境。三是着力完善信息公开制度。推进“服务型政府”和“人民满意政府”建设，通过新闻、广播、政府网站等媒介，加大全市重大信息公开力度，完善电子服务平台和快速处置机制，积极回应群众呼声。提高政府效能，以“科技+制度”的手段，推动政府、社会、群众之间的良性互动，全面提升城市居民的获得感、幸福感，从真正意义上，把永州打造为宜业宜居宜游的品质活力城市。

（四）保障措施

城市建设是一个长期、艰巨、复杂的过程，必须以解放思想为先导，注重顶层设计，强化组织协调，创新体制机制，实施资本运营，注重项目支撑，狠抓督查考核，全力推动中心城区扩容提质的健康有序实施。

1. 创新体制机制。在市委、市政府的统一领导下，构建市级主导、区级负责、街道为辅、部门联动、共同配合的中心城区建设机制，建立工作例会制度，定期研究解决中心城区建设中的重大困难和突出问题，形成有统有分、条块结合、指挥有力、运转有效的建设格局，对中心城区实行统一规划、统一土地储备、统一建设计划、统一资源配置、统一政策，明确细化市、区、街道及各部门的权责分工。在此基础上，逐步将现有城区合理布局，拆分为冷水滩、零陵、永州经开区、滨江新城 4 个行政区，做实区域政府机构，明确责任主体，强调精简高效。同时，以转变政府职能、提高行政效率为核心，稳步推进简政放权工作，按照权、责、利配套，财权与事权统一的原则，给区、街道下放管理权限；优化政府服务环节，实施“一站式”审批、“一条龙”服务、限时办结。

2. 实施资本营运。在中心城区建设过程中，自始至终贯穿经营城市的理念，实行政府引导、市场运作、公司经营，对城市土地资本、地域空间及其他要素进行集聚、重组和营运。结合旧城改造和搬迁、清理闲置低效用地和违法违规用地，在科学规划、优选项目的基础上，实行土地资源成片收储、成片开发，由市政府垄断土地一级市场，对规划用地进行先期投资，通过完善地下地上基础设施和优化开发环境，以拍卖的方式出让土地的使用权；对城市基础设施实施市场化运作，通过依法招标、拍卖、租赁、承包等方式有偿转让给国内外客商和企业法人管理，将获取收益用于城市基础设施的再建设、再经营；对滨江新城、中部新城无形资产实施商业化运作，对户外广告牌经营权、公共汽车线路经营权以及公园、公路、桥梁、雕塑冠名权等通过转让、拍卖、租赁等形式经营，筹集新区建设资金。与此同时，要积极运用银行贷款、发放城投经投债券、争取国际金融组织贷款等多种方式为大城市建设筹集项目资金。

3. 注重项目支撑。坚持把项目建设作为经济社会发展的主动力，围绕市委提出的“开放兴市、产业强市”发展战略，精准对接上级投资政策，以规划为引领，加强前期投入，深化前期论证，加强项目策划、开发、储备和建设力度，建立健全项目不断生成、滚动更新、有序跟进、综合甄选的长效机制。依法加大征地拆迁力度，加强施工环境政治，扩大投资规模，提升投资效益，充分发挥重大项目建设对经济社会发展的支撑拉动作用。落实重点项目目标管理制度，突出项目招投标、工程质量和资金安全监管，严格项目建设终身责任追究制，全面建设安全、优质、廉洁工程。

4. 严格督查考核。由市城镇提质战役领导小组牵头，围绕市委、市政府年度决策部署，对涉及中心城区的重大项目、重点工作，明确责任、细化分工，落实好时间表、路线图，实现挂图作战。由市委督查室、市政府督查室按照时间节点，实行“一月一督查、一月一通报”，工作落实情况纳入各区、各部门的年度绩效考核重要内容。同时，引入问责问效机制，对未按时间节点要求落实的，首次则对责任单位、责任人发函督办，届时仍未落实的，按照《关于对违反作风建设要求影响工作执行力行为问责的暂行规定》，一律启动问责程序，通过强力有力的倒逼机制，确保中心城区扩容提质工作快速、准确、有效推进，加快建成创新开放新高地、品质活力新永州。

三、永州市2017年气候要素特点和影响评价

【四季主要气候要素特点】 1. 气温显著偏高。2017年，永州市全年平均气温19.2℃，较常年偏高0.9℃，偏高程度为1.8σ，较2016年高0.1℃，属显著偏高年份，为有气象记录以来第三高值（1998年、2007年19.3℃）（图9）。开各县区年平均气温在18.6℃（冷水滩区）～19.9℃（道县）之间，较常年偏高0.3℃（冷水滩区）～1.2℃（蓝山县）（图10）；大部分县区显著偏高在1.5σ以上，双牌县、道县、新田县、蓝山县、江华瑶族自治县异常偏高在2.0σ以上，其中道县（19.9℃）、江华瑶族自治县（19.6℃）创气象记录新高。

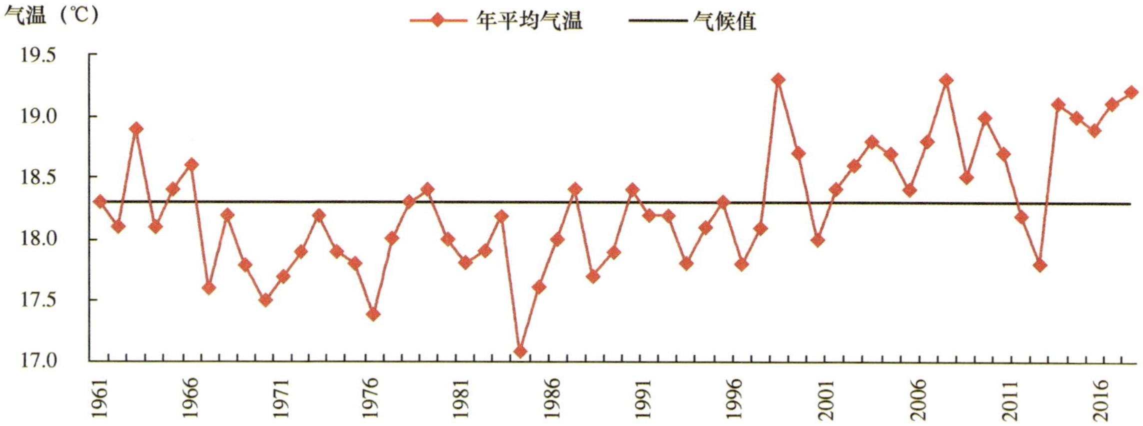

图9 1961年—2017年永州逐年平均气温图

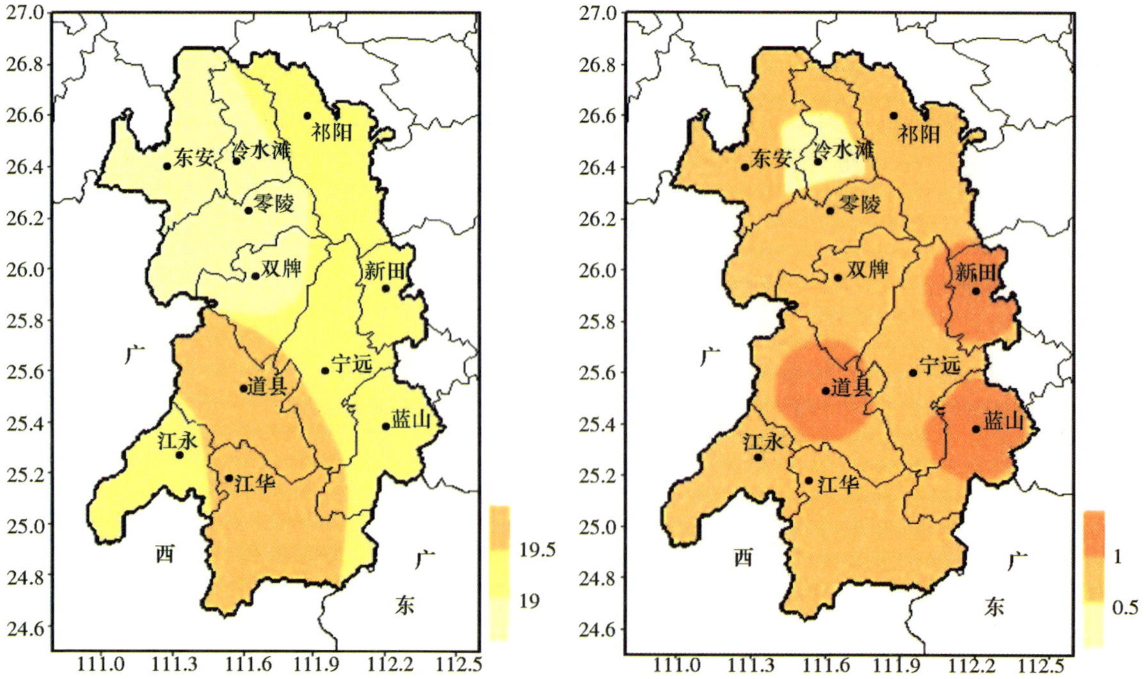

图10 2017年永州市平均气温（左:℃）及其距平（右:℃）空间分布图

若以稳定通过10℃初日为入春时间，以稳定通过22℃初日为入夏时间，则2017年入春时间在3月18日，入夏时间在5月上旬，入秋时间北部县区在10月4日，南部县区在10月中旬初，偏迟10天~15天，入冬时间在11月19日，提前10天左右。夏季最长，长达5个月左右，秋季最短，北部县区为45天，南部县区不足40天。

全年日最高气温≥35℃的高温日数大部分县区在30天以上，先后出现三段高温热浪天气，极端最高气温在37.3℃（江永县）~39.1℃（祁阳县）之间，普遍出现在7月26日—28日。年内没有出现连续5天日平均气温≤0℃的严寒期，极端最低气温为-1.5℃（双牌县）~1.8℃（江华瑶族自治县）之间，出现在2017年12月18日。上半年终霜日在2月13日、局部在2月26日，下半年初霜日在12月17日—18日，无霜期大部分县区在307天以上，局部为293天。

季气温。各季平均气温在8.2℃（冬）~27.6℃（夏）之间，与常年同期比，除夏季平均气温接近常年同期外，冬、春、秋偏高0.4℃~2.1℃（图11），其中冬、秋季气温显著偏高，分别处同期气象记录第二、第三高值。冬少严寒，夏多高温，春季出现倒春寒天气，后秋冷空气强，入冬提早。

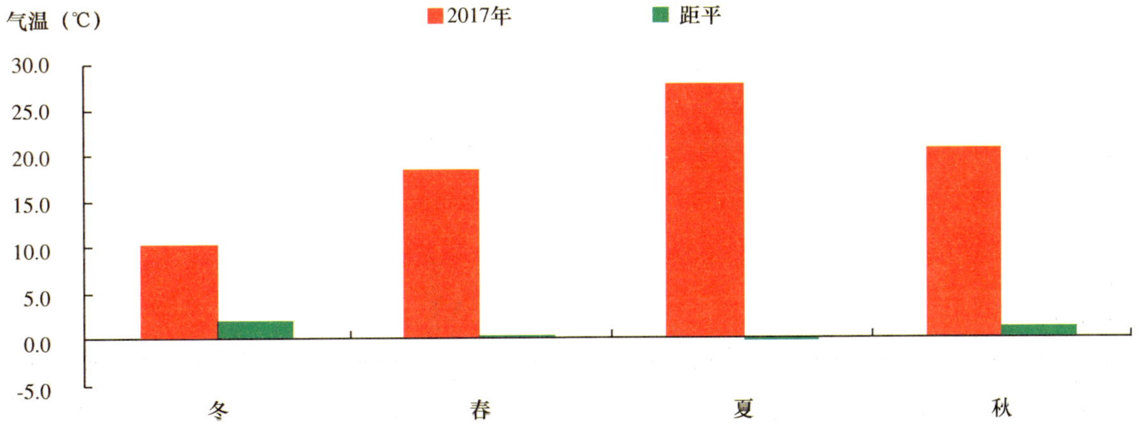

图11　2017年永州市四季平均气温及其距平示意图

冬季全市平均气温10.2℃，较常年同期偏高2.1℃，处同期气象记录第二高值；各县区在9.4℃（冷水滩区）~11.1℃（道县、江华瑶族自治县）之间，偏高1.7℃（冷水滩区）~2.6℃（蓝山县）；季极端最低气温在0.1℃（冷水滩区）~1.8℃（江华瑶族自治县）之间；暖冬明显，多次出现强降温天气。

春季全市平均气温18.4℃，较常年同期偏高0.4℃；各县区在17.9℃（冷水滩区）~19.1℃（道县）之间，偏高0.1℃（江永县）~0.7℃（道县）；季极端最低气温在4.8℃（冷水滩区）~6.4℃（道县）之间，季极端最高气温在33.1℃（蓝山县）~34.5℃（祁阳县）之间。3月中旬出现倒春寒天气。

夏季全市平均气温27.6℃，接近常年同期；各县区在26.7℃（江永县）~28.5℃（祁阳县）之间，接近常年同期；季极端最高气温在37.3℃（江永县）~39.1℃（祁阳县）之间；季内出现三段高温热浪天气。

秋季全市平均气温20.6℃，较常年同期偏高1.1℃；各县区在19.9℃（冷水滩区）~21.6℃（道县）之间，大部分县区显著偏高1℃~1.5℃，处同期气象记录以来第三、第四高值；季极端最高气温在37℃（宁远县、江华瑶族自治县）~39℃（祁阳县）之间，季极端最低气温在4.3℃（冷水滩区）~6.9℃（道县）之间。

月气温。各月平均气温在9.8℃（12月）~29.0℃（8月）之间，与常年同期比，除6月偏低1℃外，其余各月接近常年同期或偏高，其中1月、2月、4月、8月、9月偏高1℃以上，尤其1月、9月分别偏高3.2℃、2.8℃，处同期气象记录第一高值（图12）。

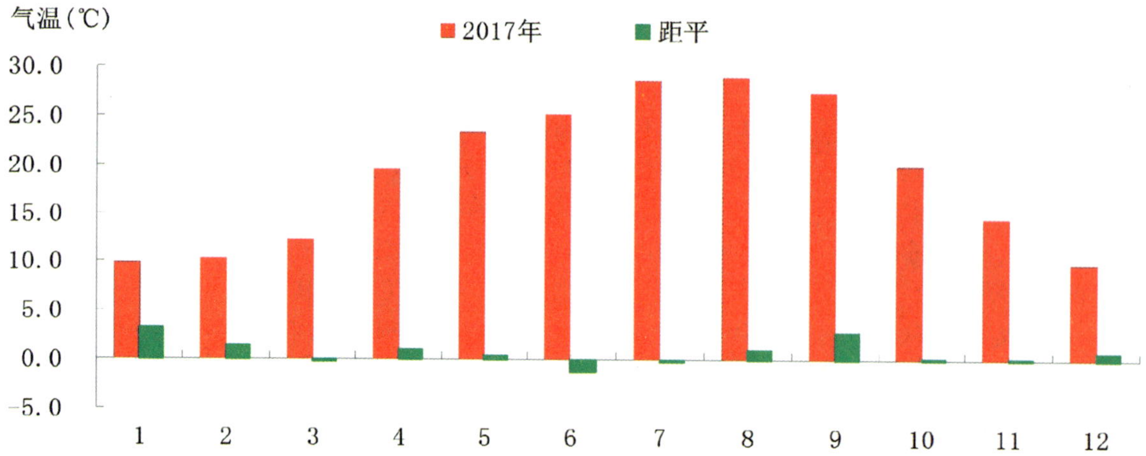

图 12　2017 年永州市逐月平均气温及其距平图

2. 降水偏少。全市平均年降水量为 1351 毫米，较常年偏少 6%，较 2016 年少 405 毫米（图 13）。各县区年降水量 1227 毫米（江华瑶族自治县）～1616 毫米（零陵区），与常年比，零陵区、双牌县偏多 10%，南部县区偏少 10%～20%，其余县区接近常年（图 14）。

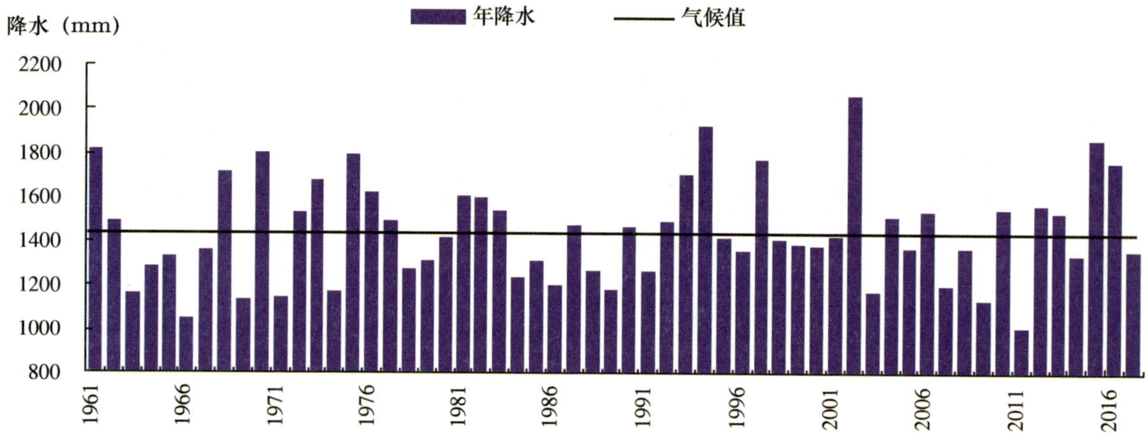

图 13　1961 年—2017 年永州市逐年降水量图

雨季开始于 3 月上旬末，结束于 7 月中旬初。雨季内多次出现暴雨或大暴雨过程，雨水集中主要在 3 月下旬、6 月上旬、6 月下旬至 7 月初，7 月初全市发生“7.2”洪涝灾害；雨季结束后，境内出现不同程度的秋旱，主要时段在 9 月—11 月。

全年雨日全市平均为 154 天，各县区在 140 天（新田县）～170 天（蓝山县）之间，较常年偏少 8 天～13 天；全年出现暴雨为 34 站次，零陵区、双牌县分别出现 5 天、7 天暴雨。全年出现大暴雨 5 站次，主要出现在北部县区，其中日最大降水量在东安县 7 月 1 日 158.4 毫米。

季降水。降水主要在春夏两季，占全年降水 78%，冬秋两季占 22%。与常年同期比，全市各季平均降水除夏季偏多 20% 外，冬、春偏少 10%，秋季偏少 50%（图 15）。春夏多暴雨，秋季有干旱。

冬季全市平均降水 198 毫米，较常年同期偏少 10%；各县区在 144 毫米（新田县）～234 毫米（冷水滩区）之间，北部县区接近常年同期，南部县区偏少 20%～30%；季内少冰雪天气。

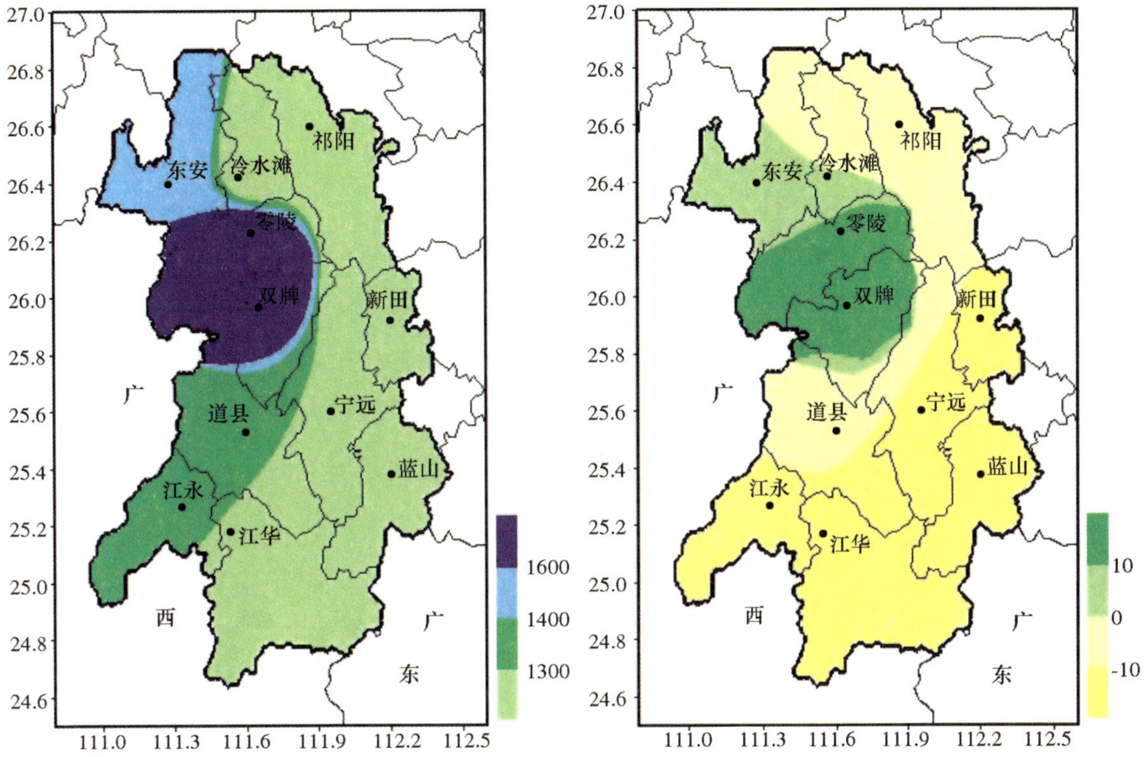

图 14 2017 年永州市降水量（左：毫米）及其距平百分率（右:%）空间分布图

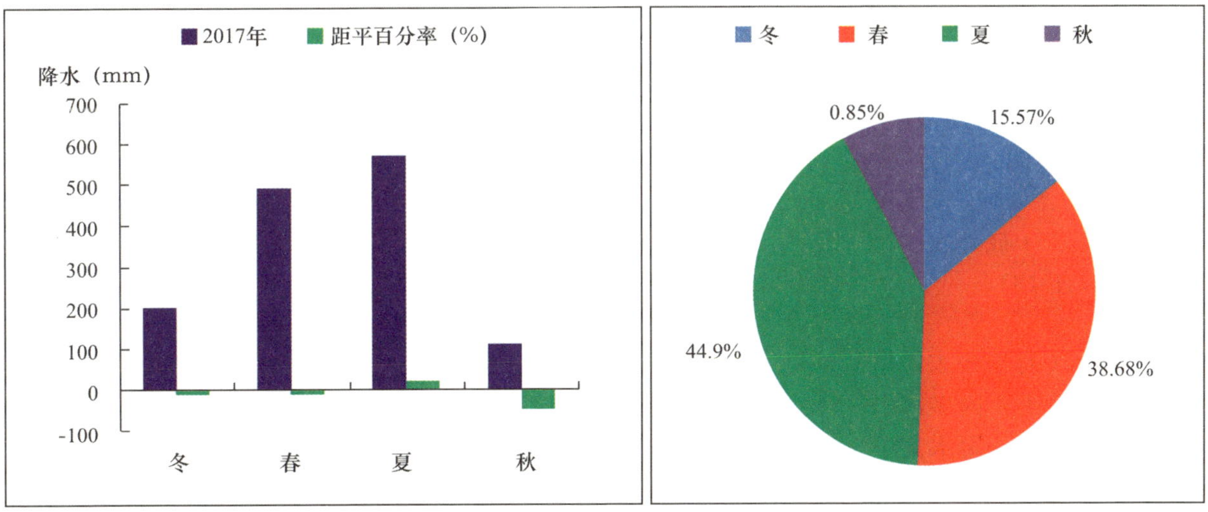

图 15 2017 年永州市四季降水量、距平百分率（左）及占比（右）图

春季全市平均降水 492 毫米，较常年同期偏少 10%；各县区在 384 毫米（蓝山县）~578 毫米（零陵区）之间，北部县区接近常年同期，南部县区偏少 10%~30%。雨季开始于 3 月上旬末，3 月降水异常偏多，全市平均为 260 毫米，大部分县区居同期气象记录第一或第二多值，出现暴雨洪涝；4 月—5 月降水显著偏少，全市平均 231 毫米，南部县区居同期气象记录第一或第二少值，雷雨大风冰雹等强对流天气偏少偏弱。

夏季全市平均降水 571 毫米，较常年同期偏多 20%；各县区在 424 毫米（宁远县）~758 毫米（双牌县）之间，大部分县区偏多1 成以上，其中零陵区、东安县、双牌县偏多 40%~60%。6 月下旬中期至 7 月初，雨水集中，出现暴雨洪涝灾害；7 月中旬初雨季结束后，出现高温干旱。

秋季全市平均降水 107 毫米，

较常年同期偏少50%；各县区在76毫米（江永县）~196毫米（蓝山县）之间，普遍偏少40%~60%。9月至11月上半月雨水稀少，干旱较重。

月降水。各月平均降水量在15毫米（9月）~310毫米（6月）之间；3月、6月降水在200毫米以上，5月、7月降水在100~200毫米之间，其余月份降水不到100毫米，其中10月、12月降水不足50毫米，9月降水不足20毫米。单月降水最多在双牌县6月495毫米，创该站同期气象记录最多；零陵区3月降水为340毫米，创该站同期气象记录最多；冷水滩区9月降水3毫米，创该站同期气象记录最少。与常年同期比，3月、6月、7月偏多3成~8成，11月接近常年同期，其余各月偏少2成~8成（图16）。

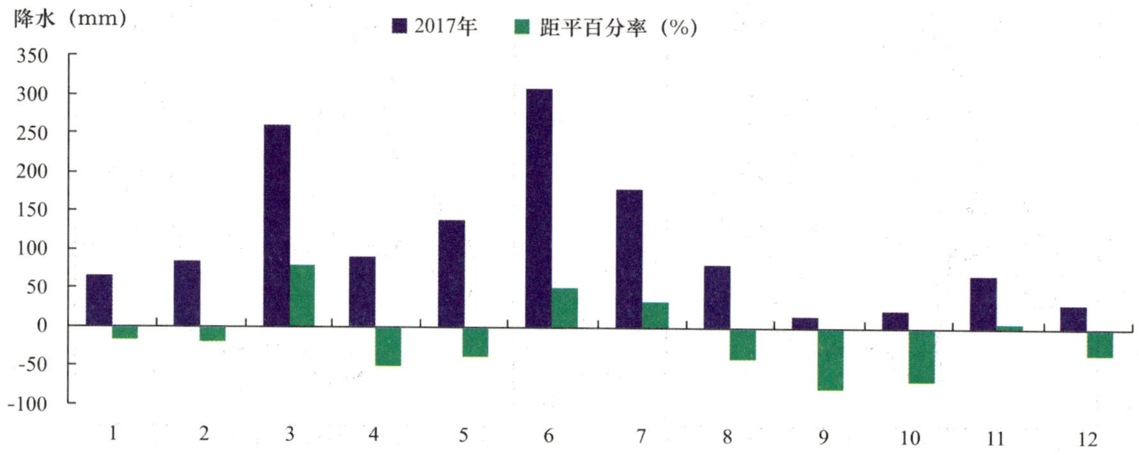

图16　2017年永州市逐月降水量（毫米）及其距平百分率示意图

3. 日照略有偏少。平均年日照时数为1398小时，较常年偏少5%，较2016年多37小时。（图17）。各县区年日照时数1270小时（冷水滩区）~1625小时（江华瑶族自治县）（图18），除零陵区、冷水滩区偏少1成外，其余县区接近常年（图18）。

季日照。夏季日照较多，占全年的35%，冬季最少，占18%，春、秋两季接近，季分别占24%、23%。与常年同期比，冬、春两季偏多1成~2成，夏、秋两季偏少1成~2成（图19）。

冬季全市平均日照时数为255小时，较常年同期偏多2成；各县区在215小时（冷水滩区）~328小时（江华瑶族自治县）之间，偏多1成~3成；季总雨日为28天~36天，较常年同期偏少5天~12天；1月出现连阴雨天气。

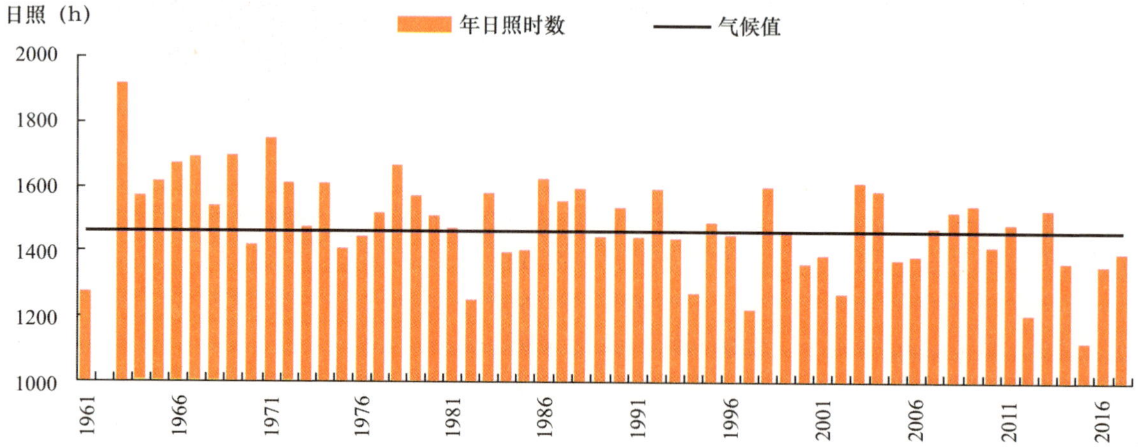

图17　1961年—2017年永州市逐年日照时数示意图

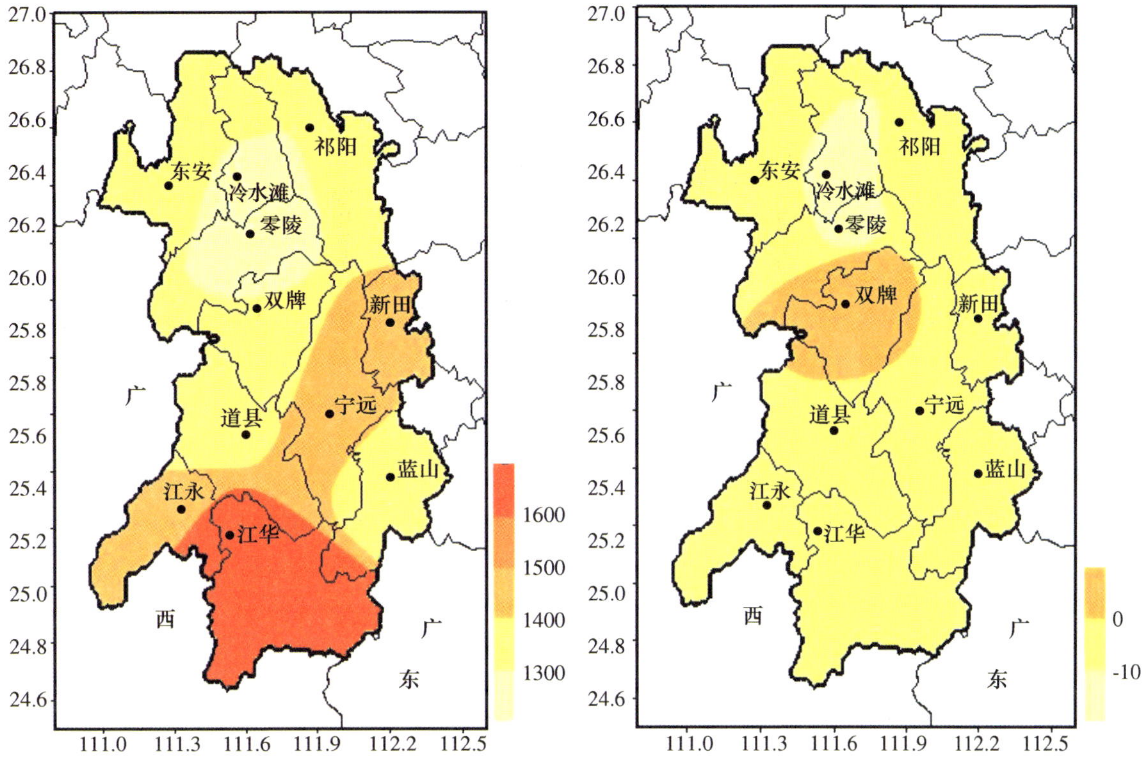

图 18　2017 年永州市日照时数（左：小时）及其距平百分率（右：%）空间分布示意图

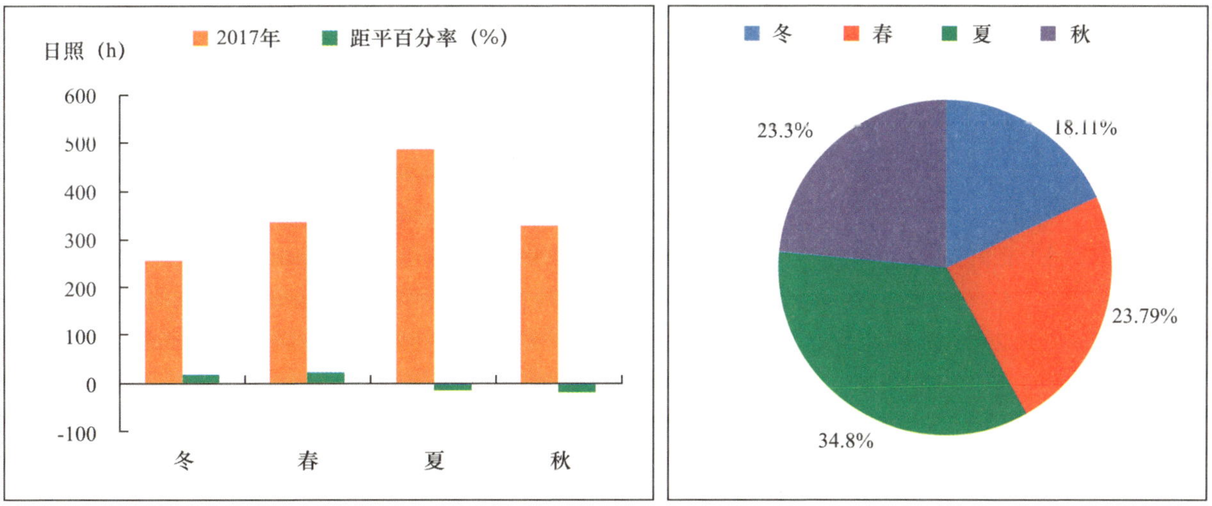

图 19　2017 年永州市四季日照时数、距平百分率（左）及占比（右）示意图

春季全市平均日照时数为 335 小时，较常年同期偏多 2 成以上；各县区在 316 小时（江永县）～360 小时（江华瑶族自治县）之间，偏多 1 成～4 成。3 月出现连阴雨天气。

夏季全市平均日照时数为 490 小时，较常年同期偏少 15%；各县区在 434 小时（零陵区）～537 小时（新田县）之间，普遍偏少 1 成～2 成。前半季多阴雨天气，后半季多晴热天气。

秋季全市平均日照时数为 328 小时，较常年同期偏少近 2 成；各县区在 236 小时（冷水滩区）～444 小时（江华瑶族自治县）之间，偏少 1 成～3 成。

月日照。各月平均日照时数在 37 小时（3 月）～223 小时（7 月）之间，7 月、8 月在 200 小时以上，5 月、9 月在 150 小时以上，3 月较少，不足 50 小时。与常年同期比，1 月、2 月、4 月、5 月偏多 1 成～4 成，7 月～9 月及 12 月接近常年同期，3 月、6 月、10 月、11 月偏少 2 成～6 成（图 20）。

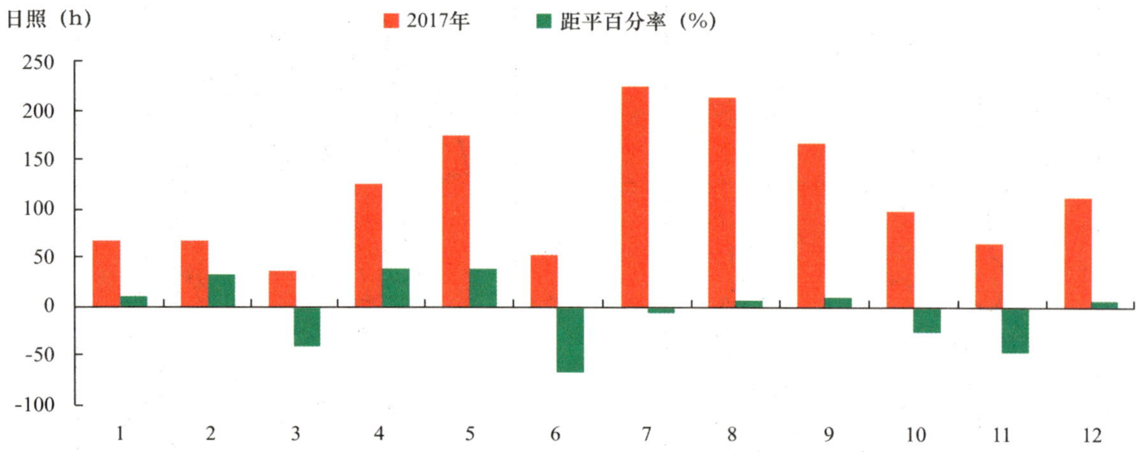

图 20　2017 年永州市逐月日照时数及其距平百分率示意图

【主要天气气候事件及其影响】
2017 年，永州市先后出现强暖冬、强降温、连阴雨、“倒春寒”、暴雨洪涝、高温干旱等天气气候事件。主汛期内暴雨洪涝灾害较重，是年内主要致灾天气气候事件。

1. 强暖冬。冬季平均气温 10.2℃，较常年同期偏高 2.1℃，偏高程度 1.8σ，气温显著偏高，仅低于 1998/1999 年冬季（10.3℃），与 1986/1987 年冬季并列处同期气象记录第二高值（图 21）；各县区在 9.4℃～11.1℃之间，偏高 1.7℃～2.6℃之间，偏高程度在 1.5～2.0σ 之间；北部县区仅低于 1998/1999 年冬季，南部县区仅低于 1986/1987 年冬季，新田县创同期气象记录新高。冬季各月气温持续偏高，其中 1 月气温异常偏高，全市月平均气温为 9.9℃，较常年同期偏高 3.2℃，与 2002 年 1 月并列处同期气象记录第一高值；各县区在 9.0℃～10.8℃之间，偏高 2.7℃～3.5℃，其中东安县、道县、宁远县、江永县创同期气象记录新高。依据暖冬等级评定标准（GB/T21983—2008；$\Delta T \geq 1.29\sigma$：强暖冬；$0.43 \leq \Delta T < 1.29\sigma$：弱暖冬），2016/2017 年冬季评定为强暖冬，仅次于 1998/1999 年冬季，与 1986/1987 年冬季并列为气象记录以来第二强暖冬。冬季严寒天气少，冰雪少见，暖冬明显，降水偏少，有利于冬修水利、冬季造林和冬季作物及林木顺利越冬，容易造成作物生长过快，营养积累不够，病虫害基数加大，冬季森林气象火险等级偏高。

2. 初春降水异常偏多，伴有重度连阴雨，出现“倒春寒”现象。从 3 月上旬末雨季开始，月降水异常偏多，全市平均降水为 260 毫米，较常年偏多 8 成，处同期气象记录第二多值（图 22）；各县区在 166 毫米（蓝山县）～340 毫米（零陵区）之间，偏多 6 成以上，其中零陵区、双牌县、道县偏多 1 倍以上，为同期气象记录最多。3 月下旬雨量全市平均为 146 毫米，其中零陵区 225 毫米，降水异常偏多，雨水集中；期间出现两次暴雨过程 6 站次暴雨，零陵区 30 日日雨量为 97.5 毫米；暴雨造成部分县区洪涝灾害。另外。3 月 4 日—25 日，连阴雨天气，平均雨量为 172 毫米，雨日为 19 天～21 天，持续阴雨寡照 20 天，达重度连阴雨天气标准。3 月 13 日—14 日受强冷空气影响，境内大范围降温，降温幅度 8℃～10℃，出现低温阴雨天气；旬平均气温为 10℃～11℃，较常年同期偏低 2℃，较上旬低近 2℃，为典型的“倒春寒”天气。“倒春寒”、重度连阴雨及暴雨洪涝对烤烟移栽、油菜花期、蔬菜生长及早稻早播带来不利影响。

3. “7・2”暴雨洪涝。7 月 1 日—2 日，永州市境内普降暴雨北部大暴雨，6 月 25 日—7 月 3 日，大部分县区的雨量在 200 毫米以上，全市平均雨量为 230 毫米，部分县区出现极端降水事件（表 21），零陵区、东安县、双牌县在 300 毫米以上，零陵区为 348 毫米，东安县 7 月 1 日日雨量为 158.4 毫米。雨水集中、暴雨多、降水强度大，境内湘江流域全线超警，洪峰水位超历史高位，洪涝严重。

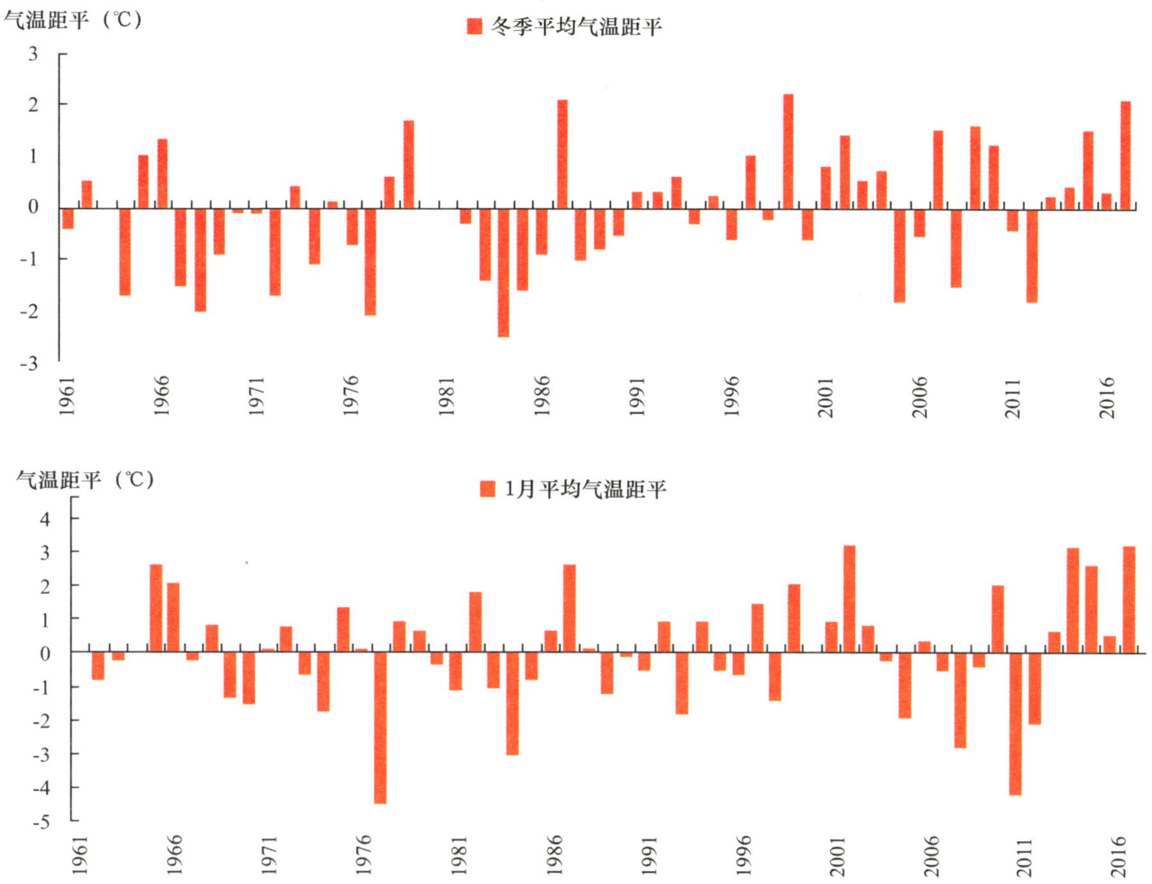

图 21 2016/2017 年永州市冬季（上）及 2017 年 1 月（下）逐年平均气温距平图（℃）

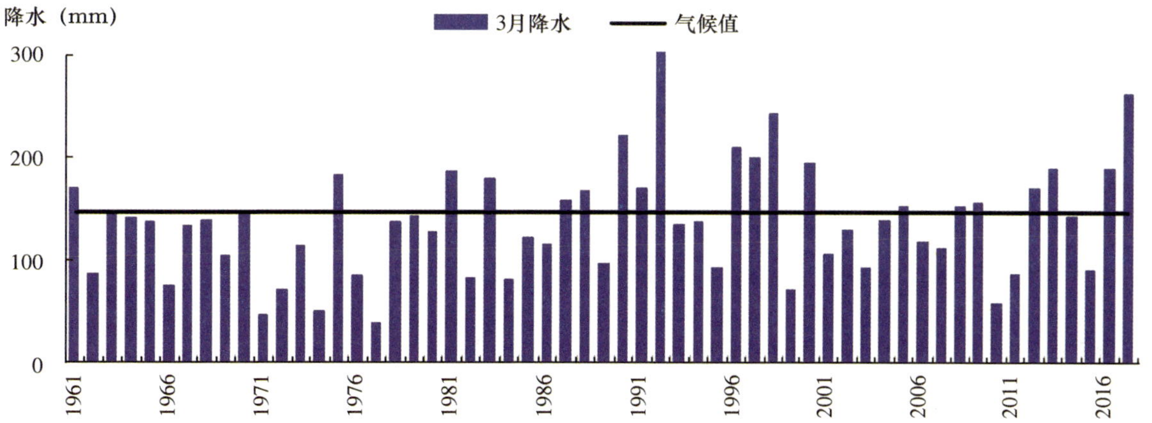

图 22 1961 年—2017 年永州市 3 月份降水量逐年变化图

2017 年永州市“7·2”暴雨极端降水事件雨量信息表

表 21

站名	1 天最大降水量（毫米）	连续 2 天最大降水量（毫米）	连续 3 天最大降水量（毫米）	连续 4 天最大降水量（毫米）	连续 5 天最大降水量（毫米）	连续 10 天最大降水量（毫米）
冷水滩	121.80	133.4	143.3	186.1	221.1	269.8
零陵	118.20	182	184.8	197.8	261.6	347.6

续表21

站名	1 天最大降水量（毫米）	连续 2 天最大降水量（毫米）	连续 3 天最大降水量（毫米）	连续 4 天最大降水量（毫米）	连续 5 天最大降水量（毫米）	连续 10 天最大降水量（毫米）
东安	158. 40	177. 2	189. 1	237. 5	263. 8	319. 9
祁阳	108. 70	114. 5		168. 2	204. 8	241. 3
双牌	88. 10	151. 5	156. 7	165. 9	229. 3	311. 6
道县						200. 3
江永						222. 9
新田						215

全市 11 个县区和两个管理区及永州经济技术开发区、154 个乡镇（街道）超过 100 万人受灾，紧急转移安置人口 17. 16 万人，需紧急生活救助人口 2. 77 万人；倒塌农房 1494 户 3403 间，严重损坏农房 1644 户 3968 间；农作物受灾面积 13. 53 万公顷，成灾面积 6. 89 万公顷，绝收面积 3. 04 万公顷；207 等 5 条国道、10 余条县道等交通干线相继中断，水利、通信、电力、市政等基础设施损毁严重；造成直接经济损失 49. 89 亿元，其中各类专项设施损失 41. 84 亿元。

6 月 5 日—6 日，全市境内中南部县区普降暴雨局部大暴雨，过程雨量在 80 毫米～150 毫米以上，蓝山县 6 日日雨量为 145. 8 毫米，受本次强降水影响，中南部县区不同程度受灾，以蓝山县受灾最重。全市 10 个县区、87 个乡镇受灾，受灾人口 16. 78 万人，紧急转移安置灾民 5234 人；因灾损坏倒塌房屋 137 间；农作物受灾面积 1 万公顷，成灾面积 4320 公顷，绝灾面积 1693 公顷；直接经济损失 1. 94 亿元，其中水利设施直接经济损失 0. 19 亿元。8 月 14 日下午 4 时左右，回龙圩管理区遭遇强对流天气，局地出现大风和暴雨，该区永济亭办事处、八字桥社区、回峰社区等地遭受持续数十分钟左右的龙卷风袭击。据统计，倒树 120 余棵，公租、廉租房受损 40 余户，简易建筑工棚倒塌 1 处，受伤 2 人，紧急转移 35 人，部分农作物受灾。

4. 高温热浪。7 月中旬初结束雨季，至 8 月下旬中期多晴热高温天气，日最高气温≥35℃的高温日数大部分县区在 20 天以上，全市平均为 25 天，东安县、祁阳县、双牌县在 30 天以上，其中祁阳县为 34 天。在 7 月中旬、7 月下旬至 8 月上旬、8 月中旬后期至下旬前期，大部分县区先后出现三段为期 5 天～9 天的轻度高温热浪天气，其中零陵区、东安县、祁阳县在 7 月 21 日—8 月 8 日，出现持续 19 天的重度高温热浪天气。极端最高气温 39. 1℃（祁阳 7 月 26 日）。9 月及国庆期间出现 6 天～14 天的高温天气。2017 年，永州市高温热害强度指数=0. 7127，>0. 4300，高温热害强度评定为重度，较 2016 年（=1. 1275）稍轻（图 23）。

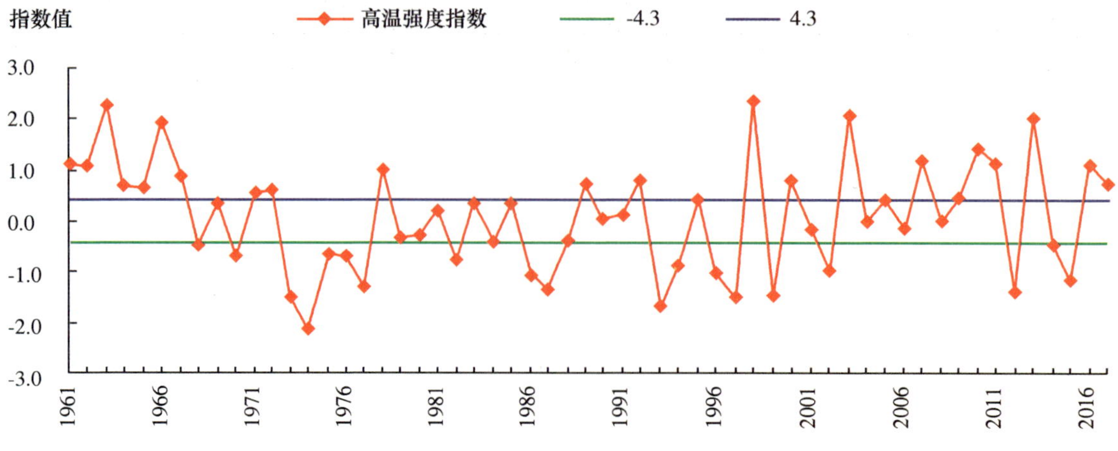

图 23　1961 年—2017 年永州市逐年高温热害强度指数示意图

5. 秋季干旱。7月中旬初结束雨季，至8月下旬中期多晴热高温天气，期间雨水稀少，大部分县区雨量不足100毫米，全市平均为89毫米，冷水滩区仅为17毫米。雨量较常年同期偏少5成以上，其中冷水滩区偏少9成。加之气温高，蒸发大，据监测，按（GB/T20481—2006）的综合气象干旱指数CI评估，境内出现轻度干旱，局部县区达到中度气象干旱标准。9月至11月上半月，雨水稀少，期间雨量全市平均为46毫米，处同期气象记录最少值，较常年同期偏少7成以上，其中新田县、道县、江永县不足20毫米，偏少9成以上。境内普遍达到中度干旱标准部分县区重特气象干旱标准。干旱期间不是主要农作物需水旺盛期，没有造成大的农业气象灾害，局部乡镇出现饮水困难。11月下半月雨水偏多，气象干旱基本解除。

6. 连阴雨。1月上旬中期至下旬初，无日照天数15天～17天，雨日10天~13天，其中南部县区中旬出现为期10天的中度连阴雨天气。北部县区在6月中旬初至中期、大部分县区在6月下旬中期至7月初，持续阴雨，雨日7天以上，无日照，为轻度连阴雨天气，阴雨寡照对早稻抽穗杨花不利。11月，北部县区在16日—22日，南部县区在15日—25日期间日照极少，雨日为7日～11天，雨量为33毫米~56毫米，造成北部的轻度和南部的中度连阴雨天气。

7. 强降温。1月末，受强冷空气影响，全境出现强降温天气，降温幅度11℃～14℃，极端最低气温在4℃～6℃，局部县区达寒潮标准。2月下旬初，受强寒潮影响，全境出现强降温天气，降温幅度在18℃～20℃，极端最低气温在2℃～4℃，达强寒潮标准。11月18日—19日受强冷空气影响，全境出现大幅降温天气，北部县区降温幅度在8℃～10℃，南部县区降温幅度达12℃～16℃，极端最低气温在7℃，日平均气温降至10℃以下，提前进入冬季。11月底受强冷空气影响，境内出现大幅降温天气，大部分县区降温幅度在12℃。12月13日—14日、24日—25日、30日—31日，受强冷空气影响，出现降温天气，降温幅度在8℃～10℃，极端最低气温在2℃～6℃。年内没有出现持续低温雨雪天气。

【气候与农业】 2017年，永州市主要粮食作物双季早稻、晚稻温光水搭配评定为正常年，除主汛期的暴雨洪涝使得农作物受灾，没有其他大的农业气象灾害，主要粮食作物气候条件整体评定为正常年景。全市粮食作物种植面积56.1万公顷，总产量318万吨；暴雨洪涝造成农作物受灾面积13.53万公顷，成灾面积6.89万公顷，绝收面积3.04万公顷，农业直接经济损失18.92亿元。

1. 双季早稻。日平均气温稳定通过10℃的初日在3月19日前后，接近常年；雨季开始早，初春雨水较多，有利于春耕生产，气温回升缓慢，出现“倒春寒”及低温连阴雨，光照不足，不利于双季早稻早播，春播期较常年有所推迟，4月清明前后温光丰富，有利于双季早稻大面积播种和集中育秧，早稻播种、出苗顺利。4月—5月光热丰富，雷雨大风冰雹等强对流天气偏少偏弱，有利于早稻播种、育秧、移栽、返青、分蘖。6月—7月初，全市阴雨天气偏多，气温偏低，降水偏多，降水强度偏大，暴雨洪涝成灾，光照不足，天气气候条件偏差，不利于双季稻齐穗、抽穗扬花、灌浆，长期阴雨使水稻易发生病虫害和生理性病变，暴雨洪涝灾害对水稻生产带来危害和损失。7月晴好天气偏多，温光丰富，有利于双季早稻成熟、收割、稻谷翻晒，双季早稻结实粒数、千粒重提高。整体上双季早稻生产、生长发育期间气温、日照基本正常，低温阴雨、雷雨风雹等天气较少，早稻气候年景正常，全市早稻种植面积20.9万公顷，总产量128万吨。

2. 双季晚稻。6月下旬—7月初，永州市降水强度偏大，暴雨洪涝成灾，光照不足，不利于双季晚稻播种、出苗，晚稻稻种被冲洗，出苗率降低。7月晴好天气偏多，温高光足，对双季晚稻移栽、返青、分蘖有利。8月以晴到多云、晴热高温天气为主，温高光足，雨水适中，有利于双季晚稻分蘖的形成和生殖生长的进行，双季晚稻有效茎数充足，数量多于2016年，生长健壮，长势良好。9月—10月以晴到多云、阴间多云天气为主，温高少雨，光照充足，有利于双季晚稻灌浆、成熟、收割、翻晒、入仓，双季晚稻灌浆充分，籽粒饱满，结实粒数、千粒重增加。期间的秋旱天气，未发生在主要农作物需水旺盛期，没有造成大的农业气象灾害。整体上双季晚稻生产、生长发育期间温光丰富，有利天气较多，年景尚好，全市晚稻种植面积20.5万公顷，总产量136万吨。

2017年永州市主要粮食作物双季早稻、晚稻气候年型评定表

表22

	早稻				晚稻			
要素	平均气温	积温	日照	降水	平均气温	积温	日照	降水
差异度	℃	℃	℃	ΔR	℃	℃	℃	ΔR
值	0.2	0.3	-0.7	12	1.2	1.2	-0.9	2
评定	正常	正常	正常	正常	较高	较多	正常	正常
综合评定	正常	正常	正常	正常	较高	较多	正常	正常

3. 油菜、烤烟、水果。年初，永州市冬季气候偏暖、光照充足，降水适中，有利于油菜苗期、现蕾、抽薹、开花及果树越冬生长发育和冬季烤烟育苗、苗床管理，油菜发育期较常年偏早，烟苗素质较高；降温、霜冻、结冰等天气过程时间较短、强度不强，影响不大。3月降水异常偏多，阴雨多，光照不足，气温回升较慢，土壤水分饱和，不利于油菜花荚生育、角果生长发育及烤烟移栽、成活、大田生长；果树萌芽、展叶、开花、春发春长等物候期较2016年偏晚。4月—5月气温偏高，光照充足，降水和雨日偏少，大部分时段天气晴好，土壤水分适宜，有利于油菜角果生长发育、成熟、收晒及烤烟成活、团棵、旺长、成熟，烤烟根系、叶片生长发育较好；果树的展叶、抽稍、开花、挂果、果实生长等物候期出现较2016年接近或偏早。6月—7月初大部分时段以阴雨天气为主，气温偏低，光照不足，土壤水分含量偏大，局部地方暴雨、洪涝成灾，不利于烤烟根系、叶片生长发育、采收、翻晒、烘烤，品质偏差；果树果实生长、膨大、成熟等物候期较2016年有所推迟；7月以高温天气为主，温光丰富，土壤水分适宜，有利于烤烟采收、烘烤、销售及水果果实生长发育、成熟、干物质积累及品质提升、采摘、销售；全市烤烟种植面积19.78千公顷，收购烟叶64.93万担，烟农种烟总收入9.43亿元。8月—12月温光总体较为适宜，有利于果树果实生长发育、成熟、采摘、销售、加工，晴热高温及秋旱不利于果树果实的水份需求。

【气候与林业】 1. 林业生产。年初，永州市冬季无严寒天气，雨雪冰冻少，有利于林木越冬，森林害虫也较易越冬；冬春气候暖和，冬季多晴好天气，降水适中，无干旱，土壤墒情较好，有利于冬春造林工作，春雨早，雨量充沛，有利于幼林成活，初春气温回升较慢，林木春发春长和萌芽等物候期偏晚；4月—5月温光丰富，降水适中，林木抽梢、展叶、开花、结果等物候期提前；6月—7月初的暴雨洪涝造成林业灾害损失；雨季结束后，林区高温干旱表现不明显，有利于各类林木林产品生长发育和产量、品质提高。全市完成人工造林1.88万公顷，暴雨洪涝造成全市苗圃受损面积0.25万公顷，苗木损失3399.1万株，林木受损面积1.01万公顷，林木受损64.1万立方米，林区道路冲毁808.3千米，直接经济损失1.63亿元。

2. 森林火险。降水及雨日偏少，森林火险气象等级较2016年高。以永州市双牌林区为例，该林业2017年森林火险等级较2016年高，森林防火期雨日较少，为87天，较2016年少21天；森林防火期内四级以上高火险等级有28天，较2016年多14天，其中10月份最多，高火险等级有14天；3月、11月雨水较多，没有出现高火险等级（表23）。

2017 年永州市双牌林区各级森林火险天气指数的天数（天）

表 23　　　　单位：天

	一级	二级	三级	四级	五级		一级	二级	三级	四级	五级
1 月	14	6	9	2	0	11 月	16	13	1	0	0
2 月	13	6	6	2	1	12 月	11	7	9	4	0
3 月	21	5	5	0	0	2017 年	80	59	45	25	3
4 月	2	18	5	5	0	2016 年	97	67	34	13	1
10 月	3	4	10	12	2						

2017 年永州市境内流域降水资源丰枯评估

表 24

月份	面雨量（毫米）	降水资源（亿立方米）	产水量（亿立方米）	临界值（亿立方米）	评定
1	66.70	14.97	3.93	8	枯水期
2	84.62	18.99	6.33	8	枯水期
3	261.07	58.59	46.87	8	丰水期
4	93.19	20.91	7.68	8	枯水期
5	136.72	30.68	16.53	8	丰水期
6	301.25	67.60	54.08	8	丰水期
7	180.36	40.48	28.76	8	丰水期
8	83.91	18.83	6.23	8	枯水期
9	16.20	3.64	0.23	8	枯水期
10	21.46	4.82	0.41	8	枯水期
11	69.24	15.54	4.24	8	枯水期
12	31.50	7.07	0.88	8	枯水期
全年	1346.23	302.11	176.16	161.8~218.5	正常年

【气候与水资源、畜牧业】 2017 年，永州市冬季气候暖和，多晴好天气，无严寒雨雪冰冻天气，有利于牲畜越冬；雨季开始早，初春雨水较多，有利于渔业养殖场所等山塘水库蓄水；4 月—5 月气温偏高，恶劣天气偏少偏弱，有利于渔业苗种的繁殖；6 月—7 月初雨水集中，多暴雨洪涝，造成畜牧渔业灾害损失；7 月—9 月，高温热浪天气对畜牧牲畜管理有不利影响；9 月—12 月干旱少雨，山塘水库蓄水减少，对渔业养殖有不利影响。全市因暴雨洪涝冲走和淹死牲畜 3.67 余万头、家禽 65.7 万余羽，直接经济损失 1.2 亿元；全市渔业养殖场所受灾总面积 2.88 万公顷，冲走亲鱼 2870 组，冲走苗种 1.19 亿尾，冲走成鱼 2.05 余万吨，直接经济损失 3.9 亿元。

【气候与电力、能源】 2017 年，永州市水资源为正常年景，主汛期电站多在汛限水位下运行，弃水较多，雨季结束后雨量偏少，有干旱，对电站发电有一定影响。“7·2”暴雨洪涝造成部分电力供电系统中断，110 千伏、35 千伏等有 9 座变电站、14 条线路停运，10 千伏有 60 条配电线路停运，影响台区 3208 个、用户 21.68 万户。1 月—10 月，永州全社会用电量 67.22 亿千瓦时，增长 4.0%，第三产业用电量 9.76 亿千瓦时，增长 7.9%，生活用电量 22.00 亿千瓦时，增长 3.1%。2017 年，永州三级以上高峰用电日数为 55 天，主要出现在夏季制冷降温；冬季无严寒，没有出现因采暖而造成高峰用电；夏季高温热害强度较 2016 年稍弱，因制冷降温高峰用电日数较 2016 年少 9 天（表 25）。

2017 年永州市各级气象敏感用电量条件指数的天数

表 25　　单位：天

	一级	负二级、正二级	负三级、正三级	负四级、正四级		一级	负二级、正二级	负三级、正三级	负四级、正四级
1 月	11	20、0	0、0	0、0	8 月	0	0、9	0、22	0、0
2 月	11	17、0	0、0	0、0	9 月	5	0、16	0、9	0、0
3 月	20	11、0	0、0	0、0	10 月	28	0、2	0、0	0、0
4 月	30	0、0	0、0	0、0	11 月	22	8、0	0、0	0、0
5 月	25	0、6	0、0	0、0	12 月	17	14、0	0、0	0、0
6 月	11	0、17	0、2	0、0	2017 年	180	70、60	0、55	0、0
7 月	0	0、10	0、21	0、0	2016 年	185	74、43	0、60	0、4

【气候与城市、环境】　2017 年，永州市出现雨水集中期，暴雨强度强，城市出现积涝现象，不利于交通出行安全，也对地下管线产生威胁；“7・2”暴雨洪涝造成水利、通信、电力、市政等基础设施损毁严重。中心城区空气质量优良率 85.9%，霾天气（60 天）较 2016 年（32 天）多 28 天。雨季雨水较多，空气污染物减少，霾天气少，城市空气质量变好，其中 6 月—8 月空气质量优良率 100%；1 月、12 月降水稀少，空气干燥，空气污染物增多，多静稳天气，霾天气多，城市空气质量优良率 41.9%（表 26）。

2017 年永州市各月城市环境空气质量优良率及雾和霾日数

表 26　　单位：天

项目	1 月	2 月	3 月	4 月	5 月	6 月	7 月	8 月	9 月	10 月	11 月	12 月	年
空气优良率（%）	41.9	82.1	93.5	96.7	90.3	100	100	100	96.7	80.6	63.3	41.9	85.9
雾日数	1	2	4	1	2	3	2	0	0	0	2	0	17
霾日数	13	7	2	3	2	0	2	0	0	8	6	17	60

永州城市火险气象等级较 2016 年高，四级以上高火险等级日数为 108 天，较 2016 年多 14 天，12 月最多，为 15 天；其中五级以上极高火险等级日数为 10 天，较 2016 年少 2 天，12 月最多，为 4 天（表 27）。

2017 年永州市各级城市火险气象指数的天数

表 27　　单位：天

等级	一级	二级	三级	四级	五级	等级	一级	二级	三级	四级	五级
1 月	8	6	7	7	3	8 月	3	7	9	12	0
2 月	7	5	5	9	2	9 月	0	5	14	10	1
3 月	19	3	7	2	0	10 月	4	10	8	9	0
4 月	2	6	11	11	0	11 月	17	6	2	5	0
5 月	2	6	10	13	0	12 月	3	3	10	11	4
6 月	15	10	5	0	0	2017 年	82	72	103	98	10
7 月	2	5	15	9	0	2016 年	90	76	106	82	12

永州热岛强度指数平均为1.98，较2016年低0.09；三级中等强度热岛效（城郊温差≥1.5℃）以上有124天，较2016年多12天；四级以上的强热岛效应（城郊温差≥2.5℃）为31天，较2016年多10天（表28）。

2016年、2017年永州各级城市热岛强度指数的天数（天）

表28 单位：天

等级	平均指数	一级	二级	三级	四级	五级
2016年	1.89	1	40	91	21	0
2017年	1.98	0	29	93	31	0

【气候与人体健康】 2017年，永州市影响人体健康的天气有强冷空气降温、雾和霾、阴雨、高温天气等。夏季高温日数多，高温热害强度重，容易引起人体中暑。永州三级以上的较易中暑的天数为41天，较2016年少5天，夏季高温热害强度较2016年稍轻，高温酷暑对人体健康的危害较2016年轻（表29）。

2017年，永州市较舒适的天数为202天，占全年55.3%，较2016年多4天；凉或冷不舒适为103天，占全年28.2%，较2016年多3天；但冷不舒适天气为19天，较2016年少14天，2017年1月气温异常偏高，冷不舒适天气较2016年1月少13天；暖或热不舒适的天数60天，占全年16.4%，较2016年少7天（表30）。

2017年永州市各级中暑指数的天数

表29 单位：天

	一级	二级	三级	四级	五级		一级	二级	三级	四级	五级
5月	21	9	1	0	0	9月	10	13	6	1	0
6月	22	8	0	0	0	2017年	61	51	27	14	0
7月	3	10	13	5	0	2016年	64	43	32	11	3
8月	5	11	7	8	0						

2017年永州市各级人体舒适度指数的天数

表30 单位：天

时间	负四级	负三级	负二级	负一级	零级	一级	二级	三级	四级
1	0	6	18	7	0	0	0	0	0
2	0	8	12	6	2	0	0	0	0
3	0	1	19	11	0	0	0	0	0
4	0	0	2	9	19	0	0	0	0
5	0	0	0	0	24	7	0	0	0
6	0	0	0	0	9	18	3	0	0
7	0	0	0	0	0	7	24	0	0
8	0	0	0	0	0	8	23	0	0
9	0	0	0	0	5	16	9	0	0
10	0	0	0	18	9	3	1	0	0
11	0	1	9	17	3	0	0	0	0
12	0	3	24	4	0	0	0	0	0
2017年	0	19	84	72	71	59	60	0	0
	103（占比28.2%）			202（占比55.3%）			60（占比16.4%）		
2016年	0	33	67	60	96	43	64	3	0
	100（占比27.3%）			199（占比54.4%）			67（占比18.3%）		

【气候与交通、旅游、避暑】2017年春运期间，永州市气候暖和，不见冰雪，降水较少，晴好天气多，恶劣天气较少，有利于交通出行及旅游，整个春运工作平稳有序。春运期间全市共运送旅客625.93万人次，其中道路运送旅客540.93万人次，水路运送旅客39.47万人次，铁路运送旅客43.92万人次，民航运送旅客1.62万人次。3月入汛后，强降水天气增多；“7·2”暴雨洪涝，造成国道207线等5条国道、10余条县道等交通干线相继中断；雾、霾天气也不利于交通运输安全。“春节”黄金周期间，全市天气晴朗，适合旅游出行，全市共接待游客115.9万人次，实现旅游总收入4.65亿元。3月上旬末雨季开始后，雨日较多，有暴雨洪涝天气。暑假期间，雨水较少，高温天气较多。“国庆”“中秋”双节期间，多晴好天气，至10月4日，全市接待游客110.99万人次，实现旅游收入4.99亿元。全年接待国内外游客4983.75万人次，实现旅游综合收入406.7亿元。

四、经济社会主要统计资料

（一）综合

（2017 年）

表 31

指标名称	单位	总量指标		
		永州	湖南	占比（%）
地区生产总值	亿元	1728.46	34590.56	5.0
其中：第一产业	亿元	333.80	3689.96	9.0
第二产业	亿元	602.46	14145.49	4.3
工业	亿元	504.76	11875.91	4.3
第三产业	亿元	792.20	16755.11	4.7
规模工业增加值	亿元	412.31	—	—
固定资产投资	亿元	1866.49	31328.08	6.0
社会消费品零售总额	亿元	653.00	14854.87	4.4
财政总收入	亿元	169.23	4565.69	3.7
地方财政收入	亿元	109.34	2756.75	4.0
财政支出	亿元	431.88	6857.70	6.3
实际利用外商直接投资	亿美元	10.82	144.75	7.5
进出口总额	亿美元	13.57	360.40	3.8
#出口	亿美元	12.77	231.72	5.5
#进口	亿美元	0.80	128.68	0.6
金融机构本外币存款余额	亿元	2248.62	46729.30	4.8
金融机构本外币贷款余额	亿元	1187.48	31849.98	3.7
城镇居民人均可支配收入	元	26190	33948	77.1
农村居民人均可支配收入	元	12738	12936	98.5
居民消费价格指数	%	101.8	101.4	100.4

指标名称	单位	增长速度	
		永州	湖南
地区生产总值	%	8.3	8.0
其中：第一产业	%	3.8	3.6
第二产业	%	6.5	6.7
工业	%	6.9	7.0
第三产业	%	12.1	10.3
规模工业增加值	%	7.9	7.3
固定资产投资	%	12.9	13.1
社会消费品零售总额	%	10.7	10.6
财政总收入	%	12.9	7.4
地方财政收入	%	6.6	4.9
财政支出	%	8.2	8.2
实际利用外商直接投资	%	13.5	12.6
进出口总额	%	48.1	37.3
#出口	%	51.8	31.0
#进口	%	6.7	50.4
金融机构本外币存款余额	%	17.4	11.3
金融机构本外币贷款余额	%	22.9	15.7
城镇居民人均可支配收入	%	9.0	8.5
农村居民人均可支配收入	%	9.0	8.4

（二）核算

（2017 年）

表 32

指标名称	计量单位	绝对值（现价）	速度（可比价）（%）	指标名称	计量单位	绝对值（现价）	速度（可比价）（%）
地区生产总值	亿元	1728.46	8.3	第一产业	亿元	333.80	3.8
农林牧渔业	亿元	339.27	3.9	第二产业	亿元	602.46	6.5
工业	亿元	504.76	6.9	第三产业	亿元	792.20	12.1
建筑业	亿元	98.36	4.3	第一产业对 GDP 增长的贡献率	%	9.4	
批发和零售业	亿元	67.35	6.0	第二产业对 GDP 增长的贡献率	%	28.1	
交通运输、仓储和邮政业	亿元	75.07	5.6	#工业对 GDP 增长的贡献率	%	25.2	
住宿和餐饮业	亿元	20.87	7.5	第三产业对 GDP 增长的贡献	%	62.5	
金融业	亿元	71.83	14.4	投资对 GDP 增长的贡献率	%	51.2	
房地产业	亿元	55.50	4.9	消费对 GDP 增长的贡献率	%	48.1	
其他服务业	亿元	495.46	15.0	净出口 GDP 增长的贡献率	%	0.7	

说明：本表总量指标按当年价格计算，增长速度按可比价格计算。自 2015 年起，地区生产总值中的三次产业执行新的《国民经济行业分类》和《三次产业划分规定》，即第一产业是指农、林、牧、渔业（不含农、林、牧、渔服务业）；第二产业是指工业（不含开采辅助活动，金属制品、机械和设备修理业）和建筑业；第三产业即服务业，是指除第一产业、第二产业以外的其他行业

（三）人口

（2017 年）

表 33

指标名称	计量单位	绝对值	速度（%）	指标名称	计量单位	绝对值	速度（%）
年末总人口	万人	641.61	-0.54	各种比重			
全年常住人口	万人	547.97	0.27	按城乡分			
按城乡分				城镇人口	%	48.25	1.95
城镇人口	万人	264.4	4.49	乡村人口	%	51.75	-1.95
乡村人口	万人	283.57	-3.38	按性别分			
按性别分				男性人口	%	52.09	-0.17
男性人口	万人	285.46	-0.05	女性人口	%	47.91	0.17
女性人口	万人	262.51	0.6	出生率	‰	14.42	0.21
				死亡率	‰	7.23	-0.04
				人口自然增长率	‰	7.19	0.25
				城镇化率	%	48.25	1.95

说明：出生率、死亡率、人口自然增长率数据由卫计委提供

（四）从业人员和社会保障

（2017 年）

表 34

指标名称	单位	绝对值	速度（%）	指标名称	单位	绝对值	速度（%）
年末城镇登记失业率	%	4.50	增加 0.52 个百分点	#职工	万人	34.86	—
				离退休人员	万人	19.52	—
城镇新增就业人数	万人	6.14	—	参加工伤保险职工人数	万人	34.14	0.4
城乡居民基本医疗保险参保人数	万人	531.47	—	参加生育保险职工人数	万人	28.18	-0.9
城镇职工基本医疗保险参保人数	万人	42.65	0.0	参加失业保险职工人数	万人	30.50	0.2
#职工	万人	28.18	-0.9	城乡居民基本养老保险登记参保人数（新农保已更名）	万人	344.26	2.4
退休人员	万人	14.47	1.7				
城镇基本养老保险职工人数	万人	54.38	3.5				

说明：2017 年，城乡居民医保整合，新农合与城镇基本医疗合并为城乡居民医保，新增大量参保人员

（五）投资

（2017 年）

表 35

指标名称	单位	绝对值	速度（%）	指标名称	单位	绝对值	速度（%）
固定资产投资	亿元	1866.49	12.9	按产业分			
				第一产业	亿元	70.09	7.8
按经济类型分				第二产业	亿元	719.57	1.1
				工业	亿元	703.47	2.0
国有投资	亿元	773.87	9.8	采矿业	亿元	18.56	-18.6
				制造业	亿元	549.34	0.8
非国有投资	亿元	1092.62	15.2	电力、燃气及水的生产和供应业	亿元	135.56	11.5
民间投资	亿元	984.78	12.8	第三产业	亿元	1076.84	22.9
				交通运输、仓储和邮政业	亿元	156.07	24.7
按投资方向分				信息传输、计算机服务和软件业	亿元	11.50	-14.4
工业投资	亿元	703.49	2.0	批发和零售业	亿元	32.09	-23.1
				住宿和餐饮业	亿元	15.47	-42.3
民生投资	亿元	235.59	19.7	金融业	亿元	1.16	-24.9
				房地产业	亿元	237.06	19.8
生态环境	亿元	106.41	44.4	教育	亿元	61.15	13.6
				卫生和社会工作	亿元	25.69	-9.5
基础设施	亿元	562.39	36.4	文化、体育和娱乐业	亿元	27.04	48.9
高新技术产业	亿元	123.92	-1.3	公共管理、社会保障和社会组织	亿元	113.69	13.1
房地产开发	亿元	112.55	18.9	亿元以上项目实际完成投资	亿元	788.68	41.1

（六）财政

（2017 年）

表 36

指标名称	单位	绝对值	速度（%）	指标名称	单位	绝对值	速度（%）
一般公共预算收入	亿元	169.23	12.9	科学技术	亿元	4.21	76.1
#地方收入	亿元	109.34	6.6	文化体育与传媒	亿元	10.18	20.1
#税收收入	亿元	71.17	16.7	社会保障和就业	亿元	70.11	13.9
非税收入	亿元	38.17	-8.2	医疗卫生与计划生育	亿元	46.20	5.6
上划中央“两税”	亿元	32.08	30.6	节能环保	亿元	9.14	-9.5
上划中央所得税	亿元	16.26	39.1	城乡社区	亿元	15.83	25.7
一般公共预算支出	亿元	431.88	8.2	农林水	亿元	76.01	14.5
#一般公共服务	亿元	43.76	2.6	住房保障	亿元	23.27	-12.6
教育	亿元	76.49	6.6	#民生支出	亿元	342.19	6.9

（七）保险

（2017 年）

表 37

指标名称	单位	绝对值	速度（%）	指标名称	单位	绝对值	速度（%）
保险保费收入	亿元	55.20	17.9	赔款和给付	亿元	17.86	8.2
寿险	亿元	36.86	17.5	寿险	亿元	8.27	-5.1
财产险	亿元	18.34	18.9	财产险	亿元	9.59	1.1

（八）金融信贷

（2017 年）

表 38

指标名称	计量单位	绝对值	比年初增减	指标名称	计量单位	绝对值	比年初增减
金融机构本外币各项存款余额	亿元	2248.62	333.78	金融机构本外币各项贷款余额	亿元	1187.48	221.39
#非金融企业存款	亿元	416.53	134.75	#短期贷款	亿元	206.26	38.12
住户存款	亿元	1426.06	148.95	中长期贷款	亿元	972.63	179.52

（九）人民生活

（2017 年）

表 39

指标名称	计量单位	绝对值	速度（%）	指标名称	计量单位	绝对值	速度（%）
城镇居民人均可支配收入	元	26190	9.0	经营净收入	元	4525	2.2
#人均工资性收入	元	12864	11.8	转移净收入	元	3330	12.6
经营净收入	元	4805	3.4	财产净收入	元	184	3.6
转移净收入	元	5741	8.2	农村居民人均生活消费支出	元	11553	8.2
财产净收入	元	2781	8.3	#食品烟酒	元	3851	2.5
城镇居民消费性支出	元	17549	11.9	衣着	元	448	10.4
#食品烟酒	元	5597	5.3	居住	元	2655	17.3
衣着	元	1055	13.8	生活用品及服务	元	643	7.8
居住	元	3407	16.7	医疗保健	元	821	15.6
生活用品及服务	元	864	13.9	交通通信	元	834	18.0
交通通信	元	1721	22.3	教育文化娱乐	元	2216	6.5
城镇居民家庭恩格尔系数	%	31.9	—	其他商品及服务	元	85	2.4
城镇居民人均住房面积	平方米	61.0	3（增减平方米数）	农村居民家庭恩格尔系数	%	33.3	—
农村居民人均可支配收入	元	12738	9.0	农村居民人均住房面积	平方米	69.0	2（增减平方米数）
#工资性收入	元	4699	14.1				

（十）能源

（2017 年）

表 40

指标名称	单位	绝对值	速度（%）	指标名称	计量单位	绝对值	速度（%）
规模以上工业综合能源消费量	万吨标准煤	174.64	5.15	有色金属冶炼及压延加工业	万吨标准煤	4.76	-9.07
按行业分				造纸及纸制品业	万吨标准煤	0.19	-27.1
非金属矿物制品业	万吨标准煤	110.41	9.4	化学原料及化学制品制造业	万吨标准煤	4.25	-3.43
黑色金属冶炼及压延加工业	万吨标准煤	10.66	-28.71	电力、热力生产和供应业	万吨标准煤	12.26	18.42

（十一）农业

（2017 年）

表 41

指标名称	单位	绝对值	速度（%）	指标名称	单位	绝对值	速度（%）
农林牧渔业总产值	亿元	606.03	4.00	林业	亿元	38.28	10.00
#农业	亿元	293.09	5.18	畜牧业	亿元	90.44	2.30
林业	亿元	65.54	10.00	渔业	亿元	25.30	5.40
畜牧业	亿元	192.01	2.30	粮食	万吨	318.52	0.57
渔业	亿元	39.26	5.40	农业机械总动力	万千瓦	617.88	2.4
农林牧渔业增加值	亿元	339.27	3.90	农村用电量	亿千瓦时	7.83	-0.22
#农业	亿元	179.78	3.09				

（十二）工业

（2017 年）

表 42

指标名称	单位	绝对值	速度（%）	指标名称	单位	绝对值	速度（%）
规模以上工业增加值	亿元	412.31	7.9	外商及港澳台投资企业	亿元	4.5	19.1
#非公有制规模以上工业增加值	亿元	340.42	9.0	#大中型企业	亿元	18.61	11.50
按经济类型分				规模以上工业企业实现利税	亿元	99.48	7.6
#国有及国有控股企业	亿元	41.78	2.3	#国有及国有控股企业	亿元	40.52	10.1
集体企业	亿元	0.65	55.1	规模以上工业亏损企业亏损额	亿元	2.86	29
股份制企业	亿元	333.27	8.8	规模以上工业企业亏损面	%	3	-0.4（增减百分点）
外商及港澳台投资企业	亿元	32.27	5.1				
按轻重工业分							
#轻工业	亿元	193.16	9.9	规模以上工业新产品产值	亿元	149.78	5.1
重工业	亿元	219.14	6.2	规模以上工业企业产品销售率	%	98.3	-1.36
按行业分				规模工业出口交货值	亿元	44.83	28.4
#黑色金属冶炼及压延加工业	亿元	6.27	-32.9	卷烟	亿支	133	10.8
有色金属冶炼及压延加工业	亿元	6.92	-23.9	生铁	万吨	12.5	-8.8
化学原料及化学制品制造业	亿元	13.91	1.3	钢材	万吨	5.4	-89.7
非金属矿物制品业	亿元	42.20	8.0	十种有色金属	万吨	6.3	34
汽车制造业	亿元	16.83	17.9	水泥	万吨	1100	2.9
园区规模以上工业增加值	亿元	380.46	8.0	硫酸（折 100%）	万吨	4.4	-10.2
规模以上工业企业主营业务收入	亿元	1395.24	20.7	发电设备	万千瓦	15.9	5.3
规模以上工业企业实现利润	亿元	47.15	12.9	变压器	万千伏安	38.4	-3.3
#国有及国有控股企业	亿元	4.38	7.90	汽车	万辆	6.9	19
集体企业	亿元	0.04	167.40	加工大米	万吨	108.8	12.4
股份制企业	亿元	37.83	12.6	精制食用植物油	万吨	6.1	-1.6
				饲料	万吨	67.1	2.3

（十三）交通

（2017 年）

表 43

指标名称	单位	绝对值	速度（%）	指标名称	单位	绝对值	速度（%）
全社会货物周转量	亿吨公里	175.89	9.7	客运量	万人	8570	-6.6
公路	亿吨公里	174	9.8	公路	万人	8314	-6.9
水运	亿吨公里	1.89	7.1	水运	万人	256	3.9
货运量	万吨	6791	8.2	公路线路年末里程	万公里	2.3	—
公路	万吨	6359	8.3	#高速公路	公里	492	—
水运	万吨	432	6.9	年末民用汽车保有辆	万辆	36.04	18.7
旅客周转量	亿人公里	49.94	-8.4	#本年新注册汽车	万辆	6.88	17.6
公路	亿人公里	49.56	-8.5	#轿车	万辆	3.12	20.9
水运	亿人公里	0.38	3.5	年末私人汽车保有量	万辆	33.67	20.8

（十四）邮电

（2017 年）

表 44

指标名称	单位	绝对值	速度（%）	指标名称	单位	绝对值	速度（%）
邮政业务总量（2010 年不变价）	亿元	5.9	22.8	固定电话普及率	户/百人	5.0	-9.1
电信业务总量（2015 年不变价）	亿元	49.98	50.3	移动电话普及率	户/百人	65.2	5.4
年末固定电话用户	万户	27.36	-8.7	年末互联网宽带用户数	万户	78.99	34.6
年末移动电话用户	万户	357.05	5.6				

（十五）国内贸易

（2017 年）

表 45

指标名称	单位	绝对值	速度（%）	指标名称	单位	绝对值	速度（%）
全社会消费品零售总额	亿元	653.00	10.7	零售业	亿元	504.79	10.7
城镇	亿元	526.04	10.9	住宿业	亿元	21.59	11.4
乡村	亿元	126.97	9.7	餐饮业	亿元	60.39	10.1
按行业分				限额以上批发零售企业商品销售额	亿元	300.93	11.8
批发业	亿元	66.23	10.7	#其中：零售额	亿元	201.01	17.0

（十六）教育

（2017 年）

表 46

指标名称	单位	绝对值	速度（%）	（2017 年）	单位	绝对值	速度（%）
中等职业教育	所	36		初中适龄人口入学率	%	102	—
招生数	万人	2.43	6.7	普通小学	所	457	
在校生	万人	6.39	9.5	招生数	万人	8.34	-3.0
毕业生	万人	1.68	-1.9	在校生	万人	51.16	0.7
普通高中	所	32		毕业生	万人	8.05	0.0
招生数	万人	3.34	5.4	小学适龄儿童入学率	%	100	0.0
在校生	万人	9.13	6.2	特殊教育	所	7	
毕业生	万人	2.62	0.0	在校生	万人	0.10	35.8
初中学校	所	325		幼儿园在园幼儿	万人	22.40	-1.2
招生数	万人	8.17	5.5				
在校生	万人	22.9	5.8				
毕业生	万人	6.71	0.0				

（十七）文化、出版、广播

（2017 年）

表 47

指标名称	单位	绝对值	指标名称	单位	绝对值
艺术表演团体	个	6	中、短波广播发射台和转播台	座	24
群众艺术馆、文化馆	个	12	广播综合人口覆盖率	%	97.9
公共图书馆	个	12	电视综合人口覆盖率	%	98.4
博物馆、纪念馆	个	3	有线电视用户	万户	101.7
放映农村公益电影	万场	6.1	国家级非物质文化遗产保护目录	个	6
广播电台	座	5	省级非物质文化遗产保护目录	个	16

（十八）体育

（2017 年）

表 48

指标名称	单位	绝对值	指标名称	单位	绝对值
全市体育场地			各种训练房	个	174
体育馆	座	8			
运动场	个	517	全市经常参加体育锻炼人数	万人	216.50
游泳池	个	18	全市开展全民健身项目	项次	526

（十九）卫生

（2017 年）

表 49

指标名称	单位	绝对值	速度（%）	指标名称	单位	绝对值	速度（%）
卫生机构	个	5808	-2.4	全市疾病预防控制中心（防疫站）卫生技术人员	人	556	-3.1
#医院	个	128	2.4	卫生监督检验机构	个	12	0.0
妇幼保健院（所、站）	个	12	-7.7	卫生监督检验机构卫生技术人员	人	303	2.7
卫生技术人员	万人	2.97	8.5	医院床位数	万张	2.60	3.7
#执业医师和执业助理医师	万人	1.25	11.0	乡镇卫生院	个	181	-6.7
注册护士	万人	1.20	12.3	乡镇卫生院床位数	张	8859	1.7
全市疾病预防控制中心（防疫站）	个	12	0.0	乡镇卫生院卫生技术人员	人	5291	2.0

（二十）全面建成小康社会统计监测

（2017 年）

表 50

指标名称	单位	目标值（2020 年）	2017 年	
			数值	实现程度
一、经济发展	—	—		82.9
1. GDP（2010 年不变价）	万元	比 2010 年翻一番	14814720.45	96.6
2. 服务业增加值占 GDP 比重	%	≥48	45.8	95.5
3. 常住人口城镇化率	%	≥58	48.3	83.2
4. 互联网普及率指数	%	=100	61.5	61.5
固定宽带家庭普及率	%	≥70	47.4	67.7
移动宽带用户普及率	%	≥85	47.0	55.3
5. 科技进步贡献率	%	≥50	47.7	95.5
6. 研究与试验发展经费投入强度	%	≥2.3	0.71	30.7
7. 高新技术产业增加值占 GDP 比重	%	≥18	14.9	82.6
8. 进出口总额累计增长率	%	≥60	67.8	100.0
9. 高新技术和机电产品出口额占出口额比重	%	≥50	35.2	70.4
10. 产业投资额占固定资产投资额比重	%	≥32	37.7	100.0
二、民主法治	—	—		94.7
11. 基层民主参选率	%	≥93	95.2	100.0
12. 每万人口拥有律师数	人	≥1.5	1.3	86.7
13. 每万人口行政诉讼发案率	件/万人	≤6	0.8	100.0
14. 每万人拥有社会组织数	人	≥5.5	5	92.0
三、文化建设	—			93.1
15. 文化及相关产业增加值占 GDP 比重	人	≥5	4.0	79.9
16. 人均公共文化财政支出	元	≥200	186	93.0
17. "三馆一站" 覆盖率	%	≥120	161.8	100.0
18. 广播电视综合人口覆盖率	%	≥99	98.1	99.1
19. 城乡居民文化娱乐服务支出占家庭消费支出比重	%	≥4.2	10.0	100.0
四、人民生活	—	—		96.2
20. 城乡居民人均收入（2010 年不变价）	元	比 2010 年翻一番	15620	90.7
21. 基尼系数	—	≤0.45	0.4	100.0
22. 城乡居民家庭人均住房面积达标率	%	≥60	81.8	100.0
23. 公共交通服务指数	%	=100	99.9	99.9
每万人拥有公共交通车辆	标台/万人	≥14	14.0	99.8
建制村通客车率	%	≥95	100.0	100.0
24. 平均预期寿命	岁	≥77.34	75.3	97.3
25. 劳动年龄人口平均受教育年限	岁	≥10.8	10.5	97.2
26. 每千人口执业（助理）医师数	人	≥2.4	2.3	94.9
27. 每千老年人口养老床位数	张	≥35	33.7	96.2
28. 社区综合服务设施覆盖率指数	%	≥99	99.9	100.0
城市社区综合服务设施覆盖率	%	=100	98.8	98.8
农村社区综合服务设施覆盖率	%	≥50	67.9	100.0
29. 基本社会保险参保率指数	%	=100	100.0	100.0
基本养老保险参保率	%	≥90	99.7	100.0
城乡医保参保率	%	≥95	100.0	100.0
30. 农村贫困人口累计脱贫率（现行标准）	%	=100	84.4	84.4
31. 单位 GDP 生产安全事故死亡率（2010 年不变价）	人/亿元	≤0.078	0.038	100.0
32. 产品质量合格率	%	≥94.8	97.5	100.0
五、资源环境	—	—		94.4
33. 单位 GDP 建设用地使用面积（2010 年不变价）	公顷/亿元	≤62	89.7	69.1
34. 单位 GDP 用水量（2010 年不变价）	立方米/万元	≤110	149.5	73.6
35. 单位 GDP 能源消耗（2010 年不变价）	吨标准煤/万元	≤0.62	0.545	100.0
36. 环境质量指数	%	=100	100.0	100.0
地级及以上城市空气质量优良天数比率	%	≥80	82.2	100.0
地表水达到或好于Ⅲ类水体比例	%	≥70	100.0	100.0
森林覆盖率	%	≥23.04	65.2	100.0
城市建成区绿化覆盖率	%	≥40	44.2	100.0
37. 污水集中处理指数	%	=100	100.0	100.0
城市污水集中处理率	%	≥95	95.2	100.0
县城污水集中处理率	%	≥85	96.6	100.0
38. 生活垃圾处理指数	%	=100	99.5	99.5
城市生活垃圾无害化处理率	%	≥95	100.0	100.0
对生活垃圾进行处理的行政村比例	%	≥90	89.1	98.9
39. 一般工业固体废物综合利用率	%	≥73	86.5	100.0
40. 农村自来水普及率	%	≥80	80.6	100.0
41. 农村卫生厕所普及率	%	≥80	76.6	95.7
全面建成小康社会总实现程度	—	—		92.3

（二十一）永州市常住人口在全省所处位置

（2017 年）

表 51

市州	常住人口（万人）	城镇人口	乡村人口	城镇化率（%）	市州	常住人口（万人）	城镇人口	乡村人口	城镇化率（%）
全　省	6860. 15	3747. 02	3113. 13	54. 62	张家界市	153. 16	73. 55	79. 61	48. 02
长沙市	791. 81	614. 38	177. 43	77. 59	益阳市	439. 20	220. 13	219. 07	50. 12
株洲市	402. 15	264. 08	138. 07	65. 67	郴州市	473. 16	254. 56	218. 60	53. 80
湘潭市	285. 24	176. 85	108. 39	62. 00	**永州市**	**547. 97**	**264. 40**	**283. 57**	**48. 25**
衡阳市	720. 53	377. 99	342. 54	52. 46	怀化市	496. 00	228. 90	267. 10	46. 15
邵阳市	737. 54	338. 46	399. 08	45. 89	娄底市	391. 76	185. 34	206. 42	47. 31
岳阳市	573. 33	327. 98	245. 35	57. 21	湘西州	263. 82	118. 63	145. 19	44. 97
常德市	584. 48	301. 77	282. 71	51. 63					

（二十二）永州市地区生产总值在全省所处位置

（2017 年）

表 52

市州	生产总值（亿元）		第一产业		第二产业		第三产业		工业		人均 GDP（元）	
	绝对值	位次	绝对值	位次	绝对值	位次	绝对值	位次	绝对值	位次	绝对值	位次
全　省	34590. 56		3689. 96		14145. 49		16755. 11		11875. 91		50563	
长沙市	10535. 51	1	379. 45	3	4998. 25	1	5157. 80	1	4101. 47	1	135388	1
株洲市	2580. 40	5	206. 58	11	1237. 46	4	1136. 37	5	1050. 62	4	64207	3
湘潭市	2055. 76	7	153. 47	12	1015. 76	7	886. 54	7	917. 92	7	72256	2
衡阳市	3132. 48	4	441. 38	1	1211. 13	5	1479. 97	3	1024. 59	6	43233	7
邵阳市	1691. 50	9	333. 47	6	595. 13	11	762. 90	9	497. 21	11	23018	13
岳阳市	3258. 03	2	362. 35	4	1424. 93	2	1470. 75	4	1258. 52	2	57086	4
常德市	3238. 14	3	395. 52	2	1292. 54	3	1550. 09	2	1147. 30	3	55404	5
张家界市	542. 41	14	58. 61	14	112. 27	14	371. 53	13	90. 85	14	35442	10
益阳市	1665. 41	10	286. 12	7	647. 11	9	732. 18	11	578. 85	9	37745	9
郴州市	2337. 73	6	225. 66	8	1140. 25	6	971. 83	6	1038. 03	5	49514	6
永州市	**1728. 46**	**8**	**333. 80**	**5**	**602. 46**	**10**	**792. 20**	**8**	**504. 76**	**10**	**31585**	**11**
怀化市	1503. 97	12	208. 49	10	538. 56	12	756. 92	10	466. 47	12	30445	12
娄底市	1544. 98	11	215. 96	9	724. 72	8	604. 29	12	638. 69	8	39555	8
湘西州	582. 64	13	83. 79	13	179. 42	13	319. 43	14	141. 66	13	22094	14

五、2017年度在省级以上刊物、媒体上稿情况统计

永州市2017年度在省级以上刊物媒体上稿条目表

表53

稿件标题	刊发媒体	刊发日期	作者
零陵古城元旦游客同比增加百分之二十	《中国文化报》	1月5日	杨万里
多领域十三五规划密集出台，这些人福利待遇将提升（图片报道）	中国新闻社	1月7日	何红福
湖南省双牌县：三年投五亿加强城区学位建设	《中国教育报》	1月10日	凌铭
江华县发力旅游产业助推县域经济	《农民日报》	1月10日	张劲　周君
图片新闻：零陵古城杯摄影	《中国文化报》	1月12日	杨万里
女书传人进基层送春联为瑶族同胞送上新春祝福	中国新闻社	1月17日	唐日明　陈健林
怀疑他人盗窃自家耕牛持刀杀人未遂获刑8年	人民网	1月4日	崔仲茂
扶贫不停歇　春节假期忙——一位80后博士乡党委书记的春节“作业”	新华社	1月29日	尹健　李鑫
电影《爱莲说》开机	中央电视台	1月19日	尹健　黄潜　蒋玲
纪念周敦颐诞辰1000周年　电影《爱莲说》在湖南道县开拍	中国新闻社	1月18日	尹健　黄潜　蒋玲
湖南东安2017年度招商引资主推“三大版块”	新华社	1月6日	刘联波
湖南东安县：好心邻居30年如　日义务赡养孤寡老人	中国新闻社	1月19日	陈政忠　蒋小飞
电影《爱莲说》开机	中央电视台	1月19日	
湘桂三乡“四联”30年力保边界平安	中国新闻网	1月20日	杨万里
湖南祁阳：10岁女孩车上发病　众人伸援手	中央电视台	1月24日	
移民子弟搬新校	《中国教育报》	1月25日	赖斯捷　唐世日
扶贫不停歇　春节假期忙——一位80后博士乡党委书记的春节“作业”	新华社	1月29日	袁汝婷
湖南东安县：以奖代补兴旅游	中国新闻社	2月2日	刘联波
永州冷水滩：合力执行效果显著	新华社	2月2日	翁丽丽
湖南江永瑶胞舞“牛”迎春	中国新闻社	2月3日	任泽旺
人勤春早	新华社	2月3日	何红福
江华：通报6起“雁过拔毛”式腐败问题典型案例	新华网	2月4日	周楠
让压岁钱花得有意义（配图）	《光明日报》	2月7日	何红福
湖南永州突出抓服务助推工业实现“开门红”	新华社	2月9日	
龙腾狮跃闹元宵	新华社	2月10日	陶旭日
湖南道县解救放生一只外来野生猕猴	新华社	2月14日	尹健　蒋玲

续表53

稿件标题	刊发媒体	刊发日期	作者
湖南永州：误入居民区野生猕猴被放归山林	中央电视台	2月16日	黄潜
宁远离任村干部退有所养	《农民日报》	2月24日	骆力军
湖南永州零陵发现明清时期古建筑群	中国新闻网	2月26日	杨万里
CCTV-7致富经：无力双手　托起财富抓住爱	中央电视台	3月1日	
湖南永州：当街盗走摄像机　战士协助抓小偷	中央电视台	3月2日	
图片新闻（大庆坪乡）	《中国文化报》	3月2日	杨万里
走进田间地头，拿出优秀作品——文化照亮百姓生活	《人民日报》	3月3日	李晖
字里行间满是“真抓实干”	《光明日报》	3月6日	李苑　龚亮 方曲韵　陈鹏
代表委员寄语（李晖书记接受采访）	《检察日报》	3月7日	
这些年，政府“紧日子”是怎么过的	《新华社每日电讯》	3月7日	陈晨　李亚彪　王成
优质课堂铸就教育品质——记湖南省永州市新田县瑞华实验学校	《中国教育报》	3月8日	李彬
女书传人：拯救女性世界古老语言的“花木兰”	中国新闻社	3月8日	唐小晴　任泽旺
加快推动农业高新区创建——访全国人大代表、湖南省永州市市委书记李晖	《农民日报》	3月9日	
局地乡村教师生活补助较低　有的每人每月不足百元（配图）	中国新闻社	3月13日	何红福
代表们谈农业供给侧改革：怎么念好农业改革“三字经”？	新华社	3月14日	周楠　史竞男
阳国秀：“同线同标同质”有利于使企业与消费者达成共识	新华社	3月14日	许梦楠
东安做好“生态+”2000余干群义务植树添新绿	中国新闻社	3月3日	刘联波
一树一洞天　东安县千年古香樟树“空心”百余年	新华社	3月9日	唐明登
湖南东安：6名干部“假考察真旅游”被处分	新华社	3月13日	刘联波
湖南东安县野生紫荆花竞相开放	新华社	3月14日	唐明登
全国第四届草书展月底在怀素故里举行221件作品入展	中新社	3月15日	邓霞
刹住网上恶搞诋毁国家英烈歪风	《法制日报》	3月16日	陈丽平
第一批全国中小学校责任督学挂牌督导创新县（市、区）名单公布	《人民日报》	3月20日	
从中学校长到职中教师——“王大叔”的逆成长	《中国教育报》	3月21日	赖斯捷　李新春
橙心诚意的道州灰鹅	中央电视台	3月21日	尹健　盘林
冷水滩区委书记何冲龙：带着问题和思考学习	新华网	3月22日	何冲龙
关键在“找准”	新湘评论	3月	何冲龙
湖南：持续低温阴雨　农作物生长受影响	中央电视台	3月24日	孟江兵　刘轩麟　唐瑞漫
湖南：持续低温阴雨　农作物生长受影响	人民网	3月24日	孟江兵　刘轩麟　唐瑞漫

续表53

稿件标题	刊发媒体	刊发日期	作者
湖南启动纪念周敦颐诞辰1000周年系列活动	新华社	3月26日	
天空现罕见“双日晕”气象奇观	中央电视台	3月27日	黄潜
全国第四届草书展在怀素故里开幕近400幅作品亮相	中国新闻社	3月28日	邓霞
全国第四届草书展评出参展作品221件	新华社	3月29日	周楠
全国第四届草书展系列活动开幕	《中国文化报》	3月29日	
江华：128名村（居）两委初步候选人被取消资格	新华网	3月30日	尹世禄　赵明
湖南江华：“四大战区”打好反腐“围歼战”	央广网	3月13日	陈卓韬　尹世禄
湖南江华一干部因微信散布谣言被处分	央广网	3月17日	陈卓韬
彰显永州文化之韵铸就城市精神之魂	《中国文化报》	3月30日	
湘桂城市圈开启全域旅游合作新路径“千车万人游永州”启航	中国新闻社	3月31日	左亚军
宁远县：专项巡察剑指“微腐败”	《农民日报》	3月31日	刘佳宾　唐振军
周敦颐故里湖南道县恢复重建濂溪书院	中国新闻社	3月3日	何红福
“十三五”公共服务规划：教育领域这些变化要关注！（配图）	中国新闻社	3月3日	何红福
全国人大代表李晖建议加快创建湘南桂北国家级“互联网+精准扶贫”合作发展示范区的建设	人民论坛网	3月7日	姜志雄
李晖：打造百余“湖南版”特色小镇助推新型城镇化升级	中国经济网	3月7日	宋雅静
李晖：五大措施推进永州供给侧结构性改革	香港商报网	3月8日	
全国人大代表李晖国家允许永州市整体推进经营权抵押贷款试点	人民论坛网	3月9日	姜志雄
李晖在“两会”上提的建议，将对永州产生重大影响	香港商报网	3月10日	
全国人大代表李晖：永州市交通建设项目比照享受国家集中连片特困地区公路建设补助标准	人民论坛网	3月12日	
全国人大代表李晖：将湘桂运河项目列入国家“十三五”水运建设规划	人民论坛网	3月12日	姜志雄
十大焦点彰显施政走向——代表委员审议讨论政府工作报告	半月谈网	3月12日	
人大代表李晖：建议将永州纳入湖南国家级自贸区	中国网	3月13日	秦逸
李晖：建议将零陵机场列入军民合用机场	中国网	3月14日	秦逸　许宁
全国第四届草书展将于3月28日在永州开幕	人民网	3月15日	
全国第四届草书展本月底将在永州开幕	中国日报网	3月15日	
永州市：做好红色资源保护开发“排头兵”	人民网	3月16日	
畅叙红色资源保护开发走好永州建设新长征路永州在京召开红军将领后代代表座谈会	中国网	3月17日	
湖南永州在京推介红色资源红军将领后代献计献策	光明网	3月17日	
全国第四届草书展将在“草圣故里”永州举行	央广网	3月17日	傅蕾　杨忠云

续表53

稿件标题	刊发媒体	刊发日期	作者
文化名城翰墨飘香湖南永州举办全国第四届草书展	央广网	3月28日	尧遥
全国第四届草书展在永州开幕近400幅草书作品亮相	人民网	3月28日	
永州桂林两市开启湘桂城市圈全域旅游合作新路径	人民网	3月31日	
山乡春耕	《人民日报》	4月6日	何红福
山乡春耕图	新华社	4月5日	何红福
湖南永州“求贤若渴”备下322个岗位广纳英才	新华社客户端	4月6日	
永州公祭柳宗元，传承民本德政	新华社	4月8日	
（联播快讯）“2017书香中国”系列活动启动	中央电视台	4月19日	
【湖南双牌】二广高速山体滑坡全力抢修已疏通	中央电视台	4月6日	
湖南永州：蓝山现日晕太阳仿佛戴花环	中央电视台	4月14日	孟江兵　王玉珏
湖南蓝山：特大非法制售发票案面值金额达十亿元8人获刑	中央电视台	4月16日	孟江兵　王欣金
健康中国魅力河山	CCTV-5	4月27日	
韬奋基金会在湖南捐书扶贫	《光明日报》	4月10日	唐湘岳
湖南永州21个城区学位建设项目开工	《中国教育报》	4月18日	周健　艾志飞　雷高建
湖南江华“最严禁酒令”叫停歪风公务用餐回归健康	中国新闻网	4月18日	刘天相
湖南永州种出脱贫“产业果”	《经济日报》	4月28日	刘麟　肖明剑
把知识回报给大山	《中国日报》	4月12日	刘江娃　任泽旺
山乡春耕图	新华社	4月5日	何红福
何宝珍烈士故居完成修缮正式对外开放	中国新闻网	4月23日	盘林　黄潜
金洞面向全国征集旅游广告语	人民网	4月2日	刘福华
全球首次无动力三角翼湖南打靶挑战者飞越九嶷山	中新网	4月3日	卢文伟
宁远县：对“雁过拔毛”式腐败坚决说“不”	《农民日报》	4月7日	刘佳宾　唐振军
仁和镇：村官晒实绩群众当裁判	《农民日报》	4月7日	骆力军　单明海
金洞：交通“百日大会战”查处违法326起	人民网	4月27日	刘福华
宁远县：村干部离任前先过“审计关”	《农民日报》	4月28日	骆力军　刘佳宾　唐振军
道县如何根治“两怀妇女”外流盗窃顽疾	《法制日报》	4月19日	蒋良辉
零陵区舍得投入扮靓文化古城	《中国文化报》	4月13日	杨万里
从“神秘”到“通用”	《中国文化报》	4月14日	张玲　任泽旺
中国国际电商博览会开幕推介祁阳土特产（祁剧、祁阳石、金浩茶油、自然韵黑茶、曲米鱼等）	中央电视台	4月11日	
把担当精神牢固立起来	中国新闻网	4月17日	周新辉
撸起袖子加油干，干出发展加速度	中国新闻网	4月17日	周新辉

续表53

稿件标题	刊发媒体	刊发日期	作者
“开心农场”里学农有滋有味	《中国教育报》	4月18日	李新春
“拼尽最后一滴血，也要让百姓满意”	《中国教育报》	4月24日	唐世日　赖斯捷
向贫困宣战领瑶胞致富	《中国改革报》	4月4日	谢颖琪　李光平
“如诗如画”新永州来深圳招商获硕果累累	深圳新闻网	4月23日	
湖南阳明山“和”文化旅游节开幕十万亩杜鹃花海中越野跑	大公网	4月27日	
海峡两岸专家齐聚湖南阳明山论道森林康养	《大公报》	4月27日	
湖南永州拥名山，推广文化养生多元旅游	中视电视台	4月28日	
夏辉艳荣登中国好人榜	新华社	4月7日	蒋君凤
东安：打好组合拳共享大“廉”欢	新华社	4月21日	刘联波　张社华
湖南东安旅游资源惊艳“鹏城”，引爆粤港澳台多地客商投资热情	《南方日报》	4月24日	刘联波
湖南永州市来深推介文化旅游	《深圳特区报》	4月24日	张程
她是谁？为什么那么多人拍她？	《贺州日报》	4月28日	
旅游体育康养文化产业深度融合	《贺州日报》	4月30日	
健康中国，和美阳明	贺州电视台	4月30日	
【新闻现场·湖南蓝山】客车超载11人改装夹层藏乘客	中央电视台	4月11日	赵彬　刘永文
【湖南永州】货车装活动号牌驾驶员被扣12分	央视15：00新闻	4月15日	
湖南蓝山：客车超员乘客藏卫生间逃避检查	中央电视台	4月16日	赵彬　刘永文
【湖南永州】误食野菜15人中毒	央视15：00新闻	4月7日	
道县一农民种出34斤重的“萝卜王”	人民网	4月13日	蒋晓国　黄潜　谭诚
如此父母	中央电视台（《今日说法》）	4月14日	
一座国家森林城市的“中医药全球化”	新华社	5月16日	
湖南永州：“万步有约”全民健走	央广网地方频道	5月5日	傅蕾　文杰
一家中医药民企的海外突围	新华社	5月16日	
金洞：环保整治动真碰硬	人民网	5月9日	刘福华
湖南永州82名公职人员因环境问题被问责	新华社	5月22日	
龙舟竞渡迎端午	新华社	5月28日	何红福
湖南永州：抗洪抢险演练无人机亮相	中央电视台	5月20日	
【端午假期·龙舟竞渡：湖南道县】龙舟不光有龙头虎头凤头花样多	中央电视台	5月29日	黄潜　阳欧荣
【湖南】千人诵《离骚》传统习俗样式多	中央电视台	5月29日	

续表53

稿件标题	刊发媒体	刊发日期	作者
道县："互联网+信访"网上办结率100%	《法制日报》	5月24日	蒋良辉
校园，中国足球梦起飞的地方	《中国教育报》	5月25日	何红福　何上进
万人空巷观龙舟竞渡	中央电视台	5月29日	黄潜　阳欧荣
湖南：果园采摘　下田捉鱼　乡村游受青睐	中央电视台	5月30日	刘轩麟
端午假期第二天赏鲜花摘桃子乡村游成假期主打	中央电视台	5月29日	刘轩麟
永州——厦门航线畅通旅游投资渠道	《经济日报》	5月25日	
扶起精气神帮出自信心——湘桂边界县精准扶贫调查	《经济日报》	5月31日	隋明梅
湖南省将推进一站式旅游，支持当地旅游业的发展	《中国日报》	5月6日	
湖南东安："湘粤港澳"千车万人共度5. 19中国旅游日	中国新闻社	5月19日	唐明登　刘联波
湖南首个县级旅游高铁专列"东安号"开通	中国新闻社	5月6日	刘联波　唐明登
湖南永州阳明山近10万亩野生杜鹃醉游人	中国新闻社	5月7日	何红福
"锦绣潇湘"挺进鹭岛推介旅游资源	中国新闻社	5月24日	杨伏山
祁阳传统产业成脱贫"利器"	新华网	5月11日	邹仪　何顺　谭俊杰
祁阳：农民育秧不下田	《农民日报》	5月4日	何顺
宁远县村级财务审计引入"第三方"	《农民日报》	5月19日	骆力军　单明海
"和"文化旅游节在永州开幕	《中国文化报》	5月4日	晨阳
湖南阳明山："花花世界"的二度开发	《中国文化报》	5月13日	卢曦
"天然温室"建万亩基地湖南永州果蔬飘香	《南方农村报》	5月27日	
湖南道县龙船赛闹端午百余支龙船竞渡	中国新闻网	5月30日	何上进
开启果品分级模式买精品	《南方农村报》	5月27日	
巧大富硒演绎富民故事	《南方农村报》	5月27日	
湖南永州牵手厦门打造旅游黄金线	《厦门日报》	5月24日	
看好厦门窗口效应湖南永州在厦举办旅游推介会	福建电视台旅游频道	5月26日	
全国第二届城乡中小学美术教研论坛在零陵举办	央广网	5月30日	邓文辉
湖南多地内涝8万余人因暴雨受灾	新华社	6月6日	周楠　李先志
湖南发现罕见古建筑群500年风采依然	新华社	6月15日	
湖南永州：千人烹制东安鸡	新华社	6月17日	陶旭日
湖南祁阳：中缅警方联手打掉跨境贩毒团伙	央视新闻频道	6月20日	
快递包裹藏毒品　警方顺藤摸瓜"钓"出跨境贩毒团伙	新华社	6月20日	周楠
湖南道县早熟菜藕上市	新华社	6月20日	何红福
湖南：从快递毒品中找到线索破获一跨境贩毒案	新华社	6月22日	周楠

续表53

稿件标题	刊发媒体	刊发日期	作者
湖南祁阳：八旬老人整理90万字笔记保护“非遗”项目	新华社	6月23日	周楠
《魅力中国城》湖南永州竞演活动宣传启动	中央电视台财经频道	6月3日	
南方多地遭遇狂风暴雨·湖南：多地迎入汛以来最强降雨	中央电视台	6月6日	
南方多地遭受狂风暴雨·湖南蓝山：小区被洪水包围　百余群众紧急转移	中央电视台国际频道	6月6日	孟江兵　刘振宇
湖南永州　电力工人脑死亡　亲人代捐器官	中央电视台	6月15日	
湖南永州一电力工人因公殉职　亲人代捐器官	中央电视台	6月15日	
湖南祁阳：中缅警方　联手打掉跨境贩毒团伙	中央电视台	6月20日	
江永民族文化	中央电视台《群英汇》	6月27日	
湖南永州：暴雨致城区内涝30多人被困	中央电视台《新闻直播间》	6月28日	
湖南永州：暴雨致城区内涝30多人被困	中央电视台	6月28日	
湖南永州：暴雨致城区内涝30多人被困	中央电视台	6月28日	
90座水库泄洪！湖南祁阳转移安置2600多人	中央电视台	6月29日	
周敦颐：濂溪一脉传千古	《光明日报》	6月22日	龙军
濂溪故里纪念周敦颐诞辰1000周年	《光明日报》	6月24日	尹健
湖南道县种彩稻“太极图”纪念周敦颐诞辰1000周年	中国新闻社	6月3日	周凤连
交警背着考生赶考	中国新闻社	6月7日	何红福
湖南江华瑶家夫妻用打工积蓄建起“便民桥”	中国新闻社	6月7日	李光平　郑万生
湖南举行纪念周敦颐诞辰1000周年系列活动	中国新闻社	6月8日	尹健
周敦颐故里莲花飘香	中国新闻社	6月17日	何红福
湖南永州：彩稻秀“太极”	中国新闻社	6月17日	何红福
“世界最大东安鸡宴”亮相湖南　以国宴名菜促旅游	中国新闻社	6月17日	陈政忠　刘联波
湖南举行周敦颐诞辰1000周年纪念活动	中国新闻社	6月23日	尹健
湖南永州一电力工人因公殉职亲人代捐器官	中央电视台	6月15日	黄昱文
湖南宁远“党建带妇建”提高妇联干部政治地位和待遇	《中国妇女报》	6月10日	邓小波　邓水燕
宁远县：“片区协作”让执纪严起来	《农民日报》	6月2日	骆力军　刘佳宾　唐振军
早熟菜藕　助农增收	《农民日报》	6月20日	何红福
退休大妈的长鼓舞情缘	《中国文化报》	6月22日	唐世日　陈永祥
周敦颐千年诞辰纪念活动在道县举办	《中国文化报》	6月29日	
水口山牛栏尾发现古石板桥	《中国文化报》	6月29日	杨万里　吕娟娟

续表53

稿件标题	刊发媒体	刊发日期	作者
爱心助考	《中国教育报》	6月8日	何红福
易地搬迁建新村　产业扶贫富百姓	《中国改革报》	6月7日	程虹　黄志东
有感于永州市委书记与贫困户面对面“出题与答题”	《大公报》	6月1日	
湖南永州举办周敦颐诞辰1000周年活动别开生面	《香港商报》	6月23日	唐勇平
永州创建生态文明建设示范市	《中国环境报》	6月20日	
抗洪，50万人向前冲！	人民网	7月3日	
湘江源头保卫战——永州抗洪救灾工作纪实	人民网	7月11日	严万达
迎战“长江2017年第1号洪水”：水库调度战洪峰	新华社	7月2日	李建平　黄艳 周楠　黄浩铭 何伟　唐荣桂　何程
同步直播永州防汛抗灾报道	新华社	7月3日	
湖南特大洪水“非常大考”	新华社《瞭望》 《新闻周刊》	7月15日	邹云　苏晓洲 刘良恒　陈文广 周楠　谭畅
湖南：部队官兵全力以赴抢险救援（永州）	中央电视台	7月2日	
湖南多地遭暴雨袭击发布红色预警启动防汛一级响应	中央电视台 东方时空	7月2日	
河水倒灌，官兵协力搭筑围堰	中央电视台	7月3日	
湖南永州：冷水滩水位超历史记录	中央电视台 《新闻30分》	7月3日	
湖南东安县：“脚盆队”争当抗洪急先锋	新华社	7月3日	刘联波
东安县项目建设好戏连台	新华社	7月21日	刘联波
永州东安老人被洪水围困民兵用两根竹竿一捆绳索救人	中央电视台 《新闻30分》	7月3日	
强降雨致多地发生洪涝灾害湖南永州：湘江冷水滩段超历史最高水位	中央电视台	7月3日	
强降雨致多地发生洪涝灾害长沙和永州启动防汛一级响应	中央电视台 《朝闻天下》	7月3日	
强降雨致多地发生洪涝灾害湖南永州：湘江冷水滩段超历史最高水位	中央电视台	7月3日	
湖南永州：湘江冷水滩段超历史最高水位。	中央电视台	7月3日	
强降雨致多地发生洪涝灾害：湖南湘江冷水滩段超历史最高水位	中央电视台	7月3日	
冷水滩：小区党建引领小区治理	新华网	7月3日	唐善理唐东升
永州市区最新情况直播连线：湖南湘江冷水滩段超历史最高水位	中央电视台 中文国际频道	7月3日	

续表53

稿件标题	刊发媒体	刊发日期	作者
永州内涝严重工人持续抽水作业	中央电视台 中文国际频道	7 月 3 日	
祁阳县灾情告急当地持续转移群众	中央电视台 中文国际频道	7 月 3 日	
新媒体手机直播祁阳县积极转移受灾群众	中央电视台 中文国际频道	7 月 3 日	
南方降雨减弱华北雷雨消暑	中央电视台	7 月 4 日	
湖南祁阳县遭遇强降雨救灾进行中	中央电视台 《新闻直播间》	7 月 4 日	
受灾地区加紧灾后重建设	中央电视台	7 月 5 日	
湖南永州：两兄弟救援多位被困居民	中央电视台 《新闻直播间》	7 月 4 日	
湖南永州：中巴车被困水中 18 名乘客获救	中央电视台 《新闻直播间》	7 月 4 日	邓微
湖南祁阳：强降雨致白水镇受淹严重	中央电视台 《新闻频道直播》	7 月 4 日	
湖南祁阳：县城大面积被淹紧急转移近 10 万人	中央电视台	7 月 4 日	
湖南：洪水致 787 万余人受灾	中央电视台	7 月 4 日	
产妇临产被困重任合力救援	中央电视台	7 月 4 日	
南方多地暴雨成灾湖南祁阳	中央电视台	7 月 4 日	
湖南永州：中巴被困水中消防紧急营救乘客	中央电视台	7 月 4 日	
湖南祁阳：县城大面积被淹救援仍在持续	中央电视台	7 月 4 日	
湖南祁阳：县城大面积被淹紧急转移近 10 万人	中央电视台 中文国际	7 月 4 日	
受灾地区加紧灾后重建设	中央电视台 《朝闻天下》	7 月 5 号	
南方多地暴雨成灾道路中断消防官兵绳索运送物资	中央电视台	7 月 5 号	
南方多地暴雨成灾水位回落灾后清理展开	中央电视台	7 月 5 日	
南方多地暴雨成灾政府群众协力安置受灾群众	中央电视台 《朝闻天下》	7 月 5 日	
南方多地暴雨成灾湖南祁阳：政府群众协力安置受灾群众	中央电视台	7 月 5 日	
南方多地暴雨成灾湖南祁阳：水位回落灾后清理展开	中央电视台	7 月 5 日	
南方多地暴雨成灾湖南双牌：道路中断消防官兵绳索运送物资	中央电视台	7 月 5 号	
南方多地暴雨成灾受灾地区加紧灾后重建工作	中央电视台	7 月 6 号	
南方多地暴雨成灾生产自救干群合力补救水稻	中央电视台	7 月 6 号	
南方多地迎战汛情	中央电视台	7 月 11 日	

续表53

稿件标题	刊发媒体	刊发日期	作者
九嶷山下柳成荫——社会扶贫“永州样本”解读	央广网	7月17日	卢小伟　王亚奇
18岁湖南男孩赴广西寻母分别十载终相认（图）	中新网	7月29日	梁庆燕　蒋爱云
洪水消退湖南永州零陵全力投入灾后重建	中新社	7月7日	卢文伟
冷水滩：吹响救灾补损“集结号”	新华网	7月7日	唐善理　郭军
湘江永州段打捞撞坝沉船为泄洪“清肠”	中新社	7月8日	
“湘江源头”湖南永州戮力同心战洪魔	中新社	7月11日	严万达　唐小晴
湖南永州“双唐兄弟”的“水鹰梦”：守卫江边百姓平安	中新社	7月11日	卢文伟　王昊昊
湖南道县依托“互联网+”展开透明救灾赈灾	中新社	7月12日	盘林　何泽兴
湖南永州零陵发现明清时期古院落	中新社	7月28日	杨万里
工会与劳模共书“抗洪故事”	《工人日报》	7月10日	
“撂荒田”种成“聚宝盆”	《农民日报》	7月6日	左旋
祁阳5600台农机投入抗洪作业	《农民日报》	7月13日	唐文达
蒋珍凤：返乡种水稻闯出一片天	《农民日报》	7月17日	唐建国　李光平
宁远县：开展村（社区）财务审计	《农民日报》	7月7日	骆力军　刘丽萍　蒋波
宁远县：121名“能人”当上“脱贫官”	《农民日报》	7月21日	骆力军　单明海
永州市农业救灾补损有序进行	《农民日报》	7月27日	吴砾星
蒋珍凤：返乡种水稻闯出一片天	《农民日报》	7月17日	唐建国　李光平
“杉木”校长李荣胜	《中国教育报》	7月12日	唐世日
湖南江华县纪委干部走访扶贫联系村	《中国改革报》	7月7号	尹世禄
中南大学湘雅口腔医院与江华县人民医院签署定点技术指导协议	新华社（网）	7月24日	杨丁香
中南大学湘雅口腔医院定点支援江华县	中国新闻网	7月22日	杨丁香
湖南永州：飞车抢夺独行女子监控锁定行踪	中央电视台	7月20日	蒋军君
“播撒艺术的种子”让更多儿童受益	《中国文化报》	7月20日	唐世日　陈永祥
湖南“永州旅游形象广告语”网络评选明日开启	中国网	8月1日	马慧新　黄甘甜
第三批中央环境保护督察组公布反馈意见	中央电视台	8月2日	
湖南举行黄小兵同志先进事迹报告会	新华网	8月4日	吴泽彬
悦享太极迎健身日	光明网	8月5日	何红福
湖南永州：“火红”水果产业助农增收脱贫	光明网	8月11日	何红福
永州狠抓环保督察问题整改守护绿水青山	中新网	8月11日	严万达
繁荣法治文化引领法治永州	《法制日报》	8月12日	
永州：让铁纪生威1-7月立案202件	新华网	8月15日	陈卓韬

续表53

稿件标题	刊发媒体	刊发日期	作者
九级龙卷风挟暴雨袭击湖南永州35人一度被困	新华网	8月15日	
东安旅游产业绽放“三朵金花”	新华社	2017/8/23	刘联波
永州“东安鸡”和“祁阳槟榔芋头”同时荣登国家地理标志保护产品榜	中国质量新闻网	8月17日	
和你在一起	中央电视台社会与法频道	8月26日	
永州零陵区首届乡村文化旅游节开幕五大活动放肆玩	中新网	8月26日	秦逸　刘佑祥　杨志军
湘鄂桂捕蛇达人演绎现代版<捕蛇者说	中国新闻网	8月27日	王嘉昕
永州首届乡村旅游节捕蛇达人上演浪漫“蛇吻”	中国新闻网	8月27日	秦逸　刘佑祥　杨志军
天津全运会廖秋云获得举重女子53公斤级冠军	中新网	8月29日	佟郁
7月谣言：妇女拍洪灾时孩子落水、大师下河捉妖等上榜	中国新闻网	8月3日	孝金波
冷水滩区治理畜禽养殖污染	新华网	8月25日	唐善理　唐东升
我在现场（湖南省永州市冷水滩区发生了一起严重的交通事故）	中央电视台	8月8日	
“零陵古城”文化项目建设扎实推进	《中国文化报》	8月8日	杨万里　眭振华
家风拂四方润廉细无声	《农民日报》	8月11日	蒋东新　杨祖维
“参加公益爱心活动，让我更加自信”	《中国妇女报》	8月17日	乐水旺　邓小波
宁远县：“精准监督”护航精准扶贫	《农民日报》	8月18日	骆力军　刘佳宾　唐振军
湖南江华简化大学生助学贷款发放程序	《中国教育报》	8月25日	唐世日　赖斯捷
湖南道县千人健身展演迎全民健身日	中国新闻网	8月7日	何上进
永州一跨桥事故致4死6伤一审3名责任人分别领刑	人民网	8月30日	万理智
太空莲飘香农民采莲忙	中新社	8月18日	何红福
“拼命书记”赤诚为民黄小兵先进事迹报告会让听众动容	中新网	8月3日	王昊昊
2013年至今中央财政核拨乡村教师生活补助112亿元	中国新闻网	9月1日	何红福
文化深山里的野玫瑰——传奇女书的濒危与重生	《光明日报》	9月3日	赵丽明
金洞做好山水文章以生态取胜	《中国文化报》	9月3日	卢曦
魅力金楠，唱响中国	《中国文化报》	9月3日	卢曦
湖南江永一家三代66载坚守瑶山教书育人	新华社	9月10日	周楠
劳务协作成了脱贫“金钥匙”	《人民日报》	9月10日	何建飞　何登武
湖南东安“拐杖老师”吴才有用心写大爱	新华社	9月11日	刘联波
首届国际语言文化博览会北京：交流互鉴领略语言文字魅力	中央电视台	9月13日	
严江涛：“山区学校更需要我”	《中国教育报》	9月13日	凌铭　苏婷　赖斯捷
永州冷水滩区：整治中小学违规征订教辅资料	新华网	9月6日	倪敏　张若著

续表53

稿件标题	刊发媒体	刊发日期	作者
冷水滩黄泥井市场两名城管殴打一女子？并不是！	新华网	9月11日	
湖南严查群众身边不正之风和腐败问题	新华网	9月19日	邹太平
雷锋兄弟	新湘评论	9月	刘骄　冯丽萍
冷水滩区坚持“五个着力”促现代农业跨越式发展	中央广播电视台	9月30日	冷水滩区农委
火车上捡到女婴养11年　患重症急需适配骨髓续命	新华网	9月27日	陈丽安
斩断“雁过拔毛”的黑手——湖南严查群众身边不正之风和腐败问题	《中国纪检监察报》	9月17日	邹太平
《新闻直播间》湖南新田　侦破跨省电信诈骗案18人落网	中央电视台	9月19日	蒋军君
猪栏变咖啡屋　将前沿理念带入乡村	央视新闻网	9月19日	无
两只烈犬咬伤路人　主人被湖南祁阳检察院批捕	新华社	9月21日	周楠
湖南永州坚守生态“红线”　筑牢绿色发展蓝图	中国新闻网	9月23日	于光林　唐小晴
《今日说法》20170923圆谎	中央电视台	9月23日	何德传
道县两河口村播下脱贫致富花	CCTV-7	9月5日	盘林　农业委
李好新：农村学校拓新记	《中国教育报》	9月20日	赖斯捷　苏婷　艾志飞
化解择校难题、提高教师待遇　中央发文深化教育改革	中国新闻网	9月25日	何红福
永州金洞首届森林音乐会启幕	《香港商报》	9月26日	唐学伟
湖南祁阳：农机手培训重实效	《农民日报》	9月27日	唐文达
中国社会扶贫网开启全国推广“永州模式”成重点	中国新闻网	9月28日	付敬懿　任泽旺
为品质活力新永州凝聚强大文化力量	《中国文化报》	9月29日	
全国“互联网+”社会扶贫工作现场推进会湖南江永县举行	人民网	9月29日	
“互联网+社会扶贫”永州模式将在全国推广	中国日报网	9月29日	
全国“互联网+”社会扶贫工作现场推进会在湖南举行	《经济日报》	9月29日	刘麟　任泽旺
还看今朝——喜迎十九大特别节目·厉害了我的湖南	中央电视台新闻频道	9月30日	
全国“互联网+”社会扶贫工作现场推进会在湖南永州召开	新华网	9月30日	
（湖南永州）文化游受青睐	中国新闻社	10月2日	何红福
湖南：乡村游景点游客猛增村民腰包鼓了	中央电视台	10月2日	
全国青少年足球冠军杯赛永州赛区开赛20支队伍角逐	中国新闻网	10月2日	
湖南冷水滩祁剧团“戏曲惠民”忙	央广网	10月10日	傅蕾　唐东升
湖南洪水“重灾区”中秋见闻：灾区过上温暖节	新华社	10月4日	周楠
湖南洪水“重灾区”中秋见闻：灾区过上温暖节	中国新闻网	10月5日	
古稀老人瑶山深处喂猴　吸引流动野生猕猴种群定居	中国新闻网	10月13日	郑万生　李光平

续表53

稿件标题	刊发媒体	刊发日期	作者
湖南新田：煤气中毒昏迷民警打开“生命通道”	CCTV-13	10月14日	黄新
“双节”假期出游：湖南道县2000多亩油葵竞相绽放	CCTV-13	10月7日	黄潜　杨林
秋风起瓜蒌熟荒山变金山银山	CCTV-13	10月22日	央视记者　盘林等
湖南永州：田间地头忙秋收	中国新闻社	10月15日	黎实　李光平
湖南江华发现一株宋朝时期珍稀青檀树树龄近千岁	中国新闻网	10月17日	黎实　李光平
湖南江华发现一株宋朝时期珍稀青	新华网	10月17日	黎实　李光平
湖南江华高寒山区瑶胞喜迁新居	中国新闻网	10月17日	黄志东　李光平
永州：“互联网+”点燃社会扶贫热情	新华社	10月17日	黄志东　李光平
湖南省新田县农村经营服务站党支部书记邓中辉：“在平凡岗位站好每一班岗”	《人民日报》	10月17日	
组织工作经验谈·永州篇	新华网	10月17日	
“在平凡岗位站好每一班岗”	《人民日报》	10月18日	侯琳良　何继凤
湖南毛俊水库开工	《中国水利报》	10月18日	邹仪　李先志
十九大时光—社会各界群众喜庆十九大胜利召开	中央电视台	10月18日	
永州共青团资助2154名贫困生	《中国青年报》	10月18日	洪克非
湖南永州：山乡秋色美如画	中国新闻社	10月19日	何红福
李晖代表——厚植法治文化理念	《人民日报》	10月21日	李晖
奋力谱写社会主义现代化新征程的壮丽篇章——从十九大报告看新时代中国特色社会主义发展战略安排	新华社	10月21日	
坚持以人民为中心发力创新和开放	《经济日报》	10月21日	李焱
秋风起瓜蒌熟，荒山变金山银山	中央电视台	10月22日	
“美丽乡村”渐成发展模式	中央电视台	10月23日	央视记者　盘林等
新思想引领未来新时代催人奋进	中央电视台	10月23日	央视记者　盘林等
十九大代表李晖：以铁腕治污守护绿水青山	央视网	10月23日	唐诗颖　刘春妍　李文学
【十九大时光】新思想引领未来新时代催人奋进	中央电视台	10月23日	
【聚焦十九大】新思想引领未来新时代催人奋进	中央电视台	10月24日	
湖南江华瑶族自治县一教师十年照顾病妻不离不弃	中国新闻网	10月26日	黄志东　李光平
蓝山县今年农机补贴资金惠及200余农户	《农民日报》	10月26日	宁志球　全石秀
10岁被拐走离家25年男子寻亲成功踏上回家路	新华社	10月1日	曹伟
74岁老人书写《红楼梦》行楷书法长卷创世界纪录	中国新闻网	10月28日	唐建衡
湖南道县：两千亩连片观赏油葵喜丰收	中国新闻社	10月29日	何红福
湖南永州：严惩学校违规征订教辅材料	新华社	11月3日	周楠

续表53

稿件标题	刊发媒体	刊发日期	作者
湖南永州：祁阳警方破获系列飞车抢夺案	新华社	11 月 7 日	谢海青　李会生
湖南永州探索“互联网+社会扶贫”成效明显	新华社	11 月 13 日	周楠
湖南江华：践行“两山”思想打造全国生态示范县	新华网	11 月 11 日	杨丁香
十九大精神进基层·各地以多种形式宣传学习十九大精神	中央电视台	11 月 11 日	孟江兵　王欣金　刘振宇
湖南永州探索“互联网+社会扶贫”成效明显	新华网	11 月 14 日	周楠
2017 年湖南冬季乡村旅游节 22 日在永州开幕	新华网	11 月 17 日	王婧菲
湖南永州举行第四届中国电视旅游节目创优评析颁奖大会	新华网	11 月 20 日	曾华锋　钟小令
湖南冬季乡村旅游节宁远启幕	新华网	11 月 23 日	唐俊
湖南新田警方抓获考试作弊犯罪团伙	中央电视台	11 月 8 日	
湖南新田警方抓获考试作弊犯罪团伙	中央电视台	11 月 9 日	蒋军君
湖南道县：订单脐橙助农增收	中新社	11 月 23 日	何红福
湖南省道县多措并举确保千年鸟道安全	CCTV-7	11 月 23 日	盘林　林业局
教育发展“大数据”：五年来大中小学发生这些变化（配图）	中国新闻网	11 月 29 日	何红福
湖南道县油茶产业成为脱贫攻坚主力军	CCTV-7	11 月 30 日	盘林　林业局
各地多种形式宣讲党的十九大精神	中央电视台	11 月 12 日	
《湖南新闻联播》永州冷水滩：免费发放智慧手环防止老人走失	央视网	11 月 12 日	蒋静　王庚娣
2017 中国汽车场地越野锦标赛湖南·新田	中央电视台	11 月 13 日	
农村综合服务平台建设“全覆盖”	新华网	11 月 17 日	伍诗仁　冯丽萍
永州警方抓获重大诈骗嫌犯	光明网	11 月 17 日	刘跃兵　杨再萍
“问题村”成了美丽乡村	新华网	11 月 24 日	唐善理　冯丽萍
旅游扶贫冬季乡村旅游节举行	中央电视台	11 月 25 日	李朝辉　何勇辉
幼儿园督导检查排查隐患及时追责	中央电视台	11 月 26 日	
湖南永州对 175 家幼儿园开展专项督导检查	中央电视台	11 月 27 日	
锦绣中国电视旅游节目创优评析颁奖大会在永州拉开帷幕	中央电视台	11 月 30 日	
永州东安县第二届武术文化旅游周 11 日启幕	新华社	11 月 1 日	陈小家
东安第二届武术文化旅游周开幕	新华社	11 月 12 日	余鑫　巢好
2017 永州·东安第二届武术文化旅游周 11 日开幕	人民网	11 月 1 日	李芳森　陈小家
中国山地户外健身休闲大会—江永站启幕	人民网	11 月 12 日	王霞光　谭婷
2017 年湖南冬季乡村旅游节 11 月 22 日在永州开幕	人民网	11 月 16 日	邢骁
湖南永州：“输血”“造血”双轨并进拔“贫根”	中国新闻网	11 月 2 日	
永州：“文化扶贫”巡演助力脱贫攻坚	中国新闻网	11 月 12 日	严万达　尹文艺

续表53

稿件标题	刊发媒体	刊发日期	作者
湖南江华：践行“两山”思想打造全国生态示范县	中国新闻网	11月10日	江宣部
东安第二届武术文化旅游周开幕	中国新闻网	11月12日	邓霞
永州：“文化扶贫”巡演助力脱贫攻坚	中国新闻网	11月12日	严万达 尹文艺
湖南冬季乡村旅游节走进古村下灌体验瑶族风情	中国新闻网	11月16日	吕娜娜
湖南冬季乡村旅游节永州宁远开幕	中国新闻网 中国网	11月23日	刘佑祥
湖南省“互联网+监督”平台启动仪式暨永州市“互联网+监督”平台运行推进会举行	中国网	11月15日	胡润开 杨锡苹 李静
李晖：锦绣潇湘美在永州诗与远方的完美结合	中国网	11月23日	默轩 刘佑祥
祁阳县乡村校长唐宝桐：“背”起一所美丽村小	《中国教育报》	11月1日	赖斯捷 苏婷 李新春
湖南江华千名党员教师一对一帮扶建档立卡户家庭	《中国教育报》	11月11日	唐世日
邓冯春：“我愿做瑶山的一滴甘露”	《中国教育报》	11月15日	唐世日
筑牢湘江源头生态保护第一道防线	《中国水利报》	11月28日	黄曦 谭金才
寻访湖南江华瑶山里的扶贫“秘诀”	《新华每日电讯》	11月29日	周楠
知道永州有一个“聚宝盆”吗？	《香港商报》	11月19日	
探密神秘“瑶都”江华	《香港商报》	11月19日	唐学伟
探密神秘“瑶都”江华	《大公报》 《香港商报》	11月20日	周楠
蓝山走开放崛起之路，奋力打造粤港澳后花园	《大公报》	11月28日	谢迪平 李银明 梁利
各地瑶胞齐聚“神州瑶都”欢庆盘王节	中国新闻网	12月3日	卢文伟
“扶贫车间”进村为何受热捧 寻访湖南江华瑶山里的扶贫“秘诀”	新华网	12月4日	邹云 周楠 阮周围
超燃！彩龙灯队斗舞让你大饱眼福	中国新闻网	12月4日	卢文伟
让农民从看上书到爱上书（文化脉动）	《人民日报》	12月7日	张贺
“状元村”，腰杆又直了（新时代 新气象 新作为 · 人民眼 · 提升组织力）	《人民日报》	12月8日	颜珂
扶贫资金不是唐僧肉！湖南违纪资金三千多万含扶贫资金	中央电视台	12月8日	
构建大格局布下“天罗网”——湖南永州法院创新机制执行攻坚纪实	《人民法院报》	12月11日	曾妍 黄卫红
永州东安：天堂村的脱贫路	新华社	12月15日	蒋小飞
永州东安“扶贫特惠保”普惠贫困户	新华社	12月21日	蒋小飞
湖南东安精准招商项目总投资过百亿	新华社	12月21日	刘联波
永州东安“互联网+监督”宣传全覆盖无死角	新华社	12月28日	刘联波 蒋东新
江华精心打造瑶文化旅游品牌	《中国文化报》	12月14日	唐李晗 黄志东 唐世日

续表53

稿件标题	刊发媒体	刊发日期	作者
“黄牛”扰乱理赔市场制造纠纷亟须惩治	《法制日报》	12 月 15 日	游春亮
学位　床位　车位　蹲位——永州零陵瞄准“四位”解忧难	《人民日报》	12 月 20 日	杜若原　王云娜
湘桂铁路湖南永州段开工　加快建设活力永州	中国网	12 月 20 日	默轩　刘佑祥
湖南永州：男子脚踹环卫女工	中央电视台 社会与法频道	12 月 14 日	
“黄牛”扰乱理赔市场：欺瞒当事人赚高额差价	新华网	12 月 15 日	游春亮
“黄牛”扰乱理赔市场：欺瞒当事人赚高额差价	中国新闻网	12 月 15 日	游春亮
湖南永州：老人车上昏厥　“最美护士”与乘客上演爱心救援	新华社	12 月 25 日	周楠
永州冷水滩：农企“联姻”助推农业产业化“提档升级”	新华网	12 月 29 日	唐东升　周林　周吉锋
湖南环卫工被“踹飞”事件了结　踢人者被行拘	中国新闻网	12 月 16 日	罗筱晓　方大丰
湖南永州　男子车上昏迷　同车女护士跪地抢救	中央电视台	12 月 21 日	蒋静　赵小乒
高山瑶胞搬出深山　过上幸福生活——湖南江华县实现高寒山区贫困户易地搬迁 636 户 2460 多人	《中国改革报》	12 月 21 日	黄志东　李光平
湖南道县至广西贺州高速公路通车	中国新闻网	12 月 24 日	何红福
永州教育精准扶贫“有加有减”——“改变的不只是他们的人生轨迹”	《中国教育报》	12 月 26 日	阳锡叶　何琪
农村中职校成当地招商引资“金招牌”	《中国教育报》	12 月 15 日	阳锡叶　何琪
湖南省道县推进林业一站式全程代理服务见成效	CCTV-7	12 月 4 日	盘林　林业局
湖南永州：“扶贫车间”进村助力脱贫	中国新闻网	12 月 28 日	何红福
教育扶贫攻坚出坦途	《中国改革报》	12 月 28 日	程虹　唐世日
永州：明确深化监察体制改革试点工作七项任务	人民网	12 月 1 日	刘桂芳
湖南永州市出台 42 条新政扩大开放鼓励投资	新华网	12 月 1 日	王善峰
湖南永州：清退“雁过拔毛”式违纪资金　490 余万元全部返还群众	新华社	12 月 1 日	周楠　张勇
违纪资金三千多万含扶贫资金	中央电视台	12 月 8 日	
扶贫资金不是唐僧肉·湖南 1—11 月收缴违纪资金三千多万	中央电视台	12 月 9 日	

索　　引

说明：

一、本索引把年鉴的专稿、条目、表格（大事记、附文、企事业单位选介除外）用主题分析的方法，按汉语拼音字母顺序排列。

二、地方文献的条目未作索引。

三、类目、专稿标题和地名用黑体字标明。

四、索引名称后的阿拉伯数字表示内容所在页码，拉丁字母（a、b、c）表示栏别（从左至右分 1、2、3 栏）。

D

E

F

H

J

M

N

P

Q

R

S

T

W

X

Y

Z